DICTIONNAIRE UNIVERSEL

DES CONNAISSANCES HUMAINES

POISSY. — TYPOGRAPHIE ARBIEU.

DICTIONNAIRE

UNIVERSEL

DES CONNAISSANCES HUMAINES

avec la collaboration ou d'après les ouvrages de

MM. Azémard, Barbot (C.), Becherand, Becquerel, Biot, Blanc, Boitard, Bossu, Bouillet, Bourgain (E.), Bourdonnay, Brierre de Boismont, Broussais (Fr.), Castaing, Cazeaux, Champollion, Charma, Chatelain, Chomel, Conte, Cruveilher, Delecour, Delahaye, Descoings (A.)., Dubocage, Desparquets, Dupasquier, Edwards (Milne), Elwart, Esquirol, Favre, Flourens, Gaillard (X.), Garnier (Ch.), Geoffroy-Saint-Hilaire, Gossard, Guépin, Hienriech, Hervé, Jemonville, Joissel, Jomard, Kramer, Larivière, Lagarrigue, Le Roi, Langlebert (Ad), Lévy Alvarez, Iouyet, Lunel mère (Mme), Menorval, Mercé, Montémont (A.), Nodier (Ch.), Orbigny (D'), Fariset, Payen, Pelouze, Pétron, Piorry, Prodhomme, Rédsrez Saint-Remy, Richard (du Cantal), Rambosson, Rocques (Paul et Emile), Sirven (de Toulouse), Thénot, Valenciennes, Vallin, Yvon, etc.

ILLUSTRÉ D'UN GRAND NOMBRE DE GRAVURES

SOUS LA DIRECTION DU DOCTEUR

B. LUNEL

MEMBRE DE L'ACADÉMIE IMPÉRIALE DES SCIENCES DE CAEN

Ancien Médecin commissionné par le Gouvernement pour l'épidémie cholérique de 1854; ex-vice-Président de la classe des Sciences à l'Académie des Arts et Métiers, Industrie, Sciences et Belles-Lettres de Paris; ancien Secrétaire général de l'Athénée des Arts; Membre honoraire et Secrétaire perpétuel de la Société des Sciences industrielles, de la Société des Sciences et des Arts, etc.; Membre de la Société des Archivistes de France; de la Société universelle des Sciences et des Lettres, des Beaux-Arts de Paris; Membre de la Société de Secours des Amis des Sciences, fondée par le baron Thénard; Membre correspondant de l'Académie royale de Chambéry; de la Société universelle de Londres pour l'encouragement des Arts et de l'Industrie ; de la Société d'Émulation littéraire de Joigny; de la Société de l'Union des Arts de Narcy, etc.

LAURÉAT DE PLUSIEURS ACADÉMIES ET SOCIÉTÉS SAVANTES.

Ouvrage honoré de 3 Médailles d'Or.

TOME HUITIÈME

PARIS

MAGIATY ET Cie, LIBRAIRES-ÉDITEURS

RUE NEUVE SAINT-AUGUSTIN, 22

1859

DICTIONNAIRE

UNIVERSEL

DES CONNAISSANCES HUMAINES

THERMOMÈTRE (physique) [du grec *thermos*, chaud, et *metron*, mesure]. — Instrument de physique qui sert à mesurer les degrés de température de l'atmosphère ou des substances.

Les *thermomètres* sont des tubes de verre gradués contenant une quantité déterminée d'alcool, ou mieux encore de mercure, et fermés hermétiquement. Leur construction est fondée sur la propriété qu'ont tous les corps d'être dilatés par la chaleur, et de revenir à leurs dimensions premières quand on les ramène aux mêmes circonstances. Dans le thermomètre de Réaumur (qu'il serait plus exact d'appeler *de Deluc*), comme dans le thermomètre centigrade, le point marqué 0 indique la hauteur à laquelle la colonne de mercure s'arrête dans le tube, lorsque celui-ci est plongé dans la glace fondante; mais, dans le premier de ces instruments, l'intervalle compris entre ce terme 0 et la hauteur à laquelle la chaleur de l'eau bouillante fait monter le mercure n'est partagé qu'en 80 parties, au lieu que dans le second il est divisé en 100. Par conséquent 80° R. valent 100° centigr., ou, ce qui revient au même, chaque degré R. vaut 10/8 centigr. : ainsi, pour traduire un nombre de degrés de Réaumur en degrés centigrades, il suffit de multiplier ce nombre par 10 et de diviser le produit par 8; et réciproquement, pour convertir en degrés de Réaumur des degrés centigrades, il faut multiplier ceux-ci par 8 et diviser le produit par 10. Dans le *thermomètre de Farenheit*, généralement employé par les Anglais, le terme de la glace fondante est mar-

qué 32, et celui de l'eau bouillante 212; l'intervalle de ces deux termes est par conséquent divisé en 180 parties, et chaque degré vaut 5/9 du degré centigrade ou 4/9 du degré de Réaumur : par conséquent, pour traduire un certain nombre de degrés de Farenheit en degrés de Réaumur, il faut retrancher d'abord 32 de ce nombre, puis le multiplier par 4 et le diviser par 9. Pour convertir, au contraire, un nombre de degrés R. en degrés F., il faut multiplier ce nombre par 9, diviser le produit par 4 et ajouter 32 au quotient. Nous donnons ici la concordance de ces thermomètres, de 5 degrés en 5 degrés : il est facile de trouver, dès le premier coup d'œil, les nombres intermédiaires.

Concordance des thermomètres.

Cent.	Réaum.	Far.	Cent.	Réaum.	Far.
—20°	16°	4°	+55	+44	131
15	12	5	60	48	140
10	8	14	65	52	149
5	4	23	70	56	158
0	0	32	75	60	167
+5	+4	41	80	64	176
10	8	50	85	68	185
15	12	59	90	72	194
20	16	68	95	76	203
25	20	77	100	80	212
30	24	86	105	84	221
35	28	95	110	88	230
40	32	104	115	92	239
45	36	113	120	96	248
50	40	122			

VIII.

1

L'invention du thermomètre paraît acquise à Drebbel, paysan hollandais. Quelques auteurs l'attribuent aussi à Jacques Métius. Il parut, pour la première fois, en 1621, d'autres disent en 1627. Trente ans après, Fontana en réclama, mais sans preuves, l'invention pour lui-même. On conçoit que ces premiers thermomètres furent d'autant plus imparfaits qu'ils ne se rapportaient à aucun terme connu. Celui de Drebbel avait l'air pour indicateur, et se trouvait par conséquent compliqué du baromètre, à cause du poids de l'atmosphère.

THERMOSCOPE (physique) [*thermoscopium*; de *thermos*, chaud, et *skopéin*, observer]. — Nom donné par quelques physiciens modernes à un thermomètre très-sensible, au moyen duquel on mesure les plus petites quantités de calorique contenues dans une atmosphère très-circonscrite. Le thermoscope le plus communément employé est le *thermomètre différentiel de Leslie*, composé de deux tubes semblables terminés chacun par une boule, joints ensemble à la flamme du chalumeau et recourbés en U. Ces tubes renferment une certaine quantité d'acide sulfurique coloré en rouge, qui s'élève à la même hauteur dans l'un et l'autre tube : le reste de leur capacité est occupé par de l'air, qui se dilate lorsqu'on chauffe une des branches, et qui refoule le liquide dans la branche opposée. *Dix* degrés de cet instrument répondent à *un* centigrade. Le *thermomètre de Rumford* est le même que celui de Leslie ; mais il est construit sur de plus grandes proportions, et l'acide sulfurique est remplacé par de l'alcool coloré.

THON (zoologie) [*Scomber tynnus*]. — Poisson de mer, du genre du Scombre : il est un de ceux qui prennent le plus d'accroissement, il pèse quelquefois plus de cent livres. Willughby cite un thon pris dans la Manche, qui avait sept pieds de longueur. La forme du thon est arrondie et épaisse ; il diminue peu à peu vers la queue, où il est mince : la couleur du dos, qui est noire, paraît d'une couleur azurée ou même verte lorsqu'on la présente diversement aux reflets de la lumière : toute la moitié inférieure des côtés est augmentée ; la peau est couverte de très-petites écailles ; le museau se termine en pointe ; les mâchoires sont égales en longueur et garnies de très-petites dents ; la gueule est spacieuse, noire à l'intérieur, excepté l'extrémité du palais qui est rouge ; la langue est large, un peu rude ; le palais offre trois osselets couverts d'aspérités ; les yeux sont assez grands, et leur iris est d'un éclat argenté : selon Willughby, la cornée est noire du côté du museau et blanche sur la partie opposée : les opercules des ouïes sont formées de deux seules lames.

Il y a sur le dos deux nageoires principales ; la première est voisine de la tête et garnie de quatorze rayons simples ; elle sort d'une fossette qui sillonne le milieu du dos : la seconde dorsale a aussi quatorze rayons, mais rameux, dont le troisième et le quatrième sont les plus élevés ; cette même nageoire est quelquefois teinte de rouge ou de jaune : le sommet du dos a huit ou dix autres petites nageoires, situées à des distances à peu près égales entre elles, étroites à leur naissance, larges vers leurs sommets, garnies de rayons allongés et inclinés vers la nageoire de la queue : les pectorales sont minces, terminées en pointe, d'une couleur noire, et garnies chacune d'environ trente-quatre rayons ; les abdominales sont minces aussi, et en ont chacune six, dont le premier est pointu et les autres rameux : les côtés et le ventre du poisson ont des espèces de sillons destinés à recevoir ces quatre nageoires inférieures, lorsque l'animal les replie : la nageoire de l'anus a treize rayons ; au delà de cette nageoire se trouvent huit autres petites nageoires semblables à celles du dos et disposées sur une même direction ; la nageoire de la queue est échancrée en forme de croissant : les côtés de la queue forment chacun une saillie qui s'étend sur leur milieu, et que Willughby compare à une nageoire, ce qui fait paraître carrée cette partie du corps.

Les thons sont communs, surtout dans la Méditerranée, quoiqu'on en trouve aussi dans l'Océan. Ils vont toujours par troupes, et on prétend qu'ils se mettent en ordre et forment un carré par leur disposition. Il paraît certain qu'ils sont du nombre des poissons de passage, quoiqu'on ne soit pas d'accord sur la route qu'ils suivent dans leurs migrations. L'opinion la plus vraisemblable est qu'ils passent de l'Océan dans la Méditerranée, et qu'après avoir parcouru les différentes parties de cette mer, ils arrivent dans la mer Noire, qui, selon Aristote, est la seule où ils fraient. Cependant Strabon rapporte qu'ils fraient aussi dans la mer d'Azoff. On dit qu'ils entrent dans le Pont-Euxin par le rivage qui est à droite, et qu'ils en sortent par celui de la gauche. Aristote et Pline prétendent expliquer ce fait, en affirmant que le thon voit plus clair de l'œil droit que de l'œil gauche. Duhamel dit qu'il passe pour certain que l'arrivée des ma-

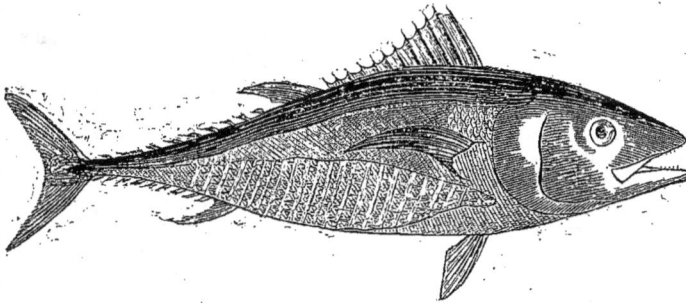

Fig. 1. — Thon commun.

quereaux vers nos côtes annonce celle des thons qui les poursuivent pour s'en nourrir. Les uns et les autres nagent avec beaucoup de vitesse et d'une durée constante : l'on a vu quelquefois des thons suivre pendant un long espace un vaisseau qui sillait sous voiles. Le chevalier de Chimband, étant parti de la Martinique pour la France par la voie de Marseille, rapporte que dans cette traversée, qui fut de plus de cent jours, il rencontra une quantité prodigieuse de thons qui l'accompagnèrent pendant quarante-sept jours ; ils disparurent tous au moment où l'on quitta l'Océan pour entrer dans le détroit de Gibraltar. Les thons doivent cette grande facilité de nager à la force de leur queue, qui frappe l'eau avec tant de violence, que le bruit s'en fait entendre de loin ; aussi assure-t-on que leur queue est leur principale défense, et qu'elle devient une arme redoutable lorsqu'on les attaque. Cependant ces poissons sont timides, et s'enfuient au moindre bruit. C'est pour cette raison qu'on a recours quelquefois au son du cor de chasse, pour les déterminer à donner dans les filets.

Quelques-uns ont avancé que les thons se plaisent dans les endroits limoneux (Salvian appelle ce poisson *limosa*). On dit aussi qu'ils se nourrissent de plantes marines ; mais ce dernier fait semble être démenti par l'espèce de fureur avec laquelle ils vont à la poursuite des maquereaux, et par l'avidité qu'ils montrent pour différents appâts qu'on leur présente, surtout pour les sardines ; on réussit même à les attirer, en leur présentant simplement un leurre qui imite la forme d'une sardine. Les pêches dans lesquelles on emploie les haims pour prendre les thons, se font au doigt, à la canne, etc. Elles ne diffèrent de celles dans lesquelles on prend les maquereaux, qu'en ce que les haims sont plus grands et les lignes plus fortes.

Dans les environs de Collioure, on appelle thonnaire une enceinte de filets que les pêcheurs forment sur-le-champ dans la mer, pour arrêter les thons au passage. Cette pêche se pratique tous les ans depuis le mois de juin jusqu'en septembre. Pour favoriser cette pêche, la ville de Collioure entretient pendant toute la saison deux hommes intelligents, qui observent du haut de deux promontoires l'arrivée des thons vers la côte voisine. Dès qu'ils aperçoivent de loin ces poissons, qui vont quelquefois par bandes de deux à trois mille, ils en avertissent les pêcheurs qui sont à la côte, ainsi que les habitants, en déployant un pavillon blanc, dont les signalements indiquent de plus l'endroit où les poissons abordent. A la vue de ce pavillon, les enfants poussent de grands cris de joie, et parcourent les rues en annonçant au peuple la pêche prochaine des thons. Alors tous les habitants, même les soldats, courent à la marine, où tous les patrons des bâtiments pêcheurs prennent avec eux les filets nécessaires pour la pêche, et font entrer en même temps le plus de monde possible dans leurs bateaux, pour les seconder dans cette grande pêche : on arrive ainsi près des thons, on jette les pièces de filets qui sont lestées et flottées ; et en formant une enceinte demi-circulaire, dont la concavité est tournée vers la côte, on avance sur les thons vers la plage ; et on continue de resserrer l'enceinte avec des filets de réserve, jusqu'à ce qu'il n'y ait plus que deux ou trois brasses d'eau ; alors on amène le filet sur le rivage à force de bras, et les matelots saisissent les petits thons avec la main et les gros avec des crochets. On a vu des pêches qui produisaient jusqu'à trois mille quintaux et plus de ce poisson. On rapporte qu'une année, au mois de mai, il se fit une pêche de seize mille thons, tous jeunes, et du poids de vingt à trente livres.

La pêche des thons, dans les pêcheries appelées *madragues*, sur les côtes de Provence, est l'une des plus importantes de celles qui se pratiquent à la mer. La curiosité y attire ordinairement de toutes parts une foule de spectateurs ; l'adresse et l'agilité des pêcheurs provençaux donnent lieu à une multitude de scènes divertissantes : c'est une fête publique dont les témoins parlent longtemps avec une sorte d'enthousiasme.

Telle est l'histoire de ce poisson si connu par le grand commerce qui s'en fait dans presque toutes les contrées de l'Europe, où on l'envoie de Cadix et de Marseille, après l'avoir salé à peu près à la manière de la morue, soit en blanc, soit en vert, et ensuite renfermé dans des barils. La chair de ce poisson est ferme, grasse et d'un assez bon goût ; étant fraîchement coupée, elle est rougeâtre : on ne prend que celle du ventre pour la couper en morceaux et la garder après l'avoir salée. Dans plusieurs pays on confit à l'huile cette partie de l'abdomen cuite, et que l'on appelle la *panse du thon* ; dans d'autres on sale aussi la chair du dos. Dans cet état on l'appelle *thon mariné*, et dans l'Italie *torentillo*, parce qu'il en vient beaucoup de Tarente. On abandonne au bas peuple les autres parties qui sont dépourvues de graisse et n'ont presque aucune saveur ; c'est ce qu'on appelle *thonine commune*. Comme ce poisson est fort gras, il s'en détache lorsqu'on le lave pour le saler, une huile qui flotte sur l'eau et que les femmes ramassent pour la vendre aux tanneurs.

A l'égard du thon appelé *pelamide* par Aristote et Pline, ce n'est pas une espèce, mais une simple variété dont la différence tient à celle de l'âge ; un jeune thon devient pelamide, et par l'accroissement la pelamide devient un véritable *thon*.

THORAX (anatomie) [*thorax* des Latins]. — Le thorax ou la poitrine est une grande cavité conoïde, légèrement aplatie en avant, qui occupe le milieu du tronc ; il reçoit aussi une grande quantité de vaisseaux sanguins et lymphatiques, de nerfs, au-devant de la région dorsale de la colonne vertébrale : il est composé d'os, de cartilages, unis par des ligaments, et entouré de muscles nombreux. Destinée à recevoir les organes principaux de la respiration et de la circulation, la poitrine est formée en avant par le sternum, sur les côtés par les côtes, en arrière par la région dorsale de la colonne vertébrale.

La forme de la poitrine est celle d'un cône tronqué dont la base est en bas ; sa surface externe offre, en avant, le sternum, les cartilages de prolongement des côtes, la partie antérieure des espaces intercostaux ; en arrière, la face postérieure de la région dorsale de

la colonne vertébrale, les gouttières vertébrales, les articulations des côtes avec les apophyses transverses des vertèbres, l'angle des côtes; sur les côtés, les côtes et les espaces intercostaux. La circonférence supérieure de la poitrine, ou son sommet, est petite, ellipsoïde, et formée par le sternum, les deux premières côtes et la première vertèbre dorsale. Elle est traversée par la trachée-artère, l'œsophage, les artères, les veines, les nerfs qui vont de la poitrine aux membres thoraciques et à la tête, ou qui de ces parties descendent dans la poitrine.

La circonférence inférieure de la poitrine, ou sa base, est très-étendue, surtout transversalement. Elle est occupée par le muscle diaphragme qui sépare cette cavité de l'abdomen.

La cavité de la poitrine renferme au milieu le cœur et l'origine des gros vaisseaux, et sur ses parties latérales les deux poumons. Elle est tapissée à l'intérieur par les plèvres qui la divisent en deux parties, en s'adossant pour former le médiastin.

TIARE (histoire) [du grec *tiara*, ornement de tête autrefois en usage chez les Perses]. — La tiare était un ornement de tête chez les Perses; elle couvrait le front des rois de Pont et d'Arménie; les prêtres juifs la portaient aussi en forme de petite couronne faite de bysses; mais le grand prêtre en avait une d'hyacinthe, entourée d'une triple couronne d'or, garnie sur le devant d'une lame d'or, sur laquelle était gravé le nom de Jehova.

Pour les catholiques, la *tiare* du pape est une espèce de bonnet rond et assez élevé, environné de trois couronnes d'or, enrichies de pierreries, posées en trois rangs l'une sur l'autre, qui se termine en pointe, et soutient un globe surmonté d'une croix. Le pape Hormisdas, élu en l'an 514, n'avait sur ce bonnet que la couronne royale d'or, dont l'empereur de Constantinople avait fait présent à Clovis, roi de France, et que ce monarque avait envoyée à Saint-Jean de Latran. Le pape Boniface VII, élu en 1294, y ajouta la seconde; et le pape Jean XXII, mort en 1334, y mit la troisième couronne, pour marquer la juridiction spirituelle du chef de l'Eglise sur les trois parties du monde qui étaient alors connues.

Les papes ne portaient au commencement qu'un simple bonnet d'une forme semblable aux mitres phrygiennes dont se servaient autrefois les sacrificateurs de Cybèle.

TIGRE (zoologie).—Ce mammifère du genre chat, est à peu près de même taille que le lion, mais plus mince, plus bas sur jambes; il a la tête plus petite et arrondie, la queue très-longue.

Le véritable tigre qui ne se trouve que dans l'Asie et dans les parties les plus méridionales de l'Afrique, n'est pas moucheté, mais il a, dit Buffon, de longues et larges bandes en forme de cercle : ces bandes prennent par dessous le ventre, et continuant le long de la queue y font comme des anneaux blancs et noirs placés alternativement.

Le plus grand de tous les tigres est celui qu'on nomme tigre royal; il est extrêmement rare : sa taille surpasse celle du lion; sa longueur est de dix

pieds sans y comprendre la queue : sa férocité n'est comparable à rien; sa force est relative à sa taille.

Dans la classe des animaux carnassiers, poursuit Buffon, le lion est le premier; le tigre est le second; mais le tigre est plus à craindre que le lion. Celui-ci oublie souvent qu'il est le roi, c'est-à-dire le plus fort de tous les animaux; marchant d'un pas tranquille il n'attaque jamais l'homme, à moins qu'il ne soit provoqué : il ne précipite point ses pas; il ne court, il ne chasse que quand la faim le presse .Le tigre au contraire, quoique rassasié de chair, semble toujours altéré de sang; sa fureur n'a d'autres intervalles que ceux du temps qu'il lui faut pour dresser des embûches; il saisit et déchire une nouvelle proie, avec la même rage qu'il vient d'exercer, et non pas d'assouvir, en dévorant la première. Il désole le pays qu'il habite; il ne craint ni l'aspect ni les armes de l'homme; il dévaste les troupeaux d'animaux domestiques, met à mort toutes les bêtes sauvages, attaque les petits éléphants, les jeunes rhinocéros, et quelquefois même ose braver le lion. C'est un tyran brutal qui voudrait dépeupler l'univers pour régner seul au milieu des victimes qu'il égorge. Des ongles crochus et des dents meurtrières, voilà les armes plutôt offensives que défensives, qui sont les instruments de son appétit sanguinaire.

La forme du corps de cet animal est ordinairement d'accord avec le naturel. Le lion a l'air noble; la hauteur de ses jambes est proportionnée à la longueur de son corps : l'épaisse et grande crinière qui couvre ses épaules et ombrage sa face, son regard assuré, sa démarche grave, tout semble annoncer sa fière et majestueuse intrépidité. Nous avons dit, en parlant du lion, que cet animal joint à la fierté, au courage, à la force, la noblesse, la magnanimité, la clémence, tandis que le tigre est bassement féroce et impitoyablement cruel. Le tigre trop long de corps, trop bas sur ses jambes, la tête nue, la face mobile, les yeux hagards, étincelants, la langue couleur de sang et toujours hors de la gueule, n'a que les caractères de la basse méchanceté et de l'insatiable cruauté; il n'a pour tout instinct qu'une rage constante, une fureur aveugle, qui ne connaît, qui ne distingue rien et qui lui fait souvent dévorer ses propres enfants, et déchirer leur mère lorsqu'elle veut les défendre. Que ne l'eût-il à l'excès cette soif de son sang ! que ne pût-il l'éteindre qu'en détruisant, dès leur naissance, la race entière des monstres qu'il produit !

Heureusement pour le reste de la nature, l'espèce du tigre n'est pas nombreuse, et paraît confinée aux climats les plus chauds de l'Inde orientale : elle se trouve principalement au Malabar, à Siam, à Bengale, dans les mêmes contrées qu'habitent l'éléphant et le rhinocéros. On prétend même que souvent le tigre accompagne ce dernier, et qu'il le suit pour manger sa fiente, qui lui sert de purgation ou de rafraîchissement. Il fréquente avec lui le bord des fleuves et des lacs; car comme le sang ne fait que l'altérer, il a souvent besoin d'eau pour tempérer l'ardeur qui le consume, et d'ailleurs, il attend près des eaux les animaux qui y arrivent, et que la chaleur du climat

contraint d'y venir plusieurs fois par jour. C'est là qu'il choisit sa proie, ou plutôt qu'il multiplie ses massacres; car souvent il abandonne les animaux qu'il vient de mettre à mort, pour en égorger d'autres : il semble qu'il cherche à goûter de leur sang ; il le savoure, il s'en enivre, et semble même regretter celui qui se perd par effusion : lorsqu'il fend et déchire le corps des animaux qu'il a attaqués, c'est pour y plonger la tête, et pour sucer à longs traits le sang dont il vient d'ouvrir la source qui tarit presque toujours avant que sa soif ne s'éteigne.

Cependant quand il a mis à mort quelque gros animal, comme un cheval et un buffle, il ne les éventre pas sur la place, s'il craint d'y être inquiété; pour les dépecer à son aise et jouir en paix du plaisir de dévorer sa proie, car il n'admet point d'associé et ne souffre point de partage, seul il les emporte dans les bois, en les traînant avec tant de légèreté que la vitesse de sa course paraît à peine ralentie par la masse énorme qu'il en-

L'ESESTRE   BEVALET

Fig. 2. — Tigre royal.

traîne. Ceci seul suffirait pour nous faire juger de la force de ses mouvements ou ressorts organiques.

Lorsque l'on voit le squelette du tigre, on remarque sur les os de ses jambes des rugosités qui marquent des attaches de muscles encore plus fortes que celles du lion ; ces os sont aussi plus solides, mais plus courts. Cet animal fait des bonds prodigieux ; car en lui supposant, proportion gardée, autant de force et de souplesse qu'au chat, qui lui ressemble beaucoup par la conformation, et qui dans l'instant d'un clin d'œil, fait un saut de plusieurs pieds d'étendue, on sentira que le tigre, dont le corps est dix fois plus long, peut, dans un instant presque aussi court, faire un bond de plusieurs toises. C'est la vitesse des sauts de cet animal qui le rend si terrible, parce qu'il n'est pas possible d'en éviter l'effet. Il semble qu'il n'est permis à aucun être vivant d'exister partout où réside le tigre.

Dans les pays fréquentés par les tigres, comme dans Sumatra et quelques autres, on élève les maisons sur des pieux de bambou, pour se mettre à l'abri des incursions de ces animaux voraces. Dans le Gange, on en voit quelquefois venir à la nage, et s'élancer dans les petits bâtiments qui sont à l'ancre, ce qui oblige à se tenir sur ses gardes, surtout pendant la nuit.

Le tigre est peut-être le seul de tous les animaux dont on ne puisse fléchir le naturel : ni la force, ni la contrainte, ni la violence ne peuvent le dompter. Il s'irrite des bons comme des mauvais traitements ; la douce habitude qui peut tout, ne peut rien sur cette nature de fer. Le temps, loin de l'amollir en tempérant les humeurs féroces, ne fait qu'aigrir le fiel de sa rage. Il déchire la main qui le nourrit, comme celle qui le frappe : il rugit à la vue de tout être vivant : chaque objet lui paraît une nouvelle proie, qu'il dévore d'avance de ses regards avides, qu'il menace par des frémissements affreux mêlés d'un grincement de dents, et vers lequel il s'élance souvent, malgré les chaînes et les grilles qui brisent sa fureur sans pouvoir la calmer.

Le tigre fut peu connu des anciens : Aristote n'en fait aucune mention ; Auguste fut le premier qui présenta le tigre aux Romains pour la dédicace du théâtre de Marcellus, tandis que dès le temps de Scaurus, cet édile avait envoyé cent cinquante panthères, et qu'ensuite Pompée en avait fait venir quatre cent dix, et Auguste lui-même quatre cent vingt, pour les spectacles de Rome. Ce furent des ambassadeurs indiens qui présentèrent à Auguste, dans le temps qu'il était à Samos, le premier tigre dont il vient d'être mention ; et ce fut aussi des Indes qu'Héliogabale fit venir ceux qu'il voulut atteler à son char, à l'imitation du dieu Bacchus.

Quoique l'espèce du tigre ait toujours été plus rare et beaucoup moins répandue, non-seulement que celles des panthères et des onces, mais que celle du lion, cependant la tigresse produit, comme la lionne, quatre ou cinq petits ; elle est furieuse en tout temps : mais sa rage devient extrême lorsqu'on les lui ravit, elle brave tous les périls ; elle suit les ravisseurs, qui se trouvant pressés, sont obligés de relâcher un de ses petits ; elle s'arrête alors, le saisit, l'emporte pour le mettre à l'abri, revient à la charge quelques instants après, et les poursuit jusqu'aux portes des villes, ou jusqu'à leurs vaisseaux jusqu'à ce qu'ils lui aient tous été rendus, et si elle perd tout espoir de recouvrer sa perte, alors des cris forcenés et lugubres, des hurlements affreux expriment sa douleur cruelle, et font encore frémir ceux qui les entendent de loin.

Le tigre fait mouvoir la peau de sa face, grince des dents, rugit comme fait le lion ; mais son rugissement est différent ; quelques voyageurs l'ont comparé au cri de certains grands oiseaux : ce qu'il y a de certain, c'est que le son de sa voix est très-rauque, *Tigrides indomitæ raucant, rugiuntque leones*, dit l'auteur de *Philomèle*.

Cet animal si redoutable, dont la présence fait trembler tout ce qui respire, l'homme ose l'attaquer. Les rois et les grands seigneurs des Indes se font un

honneur, une gloire d'aller à la chasse des tigres,

De quelque férocité que soient les tigres, on observe qu'ils marquent beaucoup de frayeur lorsqu'ils se trouvent environnés de chasseurs qui leur présentent l'épieu.

Le tigre se voyant entouré, s'accroupit sur la queue, et soutient longtemps les coups de flèches qui s'émoussent en quelque sorte sur sa peau. Enfin lorsque sa rage s'allume, il s'élance avec tant de rapidité, en fixant les yeux sur ceux des chasseurs qui le tirent, qu'il paraît ne faire qu'un saut ; mais d'autres chasseurs du même rang tiennent la pointe de leurs épieux tournée vers lui, et le percent au moment qu'il est prêt à saisir leurs compagnons.

Les chasseurs indiens sont si adroits et si prompts à cette chasse, qu'il arrive peu d'accidents. Si on manque ces cruels animaux, on est victime de sa maladresse ; dans un instant ils étranglent, déchirent et enlèvent le chasseur.

Le père Tachard (dans la relation de son premier voyage à Siam) rapporte le combat d'un tigre contre des éléphants, dont il fut témoin, et qui est bien propre à nous donner une idée de la force de ce redoutable animal. On fit entrer au milieu d'une enceinte de cent pieds en carré, formée par une haute palissade de bambous, trois éléphants destinés pour combattre le tigre ; ils avaient un grand plastron en forme de masque, qui leur couvrait la tête et une partie de la trompe. On ne lâcha pas d'abord le tigre qui devait combattre, mais on le tint attaché par deux cordes ; de sorte que, n'ayant pas la liberté de s'élancer, le premier éléphant qui l'approcha, lui donna deux ou trois coups de sa trompe sur le dos ; ce choc fut si rude, que le tigre en fut renversé et demeura quelque temps étendu sur la place sans mouvement, comme s'il eût été mort ; cependant, dès qu'on l'eut délié, quoique cette première attaque eût bien rabattu de sa furie, il se releva, fit un cri horrible, et voulut se jeter sur la trompe de l'éléphant qui s'avançait pour le frapper ; mais celui-ci le repliant adroitement, la mit à couvert par ses défenses, qu'il présenta en même temps, et dont il atteignit le tigre si à propos, qu'il lui fit faire un grand saut en l'air. Cet animal en fut si étourdi, qu'il n'osa plus approcher : il fit plusieurs tours le long de la palissade, s'élançant quelquefois vers les personnes qui paraissaient vers les galeries. On poussa ensuite trois éléphants contre lui, lesquels lui donnèrent tour à tour de si rudes coups, qu'il fit encore une fois le mort, et ne pensa plus qu'à éviter leur rencontre, ils l'eussent tué sans doute, si l'on n'eût pas fait cesser le combat.

On comprend par ce simple récit quelles doivent être la force et la fureur de cet animal, puisque celui-ci, quoique jeune encore, et n'ayant pas pris tout son accroissement, quoique réduit en captivité, quoique retenu par des liens, quoique seul contre trois, était encore assez redoutable aux colosses qu'il combattait, pour qu'on fût obligé de les couvrir d'un plastron sur toutes les parties de leur corps, que la nature n'a pas cuirassées comme les autres, d'une enveloppe impénétrable.

On lit dans la *Gazette de France* (16 juillet 1764), qu'un vaisseau de la Compagnie des Indes rapporta plusieurs animaux étrangers, et entre autres deux tigres destinés pour le duc de Cumberland. Ce prince voulant connaître la manière dont ces animaux chassent leur proie, fit lâcher, le 30 juin de la même année, un tigre dans une partie de la forêt de Windsor, où l'on avait formé une enceinte avec des toiles. On y fit entrer un cerf ; le tigre courut aussitôt sur lui, et il voulut le saisir par le flanc ; mais le cerf se défendit si bien de ses bois, qu'il l'obligea de reculer. Le tigre ne renonça pas au combat, il revint à la charge, et essaya de prendre le cerf au cou ; il fut repoussé avec la même vigueur : enfin à la troisième attaque le cerf le jeta fort loin d'un coup de son bois, et se mit à le poursuivre ; le tigre alors abandonna la partie, et se sauva dans la forêt. Il se réfugia sous les toiles parmi un troupeau de daims, et en attrapa un qu'il tua sur-le-champ. Pendant qu'il en suçait le sang, deux Indiens, chargés de le garder, lui jetèrent sur la tête une espèce de coiffe, et s'en étant ainsi rendus maîtres, ils l'enchaînèrent, et après lui avoir fait manger le reste du daim, l'emmuselèrent et le reconduisirent dans sa loge. Le duc de Cumberland fit donner la liberté au cerf qui s'était si vaillamment défendu, après lui avoir fait mettre au cou un très-large collier d'argent, sur lequel on a gravé l'aventure du combat. Ce fait singulier nous apprend que la différence du climat, et plus encore la privation totale de la liberté, ne flétrissent pas peu le génie des animaux, même les plus indomptables.

En l'année 1771, un jeune tigre étant dans un vaisseau qui faisait voile pour l'Angleterre, s'échappa de sa loge et grimpa sur la vergue du grand mât. Tout l'équipage en fut alarmé. Un matelot fut assez hardi pour monter à l'endroit où se tenait le tigre ; il lui passa une corde au cou. Cet animal loin d'être furieux, se laissa conduire ainsi jusqu'à sa cage : il paraît que le trouble de ce monstre qui ne trouvait aucune issue au milieu des eaux, avait changé ses mœurs ; il était devenu presque docile, au moins souffrait-il l'approche de son libérateur.

Romé de l'Isle a dit avoir vu aux Indes quelques tigres passablement privés, mais il avoue aussi qu'ils étaient toujours emmuselés, les yeux bandés, et attachés en laisse. Ceux que les seigneurs orientaux se plaisent à mener à leur suite, sont renfermés dans de grandes et fortes cages de bois, ou enchaînés sur de petits chariots.

La peau des tigres est assez estimée, surtout à la Chine, où on leur conserve la tête et la queue. Les mandarins militaires en couvrent leurs chaises dans les marches publiques. A la cour, les princes en font aussi des couvertures de coussins pour l'hiver.

En Europe, ces peaux, quoique rares, ne sont pas d'un grand prix : on fait beaucoup plus de cas de celles du léopard de Guinée et du Sénégal, que nos fourreurs appellent tigre ; au reste c'est la seule petite utilité qu'on puisse tirer de cet animal très-nuisible ; cependant les Indiens mangent sa chair, et ne la trouvent pas mauvaise.

Si le poil de sa moustache, pris en pilule, est un poison pour les hommes et pour les animaux, c'est que ce poil étant dur et raide, une telle pilule fait sur les membranes de l'estomac le même effet qu'un paquet de petites aiguilles. Aussi le roi de Congo punit-il sévèrement ceux qui lui apportent une peau de tigre sans la moustache. Des personnes dignes de foi ont assuré à Romé de l'Isle, que ce quadrupède craint tellement le poison de sa moustache, que quand il va boire dans quelque eau courante, il se place toujours parallèlement au fil de l'eau, de peur d'avaler quelqu'un de ses poils.

TILIACÉES (botanique). — Famille naturelle de plantes dicotylédones polypétales hypogynes, à laquelle le tilleul (*tilia*) a donné son nom. M. A. Richard réunit sous cette dénomination les tiliacées et les éléocarpées de M. de Jussieu. Presque toutes sont des arbres ou des arbrisseaux à feuilles alternes, simples, accompagnées à leur base de deux stipules caduques, à fleurs axillaires, pédonculées, solitaires ou diversement groupées. Elles ont un calice simple formé de 4 à 5 sépales rapprochés en forme de valves avant l'épanouissement de la fleur; une corolle rarement nulle, à 4 ou 5 pétales souvent glanduleux à leur base; des étamines nombreuses, libres, à anthères biloculaires; l'ovaire a 2 à 10 loges contenant chacune plusieurs ovules sur deux rangs à l'angle interne; le style est simple, le stigmate bilobé, le fruit est une capsule à plusieurs loges, contenant plusieurs graines, et quelquefois indéhiscente, ou une drupe monosperme par avortement. Les graines contiennent un embryon droit ou un peu recourbé dans un endosperme charnu. Les éléocarpées ne diffèrent des vrais tiliacées qu'en ce que leurs pétales sont frangés à leur sommet et leurs anthères s'ouvrent seulement par deux pores.

TILLEUL (botanique) [*tilia*].—Grand et bel arbre de la famille des tiliacées, et dont la fleur est communément employée comme légèrement antispasmodique, en infusion théiforme; on en prépare aussi une eau distillée, qui est l'excipient le plus ordinaire dans beaucoup de potions.

TIMBALE. — Mot dérivé du persan ou de l'arabe: espèce de tambour à l'usage de la cavalerie, dont la caisse est de cuivre, faite en demi-globe, et couverte d'une peau corroyée sur laquelle on bat dans la marche de la cavalerie. Les timbales passent pour avoir été inventées par les Perses. Les Sarrasins s'en servirent dès les premières croisades. Les troupes allemandes sont les premières qui en aient eu en Europe, et on ne les connaissait pas encore en France, lorsque Ladislas, roi de Hongrie, envoya des ambassadeurs à Charles VII, pour demander en mariage Madeleine sa fille, qui épousa Gaston, comte de Foix.

Sous le règne de Louis XIV, on prit des timbales aux Allemands; depuis ce temps elles sont à l'usage de notre cavalerie; mais au commencement, on ne lui en vit pas d'autres que celles qu'elle avait su enlever aux ennemis.

TIMBRE [du latin *tympanum*].—On appelle ainsi une cloche sans battant en dedans, et frappée en dehors avec un marteau.

Dans le blason, timbre s'est dit par analogie de ce qui se met sur l'écu, comme bonnets, mortiers, casques, etc., à cause de leur ressemblance avec les timbres d'une horloge. De là ces expressions des *armes timbrées* pour des armes dont l'écu porte un *timbre*, est marqué d'un *timbre*.

TIMBRE s'est dit ensuite de toute espèce de marque imprimée qui fixe l'usage du papier sur lequel se font les contrats, les effets de commerce, etc.

TIQUE (zoologie). — Nom vulgaire de certaines arachnides très-petites qui s'attachent aux corps des animaux, particulièrement aux oreilles des chiens et des bœufs, et en sucent le sang. Tels sont les iodes et surtout le ricin. — On donne aussi le nom de *tique* à la puce pénétrante ou *chique*, à tous les acarides, aux *Mites*, aux *Cirons*, etc.

TISANE (pharmacologie). — Nom donné aux médicaments liquides aqueux contenant peu de substances médicamenteuses, et que l'on administre par verres dans la plupart des maladies : on dit la *tisane de chiendent, de réglisse*, etc. Les anciens donnaient particulièrement ce nom à la décoction aqueuse d'orge plus ou moins réduit par l'évaporation.

TISSU (anatomie). — On appelle ainsi les diverses parties organiques qui, par leur assemblage, forment nos organes, dont elles sont les éléments anatomiques. Bichat admet vingt-un tissus simples, savoir : 1° le cellulaire; 2° le nerveux de la vie animale; 3° le nerveux de la vie organique; 4° l'artériel; 5° le veineux; 6° celui des vaisseaux exhalants; 7° celui des vaisseaux absorbants; 8° l'osseux; 9° le médullaire; 10° le cartilagineux; 11° le fibreux; 12° le fibro-cartilagineux; 13° le musculaire de la vie animale; 14° le musculaire de la vie organique; 15° le muqueux; 16° le séreux; 17° le synovial; 18° le glanduleux; 19° la dermoïde; 20° l'épidermoïde; 21° le pileux. Dans ces derniers temps, on a proposé une classification des tissus qui paraît plus conforme à l'état actuel de nos connaissances; la voici : 1° le système cellulaire ou lamineux; 2° le système adipeux; 3° le système vasculaire, qui comprend les artères, les veines, les vaisseaux lymphatiques; 4° le système nerveux, 5° le système osseux; 6° le système fibreux, qui comprend les systèmes dermoïde et fibro-cartilagineux; 7° le système cartilagineux; 8° le système musculaire; 9° le système érectile; 10° le système muqueux; 11° les systèmes séreux et synovial; 12° le système corné ou épidermique; 13° le système parenchymateux ou glandulaire. Ces tissus se composent de fibres diversement combinées et dont la nature varie.

TITANE (minéralogie). — Substance métallique appelée par les Anglais et les Allemands *menakanite. maénak*, découverte en 1791, par Williams Grégor, dans le sable d'un ruisseau qui traverse la vallée de Ménakan en Cornouaille; ce sable est noir et ressemble à de la poudre à tirer : ce naturaliste a fait sur ce minéral un grand nombre d'expériences, et il a re-

connu qu'il contenait un nouveau métal auquel il a donné le nom de *mékanite*.

En 1795, Klaproth analysa le minéral connu sous le nom de scorl rouge de Hongrie, et y découvrit une substance métallique qui est la même que celle que contient le sable de *Ménakan*, et il crut devoir donner à ce nouveau métal le nom de *titanium*, *titane*, en l'honneur des *Titans*, enfants de la terre, comme il a donné à d'autres métaux les noms d'*urane* et de *tellure*, en l'honneur d'*Uranus* et de *Tellus*, à l'exemple des fondateurs de la chimie, qui consacrèrent aux divinités des planètes les principaux métaux connus de leur temps.

Les chimistes français ont adopté le nom de titane, imposé par le célèbre ministre de Berlin. Les minéralogistes allemands ont conservé (au moins à l'égard du sable de Ménakan), le nom qui lui avait été donné par Grégor.

TOMATE (botanique) [dit aussi *Pomme d'amour*, en latin *Solanum lycopersicum*]. — Genre de la famille des Solanées, qui renferme des plantes herbacées annuelles, de l'Amérique tropicale, à tige velue ; à feuilles glabres, ailées ; folioles dentées, incisées ou lobées ; calice et corolles ordinairement à 7 divisions ; anthères s'ouvrant par une fente longitudinale ; fruit gros, comprimé aux deux extrémités, souvent sillonné ait à grosses côtes : c'est une baie rouge et molle, quelquefois jaune, remplie d'un suc acide assez agréable. On cultive la tomate pour ses fruits dont on fait des sauces qui ont une acidité légère et agréable : on les confit aussi dans le vinaigre lorsqu'ils sont très-jeunes ; quand on en mange avec excès, ils font éprouver une sensation âcre et brûlante. La greffe de la tomate sur la pomme de terre réussit parfaitement : ce qui permet d'obtenir à la fois une récolte de fruits ou de tubercules.

TOMBEAU (histoire). — Le désir de survivre à eux-mêmes porta les rois d'Egypte à construire des pyramides, pour y être déposés après leur mort.

Les Grecs eurent d'abord des sépulcres aussi simples que leurs mœurs ; mais à mesure que leurs mœurs s'altérèrent, leurs tombeaux s'embellirent ; il fallut même une loi expresse pour en arrêter la magnificence.

Les Romains avaient trois sortes de tombeaux : le *sépulcre*, le *monument* et le *cénotaphe*.

Le *sépulcre* était le tombeau ordinaire où l'on avait mis le corps entier du défunt.

Le *monument* offrait aux yeux quelque chose de plus magnifique : c'était l'édifice construit pour conserver la mémoire d'une personne, sans aucune solennité funèbre.

Lorsqu'après avoir construit un tombeau, on y célébrait les funérailles avec l'appareil ordinaire, sans mettre néanmoins le corps du mort dans ce tombeau, on l'appelait cénotaphe. L'idée des cénotaphes vint de l'opinion des Romains, qui croyaient que les âmes de ceux qui n'étaient point enterrés, erraient pendant un siècle le long des fleuves de l'enfer, sans pouvoir passer dans les Champs-Elysées.

Dans les premiers temps de la monarchie française,

un champ de bataille devenait le tombeau des souverains et des guerriers. Sous les deux premières races il était défendu d'enterrer dans les villes ; mais les personnes opulentes avaient leurs tombeaux autour de leur enceinte, et elles y étaient enfermées avec leurs habits, leurs armes, un épervier, et quelques-uns de leurs bijoux les plus précieux.

A l'égard des monarques, depuis la fin du cinquième siècle, jusqu'au milieu du huitième, ils avaient des tombeaux de pierre, sur lesquels était bâtie une voûte, sans ornement ni inscriptions. L'usage des épitaphes ne s'introduisit que sous Pepin ; et de tous les rois de la troisième race, Louis XI est le seul qui n'ait pas sa sépulture à Saint-Denis.

TON (musique) [du grec *tonos*, tension]. — Ce mot a deux applications dans la musique ; il indique :

1° La gamme dans laquelle est un morceau de musique, et qui prend son nom de la note où elle commence ;

On reconnaît le ton d'un air noté au moyen des dièses ou des bémols qui sont à la clef : quand il n'y a rien le morceau est en *do* majeur ou en *la* mineur,

Avec un dièse qui se pose sur le *fa*, le ton est celui de *sol* majeur ou de *mi* mineur.

Quand il y a deux dièses, le premier est toujours sur le *fa*, le second sur le *do*, et le ton est *ré* majeur ou *si* mineur.

La note qui caractérise le ton s'appelle tonique ; dans les modes majeurs, elle est toujours d'un degré au-dessus du dernier dièse de la clef : dans les modes mineurs, elle est un degré au-dessous de ce dièse.

Les dièses vont de quinte en quinte, en voici l'ordre :

fa, do, sol, ré, la, mi, si.

Ainsi, quand il y a trois dièses, le dernier est *sol*, qui concerne le ton majeur de *la* ou le ton mineur de *fa* dièse, etc.

Les bémols montent de quarte en quarte et le premier se met sur le *ré*, ce qui donne :

si, mi, la, ré, sol, do, fa.

C'est l'ordre inverse de celui des dièses : la tonique majeure est la quinte du dernier bémol de la clef, et la tonique mineure est la seconde.

Par conséquent tous les tons mineurs sont la sixte des tons majeurs relatifs.

2° On appelle ton l'intervalle ou la différence de son entre *do* et *ré*, *ré* et *mi*, *fa* et *sol*, *sol* et *la*, *la* et *ré* de la gamme naturelle et les intervalles correspondants des gammes diésées ou bémolisées : tous les autres intervalles sont plus petits et portent le nom de demi-tons.

Les demi-tons sont majeurs quand ils marquent un intervalle de notes, comme entre *si* et *do*, *mi* et *fa*, *si* bémol et *do* bémol, *mi* dièse et *fa* dièse ; ils sont mineurs lorsqu'ils restent sur une seule note, par exemple, entre *do* et *do* dièse, *do* et *do* bémol, *ré* et *ré* dièse, etc.

La valeur d'un ton, d'un demi-ton majeur et d'un

demi-ton mineur n'est pas la même à tous les degrés, comme on peut le voir dans le tableau ci-dessous.

NOTES.	VIBRATIONS.	DEMI-TON MINEUR.	DEMI-TON MAJEUR.	TON.
la (diapason)...	870			
		48		
la dièse.......	918			
				109
si bémol.....	930			
		49		
si...........	979			
		52		
si dièse.......	1031			
			65	
do bémol.....	992			
		52		
do...........	1044			
		58		
do dièse......	1102			
				131
ré bémol......	1117			
		58		
ré...........	1175			
		58		
ré dièse.......	1233			
				130
mi bémol.....	1247			
		58		
mi...........	1305			
		70		
mi dièse.......	1375			
			87	
fa bémol.....	1322			
		70		
fa...........	1392			
		77		
fa dièse.......	1469			
				174
sol bémol.....	1489			
		77		
sol...........	1566			
		77		
sol dièse......	1643			
				174
la bémol......	1663			
		77		
la (octave).....	1740			

Le chiffre de 870 est celui qui a été prescrit par un arrêté ministériel du 16 février 1859, ainsi conçu :

Art. 1er. Il est institué un diapason uniforme pour tous les établissements musicaux de France, théâtres impériaux et autres de Paris et des départements, conservatoires, écoles succursales et concerts publics autorisés par l'Etat.

Art. 2. Ce diapason, donnant le *la* adopté pour l'accord des instruments, est fixé à huit cent soixante-dix vibrations par seconde ; il prendra le titre de *diapason normal*.

Art. 3. L'étalon prototype du diapason normal sera déposé au Conservatoire impérial de musique et de déclamation.

Art. 4. Tous les établissements musicaux autorisés par l'Etat devront être pourvus d'un diapason vérifié et poinçonné, conforme à l'étalon prototype.

Art. 5. Le diapason normal sera mis en vigueur à Paris le 1er juillet prochain, et le 1er décembre suivant dans les départements.

A partir de ces époques, ne seront admis dans les établissements musicaux ci-dessus mentionnés que les instruments au diapason normal, vérifiés et poinçonnés.

Art. 6. L'état des diapasons et des instruments sera régulièrement soumis à des vérifications administratives.

Art. 7. Le présent arrêté sera déposé au secrétariat général, pour être notifié à qui de droit.

Les dispositions qui précèdent ont été fondées sur ces considérations.

« Que l'élévation toujours croissante du diapason présentait des inconvénients dont l'art musical, les compositeurs de musique, les artistes et les fabricants d'instruments avaient à souffrir ; et que la différence qui existait entre les diapasons des divers pays, des divers établissements musicaux et des diverses maisons de facture, était une source constante d'embarras pour la musique d'ensemble, et de difficultés dans les relations commerciales. »

Il résulte en effet d'un rapport inséré dans le *Moniteur* du 25 février 1859 que, dans le cours d'un siècle, le diamètre s'est élevé par une progression constante. Si ce n'était pas assez de l'étude des partitions de Gluck pour démontrer, par la manière dont les voix sont disposées, que ces chefs-d'œuvre ont été écrits sous l'influence d'un diapason beaucoup plus bas que le nôtre, le témoignage des orgues contemporains en fournirait une preuve irrécusable, car elles accusent une différence d'un ton au-dessous de celles qu'on fait maintenant. Mais ce diapason si modéré ne suffisait pas à la prudence de l'Opéra de cette époque. Rousseau, dans son *Dictionnaire de musique* (article *Ton*), dit que le *ton* de l'Opéra à Paris était *plus bas que le ton de chapelle*. Par conséquent, le diapason de l'Opéra était, au temps de Rousseau, de plus d'un ton inférieur à celui d'aujourd'hui.

Cependant, au rapport de beaucoup d'écrivains contemporains, les chanteurs forçaient leur voix. Soit défaut d'études, soit défaut de goût, soit désir de plaire au public, ils *criaient*. Ces chanteurs qui trouvaient moyen de crier si fort avec un diapason si bas, n'avaient aucun intérêt à demander un *ton* plus élevé, qui aurait exigé de plus grands efforts ; et, en général, à nulle époque, dans aucun pays, jamais le chanteur, qu'il chante bien ou mal, n'a d'intérêt à rencontrer un diapason élevé, qui altère sa voix, augmente sa fatigue, et abrège sa carrière théâtrale. Les chanteurs sont donc hors de cause, et l'élévation du diapason ne peut leur être attribuée.

Les compositeurs, quoi qu'aient pu dire ou penser des personnes qui n'ont pas des choses de la musique une idée bien nette, ont un intérêt tout contraire à l'élévation du diapason. Trop élevé, il les gêne. Plus le diapason est haut, et plus tôt le chanteur arrive aux limites de sa voix dans les cordes aiguës ; le développement de la phrase mélodique est donc entravé plutôt que secondé. Le compositeur a dans sa tête, dans son imagination, on peut dire dans son cœur, le

type naturel des voix. La phrase qu'il écrit lui est dictée par un chanteur que lui seul entend, et ce chanteur chante toujours bien. Sa voix, souple, pure, intelligente et juste, est fixée d'après un diapason modéré et vrai qui habite l'oreille du compositeur. Le compositeur a donc tout avantage à se mouvoir dans une gamme commode aux voix, qui le laisse plus libre, plus maître des effets qu'il veut produire, et seconde ainsi son inspiration. Et d'ailleurs, quel moyen possède-t-il d'élever le diapason ? Fabrique-t-il, fait-il confectionner ces instruments perfides, ces boussoles qui égarent ? est-ce lui qui vient donner le *la* aux orchestres ? On n'a jamais entendu dire qu'un *maestro*, mécontent de la trop grande réserve d'un diapason, en ait fait établir un à sa convenance, se soit servi d'un diapason personnel, à l'effet d'élever le *ton* d'un orchestre tout entier. Il rencontrerait mille résistances, mille impossibilités. Non, le compositeur ne crée pas le diapason, il lui obéit. On ne peut donc pas l'accuser non plus d'avoir excité la progression ascendante de la tonalité.

Cette marche ascensionnelle a été constante et générale, elle ne s'est pas bornée à la France : les Alpes, les Pyrénées, l'Océan n'y ont pas fait obstacle. Il ne faut donc pas en accuser spécialement la France, qu'on charge assez volontiers des méfaits qui se produisent de temps à autre dans le monde musical. Notre pays n'a eu que sa part dans cette grande invasion du diapason montant, et s'il était complice du mal, il en était en même temps la victime. Les causes de cette invasion, qui agissaient partout avec persévérance, ne sauraient être ni accidentelles, ni particulières à un pays. Elles devaient tenir à un principe déterminant, à un intérêt quelconque ; il fallait donc rechercher quels sont ceux qui pouvaient profiter de l'élévation du *la*. Ce sont, sans contredit, ceux qui fabriquent les diapasons, ce sont les facteurs d'instruments, et on comprend qu'ils y ont un intérêt légitime et honorable. Plus le *ton* sera élevé, plus le son sera brillant. Le facteur n'a pas toujours fabriqué ses instruments d'après le diapason ; il a fait quelquefois son diapason d'après l'instrument qu'il a jugé sonore et éclatant. Car il se passionne pour la sonorité, qui est la fin de son œuvre, et il cherche sans cesse à augmenter la force, la pureté, la transparence des voix qu'il sait créer. Le bois qu'il façonne, le métal qu'il forge, obéissant aux lois de la résonance, prendront des timbres intelligents, qu'un artiste habile, et quelquefois inspiré, animera bientôt de son archet, de son souffle ou de son doigt puissant. L'instrumentiste et le facteur sont donc deux alliés, leurs intérêts se combinent et se soutiennent. Introduits à l'orchestre, ils le dominent, ils y règnent, et l'entraînent facilement vers les hauteurs où ils se plaisent. En effet, l'orchestre est à eux, ou plutôt ils sont l'orchestre, et c'est l'instrumentiste qui, en donnant le *ton*, règle, sans le vouloir, les destinées du chanteur.

La grande sonorité acquise aux instruments à vent trouva bientôt une application directe, et en reçut un essor plus grand encore. La musique, qui se prête à tout et prend partout sa place, marche avec les régi-

ments ; elle chante aux soldats ces airs qui les animent et leur rappellent la patrie. Il faut alors qu'elle résonne haut et ferme, et que sa voix retentisse au loin. Les corps de musique militaire, s'emparant du diapason pour l'élever encore, propagèrent dans toute l'Europe le mouvement qui l'entraînait sans cesse. Mais aujourd'hui la musique militaire pourrait, sans rien craindre, descendre quelque peu de ce diapason qu'elle a surexcité. Sa fierté n'en souffrirait pas, ses fanfares ne seraient ni moins martiales, ni moins éclatantes. Le grand nombre d'instruments de cuivre dont elle dispose maintenant lui ont donné plus de corps, plus de fermeté, et un relief à la fois solide et brillant qui lui manquait autrefois. Espérons d'ailleurs que de nouveaux progrès dans la facture affranchiront bientôt certains instruments d'entraves regrettables, et leur ouvriront l'accès des riches tonalités qui leur sont interdites. La musique religieuse et la musique dramatique ont subi le mouvement sans pouvoir s'en défendre, ou sans chercher à s'y dérober. On pouvait donc, dans une certaine mesure, abaisser le diapason, avec la certitude de servir les véritables intérêts de l'art.

Tableau constatant l'élévation progressive du diapason dans divers pays.

PAYS.	ANNÉES.	VIBRATIONS.
Paris, Grand-Opéra........	1699	808
	1704	811
	1713	812
	1810	846
	1823	863
	1830	872
	1839	882
	1858	896
Berlin..............	1752	844
	1814	861
	1823	875
	1830	880
	1834	883
	1858	904
Milan................	1845	893
	1856	900
Saint-Pétersbourg........	1796	872
	1858	903
Turin................	1846	880
	1858	890

Tableau des diapasons qui étaient usités dans les principales villes de France et dans divers pays d'Europe, au commencement de 1859, d'après les types reçus par le ministère d'État.

FRANCE.

	VIBRATIONS.
Lille	904
Paris.. { Grand-Opéra	896
{ Théâtre-Italien...........	896
Marseille.................	894
Bordeaux.................	886
Toulouse (Théâtre)...........	885
Toulouse (Conservatoire)...........	874

PAYS ÉTRANGERS.

	VIBRATIONS.
Bruxelles (Musique des guides).......	911
Londres. { N° 3.....................	910
{ N° 2.....................	905
Berlin.............................	903
Saint-Pétersbourg..................	903
Prague............................	890
Leipsick..........................	897
Munich............................	896
La Haye...........................	892
Pesth.............................	892
Turin.............................	889
Wurtemberg........................	889
Weymar............................	889
Brunswick.........................	887
Gotha.............................	886
Stuttgard.........................	886
Dresde............................	882
Carlsruhe.........................	870
Londres (N° 1)....................	868

La musique est un art d'ensemble, une sorte de langue universelle. Toutes les nationalités disparaissent devant l'écriture musicale, puisqu'une notation unique suffit à tous les peuples, puisque des signes, partout les mêmes, représentent les sons qui dessinent la mélodie ou se groupent en accords, les rhythmes qui mesurent le temps, les nuances qui colorent la pensée ; le silence même s'écrit dans cet alphabet prévoyant. N'est-il pas désirable qu'un diapason uniforme et désormais invariable vienne ajouter un lien suprême à cette communauté intelligente, et qu'un *la* toujours le même, résonnant sur toute la surface du globe avec les mêmes vibrations, facilite les relations musicales et les rende plus harmonieuses encore?

A ce perfectionnement très-important apporté à la musique par le nouveau diapason, il serait possible d'en ajouter un autre non moins essentiel, par l'application du système de notation indiqué au mot *Musique* de ce dictionnaire et reproduit avec de nouveaux développements dans une brochure qui se trouve à la librairie Mallet-Bachelier. Cette notation qui simplifie l'écriture musicale et facilite la lecture, n'apporte aucun changement et ne modifie nullement l'exécution en ce qui concerne tous les instruments autres que ceux à clavier, et pour ceux-ci, il serait très-facile de les mettre en rapport avec cette manière de noter : car, à cause du tempérament qu'on est obligé d'appliquer pour les accorder, ils présentent dans la gamme chromatique une coïncidence parfaite avec la notation dont il s'agit. Ainsi, le nombre de vibrations du piano au diapason, doit être pour le

la	ou la blanc	870		
la dièse	la noir	924	différence	54
si	do blanc	999	—	55
do	do noir	1044	—	65
do dièse	ré blanc	1110	—	66
ré	ré noir	1175	—	65
ré dièse	mi blanc	1240	—	65
mi	mi noir	1305	—	65
fa	fa blanc	1392	—	87
fa dièse	fa noir	1479	—	87
sol	sol blanc	1566	—	87
sol dièse	sol noir	1653	—	87
la	octave	1740	—	87

Et l'on voit que les différentes vibrations marquant les demi-tons suivent une marche régulière. Dans un piano à 82 touches, le son le plus bas, le *do*, provient de 65 vibrations par seconde, et le plus aigu en exige 6,960. La musique serait ainsi débarrassée de certaines entraves qui lui imposent encore des limites regrettables. Voir les mots *Musique* et *Son*. GOSSART.

TONNEAU (technologie). — Vase en bois, constitué sans clou, vis ou autre moyen d'assemblage, étant seulement formé par des planches appliquées l'une à côté de l'autre, et maintenues par la pression d'une bande en bois ou en fer appelée cercle.

L'invention des tonneaux est une découverte très-ingénieuse, puisqu'elle permet de renfermer des quantités considérables de liquide dans de grandes capacités, et ces tonneaux ne doivent leur construction et leur solidité qu'à des cercles! Si les cercles viennent à se rompre, le tonneau se démonte pièce par pièce; c'est donc le cercle ou le cerceau qui est la partie la plus importante d'un tonneau; aussi on dit : Je possède tant de vin en cercles et en bouteilles, dit-on, le vin en cercle explique très-bien que le tonneau sans cercle ne peut exister, et que le cercle est l'âme du tonneau.

L'invention des tonneaux est venue après l'invention des voûtes; on a vu que les claveaux d'une voûte se maintiennent d'autant mieux entre eux que la voûte est plus chargée; on savait qu'en liant une botte de blé ou de foin, avec un lien ou un cerceau d'osier, on obtenait un assemblage solide mais plein, on eut donc idée de tailler le bois en claveaux ou voussoirs pour en former une voûte circulaire, creuse, maintenue par un lien ou un cerceau.

On fut donc émerveillé de la réussite, et aujourd'hui encore, quand on considère l'art avec lequel est construit un tonneau, quand on voit voyager sur un camion cette quantité de liquide précieux renfermé dans des planches minces, par des cercles, on est encore émerveillé, ravi de voir ce prodige de l'art.

Un tonneau se compose du corps du tonneau et des deux fonds.

Les cercles sont chassés à coup de masse au moyen d'une *chasse* qui n'est autre chose qu'un morceau de bois servant d'intermédiaire entre la masse et le cercle.

Les cercles sont en bois ou en fer; les cercles en bois sont maintenus au moyen de deux crochets dont les bouts extérieurs sont ou tordus ou entourés d'osier.

Quand le bout est tordu, la pression sur le tonneau empêche que les crochets se détachent ; on met les cercles l'un sur l'autre pour couvrir toute la partie conique, et on laisse dans le milieu un seul cercle dans lequel on perce un trou qu'on appelle le trou de la bonde, les deux fonds sont placés sur les troncs de cônes, et la meilleure manière d'envisager le tonneau est de le considérer comme deux cônes tronqués appliqués base à base.

Ces deux cônes tronqués sont engendrés par des douves taillées en voussoir, les cercles figurent la charge qui donne de la solidité aux voûtes, mais pratiquement cette forme est impossible, car il faudrait plier les douves à angle obtus pour engendrer les deux troncs de cônes, on obvie à cet inconvénient en donnant aux douves la forme d'un fuseau elliptique.

De cette façon la douve forment une partie d'ellipsoïde de révolution, n'a plus besoin que d'être courbée seulement, sans la formation de l'angle obtus impossible, dont le joint au lieu d'être en ligne droite, c'est-à-dire la ligne qui sépare les douves l'une de l'autre, est une courbe parabolique.

Pour forcer les douves à prendre les formes elliptiques, on brûle des copeaux dans le tonneau et, en présence du feu, le bois devenant flexible, il suffit quand on a réuni les douves auprès d'un premier cercle qu'on appelle bâtissoir, de chasser d'autres cercles jusqu'au milieu de la première courbure, puis de retourner le tonneau pour chasser d'autres cercles au fur et à mesure de l'échauffement, et enfin de faire rapprocher la seconde extrémité des douves jusqu'à ce qu'on puisse engager le dernier bâtissoir en fer que l'on appelle talus.

Quand le tonneau est monté et muni de ses deux talus, on se sert d'une espèce de grand trousquin, appelé jabloir. Le jabloir porte sur la tige du trousquin une patte en acier taillée en scie, muni d'un repos qui empêche les dents de scie de pénétrer plus avant dans le bois.

On fait mouvoir le trousquin ou jabloir, et on pratique une rainure à l'intérieur du tonneau ; cette rainure circulaire s'appelle jable, c'est dans le jable que l'on fixe le fond.

Le fond est composé de planches amincies sur les bords au moyen d'un coup de plane en biais.

La planche du milieu du fond s'appelle la maîtresse pièce.

C'est dans cette maîtresse pièce, qui est formée d'une planche plus large que les autres, que l'on perce le trou pour y fixer le robinet servant à vider le liquide contenu dans le tonneau ; la bonde sert pour l'entonnement, de sorte qu'un tonneau a toujours deux ouvertures, une large pour entonner le liquide et une petite pour le vider suivant les besoins de la consommation.

Ce qui représente la base des deux cônes tronqués et qui n'est plus que le centre de l'ellipsoïde, s'appelle bouge, et cette forme est extrêmement avantageuse, car si on roule le tonneau, on le roule sur le bouge, les cercles qui avoisinent le bouge peuvent se briser par la pression, ou l'usure sur le sol, sans compromettre la solidité du tonneau. En effet, un tonneau conserve sa stabilité tant qu'il n'a point perdu ces deux talus, c'est-à-dire les deux cercles qui sont appuyés directement sur le jable et qui maintiennent à la fois les douves et les deux fonds.

Les tonneaux à vins les mieux confectionnés, bien qu'ils aient des cercles en bois qui couvrent les deux moitiés de l'ellipsoïde tronquée, sont munis de deux talus en fer, parce que, si dans les caves humides, les cercles en bois s'échauffent, si tous les cercles se brisent à la fois, ce que l'on appelle un coup de feu, les deux talus en fer maintiennent toujours le tonneau dans sa forme, et le vin ou autre liquide n'est point perdu.

Il va sans dire que les tonneaux cerclés en fer sont exempts de cet inconvénient, mais comme les cercles en fer coûtent plus cher, l'usage des cercles en bois est encore conservé.

La fabrication des tonneaux peut se faire à la mécanique, mais ce qui a compromis cette industrie, c'est qu'on y employait des bois sciés au lieu de bois fendus.

Dans le bois fendu, la fibre ligneuse se poursuit parallèlement dans toute la longueur de la douve, et un tel bois s'appelle merrain.

Dans le bois scié, au contraire, la fibre ligneuse est souvent transversalement, il en résulte que, par l'effet de la capillarité, le liquide prenant le chemin que prenait la sève dans la vie du bois à travers les pores de la moelle épinière, vient suinter à la surface du tonneau, voilà pourquoi les tonneaux fabriqués avec des bois débités à la scie ont été rejetés du commerce des liquides.

De tels tonneaux fabriqués à la mécanique sont très-solides et très-beaux, ils reviennent à meilleur marché, mais ils ne peuvent contenir que des substances sèches ou des liquides épais, tels que, mélasse, sirop, etc.

Les tonneaux prennent le nom spécifique de barils quand ils sont de petites dimensions, de fûts ou futailles quand ils sont désignés en général, de pipes quand ils contiennent 5 à 600 litres, de foudres quand ils contiennent 2 à 3,000 litres.

Ils sont généralement à base circulaire, mais on en fait quelquefois à base elliptique.

Les foudres destinées à contenir les cidres de Normandie ont ordinairement cette dernière forme, qui permet d'emmagasiner une plus grande quantité de liquide sur la même ligne horizontale.

Les tonneaux sont sujets à beaucoup de maladies.

En effet, les différents liquides qui séjournent dans les tonneaux se clarifient en déposant leurs substances hétérogènes.

Ces substances se déposent contre les douves des tonneaux et constituent ce qu'on appelle la lie.

La lie du vin contient un sel tartrique qui n'est point malfaisant, mais cependant, il parvient quelquefois à se décomposer et à se pourrir en attaquant le bois, on appelle une telle maladie, la gravelle pourrie, et le vin entonné dans un tel tonneau perd toujours de sa qualité quoi qu'on fasse.

Les tonneaux qui ont contenu du cidre sont imprégnés d'une lie qui entre facilement en putréfaction et un tel tonneau devient presque inguérissable.

Les tonneaux qui ont contenu de la bière sont imprégnés d'une lie plus fermentescible encore, et deviennent plus facilement hors de service. La découverte d'un moyen capable de guérir à la fois tous les

tonneaux est donc une chose de la plus haute importance (1).

CHATELAIN,
Chimiste-ingénieur, ancien directeur de l'école d'Arts et Métiers d'Amiens.

TONNERRE (physique) [*tonitru*]. — Ce phénomène bruyant et terrible, qui a de tout temps épouvanté les hommes, et excité leur étonnement, était regardé par les premiers philosophes comme un attribut de la divinité ; par d'autres comme un esprit ; suivant d'autres encore, comme le résultat de la rencontre de certaines *influences* que se renvoyaient mutuellement les astres. Un grand nombre pensaient que le tonnerre était le résultat produit d'émanations s'élevant de la terre et qui s'enflammaient.

On commença seulement à soupçonner la véritable cause de ce météore, après la découverte de l'étincelle électrique. En 1735, Gray paraît avoir trouvé quelque analogie de cause entre l'étincelle électrique et l'éclair.

En étudiant la bouteille de Leyde qui venait d'être découverte, Franklin parvint à fondre des fils métalliques par la décharge, et reconnut que l'on pouvait volatiliser la dorure d'un objet en bois sans brûler ce dernier. Alors il compara ce résultat à certains effets de la foudre : elle fond la pointe d'une épée dans un fourreau qui reste intact, et le fer d'un javelot sans en brûler le bois. Dès lors Franklin eut des idées bien arrêtées sur l'origine électrique du tonnerre.

Il travailla avec persévérance à acquérir la preuve directe de la présence de l'électricité dans les nuages orageux.

Il venait de découvrir le pouvoir des pointes et il pensa à s'en servir.

Il se proposait de planter une pointe de fer isolée, au sommet d'un clocher que l'on construisait à Philadelphie, il publia ses idées, indiqua les moyens de les mettre à exécution.

D'Alibert, le premier, répondit à son appel.

Il dressa dans une plaine élevée, une barre de fer de 14 mètres de hauteur, terminée en pointe, et isolée par le bas.

L'extrémité inférieure de cette barre s'appuyait sur un tabouret isolant. Elle était soutenue par des cordons de soie attachés à trois mâts. Le 10 mai 1752, d'Alibert put tirer des étincelles du pied de la barre.

Cette célèbre expérience connue sous le nom d'expérience de Marly-la-Ville, lieu où elle fut faite, fut répétée en France, en Italie, en Angleterre, en Russie, etc.

D'Alibert et Canton adaptèrent à la barre un carillon électrique qui servait à avertir de la présence de l'électricité, et qui, de plus, constituait un appareil préservateur, par lequel l'électricité pouvait aisément s'écouler, à cause de la faible distance des timbres. Cette invention du carillon, on le voit, est loin d'être superflue. Des observateurs furent renversés violemment par des étincelles parties de la barre isolée.

Richmann, à Pétersbourg, avait disposé sur un toit une barre de fer verticale, isolée par une bouteille percée qu'elle traversait, et communiquant, par une chaîne isolée, avec une tige, aussi isolée, fixée au plafond de son cabinet. Cette tige était terminée par une boule dont il tirait des étincelles, en en approchant un conducteur communiquant avec le sol. S'étant trop approché de la boule, il fut frappé à la tête par une étincelle à une distance de 3 décimètres, et tomba raide mort.

En 1752, le célèbre Franklin conçut l'idée de lancer sous les nues orageuses, un *cerf-volant* en soie armé d'une pointe. La corde était retenue à son extrémité inférieure par un cordon de soie. Il resta quelque temps sans que le succès vînt couronner son œuvre. Cependant, la pluie étant venue mouiller la corde, il vit des filaments se dresser, et ayant aussitôt approché le doigt d'une clef suspendue à la corde, il vit, avec une vive émotion, jaillir une étincelle, et en obtint un très-grand nombre.

Un an après, de Romas, qui ignorait cette expérience, en faisait une toute semblable en France. Il eut l'idée heureuse de rendre la corde du cerf-volant conductrice, en l'entrelaçant avec un fils métallique. Il obtint des résultats d'une intensité remarquable.

La corde avait 360 mètres de longueur ; elle était retenue par un cordon de soie fixé sous un auvent qui le préservait de la pluie, et on avait suspendu à son extrémité un cylindre en fer-blanc.

La première expérience de Romas fut faite en juin 1753. Il vit d'abord des brins de paille s'élancer vers le cylindre. Il tira ensuite des étincelles au moyen de l'*excitateur*, qu'il imagina à cette occasion, et qui consistait en un conducteur métallique communiquant par une chaîne, avec le sol, et qu'il tenait par un manche isolant. Plus tard, il obtint pendant un orage assez faible, des centaines d'étincelles, dont quelques-unes avaient jusqu'à 4 mètres de longueur et 3 centimètres d'épaisseur, et produisaient plus de bruit qu'un coup de pistolet.

Ces expériences furent répétées par Cavallo, Beccaria, Charles, etc. Ce dernier perfectionna un appareil inventé par de Romas et appelé : *Chariot électrique.*

Ce chariot porte un treuil soutenu par des colonnes de verre, et autour duquel s'enroule la corde du cerf-volant.

Toutes ces expériences prouvent incontestablement que les nuages orageux contiennent des quantités prodigieuses d'électricité. Cette électricité est tantôt positive, tantôt négative. Canton a vu l'électricité que lui donnait une barre isolée terminée en pointe, changer de nature plusieurs fois pendant une heure.

Parlons maintenant de l'éclair et du roulement du tonnerre.

(1) C'est précisément ce qu'a découvert M. Chatelain, notre savant et modeste collaborateur. Son *procédé de désinfection des tonneaux à bière*, essayé dans la grande brasserie du Luxembourg, à Paris, a donné des résultats si admirables, qu'une médaille d'or lui a été décernée à l'unanimité par la Société des sciences industrielles de Paris. (*Note du Rédacteur en chef.*)

De l'éclair. L'éclair est une immense étincelle électrique, partant entre deux nuages. Il apporte, en effet, la forme sinueuse ou en zig-zag de l'étincelle; il en a l'instantanéité, et présente les mêmes couleurs. On a vu des éclairs d'un blanc éclatant; d'autres de verdâtres; d'autres enfin qui présentaient une teinte violacée.

Deux nuages étant donnés; l'un électrisé positivement, l'autre négativement. Plaçons-les en présence ils vont s'attirer et quand la distance sera assez petite, la décharge aura lieu.

Ici, il n'y a de difficile à concevoir que l'énorme longueur du trait lumineux, car on a reconnu que les éclairs pouvaient présenter une longueur de 10 kilomètres. Disons aussi qu'il y a plusieurs circonstances qui facilitent la décharge, et lui permettent de se produire à une très-grande distance.

D'abord, l'air des hautes régions de l'atmosphère est très-raréfié, et on sait que, dans ce cas, l'étincelle part à une plus grande distance que dans l'air plus dense.

Ensuite, cet air étant humide, est sensiblement conducteur. Il s'oppose donc moins efficacement à la réunion des fluides.

Enfin, il peut exister dans l'intervalle qui sépare les nuages, des lambeaux de nuage, ou des gouttelettes disséminées formant comme un léger brouillard qui aide à la transmission du fluide.

Les mêmes nuages donnent successivement plusieurs décharges. Cela tient à leur imparfaite conductibilité, qui fait que chaque éclair ne les décharge que partiellement; en second lieu à ce que les nuages continuent à croître et à se reproduire pendant quelque temps, sous l'influence des causes qui ont présidé à leur naissance, et les parties qui se forment, arrivent avec de nouvelles quantités d'électricité.

Lorsque les nuages cessent de se régénérer, les éclairs deviennent de plus en plus rares et de plus en plus faibles. L'électricité est détruite par ces décharges, et l'orage cesse peu à peu.

Les nuages sont aussi déchargés par la pluie abondante qui accompagnent les orages, et qui éprouvent souvent une recrudescence très-marquée après chaque coup de tonnerre, souvent les gouttes de pluie paraissent lumineuses dans l'obscurité en arrivant à terre.

M. Weatstone a mesuré la durée de l'éclair. Les éclairs isolés n'ont qu'une durée inappréciable. Cet illustre physicien a trouvé qu'elle n'était pas la *millionième partie d'une seconde.*

M. Arago distingue, indépendamment des éclairs dont nous venons de parler, des *éclairs de seconde classe.*

Ils consistent en lueurs instantanées qui illuminent les nuages tantôt sur leur contour seulement, tantôt sur toute leur surface. La couleur de ces lueurs est rouge intense; quelquefois bleuâtre ou violette; elle n'est pas accompagnée de bruit perceptible.

Ces sortes d'éclairs peuvent être regardées comme des décharges, ou des mouvements de fluide, qui se font dans l'intérieur d'un même nuage dont la conductibilité imparfaite ne permet pas à l'électricité de prendre son équilibre librement, mais par mouve-

ments brusques, en formant des lueurs analogues à celles que l'on voit sur une lame de verre humide avec laquelle on cherche à décharger une machine électrique.

D'un autre côté, ces éclairs de seconde classe ne sont peut-être qu'à des éclairs éloignés de première espèce, séparés de l'observateur par un rideau de nuages que leur éclat illumine instantanément.

On donne le nom d'*éclairs de chaleur,* aux lueurs instantanées qu'on aperçoit à l'horizon, à la suite des journées chaudes. Ces lueurs sont dues à des orages lointains dont le bruit ne nous parvient pas, tandis que les éclairs, reflétés par l'atmosphère, peuvent se distinguer à une distance beaucoup plus grande. On a prouvé que le bruit du tonnerre ne parvenait guère qu'à 5 ou 6 lieues, tandis que la lueur des éclairs se distinguait à plus de 25 lieues.

Pour donner une idée de l'énorme distance à laquelle peut ainsi parvenir la lumière réfléchie par l'atmosphère, nous dirons que des observateurs ont pu voir, à 60 lieues de distance, la lueur de quelques onces de poudre que l'on brûlait à l'air libre pour faire des signaux, tandis que la rondeur de la terre empêchait de voir la flamme elle-même.

Roulement du tonnerre. Le bruit du tonnerre n'est pas subit, comme la décharge de nos appareils qui est toujours accompagnée d'une explosion instantanée, il dure pendant un temps plus ou moins long en diminuant ou augmentant plusieurs fois d'intensité. On a d'abord attribué ce résultat à des échos renvoyés par les montagnes ou par les nuages; mais, s'il en était ainsi, le bruit devrait toujours aller en diminuant d'intensité, puisque les sons réfléchis qui arrivent les derniers ont parcouru le plus d'espace. De plus, ce n'est pas un roulement continu qu'on devrait entendre, mais bien des explosions séparées.

Deux causes amènent les changements d'intensité:

1° L'éclair, dans les vastes sinuosités, passe à travers des couches d'air de densité très-différente; soit à cause des changements de pression provenant des diverses hauteurs, soit à cause des quantités variables d'humidité qui s'y rencontrent; or, nous savons que l'intensité du son (voyez ce mot) à son origine, dépend de la densité du milieu ébranlé.

2° Différents points de l'éclair pouvant être à la même distance de l'observateur, les ébranlements produits en ces points arriveront en même temps à l'oreille, et produiront un renforcement notable.

Il y a des coups de tonnerre comparables au cri du papier ou du parchemin qu'on déchire et qui pour cette raison sont appelés *déchirants.* Ce ne sont que des bruits violents séparés par des temps de silence extrêmement courts.

On les explique, soit par plusieurs décharges presque simultanées, soit par des décharges ayant lieu en même temps entre plusieurs nuages qui sont sous l'influence les uns des autres, comme les losanges des tubes étincelants, de manière à former un éclair interrompu, accompagné par conséquent d'un bruit discontinu.

De la foudre. Quand l'éclair aboutit à un point de la

terre, on dit que ce point est frappé par la *foudre* (voyez ce mot). La foudre n'est donc autre chose que l'éclair qui descend jusqu'à la terre. Sénèque faisait déjà cette distinction : « Fulguratio est fulmen, non in » terras usque perlatum. Et rursus licet dicas, fulmen « esse fulgurationem, usque in terras perductam (*Natural. quæst.*, *lib.* II *cap.* xxi). »

Quand un nuage chargé d'électricité est assez rapproché de la terre, il se fait une décomposition par influence de l'électricité du sol; le fluide contraire à celui du nuage est attiré vers la surface, principalement dans les objets élevés, et le fluide de même nom est refoulé dans les couches profondes. Le nuage est alors soumis à une attraction qui tend à le faire descendre; en même temps, les gouttes d'eau qui se précipitent, facilitant la décharge, les deux fluides en présence se joignent à travers l'air, et le point du sol où aboutit l'étincelle est *foudroyé*. Dans ce cas, on entend presque toujours un coup simple, parce que l'éclair est à peu près vertical et de peu de longueur, ce qui fait que ses différents points sont à des distances sensiblement égales de l'observateur. Le coup est quelquefois déchirant, ce qui provient sans doute des sinuosités très-irrégulières que parcourt la décharge quand elle frappe un édifice, dans lequel le sillon lumineux est interrompu en différents endroits, partout où le fluide rencontre des corps suffisamment conducteurs.

Les clochers, les navires en mer, les arbres, les sommets des montagnes, les objets en un mot les plus élevés sont les plus exposés à être foudroyés. Cependant, lorsque le fluide contraire à celui du nuage peut s'accumuler en grande quantité dans quelques corps bons conducteurs, ceux-ci sont foudroyés, plutôt que d'autres plus élevés. Ainsi, on a vu la foudre frapper des buissons au pied de tours élevées, construites en matériaux secs et mauvais conducteurs, dans lesquels la décomposition du fluide neutre n'avait pu avoir lieu qu'à un faible degré.

Les cheminées sont frappées souvent, tant à cause de leur position élevée, que de la couche bonne conductrice formée par la suie qui en garnit l'intérieur, et que le fluide ne manque pas de suivre. Les arbres sont dans le même cas. Ils sont élevés et bons conducteurs, excepté cependant les arbres résineux que la foudre n'atteint pas.

On voit d'après ceci qu'il ne faut jamais se réfugier sous un arbre isolé en temps d'orage, ni même sous des meules de blé ou de fourrage qui forment au milieu des champs un point culminant, et dont les couches superficielles deviennent bonnes conductrices, par la pluie qui ruisselle à leur surface.

La surface des eaux dans lesquelles les fluides se séparent facilement est souvent foudroyée. On voit aussi assez souvent au point qui va être frappé, le liquide se soulever en obéissant à l'attraction de l'électricité du nuage, le monticule ainsi formé se déplacer en même temps que ce dernier, et la foudre éclater en faisant bouillonner l'eau. Après l'explosion, on a quelquefois trouvé un grand nombre de poissons morts.

La route que suit le fluide quand il frappe un édi-fice est presque toujours irrégulière, capricieuse. Mais on a remarqué que cette irrégularité avait des causes. Le fluide dévie le plus souvent attiré par quelque pièce de métal cachée dans le mur, par des tiges métalliques, des tuyaux de descente des toits, des dorures des cadres et des lambris..

On a pu en juger par l'événement arrivé le 15 mars 1774, dans la maison de milord Tilney à Naples, où la foudre est tombée, et où, dans une assemblée de 300 personnes, il n'y a eu que quelques-unes qui ont eu de légères contusions, quoique le fluide ayant parcouru tous les appartements, eût détaché les dorures du plafond et des meubles. On aperçoit, dit M. de Saussure, en observant la manière dont la foudre a circulé le long des corniches et des baguettes dorées, pourquoi cette foule de personnes qui étaient dans les appartements ont été préservées de ses funestes effets.

A une époque, la foudre frappa le clocher d'Autrasme, près de Laval, pénétra dans l'église, y fondit des dorures, perça des trous, et produisit différents dégâts qui furent réparés avec soin. Un an après, la foudre produisit les mêmes résultats en passant exactement par les mêmes points.

En 1759, à la Martinique, des soldats se réfugient près du mur d'une petite chapelle ; deux d'entre eux sont tués par la foudre, qui perce le mur derrière eux à la hauteur d'un système de morceaux de fer massifs soutenant un tombeau du côté opposé.

On a vu la foudre courir le long d'un fil de fer, qu'elle fondit en partie ; puis, arrivée à un certain point, le quitter brusquement pour traverser un mur, à la hauteur de l'extrémité d'un fusil appuyé du côté opposé.

On pourrait multiplier les exemples à l'infini, mais nous allons parler des *effets de la foudre.*

Les effets de la foudre sont analogues à ceux que nous produisons avec nos batteries, seulement ils sont beaucoup plus intenses, nous diviserons les effets de la foudre en effets *physiques, chimiques, mécaniques,* et *physiologiques.*

Effets physiques. — La foudre met l'incendie aux édifices, aux meules de paille et de foin. Elle fait fondre les fils de fer des horloges, des sonnettes, etc. On a vu des chaînons de grosses chaînes se souder les uns aux autres ; des briques ont été vitrifiées à leur surface. La foudre fond aussi les substances isolantes ou peu conductrices. On a vu des ustensiles de verre être fondus en quelques parties, ou ramollis au point de se déformer par leur propre poids. Les corps altérables par le feu qui sont en contact avec des métaux restent le plus souvent intacts. C'est ainsi que les pièces de monnaie d'une bourse, le cuir du fourreau d'une épée, ne sont pas brûlés par le métal en fusion.

Effets chimiques. — La foudre produit une multitude de décompositions dans les substances variées qu'elle rencontre sur son passage. L'éclair qui traverse l'atmosphère y détermine la combinaison d'une petite quantité d'azote et d'oxygène. Il se forme de l'acide azotique qui se combine ensuite avec les bases, l'ammoniaque, par exemple, qui peuvent se trouver

en petite quantité dans l'air. Aussi les gouttes de pluie sont-elles souvent acides pendant les orages. Cet acide nitrique serait, pense-t-on, l'origine des salpétrières artificielles.

Effets mécaniques. — La foudre brise les corps imparfaitement conducteurs : les pierres volent en éclats, les poutres se divisent en fragments quelquefois très-petits et tombent en poussière au moindre contact. Les arbres sont fendus et divisés en lanières minces, souvent complétement desséchées. Le fluide passe ordinairement entre le bois et l'écorce, qui est projetée au loin. Les planches, les lames métalliques sont perforées, et même les murs. Souvent la foudre soulève le pavé des églises au-dessous duquel elle trouve une couche humide. Elle renverse des pans de murailles, des portions d'édifices considérables et en projette les débris à des distances inouïes.

En 1809, près de Manchester, un mur pesant plus de 26,000 kilos fut arraché de ses fondements et déplacé de 3 mètres à l'une de ses extrémités, et de plus de 1 mètre à l'autre.

Des personnes frappées de la foudre ont quelquefois été jetées à des distances de 20 ou 30 mètres.

Effets magnétiques. — Il arrive souvent, quand la foudre frappe un navire, que les pôles de l'aiguille des boussoles sont renversés, de manière que l'extrémité marquée nord se trouve vers le sud. Il faut donc vérifier les boussoles dans les vaisseaux qui viennent d'être foudroyés.

Arago cite un vaisseau génois, qui, croyant marcher vers le nord, vint se briser sur la côte d'Afrique, près d'Alger, parce que les pôles de sa boussole avaient été renversés à la suite d'un coup de tonnerre.

Les instruments d'acier, le fer, sont souvent aimantés lorsque la foudre les frappe ou frappe des objets voisins. Le 19 mai 1819, la foudre entra dans la boutique d'un cordonnier, à Obergunzbourg, en Souabe, et il perdit beaucoup de temps à séparer ses outils les uns des autres quand il voulut s'en servir, tant ils étaient aimantés.

Effets physiologiques. — Le fluide passe fréquemment entre les vêtements et la surface du corps. Il trouve là une couche d'air humide des produits de la transpiration, par laquelle il s'écoule avec facilité. La foudre renverse, blesse et tue les hommes et les animaux. Les cadavres entrent rapidement en putréfaction. Quelquefois on ne voit sur le corps aucune marque extérieure du passage du redoutable météore ; d'autres fois de longs sillons où la peau est enlevée, des plaies saignantes, des perforations, des brûlures se montrent en différents points du corps.

Quand il n'y a pas de marques à l'extérieur du corps, l'autopsie indique souvent une congestion dans le cerveau, et un épanchement du sang hors des vaisseaux lésés.

Souvent les habits sont enflammés, les parties métalliques qu'ils contiennent fondues ou arrachées.

Les troupeaux de moutons sont souvent foudroyés ; ce que l'on peut attribuer à la colonne de vapeur qui s'élève de leur corps pendant qu'ils se pressent les uns contre les autres, poussés par la frayeur.

Le 16 août 1788, le chevalier de Villars, observateur instruit, écrivait ce qui suit : « J'ai été foudroyé deux fois, je suis entouré de gens qui l'ont été, et je suis convaincu par l'expérience que le mot du peuple est vrai : *que celui qui a vu l'éclair n'a plus rien à redouter.* L'animal frappé par la foudre, soit à mort, soit d'une manière à perdre tout sentiment, tombe ou meurt sans avoir rien vu, rien entendu et conséquemment sans que la peur ait pu avoir aucune influence sur son état.

Les malheurs arrivent souvent faute de précaution, pendant l'orage, dans les maisons il faut éviter la proximité des masses métalliques ; se débarrasser de celles qu'on pourrait avoir sur soi ; s'éloigner des cheminées, des ouvertures ; fermer les portes et les fenêtres, les obstacles les plus faibles arrêtent quelquefois le passage du fluide.

Il faut s'éloigner des murs et des angles ; rester de préférence au milieu de la chambre et se tenir séparés les uns des autres.

On n'a besoin, bien entendu, de prendre ces précautions que dans le cas où la foudre entre dans la maison où l'on se trouve.

D'après ce que nous avons vu plus haut, dès que que l'orage vous surprend dehors, il faut éviter de se mettre à l'abri auprès des grands édifices, des clochers, et surtout de se placer sous des arbres isolés.

En rase campagne, il faut suivre les parties basses du terrain ; les tertres, les monticules, à cause de leur élévation, étant frappés de préférence.

Utilité de la foudre. — L'utilité de la foudre est 1° de rafraîchir l'atmosphère : en effet, on observe presque toujours qu'il fait moins chaud après qu'il a tonné ; 2° de purger l'air d'une infinité d'exhalaisons nuisibles, et peut-être même de les rendre utiles en les atténuant. On présume que la pluie qui tombe lorsqu'il tonne est plus propre qu'une autre à féconder les terres ; au moins est-il vrai qu'une grande pluie diminue la foudre ou même la fait cesser.

Plusieurs liquides fermentent davantage dans l'action de la foudre ; d'autres cessent de fermenter, comme le vin et la bière, d'autres se gâtent comme le lait. ALFRED SIRVEN.

TORMENTILLE (botanique). — Plante qui croît presque partout, aux lieux sablonneux, humides, herbeux, dans les bois, dans les pâturages secs, montagneux, etc. Sa racine est un tubercule vivace, presque aussi gros que le pouce, raboteux, un peu fibreux, plus ou moins droit, de couleur obscure en dehors, rougeâtre en dedans, d'un goût astringent ; elle pousse plusieurs tiges grêles, rameuses et diffuses, velues, rougeâtres, longues d'environ un pied, se courbant et se couchant à terre : ses feuilles sont dentées, semblables à celles de la quintefeuille, mais velues et rangées sur une queue, ordinairement au nombre de sept, ce qui a fait appeler cette plante *heptaphyllon,* par plusieurs botanistes : ses fleurs sont composées chacune de quatre pétales jaunes, disposés en rose, soutenus par un calice fait en bassin et découpé en huit parties, quatre grandes et quatre petites, placées alternativement, avec seize étamines dans le milieu :

à ces fleurs succèdent des fruits arrondis qui contiennent plusieurs semences oblongues.

La tormentille des Alpes et des Pyrénées, *Tormentilla Alpina vulgaris major*, diffère de la nôtre, en ce que sa racine, qui est principalement d'usage en médecine, est plus grosse, mieux nourrie, plus rouge ; elle est aussi plus astringente et plus amère : elle est estimée vulnéraire, propre pour arrêter les vomissements, les cours de ventre, les hémorrhagies et les fleurs blanches ; elle convient, dit un praticien, sur la fin des dyssenteries malignes, lorsque les douleurs, l'inflammation et l'excoriation des intestins, et en général tous les accidents sont dissipés, et qu'il ne reste qu'une diarrhée qui est une suite de l'atonie des intestins. La poudre de cette racine, répandue sur les ulcères, les dessèche et les cicatrise ; c'est ainsi qu'elle guérit assez bien les panaris. On fait avec la racine de tormentille, des gargarismes qui soulagent beaucoup dans le mal de dents.

TORPILLE (zoologie). — Ce poisson est du genre de la raie. Avant d'entrer dans les détails qui concernent la propriété électrique de cet animal et les effets qui en résultent, donnons la description des parties extérieures de la torpille.

La figure de la torpille, abstraction faite de sa queue, est celle d'un cercle dont on aurait détaché

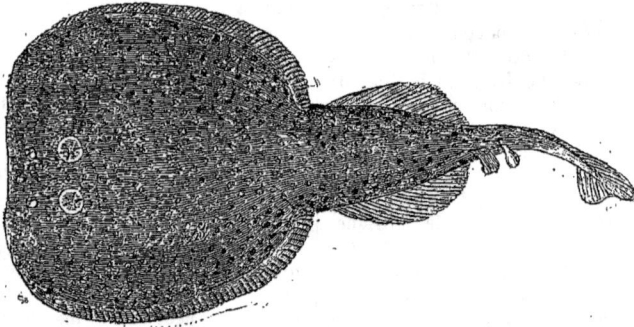

Fig. 3. — Torpille marbrée.

un segment dans la partie qui répond à l'extrémité supérieure de l'animal. Selon Willughby, ses yeux sont petits et en grande partie recouverts par une membrane : derrière ces organes sont deux amples ouvertures, arrondies et crénelées sur leurs bords ; on croirait, au premier aspect, que ce poisson n'a point de tête, tant il a cette partie large et tant elle paraît se confondre avec le corps : sa gueule est semblable à celle de la raie, les dents sont petites et aiguës, et un peu courbées vers le dedans de la gueule ; les narines sont situées auprès de la gueule et à demi-couvertes. Ce poisson a deux nageoires placées un peu au-dessus de l'anus, et deux autres dans la partie opposée, où elles s'élèvent sur la dernière moitié de la queue : les ouïes, au nombre de cinq de part et d'autre, sont situées dans la partie inférieure du corps, comme dans les poissons cartilagineux plats : toute la peau, principalement vers les bords de la tête, ainsi qu'à l'extrémité de la surface supérieure et à la naissance des nageoires, est percée d'une multitude de petits trous, dont on exprime facilement une liqueur qui paraît destinée à lubrifier l'animal : la couleur du dos est d'un jaune sale ; le dessous est marqué de cinq

taches disposées comme aux cinq angles d'un pentagone ; le milieu de ces taches est d'un bleu obscur, cerclé de deux bandes, dont l'intérieure est noire et l'extérieure blanchâtre : il y a des individus qui ont ces cinq taches noires dans toute leur étendue, sans aucune bordure particulière ; d'autres ont des taches de différentes figures et éparses sans aucun ordre ; d'autres n'ont aucunes marques sur toute l'étendue de la peau. Ces différences n'offrent, dit Willughby, que des variétés accidentelles, et non autant d'espèces, comme le pense Rondelet. Ces deux auteurs veulent que la chair de la torpille soit proscrite des tables, comme étant humide, molle et fongueuse. Lémery prétend au contraire que cette chair est bonne à manger, tendre et saine. On trouve la torpille sur les côtes du Poitou, de l'Aunis, de la Gascogne et de la Provence. Ce poisson ne prend pas beaucoup d'accroissement, surtout dans nos parages ; les plus grands ont deux pieds de longueur. Salviani rapporte qu'il n'a jamais vu de torpille dont le poids fût au delà de six livres.

Ce poisson a emprunté son nom de l'espèce d'engourdissement qu'il produit dans les membres de celui qui le touche. Cette action de la torpille a été pendant longtemps la seule qu'on lui ait reconnue, et l'on a eu recours, pour l'expliquer, à différentes suppositions ingénieuses. Mais on verra dans la suite de cet article la découverte d'un nouvel effet, encore plus surprenant que l'autre ; on y reconnaîtra qu'une physique sublime a retrouvé les lois et l'appareil de l'électricité, dans cette espèce de vase fulminant animé que la nature a placé au fond des mers : on sait que la physique avait déjà reconnu le même appareil jusque dans les nuages qui portent la foudre.

Quand on touche une torpille vivante avec les doigts, il arrive, non pas toujours, mais assez souvent, que l'on sent un engourdissement douloureux dans la main et dans le bras jusqu'au coude, et quelquefois jusqu'à l'épaule ; sa plus grande force est dans l'instant où il commence, il dure peu et se dissipe bientôt entièrement. Il est d'une espèce particulière quant au sentiment de douleur ; on ne saurait mieux le dépeindre qu'en le comparant à la douleur qu'on éprouve quand on s'est frappé rudement le coude contre quelque corps dur. Si l'on ne touche point la torpille, quelque près qu'on en approche la main, on ne sent jamais rien ; si on la touche avec un bâton, on sent très-peu de chose ; si on la touche par l'interposition de quelque corps peu épais, l'engourdis-

sement est assez considérable; si on la presse, en appuyant avec force, l'engourdissement est moindre, mais toujours assez fort pour obliger nécessairement à lâcher prise; si la torpille se meurt, la sensation douloureuse est légère; enfin cet effet devient nul, quand ce poisson est mort.

Dans le temps où cet animal agit ainsi sur la main qui le touche, on n'aperçoit en lui aucun mouvement, aucune agitation sensible. La torpille a, comme les autres poissons plats, le dos un peu convexe. Quand on touche la torpille, cette partie s'aplatit insensiblement, et même quelquefois jusqu'à devenir concave; et c'est précisément dans l'instant suivant qu'on se sent frappé d'engourdissement. On voit la surface convexe devenir plate ou concave par degrés, mais on ne la voit point redevenir convexe; on voit seulement qu'elle l'est redevenue, quand on est frappé. C'est là, selon Réaumur, en quoi consiste tout le phénomène. Le dos de l'animal reprend donc sa convexité avec une extrême vitesse, et donne à celui qui le touche un coup violent et très-brusque. Puisque de là vient l'engourdissement dans le bras, c'est-à-dire une privation de sentiment, il y a lieu de croire que ce coup imprime au bras un mouvement directement contraire à celui des esprits animaux, qu'il arrête et suspend leur cours, ou même les fait refluer.

La dissection de l'animal fait voir que ce que Réaumur dit de la force et de la prestesse de ce coup, n'est pas une hypothèse fondée sur de simples probabilités. Si l'on conçoit la torpille partagée en deux depuis la tête jusqu'à la queue, deux grands muscles égaux et pareils, qui ont une figure de faux (*musculi falcati*), l'un à droite et l'autre à gauche, occupent la plus grande partie de son corps, en naissant où la tête finit et en se terminant où la queue commence. Leurs fibres sont elles-mêmes bien sensiblement des muscles. Ce sont des tuyaux cylindriques, gros comme des plumes d'oie, disposés parallèlement entre eux, tous perpendiculaires au dos et au ventre conçus comme deux surfaces parallèles ainsi qu'ils le sont à peu près, enfin, divisés chacun en vingt-cinq ou trente cellules, qui sont elles-mêmes des tuyaux cylindriques de même base et de moindre hauteur que les autres, et qui sont pleines d'une matière molle et blanche. Quand l'animal s'aplatit, il met toutes ces fibres en contraction, c'est-à-dire diminue la hauteur de tous ces cylindres et en augmente la base; et quand ensuite il veut frapper son coup, il laisse agir le ressort naturel de toutes ces parties qui se débandent toutes ensemble, et qui recouvrant leur première hauteur, se relèvent avec promptitude.

Ces coups subits et réitérés, donnés par une matière molle, ébranlent les nerfs; ils suspendent ou changent le cours des esprits animaux, ou de quelque fluide équivalent; où si l'on aime mieux encore, ces coups produisent dans les nerfs un mouvement d'ondulation, qui contrarie celui que nous devons leur donner pour mouvoir le bras. De là naît l'impuissance où on se trouve d'en faire usage, et le sentiment douloureux ou de stupeur qu'on éprouve.

Réaumur a aussi observé que lorsqu'on touche la torpille vis-à-vis ses deux grands muscles ou doubles organes, composés de fibres cylindriques, c'est alors qu'on ressent les engourdissements les plus considérables. Plus les endroits où on la touche en sont éloignés, et moins la force du poisson est à craindre. On peut hardiment le prendre par la queue, et c'est ce que les pêcheurs savent très-bien; ils ne manquent pas de le saisir par cette partie qui n'a point de vertu torporifique.

Peut-être y a-t-il des torpilles assez vigoureuses pour faire ressentir une trépidation, un engourdissement, même lorsqu'on les touche avec un long bâton; mais y en a-t-il (comme le veut Perrault, d'après Plutarque) qui engourdissent les mains des pêcheurs qui tiennent les filets où elles sont prises? Plutarque dit même que ceux qui jettent ou versent de l'eau dessus ce poisson en vie et posé par terre, éprouvent un léger engourdissement.

On prétend qu'il n'est pas naturel de penser, comme quelques auteurs l'ont avancé, que cet engourdissement soit occasionné par une émission de certains corpuscules particuliers; car ce poisson ne pourrait les pousser hors de lui, que quand il les exprimerait de sa propre substance en contractant ses muscles; mais ce n'est pas là le moment où l'engourdissement se fait sentir; au contraire, c'est celui où l'animal reprend sa dilatation ou sa figure naturelle. D'ailleurs si cette émission, dit-on, avait lieu, on recevrait l'impression des corpuscules à quelque distance de la torpille, et il ne serait pas besoin de la toucher; l'engourdissement irait en augmentant du premier moment aux suivants, etc.

L'action de ce poisson sur le bras paraîtra-t-elle aux yeux des physiciens purement mécanique? Un auteur moderne prétend que ce poisson agit aussi suivant les lois de la magnéticité, et qu'un aimant l'attire à volonté et absorbe toutes les particules de fer qu'il contient, dit-on, en abondance. Nous admettrions plus volontiers une matière électrique qui est plus propre à donner une commotion et à procurer l'engourdissement, que le fluide magnétique; et s'il est bien démontré que l'aimant agisse sur la torpille, il faudra convenir qu'il y a ici une grande analogie entre la matière électrique et le fluide magnétique.

Aristote, Pline et la plupart des naturalistes, assurent que cette propriété de la torpille lui est utile pour attraper les poissons. Ce qui est sûr, au rapport des pêcheurs, c'est qu'elle se nourrit de poissons, et qu'on en rencontre fréquemment dans son estomac. Cependant la torpille, comme la plupart des poissons plats, se tient ordinairement sur le sable ou sur la vase. N'y serait-elle point en quelque manière à l'affût? Au reste, la queue de la torpille est pourvue de nageoires de peu d'étendue et incapables de communiquer au corps du poisson un grand degré d'impulsion; aussi cette espèce ne fait-elle pas de longs voyages.

Lorsque Réaumur se procura des torpilles en vie, n'ayant point alors de poissons vivants, il mit une torpille et un canard dans un même vase plein d'eau de mer, ayant seulement recouvert le vase d'un linge, afin que le canard ne pût s'envoler. Au bout de quel-

ques heures, le canard se trouva mort : il avait apparemment touché fréquemment la torpille ; il lui en coûta la vie.

Kæmpfer rapporte dans ses *Amœnitatès Exoticæ*, qu'en faisant ses observations sur la torpille, il vit un Africain qui prenait ce poisson sans aucune marque de frayeur, et qui le toucha quelque temps avec la même tranquillité ; il apprit ensuite que le secret de prévenir l'engourdissement consistait à retenir son haleine. Il en fit aussitôt l'expérience, elle lui réussit parfaitement, et l'on assure que tous ceux qui l'ont répétée depuis, ont eu le même succès ; ils ont ajouté que dès qu'ils commençaient à laisser sortir leur haleine de la bouche, l'engourdissement se faisait sentir aussitôt. Cependant ce fait n'a pas lieu dans les torpilles d'Europe. On lit dans l'*Histoire de l'Abyssinie*, que l'on s'y sert de torpilles pour guérir la fièvre. Voici, nous dit-on, comment les Abyssins usent de ce remède. Ils lient le malade fort serré sur une table ; ensuite ils appliquent le poisson successivement sur tous ses membres. Cette opération met le malade à une cruelle torture, mais on dit qu'elle le délivre sûrement de la fièvre. Ces prétendues torpilles de l'Abyssinie et de toute l'Afrique, sont des poissons d'un autre genre ; c'est le trembleur proprement dit.

Walsh, membre du Parlement d'Angleterre, s'est rendu à la Rochelle, dans le mois de juillet 1772, pour examiner les propriétés de la torpille. Il a reconnu que ce poisson est doué d'une force électrique extraordinaire, qu'il a mesurée avec l'électromètre de Lane, et comparée avec l'électricité de tous les corps connus. Il a fait placer de front huit ou neuf personnes sur un fil d'archal posé sous leurs pieds, chacune ayant leurs mains dans des seaux d'eau. Du bout de ce fil il toucha le poisson qui nageait dans un baquet d'eau ; aussitôt chaque personne sentit une commotion violente, semblable à celle qu'on éprouve dans l'expérience de Leyde (la respiration suspendue n'empêche point qu'on ne ressente la commotion). Il a fait sur ce poisson plusieurs autres belles expériences dignes de l'attention des physiciens. Il a observé aussi que chaque effort que fait l'animal pour donner un choc, est accompagné d'une dépression dans ses yeux par laquelle on peut même reconnaître celui qu'il fait pour le donner à des corps qui ne transmettent pas. De retour en Angleterre, Walsh a fait faire différentes informations dans les ports de ce royaume, pour s'assurer s'il ne se trouverait pas de torpilles dans les mers de cette contrée : l'on en a découvert sur les côtes de la province de Cornouailles, on lui en a envoyé deux prises dans la baie de Tor (Tor-Bay), d'une grandeur considérable, en un mot, beaucoup plus grandes que celles qu'on pêche dans les autres mers. L'une de ces deux torpilles qui fut mesurée et pesée exactement, se trouva avoir quatre pieds de long, deux pieds et demi de large, et quatre pouces et demi dans sa plus grande épaisseur ; elle pesait cinquante-trois livres poids et mesures d'Angleterre. Ces torpilles sont d'une couleur cendrée, avec une teinte de pourpre, et n'ont point ces différentes élévations sur la peau de nos torpilles des mers de la Ro-chelle. D'ailleurs si on en excepte la grandeur, elles leur ressemblent entièrement. Jean Hunter de la Société royale de Londres, a fait des observations anatomiques sur l'une des deux torpilles de Tor-Bay, et il a trouvé onze cent quatre-vingt-deux colonnes ou prismes dans un organe électrique. Ces colonnes qui sont toutes angulaires, sont blanches et flexibles, et rangées perpendiculairement dans un ordre serré, et en grande partie hexagones ou pentagones, ayant l'apparence en général d'un rayon ou gâteau de miel en miniature. Ces organes forment pour ainsi dire les batteries électriques dans cet animal. La torpille, quant à la structure et à l'anatomie, ne diffère essentiellement de la *raie* que dans ses organes électriques. Ces organes, qui sont traversés d'un grand nombre de nerfs, de veines et d'artères, avaient environ cinq pouces de longueur ; leur extrémité antérieure était large de trois pouces, et la postérieure de moitié moins.

L'Afrique et l'Amérique ont des animaux torpilles semblables aux nôtres par leurs effets, mais qui sont de figure différente. Il ne s'agira ici que de l'anguille trembleuse. Ce poisson est fort commun dans les parties méridionales de l'Amérique, dans la partie située sous la zone torride, surtout aux endroits où les fleuves sortent d'entre les rochers ; on l'appelle beef-aal, mot qui signifie anguille trembleuse. Les détails que Gronovius et Musschembroeck ont donnés sur le *Gymnotus electricus*, qui est le même poisson de la rivière de Surinam, sont très-curieux. Ses effets, dit-on, sont encore plus vifs que celui de la véritable torpille, et ressemblent tout à fait à la commotion électrique. (Il faut observer que la torpille vit dans l'eau salée et l'anguille trembleuse dans l'eau douce, deux sortes de conducteurs de nature bien différente.) La cause paraîtrait donc être dans un fluide qui s'échappe de l'animal. On ressent plus violemment ces commotions, lorsque ce poisson se meut avec vitesse ; on peut alors sentir la secousse en plongeant la main dans l'eau à quinze pieds de distance du poisson. On la ressent si on le touche avec une baguette, beaucoup plus fortement si on se sert d'une verge de métal et on n'en sent aucune si on le touche avec un bâton de cire d'Espagne. Il est fait mention aussi, dans les *Mémoires de l'Académie des Sciences*, année 1677, d'une espèce de torpille qu'on compare au congre, c'est-à-dire qui est d'une figure approchante de celle de l'anguille : elle engourdit le bras lorsqu'on la touche, même avec un bâton, et ses effets vont jusqu'à donner des vertiges. Ceci prouve que la raie-torpille n'est pas le seul poisson singulier qui ait dans un degré éminent la faculté d'imprimer une secousse et une agitation intérieure à l'homme, en un mot d'occasionner des commotions électriques.

Bajon, médecin à Cayenne, a fait avec la plus grande sagacité des expériences intéressantes sur l'anguille tremblante de Cayenne, animal de la forme du congre de mer ; on la trouve dans ce pays dans les eaux croupissantes, dans les petits étangs, et dans les saignées ou rigoles des savanes et des prairies : elle parvient quelquefois jusqu'à la grosseur de la cuisse

et à la longueur de quatre ou cinq pieds; elle diffère peu de l'anguille tremblante de Surinam. Il résulte des diverses expériences faites par Bajon, 1° que cette anguille tremblante de Cayenne conserve depuis le moment qu'elle est prise une matière extrêmement subtile; que cette matière s'insinue avec une extrême vitesse dans tous les corps que touche l'anguille et dont les porosités lui ouvrent un libre passage; enfin qu'elle s'étend fort loin, pourvu toutefois qu'elle ne trouve point d'interstices entre les corps destinés à lui livrer passage, malgré les différentes commotions qu'elle produit dans son cours. Cette première propriété, qui lui est commune avec celle de l'électricité, n'exige aucune préparation pour se manifester.

2° Les substances métalliques, les animaux, la terre cuite, le linge et les différentes étoffes mouillés, sont les seules matières qui donnent passage à ce fluide, ou du moins celles dans lesquelles les effets se fassent apercevoir. Cette seconde propriété lui est encore commune avec celle de la matière électrique, et nous fournit une nouvelle preuve de son analogie, ainsi que la difficulté qu'elle a à agir dans le verre, le soufre et les substances résineuses.

3° L'or, l'argent et le cuivre sont les substances où ce fluide semble se mouvoir avec plus de facilité, ensuite l'étain d'Angleterre, enfin l'étain pur et le plomb. Par rapport au fer, les commotions se communiquent plus fortement et plus aisément, lorsque le fer est légèrement rouillé que lorsqu'il est poli; ce même fluide passe plus aisément à la terre cuite qu'à travers les substances métalliques; enfin les corps animés sont encore des matières très-propres à lui livrer passage, et peut-être plus facilement que les substances dont nous venons de parler, puisque les commotions que l'on reçoit en se tenant par la main, sont très-fortes.

4° En touchant légèrement l'animal, on attire sans doute peu de matière, et c'est la raison pour laquelle les commotions ne s'étendent pas au delà du poignet; si au contraire on le touche plus fortement, la commotion est non-seulement plus forte, mais elle se fait sentir tantôt dans l'articulation du bras et de l'avant-bras, et tantôt vers l'épaule. Si l'animal est isolé et qu'il soit hors de l'eau, en le touchant vers la tête et un peu fortement, on reçoit une secousse si forte, qu'elle agit sur les quatre membres, et toujours moins fortement sur celui qui a touché l'anguille tremblante, que sur ceux qui ne l'ont pas touchée.

5° Les commotions sont infiniment plus fortes lorsque l'anguille dont il est question est hors de l'eau, que lorsqu'elle y est plongée; l'eau absorbe sans doute une partie de la matière subtile que lance l'animal, ou oppose un obstacle à celle que l'animal attire de l'homme : ce qui semble prouver cette conjecture, c'est que l'anguille tremblante isolée donne des commotions beaucoup plus fortes, et elles ont un degré de force plus actif encore lorsque sa peau est un peu sèche : enfin, la plus forte des commotions se manifeste lorsque l'animal fait un certain mouvement, une espèce de frémissement dans tout son corps, qui probablement manifeste sa colère, sa fureur, et à l'aide

duquel il semble que la matière sort comme exprimée et chassée en dehors.

6° Il semble, d'après les expériences faites par notre observateur, que ce fluide subtil ne se répare pas dans la même proportion qu'il se dissipe; car du premier moment qu'on fait des expériences avec ces anguilles, elles lancent avec une abondance singulière le fluide électrique, et il diminue à mesure qu'on poursuit les opérations : si on fait ces expériences pendant une ou deux heures, les dernières ne présentent que des commotions légères. Ces effets, dit Bajon, ne dépendraient-ils pas de ce que l'animal perd ses forces; et la sortie de ce fluide ne serait-elle pas une suite de la contraction de ses muscles?

7° Lorsqu'on touche l'anguille tremblante avec la main ou avec quelque substance métallique, la commotion n'a lieu qu'au bras avec lequel on la touche ou avec lequel l'on tient le corps métallique. Il n'en est pas de même si on touche l'animal avec les extrémités inférieures, alors les secousses se font sentir constamment aux deux jambes, et toujours plus fortement à celle qui n'a pas touché l'anguille. On ne sent jamais de commotion dans le tronc, mais bien un mouvement subtil qui indique le cours libre de cette matière, qui en se portant vers les extrémités semble rencontrer un obstacle à son cours sur lequel il paraît faire un effort considérable et produire un véritable choc; mais ce qu'il y a de singulier, c'est que ce choc, qui presque toujours a lieu seulement au bras avec lequel on touche l'anguille tremblante, n'empêche pas la matière de passer outre, comme il est prouvé par l'exemple des personnes qui font la chaîne non interrompue, au nombre de dix et plus; toutes sentent la commotion dans le bras du côté de l'anguille, et ne sentent rien dans celui du côté opposé, quoique ce soit avec celui-ci qu'on la communique à la personne à laquelle on donne la main.

8° L'engourdissement avec une douleur sourde qui reste aux membres qui ont reçu plusieurs commotions, semble prouver que ce fluide agit particulièrement sur le genre nerveux. Ce qu'il y a de certain, c'est que lorsqu'on reçoit des commotions violentes, l'engourdissement est comme général, et la tête reste même un peu égarée, l'état naturel ne revient que peu à peu. Richer dit que l'éblouissement porté à la tête, dure près d'un demi-quart d'heure, et qu'il ferait tomber si l'on ne prévenait la chute en se couchant par terre. Lorsqu'on continue à toucher ces anguilles pendant quelque temps et qu'on a pris des précautions pour n'en recevoir que des commotions supportables (comme de tenir avec un mouchoir légèrement humide le bout d'une tringle ou d'une verge de fer), on sent la continuité des commotions à peu près dans le même ordre que les pulsations des artères, et il semble qu'elles suivent ce mouvement vasculaire, qui à son tour paraît en être accéléré.

9° Enfin j'ai observé, continue Bajon, qu'il n'avait été possible par aucun moyen de produire des étincelles ou de la lumière, quoique plusieurs expériences aient été faites pendant la nuit : je demande quelle est la raison de ce phénomène, puisqu'on voit dans

les orages briller la lumière électrique sur les verges métalliques suspendues à des cordons, ou sur ces mêmes verges placées sur le faîte des maisons? J'ai placé une tringle de fer isolée avec des cordons de soie ; à l'extrémité de cette tringle pendait une autre verge de fer qui était appuyée sur la tête de l'anguille tremblante portée par des supports de verre : dans cet état j'ai touché la tringle dans tous les points possibles, sans voir paraître la plus légère étincelle, quoique je sentisse des commotions qui se succédaient. Lorsque je cessais de toucher cette barre, j'observais de petits mouvements qui suivaient le même ordre des commotions et qui indiquaient qu'elles avaient lieu sur cette barre, tout comme dans mon bras lorsque je la touchais avec la main.

Cette anguille tremblante paraît assez tranquille, et ses mouvements ne sont ni prompts ni violents, de sorte qu'il ne serait pas bien difficile de l'attraper si l'on ne craignait les commotions. Cet animal paraît d'un naturel doux, et on a beau l'agacer et l'irriter, il ne fait pas le moindre mouvement ni pour se défendre ni pour se venger; on peut même lui mettre le doigt dans la gueule sans qu'il cherche à mordre. Sa chair n'est pas mauvaise au goût, les noirs et les blancs la mangent.

Les sauvages prétendent que cette anguille, en s'avançant vers les poissons et en les frappant dans l'eau, les endort par ces chocs inattendus, et acquiert ainsi la facilité de les saisir et de les manger : aussi Gronovius dit-il que dans les fleuves où il se trouve de ces anguilles, on ne voit aucun autre poisson à la distance de huit ou dix perches, tant ils les redoutent.

De ces faits il résulte évidemment, 1° que la commotion est produite par l'émission du fluide électrique, hors du poisson. 2° Que cette émission est volontaire, dépendante de l'animal qui s'élance pour sa défense, soit qu'on le touche, soit qu'il soit en colère. 3° Que l'existence des particules de ce fluide dépend de la vie de l'anguille tremblante, et qu'elle se termine par sa mort. 4° Que ces particules sont également élancées de chaque partie du corps. 5° Que l'organe électrique de l'anguille dont il s'agit, est placé parallèlement à la longueur du corps; au contraire de la torpille, chez qui il s'étend de la surface supérieure à l'inférieure : et il paraît, d'après la manière dont cette anguille attaque sa proie, que sa plus grande vertu réside dans les parties antérieures de la tête.

Enfin, Walsh a découvert en 1776, que dans le coup que donne l'anguille de Surinam, appelée par Linnée, *Gymnotus electricus*, on voit, comme dans le choc de la bouteille de Leyde, une étincelle fort sensible, lorsque l'anguille est exposée à l'air libre et que les choses sont disposées convenablement. Cette découverte de Walsh a mis le sceau aux preuves de l'identité du fluide, au moyen duquel certains poissons nous causent un engourdissement ou une commotion avec le fluide qui produit l'électricité.

(*Bomare.*)

TORRENT. — Se dit d'une espèce de lit de rivière ou de ruisseau dans une vallée, par où les pluies et les neiges fondues qui descendent des montagnes,

s'écoulent avec une grande rapidité, occasionnant quelquefois de grands ravages par leur débordement. Les torrents croissent tout à coup et roulent de temps en temps avec grand bruit, après les pluies extraordinaires ou la fonte des neiges, et restent ensuite souvent à sec. Quelque part qu'on pénètre dans la chaîne des Pyrénées, dit M. Darcet (*Discours sur l'état actuel des Pyrénées*), ce sont toujours des ravins causés par les torrents qui en ouvrent les passages ; et ces passages sont d'autant plus ouverts, que les torrents y rassemblent plus d'eaux et sont plus considérables. Voyez *Eau* et *Fleuve*.

TORTUES (zoologie) [*testudo*]. — Quelques naturalistes en forment une famille sous le nom de *chersites*. Ces animaux se reconnaissent à la forme de leurs pattes, dont les doigts indistincts forment un moignon court et épais, et sont garnis d'ongles gros et obtus propres à fouir la terre, à leur tympan visible, à leurs écailles rugueuses et simplement juxtaposées, à leur queue courte, arrondie et souvent terminée par un étui corné.

La carapace de ces chéloniens est beaucoup plus forte et plus bombée que celle des espèces aquatiques, parce qu'ils sont plus exposés à être écrasés que ces dernières. Elle est assez vaste pour pouvoir contenir et protéger la tête, le cou et les pattes, que l'animal y retire dans les moments de péril. Ce sont les reptiles les moins agiles que l'on connaisse, et leur lenteur est passée de tout temps en proverbe. Malgré cela elles ne manquent pas d'énergie, et, semblables en cela aux paresseux, elles retiennent si fortement ce qu'elles ont saisi avec leur gueule, qu'il est impossible de leur faire lâcher prise.

On rencontre des *tortues* dans tous les pays chauds ou tempérés; mais elles redoutent les climats des pays septentrionaux, et, pour peu que le froid devienne vif dans les contrées qu'elles habitent, elles tombent dans un engourdissement léthargique pendant l'hiver; c'est ce qui arrive à toutes les espèces qui se trouvent en France, en Allemagne et même en Italie.

Les habitudes des *tortues* sont très-douces; elles sont même presque stupides et n'ont guère d'autre instinct que celui qui les porte à se nourrir, à se reproduire et à se mettre à l'abri des dangers qui les menacent. Du reste, elles ne font preuve d'industrie dans aucune circonstance de leur vie. On peut les élever en domesticité; mais cette circonstance paraît n'exercer aucune influence sur leur manière de vivre. On les tient ordinairement dans les jardins, où elles détruisent une grande quantité d'insectes, de vers et de limaçons, service qui n'est point à dédaigner. Leur chair, bonne à manger, sert à faire d'excellents bouillons, pour les estomacs faibles et délicats. En Italie, on les applique sur l'abdomen en guise de cataplasmes, dans les cas d'inflammation des organes contenus dans cette cavité.

On connaît plus de vingt espèces de ce genre, que l'on rapporte à quatre petits sous-genres.

1° Les *tortues* propres ont le plastron et la carapace entiers et incapables d'aucune espèce de mouvements : les principales espèces de ce groupe sont la *tortue*

grecque, la *tortue géométrique* et la *tortue éléphantine* ou *indienne*.

La *tortue. grecque* est l'espèce de cette famille la plus répandue en Europe, et surtout en Grèce. On la distingue à sa taille d'environ 23 centim. de long, à sa carapace bombée et ovale, à ses écailles tachetées de noir et de jaune par grandes marbrures, à son plastron immobile et à sa queue garnie d'un onglet corné à son extrémité. On la trouve dans presque toutes les îles de la Méditerranée, en Espagne et en Italie, d'où elle a été importée en France. Elle se tient dans les bois, les prairies, les jardins, et en énéral tous les endroits où elle trouve de la nourriture. L'été, on la voit rechercher les lieux exposés au soleil, aux rayons duquel elle s'échauffe jusqu'au point de rendre sa carapace brûlante. Le soir elle se retire dans un terrier d'environ 65 centim. de profondeur, où elle passe la nuit. C'est là aussi qu'elle s'enfonce pendant l'hiver pour y tomber en léthargie; elle demeure ainsi engourdie depuis le mois de novembre jusqu'au milieu de mai. C'est peu de temps après son réveil, vers le commencement de l'été, qu'elle se reproduit. La femelle pond dans un petit trou bien exposé au soleil, de quatre à douze œufs blancs, ronds et gros comme de petites noix; elle les recouvre ensuite d'un peu de terre, et ne s'en occupe plus, laissant à la nature le soin de leur incubation. Les petits, qui éclosent au commencement de l'automne, ont les couleurs généralement plus foncées que celles des adultes; ils ont aussi une forme différente. Comme la chair de ces reptiles est assez bonne à manger, et sert surtout à faire des bouillons très-agréables et très-sains, on en vend de grandes quantités sur les marchés de la Sicile et de l'Italie. En certains pays, on en élève en domesticité, le seul soin qu'elles exigent, c'est d'être tenues dans des jardins, où elles rendent même des services en mangeant les limaces et les insectes qui attaquent les légumes et les fruits. Pour elles, elles ne touchent à rien, pourvu qu'on ait le soin de leur donner de temps en temps quelques feuilles de salade.

Malgré la lenteur de leurs mouvements et leur apparente apathie, les tortues se livrent entre elles des combats acharnés, dans lesquels chaque champion cherche à renverser son adversaire sur le dos. Quand ils y sont parvenus, la victoire est gagnée; et le vainqueur ne fait plus aucun mal au vaincu. Celui-ci cherche ensuite à se remettre sur pied, mais il lui faut des efforts extraordinaires pour y parvenir; comme il ne peut atteindre le sol avec ses pattes qui sont trop courtes, c'est avec sa tête seule qu'il est forcé de travailler, mais son activité et sa persistance sont telles, qu'il ne tarde pas à atteindre son but. C'est surtout à l'époque de leur reproduction que les mâles se disputent la possession des femelles : car ils sont extrêmement ardents en amour.

La *tortue géométrique* est plus petite et n'a pas plus de sept à huit pouces, c'est une des plus jolies espèces du genre. Sa carapace, d'un noir profond, est agréablement variée de lignes jaunes anguleuses, qui se détachent très-bien sur le fond.

La *tortue indienne* a la taille beaucoup plus considérable : elle a jusqu'à 1 m. 30 de long et pèse souvent plus de 100 kilos.

2° Les *chersines* (*chersine*) ne diffèrent des tortues propres, que parce qu'elles ont la partie postérieure du sternum légèrement mobile. Les bords de la Méditerranée en nourrissent deux espèces, la *chersine bordée* et la *chersine mauresque*.

La première a environ un pied et demi de long et la queue sans onglet à son extrémité ; ses couleurs varient selon les circonstances. Elle est aussi commune en Grèce que la tortue grecque avec laquelle on la confondait quelquefois. La *chersine mauresque* est à peu près de la même taille que la tortue grecque. Elle est très-abondante dans les possessions françaises du nord de l'Afrique : c'est celle que l'on voit le plus communément à Paris depuis quelques années.

3° Les *pyxides* (*pyxis*) ont la partie antérieure de leur sternum mobile et susceptible de s'appliquer contre les bords de la carapace, comme une porte contre son montant. On ne connaît qu'une seule espèce de ce genre, la *pyxide araignée*, qui a environ cinq pouces de long et qui habite les Indes.

4° Les *cinixys* (*cinixys*) ont le sternum d'une seule pièce, et la carapace mobile en arrière et pouvant se rapprocher du plastron. Les espèces de ce sous-genre, sont peu connues et mal déterminées. Elles paraissent venir d'Amérique.   (*Salacroux.*)

TOSCANE (géographie). — État souverain d'Italie, avec titre de grand-duché, et situé sur la mer de son nom, entre l'État de l'Église et la côte de Gênes; c'est l'Étrurie des anciens, qui cependant comprenait encore le Perousin, l'Orviétan, le duché de Castro, la ci-devant république de Lucques, la principauté de Massa, la partie de l'État pontifical appelée le patrimoine de saint Pierre, le marquisat souverain de Fosdi-Novo, et s'étendait enfin depuis la rivière de Magra, sur les confins de la Ligurie, jusqu'au Tibre. Dans son état actuel, la Toscane a 176 kilom. du nord au sud, et 128 d'orient en occident.

La Toscane, cette belle contrée de l'Italie, est admirable par sa fécondité, l'excellence de ses productions, son aspect, ses sites, sa variété! Les orangers, les grenadiers, les figuiers, les amandiers, les citronniers, les cédrats, y croissent à souhait. Les mûriers, les châtaigniers y abondent, et quant aux oliviers il y en a des bois dans les maremmes où ils semblent indigènes. On y recueille de la manne : elle a des salines et des eaux thermales, des mines de cuivre, d'alun, de plomb, d'antimoine, de mercure; on y trouve du jaspe, du cristal, des agates, des calcédoines, des cornalines, des marbres de toutes les couleurs. Ses montagnes fournissent de l'albâtre, du porphyre vert, du serpentin. Il y a des ardoisières, des mines de charbon fossile. Il s'y rencontre de l'amiante, du talc, du cinabre, de la mine de plomb, et d'abondantes pétrifications, surtout en ossements d'éléphants. Des coteaux sont couverts de liéges, et d'autres de myrtes. D'après les derniers dénombrements, la population de la Toscane est de 950,000 habitants.

Vers le XIV° siècle, quand on commença en Italie à

sortir des ténèbres de l'ignorance dont la rouille s'était étendue sur toute l'Europe depuis la chute de l'empire romain, on fut redevable des beaux-arts au génie des Toscans. Brunelleschi fit revivre l'architecture des Grecs ; le Giotto, André del Sarto, Cimabué, Léonard de Vinci, peignirent ; Bocace fixa la langue italienne ; Guy d'Arezzo inventa les notes de la musique ; le Dante, Pétrarque, Michel-Ange, Galilée, en des genres différents, éclairèrent l'horizon ; Lulli, Accurse, Ange Politien, et une foule d'autres grands personnages, parurent, et la Toscane fut alors en Italie, ce qu'Athènes avait été dans la Grèce ! Les Médicis suscitèrent dans leur patrie cette brillante et fameuse époque qui environne leur nom de tant de gloire, et consacra leur nom à l'immortalité.

Dans le xve siècle, la Toscane se trouvait partagée dans les trois républiques de Florence, de Pise et de Sienne. La maison de Médicis, l'une des plus considérables de la république de Florence, puissante par ses richesses, illustrée par le mérite et les belles qualités qui y étaient en quelque sorte héréditaires, s'éleva au-dessus des autres, et aspira à la souveraineté de son pays. Les Strozzi montrèrent une héroïque intrépidité dans la défense de la liberté publique, mais leurs efforts furent vains. La bataille de Marova, dans laquelle ils succombèrent, décida de la liberté des Florentins, et les Médicis devinrent ducs de Florence en 1531. Leur souveraineté s'étendait encore sur le domaine de la république de Pise, dont celle de Florence avait fait la conquête avant la perte de sa liberté. Ce nouvel État s'accrut ensuite du territoire de la république de Sienne, que Charles-Quint avait détruite en 1504, et que son fils Philippe II céda en 1557, à Côme Ier, duc de Florence. Alors la Toscane se trouva sous le sceptre des Médicis, qui, lorsqu'ils étaient à la tête de la république, étaient les plus riches négociants de l'Europe, et ne quittèrent le commerce que lorsqu'ils furent parvenus à la souveraineté de leur pays.

Jean Gaston, septième et dernier grand-duc de la maison de Médicis, étant mort sans enfants en 1737, le grand-duché, par traité conclu à Vienne en 1735, passa au duc de Lorraine qui en avait reçu l'expectative, et qui, en échange, céda à la France son duché, à la charge d'en laisser la jouissance, sa vie durant, à Stanislas, roi de Pologne, beau-père de Louis XV, qui avait été privé de la couronne. François-Etienne duc de Lorraine, devenu grand-duc de Toscane en 1737, avait épousé Marie-Thérèse, héritière de la maison d'Autriche. Il parvint au trône impérial, et succéda à Charles VI, son beau-père, en 1745, et le second de ses fils, l'archiduc Léopold, qu'il avait désigné pour lui succéder dans le grand-duché de Toscane, en prit possession la même année. C'est sa lignée qui y régnait encore naguère, avant la révolution qui vient d'amener la déchéance du grand-duc.

Entre les princes qui ont régné en Toscane, le grand-duc Léopold s'illustra par la sagesse de son administration, et il sera inscrit dans le petit nombre de ceux que de loin en loin, et d'une main avare, la nature dispense aux humains.

Si le temps, qui met chaque chose à sa place, vient à dessiller les yeux des hommes, peut-être en viendra-t-on à soupçonner qu'on a trop loué les conquêtes, et pas assez les princes justes, puisqu'il est vrai que les hommes ont plus à se féliciter de l'accroissement de leur bonheur, que d'un système essentiellement destructeur, tel qu'est celui des conquêtes, dans lequel c'est toujours le peuple conquérant qui est le premier asservi. Un potentat, dans son fol orgueil, peut ravager la terre, traîner à son char les peuples vaincus, porter d'un hémisphère à l'autre ses cohortes sanguinaires, semer au loin la désolation et l'effroi, et marcher par des chemins semés de sang, de crimes et de larmes ! Le front des hommes ne s'épanouira point à son aspect ! La nature l'enfanta dans son courroux, et l'histoire n'en parlera que comme de ces météores qui semblent vouloir dissoudre le monde, et le replonger dans le chaos ! Mais la postérité reposera avec complaisance ses regards sur un prince qui, convaincu que la république n'est point à lui, mais qu'il est à la république ; sur un prince qui, persuadé que le bien et l'avantage de l'Etat sont dans le bien et l'avantage des sujets, règne sur un peuple qui l'environne de son amour, et tel fut Léopold, nourri dans cette haute maxime que la justice qui est le plus noble attribut des âmes humaines, est aussi la plus vaste pensée du législateur !

TOURBE. Les tourbes proprement dites ne sont composées que de plantes entrelacées, comprimées, souvent reconnaissables, et qui ont subi une altération particulière. Ce combustible léger, spongieux, compressible, brun de tabac, noirâtre, terne et terreux dans sa cassure, brûle avec une flamme plus ou moins vive, est susceptible de se carboniser à la manière du bois, et de subir, comme la houille et le bois, deux sortes de combustion : la première avec flamme, fumée et odeur, la seconde seulement avec flamme courte et bleuâtre, après lesquelles il reste un résidu terreux et pulvérulent, une véritable cendre qui est très-propre à amender les terres.

Enfin, soumises à la distillation, les tourbes donnent différents produits qui peuvent être utilisés. On ne reconnaît plus aujourd'hui que trois sortes de tourbes, depuis que l'on a renvoyé aux lignites les prétendues tourbes qui étaient composées de bois. Ces trois espèces sont : la *tourbe des marais*, la *tourbe pyriteuse*, et la *tourbe marine*.

1° La *tourbe des marais* est celle qui se trouve en plus grandes masses dans la nature et dans un plus grand nombre de localités ; partout elle gît dans des bas-fonds submergés, immédiatement au-dessous du terreau végétal.

Cette tourbe est l'objet d'exploitations immenses ; elle est brune et spongieuse, compressible, se déchirant plutôt qu'elle ne se casse, et présentant une foule de filaments et quelquefois de roseaux parfaitement conservés qui sont blanchâtres.

La tourbe des marais brûle avec facilité en donnant une assez belle flamme, mais en répandant beaucoup de fumée accompagnée d'une odeur à la fois fétide et sulfureuse. Malgré cela, c'est celle que l'on emploie

presque uniquement dans les foyers domestiques de la Hollande, et c'est elle qui doit toujours attirer l'attention des contrées qui en renferme des dépôts importants.

2° La *tourbe pyriteuse*, que l'on nomme aussi *tourbe du haut pays* ou *tourbe profonde*, diffère essentiellement des tourbes marécageuses par son gisement. Ce n'est plus sur le gazon ou tout simplement au fond des étangs, des lacs et des marais que l'on trouve celle-là ; c'est à quelques mètres de profondeur sous des bancs de sable et d'argile qu'elle se rencontre toujours, et comme il arrive souvent qu'il en existe plusieurs couches successives, séparées par des bancs glaiseux, sablonneux ou calcaires, qu'elles contiennent des coquilles fluviatiles qui ne sont pas toutes pareilles à celles qui vivent aujourd'hui à la surface de ces mêmes contrées, qu'elles sont, dans certains lieux, recouvertes par des coquilles marines fossiles, l'on doit en conclure que cette espèce de tourbe est beaucoup plus ancienne que celle des marais.

La tourbe pyriteuse s'exploite à ciel ouvert ou par puits ou galeries ; elle est d'un brun plus ou moins foncé ; son aspect est terne avec quelques linéaments luisants qui font ressortir la blancheur des coquilles fluviales dont elle contient presque toujours un grand nombre ; enfin la quantité de pyrites dont elle est toujours pénétrée, et auxquelles cette tourbe doit son surnom, lui donne la faculté de s'effleurir à l'air, de s'échauffer, et de s'enflammer spontanément. Les résidus de cette combustion naturelle sont des cendres surchargées de sels et qui, après et avant d'avoir été lessivées, sont très-propres à l'amendement des terres arables ; on les nomme *terres* ou *cendres de Picardie*, de *Beaurin*, etc.

3° La *tourbe marine* mérite ce nom, parce qu'elle est entièrement composée de *fucus* ou de plantes marines et qu'on la pêche sur des côtes ou dans des lacs salés.

Cette tourbe brûle à peu près comme celle des marais ; mais, ne s'étant point encore présentée en masses très-étendues, elle n'est véritablement précieuse que pour les contrées qui la renferment.

Ses cendres doivent nécessairement contenir beaucoup de substances salines et doivent s'employer avec le plus grand succès comme engrais, ou plutôt comme amendement stimulant.

Les terrains qui renferment la tourbe marécageuse sont les seuls qui présentent des caractères et des phénomènes qui leur soient particuliers ; car ceux qui recèlent les tourbes pyriteuses n'offrent absolument rien qui puisse les faire distinguer à l'extérieur ; et quant aux tourbes marines, leur gisement se confond avec celui de la tourbe des marais.

Les terrains tourbeux occupent souvent des espaces immenses, de larges vallées peu inclinées qui ont été nivelées par des couches de tourbes qui s'y sont accumulées et qui semblent avoir servi de bassins à des lacs dont le fond, en s'élevant insensiblement, aurait obligé l'eau à s'écouler. Cependant, pour l'ordinaire, les tourbières sont marécageuses ou couvertes au moins de très-belles prairies qui semblent les cacher

et les tenir en réserve pour les générations futures.

Les terrains tourbeux sont sensiblement élastiques ; quand on vient à sauter ou à frapper dessus, le choc met en mouvement des objets assez éloignés du point que l'on a frappé. Ces mêmes terrains ont encore la singulière propriété de repousser les pieux et tous les corps légers qu'ils renferment, et d'absorber, au contraire, les objets lourds, tels que les outils de fer que l'on oublierait à leur surface et qui, peu de jours après, seraient déjà cachés.

On cite des portions de tourbières qui sont venues flotter à la surface des eaux et qui forment ainsi de petites îles ambulantes que l'on est obligé d'amarrer pour s'en assurer la propriété. L'île flottante et tourbeuse du lac de Gerdau, en Prusse, nourrit un troupeau de cent têtes.

Les terrains tourbeux sont contemporains de l'espèce humaine, ce sont les seuls qui renferment les débris de l'homme ou de son industrie ; en les exploitant il n'est pas rare de trouver des armes de pierre ou de fer, des bijoux d'or, de grands travaux d'art, des chaussées, des bateaux antiques et des débris d'animaux les compagnons de l'homme à cette époque et qui sont devenus plus rares aujourd'hui dans ces mêmes contrées, des bois de cerf, des têtes de castor, etc.

Les principales tourbières connues et exploitées sont celles de la Hollande, du Hanovre, de la Westphalie, et, en France, celles de la vallée de la Somme, celles du département de l'Oise qui approvisionnent les manufactures de Beauvais, celles de la Meurthe et du Doubs, qui fournissent au chauffage de Pontarlier, et enfin celles d'Essonne qui envoient leurs produits à Paris. L'Irlande et l'Ecosse ont aussi leurs tourbières.

Quand on attaque une nouvelle tourbière, il faut songer à remplir plusieurs conditions indispensables, savoir : 1° d'extraire économiquement la totalité du combustible qu'elle renferme ; 2° de diminuer le moins possible la valeur de la propriété de la surface ; 3° d'assurer l'écoulement des eaux. non-seulement pendant l'exploitation, mais aussi pour l'avenir, afin de ne pas changer les belles prairies que l'on détruit pour longtemps en des marais infects et fiévreux.

On remplit ces diverses conditions, on satisfait à toutes les exigences par des nivellements préalables, en attaquant toujours la vallée par le bas, en se ménageant des canaux qui servent à la fois à l'écoulement des eaux et au transport de la tourbe, et enfin en remblayant, autant que possible, les excavations avec les corps étrangers à la tourbe et avec celle qui n'est point encore susceptible d'être employée comme combustible. C'est de cette manière que l'on rend une partie du sol à l'agriculture tout en le desséchant au moyen des canaux que l'on a faits en exploitant. Il paraît même que la tourbe se reforme à la longue et qu'il se prépare, pour l'avenir, de nouveaux amas de ce combustible dans les places mêmes où nous l'avons exploité. Quelques observations, faites par des hommes dont le témoignage est d'un grand poids, ne semblent laisser aucun doute sur ce phénomène ; et,

en effet, la tourbe est composée par la réunion de plusieurs plantes qui croissent encore dans le pays et dans des circonstances absolument semblables à celles qui ont présidé à sa formation ; l'air, l'eau, la végétation n'ont point changé, et pourquoi ne se reformerait-il pas encore de la tourbe aujourd'hui comme autrefois ?

On aurait une fausse idée de la tourbe si on la croyait composée de végétaux pourris ; ils ne sont point passés à l'état de terreau, ils sont comme tassés et assez bien conservés pour que l'on puisse encore en déterminer les espèces : des mousses, des conferves, quelquefois des feuilles composent la masse des tourbes de marais, et les fucus celles qui se forment au fond de la mer.

Suivant la consistance des tourbes, on les exploite à la drague ou à la bêche ; on en forme des briques que l'on fait sécher au soleil et que l'on emmagasine ensuite, soit pour les brûler en nature, soit pour les carboniser et les assortir à un plus grand nombre d'usages.

On a beaucoup trop ravalé et beaucoup trop vanté la tourbe par rapport à ses qualités et à ses défauts comme combustible. Certes, la tourbe est un beau présent de la Providence, et l'expérience a prouvé depuis longtemps tout le parti qu'on pouvait en tirer, non-seulement pour les foyers domestiques, mais pour la cuisson de la chaux et des briques et pour le service de toutes les manufactures où il faut chauffer des chaudières. Mais c'est, je crois, pousser la chose un peu trop loin que de prétendre la substituer à la houille et au charbon de bois dans les usines à fer, surtout quand elle n'a point été carbonisée, soit par suffocation, soit par distillation ; car, dans cet état, elle dégage une très-grande quantité de calorique ; mais, en revanche, elle laisse un volume énorme de cendre ; enfin, dans l'état actuel des choses et en supposant que l'on ne puisse pas exiger de la tourbe de plus grands services que ceux qu'elle nous rend déjà, elle n'en serait pas moins, je le répète, l'un des plus grands bienfaits que nous ayons reçus de la Providence. Sans tourbe, la Hollande serait inhabitable ; elle lui est aussi précieuse, aussi indispensable que la houille l'est à l'Angleterre.

La tourbe se refuse pendant fort longtemps à se couvrir de végétation ; il faut la brûler, la chauler, la mêler avec d'autres matières pour la déterminer à devenir végétative elle-même ; cependant on la fait entrer avec avantage dans la composition des composts, et on la force de se convertir en humus, raison de plus pour ne pas négliger les plus petites tourbières même dans les pays qui sont riches en combustibles, car la masse des engrais manque presque partout ; je crois qu'une petite couche de tourbe, placée sous les moutons, s'y convertirait en un excellent fumier, et c'est un essai qui n'est ni difficile ni bien cher à faire quand on a de la tourbe à sa portée. (*Brard.*)

TOURMALINE (minéralogie). — Substance minérale à cassure vitreuse, fusible, d'une dureté un peu supérieure à celle du quartz, jouissant de la propriété de s'électriser par la chaleur. Les tourmalines varient beaucoup pour la couleur : les unes sont brunes et même noires, les autres sont vert-sombre et bleu d'indigo ; enfin il y en a d'un rouge violet.

TOURNESOL (botanique). — L'héliotrope, le grand soleil et plusieurs autres plantes chez lesquelles on croit avoir remarqué que les fleurs se tournent vers le soleil et le suivent dans son cours, ont reçu le nom de *tournesol*. Sans nier cette propriété, qui, au fond, n'a rien de bien extraordinaire, puisque toutes les plantes cherchent la lumière, on peut assurer que beaucoup de fleurs de ces tournesols sont trouvées en défaut sans que l'on puisse s'en expliquer la cause. Ce qui est beaucoup plus constant et beaucoup plus certain, c'est que tous les végétaux cherchent la lumière et qu'ils se dirigent tous du côté où elle pénètre quand ils sont enfermés dans un appartement qui ne reçoit le jour que d'un côté seulement.

TOURNOI (histoire). — Exercice et divertissement de guerre et de galanterie que faisaient les anciens chevaliers pour montrer leur adresse et leur bravoure. Ces exercices étaient ainsi nommés parce qu'ils avaient lieu en tournoyant avec des cannes en guise de lances.

Les exercices guerriers commencèrent à prendre naissance en Italie, vers le règne de Théodoric, qui venait de supprimer les combats des gladiateurs. Il y eut ensuite, en Italie, et surtout dans le royaume de Lombardie, des jeux militaires, de petits combats qu'on appelait *bataillole*.

Cet usage passa bientôt chez les autres nations. En 870, les enfants de Louis le Débonnaire signalèrent leur réconciliation par une de ces joutes solennelles, qu'on appela depuis *tournois* ; parce que, dit Nitrard, *ex utraque parte alter in alterum veloci cursu ruebant.*

L'empereur Henri l'Oiseleur, pour célébrer son couronnement en 920, donna une de ces fêtes militaires ; on y combattit à cheval.

L'usage s'en perpétua en France, en Angleterre, chez les Espagnols et chez les Maures. Geoffroi de Preuilli fit quelques lois pour la célébration de ces jeux, qui furent renouvelées dans la suite par René d'Anjou, roi de Sicile et de Jérusalem.

Les tournois donnèrent naissance aux *armoiries.*

L'empire grec n'adopta que très-tard les tournois ; toutes les coutumes de l'Occident étaient méprisées des Grecs ; ils dédaignaient les armoiries, et la science du blason leur parut ridicule ; ce ne fut qu'en 1326, que quelques jeunes Savoyards donnèrent à Constantinople le spectacle d'un tournois, à l'occasion du mariage du jeune empereur Andronic avec une princesse de Savoie.

L'usage des tournois se conserva dans toute l'Europe. Un des plus solennels fut celui de Boulogne-sur-Mer, en 1309, au mariage d'Isabelle de France avec Édouard II, roi d'Angleterre. Édouard III en fit deux beaux à Londres. Le nombre en fut ensuite très-grand jusque vers le temps qui suivit la mort du roi de France, Henri II, tué dans un tournois au palais des Tournelles, en 1559.

Cet accident semblait devoir les abolir pour toujours; cependant telle était la force de l'habitude, et la vie désoccupée des grands, qu'on en fit un autre, un an après, à Orléans, dont le prince Henri de Bourbon Montpensier fut encore la victime; une chute de cheval le fit périr. Les tournois cessèrent alors absolument; il en resta une image dans les pas d'armes dont Charles IX et Henri III furent les tenants un an après la Saint-Barthélemi. Il n'y eut point de tournois au mariage de Joyeuse, en 1581 : le terme de tournois est employé mal à propos à ce sujet dans le journal de l'*Étoile*. Les seigneurs ne combattirent point; ce ne fut qu'une espèce de ballet guerrier représenté dans le jardin du Louvre, par des mercenaires. C'était un spectacle donné à la cour, mais non pas un spectacle que la cour donnait elle-même. Les jeux que l'on continua depuis d'appeler tournois ne furent que des carrousels.

L'abolition des tournois est donc de l'année 1560, et avec eux périt l'ancien esprit de la chevalerie, qui ne parut plus guère que dans les romans.

TOURTEAU, ou PAIN DE NOIX, D'AMANDES, DE PAVOT, DE COLZA, DE LIN, etc. — C'est le nom qu'on donne à la pâte ou au résidu dont on a extrait les huiles de ces diverses graines ou semences, par l'action de la presse. Ces tourteaux font l'objet d'un commerce assez considérable: ceux de lin sont les plus recherchés pour la nourriture des bestiaux, surtout des vaches, quand elles font et nourrissent leurs veaux. Les tourteaux les plus communs servent aussi à l'engrais des terres; ceux d'amandes servent à faire la poudre d'amandes pour les mains; ceux de noix servent à la nourriture des hommes et des animaux. Les tourteaux se trouvent en grande abondance à Lille et à Arras, où l'extraction ou fabrication des huiles de graines oléagineuses est l'une des plus considérables en France.

TOURTERELLE (zoologie) [*Turtur*, nom donné à plusieurs espèces du genre *Pigeon*]. — Les tourterelles se distinguent des pigeons proprement dits par une taille plus petite, plus fine et plus délicate; par leur tête plus petite, leur plumage presque toujours couleur café tendre, avec un collier de couleur plus foncée. Le chant de la tourterelle est un roucoulement triste et plaintif. Cet oiseau habite dans les parties sombres et retirées des bois. Il s'apprivoise facilement et peut s'élever en cage.

TOURNIQUET (chirurgie). — On donne ce nom à un instrument de chirurgie propre à arrêter le cours du sang dans les membres, en exerçant une forte compression sur leur artère principale. On attribue la découverte du tourniquet à un chirurgien français nommé Morel, qui l'imagina en 1674, pendant le siége de Besançon. Cet instrument a été successivement modifié et perfectionné par Nuck, Verduc, Lavauguyon, Monro, Petit, Louis. Il se compose spécialement de deux pelotes réunies par une courroie, et qui peuvent être éloignées ou rapprochées au moyen d'une vis de rappel, de sorte qu'on peut à volonté comprimer plus ou moins fortement l'artère sur laquelle l'une d'elles est appliquée. L'une des pelotes en effet est placée sur le trajet du vaisseau, et l'autre sur un point diamétra-

lement opposé. On a encore inventé un grand nombre d'instruments mécaniques propres à arrêter le cours du sang artériel; tels sont, le tourniquet auxiliaire ou de Dahl, le tourniquet inguinal, etc. On se sert du tourniquet pour suspendre momentanément la circulation dans les membres pendant les grandes opérations, pour arrêter les hémorrhagies artérielles dans les blessures, pour comprimer certaines tumeurs anévrismales, etc.

TOUX (pathologie). — Les physiologistes modernes l'ont fait consister en des expirations violentes, courtes et fréquentes, dans lesquelles l'air expiré produit, en traversant le larynx, un bruit particulier. Cette définition n'est pas tout à fait exacte. Un des phénomènes qui accompagnent constamment la toux est une occlusion momentanée ou un rétrécissement considérable de la glotte; ce rétrécissement n'a pas seulement pour effet de concourir à la production du son; il retarde momentanément la sortie de l'air, qui s'échappe ensuite avec une plus grande rapidité et entraîne plus facilement au dehors, en leur communiquant l'impulsion qu'il a reçue, les mucosités amassées dans les diverses parties des voies qu'il parcourt.

La toux n'étant ordinairement qu'un symptôme de maladie, le meilleur traitement qu'on puisse employer pour la guérir, est de faire disparaître la maladie qui la produit. On voit que nous ne pouvons entrer dans le détail de chacune de ces affections. Nous renvoyons donc aux mots *Asthme, Catarrhe, Coqueluche, Phthisie, Pleurésie*, etc, etc., où il en est parlé. Nous ne saurions trop insister sur ce point que l'on ne peut combattre la toux avec succès, qu'en faisant disparaître sa cause, et que par conséquent on ne doit accorder aucune confiance à cette multitude de remèdes, dont les annonces remplissent chaque jour les colonnes des journaux. C'est là une des sources les plus certaines de bénéfices pour le charlatanisme, qui, trop souvent, ne se borne pas à l'emploi de substances inertes et sans prix, mais n'hésite pas à mettre en usage des médicaments actifs et par conséquent dangereux entre des mains inhabiles et inexpérimentées.

TOXICOLOGIE. — Partie de la médecine qui traite des poisons. La toxicologie constitue une branche importante de la médecine légale, car non-seulement elle s'occupe de classer les poisons, d'en étudier les effets et de déterminer les moyens propres à combattre les symptômes des empoisonnements, mais encore elle est appelée à éclairer la justice dans le cas d'empoisonnement. — Voyez *Poisons*.

TRADITION (droit). — Délivrance de la chose donnée ou vendue.

On appelle *tradition réelle* celle où le preneur est mis en possession réelle de la chose.

Tradition feinte; lorsque le preneur est réputé s'être mis en possession de cette chose, quoiqu'elle reste entre les mains du vendeur.

Tradition symbolique; on appelle ainsi la *tradition* qui s'opère par le moyen de quelque symbole; telle est, par exemple, la remise des clefs d'une maison par le vendeur à l'acheteur. Telle était encore anciennement la tradition, *per annulum*, en mettant un an-

neau au doigt de celui à qui on remettait la possession d'une église, d'un héritage ; la tradition, *per baculum*, quand on remettait un bâton entre les mains du nouveau possesseur ; la tradition, *per cultellum*, quand on lui remettait un couteau plié ; la tradition, *per festucam*, quand on lui remettait un fétu en main.

Tradition se dit aussi de la voie par laquelle la connaissance des choses qui concernent la religion et qui ne sont point dans l'Écriture sainte, se transmet de main en main, et de siècle en siècle. Il se dit aussi des choses même que l'on connaît par la voie de la *tradition.*

Tradition se dit encore, en histoire, des faits purement historiques, qui ont passé d'âge en âge, et qu'on ne sait que parce qu'ils se sont transmis de main en main. Il se dit aussi de ces faits mêmes.

TRAGÉDIE (littérature) [du grec, *tragos*, bouc, et *odé*, chant ; littéralement le chant du bouc, parce que chez les Grecs, le prix de ce poëme fut d'abord un bouc ou un chevreau]. La tragédie est ainsi que l'épopée, l'imitation d'une action grande, entière et vraisemblable, qui se passe parmi des personnages fameux, dont le merveilleux est exclu, et dont la durée ne peut être que de vingt-quatre heures.

La tragédie dut sa naissance chez les Grecs aux fêtes de Bacchus. La partie de ces fêtes qui se célébrait dans les temples, consistant en chœurs, c'est-à-dire en chants graves et monotones, était nécessairement triste. Thespis essaya d'introduire dans ses chœurs un personnage qui récitait quelqu'un des exploits de Bacchus ; ce qui fit un épisode, c'est-à-dire un morceau étranger dans le chœur. A ce personnage Eschyle en ajouta un second qui forma un dialogue avec le premier. Sophocle y en ajouta un troisième ; c'était tout ce qu'il en fallait pour composer une action dramatique.

L'épisode était donc dans l'origine une sorte de dialogue inséré dans les chœurs religieux, pour y jeter quelque variété.

Eschyle, Sophocle et Euripide, furent chez les Grecs les poëtes qui portèrent la tragédie au plus haut degré de perfection.

La tragédie ne fut connue des Romains qu'environ l'an de Rome 514, c'est-à-dire 160 ans après Sophocle et Euripide. Les premiers poëtes tragiques se contentèrent de traduire les pièces des Grecs.

Livius Andronicus fut le premier qui mit des tragédies sur le théâtre, à l'imitation de celles de Sophocle. Accius et Pacuvius se distinguèrent ensuite à Rome par leurs tragédies.

Jules César et Asinius Pollion en avaient composé qui étaient fort estimées de leur temps. Quintilien rapporte que l'on vantait la Médée d'Ovide, comme une pièce parfaite ; mais malheureusement il ne nous reste pour juger du goût des Romains pour la tragédie, que quelques pièces de Sénèque.

Les poëtes qui ont fait en France les premiers pas dans la carrière dramatique, sont Etienne Jodelle, Robert Garnier, et Alexandre Hardi ; mais chez le premier tout est déclamation, sans action, sans règles

et sans jeu. Le second met plus d'élévation dans ses pensées et d'énergie dans son style ; néanmoins ses pièces sont languissantes. Le troisième connaissait mal les règles de la scène, et n'observait pas ordinairement l'unité de lieu.

Le théâtre français ne prit naissance que sous Pierre Corneille. Ce génie sublime franchit presque tout à coup les espaces immenses qu'il y avait entre les essais informes de son siècle et les productions les plus accomplies de l'art.

Quand Corneille commençant à vieillir cessa de nous transporter d'admiration, Racine vint qui fit couler des larmes délicieuses ; ensuite, on vit Crébillon, dont le pinceau mâle et sombre nous attendrit et nous épouvante. Enfin parut Voltaire qui a réuni tous les genres, le tendre, le touchant, le terrible, le grand et le sublime.

L'Angleterre a produit un petit nombre d'auteurs tragiques, parmi lesquels on distingue Shakspeare, qui offre des étincelles de génie, mais brut et inculte, et Addison qui est plus astreint aux règles dramatiques.

Les Allemands font des efforts pour se mettre au niveau de la scène dramatique française, mais on ne connaît encore rien qui approche de nos grands maîtres.

L'Italie se glorifie avec raison de la Mérope du marquis Maffei ; mais les bonnes tragédies qu'elle a produites sont encore bien rares.

Autant l'Espagne est féconde en comédies, autant elle est stérile en tragédies, à moins qu'on ne veuille donner ce titre à des pièces qu'ils appellent tragicomédies, où, à travers quelques bouffonneries, on trouve des situations très-touchantes.

TRANSACTION (droit). — C'est une convention entre deux ou plusieurs personnes qui, pour prévenir ou terminer un procès règlent leur différend de gré à gré.

Lorsqu'on transige, le plus sûr moyen de ne pas donner par la suite ouverture à aucune contestation, est de n'entrer dans aucun détail et de s'exprimer en ces termes généraux, *lesquelles parties, pour terminer tous leurs procès et différends, sont convenues,* etc., parce que si l'on voulait détailler les chefs de contestation, la moindre omission ou ambiguïté dans les termes donnerait matière à de nouvelles discussions.

Le résultat des négociations et des transactions qui s'opèrent dans la Bourse détermine le cours du change, des marchandises, des assurances du fret ou du nolis, du prix des transports par terre ou par eau, des effets publics ou autres dont le cours est susceptible d'être coté.

Les tribunaux de commerce connaîtront de toutes les contestations relatives aux transactions entre négociants, marchands et banquiers.

TRANSCRIPTION. — Action de copier ou de transcrire sur un registre un acte, soit entier, soit par extrait pour en conserver la teneur et en constater l'authenticité.

L'extrait des actes de société en nom collectif et en commandite doit être transcrit sur le registre du

greffe du tribunal de commerce de l'arrondissement dans lequel est située la maison du commerce social.

L'acte de protêt doit contenir la transcription littérale de la lettre de change, de l'acceptation, des endossements et des recommandations qui y sont indiquées.

Les tribunaux auxquels la demande en réhabilitation aura été adressée, feront transcrire sur leurs registres l'arrêt portant réhabilitation.

TRANSFUSION DU SANG (pathologie). — Opération qui consiste à introduire le sang d'un animal ou d'un homme dans les veines d'un autre homme ou d'un autre animal. Il est fort douteux que cette périlleuse tentative qui a excité tant d'enthousiasme vers le milieu du xviiᵉ siècle, ait été pratiquée par les anciens, comme le disait Lamartinière. Essayée d'abord en Angleterre en 1664, sur des animaux, elle fut pour la première fois pratiquée sur l'homme en France, en l'année 1666. Un curieux article de M. Félix Dornier, jugé digne d'être reproduitdans la *Revue médicale* donnera à nos lecteurs une idée fort juste de la transfusion et des illusions qu'excita son apparition sur la scène du monde :

« Guillaume Harvey, célèbre médecin anglais, venait de découvrir le phénomène admirable de la circulation. Chacun sait que l'apparition d'une célébrité est toujours suivie d'une cohorte de médiocrités qui forment comme une auréole autour du génie qui lui a donné naissance. Il n'y eut pas d'exception pour le système de Harvey ; on tortura sa pensée jusqu'à vouloir y trouver la réalisation de la fameuse fontaine de Jouvence, et on s'en empara comme d'un moyen de ravitaillement.

» La découverte promettait une telle infinité de merveilles, que chacun s'empressa de se l'approprier. Les Français, les Anglais et les Allemands firent donc grand fracas pour savoir d'où sortait la *transfusion* et qui devait en avoir l'*honneur*. A la cour, à la ville, et à l'étranger, on ne parlait plus que transfusion ou moyen de guérir promptement et à peu de frais presque toutes les maladies qui affligent l'humanité, de rajeunir les vieillards, et de donner aux valétudinaires une santé ferme et inaltérable. Tout Paris était occupé à transfuser du sang, les uns de chien à chien, et les autres, plus hardis, d'homme à homme. On délaissait la politique pour cette question palpitante. L'esprit des philosophes s'était même mis en mouvement, et ils allaient jusqu'à penser qu'au moyen de la transfusion, on changerait les caractères vicieux, et que le sang d'un lion, par exemple, pourrait donner du courage aux poltrons; mais ce qui touchait principalement tout le monde, c'était l'espoir de rajeunir.

» L'Académie de médecine examinait, de son côté, une matière si importante, car, tout en branlant la tête d'incrédulité, et en riant sous cape des prétentions chimériques des transfuseurs, elle ne demandait pas mieux que de trouver aussi le moyen de se rajeunir. A son grand désespoir, elle constata que les animaux qui recevaient le sang s'affaiblissaient à vue d'œil, tandis que ceux qui le donnaient, ne s'en por-

taient que mieux, ce qui était diamétralement opposé aux prévisions des innovateurs. Elle observa aussi que le sang se caillait dans le trajet des veines et n'arrivait au cœur que coagulé, ce qui causait des accidents très-graves et empêchait l'assimilation. On rapporte,à ce propos, qu'il en coûtait beaucoup à l'Académie de faire connaître au public le fruit de ses recherches, d'autant plus que Claude Tardy, régent de la faculté de médecine de Paris, se glorifiait d'avoir pratiqué cette opération sur un homme avec un plein succès. Elle espérait toujours parvenir à quelque chose de satisfaisant; mais enfin, ce fut Perrault qui la décida. « Comment, s'écria-t-il un jour, un corps savant comme le vôtre peut-il admettre qu'un animal s'accommode d'un sang qu'il n'a pas lui-même élaboré et préparé ? » Et comme l'admirable auteur des *Contes des Fées* était en même temps médecin et architecte, il ajouta : « On peut bâtir une cabane avec toutes sortes de pierres prises au hasard,mais un palais majestueux ne peut être élevé qu'avec des pierres taillées exprès, de sorte que la pierre destinée à une voûte ne peut servir ni à un mur, ni même à une autre voûte. Ne serait-il pas, d'ailleurs, étrange, messieurs de l'académie de médecine, que vous reconnussiez qu'on peut changer de sang comme de chemise ? »

» L'Académie ne put davantage garder le silence, et, sur sa proposition, le parlement intervint. Ce fut dommage pour les transfuseurs, car il faut avouer que quelques-unes de leurs expériences leur étaient favorables, et ils auraient trouvé, dans la crédulité publique, une digne récompense.

» Ce fut un moine qui subit la première opération par dom Desgobets, un médecin flamand nommé Sinibaldus, qui se soumit à la première épreuve faite par Jean Denis, médecin ordinaire du roi, professeur de philosophie et de mathématiques. Ce savant s'était d'abord rendu en Flandre avec Emmerets, chirurgien distingué de cette époque, pour faire faire sous ses yeux les expériences nécessaires. Encouragé par les nombreux succès qu'il y obtint, il modifia son mode opératoire, et s'en revint à Paris, certain de trouver plus de clients qu'il n'en pourrait satisfaire.

» Un système de thérapeutique, quelque bon qu'il soit, a toujours pour inconvénient de ne s'adresser qu'à des exceptions, et au grand chagrin des amateurs, il ne peut être mis en pratique que dans les temps de calamités. La transfusion, au contraire, concernait les infirmes et les valides, les moribonds et presque les morts. Ceux qui, forcés de figurer à la cour de Louis XIV, avaient besoin d'avoir le teint fleuri et de paraître encore capables de quelques grands exploits, acclamèrent à la proposition ; et comme les petits imitent les grands, sans s'occuper du résultat probable de cette tentative,sans s'informer si les expériences nécessaires avaient été faites, la foule se porta chez les innovateurs. Des combats s'engagèrent entre les aspirants pour obtenir la première place, et dès ce jour, la vogue fut acquise à cet audacieux système. Chez nous, tout se soumet à l'empire de la mode, et en ce temps-là, comme aujourd'hui,

l'esprit léger des Français donnait tête baissée dans les nouveautés.

» L'enthousiasme qui avait accueilli ce système dès son apparition, menaça l'avenir des médecins *non transfuseurs*. Lamartinière, homme placé haut dans l'art médical, se répandit en paroles amères contre les transfuseurs, et s'abaissa jusqu'à les traiter de bourreaux, de cannibales, de Topinambous, d'hommes de sang; il écrivit même aux ministres, aux magistrats, aux prêtres et aux dames que cette opération barbare était une œuvre sortie *de la boutique de Satan*. Il ne s'en tint pas à cette guerre de paroles, il fit des pamphlets et les répandit à grands frais; il ne respecta pas même les personnes, et reprocha à Denis d'avoir fait jouer les marionnettes à la foire. Denis, au lieu d'être plus sage et plus modéré, répondit à Lamartinière qu'il n'était, lui, qu'un misérable arracheur de dents et un opérateur du Pont-Neuf.

» Chacun, pourtant, prit fait et cause, et comme les persécutions annoncent toujours quelque mérite de la part de celui qui en est l'objet, ce fut une chance de plus de succès pour l'invention de Denis. Du reste, ce médecin était de bonne foi, et afin de profiter de l'avis de ses confrères, il avait d'abord lancé une brochure dans laquelle il appuyait sa doctrine d'une foule de raisonnements qui, aujourd'hui, ne sont que des sophismes habilement déguisés, mais qui étaient au niveau des connaissances de cette époque.

» Parmi ses raisons les plus plausibles, on découvrait celle-ci : « Les médecins de nos jours déduisent presque toutes les maladies de l'intempérance et de la corruption du sang, et n'y apportent d'autre remède que les saignées ou les boissons rafraîchissantes; cette méthode présente mille inconvénients, et je propose la transfusion pour la remplacer. De cette manière, toutes les indications seront remplies, et ce sera comme une voie d'accommodement entre les partisans et les antagonistes de la saignée, la transfusion débarrassant du sang corrompu et n'ayant pas le désagrément d'affaiblir outre mesure, puisqu'on substitue au sang sortant un sang nouveau. » Il ajoutait que c'était un moyen abrégé de faire parvenir dans le sang la matière de la nutrition, et que, par ce moyen, on évitait à la machine tout le travail de la déglutition, de la digestion, de la chylification et de la sanguification, fonctions qui pouvaient se trouver gênées par le vice de l'un des organes destinés à cette opération. A cela, M. Petit, l'un de ses adversaires, ripostait que les fenêtres étaient aussi un moyen abrégé pour arriver dans la rue, et que, néanmoins, personne ne s'en servait.

» Tous ces beaux raisonnements étaient de faibles armes, qui pouvaient également servir contre les deux partis, et qui échauffaient les esprits sans éclaircir la question. Pour mettre fin aux disputes, Denis déclara que l'expérience allait en décider, et aussitôt il se mit à l'œuvre, assisté de M. Emmerets, chirurgien.

» Le 15 juin 1657, un jeune homme de quinze à seize ans, le premier inscrit, fut opéré. Après avoir subi une vingtaine de saignées qui lui avaient été pratiquées pour le guérir d'une fièvre ardente, il n'en était pas moins resté languissant, assoupi et engourdi; son esprit était émoussé, sa mémoire perdue. On pensait généralement que cet état de pesanteur tenait à la présence d'un sang épaissi; Denis fut du même avis, et la conjecture se réalisa, car le sang qu'on lui tira était noir et si épais qu'il ne pouvait former un filet en tombant. Voici comment on opéra : M. Emmerets, après avoir préparé commodément la carotide de l'agneau qui devait fournir le sang, la découvrit par une incision longitudinale de deux ou trois pouces, la sépara des téguments et la lia dans deux endroits distants d'un pouce, ayant eu attention que la ligature qui se trouvait du côté du cœur pût se défaire facilement. Ensuite il ouvrit l'artère entre les deux ligatures, et y introduisit l'extrémité d'un tuyau d'ivoire préparé à cet effet.

Lorsque l'animal, qu'on se mettait peu en peine de faire souffrir, fut ainsi préparé, le chirurgien ouvrit la veine du bras du jeune homme, laissa couler cinq onces de sang; puis ôta la ligature que l'on met, selon la coutume, pour saigner, au-dessus de l'ouverture, et la mit au-dessous; alors, il fit entrer dans cette veine un autre tuyau qu'il adapta à celui qui était placé à l'agneau et enleva la ligature qui s'opposait au mouvement du sang; aussitôt le cours du liquide fut établi, et le sang parvint dans les veines du malade. M. Denis ayant jugé qu'il pouvait y avoir une livre de sang transfusé, fit cesser l'opération; la plaie fut fermée comme de coutume; le malade se coucha, et se releva, suivant le rapport des médecins transfuseurs, complètement guéri, ayant l'esprit gai, le corps léger, la mémoire bonne, et de plus se sentant très-soulagé d'une douleur aux reins qui lui était survenue à la suite d'une chute faite le jour précédent, mal contre lequel on ne savait pas que la transfusion eût des vertus bienfaisantes.

» Les jours suivants, on obtint une foule de succès semblables. Quelquefois, les personnes bien portantes qui subissaient cette restauration dans l'espoir de prolonger leurs jours, écorchaient elles-même l'agneau dont elles avaient consommé le sang, aussitôt l'opération, tant elles se trouvaient fortes. Denis avait ainsi choisi le sang des animaux de préférence à celui des hommes, non-seulement parce qu'il eût été peu convenable et peu humain d'abréger les jours d'un homme au profit d'un autre quel qu'il fût, mais bien parce que le sang des animaux, dépourvus de raison, et par conséquent purs de tous les excès auxquels les hommes se livrent, sans doute par un effet de la raison, lui paraissait plus propre à cette substitution.

» Enfin il y eut une telle rage de rajeunissement que les petits-maîtres s'étaient avisés de faire transfuser les chevaux auxquels ils tenaient beaucoup, et que toutes les dames faisaient transfuser leurs perroquets, soit par tendresse, soit par économie; car dans ce temps-là les perroquets étaient fort chers. Peut-être aussi, était-ce en guise d'expérience et pour s'en servir plus tard.

» Ici devaient finir les triomphes de la transfusion. Réussite et échec ne tiennent souvent qu'à une circonstance et ne durent que le temps de les constater.

Un baron, nommé Bond, fils du premier ministre du roi de Suède, se trouvait à Paris où il était venu se faire traiter d'une maladie de foie. Les médecins, après lui avoir administré force saignées, purgations et lavements, le virent tellement faible qu'ils en désespérèrent, et, dans leurs embarras, ils firent mander Denis et Emmerets. Les transfuseurs refusèrent d'abord leur secours, le jugeant inutile. Mais on les tourmenta tant qu'ils consentirent, par humanité, à tenter l'opération. Le malade, qui était sans connaissance depuis quelques jours, éprouva d'abord du mieux, puis succomba.

» Aussitôt on cria au meurtre; l'esprit de parti s'empressa de grossir l'accident et de répandre mille faussetés. De ce jour, la transfusion marcha vers sa perte, et, comme une autre observation, celle d'un fou qui était mort à la suite de trois ou quatre opérations, vint se joindre à la précédente, Lamartinière ne manqua pas de s'en emparer et de la raconter avec toutes les circonstances aggravantes. Bien qu'il n'ait pas été prouvé que cet homme soit mort, ce n'en est pas moins ce fait qui amena le fameux arrêt de 1668, qui défendait, sous peine de prison, de faire la transfusion sur aucun corps humain, que la proposition n'en eût été approuvée par les médecins de la faculté de Paris. Elle n'en continua pas moins d'avoir pendant quelque temps un grand nombre d'amateurs; mais tout se passait en secret, de sorte qu'elle finit par tomber tout à fait dans l'oubli. »

Un des dangers les plus graves attachés à la pratique de la transfusion, est la possibilité de l'introduction de l'air dans les veines du patient. C'est à cette cause qu'on a cru devoir rapporter la mort du fou opéré par Denis et Emmerets, sur lequel deux fois déjà la transfusion avait été tentée avec quelque apparence de succès. A la troisième tentative le malheureux s'écria, dès le commencement de l'opération : Arrêtez, je suffoque! Et il expira peu après.

Mais outre ce danger, que de sages précautions peuvent prévenir entre les mains d'un opérateur habile, bien d'autres accidents peuvent être la suite de l'introduction dans les veines d'un sang étranger : aussi, comme le dit avec raison l'écrivain que nous avons cité plus haut, la transfusion est entièrement retombée dans l'oubli.

Cependant les chirurgiens anglais n'ont pas craint de la pratiquer de nouveau, il y a peu d'années, et le succès qu'ils ont obtenu est bien fait pour encourager ceux qui, dans certains cas désespérés, aimeraient mieux encore, suivant le précepte de Celse, tenter un moyen douteux que de n'en employer aucun.

Il s'agissait dans les exemples récents rapportés par MM. Waller et Doubleday de femmes en couches épuisées par une perte sanguine, que la transfusion seule put rappeler à la vie. Le sang fut tiré de la veine du mari et immédiatement introduit dans celles de la femme.

TRANSIT. — Ce terme désigne, en général, le transport ou passage à travers le territoire d'un pays, que la douane accorde à certaines conditions aux marchandises et produits de l'étranger, entrant par une ligne de douane et sortant par une autre.

On distingue trois espèces de transit : 1° le transit de l'étranger à l'étranger, en traversant le territoire de France ou d'un autre pays; 2° le transit d'une marchandise d'une place à l'autre dans un même pays, en empruntant le territoire étranger; 3° enfin le transit de France ou de tout autre pays, en traversant une partie de la France.

En général, le commerce de transit procure au pays de grands profits; il vivifie l'industrie du commissionnaire et du roulage, il alimente la navigation des fleuves et des canaux, il anime et enrichit l'intérieur du royaume, et le fait participer aux bienfaits du commerce extérieur, qui cesse ainsi d'être le partage exclusif des ports de mer et des villes frontières. Il complète les cargaisons des navires des places maritimes, et fournit aux commissionnaires les ordres de l'étranger.

TRANSPIRATION. — Exhalation qui a lieu continuellement et d'une manière insensible à la surface de la peau et qui prend le nom de *sueur*, lorsque le liquide exhalé est en plus grande abondance que dans l'état naturel. La matière de la transpiration est une vapeur aqueuse, salée, acide, plus ou moins odorante, composée de beaucoup d'eau, d'un peu d'acide acétique, de chlorures de sodium et de potassium, de très-peu de phosphates terreux et d'oxyde de fer, et d'une portion infiniment petite d'une matière animale. Le fluide de la sueur n'en diffère qu'en ce qu'il est plus chargé de particules salines. D'après les expériences de Lavoisier et Séguin, la quantité de fluide ainsi exhalé dans l'espace de vingt-quatre heures, par la transpiration insensible, est au plus de 2,500 gram., et au moins de 850 gram. : mais cette quantité varie selon l'âge, le sexe, le tempérament, la saison, le climat, etc. — *Transpiration pulmonaire,* celle qui se fait par la surface des bronches et des ramifications bronchiques, et dont le produit est excrété par l'expiration : c'est un mélange de gaz acide carbonique et d'une sérosité albumineuse à l'état de vapeur; on en évalue la quantité à 550 gram. par jour.

TRAPPE (LA). — C'est en France, à 12 kil. N. de Mortagne, et à 12 kil. S. de l'Aigle, une abbaye fondée en 1140 par les comtes de Perche, et connue par l'insigne austérité de sa règle. Détruite par l'effet de la révolution, l'année 1815 en a vu le rétablissement. Le silence y est de précepte; si l'on y entend du bruit, ce n'est que celui des arbres lorsque le vent les agite, ou celui de quelques ruisseaux coulant entre des cailloux. Les religieux de la Trappe se lèvent la nuit à deux heures pour aller à matines qui durent jusqu'à quatre heures et demie. Une heure après ils disent prime, et se rendent ensuite au chapitre. Sur les sept heures, ils vont à leurs divers travaux jusqu'à huit heures et demie qu'on dit tierce, la messe et sexte, après quoi ils reviennent dans leur chambre, vont ensuite chanter none, et se rendent au réfectoire à midi. Les tables y sont nues, propres et sans nappe. Ils trouvent devant eux du gros pain, un pot d'eau, et une demi-bouteille de cidre. Leur potage est apprêté sans beurre et sans huile. Leurs sauces sont d'eau,

épaissies avec un peu de gruau. Leur carême dure huit mois ; et combien n'est-il pas austère , puisque, même dans les autres temps, ils ne mangent ni viande, ni œufs, ni beurre, ni huile, ni poisson, ni laitage, et qu'ils s'interdisent même les légumes, tels que les asperges, les artichauts, les petits-pois, les choufleurs, comme mets trop friands. Ils boivent dans des tasses de buis, et ne se servent que de cuillers et de fourchettes de même matière. Une heure après le repas, ils retournent au travail. A trois heures , lecture et méditation. A quatre heures, vêpres ; à cinq heures, le réfectoire ; à six heures, la retraite. Ils se couchent habillés et dans leur habit de chœur, sur des ais où il y a une paillasse piquée, un oreiller rempli de paille, et une couverture. Les journées se passent et se succèdent en silence : le silence perpétuel étant une partie essentielle de leur règle, et il y est observé avec une telle rigueur, que dans la basse cour on frappe sur une planche pour appeler la volaille qui accourt avec précipitation. Aux jours de jeûne de leur institution, ils ont un morceau de pain de quatre onces pour leur collation ; mais aux jours de jeûne de l'Eglise, ils n'en ont que deux onces. Quant à leurs cellules, elles n'ont que les dimensions nécessaires pour admettre leur lit. Bref, ainsi que l'a dit Buffon à leur dernier moment, ces religieux ne cessent pas de vivre ; ils achèvent de mourir. La réforme de la Trappe, la plus austère qu'il y ait dans toute l'Eglise, est de l'an 1663. Elle ne s'est point propagée : elle avait seulement été introduite dans l'abbaye de Sept-Fonts, en Bourbonnais, de l'ordre de Citeaux ainsi que celle-ci. Avant le bouleversement révolutionnaire, les étrangers de toutes conditions étaient reçus à la Trappe, avec beaucoup d'égards et d'attention, et pouvaient y séjourner trois jours. Don Armand-Jean le Bouthillier de Rancé, dit Voltaire, commença par traduire Anacréon et institua la réforme effrayante de la Trappe.

TRAVAIL (économie politique). — C'est l'application des facultés de l'homme à la production. Les philosophes voient dans le travail le principal titre de la propriété légitime, la principale source de toute valeur.

Le travail se divise en *travail physique* ou *mécanique*, qui varie selon le genre d'industrie qu'on exerce, et *travail intellectuel*, qui est celui du savant et de l'homme de lettres.

» Sous le rapport des résultats, le travail est *productif* ou *improductif*: *productif*, quand il confère à une chose quelconque un degré d'utilité d'où résulte pour cette chose une valeur échangeable égale ou supérieure à la valeur du travail employé : tels sont les travaux du savant, de l'entrepreneur, de l'ouvrier ; *improductif*, quand il n'en résulte aucune valeur nouvelle : le premier seul mérite le nom de *travail*.

« L'*organisation du travail industriel* est un des grands problèmes de l'économie sociale et de la politique. Longtemps le travail fut entravé par les privilèges connus sous les noms de *maîtrises*, de *jurandes*, etc. La liberté du travail a été proclamée en France en 1789, et elle est bientôt devenue la loi des sociétés modernes. Malgré les plans chimériques des socialistes, qui, sous prétexte *d'organiser le travail*, voulaient donner à l'Etat la direction universelle de l'industrie , l'Etat n'intervint plus dans le travail que pour prévenir certains abus , soit en réglant le maximum du temps que l'on peut demander aux ouvriers (la loi du 9 septembre 1848 fixait ce temps à 12 heures), soit en déterminant l'âge auquel les enfants peuvent être admis dans les manufactures (la loi du 22 mars 1841 fixe cet âge à 8 ans, et n'astreint les enfants qu'à 8 heures de travail jusqu'à 12 ans). Le *droit au travail*, qu'il faut se garder de confondre avec la *liberté au travail*, est le droit qu'aurait tout individu sans occupation de s'adresser à l'Etat pour l'obliger à lui fournir un travail salarié. Ce droit, qui avait été admis plus ou moins implicitement dans les constitutions de 1791 et de 1793, a été formellement proclamé, au lendemain de la Révolution de 1848, par les décrets du 26 et du 28 février, rédigés sous l'inspiration de M. Louis Blanc. Mais cette déclaration , qui au premier abord semble pouvoir être sanctionnée par de légitimes sympathies, n'a pas tardé à conduire aux conséquences les plus déplorables : à la création des *ateliers nationaux*, puis à l'insurrection de juin 1848. »

Parmi les nombreux auteurs qui se sont occupés de la question de l'organisation du travail, nous citerons quelques passages de l'ouvrage sur le *chômage*, publié par notre savant collaborateur, M. Sirven de Toulouse.

Depuis le rétablissement de l'Empire (1852), les efforts constants du chef de l'Etat ont été dirigés avec une persévérance inouïe vers l'*amélioration du sort des classes laborieuses*.

Les travailleurs sont, du reste, bien dignes de l'attention des gouvernements, car ces industriels, dont la France s'enorgueillit et qui concourent à la prospérité du commerce national, se trouvent, par une force indépendante des prévisions de la sagesse administrative, presque continuellement sous la menace d'une misère qui a des conséquences désastreuses pour eux et pour l'industrie dont ils sont les auxiliaires puissants et dévoués.

Les philosophes modernes ont cherché le remède à ces maux, sans rien produire de pratique sur ce qu'ils appelaient l'*organisation du travail*.

Il a été démontré, en effet, que le travail, en général, ne s'organisait pas, car il est la conséquence de la consommation ; de sorte que, pour organiser le travail, il faudrait préalablement, chose impossible, organiser les consommateurs. Mais si, à un certain point de vue, le travail ne s'organise pas, l'administration, du moins, peut et doit venir en aide aux travailleurs en ce qui concerne le chômage.

Quelques professions sont servies par des bureaux de placement ; en outre, des rues et des places sont assignées à certaines heures aux ouvriers de certaines professions, pour y attendre un embauchage. Là plupart des métiers n'ont pas même ces pauvres ressources, et les ouvriers qui les exercent sont réduits à chercher du travail dans l'inconnu, de maison en maison.

On sait que, généralement, l'intermédiaire des placeurs n'est accepté que dans les extrêmes besoins ; là

notoriété publique a constaté depuis longtemps qu'ils ne répondent que très-imparfaitement au but qu'ils affichent, et que leur moralité est suspecte à ceux-là même qui y recrutent des travailleurs. Sans parler du leurre des annonces de demandes d'emplois, de l'immoralité qui se cache dans l'antre des placeurs malgré la vigilance de l'autorité, il est évident que ces bureaux ne satisfont personne, et que le jour où l'autorité prendrait la direction de ces bureaux de placement, un service immense serait rendu à la capitale et aux villes assez populeuses pour recevoir une institution semblable.

Voilà, suivant nous, la tâche que le gouvernement pourrait entreprendre, dans l'intérêt de l'ordre et du bien-être des classes laborieuses.

Il s'agirait de créer une institution générale qui consisterait à renseigner également les patrons et les ouvriers : les patrons, pour trouver des ouvriers ; les ouvriers, pour obtenir du travail ; une institution enfin qui, servant d'intermédiaire entre les divers intérêts industriels, atténuerait, si elle ne les détruisait pas, les terribles effets du chômage.

Dans chaque quartier, on tiendrait des bureaux, où seraient reçues et inscrites sur un registre ad hoc les demandes d'ouvriers faites par les patrons et les demandes de travail faites par les ouvriers.

Le travailleur, ainsi renseigné, ne perdrait pas des jours, des semaines à chercher aveuglément du travail, lorsque souvent, de leur côté, les patrons demandent en vain des ouvriers. C'est là une lacune constatée et reconnue par tous ceux qui touchent de loin ou de près à l'industrie.

On considérerait comme un bienfait la généralisation des bureaux de renseignements pour le travail.

En outre, chose précieuse à savoir, on connaîtrait positivement l'état du travail, les demandes et offres de bras ; et avec ces données, à l'aide d'un organe de publicité, on éclairerait tous ceux qui en France vivent de l'industrie, et les ouvriers sauraient se diriger vers les endroits où il serait dit que le travail abonde.

Cette institution pourrait être décrétée d'utilité publique, et capable par conséquent de recevoir les dons et les legs que feraient les personnes s'intéressant au sort des classes laborieuses.

En supposant que cette institution se fasse un capital, comme nous n'en doutons pas, la rente pourrait être distribuée entre ceux qui auraient souffert du chômage.

Par cette institution et les rapports infinis qu'elle établirait, on pourra approprier en quelque sorte l'homme à la fonction ; c'est-à-dire que, dans les choses qui exigent de la force, on placera de préférence les hommes forts, et les hommes faibles aux travaux légers, dans le cas, bien entendu, où cela se peut faire.

Une autre question, celle des infirmes, se trouvera résolue. Un accident rend un ouvrier impropre à sa profession ; il perd un bras, une jambe, ou la vue ; il ne sait plus que mendier d'atelier en atelier, il est pour toujours le sujet de la misère, et sa vie lui devient un opprobre. Cependant il peut être utile encore ; il y

a bien des places qu'il occuperait avantageusement. Eh bien ! la société de placement saurait trouver l'emploi qui conviendrait à ces victimes de l'industrie. Cette institution servirait donc à la fois les grands intérêts du travail, des patrons et des ouvriers, des valides et des victimes.

Il est inutile de faire ressortir toutes les conséquences heureuses que produirait cette idée ; on les devine facilement. La simple exposition de cette société de placement suffit à en faire comprendre toute l'importance en ce qui touche l'ordre et le bien-être des classes ouvrières.

TREMBLEMENTS DE TERRE (géologie). — Secousses violentes et brusques qu'éprouve quelquefois la couche superficielle du globe. Ces commotions peuvent renverser des villes entières.

Les *tremblements de terre*, dit Salacroux, ont des effets encore plus marqués que les volcans ; comme ils se font sentir à des distances immenses, et que par conséquent ils agissent simultanément sur une grande surface, ils déterminent des soulèvements de terrains qui deviennent des montagnes ; d'autrefois ils produisent des affaissements ou des ruptures énormes à la surface du sol. Lors du tremblement de terre qui détruisit Lisbonne, deux montagnes se crevassèrent en Afrique ; celui de Lima, en 1746, produisit une fente d'une lieue de long et de cinq pieds de large. Vers la fin du XVIIe siècle, il y en eut un à la Jamaïque, qui engloutit la plus haute montagne de l'île et la remplaça par un lac de la même étendue. Les déchirements produits dans l'intérieur de la terre par ces phénomènes effrayants expliquent très-bien le dessèchement subit des fontaines, la disparition des fleuves, etc.; et si l'on se rappelle la théorie que nous avons donnée de la formation des puits et des fontaines, on concevra facilement comment il se forme par contrecoup des sources et des courants, là où il n'y en avait pas auparavant. On a longtemps cherché la cause des volcans et des tremblements de terre ; on s'accorde assez généralement aujourd'hui à les regarder comme les effets de la force expansive des matières fondues qui constituent la partie centrale du globe, et qui, cherchant à se faire jour à la surface du sol, produisent des tremblements de terre quand ils y trouvent trop de résistance, et des volcans lorsqu'ils triomphent des obstacles qui s'opposaient à leur sortie.

TRÉPAN (chirurgie) [*trepanum*, du mot grec *trepanon*, tarière]. — On donne ce nom à un instrument de chirurgie en forme de vilbrequin, avec lequel on perce les os, et spécialement ceux du crâne, pour remplir diverses indications thérapeutiques. Cet instrument se compose d'un *arbre* terminé par une palette à l'une de ses extrémités, et par une mortaise à charnière à l'autre, de sorte que celle-ci peut recevoir successivement différentes pièces, tels que le *trépan perforatif*, le *trépan exploitatif*, les *couronnes de trépan*, etc. L'opération du trépan se pratique pour donner issue aux épanchements de sang ou de pus à l'intérieur du crâne ; pour relever, extraire certaines pièces d'os enfoncées dans les fractures de cette cavité. On n'applique le trépan qu'à la voûte du crâne,

et on évite, autant que possible, d'opérer au niveau des sutures, des sinus de la dure-mère, des sinus frontaux, de l'angle antérieur et inférieur du pariétal, etc. On met le malade dans une situation convenable, on place sa tête sur des oreillers, on découvre à l'aide d'une incision en T ou cruciale, les os du crâne, on relève les lambeaux qu'on fait tenir à des aides, on enlève le périoste, on pratique ensuite avec le trépan perforatif une petite ouverture qui doit recevoir la pyramide de la couronne : on applique la couronne munie de sa pyramide, et lorsqu'elle a fait sa voie, on démonte la pyramide avant d'achever la section des os. On enlève la portion d'os scié au moyen d'un élévatoire; avec le couteau lenticulaire on abat les inégalités que présente l'ouverture faite au crâne, on donne issue aux liquides épanchés. Quelquefois il devient nécessaire d'inciser crucialement la dure-mère ; la plaie est ensuite pansée avec le sindon, des plumasseaux, et un appareil contentif approprié.

TRIANGLE-TRIGONOMÉTRIE (géométrie) [du latin *tres*, trois, *anguli*, angles]. — On appelle *triangle* toute surface limitée par trois lignes qui se coupent deux à deux. Le triangle est dit *rectiligne*, quand les trois côtés sont des lignes droites ; *curviligne*, s'ils sont des lignes courbes ; *mixtiligne*, si les uns sont des lignes droites, et les autres des lignes courbes.

On distingue trois sortes de triangles par rapport aux côtés. Le triangle *équilatéral* qui a ses trois côtés égaux, le triangle *isocèle* qui a deux côtés égaux, et le triangle *scalène* qui a ses trois côtés inégaux.

On en distingue aussi trois sortes par rapport aux angles : le triangle *rectangle* qui a un angle droit, le triangle *obtusangle* qui a un angle obtus, et le triangle *acutangle* qui a un angle aigu.

La *hauteur* d'un triangle est la distance perpendiculaire du sommet à la base.

L'*hypoténuse* est le côté opposé à l'angle droit dans un triangle rectangle.

Surface. — On prouve en géométrie qu'un triangle est la moitié d'un parallélogramme (ou d'un rectangle) de même base et de même hauteur, par conséquent, pour en avoir la surface, on prend *la moitié du produit de la base par la hauteur.*

Pour obtenir la surface d'un triangle dont on connaît les trois côtés seulement, on retranche successivement chacun de ces trois côtés de la demi somme de ces trois côtés, on multiplie cette demi-somme par le produit des trois restes, et on extrait la racine carrée du résultat.

Principes relatifs aux triangles. — Un côté quelconque d'un triangle est toujours moindre que la somme des deux autres et plus grand que leur différence.

La somme des trois angles d'un triangle est égale à deux angles droits; par conséquent il suffit de connaître l'un des angles aigus d'un triangle rectangle, pour connaître aussi l'autre.

Au plus grand angle est opposé le plus grand côté et réciproquement.

Deux triangles sont égaux lorsqu'ils ont les trois côtés égaux chacun à chacun, ou quand ils ont un angle égal compris entre côtés égaux, ou enfin lorsqu'ils ont un côté égal adjacent à deux angles égaux.

Deux triangles rectangles sont égaux lorsqu'ils ont l'hypoténuse égale et un autre côté égal, ou lorsqu'ils ont l'hypoténuse égale et un angle aigu égal, ou enfin lorsqu'ils ont un angle aigu égal ainsi qu'un des côtés de l'angle droit.

Le carré construit sur l'hypoténuse d'un triangle rectangle équivaut à la somme des carrés construits sur les deux autres côtés.

Deux triangles sont *équivalents* lorsqu'ils ont même base et même hauteur, et *semblables* s'ils ont leurs trois angles égaux et leurs côtés homologues proportionnels. Ils sont encore semblables lorsqu'ils ont les côtés respectivement perpendiculaires ou parallèles.

Toute parallèle à l'un des côtés d'un triangle divise les deux autres parties en parties proportionnelles, et réciproquement.

Toute parallèle à l'un des côtés d'un triangle détermine un second triangle semblable au premier.

C. DUPASQUIER.

TRICHIASIS (pathologie chirurgicale). — On a donné ce nom à plusieurs affections : 1° A une maladie des reins, dans laquelle les urines contiennent des filaments ténus qui ressemblent à des poils ou de véritables poils; 2° à un gonflement douloureux des mamelles qui survient chez les femmes nouvellement accouchées lorsque l'excrétion du lait se fait difficilement; maladie qu'Aristote attribuait à un poil avalé par hasard en buvant, et porté aux mamelles par la circulation. Cette maladie nommée par les Français *le poil* forme la *mastodynia pilaris* de Sauvage; 3° à une maladie qui consiste dans le renversement des cils qui bordent les paupières, vers le globe de l'œil. Cette dernière affection dépend tantôt du renversement en dedans des paupières, et tantôt d'une direction vicieuse des cils. Lorsque les cils ne sont pas tous dirigés vers le globe de l'œil, mais qu'il n'y en a qu'une rangée qui offre ce vice de direction, on a donné à l'affection le nom de *districhiasis*. Quelquefois le trichiasis est formé par les poils de la caroncule lacrymale, qui prennent un grand accroissement et se portent contre le globe de l'œil. La présence des cils contre la surface de l'œil produit dans le trichiasis une vive irritation de la conjonctive, qui est bientôt suivie de chemosis, d'ulcération de l'œil et d'autres symptômes, tels que la fièvre, l'insomnie, etc. Si la maladie dépend de l'ectropion ou renversement des paupières en dedans, il faut remédier à ce renversement, soit en dissipant l'œdème, le gonflement dont les paupières sont le siége, soit en pratiquant l'excision d'une portion de la peau qui les forme. Quand le trichiasis dépend de la direction vicieuse des cils, il faut arracher ces poils, en cautériser les bulbes avec un stylet rougi au feu. (*J. Cloquet.*)

TROMBE (météorologie) [du grec *strombos*, tourbillon]. — Les trombes sont des amas de vapeurs, ou des colonnes d'eau enlevées par des tourbillons de vent traversant les couches inférieures de l'atmosphère avec un mouvement giratoire tellement rapide et violent qu'il peut déraciner les arbres, renverser

les maisons et produire les plus grands ravages. Ces météores parcourent souvent une assez large étendue de pays en faisant entendre un bruit semblable à celui d'une voiture roulant au galop sur un chemin pavé ; ils sont généralement accompagnés de grêle ou de pluie, lancent quelquefois des éclairs et la foudre. On en distingue de deux sortes : les trombes d'air et les trombes d'eau ; ces dernières ne paraissent que sur la mer, les lacs et les rivières et présentent une colonne d'eau ayant la forme d'un cylindre ou d'un cône renversé. Cette eau n'est pas celle de la mer élevée par aspiration, mais elle est formée de vapeurs condensées, car elle n'est jamais salée.

Ce phénomène météorologique, sur la nature duquel on est encore dans l'incertitude, paraît avoir un intime rapport avec l'électricité atmosphérique. Quelques savants l'attribuent à deux vents opposés qui passent l'un à côté de l'autre.

Voici le récit des ravages que causa celle que l'on vit dans la vallée de Monville près de Rouen, en 1845.

« A midi trente-cinq minutes, une trombe furieuse s'est élevée dans la vallée au delà de Déville, à partir de Houlme. L'ouragan a d'abord enlevé une partie de la toiture de M. Runff; puis, prenant de la force en marchant, il a renversé plusieurs petits bâtiments, brisé des arbres, saccagé des haies, des moissons. Plus loin, des habitations ont été découvertes, d'autres ont été littéralement écrasées. On en a vu dont les décombres, les meubles, les fourrages étaient tellement confondus avec les arbres déracinés du champ ou du jardin qui les entourait, qu'il serait impossible de dire où était le jardin, où était le bâtiment. Le fléau courant comme la foudre a emporté à une distance considérable quelques parties des débris ; puis il a déraciné les arbres les plus élevés, les plus solides, et enfin il est venu s'abattre naturellement sur trois des principales usines de la vallée. L'éclair est moins rapide que ne l'a été la destruction de ces établissements, destruction si complète que l'imagination ne saurait se la représenter, et qu'aucune description ne pourrait en donner une idée. Ils ont été littéralement réduits en miettes. Pour comble de fatalité, c'est à l'heure où règne la plus grande activité, où le personnel complet des usines est au travail, que le sinistre a éclaté. Des trois établissements détruits, un se trouve sur la commune de Malauney. Le toit ayant été enlevé d'abord, les malheureux se sont précipités en même temps vers les issues; mais elles se sont trouvées encombrées, et quelques-uns seulement ont pu sortir. La cheminée, haute de 50 mètres, a été rasée à quelques mètres de terre, et jetée au travers de la rivière. Le troisième étage, coupé aussi avec une sorte d'horrible précision, a été précipité dans l'eau. Puis les deux autres étages se sont affaissés, et les murailles mêmes du rez-de-chaussée ont été démolies, à ce point que, sauf quelques mètres aux deux extrémités, il n'en restait pas deux briques l'une sur l'autre. Tout cela avait duré moins de deux minutes. »

C. DUPASQUIER.

TROMBONE [augmentatif de l'italien *tromba*, trompette]. — Instrument composé de quatre bran-ches ou tuyaux emboîtés les uns dans les autres, et qu'on allonge ou qu'on raccourcit à volonté, au moyen d'une pompe à coulisse, pour produire les différents tons. On distingue le trombone-ténor, qui est le plus usité : son ton fondamental est le *si bémol* au-dessous de la portée de clef de *fa* ; le trombone alto qui est en *fa*, et le trombone basse qui est à l'octave inférieure. Dans la musique militaire, on emploie certains trombones dont le pavillon a la figure d'une gueule de dragon : on les appelle *buccins*. Les trombones sont propres à l'expression la plus solennelle et produisent un grand effet dans les chœurs guerriers et religieux, ainsi que dans les marches triomphales. Le trombone est un instrument fort ancien : on l'appelait autrefois *saquebute*.

TROMPETTE. — Instrument à vent, ordinairement en cuivre, qui a un son très-éclatant et dont on se sert dans la musique militaire et dans les orchestres.

TROPHÉE (art militaire) [du grec *tropaïon*, fait de *trepo*, mettre en fuite]. — Monument élevé pour avoir mis les ennemis en fuite. Les trophées n'étaient dans l'origine que des troncs d'arbres revêtus des dépouilles ou des armes des vaincus. Les Grecs, dans les temps héroïques, les dressaient sur le champ de bataille, immédiatement après la victoire, et n'y mettaient pour inscription que le nom des vainqueurs et celui des vaincus.

Les Romains, dont la politique se proposait d'accoutumer au joug les peuples qu'ils avaient soumis, et d'en faire des sujets fidèles, furent longtemps sans reprocher aux ennemis leur défaite par des trophées. Le premier dont l'histoire romaine fasse mention, est celui que Caius Flaminius fit mettre l'an 530, dans le Capitole, en l'honneur de Jupiter, après avoir défait les Insubriens.

Les plus célèbres trophées qu'il y ait eu à Rome du temps de la république, sont ceux que plaça Marius, en l'honneur de ses deux victoires, l'une remportée sur Jugurtha, et l'autre sur les Cimbres et les Teutons.

TROPIQUES (astronomie) [du grec *tropikos*, de *trépô*, tourner]. — Nom donné par les astronomes à deux petits cercles de la sphère, parallèles à l'équateur, et passant par les points solsticiaux, c'est-à-dire par des points éloignés de l'équateur de 23° 28′ 30″. Les tropiques servent de limite à l'écliptique : c'est entre ces deux cercles que s'effectue le mouvement annuel apparent du soleil autour de la terre ; leur nom vient de ce que le soleil, après avoir atteint le tropique, semble retourner sur ses pas. — On appelle *tropique du Cancer* celui qui passe par le premier point du signe du Cancer, signe placé dans l'hémisphère septentrional, et *tropique du Capricorne*, celui qui passe également par le premier point du signe du Capricorne, dans l'hémisphère méridional : c'est le 20 ou le 21 juin que le soleil atteint le 1er, et le 20 ou 21 décembre qu'il atteint le 2e. On appelle *Régions tropicales* ou *intertropicales* les contrées placées entre les tropiques : ce sont les plus chaudes du globe ; elles forment la *zone torride*. Ces contrées n'ont que deux saisons : la saison

sèche, qui dure une grande partie de l'année, et la saison des pluies. — On connaît les cérémonies du baptême grotesque que les marins donnent à ceux qui passent pour la première fois sous le *Tropique*.

TROUBADOURS (littérature et histoire). — Poëtes provençaux qui, dans le moyen âge, imitant la vie errante des chevaliers et, pour la plupart, chevaliers eux-mêmes, parcouraient les châteaux des seigneurs, les cours alors nombreuses des princes, pour y chanter l'amour, les plaisirs et les belles. Ils chantaient aussi quelquefois la guerre, savaient la faire et la faisaient.

Ce fut sur le sol méridional, sur les heureux rivages de la Méditerranée, sous le ciel d'azur de l'antique Massilie, de l'ancienne province romaine, que s'épanouit la poésie lyrique, cette fleur du sentiment, de l'enthousiasme, de la gaieté. L'art du musicien fortifia le chant inspiré du poëte.

Ne demandez pas à la muse des troubadours des travaux de longue haleine ; non ! elle est trop pressée d'épancher ses langoureuses ou guerrières inspirations. Peu, très-peu d'entre eux ont créé des œuvres épiques que nous ont fait connaître l'*Epopée chevaleresque au moyen âge* de Fauriel, et le *Lexique roman* de Raynouard. Presque tous les autres monuments des chantres aimés des châteaux et des sensibles châtelaines, ne sont que de rapides mais ravissantes effusions du cœur, d'un cœur plongé dans les charmes du plus délicieux délire.

Bernard de Ventadour, Bertran de Born, Richard Cœur de Lion et tant d'autres manient la langue d'oc avec un admirable entrain. Ce sont autant de Tyrtées également habiles à se servir de la lyre, de la lance, à conquérir des plus redoutables ennemis, à conquérir des châteaux, des villes, à faire d'autres conquêtes plus douces, mais souvent aussi plus difficiles. N'allez pas croire que le poëte, c'est-à-dire la plus haute intelligence guidée par un rayon émané du céleste foyer du Très-Haut, du Dieu des armées, ne soit bon qu'à soupirer l'amour. Est-ce que l'amour, ce lien sacré formé par Dieu même, dans le Paradis terrestre, le jour où d'une côte de l'amoureux Adam il créa l'amoureuse Eve, est-ce que le véritable, le pur amour, comme Dieu le veut, comme le veut la femme, le premier des chefs-d'œuvre de Dieu, peut se trouver, dans toute sa splendeur, ailleurs que dans les vertueux replis d'un cœur où bat le courage, où dominent les généreux instincts ? Fussiez-vous entouré de myriades de lanternes de Diogène, que cet amour vous le chercheriez en vain dans le cœur, gangrené comme le corps, du lâche philosophiste, de toutes les mauvaises espèces d'ici-bas la pire, la plus détestable.

Nous ne parlerons pas de ces galantes *cours d'amour*, de ces attrayantes causes dont les troubadours étaient les avocats ; de ces tribunaux dont les juges étaient de nobles dames et, ce qui vaut bien mieux, de jolis minois. Un de ces adorables juges de la Cour d'amour d'Avignon, fut cette Laure de Sade, dont le souffle divin inspira le divin Pétrarque. Elles devaient être délicates les questions soumises à l'aréopage des belles entre les belles. Un seul exemple :

L'amour peut-il exister entre légitimes époux ? — Vous vous récriez ? Telle fut pourtant la question contradictoirement plaidée un beau jour entre deux braves troubadours. Et le jugement ? Horreur ! Faut-il le dire ? la Cour statua par la négative ! et c'est de la mignonne bouche de la comtesse de Champagne que sortit cet arrêt ! Nous connaissons plus d'un heureux couple qui donne un formel démenti au verdict de la séduisante comtesse.

La flamme dont brûlaient les troubadours ne craignait pas de s'adresser quelquefois à d'idéales beautés. Un jour, l'un d'eux, Geoffroy Rudel, s'éprend d'une subite, d'une irrésistible passion, s'embarque en toute hâte pour la Terre-Sainte. Va-t-il pénétrer dans le tombeau du Christ, s'y prosterner, y gémir sur ses péchés ? Ah oui ! un amour effréné l'entraîne vers la comtesse de Tripoli, qu'il ne connaît pas, qu'il n'a jamais vue ; il arrive, tombe à ses pieds, lui dit son amour, lui offre son cœur et meurt aussitôt d'un indicible bonheur !

Les troubadours contribuaient largement à maintenir, à développer les sentiments chevaleresques des héros du moyen âge. C'étaient les dispensateurs de la renommée, de la gloire, surtout dans les provinces où la langue d'oc était parlée. Leurs pathétiques chants entretenaient le feu du patriotisme dans les populations méridionales menacées par le nord.

Pour mieux faire juger la nature de leur poésie, qu'il est toutefois impossible d'apprécier à sa juste valeur dans une traduction dépourvue du charme du rhythme original, citons une des sirventes de Sordello de Mantoue regardé comme le dernier des troubadours. Prenons-la traduite dans la *Littérature du moyen âge* (tome I, p. 194) de M. Villemain qui lui a laissé toute sa sauvage naïveté :

« Je veux, en ce rapide chant, d'un cœur triste et marri, plaindre le seigneur Blacas, et j'en ai bien raison, car en lui j'ai perdu un seigneur et un bon ami, et les plus nobles vertus sont éteintes avec lui. Le dommage est si grand que je n'ai pas soupçon qu'il se répare jamais, à moins qu'on ne lui tire le cœur et qu'on ne le fasse manger à ces barons qui vivent sans cœur, et alors ils en auront beaucoup.

» Que d'abord l'empereur de Rome mange de ce cœur ; il en a grand besoin, s'il veut conquérir par force les Milanais qui maintenant le tiennent conquis lui-même, et il vit déshérité malgré ses Allemands.

» Qu'après lui mange de ce cœur le roi des Français, et il retrouvera la Castille qu'il a perdue par niaiserie ; mais s'il pense à sa mère il n'en mangera pas ; car il paraît bien par sa conduite, qu'il ne fait rien qui lui déplaise.

» Je veux que le roi anglais mange aussi beaucoup de ce cœur, et il deviendra vaillant et bon, et il recouvrera la terre que le roi de France lui a ravie, parce qu'il le sait faible et lâche. »

Voyons comment un autre troubadour, Bertran de Born, habile à aiguiser ses *tensons* comme des épées qui éblouissent et qui frappent ; voyons comment ce poëte-soldat, dont les mâles accents respirent la passion des batailles, dit ses belliqueuses aspirations.

Nous-empruntons pour cela la traduction d'un de ses chants, d'une de ses chaleureuses odes, à un excellent ouvrage, l'*Histoire de la Littérature française* de M. J. Demogeot, p. 142 :

Bien me sourit le doux printemps
Qui fait venir fleurs et feuillage ;
Et bien me plaît lorsque j'entends
Des oiseaux le gentil ramage.
Mais j'aime mieux quand sur le pré
Je vois l'étendard arboré,
Flottant comme un signal de guerre ;
Quand j'entends par monts et par vaux
Courir chevaliers et chevaux,
Et sous leurs pas frémir la terre.

Et bien me plaît quand les coureurs
Font fuir au loin et gens et bêtes ;
Bien me plaît quand nos batailleurs
Rugissent, ce sont là mes fêtes !
Quand je vois castels assiégés,
Soldats, sur les fossés rangés,
Ebranlant fortes palissades ;
Et murs effondrés et croulants,
Créneaux, mâchicoulis roulants
A vos pieds, braves camarades !

Aussi me plaît·le bon Seigneur
Qui le premier marche à la guerre,
A cheval armé, sans frayeur :
On prend cœur rien qu'à le voir faire.
Et quand il entre dans le champ
Chacun rivalise en marchant,
Chacun l'accompagne où qu'il aille.
Car nul n'est réputé bien né
S'il n'a reçu, s'il n'a donné
Maints nobles coups dans la bataille.

Je vois lance et glaive éclatés
Sur l'écu qui fausse et tremble :
Aigrettes, casques emportés,
Les vassaux férir tous ensemble,
Les chevaux des morts, des blessés,
Dans la plaine au hasard lancés.
Allons ! que de sang on s'enivre !
Coupez-moi des têtes, des bras,
Compagnons ! point d'autre embarras.
Vaincus, mieux vaut mourir que vivre !

Je vous le dis ; manger, dormir,
N'ont pas pour moi saveur si douce,
Que quand il m'est donné d'ouïr :
« Courons, amis, à la rescousse ! »
D'entendre parmi les halliers
Hennir chevaux sans cavaliers,
Et gens crier : « A l'aide ! A l'aide ! »
De voir les petits et les grands
Dans les fossés roulés mourants.
A ce plaisir tout plaisir cède.

Empruntons encore au même auteur, p. 136, la traduction d'une pièce où le même troubadour, le galant Bertran de Born se défend près de la dame de ses pensées, du soupçon, du reproche d'infidélité :

Je sais le mal qu'en leurs propos menteurs,
Ont dit de moi vos perfides flatteurs.

Dame, pour Dieu ! ne les en croyez mie
N'éloignez pas votre tant loyal cœur
De votre bon, fidèle serviteur,
Et de Bertran soyez toujours l'amie.

Au premier jet perdant mon épervier,
Je veux le voir fuir devant le gibier ;
Que sur mon poing un faucon me le plume.
Si seul pour moi votre parler n'est doux,
Si mon bonheur est ailleurs qu'avec vous,
Si loin de vous douceur n'est amertume.

Qu'ayant au col mon écu suspendu,
Par un grand vent je trotte morfondu,
Qu'un dur galop me broie ainsi que l'orge ;
Qu'ivre et maussade un sot palefrenier
Casse la bride ou lâche l'étrier,
Si vos flatteurs n'ont menti par la gorge.

Quand je m'approche à table pour jouer,
Que je ne puisse y changer un denier,
Que par une autre elle soit retenue,
Que tous les dés me soient dés malheureux,
Si d'autre femme onques fus amoureux ;
Si, fors la vôtre, une amour m'est connue.

Que je vous laisse aux bras d'un étranger,
Pauvre benêt, sans savoir me venger ;
Qu'un vent heureux à ma nef se refuse,
Qu'en cour du roi me batte le portier,
Que du combat je parte le premier,
S'il n'a menti le lâche qui m'accuse.

Née dans le xi⁣ᵉ siècle, la suave poésie des troubadours fut, dès son début, un brillant météore. Leur satirique verve fut surtout excitée par les cruautés de la guerre des Albigeois et se noya dans le sang de cette affreuse guerre.

On chercha à faire revivre l'ingénieuse littérature des troubadours dans la capitale de la belle Occitanie. En 1323, une ordonnance de Charles le Bel sanctionna la fondation à Toulouse de la célèbre académie des Jeux-Floraux, dont la gloire est encore aujourd'hui dans tout son éclat. Bientôt, Clémence Isaure y institue des prix pour encourager la *gaie science* : à l'ode, l'amarante d'or ; à une pièce de vers alexandrins, la violette d'argent ; à un morceau en prose, l'églantine d'argent ; le souci d'argent est pour une élégie, ou pour une églogue, ou pour une idylle.

Lisez dans la langue originale des troubadours ces chants, dont une imparfaite, une impossible traduction ne saurait vous faire sentir les magiques attraits. Quelle richesse d'harmonie et d'amour ! que de coupes hardies ! quelle admirable symétrie ! que de puissantes combinaisons, que de savante stratégie pour s'emparer à la fois de l'âme et du cœur ! Oui, c'est l'âme du poëte, c'est son cœur qui, dans ces magnifiques strophes, s'exhalent, vont saisir l'âme et le cœur du lecteur, comme jadis ils électrisaient un auditoire d'élite !

Que n'aurions-nous pas encore à dire de ces incomparables troubadours qui ont si admirablement chanté l'amour et les combats dans ces fortunées contrées, sous le beau ciel où fut bercée notre enfance,

où souvent vont folâtrer les gracieux souvenirs de nos premières années !

Il faut donc vous dire adieu, aimables troubadours de notre France méridionale, vous qui fûtes à la fois les dignes, les inimitables chantres de la vaillance et de la beauté ! Eh ! — nous l'avons déjà dit, — le grand poëte, c'est-à-dire l'héroïsme de la pensée, n'a-t-il pas toujours pour compagnon obligé, l'héroïsme du cœur ? Eschyle ne fut-il pas le favori des Muses et de Bellone ? Sophocle ne fut-il pas à Samos un vaillant soldat, un habile général ? Le Dante ne fit-il pas admirer sa valeur à Campaldino ? Le Camoëns ne fut-il pas l'Horatius-Coclès du Portugal ? N'était-il pas un indomptable guerrier, Cervantes qui n'avait qu'une main quand il écrivit ses immortelles œuvres, — il avait laissé l'autre à la bataille de Lépante. Lord Byron, dont la Grèce moderne vit tant de fois l'impétueux élan sur ses plus glorieux champs de bataille, n'est-il pas mort en soldat, au bruit du canon, dans les murs de Missolonghi, assiégé par les Turcs ? Et notre Lamartine, dont le poétique génie plane, comme un aigle majestueux, au-dessus du monde entier, Lamartine au faîte du pouvoir, va-t-il, dans un des mauvais jours de 48, alors que l'émeute gronde et revêt ses plus hideuses formes, alors que des milliers de furieux appellent le drapeau rouge, prêts à faire le sac de Paris, Lamartine va-t-il s'éloigner du péril, se cacher ? va-t-il, du moins, réunir des escadrons pour livrer bataille à l'armée du brigandage ? Non ! seul il présente au combat sa noble poitrine, sa voix inspirée par le patriotisme, par le courage. Et l'émeute est vaincue !   Le major PAUL ROQUES.

TROUVÈRES ou TROUVEURS (littérature et histoire) [ainsi nommés du mot patois trouvaïré, trouvé, à cause de leurs inventions]. — Voyez-vous sur cette colline qui borne au loin l'horizon s'élever comme un géant un vieux et solitaire manoir flanqué de hautes tourelles ? Voyez-vous un cavalier gravir lentement la colline et se diriger vers le vieux manoir ? A coup sûr, ce n'est pas là l'un des hôtes accoutumés du féodal château. Il n'a ni cuirasse d'acier, ni gantelet de fer, ni casque au flottant panache, à l'arçon de sa selle est attachée une vielle.

« Le trouvère ! le trouvère ! » tel est le cri que se renvoient l'un à l'autre les pages qui veillent au sommet des hautes tourelles, et aussitôt l'étranger est introduit avec le même empressement qui accueille le puissant baron venu pour le tournoi. Devant lui, le pont-levis s'abaisse ; il franchit le large fossé ; il est dans le manoir. Le voilà près du belliqueux seigneur, près de la belle châtelaine qui l'attendent dans la salle antique où sont appendus, glorieux souvenirs, les portraits des aïeux surmontés de l'écusson féodal ! Bientôt les pages arrivent, et font cercle autour du poëte. Lui, prenant sa vielle, prélude à un chant toujours le même, et pourtant toujours nouveau pour ceux qui l'écoutent. Et comment se lasseraient-ils de l'entendre ? Il dit les exploits des héros dans les vaillants tournois ; il dit et les triomphes et les défaites ; il dit la joie du vainqueur que sa dame applaudit et récompense d'un baiser.

Tous l'écoutent en silence, et ces poétiques accents les plongent dans une douce ivresse. Charmés par le récit de ces combats fictifs, ils oublient et les dangers de leur existence aventureuse, et ces mêlées sanglantes qui sont de tous les jours dans la vie féodale, et l'ennemi qui peut-être est là. Mais tout à coup éclate le son du cor ; on entend le cliquetis des armes ; adieu le trouvère et ses chants ; il faut passer des combats fictifs aux combats réels. Ainsi les zouaves, au pied des murs de Sébastopol, jouaient la comédie sur un théâtre que l'arrivée d'acteurs russes pouvait, d'un moment à l'autre, transformer en un champ de bataille.

On le voit, le trouvère était le bien-venu dans le château féodal. C'est que sa présence et ses chants rendaient plus courtes ces interminables soirées d'hiver qu'en son absence on avait tant de peine à remplir par le jeu d'échecs. Ils étaient si belliqueux, ces nobles barons féodaux, qu'après avoir combattu tout un jour, il fallait, pour les délasser, leur faire des récits de combats ! Le trouvère, ce poëte lyrique du Nord, chantait donc, dans la langue d'oil (1), les grands faits d'Olivier qui, près d'expirer, se relève encore pour défier une dernière fois le géant, chef des Sarrasins ; ou Roland, tout sanglant de ses blessures, qui se retire, pour mourir en paix, sous un grand rocher, à l'ombre d'un pin. Là, il veut briser sa fameuse épée, sa Durandal, de peur qu'elle ne tombe entre les mains des infidèles :

> Roland sent qu'il a perdu la vue ;
> Se lève sur ses pieds, tant qu'il peut s'évertue ;
> En son visage sa couleur a perdue,
> Devant lui se dressait une pierre brune.
> De dépit et fâcherie il y détache dix coups.
> L'acier grince, sans rompre ni s'ébrécher.
> Ah ! dit le comte, sainte Marie, aidez-moi !
> Eh ! bonne Durandal, je plains votre malheur ;
> Vous m'êtes inutile à cette heure ; indifférente, jamais.
> J'ai par vous gagné tant de batailles,
> Tant de pays, tant de terres conquises,
> Qu'aujourd'hui possède Charles à la barbe chenue !
> Jamais homme ne soit votre maître à qui un autre homme
>   fera peur.
> Longtemps vous fûtes aux mains d'un capitaine,
> Dont jamais le pareil ne sera vu, en France, pays libre.

C'était là une situation héroïque, une allocution touchante. Pages et baron d'applaudir, tandis que la belle châtelaine, rougissante et les yeux baissés, trouvait dans son cœur pour le jeune poëte un sentiment plus vif encore que celui de l'admiration.

                   EMILE ROQUES.

TRUFFE (botanique). — Plante souterraine, sans tige, ni feuilles, ni racines, charnue, compacte, dont

---

(1) On distinguait dans la France du moyen âge deux idiomes, l'idiome du Nord, l'idiome du Midi. On les désignait par le mot qui, dans chacun d'eux, exprimait l'affirmation oui : langue d'oil pour le Nord, langue d'oï pour le Midi. De même que les trouvères étaient les poëtes lyriques de la langue d'oil, les chantres des combats, les troubadours étaient les poëtes élégiaques de la langue d'oï, les chantres de l'amour.

les gongyles séminifères sont renfermés dans l'épaisseur du tissu charnu, et germent lors de la destruction de celui-ci, pour la reproduction de l'espèce. La truffe est arrondie, irrégulière, parfois un peu lobée, d'un volume variable depuis celui d'une noisette jusqu'à celui du poing, garnie au dehors de granulations nombreuses; elle a une odeur particulière, très-forte. On en trouve dans diverses parties de la France méridionale. La meilleure est celle de Périgord, qui est tendre et plus odorante; la truffe de Bourgogne a la chair plus blanche, plus dure et moins odorante; il en existe aussi une espèce à chair violette. La truffe se trouve ordinairement à une profondeur de 15 à 16 centimètres. Au printemps ce n'est qu'un tubercule pisiforme rougeâtre, qui s'accroît pendant l'été, et elle devient alors blanche et charnue (truffe blanche); vers la fin de l'automne elle se colore, et acquiert l'odeur forte qui la caractérise. C'est un aliment très-échauffant, et regardé comme aphrodisiaque. On y trouve une fécule et on en retire par la distillation beaucoup de carbonate d'ammoniaque.

Composition chimique des truffes. — Depuis les premiers travaux de Bouillon-Lagrange sur les truffes, qu'il considérait comme une substance animalisée, aucune analyse de ce tubercule n'avait été faite d'une manière aussi complète. Les naturalistes l'avaient rangée dans la classe des cryptogames, à cause de son analogie avec les champignons, et il est certain que c'est la seule classe du règne végétal qui puisse lui convenir.

Les principes essentiels trouvés dans les truffes par M. Lefort, sont d'abord une très-forte proportion d'eau, 70 pour 100, puis un principe aromatique extrêmement fugace, très-diffusible, mais de nature inconnue, car, par la distillation, il passe dans l'eau, mais sans que celle-ci offre de traces d'huile essentielle et puisse conserver longtemps l'arome dont elle s'est emparée. Et cependant on sait que c'est à la puissance de cet arome qu'est due la facilité avec laquelle certains animaux savent découvrir les truffes.

On y trouve aussi de l'albumine végétale, un peu de mannite et même de la pectine, du moins avant la maturité de ce cryptogame; ce qui fait supposer avec raison à M. Lefort que la mannite qu'on y rencontre provient de la pectine transformée.

Contrairement aux champignons comestibles, les truffes ne contiennent pas de sucre; elles renferment des acides citrique et malique, puis une matière grasse non saponifiable, d'une odeur forte et spéciale, qui se développe surtout lorsque les truffes ont perdu l'arome si fugace, dont nous avons parlé précédemment. On y trouve aussi une matière colorante d'un brun rougeâtre, qui paraît noire quand elle est étendue, mais qui ne tient ni de l'ulmine, ni de l'acide ulmique, et enfin des principes minéraux en qualité minime et qui tirent leur origine du sol dans lequel les truffes se sont développées; ce sont de la silice, de la chaux, de la magnésie et des sulfates et phosphates de métaux terreux.

Comme on le voit, les truffes ne renferment aucune substance animalisée semblable à celle qu'avait cru y rencontrer M. Bouillon-Lagrange. Cette différence pourrait tenir à l'imperfection des moyens analytiques connus à cette époque. Où donc trouver dans les produits donnés par l'analyse la substance qui possède les vertus que l'on attribue aux truffes? La nature non définie de l'arome des truffes et de cette matière grasse dont l'odeur persiste même après la disparition de l'arome, semble indiquer que c'est là que résident ces vertus merveilleuses que l'imagination grandit en raison directe de la prédilection des gourmets pour cet aliment si recherché. Quant à nous, nous croyons que les truffes ont toutes les propriétés des substances aromatiques et n'en ont pas d'autres, et qu'une foule de médicaments plus énergiques peuvent les remplacer avec avantage. (*C. Favrot.*)

TUBERCULE (pathologie). — On a longtemps compris sous le nom de tubercule toute espèce de tumeur dure, quelle que fût la lésion anatomique qui la constituât. Aujourd'hui on a réservé cette dénomination à une dégénérescence du tissu des organes qui est remplacé par une substance blanche, jaune ou grisâtre, opaque, friable, susceptible de se ramollir, de se convertir en liquide puriforme, et à laquelle on a donné le nom de *matière tuberculeuse.*

Cette dégénérescence peut se montrer dans presque tous les tissus, et particulièrement dans les glandes lymphatiques, les poumons, le foie, le cerveau, les membranes muqueuses, les tissus cellulaire et adipeux, les muscles, les parois artérielles, les cartilages, les os eux-mêmes. La matière tuberculeuse paraît tantôt être déposée entre les fibres des organes, tantôt les remplacer.

Cette lésion organique est très-fréquente : elle l'est surtout dans les endroits bas, humides, mal aérés, mal éclairés. Elle paraît appartenir spécialement à l'Europe. Elle est souvent héréditaire, affecte de préférence les sujets d'un tempérament lymphatique, d'une constitution faible et molle. On range également parmi les causes propres à la produire, les aliments peu nutritifs, le laitage, le pain mal fermenté, les crudités, l'usage intérieur du mercure, le défaut d'exercice, les professions sédentaires, et particulièrement celles qui obligent à habiter un lieu obscur. Beaucoup de causes occasionnelles peuvent développer les tubercules chez les sujets qui y sont prédisposés, mais sans cette prédisposition inconnue, ces causes sont sans action.

Les symptômes varient, selon que le tubercule est ou n'est point accessible aux sens du médecin.

La marche est toujours lente : la destruction de la partie affectée, et presque toujours aussi la mort du malade, sont les conséquences de cette lésion. Le tubercule, après avoir augmenté de volume pendant un temps plus ou moins long, se ramollit inégalement, se convertit par degrés et par portion en une matière puriforme, qui tantôt reste accumulée dans l'organe où elle s'est formée, et tantôt se fait jour vers la peau ou vers les membranes muqueuses voisines. Une cicatrisation presque toujours temporaire, quelquefois définitive, peut succéder à l'ouverture de

ces tumeurs. Le traitement varie selon les circonstances.

La nature de cette maladie, ou la cause immédiate qui la produit, n'est pas connue. Quelques médecins supposent qu'elle est l'effet d'une inflammation chronique.

Tubercules des glandes lymphatiques. Ils sont généralement connus sous le nom de *scrofules*, qu'on distingue en extérieures et en intérieures.

Les scrofules sont propres à l'enfance ; c'est à tort que quelques médecins les ont considérées comme contagieuses.

Leurs symptômes varient dans les glandes des diverses parties.

Au cou, où elles sont très-fréquentes, elles forment des tumeurs dures, irrégulières, isolées ou contiguës, indolentes, peu mobiles, et sans changement à la couleur de la peau, au moins dans le principe. Ces tumeurs augmentent lentement ; le tissu cellulaire voisin finit par participer à la maladie. La peau prend une couleur bleuâtre ou rouge, s'amincit, s'ulcère, et laisse écouler une certaine quantité d'un liquide trouble, mêlé à des grumeaux. Cette matière continue à suinter quelque temps en devenant plus claire ; l'ulcère se cicatrise momentanément, se couvre d'une petite croûte, qui se détache et laisse écouler une nouvelle quantité de liquide. Cette alternative a lieu jusqu'à ce que la matière tuberculeuse soit entraînée en totalité, et quelquefois jusqu'à ce que la peau amincie qui la recouvrait ait été détruite. Souvent de nouvelles tumeurs se forment ou s'ulcèrent à côté des premières, et cette succession d'accidents peut avoir lieu pendant un temps fort long. Il reste presque toujours des cicatrices pâles, souples et ridées dans l'endroit où l'ulcération s'est faite.

Les *glandes axillaires* sont rarement affectées. Les tumeurs qu'elles forment sont plus appréciables au toucher qu'à la vue. Il en est de même des scrofules des *glandes inguinales*. Les unes et les autres peuvent donner lieu au gonflement du membre correspondant.

Les scrofules des glandes qui entourent la trachée, les bronches, les gros vaisseaux qui naissent du cœur, et l'œsophage, peuvent gêner le passage de l'air, du sang, des aliments, et donner lieu à un sifflement considérable dans la respiration, à la dilatation anévrismatique du cœur, à la difficulté ou à l'impossibilité d'avaler. La coexistence de tumeurs extérieures peut seule alors éclairer le diagnostic.

La dégénérescence tuberculeuse des *glandes du mésentère* est connue sous le nom de *carreau*.

Les scrofules extérieures se terminent quelquefois d'une manière heureuse, particulièrement vers l'époque de la puberté ; mais celles qui ont leur siége dans les glandes intérieures, sont presque nécessairement mortelles.

Les moyens qu'on oppose à ces affections sont de deux ordres : les uns sont des médicaments proprement dits ; les autres sont des soins de régime.

Ceux-ci, qui par leur importance méritent la première place, sont l'habitation à la campagne, dans un lieu sec, élevé, chaud, exposé au sud ou à l'est, dans une maison où le renouvellement de l'air soit facile ; l'inspiration d'un air parfumé par les émanations des végétaux ou par les vapeurs du benjoin et des autres résines ; l'insolation ; les vêtements de flanelle appliqués immédiatement sur la peau ; des lits composés de plantes aromatiques convenablement desséchées ; les frictions simples ou médicamenteuses ; les bains froids, les bains de mer, ceux d'eaux ferrugineuses ou sulfureuses, de marc de raisin ; le lait d'une nourrice saine et robuste, si l'enfant est encore à la mamelle, et plus tard les panades aromatisées, le bouillon de bœuf, le jus des viandes rôties, le chocolat, les purées des végétaux les plus sapides, comme le panais, le céleri, la carotte ; plus tard encore la chair des animaux adultes, les vins généreux. On range encore parmi les moyens hygiéniques applicables au traitement des scrofules, tous les genres d'exercice plus ou moins actifs suivant l'âge et les goûts du sujet, à pied, à cheval, en voiture, les distractions de toute espèce.

Les médicaments préconisés dans le traitement des scrofules sont très-nombreux. Le mercure, considéré par quelques auteurs comme une des causes de cette maladie, passe aux yeux de quelques autres pour un remède propre à la guérir. Diverses préparations de fer, telles que l'oxyde, le tartrate, le muriate ammoniacal, le sulfate et le carbonate, ont été recommandés ; l'antimoine l'a été également sous diverses formes, ainsi que les composés alcalins, les muriates de chaux, de magnésie, de baryte, etc., etc. Parmi les substances végétales, on a conseillé le houblon, la bardane, la fumeterre, la chicorée sauvage, la garance, la digitale, la saponaire, la busserole, la squine, le gaïac, les antiscorbutiques, l'eau de goudron, l'inspiration d'un air oxygéné.

On a prescrit comme moyens locaux sur les tumeurs extérieures, l'onguent mercuriel, la *chaleur actuelle*, les cataplasmes et les emplâtres aromatiques ; et sur les ulcères, la charpie sèche, le carbonate de fer, etc. On laisse les tumeurs s'ouvrir d'elles-mêmes, quand elles marchent avec quelque rapidité vers la suppuration ; dans le cas contraire on les ouvre.

Tubercules des viscères. La plupart des viscères peuvent être le siége de tubercules : le poumon est celui de tous où l'on en rencontre le plus souvent ; le cerveau, le pancréas, la glande thyroïde, les reins, le foie, peuvent aussi en être affectés. Les tubercules des poumons sont les seuls dont l'histoire soit bien connue.

Tubercules pulmonaires : phthisie pulmonaire tuberculeuse. Cette affection est quelquefois bornée à l'un des poumons ; le plus ordinairement elle les occupe tous les deux à la fois, mais en général à un degré différent. Elle est presque toujours plus considérable, et souvent même elle est bornée à leur sommet. Cette forme de la maladie tuberculeuse est fréquemment héréditaire : aucun âge n'en est à l'abri, mais la jeunesse y est plus exposée. Une constitution grêle, une poitrine étroite, un cou long, une grande facilité à contracter des rhumes, l'habitation dans un climat froid, dans une maison humide, sont autant de circonstances qu'on a rangées parmi les causes de la

phthisie pulmonaire tuberculeuse. Quelques médecins ont supposé que cette maladie était contagieuse ; mais cette opinion est presque unanimement rejetée.

Les premiers symptômes de cette maladie sont une toux sèche et une oppression légère ; ailleurs, ceux d'un catharre pulmonaire : il n'est pas rare de la voir débuter par une hémoptysie. Au bout d'un certain temps il se joint à ces symptômes des douleurs fixes ou mobiles, constantes ou passagères, dans divers points du thorax, dans les côtés, et entre les épaules spécialement ; une expectoration de crachats clairs, écumeux, dans lesquels on distingue çà et là de petits grumeaux semblables à du riz bien crevé ; une diminution progressive de l'embonpoint et des forces. Dans ce premier degré, il n'est pas rare de voir les symptômes s'amender, et le malade paraître entrer en convalescence une ou plusieurs fois. Dans le deuxième degré la fièvre hectique commence ; elle se montre d'abord par intervalles, sous forme d'accès vagues qui se reproduisent après le repas principal, se dissipent pendant la nuit, et laissent le malade, pendant la plus grande partie du jour dans un état complet d'apyrexie. A cette époque, la gêne de la respiration est plus marquée, le timbre de la voix est altéré, la toux est fréquente, les crachats plus abondants et parsemés de stries opaques, parallèles, l'amaigrissement est manifeste, et l'affaiblissement devient de jour en jour plus considérable. L'insomnie, les efforts de vomissements au moment de la toux, la soif, le dévoiement qui alterne avec les sueurs nocturnes partielles, sont aussi des symptômes ordinaires de la phthisie conformée ou parvenue au second degré.

Dans le dernier degré, la fièvre hectique est continue ; la toux est répétée, plus fréquente, l'expectoration est plus laborieuse, la gêne de la respiration plus considérable ; la proportion de matière opaque augmente graduellement dans les crachats qui, dans les derniers jours de l'existence, deviennent tout à fait purulents. La maigreur est portée au dernier point, la faiblesse oblige les malades de rester presque constamment au lit. Leur appétit est nul ou capricieux, le dévoiement est continuel, les matières fécales sont claires, quelquefois sanieuses, et d'une fétidité extrême : il y a des sueurs froides et visqueuses. La plupart conservent jusqu'au dernier moment leurs facultés intellectuelles, et une fausse sécurité sur leur état.

Dans tout le cours de la maladie la poitrine rend un son clair à la percussion, et ce mode d'exploration n'offre par conséquent qu'un signe négatif. L'auscultation fournit plusieurs signes positifs, surtout dans la dernière période de la maladie. A cette époque, l'oreille appliquée sur la poitrine, dans l'endroit qui correspond aux excavations tuberculeuses, distingue dans les mouvements de la respiration un gargouillement remarquable ; et lorsque le malade parle, sa voix semble venir de la poitrine elle-même et non de la bouche : c'est à ce phénomène que M. Laennec a donné le nom de *pectoriloquie*.

La durée de cette maladie est presque toujours longue ; quelquefois cependant il ne s'est pas passé plus de six semaines et même de trente jours entre le développement des premiers symptômes et la mort des malades.

Les tubercules pulmonaires entraînent presque inévitablement la mort des individus qui en sont affectés : quelques tubercules développés dans les poumons ne sauraient, il est vrai, produire cet effet ; mais dans l'immense majorité des cas, la même cause qui en a produit trois ou quatre finit par en produire un nombre assez grand pour que la mort en soit le résultat. Ce n'est que dans un petit nombre de cas que la matière tuberculeuse étant versée dans les bronches et les parois de la cavité qui la contenait, venant à se rapprocher, la guérison a lieu ; encore a-t-on remarqué à l'ouverture des cadavres, qu'il restait une sorte de conduit cartilagineux établissant une communication contre nature entre les bronches et la poche dans laquelle était le tubercule ; une sorte de dépression irrégulière, de froncement de la surface du poumon, indique l'endroit où cette cavité existe.

Le diagnostic des tubercules pulmonaires est presque toujours obscur dans le principe : il cesse généralement de l'être à une époque plus avancée. — Le catarrhe et la pleurésie chroniques sont les affections qu'on a confondues le plus souvent avec la phthisie tuberculeuse.

Ce qui vient d'être dit sur les modes de terminaison de cette maladie, fait assez connaître combien le prognostic en est grave.

L'examen des cadavres montre quelquefois des tubercules en petit nombre, et à l'état de crudité chez des sujets qui n'avaient offert aucun dérangement dans la respiration, et qui ont succombé à une maladie d'un autre genre (phthisie occulte de quelques auteurs). Chez ceux qui succombent, dans le premier degré, à une maladie accidentelle, on trouve des tubercules en certain nombre, tantôt crus, tantôt ramollis à leur centre. Dans le second degré, la plupart des tubercules sont ramollis ; plusieurs se sont déjà vidés dans les bronches. Dans le troisième, on trouve des cavernes anfractueuses communiquant avec les bronches ; une portion souvent considérable de tissu des poumons a disparu. On trouve en outre des ulcères dans les intestins chez les deux tiers des sujets, et au larynx chez un sixième environ. Ces ulcères paraissent dans beaucoup de cas succéder à une dégénérescence tuberculeuse des membranes.

Le traitement de la phthisie varie principalement à raison de la période où elle est parvenue.

Chez les sujets nés de parents phthisiques, chez ceux que leur constitution, leur facilité à contracter des rhumes ou à cracher du sang semblent disposer à cette maladie, on doit mettre en usage les mêmes moyens hygiéniques et médicamenteux auxquels on a recours dans le traitement des scrofules ou tubercules des glandes lymphatiques extérieures : l'équitation, le séjour à la campagne, l'attention à éviter toute fatigue des organes respiratoires, sont particulièrement utiles. On apporte tous les soins possibles pour prévenir chez eux le développement d'affections catarrhales, et pour en arrêter promptement le cours lors-

qu'elles surviennent. On combat de même par des moyens directs les signes de congestion sanguine, avec ou sans hémoptysie, qui peuvent se montrer chez eux. Un exutoire au bras est souvent utile à ceux chez lesquels des accidents variés se montrent successivement dans divers organes.

Ces mêmes moyens sont encore indiqués dans le premier degré de la maladie : on y associe communément les amers, et en particulier le lichen d'Islande. Quant aux tisanes aromatiques, aux infusions vulnéraires, à l'eau de goudron, aux vomitifs, aux vapeurs et aux pilules résineuses et balsamiques, aux eaux sulfureuses préconisées par quelques médecins, elles sont plutôt indiquées dans le catarrhe pulmonaire chronique que dans les tubercules.

Dans la phthisie confirmée, on doit se borner à éloigner tout ce qui pourrait accélérer la marche de la maladie, prescrire un régime qui soutienne le malade sans produire d'excitation, fixer en conséquence un choix d'aliments riches en principes nutritifs, mais en même temps doux et faciles à digérer; tels que le lait, les bouillons de grenouilles, de tortue, de poulet, les œufs frais, les gelées végétales et animales.

On oppose aussi aux symptômes prédominants des moyens particuliers : on combat la toux par les boissons gommeuses, par les narcotiques; le dévoiement, par les tisanes de riz, de grande consoude, la décoction blanche, le diascordium, les décoctions astringentes et aromatiques; les sueurs, par les infusions amères, le quinquina, par l'acétate de plomb en pilules; les hémoptysies, par les saignées, les pédiluves sinapisés. (*Chomel.*)

TUBES FULMINAIRES.—Quand la foudre tombe sur des masses de sable, elle s'y enfonce et laisse sur son passage des tubes plus ou moins longs et plus ou moins étroits, dont la surface interne est vitrifiée. Les premiers tubes fulminaires furent observés en Silésie; mais depuis cette découverte, qui remonte déjà à cent vingt-sept ans, on a eu occasion d'en observer dans d'autres contrées sablonneuses, et l'on en a trouvé de dix mètres de long sur sept centimètres de diamètre extérieur et seize millimètres de vide; souvent ils vont en diminuant, en allant du jour à l'intérieur de la terre. Ce phénomène n'est donc plus sujet à contestation, puisqu'il a été observé, à plusieurs reprises, à de grandes distances et par différents physiciens; mais enfin, pour le mettre dans toute son évidence, on est parvenu à faire de ces tubes, plus petits il est vrai, en déchargeant une forte batterie électrique sur du sable. Je rapporte ce fait, afin que les personnes que le hasard mettrait à même de le constater en soient prévenues d'avance.

TUBIPORE (zoologie). — Genre de polypes composés d'animaux simples, cylindriques, formés de deux parties, l'abdomen et la tête: celle-ci est terminée par une couronne de tentacules ou filets. Ces polypes sont renfermés dans une enveloppe membraneuse, doublant un tube calcaire cylindrique, vertical, qui se divise en un grand nombre de tuyaux articulés formant une masse plus ou moins considérable. Le *tubipore*

musical (ainsi nommé sans doute à cause de sa ressemblance avec la flûte de Pan) est remarquable par les belles couleurs de ses animaux, qui sont d'un beau vert: ils sont contenus dans des tubes d'un beau rouge. On le trouve dans les mers de l'Inde et dans la Méditerranée.

TULIPE (botanique).—Les tulipes sont des plantes de la famille des liliacées dont les racines sont bulbeuses, et dont les feuilles peu nombreuses partent directement de la racine: c'est de ce même point que s'élèvent les hampes, qui se terminent chacune par une fleur solitaire. On connaît une douzaine d'espèces de tulipes qui sont naturelles à l'Europe ou à l'Asie. Les plus remarquables sont celles que l'on cultive dans les jardins; mais il ne faut cependant point oublier celles qui croissent naturellement dans les prés et dans les champs de la Provence. Nous citerons donc:

La *tulipe de Cels* ou *tulipe de Provence*. Elle naît d'un bulbe de la grosseur d'une noisette et recouvert d'une tunique brunâtre, sa hampe, de 16 à 17 centim. de long, se termine par une fleur composée de six pétales aigus, jaunes à l'intérieur et rougeâtres en dehors; elle fleurit entre Aix et Toulon ainsi qu'aux environs de Narbonne, en mars et avril.

Les *tulipes dites de Clusiers*, les *tulipes galliques* et *sauvages* sont, comme la précédente, originaires du midi de la France et même des environs de Paris; peut-être se sont-elles glissées dans nos jardins, où les soins de la culture les auront changées et embellies; mais, de toutes ces tulipes indigènes, aucune ne mérite de fixer autant l'attention des amateurs que celle dont nous allons parler.

La *tulipe œil de soleil*, dont la hampe, haute de 33 cent., garnie à sa base de trois à quatre feuilles lancéolées, d'un très-beau vert, se termine par une belle fleur unique, droite, grande, de 16 à 17 centim. de large quand elle est étalée et d'un très-beau rouge. Chaque pétale porte à sa base ou à son onglet une grande tache d'un violet noirâtre bordée d'une zone jaunâtre; on remarque aussi que les trois pétales externes sont plus longs et plus pointus que les trois autres. Cette tulipe croît naturellement en Provence, en Languedoc, en Gascogne, en Italie, etc., où elle fleurit en mars. Telle qu'elle est, on pourrait déjà la recevoir au nombre des fleurs d'ornement, et à plus forte raison si on la perfectionnait par la culture.

La *tulipe de Gesner* ou *tulipe des fleuristes*. La racine de cette tulipe est de la grosseur d'une noix, un peu conique, blanche à l'intérieur et recouverte en dehors par une tunique mince d'un brun rougeâtre. Sa hampe est cylindrique, de 33 à 50 centimètres de haut, et garnie à sa base par trois grandes feuilles glauques lancéolées, pliées en canal à leur origine, et se développant par ondulation vers leur extrémité. La fleur a six pétales ovales égaux, souvent obtus ou épanouis en cloche.

Cette tulipe, qui est le type de toutes les belles variétés que nous devons aux soins des horticulteurs, est originaire de l'Asie Mineure; dans son état sauvage, elle est jaune ou rouge sans aucune panachure; elle

passe quelquefois au brun, mais c'est là que se bornent toutes ses variétés naturelles.

Ce fut vers le milieu du xvi° siècle que Gesner la vit pour la première fois à Augsbourg, dans le jardin d'un amateur qui l'avait reçue de Constantinople, et ce n'est qu'au commencement du xvii° siècle qu'elle fut introduite en France. C'est à Aix en Provence que l'on planta les premiers oignons de tulipe provenant de Tournay ; mais déjà depuis plusieurs années les amateurs flamands et hollandais en avaient obtenu quelques variétés.

Cette plante, qui est chérie des Orientaux, et dont on célèbre la floraison par des fêtes et des réjouissances, dont toutes les cours et les jardins sont ornés, et pour laquelle on illumine le sérail, fit véritablement sensation chez nous aussi, mais surtout dans les contrées du Nord que nous venons de nommer. Je ne citerai point les prix véritablement extravagants que l'on attache à certaines variétés de tulipe ; la chose est devenue incroyable : c'était par mille florins qu'on en payait la valeur, et l'on fut enfin jusqu'à troquer un de ces précieux oignons pour toute une brasserie, qui à Lille porte encore le nom de *Brasserie à la tulipe*.

Les *fous tulipiers*, car c'est ainsi que l'on désignait ces amateurs qui poussaient l'amour des tulipes jusqu'à la manie et à l'extravagance, ont posé des bases et des règles générales qui doivent guider ceux qui veulent encore se donner la jouissance de posséder et de cultiver une belle série de tulipes : voici quelques-uns de ces principes. Mais disons, avant d'aller plus loin, que c'est par les semis et non par les oignons que l'on se procure de nouvelles variétés, et que ce n'est même qu'à l'âge de quatre à cinq ans et plus que ces tulipes de semis commencent à se panacher, car elles naissent unies de couleur, et les belles variétés qui résultent de leur culture sont nommées *conquêtes* ou *hasards*. La multiplication par oignons ou cayeux ne produit presque jamais de nouvelles variétés ; mais cette méthode a du moins l'avantage de ne pas faire attendre ses fleurs plus de deux ans : de bons cayeux fleurissent même la première année.

La *tulipe parfaite* ne doit porter sa fleur ni trop haut ni trop bas ; la longueur de la hampe doit être proportionnée à la grosseur de la fleur qu'elle porte. L'amateur éclairé ne fait aucun cas d'une tulipe dont la fleur est petite, et moins encore de celle qui se termine en pointe ; il rejette également les tulipes doubles, celles dont les pétales rentrent en dedans ou qui se renversent en dehors. La tulipe parfaite doit s'ouvrir avec grâce et former un vase régulier ; ses six pétales, nombre de rigueur, doivent être larges et étoffés à leur base. La tulipe parfaite doit avoir ses étamines ou *paillettes* brunes ou noires, parce que ces teintes foncées font plus d'effet que les jaunes, tranchant davantage sur les couleurs claires de la corolle ; quant au pistil, il est toujours vert, quelles que soient les variétés. Dans l'origine, on exigeait aussi quelques conditions pour les feuilles vertes ; mais aujourd'hui on n'y attache aucune importance : toute l'attention se porte sur la fleur.

La tulipe parfaite doit présenter des panaches bien tranchés et jamais fondus avec le fond de la couleur des pétales. Si le panache est blanc, on veut qu'il soit pur et blanc comme le lait ; s'il est jaune, il faut que sa teinte soit vive et comme dorée, et l'on exige aussi que ces panaches paraissent également sur les deux faces et soient bordés d'un liseré noir. Telles sont à peu près aujourd'hui les seules conditions que l'on exige dans la tulipe parfaite ; on est devenu plus indulgent, mais aussi beaucoup moins prodigue qu'à l'apparition de cette belle fleur, qui serait accomplie si la nature l'eût douée d'un agréable parfum.

Nous avons déjà parlé, aux articles *œillets, renoncules, primevère, jacinthe*, etc., du plaisir tout particulier que l'on éprouve, en Flandre et en Hollande, à la culture des plus belles fleurs dont nous embellissons nos jardins et l'intérieur de nos habitations ; et tout en blâmant ces folies, nous avons fait sentir, en parlant des roses, que ce goût des belles fleurs peut avoir de l'influence sur les arts, et qu'il n'entraîne avec lui aucun inconvénient grave.

On s'est beaucoup égayé sur les catalogues des fleuristes et sur les noms qu'ils donnent ordinairement aux variétés les plus remarquables qu'ils sont parvenus à obtenir ; il n'y a cependant là rien de bien extraordinaire : car on ne peut s'entendre au loin qu'au moyen des catalogues, et il importe fort peu que les noms soient puisés dans la liturgie ou partout ailleurs : l'essentiel en pareil cas est d'éviter les méprises, et l'on y parvient ainsi parfaitement, grâce à des précautions minutieuses, à la bonne tenue des registres sur lesquels on consigne la description abrégée de chaque variété, et à l'ordre parfait qui règne dans les cases, les tablettes et les tiroirs destinés à recevoir les oignons que l'on arrache après la floraison et que l'on ne remet en terre qu'à l'automne.

Dans le climat de Paris, la floraison des tulipes ne dure guère plus d'un mois, de la mi-avril à la mi-mai : aussi pendant ce court espace de temps on prend toutes les précautions possibles pour que rien n'abrége cette jouissance si chèrement achetée ; de petites tentes portatives se placent à volonté sur les plus belles planches, soit pour les préserver des rayons d'un soleil trop ardent, soit pour les garantir des mauvais effets d'une pluie trop forte.

Nous avons eu à Paris pendant quelques années un bel échantillon de cette charmante culture dans les jardins de M. Tripet, sur la route de Neuilly, où l'on a pu prendre une idée de ce luxe d'horticulture qui s'étend aujourd'hui aux plantes les plus rares, et qui, grâce aux efforts de la Société d'horticulture de France, est devenu le sujet d'une émulation qui promet les plus heureux résultats.   (Brard.)

TULIPIER ou TULIPE EN ARBRE (botanique). — Le tulipier de Virginie , vulgairement nommé *tulipe en arbre*, est un des arbres les plus intéressants que nous ayons empruntés à l'Amérique du Nord, sinon pour son bois, du moins pour son beau feuillage et ses grands fleurs, qui ressemblent effectivement assez bien à des tulipes jaunes ; tandis que ses feuilles tronquées et carrées par le bout lui donnent une

physionomie toute particulière. Le tulipier, dans son pays natal, s'élève jusqu'à vingt-sept mètres ; son écorce, jaspée pendant qu'il est jeune, devient épaisse et raboteuse ; ses rameaux cylindriques, d'un gris cendré, portent des feuilles alternes fort belles et fort larges.

Les fleurs du tulipier sont grandes, terminales, droites, solitaires, composées de six pétales pour l'ordinaire : ce sont elles qui ont mérité le nom que cet arbre a reçu en Europe. Quant à ses graines, elles sont contenues dans une espèce de cône qui est composé de capsules qui ont leur point d'attache sur son axe.

On doit à l'amiral de la Galissonière l'introduction de ce bel arbre en France ; c'est lui qui, en 1732, en rapporta les graines, et, depuis cette époque, il s'est répandu en raison du plaisir que l'on se promettait à voir un arbre couvert de tulipes ; c'est encore un des plus jolis arbres d'ornement que l'on puisse planter dans les grands jardins ; on le sème au printemps dans de la terre de bruyère, on l'abrite dans les premières années avec des paillassons, et à l'âge de cinq ans on le met en place ; son bois est blanc et sans valeur. (*Brard*.)

TURBOT (zoologie) [*Rhombus*]. — Genre de la famille des pleuronectes, qui renferme des poissons de mer d'assez grande taille, au corps comprimé, haut verticalement, de forme *rhomboïdale* ou en losange, non symétrique et très-mince. « Le turbot atteint souvent de grandes dimensions. Il fréquente l'Océan, la Baltique et la Méditerranée. On distingue : le *turbot proprement dit* (*Rh. maximus*), qui atteint parfois jusqu'à 5 mètres de circonférence et pèse jusqu'à 15 kilog. : il se nourrit de petits poissons, de vers et de petits crustacés qui abondent à l'embouchure des rivières, lieu qu'il choisit de préférence pour se tenir en embuscade : celui que l'on vend à Paris provient des côtes de Normandie, et particulièrement de l'embouchure de la Seine et de l'Orne, où on le pêche à la ligne ; on estime surtout celui qu'on pêche sur les côtes rocheuses ; — la *Barbue* (*Passer rhombus*), qui a le corps plus ovale que le turbot ; — la *Calimande* ou *Cardine* (*Podas*), que l'on prend sur les bords de la Manche, et qui est moins grande que les espèces précédentes, etc. La chair du turbot est blanche, grasse, feuilletée et délicate : c'est un des meilleurs relevés de potages. On cuit le turbot dans des vaisseaux de cuivre faits exprès, qui ont la forme du poisson, et qu'on nomme *Turbotières*. Ce poisson

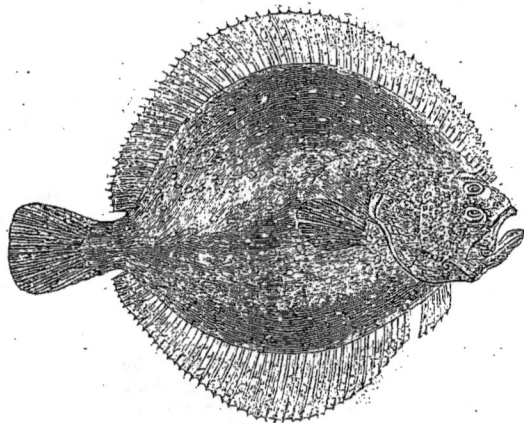

Fig. 4. — Turbot.

était très-estimé des gourmets romains : on connaît la discussion qui, selon Juvénal (*Sat.* IV), fut ouverte dans le sénat de Rome, par ordre de l'empereur Domitien, pour savoir comment on devait accommoder un turbot d'une énorme dimension, *spatium admirabile rhombi.* »

TURQUIE (géographie). — Telle qu'elle est aujourd'hui, la Turquie d'Europe occupe à un cinquième près l'étendue de la France, avec le quart de sa population (1).

Elle est bornée : au nord, par la Croatie, la Slavonie, la Hongrie, la Transylvanie, la Bukowine, le Pruth et la Bessarabie russe ; à l'est, par la mer Noire, le détroit de Constantinople, la mer de Marmara et les Dardanelles ; au sud, par l'Archipel, la Grèce et la Méditerranée ; à l'ouest, par la mer Ionienne, le canal d'Otrante, l'Adriatique et la Dalmatie. Sa longitude, de l'ouest à l'est, comprend du 13° au 28° degré ; sa latitude du 38° au 48°.

La Turquie est très-accidentée de montagnes, et sillonnée de nombreux cours d'eau. Elle renferme de précieuses mines peu connues ou négligées, des salines, des marbres, et produit abondamment le maïs, le froment, le riz, le raisin, les oranges, les olives, le coton, le safran, la garance, les plantes médicinales, la gomme et le tabac.

Ce dernier surtout, joint au fil, aux perles fines, aux tapis et aux cachemires, constitue ce qu'on nomme le *commerce du Levant*, fait à peu près exclusivement par les Grecs, les Arméniens et les Juifs.

Les systèmes de montagnes, reliant les bassins des cinq mers intérieures qui entourent la Turquie, se divisent en deux principaux : le système hercynio-carpathien, et le slavo-hellénique.

Le premier, connu surtout par le rameau des Carpathes ou Krapacks, longe la Croatie, la Bosnie et le Monténégro. Les points culminants sont le Rusha-Poyana, le Guilaripi, le Riesenkoppe, le Folberg et le Haydelberg.

Le second, sous le nom d'Alpes orientales ou Dinariques, touche un peu la Croatie et le Bosnie, l'Albanie, la Servie, la Macédoine, et offre pour sommets dominants le Dinara, le Doubnitza, le Pinde ou Mezzoro et la chaîne des Balkans.

Parmi les montagnes isolées et remarquables, il faut citer l'Athos ou Monte-Santo dans la Roum-ili, et le Biloriti (l'Ida) dans l'île de Candie.

(1) *Progrès et position actuelle de la Russie en Orient*, ouvrage traduit de l'anglais, Paris, Ledoyen, in-8°, 1836.

Les fleuves de la Turquie européenne sont modestes et peu étendus, à l'exception du Danube et de la Maritza.

Le Danube et ses affluents arrosent presque seuls le littoral de la mer Noire. Une fois entré sur le sol turc, il reçoit sur sa rive droite la Sava, avec l'Ounna, la Morava, l'Isker, la Lem et la Zibritza ; sur la rive gauche, l'Aluta, l'Ardjick, la Jalomnitza, le Sérer et le Pruth : traverse Belgrade, Semendria, Widdin et Silistrie, et se jette par plusieurs points dans la mer Noire.

La Maritza traverse la Roum-ili, Tatar-Bazardjik, Andrinople, Gallipoli, reçoit la Kurlova, l'Arta, le Pachækaï, l'Erkné et le Stanimaki.

Puis le Kara-Sou, le Kardar, l'Hellada, le Drin, l'Aspro-Potamo, l'Arta, mêlent leurs faibles courants aux golfes et aux lacs nombreux qu'ils rencontrent.

Les plus importants de ces golfes et de ces lacs, en côtoyant la Turquie de la mer Noire à l'Adriatique, sont le cap de Kalakria, près de Varna, et le golfe de Bourgas, tous deux dans la mer Noire ; le golfe de Saros, les caps de la Cavale, d'Orphano, Monte-Santo, Cassandra, Salonique et Drepana, dans l'Archipel ; les golfes de l'Arta, de Vaione, les caps Linguetta, Laghi et Spitza dans l'Adriatique.

La Turquie compte encore quelques lacs importants, tels que ceux de Scutari, d'Ochrida et de Janina dans l'Albanie, et celui de Rasseïn, près des bouches du Danube ; deux principaux détroits, l'ancien Bosphore ou canal de Constantinople, et les Dardanelles ou détroit de Gallipoli (autrefois l'Hellespont) ; enfin deux grandes presqu'îles, celle de Gallipoli (Chersonèse de Thrace), celle de Cassandria, au sud de la Roum-ili, et des îles nombreuses, dont les plus connues sont l'Ilan-Adussi, vis-à-vis le Danube, Candie, Négrepont et les Ioniennes.

La marine turque, et surtout la marine marchande est donc assez importante, et trouve des communications faciles. Malgré le désastre de Navarin, où fut presque totalement brûlée la flotte ottomane, le nombre des vaisseaux de guerre est encore imposant.

Les trois ports principaux, à la fois militaires et marchands, sont Varna, Gallipoli, Constantinople ; les ports secondaires, Enos, Zante, Corfou, Salonique, Argostoli. D'autres places bien situées, Andrinople, Janina, Bosnaseraï, Bucharest, Belgrade et Galatz, concourent de leur côté aux transactions intérieures.

Villes et provinces. — A côté de ces divisions naturelles et physiques, qui sont forcément toujours les mêmes, se rangent les divisions politiques, que change quelquefois le caprice du maître ou le choix des gouverneurs.

Les possessions turques se divisent en eyalets ou *pachaliks* (principautés), les eyalets en *livas* ou *sandjaks* (bannières), et sont administrées indifféremment par des *agas* ou des *moussélims*, c'est-à-dire selon l'ancien régime militaire ou la nouvelle administration civile, la plus sérieuse et la plus difficile des réformes de Mahmoud.

Les provinces se distinguent de plus en deux classes : celles qui font partie intégrante de l'empire, et celles qui n'en sont que tributaires ; ce qu'on nomme les provinces médiates et immédiates.

Ces dernières comprennent les quatre grands eyalets de Bosnie, de *Roum-ili*, de *Silistrie* et des *îles* ou *Djezayrs*, et représentent les anciennes provinces de Bulgarie, de Bosnie, d'Albanie, de Thessalie, de Macédoine et de Thrace.

La Roum-ili a pour chef-lieu, tantôt Sophia, tantôt Monastiz, et pour livas Salonique, Ouskoup, Okrida, Larisse, Avlone, Widdin, Nicopoli, Janina, Scutari.

Le chef-lieu de la Silistrie est à Silistri même. Les villes principales sont Varna, Vizé, Choumla, Kirkilissia, Tchirmène, Andrinople, Nicopoli et Constantinople, la capitale des deux empires.

La Bosnie a un double chef-lieu, comme la Roum-ili, Travrik et Bosna-Seraï. Elle renferme encore, dans la Bosnie proprement dite, Iani-Bazar, Priebol et Izvnik ; et dans la portion de Croatie qui la complète, Mostar, Bania Louka et Cettigne, le chef-lieu des Monténégrins.

Quant à l'eyalet des îles, qui ne compte plus de grande place que Gallipoli, ses villes ou mieux ses châteaux sont celui des Dardanelles, avec les forts de Mételin, Chio, Samos et Nicosi.

Toutes ces provinces offrent souvent, comme on voit, des noms peu familiers sur lesquels il convient de passer rapidement. Les pays médiats ou tributaires, souvent désignés sous le titre de *Principautés Danubiennes*, ont un tout autre aspect, des localités plus connues et des gouvernements aussi différents que le peuple qui les habite.

Le sultan donne toujours l'investiture aux princes serbes, valaques et moldaves : mais là se borne à peu près son influence. Chacun de ces pays a ses rois ou *hospodars*, sous lesquels se groupe une sorte de divan formé de boyards dignitaires.

La Servie, enclavée entre l'Autriche et la Roum-ili, a même tenté plusieurs fois de se rendre tout à fait indépendante. Les guerres et les négociations lui ont assuré la liberté du culte et de l'administration intérieure, surveillée par un sénat ; le choix de ses chefs, la gestion exclusive des propriétés, même appartenant à des Turcs, le droit de commerce dans tous les ports ottomans ; la réduction des troupes, si ce n'est dans quelques places fortes stipulées, l'immobilité de l'impôt et la confirmation d'un code inspiré par le nôtre.

La *Servie* est arrosée par la Sava, le Drin, la Morawa, le Timok. Ses villes principales sont Semendria, Belgrade, Onssitza, Novi-Bazar.

Quant à la contrée même, où l'on retrouve fréquemment des traces de l'antiquité romaine, telles que le pont de Trajan près de Khadova, elle renferme des bois, des mines, fait un peu le commerce d'armes, de tapis, d'étoffes de soie, et semble comme le rendez-vous ou le passage des peuples voisins et rivaux qui l'entourent.

La *Valachie*, beaucoup plus importante et plus populeuse, est complétement affranchie des garnisons turques. Le hospodar assisté de la Chambre ou Cour des boyards, confie le soin de dix-sept districts à des

ispavniks ou préfets, et réunit sous son autorité une foule de peuples divers, dont la majeure partie se dit d'origine roumaine, et nomme sa terre la Zara Roumaneska.

Généralement riche et fertile, surtout en chevaux et en animaux domestiques, la Valachie possède en outre des mines et les endroits les plus propres à la culture. Elle est baignée par le Danube, la Jalonitza, le Scyl, l'Ardjs, la Dambonitza, le Sereth et l'Alouta, ses principales rivières. Boukarest, Slatina, Brisco, Kimpoburg, Kraïova, Giourgevo, sont les plus notables de ces vingt-deux grandes cités, reliées par plus de quinze bourgs et trois mille six cents villages.

Quelques ruines éparses attestent aussi çà et là une ancienne splendeur, et le séjour qu'y firent successivement les conquérants romains et les délégués de l'empire byzantin.

Comme population, revenus et superficie, la *Moldavie* tient à peu près le milieu entre les deux provinces précédentes. Ses habitants sont au nombre de un million cinq cent mille; ses revenus atteignent trois millions, son étendue deux mille lieues carrées.

Comme la Valachie, elle abonde en forêts, en prairies, en chevaux de la plus belle espèce, possède également un hospodar à vie, une armée nationale, des restes de la vieille conquête et des traces de l'industrie moderne.

Le Pruth, le Danube, le Sereth et le Baklni, confinent ou sillonnent la Moldavie, qui n'a guère de villes importantes que Romau, Botourchang, Galatz et Iassy, où se signèrent plusieurs traités (1782 et 1827).

Gouvernement. — Tels sont, sans s'occuper des possessions asiatiques, les éléments divers qui constituent à peu près l'existence et la position de la Turquie. Ici, par suite d'incertitudes, qui sans doute cesseront d'ici peu, l'on est forcé d'émettre souvent des doutes et de ménager des réticences. Le vrai croyant regarde comme impies et sacrilèges ces travaux d'étude et de statistique qui fouillent l'œuvre de Dieu, et la Turquie n'est connue jusqu'ici que par les récits et les aperçus plus ou moins raisonnés des historiens et des voyageurs.

Son histoire, si souvent mêlée depuis quatre siècles à l'histoire de l'Europe, est semée pareillement de vides et de lacunes. On n'en connaît que les mouvements extérieurs, les débordements subits, les faits, en un mot, qui se sont jetés au milieu de la vie des peuples, et ont laissé leur date et leur époque (1).

Les Turcs vivent donc assez généralement chez eux, plongés dans les pratiques religieuses et les habitudes

(1) Pour résumer en quelques mots les grands faits de la Turquie moderne, une fois maîtres de Constantinople (1453), les sultans occupent la Morée (1458), Rhodes (1502), l'Égypte (1517), sans parler de nombreuses invasions dans la Hongrie. Ils soumettent (1520) les Valaques, les Serves et les Moldaves et prennent la Crimée (1697), la Morée et l'Archipel (1714 à 1720).

Ils échouent à Vienne en 1683, signent en 1699 la paix de Carlowitz, celle de Passarowitz en 1717 ; perdent, à la suite de deux défaites, la Bessarabie et la Crimée, et sont battus à Navarin (1827).

indolentes qui forment le fond de leur caractère. — Plusieurs ouvrages récents, tels que la *Turquie actuelle,* et d'autres qui complètent ou corrigent les *Voyages* de lady Montagut et autres, semblent croire à une révolution prochaine qui en modifiera l'aspect et les coutumes. Mais rien, sans doute, ne changera l'esprit et les usages inhérents à la nature et au pays même, c'est-à-dire l'oisiveté, l'orgueil, ou plutôt la fierté, et une sorte d'exaltation, de superstition même qui les a toujours distingués.

Les modifications qu'Abdul-Medjid a tentées à plusieurs reprises, l'introduction de la calotte et de l'uniforme européens (1834), la garantie des biens pour tous, la liberté des cultes, la protection des étrangers (1839), les jugements publics, ont été presque autant de révolutions, moins violentes que celles de Mahmoud, son père, mais tout aussi sérieuses peut-être que la sanglante suppression des janissaires (1826).

Quoique consacré et comme divinisé par la loi du Prophète, le sultan doit craindre en effet de froisser le sentiment national, très-profond chez les Turcs. Comme tous les peuples doux et efféminés, ils sortent peu du repos et de la résignation, à moins que les imans ne leur montrent la foi sainte en danger, ou l'étendard de Mahomet flottant au-dessus du sérail. Ce sont alors les manifestations les plus obstinées, touchant à la fois de la croyance et du fanatisme.

Le gouvernement turc, au point de vue de l'absolutisme et de la théocratie, a une certaine analogie avec celui des Russes. Ainsi que le czar, le sultan est chef suprême de l'État, sous les titres multiples de *Grand Turc, Padi-Schah, Grand Seigneur.* Son lieutenant principal est le *visir alem,* ou grand visir, chef du *divan,* qui comprend les *visirs,* les *bachas* et les *mousselims,* en un mot les hauts dignitaires civils et militaires.

Le *moufti,* gardien de la religion et de la loi, dirige le corps des docteurs, l'*ouléma des effendis;* la volonté du sultan meut également tous ces pouvoirs.

Un *capitan-pacha* commande l'armée navale. Le *reiss-effendi* garde les sceaux de l'empire ; le *khasnévékil* (eunuque noir) tient les clefs du trésor. Au-dessous d'eux enfin, le *moulah,* le *naïb* et le *cadi* prononcent les jugements sans appel; les *somites,* les *derviches* et les *imans* règlent le culte et les prières.

Les pachas, considérés selon le nombre de queues dont les investit le grand visir, exercent chacun chez eux un pouvoir à peu près illimité, et la centralisation existe toutefois comme un fait curieux et incontestable.

Outre les lois et les mœurs, qui laissent déjà la Russie et la Turquie si loin de tous les pays de l'Europe, ces contrées ont encore une ère spéciale, une année particulière, et restent en dehors du calendrier grégorien.

Le calendrier russe n'est que de treize jours en retard sur le nôtre. L'année commence chez eux le 13 janvier, pour se poursuivre avec le même retard de douze jours à chaque mois.

Chez les Turcs, le calendrier se compose toujours

des mois sacrés du Koran. Leur année lunaire s'ouvre le 16 juillet, époque de la fuite de Mahomet (622) quittant la Mecque, et de la première hégire. A cette même année 622 se rattache l'ère musulmane, qui compte aujourd'hui l'an 1275°.

Plusieurs de ces indications étaient élégamment figurées en lettres orientales sur les vitrines de la Turquie à l'Exposition de 1855. Mais pour finir à ce sujet par la réflexion qui vient toujours en pensant à cette puissance affaiblie, maintenant soutenue par ceux-là même qui la craignaient ou la repoussaient il y a deux cents ans, toutes ces expositions riches, splendides, et malgré cela même creuses et peu grandioses, se résumaient presque uniquement dans des objets de luxe. Ce qui montre qu'aujourd'hui encore la nation se personnifie en quelque sorte dans les premières classes et les familles supérieures. Le gros du peuple est toujours à l'écart. Son travail, ses produits, ses besoins comptent pour peu. Le temps seul, aidé des frottements et des relations nouvelles, peut lui donner le rang qui lui a été refusé jusqu'ici. (*Ed. Renaudin.*)

TUSSILAGE (botanique). — Plante de la famille des synanthérées. Plus connue sous le nom de *pas d'âne*, cette plante, qui a joui autrefois d'une grande réputation, est aujourd'hui peut-être de toutes les espèces *béchiques*, la moins employée. Très-communes dans les lieux incultes, elle fleurit au printemps et se fait remarquer par ses grandes feuilles radicales, d'un vert clair en dessus, blanchâtres et cotonneuses en dessous. Ces feuilles ont été vantées autrefois contre les écrouelles et les maladies de poitrine, on en administrait le suc au printemps. On ne se sert plus guère aujourd'hui que des fleurs qui sont employées, en infusion théiforme, comme boisson pectorale. Comme tant d'autres, le *tussilage* (du mot latin *tussis*, toux), du rang illustre qu'il occupa jadis, n'a conservé qu'un vain nom !

Triste retour des choses d'ici-bas !

TYPHOÏDE (FIÈVRE) (pathologie), dite aussi *putride, maligne, adynamique, ataxique, entéro-mésentérique, dothinentérie*. — La fièvre typhoïde consiste dans une *affection primitive des follicules de l'intestin grêle et de ses ganglions* (glandes de Peyer), *et dans une altération du sang et des liquides, consécutive à cette inflammation*. Elle attaque également toutes les constitutions, et même de préférence les individus forts et jeunes (de quinze à vingt-cinq ans). Le séjour récent dans une grande ville, le défaut d'acclimatement, les excès de tout genre, une mauvaise alimentation; l'habitation dans des lieux bas, mal aérés, *encombrés*, où se dégagent des miasmes de nature animale, en sont les causes ordinaires. L'opinion générale admet la contagion de cette fièvre, qui est identique au *typhus des armées*; elle peut apparaître épidémiquement ou sporadiquement.

Voici les caractères que lui assigne le docteur Beaugrand : Son début *n'est pas brusque*, il est toujours précédé de symptômes précurseurs appelés *prodromes*, et qui consistent dans l'*abattement;* la perte de

l'appétit, des *étourdissements*, de la *faiblesse dans la marche et les mouvements*, de la *diarrhée*, quelquefois des *saignements de nez*, un violent mal de tête; au bout de *trois à huit ou dix jours*, ces accidents augmentent; il y a des *vertiges*, de la *stupeur, affaiblissement de l'intelligence;* les réponses sont lentes, difficiles; le visage est *pâle*, plombé ; outre la diarrhée, il y a souvent gonflement du ventre, etc. On voit que ces accidents diffèrent sensiblement de ceux que nous avons mentionnés en parlant de la fièvre inflammatoire. Cependant il faut être prévenu que, dans certains cas moins communs, la fièvre typhoïde se montre d'abord avec les symptômes de cette dernière, et que c'est seulement au bout de quelques jours qu'elle revêt les caractères qui lui sont propres.

On est loin d'être d'accord sur le traitement qui convient dans la fièvre typhoïde. Ainsi les uns veulent qu'on saigne abondamment dès le début, les autres soutiennent que les purgatifs répétés doivent avoir la préférence. Les médecins prudents se placent entre ces deux opinions extrêmes, et se contentent de faire la médecine des symptômes. Ils saignent si la maladie s'annonce par un pouls plein, large, et surtout si le sujet est jeune, vigoureux et sanguin. Ils attaquent les phénomènes nerveux par les antispasmodiques, calment les douleurs intestinales par des cataplasmes émollients, modèrent la diarrhée par des lavements laudanisés, purgent assez souvent, relèvent les forces par des toniques, quand elles leur paraissent abattues, opposent à la marche du mal des vésicatoires aux cuisses, font tenir le malade dans une grande propreté, attendent tout enfin des forces de la nature, dont ils se contentent de seconder les efforts. Disons, du reste, que, dans les fièvres continues, le médecin peut conjurer la violence des accidents, mais non en empêcher l'évolution. (*Dr Heinreich.*)

TYPOGRAPHIE [du grec *tupos*, marque, caractère, signe, et *grapho*, j'écris, parce qu'en imprimant, l'action de la presse laisse la marque ou l'empreinte des caractères]. — Art de reproduire un écrit à une infinité d'exemplaires au moyen de signes diversement combinés, qui reproduisent leurs formes sur un corps destiné à cet usage.

Bien que ce mot s'emploie le plus souvent comme synonyme d'imprimerie, il désigne plus spécialement la réunion de tous les arts et de toutes les opérations qui concourent à l'imprimerie : fonderie de caractères, composition typographique, impression proprement dite ou tirage, etc.

Il désigne aussi les grands établissements typographiques.

Cet art merveilleux, qui a si puissamment contribué aux progrès de la civilisation, et qui oppose un obstacle insurmontable au retour de la barbarie, n'est connu, en Europe, que depuis le milieu du 15° siècle, ce qui est d'autant plus étonnant que les anciens en avaient approché de très-près, ainsi que le constatent les faits suivants que j'emprunte à M. Firmin Didot.

Tout le monde sait que les Chinois ont inventé l'imprimerie tabellaire trois cents ans avant Jésus-Christ; mais ce que l'on sait moins généralement, c'est que

les Egyptiens, les Grecs et surtout les Romains gravaient en relief des lettres, des chiffres et des légendes, dans le sens inverse, qu'ils imprimaient à chaud ou à froid sur les briques, le pain, les monnaies, même sur le front de leurs esclaves fugitifs, en sorte que ces lettres et mots gravés à rebours se reproduisaient dans leur sens véritable sur les objets ainsi marqués.

On trouve même chez les Grecs le procédé de l'impression humide. « Agésilas, dit Plutarque, voyant ses soldats découragés, écrivit secrètement dans le creux de sa main et à rebours le mot *victoire*, puis prenant du devin le foie de la victime, il y appliqua sa main ainsi écrite en dessous, et la tenant appuyée le temps nécessaire, il parut plongé dans ses méditations jusqu'à ce que les traits des lettres eussent pris et fussent imprimés sur le foie. Alors le montrant à ceux qui allaient livrer bataille, il leur dit que par cette inscription les dieux leur présageaient la victoire, qu'ils remportèrent en effet. »

Les lettres mobiles étaient connues des Romains.

Cicéron, pour combattre l'opinion qui prétend que le monde est le résultat d'un assemblage dû au hasard, s'exprime ainsi :

« Pourquoi celui qui croit cela possible ne croirait-il pas que, si l'on jetait à terre par milliers les vingt et une lettres de l'alphabet, formées en or ou en une matière quelconque, elles pourraient tomber arrangées dans un ordre tel qu'elles permissent de lire les *Annales d'Ennius* ? Je doute que le hasard rencontrât assez juste pour en faire un seul vers. »

Quintilien et saint Jérôme nous disent qu'on se servait de lettres mobiles pour apprendre à lire aux enfants.

« Aussi les maîtres, dit Quintilien, quand ils jugent que les enfants ont assez retenu les lettres dans l'ordre où l'on a coutume de les écrire, se mettent-ils à intervertir et bouleverser tout l'alphabet, jusqu'à ce qu'enfin leurs élèves parviennent à les reconnaître à leur forme et non à leur ordre... Je ne blâme pas au surplus l'usage d'exciter le zèle des enfants en leur donnant pour jouets des lettres figurées en ivoire. »

« Qu'on fasse pour cet enfant, dit saint Jérôme, des lettres en bois ou en ivoire, qu'on les lui nomme de leur nom pour que ce jeu lui devienne une instruction; que l'ordre n'en soit point conservé, mais au contraire qu'il soit mêlé, que les dernières se trouvent confondues avec celles du milieu, et celles du milieu avec les premières, afin que ce ne soit pas seulement le son, mais encore la vue qui les lui fasse connaître. »

Si, pour apprendre à lire aux enfants l'antiquité employa les lettres mobiles, elle se servit, pour leur enseigner à écrire, de pages entières découpées à jour; « moyen excellent, dit Quintilien, pour former l'écriture des enfants, obligés à suivre avec leur *style* (c'était l'instrument qui servait aux anciens pour écrire sur la cire de leurs tablettes) les contours réguliers des lettres taillées à jour, en sorte que le style, contenu de chaque côté par les bords, et forcé de suivre le sillon où il est engagé, ne peut s'égarer, comme sur la cire, ni dépasser les proportions voulues. »

Procope nous apprend que l'empereur Justin employait une lame d'or pour apposer son seing. Théodo-

ric, roi des Ostrogoths, en faisait autant. Il paraîtrait même que l'empereur Charlemagne et les rois, ses successeurs immédiats, « formaient les traits de leur monogramme en conduisant la plume dans toutes les ouvertures taillées dans la lame ou tablette appliquée sur l'acte qu'ils voulaient souscrire. Comme ils changeaient de temps en temps, et peut-être à dessein, cette lame découpée, il en résultait que leur signature n'était pas toujours la même. »

Les enlumineurs et les décorateurs de livres imprimaient aussi, au moyen de patrons découpés, dans des lames de laiton ou d'autre métal ces lettres capitales qui, dans les manuscrits, sont si chargées d'ornements; ils en faisaient même usage pour les lettres minuscules, et composaient de la sorte des livres entiers, principalement les livres de plain-chant.

Dans le moyen âge, on fit de l'impression humide, en encre, de diverses couleurs. Guillaume le Conquérant, à l'exemple de son père et de son aïeul, imprimait quelquefois sur ses chartes un cachet trempé dans l'encre.

Les lettres d'or et d'argent de la traduction des quatre Evangiles, attribuée à Ulphilas, sembleraient avoir été marquées ou même imprimées au moyen de lettres composées et appuyées à chaud comme font les relieurs pour les titres des livres.

Pline parle en termes magnifiques, mais peu explicites, de la reproduction des grands hommes, faite par Varron; il la trouve d'invention merveilleuse. Mais en quoi consistait-elle ? C'est ce que l'on ne sait pas d'une manière positive.

M. Deville pense que les portraits de Varron étaient gravés en relief sur une planche de métal ou autre matière, dans le système de notre gravure sur bois, dont les traits et le dessin sont réservés en relief. Suivant lui, les graveurs [de médailles, qui existaient à Rome, à l'époque où vivait Varron, pouvaient aisément réaliser son invention. Ces portraits étaient figurés au trait. On peut croire, en s'autorisant du procédé du monnayage au temps de Varron, qu'il fut appliqué à la reproduction de ces images par la percussion au marteau ou à la main. « A raisonner par analogie, dit-il, avec les cachets antiques, la matière employée pour cette gravure devait être du bronze. »

M. Firmin Didot pense, au contraire, que le procédé de Varron présentait de l'analogie avec le moyen employé en Chine pour reprodure les fac-similés des écritures de leurs empereurs et les portraits de leurs souverains.

Ce procédé, fort simple, consiste à appliquer et à coller, sur une pierre polie, la feuille même où sont tracés les objets qu'on veut reproduire, écritures, portraits, fleurs, et en ayant soin d'appliquer sur la pierre le côté droit. Puis on frotte le papier jusqu'à ce qu'il disparaisse et ne laisse sur la pierre que les traits apparents, que l'on creuse alors au burin. Après avoir noirci d'encre la superficie de la pierre, on y applique une feuille de papier qu'on fait adhérer au moyen d'un tampon ou brosse; et, lorsqu'on soulève la feuille, elle reproduit en blanc l'écriture sur le fond tout noir du papier.

Quant aux figures, au lieu de creuser les traits, c'est, au contraire, toute la partie intérieure du visage, qui n'est pas le trait, qu'on enlève, en sorte que les contours de la figure, le nez, les yeux, etc., restent en relief, et se reproduisent en noir sur la feuille de papier, tandis que le fond du visage reste blanc.

Cet antique procédé des Chinois a pu n'être pas inconnu de Varron; de plus, il offre quelque analogie avec l'usage de reproduire, sur les vases étrusques, les signes et lettres qui se détachent sur les fonds uniformément noirs et avec l'emploi continuel que les anciens faisaient du style en fer pour creuser, sur la cire, dont leurs tablettes étaient induites, ce qu'on y voulait écrire. Enfin ce procédé offre le singulier rapport, avec celui de Varron, d'avoir été répandu par toute la terre.

L'emploi des patrons découpés fut d'abord appliqué aux cartes à jouer, dont l'usage remonte à 1328. L'usage des cartes à jouer, s'étant répandu rapidement, fit aviser aux moyens de les confectionner plus vite et plus économiquement qu'au moyen de patrons à jour, à travers lesquels on traçait les traits, et qu'on enluminait ensuite. Ce fut vers 1400, qu'on imagina de graver des pièces de bois en relief qui servirent à l'impression des cartes.

En Hollande, cette industrie fut appliquée aux images, qui n'étaient imprimées que d'un seul côté.

La plus ancienne gravure sur bois que l'on connaisse accompagnée de texte, est de 1423. Ces textes explicatifs étaient placés tantôt au bas des pages, tantôt à côté ou au milieu même des sujets, dans de petits carrés; quelquefois ils sortaient de la bouche des figures pour les expliquer. Comme les planches gravées n'étaient imprimées que d'un côté, on collait le recto d'une feuille sur le verso de l'autre, lorsqu'un sujet traité avait une suite de plusieurs feuilles.

Voilà la série des divers essais qui ont conduit à la découverte de l'imprimerie.

Quel est l'inventeur de cet art que, dès son origine, les princes de l'Église qualifiaient de *divin?* Les opinions sont partagées là-dessus, mais cependant on attribue généralement cette découverte à Guttemberg de Mayence, qui s'associa avec Faust et Schœffer. Dix-sept villes se sont disputé l'honneur de lui avoir donné naissance, et quelques-unes ont même faussé sciemment la vérité pour faire pencher la balance en leur faveur, mais il n'y a que trois d'entre elles qui aient des prétentions réellement fondées. Strasbourg et Mayence sont les seules dont les droits à la découverte de l'imprimerie en caractères mobiles soient incontestables. Harlem a eu le mérite de les avoir devancées pour les impressions tabellaires. Je n'examinerai ni la valeur respective de toutes les prétentions des villes rivales, ni l'époque successive des divers perfectionnements qui ont amené l'imprimerie en l'état où elle est aujourd'hui. Si je me suis plus étendu sur les essais qui ont précédé son invention, c'est pour montrer combien il est étonnant qu'après de si nombreuses tentatives, pouvant conduire si facilement à l'invention de l'imprimerie, on n'y soit cependant pas arrivé plus tôt.

Je ne parlerai pas non plus de l'introduction de l'imprimerie dans les principales villes de l'Europe et des premiers ouvrages sortis des presses de chacune d'elles, ces questions n'intéressant que les érudits de profession. Les bibliophiles achètent au poids de l'or les ouvrages qui remontent à l'origine de l'imprimerie, ces ouvrages, appelés *incunables*, sont d'une excessive rareté.

Il ne me semble pas non plus nécessaire de traiter des différentes branches de l'imprimerie, car je m'en suis occupé dans divers articles de cet ouvrage, aux mots *Capitale, Caractère, Casse, Chiffre, Composition, Correction, Division, Imprimeur, Presse,* auxquels je renvoie le lecteur.

Je terminerai cet article par l'indication alphabétique de quelques inventions modernes qui ont contribué à perfectionner cet art sublime et donné naissance à de nouveaux produits.

Les *aquarelles typographiques,* inventées par M. Plon, en 1852, sont le résultat combiné de la typographie, de la lithographie et de la taille-douce. Par ce procédé, on peut reproduire un sujet peint à l'huile, à la gouache, à l'aquarelle, etc., et en général toute espèce de peinture.

Caractères. — A ce que j'ai dit aux mots *Caractère* et *Composition,* on peut ajouter les observations suivantes : en 1849, M. Petyt exposait une machine avec laquelle il fabrique des caractères d'imprimerie en cuivre, étirés et estampés à froid, d'où le nom qu'il leur donne d'*apyrotypes,* du grec *a* privatif, *pur,* feu, et *tupos,* type. On peut encore, comme inventions récentes, citer les vignettes et caractères mobiles à œil de cuivre, de M. Sirasse ; les caractères à la mécanique en métal très-dur, ainsi que ceux pour la musique, de M. King ; les caractères ferrugineux de M. Colson ; les caractères à la mécanique de M. Poirier de Saint-Charles ; les caractères en alliage de plomb, étain, antimoine et cuivre rouge, de MM. Thorey et Virey ; les caractères à support, de M. Gauthier.

Cartes géographiques. — Les cartes géographiques sont indistinctement exécutées en lithographie ou en taille-douce ; on en fait aussi qui sont gravées sur bois et imprimées typographiquement. On a essayé à diverses reprises, de les faire en caractères mobiles. On cite des tentatives de ce genre qui remontent à 1754. Ces procédés ne seront jamais d'un grand usage, parce qu'ils présentent de trop grandes difficultés, et qu'il est extrêmement difficile de trouver des ouvriers qui aient l'habileté et la patience nécessaires pour réussir dans un travail aussi compliqué ; ce qui doit aussi contribuer à en élever beaucoup le prix.

Chimitypie. — Voici en quoi consiste ce procédé : gravez à l'eau forte un dessin sur une plaque de zinc enduite de vernis, et, après avoir laissé sécher cette couche, faites fondre sur cette plaque un alliage d'étain et de bismuth réduit en poudre. Quand cet alliage est refroidi, rabotez-le jusqu'au niveau du zinc ; il n'en restera que ce qui est entré dans le creux de la gravure ; soumettez ensuite la plaque à l'action d'un acide, et bientôt le zinc seul étant mangé, il ne restera

plus que le métal composé, dont le relief peut être imprimé à la presse typographique.

Clichés-pierre. — M. Auguste Dupont a inventé ce procédé, pour lequel il recourt non à la pierre lithographique, mais à un calcaire qui possède les mêmes propriétés.

Les *fonds azurés* s'obtiennent avec des filets à gouttières, minces et de différents œils, combinés de façon à former un massif de l'épaisseur convenue.

Les *fonds de hasard* sont obtenus par un procédé litho-typographique de M. Paul Dupont. M. Maréchal atteint le même résultat au moyen du bois.

La *galvanoglyphie* et la *galvanographie* sont deux procédés au moyen desquels on obtient des gravures, qui convenablement préparées et placées dans un bain galvanique ou soumises à une pile galvanique, fournissent une planche qui peut être reproduite typographiquement.

La *galvanoplastie*, qui est aujourd'hui si répandue, a été appliquée heureusement à la typographie.

Au moyen de la *glycérine* on obtient des rouleaux typographiques, une encre délébile, utilisable en typographie et des moules flexibles.

La *gravure électro-chimique* est un nouvel et utile auxiliaire de la typographie.

La *gravure sur bois*, dont l'introduction en France, remonte à la fin du xive siècle, rend chaque jour les plus grands services à l'art de Guttemberg.

La *gutta-percha* a été employée, par M. Schott, à la confection de planches de musique, imprimées typographiquement, et M. Sirasse a obtenu des lettres pour affiches à œil de gutta-percha.

Impression anastatique. — Après avoir lavé avec de l'acide hyposulfurique une page imprimée, on applique le papier sur une plaque de zinc, et on la soumet à une forte pression. Le zinc garde l'empreinte des caractères, et l'impression s'exécute comme celle d'une lithographie. C'est une découverte précieuse par laquelle la science et la littérature sont garanties contre la perte matérielle de vieilles éditions.

Impression naturelle. — Invention toute nouvelle, due à M. Auer, directeur de l'imprimerie d'état à Vienne (Autriche). Si l'on place entre une plaque de cuivre et une plaque de plomb un fragment d'étoffe, un insecte, un oiseau, un tissu quelconque, et que l'on fasse passer le couple au laminoir, le plomb prendra l'empreinte exacte de l'objet soumis à cette opération ; puis, en y appliquant des couleurs, on obtiendra successivement plusieurs copies par le procédé d'impression ordinaire. Cependant, le plomb étant très-ductile, il faut ou galvaniser ou stéréotyper, si l'on veut obtenir de nombreux exemplaires.

Litho-typographie. — Cette dénomination indique suffisamment une alliance de la lithographie et de la typographie. Plusieurs des procédés déjà cités ou qui vont l'être, sont de la litho-typographie sous des noms différents.

Machines à composer et à distribuer. — Les anciens imprimeurs, plus occupés de la pureté des textes que de la partie matérielle de leur art, songeaient peu au perfectionnement des procédés en usage dans leur

profession. Cependant on introduisit successivement quelques changements. On améliora d'abord les presses, en substituant le fer et la fonte au bois. Mais le besoin de s'instruire, se développant de plus en plus, fit sentir bientôt la nécessité d'obtenir un tirage plus rapide, ce qui fit chercher le moyen d'appliquer la vapeur aux presses, résultat qui ne put être atteint que lorsque les rouleaux eurent remplacé les balles ou tampons.

Mais la composition, la partie la plus coûteuse de l'impression, s'opérait toujours par les anciens procédés, et on ne pensait pas même qu'il pût en être autrement.

On pensa introduire un grand perfectionnement en gravant et fondant d'une seule pièce certains groupes de lettres qui reparaissent fréquemment dans la composition. Les tentatives en ce genre ont été nombreuses, et elles remontent assez haut, car la première date de 1775 ; Barletti de Saint-Paul en fut l'auteur. Une autre tentative fut faite dix-sept ans après par Hoffmann. Sous l'Empire, Vinçard produisit des caractères qu'il appelait *hamapolygrammatiques*, parce qu'ils étaient composés de caractères réunis en un seul groupe. De nouvelles tentatives eurent lieu en Belgique en 1836. M. Marcellin Legrand, en 1844, et M. Soostens, en 1849, ont exposé des groupes de lettres ou syllabes fondues ensemble. Enfin M. Tobitt, à New-York, a introduit dans ses ateliers les caractères syllabiques. Ces nombreuses tentatives ont eu peu de succès, et il n'est guère probable que les caractères syllabiques soient généralement adoptés, car ils présentent plus d'inconvénients que d'avantages. Ils nécessitent l'agrandissement et la complication des casses, obligent de mettre au rebut ou à la fonte un groupe de lettres, dont une seule a été gâtée par une cause quelconque, et contribuent à augmenter considérablement le matériel de l'imprimerie, à moins que chaque imprimeur ne publie que des ouvrages d'une seule langue, car, dans chaque idiome, il existe des groupes de lettres qui lui sont propres. Cet inconvénient n'existe pas pour les lettres isolées, puisque l'alphabet latin suffit pour la plupart des langues de l'Europe. Ce n'est donc pas de ce côté qu'on peut espérer la diminution des frais de composition.

Jusqu'à présent, des hommes ont été à peu près seuls employés ; cependant on emploie des *compositrices* à Corbeil et dans quelques autres villes. Cette innovation malheureuse ne peut qu'être fatale à l'imprimerie, car les femmes, surtout celles de la classe ouvrière, les seules sur lesquelles on puisse compter pour ce travail, sont trop peu instruites pour faire des compositrices habiles ; mais on ne les emploie qu'afin de diminuer la main d'œuvre, sans s'embarrasser si la pureté des textes n'aura pas à en souffrir.

C'est pour le même motif que dans quelques imprimeries, on multiplie outre mesure le nombre des apprentis ; si l'on persistait dans cette voie funeste, on éloignerait de l'imprimerie les ouvriers les plus habiles et les plus intelligents, leurs talents n'étant plus rétribués convenablement ; de là, les éditions extrêmement

défectueuses et indignes de l'ancienne typographie française. Mais, au point de vue moral, l'emploi des femmes est plus fâcheux encore; car tout le monde sait que les ateliers dans lesquels les deux sexes sont journellement en contact sont des foyers de démoralisation.

Un procédé réellement économique est le clichage ou stéréotypage, au moyen duquel on obtient des pages d'un seul morceau, ce qui est très-avantageux pour les ouvrages que l'on tire à grand nombre, car la même composition peut servir jusqu'à ce que l'œil de la lettre soit endommagé, et on n'est pas obligé de recomposer de nouveau à chaque tirage, ce qui empêche qu'il se commette de nouvelles fautes.

Il restait à chercher si la mécanique était applicable à la composition. Au premier abord, la chose semblait complétement impossible. En effet, pour qu'un travail puisse s'opérer par des moyens mécaniques, il faut que l'opération s'exécute d'une manière régulière et à intervalles égaux, rien de semblable n'a lieu pour la composition. Si l'ouvrier lève avec des mouvements à peu près égaux chaque lettre dont il a besoin pour former les mots, il est obligé de les suspendre fréquemment pour lire sa copie, et il consacre un temps plus ou moins long, suivant que la copie est plus ou moins difficile à lire. Mais ce n'est pas là la seule difficulté, le plus grand obstacle à l'emploi de moyens mécaniques dans ce travail, c'est la justification. En composant chacun des mots de la ligne, le compositeur met bien entre eux des blancs pour les séparer les uns des autres; mais, au bout de la ligne, souvent un mot étant trop long pour y entrer, il est obligé de le diviser, et, comme il n'est pas permis de le faire d'une manière quelconque, mais qu'on est obligé de suivre certaines règles que j'ai indiquées au mot *division*, il est dans la nécessité de mettre des espaces moins fortes pour que le mot entre en entier, s'il reste peu de lettres à introduire, ou pour y faire entrer au moins une syllabe entière; si, au contraire, une syllabe est composée de trop de lettres, il est obligé de la renvoyer tout entière à la ligne suivante, et alors il doit ajouter des espaces fines à celles qui existent déjà entre chaque mot. Et ces temps d'arrêt se renouvellent à chaque ligne. On voit donc quelles immenses difficultés il y avait à vaincre, et quelle audace il fallait pour tenter de le faire. Si le problème n'a pas été complétement résolu, on ne pourrait guère l'être, il est du moins résulté de ces recherches des chefs-d'œuvre de mécanique. On compte au nombre des inventeurs MM. Young, Gaubert, Ballancle, Delcambre frères et Sœrensen. Ce dernier a même été récompensé par le jury de l'Exposition universelle de 1855. Qu'est-il résulté de tous ces travaux? Peu de chose. Plusieurs de ces mécaniques ont été abandonnées après d'infructueux essais, et si MM. Delcambre et Sœrensen, plus persévérants, continuent de faire usage de leurs machines, cependant les imprimeurs ne s'empressent pas de les adopter. Aucun des inventeurs n'a essayé de surmonter la difficulté principale, aussi se fait-elle toujours à la main. En supposant même que le mécanisme ne fût pas de nature à exiger de fré-

quentes réparations, il est certain que la main d'un habile compositeur serait toujours préférable ; d'ailleurs on ne pourrait faire avec ces machines que les travaux les plus simples, ceux qui ne présenteraient aucune espèce de difficultés, et qui ne nécessiteraient pas une grande variété de caractères, ce qui limite beaucoup leur emploi. Quelques-unes de ces machines, celles de M. Sœrensen, par exemple, obligeraient de renouveler le matériel d'une imprimerie, puisqu'il est nécessaire que les caractères soient entaillés. Comme il n'y a eu, jusqu'à présent, qu'une partie de la composition qui ait pu être faite mécaniquement, c'est la levée de la lettre, les mécaniciens ont encore beaucoup à faire pour que leurs machines deviennent d'un usage usuel.

Quand une casse est vide, on la remplit en décomposant les pages qui ont déjà servi, et dont on n'a plus besoin. On a aussi tenté de décomposer ou de distribuer les pages par des moyens mécaniques, mais avec aussi peu de succès que pour la composition. Quelques machines à composer distribuent en même temps, d'autres ne font qu'une seule de ces opérations.

Métallographie. — Tout dessin tracé avec une pointe aiguë sur une plaque de métal quelconque, est reproduite en relief en moins d'une heure sur la planche, au moyen d'une préparation inventée par M. Zach, lithographe à Munich.

Paniconographie. — Invention qui consiste à obtenir sur cuivre le décalque d'une gravure pour le soumettre à l'impression typographique.

Photo-lithographie. — Art de fixer, sur des pierres lithographiques préparées avec des substances sensibles, les images photographiques produites par l'action des rayons solaires à travers l'épaisseur d'une feuille de papier posée sur la pierre, et mise en contact avec elle au moyen d'une vitre ou d'une glace sans tain.

Polychromie, ou impression en plusieurs couleurs. — Quoique l'impression en noir soit presque la seule en usage, cependant on imprime quelquefois en encres d'autres couleurs. Pour le rouge, on emploie du carmin ou du vermillon; pour le bleu, le bleu de Prusse; pour le jaune, le jaune de chrôme; pour le vert, un mélange à doses diverses, de bleu et de jaune; pour le brun, un mélange de rouge, de noir et de jaune; pour le rose, le lilas et autres couleurs de mêmes tons, les laques de Munich et la terre de Sienne.

Quelquefois ces couleurs s'impriment seules sur une feuille de papier, et alors l'impression ne présente pas plus de difficulté que celle en noir, sauf quelques précautions particulières, qui varient suivant la nature de la couleur.

Si la feuille doit être imprimée en plusieurs couleurs, les difficultés sont plus grandes, vu qu'on est obligé de faire passer la feuille autant de fois sous presse qu'il y a de couleurs différentes, en recouvrant chaque fois la forme dans la partie qu'on ne doit pas imprimer.

Non-seulement on imprime avec des encres de plu-

sieurs couleurs, mais on se sert de plusieurs métaux, mais surtout d'or et d'argent. Pour appliquer l'un ou l'autre de ces métaux au lieu d'encre, on couvre la forme d'un mordant qui permet l'application du métal.

La *stéréotypie* fournit à la typographie le moyen d'obtenir à peu de frais et avec plus de correction les ouvrages qui doivent être imprimés à un grand nombre d'exemplaires.

Télégraphe-imprimeur, inventé par M. Bain. — L'impression s'effectue à l'aide de types enchâssés en saillies à l'extrémité des rayons, sur la périphérie d'une roue. Ces caractères sont disposés, et la roue conduite de telle façon, par le mécanisme qui fait marcher l'aiguille indicatrice, que le même signe est représenté simultanément sur la roue et le papier qui doit en recevoir l'empreinte : la roue-type est poussée en avant, et la lettre désignée s'imprime sur le papier.

Tissiérographie. — Cette invention de M. Tissier a pour but de reproduire sur pierre et en relief, les traits creux de la taille-douce que l'on reproduit ensuite typographiquement.

La *xylographie*, ou impression au moyen de planches gravées sur bois, était connue avant l'invention de l'imprimerie proprement dite. Ce sont même les planches xylographiques qui donnèrent à Guttemberg l'idée de multiplier les ouvrages de l'esprit par un moyen plus expéditif et moins dispendieux que la plume des copistes.

La *zincographie* est l'impression au moyen de planches gravées sur le zinc.

J'aurais désiré terminer cet article par l'examen des causes qui rendent si nombreuses les fautes typographiques; j'en ai déjà dit quelque chose au mot *Errata*, mais ce n'est pas suffisant; j'y suppléerai au mot *Erreurs typographiques* qui doit figurer dans le *Supplément* de cette encyclopédie.

Une chose extrêmement utile et intéressante aurait été l'examen des lois qui ont régi la presse dans chaque pays et à diverses époques, des résultats favorables ou funestes que ces lois ont eus sur les développements de la civilisation; mais l'état de notre législation sur cette matière ne me permet pas de traiter cette matière avec tous les développements et surtout avec les observations critiques qu'elle comporte; je ne pourrais donner qu'une sèche nomenclature des lois qui ont successivement régi cette industrie; mais j'aime mieux m'abstenir que de n'exprimer qu'une partie de ma pensée, et de ne présenter au lecteur qu'un aride résumé chronologique des lois relatives à l'imprimerie. Au reste, l'auteur de l'article *Presse* en a dit quelques mots.

J. B. PRODHOMME,
Correcteur à l'imprimerie Impériale.

TYPHUS (pathologie). — Les anciens donnaient le nom de *typhus* à diverses maladies qui n'avaient d'autre caractère commun qu'un état de stupeur (du mot grec *tuphos*), aussi rien de plus vague que le sens attaché à ce mot, aujourd'hui même. On réunit maintenant sous la dénomination de *typhus* diverses pyrexies à type continu ou rémittent, produites le

plus souvent par des influences miasmatiques, et dans lesquelles on observe un trouble du système nerveux, et un état morbide des membranes muqueuses regardé par quelques auteurs comme primitif. On comprend sous le nom de *typhus d'Europe* les pyrexies appelées tour à tour *fièvres pétéchiales, fièvres des hôpitaux, des prisons, des camps, des armées, des vaisseaux*; on appelle *typhus d'Orient* la peste; on décrit sous le nom de *typhus d'Amérique* la fièvre jaune. — Le *typhus d'Europe* se développe primitivement au milieu des grands rassemblements d'individus, sous l'influence de la privation des aliments, des fatigues excessives, des affections morales tristes. La stupeur commence et finit avec la maladie : les yeux sont fixes et éteints, le corps immobile; le malade, étranger à tout ce qui l'entoure, semble dans un état d'ivresse. De petites taches peu apparentes, rosées, quelquefois livides ou rouges, arrondies, peu élevées, sont disséminées partout, mais notamment sur le tronc. Elles se montrent vers le quatrième, et disparaissent vers le dixième jour. Souvent aussi, vers le septième jour, il survient un gonflement inflammatoire des parotides ou du tissu cellulaire qui environne ces glandes. Chez presque tous les malades, il y a de la toux et une expectoration de crachats tenaces et mêlés d'air, une irritation des conjonctives, des symptômes d'inflammation gastrique ou intestinale. Ces symptômes phlegmasiques dominent souvent au début; puis se manifestent les symptômes nerveux, des tremblements, des soubresauts, de légers mouvements convulsifs, le délire, la surdité, une prostration très-prononcée. Le traitement doit être approprié à chaque période de la maladie : dans la première, on donne souvent des boissons rafraîchissantes acidulées; quelquefois il convient d'employer la saignée ou un vomitif, ou d'appliquer des vésicatoires aux jambes. Dans la deuxième période, les boissons aromatiques et légèrement toniques sont ordinairement utiles. Les symptômes inflammatoires qui surviennent à cette époque doivent être combattus par les révulsifs. — Le *typhus d'Orient*, ou la *peste*, a pour symptômes caractéristiques les bubons et les anthrax, qui sont accompagnés de prostration et de phénomènes généraux très-variables. (Voy. *Peste*.) Les moyens curatifs les plus vantés, tels que les frictions glaciales, les bains froids, les frictions huileuses, les sudorifiques, le mercure, le camphre, sont le plus souvent infructueux. — Le *typhus d'Amérique*, ou *fièvre jaune* (mal de Siam, causus, typhus ictérode, typhus amaril, etc.), est une maladie particulière aux climats chauds, caractérisée par la teinte jaune de la peau et le vomissement de matières noires. La teinte jaune ne paraît ordinairement vers le troisième jour; mais le vomissement est le premier symptôme de la maladie. Les matières rejetées sont d'abord glaireuses et acides, puis elles deviennent jaunes, vertes, rouillées, sanguinolentes, brunâtres, noires : à l'approche de la mort, il y a prostration extrême; des hémorrhagies passives plus ou moins abondantes ont lieu à la surface des diverses membranes muqueuses, et même de la peau. Dans la fièvre jaune, comme dans le typhus

d'Europe et dans celui d'Orient, aucun des moyens curatifs proposés n'a donné les résultats qu'on en attendait. En général, on prescrit les boissons et les lotions acidules dans la première période, et les toniques dans la seconde. On combat en même temps les symptômes prédominants : le vomissement, par la potion de Rivière et les antispasmodiques; l'hématémèse, par les limonades minérales; le délire, par les révulsifs appliqués aux extrémités inférieures.

TYROL (géographie). — Contrée d'Europe, divisée en Tyrol allemand, qui en forme la plus grande partie, et Tyrol italien, dont Trente est le chef-lieu : l'un et l'autre du domaine autrichien. En 1289 Elisabeth, héritière du dernier comte de Tyrol, le porta par mariage dans la maison d'Autriche. Souvent cet Etat a eu des princes particuliers de cette maison, qui tenaient leur cour à Inspruck. Le Tyrol se divise en *comté de Tyrol*, ou Tyrol proprement dit, dont Inspruck est la capitale, l'*évêché de Brixen*, aussi dans le Tyrol allemand, et l'*évêché de Trente*, l'un et l'autre avec une capitale de leur nom.

Quoique le Tyrol soit couvert de hautes montagnes, dont les sommets sont recouverts de neiges éternelles, il y règne cependant de l'aisance chez ses habitants.

Ses excellents pâturages nourrissent beaucoup de bestiaux. On y recueille du blé dans les vallées les plus évasées, tandis que le bas des collines, dans les districts méridionaux, produit des oranges, des grenades, des figues, des amandes, des citrons, des cédrats. On y voit des forêts de marronniers, et on y recueille de très-bons vins. Les vers à soie y offrent une précieuse ressource. La culture du chanvre et du lin y est généralement répandue, et le tabac y forme un produit de quelque importance. Les montagnes y recèlent des mines de métaux. Il y en a surtout une fort riche d'argent et de cuivre, avec des veines d'or. Il se trouve dans le Tyrol une grande variété de beaux marbres, de l'albâtre, du cristal, de l'albeste, ou lin incombustible. Il s'y rencontre de belles et vastes forêts, quantité de sources minérales, et même quelques mines de pierres précieuses.

Semblable à la Suisse par l'aspérité de son sol et par l'inclémence des saisons, le Tyrol lui ressemble encore par une race d'hommes vigoureuse, brave, loyale, et amie de l'indépendance. Il fit autrefois partie de la Rhétie, à la réserve de l'évêché de Trente, qui est un démembrement de l'Italie. Il est arrosé par l'Inn et par l'Adige, et sa population est de 702,658 habitants.

FIN DE LA LETTRE **T.**

U. — 24° lettre et 5° voyelle de notre alphabet; il s'est longtemps confondu avec le V : on distinguait alors le V voyelle et le V consonne. La lettre U, qui n'est que le V arrondi, n'a été introduite dans la typographie qu'en 1629, par Zeiner, imprimeur de Strasbourg.

ULCÈRE (pathologie). — Solution de continuité des parties molles, plus ou moins ancienne, accompagnée d'un écoulement de pus ;et entretenue par un vice local ou par une cause interne. M. Richerand établit entre la *plaie* et l'*ulcère* quatre différences principles : 1° la plaie résulte de l'action d'un corps étranger, la cause de l'ulcère est inhérente à l'économie; 2° la plaie est toujours idiopathique, l'ulcère toujours symptomatique; 3° la plaie tend essentiellement à la guérison, parce que l'action de sa cause a été instantanée, l'ulcère tend au contraire à s'agrandir, parce que sa cause est subsistante; 4° le traitement de la plaie est purement chirurgical, celui de l'ulcère est plutôt médical. Ce professeur, rejetant avec raison les anciennes dénominations d'*ulcères rongeants* ou *phagédéniques*, d'*ulcères cacoëthes*, etc., les divise d'après leur caractère et leur nature intime, en atoniques, scorbutiques, scrofuleux, syphilitiques, dartreux, carcinomateux, teigneux et psoriques. Le traitement des ulcères est nécessairement subordonné à leur siége, à leur caractère, à la cause par laquelle ils sont entretenus. — La peau et les membranes muqueuses sont les deux tissus où se montrent le plus souvent les ulcères, et c'est particulièrement à ces ulcères que s'appliquent les considérations précédentes; mais il peut en exister aussi dans des tissus plus profondément situés : on en a trouvé dans le cœur, dans les artères, dans les veines; on en observe surtout dans le poumon, et Laënnec a démontré que ces ulcères du poumon, regardés par Bayle comme primitifs et comme constituant un mode particulier de phthisie (*phthisie ulcéreuse*), étaient le résultat de la gangrène de cet organe, et ne s'établissaient qu'après qu'une eschare s'était détachée et avait été éliminée à travers les bronches. Des crachats d'un brun grisâtre et d'une fétidité insupportable sont le signe caractéristique de cette affection, et, à l'ouverture des cadavres, on trouve une excavation remplie d'un liquide sanieux.

ULMINE (chimie végétale). — Un des principes immédiats des végétaux, découvert en 1797, par Vauquelin, en faisant l'analyse d'une exsudation brune d'écorce d'orme. Suivant M. Berzélius, c'est une des parties constituantes de l'écorce de presque tous les arbres. On la produit aussi artificiellement en traitant le ligneux par la potasse caustique. L'ulmine est solide, d'un noir de jayet, très-fragile, peu sapide, inodore, insoluble dans l'eau froide, sensiblement soluble dans l'eau bouillante, qu'elle colore en brun jaunâtre. Elle est précipitée par l'acide nitrique et le chlore. Elle se dissout très-bien dans l'alcool, les acides sulfurique et acétique, et surtout les alcalis. Les sels métalliques donnent avec elle divers précipités particuliers. Elle ne contient pas d'azote, et Boulay fils, l'assimilant à un acide, l'a nommée *acide ulmique* : il a donné le nom d'*azulmique* au dépôt brun qui se forme avec le temps dans l'acide hydrocyanique ou les cyanures dissous.

UNITÉ. — Voy. *Arithmétique*.

URINE (chimie). — Liquide excrémentitiel, sécrété par les reins, considérés par quelques chimistes comme un appareil d'oxydation (combustion). En effet, dit Hœfer, le soufre et le phosphore des aliments sont changés en acides sulfurique et phosphorique, de même que les tartrates et d'autres sels à acide organique se retrouvent dans l'urine à l'état de carbonates. L'urine fraîche rougit légèrement le papier bleu de tournesol; abandonnée à elle-même, et par suite de la putréfaction, elle devient alcaline : elle se trouble en déposant des phosphates de chaux et de magnésie. Traitée par l'alcool, l'urine produit un léger précipité, formé d'acide urique, de phosphates terreux, et d'un peu de matière animale.

D'après l'analyse de Berzelius, 1,000 parties d'urine humaine contiennent :

Urée.........................	30,10
Acide lactique libre...........	
Lactate d'ammoniaque........	17,14
Matières extractives..........	
Acide urique..................	1,00
Mucus de la vessie..	0,32
Sulfate de potasse.............	3,71
Sulfate de soude..............	3,16
Phosphate de soude...........	2,94
Phosphate d'ammoniaque.......	1,65
Sel marin.....................	4,46
Sel ammoniac.................	1,50
Phosphate de magnésie et de chaux......................	1,00
Silice........................	0,02
Eau	933,00
	1,000,00

D'après Henri, l'urée est contenue dans l'urine à l'état de lactate; une autre portion s'y trouve à l'état libre.

UTILITÉ DE L'URINE (agriculture). — En Flandre et en Suisse, sous toutes les étables et écuries, pavées et en pente, il y a des citernes pour recueillir les urines que les litières n'ont pas retenues. Après un séjour plus ou moins long dans ces réservoirs, on les répand sur les champs, en forme d'arrosement, *au moyen d'une voiture semblable à celle des porteurs d'eau*. Grâce à cette pratique, les fermiers flamands vendent, sur pied jusqu'à 1,500 francs l'hectare, le lin arrosé par ce liquide dans la saison pluvieuse.

Avec l'urine étendue de deux parties d'eau, les prairies fournissent plusieurs coupes de fourrage vert, et on double facilement la récolte des betteraves.

Dans un hectare, qui, sans ce moyen, ne produirait que 40,000 kilogrammes de racines, on a récolté jusqu'à 87,000 kilogrammes de magnifiques betteraves.

Ainsi, fermiers et propriétaires doivent paver le sol des étables et des écuries, donner à ce sol une légère inclinaison pour que les urines non épongées par la litière puissent se réunir dans une citerne inférieure, couverte, placée en dehors des bâtiments.

Les urines ainsi réunies peuvent servir soit pour imbiber les tas de fumier, soit pour arroser directement au printemps les prairies naturelles et artificielles.

Lorsqu'on a observé:

1° Que chaque homme produit 625 grammes d'urine par jour, soit 226 kilogrammes par an, c'est-à-dire de quoi engraisser plus d'un are de terrain;

2° Que chaque vache en donne 8,200 grammes par jour, soit 2,993 kilogrammes par an, c'est-à-dire de quoi fumer 24 ares;

3° Qu'un cheval rend 1,500 grammes d'urine par jour, soit 547 kilogrammes par an, c'est-à-dire de quoi fertiliser 7 ares;

On voit quelles pertes énormes chaque fermier éprouve à la fin de l'année par son insouciance. (*Réforme agricole*.)

USUFRUIT (droit). — L'usufruit est le droit de jouir des choses dont un autre a la propriété, comme le propriétaire lui-même, mais à la charge d'en conserver la substance. (C. civ., art. 578.) Cette définition de la loi pourrait faire confondre l'usufruit avec le bail. Cependant ils sont bien différents. L'usufruit est une servitude personnelle; le bail est une obligation ordinaire. L'usufruit est établi par la loi (C. civ., art. 384, 754); — par *puissance paternelle*, ou par la volonté de l'homme, c'est-à-dire par testament, donations, ventes, etc. (*Ibid.*, art. 579.) L'usufruit peut être établi ou purement, ou à certains jours ou à conditions. (*Ibid.*, article 580.) Enfin, il peut être établi sur toute espèce de biens meubles ou immeubles (*Ibid.*, article 581): dans le premier cas l'usufruit est mobilier, dans le second il est immobilier.

FIN DE LA LETTRE U.

V (alphabet). — 22ᵉ lettre de l'alphabet français et la 17ᵉ des consonnes, s'appelait autrefois *U consonne*. Chez les Romains, V, considéré comme lettre numérale, représentait le nombre 5 ; V̄ signifiait 5,000, VI désigne 6 ; VII, 7, VIII, 8 ; IV, 4. — Dans les abréviations romaines, V se met pour *valè, vir, vixit*, etc. ; V. C., pour *vir consularis* ; A. V. C., pour *ab urbe condita*, depuis la fondation de Rome. Chez nous, V. s'écrit en abrégé pour *Victor* ; V. M. signifie *Votre Majesté* ; V. S., *Votre Sainteté* ; V. E., *Votre Excellence* ou *Votre Eminence*, etc. — Dans les écritures de commerce, *v°* signifie *verso*. — V. est la marque des monnaies frappées à Troyes. — En Chimie, Vd signifie *Vanadium*.

VACCIN (matière médicale) [de *vacca*, vache]. — Virus particulier, doué de la propriété antivariolique, ainsi appelé parce qu'il a été recueilli primitivement dans des pustules qui surviennent quelquefois aux pis des vaches, et qu'on appelle *cowpox* ; l'humeur que contiennent ces pustules, insérée dans la peau de l'homme, y produit le développement de pustules semblables, et le fluide séreux qui les gonfle vers le 5ᵉ ou 6ᵉ jour a reçu le nom de *vaccin*, de même que celui que l'on recueille dans le cowpox. Ce *vaccin* est employé pour transmettre, par inoculation, la maladie préservative connue sous le nom de *vaccine*. C'est un liquide transparent, incolore, visqueux, inodore, d'une saveur âcre et salée, qui ressemble beaucoup à la sérosité des vésicatoires. Liquide ou desséché, il se dissout facilement dans l'eau ; exposé à l'air sur une surface plane, il se dessèche promptement sans perdre sa transparence, et y adhère intimement. Il s'oxyde par l'oxygène de l'air, et se neutralise par le gaz acide carbonique. Il paraît composé d'eau et d'albumine. Quelques auteurs ont cru y reconnaître des animalcules microscopiques. Le caractère essentiel du vaccin préservatif, c'est la viscosité : lorsqu'on pique une pustule avec la pointe d'une lancette, il ne doit sortir que lentement, et se rassembler en un globule ; la lancette, dont on a introduit la pointe dans ce glo-

bule, pour la charger d'une portion du vaccin, doit éprouver un peu de résistance en se détachant ; une goutte doit filer entre les doigts comme un sirop, et s'il se répand sur l'aréole, il doit prendre une couleur brillante, comme argentée, que l'on a comparée à celle des traces que laissent les limaçons. Tel est ordinairement le vaccin du 7ᵉ au 8ᵉ jour après l'inoculation, époque où il convient de l'employer, si l'on veut vacciner d'autres individus. — Lorsqu'on ne peut pas vacciner *de bras à bras*, c'est-à-dire inoculer de suite à un individu le fluide vaccinal pris à l'instant même sur un autre individu, on recueille le vaccin en appliquant sur des pustules piquées quelques fils qu'on imprègne ainsi de ce fluide et qu'on abrite soigneusement du contact de l'air après leur dessiccation. Le vaccin ainsi recueilli rend les fils raides et s'en détache en écailles d'un aspect et d'une consistance vitrée, lorsqu'on veut l'employer : il faut alors le délayer dans la plus petite quantité d'eau possible, à l'aide d'une aiguille ou de la pointe d'une lancette, jusqu'à ce que le mélange ait une apparence presque oléagineuse. Mais ce moyen de conservation est très-souvent infidèle : il vaut beaucoup mieux recevoir le vaccin entre deux verres légèrement concaves, dont les bords sont ensuite joints hermétiquement avec de la cire ; et il est bien préférable encore de le conserver dans des tubes de verre. Ces petits tubes, inventés par M. Bretonneau, sont longs de 6 lignes et capillaires à leurs extrémités : pour les charger de vaccin, on fait plusieurs piqûres aux pustules vaccinales et l'on approche successivement des gouttelettes de vaccin l'extrémité la plus effilée de ces tubes, dans lesquels l'humeur s'introduit en vertu de leur capillarité ; lorsqu'il n'y a plus qu'une ligne de vide, on ferme les deux ouvertures en les approchant d'une lumière, et on les enduit ensuite de cire à cacheter. Pour transporter ces tubes sans danger de les briser, on les met dans un tuyau de plume rempli de son et scellé avec de la cire. Le vaccin ainsi recueilli conserve, dit-on, toutes ses propriétés pendant plusieurs

années, s'il n'est exposé ni à une trop forte chaleur ni à un trop grand froid. Pour en faire usage, on casse les deux extrémités du tube, on adapte à l'une d'elles, un petit tuyau de paille ou de verre, et, après avoir appliqué l'autre extrémité sur une lame de verre, on souffle doucement : le vaccin s'écoule ainsi du tube et est employé comme lorsqu'on vaccine de bras à bras. (*Nysten*.)

VACCINATION (matière médicale). — Inoculation de la vaccine : opération qui consiste à mettre le virus vaccin en contact avec les vaisseaux absorbants de la peau. La vaccination de *bras à bras*, c'est-à-dire l'inoculation du virus vaccin, au moment où on vient de le recueillir sur une lancette, en piquant légèrement des boutons vaccinaux parvenus à leur maturité, est incontestablement la méthode la plus sûre. Le chirurgien saisissant avec la main gauche la face postérieure de la partie supérieure du bras de l'individu qu'il veut vacciner, tend exactement la peau, et pratique de la main droite une légère piqûre, en introduisant horizontalement l'instrument sous l'épiderme; il applique aussitôt sur la petite plaie le pouce de la main qui tendait la peau, et l'y tient appuyé comme pour essuyer l'instrument, qu'il retire alors avec précaution. Selon Jenner, une seule piqûre suffit pour que l'effet préservatif soit complet, si le bouton se développe bien : mais, il peut arriver qu'il avorte, on fait ordinairement deux ou trois piqûres à chaque bras, et quelques vaccinateurs croient même nécessaire d'en faire davantage. Il n'est besoin d'appliquer aucun appareil sur les piqûres : on laisse seulement sécher les petites plaies, et l'on évite le contact de vêtements de laine ou de toile trop rude. (*Idem.*)

VACCINE. — Maladie pustuleuse et contagieuse particulière aux vaches, et qui, inoculée aux enfants, les préserve de la petite vérole. Pendant les deux ou trois premiers jours (incubation), on observe à peine un petit cercle rougeâtre, une petite élévation. A la fin du troisième ou quatrième jour, on sent au toucher un peu de dureté et bientôt se montre une petite élevure rouge, qui devient circulaire le cinquième jour et prend la forme d'un ombilic. Le sixième jour la teinte rouge de l'élevure s'éclaircit, le bourrelet, entouré d'un cercle rouge d'une demi-ligne de diamètre, s'élargit et le centre de la pustule est plus déprimé. Le septième jour le volume de la pustule augmente, le bourrelet circulaire s'aplatit et prend un aspect argenté; la teinte rouge se fond dans la dépression centrale, et continue à en occuper, dans un très-petit espace, le bord inférieur. Le huitième jour, le bourrelet s'élargit, la matière contenue dans la pustule prend une teinte plus foncée; le cercle rouge très-étroit, qui jusqu'alors a circonscrit la pustule, prend une couleur moins vive, l'inflammation se propage au tissu cellulaire sous-cutané. Le neuvième jour, le bourrelet circulaire est plus large, plus élevé, plus rempli de matière; le cercle rouge, dont les irradiations étaient semblables à des vergetures, prend une teinte plus uniforme et une belle aréole se dessine. Le dixième jour, le bourrelet circulaire s'élargit, l'aréole acquiert 1 à 2 lignes de diamètre, la peau sur laquelle elle est développée est quelquefois tuméfiée (tumeur vaccinale); sa surface paraît granulée et légèrement pointillée, et l'on distingue à la loupe un grand nombre de petites vésicules remplies d'un fluide transparent. C'est alors que le vacciné éprouve souvent une chaleur mordicante, de la pesanteur, une vive démangeaison, et un mouvement fébrile. Le onzième jour, l'aréole, le bourrelet, la dépression centrale, sont comme la veille; la pustule vaccinale, qui dépasse d'une à deux lignes le niveau de la peau, ressemble à une grosse lentille, de 2 à 5 lignes de diamètre, de couleur perlée, dure au toucher et présentant la résistance d'un corps étroitement uni à la peau. Pendant toute cette période, le virus vaccin est contenu dans une membrane cellulaire. Le douzième jour, la période de dessiccation commence, la dépression centrale prend l'apparence d'une croûte; l'humeur contenue dans le bourrelet circulaire, jusqu'alors limpide, se trouble et devient opaline, l'aréole pâlit, la tumeur vaccinale s'affaisse, l'épiderme s'écaille. Le treizième jour, la dessiccation s'opère au centre; la pustule jusqu'alors celluleuse, ne forme plus qu'une cavité, et, si on l'ouvre, elle se vide en entier et fournit une matière jaunâtre trouble et puriforme. L'aréole prend une teinte légèrement pourprée. Le quatorzième jour, la croûte a la dureté de la corne et une couleur fauve analogue à celle du sucre d'orge; le cercle diminue de largeur. La croûte prend ensuite une couleur de plus en plus foncée, et devient de plus en plus proéminente : elle tombe du vingt-quatrième au vingt-septième jour, laissant à nu une cicatrice profonde. — Quelquefois, au lieu de cette *vaccine vraie* ou *préservatrice*, il ne se développe qu'une *fausse vaccine*. Tantôt il se forme le lendemain ou le surlendemain des piqûres, des pustules inégales s'élevant en pointes dès leur naissance, jaunâtres à leur sommet, s'ouvrant à la moindre pression; le pus qu'elles contiennent s'écoule et se dessèche dès le troisième ou le cinquième jour; et les croûtes qui résultent de cette dessiccation sont molles, jaunes et souvent humectées d'une matière ichoreuse : en résumé ces pustules n'ont ni la marche ni la forme ombiliquée des pustules vaccinales, et ne sont nullement préservatives. Tantôt le diagnostic des pustules est plus difficile : elles sont très-circonscrites, ombiliquées, elles apparaissent le quatrième jour comme celles de la vaccine vraie, elles marchent comme elles (mais avec moins d'inflammation) jusqu'au neuvième jour, et sont ordinairement desséchées vers le quatorzième ou le quinzième. On leur donne le nom de *vaccinelles* ou de *varioloïdes*; elles ne préservent pas de la variole aussi sûrement que la vraie vaccine. (*Idem.*)

VACCINELLE (pathologie). — Le professeur Rayer a réuni sous la dénomination de *vaccinelle* plusieurs éruptions cutanées pustuleuses, de nature et d'apparence vaccinales, susceptibles d'être inoculées, que l'insertion du virus vaccin produit quelquefois chez des individus qui ont eu précédemment la petite vérole ou qui ont été déjà vaccinés. C'est une vaccine incomplète, soit par défaut d'énergie du virus vaccin, soit par une sorte d'inaptitude à en éprouver l'influence.

Il donne aussi ce nom à des éruptions vaccinales modifiées par leur coïncidence avec la période d'incubation d'une variole. Ces éruptions sont appelées *vaccinelles* parce qu'elles sont véritablement à la vaccine ce que les *varicelles* sont à la variole.

VACHE (zoologie) [du latin *vacca*]. — C'est la femelle du taureau. Elle peut produire dès l'âge de 18 mois; mais pour qu'elle donne du bon lait, il faut qu'elle ait 2 ou 3 ans. Elle porte 9 mois, comme la femme. La vache peut vivre plus de 20 ans; à 9 ans, il convient de la mettre à l'engrais. La chair des vaches suffisamment engraissées est aussi bonne que celle du bœuf,

Comme le fait si judicieusement remarquer un savant agriculteur, le nombre relatif des vaches tend à s'accroître de plus en plus chaque année, celui des bœufs tend à diminuer. Plus l'agriculture s'éclairera, plus cette tendance de l'augmentation du nombre des vaches se fera remarquer, parce que la comptabilité fera connaître la supériorité de leur rendement sur celui des bœufs; et puis, l'emploi du bœuf au labourage, au charroi surtout, ne se limite-t-il pas chaque jour non-seulement par le morcellement de la propriété, la facilité des transports, la confection des chemins vicinaux, qui font préférer l'emploi du cheval de trait, mais par les progrès des sciences agricoles?

Le bœuf ne produit que son travail et sa viande ; la vache produit aussi son travail et de la viande de meilleure qualité que celle du bœuf; elle fournit de plus son veau, son lait qui nourrit la famille du cultivateur, son beurre et son fromage.

Dans les pays de montagnes élevées, couvertes de neige (et c'est là surtout que se fait l'élevage du bétail), les travaux agricoles d'hiver sont suspendus par force majeure. Le bœuf de travail est alors ruineux; cet animal consomme sans rien produire pendant le temps souvent fort long des neiges et des gelées; tandis que la vache paie sa nourriture par son produit. Nous connaissons tels cultivateurs que nous pourrions citer qui se sont ruinés pour s'être obstinés à vouloir conserver toujours des bœufs de travail au lieu de vaches, parce que c'est l'habitude du pays. Une simple comptabilité qu'ils n'ont jamais tenue les aurait préservés de cette perte.

VAGABONDAGE. — Si les sociétés pouvaient mettre en pratique les inspirations de la justice et de la morale absolues, elles auraient des asiles pour tous ceux qui sont dans le besoin, elles donneraient du travail à ceux qui n'en ont pas, et alors on concevrait que la loi pût sévir contre l'homme qui préférerait à la vie paisible et régulière que la société lui offrirait, à une existence incertaine, aventureuse, dont les vicissitudes peuvent le conduire à ne trouver de ressources que dans le maraudage et le vol. Mais le bien absolu ne peut être ici-bas; l'homme l'aperçoit sans pouvoir l'atteindre, et les illusions généreuses des penseurs qui l'ont rêvé ont dû céder devant la puissance des faits qui ne se discutent pas. A supposer que le nombre de ceux qui auraient besoin de profiter de l'hospitalité publique ne s'augmentât pas, la société ne pourrait pas suffire à soulager toutes les misères; mais le plus

puissant aiguillon, celui du besoin, n'agissant plus sur l'homme, un nombre bien plus considérable se trouverait bientôt dans le cas d'invoquer le droit à la subsistance, et il ne resterait plus assez de travailleurs véritablement dignes de ce nom pour nourrir la masse de ceux qui, confiants dans les obligations du corps social envers eux, attendraient sans souci qu'il leur fournît des moyens d'existence. Il ne faut donc pas compter sur ce moyen. Les dépôts de mendicité qui existaient avant 1789 et qui, depuis, ont été successivement abandonnés et rétablis, serviraient au besoin à le prouver. Sans doute, il est bien à désirer que ces établissements existent pour y placer ceux qui paraissent particulièrement dignes d'intérêt, mais on ne peut pas espérer les multiplier assez pour offrir un asile toujours ouvert à tous ceux qui souffrent. Non, malheureusement cela n'est pas, et sans prétendre assigner des limites au progrès de la civilisation, nous pouvons dire que cela ne sera pas de longtemps.

Mais le vagabondage est un état dangereux pour la société, et elle a le droit et le devoir de le surveiller comme tous les actes qui paraissent être une menace imminente contre ses lois. Nous reconnaissons même qu'elle peut le punir s'il est le résultat de la volonté et de l'immoralité bien démontrée de l'agent.

E. LENOEL.

VAGIN [de *vagina*, gaîne, fourreau]. — Canal cylindroïde, de 5 à 6 pouces de long, situé dans l'intérieur du petit bassin, entre la vessie et le rectum, continu par une de ses extrémités avec la vulve, et aboutissant par l'autre à la matrice, dont il embrasse le col. Il est tapissé intérieurement par une membrane muqueuse qui se continue avec celle de la vulve, rouge et vermeille en bas, blanchâtre ou grisâtre plus profondément, formant dans l'intérieur du canal des rides transversales plus ou moins saillantes, et présentant un grand nombre de pores, qui sont les orifices de ses follicules muqueux ou de ses lacunes. On trouve aussi dans l'organisation du vagin une membrane cellulo-vasculaire, un tissu spongieux érectile, grisâtre, dense, formant autour de sa partie inférieure une couche large de trois cent. environ et épaisse de cinq à six millim., et un muscle constricteur.

VALÉRIANE (botanique). — Genre type de la famille des valérianés, renfermant un assez grand nombre d'espèces de plantes herbacées « à feuilles découpées, un peu épaisses; à fleurs d'un blanc rougeâtre, disposées en corymbes au sommet des rameaux ; calice à peine sensible, corolle monopétale, tubulée et légèrement découpée sur les bords; 5 lobes, de 1 à 5 étamines ; style terminé par 1 ou 3 stigmates; capsule indéhiscente, 1 à 3 loges monospermes.»

On en distingue un grand nombre d'espèces, parmi lesquelles nous citerons : la *Valériane officinale* qui est surtout renommée pour ses bons effets contre l'épilepsie ; on l'emploie aussi dans les fièvres intermittentes; la *Valériane rouge* très-recherchée des bestiaux; dans certaines contrées, on en mange les jeunes pousses; la *Valériane tubéreuse* qui croît dans les Alpes et les Pyrénées.

VANADIUM (chimie) [de *vanadis*, épithète de

Freia, divinité germanique]. — Corps simple métallique, obtenu par la réduction du chlorure de vanadium, au moyen de l'ammoniaque : il est de couleur argentine, friable, et tout à fait semblable au molybdène. Il n'est ni ductile ni malléable ; il est infusible au feu de nos fourneaux.

« Le vanadium pulvérulent s'enflamme au-dessous de la chaleur rouge, et se change en oxyde noir. Les acides sulfurique, chlorhydrique et fluorhydrique ne l'attaquent ni à chaud ni à froid. L'acide azotique et l'eau régale l'attaquent aisément, et la liqueur qui en résulte est bleue. Le soufre et le phosphore ne se combinent pas directement avec le vanadium. Les alliages que le vanadium forme avec certains métaux sont cassants et sans usage.

» Le vanadium existe dans le minerai de fer de Taberg (Suède) ; il passe dans la fonte, et on le retrouve principalement dans les scories d'affinage du fer de Taberg. On rencontre le vanadium combiné avec le plomb dans les minéraux provenant de l'ancienne mine de Vanlok-Head, près de South-Bridge (Angleterre). Cette combinaison de vanadium recouvre la surface d'une calamine, sous forme de petits mamelons d'un brun rougeâtre, ou sous forme de petits prismes à six pans groupés (Johnston). Le seul minéral dans lequel le vanadium existe comme partie essentielle, est le prétendu sous-chromate de plomb de Zimapan, au Mexique. C'est une masse cristalline, blanche ou brune, composée d'après Wœhler, environ des trois quarts de son poids de vanadate de plomb sesquibasique et de chlorure de plomb bibasique, uni à des traces d'arséniate de plomb, d'hydrate de péroxyde de fer et d'alumine. »

VANILLE (botanique). — Cette plante appartient à la famille des orchidées ; elle est grimpante, s'entortille autour des autres végétaux et s'attache à eux au moyen de suçoirs qui leur enlèvent une partie de leur sève. Le fruit est une longue gousse de 10 à 20 centimètres dont l'odeur est connue de tout le monde. On la cueille un peu avant sa maturité, puis on le recouvre d'un vernis d'huile de coco ou de ricin, pour empêcher l'évaporation des parties aromatiques. Ce fruit est plutôt du domaine des confiseurs, des chocolatiers et des parfumeurs, que des médecins, et cependant il possède des propriétés incontestables ; ainsi il est excitant, digestif, et à haute dose même, aphrodisiaque. On le mêle, avec avantage, à certains aliments un peu froids, tels que les crèmes et les sorbets, à d'autres qui sont d'une digestion difficile comme les pâtisseries. Loin d'ôter au chocolat quelques-unes de ses propriétés, il ajoute au contraire à ses qualités, et c'est bien à tort qu'on appelle chocolat de santé celui qui n'en renferme pas. Nous blâmerons seulement son usage dans les glaces ; celles-ci sont déjà assez toniques par elles-mêmes, pour qu'on n'y mélange pas une substance qui a la même action. C'est ici le cas de parler d'une autre orchidée originaire de l'Ile-de-France et appelée faham (*Angrœcum fragrans*) dont les feuilles donnent une infusion théiforme très-agréable, aromatique, et qu'on emploie avec succès dans l'asthme essentiel.

Fig. 5. — Vanille à larges feuilles.

VAPEUR. — Particules aqueuses qui, s'échappant d'un fluide dilaté par le calorique, se mêlent à l'atmosphère sous la forme d'un fluide élastique. La vapeur est susceptible d'une foule d'applications utiles ; elle peut échauffer les appartements, par des tuyaux conducteurs, cuire les aliments, etc., etc. Mais c'est principalement, comme moteur, qu'elle devient d'une utilité inappréciable. Quelque indécision règne sur l'époque à laquelle on commença à utiliser la vapeur comme puissance motrice. Quelques auteurs prétendent qu'en 1705, le hollandais Néewentyt s'occupa, le premier, moins de l'emploi que de la formation de la vapeur, et qu'il a reconnu qu'un pouce d'eau peut produire 13,365 pouces de fluide aériforme. Vers la même époque, Vauban avait aussi calculé la force expansive de la vapeur, qui cependant avait, suivant d'autres auteurs, déjà trouvé plus d'une application. Vers 1615, un ingénieur français, Salomon de Caus, avait fait une fontaine de compression, où la vapeur, pressant sur la surface d'un liquide, le faisait jaillir. Giovanni Branca dirigea ce jet d'eau sur les ailes d'une roue qui faisait mouvoir un moulin à poudre. Vers 1652, le marquis de Worchester imagina la première pompe à feu, que Papin perfectionna, et que Savary appliqua, au commencement du XVIIIe siècle, aux épuisements des mines. Enfin Newcomen et Cowley imaginèrent le balancier et le mécanisme au moyen desquels l'action de l'atmosphère alterne avec celle de la vapeur (1715). Watt, de Glascow, et Belton, de Birmingham, perfectionnèrent la machine de Newcomen, en employant l'élasticité de la vapeur comme force motrice, et en condensant cette

même vapeur hors du cylindre (1764). Plus tard, Cartwright diminua le frottement de la machine de Watt et obtint un vide plus parfait, lors de la condensation de la vapeur. Murdoch y introduisit une nouvelle amélioration, en coulant, d'une seule pièce, l'enveloppe dans laquelle travaille le piston. Plus tard Sadler réussit à combiner l'action directe de la vapeur et de l'atmosphère, pour en obtenir les plus puissants effets. Il supprima le balancier, dont jusqu'alors on était obligé de vaincre l'inertie. Woulf y ajouta encore divers perfectionnements. En 1803, M. Dubechtt substitua un seul robinet ou soupape tournante, aux quatre soupapes et aux boîtes à vapeur jusqu'alors en usage. Une machine à vapeur, inventée par M. Coessin, est à volonté machine simple, ou machine hydraulique; elle est néanmoins de la plus grande simplicité. C'est aussi la principale qualité de la machine de M. Darret, et de celle de M. Perrier (1800). En 1812, on découvrit en France un nouveau moteur produit par la dilatation de l'air froid, introduit dans le fond d'une chaudière remplie d'eau bouillante.

Jusqu'ici nous n'avons considéré l'application de la vapeur qu'à des moteurs différents. Nous allons nous occuper de l'application de ces mêmes moteurs aux besoins de l'industrie: cette application est immense dans ses résultats variés. Avec le secours des machines à vapeur, on exploite les mines à d'immenses profondeurs, on fait mouvoir des filatures, et en général toutes les machines industrielles. Leur emploi est maintenant vulgaire en Angleterre, et a mis ce royaume en état de rivaliser, par le bas prix de ses produits, avec le reste de la terre.

La première machine à vapeur fut employée à Manchester en 1790. Au commencement de 1815, on l'appliqua aux métiers à tisser, et en 1824, trente mille de ces métiers étaient mus par la vapeur. On y comptait deux cents machines.

Mais l'une des plus importantes applications de la machine à vapeur est celle qui l'a rendue l'auxiliaire de la navigation. Elle est due incontestablement à M. Jouffroy, du Doubs, qui fit sa première expérience en 1778: mais la négligence du gouvernement français à favoriser les inventions nationales, fit abandonner cette découverte dont les Anglais s'emparèrent, et que nous leur avons depuis empruntée. Ce n'est qu'en 1801 que Sinigton fit son premier essai dans le golfe de la Clyde, en Écosse. En 1802, M. Desblancs, horloger de Trévoux, appliqua en France, la vapeur à la remonte des bateaux: l'année suivante, M. Maguin, de Rouen, obtint le même résultat. Enfin, en 1807, l'américain Fulton donna à ce genre de navigation, toute l'importance qu'il a acquise aujourd'hui.

Parkins, célèbre mécanicien anglais, a simplifié d'une manière extraordinaire, les appareils à vapeur. Sa machine, qu'il appelle *générator*, est un cylindre de bronze dont les parois ont trois pouces d'épaisseur, une de ses extrémités est garnie d'une soupape qui ne s'ouvre qu'à une haute pression, et qui fait communiquer le générator avec le corps de pompe. A l'autre extrémité est une petite pompe d'injection; la vapeur ne soulève la pompe que lorsque celle-ci injecte l'eau dans le générator. Elle pénètre sous le piston, ayant encore la forme liquide, et s'évapore aussitôt. M. Parkins a appliqué son générator à des canons de fusil, et à des pièces de canon qui lancent de 4 ou 500 cents balles ou boulets par minute. A 89 mètres de distance, les balles s'aplatissent contre une plaque de fonte, lorsque la vapeur n'est que de 50 kilog. par 2 centim. cubes; mais, avec une force de 420 kilog., elles sont réduites en poussière. Dix pièces de 4, servies par la vapeur, feraient plus de ravages que deux cents pièces de canons ordinaires. A l'immensité des résultats, se joint encore l'économie des procédés: un 1/2 kilogr. de charbon de terre, chasse, avec autant de force, un aussi grand nombre de balles que pourraient le faire 2 kilogr. de poudre. (*Du Rozier.*)

DES MACHINES A VAPEUR.

Dans cet article, nous traiterons des machines à vapeur et de leur application à l'industrie. Nous présenterons donc: 1° l'exposé sommaire des principes généraux de la mécanique; 2° la démonstration des erreurs théoriques sur les machines à vapeur et sur la science mécanique en général; 3° l'analyse mathématique du mouvement rectiligne du piston transformé en mouvement circulaire au moyen de bielles et de manivelles, avec une nouvelle théorie de ces machines; 4° l'analyse des propulseurs pour la navigation, les roues à aubes, l'hélice et un système de rames de nouvelle invention; 5° l'analyse d'un appareil polydynamique qui utilise deux fois la puissance motrice des gaz comprimés et la puissance de la pesanteur conjointement avec les perfectionnements des trois parties principales mobiles qui constituent toute la valeur des machines à piston; et 6° les tableaux comparatifs de ces deux inventions avec les systèmes en usage pour la navigation, suivies des démonstrations analytiques et raisonnées des avantages et des inconvénients des divers systèmes.

Principes généraux de mécanique. — Les sciences mathématiques sont la mesure de l'étendue, ou l'expression réelle et positive de tout ce qui existe dans la nature, physiquement et moralement. Elles ont pour signes représentatifs le langage des mots, des lettres et des chiffres.

Toute description, analyse et théorie, qui ne représente pas exactement les choses telles qu'elles existent ne repose sur aucune base mathématique: c'est évident.

La mécanique est la géométrie du mouvement, dont les éléments principaux sont: la statique, la dynamique et la locomotion, science toute positive, encore dans l'enfance quant à son application à la pratique.

Les principes sur lesquels cette science est fondée sont déduits de vérités incontestables, dont les principales sont utiles à connaître pour la mécanique industrielle.

Rien n'est plus vrai que la conservation des forces vives tant que les causes qui les produisent ne varient pas: un gaz engendré par la chaleur conserve toute sa force vive tant qu'il reste renfermé et que sa

température ne change pas; un gaz engendré par la pression ou par des moyens chimiques conserve toute sa force vive tant qu'il reste renfermé hermétiquement ; attendu que si l'on fait occuper au gaz un espace double, triple, etc., sa pression sera deux, trois, quatre, etc. fois moins grande et la somme d'unités dynamiques du volume engendré reste invariablement la même : le volume et la pression étant en raison inverse.

Gagner en force ce que l'on perd en vitesse, et gagner en vitesse ce que l'on perd en force sont aussi des vérités mathématiques évidentes; car on ne peut gagner en force sans diminuer la vitesse proportionnellement, et réciproquement.

Une force motrice est composée de trois éléments : 1° la force qui agit sur un corps mobile, exprimée en kilogrammes; 2° l'espace parcouru par ce corps mobile, mesuré en mètre ; 3° et le temps pendant lequel s'opère l'amplitude du mouvement, qui se compte par seconde: élever 75 kilog. à un mètre de hauteur dans une seconde représente la force motrice effective d'un cheval. J'appelle unité dynamique la force qui peut élever 1 kilog. à un mètre de hauteur par seconde ou produire un effort équivalent.

Les lois organiques de la locomotion ont pour base trois éléments principaux : 1° une force motrice ; 2° un propulseur sur lequel agit la force motrice, les jambes et les pattes chez les animaux, les nageoires chez les poissons, et les ailes chez les oiseaux : 3° un point d'appui pour les propulseurs, corps solide, liquide, ou gazeux.

Toutes les forces qui sont dans la nature ont une valeur dynamique absolue, indépendante des moyens mécaniques dont on se sert pour les utiliser : un kilogramme d'un corps quelconque fait équilibre à un autre corps de même poids sous des volumes différents ; un litre d'un corps qui produit un gaz contient la même somme d'unités dynamiques quelle que soit la température ou la pression sous laquelle il est engendré, la pression et le volume étant en raison inverse.

Tous les gaz comprimés ont la même propriété mécanique et leur grande vitesse permet de leur faire produire un double effet, le premier sur un piston à pression constante, et le second, au moment de leur sortie du cylindre, par impulsion sur un volant.

La force de la pesanteur est un agent puissant dans tous les effets naturels et artificiels de la force motrice et de la locomotion. Cette force qui se combine avec celle des gaz permet l'usage des machines à piston, au moyen de volant, avec une économie positive.

La force de la pesanteur est l'agent principal qui contribue au mouvement de rotation de la terre : l'air atmosphérique qui se dégage de l'intérieur de la terre presse sa surface, et est l'agent primitif qui détermine son mouvement de rotation.

Les deux forces motrices qui produisent le mouvement de rotation de la terre, sont donc, l'air comprimé et la pesanteur conjointement ; mais il est évident que la force de la pesanteur est l'agent le plus énergique dans ce produit , comme on le verra plus loin, par des déductions de faits pratiques incontestables.

La preuve la plus évidente que ces deux forces motrices combinées sont la cause du mouvement de rotation de la terre, c'est que sa vitesse est justement la même que la vitesse des gaz, 463 mètres, en chiffres ronds, par seconde.

Tous les auteurs qui ont écrit sur la dynamique ont trouvé que le carré de la force accumulée ou détruite dans un mouvement, était en raison directe de l'intensité de la force, du poids et de la vitesse du corps mis en mouvement et de la force de la pesanteur et en représentent le produit par cette équation :

$$\tfrac{1}{2} G R G V$$

où $\tfrac{1}{2}$ G représente la pesanteur, R, l'intensité de la force, P le poids du corps mis en mouvement, et V sa vitesse.

Erreurs théoriques sur les machines à vapeur. — Je ne connais aucun ouvrage sur les machines à vapeur qui donne une analyse exacte et rationnelle du travail mécanique de la vapeur dans les machines à piston, ni qui donne des règles certaines pour calculer la puissance effective d'un appareil.

La somme d'erreurs contenue dans les divers traités sur les machines et sur la mécanique en général est telle que pendant un siècle de tâtonnements pratiques on n'est pas arrivé à déterminer par l'analyse cette force effective d'une manière rationnelle, c'est-à-dire : une force étant donnée, dire par l'analyse du mouvement comment elle est employée, indiquer la partie négative et la partie positive de cette force dans le travail mécanique du gaz.

Je me bornerai à signaler trois erreurs capitales qui conduisent à une fausse appréciation de la puissance d'un appareil à vapeur, et les imperfections des trois parties principales qui constituent toute la valeur des machines à piston.

1° La pression effective de la vapeur sur le piston d'une machine n'est pas celle indiquée par les divers auteurs ;

2° L'action du volant illogiquement décrite et irrationnellement calculée par tous les auteurs ;

3° Le travail expansif de la vapeur interceptée à une partie de la course du piston, avantage positif, faussement attribué à la force expansive seule de la vapeur tandis que ce travail n'est possible qu'avec la force de la pesanteur ajoutée à celle de la vapeur, par le volant dans les machines stationnaires, et par le poids de la locomotive sur les chemins de fer.

Le piston, avec garniture à segments rectangulaires à ressorts, ne ferme pas hermétiquement le passage de la vapeur, et est susceptible de se déranger souvent, ce qui occasionne des fuites qu'il faut compenser par une dépense de combustible en pure perte.

Le tiroir distributeur, sur lequel presse la vapeur, absorbe trop de force pour le mouvoir, surtout dans les machines de grandes dimensions, et supporte des frottements considérables qui altèrent les surfaces mobiles.

L'excentrique, le mouvement du tiroir au moyen d'excentrique à came circulaire n'est pas en harmonie avec la vitesse de la vapeur, de sorte qu'elle sort

du cylindre avant d'avoir produit tout son effet sur le piston, et rentre du côté opposé à sa sortie dans le même temps, conflit préjudiciable au travail de la machine.

Machine à condensation dite à basse pression. — Dans l'application de la vapeur à la navigation maritime, ce genre de machine est généralement en usage. La pression de la vapeur est ordinairement de 1 kil. 3 par centimètre carré, et ne peut guère être dépassée à cause des dépôts de sel que l'eau de mer laisserait dans les chaudières par une température plus élevée.

Règle pratique donnée par les auteurs. — Multipliez la surface du piston en centimètres carrés par la pression de la vapeur en kilogramme et par la vitesse du piston en mètre par seconde; le produit donnera le nombre de kilogrammes élevés à un mètre de hauteur dans une seconde, qui, divisés par 75 kil., nombre estimatif de la force d'un cheval, donnera la force de la machine en chevaux.

Le diamètre du piston étant d'un mètre, sa surface sera de 7850 cent. carrés; la vitesse du piston = 1 m. par seconde; et la pression de la vapeur = 1 kil. 3 par centimètre carré.

La force négative, pour frottement des parties mobiles, pompes à air, d'injection, alimentaire et d'épuisement, fuites, etc., est estimée alors à 0,40 de cette force totale.

La force effective est donc $1,3 \times 0,60 = 0^k,780$, par cent. carré.

La force de cette machine serait $7,850 \times 0,780 \times 1 = 6,123$ kil. élevés à 1 m. de hauteur par seconde, et en chevaux $\frac{6123}{75} = 81^{ch},64$, produit qui n'est pas exact.

Le vide étant fait d'un côté du piston par la condensation de la vapeur, il est évident que, si on introduit à la place de la vapeur l'air atmosphérique qui est sans pression, il s'exercera sur l'autre côté du piston opposé au vide, une pression d'une atmosphère : donc cette pression naturelle doit s'ajouter à celle de la vapeur. En effet, si au lieu de vapeur on avait de l'air comprimé à la même pression à introduire sur un piston au-dessous duquel le vide serait fait comme il vient d'être dit, et que cette pression fût maintenue à la même intensité pendant toute la course du piston, il est évident que la pression sur le piston serait la pression de l'air non comprimé avec un volume=1, et la pression de l'air comprimé avec un volume = 1,3, et on aurait pour expression mathématique: la pression = 2,3 et le volume = 2,3.

Donc la pression naturelle sur le vide s'ajoute à celle de la vapeur: car, s'il en était autrement, il serait absurde d'employer un appareil de condensation qui exige de la force pour le faire fonctionner : c'est justement à la pression sur le vide jointe à celle de la vapeur que l'on doit l'avantage de ces machines sur celles sans condensation; mais comme le vide n'est pas parfait, on peut fixer cette pression à $0^k,950$ par centimètre carré.

La force positive sur le piston serait alors $(1,3+0,95) \times 0,60 = 1^k,35$ par centimètre carré.

La puissance effective de cette machine serait donc

$7850 \times 1,35 \times 1 = 10597^k,5$ élevés à un mètre par seconde.

Et en chevaux $\frac{10597,5}{75} = 141^{ch},3$ au lieu de $81^{ch},64$.

Appliquant ces calculs au yacht de la reine d'Angleterre, on va voir quelle énorme différence dans l'évaluation de son appareil.

Le diamètre des pistons = $2^m,134$; la vitesse des pistons = 0^m942 par seconde; et la surface des deux pistons = 71497 centimètres carrés.

Dans la première évaluation on a
$$71497 \times 0,942 \times 0,78 = 53880 \text{ kilog.}$$
élevés à un mètre par seconde, et en chevaux
$$\frac{53880}{75} = 718^{ch},4$$
Dans l'évaluation exacte on a
$$71497 \times 0,942 \times 1,35 = 90922^k,687$$
élevés à un mètre par seconde, et en chevaux
$$\frac{90922,687}{75} = 1212^{ch},542$$

Machine sans condensation, dite à haute pression. — Dans l'évaluation de cette machine, on a commis une erreur qui est probablement la cause de l'erreur commise dans celles à condensation. On a dit que la pression atmosphérique, sur le côté du piston alternativement ouvert à l'air libre, contrebalançait la pression de la vapeur qui agit du côté opposé, d'une atmosphère, ou en chiffre rond d'un kilogramme par centimètre carré de la surface du piston : erreur facile à démontrer.

La pression atmosphérique ne s'exerce que sur les corps au dedans desquels le vide est fait; or, il est positif que le vide n'existe jamais dans une chaudière ni dans un cylindre pendant le travail de la vapeur sur le piston. Si on ne charge pas la soupape de sûreté, l'air, contenu dans la chaudière, au commencement de l'action du calorique, ne pouvant occuper un espace plus grand se comprimera et mêlé à la vapeur incolore qui se dégage avant l'ébullition, sortira par la soupape: quand la soupape est chargée, le manomètre indique cette pression. S'il était vrai que la pression atmosphérique contrebalançât la pression de la vapeur dans la chaudière, il serait inutile de charger la soupape tant que la température ne dépasse pas 100°; or, il est certain que la soupape est et doit toujours être chargée. Un moyen facile de se convaincre que la pression atmosphérique ne contrebalance pas la pression de la vapeur, c'est de faire agir la vapeur sur le piston quand elle n'a qu'une atmosphère de pression, si la pression atmosphérique la contrebalance, le piston ne bougera pas. Si de même vous tirez le piston d'une machine à la main par sa tige; il ne devra pas se mouvoir, or, il est positif que dans cette opération vous ne rencontrez d'autre résistance que celle de sa garniture sur les parois du cylindre. Il est de toute évidence que la vapeur qui agit sur le piston est dans une condition parfaitement identique à celle de la chaudière puisque ces deux corps sont en communication directe pendant le travail. Donc la pression n'a aucune influence sur le piston d'une machine qui n'a à refouler que le volume d'air contenu dans le cylindre,

poids imperceptible par rapport à la force motrice.

Évaluation de cette machine d'après Thredgold. — Multipliez la surface du piston en centimètres carrés par la pression de la vapeur, diminuée de la pression atmosphérique, et par la vitesse du piston en mètre par seconde, le produit donnera le nombre de kilogrammes élevés à un mètre par seconde.

La force effective = 0,62, et la force négative = 0,38 de la force totale.

La surface du piston = 700 cent. carrés, sa vitesse = 1 m. par seconde, et la pression de la vapeur = 5 atmosphères, en chiffres ronds 5 kil. par centimètre carré. 5 — 1 = 4. et 4 × 0,62 = 2k,48.

On a alors 700 × 2,48 × 1 = 1736 kil. élevés à un mètre de hauteur par seconde, et en chevaux

$$\frac{1736}{75} = 23^{ch},146$$

Par l'évaluation exacte, on a

$$700 \times 5 \times 1 \times 0,62 = 2170 \text{ kilog.}$$

élevés à un mètre par seconde, et en chevaux

$$\frac{2170}{75} = 28^{ch},933$$

Produit un cinquième plus grand que dans la première évaluation; mais si la pression de la vapeur était de 4 ou de 3 atmosphères, l'erreur serait bien plus grande puisque la différence serait d'un quart ou d'un tiers.

Du volant. — Tous les auteurs qui ont écrit sur la mécanique. en traitant du volant, ont raisonné faux; leurs théories ne reposent sur aucune base mathématique, et ont toujours été impuissantes à éclairer la pratique. Ce n'est que par le tâtonnement qu'on est parvenu aux meilleures conditions organiques dans les machines à volant, et il est à remarquer que les meilleures combinaisons mécaniques sont dues au bon sens d'hommes étrangers aux sciences mathématiques, mais seulement guidés par une science pratique qui leur a évité l'embarras de fausses théories.

Les auteurs prétendent que le volant n'ajoute aucune force à une machine, mais seulement qu'il est un réservoir de la force qu'il prend pour la restituer à mesure que le levier, sur lequel agit cette force, diminue jusqu'à devenir nul, et de cette manière régularise le mouvement : ceci est un raisonnement qui ne repose sur aucune base mathématique.

S'il était vrai que le volant n'ajoute aucune force à une machine, il serait indifférent que sa vitesse fût de 5 mètres ou de 10 mètres par seconde; que son poids fût de 500 kil. ou de 1000 kil.

Pourquoi le volant dont la vitesse est 5 mètres et le poids 500 kil. ne restituerait-il pas aussi bien la force que celui dont la vitesse est de 10 m. et le poids de 1000 kil.?

Mais sans discourir longuement, voici la preuve incontestable que le volant ajoute de la force à une machine, et plus loin j'indiquerai par l'analyse la quantité de force qu'il ajoute.

Si on a une force effective de 1000 kil. sur un piston opérant un travail de la même résistance, il est évident que le volant ne peut prendre et restituer une force plus grande.

A la fin de la course du piston, le levier, sur lequel agit la force, est nul, l'arbre à manivelle est pressé contre les coussinets avec cette force de 1000 kil., et il faut une force égale pour vaincre cette résistance.

On a donc, résistance du travail = 1000, résistance de l'arbre à manivelle contre les coussinets = 1000 : résistance totale 2000 kil.

Si le volant ne restituait que les 1000 kil. de la force effective de la vapeur, le mouvement serait impossible, et notez bien que je raisonne dans le sens le plus favorable aux auteurs; car ce n'est pas seulement avec la force effective de 1000 kil. que l'arbre est pressé contre les coussinets, mais bien avec la presque totalité de la force motrice : cette pression de l'arbre contre les coussinets est identique à celle produite par le frein dont on se sert pour éprouver les machines.

Ce fait pratique, qui crève les yeux, prouve suffisamment que la force motrice est composée de celle de la vapeur et de celle de la pesanteur conjointement, et est d'autant plus énergique que l'intensité de la vapeur est plus grande au milieu de la course du piston, et que le poids et la vitesse du volant sont aussi plus grands; mais il est une limite qu'on ne peut dépasser sans craindre de briser le volant : raisonner autrement c'est nier la force de la pesanteur.

L'action de la pesanteur sur le volant, s'exerce en mouvement circulaire, et sur un chemin de fer, où elle est très-énergique par le poids de la locomotive, elle s'exerce en mouvement rectiligne : donc la force de la pesanteur est positive, quel que soit le mode de mouvement imprimé aux corps pesants.

Travail expansif de la vapeur dans les machines. — En traitant de la détente de la vapeur interceptée de la chaudière à une partie de la course du piston, les auteurs attribuent l'avantage qui résulte de ce mode de travail à la force expansive de la vapeur uniquement, autre erreur facile à démontrer.

Il est certain que l'interception de la vapeur à une partie de la course du piston produit un effet mécanique avantageux au travail, avantage indépendant de la somme d'unités dynamiques contenue dans le volume de vapeur dépensé dans le cylindre, mais dû à un effort instantané plus grand sur le volant, et, comme je l'ai dit, provenant de la force composée de la vapeur et de la pesanteur; et, pour s'en convaincre, il suffit d'observer ce qui arriverait si le travail de la force motrice était constamment rectiligne.

Supposons que sur le piston d'une machine, il s'exerce une force positive de 1000 kil., sous la pression de 4 kil. par centimètre carré, et que la course du piston soit d'un mètre par seconde. A chaque coup de piston, on aurait 1000 kil. portés à 1 m., travail qui fait équilibre à une résistance de 1000 kil. Le volume de vapeur à pression constante serait de 25 litres.

Supposons, au contraire, que la vapeur soit interceptée au milieu de la course du piston : à la fin de la course, la pression aura diminué de moitié, et la force positive ne sera plus que de 500 kil. ne pouvant faire équilibre à la résistance du travail à opérer = 1000 k,

Pour que le mouvement fût possible, il faudrait que la résistance opposée par le travail diminuât proportionnellement à la pression de la vapeur, ce qui est impraticable en industrie : donc la résistance du travail ne pourrait être plus grande que la force minimum de la vapeur = 500 kil. ; donc le travail expansif de la vapeur ne produirait rien avec le mouvement rectiligne ; donc ce travail n'est possible et avantageux qu'avec un volant, avantage qui est le produit de la force motrice composée de la vapeur et de la pesanteur : ce qui le prouve suffisamment, c'est que dans un navire où il n'y a pas de volant, ni aucune partie du mécanisme qui en produise l'effet, le travail expansif de la vapeur ne produit aucun effet dynamique ; car il est positif que la marche du navire serait diminuée et que l'économie résultant de ce travail n'est possible qu'avec le secours des voiles par des vents favorables.

Le raisonnement dont on se sert pour démontrer le produit de la force expansive de la vapeur repose sur une fausse hypothèse si le volant n'ajoute aucune force à une machine. On dit : quand la vapeur est interceptée de la chaudière au milieu de la course du piston, elle a porté 1000 kil. à 0 m. 50, et en se dilatant, elle portera 750 kil. à 0 m. 50, et on aura 1000 + 750 kil. portés à 0 m. 50, ou 875 kil. portés à 1 m. par seconde avec 12 litres 5 de vapeur ne contenant que 500 unités dynamiques.

Si la force expansive de la vapeur produisait seule le mouvement, cela serait vrai à condition que la résistance opposée par le travail diminuât depuis le moment de l'interception de la vapeur sur le piston jusqu'à la fin de sa course, proportionnellement à la pression, ce qui, comme je l'ai dit, est impraticable dans l'industrie.

Analyse mathématique du mouvement rectiligne transformé en mouvement circulaire. — Dans la transformation du mouvement rectiligne du piston, au moyen de bielle et de manivelle, en mouvement circulaire, il y a deux résultats distincts qu'il ne faut pas confondre :

1° La variation de la manivelle, levier sur lequel agit la force, de degré en degré du cercle qu'elle décrit ;

2° L'obliquité, sous laquelle cette force est transmise, qui produit une pression considérable de l'arbre à manivelle contre les coussinets et que j'appelle frottements additionnels ou force négative.

Par les principes de statique, les perpendiculaires, abaissées du centre de l'arbre de mouvement sur la bielle qui transmet la force, mesurent la longueur du levier sur lequel agit cette force et indiquent la variation de la manivelle de degré en degré du cercle qu'elle décrit.

Ces perpendiculaires sont exactement égales aux cosinus des angles formés par la bielle et la manivelle, dans toutes les variations du cercle décrit, et montrent que le levier sur lequel agit la force n'est jamais égal au rayon, dans aucune position du cercle que la bielle fait décrire à la manivelle. La résultante moyenne du levier variable sur lequel agit la force est donc égale à la moyenne de la somme des cosinus des angles formés par la bielle et la manivelle sur le cercle décrit, dont cette dernière est le rayon. Cette résultante moyenne = 0,535 de la manivelle, ou rayon du cercle décrit, représentant en grandeur l'unité de force motrice.

Les frottements additionnels, représentant la force neutralisée par la pression de l'arbre à manivelle contre les coussinets, sont en raison directe du rayon et en raison inverse des cosinus des angles formés par la bielle et la manivelle.

Quand la manivelle est au 0° du cercle qu'elle doit décrire, un peu plus de la moitié de la course du piston, l'angle qu'elle forme avec la bielle, au lieu d'être de 90°, est seulement de 75°,5 dont le cosinus = 0,968 du rayon. Les frottements additionnels sont alors, rayon — cosinus = 1 — 0,968 = 0,032 de la force de la machine.

Quand la bielle et la manivelle se confondent en une ligne parallèle à 90° du cercle décrit, fin de la course du piston, moment où le levier sur lequel agit la force est nul, l'angle est 0° dont le cosinus = 0. Les frottements additionnels sont alors, rayon — cosinus = 1 — 0 = 1 = la force totale de la machine.

F représente la force totale de l'appareil, prise pour unité de mesure.

C est la résultante moyenne des cosinus des angles formés par la bielle et la manivelle, ou du levier variable sur lequel agit la force = 0,535 de la manivelle, rayon du cercle décrit par la force motrice.

m représente les frottements ordinaires des parties mobiles, fuites, etc.

m' désigne les frottements additionnels sur l'arbre à manivelle contre les coussinets.

d et v sont la course et la vitesse du piston.

r et Π sont les deux termes du rapport du rayon et du cercle décrit.

x représente la force positive du mouvement rectiligne.

x' sera la force positive du mouvement circulaire.

T et T' sont les produits du travail mécanique de la force motrice, ou mieux, la résistance qui lui est opposée dans les deux mouvements.

y et y' représentent la force négative totale dans les deux mouvements.

Si la force motrice agissait toujours tangentiellement sur un levier invariable qui décrit un cercle, on aurait, pour l'amplitude des mouvements rectiligne et circulaire, le rapport suivant : $2\,d : 2\,r\,\Pi$; ou, $2 : 3,14$.

Mais dans la variation de la manivelle, nous avons vu que le levier moyen ou le cosinus $c = 0,535$ du rayon du cercle décrit par la force motrice.

L'amplitude du mouvement circulaire exécuté par une machine à piston, sera donc représentée par $2\,c\,\Pi$.

Le rapport des mouvements rectiligne et circulaire sera alors :

$$2\,d : 2\,c\,\Pi ; \quad \text{ou}, 2 : 1,68 ; \quad \text{ou}, 1 : 0,84 ;$$

Dans le travail mécanique de la vapeur, il y a les trois forces négatives suivantes : 1° la force pour vaincre les frottements ordinaires des parties mobiles, etc., représentée par m ; 2' la force négative de la pression de l'arbre à manivelle contre les coussinets représentée par m' ; 3° et l'espace parcouru par le levier variable sur lequel agit la force motrice, moins grande dans le mouvement rectiligne, représenté par le dernier rapport, 1 : 0,84 ;

Dans l'évaluation de Thredgold, la force négative m est fixée à 0,40 pour la basse pression et à 0,38 de F pour la haute pression : je maintiens cette évaluation, la force effective ou positive sera alors :

Pour la basse pression, $F - m = 0,60 = x$ ou T.
Pour la haute pression, $F - m = 0,62 = x$ ou T.

C'est le produit du mouvement rectiligne. Pour le mouvement circulaire, on a $F (m - m') = x'$ ou T', et $x = m' - 0,535$.

La force positive du mouvement circulaire est alors :

Pour la basse pression,
$$0,535 \times 0,60 = 0,321 = x' \text{ ou } T';$$
Pour la haute pression,
$$0,535 \times 0,62 = 0,332 = x' \text{ ou } T'.$$

La valeur comparative des forces F, X, X' donne ces rapports :

Pour la basse pression, 1 : 0,60 : 0,321 ;
Pour la haute pression, 1 : 0,62 : 0,332 ;

Pour trouver les rapports définitifs et comparatifs des mouvements rectiligne et circulaire, il faut encore multiplier le dernier rapport par le rapport de leur amplitude 1 : 0,84 ;

On a donc, pour la basse pression,
$$0,60 \times 1 = 0,600 = x \text{ ou } T,$$
et, $0,321 \times 0,84 = 0,270 = x'$ ou T' ;

Pour la haute pression,
$$0,62 \times 1 = 0,620 = x \text{ ou } T,$$
et, $0,332 \times 0,84 = 0,279 = x'$ ou T'.

Le rapport définitif entre les forces F, X et X' est alors :

Pour la basse pression, 1 : 0,60 : 0,270 ;
Pour la haute pression, 1 : 0,62 : 0,279 ;

J'observe que je néglige les fractions au delà des millièmes, les prenant tantôt en plus tantôt en moins, selon qu'elles sont plus ou moins près de ces dernières ; car on pourrait, en vérifiant ces calculs, trouver des erreurs insignifiantes pour la pratique.

Ces calculs ne concernent que le produit du travail mécanique de la vapeur, ou autres gaz, auxquels il faut joindre le produit du vide dans les machines à condensation et le produit de la force de la pesanteur dans les machines à volant.

Il est évident que la force positive doit toujours être égale à la résistance du travail à produire et, en conséquence, la force de l'appareil, ou celle à fournir par le générateur devra être égale à la force positive plus la force négative ; mais attendu que le mouvement rectiligne est rarement employé en pratique, et qu'il

ne figure ici que comme terme de comparaison, je n'évaluerai que le mouvement circulaire.

Il convient de déterminer par le calcul la somme d'unités dynamiques que contient un litre de gaz, engendré sous la pression d'un kilogramme par centimètre carré ; c'est-à-dire, le nombre de kilos qu'il peut élever à un mètre de hauteur par seconde. Si on prend un tube de deux mètres de hauteur et dont l'aire de la section soit de dix centimètres carrés, et qu'on presse la colonne d'air qu'il renferme de manière à la réduire d'un mètre, il faudra une force de dix kilos, pour opérer cette réduction, et le volume de la colonne pressée sera d'un litre.

Pour trouver le coefficient dynamique avec la vapeur, on multiplie la surface du piston en centimètres carrés par la pression de la vapeur et par la vitesse du piston par seconde, et on divise le produit par le nombre de litres.

S étant la surface du piston = 100 centimètres carrés ; P la pression de la vapeur = 1 kilo par centimètre carré ; V la vitesse du piston par seconde = 1 mètre ; C la capacité du cylindre sera de 10 litres ; ou mieux D sera le coefficient dynamique cherché, ou le nombre de kilogrammes que chaque litre de vapeur peut élever à un mètre de hauteur par seconde.

On a cette équation $\frac{S P V}{C} = D$

D'où $\frac{10 \times 10 \times 1}{10} = 10$ kilogrammes $= D$

Il suffira de multiplier toute autre pression par ce coefficient et par le nombre de litres dépensé par seconde pour connaître la capacité du cylindre et du générateur : Je donnerai plus loin un tableau qui fixera le nombre de litres de vapeur, d'après la pression pour chaque force de cheval.

La force estimative d'un cheval = 75 kil. élevés à un mètre de hauteur par seconde : la force positive x' en litre sera

$$\frac{x'}{D} \text{ ou } \frac{75}{10} = 7^l,5$$

Pour la vapeur à basse pression,
$$x' = 0,27 \text{ et } y' = 0,73 \text{ de } F.$$

Pour trouver la valeur de y' en litres, on a cette proportion :

$x' : y' :: l$; ou $\frac{y' T'}{x'}$ ou $\frac{0,73 \times 7,5}{0,27} = 20^l,277 = y'$

Et $x' \times y' = F$ donne :
$$7,5 \times 20,277 = 27^l,777 = F.$$

Mais comme il faut ajouter la pression naturelle du vide à celle de la vapeur, on a $1 \times 0,95 = 1^k,95$ par centimètre carré,

Et $\frac{27,777}{1,95} = 14^l,245$ par force de cheval.

Pour la vapeur à haute pression, $x = 0,279^{ch}$ et $y' = 0,721$ de F, on a donc cette proportion, $x' : y' :: T : l$;

on $\frac{y' T'}{x'}$ ou $\frac{0,721 \times 7,5}{0,279} = 19^l,381 = F$

On a donc :
$$x' \times y' = F, \text{ ou, } 7,5 \times 19,381 = 26^l,881 = F.$$

Il faudrait 26 litres 881 de vapeur par force de cheval si le volant n'ajoutait aucune force à une ma-

chine ; mais il est positif qu'il en ajoute ainsi qu'il va être démontré : ce qui permettra de faire une forte réduction.

Pour trouver la force produite par le volant, il faut retrancher de la force totale F la force positive X' et la force négative m. La force de la pesanteur sera donc de F$-(x'+m)=m$, ou plus ou moins m' selon que le poids et la vitesse du volant seront plus ou moins grands.

Je vais calculer la force d'une machine à haute pression, par les formules ordinaires et par l'équation dont j'ai parlé au commencement.

1° Avec un volant de 3^{m}5 de diamètre dont le poids de la jante = 700^k et la vitesse de 7^{m}05 par seconde.

2° Avec un volant de 5^m de diamètre dont le poids de la jante = 1,000^k et la vitesse de 7^{m}85 par seconde.

La surface du piston = 700 centimètres carrés ; la pression de la vapeur = 5^k par centimètre carré ; la course du piston = 0^{m}80, un coup par seconde.

Formule de Thredgold : 700×(5−1)×0,80×0,62 = 1,388^k,8 élevés à un mètre de hauteur par seconde,

Et en chevaux $\frac{1388,8}{75} = 18^{ch},518$

Formule exacte : 700 × 5 × 0,80 × 0, 62 = 1736^k élevés à un mètre de hauteur par seconde,

Et en chevaux $\frac{1736}{75} = 23^{ch},1466$

Par l'équation on a $\sqrt{\frac{2}{3}GRPV} = T'$

1er CAS : La force transmise à la jante du volant est dans le rapport de son rayon et de la manivelle réduite. Le rayon du volant = 1^{m}75. La manivelle réduite est 0^{m}40 × 0,535 = 0^{m}214.

Ce rapport est donc $\frac{1750}{0,214} = 8,1775$ ou 1 : 8,1775 ;

En divisant la force positive X' par le second terme de ce rapport, on aura l'intensité de la force sur la jante du volant.

La force positive est 700 × 5 × 0,279 = 976^{k}5 = x',

Et $\frac{976,5}{8,1775} = 119^k,413 = R$

On a $\sqrt{9,5 × 119,413 × 700 × 5,5} = 2122^k,605$

Ce produit multiplié par la vitesse du piston par seconde donnera le nombre de kilogrammes élevés à un mètre par seconde.

2122,605 × 0,80 = 1698^k,084 = T'

Et en chevaux $\frac{1698,084}{75} = 22^{ch},641$

2e CAS : Le rayon du volant = 2^{m}500. La manivelle réduite est 0,214.

Leur rapport est $\frac{2,500}{0,214} = 11,682$, ou 1 : 11,682 ;

L'intensité de la force sur la jante du volant est alors :

$\frac{976,5}{11,682} = 83^k,588 = R$

On a $\sqrt{9,8 × 83,588 × 1000 × 785} = 2535^k,828$

2535,828 × 0,80 = 2028^k,662 = T'

Et en chevaux $\frac{2028.662}{75} = 27^{ch},048$

La dépense de vapeur par seconde est 700 × 0,80 = 56 litres.

VIII.

Sous la pression de 5 kilos par centimètre carré, on a 56 × 5 × 18 = 2,800 unités dynamiques, qui, multipliées par la force effective de la vapeur sur le piston, donnent 2,800 × 0,62 = 1736^k comme dans la formule exacte, et qui confirme la rationalité du calcul en le mettant d'accord avec la pratique.

Dans le premier cas de l'équation, on a un produit inférieur et, dans le second cas, un produit supérieur à la formule exacte et à la somme d'unités dynamiques contenue dans les 56 litres de vapeur dépensés par seconde ; ce qui fait déjà voir le produit variable de la force de la pesanteur, selon que le poids et la vitesse du corps pesant, sont plus ou moins grands.

En prenant une moyenne proportionnelle entre les deux produits de l'équation, on a 22,641 + 26,048 = 49^{ch}689, dont la moyenne = 24^{ch},844, produit 0,144 plus fort que celui de la formule exacte, différence que la pratique justifie en confirmant ces calculs ; car j'ai vu un moulin à cannes à sucre se produire que six barriques de vesou (jus de canne), à l'heure, avec un volant dont la vitesse par seconde était de 5^{m}18, et en donner huit avec un volant dont la vitesse était de 8^{m}50 par seconde.

On a vu par l'analyse du travail mécanique de la vapeur dans les machines à piston qu'il fallait dépenser 268^{k}81 de force pour produire la force effective d'un cheval = 75^k élevés à un mètre par seconde, force représentée par $x' = 0,279$ de la force motrice totale F.

La force motrice est composée de celle de la vapeur et de celle de la pesanteur. La force effective x' de la vapeur = 976^{k}5 et celle de la pesanteur = 886^{k}8 et 976,5 + 886,8 = 1863^{k}5 = T' ou x'. La force négative $m = 1330^k$ et la force négative $m' = 1193^k$5 = y.

La force totale est T' ou X' + Y' = F et 1863,3 + 2523,5 = 4386^{k}8.

La somme des résistances partielles vaincues par la force motrice, va confirmer ces calculs, et comme il n'y a pas d'effet sans cause, il sera bien démontré que le volant ajoute de la force à une machine et quelle quantité.

La pression sur le piston est 700 × 5 = 3,500^k.

Premier cas.

Résistances partielles :	Les frottements, m...... k.	1330
	Les frottements, m'......	1193,500
	Le travail produit T'.....	1698,084
	Total k.	4221,584

Pour la vapeur.........	3500
Pour la pesanteur......	721.584
Forces totales dépensées.. k.	4221,584

Deuxième cas.

Résistances partielles :	Les frottements, m...... k.	1330
	Les frottements, m'......	1193,300
	Le travail produit T'.....	2028,662
	Total k.	4552,162

Pour la vapeur.........	3500
Pour la pesanteur......	1052,162
Forces totales dépensées.. k.	4552,162

En multipliant le nombre de chevaux trouvé par l'unité de force qu'il faut dépenser pour un cheval et par la force positive x', on retrouvera le produit T' comme preuve de l'exactitude du calcul et conforme à la pratique.

$$24,844 \times 268,81 \times 0,279 = 1863^{k},3 = T'.$$

Le volume de vapeur dépensé, à la vitesse de $0^{m}80$ par seconde, pour obtenir ce dernier produit, est de 56 litres, sous la pression de 5 kilos par centimètre carré.

En multipliant le nombre de litres de vapeur par sa pression, et divisant le produit par le nombre de chevaux, on aura la quantité de litres nécessaire, par chaque force de cheval, réduite à l'unité de pression.

$\frac{56 \times 6}{24,844} = 11,270$. Pour la formule : $\frac{56 \times 5}{23,1465} = 12^{l},097.$

Vu l'imperfection organique des machines, on peut fixer à $12^{l}5$ cette dépense. Et cette réduction est due à la force que le volant ajoute au moteur.

Le tableau suivant donne le nombre de litres par force de cheval d'après la pression.

MACHINES A BASSE PRESSION		MACHINES A HAUTE PRESSION	
Pression en kilo par centimètre carré.	Nombre de litres de vapeur par force de cheval.	Pression en kilo par centimètre carré.	Nombre de litres par force de cheval.
Avec la pression sur le vide sans volant.		1^{k}	$12^{l},500$
		2	6,225
		3	4,166
$1^{k},950$	$14^{l},245$	4	3,125
2,250	12,346	5	2,500

Après avoir déterminé par l'analyse la valeur mathématique des machines à piston en usage, je vais analyser le travail mécanique du double emploi de la puissance des gaz comprimés et de la puissance de la pesanteur conjointement, dans un appareil de mon invention auquel je donne le nom d'appareil polydynamique.

Cet appareil est composé : 1° d'une machine à piston, dont j'ai perfectionné les trois parties principales mobiles qui en constituent toute la valeur, perfectionnements qui rendent les fuites de vapeur impossibles, diminuent les frottements du tiroir distributeur, et rendent le travail mécanique de la vapeur plus en harmonie avec sa vitesse; 2° et d'une machine rotative, ou volant, dont la vitesse peut aller à plus de 200 mètres par seconde, et mise en mouvement par la force impulsive de la vapeur, qui a fonctionné sur le piston, au moment d'opérer sa sortie du cylindre.

Cet appareil est organisé d'après les principes les plus rationnels des lois du mouvement. Quoique la vitesse du volant soit vingt fois plus grande que celle des volants ordinaires, il n'y a nul danger, l'axe sur lequel il est monté n'éprouvant jamais une résistance égale au vingtième de celle supportée par ces derniers,

et son action pouvant être isolée instantanément de celle du piston.

L'avantage de cette combinaison mécanique est de produire une force motrice considérable, avec de la vapeur perdue, et, en utilisant la force de la pesanteur d'une manière plus rationnelle par la célérité du corps mis en mouvement avec toute la vitesse de sortie de la vapeur, ou autres gaz.

Le double effet de la vapeur sur le volant ne gêne en rien le mouvement du piston et, pour le prouver, il suffit de comparer ce travail à celui des machines en usage.

Dans les machines ordinaires à piston, le tiroir distributeur se meut trop lentement, pour que le travail mécanique de la vapeur soit en harmonie avec sa vitesse. L'excentrique à came circulaire en pratique prend trop sur la course du piston, de sorte que la vapeur sort du cylindre avant d'avoir produit tout son effet sur le piston et rentre dans le même temps du côté opposé avant la fin de sa course, conflit préjudiciable au travail utile de la machine.

Dans la pratique, l'aire des passages de la vapeur au cylindre est un vingt-cinquième de la surface du piston, de sorte que sa vitesse de la chaudière au cylindre est de 25 mètres quand celle du piston est de un mètre par seconde. La vitesse de la vapeur à sa sortie du cylindre est estimée être de 360 mètres par seconde, et comme les ouvertures d'entrée et de sortie sont égales, en divisant la vitesse de sortie par la vitesse d'introduction au cylindre, le quotient sera le temps pendant lequel la vapeur doit opérer sa sortie, et mesurera la partie de la course du piston nécessaire à ce travail.

On a donc ce rapport : $25 : 360$; ou $\frac{25}{360} = 0,0694.$

Le tiroir doit alors être ouvert à la sortie de la vapeur dans un quatorzième environ de seconde, et pour que tout son effet mécanique soit obtenu, il faut que le piston ait terminé sa course quand elle est introduite dans le cylindre pour changer le mouvement en sens contraire : ce qui est impossible avec l'excentrique à came circulaire en usage, mais que j'ai réalisé dans mon appareil.

Dans cet appareil, la vitesse de sortie de la vapeur est un peu retardée par les coudes de l'axe avec les rayons du volant. Fixant cette vitesse à 300 mètres par seconde, le tiroir distributeur doit être ouvert à la sortie de la vapeur dans le rapport suivant :

$$25 : 300; \text{ ou } \frac{25}{300} = 0,0833$$

Le tiroir devra donc être ouvert dans un douzième de seconde pour ne pas gêner le mouvement du piston, et c'est ce qui a lieu dans l'appareil polydynamique. Dans le même temps que la vapeur opère sa sortie du cylindre, elle exerce sa puissance motrice sur le piston, pour terminer sa course, et sur le volant par impulsion très-énergique : le piston ayant terminé sa course quand la vapeur est introduite de l'autre côté, il est évident que son mouvement n'éprouve aucun obstacle par le double emploi de la vapeur sur le volant.

Il est aisé de se convaincre que la force de la pe-

santeur, d'après une aussi grande vitesse, sera bien plus considérable que celle de la vapeur, même utilisée deux fois ainsi que l'analyse l'a démontré et le démontrera plus loin ; mais encore la preuve en est rendue incontestable par les faits pratiques de la projection des boulets, où la force de la pesanteur est considérablement plus grande que celle de la poudre.

Le double effet de la vapeur ou autres gaz sur la jante du volant est identique à celui produit par la poudre sur la culasse d'une arme à feu, à la différence que la force impulsive agit sur un corps mobile, mis d'abord en mouvement par la force constante du piston, et que cette force instantanée se renouvelle avant que la force de la pesanteur ait ralenti son action.

Si l'on met dans des canons de même calibre, un boulet en bois et un boulet en fonte, dont les pesanteurs spécifiques soient comme un est à huit, avec la même force impulsive, on trouve par l'expérience que le boulet en fonte est projeté plus loin que le boulet en bois.

Admettant que ces deux boulets soient portés à la même distance (1000 mètres par exemple), la même force motrice aura porté, à la même distance, le boulet de bois pesant 1 kil. et le boulet de fonte pesant 8 kil : ce qui serait contraire aux lois de l'équilibre, si la force de la pesanteur n'était l'agent principal dans ce résultat, puisque la force motrice seule de la poudre n'aurait pu porter le boulet de fonte qu'à 125 m. de distance, d'après les principes de statique. De plus, quand les boulets ont abandonné les canons, l'action de la poudre a cessé ; quand la somme de deux forces, agissant sans influence étrangère, est égale, leur produit est aussi égal : donc, dans l'hypothèse de ces deux boulets portés à la même distance, la force de la pesanteur serait sept fois égale à celle de la poudre et de tout autre gaz ; mais elle est beaucoup plus grande, car le boulet en bois ne serait pas projeté à 1000 mètres.

Il est positif que la force du gaz produit de la poudre est la même sur la culasse du canon et sur le boulet ; car, si le canon était percé dans toute sa longueur et que la poudre fût placée au milieu avec un boulet de chaque côté, les deux boulets seraient projetés à la même distance en sens inverse : le recul du canon mesure donc exactement la force de la poudre ; or, la force qui s'exerce sur la culasse d'une arme à feu, est infiniment moins grande que la force de projection, autrement il serait impossible de tirer une arme à la main ; car un fusil briserait l'épaule du tireur, si la force sur la culasse était égale à celle de projection qui tue un homme à 1000 mètres.

La loi sur la vitesse des gaz n'est pas encore bien connue ; les formules qui font entrer la loi de la pesanteur dans le calcul de leur vitesse ne peuvent être exactes ; attendu qu'elles donnent des vitesses différentes, selon la pesanteur spécifique des gaz, tandis qu'il apparaît comme plus rationnel que la vitesse de tous les gaz comprimés est la même à la même pression : ce qui est inconnu, c'est l'augmentation de vitesse suivant la pression.

Prenant la vitesse de 500 m. par seconde pour le

gaz produit de la poudre, si on place un boulet dans un tube de 500 m. de longueur, il ne serait porté qu'à cette distance avec la puissance dynamique de ce gaz, sans tenir compte des frottements ; or, la force de la poudre n'agissant que dans la longueur du canon, que je fixe à 4 m., son action instantanée sur le boulet serait dans ce rapport : 4 : 500 ;

$$\text{ou } \frac{4}{500} = 0,008 \text{ de seconde.}$$

La durée de l'intensité de la force de la poudre étant de 0,008 de seconde en fixant à 500 m. la distance où le boulet serait porté par cette force, on est au-dessus de la vérité.

Il est certain qu'un boulet de 15 kil. est projeté à 3000 m. et plus, distance six fois aussi grande que celle fixée pour l'effet maximum de la poudre. Le boulet de 15 kil. porté à 500 m. par la force unique de la poudre, équivaut à 7500 k. portés à 1 m. par seconde,

$$\text{Et en chevaux } \frac{7500}{75} = 100$$

La surface réduite du boulet de 15 k. et en moyenne pression = 200 centimètres carrés : la pression du gaz produit de la poudre sera alors

$$\frac{7500}{200} = 37^k,5 \text{ par centimètre carré.}$$

A la distance de 500 m., où la force de la poudre serait sans effet, le boulet de 15 k. peut traverser la membrure d'un navire, effort plus grand que celui d'une presse hydraulique qui soulèverait 600000 kil. et dû uniquement à la force de la pesanteur.

$$\frac{600000}{75} = 8000 \text{ chevaux.}$$

En comparant la force de la poudre à celle de la pesanteur, on aura ce rapport : 100 : 8000 ; ou $\frac{8000}{100} = 80$.

Donc, la force de la pesanteur serait quatre-vingts fois égale à celle de la poudre.

Voici une autre preuve incontestable de la force de la pesanteur qui vient confirmer les précédentes.

Il est certain que le poids de la poudre est proportionné au poids du boulet ; que cette proportion est la même pour les boulets de tous calibres. Or, si la poudre était le seul agent dans la projection des boulets, ils seraient tous projetés à la même distance, ce qui n'a pas lieu ; car le boulet le plus lourd est toujours projeté plus loin, effet dû uniquement à la force de la pesanteur d'un corps dont la masse est plus grande sous un diamètre proportionnel, puisque le diamètre dont le diamètre est double contient huit fois autant de matière sous une surface qui n'est que quadruple.

De ces faits pratiques incontestables, il résulte que la force de la pesanteur est l'agent le plus énergique dans la projection des boulets.

D'où je conclus que le volant mis en mouvement avec toute la vitesse de sortie des gaz qui ont produit leur effet sur un piston, donnera une force motrice plus grande que celle de la vapeur ou autres gaz utilisée deux fois dans l'appareil polydynamique, ainsi qu'il va être démontré par le calcul ; que ce système produira un excédant de force capable de comprimer l'air nécessaire pour alimenter son mouvement, et de

faire un travail utile; en chauffant l'air à 532° seulement au commencement de la mise en train.

Il est certain que l'énorme économie de puissance motrice de l'appareil polydynamique permettra de remplacer les chaudières à vapeur par des générateurs à air chaud, qui auront l'avantage de faire disparaître tout danger d'explosion; car la chaleur qui fait fondre le fer ne produirait pas, dans le générateur à air, une pression de plus de sept atmosphères, de sorte qu'il pourrait fonctionner sans soupape de sûreté.

Analyse mathématique de l'appareil polydynamique.

S représente la surface du piston = 700 centimètres carrés.

P′ est la pression de la vapeur = 5 kil. par centimètre carré.

V est la vitesse du piston = 0 m. 60 par seconde, un coup.

V′ est la vitesse du volant par seconde = 190 mètres.

P″ est la pression de la vapeur dilatée.

C est la capacité du cylindre = 42 litres.

C′ est le volume de vapeur à pression constante dépensé par seconde.

C″ est le volume de vapeur à pression variable.

D est le coefficient dynamique d'un litre de vapeur sous la pression d'un kil. par centimètre carré = 10 kil.

F représente la force totale de la vapeur dépensée par seconde;

X la force positive de la vapeur sur le piston,;

X′ la force positive de la vapeur sur le volant ;

T le produit du travail de la machine à piston ;

T le produit du travail du double effet de la vapeur et du volant;

G R P et V″ sont, comme précédemment, la pesanteur, l'intensité de la force, le poids du volant et sa vitesse.

Produit de la machine à piston C′ P′ D = F.

La vapeur est interceptée à 0,83334 de la course du piston.

On a donc C   42 × 0,875 = 36¹,75 = C′.

et 36,75 × 5 × 10 = 1837k,5 = F.

Au moment où la vapeur est interceptée de la chaudière, celle qui est dans le cylindre passe subitement dans le volant, et son volume est augmenté de l'espace qu'elle occupe dans les passages d'écoulement : ce volume = 15 litres. A la fin de la course du piston, le volume a encore augmenté de 5 l. 25.

on a alors 36,75 + 15 + 5,25 = 57 litres = C″.

Pour la pression de la vapeur dilatée on a cette proportion : C′ : C″ : : P″ : P′;

où $\frac{36.75 \times 5}{57} = 3k,223 = P''$.

Pour avoir la pression effective de la vapeur sur le piston, depuis le moment où elle est interceptée jusqu'à la fin de la course, il faut prendre une moyenne

entre cette dernière pression et une pression nulle = ½ P″. On a alors pour la pression effective de la vapeur dilatée,

3,223 × 0,5 = 1 k, 612.

Le volume de la vapeur dilatée pendant 0,125 de la course du piston donne 5,25 × 1,612 × 10 = 85,630.

La force positive de la vapeur sur le piston, à pression constante et variable, est alors

(1837,5 + 84,63) × 0,279 = 536k,274 = T.

et en chevaux $\frac{536,274}{75} = 7^{ch} 15$

Produit de la vapeur sur le volant. — Au moment de sa sortie par les tubes à angle droit placés sur la jante du volant, la vapeur a augmenté de volume, comme il vient d'être dit. En réunissant le volume au moment de la sortie et le volume au moment où le piston termine sa course on a

(36,75 + 15) + 57 = 108l75

sous la moyenne pression de 1k,612.

La force totale de la vapeur sur le volant sera donc

108,75 × 1,612 × 10 = 1753k,050 = F.

La force agissant tangentiellement à la direction du mouvement, il n'y a plus de force neutralisée comme dans la transformation du mouvement rectiligne en mouvement circulaire, la force positive x du piston sera donc augmentée de la force négative m'.

La force effective de la vapeur sur le volant sera F − m = x + m′ = 0,62 de F.

On a alors 1730,05 × 0,62 = 1086 k. 891 = x′,

et en chevaux $\frac{1086,891}{75} = 14^{ch},412$

Le double emploi de la puissance mécanique des gaz comprimés, sans la force de la pesanteur, produirait une force effective :

sur le piston. de kil.   536,274 ⎫
sur le volant de »   1086,891 ⎭ 1623k,165 = x + x′.

Produit de la vapeur et de la pesanteur sur le volant, d'après l'équation. — La surface des angles droits, placés en dehors de la jante du volant, sur laquelle presse la vapeur pour opérer sa sortie après avoir fonctionné sur le piston = 28 centimètres carrés. La pression moyenne de la vapeur dilatée = 1k612 par centimètre carré. L'intensité de la force sur la jante du volant sera alors 28 × 1,612 = 45k,136 = R, qui divisés par le temps pendant lequel la vapeur agit sur la jante (9,125 de seconde), donnera

45,136 × 0,125 = 5k,642 = R′

on a T′ = $\sqrt{\frac{3}{2} G R P V''}$

Il apparaît comme positif que c'est l'intensité totale de la vapeur sur la jante du volant qu'il faut compter comme effective; car il est évident que c'est l'intensité totale du gaz produit de la poudre qui contribue à la projection des boulets, surtout si l'on remarque que la durée de cette intensité est seulement de 0,008 de seconde, quand celle de la vapeur est de 0,125 de seconde : je donnerai la valeur de T′ d'après les intensités R et R′

$\frac{1}{2}$ G = 9,8 — R = 45^k,136 — R′ = 5^k,642 — P = 1000^k
et v″ = 190^m par seconde.

1er cas : $\sqrt{9,8 \times 45,136 \times 1000 \times 190}$ = 9167^k,405 = T′,

et en chevaux $\frac{9167,405}{75}$ = 122^{ch},232

2e cas : $\sqrt{9,8 \times 5,642 \times 1000 \times 190}$ = 3255^k,590 = T′,

et en chevaux $\frac{3256,590}{75}$ = 43^{ch},421

La puissance motrice de l'appareil polydynamique est :
$$T + T'$$

Premier cas.

Produit de la vapeur sur le piston, chevaux..   7,150
Produit de la vapeur et de la pesanteur sur
le volant, chevaux.................... 122,232

Total chevaux.. 129,382

Deuxième cas.

Produit de la vapeur sur le piston, chevaux..   7,150
Produit de la vapeur et de la pesanteur sur
le volant, chevaux.................... 43,421

Total chevaux.. 50,571

L'énorme puissance motrice de l'appareil polydynamique, comparé aux appareils en usage, tout en procurant un abaissement de prix dans la construction et une grande économie de combustible, permet de résoudre l'important problème de la navigation maritime par les moyens mécaniques, conjointement avec un nouveau propulseur à rames, de mon invention, qui utilise mieux la force motrice que les roues à aubes et l'hélice, système faux en principe et contraire aux lois naturelles de la locomotion, tandis que le système à rames est rationnellement déduit de ces lois.

Je vais donner l'analyse des propulseurs à roues à aubes et à rames ; les tableaux comparatifs de leurs produits à la navigation maritime, y compris les propulseurs à hélice et à voiles ; et exposer leurs avantages et leurs inconvénients dans leur application à la marine militaire.

Analyse mathématique des roues à aubes.

A   représente la manivelle ou le rayon du cercle décrit par la force motrice, prise pour unité de mesure, = 1 mètre.

N   est le rayon moyen de la roue, du centre de l'arbre de mouvement au centre vertical de l'aube immergée, = 4 m.

C   est, comme dans l'analyse précédente, la résultante moyenne de la manivelle dans sa variation sur le cercle qu'elle décrit = 0,535 de A.

F   est la force totale de l'appareil prise pour unité de mesure.

x' et y' représentent la force positive et la force négative.

e et f sont les deux termes du rapport des leviers de la force et de la résistance.

d est la vitesse du piston par seconde, = 1 m.

v est la vitesse des aubes par seconde, = 6^{m}28.

v' représente la vitesse des aubes utilisée à la propulsion du navire, égale à la corde qui sous-tend l'arc de cercle immergé, égale au double du sinus de 35° sous lequel les aubes entrent dans l'eau, = 5^m,779.

Si la force agissait sur un levier invariable et dans une direction toujours tengentielle à son mouvement, on aurait, entre la force et la résistance, ce rapport :
$$a : n ; \text{ou } 1 : 4 = e \text{ et } f.$$

Dans la variation de la manivelle on a, entre la force et la résistance, cet autre rapport :
$$c : n ; \text{ou } 0,535 : 4 \text{ et } \frac{0.535}{4} = 1 : 7,476 = e \text{ et } f.$$

Pour avoir la force utilisée par les aubes, ou la partie de la force F qui leur est transmise, il faut multiplier cette force, diminuée de la force négative y', par le terme e du dernier rapport et par la vitesse v des aubes, et diviser le produit par l'autre terme f de ce rapport et par la vitesse du piston. La force utilisée par les aubes est alors :
$$\frac{(F-y') \, e \, v}{f \, d}$$
ou $\frac{0,321 \times 1 \times 6.28}{7,476 \times 1}$ = 0,27 de F = x',

comme dans l'analyse du mouvement rectiligne transformé en mouvement circulaire. Mais ce résultat est le produit du cercle décrit par les aubes avec la vitesse v et indique seulement la partie de la force F qui leur est transmise et non la force utilisée à la propulsion du navire d'après la vitesse v'.

Si cette force agissait invariablement dans une direction parallèle et inverse au mouvement du navire, son expression serait :
$$\frac{(F-y') \, e \, v'}{f \, d}$$
ou $\frac{0,321 \times 1 \times 5.779}{7,476 \times 1}$ = 0,248 de F.

Le rayon n des roues entrant dans l'eau sous un angle de 35°, la résistance moyenne des aubes utilisée à la propulsion du navire, est entre le cosinus de 35° = 0,819 et celui de 0° = 1 = au rayon. Cette résultante moyenne = 0,92 du rayon.

La force utilisée à la propulsion du navire sera alors :
$$0,92 \times 0,248 = 0,228 \text{ de } F.$$

Le rapport définitif entre les forces F x' et y' est alors :
$$F : x' ; y' ; \text{ou } 1 : 0,228 : 0,772 ;$$

Le système de roues à aubes utilise donc 0,228 de la force totale d'un appareil à vapeur.

Analyse mathématique des rames.

a représente le levier sur lequel agit la force motrice, = 1^m,90.

n est le rayon moyen de la rame, du centre de l'axe de suspension au point central de la résistance = 9^m,45.

c est la résultante moyenne des cosinus des angles formés par le levier a et la bielle qui transmet la force, dans la variation du mouvement oscillatoire de la rame, = 0,974 de a pris pour unité de mesure.

d représente la course du piston ou sa vitesse par seconde, $= 1^m, 20$.

v est la vitesse de l'arc de cercle décrit par la rame dans sa course par seconde $= 6^m,12$.

v' est la vitesse de la rame utilisée à la propulsion du navire, égale au double du sinus de l'angle de 18°,4 sous lequel elle fonctionne, égale à la corde qui sous-tend l'arc de cercle parcouru, $= 5^m,953$.

F, x' y' e et f sont comme dans l'analyse des roues à aubes, la force totale, la force positive, la force négative et les deux termes du rapport entre le levier a et le rayon moyen n.

Dans la variation du levier a, on a ce rapport:

$$ac : n; \text{ ou } 1,90 \times 0,974 = 1^m 85 = c$$

et $c : n$; ou $1,85 : 9,45$; et $\frac{9.45}{1.85} = 1 : 5,10; = e$ et f.

Les frottements additionnels sur les arbres de mouvement, sont $a - m'$ ou $1 - 0,974 = 0,027$ de F.

Pour avoir la force transmise aux rames, il faut multiplier la force F, diminuée de $m + m' = y'$ par le terme du rapport ci-dessus et par la vitesse v des rames, et diviser le produit par l'autre terme f et par la vitesse du piston.

$$m = 0,40 \text{ et } m' = 0,026 \text{ de F}$$

$0,40 + 0,026 = 0,426 = y'$ et $1 - 0,426 = 0,574 = x$

on a donc $\frac{(F-y') e v}{f d}$ ou $\frac{0,574 \times 1 \times 6,12}{5,10 \times 1,20} = 0,574$ de F.

Pour la force utilisée à la propulsion du navire d'après la vitesse v', on a:

$\frac{(F-y') e v'}{f d}$ ou $\frac{0,574 \times 1 \times 5,953}{5,10 \times 1,20} = 0,558$ de F.

La rame s'écarte de la verticale de 18°,4. Sa résistance, utile à la propulsion du navire, sera moyenne entre le cosinus de 18°,4 $= 948$ et le cosinus de 0° $=$ au rayon, dont la moyenne $= 0,974$.

La force utilisée à la propulsion du navire sera:

$$0,558 \times 0,974 = 0,544 \text{ de F.}$$

Les forces négatives, provenant, de la conversion des rames, de leur résistance dans les puits, et de leur résistance dans leur fonction négative sur l'épaisseur, $= 0,023$ de F.

La force totale neutralisée sera alors $1 - (0,544 - 0,023) = 0,479$ de F. $= y'$ et la force positive est $1 - 0,479 = 0,521 = x'$.

Le rapport définitif entre les forces totale, positive et négative, est:

$$F : x' : y'; \text{ ou, } 1 : 0,521 : 0,479;$$

Le système de rames utilise donc à la propulsion du navire 0,521 de la force totale de la vapeur.

Dans le système à hélice, comme dans celui à roues à aubes, la conversion du mouvement rectiligne du piston en mouvement circulaire utilise 0,333 de la force totale des appareils à basse pression; mais attendu que les surfaces hélicoïdes présentent une résistance directe à ajouter à celle du navire et que leur action propulsive n'est pas dans la direction du mouvement du navire, ce système exige une force plus grande que celui à roues pour obtenir la même vitesse, de sorte qu'il n'utilise pas les deux tiers de la force positive des appareils.

En fixant aux deux tiers de la force positive celle que l'hélice peut utiliser à la propulsion du navire, on sera au-dessus de la vérité.

On aura donc pour la valeur de x' du système à hélice:

$$0,67 \times 0,27 = 0,18 \text{ de F.}$$

Prenant la force totale de l'appareil pour unité de mesure et désignant la force utilisée à la propulsion du navire par H x' pour l'hélice; par A x'' pour les roues à aubes; et par R x' pour les rames, on aura le rapport suivant:

$$H\, x' : A\, x'' : R\, x' : F; \text{ ou, } 0,18 : 0,228 : 0,521 : 1.$$

Les tableaux suivants vont donner le résumé comparatif du produit des propulseurs pour la navigation au long cours, prenant pour la base de comparaison un navire jaugeant ou portant 1,000 tonneaux, avec les forces proportionnelles pour une même vitesse. Ils feront voir le temps que chaque navire tiendra la mer avec un changement complet de charbon.

Dans les tableaux 1, 2, 3 et 4 la force de l'appareil polydynamique n'est comptée que le double de celle des appareils en usage. Le cinquième tableau donnera son produit d'après l'analyse.

PREMIER TABLEAU COMPARATIF.
Propulseurs avec appareils ordinaires.

DÉSIGNATION DES NAVIRES.	Puissance des appareils, en chevaux.	Force utilisée à la propulsion du navire, même vitesse.	Poids des appareils.	Prix des appareils.	Consommation du charbon en 24 heures.	Durée en jours d'un chargement complet de charbon, sans les voiles.
1	2	3	4	5	6	7
	Chevaux.	Chevaux.	Tonneaux.	Francs.	Kilogrammes.	Jours.
Navires à hélice..............	635	190	476	952500	53,340	9,82
— roues à aubes.......	500	190	375	750000	42,000	14,88
— rames.............	211	190	159	316500	17,000	47,45
Appareils polydynamiques.						
	Chevaux.	Chevaux.	Tonneaux.	Francs.	Kilogrammes.	Jours.
Navires à hélice..............	318	190	476	952500	26,670	19,64
— roues à aubes.......	250	190	375	750000	21,000	29,76
— rames.............	106	190	159	316500	8,862	94,90

On voit par ce tableau que j'ai conservé le même poids pour les appareils polydynamiques, bien qu'il soit inférieur, ainsi que le prix de ces appareils ; mais comme il s'agit de comparer des produits proportionnels aux forces motrices dépensées, cette différence ne nuit nullement à leur appréciation.

Le tableau suivant donne les résultats avec la vapeur et les voiles, il désigne seulement les propulseurs, leur puissance, la consommation du combustible en 24 heures et la durée d'un chargement complet de charbon.

Le troisième tableau contiendra : 1° la nomenclature des propulseurs y compris celui à voiles ; 2° le prix des navires et des appareils ; 3° la durée d'une traversée, égale pour les navires à vapeur ; 4° le nombre des traversées pendant le temps approximatif d'un voyage du navire à voiles ; 5° la consommation du combustible pendant quatre mois, durée de l'opération ; 6° le prix du charbon à raison de 25 fr. le tonneau ; 7° les dépenses principales pour salaire et nourriture des équipages (ne sont pas compris dans ces dépenses, les frais d'assurances maritimes, douanes, courtage, commission, ancrage, réparations et entretien des navires) ; 8° le produit brut du fret à 50 francs le tonneau ; 9° et le produit brut du bénéfice du fret, le charbon, les salaires et la nourriture des équipages déduits.

DEUXIÈME TABLEAU COMPARATIF.

Propulseurs avec les voiles et les appareils ordinaires à vapeur.

DÉSIGNATION DES NAVIRES. 1	Puissance des appareils. 2	Consommation du charbon. 3	Durée d'un chargement 4
	Chevaux.	Kilogr.	Jours.
Navires à hélice.......	633	26,670	19,64
— roues à aubes	500	31,500	19,85
— rames......	211	8,862	94,90

Appareils polydynamiques.

	Chevaux.	Kilogr.	Jours.
Navires à hélice.......	318	13,335	39,28
— roues à aubes	250	15,750	39,70
— rames......	106	4,431	189,80

On voit par ce tableau que le navire à hélice tiendrait la mer aussi longtemps que le navire à roues à aubes, ce qui est dû au meilleur usage qu'il peut faire de ses voiles.

TROISIÈME TABLEAU COMPARATIF.

Propulseurs appareils ordinaires.

DÉSIGNATION DES NAVIRES. 1	Prix du navire et de l'appareil. 2	Durée du trajet. 3	Nombre de trajets. 4	Consommation du charbon en 4 mois. 5	Prix du charbon. 6	Dépenses principales. 7	Produit brut du fret. 8	Produit brut bénéfice du fret. 9
	Francs.	Jours.	Trajets.	Tonneaux.	Francs.	Francs.	Francs.	Francs.
Navires à hélice..	1,252500	20	4	2133	53325	31880	»	Perte 85205
— roues à aubes	1,050000	20	4	2520	63000	28520	»	» 91520
— rames......	616500	20	4	709	17700	27840	132750	Bén. 87210
— voiles.......	300000	40	2	»	»	19120	100000	80880

Appareils polydynamiques.

	Francs.	Jours.	Trajets.	Tonneaux.	Francs.	Francs.	Francs.	Francs.
Navires à hélice..	»	»	»	1066,5	26662	30680	51470	Perte 5872
— roues à aubes	»	»	»	1260	31500	27570	62000	Bén. 2930
— rames......	»	»	»	354,5	8850	26900	150500	114750
— voiles.......	»	»	»	»	»	19120	100000	80880

Il résulte de ce tableau, qu'avec des appareils ordinaires, les navires à hélice et à roues à aubes ne peuvent prendre un tonneau de fret quand le trajet dure vingt jours, qu'avec des appareils polydynamiques, le navire à hélice perdrait 5872 francs, son charbon et ses dépenses principales payés ; que le navire à roues à aubes ferait un bénéfice brut de 2930 fr., son charbon et ses dépenses principales payés ; et que dans les deux cas, le navire à rames ferait de plus grands bénéfices que le navire à voiles.

Il est positif que la navigation au long cours se fera avec bien plus d'avantages, en employant de très-grands navires ; que ces navires pourront lutter plus efficacement contre les éléments, et présenter plus de sécurité aux équipages et aux voyageurs.

Prenons pour terme de comparaison un navire à voiles de 1000 tonneaux et un navire à rames et à voiles de 100 mètres de longueur, 17 mètres de largeur, avec un tirant d'eau de 6 mètres et dont le dé-

placement d'eau est de 5500 tonneaux, pouvant porter 3500 tonneaux, pour les voyages de l'Amérique
centrale et l'Ile de la Réunion. Dans les meilleures
conditions, le navire à voiles met en moyenne quarante et quatre-vingts jours pour opérer ces traversées. Le navire à rames les effectuera dans vingt et
quarante jours. Le prix du fret est fixé à 50 et 100 fr.
par tonneau.

QUATRIÈME TABLEAU COMPARATIF.

Propulseurs.

DÉSIGNATION DES NAVIRES.	Puis-sance de l'appa-reil.	Poids de l'appa-reil.	Tonnage des navires.	Prix des navires et de l'appareil.	Durée du trajet.	Nombre de trajets.	Consomma-tion du charbon en 24 heures.	Dépenses en charbon et dépenses générales.	Produit brut du fret.	Bénéfices bruts du fret.
1	2	3	4	5	6	7	8	9	10	11
	Chevaux	Tonn.	Tonneaux.	Francs.	Jours.	Trajets.	Kilog.	Francs.	Francs.	Francs.
Navires à rames.	600	250	3,500	2,000000	20	4	12,600	62040	599600	537560
— voiles.	»	»	1,000	300000	40	2	»	19120	100000	80880
Navires à rames.	»	»	»	»	40	4	»	105060	1,098400	992760
— voiles.	»	»	»	»	80	2	»	138240	200000	161760

En retranchant les chiffres de la colonne 3 de celle
de la colonne 4, on aura le poids en tonneaux que
chaque navire portera; en multipliant les colonnes 6,
7 et 8 les unes par les autres, on aura la consommation du combustible pendant l'opération. En retranchant les chiffres de la colonne 9, de ceux de la colonne 10, on aura le bénéfice brut porté à la colonne 11.

Le navire à rames muni d'un appareil polydynamique n'emploie qu'un générateur à vapeur de trois
cents chevaux qui, à raison de trois kilog. et demi de
charbon par force de cheval, dépenserait 25,200 kilog.
de charbon par jour à toute vapeur; mais comme il
peut utiliser une voilure complète, les vents favorables lui feront économiser la moitié de son combustible, la dépense sera donc 12,600 kilog. seulement, c'est
celle portée au tableau.

On voit par ce dernier tableau l'immense avantage
d'employer de très-grands navires pour la navigation
au long-cours.

CINQUIÈME TABLEAU COMPARATIF.

Produits des propulseurs avec l'appareil polydynamique
d'après l'analyse mathématique.

Propulseurs. — 1er cas.

DÉSIGNATION DES NAVIRES.	Puissance des appareils.	Poids des appareils.	Consom-mation du charbon en 24 heures.	Durée d'un charge-ment complet.
1	2	3	4	5
	Chevaux.	Tonneaux.	Kilog.	Jours.
Navires à hélice.	174	316	14136	48.458
— roues à aubes	137	200	11340	65.256
— rames.......	58	130	4872	180,810

		2e Cas.		
	Chevaux.	Tonneaux.	Kilog.	Jours.
Navires à hélice.	68	316	5712	119,572
— roues à aubes	54	260	4536	163,137
— rames.......	23	130	1932	450,310

Dans l'ignorance de l'inconnu, ces calculs paraîtront
exagérés, cependant, ils sont déduits des principes les
plus rationnels des lois du mouvement et appuyés de
faits pratiques incontestables.

De tout ce qui précède, il est aisé de se convaincre
que l'important problème de la navigation maritime
est complètement résolu et ce qui suit complétera la
preuve de cette résolution.

Admettant que la France possède 1,000 navires à
voiles de cinq cents tonneaux, en moyenne pour la
navigation au long-cours des deux Indes; que ces navires fassent en moyenne deux voyages, ou quatre
trajets par année, au prix moyen de 55 francs de fret
par tonneau, ces mille navires transporteraient deux
millions de tonneaux de marchandises, ce qui donnerait
un produit brut du fret de 110,000,000 de francs.

Ils coûteraient 140,000.000 de francs. Ils occuperaient 22,000 hommes d'équipage dont les salaires et
la nourriture annuels égaleraient 36,000,000 de francs,
qui retranchés du produit brut du fret donnent un
bénéfice brut de 74,000,000 de francs.

Cent navires à rames et à voiles portant en moyenne
3,000 tonneaux, poids de l'appareil et charbon déduits, feraient huit trajets quand les navires à voiles
en font quatre par année. Ils transporteraient donc
2,400,000 tonneaux, 400,000 de plus que les 1,000
navires à voiles, ce qui donnerait 132,000,000 de francs.

Ces cent navires à rames coûteraient 200,000,000
de francs. Ils occuperaient 7,500 hommes d'équipage
dont les salaires et la nourriture égaleraient 10,637,760
francs. Ils consommeraient 150,000 tonneaux de
charbon par année, à 25 francs le tonneau = 3,750,000
francs.

Leurs dépenses en charbon, salaires et nourriture
des équipages, seraient alors de 14,387,760 francs,
qui retranchés du fret donnent 117,612,240 francs,
43,612,240 francs de plus que les navires à voiles.

Le produit brut des navires à voiles donnerait un
intérêt de

$$\frac{74.000000}{140,000000} = 0,528$$

Le produit brut des navires à rames donnerait un intérêt de

$$\frac{117.612240}{200,000000} = 0,588$$

Résultats du propulseur à rames et de l'appareil polydynamique appliqués aux bâtiments armés en guerre.

Les qualités qui constituent la puissance des navires armés en guerre, sont :

1° Les meilleures formes, pour la marche et la stabilité ;

2° Les meilleurs moyens d'action pour la vitesse, la manœuvre et l'évolution ;

3° La réunion de la plus grande somme de forces effectives pour produire ces résultats ;

4° L'artillerie qu'un navire peut porter et l'usage qu'il en peut faire ;

5° Et le temps qu'il peut tenir la mer avec le même approvisionnement de combustible.

Un navire mû seulement par la force du vent sur les voiles peut réunir les qualités pour la marche et la stabilité, il peut porter une puissante artillerie ; mais, sa marche, sa manœuvre, son évolution et l'usage qu'il peut faire de son artillerie, sont entravés par les calmes et les vents contraires.

Un navire à roues à aubes a des qualités pour la marche, mais son instabilité dans une mer agitée neutralise l'action de son propulseur. Il porte peu d'artillerie et la voilure incomplète qu'il utilise, ne lui permet pas de tenir la mer avec avantage quand il manque de combustible, même en démontant ses aubes. Dans une mer agitée, le roulis et les vents contraires lui font perdre en moyenne un tiers de la vitesse qu'il obtient dans une eau calme. Par un vent fort et contraire les aubes s'appuient sur les vagues poussées dans la direction de leur mouvement ; de sorte que la résistante du point d'appui diminue quand celle du navire augmente par l'intensité du vent et des vagues sur sa proue. Par un vent favorable, vent arrière et sur le grand largue seulement, il ne peut utiliser sa voilure incomplète sans démonter les aubes immergées. Quand le navire est chargé de combustible ses roues sont trop enfoncées dans l'eau pour que l'effet utile des aubes à sa propulsion soit aussi grand que possible ; de sorte que la vitesse utile des aubes diminue quand la résistance du navire augmente. Dans les tempêtes, la mauvaise fonction de ses aubes jointe à la violence du vent sur la proue du navire et sur les tambours de ses roues, rendent la propulsion négative et l'exposent aux plus graves dangers, surtout lorsque le vent le pousse vers une côte.

Un navire à hélice a des qualités pour la marche et son instabilité dans une mer agitée ne gêne pas l'action de son propulseur immergé.

Pour utiliser les voiles sans la vapeur, il faut sortir son hélice de l'eau, opération pleine de difficultés et d'inconvénients dans une mauvaise mer, et qui nécessite des dispositions qui surcharge l'arrière du navire, partie la plus exposée à la violence des vagues par un vent favorable.

Mais pour obtenir une vitesse de dix à douze nœuds à l'heure, ce navire a besoin d'un appareil à vapeur d'une force considérable qui ne lui permet pas de tenir la mer pendant vingt jours, avec le secours des voiles devant produire une force propulsive égale à celle de la vapeur, ainsi que l'analyse l'a démontré, condition qui rendrait ses services presque impossibles dans une guerre en pleine mer sur un théâtre lointain, à moins d'énormes frais. Si pour obvier à cet inconvénient, on réduit la force de son appareil de moitié, ce qu'on appelle système mixte usuellement pratiqué, dans les temps calmes et par des vents contraires, il est réduit à la seule puissance de son hélice, et sa vitesse, devenue proportionnelle à cette force, est inférieure à celle des navires à roues à aubes, même à celles des navires à voiles qui peuvent louvoyer plus facilement par des vents debout, condition qui le place dans un état d'infériorité par rapport à ces derniers. En outre, le mouvement de l'hélice gêne l'action du gouvernail et rend l'évolution du navire lente et difficile, ce qui constitue un grave inconvénient dans un combat et dans un mauvais temps sur une côte.

Ce navire peut aussi, comme le navire à voiles, porter une puissante artillerie et une voilure complète.

Un navire à rames et à voiles a toutes les qualités pour la marche, la stabilité, la manœuvre et l'évolution. La puissance de son propulseur à rames, plus grande et plus efficace que celle de son propulseur à voiles, est d'un tiers supérieure à celle du navire à roues à aubes, puisqu'elle reste invariablement la même dans tous les temps, quelle que soit l'agitation de la mer.

Le navire à voiles perd une partie de sa marche, par la variation des vents et par les calmes.

Le navire à hélice perd également une partie de sa marche, par les mêmes causes.

Le navire à roues à aubes perd en moyenne un tiers de sa marche, par les vents contraires et par la mauvaise fonction de ses roues dans une mer agitée.

Le navire à rames ne perd rien de sa marche par ces causes. Dans un temps calme, il a toute la puissance de son propulseur à rames ; dans une forte mer et par un vent favorable, il dispose de toute la puissance de ses deux propulseurs, plus grande que celle de l'hélice (système mixte) et que celle des roues à aubes avec une voilure incomplète. Par un vent contraire, il a toute la puissance de ses rames diminuée seulement de la force du vent sur sa proue, dont la surface est moins grande que celle du navire à roues avec ses tambours.

Il peut porter une artillerie égale à celle du navire à voiles, et en faire le même usage dans tous les temps. Le mouvement des rames ne gêne en rien l'action du gouvernail ; placées dans les façons de l'arrière, les rames s'appuient sur une eau sollicitée à se mouvoir dans la direction du mouvement du navire pour remplacer celle qu'il déplace dans sa marche, de sorte que la résistance utile à la propulsion est infiniment plus grande que celle des autres propul-

seurs, ce qui permet de réduire les surfaces propul-
sives au sixième de ce qu'elles sont dans les roues à
aubes. Il peut se servir de ses voiles sans l'usage de
ses rames, pouvant neutraliser leur résistance sans
les sortir de l'eau et, en conséquence, rester dans les
mêmes conditions qu'un navire à voiles, en cas d'ava-
ries dans son appareil à vapeur.

Il est de toute évidence que le navire à rames aura
une supériorité sur les navires à voiles pouvant se
tenir à son arrière et le priver de l'usage de son artillerie; que la marine à voiles serait complétement
frappée d'impuissance par l'usage de ce propulseur
à rames. Il est incontestable que le navire à rames
aura une supériorité sur les navires à roues et à hélice,
attendu surtout qu'il pourrait tenir la mer pendant
six mois avec le secours des voiles, quand ces derniers
ne tiendraient la mer que quarante jours avec le
même approvisionnement de charbon, dans le cas où
ils seraient tous pourvus d'appareils polydynamiques,
doublant seulement la force des appareils en usage.

L'approvisionnement de combustible, que nécessite
le service des bâtiments de la marine impériale, exige
un nombre considérable de transport à voiles pour
l'alimenter, service lent, onéreux et plein de dangers,
dans un cas de guerre maritime surtout.

L'état improductif où se trouve la navigation com-
merciale au long-cours par la vapeur est suffisamment prouvé, pour qu'il soit permis d'élever un doute
à cet égard, puisque l'État est obligé d'accorder une
énorme subvention à la navigation transatlantique
pour qu'elle puisse exister : en effet, quand un navire a une traversée de vingt jours à opérer, il ne
peut prendre que son combustible, à moins de relâcher en route pour s'approvisionner ; ce qui produit une perte de temps et un surcroît de dépenses,
de sorte que ses dépenses principales en charbon,
salaires et nourriture de l'équipage ne sont jamais
couvertes par les bénéfices.

La valeur réelle des choses se constate par les services qu'elles peuvent rendre et aux conditions les
plus avantageuses: donc, tant que la navigation à
vapeur sera condamnée aux moyens mécaniques en
usage, jamais une force quelconque produite par l'art
ne rendra à l'industrie tous les services qu'on serait
en droit d'en attendre.

Enfin, l'analyse des deux inventions dont il vient
d'être parlé, prouve suffisamment la résolution complète de ce problème si important, inventions qui ne
laissent pas subsister un seul des nombreux inconvénients, auxquels la navigation est exposée par l'usage
de propulseurs irrationnels qui ne reposent sur aucun
principe des lois organiques de la locomotion, et par
l'emploi d'appareils encore imparfaits, qui n'utilisent
qu'une minime partie des forces qui sont dans la nature et au pouvoir de l'homme.

LESNARD,
Ingénieur, mécanicien-constructeur.

VARICES (matière médicale). — Tumeurs
oblongues, molles, noueuses, bleuâtres, élastiques,
aux jambes et aux cuisses; elles sont compressibles,
et l'on n'y sent pas de battements; en général, elles

diminuent pendant la nuit, par la position horizontale. Quand elles sont très-anciennes, elles donnent
lieu à un empâtement du tissu cellulaire, à un engourdissement, à un sentiment de pesanteur dans les
parties voisines. Elles sont la suite de la transformation des veines en cylindres inégaux, bosselés, qui se
replient sur eux-mêmes, s'enroulent, forment des pe-
lotons.

Les varices existent quelquefois dès l'enfance, mais
le plus souvent elles se développent chez les femmes
qui ont eu des enfants, chez les hommes qui font de
longues courses, qui montent à cheval. Elles sont sujettes à s'enflammer et à se rompre. Dans le premier
cas, qui est caractérisé par des battements et de la
douleur, une chaleur brûlante, etc., repos, repos absolu au lit, application de cataplasmes, etc.

Dans le cas de rupture, il y a une hémorrhagie,
quelquefois considérable ; il faut alors ôter tout ce qui
recouvre le membre, et, surtout, tout ce qui est susceptible de le serrer. On plonge le membre dans un
seau d'eau glacée, on le couvre de neige, de glace
pilée, de compresses imbibées d'eau vinaigrée, aci-
dulée, etc., etc. Quelquefois, il suffira de tenir pendant quelque temps sur le lieu de la rupture un morceau d'amadou. Repos absolu, en ayant bien soin de
tenir le membre plus élevé que le reste du corps, au
moyen de quelques oreillers placés dessous. De toute
manière, on devra porter un bandage lacé, bien disposé pour serrer le membre convenablement. Le docteur Allix aurait guéri les varices par l'emploi du
collodion, dont on recouvre le membre variqueux
(1856).

VARICOCÈLE (chirurgie). — Dilatation des veines
du scrotum. On appelle *cirsocèle*, la dilatation des veines du cordon spermatique. Ces deux maladies sont
assez fréquentes, parce que le sang qui revient par les
veines spermatiques est obligé de remonter contre son
propre poids, parce que ces veines sont mal soutenues
par les parties environnantes, enfin parce que leurs
parois ont peu d'épaisseur.

Traitement. Le varicocèle est une maladie dont on
ne guérit jamais: toutes les incommodités qu'il produit disparaissent cependant, par l'usage habituel du
suspensoir; c'est le seul moyen proposable dans cette
maladie.

VARIOLE ou PETITE VÉROLE (pathologie). — Fièvre
éruptive produite par un virus particulier (*virus variolique*), qui se communique par contact médiat ou
immédiat, ayant lieu sur la peau, par des pustules
déprimées à leur centre, remplies d'un liquide d'abord
transparent, puis trouble et purulent, qui, après
s'être desséchées, laissent des cicatrices plus ou moins
durables.

La variole débute par les accidents ordinaires de la
fièvre; il s'y joint, comme symptômes spéciaux, des
douleurs vives dans les reins et dans le dos, parfois
même dans les articulations, un mal de tête très-vio-
lent, des vomissements pendant le frisson qui marque
le début. Cet état dure pendant trois ou quatre jours.
Il s'y joint souvent alors de l'assoupissement, une
sorte de stupeur analogue à celle de la fièvre typhoïde,

et, chez les enfants, il peut y avoir du délire ou des convulsions. Bientôt (4e jour) apparaît l'éruption, qui est *discrète* ou *confluente*.

« Dans la *variole discrète* ou *bénigne*, les pustules sont éloignées les unes des autres, rouges, arrondies; elles offrent à leur sommet une vésicule remplie d'un liquide incolore ou jaunâtre, et sont entourées à leur base d'un cercle large et rouge; ces pustules laissent suinter une partie de la matière qu'elles contiennent; puis cette matière se durcit, et forme une croûte jaune et rugueuse qui brunit et finit par se détacher. La chute des croûtes a lieu vers le vingtième jour. Dans la *variole confluente*, les pustules sont très-nombreuses et très-rapprochées, surtout à la face; l'éruption est très-rapide, la tuméfaction considérable; le délire ou l'assoupissement, des vomissements, de la diarrhée, de la toux, annoncent une vive irritation cérébrale, pulmonaire ou gastro-intestinale; il se produit en même temps une salivation abondante; enfin arrive la dessiccation, qui commence ordinairement par la face. Dans les cas les plus heureux, il se forme une sorte de vaste croûte brunâtre, qui tombe du 5e au 6e jour, et qui est remplacée par des écailles qui se renouvellent plusieurs fois; mais, le plus souvent, les pustules s'ulcèrent; et ces ulcérations, altérant l'épaisseur du derme, laissent après elles des cicatrices difformes. Si la maladie doit avoir une issue funeste, il n'y a ni dessiccation ni formation de croûtes: les pustules s'affaissent rapidement, par l'effet de la résorption du pus; il survient une prostration des forces et un ensemble de symptômes adynamiques qui deviennent promptement mortels. La variole confluente emporte le tiers de ceux qui en sont atteints, elle laisse chez les autres des traces plus ou moins apparentes de son passage: déformation des traits du visage, ulcération des paupières, formation de taies sur les yeux, etc. »

La *varioloïde* est un diminutif de la variole; elle débute à peu près de la même manière; seulement les accidents sont moins graves: elle est contagieuse, comme le prouvent les exemples que nous avons cités en 1856, dans le *Journal encyclopédique*.

La *varicelle*, ou *petite vérole volante*, se manifeste par un peu de fièvre, dans certains cas même par l'éruption de petits boutons remplis de sérosité et se desséchant au bout de quelques jours, ce qui caractérise cette maladie, et a lieu sans que la santé soit troublée d'une manière appréciable.

Le traitement de la variole est *préventif* ou *curatif*.

Le traitement préventif est connu de tout le monde (vaccination). Pour le traitement curatif, si la variole est simple ou discrète, on se contente de boissons sudorifiques et adoucissantes, de lavements émollients, de bains de pieds sinapisés. Quand la variole est confluente, une saignée ou une application de sangsues au creux de la poitrine peut être utile dès le début; il faut insister sur les boissons délayantes, la diète et les dérivatifs; faire des onctions fréquentes avec de la crème, laver doucement les yeux, la bouche, les oreilles, les narines avec une décoction émolliente ou de laitue. Lorsque la maladie est parvenue à la période de suppuration, quelques praticiens percent les pustules avec

une aiguille, pour donner une issue au pus, que l'on absorbe avec une éponge fine. D'autres médecins (Bretonneau, Serres) cautérisent les pustules à mesure de leur formation (*Méthode ectrotique*).   B. LUNEL.

VAUTOUR (zoologie) [*vultur*].—Genre de rapaces diurnes qui comprend environ vingt espèces, qu'on distingue de tous les autres diurnes, à leurs yeux à fleur de tête, à leur bec long, recourbé seulement à son extrémité, à leurs ongles courts et peu crochus, à leurs ailes longues et pointues, enfin à la nudité d'une partie plus ou moins considérable de leur tête ou de leur cou.

Quoique les vautours soient généralement de forte taille, ils sont naturellement plus lâches et plus poltrons qu'on ne pourrait le croire d'après leur grandeur, parce qu'ils ont les serres courtes et peu aiguës et le bec ordinairement faible proportionnellement à sa longueur; ils se jettent plutôt sur les charognes que sur les animaux vivants, et quand ils sont contraints d'attaquer ces derniers, ils ont soin de se réunir en troupes, afin de suppléer par le nombre, au courage et à la force qui leur manquent. S'ils se montrent quelquefois courageux, ce n'est qu'à leur corps défendant, et pour repousser les attaques dont ils sont l'objet. On assure cependant que les grandes espèces, et notamment le *lammer-geyer*, le *griffon* et l'*arrian*, se jettent sur les chevreaux et les agneaux, et qu'ils font d'assez grands dégâts dans les troupeaux de chèvres et de brebis. Du reste, qu'ils vivent de charognes ou de proies vivantes, ils dévorent toujours leur curée sur place, la faiblesse de leurs serres ne leur permettant pas de l'emporter dans leur aire ou nid. Il paraît qu'ils sont tellement gloutons qu'ils se gorgent de nourriture, jusqu'à se rendre incapables de toute espèce de mouvement; le jabot est alors gonflé au point, qu'il forme une saillie énorme à la base de leur cou et fait pencher leur corps en avant. Aussi quand on les surprend dans cet état de réplétion, on peut les assommer à coups de bâton, sans qu'ils puissent s'enfuir ou se défendre. Cette voracité, jointe à l'humeur fétide qui découle continuellement de leurs narines, inspire un dégoût général pour tous les êtres de ce genre.

Bien que les vautours soient peu nombreux, ils sont cependant répandus dans toutes les parties du monde, et partout ils rendent les mêmes services, en dévorant les cadavres des quadrupèdes et des oiseaux, dont la puanteur infecterait l'atmosphère. La puissance de leur vol leur permet de se transporter facilement dans les contrées les plus éloignées, quoiqu'on remarque que chaque espèce se tient de préférence dans une région déterminée. Ils nichent sur les rochers les plus escarpés, où ils se construisent une *aire* ou plancher avec de grosses bûches placées en travers et garnies dans les intervalles d'autres branches plus petites, ainsi que de feuilles ou de mousse; le tout cimenté avec de la boue et surtout avec les excréments de l'oiseau. C'est là que selon leur taille ils déposent d'un à quatre œufs que le mâle et la femelle couvent pendant environ un mois. Ils nourrissent les petits, en dégorgeant dans leur bec, la nourriture qui a déjà subi un commencement de digestion dans leur jabot.

Quoiqu'on trouve des vautours dans toutes les parties du monde, excepté à la Nouvelle-Hollande, les espèces en sont beaucoup plus communes dans les contrées méridionales ou tempérées, que dans les pays du nord ; il paraît même qu'ils manquent complétement dans les régions polaires, ou s'ils s'y rencontrent quelquefois, ce n'est qu'accidentellement.

(*Docteur Salacroux.*)

VÉGÉTAUX (botanique). — Etres organisés, vivants, privés de la faculté de se mouvoir en totalité, qui se nourrissent et se développent au moyen de substances inorganiques qu'ils absorbent dans le sein de la terre ou au milieu de l'atmosphère.

Tout végétal provient d'un individu semblable à lui-même : il s'accroît en tirant du dehors les éléments qui le composent : il perpétue son espèce par une véritable génération, à la suite de laquelle ses parties isolées se développent de la même manière que l'être qui lui a donné naissance : enfin le plus ordinairement il périt ou meurt à une époque fixe et déterminée. Presque toutes les substances végétales sont formées d'oxygène, d'hydrogène et de carbone ; quelques-unes seulement contiennent un quatrième principe, l'azote, qui les rapproche des substances animales ; car celles-ci ne diffèrent, en général, que par ce principe des substances végétales. Voyez *Botanique* et *animal*.

VEINE (anatomie). — Conduits naturels du sang noir : elles ramènent au cœur le sang distribué par les artères dans toutes les parties du corps, et constituent par leur ensemble le *système veineux*, que l'on peut regarder comme formé de deux systèmes secondaires distincts : 1° le système veineux général, qui commence dans tous les organes par des ramuscules fort ténus, et qui finit dans le cœur par la veine coronaire et les veines caves ; 2° le système veineux abdominal, ou de la veine porte.

Les veines forment deux plans : l'un profond, qui accompagne les artères ; l'autre sous-cutané. Leurs parois, moins épaisses que celles des artères, sont composées, de même que dans ces derniers vaisseaux, de trois tuniques ; l'externe, moins dense que celle des artères, est celluleuse et intimement unie à la membrane moyenne ; la moyenne est très-mince, d'une texture lâche, et composée de fibres longitudinales, molles, rougeâtres, très-extensibles, et qui paraissent de nature musculaire ; l'interne, lisse, polie, plus extensible que celle des artères, est d'une texture filamenteuse, et se continue avec celle des cavités droites du cœur. La membrane interne forme un grand nombre de replis paraboliques, nommés *valvules*, dont le bord libre est dirigé du côté du cœur, de manière que la colonne de sang qui parcourt les veines pour se rendre à cet organe central refoule les valvules contre les parois du vaisseau, et continue son cours sans aucun empêchement ; mais que si une cause quelconque s'oppose à la marche de ce fluide et le repousse en sens contraire, les replis qui se trouvent distendus se relèvent, l'empêchent de rétrograder, et fournissent même à la colonne sanguine un point d'appui qui facilite le rétablissement de la circulation.

VÉNÉRIENNES (maladies). — Voyez *Syphilis*.

VENIN. — Liquide malfaisant que secrètent certains animaux, tels que la vipère, le scorpion, etc., qui le conservent dans un réservoir particulier, pour s'en servir comme de moyen d'attaque ou de défense. V. *Virus*.

VENT. — Courants d'air plus ou moins rapides occasionnés par les changements qui surviennent dans la pesanteur spécifique et le ressort de ce fluide atmosphérique, sous l'influence de causes qui en déplacent une portion en agissant inégalement sur quelques points de l'atmosphère. On explique la marche des *vents* soit en admettant dans le point de l'atmosphère d'où part le courant, soit en supposant une condensation dans le lieu vers lequel il se dirige : cette dernière hypothèse paraît la plus probable, puisque c'est dans les contrées les plus méridionales que le vent du nord fait d'abord sentir son action. La vitesse du vent est très-variable : lorsqu'il est à peine sensible sa vitesse est encore de près d'une 1/2 lieue par seconde ; le vent modéré parcourt, dans cet espace de temps, 1 lieue 1/2 ; un grand vent parcourt 6, 8 et jusqu'à 12 à 15 lieues ; enfin un vent d'ouragan a une vitesse de 25 à 30 lieues et plus par seconde.

VENTE (droit). — La vente, en fait de commerce, est une convention par laquelle on cède en propriété une marchandise quelconque à un autre individu qui est l'acheteur, moyennant un prix convenu et à des conditions qui font l'objet du contrat de vente.

Ce contrat est synallagmatique, c'est-à-dire qu'il renferme l'engagement réciproque entre le vendeur et l'acheteur. C'est aussi un contrat commutatif, par lequel chaque contractant a dessein de recevoir autant qu'il donne.

D'après l'article 109 du Code de commerce, la vente se contracte soit par les actes publics ou sous signatures privées, soit par les bordereaux et arrêtés des agents de change ou courtiers, dûment signés par les parties, soit par la facture acceptée, soit par la correspondance, soit par la preuve testimoniale, dans le cas où le tribunal croit devoir l'admettre.

Les agents de change et courtiers sont tenus de consigner dans leur livre, jour par jour, et par ordre de dates, sans ratures, entrelignes ni transpositions, et sans abréviations ni chiffres, toutes les conditions des ventes opérées par leur ministère.

VENTOUSE (thérapeutique). — Sorte de cloche en verre qu'on applique sur une partie quelconque des téguments, après avoir fait le vide dans son intérieur. « Pour appliquer une ventouse, on y allume un peu de papier ou d'étoupe : l'air est raréfié par la combustion ; il se forme un vide dans le vase, et son ouverture étant aussitôt mise exactement en contact avec la peau, la portion de téguments qui est ainsi soustraite à la pression de l'air atmosphérique rougit et se gonfle par l'afflux des humeurs. Si la ventouse a été appliquée sur l'orifice d'un foyer purulent, ou sur une ouverture quelconque, telle que des piqûres faites par des sangsues, etc., elle fait l'office d'une pompe aspirante, et les humeurs ou le sang s'épanchent dans le vase. Lorsque l'on veut ensuite enlever la ventouse, il

faut avoir soin de déprimer la peau avec le doigt sur un point quelconque de la circonférence du vase, pour donner accès à l'air. On applique souvent des ventouses sur des parties scarifiées, pour déterminer une saignée plus abondante: dans ce dernier cas, la ventouse a reçu le nom impropre de *ventouse scarifiée*; comme elle a reçu celui de *ventouse sèche* lorsqu'on l'applique sur une partie de la peau où il n'existe aucune solution de continuité. Le *bdellomètre* est une ventouse à laquelle sont adaptés un scarificateur, pour faire à la peau des piqûres plus ou moins nombreuses, et une pompe pour faire le vide dans l'instrument. »

VÉRATRINE (chimie). — Alcaloïde trouvé par MM. Pelletier et Caventou dans les graines de la cévadille (*veratrum sabadilla*), et dans l'ellébore blanc (*veratrum album*). La vératrine, trouvée en même temps en Angleterre, y a été désignée sous le nom de *sebadillum*. « Elle est en poudre blanche, non cristalline, fusible à 115° cent. en résine jaune; elle est extrêmement âcre; la moindre quantité provoque l'éternûment. Elle est soluble dans l'alcool et dans l'éther, insoluble dans l'eau. En se combinant avec les acides, elle fournit des sels difficilement cristallisables et d'un aspect gommeux: elle donne, par l'acide sulfurique concentré, une couleur violette pourprée: sa composition élémentaire est de: carbone, 66,75; hydrogène, 1,54; azote, 5,04; oxygène, 19,60. Sa formule est de $C^{68} H^{45} Az^2 O^6$.

VERATRUM (botanique). — Genre de plantes de la famille des joncées, auquel appartient l'ellébore blanc. La racine de l'*ellébore blanc* nous est apportée sèche de la Suisse. Elle est blanche à l'intérieur, noire et ridée extérieurement. Sa saveur, d'abord douceâtre, est bientôt amère, puis âcre et corrosive, à raison de la vératrine qu'elle contient. C'est un vomitif violent et un purgatif drastique.

VERMICELLE. — Pâte en forme de petits tuyaux minces, faite avec de la fleur de farine de froment, appelée gruau, et qui sert pour les potages. L'espèce la plus renommée se fait en Italie, et particulièrement à Gênes; mais on en fabrique aujourd'hui une grande quantité dans plusieurs villes de France, à Paris, Lyon, Marseille, Grenoble, Toulouse, Montpellier et ailleurs. Il s'en fait une grande consommation. Ce sont les épiciers qui en font le plus grand commerce.

VERRE (technologie). — Silicate de soude ou de potasse, auquel se trouvent mêlés, accidentellement ou à dessein, des silicates de chaux, de magnésie, d'alumine, de fer, de manganèse et de plomb.

« On prépare le verre en faisant le carbonate de potasse ou de soude avec un excès de sable blanc (acide silicique). Les verres ne peuvent pas être considérés comme des silicates à proportions rigoureusement définies, car l'oxygène de l'acide est à celui de la base, tantôt comme 4 : 1, tantôt comme 6 : 1; d'un autre côté, les proportions des matières étrangères qui entrent dans les verres sont très-variables:

Voici la composition des verres blancs les plus estimés.

	Verres de Nemours,	de Bohème,	de Venise.
Silice..........	72,0	71,7	68,6
Chaux..........	6,4	10,3	11,0
Potasse........	0,0	12,7	6,9
Soude.........	17,0	2,5	8,1
Magnésie.......	2,6	0,0	2,1
Alumine........	0,0	0,4	1,2
Oxyde de fer....	1,1	0,5	0,2
— de manganèse.	0,0	0,0	0,0
— de plomb.....	0,0	0,0	0,0

Verre de vitres. — Mélange de 100 parties de quartz en poudre, 35 à 40 parties de craie, 30 à 35 parties de carbonate de soude et 180,0 parties de fragments de verre. Voy. *Strass*.

Pline attribue l'invention du verre à des marchands de nitre, qui, traversant la Phénicie, s'étaient arrêtés sur les bords du fleuve Bélus pour y faire cuire leurs aliments. Ils prirent, à défaut de pierres, des morceaux de nitre pour soutenir leurs vases, et ce nitre, mêlé avec du sable, s'étant embrasé, se fondit et forma une masse transparente qui donna la première idée du verre. Quelques auteurs placent cette découverte à l'an 1450 environ avant J.-C.; d'autres, qui l'attribuent aux Tyriens, la reportent à l'an 1640 avant J.-C. Ce fut seulement sous Tibère, dit encore Pline, que l'on commença à faire du verre à Rome. A la même époque (15 ans après J.-C.), un ouvrier trouva le moyen de rendre le verre malléable. Tibère lui fit trancher la tête, sous prétexte que ce secret devait avilir le prix des métaux. En 1640, un Français fit la même découverte; et Richelieu, guidé par les mêmes motifs, le fit pourrir dans un cachot. On n'employa longtemps le verre qu'à la fabrication des vases. On ne connut les vitres que fort tard. En 1810, on inventa, à la manufacture des glaces de Saint-Gobin, un procédé pour faire le verre avec le muriate et le sulfate de soude, sans employer les alcalis.

VERS A SOIE (sériciculture). — L'insecte précieux qui nous donne la soie, a produit en domesticité un grand nombre de variétés, dont les plus répandues en France, sont la *race commune*, à cocons d'un jaune nankin, et la *race sina*, à cocons d'un blanc pur. Cette dernière race s'est tellement propagée depuis 20 ans dans nos magnaneries, que presque toujours elle est croisée avec la race commune au profit de celle-ci. En Italie, on fait un cas particulier de la race des vers à soie *à trois mues*, dont la soie est à la fois très-forte et très-fine. A l'exception de cette race, toutes les autres changent quatre fois de peau. Chaque *mue* est accompagnée d'une période d'engourdissement et d'immobilité qu'on nomme *sommeil*, et après laquelle le ver à soie se réveille en proie à un appétit dévorant, ce qui lui a fait donner dans le Midi le nom de *magnan*, qui signifie *grand mangeur*, et d'où dérivent les mots *magnanier* et *magnanerie*.

On désigne sous le nom d'*âges*, les périodes distinctes dont se compose l'existence du ver à soie, et qui séparent les mues les unes des autres. L'art du magnanier consiste à savoir bien gouverner les vers

à soie selon les exigences de ces chenilles aux différentes phases de leur existence.

Éducation des vers à soie. — 1er *âge.* Après avoir fait éclore les œufs autant que possible tous à la fois, on transporte dans des cases de papier fort les rameaux de pourrette chargés de jeunes vers récemment éclos, et l'on répand sur eux de la feuille de pourrette coupée très-mince, au moment de la distribuer. Le 1er jour, la dose est de 150 gr. pour le vers provenant de 30 gr. d'œufs, base d'après laquelle est généralement calculée la consommation des feuilles par les vers à soie. Cette quantité est donnée en 4 repas, à 6 heures d'intervalle. Ces repas ne doivent pas être égaux; les premiers sont plus faibles et les derniers plus abondants. Le 2e jour, la consommation réglée avec les mêmes soins, est de 750 gr.; le 3e jour, elle est de 1500 gr. (1 kilogr. 1/2), toujours en 4 repas dont les derniers sont toujours les plus copieux. Le 4e jour, la distribution de feuilles, toujours très-divisée, n'est plus que de 750 gr.; beaucoup de vers se disposent à dormir. A mesure qu'ils s'endorment, on cesse de leur donner à manger; la feuille hachée est répandue inégalement sur les groupes de vers qui mangent encore. A la fin du 4e jour, presque tous les vers dorment de leur premier sommeil. Le 5e jour, quelques retardataires mangent encore; 100 ou 150 gr. de feuilles leur suffisent et au delà. Le premier sommeil termine le premier âge; pendant sa durée, les vers ont eu besoin d'une température aussi égale que possible, de 24 à 25° centigrades; ils passent ordinairement cette période dans la *chambre chaude* qui a servi à l'éclosion artificielle. A la fin du premier âge, les vers ne doivent encore occuper sur les claies qu'un espace carré de 1m 30. Au moment où ils s'endorment, on doit veiller à ce qu'ils soient convenablement espacés, afin qu'ils ne dorment pas couchés les uns sur les autres.

2e *âge.* Il commence au premier réveil; on doit attendre que ce réveil soit complet pour enlever la litière, c'est-à-dire des excréments des vers mêlés aux côtes des feuilles qu'ils n'ont pas pu manger. Ce mélange fermente très-vite en répandant des gaz funestes aux vers; le *délitage* est donc une opération fort importante dans l'éducation des vers à soie. Avant de déliter, on pose sur les vers complétement réveillés, des feuilles de papier percées de trous. La feuille du premier repas de la journée est disséminée sur la surface de ces papiers dont les bords sont relevés afin de prévenir les chutes des vers. En peu d'instants, tous passent par les trous du papier et se mettent à manger. On enlève alors les feuilles de papier avec la feuille du mûrier chargée de vers, et l'on se hâte de porter au dehors la litière dès que tous les vers l'ont abandonnée. A chaque repas il faut répéter cette opération aussi souvent que cela peut être nécessaire. Dans les grandes magnaneries, on substitue aux papiers percés des filets à mailles suffisamment larges pour le passage des vers. Ces filets sont fixés aux montants qui supportent les claies étagées les unes au-dessus des autres; en les soulevant, lorsque les vers sont passés dans la feuille fraîche, on opère le

délitage aisément et rapidement, et l'on peut toujours maintenir les claies parfaitement propres. Après le premier réveil, il faut donner peu de nourriture à la fois aux vers à soie; on maintient le thermomètre centigrade à 25°. Le premier jour, la consommation se compose de 2 kilogr. 500 gr., moitié de jeunes pousses de pourrette, moitié de feuilles bien hachées. Les pourrettes chargées de vers sont disposées sur les claies recouvertes de papier fort en bandes parallèles dans l'intervalle desquelles on répand la feuille coupée. Les indications pour les repas sont les mêmes que pendant le premier âge. 2e jour : 3 kilogr. 300 gr. de feuilles; 3e jour : 3 kilogr. 600 gr.; 4e jour : 4 kilogr. 100 gr. seulement. Second sommeil. A la fin du deuxième âge, les vers de 40 gr. d'œufs occupent un espace carré de 2m 50.

3e *âge.* Les distributions consistent encore en moitié pourrette, moitié feuilles hachées moins finement que ci-dessus. 1er jour : 3 kilogr. 500 gr.; 2e jour : 10 kilogr.; 3e jour : 11 kilogr. 500 gr.; 4e jour : 6 kilogr. 500 gr. Le premier repas de ce jour doit être copieux; les trois autres le sont de moins en moins; le dernier sera très-faible; les vers s'endorment; 5e jour : 3 kilogr. 500 gr. seulement pour le peu de vers qui ne sont pas encore endormis. A la fin du troisième âge, les vers occupent sur les claies environ 5m 50. Durant cette période qui se termine par le réveil le sixième jour, la température a dû être maintenue très-égale à 20 ou 22° centigrades. Si la température extérieure est humide et fraîche, on allumera dans les cheminées de la magnanerie un feu clair alimenté par des broussailles, moins pour échauffer le local que pour activer la ventilation; les vers à soie en éprouveront un bien-être très-sensible.

4e *âge.* Le 1er jour : 4 kilogr. 400 gr. de jeunes rameaux de mûrier et 7 kilogr. 100 gr. de feuilles, de moins en moins finement coupées. On commence à mettre sur une claie séparée les vers retardataires qui s'éveillent après les autres et ne pourront plus désormais suivre ces derniers dans leurs progrès. Souvent, quand ils ne sont pas nombreux, on les sacrifie sans regret, car ils donnent plus d'embarras que de bénéfices. Le 2e jour, 18 kilogr. 500 gr.; le dernier repas doit être le plus copieux; 3e jour, 26 kilogr. 500 gr.; 4e jour, 30 kilogr.; le dernier repas de ce jour doit être le plus faible; 5e jour, 15 kilogr., premier repas abondant, les autres de plus en plus faibles : les vers s'endorment; 6e jour, 3 kilogr. 500 gr. pour le peu de vers qui ne dorment pas : sommeil général. Les vers à ce moment couvrent sur les claies un espace de 12 mètres carrés. Le réveil a lieu le 7e jour. Pendant tout le 4e âge, les vers ont dû être fréquemment délités, les claies nettoyées à fond et l'air maintenu par une bonne ventilation, sous l'empire d'une température moyenne de 20°. C'est pendant cette période qu'on doit commencer à faire usage des fumigations de chlore ou de chlorure de chaux, pour combattre l'effet pernicieux des émanations provenant de la transpiration des vers à soie eux-mêmes, de leurs déjections et de la fermentation de la litière.

5e *âge.* C'est celui de la grande voracité des vers; il

se divise en deux périodes distinctes. 1er jour : à leur réveil, on peut leur distribuer la feuille sans la couper ; il leur en faut 21 kilog. ; 2e jour, 33 kilog.; 3e jour, 47 kilog. ; 4e jour, 65 kilog.; 5e jour, 93 kilog.; 6e jour, 112 kilog.; 7e jour, 107 kilog.; 8e jour, 75 kilog.; à dater de ce jour, le dernier repas doit toujours être le plus faible : on commence à distribuer la meilleure feuille, celle des plus vieux mûriers qu'on s'est abstenu de dépouiller jusqu'à ce moment. 9e jour, 61 kilog. ; 10e jour, 28 kilog. seulement. Il arrive quelquefois que les vers mangent encore pendant un jour ou deux, et que le 5e âge, au lieu de se terminer en 10 jours, dure 11 ou 12 jours. Ils occupent alors une surface de 28 mètres carrés sur les claies. Bien que la règle des 4 repas de 6 heures en 6 heures ait dû continuer à être observée, il faudra néanmoins pendant tout le 5e âge, et si les vers ont rapidement consommé l'un de leurs repas principaux, leur distribuer dans les intervalles une ration légère ; pour ne pas les laisser souffrir de la faim ; car si le jeûne, au début de l'éducation ne compromet pas le résultat, le jeûne même passager pendant le 5e âge, nuit sensiblement à la formation de la soie. La seconde période du 5e âge commence ; les vers sont arrivés à leur maturité ; ils montent encore sur les feuilles, mais sans chercher à les entamer ; leurs anneaux se rendurcissent, la peau se ride légèrement ; ils redressent la tête et commencent à errer en traînant après eux un fil de soie, cherchant un lieu convenable pour faire leur cocon. C'est alors qu'il faut s'empresser de *cabaner*. Le *cabanage* consiste à fixer sur le bord des claies des branches de grandes bruyères, de genêts ou d'autres arbustes, dont on a fait provision d'avance ; ces rameaux se joignent par le sommet en formant, au-dessus des claies chargées de vers, de longues arcades. Les rameaux du cabanage ne doivent pas se toucher latéralement, de manière que la *monte* des vers à soie se fasse, autant que possible, sans encombre et sans obstacle. On les voit en effet monter le long des rameaux du cabanage et commencer à s'y fixer par des fils au centre desquels ils vont s'enfermer dans leur cocon ; la monte termine le 5e âge ; on donne encore quelques feuilles aux retardataires pour lesquels selon leur nombre, des rameaux sont disposés dans les intervalles du cabanage. Des rameaux sont aussi posés horizontalement pour les vers faibles qui, sans avoir la force de monter, font cependant un cocon tel quel.

6e âge. Il se compose du temps que les vers mettent à faire leurs cocons qui sont ordinairement finis en 3 ou 4 jours ; mais comme tous ne montent pas à la fois, on ne récolte les cocons que le 7e ou le 8e jour au plus tôt, en commençant par les cocons des vers qui sont montés les premiers. C'est ce qu'on nomme *décoconner*, et cette opération doit être faite avec beaucoup de soin et de propreté. Les vers provenant de l'éclosion de 30 gr. d'œufs donnent en moyenne 50 kil. de cocons. Dans les petites éducations, la moyenne peut dépasser ce chiffre et atteindre 75 kilog. de cocons pour 30 gr. d'œufs éclos ; mais c'est au prix de soins minutieux, continués pour ainsi dire nuit et

jour, et qu'il serait difficile d'obtenir dans les magnaneries où l'on opère en grand.

Lorsque les cocons ont été retirés des bruyères ou des filets où on les a fait monter, le premier soin à prendre, c'est de séparer les bons d'avec les mauvais. Après avoir mis à part les cocons les plus beaux pour en obtenir de la graine, on jette tous ceux qui sont tachés ou dont le ver est mort, ainsi que les cocons doubles, c'est-à-dire qui sont formés par deux vers réunis ; ces derniers ne donnent jamais qu'une soie grossière. On sépare également les cocons satinés de ceux qui ne le sont pas, afin de classer les soies et aussi parce que les cocons satinés demandent un degré de chaleur plus tempéré pour l'eau de la bassine où l'on doit les tremper.

Si l'on ne procède pas immédiatement au dévidage de la soie, il faut, avant tout, faire mourir le ver qui ne tarderait pas à percer sa coque et à couper ainsi tous les brins de la soie qu'il ne serait plus possible de filer. L'étouffage des vers au moyen d'un four ou d'une étuve sèche, a toujours l'inconvénient si la chaleur est forte d'altérer la qualité du brin, et, si elle ne l'est pas assez, il peut se faire que le ver ne meure pas ; l'étouffage à la vapeur est moins coûteux et réussit toujours parfaitement : il suffit de placer les cocons sur un tamis de toile métallique, et de suspendre ce tamis dans une chaudière fermée et remplie à moitié d'eau bouillante.

Quant au dévidage, voici comment on procède : Les cocons triés ou étouffés sont jetés dans une bassine dont l'eau est portée, suivant les qualités, à une température de 80 à 90°. On agite les cocons avec un petit balai de brins de bouleau, on les réunit au nombre de 3 ou 4 au moins, et de 15 ou 20 au plus, de manière à former un fil plus ou moins fort, que l'on porte sur le *tour à dévider*. Le soin de ne mettre qu'une petite quantité de cocons à la fois dans la bassine, de manière qu'ils n'y séjournent pas trop longtemps, donne une soie plus brillante, plus claire et plus nerveuse. Il est bon aussi de placer les cocons dans un endroit humide 24 heures avant de les filer. Enfin on doit employer de préférence de l'eau de rivière, et, si l'on ne peut se procurer que de l'eau de source, il faut avoir la précaution de l'exposer quelque temps au soleil avant de s'en servir. La soie ainsi obtenue constitue la *soie grège*. Pour être employée dans le commerce, la soie doit subir diverses opérations, telles que le *décreusage*, le *moulinage*, etc., qui sont exclusivement du ressort de l'industrie.

Les vers à soie sont exposés à un grand nombre de maladies produites presque toutes par l'état de contrainte tout à fait artificiel dans lequel on les élève. Des soins assidus, une alimentation régulière, une propreté minutieuse sont les moyens les plus propres à prévenir ces maladies. Cependant, ils ne suffisent pas toujours pour écarter les causes trop fréquentes de mortalité qui déciment les vers à soie. En premier lieu, il ne faut employer que de la graine d'excellente qualité. La présence de la *morfondue*, c'est-à-dire de la graine dont le germe a péri, est toujours nuisible aux vers qui éclosent auprès d'elle. L'excès ou le dé-

faut de chaleur suffisante pendant la période d'incubation fait périr un grand nombre de vers: la *brûlée*, le *rouge*, le *gras*, ou *grasserie*, la *touffe*, etc., n'ont pas souvent d'autres causes. Ces diverses maladies étant la plupart du temps incurables, le mieux est de détruire sur-le-champ les vers qui en sont atteints. En effet, si les vers résistent à la maladie et parviennent à subir leurs diverses mues, ils ne donnent pas de cocons ou bien ceux qu'ils produisent-sont sans valeur. Les *menuailles*, les *vers courts*, les *passés* ou *flétris*, les *arpians*, qui ont traîné leur existence au delà de la deuxième mue, ceux qui sont atteints de la *luzette* ou *clairette*, c'est-à-dire qui deviennent comme transparents, après la quatrième mue, doivent être rangés dans cette catégorie. La *dyssenterie* à laquelle les vers à soie sont souvent sujets, provient surtout de la mauvaise qualité des feuilles de mûrier dont on les nourrit. Il faut se garder de leur donner des feuilles atteintes de la *miellée* (*Voyez* ce mot). Quant à la *muscardine*, fléau des magnaneries, et à la *gâtine*, voyez ces deux mots.

Depuis quelques années, on a tenté d'introduire en Europe deux vers à soie des Indes, dont l'un le *Bombyx cinthya*, vit sur la feuille du ricin ou palma-christi, et l'autre le *Bombyx Mylitta* ou *ver à soie Tussah*, vit sur celle du chêne. Après de nombreux essais tentés en France et en Algérie, on n'a encore obtenu avec le *Cynthia* que des résultats peu satisfaisants; la soie qu'il donne est cassante, et les produits ne couvrent pas les frais de l'éducation. Le *Mylitta* fournit une soie grossière, mais solide et très-abondante; le papillon, très-volumineux, ne perce pas son cocon pour sortir comme celui du ver à soie du mûrier; il en écarte adroitement les fils pour s'ouvrir un passage, de sorte que les cocons desquels les papillons du Mylitta sont sortis ont autant de valeur que les autres. Malheureusement le Mylitta paraît être d'un tempérament délicat; il est très-sensible au moindre refroidissement et difficile à élever; il n'a pas, jusqu'à présent, pris place à côté du ver à soie du mûrier, le seul qui produise avec certitude et facilité de belle et bonne soie, quand son éducation a été bien conduite. La *Société impériale-zoologique* a proposé un prix pour l'acclimatation accomplie en France d'une nouvelle espèce de ver à soie produisant de la soie bonne à filer.

(BELÈZE, *Dict. de la vie pratique*.)

VERSIFICATION (littérature). — Art qui enseigne les règles à suivre pour faire correctement les vers. Le langage tel que les hommes le parlent pour les besoins ordinaires de la vie est ce qu'on appelle de la *prose*; mais lorsqu'il s'agit d'exciter des émotions profondes ou d'inspirer des sentiments élevés, on se sert de mots recherchés, la parole est accentuée, la phrase cadencée, le ton musical; cette manière de communiquer sa pensée a reçu les noms de *vers* et de *poésie*.

Les vers se composent d'un nombre déterminé de syllabes, arrangées selon certaines règles adoptées par les meilleurs écrivains et sanctionnées par le goût. Elles ont pour but de rendre le style agréable par la coupe des phrases, le choix et la rencontre des sons, l'emploi ou le rejet de certains mots.

La poésie est le style dans lequel doivent être écrits les vers; style relevé par les termes choisis et par des images qui donnent à l'expression de la force ou de l'intérêt, selon que l'auteur veut être pathétique ou touchant.

La dénomination de *vers* s'applique par conséquent plutôt aux mots qu'aux idées, et celle de poésie se rapporte spécialement aux pensées et à la manière de les exprimer.

On dit que des vers sont sans poésie lorsqu'ils manquent de chaleur et d'élévation: mais c'est à tort qu'on a donné le nom de poëmes à des ouvrages en prose tels que le *Télémaque* de Fénelon et l'*Atala* de Châteaubriand. Tout en reconnaissant le mérite éminent du style dans lequel ces livres sont écrits, on doit se ranger de l'avis de Voltaire qui pense que la versification et la poésie sont inséparables.

C'est aussi l'opinion de La Harpe. Afin de prouver la supériorité de la rime sur la prose, ce critique judicieux, dans son *Cours de littérature* donne pour exemple un passage d'Homère imité par Virgile et par Cicéron.

En voici la traduction en prose:

Ainsi l'on voit le satellite ailé de Jupiter qui tonne du haut des cieux, l'aigle blessé de la morsure d'un serpent, qui, du tronc d'un arbre s'est élancé sur lui: il s'en empare avec ses serres cruelles, et perce le reptile, qui succombe en menaçant encore par les mouvements de sa tête; l'aigle le déchire tandis qu'il se replie, il l'ensanglante à coups de bec, et, assouvi enfin et satisfait d'avoir vengé ses cuisantes douleurs, il le rejette expirant, en disperse les tronçons dans les eaux du fleuve, et s'envole vers le soleil.

Voilà maintenant l'imitation en vers:

Comme on voit cet oiseau qui porte le tonnerre,
Blessé par un serpent élancé de la terre:
Il s'envole, il emporte au séjour azuré
L'ennemi tortueux dont il est entouré,
La sang tombe des airs; il déchire, il dévore
Le reptile acharné qui le combat encore.
Il le presse, il le tient sous ses ongles vainqueurs;
Par cent coups redoublés il venge ses douleurs.
Le monstre en expirant se débat, se replie;
Il exhale en poisons les restes de sa vie;
Et l'aigle tout sanglant, fier et victorieux
Le rejette en fureur et plane au haut des cieux.

Qui ne sent, en effet, à la simple lecture de ce passage, combien la version rimée l'emporte sur l'autre.

Tout le monde sait que la versification française est excessivement difficile et il a suffi qu'on ait cru en trouver la cause dans une prétendue pauvreté de la langue pour que cette erreur s'accréditât.

En présence des chefs-d'œuvre innombrables que les littérateurs français ont produits depuis Malherbe jusqu'à nos jours, on est forcé d'avouer que la difficulté n'est pas insurmontable.

Le théâtre français, riche de tragédies et de comédies dont la perfection excite l'admiration de l'Europe, suffirait pour combattre l'opinion de ceux qui accusent la langue de stérilité; mais n'avons-nous pas, dans tous les genres, des auteurs irréprochables? qui oserait nier la charmante simplicité des fables de La Fontaine;

la pureté de diction et de rhythme des épitres et de l'art poétique de Boileau, le style plein de sarcasme et d'esprit de Voltaire, le tour facile et gracieux de Delille; Malherbe, Rousseau, Gresset, Demoustier, Béranger, Casimir Delavigne et bien d'autres, dont l'énumération serait trop longue, n'ont-ils pas fait aussi des chefs-d'œuvre, dans des genres différents.

Si l'on compare la prose à un paysage parsemé de bouquets d'arbres, varié de champs cultivés ou agrestes, la poésie nous représentera un parc dans lequel les arbres sont taillés et rangés en allées; des statues de marbre blanc placées de distance en distance, varient la perspective et réveillent des souvenirs; aucune herbe sèche, aucune branche morte ou cassée par l'ouragan ne vient attrister les yeux; la terre, soigneusement nettoyée, ne nous présente, dans les massifs de fleurs disposés avec art, que de riches tapis sur lesquels brillent à l'envi des broderies où l'or, l'argent, le rubis, le saphir, l'émeraude, la topaze sont répandus avec un goût exquis. C'est toujours la nature: mais d'un côté elle est simple, belle par hasard; de l'autre, elle est rehaussée par le génie et nous montre à la fois toutes ses richesses.

On se forme le goût, en lisant les bons poëtes, mais le génie poétique ne s'acquiert point; c'est un don du ciel et l'étude ne saurait le procurer; un traité de versification ne peut donc être autre chose qu'un recueil d'observations sur le rhythme et sur le ton qui affectent nos sens extérieurs; quant à celui qui convient au sens intérieur ou intellectuel, il est du domaine de l'imagination et indéfinissible comme elle.

De la mesure. — On entend par *mesure* le nombre de syllabes dont chaque vers est composé.

Il y a des vers d'une, de deux, de trois, de quatre, de cinq, de six, de sept, de huit, de dix et de douze syllabes.

Ces nombres servent en outre de dénomination aux vers; ainsi on dit vers d'une syllabe, vers de huit syllabes, etc.

Les vers de douze syllabes ont aussi reçu le nom d'*hexamètres*, expression qui veut dire *six pieds*; en effet, le pied est de deux syllabes. On les nomme encore vers *Alexandrins*, soit parce que le premier poëte qui en ait fait usage s'appelait *Alexandre*, soit parce que cette mesure a été employée la première fois dans un poëme du xiiᵉ siècle, intitulé *Alexandre*.

Avant de chercher à faire des vers, on doit s'exercer à *scander* ceux de nos bons auteurs, c'est-à-dire à marquer sur les doigts le nombre de pieds qu'ils contiennent. Cet exercice a la plus grande analogie avec la méthode adoptée par les musiciens pour battre la mesure; ils font deux mouvements pour une mesure à deux temps; trois pour une mesure à trois temps; quatre pour une mesure à quatre temps. Les vers qui sont à la parole ce que la musique est au son, forment aussi des mesures de six pieds, de quatre pieds, etc.

Voici une pyramide composée de deux vers de chaque
VIII.

mesure : elle est extraite de la *Versification française*, publiée à la librairie classique de madame veuve Maire-Nyon, quai de Conti, par l'auteur de cet article. C'est le travail le plus nouveau et le plus complet qui existe en ce genre.

1 syllabe................	Vous
	Tous,
2....................	Poëtes,
	Ah! faites
3..................	Que vos chants,
	Attachants,
4.................	Aillent à l'âme
	En jets de flamme!
5...............	Qu'en tous vos écrits
	Les mots soient compris.
6............	Si vous peignez la guerre,
	Que le bruit du tonnerre
7..........	Nous semble au loin résonner
	Et nous fasse frissonner.
8........	Du lecteur conquérez l'estime
	En sachant varier la rime;
10.....	A la césure arrêtez bien le sens;
	Soyez surtout sobres d'enjambements;
12...	Fuyez le prosaïsme; observez la mesure,
	Et vos écrits vivront autant que la nature.

Prosodie. — Par ce moyen on apprendra la véritable prosodie de chaque mot, on reconnaîtra que la diphthongue *ieux*, par exemple, n'est que d'une syllabe dans *cieux*, *lieux*, tandis qu'elle en forme deux dans *audacieux*, *envieux*.

> Lisant ses vers audacieux
> Faits pour les habitants des cieux.

> Laisse gronder ces envieux,
> Ils ont beau crier en tous lieux.

Plusieurs diphthongues offrent cette différence de prosodie. Le tableau suivant en donne des exemples.

Diphthongues.	Mots où elles sont de deux syllabes.	Mots où elles ne forment qu'une syllabe.
IA	diadème	diable
	diamant	familiarité
	médiateur	fiacre
	négociateur	liard
	spoliation	
IAI	biais	biai
	biaiser	biaiser
	confiai	
	déliai	
	étudiai	
	mariai	
	niais	
IAU	bestiaux	
toujours de deux syllabes.	impériaux	
	miauler	
	provinciaux	
IAN	étudiant	viande
toujours de deux syllabes, excepté *viande*.	fortifiant	
	liant	
	priant	
	riant	
IÉ	confier	altière
	crié	amitié
	délier	ciel
	étudier	coursier
	humilié	fièvre
	inquiétude	litière

6

Diphthongues.	Mots où elles sont de deux syllabes.	Mots où elles ne forment qu'une syllabe.
	marié	papier
	marier	pièce
	matériel	pieds
	piété	pierrot
	prière	rivière
	riez	troisième
	satiété	vieillard

Diphthongues.	Deux syllabes.	Une syllabe.
IEN prononcé ian. prononcé iin.	client	
	comédien	bien
	gardien	chien
	grammairien	chrétien
	historien	mien
	lien	rien
	magicien	sien
	musicien	tien
	et tous les mots analogues.	viens
HIER à volonté.	hier	hier
	lier	altier
	crier	sentier
	meurtrier	
	sanglier	
IEU	toujours 2 syllabes.	excepté.
	ambitieux	adieu
	essieu	cieux
	ingénieux	dieu
	mélodieux	épieu
	mystérieux	essieu
	odieux	lieu
	précieux	lieutenant
	sérieux	mieux
		milieu
		pieu
		vieux
		yeux
IEUR	antérieur	essayeur
	crieur	payeur
	ingénieur	
	prieur	
	supérieur	
IO	diocèse	fiole
	Diogène	pioche
	violent	
	violon	
ION toujours de 2 syllabes dans les substantifs et dans les verbes où cette diphthongue est précédé d'un r et d'une autre consonne, comme *nous voudrions.* D'une syllabe dans les verbes quand elle ne vient pas après un r précédé d'une autre consonne. Exemple : *nous chantions.*	action	allassions
	condition	allions
	fraction	chantions
	lion	marchions
	oppression	serions
	publions	sortions
	religion	venions
	spoliation	vinssions
	union	
OIN toujours d'une syllabe.		appoint
		appointer
		besoin
		coin
		soin

Diphthongues.	Deux syllabes.	Une syllabe.
OO	alcool	Laocoon
	Booz	
OUE	avouer	fouet
	jouet	fouetter
	louer	
OE	2 syllabes seulement dans	d'une syllabe dans les autres mots.
	poëme	coeffe
	poëte	moelle
	poésie	
OI toujours d'une syllabe		emploi
		loi
		roi
		voilà
OUI	éblouit	bouis
	épanoui	oui
	évanoui	
	jouisse	
	Louis	
UAI	sanctuaire	
UE	attribuer	
	duel	
	suer	
	tuer	
UEU	fastueux	
	majestueux	
	respectueux	
UI	bruine	aiguiser
	fluide	appui
	ruine	autrui
		celui
		déduire
		construire
		fruit
		fuir
		suivre

On trouve dans Meynard ce vers : *Fuir l'éclat et devenir ermite*, dans lequel *fuir* est de deux syllabes; aujourd'hui ce mot n'en forme plus qu'une.

Élision. — L'e muet s'élide, c'est-à-dire qu'il ne compte pas dans la mesure des vers quand il est suivi d'un mot commençant par une *voyelle* ou par une *h* muette : il s'élide toujours à la fin des vers. Dans ceux-ci :

Lorsque la troisième heure aux prières rappelle,
Retrouvez-vous au temple avec le même zèle.

L'expression *troisième*, qui est de trois syllabes, ne compte que pour deux à cause du mot heure qui vient après. *Heure* et *temple*, de deux syllabes chacun, n'en valent qu'une parce qu'ils sont suivis d'un *a*; enfin, dans les mots *rappelle* et *zèle* la syllabe le se contracte avec la précédente. Ces deux vers sont donc de six pieds l'un et l'autre, quoique le premier contienne en réalité quinze syllabes et le second quatorze.

Le mot *le* quand il est régime d'un verbe, ne saurait, sans blesser l'oreille, être placé avant un mot commençant par une voyelle. Ainsi on ne doit pas dire :

Accordez-le à mes vœux, accordez-le à mes crimes.

Il n'en est pas de même du mot *ce*, et le vers suivant est bon :

Est-ce à moi de prier quand c'est moi qui pardonne?

On a quelquefois reproché à la langue française d'être guindée ; peut-être devrait-on, en effet, être moins rigoureux sur les règles ; M. de Clermont-Tonnerre, dans le couplet suivant donne l'exemple d'une élision de bon goût et qui pourrait être imitée :

> Pour cet ingrat, n'ai plus de charmes,
> Me faut plorer toutes mes larmes;
> Il a délaissé sans retour
> Petite
> Celle à qu'il jurait l'autre jour
> Amour.

La syllabe formée par l'*e muet* suivi de *s* ou de *nt* se compte dans le corps du vers, tandis qu'elle est toujours nulle à la fin. Exemple :

> Les peuples à ses pieds mettent les diadèmes
> Aux remparts de la ville ils fondent, ils s'arrêtent.

Dans ces vers *peuples, mettent, fondent, s'arrêtent*, forment deux syllabes et *diadèmes* en fait trois.

Pour imiter la manière de parler des gens de la campagne, on fait souvent, dans les couplets de vaudevilles et dans les chansons villageoises, des élisions que n'admettent pas les pièces d'une autre nature. En pareil cas, les lettres qui ne doivent pas être prononcées sont supprimées et remplacées par une apostrophe. Exemple :

> Je r'grettais toujours mon pays
> Dans l' commenc'ment d' not' mariage ;
> Vous cherchiez, galant et soumis
> A m' faire oublier mon village :
> Serment par ci, caress' par là
> Me plaire était voir' seule étude,
> Et v'là qu' vous m' fait' quitter tout ça
> A présent qu' j'en ai l'habitude.

Vers de six pieds ou Alexandrins.

> Je chante ce héros qui régna sur la France
> Et par droit de conquête, et par droit de naissance,
> Qui par de longs malheurs apprit à gouverner,
> Calma les factions, sut vaincre et pardonner.

Vers de cinq pieds.

> Non loin du port, au couchant de la ville,
> Du fond des eaux parait sortir une île,
> Un triste écueil, un rocher menaçant ;
> L'onde en courroux, s'y brise en mugissant.

Vers de quatre pieds.

> Hélas ! en guerre avec moi-même,
> Où pourrais-je trouver la paix !
> Je veux, et n'accomplis jamais,
> Je veux, mais, ô misère extrême !
> Je ne fais pas le bien que j'aime
> Et je fais le mal que je hais.

Vers de sept syllabes.

> N'affectez point les éclats
> D'une vertu trop austère :
> La sagesse atrabilaire
> Nous irrite et n'instruit pas.
> C'est à la vertu de plaire ;
> Le vice a bien moins d'appas.

Vers de six syllabes.

> Il en est temps encore,
> Céphale, ouvre les yeux.
> Le jour plus radieux
> Va commencer d'éclore,
> Et le flambeau des cieux
> Va faire fuir l'aurore.

Vers de cinq syllabes.

> Jupiter lui-même
> Doit être soumis
> Au pouvoir suprême
> Des enfers unis.
> Ce dieu téméraire
> Veut-il, pour son fils,
> Détrôner son frère ?

Vers de quatre syllabes.

> Rien n'est si beau
> Que mon hameau.
> O quelle image !
> Quel paysage
> Fait par Vateau !

Vers de trois syllabes.

> Non, jamais
> Cet empire
> Ne respire
> Que la paix.

Vers de deux syllabes.

> Le plus beau de son caractère,
> C'est qu'il est l'appui de sa mère,
> Il a su calmer sa douleur
> Amère,
> En lui procurant le bonheur
> Du cœur.

Vers d'une syllabe.

> Mon kyrié, mon crédo,
> C'est la clef du caveau,
> Oh !

Les vers d'une, de deux et de trois syllabes ne peuvent servir qu'en les mêlant avec d'autres plus longs; employés seuls, ils n'ont aucune harmonie.

Comme on le voit par les exemples ci-dessus, chaque vers s'écrit sur une ligne, et on commence d'autant plus à droite que le vers est plus court.

Du repos. — La diction, dans les vers, doit être partagée en périodes et en phrases comme dans la prose ; mais indépendamment des *repos* qui séparent ces divisions du discours, les vers en admettent deux autres appelés *césure* et *repos final.*

Césure. — Dans les vers alexandrins, le sens doit permettre un léger arrêt après le troisième pied, cette suspension est la *césure* et le vers se trouve ainsi divisé en deux parties appelées hémistiche, chacune de trois pieds.

Dans les vers de dix syllabes, la césure est après la quatrième syllabe ; le premier hémistiche est donc de deux pieds et le second de trois. Exemples :

Le ciel avec la barbe a voulu nous former,
C'est lui faire un affront que de la supprimer.

Dans un quartier des plus beaux de Paris,
Place Vendôme, était un heureux couple.

La césure est après *barbe, affront, quartier, Vendôme*, et on reconnaît qu'elle est bonne, à ce que les hémistiches qui se terminent à ces mots forment un sens indépendant en quelque sorte de ce qui suit. C'est par l'oreille que le poëte doit s'assurer si la césure est régulière. Voici néanmoins quelques règles qui pourront guider les commençants :

1° La césure serait mauvaise si le dernier hémistiche changeait le sens du premier, lu séparément, comme dans ce vers :

Séjan fit *tout* trembler jusqu'à son maître.

Parce qu'en lisant *Séjan fit tout*, on semble exprimer que Séjan a tout fait, tandis que le vers entier indique que *Séjan a fait trembler tout*; ce qui est bien différent.

2° Il est évident aussi que la césure ne pourrait se trouver au milieu d'un mot, simple ou composé; ainsi on ne pourrait dire :

Les ténèbres ne pourront jamais te comprendre,

parce que la sixième syllabe *pour*, ne finissant pas le mot, il est impossible d'y faire une pause : mais dans

Les ténèbres jamais ne pourront te comprendre,

on peut s'arrêter après *jamais* et le vers est bon.
On reconnaîtra de même que la dernière des deux phrases ci-après peut seule former un vers régulier :

Il va comme le *cerf*-volant braver la foudre.
Comme le cerf-*volant* il va braver la foudre.

3° L'article ne formant un sens qu'avec le substantif qui s'y rapporte, ne doit pas terminer un hémistiche. Le vers suivant est donc mauvais :

Je fus témoin de *la* fureur qui l'animait.

4° Il en est de même des pronoms *ces, cet, dont, laquelle, lequel, ma, mes, mon, que, quel, sa, son*, et autres semblables, et on ne pourrait pas dire :

Le prélat, d'une voix conforme à son malheur
Leur confiait en *ces* mots sa juste douleur.
La jeunesse sur *son* visage en sa fleur brille.
Voilà le héros *dont* le courage est si grand.
Nous devenons le *sien*, elle nous brave.

5° La même règle s'applique aux pronoms personnels, ainsi on ne doit pas construire des vers comme ceux-ci :

La sombre douleur qu'*il* ressent de ce trépas.
Songeons que la mort *nous* surprendra quelque jour.

6° L'adjectif ne peut être séparé par la césure du substantif auquel il se rapporte, comme dans ces vers :

S'il pouvait de ce *lieu* suprême s'approcher
Pour répandre de *vains* sanglots sur le rocher?

Mais lorsque plusieurs adjectifs se suivent, on peut faire une pause avant de les prononcer et ils n'empêchent pas la césure. Exemples :

Sapho, les yeux en pleurs, errante, échevelée,
Frappait de vains sanglots la rive désolée.

Comment ces courtisans doux, enjoués, aimables,
Sont-ils dans les combats des lions indomptables?

Ce dieu nous l'avons fait injuste, vain, jaloux,
Séducteur, inconstant, barbare comme nous.

7° La plupart des adverbes, ceux surtout qui ne sont que d'une ou de deux syllabes, tels que : *ainsi bien, fort, mal, mieux, plus, très, trop*, etc., ne doivent pas non plus être séparés par la césure des adjectifs ou des verbes auxquels ils se rapportent. Comme dans

Si tout se passe *ainsi* l'affaire est faite.
Il *désira* bien peu, n'eut jamais rien.
Pour combattre il *fallait* bien montrer du courage !
Ce jargon n'est pas *fort* nécessaire, me semble.
Du trône il n'avait *pas mal* sapé les appuis.
Nous verrons qui tiendra *mieux* parole des deux.

Quand les adverbes sont longs, ils peuvent souvent se mettre dans un autre hémistiche que les mots dont ils forment le complément. Exemple :

Condé, Danoi volaient *fièrement* au péril.
Gilotin *prudemment* rappelle le prélat
Le vieillard *humblement* l'aborde et la salue
En faisant avant tout briller l'or à sa vue.
Mais pourquoi *vainement* t'en retracer l'image ?
Tu le connais assez, Ariste est ton ouvrage.

Remarque. La césure est bonne lorsqu'elle vient après un adverbe placé avant le verbe, tandis qu'elle serait presque toujours mauvaise, si elle était entre le verbe suivi de l'adverbe. Ainsi elle ne vaut rien dans

Non, Rodrigue n'*aura jamais* cet avantage.
On le vit *revenir aussitôt* du combat;

tandis qu'elle est bonne dans

Non, Rodrigue *jamais n'aura* cet avantage.
On le vit *aussitôt revenir* du combat.

8° Le verbe *être* ne peut se mettre à la césure quand il est suivi immédiatement d'un adjectif, comme dans

Ses enfants *sont riches* de ses épargnes,

9° On ne doit pas non plus séparer par la césure les verbes auxiliaires lorsqu'ils précèdent immédiatement un participe passé.

L'affreux reptile *avait fait* un bond de vingt pieds.
Le maître autel *était orné* de fleurs nouvelles.
Ainsi que vous *j'avais été* voir le monarque.

10° Une préposition et son régime ne peuvent être partagés par la césure. Exemple :

Peut-être encor qu'*avec toute* ma suffisance
Votre esprit manquera dans quelque circonstance.
Moi vous revoir *après ce* traitement indigne!
Je l'aime encor *malgré* ses infidélités.

11° Les locutions conjonctives telles que *afin de, aussitôt que, avant que de, encore que, tandis que,* etc., ne sauraient être coupées par la césure. On ne pourrait donc pas dire en vers :

Quoi, vous fuiez *tandis que* vos soldats combattent!

12° Deux verbes, ou un verbe et un substantif qui forment un sens indivisible ne doivent pas être séparés par la césure. Ces vers sont donc mauvais :

On ne m'a jamais *fait apprendre* que mes heures.
Oui le ciel a trop *pris plaisir* de m'affliger.
Si bien que les *jugeant morts* après ce temps-là
Il vint en cette ville et prit le nom qu'il a.
Je ne dois *pas* prétendre à tant de gloire.

13° Toutes les fois que le premier hémistiche d'un vers finit par un *e muet,* l'hémistiche suivant doit commencer par une voyelle ou une *h muette* afin que l'*e muet* soit élidé. Dans ces vers :

Voulez-vous de la foule obtenir les suffrages
D'un masque véridique habillez les visages.

L'*e* de *foule* et celui de *véridique* ne se prononcent pas, et les vers sont bons.
Hors ces deux cas, la césure ne doit jamais tomber sur un *e muet,* qu'il soit seul ou suivi de *s* ou de *nt.* Ainsi les phrases suivantes ne sont pas des vers :

Ce que l'*homme* chérit le plus, c'est l'or.
Toutefois la *table* sans superfluité.
Déjà deux servantes largement souffletées.
Dès lors ils vécurent tous deux à l'aventure.

Les vers de moins de dix syllabes n'ont pas de césure; mais on doit y ménager des repos, qui, arrivant de temps en temps dans le corps du vers, rompent l'uniformité que le repos final occasionnerait.
Repos final. — Les observations qui viennent d'être faites à l'égard de la césure, excepté celles qui concernent l'*e muet* (13°), sont applicables au repos final, car le sens doit permettre de faire une légère pause à la fin des vers, autrement ils n'auraient pas de mesure; ce ne serait que de la prose rimée; comme on peut le remarquer dans les exemples ci-dessous.

Il faut bien peu pour me contenter, mais
Il faut pourtant quelque chose pour vivre.

Non, ce n'est pas la faim qui nous a fait
Sortir du lieu qui nous donna naissance
A tous les trois, car chacun y trouvait
Toujours de quoi suffire en abondance
A ses besoins, et dans nos appétits
Gloutons, les gros mangeaient les plus petits.

Nageant de mer et de rivière
En fleuve, ici d'une manière
Adroite, on nous vit arrêtés
Par des pêcheurs, et transportés
Chez le seigneur.

Il bâtit un magnifique
Palais où l'ordre ionique
Règne avec tant d'agrément
Qu'on l'admire justement.

De pareils vers sont insupportables; on ne peut les lire sans que les nerfs en soient affectés péniblement. C'est qu'en effet on ne saurait placer au commencement d'un vers des mots qui sont tout à fait inséparables de la fin du vers précédent, comme dans les expressions, *mais il faut, a fait sortir, donna naissance à tous les trois, trouvait toujours, abondance à, appétits gloutons, de rivière en fleuve, manière adroite, arrêtés par, transportés chez, magnifique palais.*
Il est pourtant quelques circonstances dans lesquelles des constructions de l'espèce peuvent être tolérées, et d'autres où elles font même une beauté poétique. On en trouvera des exemples ci-après sous le titre *enjambements.*
Enjambement. — Quand le sens n'est pas terminé à la fin d'un vers, de sorte qu'il se continue sur le vers suivant, il y a enjambement.
L'enjambement est par conséquent l'absence du repos final, et les règles établies précédemment relativement à la césure peuvent aussi servir à reconnaître l'enjambement.
On distingue deux sortes d'enjambements; selon que la phrase dont il est formé se termine au commencement ou à la fin du second vers :

C'était votre nourrice. Elle vous ramena,
Suivit exactement l'ordre que lui donna
Votre père.

Votre père est un enjambement. On dit dans ce cas que ce vers tombe sur le nez,

Admirez avec moi le sort dont la poursuite
Me fait courir alors au piége que j'évite.

Dans cet exemple, ce second vers en entier enjambe sur le précédent. Ce dernier enjambement est admis, mais le premier est proscrit par Boileau, qui a dit dans son art poétique, en parlant des perfectionnements apportés par Malherbe à la versification française :

Et le vers sur le vers n'osa plus enjamber.

Cette règle doit être observée sans doute; mais elle n'est pas absolue.
Il faut d'abord remarquer qu'elle n'est rigoureusement applicable qu'aux vers de douze et de dix syllabes; attendu que dans les autres mesures il serait impossible et même mauvais de terminer toujours le sens à la fin du vers. Dans les exemples ci-après, les enjambements n'ont rien de contraire à l'harmonie.

Sa rage immolerait le monde
A son Dieu qu'il ne connaît pas.

Et que la sanglante Italie
Tremble, se taise et s'humilie.

De cet agréable rivage,
Où ces jours passés on vous vit
Faire, hélas ! un trop court voyage.

Je me fais un plaisir bien doux
De parler sur la fin du jour
De vers, de musique, et d'amour.

D'un souris rappelle et rassure
Les ris......

Le tendre délire
Qui, cher à Thémire.

Dans les vers de douze syllabes surtout, l'enjambement doit être fort rare, et ne peut être admis que quand il produit un effet subit, une sorte de surprise, ou une image. Il exige du goût, lorsqu'il est amené à propos il embellit les vers en donnant au style de l'énergie, de la grâce et de la variété.

Voici des exemples de bons enjambements:

Là du sommet lointain des roches buissonneuses
Je vois la chèvre pendre......

Soudain le mont liquide élevé dans les airs
Retombe. Un noir limon bouillonne au fond des mers.

Elle parle: un roi tremble, et l'oracle homicide
Se tait.... Un calme heureux succède à tant d'horreur.

Tout le progrès, tout l'effort que produit
Le cours du temps, d'un instant fut le fruit.

On n'entendait que les cris redoublés
De liberté......

Trigaud, lui dis-je, à moi point ne s'adresse
Ce beau début, c'est me jouer d'un tour.

Vous connaissez l'impétueuse ardeur
De nos Français; ces fous sont pleins d'honneur.

Les suivants sont cités comme défectueux :

Quel que soit votre ami, sachez que mutuelle
Doit être l'amitié.

O jeunes voyageurs, dites-moi dans quels lieux
Je puis les retrouver. Enée à la déesse.
Répond en peu de mots. La jeune chasseresse...

Cette nymphe royale est digne qu'on lui dresse
Des autels......

Les parques se disaient : Charles, qui doit venir
Au monde......

Je veux, s'il est possible, attendre la louange
De celle......

Tandis la sainte nef, sur l'échine azurée
Du superbe Océan, naviguait assurée.

L'immortel attendri n'eût pas sonné sitôt
La retraite des eaux, que soudain flot sur flot....

On doit conclure de l'ensemble de ces remarques que l'enjambement est contraire au rhythme des vers français, que cependant on peut le tolérer dans les sujets familiers lorsqu'ils sont traités en vers de moins de dix syllabes; pourvu qu'il ne vienne pas trop souvent; que dans les vers de dix syllabes il doit être encore plus rare et n'est admissible dans l'alexandrin qu'autant qu'il forme une figure de style.

De la rime. — La rime, du grec *rhuthmos* (cadence), est une conformité de sons dans la terminaison de deux mots. *Chanter* et *monter* riment ensemble à cause de la syllabe finale *ter* ; *aimable* et *coupable* riment aussi, en raison de leur désinence *able*.

Tous les vers français se terminent par des rimes.

Mortels, tout est pour notre usage;
Dieu vous comble de ses présents.
Ah! si vous êtes son image,
Soyez comme lui bienfaisant.

Cette espèce d'écho, produit par les terminaisons *age, ants*, et qui se fait entendre en se cadençant, donne aux vers beaucoup de mélodie et de charme. La rime sert donc, comme l'indique son étymologie, à marquer la *cadence* du vers; elle plaît en outre à l'oreille par le retour musical des mêmes sons: celui qui a le sentiment de l'harmonie poétique doit reconnaître qu'elle présente la plus grande similitude avec l'harmonie musicale: la mesure de l'une se retrouve dans l'autre; la tonique se fait sentir dans les mots *usage, image*; et l'accord parfait, la quinte, se montre dans le mélange des rimes *usage, présents*.

Deux conditions sont exigées pour la rime; elle doit présenter une identité parfaite de son, c'est ce qu'on appelle rimer pour l'oreille.

C'est donc à tort que quelques auteurs font rimer :

Camille avec	tranquille
trame —	âme
dards —	mars
chéris —	Pâris
léger —	enfer

En effet dans *Camille* les *ll* sont mouillées et celles de *tranquille* ne le sont pas; l'*a* est bref dans *trame* et il est long dans *âme*; enfin le *s* de *dards* celui de *chéris* et le *r* de *léger* sont muets, tandis que les mêmes lettres sonnent dans *mars*, *Pâris* et *Enfer*.

Il faut de plus que la dernière lettre de chaque rime lorsqu'elle est muette, soit semblable ou équivalente; c'est ce qu'on appelle rimer pour les yeux. Les lettres équivalentes sont 1° *b* et *p*; 2° *c*, *ch*, *g*, *k* et *q*; 3° *d* et *t*; 4° *f* et *v*; 5° *g* et *j*; 6° *m* et *n*; 7° *s*, *z* et *x*; 8° *i* et *y*.

Ainsi *bord* et *port* riment ensemble à cause du son *or* et de l'équivalence des lettres *d* et *t*; il en est de même des mots *vous* et *doux* dans lesquels on trouve le son *ou* et les consonnes équivalentes *s* et *x*, *bord* et *mors* ne riment pas, attendu que les lettres *d* et *s* ne sont pas équivalentes; mais *bords* et *mors* riment parce qu'ils se terminent tous les deux par un *s*.

On trouve dans Châteaubriand *ruisseau* rimant avec *allegro*, *d'abord* avec *d'or*, *perd* avec *penser*: ce sont des fautes.

Tels sont les principes adoptés généralement pour la rime, mais après les avoir posés, les auteurs de traités de versification établissent des distinctions nombreuses et font une règle spéciale presque pour chaque rime en particulier; par exemple, ils disent que les voyelles simples *a, e, i, o, u*, doivent être précédées ou suivies d'une autre lettre sonore, que par conséquent *reçu* ne rimerait pas avec *connu*, parce que la similitude de son ne porte que sur l'*u*; ils veulent qu'on mette *déçu* avec *reçu*, *mur* avec *dur* afin d'avoir à la rime deux lettres *çu* d'une part, *ur* de l'autre. Ils font encore une exception en permettant

de faire rimer les monosyllabes par une seule lettre, comme *bas* avec *états*, *mis* avec *prix*, *cri* avec *retenti*, *il a* avec *tomba*, *Pó* avec *Erato*, etc., comme si l'oreille, seul juge compétent de la rime, pouvait se prêter à de pareilles distinctions. Ils déclarent en outre qu'on peut encore rimer sur une seule lettre lorsqu'il n'y a pas beaucoup de mots de la même terminaison; ainsi *crochu* pourrait rimer avec *défendu*, parce que la désinence *chu* est rare; mais *défendu* ne pourrait aller avec *chevelu*, de sorte que le spectateur, lorsqu'il assiste à la représentation d'une tragédie, ne devrait pas se laisser entraîner par le charme de la poésie, avant d'avoir réfléchi sur le plus ou moins d'abondance des rimes dont l'auteur a fait usage.

Il faudrait donc aussi, avant de vouloir faire des vers, non-seulement apprendre par cœur le dictionnaire des rimes, mais encore savoir combien il y a de mots de chaque terminaison; est-il possible qu'on ait écrit des choses aussi stupides à propos de l'art le plus sublime, à propos de la poésie qui ne vit que d'inspirations, qui n'existe que par le génie de la création.

Dans le dictionnaire de Lemare, il est dit que la rime *ait* suffit pour les mots *bienfait, extrait,* parce que ce sont des substantifs, mais qu'elle ne vaudrait rien dans les verbes; que *dérobait,* par exemple ne rimerait pas avec *plaidait*: la raison, on ne la donne pas: c'est qu'en effet il serait difficile d'en indiquer une bonne.

Ce qui fait ressortir encore plus le ridicule de ces exceptions, c'est que les trois quarts des mots de la langue française y sont soumis.

Aussi presque tous les poëtes se sont-ils affranchis de ces faux préceptes, et il n'en est peut-être pas un dans lequel on ne trouve des rimes analogues à celles qui composent le tableau suivant, extrait en totalité du premier chant de la Henriade.

Rimes.		
appas	États	*a*
combats	soldats	*a*
soldat	attentat	*a*
désormais	bienfaits	*é*
français	jamais	*è*
jamais	bienfaits	*é*
souhaits	jamais	*è*
ainsi	élargi	*i*
humilie	ennemie	*i*
obéi	servi	*i*
réunis	Paris	*i*
s'obscurcit	mugit	*i*
suivit	récit	*i*
Arno	nouveau	*o*
flambeau	nouveau	*o*
héros	travaux	*o*
repos	pavots	*o*
imprévu	descendu	*u*
superflus	refus	*u*
vécu	vertu	*u*

Le seul point sur lequel il y ait plus d'accord entre les poëtes et les auteurs des traités de versification, c'est que l'*é fermé* comme celui de *café,* et la terminaison *er* des infinitifs de la première conjugaison, qui donnent le même son que l'*é fermé* comme dans *porter,* ne suffisent pas pour la rime; c'est-à-dire que *café* ne

rimerait pas convenablement avec *bonté*, ni *porter* avec *sonner* parce que la similitude ne porte que sur les lettres *é* ou *er*.

Plusieurs écrivains ont cependant formé des rimes semblables, et je crois qu'ils ont eu raison; car, comme je l'ai déjà remarqué, au commencement de ce chapitre, la coïncidence des sons sert autant à faire ressortir la cadence des vers et l'harmonie poétique, qu'à déterminer la rime, et il suffit pour cela que le son final, quelque bref qu'il soit, présente une parfaite similitude.

Voici quelques exemples de rimes établies sur la seule prononciation de l'*é fermé.*

Un cœur noble est toujours sensible à la pitié;
Le sort de mon ami serait trop envié
    Si....   *Le Brun.*
Pour achever l'oreille que savez
Montons en haut. Dès qu'ils furent montés.....
           La Fontaine.
   ... Ne voyant André
Crut qu'il était quelque part enfermé.
           Le même.
Le père suit, laisse sa femme entrer
Dans le dessein seulement d'écouter.
           Le même.
On le voit souvent par degrés
Tomber à flots précipités.
Autant de baisers que de roses,
Rivale des zéphirs légers,
Vénus en donne tant de ses lèvres mi-closes,
Que les roses bientôt vont manquer aux baisers.
. . . .
Depuis ce jour tout brûle et s'unit et s'enlace,
Le bouton d'un beau sein est éclos du baiser:
Une rose y fleurit pour y marquer sa trace,
Fier de l'avoir vu naître il aime à s'y fixer.
           Dorat.
Où nous venions nous promener.
Dans peu de temps au pire aller.
           Mary-Lafon.
Alors on ne voit plus un seul oiseau voler,
Alors sous les rameaux ils restent sans chanter.
           Le même.
Des cabanes le long d'un pré
De l'un et de l'autre côté.
           Le même.
Un juge incorruptible y rassemble à ses pieds
Ces immortels esprits que son souffle a créés.
           Le même.

Les rimes de la langue française peuvent se diviser en six classes, selon les lettres qui les composent, comme on le voit dans les exemples ci-après :

PREMIÈRE CLASSE.

Rimes formées d'une voyelle seule.

PREMIÈRE CATÉGORIE.

Terminaisons comprises dans cette catégorie :

Voyelles simples....   a, i ou y, o, u.
—   doubles....   ai ou ei, eu, oi, ou.
—   nasales.....   an ou en, ein ou in, on, un.

Exemples :

agenda	sofa
obéi	servi

Sully	Thierry
Neuilly	fini
Erato	Jéricho
ému	tribu
délai	essai
bleu	aveu
loi	mot
acajou	trou
Océan	Trajan
dessein	essaim
vin	vain
bon	mon
aucun	tribun

DEUXIÈME CATÉGORIE.

É précédé d'une autre lettre.

Le son de l'*é formé* étant très-bref est ordinairement précédé d'une consonne ou d'une autre voyelle, comme dans *courbé* et *tombé*, *délié* et *plié*, quoique d'après les observations faites ci-dessus, cet *é* paraisse devoir suffire seul pour la rime.

Terminaisons comprises dans cette catégorie :

aé, éé, ié *ou* yé, oé, oué.
bé, cé, *ou* ssé *ou* xé, ché, dé, fé *ou* phé.
gué, hé, jé, ké *ou* qué, lé, llé *mouillé*,
mé, né, pé, ré, té, vé, zé *ou* sé.

Exemples :

Aglaé	Danaé
agréé	créé
convié	plié
Noé	Chloé
tué	diminué
cloué	loué
courbé	tombé
énoncé	passé
caché	fâché
Condé	vidé
café	coiffé
brigué	allégué
ailé	gelé
aimé	animé
aîné	donné
trompé	coupé
fabriqué	plaqué
foré	moiré
tenté	bonté
sauvé	trouvé
fixé	annexé
aisé	gazé

DEUXIÈME CLASSE.

Rimes formées d'une voyelle suivie de consonnes muettes.

Ces rimes comprennent tous les sons de la première classe. La prononciation est tantôt longue et tantôt brève. Elle est toujours longue pour les mots terminés par les lettres muettes *s*, *x*, *z*.

convier	prier
bas	pas
tabac	almanach
coud	tout
banc	sang
moins	points
radis	puits

pris	prix
dis	riz
héros	travaux
voix	bois
courbés	tombez
énoncer	passer
aimer	animer
porter	tenter

TROISIÈME CLASSE.

Rimes formées d'une voyelle suivie d'un e muet seul ou accompagné de s ou nt.

A l'exception des voyelles nasales, toutes celles qui composent les rimes de la première classe sont comprises dans la troisième. L'*e muet* rend la prononciation plus longue.

aînée	formée
aînées	formées
cadencée	trompée
cadencées	trompées
unie	vie
suivies	réunies
dénient	envient
avaient	dormaient
boue	joue
roues	proues
lieue	queue
nue	revue

QUATRIÈME CLASSE.

Rimes terminées par des consonnes sonores.

Dans ces rimes, il n'est pas nécessaire que l'*é fermé* soit précédé d'une autre lettre.

Toutes les terminaisons de la première classe servent à former la quatrième en y ajoutant des consonnes sonores :

La prononciation est brève.

amer	belvéder
cher	cuiller
enfer	hier
hiver	Jupiter
Pater	ver
sac	tillac
sec	varech
obéir	fuir
syndic	brick
castor	Confiteor
erreur	défenseur
Raoul	Vesoul
séjour	tambour
fémur	futur

CINQUIÈME CLASSE.

Rimes terminées par une consonne sonore suivie de consonnes muettes.

Cette classe renferme les mêmes sons que la quatrième, mais la prononciation en est généralement plus longue notamment dans les mots finissant par un *s muet*.

Pars	vieillards
enfers	mers
désirs	soupirs
bord	port

efforts	corps
murs	fémurs
cœurs	labeurs
arrosoirs	mouchoirs
lourd	sourd
meurs	sœurs

SIXIÈME CLASSE.

Rimes terminées par des consonnes sonores suivies d'un e muet, seul ou accompagné de s ou nt.

Ces rimes comprennent tous les sons de la quatrième classe, et se prononcent de la même manière.

capitale	morale
cigales	opales
charment	désarment
classe	cuirasse
Épidaure	Minotaure
calèches	flèches
cicatrices	sévices
pontife	griffe
cuve	étuve
cuivre	vivre
blonde	rotonde
loutre	poutre
gendre	rendre
épingle	tringle
Alphonse	réponse

Exceptions. — Il est interdit de faire rimer un mot avec lui-même ou avec son dérivé quand l'origine commune des deux expressions s'aperçoit facilement comme dans

Ami	ennemi
battre	combattre
bonheur	malheur
complet	imcomplet
dire	médire
écrire	souscrire
nom	surnom
ordre	désordre
parfait	imparfait
parvenir	revenir
voir	revoir
vue	entrevue

Mais les mots semblables riment lorsque leur signification diffère, et il en est de même des expressions formées d'un radical unique quand l'étymologie n'est pas trop saillante.

On peut donc faire rimer :

1° Armand,	*nom;*	avec armant,	*participe.*
enseigne,	*substantif;*	— enseigne,	*verbe.*
livre,	*ouvrage;*	— livre,	*poids.*
pierre,	*minéral;*	— Pierre,	*prénom.*
point,	*substantif;*	— point,	*négation.*
vers,	*poésie;*	— vers,	*insectes.*

2° accès	avec succès
conquête	— requête,
coup	— beaucoup
dépôt	— impôt
donner	— pardonner
fort	— effort
front	— affront
gage	— engage
jours	— toujours
larmes	— alarmes

lustre	—	illustre
mander	—	commander
objet	—	sujet
prendre	.—	surprendre
soin	—	besoin
source	—	ressource
temps	—	printemps
tester	—	détester
traits	—	attraits
voir	—	pouvoir

Classification des rimes. — On a divisé les rimes en deux espèces appelées *rimes masculines* et *rimes féminines*; les premières sont celles qui finissent par toute autre lettre qu'un *e muet* seul ou suivi de *s* ou de *nt*, comme *chanter, porter; finir, venons; bord, port*; et comprennent les exemples donnés précédemment dans la 1re, la 2e, la 4e et la 5e classe.

Les rimes féminines sont par conséquent celles qui ont pour terminaisons les lettres muettes *e, es* ou *ent*, comme *chante, plante; chantes, plantes; chantent, plantent*, etc. Ce sont celles qui composent la 3e et la 6e classe.

Un vers terminé par une rime masculine prend le nom de *vers masculin*, et celui qui finit par une rime féminine, s'appelle *vers féminin*.

Mélange des rimes. — Il est interdit de mettre à la suite l'un de l'autre deux vers masculins ou deux vers féminins s'ils ne riment pas ensemble.

Cette règle n'était pas encore établie du temps de Marot; mais on en sentira l'importance en lisant les vers suivants de ce poëte :

> Ami très-cher, ce lui réponds-je alors,
> De quoi te plains? je te ce soin dehors;
> Car sans ta peine aviendra ton désir,
> Si oncques muse à l'autre fit plaisir.
> Prisé, loué, fort estimé des filles
> Dans certains lieux, et beau joueur de quilles.
> Ce vénérable Hiliot fut averti
> De quelque argent que m'aviez départi,
> Et que ma bourse avait grosse apostume;
> Si se leva plus tôt que de coutume
> Et me va prendre en tapinois icelle,
> Puis vous la met très-bien sous son aisselle,
> Argent et tout, cela se doit entendre.
> Et ne crois point que ce fût pour la rendre.
> Car onc depuis n'en ai ouï parler.

En lisant ces vers avec attention, on s'aperçoit que le choc des rimes *dehors, désir, coutume, icelle aisselle, entendre*, a quelque chose de rude à l'oreille, tandis que la rencontre de celles-ci : *quilles, averti, départi, apostume, rendre, parler* est au contraire très-agréable.

La distinction et le mélange des rimes masculines et féminines sont donc essentiels, et il est hors de doute qu'ils ont pour but d'éviter la monotonie qui résulterait souvent du retour trop rapproché des mêmes sons ou de consonnances qui auraient entre elles trop de rapports, et de donner en même temps plus de douceur et d'harmonie aux vers par la variété des terminaisons.

Il faudrait donc pour que la règle remplît complétement cette condition, qu'il y eût la plus grande différence possible entre les vers masculins et les vers

féminins, c'est en effet ce qui a lieu le plus souvent ; mais pas toujours comme je vais le prouver.

Observations sur les rimes masculines et féminines. — Dans presque tous les mots français qui se terminent par un *e muet*, la dernière lettre qui frappe l'oreille est une consonne, comme on le voit par les suivants : *robe, nuque, raide, agrafe, rouge, aile, âme, anne, coupe, rire, cesse, pâte, rive, axe,* où l'on ne prononce que *rob, nuc, raid, agraf,* etc.; il n'y a d'exception que pour des mots assez rares, tels que *raie, vie, nue, aimée, joue.*

D'un autre côté les mots qui n'ont pas cet *e muet* font entendre le plus souvent une voyelle finale. Exemple, *drap, pied, nid, caveau, plus, voix, lieu, bien, loin ;* ceux qui se terminent par une voyelle sonore tels que *sac, Joad, vif, Tarn, fer, paro,* sont bien moins nombreux.

Ne serait-on pas fondé à croire que la distinction des vers en masculins et féminins avait originairement pour but de séparer les rimes qui s'arrêtent sur une voyelle, de celles qui se terminent par une consonne.

Cette division serait en effet rationnelle et ne souffrirait aucune exception; au contraire la règle de l'*e muet* est souvent en défaut. Pour s'en convaincre, il suffit de remarquer que le mot *encore,* écrit avec ou sans *e,* ne change pas de prononciation et donne cependant une rime masculine ou une rime féminine.

On ne saurait admettre que des sons parfaitement identiques puissent appartenir à deux classes différentes de rimes, ainsi *asphalte, entaille, heure* étant des rimes féminines, il faut que *cobalt, portail, peur* soient aussi des rimes féminines puisqu'elles ont absolument le même son.

Je ne veux pas dire que *cobalt* puisse se placer à la rime avec *asphalte* ; ce serait contraire à la règle qui oblige à rimer pour les yeux; mais je pense que le dernier son de ces deux mots étant tout à fait semblable pour l'oreille, ils doivent être rangés dans le même genre de rimes.

Le tableau suivant donne un aperçu des terminaisons qui présentent une pareille similitude.

Achab	arabe
club	cube
parc	Aristarque
tillac	casaque
Joad	grade
courbé	tombée
donnés	journée
frais	futaie
lait	laie
paix	paie
palais	plaie
bref	greffe
admis	amie
appel	cannelle
colonel	cannelle
colossal	succursale
corail	mitraille
portail	entaille
factotum	tome
Siam	trame
Tarn	lucarne
cap	pape

amer	mère
brocart	amarre
clair	caire
corridor	matadore
dollar	déclare
dur	bordure
fuir	réduire
lard	lare
nectar	tartare
peur	heure
tambour	bourre
bis	malice
Madras	terrasse
Mars	farce
Brest	peste
cobalt	asphalte
correct	directe
mat	casemate
prévus	pourvue
borax	taxe
gaz	gaze

L'analogie de ces prononciations est certainement plus grande que dans *bibliothèque* et *évéque, couronne* et *trône, doge* et *auge, endosse* et *sauce, flamme* et *âme, jeune* et *jeûne, sotte* et *pentecôte* qu'on fait quelquefois rimer ensemble.

Aussi trouve-t-on fréquemment des passages dont les rimes se heurtent avec rudesse et d'autres où elles produisent une insipide monotonie. En voici des exemples :

> Dans l'innocence première
> Affermi par ce pouvoir,
> Chacun puisait la lumière
> Aux sources du vrai savoir ;
> Et dans ce céleste livre,
> Des leçons qu'il devait suivre,
> Toujours prêt à se nourrir,
> Préférait l'art de bien vivre
> A l'art de bien discourir.

> Le fils, éternisant les images si chères,
> Raconte à ses neveux le bonheur de leurs pères ;
> Et ce nom dont la terre aime à s'entretenir
> Est porté par l'amour aux siècles à venir.
> Si pourtant, ô grand roi, quelque esprit moins vulgaire,
> Des vœux de tout un peuple interprète sincère,
> S'élevant jusqu'à vous par le grand art des vers,
> Osait sans vous flatter vous peindre à l'univers;...

Toutes ces rimes en *r* qui seraient bonnes si elles venaient alternativement avec d'autres sons, n'ont certainement rien d'agréable lorsqu'elles se trouvent ainsi accumulées.

Il suffit de lire les vers ci-après pour s'apercevoir que les rimes toutes formées de voyelles, ne se marient pas agréablement.

> Jusqu'à toi toujours désunie,
> L'Europe par tes soins heureux
> Voit les chefs les plus généreux
> Inspirés du même génie.
> Ils ont vu par ta bonne foi
> De leurs peuples troublés d'effroi,
> La crainte heureusement déçue,
> Et déracinée à jamais
> La haine si souvent reçue
> En survivance de la paix. (Rouss. p. 108.)

Est-il rien de plus monotone que la réunion de ces sons *ie*, *eux*, *oi*, *ue*, *ais*.

> Et cette église seule, à mes ordres rebelle,
> Nourrira dans son sein une paix éternelle :
> Suis-je donc la Discorde ? et parmi les mortels,
> Qui voudra désormais encenser mes autels ?

Tout le monde sent que ces quatre rimes en *el* sont identiques et ne sauraient être rangées dans deux classes différentes.

La Harpe cite avec raison, comme défectueux à cause de leur rime, les quatre vers suivants :

> Et les bombes dans les airs,
> Allant chercher le tonnerre,
> Semblent, tombant sur la terre,
> Vouloir s'ouvrir les enfers.

En lisant avec attention les six premiers vers de l'*Art poétique*, on s'aperçoit facilement que les rimes, toutes terminées par des consonnes, en sont sèches, rudes, tandis que celle des huit premiers vers du second chant, formées alternativement de voyelles et de consonnes, ont au contraire beaucoup de douceur et d'harmonie.

1ᵉʳ CHANT.

> C'est en vain qu'au Parnasse un téméraire auteur
> Pense de l'art des vers atteindre la hauteur,
> S'il ne sent point du ciel l'influence secrète,
> Si son astre en croissant ne l'a formé poète ;
> Dans son génie étroit il est toujours captif,
> Pour lui Phébus est sourd, et Pégase rétif.

2ᵉ CHANT.

> Telle qu'une bergère, au plus beau jour de fête,
> De superbes rubis ne charge point sa tête, —
> Et sans mêler à l'or l'éclat des diamants,
> Cueille en un champ voisin ses plus beaux ornements ;
> Telle, aimable en son air, mais humble dans son style,
> Doit éclater sans pompe une élégante idylle.
> Son ton simple et naïf n'a rien de fastueux
> Et n'aime point l'orgueil d'un vers présomptueux.

Dans les quatre vers suivants, on remarquera aussi l'effet désagréable que produisent quatre rimes voyelles de suite.

> Dieux ! quel ravissement ! quelle douceur pour moi
> De trouver un héros dans le fils de mon roi !
> Mais de ce bien si doux que vous troublez la joie,
> Par les transports secrets où je vous vois en proie !

Réforme. — On éviterait les défauts qui viennent d'être signalés, en rangeant dans la classe des rimes masculines tous les mots dont le son s'arrête sur une voyelle, comme *combat*, *formé*, *formée*, *uni*, *amie*, *caveau*, *repos*, *pourvu*, et en général ceux qui se terminent comme dans les trois premières classes ci-dessus.

Les mots qui, pour l'oreille, se terminent par une consonne, formeraient les rimes féminines ; ce seraient par exemple *robe*, *club*, *froc*, *prude*, *vif*, *coffre*, et en général les mots qui finissent comme ceux des classes nᵒˢ 4, 5 et 6. Exemples nᵒˢ 5, 6 et 7 (page 284).

Ou plutôt il serait plus exact de remplacer les dénominations de rimes masculines et de rimes féminines

par celles de *rimes voyelles* et de *rimes consonnes* ; on éviterait ainsi toute confusion.

Ces rimes devraient d'ailleurs alterner selon la règle établie pour les vers masculins et féminins.

On ne peut contester à cette division, basée sur la prononciation réelle des rimes, plus de justesse et de raison qu'à la distinction fondée uniquement sur l'*e muet*.

Il n'est pas un auteur qui, en traitant de la rime, n'ait déclaré qu'elle était faite essentiellement pour l'oreille, tous conviennent que la similitude exigée dans l'orthographe n'est qu'une chose accessoire ; pour être conséquent avec ces principes, il faut donc s'adresser à l'oreille pour distinguer les rimes les unes des autres.

En effet, la rime, c'est le *son* ; comment une lettre muette pourrait-elle établir des différences, dans une circonstance où le *son* est tout. La distinction que je propose, au contraire, se rapporte aux deux grandes divisions des *sons* dont la langue française est formée : la prononciation est de deux sortes, figurées par deux espèces de lettres, les voyelles et les consonnes, et la rime étant basée sur la prononciation, il paraît évident qu'on n'y peut établir d'autres divisions que celles des sons fournis par ces voyelles et par ces consonnes.

Voltaire, l'un de nos écrivains les plus harmonieux, paraît avoir senti cette règle, car on trouve fréquemment dans ses ouvrages de longues périodes où elle a été observée, et il ne serait pas juste d'attribuer purement au hasard cette heureuse coïncidence. Il est bien plus raisonnable de croire qu'elle tient au goût épuré et à la délicatesse d'oreille du poète.

En voici un exemple :

> Bussi, qui t'estime et qui t'aime
> Jusqu'au point d'en être ennuyeux,
> Est censuré dans ces beaux lieux
> Pour avoir, d'un ton glorieux,
> Parlé trop souvent de lui-même.
> Mais son fils, son aimable fils,
> Dans le temple est toujours admis,
> Lui qui, sans flatter, sans médire,
> Toujours d'un aimable entretien,
> Sans le croire, parle aussi bien
> Que son père croyait écrire.
> Je vis arriver en ce lieu
> Le brillant abbé de Chaulieu
> Qui chantait en sortant de table.
> Il osait caresser le dieu
> D'un air familier, mais aimable.
> Sa vive imagination
> Prodiguait, dans sa douce ivresse,
> Des beautés sans correction,
> Qui choquaient un peu la justesse,
> Mais respiraient la passion.
> Lafare, avec plus de mollesse,
> En baissant sa lyre d'un ton,
> Chantait auprès de sa maîtresse
> Quelque vers sans précision,
> Que le plaisir et la paresse
> Dictaient sans l'aide d'Apollon.
> Auprès d'eux le vif Hamilton,
> Toujours armé d'un trait qui blesse,
> Médisait de l'humaine espèce,
> Et même d'un peu mieux, dit-on.
> L'aisé, le tendre Saint-Aulaire,

Plus vieux encor qu'Anacréon,
Avait une voix plus légère ;
On voyait les fleurs de Cythère
Et celles du sacré vallon
Orner sa tête octogénaire.

Le même morceau renferme une tirade de 44 vers aussi parfaits. C'est la description du temple du goût. Dans l'épitre de Bernard sur l'automne, on trouve aussi un passage de 38 vers sans une seule faute au mélange des rimes voyelles et des rimes consonnes. La pièce du même auteur, sur le printemps, contient une autre série de 28 vers qui présentent la même exactitude.

A la vérité, ces exemples offrent le mélange des rimes masculines et féminines en même temps que celui des rimes voyelles et des rimes consonnes ; mais je ne persiste pas moins à penser que le dernier suffit et qu'on pourrait, sans blesser l'oreille, faire suivre immédiatement deux vers masculins ou féminins qui ne rimeraient pas ensemble, si toutefois les rimes étaient voyelles et consonnes alternativement.

Voici des vers du Marot qui permettront d'asseoir un jugement :

Est aussi sûre, avenant mon trépas,
Comme avenant que je ne meure pas.
Avisez donc si vous avez désir
De me prêter : vous me ferez plaisir
Car, depuis peu j'ai bâti à Clément,
Là où j'ai fait un grand déboursement.

Il faut lire ces vers et ne s'attacher qu'à l'effet des rimes les unes à l'égard des autres ; avec une oreille délicate, on s'apercevra facilement que *pas* et *désir*, *plaisir* et *clément*, qui toutes sont des rimes masculines, loin d'être désagréables, ont au contraire dans leur rencontre une variété qui plaît et beaucoup de mélodie.

Ces exemples prouvent d'une manière incontestable que le mélange des rimes voyelles avec les rimes consonnes est le seul qui donne de l'harmonie aux vers, et qu'il doit être préféré à celui des rimes masculines et féminines.

Rimes riches. — Toutes les terminaisons, comprises dans les sept exemples qui précèdent, forment des *rimes suffisantes*, parce qu'elles ne contiennent que ce qui est rigoureusement exigé.

On appelle *rimes riches*, celles qui ont une lettre de plus (lettre sonore précédant la rime) ; quand elles en ont deux on les dit *très-riches*.

Rimes suffisantes		Rimes riches		Rimes très-riches.	
auteur	*eur*	auteur	*teur*	auteur	*auteur*
bonheur	*eur*	facteur	*teur*	hauteur	*auteur*
latin	*in*	latin	*tin*	latin	*atin*
vélin	*in*	lutin	*tin*	patin	*atin*
fameux	*eux*	fameux	*meux*	fameux	*ameux*
dangereux	*eux*	écumeux	*meux*	rameux	*ameux*
brunir	*ir*	brunir	*nir*	brunir	*unir*
avilir	*ir*	définir	*nir*	punir	*unir*

La rime donne beaucoup de charme aux vers ; elle contribue puissamment à l'harmonie par le mélange bien entendu des vers masculins et des vers féminins (ou des rimes voyelles avec les rimes consonnes) ; mais il ne faut pas en conclure que plus elle est riche et mieux elle vaut. Un poëme composé entièrement de rimes riches serait monotone à cause de la trop grande uniformité des sons à la fin de chaque vers.

Ce serait absolument comme un morceau de musique dont l'accompagnement ne se composerait que d'octaves : les octaves sont certainement les accords les plus agréables ; mais ils impatienteraient s'ils n'étaient entremêlés de tierces et de quintes.

Rimes composées. — Nos anciens poëtes avaient imaginé plusieurs combinaisons de rimes qui offraient quelque rapport avec les rimes riches ; elles n'avaient d'autre mérite que celui de la difficulté vaincue et elles sont maintenant tout à fait abandonnées.

Je vais les indiquer sommairement, autant parce qu'elles appartiennent à l'histoire de notre versification que pour prémunir les jeunes gens contre ces sortes de conceptions.

Rime annexée. — Elle forme la première syllabe du vers qui suit. Exemple :

Dieu gard' ma maîtresse et régente,
Gente de corps et de façon ;
Son cœur tient le mien en sa tente,
Tant et plus d'un ardent frisson.

Rime batelée. — Rime du premier hémistiche d'un vers avec le dernier hémistiche du vers précédent.

Quand Neptune   puissant dieu de la mer
Cessa d'armer   caraques et galées,
Les Gallicans   bien le durent aimer
Et réclamer   ses grand's ondes salées.

Il est bon de remarquer en passant que *mer* et *aimer* ne riment pas bien, puisque le *r* du premier sonne et qu'il est muet dans le second.

Rime brisée. — Cette rime se met aux premiers hémistiches, de sorte qu'en lisant d'abord tous les premiers hémistiches et ensuite tous les autres, on trouve un sens différent de celui que présentent les vers lus dans l'ordre ordinaire. Exemple :

De cœur parfait   chassez toute douleur ;
Soyez soigneux   n'usez de nulle feinte ;
Sans vilain fait   entretenez douceur,
Vaillant et preux   abandonnez la crainte.
Par bon effet   montrez votre valeur.
Soyez joyeux   et bannissez la plainte.

Rime couronnée. — Elle se forme par le redoublement de la rime à la fin du vers. Exemple :

La blanche colombelle belle,
Me jette un œil friand, riant.

Rime empérière. — Elle consiste à répéter trois fois la syllabe qui forme la rime. Exemple :

Prenez en gré mes imparfaits faits faits,
Benins lecteurs, très-diligents gens gens.

Rime équivoque. — C'est une espèce de calembour formé par la rime. Exemple :

Bref, c'est pitié entre nous rimailleurs,
Car vous trouvez assez de rime ailleurs,
Et quand vous plaît, mieux que moi rimassez,
De bien avez, et de la rime assez.

Rime fraternisée. — Le son du mot qui forme la rime se retrouve tout entier au commencement du vers suivant, ce qui distingue cette rime de l'annexée, dans laquelle on ne répète que la dernière syllabe. Exemple :

Mets voile au vent, cingle vers nous, Caron,
Car on t'attend et quand seras à tente
Tant et plus bois bonum vinum carum
Qu'aurons pour vrai. Donque sur longue attente
Tente tes pieds à ce descente sente
Sans te fâcher mets en soi content tant
Qu'en ce faisant nous le soyons autant.

Rime kyrielle. — Répétition du même vers à la fin de chaque couplet. Elle est encore usitée dans les chansons où elle porte le nom de refrain. Exemple :

Qui voudra savoir la pratique
De cette rime juridique,
Je dis que bien mise en effet,
La kyrielle ainsi se fait.

De place de syllabe huit,
Usez-en donc si bien vous duit,
Pour faire le couplet parfait
La kyrielle ainsi se fait.

Rime sénée. — Espèce d'acrostiche qui consiste à commencer tous les vers, où tous les mots de chaque vers par la même lettre. Exemple :

Miroir mondain, madame magnifique,
Ardent amour, adorable angélique.

Bouts rimés. — On donne ce nom à des compositions faites sur des mots donnés d'avance pour former les rimes. Par exemple, les quatrains suivants ont été établis sur *buste, glaçons, moissons, buste, Auguste, Leçons, chansons, juste.*

Que vois-je ! et quel héros représente ce	buste !
Un prince qui de l'Inde aux climats des	glaçons
De lauriers immortels fera plus de	moissons
Que celui qui la fable a dépeint si ro	buste.
Issu d'un roi plus grand qu'Alexandre et qu'	Auguste,
De ces fameux vainqueurs il suivra les	leçons ;
Tandis que les neuf sœurs diront dans leurs	chansons,
Son cœur est aussi grand que son esprit est	juste.

Musique. — D'après les observations qui précèdent, c'est par le *son* seulement, et non par la présence ou l'absence d'un e muet à la fin des mots, que la distinction des rimes doit être établie.

En suivant ce principe, les mots terminés par des consonnes sonores, tels que *parc, Annibal, honneur, Mars,* forment des rimes féminines, et ceux qui finissent par un e muet précédé d'une autre voyelle, comme *joie, pluie, futaie, avenue* donnent des rimes masculines.

Ces *e muets,* à la fin des vers, ne se prononcent pas dans la déclamation ; mais on a conservé à tort l'habitude de les faire entendre dans le chant, par exemple dans ce couplet :

	on devrait prononcer	on dit
Injuste en ma colère	*èr*	*è reu*
Je lui disais jaloux	*ou*	*ou*
D'autres sauront me plaire	*air*	*ai reu*
Me charmer mieux que vous	*ou*	*ou*
Et cependant fidèle	*él*	*è leu*
Oui, mes amis, je l'avouerai,	*rai*	*rai*
Je n'aime qu'elle,	*èl*	*el leu*
C'est vrai	*rai*	*rai*

Est-il rien de plus désagréable que tous ces *eu eu* qu'on entend à la fin de chaque vers féminin ?

Ce défaut provient de ce que les musiciens, en composant des airs sur les couplets, augmentent à tort d'une syllabe les vers féminins ; ils rompent ainsi la mesure et font perdre à la poésie, en obligeant le chanteur à prononcer tous ces *eu eu,* une grande partie de l'harmonie qui résulterait de la variété des terminaisons, si la voix du chanteur s'arrêtait, comme celle du déclamateur, sur la lettre qui précède l'*e muet.*

C'est ce défaut qui, à la fin du dernier siècle, a suscité tant de critiques contre notre système musical ; Voltaire avait remarqué que dans notre chant on n'entendait que des *eu eu,* et La Harpe, en défendant à bon droit notre langue, a fait voir qu'il ne fallait accuser que la musique de l'époque : il cite les vers de Rousseau et quelques autres dans lesquels, en portant l'agrément musical sur la pénultième syllabe, ces *eu eu,* si désagréables disparaissent presque entièrement.

L'observation est fondée, mais le remède proposé ne fait qu'atténuer le mal ; il ne le détruit pas entièrement : on n'obtiendra ce résultat que lorsqu'on se conformera à la *mesure* réelle des vers ; c'est-à-dire quand on ne comptera pas neuf syllabes pour un vers qui n'en doit avoir rigoureusement que huit, et il faut pour cela que l'*e muet* des vers féminins soit totalement rejeté de la prononciation.

Sicart avait peut-être raison de proposer la suppression absolue de l'*e muet,* si nous conservons cette lettre dans notre écriture, faisons du moins en sorte qu'elle ne nuise pas à notre langue poétique.

Disposition des rimes. — Selon la disposition qu'on leur donne, les rimes ont reçu des noms différents ; on les appelle *rimes plates,* lorsqu'après deux vers masculins viennent deux vers féminins, puis deux vers masculins, et ainsi de suite ; cette disposition est généralement adoptée dans la haute poésie ; ainsi on s'en sert pour les poèmes épiques, les tragédies, les comédies, les poëmes sérieux d'une certaine étendue, comme l'art poétique, les satires, les épîtres, etc.

La mode, me dis-tu, j'y tiens peu, je t'assure,
Et dans mes actions j'observe la nature ;
La raison, sans effort, nous enseigne ses lois,
Et nous y conformer est un devoir, je crois.

On doit éviter le retour trop fréquent des mêmes rimes ; il importe surtout de ne pas les reproduire quand elles ne sont séparées que par un ou deux vers, comme dans cet exemple :

Dieu lui seul infini n'a jamais commencé.
Quelle main, quel pinceau dans mon âme a tracé

D'un objet infini l'image incomparable?
Ce n'est point à mes sens que j'en suis redevable.
Mes yeux n'ont jamais vu que des objets bornés,
Impuissant, malheureux, à la mort destinés.
Moi-même je me plais en ce rang déplorable,
Et ne puis me cacher mon malheur véritable.

Rimes croisées. — Quand les vers de même rime sont séparés d'une manière symétrique par des vers de rime différente. Les pièces divisées en stances, telles que les odes, les sonnets, les chansons, etc., se font souvent en rimes croisées.

> Corinne à feindre m'engage,
> Pour mieux tromper les témoins ;
> Ce qui lui plaît davantage
> Semble lui plaire le moins :
> L'herbe où son troupeau va paître
> Voit le mien s'en écarter,
> Et je semble méconnaître
> Son chien qui vient me flatter.

Rimes mêlées. — Quand les vers masculins et les vers féminins se succèdent sans uniformité; c'est ainsi que sont écrites presque toutes les fables de La Fontaine.

> Combien de fois, ô grand homme, ô Corneille!
> En te lisant as-tu rempli ma veille ?
> De quel rayon le ciel t'illumina !
> Quel feu divin s'alluma dans tes veines,
> Quand du faux goût rompant les lourdes chaînes,
> Et t'élevant de Clitandre à Cinna,
> Par les lauriers que ta main moissonna,
> Paris devint la rivale d'Athènes.

Rimes redoublées. — Lorsqu'on met plus de deux vers sur chaque rime. Cette disposition convient pour la poésie légère. Voltaire, Bernard, Aimé Martin, ont fait des compositions très-gracieuses en rimes redoublées, etc.

> Comme l'homme est infortuné !
> Le sort maîtrise sa faiblesse,
> Et de l'enfance à la vieillesse
> D'écueils il marche environné ;
> Le temps l'entraîne avec vitesse ;
> Il est mécontent du passé,
> Le présent l'oblige et le presse :
> Dans l'avenir toujours placé,
> Son bonheur recule sans cesse.

Monorimes. — Poésie composée sur une seule rime. Le retour uniforme des mêmes sons à la fin de chaque vers est insipide. Il suffit de lire ce qui suit pour reconnaître la monotonie et le manque de goût des pièces de ce genre.

> Melpomène, rimons en ise ;
> Que ce beau jour on solennise ;
> Puisqu'un grand prélat de l'Église,
> Un enfant nouveau né baptise ;
> Qu'une duchesse en grâce exquise
> En est la marraine requise ;
> Qu'un comte, que l'on préconise
> Par son esprit et sa franchise,
> En est le parrain. Sans remise,
> Pour lundi la mesure est prise,
> Après midi, l'heure est précise,
> Nous y verrons une marquise

> Dont les vertus l'on canonise :
> De plaire au seigneur elle vise,
> Car sa grâce la favorise
> Et la tient à ses lois soumise.

De l'hiatus. — Un mot qui commence par une voyelle ne peut, dans un vers, se mettre à la suite d'un autre mot finissant par une lettre de même espèce ; cette rencontre de deux voyelles est un défaut qu'on appelle *hiatus.*

Les poëtes qui ont précédé Malherbe ne connaissaient pas cette règle et leurs vers ont beaucoup d'hiatus; il s'en trouve quatre dans le passage suivant de Marot:

> Puisque de vous je *n'ai autre* visage,
> Je m'en vais rendre ermite en un désert,
> Pour prier Dieu, *si un* autre vous sert,
> Qu'ainsi que *moi, en* votre honneur soit sage.
> *Adieu, amour,* adieu, gentil corsage.

Le mot *et* dont le *t* ne se prononce jamais forme aussi hiatus, le vers suivant est donc mauvais.

> Le juge prétendait qu'à tort *et à* travers

Le *h* muet étant considéré comme nul, n'empêche pas non plus l'hiatus et le vers ci-après est défectueux.

> Le *vrai honneur* sur lui fut toujours sans pouvoir.

Mais lorsque le *h* est aspiré, il peut se rencontrer avec une voyelle. Exemples:

> Je chante *ce héros* qui régna sur la France.
> *Du hasard* de mes pas je serai la victime.
> O toi qui vois *la honte* où je suis descendue.

La présence de l'*e* muet à la fin d'un mot permet aussi de mettre une voyelle après. Exemples:

> Termine, juste ciel, ma *vie et* mon effroi.
> Saisi d'horreur, de *joie et* de ravissement.
> Votre *joie honorable* a gagné mon esprit.

Nasales. — Autrefois la rencontre des voyelles nasales avec d'autres voyelles était regardée comme un hiatus et on critiquait ces vers :

> Ah! j'attendrai longtemps : la *nuit est loin encore.*
> Il s'enfuit bien *loin à* l'écart.

Cette observation était fondée alors parce que le *n* du mot *loin* ne sonnait pas avec la voyelle suivante; mais la manière de prononcer a changé, toutes les nasales se font entendre maintenant sur les voyelles initiales des mots qui viennent après: il n'y a donc plus hiatus et les vers cités ci-dessus sont réguliers.

Observation sur l'y. — On considère aussi comme hiatus la rencontre de l'*y* avec une voyelle ; mais ne serait-il pas plus juste de faire la distinction des deux valeurs de cette lettre?

Dans *Bailly, Ferney, Gentilly, Scudéry, vas-y,* elle sonne comme l'*i* et est véritablement voyelle, mais dans *il y a, il y eut, il y avait,* etc., elle joue le rôle de consonne; elle se prononce comme le *l mouillé.*

Il est certain qu'on ne dirait pas:

Le *bailly est* venu ce matin me trouver;
Vas-*y* à l'instant même et dis lui d'achever;

mais qui empêcherait de dire :

Il *y a* dix-huit mois j'étais encore enfant.

A peine *y avait-*il dix-huit mois d'écoulés,

puisque ces vers se prononcent comme s'ils étaient écrits,

Il *ille a* dix-huit mois, j'étais encore enfant.

A peine *ille avait*-il dix-huit mois d'écoulés.

Exceptions. — Quoique les mots *onze* et *oui* commencent par des voyelles, on les considère, en raison de leur prononciation, comme précédés d'un *h* aspiré, et on permet de les placer après une voyelle. Ainsi les vers suivants sont admis :

Oui, oui, je vous suivrai jusqu'au fond des enfers.

J'en ai *vu onze* ici, frappés mortellement.

Va, oui, mon fils, va vite où le drapeau t'appelle !

Dans les imparfaits des verbes, tels que *aient, soient, tremblaient,* l'*e* est considéré comme nul, et ces mots peuvent entrer dans le corps des vers.

Attendons qu'ils *aient* tous vaincu leurs ennemis.

Qu'ils *soient* de vos écrits les compagnons fidèles.

L'hiatus n'est interdit que dans le corps du vers, ainsi on peut le commencer par une voyelle quoiqu'il y en ait une à la fin du vers précédent. Dans cette circonstance, on évite l'hiatus au moyen du repos final. Exemple :

Termine, juste ciel, ma vie et mon effroi
Et lance ici des traits qui n'accablent que moi.

Mon repos, mon bonheur semblait être affermi,
Athènes me montra mon superbe ennemi.

Et même en le voyant le bruit de sa fierté
A redoublé pour lui ma curiosité.

Il convient toutefois de remarquer que dans les vers de moins de dix syllabes, pour lesquels le repos final n'est pas aussi rigoureusement observé que dans l'hexamètre ou l'alexandrin, le passage d'un vers terminé par une voyelle à un vers commençant par une voyelle forme un véritable hiatus et que si l'usage le tolère, on doit, pour la perfection de la poésie, l'éviter autant que possible.

Dans les exemples :

Les voilà qui prennent la *fuite*
Et qui se cachent au plus vite.

Je saurai bien punir après
Les insolents qui sont tout *près*
Et qui ne veulent pas m'entendre.

La nuit arriva ; le sauvage
Soupa d'un mouton bien *dodu,*
Et se coucha sur le feuillage
Qu'on avait exprès étendu.

La rencontre des voyelles n'a aucun inconvénient :
1° parce que l'*e* de *fuite* s'élide ; 2° parce que le *s* de *près* sonne sur le mot suivant ; 3° parce que *dodu* étant

suivi d'une virgule, on fait un repos avant de passer à l'autre vers.

Au contraire dans ceux-ci,

Nos vœux implorent
Une autre grâce : qu'en ce lieu
Il daigne s'arrêter un peu.

Le premier moment d'un soupé
Est donné toujours au silence ;
Puis un discours entrecoupé
Commence, tombe et recommence.

Pour Isaac il demanda
Une compagne jeune et sage.

Les mots *lieu il, soupé est, demanda une,* blesseraient l'oreille si l'on ne faisait un léger silence à la fin des vers ; et quoiqu'il n'y ait pas ici de faute contre les règles de la versification, il importe de s'attacher à ne présenter que très-rarement des constructions semblables.

LICENCES POÉTIQUES. — *Expressions.* — Comme le style poétique doit être recherché, élevé, il admet des expressions qui souvent paraîtraient trop emphatiques dans la prose. Exemples :

Achéron	pour enfer
Amphitrite	— la mer
antique	— ancien
Apollon * (1)	— la poésie
Aquilon *	— vent
Bacchus *	— vin
Borée *	— vent
chant	— chapitre
chant	— récit
chants	— poëmes
chanter	— raconter
climat	— pays
Cocyte	— enfer
courroux	— colère
coursier	— cheval
Créateur	— Dieu
Eole *	— le vent
épouse	— femme
époux	— mari
espoir	— espérance
Eternel	— Dieu
Etre suprême	— Dieu
entrailles	— ventre
flanc	— corps
forfait	— crime
glaive	— épée
haleine	— vent
hélicon *	— poésie
humain	— hommes
hymen	— mariage
hyménée	— mariage
jadis	— autrefois
labeur	— travail
luth	— plume du poëte
lyre	— style ou plume
mortel	— homme [inspiration
Muse	— style poétique, ou imagination,
naguère	— récemment
Olympe	— ciel
onde	— eau

(1) Tous les mots suivis de cet astérisque ne sont plus guère admis dans notre poésie : ces expressions ont vieilli, et il convient d'en être sobre.

penser	—	pensée
Parnasse	—	la poésie
Phébus	—	la poésie
Pégase *	—	la versification
peinture	—	description
pinceau	—	plume
plaine liquide	—	mer
séjour	—	pays
sombres bords	—	enfer
soudain	—	aussitôt
souvenance	—	souvenir
souvenir	—	mémoire
Tartare	—	enfer
Ténare	—	enfer
Tout-Puissant	—	Dieu
Très-Haut	—	Dieu
voix	—	parole
volupté	—	plaisir
Zéphyr *	—	vent

Par la même raison on doit éviter l'emploi de lo-cutions qui rendraient les vers prosaïques, telles que les suivantes.

c'est pourquoi	outre que
d'ailleurs	parce que
d'autant que	pourvu que
de sorte que	puisque
en effet	

Benserade a dit : Est-il pas naturel? pour : N'est-il pas naturel? On trouve aussi dans Racine : Sais-je pas que Taxile ; pour : Ne sais-je pas que Taxile.

Ces licences ne sont pas non plus admises ; on ne permet pas non plus de mettre comme autrefois, alors que, pour lorsque ; devant que, pour avant que.

Orthographe. — Les anciens poëtes avaient intro-duit, dans l'orthographe de quelques mots, des modi-fications qui avaient pour objet de faciliter la versifi-cation, en augmentant le nombre des syllabes ou en permettant de faire rimer des expressions qui, sans cela, n'auraient pu aller ensemble sans blesser les règles.

Plusieurs de ces licences étaient contraires au bon goût et à la pureté de la langue, aussi ont-elles été abandonnées par les poëtes modernes.

Celles qui n'ont rien de blessant pour l'oreille sont encore permises ; mais on doit en être sobre.

Licences permises. — Dans les vers, on écrit à vo-lonté *encore* ou *encor*, *naguère* ou *naguères*, *grâce* ou *grâces*, *guère* ou *guères* ; il en est de même pour les noms propres, tels que *Athènes, Charles, Démosthènes, Londres,* dont on supprime ou conserve le *s* final.

Dans le corps d'un mot, l'*e muet* précédé d'une voyelle n'a aucune valeur pour la mesure et ne doit pas être prononcé. On se dispense de l'écrire et on le remplace par un accent circonflexe. Au lieu de *j'avouerai, dévouement, enjouement, je prierai,* etc. On met donc *j'avoûrai, dévoûment, enjoûment, je prîrai.* Exemple :

Il ne déploira plus ses ailes d'épervier.

Licences qui ne sont plus permises. — Autrefois on écrivait *avec* ou *avecque, dans* ou *dedans, donc* ou *doncque* ou *doncques,* et on était libre de conserver

ou de supprimer le *s muet* de la première personne des verbes, comme *j'aperçois, j'avertis, je crois, je dis, je dois, je frémis, je reçois, je revois, je sais, je vois,* pour lesquels on ne mettait que *j'aperçoi, j'averti, je croi, je di, je doi, je frémi, je reçoi, je revoi, je sai, je voi* quand on y était obligé pour la rime. Exemples :

Ce discours te surprend, docteur, je l'aperçoi
L'homme, de la nature, est le chef et le roi.

Visir, songez à vous, je vous en averti,
Et, sans compter sur moi, prenez votre parti.

En les blâmant enfin, j'ai dit ce que j'en croi,
Et tel qui me reprend en pense autant que moi.

Un brouillon, une bête, un brusque, un étourdi,
Que sais-je? un... cent fois plus encor que je ne dis.

Sans parent, sans amis, sans espoir que sur moi,
Je puis perdre son fils, peut-être je le doi.

Ah ! bons Dieux, je frémi.
Pandolphe qui revient ! fut-il bien endormi !

Je ne puis t'exprimer l'aise que j'en reçoi,
Et que ne diriez-vous, Monsieur, si c'était moi.

Ne nous associons qu'avecque nos égaux.

A me faire enterrer avecque plus de pompe.

Pour fuir les objets qui dedans ma mémoire...

Mes yeux sont éblouis du jour que je revoi,
Et mes genoux tremblants se dérobent sous moi.

Monsieur, ce galant homme a le cerveau blessé.
Ne le savez-vous pas?
Je sais ce que je sai.
Vous ne répondez point? Perfide, je le voi,
Tu comptes les moments que tu perds avec moi.

Le *d* de *pied, bled,* le *f* de *clef,* le *r* de *souper* se supprimaient aussi lorsque la rime l'exigeait.

Le premier moment d'un soupé
Est donné toujours au silence ;
Puis un discours entrecoupé
Commence, tombe et recommence.

Plus que jamais, confus et humilié,
Devers Paris je m'en revins à pié.

Sachez que de céans j'en rabats de moitié
Et qu'il fera beau temps quand j'y mettrai le pié.

On trouve d'autres licences tout à fait arbitraires, comme dans les vers suivants pour les mots *chèvre-feuille, Shakespeare* et *remords* :

Je vis le jardinier de ta maison d'Auteuil,
Qui, chez toi, pour rimer, planta le chèvrefeuil.

Et dans mes noirs cartons ne plus laisser croupir
Un vieux drame inspiré par Sophocle et Shakespear.

Hélas ! partout où tu repasses,
C'est le deuil, le vide ou la mort,
Et rien n'a germé sur nos traces
Que la douleur ou le remord.

Enfin le participe passé qui reste invariable dans des circonstances où il devrait s'accorder. Corneille, a écrit *enduré* pour *endurées* qui n'aurait pu entrer dans le vers.

.... les misères
Que durant notre enfance ont enduré nos pères.

Voltaire justifie cette licence en disant que s'il n'était pas permis à un poète de se servir en pareil cas du participe absolu, il faudrait renoncer à faire des vers. Quoi qu'il en soit, les exemples en sont excessivement rares et il est bon de ne pas les imiter.

Réticence. — Les réticences ont pour objet de laisser deviner au lecteur des mots supprimés, ou de faire attendre la suite d'une pensée qu'on a l'air de chercher. Elles appartiennent à la prose aussi bien qu'aux vers, et donnent de la force à l'expression ; mais cette figure a bien plus de puissance dans la poésie où elle s'accroît de l'effet que produit la suspension subite du rhythme des vers. On l'indique par plusieurs points appelés points suspensifs.

> Et ce même Sénèque et ce même Brutus
> Qui depuis.... Rome alors estimait leurs vertus.

> Prenez garde, seigneur, vos invincibles mains
> Ont de monstres sans nombre affranchi les humains :
> Mais tout n'est pas détruit et vous en laissez vivre
> Un.... votre fils, seigneur, me défend de poursuivre :
> Instruite du respect qu'il veut vous conserver,
> Je l'affligerais trop si j'osais achever.

On sent toute la force de ce monosyllabe *un* qui, après avoir enjambé sur le vers précédent, s'arrête là, tout à coup. Cet enjambement dénote l'impatience de s'expliquer, et la suspension annonce une réflexion subite, qui arrête la voix.

> Nous avons respiré cet air d'un autre monde,
> Elise !.... et cependant on dit qu'il faut mourir !

> Sans doute par mes pleurs se laissant désarmer,
> Il dirait à Sapho : vis encor pour aimer !

Transpositions. — Les règles de la syntaxe doivent être observées aussi rigoureusement dans les vers que dans la prose ; elles sont les mêmes pour chaque manière d'écrire ; mais la poésie admet, quant à l'ordre des mots, des arrangements qui ne sont pas toujours ordinaires à la prose, on leur donne le nom de transpositions ou d'inversions, parce qu'en effet il y a déplacement des parties du discours. C'est ce qu'en rhétorique on appelle hyperbate.

Les transpositions facilitent la versification, mais ce n'est pas le seul avantage qu'on en tire ; elles enrichissent la diction, contribuent à l'harmonie, et favorisent l'imagination du poète en lui permettant d'approprier son style au sujet qu'il traite.

Par le moyen des transpositions, l'expression est susceptible de plus de douceur, de plus de majesté, de plus d'énergie ; mais elles exigent du goût et ne doivent jamais nuire à la clarté.

On peut les classer de la manière suivante :

1° L'adjectif placé devant le substantif dans des cas où il se met ordinairement après.

> Fuyant les bords qui l'ont vu naître,
> De Laban l'antique berger
> Un jour devant lui vit paraître
> Un mystérieux étranger :
> Dans l'ombre, ses larges prunelles
> Lançaient de pâles étincelles.

Dans cet exemple, l'ordre naturel serait : *le berger*

VIII.

antique, *un étranger mystérieux, ses prunelles larges, des étincelles pâles* ; mais la construction poétique a beaucoup plus de force et d'élégance. De même dans ce vers :

> Il lui fait dans le flanc une large blessure,

l'expression est bien plus énergique que si Racine avait dit : *Il lui fait une blessure large dans le flanc,* parce que celui qui entend réciter cette dernière phrase n'a d'abord l'idée que d'une *blessure,* sans savoir quelle étendue elle peut avoir, tandis que le mot *large,* en frappant l'esprit le premier, lui fait concevoir une idée plus terrible de la *blessure.*

2° Le verbe mis avant son sujet :

> Ainsi parle Calchas. Tout le camp immobile,
> L'écoute avec frayeur et regarde Eriphile,

Pour Calchas *parle ainsi.*

> Ce traitement, Madame, a droit de vous surprendre,
> Mais enfin c'est ainsi que se venge Alexandre.

Au lieu de : *c'est ainsi qu'Alexandre se venge*

3° L'adverbe avant le verbe.

> Le Dieu qui maintenant vous parle par ma voix.
> Ainsi parle Calchas.

> Dans l'espace aussitôt ils s'élancent... et l'homme
> Ainsi qu'un nouveau-né, les salue, et les nomme.

> La plupart emportés d'une fougue insensée
> Toujours loin du droit sens vont chercher leur pensée.

L'ordre naturel serait :

> Le Dieu qui vous parle maintenant par ma voix.
> Calchas parle ainsi.

> Ils s'élancent aussitôt dans l'espace... et l'homme
> Les salue et les nomme ainsi qu'un nouveau-né,
> Vont toujours chercher, etc.

Il convient de remarquer, en passant, que l'hémistiche, *ainsi qu'un nouveau-né,* présente une équivoque ; on ne sait si l'homme salue comme un nouveau-né saluerait, ou si l'homme salue comme il saluerait un nouveau-né.

4° Le régime indirect avant le verbe :

> O dieux, dans leur saison, j'oubliai d'en jouir.
> Des mains d'Agamemnon venez la recevoir.
> Quand le ciel par nos mains à le punir s'apprête.
> Jamais de la nature il ne faut s'écarter.

Au lieu de :

> O dieux ! j'oubliai d'en jouir dans leur saison.
> Venez la recevoir des mains d'Agamemnon.
> Quand le ciel s'apprête à le punir par nos mains.
> Jamais il ne faut s'écarter de la nature.

5° Le complément d'un régime placé avant ce régime lui-même :

> ..... La Discorde
> Avait sur tous les yeux mis son bandeau fatal
> Et donné du combat le funeste signal.

7

Déjà pour la saisir Calchas lève le bras.
Il faut voir du logis sortir ce couple illustre.

Pour :

La Discorde avait mis son bandeau fatal sur tous les yeux
et donné le funeste signal du combat.
Déjà Calchas lève le bras pour la saisir.
Il faut voir sortir ce couple illustre du logis.

6° Avant le verbe, des mots qui font partie de son complément.

Aux chastes voluptés abandonnons nos cœurs.

Et sur le vert tissu de la ronce et du lierre
On distingue un sceptre brisé !

Personne ici ne peut venir.
De tous les rois il voit les confesseurs.

En supprimant l'inversion, on trouve :

Abandonnons nos cœurs aux chastes voluptés.
Et on distingue un sceptre brisé sur le vert tissu de la
ronce et du lierre.
Personne ne peut venir ici.
Il voit les confesseurs de tous les rois.

7° Des mots placés entre le verbe et le participe, comme

Il fut de la maison chassé comme un corsaire.
J'ai d'un malheur affreux entendu le récit.

Au lieu de :

Il fut chassé de la maison comme un corsaire.
J'ai entendu le récit d'un malheur affreux.

8° Le régime direct, qui se met généralement après le verbe, peut quelquefois être placé avant; mais on ne doit le faire que très-rarement, parce que cette construction nuit presque toujours à la clarté, en ce qu'elle est contraire au génie de la langue française. Les vers suivants peuvent être tolérés, quoique le régime direct y soit transposé :

Le sort vous y voulut l'une et l'autre amener.
Non, je ne lui saurais ma parole tenir.
Le paradis ils ont vu dans leur vie.
Qu'un mari sa foi trahisse.

Pour :

Le sort voulut vous y amener l'une et l'autre.
Non, je ne saurais lui tenir ma parole.
Ils ont vu le paradis dans leur vie.
Qu'un mari trahisse sa foi.

Voici quelques exemples de transpositions vicieuses :

Quoi ! voit-on revêtu de l'étole sacrée
Le prêtre de l'autel s'arrêter à l'entrée ?

Les mots de l'autel ainsi placés rendent la phrase obscure ; ils ont l'air de qualifier le prêtre, tandis qu'ils se rapportent à l'entrée.

Si de cette maison approcher l'on vous voit.

Le mot approcher est mal placé en inversion, parce qu'il est le régime direct de voit.

Qui son plus grand honneur de tes palmes attend.

Son plus grand honneur est encore un complément direct et ne saurait être placé avant le verbe.

Disposition des vers. — Aucune règle positive n'oblige les poètes à se servir, dans leurs compositions, d'une espèce de vers plutôt que d'une autre ; les auteurs suivent, à cet égard, leur goût particulier.

Il faut néanmoins que la mesure dont on fait usage convienne au sujet. Ainsi un poème épique, une tragédie et toute pièce de haute poésie ne saurait être traitée qu'en vers de douze syllabes. On se sert aussi généralement de cette mesure pour les églogues, les épîtres, les satires.

Les vers de cinq pieds conviennent très-bien aux poèmes badins, burlesques ou érotiques, tels que le *Lutrin vivant* et *Vert-Vert* de Gresset, le *Pauvre Diable* de Voltaire, l'*Epître à Claudine*, *Phrosine et Mélidore* de Bernard, etc.

On emploie le plus souvent les vers de huit, de sept et de six syllabes dans les chansons, les hymnes, les odes, les romances, les vaudevilles, etc.

Les mesures de cinq, de quatre, de trois, de deux et d'une syllabe ne servent guère que pour des morceaux de peu d'étendue. Bernard a fait de jolies compositions en vers de quatre et de cinq syllabes.

Stances. — Certaines pièces sont divisées en périodes régulières de deux, de trois, de quatre vers, etc., jusqu'à quinze ou seize au plus. Ces périodes s'appellent stances, en général.

Quelques-unes ont, en outre, reçu des désignations particulières. Ainsi, on nomme :

Distiques, les stances de deux vers ;
Tercets, celles de trois ;
Quatrains, celles qui en ont quatre ;
Sixains, celles de six ;
Dizains, celles de dix ;
Couplets, celles qui se chantent ;
Strophes, celles des odes.

Lorsque, dans un poème, les vers sont de différentes mesures, sans aucun ordre symétrique, on les appelle *vers libres* ; c'est ainsi que sont écrites la plupart des fables de La Fontaine.

On dit que les stances sont régulières, quand elles présentent toutes, dans un poème, la même disposition de rimes, de vers et de repos.

Il y a aussi des *stances irrégulières*, c'est-à-dire dans lesquelles la mesure et le nombre des vers varient de l'une à l'autre.

Le distique n'a nécessairement qu'une rime.

Le tercet peut être formé de trois vers rimant ensemble, ou de deux vers sur une rime et un troisième rimant avec un vers du tercet suivant.

Le quatrain a deux rimes plates ou croisées.

La stance de cinq vers se compose de deux vers sur une rime et de trois vers sur une autre.

La stance de six vers contient trois rimes.

En général, les stances de nombre pair ont deux

vers sur chaque rime et celles de nombre impair ont des rimes de deux vers et une de trois.

EXEMPLES :

Distique.

Eve était innocente, elle était toute nue ;
L'innocence chez nous est presque revenue.

Tercets.

Quel bonheur ! quelle victoire !
Quel triomphe ! quelle gloire !
Les amours sont désarmés.

Jeunes cœurs, rompez vos chaînes,
Cessons de craindre les peines,
Dont nous étions alarmés.

Quatrains.

Le mélange des vers et des rimes dans les stances est loin d'être indifférent : Rousseau, Voltaire et Lamartine sont les poëtes qui ont le mieux réussi dans l'ode, ils ont surtout le mérite d'avoir su approprier le rhythme des strophes aux sujets.

Trois alexandrins, suivis d'un vers de quatre pieds, forment un quatrain harmonieux.

Trop heureux qui du champ par ses pères laissé,
Peut parcourir au loin ses limites antiques,
Sans redouter les cris de l'orphelin chassé
Du sein de ses dieux domestiques.

Deux alexandrins, mêlés avec deux trimètres, composent une strophe très-gracieuse.

La mort a des rigueurs à nulle autre pareilles,
On a beau la prier,
La cruelle qu'elle est se bouche les oreilles
Et nous laisse crier.

Un vers de six syllabes vient aussi très-bien après trois de douze.

Les troupeaux rassurés broutent l'herbe sauvage,
Le laboureur content cultive ses guérêts.
Le voyageur est libre et sans peur du pillage
Traverse les forêts.

On fait d'ailleurs des quatrains en vers de mesure semblable. Exemples :

Plein de beautés et de défauts,
Le vieil Homère a mon estime ;
Il est, comme tous ses héros,
Babillard outré, mais sublime.

Stances de cinq vers.

Cruel auteur des troubles de mon âme,
Que la pitié retarde un peu tes pas.
Tourne un moment tes yeux sur ces climats !
Et si ce n'est pour partager ma flamme,
Reviens du moins pour hâter mon trépas.

Stances de six vers.

De sa grâce extrême
Minerve elle-même
Reconnaît le prix :
Et par sa surprise
Junon autorise
Le choix de Pâris.

Sur un écueil battu par la vague plaintive,
Le nautonier de loin voit blanchir sur la rive
Un tombeau près du bord par les flots déposé ;
Le temps n'a pas encor bruni l'étroite pierre,
Et sous le vert tissu de la ronce et du lierre
On distingue... un sceptre brisé !

Le mélange des vers, dans les stances, est susceptible d'une foule de combinaisons.

Stance de sept vers.

Prends part à la juste louange
De ce Dieu si cher aux guerriers,
Qui, couvert de mille lauriers
Moissonnés jusqu'aux bords du Gange,
A trouvé mille fois plus grand
D'être le Dieu de la vendange
Que de n'être qu'un conquérant.

Stance de huit vers.

La différence est bien visible ;
Car la Sorbonne ose assurer
Que le Saint-Père peut errer,
Chose, à mon sens, assez possible ;
Mais pour moi, quand je vous entends
D'un ton si doux et si plausible
Débiter vos discours brillants,
Je vous croirais presque infaillible.

Stance de neuf vers.

Quels organes, quels ministres
Dignes d'obtenir son choix,
Pourraient en ces temps sinistres
Nous faire entendre sa voix ?
Serait-ce ces doctes mages,
Des peuples de tous les âges
Réformateurs consacrés,
Bien moins pour les rendre sages
Que pour en être honorés ?

Stance de dix vers.

A la source d'Hippocrène
Homère, ouvrant ses rameaux,
S'élève comme un vieux chêne
Entre les jeunes ormeaux.
Les savantes immortelles
Tous les jours de fleurs nouvelles
Ont soin de parer son front ;
Et par leur commun suffrage
Avec elles il partage
Le sceptre du double mont.

On voit que cette strophe se compose en quelque sorte d'une stance de quatre vers et d'une autre de six.

Les stances de onze vers peuvent être formées d'une de six et d'une de cinq, ou d'une de quatre et d'une de sept ; celles de douze en contiennent deux de six, trois de quatre ou une de sept et une de cinq, et ainsi de suite, car il est de règle que, dans toutes les stances d'une pièce de vers, les repos soient disposés de la même manière.

Vers libres. — On donne le nom de vers libres à ceux qui se suivent sans uniformité de mesure, quelle que soit d'ailleurs la disposition des rimes. On les emploie le plus souvent pour les fables, les contes en vers, et les pièces de peu d'importance. Le récitatif dans les opéras, et les cantates sont aussi en vers libres. Exemples :

Un omnibus à deux étages
Circulait sur le boulevard,
Et comme il était déjà tard
Deux piétons crurent être sages
En le prenant. L'un dit, je monte en haut,
En effet il grimpe et d'un saut
Il se met sur l'impériale.
- L'autre répond, et moi je monte en bas,
Par ce moyen je ne tomberai pas,
Et dans l'intérieur il s'installe.

Monter en bas ! monter en haut !
Je voudrais bien savoir lequel est le plus sot !

De l'harmonie. — Il ne suffit pas pour que des vers soient bons qu'ils aient la mesure, la rime, la césure : il en est de la poésie comme d'un tableau ; si le peintre mettait sur une même toile des arbres, des fruits, des guerriers, des animaux, sans aucun ordre ; s'il habillait ses personnages de rouge, de jaune, de noir, sans examiner l'effet de ses couleurs ; s'il donnait sans raison un visage triste à celui-ci, une figure réjouie à celui-là, un air furieux à cet autre ; il ferait un méchant ouvrage. La peinture exige donc le génie des combinaisons et le goût des convenances ; il en est de même de la poésie, il faut de l'à-propos dans les pensées, du goût dans l'arrangement des sons, du discernement dans le choix des expressions. Celui qui ne donnerait pas à son style du pathétique dans la tragédie, de l'héroïsme dans l'épopée, de la délicatesse et du sentiment dans l'élégie, du sarcasme dans la satire ; qui ne s'attacherait pas à la convenance des images, à la pureté et à l'harmonie des sons, ne ferait que des ouvrages détestables.

Fausses rimes. — Autant la rime plaît à la fin des vers, autant elle choque l'oreille lorsqu'elle occupe une autre place : on doit donc éviter des constructions comme les suivantes :

Aux Saumaises *futurs* préparer des *tortures.*
Ses écrits pleins de *feu* partout brillent aux *yeux.*
J'eus un frère, seigneur, illustre et généreux,
Digne par sa *valeur* du sort le plus heureux.
Du *destin* des *Latins* prononcer les oracles.
Raconte à ses neveux le bonheur de leurs *pères ;*
Et ce nom dont la *terre* aime à s'entretenir.....
     Là son autel, d'une lampe éclairé,
     Était *orné* de grossières images.
Ou d'un plomb qui fuit l'œil et part avec l'*éclair*
Je vais *faire* la *guerre* aux habitants de l'*air.*
De leurs globes *brûlants* écrasent une armée
Quand des guerriers *mourants* les sillons sont couverts.

Mauvaises consonnances. — Sans harmonie, point de musique, sans harmonie, point de vers. Qu'un artiste maladroit, dans le morceau le plus parfait, fasse une seule note fausse ; non-seulement il prive ses auditeurs de tout le plaisir qu'une bonne exécution devait leur donner, mais il les impressionne d'une manière désagréable ; il choque, il déchire les oreilles. Les syllabes, dans les vers, doivent se succéder avec harmonie, comme les notes dans la musique. Il faut que le poète ait de la délicatesse dans les organes, et du goût dans es sensations.

Quelques exemples montreront les écueils qu'on doit éviter.

Qu'entends-je ! que dit-il ! quelque coupable, hélas !
Qu'il puisse devenir, je ne me plaindrai pas.

Ne croirait-on pas entendre le caquet d'une pie en écoutant ces *qu'en que quelque cou,* et est-il rien de moins sonore que tous les *e muets* de *puisse devenir je ne me* ? On trouve le même défaut dans les vers suivants :

         .... Retenez bien
Que qui sait mal, vous en êtes la marque,
Est ignorant plus que qui ne sait rien.

Moi *qu'on* sait *qui* le sers.

Son oncle Othon alors, sortant de son donjon,
Le voyait se sauver avec son échanson.

Toutes ces syllabes en *on* forment une musique fort peu agréable.
Dans les vers suivants,

Par un don de *César* je suis *roi d'Arménie,*
*Par*ce qu'il *croit par* moi détruire l'Ibérie.

Le son *oi* répété trois fois, les deux derniers surtout, séparés par une seule syllabe, et *ar* qui revient cinq fois, tout cela est très-mauvais. *Parcequ'il* est d'ailleurs prosaïque.

Pourquoi ce roi du monde, et si libre et si sage,
Subit-il si souvent un si dur esclavage ?

Ces vers manquent d'harmonie, à cause des syllabes trop fréquentes *ce, si, si, su, si, sou, si.*

Echue à l'Opéra par un rapt solennel,
Sa honte la dérobe au pouvoir paternel.

Le mot *rapt* et les six *r* qu'on trouve dans ce peu de mots, rendent les vers durs.

Pour son plaisir d'un soir que tout Paris périsse.

Est-il possible d'entendre la fin de ce vers sans en avoir le tympan déchiré ?

Harmonie imitative. — De même qu'une musique parfaite nous fait entendre tour à tour les éclats retentissants du tonnerre, le gazouillement suave des oiseaux, le bruit strident d'un char roulant sur le pavé, les roucoulements sensuels du tourtereau, de même la bonne poésie imite, par un heureux choix de sons, les impressions, les sentiments, les passions des personnages mis en scène. Cette espèce d'onomatopée contribue puissamment au pathétique, et rend plus sensible l'expression que le poète a voulu donner à ses vers. On l'appelle harmonie imitative.

Ici meurt dans la rage une famille entière.

Ces mots *meurt, rage,* en appuyant sur les *r,* produisent un effet d'harmonie imitative ; on croit voir les malheureux affamés grincer les dents.

Des morts épouvantés les ossements poudreux
Ainsi qu'un pur froment sont préparés par eux.

Le dernier hémistiche : *sont préparés par eux,*

est composé de syllabes qui semblent ne se prononcer qu'à regret, avec effort, et peignent l'aversion des assiégés pour la nourriture à laquelle ils sont réduits.

Dans ces vers:

> Pour qui sont ces serpents qui sifflent sur vos têtes.
> Il faisait sonner sa sonnette.

On croit entendre le sifflement du serpent ou le bruit de la sonnette.

> Au milieu des glaçons et des neiges fondues,
> Tombe et roule un rocher qui menaçait les nues.

En prononçant ces mots : *tombe et roule un rocher*, ne croit-on pas entendre d'abord le bruit occasionné par la chute d'une lourde masse, et ensuite le roulement produit par les secousses qu'elle éprouve sur les aspérités du rocher, avant d'arriver au fond du ravin.

La Fontaine, en parlant d'un lapin, dit :

> Il était allé faire à l'aurore sa cour,
> Parmi le thym et la rosée ;
> Après qu'il eût brouté, trotté, fait tous ses tours.

Ces mots *brouté, trotté*, peignent très-bien les mouvements rapides et multipliés du lapin.

Des vers qui paraîtraient mauvais si l'intention du poète ne s'y montrait, sont au contraire pleins de force et d'à-propos quand ils font bien sentir ce qu'ils doivent exprimer.

Le suivant reproduit exactement le bruit et l'action de la lime :

> J'entends crier la dent de la lime mordante.
> Mais c'est peu dans les vers d'éviter la rudesse ;
> Il faut que le son même, avec délicatesse,
> Fasse entendre au lecteur l'action qu'on décrit,
> Et que l'expression soit l'écho de l'esprit.
> Que le style soit doux lorsqu'un tendre zéphyr
> A travers les forêts s'insinue et soupire ;
> Qu'il coule avec lenteur quand de petits ruisseaux
> Roulent tranquillement leurs languissantes eaux. *
> Mais les vents en fureur, la mer pleine de rage,
> Font-ils d'un bruit affreux retentir le rivage,
> Le vers, comme un torrent, en grondant doit marcher. *
> Qu'Ajax soulève et lance un énorme rocher,
> Le vers appesanti tombe avec cette masse. *

Ce morceau est, dans son entier, un modèle de poésie imitative : on y remarque surtout les trois vers marqués d'un astérisque.

Vers prosaïques. — Les vers prosaïques sont froids et sans grâce, on doit s'attacher à les éviter.

Un poème dans lequel il s'en trouve perd tout son mérite; on ne peut mieux le comparer qu'à un orateur qui, au milieu d'une improvisation chaleureuse, s'arrêterait pour répondre à sa cuisinière sur une question de pot-au-feu.

Les vers sont prosaïques quand ils renferment des mots vulgaires, peu en rapport avec le sujet; ils le sont encore quand la phrase est traînante.

> O vous, murs que les dieux ont *maçonnés* eux-mêmes,
> Eux-mêmes *étoffés* de mille diadèmes.

Le début, *O vous murs que les dieux....* et l'expression *mille diadèmes* sont beaux et sonores, mais les mots peu poétiques, *maçonnés* et *étoffés* viennent là s'interposer malheureusement.

> ...... Je vis un clair ruisseau,
> Je m'approchai pour boire de son eau :
> Quand j'en eus bus, je m'étendis à l'ombre.

Pour *boire de son eau* est prosaïque, ainsi que le vers suivant.

Vers blancs ou sans rimes. — Le caractère de la langue française est la simplicité et la précision; par elle-même elle est euphonique mais elle ne le devient que par le talent de l'écrivain et c'est en vers surtout qu'elle a besoin de la mesure et principalement de la rime pour être expressive.

On peut en juger par l'exemple suivant :

> Mais qui fait fuir ainsi ces ligueurs dispersés?
> Quel héros, ou quel dieu les a tous renversés?
> C'est le jeune Biron, c'est lui dont le courage
> Parmi leurs bataillons s'était fait un passage.
> D'Aumale les voit fuir et bouillant de courroux :
> Arrêtez, revenez.... lâches, où courez-vous?
> Vous, fuir ! vous compagnons de Mayenne et de Guise !
> Vous, qui devez venger Paris, Rome et l'Eglise !
> Suivez-moi, rappelez votre antique vertu ;
> Combattez sous d'Aumale, et vous avez vaincu.

> Mais qui fait fuir ainsi ces ligueurs en déroute?
> Quel héros ou quel dieu les a tous renversés?
> C'est le jeune Biron; c'est lui dont la valeur
> Parmi leurs bataillons s'était fait un passage.
> D'Aumale les voit fuir et bouillant de colère :
> Arrêtez, revenez.... lâches où courez-vous ?
> Vous, fuir ! vous compagnons de Mayenne et de Guise!
> Vous, qui devez venger Paris, l'Eglise et Rome !
> Suivez-moi, rappelez votre antique vertu ;
> Combattez sous d'Aumale et vous êtes vainqueurs.

Ces derniers vers, dans lesquels il n'y a pas de rime, sont tout aussi beaux que les autres; pris un à un, ils ont la même force, la même harmonie; mais qu'on lise le passage dans son entier, d'abord avec la rime, puis sans rime, et on ne pourra s'empêcher de convenir que la première disposition l'emporte de beaucoup sur la seconde. C'est qu'en effet, outre l'agrément répandu dans la poésie par le retour des mêmes sons ; cette espèce d'écho fait ressortir davantage la cadence des vers, aussi bien que le mélange plus ou moins heureux des syllabes dont ils sont formés.

Les auteurs qui, comme Lamotte et quelques autres, ont prétendu que la poésie française pouvait se passer de la rime, n'ont pu faire prévaloir leur opinion, et nous devons nous en féliciter, car c'en était fait de notre poésie si leurs idées avaient eu plus de succès.

Harmonie des périodes. — Il faut pour que le style plaise, que la période soit tantôt longue, tantôt courte; le lecteur se lasserait bien vite si les phrases se terminaient uniformément à la fin de chaque vers. Le poète doit donc s'attacher à répandre de la variété dans sa diction en renfermant le sens tantôt dans un hémistiche, tantôt dans un vers, tantôt dans plusieurs vers, et à porter la chute de ses périodes alternativement, mais sans affectation, dans l'intérieur ou à la fin des vers.

Où *suis-je?* de Baal né vois-je pas le *prêtre?*
Quoi! fille de David, vous parlez à ce *traître?*
Vous souffrez qu'il vous parle et vous ne craignez pas
Que du fond de l'abîme, entrouvert sous ses pas,
Il ne sorte à l'instant des feux qui vous *embrasent,*
Ou qu'en tombant sur lui ces murs ne vous *écrasent?*
Que *veut-il?* De quel front cet ennemi de Dieu
Vient-il infecter l'air qu'on respire en ce *lieu?*

On reconnaît dans cet exemple l'effet agréable que produit la coupe variée des phrases: le suivant fait voir combien le repos uniforme à la fin de chaque vers rend la poésie monotone et plate.

Dût le ciel irrité lancer sur moi sa foudre;
A vous abandonner rien ne peut me résoudre.
Je veux vous enlever de ces funestes lieux.
A mille affreux périls je ferme ici les yeux.
Faudra-t-il donc sur moi voir s'armer ma princesse?
J'attendrai qu'Artaban me tienne sa promesse.
Je sais ce qu'il a fait et ce qu'il a promis.
Nul soupçon de sa foi ne peut m'être permis.

Des diverses sortes de poèmes. — Tout ouvrage en vers prend le nom de poème et se distingue, d'après la nature du sujet qui y est traité, en poème, badin, bucolique, burlesque, comique, didactique, dramatique, épique, héroïque, héroï-comique, historique; lyrique ou philosophique, et on dit de la même manière, poésie chrétienne, didactique, dramatique, élégiaque, épique, érotique, héroïque, lyrique, morale, pastorale, profane, sacrée, satirique, etc.

Indépendamment de ces qualifications, les pièces de poésie ont reçu des dénominations particulières qui se rapportent au sujet lui-même, et indiquent la forme et l'étendue de l'ouvrage.

DÉNOMINATIONS.

ACROSTICHE. — Pièce de poésie dont chaque vers commence par une lettre du nom de la personne ou de la chose qui en fait le sujet.

En voyant votre taille et vos traits ravissants
Le plus froid des mortels deviendrait plein d'audace;
En écoutant le son de vos divins accents
On croit d'un ange entendre une action de grâce.
Nul ne peut, près de vous, rester indifférent,
On se sent tour à tour respectueux, aimant:
Rare assemblage enfin de beauté, de sagesse,
En vous on voit Vénus et l'on trouve Lucrèce.

AMPHIGOURI. — Petite parodie dans laquelle on tourne en ridicule une pièce dont on reproduit les rimes et les expressions, en les mettant dans un ordre burlesque, et quelquefois dépourvu de sens. Exemple.

Air du menuet d'*Exaudet.*

Pour un sou,
Par un trou,
Dans l'Averne,
A cheval sur son bâton,
Callot au noir Pluton
Faisait voir sa lanterne.

Mahomet
Qui fumait
D'un air garbe,

A ce spectacle plaisant
Etouffe en se faisant
La barbe.

Trop plein du vin qu'il se verse,
Caton veut se mettre en perce
Dans son lit
Qu'il salit,
Il meurt vite;
Et César sur son tombeau
Fait jeter un seau d'eau
Bénite.

Don Martin
Sur Catin
Monte en croupe
Et rit d'un air papelard
En voyant Abélard
Plaindre un chat que l'on coupe.
Rabelais
Parle anglais
Au maroufle
Courant au nez de Callot
Péter sur son fallot
Qu'il souffle.

ANAGRAMME. — Petite pièce qui tient de l'énigme et du logogriphe. Elle se compose sur un mot qu'on laisse deviner, et en formant d'autres mots avec les mêmes lettres. Exemple.

Quatre lettres forment mon tout,
Et je sais flatter votre goût:
Je suis d'une douceur extrême
Et c'est pour cela que l'on m'aime.
Mais si l'on vient me déranger,
Avec mes dents que je vous montre,
Vous me voyez prête à ronger
Tout ce qui vient à ma rencontre.

(*Le mot est à la fin des diverses sortes de poèmes.*)

APOLOGUE OU FABLE. — Petit récit qui couvre, du voile de l'allégorie, une vérité morale et instructive.

Le style de l'apologue doit être simple et concis: la pensée est ingénue, quelquefois satirique. Exemple.

Les voleurs et l'âne.

Pour un âne enlevé deux voleurs se battaient:
L'un voulait le garder, l'autre voulait le vendre.
Tandis que les coups de poings trottaient,
Et que nos champions songeaient à se défendre,
Arrive un troisième larron
Qui saisit maître Aliboron.

L'âne est quelquefois une pauvre province:
Les voleurs sont tel et tel prince
Comme le Transylvain, le Turc et le Hongrois.
Au lieu de deux, j'en ai rencontré trois;
Il est assez de cette marchandise.
De nul d'eux n'est souvent la province conquise:
Un quart voleur survient qui les accorde net
En se saisissant du baudet.

APOSTILLE. — Ancien petit poème qu'on envoyait à la personne qui en faisait le sujet. La suivante a été adressée par Sarrasin à M. Conrart.

Si tu te plais à ces vers-ci
Que pour te plaire je t'envoie,
Crois que j'en aurai de la joie;
Mais s'ils ne te plaisent aussi,
Fais d'eux, sans aucune merci,
Ce que les Grecs firent de Troie.

ARIÉTTÉ. — Morceau de chant vif ou tendre qui, dans les opéras, est placé entre le récitatif.

AUBADE. — Chansons galantes des anciens troubadours, destinées à être chantées à l'aube du jour.

BALLADE. — Ancienne poésie composée de trois couplets ayant 8, 10 ou 12 vers, tous égaux, et d'un envoi qui n'a que moitié des vers du couplet. Les rimes sont les mêmes dans tous les couplets et dans l'envoi ; de plus les couplets et l'envoi doivent se terminer par le même vers. Les anciens poètes ont aussi fait des ballades doubles ; c'est-à-dire à 6 stances ; il y en a même de 8, avec ou sans envoi. La ballade contient ordinairement quelque récit historique.

La Ballade asservie à ses vieilles maximes,
Souvent doit tout son lustre au caprice des rimes.
Boileau.

Ballade de Marigny.

Si l'amour est un doux servage :
Si l'on ne peut trop estimer
Les plaisirs où l'amour engage,
Qu'on est sot de ne pas aimer !
Mais si l'on se sent enflammer
D'un feu dont l'ardeur est extrême,
Et qu'on n'ose pas l'exprimer,
Qu'on est sot alors que l'on aime !

Si dans la fleur de son bel âge,
Fille qui pourrait tout charmer
Vous donne son cœur en partage,
Qu'on est sot de ne pas aimer !
Mais s'il faut toujours s'alarmer,
Craindre, rougir, devenir blême
Aussitôt qu'on s'entend nommer,
Qu'on est sot alors que l'on aime !

Pour complaire au plus beau visage
Qu'amour puisse jamais former,
S'il ne faut qu'un bien doux langage,
Qu'on est sot de ne pas aimer !
Mais quand on se voit consumer,
Si la belle est toujours de même
Sans que rien la puisse enflammer,
Qu'on est sot alors que l'on aime !

ENVOI.

En amour si rien n'est amer,
Qu'on est sot de ne pas aimer !
Si tout l'est au degré suprême,
Qu'on est sot alors que l'on aime !

On trouve dans cette ballade la naïveté qui était le caractère dominant de nos anciennes poésies. Il faut remarquer que les mots *amer* et *aimer* ne riment pas bien, attendu que le *r* sonne dans le premier, tandis qu'il est muet dans le second.

BARCAROLLE. — Chanson de barque, de batelier.

BLASON. Ancienne poésie consistant en un éloge, une louange ou un blâme de quelque personne. C'était ce qu'on appelle maintenant madrigal ou épigramme. On a aussi désigné sous le nom de *blason funéral* ce qui aujourd'hui porte le nom d'épitaphe.

BOUQUET. — Petite pièce de poésie gracieuse et galante adressée à quelqu'un le jour de sa fête. En voici un qui a été fait pour une demoiselle qui était recherchée en mariage.

Pour votre fête acceptez ce bouquet,
De mon amour ce n'est qu'un faible gage ;
Mais en voyant sa blancheur qui me plaît,
J'y reconnais une fidèle image
De la douceur et de la pureté,
Des sentiments dont votre âme est remplie
Et qui servant à ma félicité
Embelliront le reste de ma vie.

Oui, ce beau jour est le commencement
D'une existence exempte de tristesse ;
Nos cœurs unis du même sentiment
Se combleront l'un l'autre d'allégresse,
Et ce bonheur, quand nous l'aurons goûté,
Sera toujours pour nous si plein d'ivresse,
Qu'il nous faudra toute l'éternité
Pour épuiser ce foyer de tendresse.

CANTATE. — Petit poëme originaire d'Italie, il est fait pour être mis en musique et peut passer pour un diminutif d'opéra. Il se compose de vers libres et contient des ariettes. C'est J.-B. Rousseau qui l'a introduit dans notre langue. Sa cantate de Circé passe pour un des chefs-d'œuvre de la poésie française.

CANTATILLE. — Petite cantate.

CANTIQUE. — Chanson en l'honneur de la divinité.

CAVATINE. — Petit morceau de chant qui, comme les ariettes, coupe le récitatif, dans une scène d'opéra.

CHANSON. — Nom générique de toute pièce destinée à être chantée. Ainsi, les termes ariette, cantique, complainte, hymne, romance, ronde, vaudeville, expriment tous des chansons, mais de caractères particuliers.

Les compositions qui conservent la désignation spéciale de *chanson*, prennent encore d'autres dénominations ; on les appelle *chansons bachiques*, lorsqu'elles ont trait à Bacchus ou au vin ; *chansons érotiques*, quand elles se rapportent à l'amour ; *chansons joyeuses*, si elles excitent à la joie ; *chansons de table*, quand elles sont destinées à être chantées pendant les repas.

La chanson se compose d'un nombre variable de couplets ; les vers doivent être simples, naïfs, quelquefois satiriques.

Béranger a, de nos jours, élevé la chanson au plus haut degré par la pureté de sa versification, par la grandeur des sujets qu'il a traités et par la poésie que son génie a su y répandre : tout le monde connaît ses admirables compositions du *Dieu des bonnes gens*, du *Roi d'Yvetot*, du *Sénateur*, du *Bon Vieillard*, du *Vieux Drapeau*, de *la Déesse*, de *la Vivandière*, etc., etc.

CHANSONNETTE. — Petite chanson faite sur un sujet léger.

CHANT ROYAL. — Poème ancien qui était composé de cinq stances ordinairement de onze vers et d'un envoi de cinq vers. Toutes les stances, ainsi que l'envoi, finissent par le même vers.

Le chant royal ne diffère de la ballade que par le nombre des stances et celui des vers qui entrent dans chacune d'elles.

Clément Marot en a fait un sur la Conception.

CHARADE. Pièce de vers ordinairement très-courte, composée sur un mot que le lecteur doit deviner. Le mot qui fait le sujet de la charade se désigne par *mon entier* ou *mon tout*, et il est décomposé en parties qu'on appelle *mon premier*, *mon second*, *mon troisième*,

mon dernier ; si, par exemple, on voulait en faire une sur le mot *charade* lui-même, on aurait pour mon premier *char*, pour mon second *a*, pour mon dernier *de*. Pour celle-ci :

> Dans le mot *écurie* on trouve mon premier,
> Le garçon d'écurie a deux fois mon dernier,
> C'est l'écurie, enfin, qui loge mon entier.

(Le mot est à la fin des diverses sortes de poèmes.)

COMÉDIE.—Pièce dramatique représentant une action de la vie sociale dans le but d'amuser le spectateur, en même temps qu'on l'instruit par l'exemple des défauts, des travers et des ridicules.

Les comédies ont d'un à cinq actes, composés chacun de 400 vers environ et divisés en scènes de longueur indéterminée. On y joint quelquefois un prologue au commencement, un épilogue à la fin, ou un prologue et un épilogue. L'étendue de ces additions est variable.

On ne peut suivre de meilleurs préceptes, relativement au style et au caractère de la comédie, que ceux donnés par Boileau dans le 3e chant de son *Art poétique*. En voici la substance.

Éviter la froideur en donnant de l'intérêt au discours, en excitant les passions, en parlant au cœur ; faire connaître, dès le commencement, le sujet de la pièce, le lieu de la scène, et observer les trois unités ; c'est-à-dire que l'action doit être unique, s'accomplir en un jour et dans un seul lieu.

La première condition, l'unité d'action, est rigoureusement indispensable ; mais les deux autres ont excité bien des controverses, surtout dans l'école moderne, où elles ont été souvent violées. Il faut avouer qu'on a fait de charmantes pièces dans lesquelles on ne s'est pas astreint à ces derniers principes, mais on ne peut se dissimuler non plus que celles qui y ont été soumises sont plus parfaites ; en effet, elles se rapprochent davantage de la vérité, et la vérité doit toujours être le premier guide dans les compositions théâtrales.

Aussi Boileau recommande-t-il de n'offrir au spectateur jamais rien d'incroyable.

Il faut s'attacher à ne pas exposer sur la scène des objets qui répugneraient à la vue et faire en sorte que l'intérêt aille toujours croissant jusqu'au dénouement qui doit être imprévu.

Enfin il importe que le portrait de chaque personnage soit défini, bien tranché et que tout ce qu'on lui fait dire soit en rapport avec son caractère et avec l'intérêt qui le dirige.

Les comédies sont susceptibles de prendre des caractères différents selon les sujets qui y sont traités ; ainsi il y a la haute comédie, qui peint les mœurs, ou les caractères de la société ; la comédie d'intrigue, dans laquelle les personnages cherchent par l'intrigue à obtenir ce qui les intéresse ; la comédie larmoyante, où on fait entrer le pathétique ; la comédie héroïque, dont l'action se passe entre des personnes de haut rang ; la comédie pastorale, où les acteurs sont des bergers ; la comédie historique, basée sur un trait d'histoire, etc.

Molière est le premier de nos auteurs comiques. Voici une scène de sa comédie intitulée : *les Femmes savantes*, représentée pour la première fois en 1672.

ARMANDE.

Quoi ! le beau nom de fille est un titre, ma sœur,
Dont vous voulez quitter la charmante douceur !
Et de vous marier vous osez faire fête !
Ce vulgaire dessein vous peut monter en tête !

HENRIETTE.

Oui, ma sœur.

ARMANDE.

Ah ! ce oui, se peut-il supporter ?
Et sans un mal de cœur saurait-on l'écouter ?

HENRIETTE.

Qu'a donc le mariage en soi qui vous oblige,
Ma sœur?....

ARMANDE.

Ah ! mon Dieu ! fi !

HENRIETTE.

Comment ?

ARMANDE.

Ah ! fi ! vous dis-je.
Ne concevez-vous point ce que, dès qu'on l'entend,
Un tel mot à l'esprit offre de dégoûtant,
De quelle étrange image on est par lui blessée,
Sur quelle sale vue il traîne la pensée ?
N'en frissonnez-vous point ? et pouvez-vous, ma sœur,
Aux suites de ce mot résoudre votre cœur ?

HENRIETTE.

Les suites de ce mot, quand je les envisage,
Me font voir un mari, des enfants, un ménage ;
Et je ne vois rien là, si j'en puis raisonner,
Qui blesse la pensée et fasse frissonner.

ARMANDE.

De tels attachements, ô ciel ! sont pour vous plaire !

HENRIETTE.

Et qu'est-ce qu'à mon âge on a de mieux à faire
Que d'attacher à soi, par le titre d'époux,
Un homme qui vous aime et soit aimé de vous,
Et de cette union de tendresse suivie,
Se faire les douceurs d'une innocente vie ?
Ce nœud bien assorti, n'a-t-il pas ses appas ?

ARMANDE.

Mon Dieu ! que votre esprit est d'un étage bas !
Que vous jouez au monde un petit personnage,
De vous claquemurer aux choses du ménage,
Et de n'entrevoir point de plaisirs plus touchants
Qu'une idole d'époux et des marmots d'enfants !
Laissez aux gens grossiers, aux personnes vulgaires,
Les bas amusements de ces sortes d'affaires,
A de plus hauts objets élevez vos désirs.
Songez à prendre un goût des plus nobles plaisirs,
Et traitant de mépris les sens et la matière,
A l'esprit, comme nous, donnez-vous toute entière.
Vous avez notre mère en exemple à vos yeux,
Que du nom de savante on honore en tous lieux,
Tâchez, ainsi que moi, de vous montrer sa fille ;
Aspirez aux clartés qui sont dans la famille
Et vous rendez sensible aux charmantes douceurs
Que l'amour de l'étude épanche dans les cœurs.
Loin d'être aux lois d'un homme en esclave asservie,
Mariez-vous, ma sœur, à la philosophie,
Qui nous monte au-dessus de tout le genre humain
Et donne à la raison l'empire souverain,

Soumettant à ses lois la partie animale,
Dont l'appétit grossier aux bêtes nous ravale ;
Ce sont là les beaux feux, les doux attachements
Qui doivent de la vie occuper les moments ;
Et les soins où je vois tant de femmes sensibles
Me paraissent aux yeux des pauvretés horribles.

COMPLAINTE. — Chanson populaire, qui ordinairement n'est que le récit sur un air triste ou langoureux d'un événement malheureux ou tragique. On donne quelquefois à ces pièces le ton burlesque, comique et satirique.

CONTES EN VERS. — Les contes sont ce qu'étaient les fabliaux de nos anciens poètes : ils contiennent le récit d'une anecdote. Le style simple de la conversation ou de la narration est celui qui convient au conte.

La Fontaine en a publié qui sont excellents, quant à la poésie, mais la galanterie qui en fait le sujet est un peu trop libre. Voltaire et Grécourt en ont aussi composé.

COQ A L'ANE. — Ancien petit poème, dans lequel on passait sans liaison d'un sujet à un autre.

DÉPLORATION. — Ancienne poésie plaintive, douloureuse qui, depuis, a pris le nom d'élégie.

DISTIQUE. — Poème de deux vers. Le distique doit réunir la concision, la clarté et l'élégance. Il sert ordinairement d'inscription à un monument, ou à un tableau.

Le distique suivant a été fait par *du Lorens*, poète du XVIIᵉ siècle, pour servir d'épitaphe à sa femme, qui par son caractère acariâtre, lui a inspiré beaucoup de vers contre le mariage :

Ci-gît ma femme : oh ! qu'elle est bien
Pour son repos et pour le mien !

DITHYRAMBE. — Les anciens donnaient ce nom à des chansons ou à d'autres pièces de vers en l'honneur de Bacchus et du vin.

Aujourd'hui cette dénomination s'applique à des compositions en stances irrégulières, dont le genre est celui de l'ode.

Delille en a fait un sur l'immortalité de l'âme.

DUO. — Morceau composé pour être chanté à deux personnes. On en met souvent dans les opéras. Exemple, le duo de *Don Sébastien*.

ÉGLOGUE. — Poésie pastorale où l'on introduit des bergers qui conversent ensemble.

Son ton simple et naïf n'a rien de fastueux
Et n'aime point l'orgueil d'un vers présomptueux.

Chanter Flore, les champs, Pomone, les vergers,
Aux combats de la flûte animer deux bergers ;
Des plaisirs de l'amour vanter la douce amorce,
Changer Narcisse en fleur, couvrir Daphné d'écorce.

Voici le commencement d'une églogue de Segrais :

Tircis mourait d'amour pour la belle Chimène,
Sans que d'aucun espoir il pût flatter sa peine.
Ce berger, accablé de son mortel ennui,
Ne se plaisait qu'aux lieux aussi tristes que lui.
Errant à la merci de ses inquiétudes,
Sa douleur l'entraînait aux noires solitudes ;
Et des tendres accents de sa mourante voix
Il faisait retentir les rochers et les bois.

ÉLÉGIE. — Petit poème triste et tendre, dans lequel on déplore la perte d'un objet chéri, ou le chagrin que nous cause un événement malheureux.

Fragment d'une élégie de Dupaty.

Qui peut, loin de Tibur, le retenir, dis-moi ?
Serait-ce ta santé qui languit, qui chancelle ?
Va, c'est en l'aimant bien qu'on guérit une belle.
Fuis donc les bords du Tibre et viens incessamment
Recouvrer la santé dans les bras d'un amant.
Que dis-je ? oh ! de l'amour illusion puissante !
Rien ne m'est si présent que ma Cynthie absente.
Tous mes sens sont émus, je la sens, je la vois.
Oui, c'est là son souris, le doux son de sa voix.
Que ma Cynthie est belle ! elle serait sans peine
Des amours à son choix ou la sœur ou la reine,
Dryade au fond des bois, Naïade au sein des eaux,
Une nymphe bergère au milieu des troupeaux.
Tout dans Cynthie est grâce et rien n'est imposture ;
Elle n'est point parée et c'est là sa parure.

ÉNIGME. — Description d'une chose en termes obscurs, même contradictoires, qu'on donne à deviner. Pour que l'énigme soit bien faite, il faut qu'on puisse en trouver le mot sans qu'il soit trop facile à saisir et que tout ce qu'on dit ne convienne pas à un autre mot. Exemple :

Je ne suis point un puits, pourtant on m'a creusé ;
Je ne suis pas jambon et l'on s'est avisé
De me fumer. Enfin, pour que l'on me devine,
Je vais vous dire encor que sans être cheval
Je suis bridé, que je chemine.
Certes, pour me trouver, vous n'aurez pas de mal.

(*Le mot est à la fin des diverses sortes de poèmes.*)

ÉPIGRAMME. — Trait piquant, malin, renfermé dans une seule stance ; c'est le dernier vers surtout qui doit être satirique. J.-B. Rousseau a fait de bonnes épigrammes. En voici une de Boileau :

Sans cesse autour de six pendules,
De deux montres, de trois cadrans,
Lubin, depuis trente-quatre ans,
Occupe ses soins ridicules.
Mais, à ce métier, s'il vous plaît,
A-t-il acquis quelque science ?
Sans doute ; et c'est l'homme de France
Qui sait le mieux l'heure qu'il est.

ÉPITAPHE. — On donnait autrefois ce nom à des vers qui se chantaient pendant les funérailles, en l'honneur du mort, et qu'on répétait à l'anniversaire du décès. A présent on ne se sert de cette expression que pour désigner les inscriptions destinées aux tombeaux. Dans ces pièces on doit peindre le caractère des personnes qui en sont le sujet.

En voici une qui a été consacrée à la mémoire de J.-J. Rousseau :

Pleure, passant, ci-gît un homme
Qui réunit éminemment
Ce que dans la Grèce et dans Rome
On vit autrefois de plus grand :
L'éloquence de Démosthène,
La sévérité de Caton,
L'âme sublime de Platon
Et la fierté de Diogène.

ÉPITHALAME. — Poème composé à l'occasion d'un mariage.

ÉPITRE. — Discours en vers adressé à quelqu'un. Boileau en a fait d'excellentes.

ÉPOPÉE. — Poème composé en vers alexandrins et divisé en un nombre variable de chants qui contiennent de trois à cinq cents vers. L'épopée ou le poème épique est ce qu'il y a de plus élevé dans la poésie. C'est le récit développé, étendu, embelli par des images, par des fictions, d'une grande action, accomplie par un héros, après avoir surmonté des obstacles sans nombre.

Nous n'avons, en français, qu'un seul poème épique qui ait eu du retentissement et qui, après avoir excité mille critiques, soit sorti glorieux de la lutte. C'est la *Henriade* de Voltaire; elle n'est pas exempte de quelques défauts sans doute; mais elle contient de grandes beautés. En voici un extrait dans lequel l'auteur décrit la famine des Parisiens assiégés.

Les mutins qu'épargnait cette main vengeresse,
Prenaient d'un roi clément la vertu pour faiblesse,
Et fiers de ses bontés, oubliant sa valeur,
Ils défiaient leur maître, ils bravaient leur vainqueur,
Ils osaient insulter à sa vengeance oisive;
Mais lorsqu'enfin les eaux de la Seine captive
Cessèrent d'apporter dans ce vaste séjour
L'ordinaire tribut des moissons d'alentour,
Quand on vit dans Paris la faim pâle et cruelle
Montrant déjà la mort qui marchait après elle,
Alors on entendit des hurlements affreux;
Ce superbe Paris fut plein de malheureux
De qui la main tremblante et la voix affaiblie
Demandaient vainement le soutien de leur vie.
Bientôt le riche même, après de vains efforts,
Éprouva la famine au milieu des trésors.
Ce n'était plus ces jeux, ces festins et ces fêtes
Où de myrte et de rose ils couronnaient leurs têtes,
Où parmi les plaisirs, toujours trop peu goûtés,
Les vins les plus parfaits, les mets les plus vantés,
Sous des lambris dorés qu'habite la Mollesse
De leur goût dédaigneux irritaient la paresse.
On vit avec effroi tous ces voluptueux
Pâles, défigurés, et la mort dans les yeux,
Périssant de misère au sein de l'opulence,
Détester de leurs biens l'inutile abondance;
Le vieillard dont la faim va terminer les jours
Voit son fils au berceau qui périt sans secours.
Ici meurt dans la rage une famille entière;
Plus loin des malheureux, couchés sur la poussière,
Se disputaient encore, à leurs derniers moments,
Les restes odieux des plus vils aliments.
Ces spectres affamés outrageaient la nature,
Vont au sein des tombeaux chercher leur nourriture.
Des morts épouvantés les ossements poudreux
Ainsi qu'un pur froment sont préparés par eux.
Que n'osent point tenter les extrêmes misères?
On les vit se nourrir des cendres de leurs pères.
Ce détestable mets avance leur trépas,
Et ce repas pour eux fut le dernier repas.

On doit remarquer dans ce morceau le choix heureux des expressions, comme dans ces vers: *ils osaient insulter à sa vengeance oisive; de leur goût dédaigneux irritaient la paresse;*

Les images telles que *on vit la faim montrant la mort qui marchait après elle, ce superbe Paris fut plein de malheureux;* les contrastes qui donnent de la

force au style et y répandent de la variété: *Ils bravaient leur vainqueur; bientôt le riche même après de vains efforts;* et les sept vers suivants, opposés à la description qui vient après; *le vieillard... voit son fils au berceau... des ossements poudreux, ainsi qu'un pur froment;*

L'harmonie imitative: *Ici meurt dans la rage;* on croit entendre les grincements de dents de ces malheureux. *Sont préparés par eux,* ces syllabes qui se prononcent du bout des lèvres montrent la répulsion qu'on devait éprouver à manger *des ossements poudreux.*

Le sujet de la *Pucelle d'Orléans,* qui a si mal réussi entre les mains de Chapelain, et dont Voltaire a eu le tort de faire le texte d'un poème badin, malgré l'estime qu'il professe hautement pour la sublime héroïne, lorsqu'il en parle d'une manière sérieuse, ce sujet a été repris récemment par Alexandre Soumet, qui l'a traité avec toute la dignité qu'il mérite. Espérons que le temps confirmera les éloges accordés à cette œuvre nationale au moment de son apparition.

ÉTRENNES.—Compliment en vers à l'occasion du jour de l'an. En voici une adressée à une demoiselle:

Jeune et respectable héroïne
Objet vertueux et charmant
Qui soutenez dignement
La splendeur de votre origine.
Si le ciel favorable à mes justes souhaits
M'accorde ce que je désire
Avant que cette année expire
Un héros des plus parfaits
Pouvant donner des lois aux autres
Viendra s'assujettir aux vôtres.

FABLE. — Voir *Apologue.*

FABLIAUX. — Ce sont des contes rimés, presque toujours gais ou plaisants, qu'on faisait aux XIIe, XIIIe et XIVe siècles. Ils contenaient le récit simple et naïf d'une action plaisante ou dramatique, ordinairement peu d'étendue. On a aussi fait des fabliaux entremêlés de prose et de vers: ces derniers prenaient le nom de lais et se chantaient: Guillaume IX, comte de Poitiers, né en 1071, est l'auteur du plus ancien fabliau qui nous soit resté.

Les fabliaux se chantaient dans les noces en s'accompagnant d'un tambourin d'argent. Exemple:

Fabliau de la robe.

Bien doit estre wa vassor vis,
Qui vuet devenir menestrier,
Miez voudroy que fussiez rez
Sans aigue, la teste et coul,
Que ia ni remansit chenouil:
S'appartient à ces jongleurs,
Et à ces autres chanteours,
Qu'ils aient de ces chevaliers
Les robes, car c'est lor métiers.

Vis, pour vil; *vuet,* veut; *rez,* roi.

HYMNE. — Chanson religieuse, à l'honneur de Dieu et des saints. Santeuil a fait de très-belles hymnes.

IDYLLE. — Petit poème, contenant quelque peinture agréable d'objets champêtres. L'idylle prend la forme de narration, tandis que dans l'églogue on fait

converser des bergers : c'est ce qui distingue ces deux genres de composition.

> Telle qu'une bergère au plus beau jour de fête,
> De superbes rubis ne charge point sa tête,
> Et sans mêler à l'or, l'éclat des diamants,
> Cueille, en un champ voisin, ses plus beaux ornéments ;
> Telle, aimable en son air, mais humble dans son style
> Doit éclater sans pompe une élégante idylle.
> Son ton simple et naïf n'a rien de fastueux
> Et n'aime point l'orgueil d'un vers présomptueux.
> Il faut que sa douceur flatte, chatouille, oreille,
> Et jamais de grands mots n'épouvante l'oreille.

Madame Deshoulières en a composé une charmante sur le printemps.

IMPROMPTU. — Petite pièce de vers, composée sur un sujet qui se présente à l'improviste et que le poète traite à l'instant même, devant les personnes avec lesquelles il se trouve. Les impromptus n'ont pas de caractère déterminé ; mais ils prennent le plus souvent celui du madrigal.

En voici un du marquis de Saint-Aulaire à la duchesse du Maine qui lui demandait son secret.

> Ma divinité qui s'amuse
> A me demander mon secret,
> Si j'étais Apollon, ne serait pas ma muse ;
> Elle serait Téthys et le jour finirait.

INSCRIPTION. — Pièce de vers très-courte destinée à être gravée sur un monument pour en indiquer la destination, ou sur un tableau, pour consacrer la mémoire du personnage qui y est représenté.

En voici une que la marquise du Châtelet avait fait graver à la porte de son jardin :

> Du repos, une douce étude,
> Peu de livres, peu d'ennuyeux,
> Un ami dans ma solitude,
> Voilà mon sort, il est heureux.

LAI. — Poésie plaintive faite sur deux rimes et divisée en petites stances composées de vers très-courts. On donnait aussi le nom de lais à des parties de chant qui, dans les fabliaux, étaient mêlées à la prose.

> La grandeur humaine
> Est une ombre vaine,
> Qui fuit ;
> Une âme mondaine,
> A perte d'haleine
> La suit ;
> Et pour cette reine
> Trop souvent se gêne
> Sans fruit.

LOGOGRIPHE. — Sorte d'énigme dont le mot se décompose en d'autres mots sur lesquels on donne des définitions qui puissent aider à deviner. Pour former ces mots, on change l'ordre des lettres, où on en supprime quelques-unes. Les lettres prennent le nom de pieds ; la première s'appelle en outre ma tête, la dernière ma queue et celle du milieu mon cœur.

En voici un :

> Si vous m'avez sur mes six pieds,
> C'est que n'avez rien à faire,

> Quelquefois vous vous ennuyez,
> Je vais tâcher de vous distraire.
> Avec cinq pieds j'ai quatre mains ;
> A quatre je garde les grains ;
> Je viens quand le soleil se couche ;
> C'est moi qui suis cause qu'on louche
> Quand je suis placé de travers ;
> Je dors tout le temps des hivers.
> A trois pieds c'est moi qui vous porte,
> Moi que l'on affiche à la porte,
> Moi qui tiens le gouvernement,
> Qui marque le contentement,
> A deux, un métal qui vous tente
> Et ce qui fait votre charpente.

(Le mot est à la fin des diverses sortes de poèmes.)

MADRIGAL. — Pensée fine, tendre ou galante, renfermée dans un petit nombre de vers.

> Milton dont vous suivez les traces
> Vous prête ses transports divins :
> Ève est la mère des humains,
> Et vous êtes celle des grâces.

NOEL. — Nom qu'on donne à des morceaux de chant composés pour la fête de Noël, à l'occasion de la naissance de Jésus-Christ. Exemple :

> Verbe éternel, il n'appartient qu'aux anges
> De célébrer cette solennité,
> Et votre faible humanité
> Ne peut assez exprimer les louanges
> Que nous devons à la nativité.

> Adorons tous cette bonté suprême,
> Bénissons-la par des chants éternels,
> Présentons des vœux solennels
> A ce grand Dieu qui s'immolant soi-même
> Se fait mortel pour nous rendre immortels.

> Quel changement ! quelle métamorphose !
> Celui qui tient l'univers en ses mains,
> Celui qui fait les souverains,
> Et comme il veut de leurs sceptres dispose,
> Est aujourd'hui l'esclave des humains.

> Mondains remplis de gloire insupportable,
> Rois, comme Dieu, sur la terre adorés,
> Sortez de vos palais dorés,
> Et venez voir couché dans une étable
> Dieu qui vous loge en ces lieux azurés.

> Il ne veut point donner la connaissance
> De sa venue à tous vos courtisans
> Il fuit tous ces vains complaisants
> Et pour témoin de sa sainte naissance
> Il a choisi de pauvres paysans.

> Lui, qui d'un mot avait formé le monde
> Ne pouvait-il de son droit absolu
> Nous sauver s'il l'avait voulu ?
> Mais cet excès d'une amour sans seconde
> Avait été de tout temps résolu.
>
> Charnel, 1759.

ODE. — Poème lyrique, divisé en strophes. Le sujet de l'ode doit être grand ; ou y célèbre une victoire une belle action, un événement extraordinaire. Il faut que le style de l'ode ait de l'énergie et de l'éclat.

> Son style impétueux souvent marche au hasard,
> Chez elle un beau désordre est un effet de l'art.
>
> Boileau.

VER

Ode de Voltaire sur la guerre des Russes contre les Turcs, en 1768.

L'homme n'était pas né pour égorger ses frères;
Il n'a point des lions les armes sanguinaires;
La nature en son cœur avait mis la pitié :
De tous les animaux seul il répand des larmes;
  Seul il connaît les charmes
  D'une tendre amitié!

Il naquit pour aimer : quel infernal usage
De l'enfant du plaisir fit un monstre sauvage?
Combien les dons du ciel ont été pervertis!
Quel changement, ô dieux! la nature étonnée,
  Pleurante et consternée,
  Ne connaît plus son fils.

Heureux cultivateurs de la Pensylvanie,
Que par son doux repos votre innocente vie
Est un juste reproche aux barbares chrétiens!
Quand, marchant avec ordre au bruit de leur tonnerre,
  Ils ravagent la terre,
  Vous la comblez de biens.

Vous leur avez donné d'inutiles exemples :
Jamais un dieu de paix ne reçut dans vos temples
Ces horribles tributs d'étendards tout sanglants;
Vous croiriez l'offenser; et c'est dans nos murailles
  Que le dieu des batailles
  Est le dieu des brigands.

Combattons, périssons, mais pour notre patrie,
Malheur aux vils mortels qui servent la furie
Et la cupidité des rois déprédateurs!
Conservons nos foyers; citoyens sous les armes,
  Ne portons les alarmes
  Que chez nos oppresseurs.

Où sont ces conquérants que le Bosphore enfante?,
D'un monarque abruti la milice insolente
Fait avancer la mort aux rives de Tyras;
C'est là qu'il faut marcher, Roxelans invincibles;
  Lancez vos traits terribles
  Qu'ils ne connaissent pas.

Frappez, exterminez les cruels janissaires,
D'un tyran sans courage esclaves téméraires;
Du malheur des mortels instruments malheureux,
Ils voudraient qu'à la fin, par le sort de la guerre,
  Le reste de la terre
  Fût esclave comme eux.

La Minerve du nord vous enflamme et vous guide;
Combattez, triomphez sous sa puissante égide :
Galitzin vous commande, et Bysance en frémit;
Le Danube est ému, la Tauride est tremblante;
  Le sérail s'épouvante,
  L'univers applaudit.

OPÉRA.— Pièce de théâtre que l'on met en musique et dans laquelle il y a des danses. Les opéras se font en plusieurs actes, composés chacun de trois parties distinctes : 1° le récitatif qui est en vers libres; 2° des ariettes; 3° des chœurs de chant.

Ce sont des pièces à grand spectacle dans lesquelles on s'attache principalement à plaire aux oreilles par la musique, et aux yeux par les tableaux de la scène. On y fait surtout entrer le merveilleux.

OPÉRA-COMIQUE. — Pièce qui tient de l'opéra et de la comédie. Elle n'a pas de danses et le récitatif y est remplacé par de la prose.

ORATORIO. — Drame religieux exécuté à grand orchestre et par un grand nombre de chanteurs. Les oratorios s'écrivaient d'abord en latin ; c'est l'abbé de Voisenon, mort en 1775, qui fit le premier oratorio français. Son sujet était Moïse frappant de sa baguette le rocher pour en faire jaillir une fontaine. Il n'y mit que du chant, en dialogue et en chœurs, et supprima par conséquent le récitatif, qui est la partie la moins brillante de ces sortes de compositions. Il obtint quelque succès.

PARODIE. — Travestissement d'une pièce de théâtre ou de toute autre poésie qu'on tourne en ridicule. Dans la parodie, on s'attache à reproduire les expressions et même les vers entiers de l'ouvrage qui en fait le sujet, en leur donnant un sens burlesque, malin, ridicule ou satirique. A une action héroïque on substitue une action triviale.

La parodie est quelquefois une critique, plus souvent c'est une plaisanterie qui n'ôte rien au mérite de l'ouvrage sur lequel elle est faite. L'*Enéide travestie* par Scarron est une bonne parodie du poème de Virgile. La *Henriade* et la tragédie de *Marianne* par Voltaire, l'*Inès de Castro* par Lamotte, *Hernani* par M. Victor Hugo, ont eu aussi leurs parodistes. Enfin Boileau n'a pas dédaigné de parodier quelques scènes du *Cid*, et loin de tourner en ridicule l'ouvrage du grand poète Corneille, il s'égaie aux dépens de Chapelain qui avait rédigé une critique du *Cid*.

Le sonnet suivant, composé par Malherbe pour servir d'épitaphe à Gaston d'Orléans, a été parodié par Ménage dans l'épitaphe de Malherbe lui-même. Voici ces deux morceaux :

 Plus Mars que Mars de la Thrace,
 Mon père victorieux,
 Aux rois les plus glorieux,
 Ôta la première place.
 Ma mère vient d'une race
 Si fertile en demi-dieux
 Que son éclat radieux
 Toutes lumières efface.
 Je suis poudre toutefois
 Tant la parque fait ses lois
 Égales et nécessaires;
 Rien ne m'en a su parer.
 Apprenez, âmes vulgaires,
 A mourir sans murmurer.

   Parodie.

 Les vers du chantre *de la Thrace*,
 De l'enfer *victorieux*,
 A mes vers mélodieux
 Cèdent *la première place.*
 On m'a vu sur le Parnasse
 Par mon *éclat radieux*
 Ternir les noms *glorieux*
 Et de Virgile et du Tasse.
 De la Parque *toutefois*
 J'ai subi les dures *lois*,
 J'en ai senti les outrages
 Rien ne m'en a su parer.
 Apprenez, petits ouvrages,
 A mourir sans murmurer.

PASTOURELLE. — Chanson légère sur les plaisirs champêtres.

POÈME DIDACTIQUE. — L'expression *didactique* vient d'un mot grec qui signifie *instruire*. Le but du poème

didactique est donc d'instruire ; on y traite quelque sujet de science ou d'art. C'est assez dire que ces compositions ont une certaine étendue et que le style en est sérieux. Il faut, pour qu'elles intéressent, y répandre de la variété par des fictions, des images, des contrastes, des épisodes.

Les principaux ouvrages de ce genre sont les *Saisons* de Saint-Lambert, la *Religion* de Racine fils, *l'Art poétique* de Boileau, les *Mois* de Roucher, les *Géorgiques françaises*, les *Jardins*, les *Trois Règnes* de Jacques Delille.

POT-POURRI.—Ouvrage composé de plusieurs choses disparates, assemblées sans ordre et sans choix.

On donne aussi ce nom à des chansons qui changent d'air à chaque couplet.

RETROUAGE. — Chansons galantes des anciens troubadours, dans lesquelles il y avait un refrain à la fin de chaque couplet.

REVERDIS. — Pièces de vers dans lesquelles les anciens célébraient le retour du printemps.

ROMAN. — On donnait ce nom aux poèmes étendus des siècles qui ont précédé Marot. On les désigne aujourd'hui sous le titre de romans de chevalerie.

ROMANCE. — Chanson faite sur un sujet touchant : elle exprime le plus souvent les plaintes d'un amant séparé de sa maîtresse, ou les regrets d'une amante délaissée. Ce nom lui vient de la langue *romane* dans laquelle les trouvères et les troubadours composaient leurs couplets.

RONDE. — Chanson à refrain où chacun chante à son tour.

RONDEAU SIMPLE. — Se compose de deux quatrains séparés par un distique. Il n'y a que deux rimes et le commencement du premier vers revient après le 6ᵉ et après le 10ᵉ. Exemple :

> A dire vrai, ligueur jaloux,
> Vous en avez un peu dans l'aile,
> Et vous l'aurez échappé belle
> Si Louis calme son courroux.
> Comptez bien, vous trouverez tous
> Flotte, province ou citadelle
> > A dire.
>
> Recevez la paix à genoux
> Et votre pardon avec elle,
> D'avoir osé chercher querelle ;
> Il est trop de Louis à vous
> > A dire.

RONDEAU DOUBLE. — Pièce composée de treize vers dont sept ou huit d'une rime et cinq ou six d'une autre. Il y a un premier repos après le cinquième vers et un second après le huitième. Le commencement du premier vers doit, en outre, venir comme refrain après le huitième vers et après le treizième. Le rondeau est gracieux et naïf, mais il est passé de mode.

> Le bel esprit au siècle de Marot
> Des dons du ciel passait pour le gros lot ;
> Des grands seigneurs il donnait accointance,
> Et qui plus est faisait bouillir le pot.
> Or, est passé ce temps où, d'un bon mot,
> Stance ou dizain, on payait son écot :
> Plus n'en voyons qui prennent pour finance
> > Le bel esprit.

> A prix d'argent l'auteur, comme le sot,
> Boit sa chopine et mange son gigot ;
> Heureux encor d'en avoir suffisance !
> Maints ont le chef plus rempli que la panse :
> Dame Ignorance a fait enfin capot
> > Le bel esprit.
> > *(Deshoulières.)*

RONDEAU REDOUBLÉ. — Il se fait aussi sur deux rimes et se compose de cinq quatrains et un envoi. Les quatre vers du premier quatrain doivent se retrouver dans les quatrains suivants, savoir : le premier vers à la fin du second quatrain ; le second vers à la fin du troisième quatrain ; le troisième vers à la fin du quatrième quatrain, et le quatrième vers à la fin du cinquième quatrain.

> L'heureux séjour ! l'agréable bocage !
> Pour un esprit exempt d'ambition,
> Qui sait goûter les douceurs du village,
> Des vains soins fuyant l'illusion.
>
> Qu'on sente ailleurs toute l'émotion
> Que peut causer la fortune volage ;
> Il dit, content de sa condition :
> L'heureux séjour ! l'agréable bocage !
>
> A ces beaux lieux son loisir se partage,
> Et son repos, sa satisfaction,
> Seront toujours un solide avantage
> Pour un esprit exempt d'ambition.
>
> Les oiseaux même, à toute occasion,
> Semblent redire exerçant leur ramage :
> Ressens du ciel la bonne diction
> Qui sait goûter les douceurs du village.
>
> Dans ses enclos chacun peut faire usage
> Des fruits offerts à sa discrétion,
> Et savourer la crème et le fromage,
> De vains soucis fuyant l'illusion.

> ENVOI.
>
> A cent objets l'œil fait attention,
> Et doucement occupe une âme sage ;
> Eaux, prés, jardins, tout sans exception
> Plaît et publie en son charmant langage
> > L'heureux séjour !

SATIRE. — Ouvrage moral qui censure ou tourne en ridicule les vices et les sottises des hommes. Les satires se composent ordinairement en vers de douze syllabes et ont une certaine étendue.

Mathurin Regnier est le premier qui en ait fait en France ; Boileau y a excellé. On en trouve aussi de bonnes dans Gilbert, Lagrange-Chancel, Despaze.

SÉRÉNADE. — Poésie des anciens troubadours sur les charmes d'une belle soirée, ou morceaux galants qu'ils chantaient le soir ou la nuit sous les fenêtres des dames.

SONNET — Cette pièce, difficile à composer, passait autrefois pour ce qu'il y avait de plus beau dans la poésie. On n'y attache plus aujourd'hui la même importance.

Tout doit y être parfait ; les pensées nobles et élevées ; les expressions vives et harmonieuses ; le sujet distingué.

Le sonnet est formé : 1° d'un quatrain ; 2° d'un second quatrain dont les rimes sont pareilles et disposées de la même manière que dans le premier ; 3° d'un

tercet commençant par deux vers de rime semblable; 4° d'un autre tercet dont le second vers rime avec le dernier du premier tercet.

Tous les vers ont ordinairement la même mesure. Il ne faut pas qu'il s'y trouve un vers faible, et il est interdit de se servir deux fois du même mot; la licence en est bannie, enfin le dernier vers doit présenter une saillie, une pensée inattendue.

A propos du sonnet, Boileau, dans son *Art poétique*, s'exprime ainsi : Apollon,

> Voulant pousser à bout tous les rimeurs français
> Inventa du sonnet les rigoureuses lois.
> Du reste, il l'enrichit d'une beauté suprême.
> Un sonnet sans défaut vaut seul un long poème.
> Mais en vain mille auteurs y pensent arriver,
> Et cet heureux phénix est encore à trouver.

Nonobstant ce dernier vers, il existe quelques beaux sonnets. Exemple :

> Si tu voyais
> Celle que j'aime,
> A l'instant même
> Tu l'aimerais :
>
> Dans tous ses traits
> Finesse extrême :
> Grâce suprême
> Sont ses attraits.
>
> Elle est cruelle
> Autant que belle
> Pour mon malheur ;
>
> Cette inflexible
> A ma douleur
> Est insensible !

SIRVENTES OU SERVANTOIS. — Sorte de poésie ancienne contenant des satires et des louanges sur les expéditions d'outre-mer.

TENSON. — Ancienne poésie provençale, dans laquelle deux poètes soutenaient une dispute sur un sujet galant.

TRAGÉDIE. — Pièce dramatique, dans laquelle on représente une grande action, arrivée à des personnages illustres. La tragédie doit exciter la terreur et la pitié : le comique en est rigoureusement exclus. C'est, après l'épopée, le poème le plus important. Il a ordinairement 5 actes de 300 vers environ chacun, et se subdivise en scènes plus ou moins étendues. On a fait quelques tragédies en 3 actes.

Le sujet est toujours pris dans l'histoire et les règles à observer sur la contexture du poème, sont les mêmes que pour la comédie : ainsi, il faut que le discours présente de l'intérêt dès le début, et qu'il soit de plus en plus attachant jusqu'à la fin. Le dénouement est presque toujours déterminé par la mort d'un ou de plusieurs des principaux personnages de la pièce.

Les trois unités, en ce qui concerne l'action, le lieu et le temps, sont plus rigoureusement exigées que dans la comédie. Les principaux personnages doivent avoir des passions fortes et bien caractérisées, telles par exemple, qu'une grande ambition, une bravoure extrême, une haine implacable, un amour violent,

une jalousie furieuse, une amitié fraternelle, filiale, maternelle, ou quelque autre, pour laquelle ils sont prêts à tout sacrifier.

Corneille, Racine, Voltaire, nous ont donné des chefs-d'œuvre qu'on ne peut étudier avec trop de soin. Ce n'est pas par les règles, mais par l'exemple des bons ouvrages qu'on peut se former le goût avec fruit.

Voici un passage de *Mahomet*, dans lequel Voltaire peint avec force les remords que le crime fait naître :

> Elle m'est enlevée... Ah ! trop chère victime !
> Je me vois arracher le seul prix de mon crime.
> De ses jours pleins d'appas détestable ennemi,
> Vainqueur et tout puissant, c'est moi qui suis puni.
> Il est donc des remords ! ô fureur ! ô justice !
> Mes forfaits dans mon cœur ont donc mis mon supplice !
> Dieu que j'ai fait servir au malheur des humains,
> Adorable instrument de mes affreux desseins,
> Toi que j'ai blasphémé, mais que je crains encore,
> Je me sens condamné quand l'univers m'adore.
> Je brave en vain les traits dont je me sens frapper.
> J'ai trompé les mortels et ne puis me tromper.
> Père, enfants malheureux, immolés à ma rage,
> Vengez la terre et vous, et le ciel que j'outrage.
> Arrachez-moi ce jour et ce perfide cœur,
> Ce cœur né pour haïr, qui brûle avec fureur.
> Et toi de tant de honte étouffe la mémoire ;
> Cache au moins ma faiblesse, et sauve encor ma gloire :
> Je dois régir en Dieu l'univers prévenu ;
> Mon empire est détruit si l'homme est reconnu.

TRIOLET. — Petite pièce de poésie satirique composée de huit vers de quatre pieds. Le 4e et le 7e vers sont la reproduction du premier, le huitième est aussi la répétition du second. Il n'y a que deux rimes. Exemple :

> Que vous montrez de jugement
> Jeune soldat, et de courage !
> Vous allez au feu rarement :
> Que vous montrez de jugement !
> Mais on vous voit avidement
> Courir le premier au pillage :
> Que vous montrez de jugement
> Jeune soldat, et de courage.

> *Autre triolet.*
>
> Au nouvel an c'est un usage
> De présenter maint compliment
> Où le cœur dément le langage ;
> Au nouvel an c'est un usage :
> Le tien est autre, je le gage ;
> Reçois donc mon remerciment ;
> Au nouvel an c'est un usage
> De présenter maint compliment.

VAUDEVILLE. — Chanson populaire renfermant des traits satiriques ou plaisants sur quelque événement du jour. Il se compose sur un air connu ; le style doit en être naturel et piquant. Dans la chanson on attaque quelquefois les personnes, le vaudeville ne censure que les mœurs.

Panard, qui avait un style naïf, piquant et facile, a été appelé le père du vaudeville. Désaugiers y a excellé.

VILLANELLE. — Ancienne chanson villageoise ayant

plusieurs couplets terminés par le même refrain. En voici une de Passerat, qui a deux refrains.

J'ai perdu ma tourterelle
Est-ce point elle que j'oi.

Je veux aller après elle ;
Tu regrettes ta femelle ?
Hélas, aussi fais-je moi.

J'ai perdu ma tourterelle

Si ton amour est fidèle
Aussi est ferme ma foi
Je veux aller après elle

Ta plainte se renouvelle
Toujours plaindre je me doi

J'ai perdu ma tourterelle.
En ne voyant plus la belle,
Plus rien de beau je ne voi,
Je veux aller après elle

Mort, que tant de fois j'appelle,
Prends ce qui se donne à toi,
J'ai perdu ma tourterelle,

Je veux aller après elle.

Virelai. — Ancien petit poème composé de vers de huit ou dix syllabes sur deux rimes. Les deux premiers vers reviennent dans des refrains. On en trouve dans Regnier Desmarais. En voici un de lui :

Dieu, dit l'apôtre en quelque part,
Aux personnes n'a point d'égard,
C'est en ces termes qu'il s'exprime ;
Mais d'une pareille maxime
On a depuis bien rabattu :
Dans les dévots tout est vertu,
Dans les autres gens tout est crime.

Dieu, dit le même, est charité
Et presque partout il enseigne
Que si la charité ne règne,
Le reste n'est que vanité.
Que fait un dévot ? il appelle
Sa haine du saint nom de zèle
Et d'un tel manteau m'a vêtu ;
Il croit que tout est légitime ;
Dans les dévots tout est vertu,
Dans les autres gens tout est crime.

Vous qui savez apercevoir
Une paille dans l'œil d'un autre,
Arrachez la poutre du vôtre,
C'est là votre premier devoir.
Mais quoi ! tout hypocrite estime
Que sa poutre n'est qu'un fétu ;
Dans les dévots tout est vertu,
Dans les autres gens tout est crime.

J'aime un véritable chrétien
Qui suit l'esprit de l'écriture ;
Je hais la fourbe et l'imposture
D'un Scribe ou d'un Pharisien.
Mais en vain contre eux je m'anime
On me répond, c'est temps perdu :
Dans les dévots tout est vertu,
Dans les autres gens tout est crime.

Mots de l'anagramme : *miel, lime ;* — de la charade, *é, talon, étalon ;* — de l'énigme, *sabot ;* — du logogriphe, *loisir, loris, silo, soir, iris, loir, sol, loi, roi, ris, or, os.*

De la déclamation. — On entend par *déclamation* la manière de lire ou de réciter les vers.

Il est certain que la poésie étant composée de paroles harmonieuses, cadencées, rimées, exprimant avec énergie les impressions de l'âme, les affections des sens, celui qui les débite doit, par les intonations de sa voix, par des repos artistement ménagés, par un débit lent ou rapide, coulant ou saccadé, reproduire toutes les beautés que le poète a répandues, dans son ouvrage.

Les vers sont enfants de la lyre ;
Il faut les chanter, non les lire.

Peu de personnes déclament bien, parce qu'il faut pour cela une attention soutenue, une perception rapide, un organe agréable, assez flexible pour prendre les intonations diverses que le sujet exige, et assez puissant pour donner au ton plus ou moins de force suivant la nécessité : on trouve rarement toutes ces conditions réunies.

Celui qui veut dire des vers doit conserver sa voix naturelle, et ne pas prendre un ton de fausset, aussi insipide que ridicule ; il doit élever son débit au-dessus de la prose, afin de conserver aux vers tout leur charme ; mais il faut qu'il évite en même temps ce débit coupé éternellement par hémistiches, s'arrêtant infailliblement à toutes rimes, ce ton toujours ridiculement emphatique, qui était usité autrefois, et dont la monotonie a depuis été justement critiquée.

Il faut sans doute que la mesure, que la rime, que la césure, en un mot, que la cadence du vers soit sentie par l'auditeur ; mais elle ne doit prédominer ni sur les repos ménagés à dessein par le poète pour donner de l'énergie et de la variété à son style, ni sur les expressions qui en font la douceur ou la force.

J'ai plusieurs fois déjà comparé la poésie à la musique, parce qu'en effet il y a tant de ressemblance entre elles que les règles de l'une se retrouvent toutes dans l'autre, qu'elles impressionnent également l'auditeur en excitant sa sensibilité.

La musique a des mesures à quatre, à trois, à deux temps ; la poésie a aussi ses mesures de six, de cinq de quatre pieds, etc.

En disant ce mot sublime de Corneille, *qu'il mourût* l'acteur doit soutenir la voix ; c'est un véritable *point d'orgue.*

La musique a des tons tantôt graves, tantôt rapides, tantôt animés, qu'expriment si bien les termes *largo, presto, amoroso,* etc. Elle a des mouvements doux ou forts, indiqués par les mots *piano, forte.* Celui qui déclame doit appliquer toutes ces règles à son débit.

La nature des ouvrages détermine le ton qu'il convient de donner à la déclamation ; ainsi il faut que la parole soit douce pour l'élégie, majestueuse dans l'épopée, énergique sur la scène ; enfin le regard, l'attitude, le geste, viennent au secours de la voix et en augmentent encore l'effet.

Déclamation lyrique. — La déclamation lyrique est tendre, légère, ou grave, selon le genre du poème.

Elle doit être tendre dans les vers suivants, c'est

celle qui convient aux élégies et à toutes les pièces d'un caractère délicat et sensible.

Les tirets indiquent les endroits où il faut faire une pause, et les mots en italique sont ceux qui demandent à être prononcés avec expression.

> Je me souviens encore
> De *vos tendres discours*, —
> A celle que j'adore,
> Je *consacre* mes jours ; —
> Loin *d'elle*, — sur la terre,
> Rien ne peut me charmer ;
> Je voudrais savoir plaire
> Comme je sais *aimer.*
> *Allons*, — *Allons*, — *donnez-moi votre main ;* —
> Vous l'avez dit : — bouder *c'est bien vilain.*

Légère pour ceux-ci et pour tout poëme où il y a de la gaîté ou de l'ironie.

> Un jour *Satan*, monarque des enfers,
> Faisait passer ses sujets en revue.
> Là, confondus, tous les états divers,
> *Princes et rois*, et la *tourbe menue*
> Jetaient maint *pleur*, poussaient maint et maint *cri*,
> Tant que Satan en était *étourdi.*
> Il demandait en passant à chaque âme :
> Qui t'a *jetée* en l'éternelle flamme ?
> L'une disait : hélas ! c'est mon *mari :*
> L'autre aussitôt répondait, *c'est ma femme.*
> Tant et tant fut ce discours *répété*,
> Qu'enfin Satan dit en plein consistoire :
> Si ces gens-ci *disent là vérité*,
> Il est *aisé d'augmenter notre gloire.*
> *La Fontaine.*

Grave pour les vers ci-après, comme pour tout morceau sérieux.

> Au banquet de la vie, *infortuné convive*,
> J'apparus un jour, et je meurs :
> Je meurs et sur ma tombe où *lentement* j'arrive,
> *Nul ne viendra verser des pleurs.*
> Salut, champs que j'aimais, et vous douce *verdure*,
> Et vous, riant exil des *bois !*
> *Ciel*, pavillon de l'homme, admirable nature,
> Salut *pour la dernière fois !*
> Ah ! puissent voir longtemps votre beauté sacrée
> Tant d'amis *sourds* à mes *adieux !*
> Qu'ils meurent *pleins de jours*, que leur mort soit *pleurée*,
> Qu'un *ami* leur *ferme les yeux !*
> *Gilbert.*

Déclamation épique. — Ce genre de déclamation exige de la force et de l'éclat. La prononciation doit être nette, bien articulée, lente ou rapide, selon que le passage exprime une action qui elle-même exige du temps ou s'accomplit avec précipitation.

Du geste. — Celui qui récite des vers ne saurait impressionner ses auditeurs s'il ne sentait pas lui-même, et celui qui sent fortement ne peut rester immobile ; le corps, les bras, la tête, les yeux, les traits du visage, tout en nous concourt pour traduire les impressions de notre âme, et le discours le plus éloquent ne produit aucun effet si celui qui le prononce restait impassible.

Le geste est donc essentiel dans la déclamation ; mais il faut qu'il soit naturel et en quelque sorte inspiré. On doit surtout craindre de l'exagérer et de le trop multiplier. Il plaît quand il est l'interprète fidèle de la pensée ; il doit, en conséquence, être proportionné au degré poétique de l'ouvrage et avoir de la relation avec les sentiments qui y sont exprimés.

L'attitude du corps varie peu ; elle ne change que lorsque l'orateur passe d'un sujet à un autre ; par exemple : dans la querelle ou la menace, on semble se tenir sur la défensive, on doit conserver cette pose jusqu'à ce que la scène soit terminée ou l'adversaire convaincu. Quand on veut persuader, on s'approche de celui à qui on adresse la parole, et on s'incline vers lui.

Le mouvement des bras est plus fréquent que celui du corps. Quand on parle avec force, on étend le bras, on l'agite un peu pendant la durée de la période si elle est longue ; on le rapproche lorsque le ton est modéré. On se met la main sur le front pour indiquer qu'on réfléchit, on la pose sur le cœur lorsqu'il s'agit d'exprimer les passions. Il serait impossible de spécifier tous les gestes qui peuvent être faits avec le bras ou la main ; ils varient à l'infini, mais ils seront bons s'ils ont de la vérité et de la grâce. Il faut se garder de battre la mesure avec les doigts ou de les remuer sans nécessité.

Les mouvements de la tête ont aussi leur expression ; elle s'élève dans la fierté ou le dédain ; elle se tient baissée dans l'humiliation ou la timidité ; on la porte en avant pour la démonstration.

Il en est de même du regard qui est fixe et impérieux dans les passions violentes ; doux et caressant dans la supplication ; baissé et timide, lorsqu'il exprime la modestie ; louche, oblique, quand le personnage commet une trahison.

Enfin l'expression de la figure se modifie avec les paroles ; dans la plaisanterie, le visage est gai ; il se contracte dans la colère ; il s'affaisse dans la défaite et dans la tristesse.

Toute personne, dont l'organisation est délicate, sentira la nécessité et l'à-propos des gestes ; c'est la nature qui nous indique quand et comment il faut les faire ; les observations qui précèdent ne doivent donc être regardées que comme une indication générale et non comme une théorie complète du geste.

Histoire succincte des progrès de la versification. — J'ai développé, dans les chapitres précédents, les règles de la versification en multipliant les exemples, toujours plus utiles que les préceptes, et c'est pour rendre hommage à cette vérité que je recommande aux jeunes gens de lire l'*Art poétique* de Boileau ; ils y trouveront des observations précieuses et un modèle parfait de style.

Je vais maintenant présenter un aperçu des modifications et des perfectionnements apportés successivement à la poésie française par les écrivains qui ont le plus contribué à l'améliorer.

De toutes les langues qui ont été parlées en France, celle qui était connue autrefois sous la dénomination de langue *romane* ou *romane* (du nom *romani*, que les Francs donnaient aux Gaulois), et qui depuis a pris le nom de langue *française*, paraît avoir toujours été préférée par les nationaux, puisqu'elle a seule survécu à toutes les autres.

Tout prouve que la poésie était en grand honneur chez nos pères ; après les bardes qui, parmi les Gaulois, célébraient en vers les grandes actions des princes et des héros, vinrent les druides, qui étaient en grande vénération; on les choisissait parmi les hommes les plus recommandables: leur mission était d'instruire le peuple et d'adoucir ses mœurs en lui inspirant l'amour des dieux et de la morale. Ils savaient rendre leurs préceptes agréables en les parant des charmes de la poésie et de la musique.

L'invasion des Romains suspendit ces usages ; le latin, que leur domination avait introduit dans notre pays, 150 ans environ avant l'ère chrétienne, était en quelque sorte devenu la langue vulgaire, et au IVᵉ siècle, c'était presque la seule qu'on pratiquât : on s'en servait principalement dans les plaidoyers, dans les actes et dans les prières. On l'enseignait dans les écoles d'Autun, de Besançon, de Bordeaux, de Lyon et de Reims. L'usage du latin s'est maintenu généralement jusqu'au milieu du VIIIᵉ siècle ; il s'est même conservé pour les actes publics jusqu'en 1539, époque à laquelle François Iᵉʳ prescrivit, par ordonnance, de ne rédiger à l'avenir ces actes qu'en français.

Charles VIII, dès l'année 1490, et son successeur, en 1512, avaient déjà prescrit de n'écrire qu'en français les dépositions des témoins. Mais, d'après divers témoignages, M. Raynouard, qui a fait de laborieuses recherches sur la langue romane, affirme qu'elle avait reparu vers l'année 680. On retrouve même, en remontant plus haut, de nouvelles preuves de son existence, car en 665, on louait saint Mammolin, évêque de Tournay, de connaître aussi bien la langue romane que la langue théotistique.

Saint Grégoire, employant le mot fol au VIᵉ siècle, dit qu'il parle à la manière gauloise.

Sulpice Sévère, au Vᵉ siècle, dit, dans ses dialogues sur la vie de saint Martin : « Parle-nous en celtique » ou en gaulois, pourvu que tu nous parles de Martin. »

Saint Jérôme reconnaissait chez les Galates d'Asie, au IVᵉ siècle, l'idiome qu'il avait entendu parler aux environs de Trèves.

Enfin Ulpien nous apprend que la langue gauloise pouvait, au IIIᵉ siècle, être employée dans les testaments.

Il est très-probable que cette langue romane n'a jamais cessé d'être parlée. En effet, si l'on considère que l'usage du latin (idiome imposé à la nation) n'a duré que quatre à cinq siècles, pendant lesquels il n'a fait que dégénérer, on reconnaîtra que la langue indigène a dû continuer de subsister pendant cette période dans laquelle les sciences et les arts n'ont fait aucun progrès. Qui peut mieux attester la vérité de cette assertion que l'existence actuelle du langage celtique en Bretagne, du teutonique en Alsace, du provençal dans le Midi, du picard dans le Nord; quoique le français soit pratiqué depuis dix siècles dans toutes les parties de l'empire, que les relations de province à province soient devenues beaucoup plus actives, l'instruction plus générale, les sciences et les arts beaucoup plus développés.

Vers le commencement du IXᵉ siècle, elle avait repris sa prédominance sur le latin; on en trouve la preuve dans l'obligation imposée aux évêques, par plusieurs conciles de prêcher, en langue vulgaire, à partir de 813, ainsi que dans un traité passé en 858 entre Charles le Chauve et Louis le Germanique, traité qui fut écrit en langue romane pour les Français, et en latin pour les Allemands. Guillaume le Conquérant en fournit d'autres témoignages, car il voulait qu'on ne se servît que du français dans les écoles, et, par un édit de 1067, il décida que les lois d'Angleterre seraient écrites en la même langue, usage qui a été adopté et s'est conservé pendant trois cents ans.

On a crû à tort que le français avait été formé du latin; les savantes recherches de M. Galli prouvent que notre langue actuelle est la même que la romane, sauf les modifications apportées par le temps, et que si elle a reçu des mots du latin, elle en a aussi fourni à ce dernier. Sa forme originale est d'ailleurs bien différente du latin et elle l'a toujours conservée: ce n'est pas dans les mots pris isolément qu'il faut chercher l'origine des langues, mais dans le mécanisme des phrases, et d'ailleurs si le roman et le latin avaient été la même langue, Charles VIII, Louis XII, et François Iᵉʳ n'auraient pas eu besoin de rendre les ordonnances rapportées plus haut, ou si le français n'avait été qu'une forme modifiée du latin, personne mieux qu'eux n'était à même de le savoir, et ils en auraient certainement fait mention.

Les Francs mêlés et dispersés parmi les Gaulois, parlaient leur langue teutonique ou allemande qui est encore usitée aux environs de Strasbourg, mais ils la quittèrent la plupart pour se servir de la romane qui était préférée.

Les peuples qui, de la Grande-Bretagne, sont venus s'établir à l'ouest de la France, y ont aussi apporté leur langue qu'ils conservent encore, mais qui finira par s'éteindre.

Après avoir traversé tous les obstacles qui lui avaient été opposés, la langue française est arrivée à un degré de perfection tel qu'on la regarde aujourd'hui à juste titre comme la première langue de l'Europe. Dans toutes les nations civilisées on l'étudie avec enthousiasme ; les chefs-d'œuvre innombrables qu'elle a produits sont recherchés de tous les points du globe; les génies qui l'ont illustrée sont connus des savants de tous les pays. Ces résultats brillants sont dûs, sans aucun doute, aux qualités qui la distinguent: la clarté d'expression, la facilité d'élocution, et une richesse d'inflexions qui lui permet de briller dans tous les styles. Si sa poésie est difficile à cultiver, elle donne des fruits d'autant plus précieux qu'ils ont coûté beaucoup de peine pour les obtenir. La critique a été sévère pour les poètes parce qu'on connaissait les écueils nombreux dont ils étaient entourés; mais si par ses jugements rigoureux, elle a parfois causé de cruels chagrins aux auteurs de mérite, il faut avouer aussi qu'elle a puissamment contribué à épurer la langue, car, à mesure que les règles de la versification s'établissaient, elles étendaient leur influence sur la prose et lui imposaient de justes limites.

Je vais maintenant passer rapidement en revue les différentes phases de notre poésie nationale.

ixe siècle. — Ce qu'on trouve de plus ancien en vers romances, est une épitaphe de Bernard, duc de Septimanie, qui fut tué en 844; la voici :

> Assi jay lo comte Bernad,
> Fils et credeire al sang sacral,
> Que sempre prod'hom es estat.
> Pregu'en la divina bontat,
> Qu'aquela si que lo tuat,
> Posqua soli arm' haber salvat.

> Ici gît le comte Bernard,
> Qui prouva par le sang sacré
> Que toujours sage avait été.
> Prions la divine bonté
> Que celui qui le tua
> Puisse avoir son âme sauvée.

On remarque dans cette épitaphe que toutes les rimes sont semblables, et que le dernier *r* de Bernard a été supprimé pour la rime.

xe siècle. — *Symbole attribué à saint Athanase.* — Kikumkes vult saf estre, devant totes choses besoing est qu'il tienget la commune fei.

Laquele si caskim entière é neent malmisure ne guarderats sans dotance pardurablement perirat.

I ceste est à certes la commune fei que uns dieu en trinitet é la trinitet en unitet aorums.

Ne mie confondanz le personnes, ne la substance des euranz. Altre est a décertes la personne del Perre, altre del fils, altre del saintz espiriz.

Quiconque veut être sauvé, avant toutes choses, besoin est qu'il observe la commune foi.

Si on ne la garde entière et inviolable, sans aucun doute on périra éternellement.

La commune foi est certes celle d'un dieu en trinité, et la trinité en unité adorée.

Ne confondez pas les personnes, ni la substance qui les sépare. Autre est la personne du Père, autre du Fils, autre du Saint-Esprit.

Fragment du poème de la Consolation par Boëc.

> Nos jove omne, quan dius que nos estam.
> De gran follia per foledat parlam.
> Quar nos no membra per cui viure esperam,
> Qui nos soste, tan quam per terra anam,
> Et qui nos païs que nos murem de fam
> Per qui salves m'esper par tan qu'ell clamam.

> Nous tous jeunes gens, tant que nous sommes
> Parlons follement de grandes folies,   [vivre,
> Nous ne nous souvenons pas de celui par qui nous espérons
> Qui nous soutient, tant que par terre nous allons,
> Et qui nous nourrit afin que nous ne mourions de faim ;
> Par qui j'espère me sauver pourvu que je l'implore.

Il y a une différence remarquable entre le style du symbole de saint Athanase et celui du poëme de Boëce ; cela tient à ce que le *roman* du midi n'était pas le même que celui du nord. C'est de ce dernier que la langue française s'est formée. Le roman du midi ne s'est conservé que dans les provinces au delà de la Loire où il est encore connu sous le nom de patois provençal.

Pour montrer la progression successive des deux dialectes, je donnerai des fragments de l'un et de l'autre pour les différentes époques.

xie siècle. — Commencement du romain appelé *Brut*, écrit en 1055, par Wistace ou Huistace,

> Qui veut ouïr, qui veut savoir
> De rois en rois, et d'hoir en hoir
> Qui cil fure, et dont vinrent
> Qui Angleterre primes tinrent
> Quiez roy y a en ordre eu
> Et qui ainçois, et qui puis fu :
> Metre Huistaee le translata.

> Qui veut ouïr, qui veut savoir,
> De rois en rois et d'hoir en hoir,
> Tout ce que furent et d'où vinrent
> Ceux qui d'abord les Anglais tinrent
> Et l'ordre des rois qu'ils ont eus
> Ce qu'ils étaient, ce qu'ils sont devenus
> Maître Huistace l'a traduit.
> *Version de l'auteur.*

La nobla Leyczon, composée vers l'an 1100.

> Ma encar s'en trobá alcun al temp présent,
> Lical son manifest à mot pöc de la gent :
> La via de Yeshu Xrist mot fort vorrian mostrar
> Ma tan son persegu que a penà o poyon far;
> Tan son li fals Xristian ensega per error.
> E majormen aquilh que dev'esser pastor.

> Mais encore il en est certains au temps présent
> Lesquels ne sont connus qu'à très-peu de la gent
> Le chemin de Jésus ils voudraient bien montrer
> Mais on les poursuit tant qu'ils ont peine à l'oser.
> Tant sont les faux chrétiens aveuglés par l'erreur
> Surtout ceux qui devraient devenir nos pasteurs.

Cette traduction en vers est de M. Mary-Lafon qui a publié, en 1842, un tableau historique et littéraire, de la langue parlée dans le midi de la France.

Il est bien plus facile de comprendre le roman de brut, écrit dans le dialecte du nord, que la noble leçon, composée dans celui du midi ;

xiie siècle. — La poésie était très-cultivée sous Philippe-Auguste et un des poëtes les plus distingués de ce règne est maître Vace, qui a mis en vers la chronique des ducs de Normandie.

Les vers de douze syllabes, dont l'usage ne s'est développé qu'au xvie siècle, étaient connus bien auparavant : on les a appelés Alexandrins, du poëte *Alexandre, de Paris*, qui s'en est servi le premier dans un poëme sur Alexandre Legrand, écrit pendant le xiie siècle.

NORD.

> Jou ai a mon H... que le diiter a fait
> Dittes Dieu me pardoinst de quanque jou ai meffait;
> Et puis si vous dirai de siet eures ki sunt
> Plus précieuses d'autres et plus à garder font
> A l'heure de matines fu li consiaux tenus,
> Comment li bias Jesus seroit pris et battus,
> Assanblé sunt li juis, li grant et li menu.

> J'ai pour mon H... (moi) qui la composition ai faite
> Priez Dieu (de) me pardonner de ce que j'ai méfait
> Et puis je vous dirai de sept heures qui sont   [observer
> Plus précieuses (que les) autres et font (plus de profit) à
> A l'heure de matines furent les conseils tenus
> Comment le faux Jésus serait pris et battu
> Assemblés sont les Juifs, les grands et les petits.

Il ne faut pas juger ce français par l'impression qu'il nous fait éprouver lorsque nous le lisons ; il nous semble barbare parce que nous ne le comprenons que difficilement et qu'il diffère de nos usages actuels ; mais il n'était pas moins éloquent que notre langue actuelle. Saint Bernard, né en 1091, a fait en français des sermons qui passaient pour des chefs-d'œuvre de sentiment et de force ; l'illustre Henry de Valois témoignait une grande estime pour les écrits de saint Bernard, il les préférait à tous ceux des anciens, tant latins que grecs, et cette opinion paraît avoir été partagée par les contemporains.

MIDI.

Tant m'abellis l'amoros pessamen
Que s'es vengut en mon fis cor assire,
Per que no i pot nuls autres pens'aber
Ni mais negus no mes dons ni plazens ;
E fin amors m'aleyza mon martire
Qui m' promet joy mas trop lo m' donà len
Qu'ab bel sembla m'a tengut longamen.
Bona dompna, si us platz, siatz sufirens
Del bes qu'ie ut vuel ; qu'ieu sui del mal sufire ;
E pueis li mal no' m' polrian dir tener,
Ans m'er semblan qu'els partam egalmens :
Pero si us platz qu'en autra part me vire
Partetz de vos la bentat e l'dous rire,
E l'gai solas qu'm'afolis mos sen,
Pueis partir mais de vos mon escien.

                (Folquet, de Marseille.)

On remarque que les rimes du second couplet sont les mêmes que dans le premier et que le troisième vers du premier ne rime qu'avec le troisième du second.

Tant me poursuit le tendre sentiment
Qui maintenant en mon cœur se retire
Que je ne peux autre pensée avoir.
Et nul ami ne m'est doux ni plaisant.
J'attends déjà que de chagrin j'expire
Ou que l'amour allége mon martyre.
Il me promet, mais un ajournement
Que le trompeur m'a tenu longuement.

Dame, ayez donc un cœur compatissant
Pour mon amour, ou le mal va m'occire ;
De le souffrir je n'ai plus le pouvoir,
Partageons-le tous deux également,
Ou si vous voulez qu'autre part je soupire
Renvoyez donc la beauté, le doux rire
Le gai plaisir qui m'ont fait votre amant.
Car je ne puis vous quitter autrement.

                Trad. Mary-Lafon.

XIIIᵉ SIÈCLE. — Le goût de la poésie s'était de nouveau réveillé en France avec le retour de la langue nationale, et après les premiers essais dont on vient de voir quelques échantillons, ce caractère poétique s'empara des esprits et fit surgir dans les provinces septentrionales, notamment dans la Picardie et dans la Normandie, ces trouvères si célèbres alors ; ce sont les véritables fondateurs de notre langue actuelle. Paris avait déjà des écoles dont la réputation s'étendait au loin et on y venait de toutes les parties de l'Europe pour s'instruire. Les trouvères faisaient partager leur enthousiasme aux princes et aux seigneurs en chan-

tant leurs compositions, ils allaient dans les grandes assemblées où on les recevait avec joie ; ils se faisaient accompagner de musiciens pour joindre au charme des paroles celui de l'harmonie. Ils composaient des chansons, des fabliaux, des romans en vers, et le nombre de ces auteurs, parmi lesquels il y en eut beaucoup qui jouirent d'une grande estime, s'accrut rapidement ; on en compte plus de 150 dans un espace de temps assez limité ; leurs écrits sont remarquables par la naïveté piquante qui y règne, par les récits curieux qu'on y trouve et dont il a été fait souvent des imitations par Rabelais, La Fontaine, Molière, Balzac et quelques autres. C'est en 1263 que parut la première partie du roman de la Roze, écrite par Guillaume de Lorris, la fin est de Jean de Meung qui l'a terminée en 1310 : ce livre eut un succès immense. Il faisait les délices de tous les lecteurs.

Le midi eut aussi ses poètes que l'on désignait sous le nom de troubadours ; ils furent plus nombreux et non moins célèbres que les trouvères. Et, comme ces derniers, ils allaient de province en province, chantant leurs vers en s'accompagnant de la guitare. Ils entraient dans les châteaux où on leur faisait une brillante réception ; ils étaient même reçus dans les cours étrangères. Partout ils faisaient les délices de leurs hôtes en célébrant l'amour, la gloire, et la patrie ; partout ils étaient applaudis, recherchés, et cet enthousiasme qui les inspirait contribua puissamment à enrichir la poésie.

La différence qui existait entre le roman des trouvères et celui des troubadours a fait donner des noms distincts à ces deux dialectes ; le premier s'appelait langue d'*oïl*, l'autre langue d'*oc*, mots qui signifiaient *oui* dans l'une comme dans l'autre, et cette distinction n'a cessé d'exister que sous François Iᵉʳ. La langue d'*oïl* qu'on désigne aussi sous le nom de roman wallon ou picard était peut-être moins poétique que le roman provençal, mais il y avait plus de clarté, plus de précision, et c'est sans doute ce qui lui a fait donner la préférence.

Voici comment Guillaume de Lorris commence le roman de la Roze, dont il a fait les 4,150 premiers vers.

Et ce nul ou nule demande,
Comme je veuil que ce romans
Soit appelé, que je commens :
Ce est le romans de la Rose,
Où l'art d'amours est toute enclose.

Se, signifie si ; *nul ou nule*, quelqu'un ou quelqu'une ; *je veuil*, je veux ; *commens*, commence ; dans cet autre passage, il décrit avec assez de bonheur la marche rapide du temps.

Le temps qui s'en va nuit et jour
Sans repos prendre et sans séjour,
Et qui de nous se part et emble
Si secrètement qu'il nous semble
Que maintenant soit en un point ;
Et il ne s'y arrête point,
Ains ne fine qu'outre passer,
Sitôt que ne sauriez penser
Quel temps il est présentement,
Car avant que le pensement

Fût fini, si bien y pensez,
Trois temps seraient déjà passés.

Emble signifie court; *ains,* jamais; *fine,* manque.
Voici maintenant des vers de Jean de Meung.

Je suis maistre Jehan de Meung
Qui par maints vers sans nulle prose
Fis cy le romans de la Rose
Et cet hotel qu'ici voyez
Prins pour accomplir mes souhaits
S'en achevé une partie
Après mort me toli la vie.

Fragment d'un fabliau intitulé LES TROIS DAMES.

Ma peine metray et m'entente
Tant com' seray en ma iouente
A conter un fabliau par rime
Sans coulour et sans leonime :
Mais s'il y a cousonar tie
Il ne me chault qui mal en die.
Car ne peut pas plaisir à tois
Consonancie sans biaux mots.

La rime *léonine* ou *léonime* était la rime plate d'au-jourd'hui, *et m'entente,* signifie et mon intelligence; *iouente,* jeunesse; *consonantie,* consonnance; *me chault,* m'importe; *die,* dise; *tots,* tous; *biaux,* beaux.

On cite encore, parmi les poètes plus remarquables de ce temps Hue de Piancelle, Thibault, comte de Champagne, l'un des premiers qui aient fait usage du mélange des rimes masculines et féminines, Docte de Troyes, femme célèbre par sa beauté, son esprit et sa voix. Elle était un des plus beaux ornements de la cour de Conrad, à Mayence, et Barbe de Verrue, autre poétesse dont les odes anacréontiques étaient estimées.

Langue d'oc.

Dans orient entro l' solelh colguan,
Fas à la gent un convinent novelli;
Al bial hom donarai un bezan
Si l' deshals mi dona un clavelh,
Et un marc d'aur donarai al cortes
Si l' deschauzitz mi dona un tornes;
Al verladier darai d'aur un gran mon
Si m' don un huou quex messongier que y son.
Pierre Cardinal.

De l'Orient jusqu'au soleil couchant
J'offre aux humains un troc neuf et peu cher :
A l'homme franc je fais don d'un bezant
Si l'homme faux me donne un clou de fer,
Puis je fais don d'un marc d'or au courtois
Si le brutal veut me rendre un tournois;
Et d'un mont d'or aux gens de bonne foi
Si tout menteur me donne un œuf à moi,
Trad. Mary-Lafon.

XIVᵉ SIÈCLE. — Le roman des trouvères devient défi-nitivement la langue nationale; elle se perfectionne progressivement, elle s'enrichit; la poésie qui jusque là ne s'était montrée que dans les *fabliaux,*les *romans,* les *sirventes,* les *tensons,* essaie des formes nouvelles et l'on voit naître la *ballade,* le *chant royal,* le *lai,* la *pastorale,* les *rondeaux,* la *villanelle.*

La poésie des troubadours avait d'ailleurs conservé sa grâce et sa douceur; elle faisait le charme des po-pulations et sept troubadours de Toulouse instituèrent des jeux poétiques qui sont devenus fameux et sont encore célébrés chaque année.

L'inscription suivante est du XIVᵉ siècle.

Ci-devant gist en iceste aire
Li cors Thomas l'opoticaire,
Qui passa nuef jours en janvier
L'an trois cent onze et un milier.
Diex qui venra pour nous jugier
Le vuelle avec lui hébergier.

Ci, devant vous, gît en cette place,
Le corps de Thomas l'apothicaire
Qui mourut le neuvième jour de janvier
L'an mil trois cent onze.
Dieu qui viendra pour nous juger
Le veuille avec lui héberger.

Dans les vers ci-après, de Christine de Pisan, née en 1363, on s'aperçoit déjà que la poésie et la langue, ont fait quelques pas vers la perfection.

Fils, je n'ai mie grand trésor
Pour t'enrichir. Mais au lieu d'or
Aucuns enseignemens montrer
Te veuil, si les veuilles noter.

Dès ta jeunesse pure et monde
Apprends à cognoistre le monde
Si que tu puisse par apprendre
Garder en tous cas de mesprendre

Se as bon maistre, sers-le bien,
Dys bien de lui, garde le sien,
Son secret scelles, quoi qu'il fasse
Sois humble devant sa face.

Trop convoiteux ne soyes mie,
Car convoitise est ennemie
De chasteté et de sagesse :
Te gard' aussi de foll' largesse.

Mie, pas; *aucuns,* quelques; *te veuil,* je veux te; *si les veuilles,* si tu veux les; *si,* afin que; *se as,* si tu as; *te gard',* garde-toi.

Vers des LEYS D'AMORS, *par les sept troubadours de Toulouse.*

Clartats del mon luminoza,
Fontayna delicioza,
E mana mot sabaroza,
Digna de totas lauzors,
Mayres de Dieu et espoza,
Verges humils graciosa
Et de totz bes abondoza,
Pregats per nos pecadors,

Clarté de la lune lumineuse
Fontaine délicieuse
Et main très-savoureuse
Digne de tous les lauriers,
Mère de Dieu, son épouse,
Vierge humble et gracieuse
Et de tous biens abondante
Priez pour nos péchés.

Circulaire des sept troubadours de Toulouse, envoyée en divers lieux du pays de Languedoc, pour inviter les poètes à se rendre à Toulouse au jour marqué.

Als honorables et as pros
Seuhors amies et companhos

Asquals es donat lo sabers,
Don creish als bos gang et plazers,
Sens et valors e cortesia ;
La sobregaia companhia
Dels sept trobadors de Tholosa :
Salut et mais vida joiosa !

Tug nostre major cossirier,
El pessamen, el desirier
Son de chantar et d'esbandir.
Per quey may voleh far auzir
Nostre saber et luen et pres.
Quar si no fos qui mots trobes
Sempre fara chant remazuts,
Et tols plasents solatz perdutz,
Et plus de prets entre las gens.

Aux honorables et aux preux
Seigneurs, amis et compagnons,
Auxquels est donné le savoir,
D'où naît aux bons joie et plaisir
Sens et valeur et courtoisie;
La gaie compagnie
Des sept troubadours de Toulouse :
Salut et très-joyeuse vie !

Tout notre plus grand souci
Tous nos désirs, toute notre ambition
Se borne à chanter et à rire.
C'est pourquoi nous voulons faire entendre
Notre science et près et loin;
Car si personne ne trouvait beaucoup,
Toujours on ferait des chants usés
Et tous les agréables délassements seraient perdus
Et il n'y aurait plus ni prix ni honneur.

xve Siècle. — Vers la fin du xive siècle on vit la gloire des troubadours s'éteindre peu à peu, tandis que la langue française étendait son domaine. Charles d'Orléans, né en 1391, et surtout Villon qui vint 40 ans après, faisaient des vers coulants et faciles ; les poésies de ce dernier se distinguent par un mélange de gaieté folle et de mélancolie touchante ; différent de ses prédécesseurs, il pense par lui-même et ne s'assujettit pas comme eux à imiter le roman de la Rose.

Marguerite de Surville, née en 1405, s'est fait aussi remarquer par sa précocité et le charme de sa poésie, à onze ans elle traduisit en vers une ode de Pétrarque, et Christine de Pisan, après l'avoir lue, s'écria : *Il me faut céder à cette enfant tous mes droits au sceptre du Parnasse.* Marguerite montre en effet dans son style une touchante naïveté. Elle adressait ces vers à son enfant.

O cher enfantelet, vray pourtraict de ton père,
Dors sur le sein que ta bouche a pressé !
Dors, petiot ; cloz, ami, sur le seyn de ta mère
Tien doulx œillet par le somme oppressé.

Bel amy, cher petiot, que ta pupille tendre,
Gouste ung sommeil qui plus n'est faict pour moy,
Je veuille pour te veoir, te norrir, te défendre
Ainz qu'il m'est doulx ne veiller que pour toy.

Dors, mien enfantelet, mon soulcy, mon idole,
Dors sur mon seyn, le seyn qui t'a porté !
Ne m'es jouit encore le son de la parole,
Bien ton soubriz cent fois m'aye enchanté.
O cher enfantelet, etc.

Basselin, de Vire, département du Calvados, qui

vivait dans le même temps composa beaucoup de chansons qu'il se plaisait à chanter au pied d'un coteau appelé *les Vaux,* sur la rivière de *Vire :* ce qui fit donner à ses couplets le nom de *Vaux de Vire* dont on a fait ensuite *vaudeville*; c'est donc à Basselin qu'il faut appliquer ce vers de Boileau :

Le Français né malin créa le vaudeville.

On regarde Chassignet, de Besançon, qui vivait à la fin du xve siècle, comme un de ceux qui ont le plus contribué à l'amélioration de la poésie. Il a traduit en vers les psaumes de David et a composé une grande quantité de sonnets. La stance suivante, dans laquelle il s'adresse à Dieu, n'est pas sans mérite.

Par toi le doux soleil à la terre, sa femme,
D'un œil tout plein d'amour communique son âme,
Et tout à l'environ
Lui poudre les cheveux, ses vêtements embâme,
Et de fruits et de grains lui jonche le giron.

Toutes les mesures de vers étaient alors en usage ; mais on n'en faisait que rarement de douze ; au contraire ceux de quatre, cinq, six syllabes étaient en faveur et convenaient au style de l'époque.

Martial de Paris a fait, sur la mort de Charles VII, arrivée en 1461, une élégie dont la marche est aisée et le style fort peu différent du français actuel, comme on peut le voir par ce fragment :

Mieux vaut la liesse (1),
L'amour et simplesse
Des bergers pasteurs,
Qu'avoir à largesse
Or, argent, richesse
Ni la gentillesse
De ces grands seigneurs.
Car pour nos labeurs
Nous avons sans cesse
Les beaux prés et fleurs,
Fruitages, odeurs,
Et joie à nos cœurs
Sans mal qui nous blesse.

Vers la fin du xve siècle, Clémence, bienfaitrice du corps des Jeux floraux, s'exprime avec beaucoup de charme en roman provençal, dans une hymne au printemps. La voici :

Bela razo, iventat de l'annada,
Tornar fazetz lo dolce joi d'amors,
E per ondrar fiseles trobadors
Avetz de flors la testa coronada.

De la Verges humils, regina dels angels,
Disen, cantan, la pietat amorosa,
Quan dab sospirs amars, engoyssa dolorosa,
Vic moris en la crotz lo gran prince del cels.

Belle saison qui commencez l'année,
Qui faites revenir les doux jeux de l'amour,
Et pour charmer le joyeux troubadour
Avez de fleurs la tête couronnée.

Vierge timide, ô toi reine des anges,
Ta douce pitié mérite nos louanges.

(1) *Liesse* signifie gaîté.

Pour ta cruelle angoisse et tes pleurs douloureux,
En voyant sur la croix mourir le roi des cieux.

Traduction de l'auteur.

Le docteur J.-B. Noulet, membre de l'Académie des sciences de Toulouse, a publié, en 1849, sous le titre *las Joyas del gay saber*, les Joies du gai savoir, un recueil de poésies en langue romane, couronnées par le consistoire de la gaie science de Toulouse, depuis l'année 1324 jusqu'à 1498, avec traduction et glossaire.

XVIᵉ SIÈCLE. — La langue française s'était fixée dans son génie pendant le cours du XVᵉ siècle; ce fut la poésie qui, durant le siècle suivant, fit des progrès très-rapides; parmi les auteurs qui ont illustré cette période, il en est trois qui ont principalement contribué à l'élévation de la poésie, ce sont: Marot dont la naissance remonte à l'année 1495; Ronsard, qui vint au monde, en 1524, et enfin Malherbe, né en 1556, et qui a été appelé le prince des poètes.

Avant Marot, notre poésie avait une douceur et une naïveté très-bien appropriées aux ballades, aux rondeaux, aux triolets qui abondaient alors; Marot, en conservant ces qualités à son style, y joignit un tour fin et délicat. Il contribua aussi à améliorer la versification, en se soumettant à l'élision de l'e muet à la fin du premier hémistiche: Jean Lemaire avait donné précédemment des modèles de cette règle; mais ce fut Marot qui la fit adopter. Le mélange des rimes masculines et féminines, que Marot n'a pas toujours observé et qui n'a acquis force de loi que 50 ans après, sous Ronsard, se trouve néanmoins fréquemment dans les poésies de Marot, et on ne peut douter qu'il n'ait contribué à l'établir. Enfin il a perfectionné le rondeau et la ballade en y formant ses vers dans lesquels il a répandu beaucoup de grâce et une galanterie pleine de délicatesse. Il tournait élégamment le vers de cinq pieds et avait su prendre le ton qui convient le mieux à l'épigramme et au madrigal.

On cite de lui l'épigramme suivante:

Monsieur l'abbé, et monsieur son valet
Sont fait égaux, tous deux comme de cire :
L'un est grand fou, l'autre petit follet;
L'un veut railler, l'autre gaudir et rire.
L'un boit du bon, l'autre ne boit que pire ;
Mais un débat le soir entre eux s'émeut;
Car maître abbé toute la nuit ne veut
Être sans vin, que sans secours ne meure,
Et son valet jamais dormir ne peut
Tandis qu'au pot une goutte demeure.

Voici de lui un madrigal remarquable par la pensée qui le termine.

Un jour la dame en qui si fort je pense
Me dit un mot de moi tant estimé,
Que je ne peux en faire récompense
Fors de l'avoir en mon cœur imprimé ·
Me dit avec un ris accoutumé :
— Je crois qu'il faut qu'à t'aimer je parvienne.
— Je lui réponds : — N'ai garde qu'il m'advienne
Un si grand bien; et si j'ose affirmer
Que je devrais craindre que cela vienne,
Car j'aime trop quand on me veut aimer.

Ronsard avait du génie; il sentait que le genre noble n'avait pas été essayé dans la poésie française, et il crut pouvoir l'y introduire en imitant le rhythme des Grecs et des Latins; ses tentatives parurent d'abord avoir quelque succès, il fut encouragé par Charles IX, et reçut en prix des magistrats de Toulouse une Minerve d'argent massif; mais on reconnut bientôt que ce qui convenait aux langues anciennes ne pouvait s'accorder avec la nôtre, dont le génie était bien différent. C'est peut-être aux défauts qu'on reproche à Ronsard et qui consistent dans des épithètes forcées, dans des enjambements multipliés, qu'on doit les derniers perfectionnements de la versification, car il montra à ses successeurs les écueils qu'il fallait éviter; mais Ronsard ne pindarisait pas toujours et en cela il fut parfois bien inspiré; voici une chansonnette qui est un vrai modèle de grâce et de naïveté: on ne dirait pas si bien aujourd'hui.

Mignonne, allons voir si la rose
Qui ce matin avoit desclose
Sa robe de pourpre au soleil
A point perdu, ceste vesprée,
Les plis de sa robe pourprée
Et son teint au vostre pareil;
Las! voyez comme en peu d'espace,
Mignonne, elle a dessus la place,
Las, las! ses beautez laissé cheoir!
O vrayment, marastre nature,
Puisqu'une telle fleur ne dure
Que du matin jusques au soir,
Donc, si vous me croyez, mignonne,
Tandis que votre âge fleuronne
En sa plus verte nouveauté :
Cueillez, cueillez, vostre jeunesse,
Comme à ceste fleur la vieillesse
Fera ternir vostre beauté.

Pourquoi faut-il que Ronsard nous prive de citer beaucoup d'exemples de cette force!

Ronsard s'était associé à Baïf, Belleau, Dorat, du Bellay, Jodelle et Thyard pour former une pléiade poétique qui devait consolider son système. Les efforts de tous ces poètes furent inutiles et leurs vers scandés sont morts avec eux.

Voici de ces vers que Baïf adressait à son ami Jodelle.

Au dieu Bacchus sacrons cette feste,
Bachique brigade,
Qu'on gaye gambade,
Le lierre on secoue,
Qui nous ceint la teste.
Qu'on joue,
Qu'on trépigne,
Qu'on fasse maint tour
Alentour
Du bouc qui nous guigne
Se voyant environné
De notre essaim couronné
Du lierre ami des vineuses carolles
Iach, evoe, iach, ia, ha.

Carolles signifie danses.

On poussa plus loin encore l'imitation du latin en faisant de ces vers mesurés sans rimes; mais ils ne valent pas mieux que les autres, comme on peut s'en convaincre par ceux-ci de Rapin.

Vénus grosse, voyant approcher son terme, demanda
    Aux trois parques de quoi elle devait accoucher :
D'un tigre, dit Lachésis ; d'un roc, Cloton ; Atropos, d'un feu.
    Et, pour confirmer leur dire, naquit Amour.

On regarde Malherbe comme le véritable fondateur
de notre langue poétique : on lui doit la suppression
définitive de l'hiatus et des enjambements. C'est lui qui
nous a donné le premier des exemples du style noble
et soutenu ; des stances harmonieuses et coupées avec
goût. Ses constructions poétiques sont appropriées au
génie de notre langue et il a en quelque sorte créé la
poésie lyrique.

On en peut juger par les strophes suivantes sur la
grandeur périssable des rois.

Ont-ils rendu l'esprit ? ce n'est plus que poussière
Que cette majesté si pompeuse et si fière
Dont l'éclat orgueilleux étonnait l'univers ;
Et dans ces grands tombeaux où leurs âmes hautaines
    Font encore les vaines,
    Ils sont rongés de vers.

Là se perdent ces noms de maîtres de la terre,
D'arbitres de la paix, de foudres de la guerre ;
Comme ils n'ont plus de sceptre, ils n'ont plus de flatteurs,
Et tombent avec eux d'une chute commune
    Tous ceux que la fortune
    Faisait leurs serviteurs.

Ce siècle eut d'ailleurs d'autres poètes de mérite,
mais aucun n'a égalé Malherbe ; on peut citer entre
autres Desportes, Gudinal, Mellin de Saint-Gélais,
Régnier, né en 1573. Il est juste d'accorder à ce dernier
une mention particulière, car c'est lui qui a introduit
la satire dans notre littérature ; il y a assez bien réussi
et quoiqu'il soit inférieur à Boileau, il a des morceaux
très-recherchés. Il a peint les mœurs du temps où il
a vécu ; son style est correct et agréable, comme on
peut le voir par ces vers :

J'aimais depuis longtemps Ismène ;
Je haïssais Zoïle au suprême degré :
Le jubilé venu, l'on veut bon gré mal gré
Que j'étouffe en mon cœur et l'amour et la haine.

Il ne faut rien faire à demi ;
Puisque je l'ai promis je tiendrai ma promesse ;
Mais qu'on quitte aisément une ancienne maîtresse ;
Qu'on embrasse avec peine un ancien ennemi.

XVIIᵉ SIÈCLE. — L'élan était donné, et le XVIIᵉ siècle
a vu paraître beaucoup de poètes de mérite parmi lesquels on distingue Voiture, Racan, Maynard, Benserade, Rotrou, Campistron, Brueys et Palaprat,
Boursault, Dancourt et une infinité d'autres plus ou
moins célèbres. Mais cette période qu'on a appelée le
siècle de Louis XIV ou le grand siècle, a surtout été
illustrée par le génie créateur de quelques écrivains
qui ont apporté la dernière perfection à tous les genres de poésie.

Ainsi Corneille élève la tragédie au degré éminent
que ce poème pouvait atteindre, quant à la grandeur
des pensées et à celle des héros qu'il met en scène,
il surpasse de beaucoup tous les auteurs de son époque,
et on peut dire avec justice que c'est le plus grand
poète de la France, eu égard au temps où il a écrit.

Racine, aussi exact sous ces deux rapports que Corneille, est préférable pour le mérite de la versification, par la pureté et l'élégance du style ; Molière,
dans la comédie, laisse bien loin derrière lui tous
ceux qui l'ont précédé, il saisit les travers de la société, il les peint d'une main hardie et toujours sûre,
et reste inimitable. Boileau fait un chef-d'œuvre de
poésie en rédigeant un code poétique ; il donne des
modèles irréprochables de satires et d'épîtres ; Rousseau prend le premier rang parmi les poètes lyriques ;
La Fontaine écrit des fables et des contes qui réunissent
toutes les qualités dont ces compositions sont susceptibles ; Quinault devient le créateur et le modèle d'un
nouveau genre de poème dramatique. Quoiqu'il soit
peu connu maintenant, ses opéras prouvent qu'il avait
de l'esprit et de la facilité, son style est précis, ses
vers naturels et expressifs.

Tandis que ces génies supérieurs portaient la gloire
littéraire de la France au plus haut degré, d'autres
écrivains qui sentaient sans doute l'insuffisance de
leur talent, cherchaient à s'en dédommager par des
compositions puériles et dont la difficulté fait tout le
mérite, comme des charades, des acrostiches, des
bouts rimés : on attribue l'invention de ces dernières
à Dulot qui vivait en 1649. Malgré tout ce qu'une pareille conception avait de ridicule, et, quoique Sarrasin l'ait tournée en dérision dans un poème intitulé la
Défaite des bouts rimés, ces sortes de compositions ont
été de mode pendant quelque temps et on a même
été jusqu'à accorder chaque année une médaille d'argent à celui qui remplissait le mieux un sonnet en
bouts rimés à la gloire du roi.

Maynard a été plus heureux en établissant le principe des repos intérieurs dans les stances. Il veut qu'à
celles de six vers il y ait une pause après le troisième
et que dans celles de dix vers on ménage un silence
après le quatrième vers et un autre à la fin du septième. Quoique cette règle n'ait pas toujours été observée, comme on l'a vu plus haut, elle a néanmoins
été utile en montrant la nécessité de donner une
coupe uniforme à toutes les stances d'un même morceau.

Les écrits des auteurs du XVIIᵉ siècle se trouvent
dans toutes les mains, et je pourrais me dispenser
d'en reproduire ici, toutefois Corneille commence à
être moins répandu et comme ce poète est un de ceux
qui ont le plus contribué à la gloire de la France, je
transcrirai une tirade de la tragédie des *Horaces*. On y
verra un exemple du caractère élevé qu'il sait donner
à ses personnages.

HORACE.

Le sort, qui de l'honneur nous ouvre la barrière,
Offre à notre constance une illustre matière.
Il épuise sa force à former un malheur
Pour mieux se mesurer avec notre valeur ;
Et comme il voit en nous des âmes peu communes,
Hors de l'ordre commun il nous fait des fortunes.
Combattre un ennemi pour le salut de tous
Et contre un ennemi s'exposer seul aux coups,
D'une simple vertu c'est l'effet ordinaire ;
Mille déjà l'ont fait, mille pourraient le faire,

Mourir pour son pays est un si digne sort
Qu'on briguerait en foule une si noble mort.
Mais vouloir au public immoler ce qu'on aime,
S'attacher au combat contre un autre soi-même,
Attaquer un parti qui prend pour défenseur
Le frère d'une femme et l'amant d'une sœur,
En rompant tous ces nœuds, s'armer pour la patrie
Contre un sang qu'on voudrait racheter de sa vie ;
Une telle vertu n'appartenait qu'à nous.
L'éclat de son grand nom lui fait peu de jaloux,
Et peu d'hommes au cœur l'ont assez imprimée
Pour oser aspirer à tant de renommée.

Roman du midi.

Filis se n'ovés lou cor
De calquo tigro;
Escoutuch oquel que mor
Per bons de migro.

Sourtis, bel astré d'amour,
E lo nech sombro
Pus plosento que lou jour
Sero sans ombro.

Tuch oquel petits flombels
Que son o l'aïre
Sedoron os vostres els
Tout lour esclaïre.

Rousset, 1694.

Philis, si tu n'as le cœur
D'une tigresse,
Ecoute celui qui meurt,
Meurt de tristesse.

Sors, brillant astre d'amour,
Et la nuit sombre,
Plus plaisante que le jour
Sera sans ombre.

Car tous ces petits flambeaux
Qui dans l'air brillent
Bien moins que tes yeux si beaux
Au ciel scintillent.

Trad. Mary-Lafon.

La littérature de ce siècle eut d'autres phases passagères ; le genre burlesque, dont Scarron était le principal héros, a été de mode pendant quelque temps et dominait dans tous les écrits ; on l'avait transporté jusqu'au théâtre et les premiers opéras de Quinault étaient dans ce goût.

Un peu plus tard les poètes prirent un style affecté et pédant, qui passait pour de la politesse, et Voiture est un de ceux qui eurent le plus de réputation sous ce rapport. Il avait de l'esprit et du talent, et ses écrits eussent été excellents si la prétention à l'esprit y dominait moins. Les sonnets étaient alors en grande réputation ainsi que les jeux de mots, les tours de force. On trouve dans Voiture une pièce de seize strophes, dont les vers se terminent tous par des syllabes formant des mots. Neufgermain avait donné les premiers exemples de ces futilités. Sarrasin, qui s'était moqué des bouts rimés, a néanmoins fait de ces vers qui y ont beaucoup de rapport. Les voici :

Il me semble que je le   *voi,*
De noir comme un page vê *tu ;*
En sa nouvelle tablatu   *re,*
Cherchant trois rimes à *Voiture.*

Il cheminait dans ce con *voi*
Le front ridé, l'œil abat *tu,*
La barbe jusqu'à la ceintu *re,*
Triste du trépas de *Voiture.*

L'invention des bouts rimés est de l'année 1649 et elle appartient à Dulot. C'est encore une de ces idées bizarres qui se sont propagées malgré les critiques qu'elles ont excitées dès les premiers moments de leur apparition. Des partis se sont formés pour les bouts rimés et d'autres contre, mais le temps a fait raison de toutes les sottises qui ont été dites à ce sujet et les bouts rimés n'ont pu survivre, quoique des médailles d'argent eussent été promises à ceux qui les rempliraient le mieux dans des sonnets à la gloire du roi.

XVIII⁰ SIÈCLE. — On voit naître avec le xviii⁰ siècle un homme qui ne doit s'éteindre qu'avec lui et le remplir seul par son vaste génie. Voltaire, à peine âgé de vingt ans, montre déjà un talent supérieur pour la versification, et quatre ans plus tard il se met au premier rang des auteurs tragiques. Il a une facilité extrême, un goût sûr, une érudition développée ; il s'essaie dans tous les genres et y excelle. Corneille avait porté la tragédie au plus haut degré de force par la vigueur des pensées ; Racine s'était rendu remarquable par la profondeur des idées et par la peinture exacte des sentiments et des caractères ; Voltaire réunit toutes ces qualités et y joint une entente parfaite de la scène.

La France n'avait pas de poème épique, Voltaire est destiné à lui en donner un ; il compose la *Henriade* et fait un ouvrage vraiment national : bien des passions ont été excitées par cet écrit ; des critiques véhéments ont voulu le déprécier ; des enthousiastes exaltés l'ont défendu avec force ; le fait est que le poème a surmonté tous les obstacles et qu'on le lit toujours avec plaisir. Il a seul survécu aux essais de plusieurs écrivains, comme Chapelain dans la *Pucelle,* Madame Du Bocage dans la *Colombiade,* Lemoine dans *Saint Louis* et un auteur plus récent dans *Philippe-Auguste.*

Si Voltaire, par son talent, domine sur tous ses contemporains ; il en est beaucoup parmi ces derniers qui brillent d'un vif éclat et ne le cèdent en rien aux grands écrivains du siècle précédent. Je me bornerai à en mentionner quelques-uns, pris au hasard, attendu qu'une énumération complète serait trop longue, qu'elle ne présenterait pas un intérêt bien marqué et qu'elle sortirait d'ailleurs du plan de cet ouvrage.

Parmi les tragiques, on trouve : Crébillon, de Belloy, Lagrange-Chancel, Lamotte, Lanoue, Lefranc de Pompiguan, Piron, Saurin. Nous avons les auteurs comiques : Boissi, Champfort, Collé, Desmolin, Destouches, Gresset, Lanoue, Lesage, Marivaux, Piron, Pontdeveyle, Saint-Foix, Beaumarchais, Diderot, Fabre d'Eglantine, Sedaine, etc.; Danchet, Bernard, Lamotte, Pellegrin, pour l'opéra ; Favart, Lesage, Piron, Vadé, pour le vaudeville ; Colardeau, Gilbert, Malfilâtre, Thomas, pour les odes et dans différents genres Florian, qui a fait des fables ; Roucher, auteur du poème des mois, etc., etc.

POÉSIE PROVENÇALE.

Chanson de Gros, troubadour du XVIIIᵉ siècle, mort
à Lyon en 1748.

Goustén leï plésirs de la vido;
Proufitén de noustreï beoux jours :
Hélas! noucstro courso finido
Adieou lou vïn et leïs amours.

L'hymen vouliê empoouta moun amo
Dïns un ridicule proujé;
Maï dïn lou vin negui ma flamo
Bacchus voou ben inze mouillé.

Douna ma beoure à pléne taço
Se de l'amour ema lou juêc :
Seusa vïn mouen couer n'es que glaço
Quand aï begu sieou tou de fuec.

La resoun a bel mi diré :
Fugés lou vïn et leïs amours;
L'escouti pas; n'en foou que rire :
You voueli beoure, aïma toujours.

Entre lou vïn et la tendresse
Voueli partaja meï plésirs.
Bacchus mi coumblo d'allégresse :
L'amour implé tou meï désirs.

Goûtons les plaisirs de la vie
Et profitons de nos beaux jours,
Hélas! notre course finie;
Adieu le vin et les amours.

L'hymen voulait tromper mon âme
Dans un ridicule projet;
Dans le vin je noyaï ma flamme,
Bacchus vaut bien un blanc corset.

Faites-moi boire à pleine tasse
Si de l'amour j'aime le jeu :
Car sans vin mon cœur est de glace,
Quand j'ai bu, je suis tout de feu.

En vain la raison vient me dire :
Fuyez le vin et les amours,
Je suis sourd, je n'en fais que rire,
Je boirai, j'aimerai toujours.

Entre le vin et la tendresse
Je veux partager mes plaisirs.
Bacchus me remplit d'allégresse
L'amour comble tous mes désirs.

Traduction de l'auteur.

XIXᵉ SIÈCLE. — Après Corneille, Racine, Voltaire, il
n'y avait plus de perfectionnements à espérer dans la
poésie française; les auteurs pouvaient rivaliser avec
leurs devanciers; il leur était interdit de chercher à
les surpasser. Ducis, Casimir Delavigne peuvent être
considérés comme les dignes successeurs des grands
maîtres qui leur ont ouvert la voie. Jacques Delille
s'est essayé dans le genre didactique et il y a réussi;
il a de l'originalité, de la douceur et peut-être un peu
déjà de cette précision guindée qui a marqué les commencements du XIXᵉ siècle et qui, heureusement,
commence à se perdre.

Aimé Martin, Barthélemy et Méry, Parny, Pauthier,
Legouvé se sont immortalisés dans des écrits où la
raison n'exclut ni la grâce, ni l'élégance, ni la force.
Désaugiers, Béranger ont porté la chanson au point
le plus élevé. Lamartine et Victor Hugo, aussi grands
poètes que les grands poètes qui les ont précédés, ont

mis le sceau à l'art de la poésie en consacrant à jamais le style romantique.

Car ce style est sorti vainqueur des querelles violentes qu'il a suscitées, et on ne serait dans l'erreur si
l'on croyait que ces grands écrivains soient les premiers qui l'aient adopté : il suffit, pour s'en convaincre,
de relire ce que dit Boileau dans le 3ᵉ chant de son
Art poétique.

Bientôt ils défendront de peindre la Prudence,
De donner à Thémis ni bandeau, ni balance.

Boileau peut avoir eu raison, dans son temps, de
défendre le style classique : la langue lui devait des
chefs-d'œuvre dont on avait eu à peine le temps de
jouir; il y aurait eu de l'ingratitude à les mépriser
alors; il faut reconnaître que le style romantique n'é-
tait pas encore bien défini. Boileau semble dire que
certains auteurs, par scrupule religieux, rejetaient les
fictions de la fable, c'est qu'à cette époque on avait
déjà abusé des figures tirées de la mythologie, au
point de les rendre fastidieuses, et comme, dans ces
temps de dévotion exclusive, aucune entreprise nouvelle ne pouvait avoir de chances de succès si elle ne
s'appuyait sur une nécessité religieuse, les écrivains
qui cherchaient à épurer le style n'avaient pas d'autre
moyen pour faire prévaloir leur opinion, quelque
fondée, quelque raisonnable qu'elle pût être.

Comme toutes les choses de ce monde, la mythologie
a fini par s'user : il en a été de même des sujets de
tragédie que les auteurs tiraient presque toujours de
l'histoire grecque et de l'histoire romaine, ce qui a
fait dire à Berchoux :

Qui nous délivrera des Grecs et des Romains?

Et voilà précisément ce qui a rendu nécessaire l'a-
doption du style romantique, c'est-à-dire du style qui
rejette, comme surannées, de mauvais goût, de nul
effet, les allusions à la fable, du style qui prend ses
comparaisons dans la nature et ne s'étudie pas à remplacer le mot vrai par un autre qui a l'air de vouloir
dire mieux, et qui dit toujours plus mal, enfin du style
dans lequel on doit conserver la vérité historique et
matérielle.

Roman picard en 1834.

LE TROUVÈRE ET LES MOISSONNEURS.

AIR : *C'est l'amour.*

Moissonneurs, v'la qu'il est jour,
Courage
Vite à l'ouvrage;
Moissonneurs v'la qu'il est jour,
Travaillez, fesez l'amour.

Prindez vous feue et vous feuchiles,
Allez feuqui jones guerchons;
Et vous aussi mes tchottes files,
Travaillez tertous al moissons.
Més surtout fuchez sages,
Ign en a dans l'eoût
Qui prent' des tchous gambages
Quito... su un gavlout.
Moissonneurs, etc.

Amis, quand j'étos à vous âge,
A travayer, à foir l'amour ;
J'étos lpu luron dech village ;
Mais jourdu chest fini sin r'tour.
Beyez, em tête al hoche,
Ej n'ai pus ed cavieux,
Ej n'ai pus presque ed forche,
Vous, os êtes vigoureux.
Moissonneurs, etc.

Sins avoir tin d'esprit, tin dsienche
Qnous curé qui dit tous les jours,
Qu'à travayé, dinsé l'diminche,
Nous s'damnons tertous pour toujours.
J'in chuis ain' qu'est moins dure
Al rin nous cairs contints
Chest chelle del nature
Chuivez-là mes infints.
Moissonneurs, etc.

Fouaits-nous du bien épis az eutes
Aimez vous ro, ch'es députés.
El charte qu'est, comme dit chleute
El seufgarde ed nous libertés ;
Toujours avuc couragé
Travayez ed bon cœur
Trouvère dech village
Ej cantrai vous bonheur.
Moissonneurs, etc.

H. Crinon, cultivateur à Vraignes (Somme).

Moissonneurs, voilà le jour ;
Courage,
Vite à l'ouvrage.
Moissonneurs, voilà le jour,
Travaillez, faites l'amour.

Prenez vos faux et vos faucilles,
Dépêchez-vous, jeunes garçons,
Et vous aussi, petites filles,
Travaillez tous à nos moissons ;
Mais surtout soyez sages,
On en voit dans l'août
Faire des badinages
Cachés par un gavlout (meule de blé.)
Moissonneurs, etc.

Amis, quand j'étais à votre âge,
Ardent au travail, à l'amour ;
J'étais le héros du village ;
Mais tout est fini sans retour.
Voyez trembler ma tête,
Je n'ai plus de cheveux ;
Ma force a fait retraite,
Vous êtes vigoureux.
Moissonneurs, etc.

Sans avoir l'esprit, la science
Du curé qui dit tous les jours :
Travailler, danser le dimanche
Vous damnent tous et pour toujours !
Ma morale est moins dure,
Et rend nos cœurs contents ;
C'est celle de la nature,
Suivez-la, mes enfants.
Moissonneurs, etc.

Faites-vous du bien l'un à l'autre,
Aimez le roi, les députés,
La charte qui, comme dit l'autre,
Sauvegarde nos libertés.
Toujours avec courage
Travaillez de bon cœur,
Trouvère du village
Je chanterai votre bonheur.
Moissonneurs, etc.

Roman provençal, en 1841.

Qu'as d'empire sus yeou, filla de la mountagna !
Coma poulit maynatgè encadenas moun cor ;
Sé nourrissè l'espouer qué séra ma coumpagna,
Faguè lou ciel qu'un jour partagessas moun sor.

Quinzé ans ; acos toun âgé... é té trobas countenta,
D'anà per lou campestrè ambè tous agnèlous.
S'as lou bounhur per tus, lou chagrin mé tourmenta...
Désemploy qué t'ay vist, qué moun cor és jaloux !

Que tu règnes sur moi, fille de la montagne !
O ravissante enfant, comme tu tiens mon cœur :
J'ai l'espoir trop flatteur de te voir ma compagne,
En partageant mon sort tu ferais mon bonheur.

Quinze ans, voilà ton âge... et ton âme est contente,
En guidant dans les champs tes agnelets si doux.
Si le bonheur te suit, le chagrin me tourmente ;
Depuis que je t'ai vue, on me trouve jaloux !

Traduction de Mary-Lafon.

Vers de Victor Hugo, datés d'août 1855, dans les
CONTEMPLATIONS.

Oui, je suis le rêveur, je suis le camarade
Des petites fleurs d'or du mur qui se dégrade,
Et l'interlocuteur des arbres et du vent.
Tout cela me connaît, voyez-vous. J'ai souvent
En mai quand de parfums les branches sont gonflées
Des conversations avec les giroflées ;
Je reçois des conseils du lierre et du bluet.
L'être mystérieux que vous croyez muet,
Sur moi se penche et vient avec ma plume écrire.
J'entends ce qu'entendit Rabelais ; je vois rire
Et pleurer, et j'entends ce qu'Orphée entendit.
Ne vous étonnez pas de tout ce que me dit
La nature aux soupirs ineffables. Je cause
Avec toutes les voix de la métempsycose.
Avant de commencer le grand concert sacré,
Le moineau, le buisson, l'eau vive dans le pré,
La forêt, basse énorme, et l'aile et la corolle
Tous ces doux instruments m'adressent la parole ;
Je suis habitué de l'orchestre divin,
Si je n'étais songeur j'aurais été Sylvain.
J'ai fini, grâce au calme en qui je me recueille
A force de parler doucement à la feuille,
A la goutte de pluie, à la plume, au rayon,
Par descendre à ce point dans la création,
Cet abîme où frissonne un tremblement farouche,
Que je ne fais plus même envoler une mouche !
Le brin d'herbe vibrant d'un éternel émoi
S'apprivoise et devient familier avec moi ;
Et, sans s'apercevoir que je suis là, les roses
Font avec les bourdons toute sorte de choses ;
Quelquefois à travers les doux rameaux bénis
J'avance largement ma face sur les nids,
Et le petit oiseau, mère inquiète et sainte,
N'a pas plus peur de moi que nous n'aurions de crainte,
Nous, si l'œil du bon Dieu regardait dans nos trous ;
Le lis prude me voit approcher sans courroux,
Quand il s'ouvre aux baisers du jour ; la violette
La plus pudique fait devant moi sa toilette ;
Je suis pour ces beautés l'ami discret et sûr ;
Et le frais papillon, libertin de l'azur,
Qui chiffonne gaiment une fleur demi nue,
Si je viens à passer dans l'ombre, continue,
Et si la fleur veut se cacher dans le gazon
Il lui dit : Es-tu bête ! il est de la maison.

Il règne dans cette pièce une douce suavité qui lui

donne beaucoup de charmes; le 5° vers renferme une expression heureuse. Dans le 17° vers, les mots *basse énorme* forment une belle idée ; 25° vers, *un tremblement farouche qui frissonne*, cela ne se comprend pas facilement; 30° vers, le mot *chose* est très-vague ; 43° vers, on ne peut guère approuver cette césure.

Victor Hugo a été le plus ardent propagateur du style romantique; mais ses partisans ont été trop loin en prétendant qu'il fallait s'affranchir des règles de composition et de style suivies par les auteurs classiques, car aucune définition précise n'avait été donnée par eux et chacun suivait, à cet égard, les idées qui lui étaient propres.   GOSSART.

VERTU CHRÉTIENNE. — La vertu, dit le docteur d'Hippone (liv. 83, quest. 31), est une habitude de l'âme conforme à la nature et à la raison. — Elle consiste, par conséquent, dans une influence intérieure permanente, qui domine l'influence opposée, une influence qui porte vers le bien, qui détourne du mal.

L'homme vertueux est formé par trois influences, l'*inclination*, l'*habitude*, la *grâce*.

L'*inclination*. Physiquement il est rare de trouver deux hommes qui aient une ressemblance parfaite. Cette ressemblance est encore plus rare sous le rapport moral. Les uns sentent de l'inclination pour le bien, tandis que d'autres éprouvent du penchant pour le mal. Les bonnes inclinations doivent être encouragées, dirigées, perfectionnées. Les mauvaises inclinations doivent être redressées avec courage, avec douceur, avec persévérance. De là, pour les parents et pour les maîtres, la rigoureuse nécessité d'étudier, d'approfondir, de diriger vers la vertu les inclinations des enfants.

L'*habitude*. Elle provient des mêmes actes fréquemment répétés. — Elle est vertueuse, si elle s'adonne aux œuvres saintes. — Elle est vicieuse, si elle s'adonne aux œuvres perverses. — Aussi le docteur des nations avance-t-il cette maxime : « Ce que l'homme sèmera dans sa jeunesse, il le recueillera dans sa vieillesse.» Déjà, un roi, illustre parmi tous les rois, s'était écrié : « Heureux l'homme qui, dès les années de son adolescence, aura porté le joug du Seigneur ! »— C'est de bonne heure qu'il faut extirper les mauvaises habitudes. On écrase facilement le serpent qui vient de naître. Et qui n'en sera pas la victime, si on lui laisse prendre son entier développement.

La *grâce*. L'homme est tombé en Adam. Sa chute est manifeste. Impossible à un esprit sérieux de la nier. Les larmes du berceau, les souffrances de la vie, les ténèbres de l'ignorance, les orages des passions, l'horreur du tombeau, tout annonce une catastrophe. Le Calvaire a réparé les conséquences éternelles de ce désastre. Une fontaine de salut jaillit de la croix. Elle forme le beau fleuve de la grâce. L'homme est malade; il lui faut un médecin. Ce médecin, c'est la grâce. L'homme est faible; il a besoin de force. Cette force, c'est la grâce. — La grâce est le don des dons. Elle console sur la terre. Elle conduit à l'impérissable félicité. — Dieu ne la doit pas; il ne doit rien à personne. Mais il la donne à celui qui la demande humblement. Car son cœur est un cœur paternel; il la donne suffisante, il la donne surabondante.—La grâce est un recours indispensable; toutefois elle laisse à l'homme sa liberté. Heureux celui qui sait y correspondre. Il sera, dit le psalmiste, comme un arbre planté le long des eaux dans un terrain fertile, et qui rapporte en son temps les fruits les plus délicieux.

Ainsi trois causes engendrent la vertu, l'inclination, l'habitude, la grâce. Mais aussi trois causes la détruisent. Ce sont : la mauvaise inclination, qui n'est pas généreusement redressée; la mauvaise habitude qui n'est pas sans cesse retranchée; c'est l'infidélité à la grâce, qui est un mépris des dons de Dieu. On ne méprise pas impunément le don d'un souverain, et à plus forte raison le don du Roi des rois, alors surtout que ce don est le prix de son sang.

On divise les vertus en vertus intellectuelles qui rendent habiles à connaître, à goûter la vérité, comme l'intelligence, la science, la sagesse; et en vertus de la volonté qui rendent habiles à pratiquer les œuvres justes et bonnes.

On les divise encore en vertus naturelles et en vertus surnaturelles. Les vertus naturelles sont éclairées et dirigées par la raison. Les vertus surnaturelles puisent leur origine et leur force en Dieu; tout en elles est sublime; car tout vise à l'éternité bienheureuse.

Enfin on les divise en vertus morales qui ont pour objet immédiat la droiture et la perfection des mœurs de l'homme; et en vertus théologales dont l'objet immédiat est Dieu, premier principe et dernière fin de l'homme.

Les vertus sont plus ou moins excellentes, selon la source d'où elles procèdent et selon la valeur des actes qu'elles produisent. On estime beaucoup le don fait par un prince. — De là, les vertus surnaturelles l'emportent infiniment sur les vertus naturelles ; les vertus théologales sur les vertus morales.

Un mot maintenant sur les vertus morales et sur les vertus théologales.

La société, sans les mœurs, est un corps énervé. Elle a beau briller par des découvertes, par des sciences, on pourra la décorer des noms les plus pompeux. En apparence, elle vit; en réalité, elle est morte. Les inventions ne la préserveront pas de la barbarie, parce qu'elles n'atteignent et ne polissent que la surface de l'homme, tandis que les bonnes mœurs vivifient, ennoblissent l'homme intérieur et l'homme extérieur. C'est par l'âme que l'homme est l'image de la Divinité. Aussi un prophète lui dit-il : «Vous êtes un Dieu; donc vivez comme un Dieu.» Oui, la véritable civilisation est dans la pureté des mœurs; car, sans la pureté des mœurs, règnent la corruption, le dol, la fraude. Voyez Tyr, voyez Babylone, la Grèce, Rome. Elles sont tombées, alors qu'elles jetaient une vive splendeur. Pourquoi ces chutes? Pourquoi cette dégradation? Les mœurs n'étaient pas pures.

Les vertus morales empruntent leur vitalité aux vertus théologales. Elles sont innombrables. Nous les réduirons cependant à quatre fondamentales. Ce sont les quatre pierres angulaires, cardinales, sur les-

quelles roule et repose l'édifice de la solide grandeur.

C'est la prudence par laquelle on connaît et on juge ce qu'il faut faire, ce qu'il faut éviter, pour vivre selon les lois de l'honnêteté et selon les préceptes de Dieu. A la prudence sont opposées la précipitation, l'inconsidération, l'inconstance, la négligence, l'astuce.

C'est la force qui soutient et dirige au milieu des difficultés à vaincre pour remporter la victoire qui décide de la paix de la conscience et de la couronne immortelle; à la force sont opposées la témérité et la lâcheté.

C'est la tempérance qui, dans l'usage des choses sensibles, modère l'appétit de la volonté selon les prescriptions de la droite raison et du divin législateur. Elle enseigne la sobriété et la chasteté. A la tempérance sont opposées l'intempérance dans la nourriture et tout ce qui blesse la plus délicate des vertus, la modestie.

Enfin c'est la justice qui rend à chacun ce qui lui est dû et qui embrasse tous nos devoirs envers Dieu, envers le prochain, envers nous-mêmes.

Arrivons aux vertus théologales.

L'homme a besoin de science pour son esprit; la foi lui donne la plus belle des sciences, la science de Dieu.

L'homme a besoin de bonheur; l'espérance le lui montre dans le ciel.

L'homme a besoin d'aimer: la charité lui dit : Vous aimerez Dieu ; vous aimerez le prochain.

Mais qu'est-ce que la foi? Elle est un don de Dieu par lequel nous croyons fermement ce qu'il a révélé à son Église.

C'est pourquoi l'objet de la foi est la parole de Dieu. La règle fatale et unique de la foi catholique, dit le P. Véron, est la révélation divine faite aux prophètes et aux apôtres et proposée par l'Église catholique en ses conciles généraux, ou par sa pratique universelle.

Le motif de la foi est péremptoire : Dieu a parlé; j'adore; je crois. Dieu ne refuse la foi à personne. On n'a qu'à prêter une oreille et un cœur dociles aux inspirations de la grâce, et on est sûr d'arriver à cette foi si nécessaire que, sans elle, il est impossible de plaire à Dieu, cette foi par laquelle on croit, dit saint Paul, que Dieu existe et qu'il récompense ceux qui le cherchent.

Quant aux effets de la foi, ils sont admirables. « C'est une prodigieuse raison, dit Chateaubriand, » que celle qui nous a montré dans la foi le fonde- » ment et la source de toutes les vertus. Il n'y a de » puissance que dans la conviction. Un petit nombre » de soldats, persuadés de l'habileté de leur général, » peuvent enfanter des miracles. C'est parce qu'ils » ont cru, que les Pylade, que les Régulus ont fait » des prodiges. La foi, envisagée sous un point de vue » purement humain, est une force si terrible, qu'elle » bouleverserait le monde, si elle était employée à » des fins perverses. Voilà pourquoi ces cœurs qui ne » croient rien, n'achèveront rien de grand, rien de » généreux. Ils n'ont de foi que dans la matière et

» dans la mort; ils sont déjà insensibles comme l'une » et glacés comme l'autre. » Saint Paul nous trace un magnifique tableau de la foi dans son Epître aux Hébreux, chap. XI. La foi nous rend présentes les choses que nous espérons. C'est par la foi qu'Abel offrit à Dieu une hostie plus excellente que celle de Caïn. C'est par la foi que Noé bâtit l'arche. C'est par la foi qu'Abraham devint le père d'un grand peuple. C'est par la foi que Moïse conduisit les enfants d'Israël jusqu'à l'entrée de la terre promise. C'est par la foi que les murailles de Jéricho s'écroulèrent, etc., etc. L'Eglise compte des millions de martyrs. Où ont-ils puisé leur héroïsme ? Dans la foi. Une armée innombrable d'élus réjouit la cité de Dieu. Par quel moyen ont-ils conquis leurs palmes? Par la foi. Qui n'admire nos sœurs de charité, nos intrépides missionnaires? Comment sont-ils magnanimes d'une magnanimité que les siècles étrangers au catholicisme ont ignorée? C'est par la foi, et toujours par la foi. Sont opposées à la foi, l'infidélité, l'hérésie, l'apostasie.

On a souvent recherché les causes de l'hérésie. On peut les réduire à deux, l'orgueil et l'incontinence. D'où vient l'hérésie protestante? De l'orgueil de Luther et de ses criminelles amours. D'où vient l'hérésie anglicane? Des adultères d'Henri VIII.

C'est honteux, c'est flétrissant. Mais c'est la vérité.

L'espérance est une vertu surnaturelle par laquelle nous attendons de Dieu avec assurance la vie éternelle et les moyens d'y parvenir.

L'homme soupire après la félicité. L'espérance est la certitude donnée à ce noble désir.

« L'espérance, dit l'abbé Bautain, est un des aiguil- » lons les plus vifs de la volonté, qu'elle stimule sur- » tout par l'imagination ; elle adoucit singulièrement » les maux de la vie présente, qu'il serait impossible » de supporter sans elle. Elle soutient, elle relève » chacun dans sa route, si diverse qu'elle soit, depuis » le chrétien fidèle qui croit aux promesses divines, » et salue de loin le terme désiré qu'elle lui fait en- » trevoir, jusqu'à l'homme du monde qui a le mal- » heur de poser son amour dans les biens de la terre, » et qui appelle toujours de ses vœux une fortune » plus propice, un plus grand bonheur pour l'avenir. » L'adolescence et la jeunesse sont surtout animées » par l'espérance, ayant devant elles l'immensité de » l'avenir dans le besoin et l'ardeur de vivre, elles s'y » précipitent par le désir, en prenant possession par » l'imagination. »

Rien de plus incertain, rien de plus fragile que l'espérance de ce monde.

Au contraire, rien de plus certain que l'espérance chrétienne. Elle s'appuie sur la promesse de Dieu, et Dieu tout-puissant n'a jamais menti. Elle s'alimente à la source de Golgotha, aux blessures de l'Homme-Dieu, et les mérites de Jésus-Christ sont infinis. Le chrétien seul peut s'écrier: Je sais qui est celui à qui j'ai confié mon dépôt et je suis persuadé qu'il le gardera jusqu'au grand jour de la rétribution (II Tim. I, 12). L'espérance est l'ancre du salut; le bouclier qui rend invulnérable, la tente où on se repose des fatigues du siècle; le bâton du voyageur qui gravit la

montagne éternelle. L'âme qui espère regarde d'un œil le ciel, et de l'autre œil son devoir; comment ne serait-elle pas courageuse? comment ne serait-elle pas fidèle? comment ne serait-elle pas parfaite?

À l'espérance sont opposés la présomption qui compte sur la récompense sans le combat, sans l'observation des commandements, et le désespoir qui jette les armes, oubliant que Dieu ne permettra jamais qu'on soit tenté au-dessus de ses forces et que c'est par beaucoup de tribulations qu'on parviendra aux délices de la patrie.

La charité est une vertu surnaturelle par laquelle nous aimons Dieu pour lui-même par dessus toutes choses et le prochain comme nous-mêmes pour l'amour de Dieu.

L'homme a un cœur. Le cœur est sa vie. L'amour est la vie du cœur. Aussi la religion ne défend pas d'aimer. Au contraire, elle prescrit l'amour, l'amour saint, l'amour pur, l'amour chaste, tandis qu'elle flétrit l'amour qui dégrade, l'amour qui n'a point de rapport avec l'immortalité.

Si l'amour est bon, tout ce qui en procède est bon; si l'amour est mauvais, tout ce qui en déroule est mauvais. La vigne donne du raisin; le buisson des épines.

Toutes nos passions, dit saint Augustin, viennent de l'amour (de Civit., lib. xiv, 7), « car l'amour tendant
» à posséder ce qu'il aime, s'appelle désir. L'ayant et
» le possédant, il se nomme joie; fuyant ce qui lui
» est contraire, c'est la crainte; s'il ne peut échapper
» à l'atteinte de la douleur et qu'il ressente les aiguil-
» lons du mal, l'amour devient tristesse. »

L'homme doit aller à Dieu. Est-ce par crainte? Il en faut, mais non la crainte servile; il faut la crainte filiale, dans laquelle l'amour domine. Est-ce par intérêt? ce motif n'est pas défendu; il est même selon notre nature. Toutefois l'amour doit le relever et le rendre digne du ciel où le Roi, c'est la vérité; où la loi, c'est la charité; où le monde, c'est l'éternité.

La charité a deux bras. Elle embrasse, en même temps, Dieu et le prochain.

Elle embrasse Dieu; elle l'aime de tout son cœur, de toute son âme, de toutes ses forces. On aime naturellement ce qui est beau, ce qui est grand, ce qui est parfait, ce qui donne du bien-être. Et qui donc est semblable à Dieu. Écoutons, sur Dieu, Frey de Neuville : « Son origine est avant la naissance des siècles;
» sa durée, l'éternité; ses connaissances, l'infini; les
» bornes de son pouvoir, sa volonté; son action, un
» désir; le fond d'où il tire ses productions, le néant;
» son empire, tout ce qui existe; sa loi, la sainteté de
» son être; la félicité, lui-même; le ciel et les astres,
» le pavillon sous lequel il repose; la terre et les
» mers, la base de son trône; les feux du soleil et des
» étoiles, un faible écoulement de sa splendeur; la
» nuit, l'image des profondeurs impénétrables de ses
» conseils; le jour, l'aurore de la lumière qu'il ha-
» bite; la foudre et les tonnerres, l'essai de ses ven-
» geances; le passé, le présent et l'avenir, un instant
» indivisible dont il saisit l'ensemble et les événe-
» ments d'un simple coup d'œil. N'entreprenons pas

» de sonder plus avant cet océan immense de gloire,
» de majesté, de sainteté, de grandeur, de perfection.
» Mais quoique nous ne fassions que l'entrevoir, nous
» en sentons assez pour faire comprendre à notre
» cœur combien Dieu est aimable en lui-même et
» pour lui-même. »

Si on nous demandait la mesure de l'amour de Dieu, nous répondrions qu'il faut l'aimer sans mesure, et tout sacrifier plutôt que de lui déplaire. Nous répondrions qu'il faut l'aimer comme saint Paul, qui défie toutes les créatures de pouvoir jamais le séparer de la charité de Jésus-Christ (Rom., viii, 35).

On doit aimer le prochain comme soi-même, c'est un frère; il a le même père, c'est Dieu; la même mère, c'est l'Église; la même espérance, c'est le ciel. C'est plus qu'un frère, c'est un membre du corps mystique dont le Rédempteur est la tête, et nous sommes, nous aussi, membres de ce corps. S'il souffre, il faut le consoler; s'il a faim, il faut lui donner à manger; s'il a soif, il faut lui donner à boire; s'il est nu, il faut le couvrir. S'il est notre ennemi, il faut le plaindre, le pardonner, l'attirer à l'amour en lui rendant le bien pour le mal. En un mot, nous devons être, sur cette terre, toujours et partout, charité, pour être dignes de cet héritage qui nous attend et dont un seul mot dira les occupations éternelles : il sera charité !
                             LABADIÉ.

VÉSICATOIRE (thérapeutique) [de *vesica*, vessie]. — Topique, qui, appliqué sur l'organe cutané, détermine à la surface du derme une sécrétion séreuse, par laquelle l'épiderme est soulevé de manière à former une ampoule : tels sont la moutarde, le garou, et surtout les cantharides, etc. On applique le plus ordinairement les vésicatoires sous forme d'emplâtres, de cataplasmes ou de taffetas préparé.

Le *vésicatoire ordinaire* ou *emplâtre vésicatoire* est composé, selon le *Codex* de 1818, de 3 parties de poix blanche, de térébenthine, et de 2 et 1/4 de cire jaune, que l'on fait fondre ensemble, que l'on passe, et auxquelles on mêle intimement une partie et demie de cantharides en poudre très-fine. Les cantharides forment environ 1/6 du poids de cette masse emplastique, que l'on conserve sous forme de magdaléons, et dont on étend une certaine quantité sur un morceau de peau blanche, quand on veut en faire usage. Ordinairement, au moment d'appliquer le vésicatoire, on le saupoudre encore de cantharides plus grossièrement pulvérisées. Le *vésicatoire anglais* du *Codex* est composé de parties égales d'emplâtre de cire, d'axonge de porc et de cantharides pulvérisées. On incorpore celles-ci dans les deux premières substances préalablement liquéfiées : de là le nom d'*emplâtre vésicant par incorporation*, sous lequel on a proposé de désigner cette espèce de vésicatoire, qui est préférable au vésicatoire ordinaire, en ce que les cantharides, ainsi incorporées, sont bien moins facilement absorbées par les vaisseaux lymphatiques cutanées, et déterminent par conséquent beaucoup moins d'accidents.

Taffetas vésicatoire ou *taffetas épispastiques*. On donne ce nom à certains sparadraps agglutinatifs ren-

dus vésicants et remplaçant assez bien les emplâtres vésicatoires.

VIABILITÉ (médecine légale). — État d'un enfant né viable, c'est-à-dire qui, au moment de sa naissance, est assez fort et présente des organes assez bien conformés pour faire espérer qu'il vivra.

L'enfant né après le 180ᵉ jour de gestation, ou même le 180ᵉ jour, est réputé *viable* (art. 312 du Code civil). Quoique la loi établisse qu'un enfant est viable à 6 mois, la plupart de ceux qui naissent à cette époque meurent le plus souvent. Toutefois, comme à l'occasion des successions, il est important de décider si l'enfant a vécu, le médecin trouvera la solution de cette question au mot *Enfant.*

Voyez aussi *Naissances précoces, Monstruosités* et le mot *Vie* au supplément.

VICTORIA REGIA (botanique). — C'est à Londres, en 1851 et, à Paris, en 1855, qu'on a pu admirer aux expositions universelles, cette grande et belle plante.

C'est en 1801 que cette fleur immense a été découverte. M. Hœncke, le célèbre botaniste, remontant le fleuve des Amazones, se trouva tout à coup arrêté au milieu d'une sorte d'île flottante : des feuilles d'un mètre et demi et même plus couvraient la rivière, et tout autour de lui, à une distance d'au moins un quart de lieue, on ne voyait que ces gigantesques feuilles ondulant comme un serpent; en face d'une pareille merveille, le voyageur resta saisi d'admiration. Malheureusement il ne put pas faire part de sa découverte à l'Europe, il mourut dans le cours de ses voyages, et ses notes ne furent classées et publiées que longtemps après.

En 1819, M. de Bonpland, parcourant le Paraguay, rencontra à son tour la plante découverte par Hœncke, et il envoya des graines en France; ces graines ne germèrent pas.

Après ces deux botanistes, MM. d'Orbigny, Pœppig, Robert Schomburgh et plusieurs autres s'occupèrent de cette plante, et chacun d'eux lui donna un nom différent; les uns l'appelaient *Euryale amazonica*, d'autres *Nymphœa Victoria*, d'autres encore *Victoria amazonica*, d'autres enfin *Victoria regia*, et c'est le nom qui lui est resté; les indigènes la nommaient *murnuru.*

Si les savants s'étaient beaucoup occupés de baptiser et de classer la plante, ils ne s'étaient guère occupés de la plante elle-même; on avait disputé, mais on s'était bien gardé d'agir, et jusqu'en 1849 celle qui avait fait couler tant d'encre n'avait pas encore vu l'Europe; toutes les expéditions envoyées à sa recherche depuis 1837 avaient été malheureuses; les graines rapportées n'avaient pas germé ou bien les rhizomes étaient arrivés putréfiés.

Ce fut le 28 février 1849, que des graines envoyées par MM. Hugues Rodie et Luckie arrivèrent à Kiew; six plantes levèrent et une de ces plantes fleurit à Chastworth chez M. le duc de Devonshire, le 8 novembre 1849.

Depuis cette époque, la *Victoria regia* s'est multipliée à l'infini et elle a prouvé qu'elle n'était point au-dessous de la réputation qui lui avait été faite; c'est

la plus belle et peut-être la plus merveilleuse plante que l'on puisse imaginer. Malheureusement tout le monde ne peut pas se donner le plaisir de la cultiver; il faut, pour qu'elle puisse vivre, un *aquarium* où la température de l'eau soit toujours entre 28 et 32 degrés centigrades, tandis que la température de la serre sera entre 28 et 35; pour conserver cette température, il faut beaucoup de bois et beaucoup de soins, et tout le monde ne peut pas, hélas! payer ce bois et ces soins. — (*Henri.*)

VIGNE (botanique et agriculture). — Arbrisseaux sarmenteux que tout le monde connaît et dont il n'est pas besoin de décrire les tiges, les branches et les feuilles. Les fleurs, disposées en grappes, sont excessivement petites, à corolles composées de cinq pétales se séparant par la base, mais adhérentes par le haut, en forme de coiffe, et tombant toutes ensemble.

Le nombre des espèces de vignes connues est de plus de vingt; la moitié est à peu près originaire de l'ancien continent, tandis que les autres appartiennent aux deux Amériques. L'espèce qui nous intéresse le plus est la *vigne cultivée*, parce qu'elle est propre à notre climat, et parce que c'est elle qui peuple les vignobles de la France et des autres contrées de l'Europe. Sa tige atteint quelquefois la grosseur d'un petit arbre, et se divise en plusieurs rameaux sarmenteux, longs, souples, munis de nœuds de distance en distance, et s'attachant par des vrilles aux corps ou aux arbres, qui sont dans leur voisinage, et qu'ils finissent ainsi par surpasser en hauteur. Les vrilles, qui sont opposées aux feuilles, paraissent n'être que des pédoncules de fleurs avortées, à en juger par leur place, qui est toujours là où ordinairement se trouve le raisin. A chaque fleur succède une baie qui n'est que la graine de raisin. La forme, la grosseur et la couleur de ces baies ou grains de raisin, dont la réunion forme la grappe, varient suivant la variété de vigne à laquelle ils appartiennent.

Il n'existe pas d'arbre fruitier qui réunisse autant de variété que la vigne; le nombre en est infini, et il serait bien difficile d'en faire une énumération un peu exacte. En France, on est parvenu à réunir près de 300 variétés bien caractérisées dont la moitié environ rapporte du raisin rouge ou noir. Dans les départements du midi de la France et dans le midi de l'Europe, il croît une espèce de vigne sauvage qui ne diffère de la vigne cultivée que par la dimension de ses grains de raisin, qui sont bien plus petits, et dont la saveur est moins douce et moins sucrée. Cette vigne, dont les feuilles sont aussi moins grandes et plus cotonneuses, porte, en Provence, le nom de *lambrusca*; elle y est très-commune, et croît avec beaucoup de vigueur, surtout dans l'île de la Camargue, où les habitants ramassent ses fruits pour en faire de la piquette ou du petit vin toujours assez âpre.

Il paraît que la multitude de variétés de la vigne cultivée est due à l'ancienneté de sa culture, qui date des temps les plus reculés; les fruits ont dû être modifiés à l'infini, et comme chaque semis fait avec des graines d'une même variété produit toujours de nouvelles variétés, le nombre en serait encore probable-

ment bien plus considérable, si on pratiquait plus souvent la méthode des semis. Malgré cette confusion apparente, chaque contrée, chaque vignoble a des variétés de vigne ou de raisin qui lui sont propres et qui ne se rencontrent pas ailleurs. La France, l'Espagne, l'Italie, la Grèce, en possèdent qui leur sont particulières. La grosseur des grains, le volume des grappes, la fécondité de chaque cep et surtout les qualités du fruit, sont toujours subordonnés au climat dont l'influence sur la vigne n'est pas moins grande que sur les autres végétaux. Dans le midi, des grappes de raisin muscat dit *gros Guillaume* pèsent jusqu'à 5 kilogrammes.

Il paraît certain que cette précieuse plante nous est venue de l'Asie à laquelle nous sommes également redevables de plusieurs autres végétaux non moins utiles. Dans l'antiquité, la vigne s'introduisit en Grèce, en Italie, en Espagne et dans les Gaules, et déjà du temps des Romains, les vins de quelques-unes de nos provinces avaient de la réputation.

Peu d'années après, un empereur romain, croyant que cette culture pouvait en faire négliger de plus utiles, ordonna d'arracher toutes les vignes cultivées dans les Gaules, et ce ne fut qu'environ deux cents ans après qu'un autre empereur romain, nommé Probus (en 281 de notre ère), permit aux Gaulois de replanter la vigne, ce qui fut regardé comme un immense bienfait. De nombreux plants apportés de l'Italie, de la Grèce et de l'Afrique devinrent l'origine des vignobles de France.

Les climats tempérés conviennent mieux à la vigne que les climats très-chauds ou très-froids, et dans les pays du Nord, ainsi que dans ceux où la chaleur n'est pas trop brûlante, l'exposition au midi est celle qui convient le mieux à sa culture. En général, une vigne exposée au nord dans un pays froid ne donne que du mauvais vin, tandis que cette exposition est la plus favorable pour les vignobles des pays très-chauds.

Pourvu que le sol ne soit pas marécageux ou trop aride, la vigne s'accommode assez de toute espèce de terrain. Toutefois, elle prospère mieux dans un sol sablonneux, caillouteux, calcaire ou d'une nature légère, parce que ces terrains réfléchissent mieux les rayons du soleil et conservent sa chaleur plus longtemps ; les racines peuvent aussi s'y étendre plus facilement que dans un terrain compacte et trop argileux.

Lorsqu'on s'occupe de la plantation d'une vigne, on devrait surtout s'attacher à la composer de variétés de raisins qui ne soient pas plus hâtives les unes que les autres, parce que, sans cette précaution, vers l'époque des vendanges, une partie du raisin est mûre ou à demi pourrie, lorsque l'autre est encore loin de pouvoir être cueillie ; une pareille vigne doit nécessairement donner du mauvais vin. Dans les pays froids, ce sont les variétés hâtives qu'il faut choisir de préférence, parce qu'elles ont plus de chances de mûrir avant la saison des pluies. On sait que la méthode la plus généralement suivie pour former une nouvelle vigne est de mettre en terre des boutures qui sont tout simplement des morceaux de sarment de quinze

à dix-huit pouces de long, et que l'automne est la saison la plus favorable pour cette plantation.

La manière de cultiver les vignes, de disposer les ceps, de les soutenir avec des échalas, la hauteur de ces mêmes échalas et l'espèce de support qu'on emploie varient suivant le pays, le climat ou les habitudes. Dans les pays tempérés ou froids, les vignes sont tenues basses, parce qu'alors elles sont moins exposées au vent, et parce qu'elles sont échauffées, non-seulement par les rayons du soleil, mais encore par la chaleur que le sol a contractée. Dans les pays chauds, au contraire, on fait usage d'échalas assez élevés, et souvent, comme en Italie, ce sont des arbres qui servent de support. En France ce n'est guère que dans les jardins ou dans les allées que l'on fait monter la vigne sur des arbres, et l'on a remarqué que les raisins en sont moins bons, sous tous les rapports, que ceux venus sur des ceps soutenus par des échalas. Mais il est vrai aussi que les ceps portés sur des arbres et convenablement placés sont généralement d'une grande fécondité, motif qui devrait peut-être engager à pratiquer cette méthode dans de certaines circonstances.

Presque toujours les bons vins sont fournis par des variétés de vigne qui produisent peu de raisin ; c'est ce qui arrive dans les vignobles renommés de Bordeaux et de Bourgogne, par exemple, et presque toujours aussi les ceps dont le raisin produit du vin de médiocre qualité donnent d'abondantes récoltes. Cette dernière variété de vigne, à l'avantage d'être très-féconde, joint celui de pouvoir être placée dans toute espèce de terrain et de repousser après les gelées, ce qui compense, aux yeux d'un grand nombre de propriétaires, le plaisir d'avoir du vin de meilleure qualité.

Dans nos climats, la vigne, comme les autres arbres fruitiers, ne donne qu'une récolte par année, et encore cette récolte est bien souvent compromise par les gelées tardives, par la grêle et par les insectes. Sous ce rapport, les pays chauds sont aussi plus favorables, puisqu'aux environs de Naples, on connaît des vignes qui donnent deux récoltes par année, et, au Brésil, on fait trois récoltes de raisins sur le même cep : la première en mars, la deuxième en mai, et la dernière en septembre.

On croit généralement que la vigne peut vivre pendant quatre ou cinq siècles, à en juger par la grosseur de quelques ceps. On en cite dont l'âge est estimé à cinq cents ans. La durée de la vie d'un cep de vigne est, du reste, subordonnée au climat et à la nature du terrain. Dans quelques pays, un vignoble a besoin d'être renouvelée au bout de vingt-cinq ou trente ans. Les vignerons disent que les vieilles vignes sont celles qui produisent le meilleur vin.

Maladies de la Vigne.

La plus redoutable de toutes est celle qui est connue sous le nom spécial de *maladie de la vigne*, et qui est produite par la présence d'un champignon parasite, désigné par les savants sous le nom d'*oïdium*. «Après

bien des essais, il a été constaté que le seul remède pour arrêter la propagation de ce champignon, c'est l'application du soufre en poudre, ou fleur de soufre du commerce, sur toutes les parties vertes de la vigne malade. Le problème a principalement été résolu par les beaux travaux de M. Marès (de l'Hérault), qui a opéré sur 72 hectares de vignes dans les conditions les plus variées de sol et d'exposition. Dans ces vignes, les 24 hectares traités par le soufrage ont été constamment préservés. L'échaudage et le flambage des ceps pendant le sommeil de la végétation, procédés si efficaces pour la destruction de la pyrale et des autres insectes ennemis de la vigne, n'ont donné contre l'*oïdium* que des résultats purement négatifs. La raison en est évidente. Les germes de l'oïdium se propagent par des courants d'air qui les déposent sur les feuilles naissantes de la vigne, tout procédé employé quand la végétation de la vigne sommeille, est sans action sur cette cause de maladie. Quelques résultats partiels ont été obtenus en enterrant complétement la vigne taillée, pour ne la déterrer qu'au moment de la reprise de la végétation; mais ce procédé a le grave inconvénient de diminuer sensiblement la récolte parce qu'il fait avorter un grand nombre de bourgeons à fruit.

» Le soufrage doit être appliqué à trois reprises différentes, du 1ᵉʳ mai au 1ᵉʳ août, en commençant un peu plus tôt ou un peu plus tard, selon le climat local. Le premier soufrage est donné dès qu'on voit sur les premières feuilles de la vigne des traces d'oïdium : on n'agit pas sur toute la vigne à la fois, mais successivement, à mesure que les ceps sont envahis. Le second et le troisième soufrage sont donnés quand la maladie reparaît une seconde ou une troisième fois, en juin et en juillet. Au début de la maladie de la vigne, on a fait grand usage dans les serres à forcer et dans les jardins, de divers genres de soufflets qui distribuent très-également le soufre sur la vigne humectée, soit par la rosée du matin, soit par un léger bassinage. Mais, dans les grands vignobles, il fallait un procédé plus expéditif. On se sert aujourd'hui généralement d'une boîte de fer-blanc en forme de cône tronqué, contenant la fleur de soufre. Cette boîte est munie d'un fond percé de trous comme une passoire, et d'une houppe volumineuse en coton, au moyen de laquelle la fleur de soufre peut être répandue en un instant sur une surface considérable. On ne peut pas préciser la quantité à employer; elle doit être proportionnée à l'intensité du mal. La fleur de soufre n'étant pas d'un prix élevé, il vaut mieux augmenter la dose que d'en mettre trop peu. Le point essentiel, c'est de ne pas perdre de temps, et de soufrer la vigne dès qu'on reconnaît les premiers symptômes de la maladie. »

Un médecin des Pyrénées-Orientales, M. Jean de Gonzalez, de Prats de Mollo, a consacré de longues veilles à des études sérieuses sur la maladie de la vigne, et s'est pleinement convaincu que l'affection régnante n'était point occasionnée par le parasite végétal du genre *oïdium*, mais bien, au contraire, par un parasite animal qui n'est autre qu'une chenille nommée par ce savant confrère *chenille arachnoïde*, à cause du tissu semblable à la toile d'araignée qu'elle produit.

L'auteur divise cet insecte en trois ordres:

Dans le premier ordre, il range les chenilles qui, dès l'automne, se logent dans les endroits les plus cachés du végétal, se fixent et se collent, pour ainsi dire, sur l'épiderme du cep ou des racines, et se métamorphosent en une sorte de coque presque invisible à l'œil nu d'abord, qui s'accroît peu à peu, enfin opère sa ponte et produit le tissu arachnoïde, dont nous venons de parler. Les œufs sont innombrables : la grosseur de la coque, après sa ponte définitive, atteint un centimètre de long.

Les chenilles du deuxième ordre ne subissent pas de métamorphose, se fixent au pied du cep, où elles sont plus en sûreté, quittent leur retraite au printemps, cherchent le lieu de la vigne le plus propre à leur ponte, qui a lieu comme chez la précédente espèce. Leur longueur, après leur entier développement, est de six millimètres.

Les chenilles du troisième ordre proviennent de coques du premier et du second ordre, mais dont les œufs, non fécondés, se transforment en *coccinelles*, comme les mâles de ces deux ordres et vont porter ailleurs leurs dévastations.

Les diverses époques de la ponte de ces insectes coïncident parfaitement avec le redoublement des symptômes de la maladie de la vigne. Ces chenilles trouvent donc sur le végétal qu'elles ont choisi des moyens nombreux de nutrition pour elles et leur famille.

La cause de la maladie de la vigne reconnue ainsi, il fallait trouver le moyen de la combattre. M. Gonzalez y est ainsi parvenu :

Au printemps, époque de la ponte des chenilles, le cep des vignes malades est râclé avec soin afin d'enlever la vieille écorce jusqu'au liber; immédiatement après, on passe avec un pinceau sur la partie râclée et sur les racines mises à découvert, une légère couche d'huile soufrée (huile, 1 litre; soufre sublimé, 100 grammes). La mort des coques atteintes est instantanée.

Mais comment reconnaître les ceps atteints? Les études de M. Gonzalez ont prouvé que, de tous les insectes, les fourmis sont les plus avides de chenilles arachnoïdes, à tel point que ce savant confrère ne craint pas d'avancer que le viticulteur qui veut mettre en pratique son procédé, après avoir écarté la terre du pied du cep et avoir jeté un coup d'œil explorateur, peut hardiment passer outre s'il ne remarque pas des fourmis sur le cep au pied.

Cette découverte nous paraît offrir, sous tous les rapports, l'avenir le plus brillant. Les expériences faites dans le département des Pyrénées-Orientales ne laissent aucun doute à cet égard.

L'insecte des vignobles doit exister depuis la création et a dû produire ses ravages dès qu'il a été favorisé par les éléments qui lui sont nécessaires. Or, il est évident qu'en détruisant l'insecte, on fera disparaître à jamais le terrible fléau.   DUROZIER.

VIN (agriculture). — Ce nom convient à tous les sucs sucrés des végétaux, qui par l'effet de la fermentation, de doux et opaques qu'ils étaient, sont transformés en une liqueur transparente, agréable, plus ou

moins piquante ; mais on le donne plus particulièrement au suc exprimé des fruits de la vigne qui a subi
cette fermentation ; et produit le vin proprement dit,
la meilleure de toutes les liqueurs fermentées.

La vigne ou l'arbrisseau sarmenteux qui produit le
vin, est originaire de Perse.

Les Phéniciens qui parcouraient souvent les côtes
de la Méditerranée, introduisirent sa culture dans la
Grèce, dans les îles de l'Archipel, dans la Sicile,
enfin en Italie, et dans le territoire de Marseille. Cette
culture, une fois parvenue en Provence, s'étendit
bientôt sur les coteaux du Rhône, de la Saône, de la
Garonne, de la Dordogne, dans les territoires de
Dijon, vers les rives de la Marne et même de la Moselle. Son succès ne fut pas égal partout, comme en
Bourgogne, dont les premiers ducs se flattaient d'être
qualifiés « seigneurs des meilleurs vins de la chrétienté, à cause de leur bon pays de Bourgogne, plus
famé que tout autre en croît de bons vins. »

L'art de faire le vin se perd dans la nuit des temps :
les anciens Egyptiens en connaissaient les procédés ;
ils existent encore sculptés sur les murs de leurs temples les plus antiques.

Les Grecs et les Romains les avaient recueillis, et
préparaient une multitude de vins dont les noms et la
célébrité sont passés jusqu'à nous. Ils en avaient
de légers qu'ils pouvaient boire de suite ; ils en avaient
d'autres qui n'étaient potables qu'après un temps très-
long ; enfin ils en avaient dont la conservation se prolongeait au delà d'un siècle. Ils mettaient aussi en
réserve du moût plus ou moins concentré par l'évaporation, et qu'on délayait avec de l'eau pour en préparer des boissons. Les habitants de l'Archipel ont
continué à faire de ce raisiné, et il est employé
aujourd'hui en Egypte, à faire une espèce de sorbet.

En Grèce on cueillait le raisin avant sa maturité ;
on le séchait au soleil ardent, pendant trois jours,
et le quatrième on l'exprimait.

On suit encore ce procédé dans plusieurs vignobles
de l'Espagne, de l'Italie, et surtout de l'île de Chypre.
Dans ce dernier pays, la vendange se fait pendant
les mois d'août et de septembre ; les vignes sont
basses, les raisins sont rouges ; le moût se met à fermenter dans de grands vases de terre goudronnés
intérieurement. Le vin le plus commun dure huit à
dix ans, mais on en fait de bien plus durable, puisqu'à la naissance d'un enfant, le père fait placer dans
la terre une grande jarre remplie de vin, bouchée
hermétiquement, et qu'il conserve jusqu'au jour où il
marie cet enfant. Les plus riches destinent surtout à
cet usage l'excellent vin de *commanderie*.

Dans quelques endroits d'Espagne on fait évaporer
le suc des raisins blancs sur un feu doux, jusqu'à une
consistance convenue, avant de le faire fermenter.

En Toscane on prépare le vin dit *vino santo*, avec
un moût si rapproché, qu'il faut la plus forte chaleur
d'un soleil ardent pour lui faire subir la fermentation.

Les anciens connaissaient l'art de cuire et
rapprocher le moût. Les Lacédémoniens le rédui-
saient d'un cinquième, et buvaient leur vin après la
quatrième année.

VIII.

A Rome, pour préparer certains vins, on poussait
l'évaporation du moût jusqu'à le réduire à moitié ou
aux deux tiers, et quelquefois même aux trois quarts.
Ainsi concentré, il fallait qu'on y excitât la fermentation par la chaleur du soleil, et qu'on continuât de
l'y tenir exposé pendant une longue suite d'années ;
mais enfin, quand ces vins avaient achevé leur fermentation, ils étaient si généreux, ou plutôt si forts,
si spiritueux, qu'on ne pouvait pas les boire purs.

Galien parle d'un vin qu'on mettait aussi au soleil,
sur le toit des maisons.

Enfin, Pline en annonce un autre qui se préparait
spécialement avec des raisins appiens, dont on différait la récolte, et dont le suc était diminué de moitié
par la cuisson.

Considéré chimiquement, le vin est un composé
d'eau, d'esprit-de-vin ou d'alcool, de matière sucrée,
d'acide malique, d'acide tartrique, de tartrate acidulé
de potasse, d'acide acétique, d'une matière colorante
qui a quelque analogie avec le tannin, et quelquefois
d'une substance aromatique. La matière colorante ne
se rencontre que dans les *vins rouges* ; les *vins blancs*
sont préparés avec des raisins blancs, ou bien avec le
moût des raisins noirs privés de l'enveloppe de leurs
grains. La substance aromatique, qui constitue ce
qu'on appelle le *bouquet*, est due à un principe appelé *éther œnantique*. Les raisins donnent en général
un vin d'autant plus alcoolique qu'ils contiennent plus
de sucre.

« Outre les éléments énumérés ci-dessus, les vins
contiennent quelquefois de l'acide carbonique : cet
acide provient de la transformation du sucre en alcool,
qui a lieu dans la fermentation. Quand on met le vin
en bouteilles avant que la fermentation soit achevée,
il retient une certaine quantité de cet acide : c'est ce
qui constitue *les vins mousseux*. Lorsqu'on veut que
les vins conservent, après la fermentation, une proportion assez considérable de matière sucrée pour
avoir une saveur douce, on fait évaporer une portion
du moût jusqu'à consistance sirupeuse, et on la mêle
avec l'autre portion avant la fermentation : c'est ainsi
que se font les *vins cuits* (Malaga, Rota, Frontignan,
Lunel, etc.). Ces vins sont aussi appelés *vins liquo-
reux* ; on les oppose aux *vins secs*, où l'alcool domine,
comme dans le Madère. »

Les vins sont en général nourrissants, toniques et
stimulants ; ils le sont d'autant plus qu'ils contiennent
plus d'alcool. Voici la quantité d'alcool contenue sur
100 parties dans les principaux vins :

Syracuse	25,28	Clairet	15,52
Marsala	25,09	Schiras	15,52
Madère	22,17	Lunel	15,10
Ténériffe	19,79	Bourgogne	14,57
Xérès	19,17	Sauterne	14,22
Constance blanc	19,75	Barsac	13,86
Lacryma-Christi	19,70	Grave	12,80
Constance rouge	18,92	Frontignan	12,79
Roussillon	18,13	Champagne	12,61
Hermitage blanc	17,43	Hermitage rouge	12,32
Malaga	17,26	Côte-Rôtie	12,32
Malvoisie de Madère	16,40	Rhin	12,08

Les *vins rouges* sont généralement moins excitants

9

que les blancs, surtout ceux de Bordeaux et du Rhin. Viennent ensuite les vins de Bourgogne, plus digestibles, et les vins capiteux du Roussillon, du Languedoc, de Madère et de Malaga.

Les vins blancs de Chably, de Pouilly, de Sancerre, sont les meilleurs, bien qu'ils ne doivent pas servir de boisson habituelle. Les vins mousseux, légers, comme ceux de Champagne, stimulent vivement et promptement, désaltèrent bien, mais donnent lieu, même en petite quantité, à une ivresse instantanée, qui se borne à égayer, à étourdir, mais sans résultats fâcheux pour la santé.

Quant aux vins doux et sucrés de Frontignan, de Lunel, d'Espagne, d'Italie, etc., ils contiennent plus de principes nutritifs, mais sont moins digestibles.

L'influence puissante que le vin peut exercer sur la santé est mise souvent à profit par le médecin dans les maladies. Produisant une douce chaleur, ranimant la circulation et donnant de l'activité à toutes les fonctions, le vin est prescrit dans les cas de faiblesse, de convalescence (sans symptômes inflammatoires), dans le scorbut, etc., ainsi qu'aux vieillards, et aux personnes lymphatiques; ce sont surtout les vins vieux de Bourgogne et de Bordeaux qu'on ordonne comme médicaments, attendu qu'ils sont généreux, sans être capiteux. Dr B. LUNEL.

VINAIGRE. — Produit de la fermentation du vin, et en général des liqueurs vineuses. Quoique cette liqueur acide est le plus ordinairement tirée du vin, on l'obtient aussi de plusieurs autres matières. On fait du vinaigre avec du poiré, du cidre, de la bière, de l'hydromel, du lait, et même avec des grains et des légumes, tels que le topinambour. Mais le vinaigre produit par ces substances est moins fort que celui du vin, et celui-ci est de différentes qualités, suivant celles des vins, en sorte que les vins spiritueux donnent un meilleur vinaigre que les vins faibles. Quoiqu'il soit vrai que le bon vin soit nécessaire pour faire du bon vinaigre, on n'emploie cependant la plupart du temps à cette fabrication que des vins qui ne sont pas de débit, parce que, dans le commerce, les vinaigres ont une moindre valeur que les vins, malgré les frais de manipulation indispensables pour les amener à l'état acide.

On distingue le vinaigre en rouge et en blanc; il importe beaucoup qu'il soit naturel, c'est-à-dire exempt de toute espèce d'acides minéraux, surtout lorsqu'il est destiné pour l'usage alimentaire. LARIVIÈRE.

VIPÈRE (zoologie). — Genre de reptiles ophidiens de la tribu des serpents venimeux, type de la section des vipériformes de Duméril. Ce genre est surtout caractérisé par la présence de crochets venimeux, isolés, mobiles, qui sont placés à la partie antérieure de la mâchoire supérieure. Ces crochets sont fort aigus et percés d'un petit canal donnant issue au venin que sécrète une glande placée à chacun des deux côtés de la mâchoire. Nous ne parlerons ici que de la vipère commune (vipera berus). Ce reptile a de 50 à 70 centimètres de longueur; son corps est cylindrique et écailleux; sa couleur brune, roussâtre, est quelquefois d'un gris cendré, avec une raie noire sur le dos et des taches noires sur les flancs. Le dessous du corps est gris d'ardoise. La tête allongée, presque triangulaire, couverte de petites écailles, est plus longue que le corps. Les dents sont aiguës, la langue molle, extensible et fourchue. Il appartient à notre Encyclopédie de détruire le préjugé qui prête à cette langue la propriété de lancer le venin, et a fait regarder à tort, comme l'emblème de la calomnie, la langue de la vipère. Ce reptile habite l'Europe méridionale et tempérée. On le rencontre surtout dans les pays boisés, pierreux, sur les lisières des bois taillis. Dans les environs de Paris, il n'y a guère que les forêts de Montmorency et de Fontainebleau où on le trouve. Il change de peau comme tous les serpents, se nourrit de grenouilles, crapauds, taupes, insectes, mollusques, etc.; la femelle porte douze à vingt-quatre œufs qui éclosent dans son ventre.

Le venin de la vipère a été l'objet des recherches de plusieurs savants. Les anciens naturalistes le considéraient comme une liqueur acide fort volatile. Mais les observations de Mead (1745) ont démontré que toutes les théories chimiques ne pouvaient expliquer l'action physiologique de la morsure de la vipère sur l'homme. Lorsqu'on ouvre le cadavre des individus qui ont succombé à la morsure des vipères, et cela peut avoir lieu si l'on était piqué par plusieurs de ces reptiles, on trouve le sang plus plastique qu'à l'état normal : ce fait détruit le système de ceux qui prétendent que le venin de la vipère est un acide coagulant. Fontana, qui a examiné en Amérique les qualités chimiques de ce venin, dit qu'il n'est ni acide, ni alcalin ; qu'il ne contient point de sels cristallisables, et que les fragments anguleux que quelques auteurs y ont découverts au microscope ne sont que des corps étrangers contenus accidentellement dans la salive. Il regarde la nature de ce venin comme une véritable gomme animale, laquelle a le plus grand rapport avec le suc végétal appelé poison tieunas, par les Américains. — Ce savant, malgré les dangers inséparables d'un tel genre de recherches et d'expériences, a eu la témérité, ou plutôt le courage philosophique de goûter tout le venin qu'il a pu exprimer d'une vipère, et, après l'avoir bien roulé dans sa bouche, il déclare ne lui avoir trouvé aucune saveur bien sensible ; il a seulement éprouvé, au bout d'un certain temps, une sensation de stupeur dans les parties de la bouche sur lesquelles le venin s'était longtemps arrêté. Appliqué sur les yeux et dans les narines d'animaux qui meurent communément de la morsure de la vipère, ce venin n'a causé ni douleur, ni inflammation. Fontana a encore constaté que le venin de ce reptile peut se conserver séché et mis en poudre pendant près de dix mois, et que l'alcali volatil n'en est point l'antidote. Soixante-quatre moineaux et quatorze pigeons mordus une seule fois par des vipères, moururent tous, bien que mordu du nombre de ces animaux fussent traités par l'alcali appliqué sur la plaie, ou donné intérieurement. Le même essai n'a pas eu plus de succès sur des grenouilles.

A circonstances égales, une grosse vipère produit une maladie plus grave et donne la mort en moins de

temps qu'une petite. Les symptômes augmentent aussi de gravité : 1° selon que la vipère est plus ou moins irritée ; 2° en raison du temps qu'elle tient entre ses dents l'animal qu'elle a mordu ; 3° en raison de la haute température qui, selon nous, favorise l'absorption du venin.

Dans quelques animaux, il sort de la blessure, aussitôt qu'elle est faite, un sang noir et livide ; dans d'autres, le sang conserve sa couleur et sa plasticité : ces derniers meurent moins vite. Quelquefois le venin sort avec le sang : alors l'animal échappe souvent à la mort. Si l'on introduit le venin dans le corps des moineaux et des pigeons, après leur avoir fait une blessure, ou en les piquant avec une dent venimeuse, au lieu de les faire mordre par la vipère, les moineaux meurent dans l'espace de cinq à huit minutes, et les pigeons entre huit et douze; Les oiseaux et les mammifères résistent d'autant plus à ce genre de mort, qu'ils sont plus gros : l'expérience en a été

Vipère commune.

faite sur des cochons d'Inde, des lapins, des chats, des chiens : les plus petits de ces animaux meurent facilement, mais il en périt peu de grands.

Pourquoi existe-t-il des animaux, tels que la sangsue, le limaçon, la limace, l'aspic, la couleuvre, etc., qui n'éprouvent point les effets toxiques de la morsure de la vipère ? C'est ce que la science n'a point encore dit. On s'est assuré aussi que le venin de la vipère n'est mortel ni pour elle-même ni pour les siens.

Les expériences que nous allons faire connaître sur le venin de la vipère contribueront sans doute à dissiper un peu les craintes qu'inspire toujours la morsure de ce reptile, justement redouté.

En 1849, en collaboration avec notre savant collègue, M. J. Raveaud, nous avons pu constater qu'une vipère, de grosseur moyenne, contient dans ses vésicules huit à dix centigrammes de venin. Or, cinq à six milligrammes de ce venin, introduits dans un muscle chez un moineau, à l'aide d'une incision, ont suffi pour le tuer en quelques minutes ; l'expérience a réussi trois fois sur quatre ; il en a fallu un centigramme cinq milligrammes pour tuer un pigeon ; il en faudrait seulement soixante centigrammes pour tuer un bœuf, et *quinze centigrammes pour donner la mort à un homme.*

Il faudrait que deux vipères, dans notre climat, employassent presque tout leur venin pour parvenir à tuer un homme ; mais comme il faut qu'elles mordent

plusieurs fois pour épuiser leurs vésicules, un homme pourrait recevoir la morsure de quatre ou cinq vipères sans en mourir. Ces faits s'appuient pour nous sur des expériences concluantes, capables surtout de rassurer ou au moins de diminuer les craintes des personnes peureuses. — Ces expériences, que nous avons répétées, ne sont rien pour la science : Fontana nous avait précédé. Ce savant, qui a fait sur le venin du reptile qui nous occupe plus de six mille expériences, estimait déjà que la mort n'avait peut-être pas lieu, chez les individus mordus, une fois sur cent.

Quant aux symptômes qui suivent l'inoculation du venin de la vipère, les voici · l'individu ressent une douleur vive qui s'étend dans la partie mordue. Celle-ci se gonfle ; le pouls s'accélère, et le blessé éprouve des angoisses, des faiblesses, des sueurs froides, des déjections bilieuses. Après un ou deux jours la partie mordue s'engourdit, se couvre d'ecchymoses, et si le sujet reste sans traitement, il peut se former un point gangréneux dans la plaie. Mais combien une constitution faible et pusillanime a de part dans ces troubles fonctionnels ? Le moyen le plus sûr de combattre la morsure de la vipère consiste à cautériser la plaie avec la potasse caustique ou un acide très-concentré. On donne à l'intérieur du vin de Malaga, de l'éther et divers autres stimulants.

Docteur B. LUNEL.

VIRUS. — Mot latin qui signifie *poison*, et qu'on a retenu en français, en lui donnant une signification un peu différente. On entend par *virus* un principe inconnu dans sa nature et inaccessible à nos sens, qui est l'agent de la transmission des maladies contagieuses proprement dites, c'est-à-dire de celles qui se transmettent par contact immédiat ; tels sont les virus variolique, vaccin, syphilitique, rabique, etc. Les virus paraissent être le résultat d'une sécrétion morbide accidentelle. Ils diffèrent essentiellement des *venins*, qui sont des sécrétions naturelles à certaines espèces d'animaux.

VISION (physique) [dérivé du latin *visio*, qui signifie en terme de physique *sensation*]. — Toute sensation produite par des rayons lumineux sur le sens de la vue est l'action de percevoir les objets qui nous environnent.

La vision proprement dite a lieu de la manière suivante :

De tous les points d'un objet visible partent des

rayons qui divergent dans tous les sens. Une partie de ces rayons, pénétrant dans l'œil par le trou de la prunelle, vient impressionner la rétine, mais avant d'y arriver leur direction est modifiée.

Supposons un moment un corps horizontal, comme un bâton, en face de l'œil, et ne nous occupons que des rayons qui viennent du centre et des deux extrémités.

Le rayon venant du centre frappera perpendiculairement sur la convexité du cristallin, pénétrera les diverses humeurs de l'œil sans subir de réfraction. L'axe de ce rayon s'appelle axe optique. Les autres rayons, qui avoisinent celui du centre de l'objet et tombent obliquement sur la cornée, se réfractent dans l'humeur aqueuse et convergent vers l'axe optique. Leur passage à travers le cristallin augmente cette convergence.

En sortant du cristallin, les rayons traversent une humeur moins dense et convergent encore ; ils tendent à se réunir, et se réunissent en effet de telle manière que l'angle qu'ils forment derrière le cristallin, à son sommet au fond de l'œil, vient y peindre distinctement le point de l'objet d'où ils sont partis.

Les axes des autres faisceaux de rayons lumineux des extrémités de l'objet en vue se réfractent en entrant par la cornée ; ils se croisent en passant par le trou de la prunelle, et subissent dans le cristallin et l'humeur vitrée de nouvelles réfractions dont l'objet est de rapprocher les rayons sous des angles, dont le sommet, arrivant au fond de l'œil, y peint aussi les points de l'objet dont il émane.

Mais pour que la perception soit nette, il est une condition d'optique indispensable, c'est qu'il faut que les rayons lumineux soient réfractés de telle manière que le sommet des angles qu'ils forment tombent toujours sur la rétine au fond de l'œil. Si les rayons sont réfractés de manière à ne se rencontrer qu'en arrière du fond de l'œil, l'image sera incertaine ou même double ; si, au contraire, ils se rencontrent avant d'arriver à la rétine, comme par exemple, dans le milieu de l'humeur vitrée, les rayons se croiseront encore et arriveront écartés sur la rétine, l'image sera trouble. Aussi, dans cette hypothèse, ces deux cas constituent la presbytie et la myopie.

Vision directe ou indirecte. — La vision directe se fait par des rayons émanant d'un objet quelconque, se dirigeant en ligne droite depuis le point rayonnant jusque dans le fond de l'œil.

La vision indirecte se fait au moyen de corps polis, comme des miroirs, etc. Cette vision se nomme aussi vision réfléchie.

Les objets nous paraissent ou plus grands ou plus petits, selon la distance où ils sont placés à notre égard; car, au fur et à mesure que nous nous éloignons de l'objet, l'angle sous lequel nous le voyons devient plus petit; prenons pour exemple une allée d'arbres et plaçons-nous à l'une des extrémités, les arbres qui se trouvent à l'extrémité opposée nous paraissent se toucher; mais, plus nous avançons, plus ces mêmes arbres semblent s'écarter, parce que l'angle visuel va en s'élargissant.

Vision distincte. — Tous les rayons de lumière portent avec eux l'image d'un point d'où ils sont partis, et, après avoir traversé une lentille convexe, ils s'entrecoupent en un point de réunion appelé foyer. Que l'on cherche par exemple à intercepter soit en deçà soit au delà où ces rayons sont, au moyen d'un plan, on verra sur ce plan l'image semblable de ce point, mais cette image a d'autant plus d'étendue et est d'autant moins vive que l'objet aura été plus éloigné du foyer.

Les pyramides de lumière qui viennent du point éclairé à l'œil et que l'on appelle rayons en partant de leur direction, ou la ligne que l'on nomme axe optique, sont toujours droites dans un milieu homogène. Nous avons pour appui à notre assertion plusieurs exemples; lorsqu'un chasseur dirige son fusil vers un gibier, qu'un géomètre pour aligner une route ou une opération quelconque, plante des jalons, dont les extrémités se trouvent dans le rayon visuel, en regardant dans les pinules ou dans la lunette de son instrument, il n'y a donc pas le moindre doute, que le rayon qui va de l'objet à l'œil ne soit parfaitement droit; puisque nous avons la certitude que la vision se fait en ligne droite, on pourra conclure que cet effet n'a pas lieu, lorsque cette ligne sera interrompue par quelque obstacle.

Lorsque nous voyons un corps se mouvoir, l'image change de place dans notre œil, sachons que tous les rayons partis de ce corps, tracent sur la rétine une image mobile en se croisant dans la partie antérieure de l'œil, se dirigeant vers le fond de cet organe, et portent leurs impressions de droite à gauche; quand l'objet extérieur d'où les rayons sont partis passe de droite à gauche, c'est par ces mouvements que les objets se peignent au fond de l'œil dans un ordre renversé.

On nomme axe de l'œil la ligne qui partant de l'œil, se dirige vers les objets.

Pour bien comprendre la vision et pour constater le renversement de l'image au fond de notre œil, on peut faire l'expérience suivante.

On prend un œil de bœuf, on amincit autant que possible la sclérotique (membrane externe de l'œil), on place ensuite un objet quelconque devant cet organe, une chandelle allumée, par exemple; l'observateur placé derrière verra l'image de la chandelle renversée et peinte dans le fond de cet œil.

La vision distincte, pour une vue dont la conformation est parfaite, a lieu quand l'objet est placé à 20 ou 22 centimètres de distance ; quand ces objets sont plus rapprochés, la vision est confuse, parce que les rayons qu'ils envoient forment leur foyer au delà de la rétine (nous parlons de petits objets), car l'œil peut encore très-bien distinguer les objets placés à une plus grande distance que celle de 20 centimètres. Nous avons des personnes qui distinguent le mât d'un vaisseau quoique fort éloigné. Les personnes peu versées dans les sciences physiques, s'étonnent que nous voyions les objets droits, tandis que les images se peignent renversées dans nos yeux; c'est parce qu'elles ne comprennent pas l'impression qui se fait sur l'organe d'après l'explication de Thomin.

La rétine ébranlée par l'impulsion des rayons qui la frappent, communique son mouvement au nerf optique, celui-ci le transmet au cerveau, et l'âme en vertu de son union avec le corps, est excitée par ces mouvements. Remarquons d'abord la différence entre *voir* et *regarder* : regarder un objet, c'est se tourner vers lui, pour que tous les rayons partant de sa surface puissent se diriger au fond de l'œil et former l'image; souvent cette image s'y peint avec les contours et les couleurs les plus parfaits, et nous ne voyons pas l'objet qu'elle représente à moins que l'impression faite sur l'organe n'excite en nous la présence de cet objet, et nous porte à juger de sa distance, de sa grandeur, de sa situation et de ses mouvements; cela nous prouve incontestablement que la vision n'est pas accomplie quoique l'image de l'objet soit peinte sur la rétine. D'ailleurs il nous arrive à chaque instant que l'objet lumineux partant d'un objet qui nous environne, peint son image au fond de cet organe, et cependant nous ne le voyons pas, parce que l'âme est occupée d'autre chose, on dit alors je n'ai pas fait attention, voir est donc véritablement un acte de l'âme.   KAUFFMANN, *d'Amiens.*

VISION (physiologie). Voyez le *Supplément.*

VITESSE. (physique). — Espace qu'un corps en mouvement peut parcourir dans un temps donné; et l'on conçoit que, pour faire cette évaluation, il faut adopter une mesure comparative ou une unité de temps, comme on adopte une mesure comparative ou une unité d'étendue; par exemple, on prend ordinairement pour unité de temps la seconde, et pour unité d'étendue le mètre. Cela posé, une masse de matière qui parcourrait un mètre de longueur dans une seconde de temps, aurait une vitesse déterminée; et une autre masse, qui parcourrait deux mètres de longueur en une seconde, aurait une vitesse double. Lorsqu'une masse de matière se meut avec une vitesse donnée, chacune des molécules qui la composent est nécessairement animée de la même vitesse: ainsi le mouvement réel est égal à la vitesse multipliée par le nombre des molécules ou par la masse du corps, et ce produit se nomme *quantité de mouvement.*

VOITURES [du latin *vectura*, transport]. — L'origine des voitures remonte à la plus haute antiquité: outre l'usage des *chars*, les Grecs et les Romains avaient un très-grand nombre de voitures. Leur usage, fort restreint au moyen âge, regardé comme grand objet de luxe au XVIᵉ siècle, devint général au XVIIᵉ. Voyez *Carrosse.*

VOLCANS (géologie) [*volcanum*]. — On donne ce nom aux gouffres montueux et ardents, qui dans leurs éruptions couvrent l'horizon de flammes ou de ténèbres; qui vomissent avec impétuosité et en différents temps des fleuves de matières bitumineuses, sulfureuses, embrasées; ou qui lancent comme une grêle d'éclats de pierres, les unes calcinées, d'autres plus ou moins vitrifiées et en scories, ou des tourbillons de vapeurs, des nuées de cendres, des torrents de fumée en ballons ou en colonnes torses qui dérobent la clarté du soleil; ou qui lancent de toutes parts, à la lueur des éclairs, les carreaux de la foudre,

dont l'effet enfin, plus violent que celui de la poudre et du tonnerre, a, de tout temps, étonné, effrayé les hommes et désolé la terre!

Entre les montagnes ignivomes les plus affreuses et les plus redoutables, les monts Vésuve, Etna et Hécla en Europe suffisent pour nous donner un exemple frappant de ces gouffres destructeurs semés sur notre globe. Rien n'est comparable aux désastres qui suivent leurs éruptions. Ils attaquent tout ensemble, l'air, la terre et la mer, et portent partout la crainte, l'effroi, la désolation et la mort!...

Presque tous les volcans connus sont placés sur le sommet des montagnes isolées, offrent une ou plusieurs ouvertures infundibuliformes, donnant ou ayant donné passage aux matières ignées venant de l'intérieur, et que l'on nomme *cratères.* (Voyez ce mot.)

« J'ai visité, il y a peu d'années, le Vésuve, le volcan le plus complet qui existe, et situé si près de notre pays que tout le monde peut aller le voir. Le Vésuve, pris dans son ensemble, offre une masse conique isolée, s'élevant au milieu d'une vaste plaine à 1,200 mètres au-dessus de la mer de Naples. Cette masse se compose de trois parties que l'on distingue parfaitement des ports de Naples et de Castellamare, qui en sont à trois lieues de distance; ce sont :

» 1° Un cône obtus tronqué, dont la hauteur arrive un peu plus haut que la moitié d'une pointe formant le point culminant de la montagne. Le plan de la tronquature du cône porte le nom de *Piano*; la pente de ses flancs n'excède pas 10°.

» 2° Sur le *Piano* s'élève brusquement un second cône aigu, dont la génératrice fait un angle de 30° avec l'horizon. Celui-ci est irrégulièrement tronqué à sa partie supérieure; au-dessus de cette tronquature s'élève de 80 mètres une pointe, le *Palo,* semblable à une lance qui menace le ciel.

» Le diamètre de la base du second cône, assez bien circulaire, atteint 2,000 mètres; et celui de la tronquature dépassait 700 mètres lors de ma visite.

» 3° Au nord, on voit se détacher du premier cône une masse escarpée, la *Somma,* semblable à une partie de sa surface soulevée, dont la crête s'élève à 540 mètres au-dessus du *Piano,* presque autant que celle du *Palo,* laissant entre elle et le cône un espace vide demi-circulaire de 500 mètres de large, *Atria del cavallo* (Rozet, *Encyc. moderne*). »

Quelques volcans sont dans un état d'activité continuelle, celui de *Stromboli* près de la Sicile, par exemple; mais en général leurs éruptions sont interrompues par un repos plus ou moins long, et il en est un grand nombre qui, depuis les temps historiques, paraissent être complétement éteints; enfin, depuis l'époque géologique actuelle il ne s'est pas formé de nouveaux volcans, si ce n'est dans le voisinage de ceux déjà existants, et dont ils sont en quelque sorte une dépendance.

On appelle *volcans éteints,* les volcans anciens qui, depuis les temps historiques, n'ont donné aucun signe d'activité.

Les convulsions vastes et profondes qui accompa-

gnent l'éruption d'un *volcan*, offrent à tous les philosophes qui étudient les merveilles de la nature, un spectacle imposant et terrible, aussi digne de leur étonnement que de leur admiration. Ces phénomènes désastreux sont dus à des feux que recèle le sein de ces montagnes dont ils minent les voûtes : ils sont excités par l'air, et leur force est redoublée par l'eau : les matières les plus rapaces, les plus apyres et les plus réfractaires ne peuvent résister à la violence de ces feux, ainsi qu'on le voit par la nature de certains morceaux de laves ou lavanges de substances minérales de différentes couleurs, et dont une partie est vitrifiée, tandis que l'autre, qui est calcinée, résiste à la violence du feu ordinaire de nos fourneaux. L'action de ce feu est si grande et la force de son explosion si violente, qu'elle produit par sa réaction des secousses assez fortes pour ébranler et faire trembler la terre, agiter la mer, renverser les montagnes, détruire des villes et les édifices les plus solides à des distances même très-considérables. Ces effets, quoique très-naturels, dit Buffon, ont été regardés comme des prodiges ; et les habitants de l'Islande regardent l'ouverture de leur volcan comme la bouche de l'enfer ; les mugissements qu'il fait entendre sont les cris des damnés ; enfin les éruptions sont, selon ce peuple, les effets de la fureur et du désespoir des malheureux. Combien d'autres pays offrent le même phénomène et la même opinion superstitieuse ! Tout cela n'est cependant que du feu et de la fumée.

Les éruptions des volcans sont ordinairement précédées de bruits souterrains semblables à ceux du tonnerre ; on entend des sifflements affreux, un fracas épouvantable ; on croirait que la terre éprouve un déchirement intérieur, et qu'elle s'ébranle jusque dans ses fondements : les matières contenues dans le bassin semblent bouillonner ; elles se gonflent quelquefois au point de s'élever au-dessus des bords de la bouche du volcan, et elles découlent ensuite le long de la pente de la montagne, où en se refroidissant elles conservent la forme des flots que le bouillonnement, lors de la fusion, leur avait donnée. D'autres fois les matières volcaniques se font jour à travers les masses d'une roche dure, et les parties environnantes de ces pierres soulevées par l'effort de la lave se redressent sur elles-mêmes, forment un cintre élevé de plusieurs pieds autour du cratère ou pic volcanique.

Aussi les environs des volcans sont-ils semés d'un amas énorme et confus de cendres et de toutes les matières lancées en l'air par les explosions : on y trouve des entassements de laves plus ou moins poreuses et plus ou moins compactes et dures, de l'alun, du sel ammoniac, des pyrites, des scories, de la pouzzolane, du sable torréfié, des terres ponceuses fort chaudes. Les chevaux en marchant sur la plupart de ces terres, les font retentir comme si le terrain était creux. On remarque aussi dans les environs des volcans beaucoup de crevasses. Ces sortes de cheminées fournissent un libre passage à l'air ou à l'eau qui ont été mis en expansion par les fourneaux ou les foyers qui sont à leur base. Dans le jour on en voit sortir la

fumée : ces vapeurs paraissent enflammées ou phosphoriques pendant la nuit. Sans ces soupiraux, ces agents produiraient sur notre globe des révolutions bien plus terribles que celles que nous voyons dans les tremblements de terre ; ils seraient toujours accompagnés d'une subversion totale des pays où ils se feraient sentir. Les volcans sont donc un bienfait de la nature ; aussi voyons-nous que la Providence en a placé dans toutes les parties du monde, et le naturaliste qui voyage peut fixer ses regards sur les montagnes à cratères, observer, interroger les monuments antiques et modernes des incendies de notre globe. Les vestiges des volcans paraissent couvrir deux zones considérables parallèles à l'équateur, qui jettent quelques rameaux jusque vers les régions des zones glaciales de l'un et de l'autre pôles.

Dans les pays où il y a des volcans, on y trouve abondamment du fer, des scories de différents minéraux, des sels ou blancs ou teints en jaune et en vert, des cailloux vitrifiés ou torréfiés ou altérés, du soufre, du réalgar, du schiste alumineux, du pétrole, des eaux plus ou moins chaudes et minérales, des vapeurs méphitiques. On a reconnu d'après des observations exactes, que dans les pays exposés à la fureur des volcans, les eaux sont souvent gâtées ou par l'alcali minéral, ou par la chaux native et le soufre, ce qui fait un *hepar sulfuris* (foie de soufre). Dans les îles de l'Ascension et de Sainte-Hélène, aussi bien qu'aux Açores, on rencontre de l'æthyops martial, des terres sulfureuses et des scories semblables à du mâche-fer ou à la pierre de Périgord. L'analyse que Cadet a faite, en 1761, de la lave du Vésuve, y démontre du fer, du vitriol martial, de l'alun, etc. Le Japon et la chaîne des Cordillières au Pérou, où il y a seize volcans, abondent aussi en soufre et en fer. Souvent les éruptions sont accompagnées d'eau bouillante qui sort en grande abondance et qui forme des torrents de laves d'un liquide plus ou moins boueux, ensuite des inondations. Le jour même du tremblement de terre de Lisbonne (1ᵉʳ novembre 1755), après un bruit souterrain, la terre s'entr'ouvrit à une lieue d'Angoulême, et il en sortit un torrent chargé de sable de couleur rouge.

Des physiciens modernes, témoins du bruit subit et de l'ébullition prodigieuse qui ont lieu quand il tombe un peu d'eau sur un métal en fusion, ont cru devoir soupçonner que l'ouverture de plusieurs volcans, et même les nouvelles éruptions les plus violentes des anciens volcans, sont causées par la rencontre des eaux qui sont sous la terre, avec des matières métalliques abondantes, que la violence d'une inflammation a mises en fusion.

La *fumée* est en grande partie composée de vapeurs aqueuses, chargées de gaz sulfureux, hydrogène, acide hydrochlorique, acide carbonique, et d'une certaine quantité d'azote. Aussi les nuages de fumée sont-ils toujours très-acides, et détruisent la végétation des contrées sur lesquelles ils passent.

Les *cendres* sont, tout simplement, la matière des laves dans un état de division extrême. Elles sont pulvérulentes, grises et très-fines ; elles font pâte avec

l'eau. Lorsqu'elles sont emportées dans l'air par les courants de gaz, elles forment d'épais nuages qui obscurcissent le soleil. Lors de l'éruption du Vésuve en 1794, à quatre lieues de distance, on ne pouvait marcher en plein jour sans un flambeau à la main.

Les cendres volcaniques ont été souvent transportées par les vents à des distances considérables. En 472, celles du Vésuve allèrent tomber jusqu'à Constantinople, à 250 lieues. Quelquefois des fragments de roches sont expulsés du cratère des volcans et lancés en l'air avec une force prodigieuse; ainsi en 1820, le volcan de Moléri (l'une des Moluques) projeta à une hauteur égale à la sienne des masses aussi grandes que les maisons du pays, et en 1533 le Cotopaxi, volcan de la Colombie, lança des rochers de 10 mètres cubes à la distance de deux et même trois lieues.

Quelquefois, les matières volcaniques qui sont poussées vers le dehors paraissent soulever le sol, et soit qu'elles en réduisent les couches, soit qu'elles s'accumulent au-dessus, elles produisent de la sorte de grandes élévations, quelquefois même des montagnes toutes entières.

Un des exemples les plus célèbres de ce genre de phénomènes, est l'éruption volcanique qui, dans une seule nuit, a donné naissance au Monte-Nuevo, près de Naples.

Le Vésuve, l'île d'Ischia et plusieurs autres points de la baie de Naples avaient été à diverses reprises le théâtre d'éruptions volcaniques; mais depuis plus de trois siècles elles avaient presque entièrement cessé, lorsqu'en 1538, on ressentit dans les environs de Pouzzole, de fréquents tremblements de terre. Le 27 et le 28 septembre, ces secousses devinrent si fortes et si nombreuses, qu'elles jetèrent l'alarme dans la population de cette belle contrée, et, le 29, deux heures après le coucher du soleil, on vit un golfe s'ouvrir entre la petite ville de Tripergola et les bains situés près de ses faubourgs; une grande fente, dont la formation fut accompagnée d'un bruit terrible, s'étendit vers la ville en vomissant des flammes, et une sorte de boue épaisse composée de cendres et de pierres ponces mêlées à de l'eau. Ces cendres couvrirent complétement la ville, et tombèrent même en grande quantité à Naples. Les habitants d'alentour fuirent épouvantés, la mer se retira tout à coup d'une grande distance, et une portion de la côte, soulevée de plusieurs pieds au-dessus du niveau des eaux resta à sec. Enfin, on vit, le lendemain, à la place occupée auparavant par Tripergola, une montagne nouvelle, dont le pied s'avançait vers le lac Lucrin, lequel n'était lui-même autre chose que le cratère de quelque ancien volcan.

Le 3 octobre l'éruption cessa, et on put alors gravir cette montagne élevée en un seul jour, et nommée depuis lors le Monte-Nuovo. Son sommet présentait un cratère profond, sa hauteur était d'environ 400 pieds au-dessus du niveau de la mer, et la circonférence de sa base près d'une demi-lieue.

Les bouches volcaniques vomissent quelquefois des torrents d'eau mêlés d'une plus ou moins grande quantité de matières fangeuses : en 1751, on vit sortir de l'Etna un fort courant d'eau salée, qui coula pendant 7 minutes. Il y a peu d'années qu'un des volcans de l'île de Java lança une si grande quantité d'eau chaude chargée d'acide sulfurique que tout le pays fut inondé à 20 lieues à la ronde.

Les volcans des Andes vomissent souvent aussi des masses d'eau. En 1691, le volcan d'Imbaburu vomit un torrent d'eau boueuse avec une si grande quantité de petits poissons, que les fièvres putrides qui régnèrent immédiatement après furent attribuées à la putréfaction de ces poissons.

Les acides sulfureux, carbonique et muriatique sont très-abondants dans les éruptions. En vertu de sa densité, l'acide carbonique s'accumule dans les lieux bas, où il fait périr les animaux.

Pompéia et Herculanum ont été enfouis sous les déjections du Vésuve avec une partie de leur population.

En 1772, le Papandayang, un des plus grands volcans de Java, lança une si grande quantité de matières volcaniques que quarante villages furent engloutis avec un grand nombre de leurs habitants.

En 79, le 24 août à 7 heures du matin, un nouvel incendie du Vésuve, qui avait été précédé pendant la nuit par des tremblements de terre, fut accompagné de cette éruption violente, devenue si célèbre par la mort de Pline l'Ancien. Ce martyr de la science, ainsi que plus tard Empédocle, fut étouffé par la fumée qui s'exhalait du gouffre.

Il existe aussi des volcans situés au fond des mers, et c'est de leur action que dépend l'apparition d'îles nouvelles qu'on a vues, à diverses reprises, surgir au sein des eaux. Plusieurs phénomènes de ce genre ont été observés dans le golfe de Santorin : selon Pline, cette île elle-même, l'antique Hiera, fut nommée dans l'origine Kalliste, c'est-à-dire la belle, parce qu'elle sortit comme Vénus du sein des eaux. Dans la seconde année de la cent quarante-cinquième olympiade, une petite île, appelée Hiera par les anciens et Palæo-Kaymeni par les Grecs modernes, se montra au milieu du golfe, et son apparition fut accompagnée de jets de flamme et d'une épaisse fumée qui s'éleva du sein de la mer. Une autre île, celle de Thia, surgit en l'an 19 de l'ère chrétienne, tout près de Hiera; en 1573, il en forma une autre nommée aujourd'hui Mikro-Kaymeni, et en 1707 commença l'apparition d'une autre île, le Neo-Kaymeni, qui exhale encore aujourd'hui des vapeurs sulfureuses.

Cette dernière éruption est une des plus intéressantes que l'on connaisse. Le 23 mai 1707, au lever du soleil, on vit à une lieue de la côte de Santorin un rocher qui paraissait flotter au milieu de l'eau, et qui était en effet une grande masse de pierre ponce détachée du fond par un tremblement de terre arrivé deux jours auparavant; mais quelques jours après ce rocher se fixa et forma une île dont la grandeur augmenta chaque jour; le 14 juin elle avait 800 mètres de circonférence et 7 à 8 de hauteur; la mer s'agitait autour d'elle, et sa chaleur, ainsi que l'odeur de soufre qu'elle répandait, en rendait l'accès impossible. Le 16 juillet, on vit s'élever près de ses flancs dix-

sept ou dix-huit rochers noirs, et le 18, il en sortit pour la première fois une fumée épaisse accompagnée de mugissements souterrains. Le lendemain le feu commença à paraître et augmenta peu à peu d'intensité ; la mer bouillait et jetait sur la côte des poissons morts ; le bruit souterrain qu'on ne cessait d'entendre ressemblait à des décharges d'artillerie, et le feu se faisait jour par de nouvelles ouvertures d'où s'élançaient des masses de cendres et de pierres enflammées qui retombaient quelquefois à plus de deux lieues de distance ; pendant la nuit, l'île tout entière ressemblait à une réunion d'immenses fourneaux vomissant des flammes, et cet état de chose dura pendant une année. Enfin, quatorze mois après sa première apparition, l'île, ainsi formée, avait pris un tel accroissement que sa hauteur était de 70 mètres et sa circonférence de 1600. Il y eut encore quelques éruptions l'année suivante, mais elles furent les dernières ; cependant, cet état de calme n'est qu'apparent et les phénomènes volcaniques souterrains continuent toujours, car le fond du golfe s'élève encore de nos jours, et probablement il ne tardera pas à se former dans cette mer remarquable quelque autre île nouvelle.

Il y a quelques années, un îlot volcanique, auquel on a donné le nom d'*île Julia*, sortit de la même manière, du sein de la mer, entre la Sicile et l'île de Pantellerie ; mais il ne tarda pas à être détruit par les vagues et par disparaître.

On connaît un grand nombre de volcans modernes et de solfatares ; on en compte plus de cinq cents, et on en rencontre dans toutes les parties du monde ; mais ils ne semblent pas être répandus au hasard sur le globe, et forment des groupes dans chacun desquels il semble exister des connexions souterraines entre les divers foyers ainsi réunis. L'une de ces régions volcaniques les plus célèbres s'étend sur la plus grande partie de la Méditerranée et comprend le Vésuve, Stromboli, l'Etna, les îles volcaniques de l'Archipel grec, etc. ; une autre comprend les îles Canaries et les Açores ; une troisième l'Islande et le Groenland ; une quatrième s'étend le long des Andes, depuis le cap Horn jusqu'en Californie ; une cinquième, également considérable, s'étend depuis les îles Aleutiennes et le Kamtschatka jusqu'aux Moluques, et de là vers le sud-est tout le long de l'archipel de l'Océanie ; enfin, il paraît exister une sixième région volcanique moderne dans l'Asie centrale.

Dans la plupart des cas, les éruptions volcaniques sont accompagnées de tremblements de terre plus ou moins violents, et bien que ces derniers phénomènes aient souvent lieu sans les premiers, il existe évidemment entre eux une liaison étroite ; les unes et les autres paraissent être les effets d'une même cause, cause qui, du reste, nous est encore inconnue. (Voy. *Tremblements de terre*.)

En généra , après une éruption, chaque volcan reste calme pendant un temps plus ou moins long. La fréquence des éruptions paraît être en raison inverse de la grandeur des volcans.

On connaît des volcans éteints dans presque toutes les contrées de la terre ; une des plus célèbres est

certainement l'Auvergne. C'est là qu'il faut aller étudier les phénomènes volcaniques anciens, qui ont la plus grande analogie avec ce qui se passe encore actuellement au Vésuve et à l'Etna.

Parmi les nombreux phénomènes qu'offre la nature dans l'Amérique centrale, les volcans sont celui qui frappe le plus vivement le voyageur. Le grand isthme américain est le quartier général de l'armée des volcans. Là, en effet, toute la côte de l'océan Pacifique est couverte de cônes volcaniques, depuis le grand volcan de Cartago, dont l'élévation est de 3,600 mètres, et dont le sommet est le seul point d'où l'on découvre les deux océans, jusqu'aux volcans de l'Eau et du Feu qui avoisinent Guatemala et qui mesurent près de 4,200 mètres de hauteur. Deux cratères fort élevés aussi se succèdent dans la direction de l'ouest sur la frontière mexicaine. Le voyageur américain Squier donne un catalogue d'environ cinquante pics volcaniques, et il ajoute qu'il en existe beaucoup d'autres qui manquent de désignation et dont les noms sont ignorés. La ville de Léon semble être bâtie comme Pompéi, suivant l'expression de Balwer, au dessus d'un enfer dont le feu ne s'éteint jamais. De ces terrasses on aperçoit quatorze volcans rangés sur une seule ligne. Aussi peut-on dire de la fédération centro-américaine qu'en choisissant cinq volcans pour son blason elle avait adopté des armoiries parlantes.

Dans le nombre de ces volcans, il en est dont l'aspect est plein de grandeur et de beautés. Celui de Masaya se dresse, noir et nu, entre deux lacs, au-dessus des masses verdoyantes de la forêt qui couvre l'isthme. Il était dans sa plus grande période d'activité au temps de la conquête, et le peuple l'appelait alors *l'enfer de Masaya*. On croyait que le diable en sortait souvent sous la forme d'une vieille sorcière, pour aller tenir conseil avec les caciques indiens du voisinage. Il paraît s'être éteint en 1670, après une terrible éruption de lave qui a frappé de stérilité tout le pays environnant, jusqu'à quinze ou vingt milles de distance. Les deux pics majestueux d'Ometepeti et de Madeira s'élèvent à une hauteur de 5,000 pieds anglais sur une île du grand lac. Le premier offre le cône le plus régulier qu'on ait encore rencontré en Amérique. Le cratère escarpé du Momobacho domine la cité de Grenade, que les eaux du lac pressent du côté opposé.

A la surface du lac s'élève un groupe d'une centaine d'îles volcaniques nommées *Corales*, qui toutes affectent la forme conique, sous des hauteurs variant de vingt à cent pieds. Leurs flancs déchirés sont formés de gros blocs de lave noire et calcinée, tandis que leur sommet, couvert de verdure et de fleurs, laisse tomber jusqu'au bord des eaux de longues guirlandes de vignes. Le pain de sucre de Momotombo, entouré d'une ceinture de forêts qui touchent à son cratère fumant, s'élève à plus de sept mille pieds au dessus du lac de Managua. Le Viejo, dont la forme est celle d'un cône tronqué, se montre entre la ville de Léon et l'océan Pacifique : il a été exploré en 1838 par sir E. Belcher, qui a trouvé les pentes intérieures de son cratère garnies de pins magnifiques dont la végétation

vigoureuse semblait favorisée par les vapeurs qu'exhale incessamment le volcan. Enfin, le Conchage avec son double sommet, et le Coseguina si redouté, paraissent garder, comme deux sentinelles, l'entrée du golfe de Fonseca.

Dix ou douze de ces volcans, en pleine activité, laissent échapper une fumée constante et donnent de temps en temps des preuves effrayantes de la puissance de leur foyer souterrain. L'éruption de Coseguina en 1835, après seize ans de repos, est l'une des plus terribles dont la tradition ait gardé le souvenir. Semblable à celle qui détruisit Pompéi, elle détermina une pluie de cendres brûlantes qui, pendant trois jours, se répandirent sur tout le pays d'alentour, et qui, en certains endroits, formèrent une couche de dix pieds d'épaisseur. Le vent dispersa ces nuages de cendre jusqu'à la Jamaïque, à la Véra-Cruz et à Santa-Fé de Bogota, c'est-à-dire sur une surface de 1,500 milles de diamètre. A Belize, sur la côte du golfe du Mexique, le bruit des explosions qui se succédaient parut si rapproché, que le gouverneur, croyant qu'un combat naval se livrait non loin du port, ordonna aux troupes de prendre les armes.

Ce fut le troisième jour que l'éruption atteignit son maximum d'intensité et que l'obscurité fut la plus grande. Les femmes de Léon, ville éloignée de 160 kilomètres du volcan, la tête enveloppée de linge, afin de se préserver de l'atteinte de la pluie de cendre, quittaient leurs maisons et se précipitaient en foule dans les églises, qu'elles remplissaient de leurs lamentations et de leurs cris. On retira de leurs niches toutes les statues des saints, et on les porta dans la campagne pour les mettre en sûreté. L'anniversaire de cette catastrophe se célèbre encore aujourd'hui à Léon, dans l'église de Notre-Dame de Merci.

A propos de l'ouverture d'un nouveau cratère dans la plaine de Léon, et qui eut lieu le 13 avril 1850, M. Squier dit que les paysans, effrayés, se rendirent à Léon afin de prier l'évêque de venir baptiser le nouveau volcan. « Je crois que la requête fut favorablement accueillie, ajoute-t-il, car bientôt mille bruits divers, touchant la cérémonie prochaine, se répandirent dans la ville. Toutefois, le prompt apaisement de l'éruption fit cesser les craintes du peuple, et la solennité fut ajournée. Le baptême des volcans est un ancien usage qui remonte aux premiers temps de la conquête. Tous les cratères du Nicaragua furent alors sanctifiés, à l'exception du Momotombo, d'où l'on ne vit jamais revenir les religieux qui s'étaient chargés d'aller y planter la croix. »

On a essayé bien souvent d'expliquer les phénomènes volcaniques, on a fait bien des hypothèses sur la position des foyers, et on en est arrivé à prouver qu'ils doivent être situés à de grandes profondeurs, au dessous de toutes les masses minérales connues : cela est annoncé par la position immédiate de plusieurs cratères sur les roches les plus anciennes, et les fragments de ces mêmes roches qui sont souvent rejetés dans les éruptions.

Le grand phénomène général du refroidissement séculaire du globe, dont la croûte solide pèse sur la matière en fusion qui se trouve au dessous d'elle, et la force à monter dans les évents volcaniques, — telle est aujourd'hui la cause généralement admise des éruptions volcaniques.

L'arrivée de l'eau de la mer dans les cavités où se trouve la lave, l'accumulation des gaz souterrains sur certains points, etc., sont autant de causes accidentelles qui viennent aider à cette grande action.

Il existe des points nombreux de ressemblance entre les roches volcaniques et d'autres roches massives qui paraissent être également sorties du sein de la terre dans un état de fusion ignée, mais qui n'ont pas conservé assez bien leur conformation primitive pour que l'on puisse constater leur mode d'émission.

Ces roches massives anciennes, présentent en général, une teinture plus cristallisée que les précédentes, et ont été désignées sous le nom collectif de *terrains d'épanchement*.

C'est à ce groupe qu'appartiennent les porphyres, les siénites, le granit, et une foule d'autres roches qui ont joué un grand rôle dans les diverses révolutions géologiques, et qui, à plusieurs reprises, poussées vers la surface de la terre par une force incalculable, ont brisé et soulevé la croûte solide du globe, de façon à donner lieu à la formation d'immenses chaînes de montagnes, au centre desquelles elles forment d'ordinaire un massif élevé. ALFRED SIRVEN.

VUE (physiologie). — Sens qui perçoit la lumière, et qui, par l'intermédiaire de cet agent, nous fait connaître la couleur, la figure, la grandeur, la distance et le mouvement des corps. La vue ne donne par elle-même que la couleur et ses nuances : c'est à l'aide des leçons du tact qu'elle parvient à apprécier la forme, la grandeur et la distance. Voyez *œil* et *vision*.

On appelle *seconde vue* la « faculté surnaturelle dont quelques individus prétendent être doués, et qui consisterait à voir des choses réelles, qui existent ou arrivent dans des lieux éloignés. Selon ceux qui y croient, le don de la seconde vue n'est point une faculté héréditaire ni même qui dépende de la volonté ; elle s'exerce inopinément ; la personne qui en est douée ne saurait ni l'empêcher quand l'objet se présente à sa vue, ni la communiquer à un autre. C'est dans le Nord, surtout en Ecosse, que la croyance à la seconde vue est le plus répandue. » On trouve chez quelques anciens des faits de *vue à distance* qui sont analogues : tels sont ceux qui sont attribués à Socrate par Platon, à Apollonius de Tyane par Philostrate, etc.

FIN DE LA LETTRE V.

X (alphabet). — 23ᵉ lettre de l'alphabet français et 18ᵉ consonne. Comme lettre numérale dans les chiffres romains, X vaut 10 ; surmonté d'un trait horizontal il vaut 10 000. La lettre X, sur les monnaies de France, indique qu'elles ont été frappées à Amiens ou à Aix. En mathématique, x désigne l'inconnu.

FIN DE LA LETTRE **X**.

YEUX D'ÉCREVISSES ou pierres d'écrevisses (minéralogie) [*concrementa seu calculi cancrorum*]. — Concrétions dures, blanches, orbiculaires, aplaties et concaves d'un côté, convexes de l'autre, que l'on trouve, au nombre de deux, aux côtés de l'estomac de l'écrevisse, à l'époque où son corps, ramolli, se dispose à former le test calcaire qui le revêt. Ces pierres sont composées de carbonate calcaire et de gélatine. On les a employées à titre d'absorbant. On les réduisait en poudre, on les lavait, on les porphyrisait avec un peu d'eau, on les réduisait en pâte dont on formait des trochisques qu'on faisait sécher à l'air sur du papier : c'est ce qu'on a nommé *pierres d'écrevisses préparées*. On les remplace aujourd'hui par la magnésie.

YTTERBY (minéralogie). — Minéral ainsi appelé du lieu où il se trouve en Suède, et dans lequel Gadolin a trouvé la terre qu'il a nommée *yttria*. Ce minéral, outre cette terre, contient de la silice, du fer, de l'oxyde de manganèse, etc.

YTTRIA. — Terre découverte, en 1794, par Gadolin, et ainsi appelée du nom d'*ytterby* donné à la pierre d'où on l'a retirée. L'yttria pure est blanche, insipide, inodore, infusible ; elle forme, avec le borax, un verre blanc ; elle est insoluble dans les alcalis fixes caustiques, se dissout dans le sous-carbonate d'ammoniaque et dans les acides ; elle est précipitée de ses dissolutions dans les acides par l'ammoniaque, l'acide oxalique et le prussiate de potasse, propriétés qui la distinguent de la glucyne et de l'alumine.

YTTRIUM (chimie). — Métal particulier contenu dans l'*yttria*. Il a été obtenu en 1827, par M. Wœhler, sous la forme de petites paillettes brillantes d'un gris noir.

FIN DE LA LETTRE Y.

Z

Z (alphabet). — 25ᵉ et dernière lettre, et 19ᵉ consonne de notre alphabet. Pour les Grecs, c'était une lettre double, équivalant à *dz* ou *tz* : c'est une des lettres qui, dit-on, furent ajoutées par Palamède à l'alphabet grec au temps de la guerre de Troie.

Comme lettre numérale, ζ', chez les Grecs valait 7 et ͵ζ, 7,000. Dans les bas siècles, Z valut, chez les peuples latins, 2,000 et Z̄ 2,000.000. — En France, c'était la marque des pièces frappées à Grenoble. — En chimie, Zn désigne le *Zinc*, Zr le *Zirconium*.

ZÈBRE. — (Voy. *Cheval*.)

ZÉNITH. — Ce mot, tout à fait arabe, désigne le point du ciel qui, pour chaque lieu, est situé au-dessus de la surface terrestre, sur le prolongement de la ligne verticale. On l'oppose au *nadir*.

ZÉOLITHE [du grec *zéô*, bouillir, et *lithos*, pierre]. — Ce nom, créé par Cronstedt et appliqué par lui à la *Mésotype radiée*, a été depuis étendu à une infinité de pierres (silicates alumineux hydratés, à base alcaline) qui ont la propriété de fondre en bouillonnant, et de donner avec les acides un précipité gélatineux.

Zèbre.

ZIRCONE (minéralogie). — Terre découverte en 1789 par Klaproth, dans les zircones, et ensuite dans l'hyacinthe de Ceylan. Elle est sous forme de poudre blanche, insipide, pesant 4,3 ; prenant par la fusion, qu'elle ne subit qu'imparfaitement, une couleur grise, un aspect de porcelaine et une dureté telle qu'elle étincelle avec le briquet ; elle est soluble dans plusieurs acides, etc. Cette terre n'est d'aucun usage. C'est un oxyde de *zirconium*, métal que l'on est parvenu à isoler en 1824, et qui est d'un gris noirâtre, sans aspect métallique, à moins qu'il ne soit frotté avec le brunissoir. Il s'enflamme à l'air, étant chauffé, et se convertit en zircône.

ZINC (minéralogie). — Métal qui n'est connu que depuis environ trois siècles, quoique les anciens se servissent beaucoup du laiton, qui est un alliage de ce métal avec le cuivre. Pendant longtemps son emploi se borna à nous fournir ce composé ; mais depuis quelques années qu'on est parvenu à l'obtenir pur et à le laminer, ainsi préparé il sert aux mêmes usages que le plomb ; on en fait des baignoires, des tuyaux pour la conduite des eaux, des

plaques pour recouvrir les toits, des terrasses, etc.

Les propriétés de ce métal sont par conséquent analogues à celles du plomb et de l'étain ; mais, outre qu'il est plus dur qu'eux, il brûle avec une flamme blanche tellement vive, que l'œil peut à peine en soutenir l'éclat. Une autre propriété qui n'appartient qu'à lui, c'est de devenir plus fragile à mesure qu'il s'échauffe ; ce qui est l'inverse des autres métaux, dont la chaleur augmente constamment la ductilité. On a tiré parti de cette particularité pour réduire le zinc en poudre et l'employer dans les feux d'artifice. C'est à la combustion de ce métal par le nitre, que sont dues ces belles flammes, dont la blancheur nous étonne dans ces sortes de spectacles.

On ne trouve pas le zinc pur dans la nature ; ses combinaisons les plus abondantes sont la *calamine* et la *blende* ; dans la première, il est uni à l'oxygène et dans la seconde au soufre.

Le zinc n'existe dans la nature qu'à l'état de combinaisons : ses minerais les plus répandus sont le sulfure appelé *blende*, le silicate et le carbonate que l'on confond sous le nom de *calamine*. On extrait le zinc de ces minerais, en les calcinant avec du charbon, après les avoir grillés et réduits en poudre fine, dans des tuyaux de terre disposés de différentes manières dans des fourneaux à vent ; ramené ainsi à l'état métallique, le zinc se réduit en vapeurs que l'on condense dans des bassins extérieurs. Les minerais de zinc sont très-abondants en Silésie, en Carinthie, en Angleterre (Derbyshire) ; on exploite en Belgique les mines de la Vieille-Montagne, et dans la Prusse rhénane celles de Stolberg ; nous n'avons en France que la mine de Clairac et de Robiac, près d'Uzès (Gard), et une autre près de Figeac (Lot). — Le zinc du commerce n'est jamais parfaitement pur ; il contient toujours un peu d'arsenic, de fer, de manganèse, et plus rarement de l'étain, du cuivre, du plomb, du cadmium et du soufre.

On emploie le zinc, soit allié au cuivre, avec lequel il forme le *laiton* ou *cuivre jaune*, soit seul, à l'état laminé : dans ce second état, il sert à faire des couvertures de toits, des tuyaux de conduite, des gouttières, des baignoires, etc.

ZODIAQUE (astronomie). — Bande imaginaire qui occupe environ un cinquième de la hauteur circulaire du ciel, et sur laquelle s'étendent bout à bout douze constellations à peu près de la même grandeur. Ces douze constellations zodiacales se nomment signes du soleil. Comme le soleil, dans les mouvements que la terre exécute autour de lui, semble planer successivement sur cette bande se joindre aux douze signes, on dit qu'il parcourt successivement les douze signes du zodiaque, qu'il en traverse un par mois, qu'il y entre, qu'il en sort, etc.

« Le zodiaque est le terme de la plus grande latitude des astres, qui, dans leurs mouvements particuliers, s'écartent tantôt d'un côté, tantôt de l'autre côté de l'écliptique. Vénus, qui atteint la plus grande latitude, s'éloigne, dans une ligne perpendiculaire à l'écliptique, jusqu'à 9° ; d'où il suit que le zodiaque a 18° de largeur. Le soleil ne s'écarte jamais du milieu

du zodiaque, c'est-à-dire de l'écliptique. Chacun de ses signes vaut 30°, et les douze valent ensemble 360°, valeur du cercle. Trois de ces signes appartiennent à chaque saison ; par conséquent il y a trois signes ou 9° dans le quart de cercle compris entre l'équinoxe et le solstice, et réciproquement. Les signes commencent à se compter depuis l'équinoxe du printemps. On les désigne par les noms suivants : le Bélier, le Taureau, les Gémeaux, le Cancer, le Lion, la Vierge, la Balance, le Scorpion, le Sagittaire, le Capricorne, le Verseau, les Poissons. On distingue, dans le zodiaque, les signes d'avec les constellations. Les noms des premiers suivent la marche du soleil, et avancent comme lui, par rapport aux étoiles ; les noms des secondes, au contraire, sont attachés aux mêmes étoiles, et conséquemment rétrogradent. On continue de dire, comme dans l'origine de l'astronomie : L'équinoxe du printemps a lieu lorsque le soleil est dans le premier signe du Bélier ; mais, dans la réalité, il répond au premier degré de la constellation des Poissons, et la différence deviendra de jour en jour plus grande. » Voy. *Constellations*.

ZONA (pathologie). — Phlegmasie cutanée qui ceinture, sous forme de mi-ceinture, la poitrine ou l'une des régions de l'abdomen. C'est un érysipèle pustuleux, qui, à l'état aigu, s'accompagne d'un mouvement fébrile et d'une douleur locale parfois très-vive. Le repos, le régime et les boissons tempérantes, constituent le plus ordinairement tout le traitement.

ZONE (géographie) [du grec *zona* ceinture]. — Espace de la sphère terrestre compris entre deux cercles parallèles. Il y a cinq zones : la *zone torride* ou *intertropicale*, s'étendant de 23° et demi au nord et au midi de l'équateur ; les *deux zones tempérées* situées entre chaque tropique et le cercle polaire correspondant, l'une dans l'hémisphère austral, et l'autre dans l'hémisphère boréal : elles ont chacune une largeur de 43° ; les *deux zones glaciales*, entre chaque cercle polaire et le pôle adjacent : elles ont chacune une largeur de 23° et demi.

La zone torride, c'est-à-dire *brûlée du soleil*, produit les fruits les plus succulents et les aromates du goût le plus relevé. Toute la végétation y est pleine de force et d'éclat dans certaines contrées, surtout près des côtes maritimes ; tandis que dans d'autres contrées, on ne trouve que de vastes plaines couvertes d'un sable chaud et mouvant que le vent amoncèle et disperse sans cesse : aussi en est-il qu'on n'a pu encore explorer à fond. C'est là que croissent spontanément la canne à sucre, le palmier, l'arbre à pain, l'immense baobab, le chou palmiste, le muscadier, le poivrier, le cannelier, le camphrier, l'aloès, etc. Ces végétaux y sont couverts d'une verdure éternelle, et quelques-uns atteignent une hauteur prodigieuse. Les animaux propres à ces contrées sont : le lion, le tigre, la panthère, la hyène, les serpents boas, les crocodiles, l'autruche, le casoar, l'éléphant, le rhinocéros, l'hippopotame, la girafe, le chameau, le dromadaire : ces derniers sont aussi répandus dans plusieurs contrées de la zone tempérée.

Les zones tempérées, comme l'indique leur nom,

jouissent d'une chaleur modérée, et produisent au nord, les pins, les sapins, les mélèzes, les bouleaux ; au milieu, le hêtre, le chêne, l'érable, l'orme, le tilleul, le noyer, le cyprès, le liége, les arbres fruitiers, le pommier, le poirier, le prunier ; au milieu et au midi, la vigne, le châtaignier, le figuier, l'olivier, l'oranger, le citronnier, etc. Ces contrées offrent peu d'espèces d'animaux qui leur appartiennent exclusivement.

Les zones glaciales ont un froid excessif parce qu'elles ne reçoivent le soleil que très-obliquement et seulement pendant une partie de l'année. La zone glaciale australe n'est pas habitée, et n'est, du reste, que fort peu connue. L'autre est peuplée par des habitants, petits, trapus, laids, ignorants, ne vivant que de pêche et de chasse. Elle produit peu d'espèces de végétaux ; on y trouve en

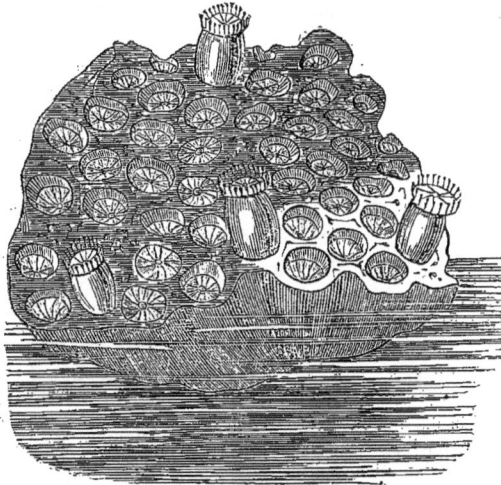

Zoophytes.

abondance des mousses, des lichens, des plantes rampantes, etc. Les animaux propres aux glaces du nord sont : l'ours blanc, le renne, l'isatis, les animaux à fourrures.   C. DUPASQUIER.

ZOOLOGIE [de *zoon*, animal, et *logos*, discours].— Partie de l'histoire naturelle qui traite de la connaissance de tous les êtres animés. Elle a pour but direct de nommer tous les êtres vivants qui sont épars sur la surface du globe, de décrire leurs formes à l'aide de caractères précis et reconnus ; d'y joindre les détails de leurs propriétés, de leurs mœurs, de leurs habitudes et de leur genre de vie.

La zoologie a été divisée en grandes classes, qui forment aujourd'hui des branches séparées par le plus grand nombre des naturalistes : ainsi la mammalogie traite des mammifères ; l'ornithologie, des oiseaux ; l'erpétologie, des reptiles ; l'ichthyologie, des poissons ; l'entomologie des insectes ; la malacologie, des mollusques ; la zoophytologie, des polypiers, etc., etc. Voyez *Animal*.

ZOOPHYTES (zoologie). — Animaux qui n'offrent aucun des caractères qui ont servi pour établir les autres classes. On ne peut cependant assurer qu'ils manquent des parties qu'on n'a point encore observées en eux, parce qu'il en est beaucoup dont le volume est si petit, ou dont la texture est tellement molle qu'on n'a pu bien examiner leur structure ; on sait seulement qu'ils n'ont jamais de vertèbres, ni de membres articulés ; que la plupart n'ont point de nerfs isolés, distincts, point d'organes particuliers destinés à la circulation, à la respiration, ou aux sensations externes, et que plusieurs paraissent même privés d'une cavité digestive, d'autres, des organes de la digestion, et un petit nombre, de la faculté de se mouvoir, du moins en totalité. Voyez *Animal*.

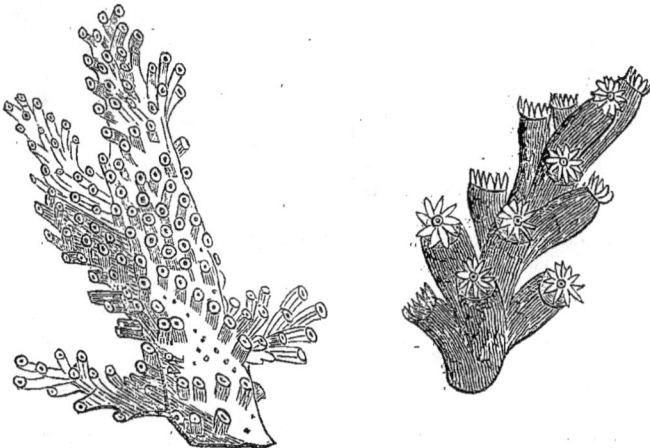

Zoophytes.

SUPPLÉMENT

A

ABDOMEN (PLAIES DE L') (pathologie). — On appelle ainsi les plaies des parois et celles des organes de la cavité abdominale.

§ Ier. PLAIES DES PAROIS DE L'ABDOMEN.

On appelle ainsi surtout les plaies des parois antérieures ou latérales : ces plaies sont superficielles ou pénétrantes.

Plaies superficielles. — Elles peuvent être produites par tous les genres de causes vulnérantes. Outre les symptômes communs, ces plaies sont quelquefois compliquées d'inflammation, que les anciens attribuaient en général à la nature des parties aponévrotiques qui concourent à former les parois, et qui nous semblent dépendre en grande partie de leurs mouvements continuels. Cette inflammation, très-douloureuse, et accompagnée d'une fièvre symptomatique très-intense, se termine ordinairement par suppuration, et suivant le siége et la profondeur de la plaie, il se forme un abcès sous la peau, dans la gaine du muscle droit, ou entre les muscles larges. Sous-cutané, il s'ouvre assez tôt de lui-même; sous un muscle ou sous une aponévrose, il s'étend au loin, tarde beaucoup à s'ouvrir, et entretient l'inflammation. Après la guérison de la plaie, si elle a une certaine étendue, les parois sont affaiblies dans cet endroit, et deviennent souvent le siége d'une hernie ventrale.

Traitement. Il faut essayer d'obtenir la réunion par première intention, réunir et couvrir la plaie d'un emplâtre adhésif. Il faut prévenir l'inflammation en faisant tenir le malade couché sur le dos, et le tronc fléchi; la combattre par des saignées, la diète, les boissons, les clystères et des topiques émollients ; ouvrir, par ponction, l'abcès aussitôt que la suppuration a eu lieu; soutenir la cicatrice avec un brayer.

§ II. PLAIES DES ORGANES AVEC OU SANS PLAIE DES PAROIS.

Plaies pénétrantes. — Elles peuvent être produites par toutes les causes vulnérantes. Les unes sont des piqûres, les autres des grandes plaies par incision ou par déchirure, soit longitudinales, soit transversales ou obliques. Les symptômes des premières sont ordinairement fort simples. Telles sont les suites ordinaires de la paracenthèse. Les autres sont souvent compliquées de l'issue des viscères. Les unes et les autres, mais surtout les dernières, sont quelquefois compliquées de l'inflammation du péritoine, qui tantôt se termine par résolution, tantôt par suppuration, et tantôt par la mort même, avant la suppuration. Le diagnostic des plaies pénétrantes est évident quand elles sont grandes, et surtout quand il y a issue des viscères. Dans le cas opposé, il est très-obscur, et l'on a conseillé d'introduire une sonde ou le doigt, de faire des injections, etc., pour s'assurer de la pénétration ; ces divers moyens sont infidèles et dangereux, et, d'ailleurs, le diagnostic est indifférent, puisque, soit que la plaie pénètre ou non, le traitement doit être le même; et relatif, dans les deux cas, aux symptômes qui se déclarent, et surtout à l'inflammation. Après la guérison d'une plaie pénétrante, le malade est encore plus exposé que dans le cas précédent, à une hernie ventrale.

Traitement. Il faut essayer la réunion immédiate, en appliquant un emplâtre adhésif si la plaie est petite; un bandage unissant si elle est grande; la suture enchevillée, si les viscères s'échappent; situer le malade comme dans le cas précédent; prévenir ou combattre l'inflammation; appliquer un bandage après la guérison.

Plaies des vaisseaux des parois. — Ce sont les artères lombaires, la mammaire interne, et surtout l'épigastrique. Elles peuvent être blessées dans une piqûre ou dans une grande plaie. Dans le premier cas,

le sang coule ordinairement au dedans; dans l'autre, il coule au dehors. Si l'artère est blessée près de sa terminaison, l'hémorrhagie peut s'arrêter seule; si c'est près de son origine, elle peut être mortelle.

Traitement. Si c'est une piqûre, y introduire un morceau de bougie pour servir d'obturateur; si c'est une grande plaie, lier l'artère.

Plaies avec issu des viscères. — L'épiploon ou les parties mobiles de l'intestin, ou tous les deux, sortent quelquefois à travers les plaies de l'abdomen. Dans cette situation, l'action irritante des corps environnants, le défaut de la pression ordinaire sur les parties sorties, la pression inaccoutumée des bords de l'ouverture sur celles qui y sont contenues, ne tardent pas à tuméfier, à étrangler, à enflammer, et même à mortifier les parties déplacées. L'inflammation se propage au péritoine tout entier, etc.

Traitement. Il faut réduire, aussitôt que possible, les viscères déplacés, à moins qu'ils ne soient gangrénés ou blessés. Pour cela, on fait coucher le malade sur le dos, le bas-ventre relâché par l'élévation de la tête et du bassin, sur des oreillers. Si les parties déplacées sont salies par du sang ou quelque matière étrangère, il faut les laver doucement avec de l'eau tiède, et pratiquer ensuite le taxis, en pressant alternativement avec les premiers doigts des deux mains. Il faut avoir grande attention de replacer les parties dans un ordre opposé à celui de leur déplacement. Ainsi, s'il y a de l'intestin et de l'épiploon, il faut repousser d'abord l'intestin; s'il y a de l'intestin et du mésentère, il faut d'abord faire rentrer celui-ci; enfin, si c'est une anse d'intestin, il faut la faire rentrer successivement d'un bout à l'autre; on doit avoir bien soin d'exercer la pression dans la direction de la plaie, et non contre une de ses lèvres. Quand la réduction paraît achevée, il faut introduire le doigt dans la plaie pour s'assurer si elle l'est en effet. Telles sont les règles relatives à la réduction des parties libres. Mais elles peuvent être tuméfiées, enflammées et même étranglées dans la plaie, surtout quand elle est petite. On conseille généralement, dans ce cas, d'employer le traitement antiphlogistique, d'appliquer des fomentations émollientes, etc., avant d'opérer la réduction. C'est un mauvais précepte; car c'est le déplacement qui est la cause des accidents, et, dans ce cas, le meilleur antiphlogistique est la réduction. Lorsque c'est l'intestin qui est ainsi pressé et dilaté par des gaz ou d'autres matières, on réussit quelquefois à le réduire, après avoir repoussé d'abord par une légère pression les matières qui y sont contenues, ou bien en les disséminant dans une partie plus étendue du canal que l'on attire au dehors. Enfin, l'on a quelquefois, dans ce cas, pratiqué des piqûres pour donner issue aux fluides intestinaux; mais ces piqûres, faites avec une aiguille, soit conique, soit triangulaire, sont tout de suite bouchées par la membrane muqueuse qui s'y engage. De sorte qu'il faudrait les pratiquer avec un petit trocart, s'il n'était de beaucoup préférable, et surtout moins dangereux d'agrandir la plaie. On pratique le débridement du côté supérieur de la plaie, si l'intestin seul est déplacé; et du côté infé-

rieur, si l'épiploon est sorti. On se sert, pour cette opération, de la sonde cannelée et du bistouri herniaire, préférablement à tous les instruments particuliers proposés pour ce cas. Quand la réduction est opérée, il faut réunir la plaie. Il faut aussi prévenir ou combattre énergiquement l'inflammation.

§ III. PLAIES DES ORGANES ABDOMINAUX.

Elles ont leur siége, ou dans le canal alimentaire, ou dans les organes pleins, ou dans les vaisseaux, ou dans toutes ces diverses parties.

Plaies du canal alimentaire — Elles affectent l'intestin ou l'estomac. L'intestin blessé est profondément caché, ou derrière la paroi, ou sorti par une plaie. Elles sont produites par diverses causes vulnérantes, qui agissent de dehors en dedans, ou même de dedans en dedans, comme des vers intestinaux ou des corps étrangers ingérés. Mais ces dernières causes agissent plutôt à la manière des causes de l'ulcération, que des causes vulnérantes proprement dites. Les symptômes sont d'abord une douleur ordinairement vive, avec anxiété, hoquet, nausées, etc., un écoulement de sang, ou évacuations sanguinolentes, quelquefois dans le péritoine, quelquefois au dehors, et divers phénomènes dans la plaie, qui ne peuvent être aperçus que quand la partie blessée est au dehors : ce sont, pour une piqûre, un petit renflement de la membrane muqueuse qui s'y engage et la bouche; pour une incision longitudinale, la forme ovale que prend la plaie, par la contraction des fibres circulaires. Dans une incision transversale incomplète, la contraction circulaire rapproche fortement les bords, leur intervalle est rempli par un double bourrelet de la membrane muqueuse, et l'intestin est rétréci. Dans une division transversale complète, les deux bouts se resserrent et se ferment presque sur un renflement de la membrane muqueuse. L'ouverture, produite par une balle, devient ovalaire transversalement. Le canal une fois ouvert, tantôt il se fait une extravasation, tantôt elle n'a pas lieu, et, suivant les cas, elle se fait au dehors ou au dedans. Quand la partie blessée est au dehors, ou quand elle est derrière la paroi, et que le blessé n'est point exposé à des mouvements, à des secousses intempestives, l'écoulement, s'il a lieu, se fait au dehors. Si, au contraire, la partie blessée est profondément située dans le ventre, l'extravasation, si elle a lieu, se fait dans le péritoine. Mais il s'en faut de beaucoup qu'elle ait toujours lieu, car 1° le canal alimentaire peut être vide; 2° la plaie peut être très-petite, soit absolument, soit relativement au volume de la partie; 3° si c'est une piqûre, elle est bouchée; si c'est une petite incision transversale, les bords tendent à se toucher; 4° si les matières sont solides, elles s'échappent plus difficilement que si elles sont liquides ou gazeuses; 5° la pression des parties les unes contre les autres, s'oppose à l'effusion, car il n'y a point, à proprement parler, de cavité péritonéale. Telles sont les circonstances qui paraissent influer sur l'épanchement. Telles sont aussi les symptômes de la première période. Il survient bientôt une inflamma-

tion plus ou moins grave, suivant les cas. Elle est promptement mortelle, si elle dépend d'un épanchement fécal. Si l'inflammation est modérée, soit par la nature, soit par les moyens de l'art, et si les parties, en les supposant déplacées, ont été réduites, l'adhésion s'établit entre le pourtour de la plaie des parties blessées et les parties voisines. Cette adhésion, d'abord faible, devient solide et durable, à moins que l'effort des matières qui circulent dans le canal, ne s'y oppose, et il en résulte divers effets : 1° Quand l'adhésion se fait derrière la plaie des parois, si c'est une piqûre, un coup d'épée, souvent, il ne passe rien par la plaie qui se ferme de suite; mais si c'est une incision, elle laisse sortir les matières plus ou moins abondamment, suivant qu'elles trouvent plus de facilité à continuer leur trajet, ou à s'échapper. L'écoulement diminue à mesure que la plaie se ferme. Enfin, elle guérit tout à fait si le cours n'est pas gêné dans le canal, ou bien il reste une fistule. Quand il y a eu division transversale complète, il reste un anus contre nature permanent. 2° Si l'adhésion a lieu profondément, et si la plaie est petite et sans rétrécissement, le cours des matières se rétablit bien; les parties voisines suppléent à l'écartement des bords. Mais, s'il y a un rétrécissement considérable, l'effort des matières, dont le cours est gêné, déchire l'adhésion; enfin, s'il y a division transversale complète, il n'y a plus de chance de succès possible, que dans la réunion de toutes les parties voisines entre elles, et de manière à former un cylindre qui embrasse les deux bouts séparés. Ce cas admirable a été observé par quelques-uns, et par nous en particulier, dans des animaux soumis à des expériences. Toutes ces diverses adhérences diminuent la mobilité du canal, le coudent plus ou moins angulairement, et constituent des brides permanentes dans l'abdomen. Le diagnostic de ces plaies est évident quand les parties sont déplacées. Quand elles sont derrière la paroi, il y a quelquefois des évacuations par la plaie; et, quand elles sont profondes, il y a, comme dans les deux autres cas, des déjections teintes de sang.

Traitement. Si l'intestin blessé est au dehors, faut-il en faire la suture avant de le réduire? ou bien faut-il le réduire, sans en pratiquer la suture, en le fixant dans la plaie des parois, pour obtenir une fistule ou un anus contre nature, que l'on abandonnera à la nature, ou que l'on essaiera de guérir plus tard? ou bien faut-il condamner le malade à un anus contre nature incurable, en repoussant le bout inférieur dans la cavité abdominale? Il n'y a à choisir qu'entre les deux premières méthodes. Si l'on était toujours certain que la plaie intéresse une partie de l'intestin assez éloignée de l'estomac, pour que le malade pût vivre pendant quelque temps avec un anus contre nature, il vaudrait bien mieux en favoriser l'établissement, sauf à le guérir plus tard. Mais, comme cela n'est pas, et que les dangers de la suture dépendent surtout des procédés vicieux qu'on a employés, et de ce qu'on l'a appliquée à des cas de hernie gangrénée, ce qui est fort différent, il faut y avoir recours. Si l'intestin blessé est derrière la paroi de l'abdomen, il

faut bien se garder d'essayer de l'attirer au dehors. Il en est de même quand il est plus profond. Le traitement se borne alors à faire garder au malade le repos le plus parfait, à lui faire observer l'abstinence la plus rigoureuse, à tromper même sa soif, et à prévenir l'inflammation. Les plaies de l'estomac ne diffèrent de celles de l'intestin, que parce qu'il y a quelquefois des vomissements sanglants. Leur traitement est le même. Il faut, de plus, si l'estomac contient encore des matières, provoquer le vomissement par la titillation de la luette.

Plaies du foie, de la rate, etc. — Elles peuvent atteindre ces organes, soit à travers la paroi antérieure de l'abdomen, soit à travers le diaphragme. Elles peuvent être produites par divers corps piquants, tranchants, etc. Les symptômes sont une douleur vive dans le ventre, étendue jusqu'au cou, une hémorrhagie plus ou moins abondante, suivant la grandeur et le siége de la plaie, qui se fait soit au dehors, soit au dedans, suivant les cas. Il survient une inflammation grave qui se termine quelquefois par la mort, et quelquefois par résolution. Le traitement consiste dans celui de l'hémorrhagie et de la péritonite. La blessure de la vésicule biliaire, observée cinq ou six fois, a toujours donné lieu à un épanchement.

Plaies des vaisseaux de l'abdomen. — Les vaisseaux blessés peuvent être grands, comme l'aorte, la veine cave, les vaisseaux rénaux; moyens, comme les vaisseaux divisés dans les organes, ou petits. Les symptômes sont ceux de la perte de sang, ceux de l'épanchement, ou bien l'écoulement au dehors. Les plaies des grands vaisseaux sont mortelles; celles des vaisseaux moyens le sont aussi ordinairement; celles des petits donnent lieu à une hémorrhagie qui s'arrête quelquefois d'elle-même. Le traitement se borne à faire garder au malade un repos absolu, une abstinence parfaite, et à lui pratiquer des saignées abondantes, pour diminuer l'effort du sang.

Épanchement dans l'abdomen. — Les plaies de l'abdomen sont quelquefois compliquées de l'épanchement des matières contenues dans les parties blessées; mais beaucoup moins souvent qu'on ne le croit communément, quand on ne réfléchit pas qu'il n'y a pas de vide entre les deux parties du péritoine, l'une pariétale, et l'autre viscérale. 1° *Épanchements de sang:* ce sont les plus fréquents; cela dépend de ce que l'effort latéral du sang, surtout dans les artères, surmonte la résistance des parois de l'abdomen. Il y en a de deux sortes : les uns, diffus; les autres, circonscrits. Les premiers dépendent de l'ouverture du grand vaisseau, ou d'un moyen, ou même des petits; en même temps que le malade a été exposé à de grands mouvements. Ces épanchements tuent en peu d'instants, ou par la perte de sang, ou par l'inflammation qu'ils déterminent. Les épanchements circonscrits dépendent de l'ouverture de vaisseaux petits ou moyens, si le malade est resté en repos, et si la circulation n'a pas été très-active. Le sang, en sortant des vaisseaux, pénètre avec difficulté entre les parties pressées par les mouvements de la respiration. La résistance s'oppose bientôt à la continuation de l'écou-

lement. Le sang épanché est porté en avant et en bas, par les mouvements alternatifs de la respiration : il détermine autour de lui une inflammation adhésive qui circonscrit un foyer; il agit à la manière des abcès et des corps étrangers solides; il tend vers la peau de la paroi abdominale ou vers l'intestin ; l'épaisseur des parties rend leur perforation spontanée, difficile et lente, et il est à craindre que l'inflammation ne se propage au reste du bas-ventre. Il faut en pratiquer l'ouverture aussitôt qu'ils se manifestent, par une tumeur sous la paroi de l'abdomen. 2° *Epanchements de matières chymeuse, stercorale, de bile et d'urine.* Ils sont constamment mortels par l'inflammation aiguë qu'ils produisent, ou par la terminaison par gangrène de cette inflammation.   (*A. Béclard.*)

ARBRES (MALADIES DES). — Voici la liste des principales. 1° *Plaies et contusions.* « Les plaies des arbres, qu'elles proviennent du choc d'une voiture, de la dent d'un animal, d'un élagage mal fait, ou de toute autre cause extérieure, sont toujours dangereuses, et souvent mortelles, surtout si on les laisse exposées au contact de l'air, à l'action du froid ou de la chaleur. Il faut d'abord laver la plaie et la nettoyer au vif; ensuite, on y applique, sous forme d'emplâtre, un onguent dont voici la formule : cire jaune, 340 gr.; fond de cruche d'huile, 340 gr.; suif ou graisse, 160 gr.; goudron, 160 gr.; ces substances doivent être fondues ensemble et épaissies avec quelques poignées de suie de tuyau de poêle bien écrasée et tamisée. Cet engluement a l'avantage de se conserver toujours à l'état de pâte et de pouvoir facilement s'appliquer au moyen d'une spatule ou d'un pinceau. A défaut d'onguent, on peut employer de la terre glaise, de l'argile, ou tout simplement un mélange de boue et d'excréments d'animaux : seulement ce remède a l'inconvénient de se fendre en se desséchant, et d'être souvent entraîné par les pluies. On doit avoir soin, lorsque l'arbre est précieux, de placer un morceau de toile entre le bois et l'onguent. »

2° *Ulcère, chancre* ou *gouttière.* « Lorsque la sève d'un arbre vient à s'écouler, soit naturellement, soit à la suite d'une plaie, sous la forme d'une liqueur brune et âcre, elle altère progressivement l'écorce et le corps de l'arbre et ne tarderait pas à le faire périr, si l'on ne s'empressait d'y apporter le remède suivant : on enlève à vif toute la partie altérée, de manière à obtenir une coupe bien nette sur du bois bien sain. On laisse cette plaie à l'air pendant deux jours pour en dessécher la superficie, et on y applique ensuite un enduit qui se compose de poix grasse pour une moitié, et pour l'autre moitié, de cire jaune, de suif et de cendres tamisées par égales parties. Cet onguent s'emploie suffisamment chaud, et s'applique avec une brosse ou un pinceau. On peut aussi faire usage de l'engluement indiqué ci-dessus. Les arbres fruitiers sont sujets à des chancres qui les affaiblissent peu à peu et qui finissent par les faire périr. On les traite comme il vient d'être dit; on peut aussi appliquer sur la plaie mise à vif et bien nettoyée du sel d'oseille dont on fait pénétrer le suc dans le bois. »

3° *Carie.* « Elle affecte surtout le corps ligneux des

vieux arbres. C'est dans le cœur des grosses branches et au centre du tronc lui-même que cette désorganisation se manifeste. Un arbre, atteint de carie, n'est bon qu'à être abattu. »

4° *Empoisonnement.* « Des plantations, dans les villes et dans le voisinage des fabriques de produits chimiques, périssent souvent tout entières. Si le mal est causé par des fuites de gaz, le remède consiste naturellement dans la réparation des conduits; mais cela ne suffit pas toujours, et il faut souvent que la terre saturée d'hydrogène carboné soit renouvelée. S'il est le résultat d'un dégagement continuel de vapeurs ammoniacales, le seul remède est d'arracher les arbres et de ne pas les remplacer. Il arrive aussi qu'on recharge un terrain planté d'arbres pour se défaire de démolitions ou de déblais. Les arbres, dont le pied se trouve ainsi enterré, cessent de profiter; ils languissent et périssent par asphyxie de leurs racines. Si l'on tient à conserver la plantation, il faut enlever le remblai et labourer le sol à la fourche pour rétablir la communication de l'air avec les racines. »

5° *Roulure.* « C'est une solution de continuité entre les couches concentriques d'un arbre. La surface du bois se dessèche, et les couches annuelles qui se succèdent ensuite sous l'écorce restent toujours désagrégées. Quand le bois d'un arbre est atteint de la roulure, il n'est plus propre à être employé en charpente, ni en sciage; mais on peut en tirer parti pour faire du merrain. »

6° *Cadranure.* « Ici, la solution de continuité a lieu du centre à la circonférence. Quelles que soient les causes de cette lésion, on a remarqué qu'elle se rencontre plus fréquemment dans les arbres *sur le retour* (Voy. n° 11). On peut supposer qu'un arbre sur pied est cadrané lorsqu'il se couvre de mousses, de lichens, de champignons, de bourrelets, de gerçures, de gouttières par lesquelles l'eau de pluie s'insinue sous l'écorce. On est quelquefois obligé de débiter le bois cadrané pour le chauffage. Lorsqu'il n'est pas trop gâté, on en fait du merrain, des douilles ou des lattes. »

7° *Gélivure.* « L'orme est plus sujet que les autres arbres à cette maladie. Les arbres *gélifs,* c'est-à-dire dont l'aubier a été désorganisé par suite de congélation, sont impropres à la charpente. Dès qu'on s'aperçoit qu'un arbre est attaqué de gélivure, on doit recourir à la cognée.

Arbres gelés. — « Il arrive assez fréquemment que des arbres expédiés à de grandes distances, sont surpris en route par des gelées dont les racines ont beaucoup à souffrir. Quand ils sont arrivés à leur destination, on ne peut pas songer à les planter dans l'état où ils se trouvent, car il est à peu près certain qu'ils ne reprendraient pas. Mais on doit bien se garder aussi de les réchauffer brusquement; ce serait le moyen de les faire périr. Il faut, au contraire, les placer dans un lieu obscur et très-frais, les y laisser pendant quelque temps, les transporter ensuite dans un endroit un peu moins frais que le précédent et les amener ainsi sans transition brusque à supporter une température plus élevée. C'est alors seulement qu'on

peut procéder à la plantation avec quelque chance de succès. »

8° *Couronnement* ou *décurtation*. « Un arbre dont la cime vient à mourir est un *arbre couronné* : il n'est bon qu'à être coupé ; il ne peut plus croître en hauteur et la qualité de son bois ne peut que s'altérer. Un arbre qui se couronne par la tête se couronne presque toujours en même temps par les racines et cet accident arrive plus fréquemment aux arbres à racine pivotante qu'aux autres arbres. — Quand un arbre perd sa cime par suite d'un événement fortuit, si elle est cassée par le vent ou brisée par la foudre, l'arbre n'est pas perdu pour cela : on peut plus souvent lui refaire une autre tête avec une de ses grosses branches, et si cela est impossible, l'arbre continue de croître sinon en hauteur, du moins en grosseur. — Le couronnement volontaire, ou *décurtation*, se pratique comme système de culture. »

9° *Double aubier. Aubier faux.* « Dans les terrains maigres et les clairières, pendant les grands froids ou les sécheresses prolongées, il arrive souvent que l'aubier d'un arbre vient à périr en tout ou en partie, sans que l'on puisse assigner une cause à ce mal. La sève continue de circuler, l'écorce de produire chaque année une nouvelle couche d'aubier qui se convertit en bois à la longue comme cela avait lieu avant que l'altération ne se produisît. Un pareil arbre est perdu pour la charpente. On peut cependant en tirer parti pour la fente, pour le charronnage, ou enfin pour le feu. »

10° *Bois rouge.* « Le cœur du chêne, lorsqu'il est d'un rouge de brique et qu'il conserve cette teinte en séchant, est attaqué d'une sorte de carie sèche qui le rend impropre à tous les services. Il brûle mal et noircit au feu. On reconnaît qu'un chêne est atteint de cette maladie lorsque la tige se garnit de petites branches menues et courtes depuis le pied jusqu'au sommet. Il faut l'abattre sans tarder. »

11° *Arbre sur le retour.* « On ne doit jamais laisser entrer un arbre dans cette période de décroissance et de caducité, à moins qu'on ne veuille le conserver comme arbre d'agrément. On reconnaît qu'un arbre est sur le retour, lorsque ses branches sont penchées vers la terre et que surtout les pousses de la dernière année sont longues et vigoureuses. Comme le bois d'un arbre, arrivé à cette période, est plus léger dans le cœur qu'à la circonférence, il est essentiel, pour l'employer en charpente, de le scier en quatre afin que le centre forme l'angle de l'équarrissage. »

12° *Dégâts causés par les insectes.* « Le seul moyen d'atténuer les ravages causés par les insectes dans les forêts, c'est de ne pas détruire sans mesure et sans motifs les petits quadrupèdes et les oiseaux qui se nourrissent presque exclusivement d'insectes : tels sont le hérisson, le blaireau, la musaraigne, l'écureuil, les pics, les merles, les mésanges, les rossignols, les pinsons, les corbeaux. On a conseillé avec raison de conduire les porcs dans les bois où ils dévorent les larves qui sont à la surface de la terre, ou cachées sous la mousse ; d'y conduire également les dindons ; d'écraser les hannetons, les chenilles, de faire la guerre aux papillons, etc. Tous ces moyens sont bons ; mais c'est la nature elle-même qui seule peut susciter à ces parasites des causes efficaces de destruction. »

ASTÉROÏDES (astronomie). — Nom donné aux petites planètes comprises entre Mars et Jupiter : on a indiqué, au mot *Astronomie*, les 42 corps de cette espèce qui étaient connus alors ; à la fin de 1858, le nombre était de 56, on en avait donc découvert 14 autres dont voici la liste, comprenant pour chacune :

1° Le numéro d'ordre suivant les distances du soleil ;

2° Le rang de la découverte ;

3° Le nom ;

4° La distance moyenne au soleil, celle de la terre étant prise pour unité ;

5° La durée de sa révolution, en jours et fractions de jour ;

6° L'auteur de la découverte et l'année pendant laquelle elle a été faite.

2	43	Ariane	2,2038	1194,9983	Pogson	1857
9	52	Nemausa	2.3779	1339,3425	Laurent	1858
16	44	Nysa	2,4803	1388,9476	Goldschmidt	1857
20	46	Hestia	2,4569	1406,1494	Pogson	1857
23	47	......	2,5332	1472,7074	Goldschmidt	1857
29	54	Calypso	2,6429	1542,6971	Luther	1858
33	51	Virginia	2,6540	1576,5625	Luther	1858
37	55	Alexandra	2,7243	1642,4330	Goldschmidt	1858
39	45	Eugénia	2,7428	1659,1880	Goldschmidt	1857
42	56	Pandore	2,7692	1683,2000	Searle	1858
47	48	Aglaïa	2,8894	1793,9845	Luther	1857
51	50	Palès	3,0851	1980,2300	Goldschmidt	1857
52	53	Europa	3,0984	1994,6948	Goldschmidt	1858
53	49	Doris	3,1068	2000,2200	Goldschmidt	1857

Quelques changements ont été faits aux éléments donnés dans le tome II de l'*Encyclopédie*, de sorte que les chiffres ci-après doivent être substitués à ceux que présente le tableau de la page 279.

22	41	Daphné	2,4899	1435,0613	Goldschmidt	1856
27	14	Irène	2,5852	1548,2866	Hind	1851
28	32	Pomone	2.5867	1519,5831	Goldschmidt	1854
34	37	Fidès	2,6421	1568,6724	Luther	1855

Ces planètes ont l'apparence d'étoiles de 8e à 11e grandeur, on ne les voit qu'avec de bonnes lunettes. M. Leverrier estime que leur masse totale ne dépasse pas le quart de la masse totale de la terre. Gossart.

B

BAINS DE MER. — En raison des sels et des matières organiques que l'eau de mer tient en dissolution, de l'aréation résultant du mouvement de ses vagues, et de leur action mécanique sur le corps, les bains de mer produisent des effets plus prononcés que les bains d'eau douce. Ils sont en général favorables aux tempéraments débiles et aux personnes qui souffrent des troubles nerveux ; mais ils ne conviennent pas à tous les malades ; ils ne doivent être pris que d'après les prescriptions du médecin. En France, les principales localités fréquentées pour les bains de mer, sont : *dans la Manche*, Dunkerque, Calais, Bou-

logne, le Tréport, Dieppe, Saint-Valery en Caux, Fécamp, Étretat, Sainte-Adresse, le Havre, Honfleur, Trouville, Cabourg-Dives, Luc, Granville, Saint-Malo ; *sur la côte de l'Océan*, Port-Louis, Belle-Isle, le Croisic, Saint-Gildas, Pornic, les Sables d'Olonne, Royan, Arcachon, la Teste, Biarritz ; *sur la Méditerranée*, Cette et Hyères. — Ostende en Belgique et Nice dans les États Sardes sont, à l'étranger, les bains de mer le plus fréquentés par les Français. Les Anglais ont Brighton sur la côte de la Manche.

Conseils aux baigneurs. — La première chose à faire, en arrivant aux bains de mer, c'est de se reposer pendant quelques jours. Tout en s'occupant tranquillement des premiers soins de l'installation domiciliaire, on commence à régler son régime et ses habitudes d'après les prescriptions du médecin, et l'on fait quelques promenades dans les environs et principalement sur la plage. Il est prudent de s'abstenir d'aliments excitants ou échauffants, de café, de vin pur, et surtout de liqueurs spiritueuses. Le moment de la journée la plus favorable pour prendre le bain est l'après-midi, lorsque la digestion du déjeuner est complétement faite, c'est-à-dire au moins 3 heures après ce repas. Sur les côtes de l'Océan, il faut, autant que possible, éviter de prendre le bain à la *mer basse*, parce que dans cet état l'eau est boueuse, chargée de matières étrangères et de débris végétaux qui en troublent la pureté et qui peuvent même lui communiquer des propriétés nuisibles ; en outre, il faut souvent faire beaucoup de chemin pour l'aller trouver, ce qui a l'inconvénient d'exposer trop longtemps le baigneur à l'action de l'air et de l'humidité. A la *mer montante*, on a l'avantage de prendre le bain sans aucun danger, alors même qu'on ne sait ni nager, ni marcher dans l'eau, la mer montante poussant toujours vers la plage tout ce qui lui fait obstacle : mais dans cet état elle charrie une écume épaisse et sablonneuse qui exerce sur la peau une action irritante et peut déterminer, à la suite du bain, un sentiment de malaise et de courbature, ou bien une surexcitation nerveuse. A la *mer descendante*, l'eau est plus claire et plus chaude que dans tout autre moment ; mais en revanche elle entraîne brusquement tout ce qui s'oppose à son mouvement rétrograde, ce qui peut être une cause de crainte ou même de danger pour les baigneurs. Le moment où la *mer* est *étale* et bat son plein est bien préférable : l'eau est alors plus limpide, et le baigneur se trouve comme soutenu sur un lit égal et tranquille. Ces observations ne s'appliquent point à la Méditerranée, puisque cette mer n'a ni flux ni reflux. — Ce serait une grave imprudence que de se baigner quand le corps est en sueur, à la suite d'un exercice violent, ou d'une marche forcée. Il ne faut pas non plus attendre pour entrer dans l'eau que le corps soit complétement refroidi, ni prendre le bain après un repos prolongé : le corps a besoin de conserver de l'énergie pour réagir contre l'action du bain froid. Le mieux à faire est donc, quand on a pris le costume de bain, de se promener quelque temps sur la plage avant d'entrer dans l'eau. Le costume des hommes consiste en un caleçon

ou un gilet-caleçon de tricot sans manches. Celui des femmes se compose d'un large pantalon d'un tissu de laine de couleur foncée, d'une blouse à manches courtes, de même étoffe et de même couleur que le pantalon, d'une pelisse ou d'un manteau, d'un bonnet, d'un peignoir et d'une paire de chaussons. La blouse est fixée à la taille par une ceinture de cuir verni qu'on attache sur le devant à l'aide d'une boucle et qui par derrière est munie d'un anneau de suspension : cet anneau est très-utile en cas d'accident. La pelisse, avec manches et capuchon, est préférable au manteau : on n'en fait usage que pour aller de la cabane à la mer et de la mer à la cabane. Le bonnet de toile cirée a le grave inconvénient de s'opposer à la transpiration de la tête ; un foulard léger, un réseau à larges mailles, ou bien encore un bonnet de percale fermant à pattes sur les oreilles et fixé sous le menton, sont les coiffures qui conviennent le mieux. Les pieds doivent être garantis par des chaussons de lisière munis d'une forte semelle. Enfin le peignoir, qui est ordinairement en finette et mieux en flanelle, sert à sécher le corps au moment où l'on se débarrasse des vêtements de bain. L'assistance d'un guide est indispensable aux personnes qui ne savent pas nager, aux personnes faibles, impressionnables et craintives, à celles qui sont sujettes aux évanouissements, aux crampes, aux attaques de nerfs. Les guides, attachés aux établissements de bains, méritent toute la confiance des baigneurs ; mais cette confiance ne doit pas aller jusqu'à suivre aveuglément tous leurs errements, à se baigner par tous les temps, à toute heure, dans toutes les situations de la plage, enfin à s'assujettir à leur mode d'immersion. A cet égard, on doit surtout consulter les sensations qu'on éprouve, l'expérience qu'on peut avoir déjà acquise, et suivre les avis donnés par le médecin. La meilleure manière de prendre le bain, c'est d'entrer d'emblée et résolûment dans la mer : quand l'eau est arrivée jusqu'à la moitié des cuisses, on s'enfonce jusqu'au cou en fléchissant le corps et en le portant légèrement en avant, comme si l'on voulait s'asseoir ; puis on se relève pour fléchir de nouveau le corps, et l'on répète cet exercice pendant la plus grande partie du bain. On peut aussi, si l'on veut, s'immerger complétement dans l'eau, la tête comme le reste du corps ; mais à l'exception de quelques circonstances particulières dont un médecin peut seul indiquer l'opportunité, on ne doit pas se soumettre au mode d'immersion qui consiste à plonger le baigneur dans la mer la tête la première et par une sorte de surprise. Certaines personnes éprouvent un sentiment d'oppression très-pénible, lorsque l'eau arrive au creux de l'estomac : on prévient jusqu'à un certain point cette impression, en se frottant cette partie du corps avec un peu d'huile ou de cérat, un moment avant d'entrer dans l'eau. Pour empêcher l'eau de s'introduire dans les oreilles, on y mettra un petit tampon de coton légèrement imbibé d'huile d'amandes douces : si, malgré cette précaution, il s'y introduit un peu d'eau, on parvient à l'éponger au moyen d'un petit tampon de ouate. Il n'y a point de règle absolue relativement

au temps que doit durer le bain de mer : ce temps peut varier depuis quelques minutes jusqu'à une demi-heure et plus. Les enfants, les femmes et les vieillards ne doivent guère rester dans l'eau plus de cinq ou six minutes, un quart d'heure au plus. En général il faut sortir de l'eau aussitôt que l'impression qu'on y éprouve cesse d'être agréable, et il serait imprudent de s'y laisser surprendre par des frissons. En sortant du bain, on se couvre de son manteau et l'on regagne lentement sa cabane. Arrivé là, on s'essuie avec des linges secs et non chauffés, et l'on procède tranquillement à sa toilette. C'est une bonne méthode hygiénique que de prendre un bain de pieds légèrement chaud, quand on est rentré dans sa cabane. Il est aussi très-important, surtout pour les femmes, que les cheveux soient promptement et complétement séchés. Le meilleur moyen, c'est de les faire essuyer soit avec une flanelle, soit avec un linge très-sec, puis de rester un moment au grand air les cheveux épars : on doit se garder d'y mettre aucune pommade avant qu'ils soient entièrement secs. Après le bain et les soins de la toilette terminés, il faut se promener en plein air, ou, si le mauvais temps ne permet pas la promenade, prendre chez soi un peu d'exercice. Enfin, il est prudent de ne manger qu'une demi-heure au moins après qu'on est sorti de l'eau.

(Dictionnaire de la Vie pratique.)

BATONS DE NÉPER (mathématiques). — Néper, l'inventeur des logarithmes, s'occupait constamment de la recherche des moyens d'abréger les calculs ; il avait imaginé de porter, sur de petites règles de bois mobiles, les produits composant la table de multiplication, de manière à ce qu'il fût possible de réunir tous les chiffres d'un facteur et leurs produits partiels.

Ces bâtons sont disposés comme dans le tableau ci-après :

	7	**0**	**2**	**5**
2	1 4	0	4	1 0
3	2 1	0	6	1 5
4	2 8	0	8	2 0
5	3 5	0	1 0	2 5
6	4 2	0	1 2	3 0
7	4 9	0	1 4	3 5
8	5 6	0	1 6	4 0
9	6 3	0	1 8	4 5

Le premier bâton, à gauche, présente les chiffres 2 à 9 imprimés en gros ; c'est pour celui-là qu'on prend le multiplicateur.

Les autres bâtons en nombre indéterminé, sont imprimés sur leurs quatre faces. Ils portent en tête un gros chiffre qui sert à former le multiplicande et d'autres plus petits, au-dessous, qui sont les produits successifs du chiffre qui est en haut multiplié par 2, par 3, par 4, etc., jusqu'à 9.

Quand on veut faire une multiplication, on place d'abord le bâton de gauche (multiplicateur), puis, en suivant vers la droite, on met autant de bâtons qu'il y a de chiffres dans le multiplicande. Exemple : multiplier 7025 par 4. Après avoir disposé les bâtons comme on le voit dans la figure ci-dessus ; on lit le produit sur la ligne correspondant au chiffre 4 du bâton multiplicateur ; pour cela il faut réunir mentalement les dizaines de chaque bâton (multiplicande) avec les unités du bâton qui précède à gauche : ce produit est, par conséquent, 28100 : en effet le 2 du bâton 5, joint au 8 du bâton 2, forment 10 : le 2 et le 8 dont il s'agit sont donc remplacés par un zéro et le zéro du bâton 0 est remplacé par la dizaine du nombre 10. On trouvera de même que 7025 multipliés par 7 font 49175. Si l'on avait à multiplier 725 par 5 ; il faudrait retirer le bâton 0 et les autres rapprochés feraient voir le produit 3625. Pour multiplier 7025 par 58, on cherche d'abord le produit de 7025 par 8, c'est 56200 qu'on écrit : puis on cherche le produit de 7025 par 5 : on trouve 35125 qu'on écrit au-dessous de 56200 en reculant d'un chiffre à gauche : le total de ces deux produits donne le même résultat que la multiplication.

Exemple :

$$56200$$
$$35125$$
Total... 407450

La même opération servirait à multiplier 7025 par 508 ; mais il faudrait reculer le second produit de deux chiffres à gauche.

Exemple :

$$56200$$
$$35125$$
Total... 3568700

On peut aussi se servir des bâtons de Néper pour la division : à cet effet on place à côté du bâton multiplicateur les bâtons qui portent les chiffres du diviseur : ensuite, on écrit le dividende sur un papier et l'on cherche un nombre qui soit contenu dans les premiers chiffres de gauche du dividende ; on l'écrit au-dessous et l'on place à côté le chiffre du bâton multiplicateur qui y correspond : on continue ainsi jusqu'à ce que le reste soit plus petit que le diviseur.

Exemple : diviser 892 par 25 :

$$892$$
$$75$$

$$142$$
$$125$$

$$17$$

Après avoir placé le diviseur 25 à côté du bâton multiplicateur, on trouve, vis-à-vis de 3, le nombre 75 qui est le plus fort contenu dans 89, car le nombre suivant est 100 : on écrit donc 75 sous 89, et 3 à côté : la soustraction donne un reste de 14 : on descend le 2

à côté et l'on cherche comme ci-dessus, on trouve 125 vis-à-vis de 5, car à 6 il y a 130 qui est trop fort : le quotient est donc 35 et le reste de la division 17.

L'emploi simultané des bâtons de Néper et des nouvelles méthodes d'extraction contenues dans le *Traité de Sténarithmie*, publié à Paris, par Mallet-Bachelier, quai des Augustins, 55, permettent de trouver, sans difficulté, toutes les racines, à quelque degré qu'elles appartiennent.   GOSSART.

BOISSONS (hygiène) (1). — § I⁺ᵉ *De l'eau considérée comme la première et la plus simple de nos boissons, et la base de la plupart des autres.* — L'eau est un fluide diaphane, incolore, inodore, insipide, et que la nature a destiné à servir de boisson aux hommes et aux animaux. Elle est un des plus grands dissolvants ; c'est pourquoi on ne la trouve jamais pure, mais toujours unie à des substances étrangères ; elle dissout l'air, les gaz salins, les sels, etc. La chimie démontre que ce fluide est un composé de quatre-vingt-six parties d'oxygène et de quatorze parties d'hydrogène. Elle est un des grands agents qui altèrent et modifient sans cesse la surface de notre planète : son action, ses courants, ses mouvements ont changé peu à peu la nature des minéraux, et ont créé en quelque sorte un monde nouveau sur l'ancien. Il y a très-peu d'eaux qui ne contiennent du sulfate ou du carbonate de chaux ; il en est qui tiennent en solution de l'acide carbonique, de l'alumine, du fer, des substances végétales et animales altérées par la putréfaction. Il y a dans presque toutes une certaine portion d'air vital ou atmosphérique, qu'on peut dégager par la distillation, ou par le moyen de la machine pneumatique. On croit, non sans fondement, que c'est à ce gaz qu'est due la faible saveur dont jouit l'eau. Les eaux de neige et de glace récemment fondues sont généralement insalubres : ceux qui en font un usage habituel sont exposés aux maladies du système glanduleux ; c'est pourquoi elles sont très-fréquentes dans les Pyrénées, les Alpes, la Suisse, le Tyrol, etc. Ces eaux sont chargées de substances hétérogènes qui leur communiquent des qualités nuisibles. Je ne pense pas avec Hippocrate que leur salubrité soit uniquement due à la perte qu'elles éprouvent de leurs parties les plus subtiles et les plus ténues, lors de la congélation, ni qu'elles ne puissent recouvrer leur bonté : autrement toutes celles de fleuves, de rivières, etc., produiraient les mêmes effets, puisqu'elles proviennent elles-mêmes, pour la plupart, des neiges et des glaces des hautes montagnes, que le soleil liquéfie. D'après les observations de Pallas et de plusieurs autres physiciens, les maladies des glandes, et particulièrement les goîtres endémiques, viennent non de l'usage des eaux de neige fondue, mais de ce que les eaux contiennent de grandes quantités de sulfate et de carbonate de chaux. Peut-être aussi que ces maladies dépendent plus essentiellement de l'air de certains cantons, chargé de

vapeurs, de brouillards, et pas assez souvent renouvelé par les vents salutaires. On voit en effet dans quelques vallons, au pied des hautes Alpes, des habitants pâles et peu développés, tandis qu'on rencontre dans les vallons supérieurs, ou dans les plaines entre ces montagnes, des hommes grands, bien faits et robustes ; ceux-ci boivent cependant de plus près les eaux de neiges fondues.

Les eaux de neige contiennent, d'après Bergmann, une petite quantité de muriate de chaux et d'acide nitreux. Celles de pluie, d'après ce chimiste, tiennent en solution les mêmes substances, mais plus abondantes. Boerhaave y a trouvé des semences d'algues fluviatiles, de mousses, des animalcules : c'est pourquoi il regardait les pluies comme des lessives chargées d'une infinité de corpuscules volatilisés et disséminés dans l'air. Les eaux de fontaines les plus pures sont altérées par des matières hétérogènes, mais en petite quantité : on y rencontre du carbonate et du sulfate de chaux, quelquefois du muriate de chaux et de soude, très-rarement du carbonate de magnésie et de fer, du sulfate de magnésie et de fer. Celles des pluies et des lacs contiennent les mêmes substances et surtout du carbonate de chaux, mais en plus grande quantité ; quelquefois aussi elles tiennent en solution des sels nitreux. Elles sont moins limpides et moins légères que les autres, peu propres à cuire les légumes et à dissoudre le savon. L'usage de ces eaux, nouvellement puisées, cause souvent des coliques d'estomac et d'entrailles, la diarrhée. Quelquefois elles sont encore viciées par des matières qui y pourrissent. Les plus insalubres sont celles des marais, des étangs, celles qui répandent de l'odeur et qui ont de la saveur, ainsi que l'avait déjà remarqué le père de la médecine. Comme il pourrit presque continuellement dans ces eaux des insectes et des végétaux, elles exhalent sans cesse de l'ammoniaque et du gaz hydrogène azotisé : ce dernier paraît être le principe des fièvres rémittentes et intermittentes, et des dyssenteries bilieuses putrides, qui règnent presque toujours dans les pays marécageux ou couverts en grande partie d'eaux stagnantes (1). Les eaux courantes des fleuves et des rivières sont très-salubres : on y trouve moins de substances étrangères que dans les précédentes, seulement du carbonate de chaux, quelquefois du sulfate calcaire, mais en petite quantité, et rarement du muriate de soude ou du carbonate de potasse. Elles sont plus pures que celles des fontaines ; et elles le sont d'autant plus que leur cours est plus rapide, et qu'elles coulent sur un lit d'une plus grande étendue, et composé de substances peu solubles.

(1) Pour rendre potables les eaux des marais, des étangs, etc., il faut les faire bouillir ; l'ébullition, en cuisant les matières organiques et dégageant les principes gazeux insalubres que ces eaux contiennent, les empêche de nuire, il faut encore, lorsque le liquide est refroidi, l'agiter dans l'atmosphère pour lui rendre l'air qu'il a perdu : enfin, il faut le filtrer à travers le sable ou le charbon. On pourrait aussi assainir les eaux en y versant un peu d'acide muriatique oxygéné (chlore.) (I. B.)

(1) Cet article est extrait de l'*Hygiène* du Dr. Tourtelle, et les notes qui l'accompagnent sont dues au Dr. Bricheteau.

La bonne ou mauvaise qualité des eaux dépend principalement de la nature du terrain sur lequel elles coulent. Celles qui ont parcouru une grande étendue du sol calcaire charrient de grandes quantités de carbonate de chaux, et forment des dépôts de ce sel et des incrustations. Ce sont ces eaux qui donnent naissance aux concrétions, aux pétrifications et aux stalactites ; il est très-vraisemblable que le carbonate de chaux n'y est dissous que par l'intermède de l'acide carbonique. Ces eaux, de même que celles qui contiennent une certaine quantité de sulfate calcaire, jouissent de qualités malsaines : elles sont pesantes, d'une saveur fade, terreuse et crue ; elles bouillent difficilement, ne fondent pas le savon, qu'elles caillebottent, et ne cuisent pas bien les légumes qu'elles endurcissent au lieu de les amollir. Ce sont des espèces d'eaux *minérales*, appelées *eaux dures, crues*, parce qu'elles font éprouver à l'estomac un sentiment incommode de pesanteur. Les eaux de pluies, recueillies dans les temps non orageux et quand il a déjà plu quelque temps, en plein air, loin des habitations des hommes et des animaux, et reçues dans des vases de terre ou de grès, ou dans des citernes faites de ces matières ou d'autres insolubles (1), sont les meilleures et les plus pures de toutes, parce qu'elles ont été purifiées par une sorte de distillation naturelle. Les eaux qui coulent sur un terrain sablonneux ou quartzeux, et qui sont en contact avec l'air, sont encore très-bonnes : ces terres ne se laissent pas attaquer par l'eau. Au contraire, les eaux qui traversent des craies, des plâtres, des marbres ; celles qui séjournent sur des tourbes, des bitumes, des mines, dans des cavités souterraines, sont plus ou moins impures, et doivent être, en général, rejetées. Il est important d'observer qu'il est dangereux de se servir, pour la conduite des eaux, de tuyaux de cuivre ou de plomb, parce que ces métaux s'oxydent très-aisément par l'action de l'eau, et dans cet état, ils sont de vrais poisons. Il est plus sûr de conduire les eaux au moyen de tuyaux de pierres dures, de fer fondu, de bois ou de terre cuite ; ces matières ne leur communiquent rien de nuisible ni de pernicieux. Il n'est pas moins dangereux de laisser séjourner l'eau, et plus encore le vin et les acides, dans des vaisseaux de cuivre et de plomb ; on devrait les proscrire entièrement de l'usage domestique. On pourrait citer, en preuve des dangers auxquels ils exposent, une multitude d'empoisonnements mortels qu'ils ont occasionnés.

Rien ne contribue plus à la conservation de la santé que l'usage des bonnes eaux, comme rien n'est plus capable de l'altérer que celles qui possèdent de mauvaises qualités. Les Romains n'épargnaient ni dépenses ni peines pour se procurer des eaux saines : souvent même, lorsque le pays n'en possédait pas de semblables, ils en faisaient venir de fort loin, au moyen d'aqueducs qu'ils construisaient à grands frais, tant ils étaient persuadés de l'utilité et de l'importance de se procurer une boisson salutaire. Il est à désirer que le gouvernement français s'occupe de cet objet si digne de son attention, et que l'indigent, à qui la cherté du vin ne permet pas de réparer, par l'usage de cette liqueur, ses forces épuisées par des travaux pénibles et souvent forcés, ne rencontre pas, dans les eaux impures et malfaisantes, les germes de la destruction (1). L'eau la plus convenable pour l'usage est celle qui est légère à l'aréomètre, et qui ne produit pas un sentiment de pesanteur dans l'estomac ; qui est claire, limpide, sans couleur, sans odeur, sans saveur, et agréable au goût ; qui s'échauffe promptement et se refroidit de même ; qui dissout aisément le savon, et qui cuit et amollit les légumes. Une eau qui possède ces qualités ne donne à l'analyse que très-peu de matières hétérogènes. On reconnaît encore qu'une eau est bonne lorsque, sur les rives de la fontaine, du ruisseau, de la rivière, il ne croît ni joncs, ni mousse, ni aucune plante aquatique ; lorsqu'elle sort de la fente d'un rocher, claire et limpide, et qu'elle coule sur un lit de sable, sans bourbe, sans sédiment, ou sur un cailloutage bien net. Enfin, sa salubrité se confirme par la bonne santé de ceux qui en font usage, par la force et la vigueur des animaux et des plantes du pays. Quand on voit les habitants d'un canton conserver les yeux sains, les dents blanches, et n'être pas sujets aux maladies de la peau, c'est un indice qui doit faire juger favorablement des eaux que l'on y boit. En général, leurs bonnes qualités attestent presque toujours la pureté de l'air ; il est rare que celui-ci soit malsain dans un pays qui a l'avantage de posséder de bonnes eaux.

Les eaux de puits, et généralement toutes les eaux dures et crues, cessent de produire des coliques d'estomac et d'entrailles, lorsque, après les avoir fait cuire, on les expose pendant vingt-quatre à trente-six heures au grand air, dans des vaisseaux de terre amples et évasés ; les sels qui y étaient tenus en solution se précipitent par l'évaporation, et les miasmes nuisibles, lorsqu'elles en contiennent, se volatilisent et s'en séparent. Elles ne conservent tout au plus, par ce moyen, qu'une vertu légèrement purgative, qui est due aux sels déliquescents non susceptibles de se précipiter ; mais il est plus sûr de les filtrer ensuite dans le sable, avant que d'en faire usage (2). Lind a proposé une méthode très-simple et très-facile, propre à

---

(1) Les citernes sont des espèces de souterrains faits de pierres ou de cailloux liés avec un bon ciment. Pour que l'eau y entre purifiée, on pratique sur les côtés des citerneaux qui communiquent vers le fond avec la citerne, et qu'on remplit en partie de gros gravier et de sable. De cette manière, l'eau est conduite lentement dans ces citerneaux, où elle a le temps de filtrer à travers le sable avant d'entrer dans la citerne, et l'eau en est très-pure. Le sable doit être renouvelé de temps à autre, ou au moins lavé, pour en séparer le limon qui s'y amasse.

(1) Depuis l'époque où l'auteur écrivait ce passage, des fontaines publiques et des aqueducs nouvellement établis dans diverses villes de France, et surtout dans la capitale, ont en partie exaucé les vœux qu'il formait pour la santé publique. (I. B.)
(2) On pourrait encore faire cesser l'insalubrité des eaux dites *séléniteuses*, en y versant un peu de carbonate de potasse, et séparant ensuite, au moyen du filtre, le carbonate de chaux précipité. (I. B.)

remplir cet objet. Elle consiste à prendre un tonneau défoncé par un des bouts, et à placer dans le milieu un autre tonneau plus long et moins large, défoncé aux deux extrémités. On remplit de sable le premier, à un tiers de sa hauteur, et celui du milieu à environ la moitié. On met l'eau qu'on veut filtrer dans le dernier : elle passe à travers le sable des deux tonneaux, et vient s'élever au-dessus du tonneau extérieur, d'où on la tire par un robinet dans des vaisseaux propres à la recevoir. Lorsque les circonstances ne permettent pas de faire usage de ce procédé, on conseille de mêler avec l'eau une petite quantité de vin, d'eau-de-vie ou de vinaigre : l'eau sera encore plus pure si l'on a eu soin de la faire bouillir auparavant. La distillation est le moyen le plus sûr et le plus efficace pour débarrasser l'eau de toutes les matières étrangères qui l'altèrent : ce procédé est peut-être le seul qui puisse rendre potable celle de la mer. On parvient à la dessaler complétement à l'alambic; mais on n'est pas toujours à portée de pratiquer cette opération, et l'on n'a pas toujours, en voyage, des vaisseaux distillatoires à sa disposition (1). Les navigateurs éprouvent fréquemment les incommodités que cause à un équipage l'altération de l'eau douce qu'ils embarquent avec eux pour leur usage (2). La nature a répandu les animaux avec tant de profusion, que l'air, la terre, les mers, les eaux des fleuves et des rivières, les corps animés, les cadavres, et même les liqueurs acides, sont remplis d'une multitude d'insectes; l'eau la plus pure en apparence n'en est pas exempte. Ce sont ces insectes et leurs œufs, imperceptibles à la vue, qui donnent naissance à la putréfaction momentanée qu'éprouvent les eaux douces renfermées dans les tonneaux qu'on charge sur les vaisseaux. L'eau devient épaisse, gluante, visqueuse, prend un mauvais goût et une mauvaise odeur, qui deviennent de plus en plus désagréables à mesure que la fermentation fait des progrès; celle-ci ayant cessé, les corps hétérogènes se précipitent au fond des tonneaux, et la même eau redevient douce et claire; ce qui a lieu fréquemment au bout de vingt-quatre heures. Lowitz a découvert, il y a quelques années, un procédé de la plus grande utilité pour préserver l'eau de la corruption, et pour la rétablir quand elle est corrompue. Pour remplir le premier objet, il faut d'abord porter la plus grande attention sur la propreté des tonneaux, les bien nettoyer avec le sable, puis les frotter avec le charbon en poudre; on met ensuite, par chaque tonneau ordinaire et rempli, à peu près six à huit livres de poudre de charbon, et une quantité suffisante d'acide sulfurique pour lui

communiquer une légère acidité; on agite de temps en temps le charbon pour le mêler avec l'eau. Lorsqu'on veut s'en servir, on la passe par une chausse de toile, dans laquelle on a mis un peu de poudre de charbon.

Lorsqu'on veut rétablir l'eau corrompue, on jette, par parties, dans le tonneau, de cette même poudre, jusqu'à ce qu'il ne s'en exhale plus de mauvaise odeur; puis on en filtre une petite quantité à travers le papier ou la chausse de toile, pour voir si elle passe claire, et on y ajoute du charbon jusqu'à ce qu'elle ne soit plus trouble; alors on la passe dans une grande chausse. Quand on a de l'acide sulfurique, on en met dans le tonneau, avant que d'y mêler le charbon, en suffisante quantité pour donner à l'eau une légère acidité. Si on destine cette eau à cuire des aliments, on peut substituer à l'acide le muriate de soude (sel marin). Toutes ces opérations peuvent s'exécuter dans l'espace de cinq à six minutes. Il est nécessaire que le charbon qu'on emploie soit bien fait, qu'il ne contienne point de cendres ni de substances grasses, et qu'il ait été conservé à l'abri de la fumée et des vapeurs inflammables. On peut le faire servir plusieurs fois aux mêmes usages; il ne s'agit pour cela que de le sécher, ou, ce qui vaut mieux, de le pousser à un grand feu en vaisseaux clos, et de le pulvériser ensuite de nouveau. On remarque que le charbon affaiblit considérablement la saveur de l'acide sulfurique, sans doute en le désoxygénant et en le réduisant en soufre. Deux gouttes de cet acide donnent à quatre onces d'eau une saveur aigre assez forte; mais elle est presque entièrement détruite dès qu'on y mêle un peu de poudre de charbon (1). L'eau pure et fraîche humecte, désaltère et rafraîchit; elle donne du ton à l'estomac, et de là à tout l'organisme; elle aide la digestion, fournit un véhicule nécessaire aux humeurs, dissout les matières excrémentitielles, et les entraîne avec elle hors du corps. Les buveurs d'eau mangent ordinairement beaucoup, digèrent bien, et parviennent à une grande vieillesse, exempts des infirmités auxquelles sont sujets les autres hommes. L'usage de cette boisson, que la nature a destinée aux besoins des hommes et des animaux, convient à tous les âges et à toutes les constitutions; elle possède la plupart des vertus médicales, selon les divers degrés de température qu'on lui donne; ce qui lui a mérité le nom de *panacée*, ou *remède universel*; et en effet, il est peu de maladies où on ne puisse

---

(1) On peut également rendre potable l'eau de mer par la congélation, qui n'atteint que l'eau qui n'est pas nécessaire à la dissolution des sels ; la glace fondue fournit de l'eau saine et agréable lorsqu'on a eu soin de l'aérer. (I. B.)

(2) On parvient à conserver saine l'eau douce à l'aide d'un procédé imaginé par M. Berthollet : il consiste à charbonner fortement l'intérieur des tonneaux avant de les remplir : un amiral russe a conservé ce moyen de l'eau potable (bonne à boire), pendant la durée d'un voyage de long cours. (Voyez *Annales de Chimie*, tome LIX.) (I. B.)

(1) On a beaucoup perfectionné, dans ces derniers temps, les moyens de purifier l'eau, c'est-à-dire de la débarrasser des matières étrangères qui y sont plutôt suspendues que dissoutes. Les filtres dont on se sert pour cet objet sont ordinairement en sable de rivière, en charbon ou en pierres poreuses de nature calcaire, disposées, dans les fontaines, en couches plus ou moins épaisses, que l'eau est forcée de traverser. Les filtres en pierre sont préférables, parce qu'ils fournissent une eau constamment claire. Dans le bel établissement du quai des Célestins à Paris, où l'on clarifie des quantités énormes d'eau de rivière, on a la précaution de faire d'abord passer le liquide à travers des éponges avant qu'il traverse les couches de charbon en poudre. (I. B.)

l'employer utilement, et à la guérison desquelles elle ne contribue, conjointement avec une diète convenable; elle fait la base de la plupart des boissons médicinales, des potions, des mixtures, des décoctions, des apozèmes et autres préparations pharmaceutiques (1).

Il en est de l'eau comme des autres choses les plus salutaires; elle fait du bien tant qu'on en use sobrement et devient nuisible dès qu'on en abuse. *Omne quod nimium, naturæ inimicum.* L'eau bue avec excès en été, ainsi que l'a remarqué Hippocrate (2), occasionne quelquefois l'hydropisie. Elle produit des maladies aiguës de poitrine, telles que la pleurésie et la péripneumonie, lorsqu'on a l'imprudence d'en boire pendant que le corps est échauffé et en sueur, parce qu'elle détermine brusquement le refoulement des forces vers l'intérieur, qui, se changeant en spasme, empêche la résorption des fluides perspirables, ou cause un surcroît d'action dans la partie qui devient leur aboutissant : telle est la cause la plus ordinaire de la plupart des maladies qui exercent les plus grands ravages dans les armées, parmi les gens des campagnes et les artisans. On les préviendrait aisément si on avait la sage précaution de ne se désaltérer qu'après quelques moments de repos, durant lesquels le corps se serait rafraîchi et aurait repris son état naturel. L'eau froide, dit Hippocrate, est nuisible dans la toux et les inflammations de poitrine; elle ne convient pas dans la fièvre, quand le malade a les pieds froids. Elle est très-utile dans les affections bilieuses, dans les grandes douleurs de tête, et dans les spasmes. Il est préjudiciable à la digestion de boire beaucoup d'eau immédiatement ou peu de temps après le repas. Il est très-dangereux aussi de faire habituellement usage d'eau chaude ou des infusions théiformes, etc.

§ II. *Des boissons fermentées.* — On appelle en général boissons fermentées tous les liquides qui ont la propriété d'enivrer, à raison de l'alcool qu'ils contiennent, alcool qui est le produit de la fermentation vineuse : tels sont le vin de raisins, la bière, le cidre, le poiré, l'hydromel vineux, l'eau-de-vie et l'alcool ou esprit-de-vin. On donne avec raison la préférence au vin de raisins; il est aux autres boissons fermentées ce que le pain fait de farine de froment est à celui qu'on fabrique avec les farines des autres graminées : il a la supériorité sur toutes, et par rapport au goût et par rapport aux autres qualités. De toutes les substances le sucre est la seule qui puisse être convertie en alcool, et il n'y a que celles qui le contiennent qui soient susceptibles de passer à la fermentation vineuse; mais il faut, pour que cette fermentation s'excite, qu'il soit étendu dans une certaine quantité d'eau, et mêlé à une autre matière végétale ou animale quelconque, comme à l'extractif, à la fécule, à un sel, etc. (3). Le sucre est si abondamment répandu dans les substances végétales et animales, qu'il y en a peu qui ne soient capables d'éprouver la fermentation vineuse et de donner de l'alcool. Tous les fruits sucrés, écrasés, la contractent bientôt, lorsqu'ils éprouvent un degré de chaleur au-dessus du quinzième du thermomètre de Réaumur. Les semences des graminées et surtout de l'orge, dont la germination a développé la matière sucrée, le miel et le sucre étendu d'eau, passent aisément à cette espèce de fermentation lorsqu'ils sont soumis à l'action de cette cause : bien plus, le lait lui-même est susceptible de se transformer en vin; et les Tartares n'ont guère d'autres boissons enivrantes que celles qu'ils font avec le lait de leurs juments, dont ils déterminent la fermentation par le procédé que j'ai indiqué en parlant du lait. Le vin est un composé d'eau, d'alcool, de tartre, d'un arome qui diffère suivant l'espèce de vin, et d'une substance extracto-résineuse colorante (1). On conçoit aisément que les vins diffèrent en qualités, non-seulement par rapport à l'espèce de raisins et à la nature du terroir, mais encore par rapport aux diverses proportions des principes, et par la manière dont on a conduit la fermentation.

Cette liqueur est une boisson connue de temps immémorial; il n'est point même de nations sauvages qui n'aient trouvé les moyens de s'enivrer avec quelque breuvage. Les Moxes, nation la plus barbare de l'Amérique, font une liqueur très-forte avec des racines pourries qu'ils infusent dans l'eau. D'autres sauvages font avec le maïs une liqueur dégoûtante, appelée la *chicha*, qui est très-spiritueuse, et avec laquelle ils s'enivrent fréquemment. Le vin est une boisson nourrissante (2), aussi agréable que salutaire, quand il est de bonne qualité et qu'on en use sobrement. Le bon vin est celui qui plaît également par sa couleur, sa limpidité, son odeur et sa saveur, et dont l'usage modéré ne cause aucune incommodité : celui qui est falsifié est très-dangereux, et un vrai poison qui abrège les jours. Si on observe les effets que le vin produit sur les hommes, on verra qu'ils sont très-différents selon les diverses constitutions. Il y en a qui en boivent habituellement, même en grande quantité, sans en ressentir d'incommodité, et que son usage n'empêche pas de parvenir à un grand âge. Néanmoins le grand nombre des buveurs ne vivent pas longtemps et meurent de bonne heure accablés d'infirmités. Il est donc sage de ne prendre habituellement qu'une modique quantité de vin, et même de le tremper d'eau. Ce conseil est surtout de rigueur pour ceux qui sont incommodés par cette boisson. On peut être assuré que l'usage du vin est nuisible, et on doit se l'interdire absolument, lorsqu'il produit, après en avoir pris en petite quantité, une haleine vineuse, des rapports aigres, et de légères douleurs de tête; et lorsqu'après en avoir bu une plus grande quantité que de coutume, il occasionne des étourdis-

---

(1) L'auteur de l'article *Hydropote* du *Dictionnaire des Sciences médicales* a fait de l'eau un éloge qui mérite d'être consulté. (I. B.)

(2) Lib. de Affect. intern.

(3) Cette matière est ce que les chimistes modernes appellent le *ferment*. (I. B.)

(1) On y trouve encore un peu de matière sucrée, de l'acide malique, de l'acide tartrique et acétique. (I. B.)

(2) La propriété nutritive du vin peut être contestée; le vin stimule, mais il est douteux qu'il nourrisse. (I. B.)

sements, des nausées, l'ivresse, surtout quand celle-ci est chagrine, sombre, querelleuse et colère. Les hommes sur lesquels le vin produit de semblables effets, et qui persistent dans son usage, périssent misérablement vers la cinquantième année de l'âge. L'excès du vin prédispose à diverses maladies du système nerveux, et principalement aux affections mentales. Les ivrognes succombent souvent aux phlegmasies chroniques des voies digestives, aux hydropisies de l'abdomen, etc. Les liqueurs spiritueuses faites à l'eau-de-vie et à l'esprit-de-vin sont encore plus pernicieuses, et leurs effets sont bien plus délétères, lorsqu'on en fait usage habituellement et avec excès. Ces liqueurs, dont on abuse tant, sont de vrais poisons, qui ne contribuent pas peu à moissonner l'espèce humaine à la fleur de l'âge. Le premier effet du vin et des liqueurs fortes pris immodérément, est d'exciter une vive irritation dans les entrailles, d'y créer des spasmes violents et d'y concentrer les forces, au point que l'organe extérieur est presque entièrement privé de son action.

Si l'on considère un homme pris de vin, on voit que sa tête est affectée, qu'il est dans le délire et l'assoupissement; il ne peut se soutenir, il est chancelant, et souvent l'habitude du corps est froide; il a perdu toute sensibilité; le froid et le chaud ne lui font aucune impression; il est tourmenté de vents; il a le hoquet, du tremblement, etc. Ceux qui digèrent bien le vin n'éprouvent pas, ou du moins n'éprouvent que d'une manière peu sensible, les symptômes dont j'ai fait l'énumération plus haut. Leur ivresse est spirituelle, babillarde et gaie; il est rare qu'ils périssent de l'hydropisie et des obstructions : malgré cela, le vin produit quelquefois chez eux des effets nuisibles. Les buveurs de cette classe vivent plus que ceux dont je viens de parler, mais leur tempérament s'altère et se déprave pour l'ordinaire vers l'âge de soixante ans, et ils ont en partage dans la vieillesse la paralysie, la démence, l'apoplexie et d'autres maux de ce genre. En général, les liqueurs fortes prises habituellement en trop grande quantité consument les forces de la vie et amènent une vieillesse prématurée; elles entretiennent dans l'économie animale une sorte de fièvre habituelle, qui épuise, enflamme et dispose à des maladies graves. On croit communément qu'elles aident à la digestion; mais cela n'est vrai que dans certains cas, comme lorsque les organes digestifs sont dans un état de faiblesse et de relâchement tels qu'ils ne digèrent qu'avec peine, ou lorsque la force excentrique domine vicieusement et au point de laisser ces organes dans une inertie presque totale. Une petite quantité de liqueur, prise dans de semblables circonstances, relève utilement le ton et fait converger les forces vers l'estomac : mais si on fait journellement usage de liqueurs, elles jettent à la longue les premières voies dans une énervation radicale. En général, tous les moyens qui font de l'estomac un centre permanent d'action finissent par détruire ses forces et son activité.

Tels sont en abrégé les maux que se prépare l'homme qui se livre avec passion à l'usage des boissons spiritueuses. On ne m'accusera pas sans doute de les avoir exagérés, car il est peu de personnes qui n'en aient été témoins. C'est sans doute le tableau de ces maux qui a fait penser à quelques philosophes que la vie abstème était la seule convenable à l'homme. Nos premiers pères, nous dit-on, vivaient plus longtemps, et ne connaissaient pas l'usage du vin. La nature a prodigué l'eau à tous les hommes et dans tous les pays : elle l'a rendue agréable pour tous les palais, tandis qu'elle n'a fait croître nulle part les liqueurs fermentées, qui sont un produit de l'art. Mais est-il démontré que la vie des premiers hommes n'a été si longue que parce qu'ils ne faisaient pas usage de ces boissons? et n'existe-t-il pas une multitude d'autres causes qui ont appelé une foule de maux et d'infirmités sur l'homme, et qui ont abrégé la durée de son existence (1)? Ne peut-on pas opposer aux partisans de la vie abstème le goût naturel qu'ont tous les peuples pour les boissons vineuses? Un appétit universel n'est-il pas un effet de l'instinct qui porte l'homme à l'usage des choses utiles à sa conservation et à son bonheur? car la nature ne se trompe jamais. Il est bien vrai qu'elle ne produit nulle part des boissons fermentées; mais elle ne produit pas non plus du pain; et serait-ce une raison pour s'en interdire l'usage? D'ailleurs, en admettant que nos premiers aïeux ne connaissaient pas les boissons vineuses, n'est-il pas certain que, placés dans des circonstances bien différentes, et ayant dégénéré presque entièrement de leur force et de leur vigueur, ces boissons nous sont devenues nécessaires, d'après nos mœurs et la faible constitution dont nous jouissons? L'usage du vin est bon en lui-même, et il est trop utile aux hommes pour le condamner aussi sévèrement.

On doit en user modérément : les enfants, les jeunes gens, les femmes, les sanguins, les bilieux, les atrabilaires en doivent peu boire, de même que les personnes dont le genre nerveux est très-irritable et sensible. Il peut être donné en plus grande quantité aux hommes qui fatiguent beaucoup, aux vieillards, aux pituiteux, aux infirmes, durant les temps humides et dans les lieux aquatiques et marécageux. Pris modérément, il nourrit, relève les forces, augmente l'énergie du principe vital, accélère le mouvement progressif du sang et des humeurs, détermine l'action du centre à la circonférence, et active la transpiration; en un mot, le vin possède toutes les qualités propres à maintenir la santé et à prévenir beaucoup de maladies.

Le corps n'est pas le seul objet des vertus salutaires du vin; l'esprit se ressent aussi de ses influences vivifiantes. Homère animait quelquefois ses chants immortels par l'usage de cette précieuse liqueur; Æschyle ne chaussait le cothurne que lorsqu'il était

(1) La plupart des idées émises sur la longueur de la vie de ceux qu'on appelle les *premiers hommes*, ne reposent que sur des notions vagues et incertaines. Les hommes dont on parle ne vivaient peut-être plus longtemps que nous, que parce qu'ils avaient des années plus courtes. (I. B.)

échauffé par le vin, et Lamprias ne montrait jamais plus de génie que lorsqu'il avait bu. Enfin, Ennius Caton, Rabelais et une infinité d'autres trouvaient, dans cette boisson des dieux, cette gaieté et ce brillant qui dérident le front de la sagesse et électrisent l'imagination. C'est donc sans raison qu'on a blâmé l'usage du vin ; je dis plus, c'est dans cette boisson qu'on trouve le vrai remède contre la tristesse et le chagrin. « Lorsqu'il arrive quelque malheur à un » Européen, dit Montesquieu (1), il n'a d'autre res- » source que la lecture d'un philosophe qu'on appelle » Sénèque ; mais les Asiatiques, plus sensés qu'eux » et meilleurs physiciens en cela, prennent des breu- » vages capables de rendre l'homme gai, et de char- » mer le souvenir de ses peines..... C'est se moquer » de vouloir adoucir un mal par la considération que » l'on est né misérable : il vaut bien mieux enlever » l'esprit hors de ses réflexions, et traiter l'homme » comme sensible, au lieu de le traiter comme rai- » sonnable. » On doit donc interdire seulement l'a- bus, et non l'usage du vin ; il est permis d'en boire, mais non jusqu'à l'ivresse. Outre les maux physiques que produit l'ivrognerie, ce vice grossier et brutal, elle porte encore ses funestes effets sur le moral, et ôte à l'âme sa vigueur et son énergie. Elle est une infraction de la loi naturelle, qui défend à l'homme d'aliéner sa raison. L'excès du vin rend furieux dans les pays chauds, et occasionne la stupidité dans les pays froids. En général, l'usage du vin doit être tem- péré par le cristal des fontaines, et, comme l'a dit le bon Plutarque, « il faut calmer les ardeurs de Bac- » chus par le commerce des Nymphes. »

Ce n'est pas seulement l'excès du vin qui rend cette boisson malfaisante et dangereuse ; sa falsifica- tion, surtout celle par l'oxyde de plomb demi-vitreux (la litharge), est encore plus nuisible et plus meur- trière. Quelques marchands s'en servent pour rétablir les vins qui tournent à l'aigre ; et, en effet, cette sub- stance a la propriété de neutraliser l'acide acéteux qui se développe par la fermentation, et de former avec lui un sel d'une saveur sucrée, qui n'altère pas la couleur du vin, et qui empêche les progrès de l'acidification. Cette falsification est on ne peut pas plus pernicieuse : souvent elle donne lieu à des acci- dents très-graves, et notamment à cette colique ter- rible connue sous le nom de colique saturnine, coli- que de plomb ou des plombiers. On reconnaît cette al- tération du vin au moyen du sulfure alcalin ou cal- caire en liqueur, dont la préparation consiste à mêler parties égales de potasse ou de chaux et de soufre ; on met ce mélange dans un creuset, et on le fait fon- dre promptement, pour prévenir la dissipation et la combustion du soufre. Il n'est pas nécessaire d'appli- quer une bien grande chaleur, parce que le soufre, qui est très-fusible, facilite la fusion de la potasse, en s'unissant à elle. Lorsque ce mélange est entièrement fondu, on le coule sur une pierre qu'on a eu soin de graisser avec de l'huile ; le sulfure se concrète en une matière brunâtre. Lorsqu'on veut le conserver sec et

(1) Lettres Persanes, lettre XXXI.

solide, il faut le rompre promptement en petits mor- ceaux, et le mettre tout chaud dans une bouteille bien sèche, et qu'on ferme bien, parce qu'il est très-déli- quescent. Quand on veut s'en servir pour essayer un vin dans lequel on soupçonne la présence du plomb, on fait dissoudre une petite quantité de ce sulfure dans l'eau, et l'on prend un verre bien net, qu'on remplit à moitié de vin, et dans lequel on verse quel- ques gouttes de cette solution ; lorsque le vin contient du plomb, il jaunit aussitôt, puis brunit en se trou- blant, et forme ensuite un précipité brun ou noirâtre. Le vin qui n'a pas été falsifié par l'oxyde demi-vi- treux de plomb pâlit, et ne prend pas une couleur foncée. On peut se servir également de cette liqueur pour essayer d'autres substances, dans lesquelles on soupçonne une semblable falsification. Le beurre, dit Gaubius, qui a été altéré par la litharge, jaunit, puis noircit, et prend ensuite une couleur de boue. Néan- moins, cet essai et plusieurs autres ne sont pas tou- jours fidèles, et peuvent induire en erreur. Le moyen le plus sûr pour découvrir l'altération des substances par le plomb, est de les faire évaporer, et de les pousser ensuite à un grand feu dans un creuset. Lors- qu'elles en contiennent, on trouve, après l'opération, un petit culot de ce métal au fond du creuset. Les meilleurs remèdes aux accidents produits par le plomb sont les sulfures et les eaux thermales sulfu- reuses. Quelques marchands de vins sont dans l'usage d'y faire dissoudre une certaine quantité d'alun, pour en aviver les couleurs, et empêcher qu'ils ne tournent à l'acidité. Cette méthode peut être très-dangereuse lorsque l'alun est employé à forte dose. Les princi- paux effets du vin aluné sont de resserrer le ventre, de causer des douleurs d'estomac, et de donner lieu, lorsqu'on en soutient quelque temps l'usage, aux obstructions et au marasme. On peut découvrir cette fraude en jetant dans le vin quelques gouttes de dis- solution mercurielle par l'acide nitrique : lorsqu'il contient de l'alun, celui-ci est promptement décom- posé ; il se forme du sulfate de mercure et du nitrate d'alumine. On peut encore employer d'autres moyens : les alcalis, la chaux, la baryte, etc., ont la propriété de décomposer l'alun. Il y a de très-grandes diffé- rences parmi les vins, à raison de la couleur et de la consistance, de la saveur et du parfum, de l'âge et du sol.

1° Il y a des vins blancs, des vins rouges, des vins paillets et des vins jaunes. Les vins blancs sont, pour la plupart, faibles et ténus, moins échauffants et moins enivrants que les autres ; ils nourrissent moins aussi, et augmentent la sécrétion des urines : *Ad vesicam vina alba magis penetrant, urinasque provocant* (HIPP., *de Vict. rat. in acut.*) : c'est pour- quoi ils conviennent de préférence aux sanguins, aux bilieux et aux personnes de lettres. Leur usage habi- tuel nuit néanmoins aux organes de la digestion, et rappelle les accès de goutte chez ceux qui sont sujets à cette maladie. Ces vins sont très-peu nourrissants ; *vina alba exiguum præbent corpori alimentum* (GA- LEN.) : c'est pourquoi on en recommande avec raison l'usage aux personnes qui ont beaucoup d'embon-

point. Les vins *rouges* passent moins vite que les précédents; ils contiennent plus de matière sucrée et de tartre : c'est pourquoi ils nourrissent et réparent davantage les forces. Ils sont stomachiques, et conviennent surtout aux hommes forts et robustes, ainsi qu'à ceux dont la texture du corps est rare, et qui suent aisément. Les vins *paillets* ou *clairets* (*vina fulva* d'Hippocrate), de même que les vins *gris*, tiennent le milieu entre les vins blancs et les vins rouges; ils sont très-salubres, se digèrent bien, et sont surtout utiles aux personnes faibles et à celles qui font peu d'exercice. Leur usage copieux occasionne des douleurs de tête et attaque les nerfs. Les *jaunes* sont les plus chauds de tous : ils sont desséchants et ennemis du cerveau et des nerfs. Les vins de *Crète* ou de *Malvoisie*, ceux du *Rhin* et beaucoup de ceux de *France* sont de ce genre.

2° Les vins diffèrent quant à la consistance : il y en a qui sont épais, d'autres ténus et enfin de moyens. Les vins épais contiennent beaucoup de sucre et de tartre; ils sont très-nourrissants et toniques, mais ils ne se digèrent pas aisément, et ne conviennent qu'aux personnes vigoureuses et qui se livrent habituellement à des travaux pénibles. Les vins limpides, ou *ténus*, nourrissent moins, mais passent mieux : leur usage est plus avantageux aux hommes de cabinet et à ceux qui sont sédentaires. Les vins moyens participent des uns et des autres; ils sont le plus généralement en usage, et servent de boisson à la plupart des hommes riches ou aisés.

3° Les vins sont doux, acides, austères ou piquants. Les premiers sont connus sous le nom de *vins de liqueur*. Ils contiennent une grande quantité de sucre et d'alcool. Tout l'art de faire ces vins consiste à faire subir la fermentation vineuse au moût qui contient assez de sucre pour qu'il en reste encore beaucoup après une bonne et pleine fermentation. Dans les pays assez chauds pour que les espèces de raisins très-sucrés, comme, par exemple, les muscats, parviennent à une entière maturité, le moût de ces raisins fait naturellement un vin de liqueur; mais, pour donner à ce même vin plus de force et de douceur, on expose les raisins au soleil, avant d'en exprimer le suc, afin de le concentrer. Dans certains endroits, on fait concentrer le moût des raisins sur le feu, immédiatement après la récolte et avant que la fermentation ne commence, jusqu'à ce qu'il acquière une consistance un peu sirupeuse; les vins de liqueur qui en résultent sont appelés *vins cuits* (*vina cocta*) : les anciens y mêlaient des aromates. On est fondé à croire que les vins qu'ils appelaient *vina myrrhina* étaient ceux aromatisés avec la myrrhe. Ces différents procédés, pourvu que la chaleur ne surpasse pas celle de l'eau bouillante, ne changent pas, ou au moins sensiblement, la combinaison des principes du vin; ils ne font que lui enlever l'eau surabondante de végétation, et rapprocher ainsi la matière sucrée. Les vins *doux* sont très-nourrissants et fortifiants; ils tiennent le ventre libre, sont amis des poumons, et favorisent l'expectoration : ils conviennent par conséquent aux personnes maigres et à celles qui sont sujettes à la

toux. Les vins *acides* sont ceux qui contiennent une certaine quantité de vinaigre, qui se forme lorsque la fermentation est mal conduite et précipitée, ou quand elle a été trop prolongée; car, lorsque la fermentation a parcouru ses périodes d'une manière convenable, le vin ne se convertit en vinaigre que par vétusté. Ces vins sont peu nourrissants, donnent des vents, irritent l'estomac et les intestins, et produisent des tranchées. Ceux qui tendent à l'acidité donnent des aigreurs et occasionnent des coliques et des flux de ventre.

Les vins âpres et acerbes, appelés aussi *vins verts*, sont faits de raisins qui n'ont pas acquis toute leur maturité, comme dans les années froides ou pluvieuses, ou dont la fermentation a été trop lente. Ces vins sont astringents et peu spiritueux; ils sont désagréables au goût, se digèrent difficilement, nourrissent peu, constipent et donnent des vents et des tranchées : en un mot, ils sont d'une très-mauvaise qualité. Maupin a proposé des moyens propres à améliorer ces vins et à en diminuer l'âpreté; ils consistent, en général, ou à concentrer le moût par l'évaporation, ou à le faire fermenter plus rapidement et plus complétement, en faisant cuire dans des chaudières une partie du moût qu'on introduit bouillant au fond des cuves avec un entonnoir à long tuyau; puis on enveloppe les cuves de couvertures, et on entretient, au moyen des poêles, un haut degré de chaleur dans le lieu où se fait la fermentation. L'expérience a prouvé la bonté de ces procédés; néanmoins il en est un plus efficace et plus propre à améliorer les vins verts : il consiste à ajouter au moût qui est trop peu sucré la quantité de sucre qui lui manque. Les vins *piquants* sont ceux dont l'alcool est uni à un principe un peu âcre, amer, et qui stimulent agréablement le palais et la langue. Ces vins sont très-enivrants et nuisibles aux sanguins, aux bilieux, aux jeunes gens et aux vieillards. Ils sont au contraire utiles aux pituiteux, qu'ils stimulent. Ils constipent, arrêtent l'expectoration, et occasionnent des rêves fâcheux et lugubres.

4° Les vins diffèrent par rapport à leur arome. Les bons vins ont un parfum suave et qui approche de la framboise. Ils réparent promptement les forces, aident la digestion des aliments, et, sous ce rapport, conviennent très-bien aux vieillards et aux personnes faibles et languissantes; mais ils sont plus enivrants et plus échauffants que les autres, c'est pourquoi il en faut user très-modérément. Ceux qui exhalent une odeur désagréable, soit parce qu'ils sont altérés, soit parce que les tonneaux ou l'addition de quelques drogues la leur ont communiquée, sont nuisibles et doivent être rejetés. Les vins soufrés, qu'on reconnaît à l'odeur de soufre qu'ils répandent, sont malsains, par rapport à l'acide sulfureux qu'ils contiennent : tels sont la plupart des vins blancs d'Allemagne, qu'on soufre afin de les conserver. La fermentation est arrêtée par ce procédé; et le sucre ne s'*alcoolise* plus qu'à la longue et difficilement. Ils dessèchent et excitent la soif, sont ennemis de la poitrine, et agacent les nerfs. Les vins qui n'ont pas de parfum sont fai-

bles, ne se digèrent pas aisément, et ne restaurent que légèrement.

5° Les vins ont des qualités différentes à raison de leur âge. On appelle vins nouveaux ceux qui, n'ayant que trois ou quatre mois, n'ont déposé qu'une petite portion de leur lie, et retiennent la plupart des qualités du moût. Ces vins contiennent encore beaucoup de sucre que la fermentation n'a pas converti en alcool ; c'est pourquoi ils sont très-nourrissants et peu spiritueux. Ils se digèrent difficilement, et laissent dégager dans les premières voies une grande quantité d'acide carbonique qui distend l'estomac et les intestins ; ils rendent le sommeil inquiet et agité. Il est faux qu'ils donnent naissance aux calculs des reins et de la vessie, ainsi qu'on le débite vulgairement. Lorsque les vins passent trois ou quatre mois, on les appelle vins de l'année ; ils sont plus faits que les précédents ; mais il faut qu'ils aient au moins un an pour être potables. Les vins vieux sont très-généreux, plus restaurants, mais nourrissent moins : ils fortifient l'estomac et relèvent promptement les forces; mais ils sont plus enivrants et plus irritants : il est bon de n'en boire qu'en petite quantité, et même avec de l'eau. Souvent la vétusté les rend amers. Ceux-là sont plus salubres qui tiennent le milieu entre les vins nouveaux et les vieux, c'est-à-dire, ceux de deux, de trois ou de quatre ans, qu'on appelle *vins de deux*, *trois* ou *quatre feuilles*. La plupart des vins perdent, au bout de six à huit ans, leurs qualités et leur force ; ils se détériorent sensiblement, et quelques-uns deviennent insipides; d'autres, et c'est le plus grand nombre, prennent de l'amertume et de l'acidité, ou moisissent.

6° Le sol et le ciel ont aussi une très-grande influence sur les qualités des vins. Les anciens et les modernes ont toujours regardé le vin de *Chypre* (*vinum cyprium*) comme un des plus exquis et des plus délicieux. Il est très-tonique, et convient surtout aux personnes faibles ou infirmes. Il est très-salutaire, pourvu qu'on en use sobrement. Malheureusement ce vin, qu'on trouve dans tous les pays, est rarement naturel et pur. — Le vin de *Candie* (*vinum creticum*) a été justement célébré par les Grecs ; il est, en effet, un des plus excellents, surtout le muscat et le malvoisie ; ce dernier n'est autre chose que du vin muscat cuit. Le vin de Candie n'est point inférieur en bonté au vin de Chypre, et possède les mêmes qualités. — Le vin de *Chio* (*vinum chium*) est très-estimé. Celui de *Mételin* (*vinum lesbium*) est comparable au nectar ; il est très-rare en France.

Les vins de Hongrie sont plus communs : le plus recherché est le vin de *Tokai* (*vinum tokaviense*), qui le dispute en bonté au vin des Canaries ; il est un peu plus sec que les autres vins de liqueur, et un peu moins doux. Ce n'est en quelque sorte qu'un demi-vin de liqueur, dont la saveur approche de celle du vin d'Espagne mêlé avec d'excellent vin de Champagne vieux et non mousseux. Il se fait avec une espèce de raisins très-riches en sucre et très-mûrs. Dans les années dont l'automne est beau et sec, on laisse ces raisins dans la vigne jusqu'en décembre ; mais,

lorsque cette saison est humide, on les cueille de bonne heure, et on achève de les faire mûrir en les séchant au four : ils fournissent par ces procédés un moût très-sucré, que la fermentation, dirigée d'une manière convenable, convertit en un vin excellent. — On peut faire les vins semblables à celui de Tokai, dit le célèbre Macquer, dans les pays qui ont la température de la Hongrie, en y apportant les précautions nécessaires. La première consiste dans le choix et la culture de l'espèce de raisins la plus abondante en matière sucrée ; la seconde exige qu'on conserve ces raisins pour les mûrir complétement, et augmenter la proportion du sucre qui y est naturellement contenu, en diminuant celle de l'eau de végétation. Le temps de leur dernière maturation, après qu'ils ont été cueillis, ne s'étend guère au delà de vingt-cinq à trente jours ; mais on pourrait l'abréger en réduisant le moût par l'évaporation au feu, ou en y ajoutant assez de sucre pour lui donner la même saveur et la même consistance qu'à celui des raisins conservés quatre à cinq mois sur le pied dans la vigne, et vingt-cinq à trente jours après leur récolte. La troisième précaution, enfin, consiste à conduire la fermentation très-lentement. — Le vin d'*Albe* (*vinum albanum*) est sans contredit un des meilleurs vins d'Italie; il était très-estimé des anciens, et ne le cédait en rien à celui de Falerne ; mais il n'a pas la même force qu'autrefois, il est moins spiritueux, sa saveur est douce, il n'est presque pas capiteux, et passe aisément ; il est nourrissant et tonique. Les vins d'Italie les plus renommés, et qui approchent le plus du vin d'Albe, sont ceux de *Verdée*, de *Moscadelle* et de *Monte-Fiascone*, dans la Toscane ; les vins muscats de *Florence*, *Pérouse* ; celui de *Marciminien*, dans l'État de Venise ; les vins de Naples, tels que le vin grec du *Mont-Vésuve* et le *lacryma-christi* ; ceux de Tarente, de Falerne et de Syracuse. Il en est peut-être beaucoup d'autres d'une qualité supérieure, mais qui sont moins connus dans nos pays.

Les vins d'Espagne sont généralement estimés, surtout celui de *Malaga* (*vinum malaccense*), dans le voisinage de Gibraltar. Ce vin est onctueux et se conserve très-longtemps ; il est nourrissant et fortifiant : il convient particulièrement aux vieillards, aux personnes faibles et aux convalescents. Il n'est pas inutile de faire remarquer qu'on débite beaucoup d'hydromel pour du vin de Malaga. — Le vin d'*Alicante* (*vinum alonense*) est rouge, un peu épais, mais agréable au goût, très-nourrissant et stomachique. Les vins de *Tinto*, de *Xérès*, de *Rota*, ne le cèdent point en qualité à celui d'Alicante. On peut ajouter aux vins d'Espagne celui des *Canaries*, qui est léger et de garde : il est fait du moût cuit d'une sorte de raisins muscats qui croissent dans ces îles ; il a les mêmes vertus que les précédents. Celui qui est le plus estimé vient de l'île de Palme. Le vin de Madère, île qui est à l'entrée de l'Océan, ne lui est point inférieur en bonté. Le *Malvoisie* de l'île de *Candie*, et les autres vins grecs qu'on recueille à *Chio*, à *Ténédos*, et dans les autres îles de l'Archipel, ainsi que celui de *Schiras* en Perse, sont de même nature. En général,

tous ces vins, tant d'Espagne que des îles, sont des vins de liqueur, et se conservent très-longtemps. Ils sont agréables au goût, nourrissants et fortifiants. Leur usage ne convient pas aux constitutions chaudes, bilieuses et irritables ; et, dans toutes les circonstances, on ne doit en prendre que rarement et en petite quantité. — Les vins d'*Allemagne* ont des qualités très-différentes de ceux dont nous venons de parler. Ceux du *Rhin*, ainsi appelés parce qu'ils croissent sur les bords de ce fleuve, sont doux avec une sorte d'acidité ; ils passent bien et sont moins chauds que les autres ; ils conviennent aux bilieux, aux sanguins et aux scorbutiques. Leur usage est salutaire aussi aux habitants des pays septentrionaux, chez lesquels il anime la circulation et réveille la fibre engourdie. Les vins de *Moselle* et du *Mein* ont à peu près les mêmes qualités. — Les vins de *Bourgogne* sont de tous les vins de France les plus exquis et les plus salutaires : ils sont âpres et tartareux durant les premiers mois ; mais ils s'adoucissent beaucoup avec le temps. Ils sont nourrissants, toniques, amis de l'estomac, et non très-capiteux. Ce sont ceux du *Clos-Vougeot* et de *Chambertin* qui jouissent de la plus grande réputation, et ensuite ceux de *Nuits*, de *Beaune*, de *Pomard*, de *Vollenay*, de *Montrachet*, de la *Romanée*, de *Chassaigne*, de *Meursault*, de *Chablis* et de *Pouilly*. — Les vins de *Champagne* vont de pair avec ceux de *Bourgogne* ; il y a même beaucoup de personnes qui leur donnent la préférence. Il se trouve en effet de ces vins champenois qui réunissent la force des meilleurs vins de Bourgogne à une saveur piquante qui flatte et réjouit, et qu'on ne rencontre pas ailleurs. En général, ils sont légers et chauds, doux et un peu acides, et ont un parfum agréable, ils sont très-enivrants et font couler les urines. Leur usage doit être interdit aux personnes d'une constitution sensible et irritable, car ils excitent puissamment le genre nerveux. — Les vins de *Lyon*, et surtout ceux de *Condrieux*, sont aussi très-généreux et d'une excellente qualité ; ils sont doux et se conservent très-longtemps. Les vins de *Bordeaux*, et principalement ceux de *Grave*, ont, ainsi que ceux de *Pontac*, un peu d'âpreté ; mais ils flattent le goût, nourrissent, et ne sont pas très-capiteux. Ceux d'*Orléans* sont généreux, échauffants et enivrants ; mais ils n'atteignent leur point de maturité qu'à la seconde année, et peuvent se garder cinq à six ans. Les vins d'*Anjou*, et surtout les blancs, sont doux, spiritueux, nourrissants, et peuvent se garder longtemps.

On peut placer immédiatement après ces vins ceux de la Franche-Comté, dont plusieurs approchent beaucoup, et dont quelques-uns égalent la bonté de ceux de Bourgogne. Outre les excellents vins rouges que fournissent les départements du Jura et du Doubs, tels que ceux de *Salins*, de *Port-Léné*, des *Arsures*, de *Byans*, de *Mercureau*, de *Troichaté*, etc., il en est une multitude d'autres qui ne sont pas moins agréables au goût, et qui sont très-salutaires. Les vins blancs de *Château-Châlons* et d'*Arbois* jouissent avec raison de la plus grande réputation. C'est ce dernier dont Henri IV faisait tant de cas, et dont il but

deux bouteilles en signant son traité avec le duc de Mayenne. Les vins du département de la Haute-Saône sont aussi d'une excellente qualité, et surtout ceux de *Morey*, de *Saint-Julien*, etc. — Les vins du ci-devant *Poitou* sont blancs et faibles, un peu acerbes, et même acides ; ils diffèrent peu de ceux du Rhin. Il croît quelques vins aux environs de *Paris* ; mais ils manquent de saveur et sont peu estimés : d'ailleurs la plupart sont mélangés et falsifiés par les marchands, dont l'insatiable cupidité ne connaît pas de bornes. — Les départements méridionaux de la France fournissent des vins généreux et d'un goût exquis. On estime surtout celui de l'*Hermitage* : il a une couleur rouge, légère, une saveur très-agréable, quoique un peu âpre, et passe pour être très-stomachique. Celui de *Côte-Rôtie* ne lui cède pas en bonté. Ils croissent l'un et l'autre dans le ci-devant Dauphiné. On fait un grand cas des vins muscats de *Frontignan*, de *Lunel* et de *Tavel*. Les vins de *Perpignan*, gros rouges, soit blancs, sont de tous ceux du ci-devant Languedoc les meilleurs ; mais il en faut peu boire, car ils sont très-spiritueux et portent promptement à la tête. Ils conviennent aux personnes pituiteuses, à celles qui digèrent difficilement et qui ont l'estomac faible et paresseux. Les vins de Provence sont très-nourrissants et enivrants ; on ne doit en user que mêlés avec de l'eau. Les plus renommés sont ceux de la *Marque* et de *Céménos*, près de Toulon ; ceux de *Barbantane* et de *Caux* proche Arles ; ceux de *Riez*, de *Roquevaire*, d'*Aubagne* et de *Canteperdrix* ; les vins blancs de *Caseis*, de *Marignane* et de *Cannes* ; les vins muscats de *Saint-Laurent*, de la *Ciotat* et de *Cuers*. Tous ces vins ont la saveur la plus agréable et rétablissent promptement les forces ; mais on ne doit en user que très-modérément, car leur usage excessif ou habituel finit au contraire par les détruire : ils conviennent particulièrement aux vieillards, aux convalescents, aux personnes infirmes et valétudinaires.

En général, le vin le plus salutaire, et en même temps le plus agréable, est celui qui, par l'effet de la fermentation, s'est dépouillé de la plus grande partie de son tartre : c'est à cette cause qu'est due principalement la supériorité qu'a le vin vieux sur le nouveau ; et c'est de la manière de diriger la fermentation que dépend surtout la qualité du vin. Pour réussir dans la vinification, il faut savoir saisir l'instant où il convient de retirer le vin de la cuve, et de l'enfermer dans des tonneaux : pour peu que la fermentation soit, ou trop avancée, ou trop ralentie, le vin ne peut être bon. — On doit distinguer deux temps dans la fermentation vineuse. Le premier est celui dans lequel elle se manifeste d'une manière tumultueuse et active : c'est alors que fermentent la plus grande quantité des matières fermentescibles. Cette première fermentation diminue insensiblement par rapport à l'alcool qui s'est formé, et il est nécessaire de l'arrêter à propos, surtout dans les vins secs. Le liquide devient alors tranquille, le mouvement n'est plus violent, mais il est insensible, quoiqu'il se continue ; le vin, qui était trouble auparavant, devient clair, et il se forme un premier dépôt, qu'on nomme la *lie*, *fæces*. Les

substances qui se précipitent ne sont autre chose que les pépins et les pelures de raisins, mêlés avec un tartre épais et du sulfate de potasse. Elles contiennent aussi une certaine quantité d'alcool, et on en peut retirer de l'eau-de-vie par la distillation.

L'effet de la fermentation insensible ou secondaire est d'augmenter peu à peu la quantité d'alcool, et d'en séparer le tartre qui forme un second dépôt adhérent aux parois des tonneaux. Comme la saveur du tartre est dure et désagréable, il est évident que cette seconde fermentation, augmentant la quantité d'alcool, et séparant du vin la plus grande partie du tartre, le vin doit être bien plus généreux et bien plus agréable au goût. — Mais si la fermentation secondaire perfectionne le vin, et lui donne des qualités supérieures à celui qui est nouveau, ce n'est qu'autant que la première fermentation s'est faite d'une manière convenable, et qu'elle a été arrêtée à propos. Quand elle n'a pas parcouru entièrement sa première période, il ne se forme qu'une légère quantité d'alcool, et la plupart des parties fermentescibles n'ayant pas éprouvé la fermentation, celle-ci se continue après coup dans les vaisseaux où l'on a transvasé le vin, et elle devient d'autant plus tumultueuse que ses premiers progrès ont été suspendus de bonne heure. C'est pourquoi il arrive constamment que ces vins se troublent, bouillonnent, et, si on les met en bouteilles, ils en font casser un grand nombre, par rapport à l'acide carbonique qui se dégage abondamment durant la fermentation. On a un exemple de ces phénomènes dans les vins mousseux, tels que les vins blancs de Champagne, d'Arbois, etc. — C'est en interceptant la première fermentation, ou plutôt en l'arrêtant avant qu'une certaine quantité de matière sucrée ait été alcoolisée, qu'on donne à ces vins la qualité mousseuse. Dans cet état, ils font sauter avec bruit les bouchons des bouteilles qui les renferment, ils sont pétillants, remplissent les verres de mousse, et ont une saveur beaucoup plus vive et plus piquante que les autres vins. Tous ces effets sont dus au gaz acide-carbonique qui s'est dégagé durant la fermentation qu'ils ont éprouvée dans les bouteilles fermées, et qui s'était interposé entre les parties du fluide. Lorsqu'il est entièrement dégagé, ces vins cessent d'être mousseux, et ils perdent tout leur piquant et toute leur vivacité. — Ces sortes de vins ne possèdent point les qualités que doivent avoir ceux dont on veut faire habituellement usage, et on n'en doit boire que rarement. Ils occasionnent fréquemment le soda et la colique; mêlés avec les aliments végétaux, ils leur font souvent contracter la fermentation acide. Ils sont très-nourrissants, et possèdent d'ailleurs la vertu anti-septique et anti-scorbutique : sous ces rapports, ils conviennent aux grands mangeurs de viande, dans les fièvres putrides et dans le scorbut.

Le vin dont la première fermentation a été poussée trop loin est sujet à d'autres accidents plus considérables encore. Comme il est de la nature des corps fermentescibles dans lesquels l'acte de la fermentation est commencé, d'y persévérer d'une manière plus ou moins rapide et violente selon les différentes circons-

tances, jusqu'à la putréfaction la plus complète, il arrive, lorsque la fermentation vineuse est finie, et quelquefois même auparavant, que le vin commence à tourner à l'aigre. Cette fermentation acéteuse est lente et insensible quand le vin est dans des vaisseaux bien clos et dans une cave fraîche; mais elle se fait d'une manière très-sensible et sans interruption, de sorte qu'au bout de quelque temps le vin est presque totalement converti en vinaigre, lorsque les vaisseaux ne sont pas bien fermés et qu'ils sont dans un lieu chaud. Ce mal est sans remède, parce que la fermentation ne peut rétrograder. Il est bon d'observer encore que la chaleur et la communication avec l'air extérieur produisent cet effet, dès même que la première fermentation a été contenue dans de justes bornes, et que du vin qui se serait conservé très-longtemps s'il eût été gardé dans un lieu frais, s'aigrit quelquefois très-vite, surtout en été, dans une mauvaise cave et dans des tonneaux mal fermés; et même, comme les meilleures caves sont, en hiver, bien plus chaudes que l'air atmosphérique, il convient, lorsqu'on veut conserver du vin très-fait et disposé à s'aigrir, de le sortir de la cave au commencement de l'hiver, et de le laisser exposé au froid durant toute cette saison. — Le vin est encore sujet à plusieurs autres altérations, comme de devenir filant et mucilagineux, ou de tourner à la graisse, etc., par l'effet de la fermentation qui se continue. Mais nous ne pouvons suivre tous ces détails dans un ouvrage de la nature de celui-ci, et nous sortirions, en traitant ces objets, des véritables limites de l'hygiène.

L'eau-de-vie (aqua vitæ) se retire, par la distillation à l'alambic, de toutes les substances qui ont subi la fermentation vineuse, du vin de raisins, de la bière, du cidre, de l'hydromel vineux, etc. Elle a une saveur forte et piquante, une odeur vive et suave; elle est très-combustible, et s'enflamme dès qu'on l'approche d'un corps allumé ou dans l'état d'ignition. Elle est composée d'eau, d'alcool et d'une petite portion d'huile qui trouble sa transparence dans la distillation et qui la teint en jaune avec le temps. De là vient que les vieilles eaux-de-vie ont cette couleur. Elles la doivent aussi en partie à une matière extractive du bois des tonneaux, qu'elles dissolvent à la longue.

On obtient l'alcool ou esprit-de-vin de l'eau-de-vie, par des distillations réitérées. Lorsqu'il est bien pur, il pèse six gros et quarante-huit grains dans une fiole propre à contenir une once d'eau distillée. L'alcool est un liquide blanc, transparent, léger et d'une extrême volatilité, d'une odeur vive et agréable, d'une saveur chaude et âcre, et très-combustible. Il prend l'état de gaz à soixante-quatre degrés de chaleur, s'enflamme à toutes les températures, donne, dans sa combustion, beaucoup d'eau et d'acide carbonique, et point de fumée; il brûle avec une flamme légère, qui est blanche au centre et bleue à la circonférence; il produit, dans la combustion, plus que son poids d'eau, ce qui prouve que l'hydrogène est son principe le plus abondant. Si on fait brûler de l'alcool mêlé avec une certaine quantité d'eau, le résidu précipite l'eau de chaux, ce qui indique qu'il contient du car-

bone. On conçoit aisément, d'après cela, pourquoi il se forme de l'acide carbonique dans la combustion de l'alcool. L'eau-de-vie et l'alcool sont la base de toutes les liqueurs douces, qui ne sont autre chose que l'un ou l'autre de ces fluides chargés d'aromates et de sucre. Les eaux-de-vie, et surtout celles d'Orléans et du Languedoc, sont aujourd'hui très en usage; beaucoup de personnes les préfèrent aux liqueurs douces. L'usage des liqueurs est en général très-préjudiciable, et c'est avec raison qu'on les a appelées des poisons lents : néanmoins, lorsqu'on n'en prend pas habituellement et avec excès, elles peuvent être utiles à la santé des personnes sujettes aux vents, et de celles dont l'estomac est paresseux et digère avec peine. Mais lorsqu'on en prend chaque jour, ou immodérément, elles produisent des effets terribles. Outre l'ivresse, elles donnent lieu à une multitude d'autres maux physiques et moraux dont j'ai déjà parlé, qui abrégent la durée de la vie et ravalent l'homme au-dessous de la brute. On emploie encore l'eau-de-vie pour confire et conserver les fruits; mais, par le plus funeste de tous les abus, on s'en sert aussi fréquemment de nos jours comme assaisonnement alimentaire.

La *bière* (*cerevisia*) est une boisson vineuse qu'on fait avec l'orge ou une autre graminée, l'eau et le houblon. Elle est en usage dans le Nord, où la vigne ne croît pas; elle y tient lieu de vin. On en boit beaucoup aussi dans les autres pays, mais par désœuvrement plutôt que par nécessité. L'art de brasser consiste à mettre l'orge dans l'état de *malt*, c'est-à-dire qu'on la fait germer jusqu'à un certain point, pour y développer la matière sucrée, en faisant d'abord tremper les grains dans l'eau froide la plus douce et la plus légère, jusqu'à ce qu'ils renflent; après quoi on les expose en tas à la chaleur du soleil ou d'un four : la germination se manifeste bientôt, et dès que le germe, ou, comme l'appellent les brasseurs, la *plume*, commence à paraître, on l'arrête par une légère torréfaction qu'on pratique en faisant couler le grain dans un canal incliné et échauffé à un certain point. Cette torréfaction détruit en grande partie la viscosité de la fécule qui est unie au sucre dans les semences céréales qui ont germé. On moud ensuite et on réduit en farine ces semences : c'est cette farine qu'on nomme *malt* ou *drêche*, dont on extrait la matière sucrée, en la faisant dissoudre dans l'eau. On opère l'évaporation en faisant bouillir dans des chaudières, et on y ajoute quelque plante d'une amertume agréable, comme le houblon bien mûr (1), pour donner plus de saveur à la bière et pour la conserver.

Enfin, on met le liquide dans des vaisseaux avec de la levure, et on laisse fermenter : la nature fait le reste : il ne s'agit que de l'aider par les mêmes moyens que l'on emploie pour celle du vin, et de retirer la liqueur du vaisseau dès que celui-ci se couvre de mousse, parce qu'alors la fermentation vineuse est complète. On préfère l'orge aux autres grains pour faire la bière, parce qu'on en dirige plus aisément la germination, et qu'il s'y développe une plus grande quantité de matière sucrée.

La bière est plus ou moins forte, selon qu'il y a eu une plus ou moins grande quantité de matière sucrée dissoute par l'eau, et selon la manière dont a été conduite la fermentation. L'*infusum* du malt ne fermente pas aussi aisément que le suc des fruits : c'est pourquoi il est nécessaire d'y ajouter de la levure (1). La fermentation de la bière présente les mêmes phénomènes que celle du vin : elle est d'abord active et tumultueuse, se ralentit ensuite et devient insensible. Mais jamais cette boisson n'atteint le point de perfection du vin; elle contient toujours une certaine quantité de fécule qui la rend plus nourrissante que ce dernier : c'est pourquoi elle se garde moins et est bien plus sujette à s'aigrir dans l'estomac, surtout celle qui n'a pas assez fermenté; d'ailleurs, la viscosité du malt n'est jamais entièrement détruite par la torréfaction et la fermentation.

La bière est une boisson dont on faisait déjà usage dans la plus haute antiquité; on prétend qu'Osiris la fit connaître aux Égyptiens. Elle est salutaire, plus nourrissante et moins spiritueuse que le vin; elle échauffe et irrite par conséquent bien moins : mais il en faut user sobrement, car elle enivre comme le vin, et l'ivresse qu'elle produit est plus dangereuse, ce qui a fait dire à Pline : « O admirable industrie des » hommes! ils ont trouvé le moyen de s'enivrer avec » l'eau (2). » Elle est beaucoup meilleure dans les pays du Nord que partout ailleurs. Les peuples qui en font usage sont en plus grand nombre que ceux qui boivent du vin; ils sont beaux, bien faits, d'une taille avantageuse, forts et robustes. Mais ils doivent ces avantages au climat et non à l'usage de cette boisson, comme l'ont prétendu quelques partisans outrés de la bière. Les personnes qui en boivent habituellement prennent de l'embonpoint pour l'ordinaire; mais elles sont lentes et peu actives : on peut citer pour exemple les Flamands. En général, la bière est inférieure en qualités au vin, et ne convient guère aux tempéraments pituiteux et à ceux dont la fibre est molle, lâche, disposée à l'acescence, à la cachexie humide, enfin aux personnes étiolées. Elle est au contraire utile aux personnes bilieuses, et dans tous les cas où il y a tendance à la pourriture, car elle jouit réellement de la vertu anti-septique, surtout celle qui est mousseuse, par rapport à l'acide carbonique qui s'en dégage abondamment. On l'emploie avantageu-

(1) Le houblon est une plante qui donne à la bière sa force et son principal agrément. On l'a appelé la *vigne du Nord*, parce que la bière y fait presque la seule boisson des habitants, et qu'on fait passer le houblon sur de hauts échalas. La bière dans laquelle on a fait infuser de l'absinthe au lieu de houblon est non-seulement très-désagréable au goût, mais encore très-insalubre : elle est beaucoup plus enivrante; l'odeur seule de cette plante met de la confusion dans les idées et enivre. L'ivresse produite par la bière *absinthée* est furieuse et violente.

(1) La levure est l'écume que la bière jette hors des vases où elle fermente. On en met ordinairement un seau par muid, et on laisse fermenter.

(2) Histoire naturelle, lib. xiv, cap. xxii.

sement dans les affections scorbutiques et les fièvres bilieuses putrides. La bonne bière est limpide, d'une belle couleur et d'une saveur qui plaît au goût. La blanche est plus légère que la rouge, et par conséquent préférable. Il faut la choisir d'un moyen âge, car, trop vieille ou trop jeune, elle est nuisible à la santé : celle que l'on brasse en mars et en avril est la meilleure et se conserve plus longtemps. Il est des estomacs qui ne supportent pas cette boisson : dans ce cas, elle cause des flatuosités et des coliques, passe difficilement, et gonfle les hypochondrés et le ventre. Quelquefois aussi, lorsqu'elle est trop nouvelle et qu'on en boit immodérément, elle occasionne une sorte de gonorrhée qu'on guérit aisément en avalant un peu d'eau-de-vie ou toute autre liqueur forte. On doit rejeter de l'usage la bière qui est aigre ou corrompue ; celle qui est de bonne qualité fournit à la distillation une eau-de-vie assez semblable à celle qu'on retire du vin, à cette différence près qu'elle est moins agréable au goût et à l'odorat.

L'hydromel. — On fait trois sortes de boissons avec le miel : la première est un mélange de miel et d'eau, non fermenté, et qu'on nomme *eau miellée (aqua mulsa).* La seconde est *l'hydromel vineux,* qui est une solution de miel dans de l'eau à laquelle on fait subir la fermentation vineuse ; la troisième, enfin, se fait avec le miel et le vin, et s'appelle *hypocras.* Pline fait un grand éloge de l'eau miellée, à laquelle il accorde des vertus nutritives, médicamenteuses et même alexipharmaques. La seconde espèce d'hydromel est un véritable vin qui a des propriétés contraires. On prend, pour le faire, le miel le plus blanc et le meilleur ; on le met dans une chaudière avec un peu plus que son poids d'eau, et on l'y fait fondre ; on en fait évaporer une partie par une légère ébullition, ayant soin d'en enlever les premières écumes. On reconnaît que l'évaporation est suffisante lorsqu'un œuf frais, qu'on met dans le liquide, se soutient à sa surface, en s'y enfonçant à peu près à moitié : alors on le passe à travers un tamis, et on l'entonne aussitôt dans un baril qui doit être presque plein et qu'on place dans un lieu dont la température soit depuis vingt jusqu'à vingt-huit degrés du thermomètre de Réaumur, en couvrant légèrement le trou du bondon. La fermentation ne tarde pas à se manifester, et dure deux ou trois mois, après quoi elle devient insensible. Il faut, pendant sa durée, remplir, de temps à autre, le baril avec de nouvel hydromel qu'on aura conservé pour cela, afin de remplacer celui que la fermentation fait extravaser sous forme d'écume. Lorsque les phénomènes de la fermentation cessent, on transporte le baril à la cave ; et on le bondonne exactement ; un an après on enferme la liqueur dans des bouteilles (1). L'hydromel vineux, bien fait, est une espèce de vin de liqueur très-agréable, et qui diffère peu du vin d'Espagne par sa saveur ; il conserve néanmoins très-longtemps celle du miel, mais il la perd à la longue. On pourrait accélérer la fermentation du miel, de même que celle du sucre, du moût

très-sucré et des vins de liqueur, qui se fait très-lentement, en y mêlant de la levure de bière, surtout lorsqu'on ne destine pas ces liqueurs à être bues comme des vins, mais à être distillées pour en retirer l'eau-de-vie ou l'alcool.

L'hydromel a généralement toutes les qualités du vin, et est enivrant comme lui ; il n'est point insalubre quand on en use modérément. On n'a presque pas d'autres boissons dans la Lithuanie, la Pologne et la Moscovie. On en a conseillé l'usage dans les phthisies pulmonaires, parce que le miel favorise l'expectoration : il convient surtout aux pituiteux. L'hydromel nouveau n'est pas exempt d'inconvénients ; il occasionne des nausées, des coliques et des flux de ventre. Malgré l'autorité de Pline, il est permis de croire que l'hypocras, pris pour toute nourriture, ne réussirait pas aussi bien au plus grand nombre. Cette liqueur est, à la vérité, tout à la fois nourrissante et spiritueuse, mais est un aliment ténu qui ne pourrait convenir à la plupart des hommes, ni, à plus forte raison, prolonger la vie ; elle n'a rien qui la doive faire préférer à un bon vin de liqueur, et ne possède pas des propriétés différentes.

Le *cidre (pomaceum)* est le suc des pommes qui a éprouvé la fermentation vineuse. Il a de la douceur et un certain piquant : ces qualités s'y trouvent dans un degré plus ou moins grand, suivant l'espèce de pommes dont on a exprimé le suc, et la manière dont on a dirigé la fermentation. Celui qu'on fait dans la ci-devant Normandie passe pour être le meilleur, et se conserve trois ou quatre ans. Le cidre produit les mêmes effets que le vin de raisins, et lorsqu'on en a bu avec excès, il occasionne une ivresse plus longue et plus dangereuse. Le cidre, quoique inférieur en qualité au vin, est une boisson saine et nourrissante, lorsqu'il a éprouvé la fermentation d'une manière convenable, et qu'on n'en abuse pas ; mais il est nuisible lorsqu'il est encore récent et non suffisamment défégué : dans cet état, il cause la colique végétale et d'autres maux de nature pituiteuse qui règnent fréquemment parmi ceux qui en font usage. Huxham conseille avec raison d'en approvisionner les vaisseaux de mer destinés à des voyages de long cours, pour prévenir le scorbut.

Le *poiré (pyraceum)* est un vin fait avec le suc des poires. On le prépare de la même manière que le cidre ; il est plus spiritueux et possède d'ailleurs les mêmes qualités.   *(Tourtelle.)*

C

CASTRATION DES VACHES (économie rurale). — On sait que les animaux privés de leurs organes de reproduction deviennent plus prompts à s'engraisser et donnent une viande de meilleure qualité. Les bœufs, les moutons, les porcs, les poulardes et les chapons en sont un exemple permanent.

Lorsqu'une vache est impropre à la reproduction et sujette aux avortements, soit par sa mauvaise organisation ou par sa vieillesse, il ne reste d'autre

---

(1) Diction. de chimie, de Macquer, art. *Hydromel.*

parti à prendre que de la mettre en chair pour la boucherie.

Le meilleur parti qu'on en puisse tirer alors, c'est de lui faire extraire les ovaires par la méthode de M. Charlier. Cette opération est presque insensible, et ne fait courir aucun risque à la vache. On l'y prépare par un jour de diète, et deux jours après elle est tout à fait rétablie.

Les effets de la castration sont :

1° De maintenir la production du lait pendant dix-huit mois et même deux ans; d'augmenter la quantité de ce lait et la proportion de crème qu'il contient;

2° D'engraisser promptement la vache et de la rendre plus aisée à nourrir; enfin de rendre sa chair égale en qualité à la chair de bœuf.

Quelques vétérinaires se sont approprié la méthode de M. Charlier, ce sont les seuls auxquels il convient de s'adresser pour cette opération. Mais on se plaint beaucoup du chiffre de leurs honoraires. La plupart exigent 50 francs. Cette dépense effraie les fermiers.

Nous engageons les comices agricoles à propager cette méthode en en faisant apprécier les avantages aux cultivateurs, et à obtenir un tarif modéré des vétérinaires.

Quoi qu'il en soit, une vache impropre à la reproduction paie à son maître les frais de castration par l'abondance, la bonne qualité et la durée prolongée de son lait, et enfin par l'embonpoint et même l'engraissement qu'elle acquiert avec une moindre nourriture.   (*Louis Hervé.*)

D

DIVISIBILITÉ DES NOMBRES (1) (arithmétique). — Un nombre est *divisible* par un autre, lorsqu'il le contient exactement un certain nombre de fois.

Un nombre est *diviseur* d'un autre, lorsqu'il est contenu dans cet autre nombre un certain nombre de fois exactement.

REMARQUE. Les mots *diviseur, sous-multiple, partie aliquote,* sont synonymes.

On appelle nombre *premier* celui qui n'est divisible que par lui-même et par le nombre *un.*

REMARQUE. Tout nombre admet toujours au moins deux diviseurs, qui sont ce nombre lui-même et *un*; ces deux diviseurs particuliers sont appelés les *diviseurs naturels* du nombre considéré.

On appelle nombre *composé* celui qui n'est point *premier.*

Deux nombres sont *premiers entre eux,* lorsqu'ils n'ont pour diviseur commun que le nombre *un.*

REMARQUE. Deux nombres *premiers* sont toujours *premiers entre eux,* mais deux nombres *premiers entre eux* ne sont pas toujours *premiers.*

(1) Cet article est emprunté à l'excellent *Traité d'Arithmétique* rédigé conformément aux programmes officiels du gouvernement, du professeur EUG. CASSANAC.

THÉORÈMES ET PROBLÈMES RELATIFS A LA DIVISIBILITÉ.

THÉORÈMES. — I. Tout nombre qui divise séparément toutes les parties d'une somme, divise aussi la somme.

Les nombres 24 et 16 étant divisibles par 4, nous aurons :

$$24 = 4+4+4+4+4+4,$$

et

$$16 = 4+4+4+4;$$

par conséquent :

$$24 + 16 = 4+4+4+4+4+4+4+4+4+4.$$

La somme 40 contient donc 4 un certain nombre de fois exactement, elle est donc divisible par 4.

Corollaire. Tout diviseur d'un nombre divise les multiples de ce nombre.

II. Lorsqu'un nombre divise les deux parties d'une différence, il divise la différence elle-même.

$$40 = 4+4+4+4+4+4+4+4+4+4,$$
$$24 = 4+4+4+4+4+4;$$

donc

$$40 - 24 = 16 = 4+4+4+4;$$

par conséquent la différence 16 est divisible par 4.

III. Lorsqu'un nombre divise une somme composée de deux parties et l'une de ces parties, il divise l'autre.

La deuxième partie est égale, en effet, à la différence entre la somme et la première partie.

IV. Lorsque la première partie d'une somme composée de deux parties, admet un certain diviseur, le reste de la division de la deuxième partie de la somme par ce diviseur égale toujours le reste de la division de la somme elle-même par ce même diviseur.

$$20 = 4 \times 5$$
$$11 = 4 \times 2 + 3;$$

donc

$$20 + 11 = 31 = 4 \times 5 + 4 \times 2 + 3,$$

ou bien

$$31 = 4 \times 7 + 3.$$

Cette dernière égalité prouve que 7 représente le plus grand nombre qui, multipliant 4, donne un produit contenu dans 31; elle démontre en outre que 3 exprime le reste de la division 31 par 4; car, nous le répétons, le reste de la division d'un nombre par un autre est l'excès du dividende sur le plus grand multiple du diviseur contenu dans le dividende : or 3 est le reste de la division par 4 de 11; le nombre 3 est aussi le reste de la division par 4 de 31; donc ces deux restes sont identiques, ce que nous avions à reconnaître.

PROBLÈMES. — I. Trouver, sans faire la division, le reste de la division d'un nombre donné par 10, 10^2, $10^3, \ldots . 10^n$.

Tout nombre supérieur à 10 égale la somme de

deux parties, dont la première est exprimée par le chiffre des unités et la seconde est formée de toutes les dizaines du nombre considéré; le chiffre des unités, toujours inférieur au diviseur 10, égale donc le reste de la division par 10 du nombre proposé.

De même, le reste de la division par 10^2 d'un nombre donné, est égal au nombre que l'on obtient en ajoutant au chiffre des unités le chiffre des dizaines pris en valeur absolue et en valeur relative.

Généralement, le reste de la division par 10^n d'un nombre quelconque est égal à la tranche formée des n premiers chiffres de ce nombre, en partant du chiffre des unités.

II. Trouver, sans faire la division, le reste de la division d'un nombre par

2 et 5; 2^2 et 5^2; 2^3 et 5^3;..... 2^n et 5^n.

Formons à priori le tableau suivant :

$10 = 2 \times 5$

$10^2 = 100 = 10 \times 10 = 2 \times 5 \times 2 \times 5 = 2^2 \times 5^2.$

$10^3 = 1000 = 10 \times 10 \times 10 = 2 \times 5 \times 2 \times 5 \times 2 \times 5 = 2^3 \times 5^3.$

. . . .

$10^n = 10 \times 10 \times 10 \times \ldots \ldots \times 10 = 2^n \times 5^n.$

Cela posé :

Un nombre supérieur à 10 est égal à la somme de deux nombres, le premier représentant ses dizaines et le second ses unités. Le premier de ces deux nombres étant terminé par un zéro est un multiple de 2 et de 5; le reste de la division par 2 ou par 5 du chiffre des unités est donc identique au reste de la division par 2 ou par 5 du nombre donné.

Pareillement, le reste de la division par 2^2 ou par 5^2 d'un nombre quelconque, égale le reste de la division par 2^2 ou par 5^2 de la tranche formée des deux premiers chiffres de ce nombre en partant du chiffre des unités.

Généralement, le reste de la division par 2^n ou par 5^n d'un nombre est identique au reste de la division par 2^n ou par 5^n, de la tranche formée par les n premiers chiffres à partir de la droite du nombre donné.

III. Trouver, sans effectuer la division, le reste de la division par 9 d'un nombre donné.

En effectuant la division par 9 d'une puissance quelconque de 10, on trouve qu'elle est égale à un multiple de 9 plus 1; par conséquent, tout nombre suivi de n zéros, constitue un nouveau nombre égal à un multiple de 9 augmenté du nombre primitif.

Cela posé, un nombre quelconque étant égal à la somme des chiffres qui le composent, pris en valeurs absolues et en valeurs relatives, nous pourrons dire que le nombre considéré est égal à un multiple de 9, augmenté de la somme des valeurs absolues de ses chiffres. Le reste de la division par 9 d'un nombre donné est donc égal au reste de la division par 9 de la somme des valeurs absolues des chiffres qui le composent.

Si la somme des valeurs absolues des chiffres du nombre considéré surpasse 9, on opère sur elle comme sur le nombre proposé; et ainsi de suite, jusqu'à ce

que l'on arrive à une somme qui ne soit pas supérieure à 9, et l'on parviendra toujours à une pareille somme.

Prenons un exemple. Soit le nombre 234789545, nous dirons :

$2+3\ldots$ 5;	$1+1\ldots$ 2;
$5+4\ldots$ 9;	$2+4\ldots$ 6;
$7+8\ldots$ 15;	$6+5\ldots$ 11;
$1+5\ldots$ 6;	$1+1\ldots$ 2.
$6+5\ldots$ 11;	

2 représente le reste de la division par 9 d'un nombre donné.

Dans ce calcul pratique, après avoir dit $5+4\ldots 9$, nous négligeons 9; car le reste de la division par 9 de la somme totale est égal au reste de la division par 9 de cette même somme diminuée de 9. Il vient ensuite $7+8\ldots 15$; or 15 est un multiple de 9, plus 6; nous retranchons aussi de 15 le multiple de 9; il nous reste alors 6, que nous obtiendrons immédiatement en opérant de la même manière sur le nombre 15, c'est-à-dire en disant $1+5\ldots 6$: ainsi de suite.

IV. Déterminer, sans effectuer la division, le reste de la division par 3 d'un nombre donné.

D'après ce qui précède, tout nombre égale un multiple de 9, augmenté de la somme des valeurs absolues des chiffres qui le constituent. Or tout multiple de 9 est aussi un certain multiple de 3; donc le même proposé est égal à un multiple 3, augmenté de la somme des valeurs absolues de ses chiffres; par conséquent le reste de la division par 3 d'un nombre quelconque, égale le reste de la division par 3 de la somme des valeurs absolues de ses chiffres.

Dans la pratique, en effectuant la somme indiquée, nous aurons à négliger les multiples de 3 au fur et à mesure qu'ils se présenteront.

V. Trouver le reste de la division par 11 d'un nombre donné sans faire la division ordinaire.

Lorsque le nombre donné ne surpasse point 10^2, le tableau, facile à rappeler, des neuf premiers multiples de 11, nous permet d'obtenir, au moyen d'une simple soustraction, le reste de la division par 11 du nombre donné.

Quand le nombre est supérieur à 10^2, on trouve, au moyen des considérations suivantes, un nombre inférieur à 10^2, dont le reste de la division par 11 égale le reste de la division par 11 du nombre proposé.

1° Toute puissance paire de 10 est un multiple de 11, plus 1, comme on peut le voir en faisant la division : par conséquent, un nombre quelconque suivi de $2n$ zéros forme un nouveau nombre égal à un multiple de 11, augmenté du nombre primitif.

2° Un nombre décomposé en tranches de deux chiffres chacune, en commençant par la droite, est égal à la somme des valeurs relatives de ces tranches; or la valeur relative de chaque tranche constitue un nombre égal à un multiple de 11, augmenté de la valeur absolue du nombre formant cette tranche : donc, le nombre considéré égale un multiple de 11, augmenté de la somme des valeurs absolues des tranches qui le composent.

Nous opérerons sur cette dernière somme comme sur le nombre proposé, si elle surpasse 10_2; ainsi de suite, jusqu'à ce que nous parvenions à un nombre composé de *un* ou *deux* chiffres, ce qui arrivera toujours.

THÉORÈME. Si l'on divise deux nombres et leur produit par un même diviseur, le reste de la division, par ce diviseur, du produit des restes des facteurs, est égal au reste de la division du produit, par le diviseur considéré.

Prenons le diviseur 9 et les nombres 538 et 473.

$$538 \times 473 = 254474$$

Or

$$538 = 59 \times 9 + 7$$

et

$$473 = 52 \times 9 + 5$$

Le produit de 538 par 473 égale évidemment le produit de $(59 \times 9 + 7)$ par $(52 \times 9 + 5)$.

Effectuant le deuxième produit, nous avons l'égalité :

$$254474 = 59 \times 9 \times 52 \times 9 + 7 \times 52 \times 9 + 59 \times 9 \times 5 + 7 \times 5$$

ou bien

$$254474 = (59 \times 9 \times 52 + 7 \times 52 + 59 \times 5) \, 9 + 7 \times 5.$$

Or,

$$(59 \times 9 \times 52 + 7 \times 52 + 59 \times 5) \, 9$$

est un multiple de 9 ; donc le reste de la division de 7×5 par 9, égale le reste de la division par 9 du produit 254474, ce que nous avions à démontrer.

RECHERCHE DU PLUS GRAND DIVISEUR COMMUN A DEUX NOMBRES DONNÉS.

LEMME. Lorsqu'un nombre est divisible par un autre, le tableau contenant tous les diviseurs communs à ces deux nombres est identique à celui qui contient tous les diviseurs du plus petit.

Soient les nombres 252 et 84 ; admettons que nous ayons sous nos yeux le tableau de tous les diviseurs communs à ces deux nombres, ainsi que celui de tous les diviseurs de 84.

Tout diviseur contenu dans le premier tableau, étant un diviseur commun aux deux nombres 252 et 84, se trouve évidemment dans le second. Pareillement, tout diviseur de 84 divisant 252, multiple de 84, est aussi dans le premier tableau.

Ces deux tableaux sont donc identiques : ainsi le plus grand nombre du premier tableau égale le plus grand nombre du second. Or 84 est le plus grand nombre contenu dans le second tableau : 84 est donc le plus grand diviseur commun aux deux nombres donnés.

En conséquence, lorsqu'un nombre est divisible par un autre, le plus grand diviseur commun à ces deux nombres égale le plus petit nombre donné. De plus, la recherche de tous les diviseurs communs à ces deux

nombres est ramenée à celle de tous les diviseurs du plus petit des deux nombres donnés.

THÉORIE. Prenons les nombres 798 et 210.

Le plus grand diviseur commun à ces deux nombres ne peut surpasser 210, car il doit le diviser, et d'après le lemme précédent, 210 serait lui-même ce plus grand diviseur commun, s'il était un sous-multiple de 798. Divisons 798 par 210, nous trouvons pour quotient 3 et pour reste 168 ; le nombre 210 n'est donc pas le plus grand diviseur commun aux deux nombres donnés ; de plus, nous avons l'égalité suivante :

$$798 = 210 \times 3 + 168.$$

Tout diviseur commun aux deux nombres 798 et 210, divisant 210×3 multiple de 210, doit diviser aussi 168, d'après un principe qui précède.

Pareillement, tout diviseur commun aux nombres 210 et 168 divisant 210×3, divise aussi 798 ; par conséquent le tableau de tous les diviseurs communs aux nombres 798 et 210 est identique à celui de tous les diviseurs communs aux nombres 210 et 168.

Le raisonnement précédent nous porte à rechercher le plus grand diviseur commun aux nombres 210 et 168.

Ces nombres sont respectivement inférieurs aux nombres donnés.

210 divisé par 168, donne pour quotient 1 et pour reste 42 ; l'égalité $210 = 168 \times 42$ démontre que le tableau de tous les diviseurs communs aux deux nombres 210 et 168 est identique à celui de tous les diviseurs communs aux nombres 168 et 42.

Or 42 est un sous-multiple de 168, le nombre 42 représente donc le plus grand diviseur commun aux nombres 168 et 42 : par conséquent, il est aussi le plus grand diviseur commun aux deux nombres donnés 798 et 210 ; car dans les raisonnements que nous venons de faire nous avons examiné quatre tableaux :

Le 1er contient tous les diviseurs communs aux nombres 798 et 210 ;

Le 2e renferme tous les diviseurs communs aux nombres 210 et 168 ;

Dans le 3e nous trouvons tous les diviseurs communs aux nombres 168 et 42 ;

Enfin dans le 4e nous avons tous les diviseurs de 42 ;

Et nous avons reconnu que ces quatre tableaux étaient identiques.

La théorie que nous venons d'exposer conduit à une règle pratique, dans laquelle les calculs sont disposés de la manière suivante :

	3	1	4
798	210	168	42
168	42	0	

Nous avons placé le quotient 3 au-dessus de 210, afin de pouvoir écrire le reste 42 au-dessous, ainsi de suite.

Conséquences. 1° Tout diviseur commun à deux nombres divise deux restes consécutifs quelconques;

obtenus en effectuant les calculs qui conduisent au plus grand diviseur commun à ces nombres ; car le tableau de tous les diviseurs communs à ces nombres est le même que celui qui contient tous les diviseurs communs à deux restes consécutifs quelconques.

2° Lorsqu'on trouve deux restes consécutifs premiers entre eux, les deux nombres donnés sont premiers entre eux.

3° Quand l'un des restes est un nombre premier, de deux choses l'une : ou bien ce reste divise celui qui le précède, alors il est lui-même le plus grand diviseur commun aux deux nombres donnés ; ou bien le reste considéré n'est pas un sous-multiple du précédent ; dans ce cas les deux nombres donnés sont premiers entre eux.

Théorèmes relatifs au plus grand diviseur commun à deux nombres.

I. Lorsqu'on multiplie deux nombres par un même nombre, le plus grand diviseur commun aux deux produits est égal au produit du plus grand diviseur commun aux nombres donnés, par le nombre multiplicateur.

Effectuons les opérations propres à nous donner le plus grand diviseur commun aux nombres 870 et 390.

	2	4	3
870	390	90	30
90	30	0	

et multiplions chacun des nombres donnés par 7. D'après un principe connu relatif à la division nous pouvons profiter des divisions précédentes pour obtenir le plus grand diviseur commun aux produits 870×7 et 390×7 ; il vient :

	2	4	3
870×7	390×7	90×7	30×7
90×7	30×7	0	

30×7 représente donc le plus grand diviseur commun aux produits 870×7 et 390×7, ce qui était à démontrer.

Effectuons les calculs,

	2	4	3
6090	2730	630	210
630	210	0	

210 = 30×7.

II. Lorsqu'on divise exactement deux nombres par un même nombre, le plus grand diviseur commun aux deux quotients, est égal au quotient de la division du plus grand diviseur commun aux nombres donnés, par le même diviseur.

Reprenons le dernier exemple :

	2	4	3
6090	2730	630	210
630	210	0	

Divisant chacun des nombres 6090 et 2730 par 7, nous retrouverons les nombres 870 et 390 qui ont pour plus grand diviseur commun 30 ; or 30 égale le quotient de la division de 210 par 7, ce que nous avions à reconnaître.

III. Lorsqu'on a divisé deux nombres par leur plus grand diviseur commun, les quotients obtenus sont toujours premiers entre eux.

Soient les nombres 345000 et 2380 qui ont 20 pour plus grand diviseur commun. D'après le théorème précédent, le plus grand diviseur commun aux deux quotients 17250 et 119, égale 20 divisé par 20 ou bien 1 ; les deux quotients 17250 et 119 sont donc premiers entre eux.

IV. Lorsque après avoir divisé exactement deux nombres par le même diviseur, les quotients obtenus sont premiers entre eux, le diviseur est le plus grand diviseur commun aux nombres donnés.

Les nombres 345000 et 2380 divisés par 20 donnent pour quotients deux nombres 17250 et 119 qui sont premiers entre eux. Le nombre 20 représente le plus grand diviseur commun aux nombres donnés : en effet, les deux quotients 17250 et 119 ayant 1 pour plus grand diviseur commun, les produits 17250×20 et 119×20, qui sont respectivement égaux aux nombres 345000 et 2381, ont pour plus grand diviseur commun 1×20, c'est-à-dire 20.

V. Tout nombre composé admet toujours au moins un diviseur premier, autre que le nombre *un*.

Représentons par la lettre *n* le nombre composé ; ce nombre admet au moins un diviseur différent de ses diviseurs naturels 1 et *n*.

Le plus petit de tous ces diviseurs compris entre 1 et *n* doit être premier ; car autrement ce dernier diviseur aurait lui-même au moins un diviseur *premier* ou non *premier* qui diviserait *n* : par conséquent le diviseur considéré d'abord ne serait pas le plus petit sous-multiple de *n*, compris entre 1 et *n*, ce qui est contre l'hypothèse.

Corollaire. Lorsque deux nombres ne sont pas premiers entre eux, ils admettent au moins un diviseur premier commun. Car si nous considérons un diviseur commun à ces deux nombres, il admettra au moins un diviseur premier, et ce nombre premier sera un diviseur commun aux deux nombres proposés.

FACTEURS PREMIERS ET NOMBRES PREMIERS.

DÉFINITION. Un nombre est décomposé en un système de facteurs premiers, lorsqu'on a un produit équivalent au nombre donné et contenant seulement des facteurs premiers, qui peuvent être égaux entre eux ou inégaux, ou bien en partie égaux entre eux et en partie inégaux.

THÉORÈMES. — I. Un nombre est toujours décomposable en un système de facteurs premiers.

Prenons un nombre composé nommé *n*. D'après le théorème précédent, il admet au moins un diviseur premier, que nous supposerons égal à 2 ; nous aurons *n* = 2×A, en représentant par A le quotient de la division de *n* par 2 ; A supposé mon premier est divi-

sible au moins par un nombre premier que nous représenterons par 3; il vient, $A = 3 \times B$; d'où $n = 2 \times 3 \times B$. Décomposons pareillement B, s'il n'est point premier, et ainsi de suite : nous parviendrons forcément à une dernière décomposition dans laquelle les deux facteurs du produit correspondant seront premiers; car autrement, un nombre donné égalerait un produit composé d'un nombre illimité de facteurs, ayant 2 pour minimum; conséquence absurde.

II. La suite des nombres premiers est illimitée.

La question proposée revient à reconnaître qu'il existe toujours un nombre *premier*, supérieur à un nombre *premier* donné.

Écrivons successivement tous les nombres *premiers* depuis 2 jusqu'à un certain nombre *premier* que nous nommons n. Le nombre $(2 \times 3 \times 5 \times \ldots \times n) + 1$ est forcément divisible par un nombre *premier* plus grand que 1 : or ce diviseur premier ne peut être l'un des nombres premiers 2, 3, 5, ..., n; car autrement, si le nombre $(2 \times 3 \times 5 \ldots \times n) + 1$, admettait le diviseur 5, par exemple, ce nombre 5, divisant la somme $(2 \times 3 \times 5 \times \ldots \times n) + 1$ et la première partie $(2 \times 3 \times 5 \times \ldots \times n)$ de cette somme, devrait diviser l'autre partie 1, ce qui est absurde. Le nombre $(2 \times 3 \times 5 \times \ldots \times n) + 1$ admet donc un diviseur premier supérieur au nombre premier n, quelque grand que soit ce nombre : la suite des nombres premiers est donc illimitée.

Remarque. Le nombre $(2 \times 3 \times 5 \times \ldots \times n) + 1$ peut être premier ou non, selon la valeur attribuée à n.

Exemple : $(2 \times 3) + 1$ est un nombre premier.

Autre exemple : $(2 \times 3 \times 5 \times 7 \times 11 \times 13) + 1$ qui égale 30031 est divisible par 59.

Formation d'une table de nombres premiers.

La suite naturelle des nombres premiers étant illimitée, proposons-nous de former une table des nombres premiers à partir de 1 jusqu'à un nombre désigné, 120 par exemple.

Écrivons tous les nombres depuis 1 jusqu'à 120.

1, 2, 3, 4, 5, 6, 7, 8, 9, 10, 11, 12, 13, 14, 15, 16, 17, 18, 19, 20, 21, 22, 23, 24, 25, 26, 27, 28, 29, 30, 31, 32, 33, 34, 35, 36, 37, 38, 39, 40, 41, 42, 43, 44, 45, 46, 47, 48, 49, 50, 51, 52, 53, 54, 55, 56, 57, 58, 59, 60, 61, 62, 63, 64, 65, 66, 67, 68, 69, 70, 71, 72, 73, 74, 75, 76, 77, 78, 79, 80, 81, 82, 83, 84, 85, 86, 87, 88, 89, 90, 91, 92, 93, 94, 95, 96, 97, 98, 99, 100, 101, 102, 103, 104, 105, 106, 107, 108, 109, 110, 111, 112, 113, 114, 115, 116, 117, 118, 119, 120.

Ce tableau contenant, depuis 1 jusqu'à 120, tous les nombres premiers ainsi que tous ceux qui ne le sont pas, si nous parvenons à en exclure tous les nombres composés, il ne nous restera plus évidemment que des nombres premiers. Pour opérer cette exclusion, profitons du moyen attribué à Ératosthène.

D'abord 1 et 2 sont des nombres premiers : à partir de 2 exclusivement, comptons de deux en deux et barrons chaque deuxième nombre qui se présentera; les nombres ainsi effacés sont des multiples de 2; en effet,

$$4 = 2 + 2; \; 6 = 4 + 2, \text{ etc.}$$

En outre, il n'existera plus dans le tableau de nombre divisible par 2, car tout nombre non effacé se trouvant placé entre deux nombres barrés, est égal à un multiple de 2 plus *un*; il n'est donc pas divisible par 2.

Pareillement 3 est un nombre premier : à partir de 3 exclusivement, comptons de trois en trois et barrons tous les nombres sur lesquels nous dirons *trois*; de cette manière nous exclurons les multiples de 3, et il ne restera plus dans le tableau de nombre divisible par 3.

Les multiples de 4 se trouvent effacés comme étant des multiples de 2.

Nous effacerons tous les multiples de 5 et de 7 en suivant une marche analogue à celle qui vient d'être indiquée pour exclure du tableau tous les multiples de 2 et tous les multiples de 3 : ainsi de suite.

Le nombre 11×11 étant supérieur à 120, nous pouvons immédiatement affirmer que tous les nombres non effacés sont premiers; en effet,

Considérons dans le tableau formé primitivement un nombre non barré; ce nombre doit être forcément premier; car autrement il égalerait un produit de deux facteurs différents de 1; ce nombre étant inférieur à 120 et par suite à 121, qui égale 11×11, aurait au moins un diviseur moins grand que 11, conséquence inadmissible : car nous avons eu le soin d'effacer, en les barrant, tous les multiples des nombres inférieurs à 11 qui se trouvent dans la table. Les nombres non effacés sont donc premiers.

Ces nombres premiers sont :

1, 2, 3, 5, 7, 11, 13, 17, 19, 23, 29, 31, 37, 41, 43, 47, 53, 59, 61, 67, 71, 73, 79, 83, 89, 97, 101, 103, 107, 109, 113.

Dans la pratique, après avoir barré tous les multiples de 2, pour exclure tous les multiples de 3, on commence par effacer le nombre 9, qui est le produit de 3 par 3, et l'on compte de *trois* en *trois*, à partir de 9 exclusivement. Pareillement, pour barrer tous les multiples de 5, on efface immédiatement 25, qui égale 5×5, et l'on compte de *cinq* en *cinq* à partir de 25 exclusivement, etc.

Problème. Reconnaître si un nombre donné est premier ou non.

Pour reconnaître si un nombre donné est premier ou non, il suffit de faire successivement les divisions du nombre donné par les nombres premiers 2, 3, 5, etc., jusqu'à ce que l'on soit conduit à faire une division dont le reste soit égal à zéro, ou bien jusqu'à ce que le quotient soit égal ou inférieur au diviseur correspondant. Lorsque cette dernière division donne un reste, comme les divisions précédentes ont aussi fourni des restes différents de zéro, on peut affirmer immédiatement que le nombre considéré est premier.

Donnons deux exemples :

1° Soit le nombre 997, que nous divisons successivement par les nombres premiers, 2, 3, 5, 7, 11, 13, 17, 19, 23, 29, 31, 37. La division de 997 par 37 donne pour quotient 26 et pour reste 35; le quotient 26 étant inférieur au diviseur correspondant 37, le nombre 997 est premier; en effet, supposons qu'il soit divisible par un nombre premier supérieur à 37; nommons d ce diviseur, et q le quotient de la division de 997 par d, il vient :

$$997 = d \times q;$$

la division de 997 par 37 nous fournit l'égalité

$$997 = 37 \times 26 + 35;$$

d'où

$$d \times q = 37 \times 26 + 25;$$

par conséquent, nous pouvons écrire l'inégalité suivante :

$$d \times q < 37 (26+1).$$

Or d est supérieur à 37 par hypothèse, donc q doit être inférieur à $(26+1) = 27$; 997 serait donc divisible par un nombre q qui ne surpasse pas 26, ce qui n'est pas possible, car nous avons fait les divisions de 997 par tous les nombres premiers jusqu'à 37 inclusivement.

2° Soit le nombre 30031.

En divisant ce nombre 30031 par les nombres 2, 3, 5, 7, 11, 13, 17, 19, 23, 29, 31, 37, 41, 43, 47, 53, nous trouvons constamment des restes différents de zéros; mais en divisant 30031 par 59, nous avons pour quotient 509 et pour reste zéro : donc, le nombre 30031 n'est point premier.

THÉORÈMES. — I. Tout nombre qui divise un produit de deux facteurs et qui est premier avec l'un d'eux, divise toujours l'autre facteur.

Le nombre 281820 a pour facteurs 732 et 385. Le produit 281820 est divisible par 6; en outre 385 est premier avec 6, je dis que 732 est un multiple de 6; en effet,

385 et 6 ont 1 pour plus grand diviseur commun, donc les produits 385×732 et 6×732 auront 1×732, pour plus grand diviseur commun,

Or 385×732 est par hypothèse divisible par 6; de plus, 6×732 est évidemment un multiple de 6 : donc 732 est divisible par 6, car tout nombre qui en divise deux autres, divise aussi leur plus grand diviseur commun.

II. Tout nombre premier qui divise un produit de deux facteurs, divise au moins l'un des facteurs du produit.

Si le diviseur premier donné n'est pas un sous-multiple de l'un des deux facteurs du produit considéré, il est premier avec ce facteur, et d'après le théorème précédent, ce diviseur premier divise forcément l'autre facteur.

III. Tout nombre premier qui divise un produit composé d'autant de facteurs que l'on voudra, divise au moins l'un des facteurs de ce produit.

Prenons un produit composé de quatre facteurs et qui soit divisible par 3,

Le produit 347×2052×3412×58 par exemple.

Considérons ce produit comme composé de deux facteurs seulement, le premier étant (347×2052×3412) et l'autre 58; d'après le théorème précédent, 3 divise au moins l'un de ces deux facteurs; admettons que 3 divise le facteur (347×2052×3412); ce nombre est lui-même un produit composé des facteurs (347×2052) et 3412 : supposons que 3 ne divise pas 3412, il devra diviser (347×2052); mais ce dernier nombre est un produit composé des facteurs 347 et 2052 : donc, d'après le théorème précédent, 3 divise au moins l'un d'eux.

REMARQUE. Dans le courant de la démonstration précédente, on ne doit pas chercher à reconnaître si les facteurs isolés 58 et 3412 sont ou ne sont pas divisibles par le diviseur premier considéré : il faut au contraire poursuivre le raisonnement jusqu'à ce que l'on soit arrivé au produit 347×2052 composé de deux facteurs; alors seulement le théorème est démontré.

IV. Tout nombre premier qui divise une puissance d'un nombre, divise aussi ce dernier nombre.

Car la puissance d'un nombre est un produit de plusieurs facteurs égaux à ce nombre.

V. Lorsque deux nombres sont premiers entre eux, leurs puissances sont aussi premières entre elles. Ainsi 32 et 13 étant premiers entre eux, les puissances 32^5 et 13^2 seront aussi premières entre elles; car si un facteur premier divisait 32^5 et 13^2, il devrait diviser 32 et 43, ce qui est impossible, puisque ces nombres sont premiers entre eux par hypothèse.

VI. Un nombre n'est décomposable qu'en un seul système de facteurs premiers.

Le produit 2×2×2×3×3×7 est égal au nombre 504; en outre, d'après la définition qui a été donnée, ce produit représente la décomposition du nombre 504 en un système de facteurs premiers. Nous allons reconnaître que le nombre 504 n'est décomposable qu'en un seul système de facteurs premiers. En effet, tout produit composé uniquement de facteurs premiers et que l'on supposerait équivalent au nombre 504, devrait être identique au produit $2^3 \times 3^2 \times 7$; car le facteur premier 2 divisant le produit donné, doit diviser aussi le produit supposé que nous considérons. Or, pour qu'un nombre premier 2 divise un produit, il doit diviser au moins l'un des facteurs de ce produit; et comme tous les facteurs du nouveau produit sont aussi premiers, ce produit doit contenir forcément le facteur 2. Divisant par 2 le produit donné et le produit supposé, les quotients obtenus seront équivalents.

Nous démontrerons pareillement et au moyen de divisions successives, que tous les facteurs premiers du produit donné se trouvent nécessairement dans le produit supposé. De plus, ce dernier produit ne saurait contenir un plus grand nombre de facteurs premiers que le produit donné, car autrement, après avoir fait les divisions successives que nous venons d'indiquer, nous parviendrions à la conséquence suivante : le nombre 1 égale un nombre premier autre que 1 ou bien un produit de facteurs premiers supérieurs à 1, ce qui est inadmissible dans les deux cas.

VII. Lorsqu'un nombre est divisible par plusieurs autres, premiers entre eux deux à deux, il est divisible par leur produit.

Soit n un nombre divisible par 6 et par 35, qui sont premiers entre eux; ce nombre désigné par n est aussi divisible par leur produit 6×35. En effet, n étant divisible par 6, nous aurons $n = 6 \times A$, en représentant par A le quotient de la division de n par 6. Le nombre 35 divisant n, divisera aussi $6 \times A$; mais 35 est premier avec 6 : donc 35 divise A.

Nous aurons alors $A = 35 \times B$, en représentant par B le quotient de la division de A par 35. Dans l'égalité $n = 6 \times A$, remplaçant A par un produit équivalent, il vient $n = 6 \ (35 \times B)$; ou bien $n = 6 \times 35 \times B$, ou enfin $n = (6 \times 35)$ B. Donc, etc.

PROBLÈME. Décomposer un nombre en un système de facteurs premiers.

1° Nous avons donné plus haut la définition de la décomposition d'un nombre en un système de facteurs premiers.

2° Nous avons reconnu l'existence d'une pareille décomposition.

3° Il a été démontré qu'un nombre n'est décomposable qu'en un seul système de facteurs premiers.

Il ne nous reste plus qu'à indiquer l'un des moyens propres à opérer cette décomposition unique.

Prenons le nombre 720.

Ce nombre étant divisible par 2, nous avons $720 = 2 \times 360$; le quotient 360 étant encore un multiple de 2, il vient : $360 = 2 \times 180$; pareillement $180 = 2 \times 90$ et $90 = 2 \times 45$. Ce dernier quotient 45 n'est plus divisible par 2, mais il est un multiple de 3; nous pouvons écrire $45 = 3 \times 15$ et $15 = 3 \times 5$. Ces différentes divisions nous conduisent aux égalités suivantes :

$$720 = 2 \times 360 = 2 \times 2 \times 180 = 2 \times 2 \times 2 \times 90 = 2 \times$$
$$2 \times 2 \times 2 \times 45 = 2 \times 2 \times 2 \times 2 \times 3 \times 15 = 2 \times$$
$$2 \times 2 \times 2 \times 3 \times 3 \times 5 = 2^4 \times 3^2 \times 5.$$

Le produit $2^4 \times 3^2 \times 5$ représente le nombre 720, décomposé en un système de facteurs premiers.

Dans la pratique, on dispose ainsi le calcul.

720	2
360	2
180	2
90	2
45	3
15	3
5	5
1	

THÉORÈME. Un nombre est divisible par un autre, lorsque le dividende contient tous les facteurs premiers du diviseur et que, de plus, les exposants des facteurs premiers du dividende ne sont pas inférieurs aux exposants des mêmes facteurs égaux qui se trouvent dans le diviseur.

1° La condition énoncée est suffisante; en effet, prenons les produits $2^7 \times 3^4 \times 5 \times 11 \times 17$ et $2^5 \times 3^2 \times 17$ qui jouissent de la propriété indiquée. Le nombre $2^7 \times 3^4 \times 5 \times 11 \times 17$ est évidemment divisible par les nombres 2^5, 3^2, 17 : donc il est divisible par leur produit $2^5 \times 3^2 \times 17$; car les nombres 2^5, 3^2 et 17 sont premiers entre eux, deux à deux.

2° La condition énoncée est nécessaire, car tout nombre divisible par $2^5 \times 3^2 \times 17$, est égal à un produit de deux facteurs dont l'un est le diviseur $2^5 \times 3^2 \times 17$ et dont l'autre est le quotient; le dividende doit renfermer les facteurs premiers 2, 3, 17 avec des exposants respectivement égaux, au moins, aux nombres 5, 2, 1; car autrement, nous arriverions à cette conséquence absurde, que deux nombres égaux peuvent être décomposés en deux systèmes différents de facteurs premiers.

PROBLÈMES. — I. Déterminer tous les diviseurs d'un nombre décomposé en un système de facteurs premiers.

Soit le nombre $2^4 \times 3^2 \times 5^2$.

1° 2^4 a pour diviseurs 1, 2, 2^2, 2^3, 2^4; et pas davantage.

2^4 a donc cinq diviseurs; nous obtenons ce nombre 5 en ajoutant 1 à l'exposant 4 de 2 dans le nombre 2^4.

2° Considérons le nombre $2^4 \times 3^2$, nous venons d'obtenir tous les diviseurs de 2^4 qui sont 1, 2, 2^2, 2^3, 2^4.

Pareillement, tous les diviseurs de 3^2 sont : 1, 3, 3^2.

3^2 a donc trois diviseurs, et pas un plus grand nombre; ce nombre 3 est obtenu en ajoutant 1 à l'exposant 2 de 3 dans 3^2.

Or un diviseur quelconque de 2^4 étant premier avec un diviseur quelconque de 3^2, nous aurons encore des diviseurs de $2^4 \times 3^2$ en multipliant successivement tous les diviseurs de 2^4 par tous les diviseurs de 3^2; ces produits sont :

1, 2, 2^2, 2^3, 2^4, 3, 2×3, $2^2 \times 3$, $2^3 \times 3$, $2^4 \times 3$, 3^2, 2×3^2, $2^2 \times 3^2$, $2^3 \times 3^2$, $2^4 \times 3^2$.

Non-seulement ces *quinze* produits sont des diviseurs de $2^4 \times 3^2$, mais ils les représentent tous; en effet, tout diviseur de $2^4 \times 3^2$ ne doit pas contenir d'autres facteurs premiers que 2 et 3, et les exposants de ces facteurs premiers ne peuvent point surpasser 4 et 2, exposants de 2 et de 3 dans le nombre $2^4 \times 3^2$.

Or, dans le tableau ci-dessus, nous trouvons tous les diviseurs de 2^4, plus tous les diviseurs de 3^2, plus tous les produits obtenus après avoir multiplié tous les diviseurs de 2^4 par tous les diviseurs de 3^2. Et nous pouvons remarquer que 15, nombre total des diviseurs, est le produit de $(4+1)$ par $(2+1)$, 4 étant l'exposant de 2 dans 2^4 et 2 étant l'exposant de 3 dans 3^2.

3° Enfin pour obtenir tous les diviseurs du produit $2^4 \times 3^2 \times 5^2$, nous aurons à multiplier tous les diviseurs de $2^4 \times 3^2$ par tous les diviseurs de 5^2; ce nombre de diviseurs sera représenté par $(4+1) (2+1) (2+1)$.

Le nombre $2^4 \times 3^2 \times 5^2$ a donc 45 diviseurs et pas davantage.

II. Écrire le plus grand diviseur commun à deux nombres décomposés en facteurs premiers.

On forme un produit composé de tous les facteurs premiers communs à ces nombres, affectés de leur plus faible exposant et le problème est résolu, comme il est facile de le reconnaître, d'après un théorème démontré.

III. Écrire le plus simple multiple commun à deux nombres décomposés en facteurs premiers.

On forme un produit composé de tous les facteurs premiers communs et non communs à ces nombres, affectés de leur plus fort exposant, et le problème est résolu, comme il est facile de le reconnaître, d'après le même théorème.

EXEMPLES : Le plus grand diviseur commun aux deux nombres

$$2^3 \times 3^5 \times 11^4 \times 7$$
$$2 \times 3^4 \times 19$$

est

$$2 \times 3^4 ;$$

Et leur plus simple multiple est

$$2^3 \times 3^5 \times 11^4 \times 7 \times 19.$$

(*Eugène Cassanac.*)

E

ÉDUCATION (considérée sous le rapport de l'hygiène). — C'est dans l'enfance que s'établissent les fondements d'une bonne et d'une mauvaise santé ; et la source la plus féconde des infirmités qui rendent l'existence malheureuse se trouve non-seulement dans les erreurs des auteurs de nos jours, mais plus particulièrement encore dans les vices de l'éducation. En effet, l'enfant le mieux constitué dégénère bientôt, par l'effet de ces dernières causes, et devient faible, languissant et en proie à la douleur pour la vie, s'il ne succombe pas dès le principe. En général, l'éducation des Européens est défectueuse, et ne tend que trop souvent à affaiblir le corps, à le rendre valétudinaire, à énerver toutes les facultés morales ; et l'on accuse la nature de tous ces désordres, elle dont tous les efforts tendent à la conservation et au bonheur des êtres auxquels elle donne le sentiment et la vie.

Les principales erreurs qui se commettent dans l'éducation de l'enfance consistent dans le grand nombre de couvertures et d'habits dont on l'enveloppe, dans l'usage nuisible des maillots, dans la grande quantité d'aliments dont on la surcharge, dans les médicaments qu'on fait prendre aux enfants, presque toujours mal à propos, dans la mollesse à laquelle les habituent la plupart des parents opulents, dans les passions nuisibles qu'on fait naître ou qu'on fomente en eux, et dans des études prématurées. — Le vulgaire imagine qu'un enfant nouveau-né ne peut être trop couvert ; et, pour le préserver des intempéries de l'air, on l'enveloppe de flanelles, de langes, de têtières, et on le tient constamment dans des appartements très-chauds : il en résulte qu'au bout de très-peu de temps l'enfant ne peut plus supporter l'air, et que, pour peu qu'on l'y expose, il s'enrhume et ga-

gne une fluxion. Cette coutume est, comme on voit, très-préjudiciable, et rend incapable de supporter sans danger, durant le reste de la vie, les changements brusques de l'atmosphère, qui sont si fréquents dans nos pays. On n'a pas néanmoins à redouter beaucoup du froid pour les enfants, et l'expérience prouve que, toutes proportions gardées, ils peuvent mieux l'endurer que les adultes ; ils ont par conséquent moins besoin de couvertures et d'habillements chauds. Mais on ne se borne pas à les en surcharger : à peine voient-ils le jour, qu'on leur lie pieds et mains et qu'on les traite en coupables, quoiqu'ils n'aient commis d'autre faute que celle d'être venus au monde (1) ; on les garrotte, on les serre, on enveloppe leurs corps de liens, de manière qu'ils ne peuvent se mouvoir. Or, rien ne s'oppose plus au développement des membres et à ce qu'ils acquièrent des forces, que le défaut d'action auquel on les condamne ; il n'est donc pas étonnant que de tels enfants soient faibles et sans vigueur. — Un autre inconvénient qui résulte de la compression qu'exercent les bandes et les maillots est la difformité qu'elle occasionne. Les os sont, à cet âge, très-mous et très-flexibles : semblables à la cire, ils cèdent aisément, et prennent une mauvaise tournure, à laquelle il est bien difficile de remédier dans la suite. Telle est la raison pour laquelle un grand nombre de personnes, nées sans aucun vice de conformation, ont les épaules élevées, l'épine voûtée et la poitrine aplatie, et périssent pour la plupart d'affections pulmoniques. Ajoutez à cela que l'enfant, ainsi garrotté, cherche à se débarrasser de ses liens, et qu'à force de crier et de s'agiter, il prend des attitudes forcées, qui déterminent non-seulement des difformités, mais souvent encore des hernies. D'ailleurs, les compressions qu'éprouve le corps nuisent à la respiration et à la digestion. Aussi n'est-il pas rare d'en voir mourir beaucoup par cette cause dans l'étisie ou les convulsions. Ce que je viens de dire des maillots doit aussi s'appliquer aux corps de baleine que l'on fait porter dans la suite aux enfants pour leur faire une belle taille ; ils produisent les mêmes effets et sont aussi funestes. Mais qu'importe, surtout pour les filles, que ce soit aux dépens de la santé ou de la vie, pourvu qu'elles puissent plaire ? On se trompe néanmoins : tous ces prétendus moyens, imaginés pour former la taille et donner des grâces, produisent pour l'ordinaire, ainsi que je l'ai déjà dit, des difformités plus grandes et plus dangereuses que celles qu'on se propose de prévenir. Bien plus, les machines inventées par les orthopédistes pour remédier aux difformités des enfants, effets très-ordinaires des maillots et des corps, en occasionnent souvent de nouvelles, sans faire cesser celles pour lesquelles on les emploie. L'unique moyen de prévenir ces vices de conformation et d'imiter les peuples sauvages, qui ne connaissent ni maillots ni corps de baleine, et chez

---

(1) Itaque feliciter natus jacet, manibus pedibusque devinctis, flens animal, cæteris imperaturum, et a suppliciis vitam auspicatur, unam tantum ob culpam quia natum est. PLIN., lib. VIII, *in Prooemio.*

lesquels on ne rencontre presque point d'individus contrefaits ni mutilés. Rapportons-nous-en à la nature : les animaux n'ont qu'elle pour guide, et l'on en voit peu d'estropiés ou de défigurés dans les différentes espèces. — Il serait fastidieux d'entrer dans des détails minutieux sur la manière d'habiller les enfants, et sur les différentes sortes de vêtements qui leur conviennent ; ils doivent être variés selon les pays et les saisons. Quant à la forme qu'on leur donne, et qui se règle pour l'ordinaire sur les caprices de la mode ou sur le goût des parents, elle n'influe en rien sur la santé. La seule règle à suivre, c'est qu'il faut que les habillements de l'enfance ne soient pas bien chauds, et qu'ils soient façonnés de manière à ce qu'il n'y ait rien de trop juste, rien qui colle au corps, nulle ligature, et que tous les mouvements soient libres. On doit proscrire les cols, les jarretières, les ceintures, les boucles, et généralement tout ce qui peut serrer ou comprimer, et par conséquent gêner la circulation, rendre les humeurs stagnantes, et déterminer l'affluence du sang vers la tête et la poitrine. La tête doit être légèrement couverte; et à mesure que les cheveux croissent, il faut accoutumer l'enfant à se passer de bonnet, de sorte qu'au bout d'un an il puisse aller tête nue. « Les anciens Egyptiens, dit » J.-J. Rousseau (*Emile*), d'après Montaigne (1), » avaient toujours la tête nue; les Perses la couvraient » de grosses tiares, et la couvrent encore de gros tur- » bans, dont, selon Chardin, l'air du pays leur rend » l'usage nécessaire. Or, on sait la distinction faite » jadis sur le champ de bataille entre les crânes des » Perses et ceux des Egyptiens. Comme donc il im- » porte que les os de la tête deviennent plus durs, » plus compactes, moins fragiles et moins vaporeux, » pour mieux armer le cerveau, non-seulement con- » tre les blessures, mais contre les rhumes, les » fluxions et toutes les impressions de l'air; accoutu- » mez vos enfants à demeurer, été comme hiver, » jour et nuit, toujours tête nue. Que si, pour la pro- » preté et pour tenir leurs cheveux en ordre, vous » leur voulez donner une coiffure dans la nuit, que » ce soit un bonnet mince, à claire voie, et semblable » au réseau dans lequel les Basques enveloppent » leurs cheveux. »

Tant que l'enfant ne marche pas, il est inutile de lui donner une chaussure; ce n'est que lorsqu'il commence à faire usage de ses jambes qu'elle lui devient nécessaire. On peut lui faire porter alors des souliers à cordons, ou, ce qui vaudrait encore mieux, des sabots de bois léger.

Il convient de placer l'enfant, durant son sommeil, dans un berceau, avec la seule chemise, sans bandes et sans liens, sur des linges bien secs, qu'on change dès qu'ils sont salis, car la propreté est un des moyens les plus efficaces pour conserver la santé, et de le couvrir légèrement.

La nourriture des enfants n'est pas moins importante que leur habillement; on doit prendre en cela, comme en toute autre chose, la nature pour guide, et

(1) Essais de Michel Montaigne, page 191.

ne leur en jamais accorder au delà du besoin. La mère doit présenter le sein à son enfant dès qu'il montre de la disposition à téter. Le premier lait que sécrètent les mamelles peu de temps après l'accouchement est un *sérum* clair, acidule, appelé *colostrum*, qui purge l'enfant et favorise l'expulsion du *méconium* qui s'est ramassé dans les intestins du fœtus pendant tout le temps de la grossesse. On conçoit aisément que, lorsqu'il est privé de ce premier lait, il est exposé à des maladies mortelles que le *colostrum* a la propriété de prévenir. Ainsi cette substance est un remède préparé par la nature même; mais si l'enfant en naissant reçoit ce bienfait de sa mère, il le lui paie à l'instant en la délivrant à son tour d'une humeur laiteuse surabondante, et dont l'affluence soutenue vers les mamelles les tend, les gonfle, et produit souvent de très-vives douleurs et d'autres accidents fâcheux.

Beaucoup de femmes sont dans l'usage pernicieux de faire avaler à l'enfant, immédiatement après sa naissance, des cordiaux et surtout du vin; pour remédier à sa faiblesse. Rien n'est plus nuisible que cette méthode; et ce n'est que dans le cas où l'enfant naît avec les symptômes d'une mort apparente qu'il est utile d'employer ces moyens pour exciter les forces de la vie et ranimer la circulation. Il est également dangereux de leur faire prendre des purgatifs, qui ne peuvent que mettre le trouble et le désordre dans les fonctions. La nature a pourvu aux moyens de faire rendre à l'enfant le *méconium*; le premier lait de la mère est suffisant pour cela, et lorsqu'il en est privé, un peu d'eau miellée est plus convenable et remplit mieux les vues de la nature que des drogues auxquelles elle répugne. Une autre erreur non moins préjudiciable aux enfants est celle de leur donner des narcotiques, comme le laudanum, le sirop de pavot ou de diacode, pour les faire dormir. Ces médicaments sont de vrais poisons qui brident le jeu des nerfs, émoussent la sensibilité, troublent l'ordre des fonctions, déterminent le sang à se porter à la tête, et laissent souvent des impressions funestes et permanentes sur les organes du sentiment. Ils ne peuvent être utiles que dans un petit nombre de cas, et c'est au médecin à les prescrire (1).

(1) Les vrais médecins, dit le savant Bricheteau, n'ont pas une grande confiance dans les drogues, et ne sont pas polypharmaques. Malheureusement pour l'humanité, le nombre de ces médecins n'est pas grand, surtout dans les pays allemands : les préjugés y sont tels, qu'on ne croit pouvoir guérir qu'avec les remèdes qui se préparent dans les boutiques des apothicaires, et le peuple n'y mesure le savoir du médecin qu'à la toise de ses ordonnances. D'un autre côté, beaucoup d'officiers de santé sont dans la persuasion que la nature est impuissante, qu'elle n'est capable que d'écarts dans les maladies, et que c'est à eux à rectifier ses erreurs et à lui commander. Ces sublimes docteurs accablent en conséquence les malades de remèdes. Deux ou trois potions de jalap, un ou deux pleotins de pilules par jour; et par-dessus tout cela une demi-douzaine de lavements, sans parler des saignées et des purgatifs, qu'ils donnent indistinctement durant tout le cours de la maladie ; telle est la médecine de ces jongleurs, dont le bonnet doctoral ne sert qu'à cacher

Le lait de la mère, lorsqu'elle est bien constituée, suffit pour l'ordinaire à l'enfant durant les trois ou quatre premiers mois, et il est rare qu'on soit obligé de lui donner d'autres aliments. Avant ce terme l'estomac n'est pas en état d'en digérer d'autres que le lait, qui est destiné par la nature à la nourriture des nouveau-nés ; il est un aliment proportionné à la faiblesse des organes digestifs de l'enfant, au degré d'action que la digestion doit exciter dans tout le système, et propre à fournir la quantité de sucs nourriciers convenables à l'accroissement. Il en faut peu dans les premiers mois, et les mères, ainsi que les nourrices, pèchent communément à cet égard : s'imaginant qu'un nourrisson a faim toutes les fois qu'il crie, elles lui présentent le sein dix à douze fois par jour. Cette erreur est des plus dangereuses, car un enfant ne crie jamais que quand il souffre, ou lorsque quelque chose le blesse. La faim, dans son principe, ne produit pas la douleur, et lorsqu'il éprouve le besoin de téter, il le témoigne par des signes non équivoques, avant que de crier. — Ce n'est pas seulement par la trop grande quantité d'aliments, mais encore par leur mauvaise qualité, qu'on pèche dans le régime des enfants. Les bouillies faites avec les farineux non fermentés, les panades assaisonnées avec le sucre et les épiceries, les confitures, les pâtisseries, etc., devraient leur être entièrement interdites. Les premières donnent lieu aux aigreurs, aux coliques, aux diarrhées et aux convulsions, et toutes les excitent à prendre au delà du besoin ; ils en deviennent trop gras et bouffis, ce qui n'est pas, ainsi que le croit le vulgaire, un signe de santé, car les enfants qui ont beaucoup d'embonpoint sont plus que les autres sujets aux affections spasmodiques et convulsives, aux catarrhes suffoquants, etc. Les aliments simples, mais légers et faciles à digérer, sont les seuls qui conviennent à cet âge, par rapport à la débilité des organes qui servent à la digestion. Le pain bien levé et bien cuit est l'aliment le plus convenable : on peut y ajouter le lait de vache. On fait cuire le pain dans l'eau, et, après en avoir séparé celle-ci, on verse sur le pain une suffisante quantité de lait frais ou tiède, mais qui n'ait pas bouilli. Lorsque l'enfant a environ six ou huit mois, il lui faut une nourriture plus substantielle ; il est bon alors de lui donner le pain dans du bouillon de viande, deux ou trois fois par jour ; mais on ne doit lui permettre l'usage de la viande qu'après le sevrage et lorsqu'il a des dents pour broyer, et encore ne faut-il lui en donner qu'en très-petite quantité. Le régime végéto-animal devient nécessaire à cette époque ; car

les oreilles de Midas. *Saignare, purgare et clysterium donare,* telle est la base de leur traitement dans toutes les maladies : aussi peut-on presque toujours compter le nombre de leurs malades par celui des morts, et ceux dont le tempérament a résisté à la maladie et au médecin sont sujets aux rechutes, et ont des convalescences longues et difficiles.

Insensés qui voulez commander à la nature et lui dicter des lois, commandez aussi aux éléments et aux saisons ! faites donc la pluie et le beau temps : cela est moins difficile que de maîtriser la nature vivante, et que de régner despotiquement sur elle avec des drogues ! *Risum teneatis, amici !*

si l'enfant faisait uniquement usage des végétaux, ainsi que le conseillent quelques auteurs qui ont plus consulté leur imagination que la nature et l'expérience, il serait exposé aux aigreurs et aux accidents qui en dépendent.

A mesure que l'enfant croît, il a besoin d'une plus grande quantité de nourriture. Lorsqu'il est sevré, il faut lui en donner quatre ou cinq fois par jour, mais jamais pendant la nuit. La quantité doit être relative au besoin ; et lorsque les aliments sont simples, il est rare qu'il en prenne au delà de ce qui lui est nécessaire. Il ne faut pas cependant lui en donner trop peu, comme le pratiquent quelques parents imbéciles, qui craignent que leurs enfants ne deviennent stupides : cet excès est plus dangereux encore que l'excès contraire, car le dépérissement qui en est la suite est presque toujours mortel, au lieu que la nature remédie plus facilement aux maladies qui dépendent de la réplétion.

Les fruits sont très-utiles aux enfants ; la nature leur en inspire l'appétit : aussi les recherchent-ils avec avidité, et les préfèrent-ils à toute autre substance : seulement il ne leur en faut permettre que de mûrs, et veiller à ce qu'ils n'en mangent pas trop : autrement ils leur sont nuisibles, et surtout les fruits verts, en ce qu'ils affaiblissent les forces digestives, causent des aigreurs, des vents, et engendrent des vers. — Dès que l'enfant a atteint l'âge de trois ans, s'il jouit d'une bonne constitution, il convient de l'habituer à user de toute espèce d'aliments végétaux, mais avec modération, et augmenter insensiblement la quantité de viandes, surtout de celles qui sont gélatineuses. Il faut que le régime des enfants soit très-varié, mais simple, et ne point les assujettir à un seul genre de nourriture. On leur a conseillé l'abstinence des légumes, des farineux, des racines, et d'autres substances acescentes : ce conseil ne concerne que les enfants faibles et valétudinaires, car l'expérience prouve que ces aliments sont au contraire très-utiles aux enfants bien constitués, par rapport à l'impression tonique qu'ils portent sur l'estomac, et qui se répète utilement dans tout le système. La diète très-relâchante et aqueuse produit un effet opposé, et jette tout le corps dans une énervation radicale ; elle dispose aux rachitis, aux écrouelles et aux autres maladies de ce genre ; elle doit être généralement rejetée.

La pousse des dents est souvent une époque critique qui s'accompagne de diarrhée, de coliques, de convulsions, de fièvre aiguë, et qui est funeste à beaucoup d'enfants. Néanmoins elle n'est pas une maladie dans l'ordre de la nature ; car on voit des enfants qui n'éprouvent aucun de ces accidents, et chez lesquels l'éruption des dents a lieu sans qu'ils en soient dérangés, au moins d'une manière bien sensible ; ce qui démontre que ces affections morbifiques ne sont point nécessaires ; elles dépendent en effet pour l'ordinaire de la pléthore, de l'acidité des sucs digestifs, et surtout de la grande mobilité du genre nerveux. On peut les prévenir efficacement en assujettissant les enfants au régime que je viens d'indiquer, et que l'expé-

rience a prouvé être le plus conforme aux vues de la nature. J'ai déjà exposé la manière dont on devait nourrir les enfants lorsque les mères sont dans la malheureuse impuissance de le faire elles-mêmes, et j'ai dit qu'il y avait moins de dangers à courir en leur donnant le lait des animaux qu'en les confiant à des nourrices mercenaires, à moins qu'on ne leur reconnaisse des mœurs, qu'elles ne soient dociles à suivre les intentions des parents, et que ceux-ci ne les aient constamment sous les yeux. J'ai dit quelles étaient les précautions qu'on devait apporter dans leur choix, ainsi je ne reviendrai pas sur cet objet : je me bornerai seulement à observer, en dernière analyse, que celle-là doit être préférée qui a des mœurs, qui jouit d'une bonne santé, qui a du lait, et qui est propre et soigneuse : si à ces qualités elle réunit l'âge, le caractère et la constitution physique de la mère ; si son lait est récent et analogue à celui de la mère, cette nourrice est la plus convenable. J'observerai encore qu'elle ne doit jamais donner le sein à l'enfant après une émotion vive, telle qu'un accès de colère, une frayeur, un vif transport de joie ; car l'expérience a prouvé que plusieurs enfants ont été attaqués d'affections spasmodiques, convulsives ou autres, pour avoir pris le sein dans des circonstances qui altèrent et corrompent le lait.

Ce serait en vain qu'on mettrait en pratique tous ces préceptes : la constitution de l'enfant ne s'affermirait pas, et il resterait constamment faible, si l'on négligeait les exercices, dont le désir est né avec l'homme. Le rachitis et les écrouelles dépendent le plus souvent de l'inaction et de l'état de contrainte dans lequel on tient les enfants, qui sont tous naturellement portés au mouvement : mais, comme dans les premiers mois ils ne peuvent s'exercer eux-mêmes, il est nécessaire de charger de ce soin les nourrices. L'exercice le plus convenable aux enfants qui ne marchent pas encore est de les faire transporter en plein air, en recommandant que la nourrice ou la personne qui les porte les change souvent de bras, afin qu'ils ne contractent pas l'habitude de se pencher plus d'un côté que de l'autre, ce qui peut dans la suite produire une difformité dans la colonne vertébrale et dans le côté qui a été habituellement penché. La manière dont la plupart des nourrices portent les enfants est très-vicieuse : le plus souvent il n'y a qu'une fesse qui pose sur le bras, et la cuisse ainsi que la jambe de l'autre côté étant abandonnées, celles-ci prennent une mauvaise tournure, et le pied rentre en dedans. D'autres rapprochent trop de la poitrine le bras qui porte : il en résulte que le genou de l'enfant est pressé par la poitrine, et que la cuisse de ce côté, descendant davantage, contracte l'habitude d'une position vicieuse. La meilleure manière de porter un enfant est de le tenir sur le bras, de sorte que son dos appuie sur la poitrine de la personne qui le porte, comme sur un dossier : l'enfant a, dans cette attitude, un point d'appui en arrière, et aucun de ses membres ne prend de fausse position.

Un autre genre d'exercice non moins utile dans les premiers mois de la naissance, quoi qu'en disent les frondeurs de tous les usages populaires, est le bercement. Le renouvellement fréquent de l'air, les secousses modérées de toutes les parties, et l'action réciproque des viscères les uns sur les autres, font nécessairement sur les organes de l'enfant des impressions salutaires. Ajoutez que le bercement est un puissant moyen de distraire l'enfant qui souffre, vu que ses douleurs ne sont que senties mais non raisonnées. Il émousse l'excessive sensibilité des nerfs, mais ne les rend point calleux ; et, comme le dit Desèze, « en procurant une sensation douce, continue et » uniforme, il provoque l'enfant au sommeil, et » change par là sa situation inquiète en une situation » d'inertie et d'indifférence (1). » On ne doit pas se presser de faire marcher les enfants ; ce n'est qu'après le sevrage, vers le neuvième ou dixième mois, et lorsque les extrémités inférieures ont assez de forces pour soutenir le poids du corps, qu'on doit les y exercer. La meilleure méthode est de les soutenir par la main. On doit proscrire l'usage des lisières attachées par derrière, qui fait pencher l'enfant en devant et le rend voûté, parce que dans cette attitude la poitrine devient le centre sur lequel porte le poids du corps : il en résulte que la poitrine rentre en dedans, et que la respiration devient gênée. Ce qui vaut le mieux, c'est de leur laisser recevoir des leçons de la nature même, de l'expérience : on les laisse se rouler par terre. Cet exercice non-seulement les fortifie, mais leur apprend encore à faire usage de leurs membres ; ils commencent ainsi à marcher seuls de bonne heure, sans avoir eu besoin de guides ni de maîtres.

Dès que l'enfant peut marcher, il faut le laisser s'y exercer lui-même au grand air, et ne point l'empêcher de se livrer aux mouvements et aux jeux de son âge. Les courses, les sauts et autres exercices, sont absolument nécessaires, et le corps n'acquiert des for-

(1) Recherches sur la sensibilité, page 187.

Voici l'opinion d'un des médecins-accoucheurs les plus célèbres de la capitale sur le bercement (M. Gardien) : « Si le mouvement qu'on imprime au berceau est léger, il ne peut résulter aucun inconvénient de ce doux balancement : on observe même que ce mouvement ondulatoire est une source de plaisir pour l'enfant. Celui qui y est habitué ne peut pas s'endormir sans ce moyen ; et on est obligé de continuer longtemps cette pratique. Mais bientôt un balancement léger du berceau ne fait plus d'impression sur lui, et il crie de nouveau dès qu'on le suspend ; alors on recommence la même manœuvre ; mais pour réussir à apaiser, à endormir l'enfant, on est forcé de l'agiter violemment. L'expérience a appris aux nourrices que dans ce cas il s'endort plus promptement ; et, comme elles désirent se livrer à d'autres occupations, elles manquent rarement de recourir à ce mouvement brusque d'oscillation imprimé au berceau, pour endormir les enfants. Il est évident que cette violente agitation leur est nuisible : c'est moins un vrai sommeil que l'on procure qu'un état comateux déterminé par la grande quantité de sang qui se porte au cerveau. Un mouvement considérable imprimé au berceau serait plus dangereux dans le temps de la dentition : il exposerait encore davantage les enfants aux convulsions et aux affections comateuses, en augmentant la congestion du sang vers le cerveau, où il est déjà naturellement attiré pendant cette crise. »

ces que par ce moyen. Il faut néanmoins leur en faire éviter l'excès, qui épuise les forces et cause des maladies graves. Il produit sur le corps les mêmes effets que le travail immodéré ou prématuré opère sur les paysans et les artisans : les organes durcissent, le corps vieillit de bonne heure, et par conséquent ne se développe pas entièrement, et ne prend pas tout son accroissement. Les frictions sèches sur la peau des enfants sont un moyen efficace et propre à les rendre robustes et vigoureux : elles produisent les mêmes effets que les exercices, en favorisant la libre circulation des forces. Ce moyen employé dans les siècles les plus reculés, et trop négligé de nos jours, donne du jeu et du ressort aux organes, seconde leur développement, affermit la santé, et préserve des maladies qui dépendent de la trop grande laxité des solides : on ne saurait trop en recommander l'usage. Les lotions et les bains froids sont de la plus grande utilité dans les pays septentrionaux, ainsi que dans les nôtres, où les corps ont à supporter fréquemment de brusques variations de l'atmosphère. Rien n'est plus propre à donner aux organes la vigueur nécessaire pour résister à ces impressions soudaines qui déterminent des directions contraires de mouvements qui se croisent et se succèdent rapidement : il est donc très-avantageux d'y habituer de bonne heure les enfants (1). On les familiarise avec les lotions et le bain, en lavant d'abord, avec une éponge imbibée d'eau froide, les parties qui sont constamment exposées à l'air, comme les mains, les pieds, le visage, puis les bras, les cuisses et les jambes, et insensiblement tout le corps. On réitère ces lotions deux ou trois fois par jour, et enfin on plonge tout le corps dans l'eau froide (2).

Le sommeil est l'état presque continuel de l'enfant qui vient de naître : il était nécessaire pour disposer le corps à la nutrition et au développement. Presque tous les premiers instants de l'enfance sont marqués par le besoin de dormir. Mais, à mesure que l'homme s'éloigne de son origine, ce besoin diminue, en sorte que dans le dernier âge il l'invoque en vain : dans la vieillesse il est tourmenté d'insomnies, et il est peu d'hommes qui, à cet âge, ne se plaignent de ne pouvoir dormir. Les lits ou berceaux dans lesquels on met reposer les enfants doivent être, ainsi que leurs appartements, très-aérés. Il n'y a rien de plus pernicieux qu'un air non renouvelé et corrompu : c'est une méthode très-nuisible que celle d'établir leurs

couchettes dans des cabinets, des alcôves, et des chambres petites et étroites. Il est très-utile, au contraire, qu'ils dorment exposés au grand air, et dans des appartements où il circule librement. On couche ordinairement les enfants sur le dos et la face tournée en haut. Cette situation n'est pas la plus favorable, et ils la prennent rarement quand ils sont livrés à eux-mêmes ; c'est sur un côté qu'ils se couchent naturellement, les jambes et les bras un peu pliés : cette position est la plus avantageuse, en ce qu'elle favorise le plus le libre mouvement des viscères, au lieu que quand on repose sur le dos, l'action et le cours des humeurs sont gênés dans la tête, la poitrine et le ventre.

Il convient que les enfants soient couchés durement, sur un matelas, et même sur une paillasse, plutôt que sur un lit de plume ou de laine. Un lit dur donne de la force et de la vigueur ; un lit mollet affaiblit et énerve. On n'a pas à craindre qu'ils ne dorment pas sur un lit dur ; car, comme l'a très-bien dit le bon La Fontaine : « tout est couchette et matelas » pour les enfants (1). » En général, il est très-essentiel d'habituer les enfants à une vie dure et active ; il serait même à désirer qu'on leur fît éprouver quelquefois des privations, et qu'ils connussent la faim, la soif, et surtout la fatigue. Il est bon qu'ils apprennent de bonne heure que l'appétit est le meilleur cuisinier, et le seul qu'on doive estimer. Ces moyens ne contribuent pas peu à fortifier les organes, à affermir la santé et à allonger le cours de la vie. L'éducation molle et délicate produit des effets absolument contraires. Rien ne débilite plus la machine, ne prépare un plus grand nombre de maux et d'infirmités, et n'abrège plus la durée de l'existence, que de vouloir garantir les enfants du plus petit vent, de les tenir ensevelis dans la plume, de les surcharger d'aliments délicats, et de leur permettre l'usage du vin, du café, du chocolat et des assaisonnements échauffants. Outre que ce régime pernicieux donne lieu à une infinité d'accidents et de maladies, il hâte, avec une rapidité contre nature, le développement des organes, qui reste imparfait ; il produit l'effet d'une serre chaude, qui fait naître des fleurs et des fruits au milieu de l'hiver, mais qui fait bientôt périr l'arbre ou la plante qui les porte ; car, comme je l'ai déjà dit, la durée de la vie est en raison du temps que le corps met à croître, en sorte qu'elle est d'autant plus longue que le développement est plus lent, et d'autant plus courte que la crue se fait plus promptement et d'une manière incomplète. La gourmandise, la jalousie et la frayeur sont des passions extrêmement nuisibles à la santé, et les plus ordinaires dans le premier âge. Je ne par-

---

(1) Cette pratique, très-salutaire dans le Nord et dans nos pays, serait nuisible dans les pays chauds.

(2) Il est effectivement dans nos climats des constitutions fortes qui supportent très-bien les lotions et le bain froid, et acquièrent par ces moyens beaucoup de force ; mais cette méthode est meurtrière pour les enfants faibles. Quand ils résistent à l'action du froid, ils ne sont que trop souvent faibles, languissants, attaqués de maladies nerveuses, d'inflammations chroniques. J'ai donné, pendant plusieurs années, des soins à la fille d'un des hommes les plus illustres de la révolution française, qui était atteinte d'accidents nerveux très-graves par suite de cette méthode employée d'une manière irréfléchie. (Bricheteau.)

(1) Rousseau a dit : « Il importe de s'accoutumer à être mal couché ; c'est le moyen de ne plus trouver de mauvais lit. En général, la vie dure, une fois tournée en habitude, multiplie les sensations agréables ; la vie molle en prépare une infinité de déplaisantes. Les gens élevés trop délicatement ne trouvent plus de sommeil que sur le duvet ; les gens accoutumés à dormir sur les planches le trouvent partout. Il n'y a point de lit dur pour qui s'endort en se couchant. » (*Émile*, liv. II.)

lerai point ici de leurs effets directs et immédiats sur l'économie animale ; je me bornerai seulement à donner quelques réflexions fondées sur l'observation, et qui serviront à prouver combien les passions sont dangereuses dans l'enfance, et combien il importe de les prévenir ou d'en arrêter les progrès.

La gourmandise est le fléau de l'enfance; elle est le principe d'une multitude de maladies : l'estomac, surchargé d'aliments souvent de mauvaise qualité, par cela même qu'ils sont recherchés, ne peut exécuter ses fonctions digestives qu'avec peine, et élabore mal les sucs qui doivent nourrir le corps; il en résulte des digestions pénibles et vicieuses, des affections gastriques qui mettent le désordre dans la machine, et causent des altérations plus ou moins profondes et délétères dans l'organisme : aussi la gourmandise moissonne-t-elle beaucoup d'enfants en bas âge.

Il est donc absolument nécessaire de mettre des bornes à leur appétit désordonné, et de ne leur distribuer qu'avec une sage économie une nourriture simple et peu assaisonnée, pour ne pas exciter en eux le sentiment de la faim au delà du besoin naturel. Malheureusement les parents sont presque toujours les auteurs des maux de leurs enfants, en cédant avec trop d'indulgence à leur avidité, ou en les nourrissant des mêmes mets dont ils se nourrissent eux-mêmes. Il en résulte que cette nourriture fait de trop vives impressions sur des organes délicats, qu'elle émousse le sentiment du goût, et fait contracter à l'enfant des habitudes vicieuses qui, en le privant des charmes les plus doux de la vie, le conduisent rapidement à sa destruction. Il arrive souvent que les enfants maigrissent sensiblement, quoique le visage reste plein et charnu, et que toute l'épine dorsale et toutes les côtes se décharnent, de manière que la taille s'allonge et s'amincit. Lorsque cette espèce de marasme a lieu sans cause sensible, on peut être certain que la jalousie en est le principe, et, en y faisant attention, on ne tarde pas à s'apercevoir que c'est que dans la maison on témoigne plus d'amitié à quelque autre enfant.

Les parents et les instituteurs ne sauraient trop apporter de précautions pour éloigner du cœur de leurs élèves les tourments secrets qui les dévorent, et que font naître les préférences marquées. On n'imagine pas jusqu'à quel point un enfant y est sensible, et combien il dissimule le chagrin qui le mine : il faut souvent le deviner. L'unique moyen d'y réussir est de faire moins de caresses aux autres, et de lui témoigner plus d'amitié que de coutume. Qu'on observe alors attentivement ses yeux, et on connaît bientôt s'il est tourmenté de la jalousie; car, si cette passion a trouvé accès dans son âme, ses yeux se montrent plus sereins et il cesse d'être triste et rêveur. Dans ce cas, il faut prendre le parti de retrancher, en sa présence, les caresses qu'on faisait aux autres, et les redoubler envers lui, mais de manière qu'il ne s'aperçoive pas de la ruse, car les enfants sont plus pénétrants qu'on ne le croit communément : ils lisent dans l'âme de ceux qui les approchent, et

là-dessus nous sommes souvent leurs dupes (1). Que les enfants soient susceptibles de jalousie, c'est ce dont on ne peut douter : ils le sont même étant encore à la mamelle. « J'ai vu, dit Augustin, un enfant jaloux : » il ne savait pas encore prononcer une parole, et re- » gardait déjà un autre enfant qui tétait avec lui avec » un visage pâle et des yeux irrités (2). »

L'être faible et sensible est naturellement timide et craintif; la peur s'empare facilement de son âme : aussi cette passion est-elle propre à l'enfance et au sexe féminin. Malheureusement on ne prémunit pas assez les enfants contre cette passion et ses dangereux effets, qui subsistent quelquefois durant toute la vie, et rendent celle-ci misérable et pleine d'angoisses. Souvent une femme, entraînée par le tourbillon des plaisirs, confie le soin de ses enfants à des domestiques qui les effraient de contes absurdes de revenants, de diables et de sorciers; il en résulte les accidents les plus funestes. L'enfant, naturellement curieux, se repaît avidement de ces contes, et bientôt son imagination exaltée ne lui offre plus que des spectres et des fantômes terribles; il n'ose plus se confier aux ténèbres de la nuit; le moindre bruit l'épouvante; ce sont des palpitations, des défaillances, des convulsions, et quelquefois des morts subites. Enfin, telle est l'influence de cette cause sur l'esprit des enfants, qu'elle détruit l'énergie de l'âme, et les rend faibles et pusillanimes pour la vie. On voit, d'après cela, qu'il n'est pas indifférent de laisser approcher indistinctement les enfants par toutes sortes de personnes. Leur caractère dépend beaucoup des premières impressions qu'ils reçoivent dans un âge où le cerveau est une cire molle qui prend toutes les formes qu'on lui donne, et se dispose à les retenir dans un âge avancé. On sait que l'humeur des personnes avec lesquelles on vit influe beaucoup sur la nôtre, et que l'on est gai, triste, taciturne, etc., selon la compagnie que l'on fréquente. Il en est de même, et à plus forte raison, pour les enfants : il est à désirer qu'ils ne soient jamais entourés que de personnes gaies, instruites, et qui sachent mêler l'agréable à l'utile, afin qu'ils en prennent le caractère et que l'instruction germe dans leur âme.

L'étude des langues et des sciences abstraites ne devrait jamais commencer qu'un peu tard, et quand l'enfant a déjà acquis de la vigueur. On ne doit pas former l'esprit aux dépens du corps; et l'intention de la nature est que celui-ci se fortifie avant que l'esprit s'exerce, comme l'a très-bien dit le philosophe de Genève. L'application prématurée énerve l'un et l'autre. On a souvent vu, dans le bas âge, des prodiges de mémoire et même d'érudition, être à quinze ou vingt ans des imbéciles, et rester tels toute leur vie. On a vu d'autres enfants que les études précoces avaient affaiblis à tel point qu'ils finissaient dans les maux les plus cruels leur misérable carrière, à l'époque où ils auraient dû commencer seulement leurs études. Vouloir que les enfants soient des docteurs, comme le dit

(1) Orthopédie, par Andry, page 157.
(2) Éducation des Enfants, par Fénelon.

Fleury, c'est vouloir qu'une jeune plante ait, du jour au lendemain, un tronc solide et de profondes racines. On ne devrait envoyer les enfants dans les écoles qu'à l'âge de dix ou douze ans, et jamais auparavant. Les premières études doivent avoir pour objet les choses qui tombent sous les sens, et qui, en fixant l'attention, fassent naître des idées et exercent la mémoire. La méditation et le raisonnement appartient à un âge plus avancé. La contention qu'exigent ces opérations de l'âme est un état violent auquel on ne peut la plier que peu à peu, et auquel il faut par conséquent la préparer par degrés. Le dessin, la musique, la géographie, l'arithmétique, l'histoire naturelle et la physique expérimentale sont propres à remplir vos vues, et doivent uniquement occuper les enfants de dix à douze ans; la chronologie, l'histoire ancienne et moderne, les langues et la littérature viendront ensuite; et enfin, après avoir suivi la gradation des idées et de l'âge, on finira par les sciences abstraites, telles que les mathématiques, la grammaire générale, la législation, etc., etc. Tel est le plan d'études qui me paraît le plus conforme à la nature, et le plus propre à former des hommes vraiment instruits et utiles (1).

Quel que soit l'âge auquel on fasse commencer les études, il faut avoir soin que l'enfant ne s'applique pas trop longtemps de suite : une ou deux heures par jour, dans le principe, et, à mesure que le corps croît et acquiert de la force, trois, quatre ou cinq heures, mais en plusieurs reprises, suffisent; le reste de la journée doit être consacré aux jeux, aux amusements et aux exercices. Il est utile surtout de leur faire éviter l'ennui dans les études, et la passion dans les jeux. Il arrive presque toujours, comme l'a fort bien dit Fénelon, que dans l'éducation on met ordinairement tout l'ennui d'un côté et tout le plaisir de l'autre. Il faut, au contraire, que les exercices du corps et les travaux de l'esprit se servent réciproquement de récréations et de délassements, non pas à des heures fixes, mais d'après les dispositions du corps et de l'âme. Tels sont en général les préceptes essentiels concernant l'éducation, dont le but est de former des corps robustes, des esprits éclairés et des âmes vertueuses; ils sont basés sur la nature et justifiés par l'expérience. Ce n'est que de leur fidèle observation qu'on peut espérer une régénération dans l'espèce humaine, et une nouvelle race d'hommes qui vaillent mieux que leurs pères. Mais malheureusement le flambeau de la philosophie ne luit que sur le plus petit nombre, et sa lumière ne s'étend guère au delà de la classe de ceux dont la raison a été cultivée par les études; les autres, pour la plupart, restent éter-

(1) Il serait à désirer qu'on suivît cette marche philosophique dans l'instruction de la jeunesse. Commencez par occuper les enfants d'objets simples, positifs, qui tombent promptement sous les sens : c'est le moyen de créer des esprits justes et des jugements sains. Si au contraire vous embarrassez le cerveau d'études abstraites, compliquées ou métaphysiques, vous fausserez le jugement et ferez infailliblement des esprits faux en les formant de bonne heure à des opinions hasardées et conjecturales. (Bricheteau.)

nellement asservis aux préjugés, à l'erreur et à l'habitude.

ENCENSOIR. — Objet destiné aux cérémonies de l'Église. C'est une espèce de cassolette dans laquelle on met du feu pour y brûler l'encens. Sa forme, ordinairement conique, représente souvent des dômes, des tours et des clochers gothiques. Il est suspendu par des chaînes qui ont 2 mètres de longueur environ.

Par la distribution des ornements, on ménage des jours pour laisser échapper la fumée de l'encens.

L'encenseur, appelé *thuriféraire*, est un enfant de chœur. C'est aux processions et à différents endroits de la messe, que l'encensement a lieu; on le prodigue aux morts; il n'est pas de bénédiction solennelle qui n'en soit accompagné. Au moyen âge, les seigneurs avaient droit à certains encensements, et le refus de cet honneur amenait souvent des discussions et des procès ridicules.

L'envoi de l'encensoir dans l'air est d'un effet imposant dans les solennités; ceux préposés à cet effet sont rangés de chaque côté du cortège, ils agissent avec ensemble et à des instants marqués; l'encens est offert à l'Être suprême dans un recueillement religieux. L'odeur balsamique qui émane de l'encensoir, ajoutée aux grandes voix de l'orgue, répand sur les fidèles quelque chose d'idéal, de céleste, qui prédispose leur esprit à un état de religiosité et d'amour.

Cet objet et cet usage que l'on retrouve dès les premiers temps du christianisme, furent cependant en pratique d'une manière analogue, et tirent leur origine de la religion druidique.

Depuis un temps immémorial, on brûle l'encens sur les autels. Les païens employaient ce parfum dans leurs sacrifices, il remplaça les herbes sauvages brûlées devant les idoles.

Les prophétesses chez les Druides, quand elles prédisaient l'avenir, étaient sur un trépied d'airain destiné à cet usage, d'où s'échappaient des odeurs enivrantes qui secondaient merveilleusement leur état d'inspiration extatique.

Cette coutume aujourd'hui transformée, n'en a pas moins conservé la même puissance en principe, par le recueillement plus ou moins profond qu'elle apporte dans certaines organisations douées d'une extrême sensibilité.

L'encensoir envoyé avec habileté est encore d'un effet gracieux et plein d'élégance, il ajoute à la cérémonie un air de fête et de grandeur que nous aimons retrouver dans les traditions de l'Église.

Il nous semble voir au moyen âge le clergé sortir en grande pompe de l'église Notre-Dame, reliques et bannières en tête, pour recevoir le monarque suivi de quelques grands de la cour, voire même le prévôt des marchands, qui, débouchant sur le parvis, viennent rendre une action de grâces dans la basilique pour la délivrance d'un fléau, ou d'une victoire remportée sur les Bourguignons ou Anglais, aux mille voix de la foule et des cloches de la bonne ville de Paris, après avoir reçu préalablement la bénédiction, et vu s'élever au-dessus de la population agenouillée, les

encensoirs, envoyant leurs nuages embaumés vers le ciel.

L'orfévrerie religieuse eut beaucoup à faire dans le dessin et les formes de l'encensoir; une quantité fabuleuse d'or et d'argent fut employée à ces sortes d'objets, et notamment à celui-ci; il suffit de lire les inventaires du duc d'Anjou et du roi Charles V pour se pénétrer du luxe inouï que l'orfévrerie présentait à cette époque. On remarque, entre autres, la description de deux encensoirs d'or massif : « Un encensier d'or, à quatre pignons et quatre tournelles ; un grand encenser d'or pour la chapelle du roy, ouvré à huit chapitaulx en façon de maçonnerie, et est le pinacle dudit encensier, ouvré à huit osteaulx (frontons), et est le pié ouvré à jour. »

Tous ces monuments de l'orfévrerie ont disparu dans les cataclysmes politiques ou de misères, peu nous sont parvenus; on remarque cependant encore un encensoir à Trèves ayant appartenu à la cathédrale de Metz, et dont le style est du XIᵉ siècle.

E. PAUL,
Orfévre-bijoutier.

ENGRAISSEMENT DES PORCS (économie rurale). — Trois conditions sont essentielles pour l'élevage des porcs : 1° Choix des sujets ; 2° aliments cuits ; 3° propreté.

1° Le choix des porcs destinés à l'engrais dépend de plusieurs signes caractéristiques qu'on peut résumer ainsi : dos en ligne droite, élastique, flexible; large et arrondi vers les flancs; jambes courtes et libres, cou gros et court, groin droit, yeux vifs et tête petite comparativement. Les races pures de Chine ont une disposition particulière à l'engraissement ; cependant, on ne les importe que pour les croiser. Lord Western, dans le canton d'Essex, par une semblable alliance de la race chinoise avec celle d'Essex, a obtenu une variété sans égale pour la facilité et la régularité de l'engraissement, et qui, de plus, s'acclimate partout aisément.

2° Quelque important que soit le choix de la race, celui des aliments l'est encore davantage. Un grand nombre d'expériences ont été faites pour savoir s'il est avantageux de donner la nourriture crue ou cuite. Or, on a formé deux groupes, dont l'un comprenait six porcs mâles et l'autre six truies. On a nourri le premier de pommes de terre et de fèves cuites, et le second des mêmes aliments crus. Du 2 juillet au 12 octobre, le poids du premier groupe s'est accru de 395 kil., c'est-à-dire en moyenne de 54 kil. 83 par tête, tandis que celui du second ne s'est élevé que de 182 kil. ou de 30 kil. 33 par tête. Ces expériences, répétées sur d'autres animaux, ont donné constamment les mêmes résultats.

Il importe de faire observer, quant à l'alimentation alternativement cuite et crue, que le groupe qui l'a reçue s'est approché dans son développement plutôt du groupe n° 1, nourri d'aliments cuits, que du groupe n° 2; mais la succession des deux genres d'alimentation n'a jamais paru lui être agréable.

3° Pour apprécier l'influence de la propreté, on a eu soin de laver et même de savonner périodiquement

plusieurs animaux qui s'en sont trouvés parfaitement et dont ce surcroît de bien-être a notablement stimulé l'appétit.

ENGRAISSEMENT DES VOLAILLES (économie rurale). — Cette industrie domestique est une de celles qui devraient être enseignées et encouragées partout, car elle est à la portée de toutes les positions, et accroît notablement le bien-être des contrées où on y apporte les soins et l'intelligence nécessaires.

Voici le procédé employé par les fermiers belges, justement renommés pour leur habileté :

Les volailles destinées à l'engraissement sont choisies avec soin dans la race espagnole noire à reflets métalliques, portant une peau blanche près du conduit de l'oreille, et dans la race grise campinoise, au plumage gris brun foncé et gris très-clair. Les volailles sont mises en mue par douze, quand elles ont atteint leur croissance. Les mues sont rangées en lignes, dans un local obscur et tranquille, frais en été et garanti contre le froid en hiver. Elles sont posées sur de la paille fraîche qu'on renouvelle souvent pour qu'elle soit toujours propre.

La propreté est tellement indispensable pour le succès, que tous les jours, les pattes des volailles sont nettoyées avec une éponge humide, et soigneusement essuyées.

Les volailles reçoivent pour aliment de la farine de sarrasin non blutée, pétrie avec du lait de beurre, qu'on divise en pâtons de la grosseur du petit doigt au moment de la donner aux volailles. A cet effet, l'éleveuse prend sur ses genoux une volaille dont elle maintient les pattes sans la blesser, puis, d'une main elle saisit doucement la peau du dessus de la tête, ce qui oblige à ouvrir le bec, et de l'autre main elle place dans le bec ouvert le pâton qu'elle fait glisser dans le gosier en appuyant du doigt. Au bout de quelques jours les volailles se prêtent d'elles-mêmes à cette manœuvre et ouvrent leur bec.

A mesure que les mues sont ainsi vidées et remplies tour à tour, on opère les nettoyages et le renouvellement de la litière sous les mues.

L'engraissement par ce procédé ne dure jamais plus de dix-huit à vingt jours. Dans cet intervalle, chaque volaille a consommé par jour 500 grammes de sarrasin. La volaille maigre vaut de 1 fr. 25 à 1 fr. 50 c. ; les 9 à 10 kilogrammes de sarrasin qu'elle consomme, au prix moyen de 16 fr. les 100 kil., coûtent 1 fr. 60 c. Ainsi, la volaille engraissée revient au prix moyen de 3 fr.; elle vaut habituellement 4 fr. 50 c. à 5 fr. Cette année, où le sarrasin vaut de 12 à 13 fr. les 100 kilog., et où le prix des volailles grasses n'a pas baissé, le bénéfice est plus fort. (*L. Harvé.*)

ERREURS TYPOGRAPHIQUES. — Avant l'invention de l'imprimerie les livres coûtaient des sommes énormes, à cause de leur grande rareté et du temps considérable qu'il fallait employer à les copier, mais plusieurs d'entre eux conservés dans les bibliothèques publiques, ou dans quelques riches collections particulières, sont des chefs-d'œuvre de calligraphie et de dessin.

De nombreux monastères s'occupaient de la tran-

scription des manuscrits ; ce travail figurait au nombre des devoirs prescrits à certains ordres religieux par leur règle, et même on n'y était admis, la plupart du temps, qu'en faisant cadeau à la bibliothèque du couvent d'un ou de plusieurs ouvrages pieux ou profanes que l'on avait copiés.

Tant que les religieux furent seuls occupés de ce travail, les livres furent généralement remarquables par la correction du texte, parce que la congrégation à laquelle ils appartenaient ne reculait devant aucune dépense, et que chacun des membres, n'ayant pas à songer aux besoins matériels de la vie, pouvait s'occuper avec conscience de la tâche dont il était chargé. Ainsi, soit qu'il eût à transcrire un des chefs-d'œuvre de l'antiquité ou à composer quelqu'un de ces savants traités, encore recherchés aujourd'hui par les érudits, le religieux s'y livrait avec tant de zèle que peu de fautes se glissaient dans ces fruits de ses veilles.

Mais bientôt les monastères ne suffirent plus pour fournir des livres au monde savant. Alors les laïques entrèrent en concurrence avec ces savants religieux.

Le métier de copiste acquit une certaine importance lorsque les études commencèrent à refleurir en Europe. Il occupa alors une classe d'hommes fort nombreuse, mais tous ceux qui en faisaient partie n'avaient pas la science nécessaire.

Malgré les recommandations que ne cessaient de faire les hommes instruits, chaque jour les ouvrages étaient de plus en plus défigurés par les copistes, et rien ne peut mieux peindre leur ignorance et leur négligence que le passage suivant de Pétrarque : « Comment pourrons-nous, dit-il, apporter quelque remède au mal que nous font les copistes qui, par leur ignorance et leur paresse, gâtent et ruinent tout? C'est ce qui empêche plusieurs beaux génies de mettre au jour leurs ouvrages immortels. C'est une punition qui est bien due à ce siècle fainéant, où l'on est moins curieux de livres que de mets recherchés, et plus jaloux d'avoir de bons cuisiniers que de bons copistes. Quiconque sait peindre le parchemin et tenir la plume passe pour habile copiste, quoiqu'il n'ait ni savoir ni talent. Je ne parle pas de l'orthographe, elle est perdue depuis longtemps. Plût à Dieu que les copistes écrivissent, quoique mal, ce qu'on leur donne à transcrire ! On verrait leur ignorance, mais on aurait au moins la substance des livres ; on ne confondrait pas les copistes avec les originaux, et les erreurs ne se perpétueraient pas de siècle en siècle..... Le mal est qu'il n'y a ni règle ni loi pour les copistes; ils ne sont soumis à aucun examen. Les serruriers, les agriculteurs, les tisserands et autres ouvriers sont assujettis à des examens et à des règles, mais il n'y en a point pour les copistes. Cependant il y a des taxes pour ces destructeurs barbares, et il faut les payer bien cher pour gâter les bons livres. » Ailleurs, dans une lettre à Boccace, le même poète se plaint de ce qu'il ne peut trouver personne qui copie fidèlement son livre *Sur la vie solitaire*. « Il paraît incroyable, dit-il, qu'un livre qui a été écrit en peu de jours, ne puisse être copié en plusieurs mois. » Si à

l'amour de la table on substitue la passion de l'or, ce que dit Pétrarque des copistes s'appliquera fort bien aux imprimeurs de nos jours.

Lorsque l'imprimerie n'existait pas encore, les auteurs, sachant qu'il n'y aurait pas moyen de corriger les fautes qu'ils laissaient échapper, n'en étaient que plus circonspects et tâchaient de se montrer tels qu'ils voulaient toujours être. Pour eux principalement ce proverbe latin était plein de vérité : *Nescit vox missa reverti.*

Il en était de même des copistes anciens et du moyen âge. Mais, comme ils n'étaient pas tous également lettrés, il leur échappait souvent des erreurs, et les fautes d'ignorance, jointes à celles provenant du défaut d'attention, déparent souvent les copies des auteurs anciens, et ce mode de reproduction des ouvrages par l'écriture contribuait à multiplier les fautes outre mesure, car le second copiste ajoutait souvent de nouvelles erreurs à celles de la première copie, le troisième copiste faisait de même, et ainsi de suite indéfiniment. Quelquefois cependant les calligraphes ou les enlumineurs faisaient des corrections dans le cours de l'ouvrage, soit qu'ils s'aperçussent des fautes au moment où ils les faisaient, soit qu'ils ne les vissent qu'après avoir relu leur travail.

Pour les fautes de cette nature, tout le monde s'en rend bien compte, mais il n'en est pas de même des fautes d'impression. « Comment, dit-on, reste-t-il tant de fautes dans les livres, puisqu'il est si facile de les faire disparaître. » Je vais essayer d'en faire comprendre les causes, même aux personnes les plus étrangères à l'imprimerie. Les fautes sont de plusieurs genres, les unes sont d'une nature intellectuelle, et les autres sont purement matérielles. J'examinerai les unes et les autres, et je chercherai s'il y a moyen de les prévenir. Elles viennent de l'auteur, de l'éditeur, de l'imprimeur, du compositeur, du correcteur, etc.

Lindenberg a fait une dissertation sur les erreurs typographiques. Il en recherche les causes et propose les moyens de les prévenir; mais il ne dit rien sur cette matière qui ne soit commun ou impraticable. Les auteurs, les compositeurs et les correcteurs d'imprimerie, dit-il, doivent faire leur devoir. Qui en doute? Chaque auteur, continue-t-il, doit avoir son imprimerie chez lui. Cela est-il possible? et le souffrirait-on dans aucun gouvernement?

Le peu d'erreurs des livres imprimés à l'origine de l'imprimerie, vient de ce qu'il n'y avait alors que des savants qui s'occupassent de typographie. Auteurs, éditeurs, ouvriers, tous ceux qui appartenaient à cette corporation, étaient des personnes éclairées. Avec de tels éléments, comment aurait-il été possible de ne pas faire des travaux remarquables? Pourquoi n'en est-il pas de même aujourd'hui, et qu'y aurait-il à faire pour remédier au mal? C'est ce que je me propose d'examiner.

Fautes qui viennent de l'auteur. — La facilité de reproduire le fruit de ses veilles rend un auteur moderne moins scrupuleux sur les négligences de sa première composition. Pressé de se jeter dans le public, d'éprouver l'opinion et d'occuper la renommée,

il passe sur bien des fautes qu'il remet à corriger dans une autre édition, ou il se repose de ce soin sur le prote ou sur le correcteur.

D'autres fois, le peu de connaissance que l'auteur a de la matière qu'il traite, son ignorance, profonde quelquefois, des règles de la langue dans laquelle il écrit, lui font commettre une quantité considérable d'erreurs, qu'il a toujours soin de mettre sur le compte de l'imprimeur. Ce serait souvent une rude tâche pour un correcteur s'il était obligé de rendre régulières et correctes les phrases baroques et ridicules qui lui passent sous les yeux. En outre, ses corrections ne seraient pas toujours du goût de l'auteur. On pourra en juger par l'anecdote suivante. Tout le monde connaît ces locutions : *Monsieur j'ordonne, madame j'ordonne, mademoiselle j'ordonne*, que l'on emploie dans le langage familier. Ces expressions qui sont un abrégé de : *Monsieur, madame ou mademoiselle qui croit qu'il suffit de dire* j'ORDONNE *pour être obéi ou obéie*, ne se disent que par ironie d'une personne qui commande sans cesse, à tort et à travers. M. V. Hugo, croyant pouvoir en former un verbe, avait écrit dans ses *Lettres sur le Rhin* : *La maison est pleine de voix qui* JORDONNENT. L'imprimeur, supposant que c'était une erreur échappée à l'auteur, avait mis : *La maison est pleine de voix qui* ORDONNENT. Mais l'auteur a, dans un errata, réclamé contre cette correction de l'imprimeur. « Ce mot, dit-il, manque au Dictionnaire de l'Académie et, à mon avis, le dictionnaire a tort. C'est un excellent mot de la langue familière qui n'a pas de synonyme possible, et qui exprime une nuance précise et délicate. » Si un auteur aussi distingué a demandé avec tant d'instance le rétablissement d'un aussi monstrueux barbarisme que le verbe *jordonner*, que sera-ce si l'on a affaire à un de ces écrivains médiocres ou tout à fait mauvais, qui admirent tout ce qui sort de leur plume? L'auteur fût-il plus docile, il resterait toujours les fautes qui tiennent au fond du sujet, erreurs qui ne peuvent être rectifiées que par celui qui a fait une étude spéciale de la matière. D'ailleurs, quand cela serait possible, le temps que demanderait la lecture d'épreuves faite dans de telles conditions serait nuisible à la marche du travail dans une imprimerie.

Autrefois les auteurs pouvaient composer avec maturité et avec tout le soin dont ils étaient susceptibles les ouvrages qu'ils entreprenaient ou dont ils se chargeaient. Il n'en est pas ainsi aujourd'hui. Les travaux même les plus considérables, les plus difficiles, ne sont plus guère que des improvisations. J'ai été forcé d'être le collaborateur anonyme d'un ouvrage qui, pour être fait consciencieusement, aurait demandé une vingtaine d'années ; il a été rédigé et imprimé en moins de trois ans. Quelle confiance peut-on avoir dans de tels ouvrages?

L'éditeur est si pressé de mettre au jour un livre nouveau que l'auteur n'a quelquefois pas le temps de relire sa copie, de mettre ses feuillets en ordre. Il faut fournir sans cesse de la pâture aux imprimeurs, ces ogres de la pensée ; il faut satisfaire l'avidité du public qui veut avoir sa nourriture quotidienne à heure fixe et qui, comme le despote du grand siècle, ne sait pas attendre.

La célérité du travail entraîne nécessairement l'altération de l'écriture, source de tant d'erreurs typographiques.

Quelques auteurs ne se rendent pas un compte exact de l'effet que produisent leurs ouvrages que lorsqu'ils les voient en épreuve ; aussi ne donnent-ils à l'imprimeur qu'une grossière ébauche de leur travail, se réservant de faire la copie sur l'épreuve, ce qui est excessivement coûteux et peut donner lieu à de nombreuses erreurs.

Je suis bien loin d'avoir fait connaître toutes les fautes imputables à l'auteur, j'ai voulu montrer seulement qu'un grand nombre de celles que l'on donne comme des erreurs typographiques, ont une tout autre origine.

Si beaucoup trop d'écrivains se montrent plus soucieux de produire beaucoup que de faire bien, il en est encore quelques-uns pour lesquels la littérature est un sacerdoce, et qui ne consentiraient jamais à livrer au public leurs doctes recherches avant le temps.

Quelquefois malheureusement un débutant consciencieux est obligé de se mettre pour vivre aux gages d'un libraire ou d'un entrepreneur littéraire, et de consumer les plus belles années de sa vie à un labeur qui ne lui rapportera ni honneur ni profit.

Quel remède opposer à ces abus criants ? Le temps seul peut les faire disparaître. Quand une instruction appropriée sera largement répandue dans toutes les classes, les auteurs seront contraints de renoncer à leurs improvisations ; dès qu'ils auront un plus grand nombre de juges capables d'apprécier le mérite littéraire ou scientifique d'un ouvrage, il faudra bien revenir à l'ancienne méthode qui est la bonne.

Si aujourd'hui

> Chacun à ce métier
> Peut perdre impunément de l'encre et du papier,

nous arrivons à une époque où, pour écrire sur un sujet, il faudra l'avoir étudié. Il sera alors nécessaire de se rappeler ces sages préceptes du législateur du Parnasse, trop décrié par les romantiques :

> Vingt fois sur le métier remettez votre ouvrage,
> Polissez-le sans cesse, et le repolissez,
> Ajoutez quelquefois, et souvent effacez,

Fautes qui viennent de l'éditeur. — Si l'auteur mérite souvent de graves reproches pour sa négligence, pour son ignorance, on est aussi fréquemment en droit d'en adresser de semblables à l'éditeur.

Autrefois un éditeur était un homme lettré, quelquefois même un savant ; aussi ne se chargeait-il que d'ouvrages estimables qu'il faisait exécuter avec tout le soin possible ; rien ne lui coûtait pour cela. Aujourd'hui le premier venu peut se mettre éditeur ; aucune preuve de capacité n'est exigée pour cela, il n'a besoin que de sacs d'écus. Aussi s'embarrasse-t-il peu qu'un livre soit bon ou mauvais, pourvu qu'il se vende, et tous les moyens lui sont bons pour atteindre ce résultat.

La plupart des ouvrages modernes sont faits avec si peu de soin et d'intelligence, qu'un de mes compatriotes et condisciples, qui suit la carrière de l'enseignement, ne veut, à aucun prix, des ouvrages contemporains; il ne fait d'exception que pour un très-petit nombre d'écrivains. Comment, en effet, ne serait-on pas continuellement sur ses gardes, quand on entend des éditeurs dire que *tout se vend*, et que *peu leur importe ce que contient un livre, pourvu qu'il ne leur coûte pas cher, ou même qu'il ne leur coûte rien du tout*. Il existe bien encore quelques éditeurs honorables et instruits, mais qu'ils sont en petit nombre !

Si l'éditeur se hasarde à donner des sommes considérables pour la publication d'un ouvrage, il faut que ce soit celui d'un auteur dont la réputation est faite depuis longtemps.

Le public, il est vrai, est si routinier, que si un éditeur osait favoriser les débuts d'un littérateur ou d'un savant d'un grand avenir, un Cuvier, un Châteaubriand, un Lamartine en herbe, il s'exposerait à ne pas trouver d'acheteurs, la foule ne voulant accorder son admiration qu'à des réputations toutes faites.

Non-seulement les éditeurs exigent que les ouvrages qu'ils commandent soient faits dans un espace de temps infiniment trop restreint, mais il faut encore qu'ils ne dépassent pas une étendue fixée arbitrairement. Un d'entre eux, par exemple, ne publiait que des ouvrages de trois feuilles in-18 (108 pages). Si le sujet ne s'y prêtait pas, il fallait que l'auteur fît des remplissages, quand même le livre aurait dû en souffrir; mais si le sujet avait demandé plus de trois feuilles, il fallait sacrifier le reste, le sens dût-il en souffrir, dût-on s'arrêter au milieu d'un alinéa.

J'en ai connu un qui, craignant toujours que les ouvrages qu'il publiait eussent trop d'étendue, faisait de fréquentes descentes chez l'imprimeur, et emportait un plus ou moins grand nombre de feuillets qu'il prenait au hasard, à l'insu de l'auteur, pour les détruire.

Je n'en finirais pas si je passais en revue toutes les falsifications, toutes les fraudes littéraires dont nous sommes tous les jours témoins.

On condamne journellement les marchands sans conscience qui vendent à faux poids et à fausse mesure, ou qui altèrent les denrées alimentaires, et on laisse ces maquignons littéraires empoisonner le public de leurs publications indigestes. Il est vrai que la plupart de ces crimes ne sont guère du ressort des tribunaux. Le seul juge compétent en cette matière, ce serait un public intelligent et éclairé qui punirait ces fraudeurs éhontés, en s'abstenant d'acheter. Espérons que cela aura lieu un jour.

Fautes qui viennent du maître imprimeur. — L'imprimeur, qui est quelquefois éditeur, contribue aussi beaucoup à multiplier les fautes d'impression. La position qu'il occupe exigerait de grandes connaissances; on ne lui demande aucune preuve de capacité, ou du moins on se contente d'un certificat insuffisant. Il n'en était pas ainsi au début de l'imprimerie, aussi quelle différence entre les ouvrages qui sortaient de leurs presses et ceux de nos jours! Si la partie matérielle est aujourd'hui plus soignée, la partie importante, la correction du texte, est ordinairement très-négligée. Et ce résultat ne doit pas étonner quand il se trouve, même à Paris, des imprimeurs, occupant une centaine d'ouvriers, qui ne craignent pas de dire que *la correction des épreuves n'est d'aucune utilité; que c'est une dépense superflue, dont devraient s'affranchir les imprimeurs*. Aussi que font ces indignes successeurs des Estienne, des Elzévir, pour approcher le plus possible de ce résultat? Ils prennent des correcteurs au rabais, qui sont obligés de lire non pas le mieux possible, mais le plus rapidement possible un nombre déterminé d'épreuves par jour. Pour la rétribution et la considération, ils ne font aucune différence entre un correcteur et un garçon d'atelier. Leurs compositeurs ne sont pas des ouvriers, mais des apprentis.

Un imprimeur de cette espèce publiait, il y a quelque vingt ans, un ouvrage d'adresses qu'il conservait tout composé en caractères mobiles. Voici le calcul qu'il faisait quand il s'agissait d'y faire des changements. Tel département aura beaucoup de corrections, parce qu'il a beaucoup d'abonnés; cet autre en aura peu, parce que peu d'habitants se sont abonnés; enfin cet autre n'en aura pas du tout, parce que nul de ses habitants ne figure sur la liste des abonnés. Qu'est-il résulté de ce système? Au bout de peu de temps, l'ouvrage a dû cesser de paraître. De semblables économies sont toujours ruineuses.

Beaucoup d'imprimeurs ne sont pas encore descendus si bas; mais un trop grand nombre n'ont pas les qualités nécessaires pour exercer honorablement cette profession, et des hommes qui les possèdent en sont éloignés par les lois draconiennes qui régissent la presse.

Quelles sont aujourd'hui les qualités les plus nécessaires à un maître imprimeur?

Voici ce que dit, à ce sujet, M. Pierre Didot dans son *Épître sur les progrès de l'imprimerie* : « Un bon imprimeur doit faire la nuance entre l'homme de lettres et l'artiste. Il n'est pas nécessaire qu'il soit homme de lettres, il s'occuperait trop exclusivement de quelques parties qui auraient plus d'attrait pour lui, ou qu'il aurait plus étudiées; mais il faut qu'il ait sur presque toutes des notions générales, afin que les diverses matières contenues dans les ouvrages dont on lui confie l'exécution ne lui soient pas tout à fait étrangères. Les principes de la mécanique doivent lui être assez familiers pour qu'il puisse les appliquer à son art. Enfin, il doit être exercé dans les fonctions manuelles des imprimeurs. » Qu'il y a peu d'imprimeurs aujourd'hui qui réunissent ces conditions !

Dans son *Traité de la typographie*, M. H. Fournier dit sur le même sujet : « La suppression de la maîtrise, l'assimilation de l'imprimerie à toute autre catégorie patentée l'ont rendue accessible à quiconque a voulu l'exercer. La création du brevet, qui plus tard est venue limiter le nombre, n'a pas rétabli les anciennes conditions d'admissibilité; car, chacun le sait, le certificat de capacité qu'elle impose est une exigence illusoire et reléguée parmi les formalités banales. »

Fautes venant de la copie. — En termes d'imprimerie, on donne toujours le nom de *copie* au manuscrit d'après lequel travaille le compositeur, quand il serait de la main de l'auteur, parce qu'on suppose toujours (ce qui est très-rarement vrai) qu'il existe un premier brouillon, dont le manuscrit livré à l'imprimeur n'est que la copie.

On comprend également sous ce nom les réimpressions, le compositeur ne faisant toujours, en effet, que copier les feuillets qu'il a sous les yeux.

Il importe que la copie soit aussi lisible que possible, afin d'éviter la perte de temps résultant nécessairement de la peine employée par les compositeurs pour déchiffrer les espèces d'énigmes qu'on leur donne à deviner, ce qui produit inévitablement une grande quantité de fautes de toutes espèces qu'ils sont obligés de corriger gratuitement ; ce n'est qu'avec des peines infinies que les correcteurs parviennent à établir un texte correct, et la multitude des fautes est cause que, malgré toute leur attention, beaucoup de fautes leur échappent, à cause de la multitude des mots tronqués, mal lus ou mis pour d'autres, conséquence détestable d'une mauvaise copie ; d'un autre côté, le compositeur, fâché du préjudice que lui cause l'auteur, corrige avec moins d'attention, omet des corrections ou les fait mal. Quand même il en serait autrement, le travail n'est jamais aussi régulier, et il n'est jamais terminé à l'époque fixée. Il serait donc important pour les auteurs dont l'écriture n'est pas lisible, de faire transcrire leur copie, qu'ils n'auraient plus alors qu'à rectifier ; si cette transcription augmentait leurs dépenses, d'un autre côté, ils pourraient faire imprimer leur ouvrage à des conditions plus avantageuses, car ils n'auraient pas à payer de surcharges ; le compte des corrections serait beaucoup moins élevé, il y aurait donc presque compensation.

Lorsque l'ouvrage roule sur des matières courantes, la difficulté est moins grande, parce que le sens fait deviner l'idée que l'auteur a voulu exprimer, mais s'il traite de matières scientifiques, dans lesquelles se trouvent de nombreuses expressions techniques quelquefois créées par l'auteur, quel embarras pour l'ouvrier ! Il ne peut avoir recours au dictionnaire, puisqu'elles ne s'y trouvent pas la plupart du temps, ou qu'il ne peut les y chercher, ne connaissant pas les premières lettres du mot. L'intelligence du sujet ne peut non plus lui servir de guide, car il n'a pas étudié les sciences, et en eût-il même quelques-unes, il n'en serait pas moins souvent embarrassé, à moins de les connaître toutes, exposé qu'il est à composer des ouvrages sur les sujets les plus variés. Il éprouve un embarras encore plus grand, lorsque, dans un texte français, on intercale des mots ou des passages en langues étrangères ; comment veut-on qu'un compositeur, presque toujours illettré, puisse lire des mots mal écrits dans des langues qu'il ignore ? C'est encore bien pis s'il s'agit de noms propres, car fort peu de ces noms sont assez généralement connus pour qu'on les orthographie sans hésitation.

Notre écriture, quoiqu'elle soit commune à un grand nombre de nations, a d'ailleurs un vice de forme qui contribue beaucoup à multiplier les fautes d'imprimerie. Cela tient surtout à la trop grande ressemblance que présentent les lettres *m*, *n*, *u* et l'*i*, quand il est sans point ; il en est de même du *c* et de l'*e*, de l'*l* et du *t*, et, dans les majuscules, de l'*I* et du *J*, du *F* et du *T*, etc.

C'est principalement dans les noms propres d'hommes et de lieux que ce vice est sensible. Cependant de nombreuses bévues dans les mots du langage ordinaire en sont fréquemment la conséquence ; c'est ainsi que, dans le *Dictionnaire de Raymond*, le mot *Ynca*, variante orthographique d'*Inca*, est devenu *Ynma*, le *c* mal formé ayant été pris pour le jambage d'un *m*. Cependant l'auteur a soin d'avertir le lecteur qu'on dit mieux *Ima*, autre bévue de la même nature.

Dans le même ouvrage, on trouve les mots *cathropologie*, *cnthropologique*, employés pour *anthropologie*, *anthropologique*. Voici ce qui a probablement donné lieu à leur introduction dans ce vocabulaire, ainsi que dans celui de Landais : les premières lettres n'étant pas bien formées, la personne chargée de mettre la copie en ordre aura pris les deux premières lettres *an* pour *ca* et, par une conséquence assez naturelle, elle a cru devoir transporter au *C* des mots appartenant évidemment à la lettre *A*. Ni l'auteur, ni le correcteur ne se sont aperçus de la substitution, et la langue s'est ainsi enrichie, bien malgré elle, de deux nouveaux mots. Mais plus tard, l'omission des mots *anthropologie* et *anthropologique* a été reconnue, et on les a placés à leur ordre naturel, sans songer que ces mêmes mots défigurés étaient rangés à la lettre *C*.

Souvent les auteurs remettent leur copie sans en numéroter les feuillets, ce qui expose les compositeurs à changer leur ordre sans le vouloir. Il est vrai qu'on prend ce soin à l'imprimerie, mais il vaut mieux ne pas faire perdre le temps aux ouvriers, quand il est si facile de leur épargner ce soin.

Si la copie d'une liste, d'une table, etc., consiste en petits feuillets, dont chacun ne contient qu'un nom, qu'un article, il ne suffit pas de les coter, il est bon encore de les attacher avec une ficelle, sans quoi l'on court le danger d'égarer ou de perdre quelques feuillets.

Dans le cas où une impression doit être exécutée avec une grande célérité, il est nécessaire de n'écrire la copie que d'un seul côté, afin de la rendre plus facilement divisible par petites portions.

Ce moyen même est celui que l'on doit généralement préférer, parce qu'il permet à l'auteur de faire dans son texte toutes les substitutions, toutes les intercalations possibles, et si de trop grands changements obligent à mettre au net la copie qui se trouve en trop mauvais état, il n'est pas nécessaire de la transcrire en entier.

Bien que, dans une copie donnée à l'impression, on puisse faire toutes sortes de ratures, de renvois, etc., il est important de ne pas trop abuser de cette permission, si l'on tient à ce que l'ouvrage soit bien fait, vite et à peu de frais.

Si cependant on ne peut pas donner une copie entièrement correcte, il faut tâcher que les renvois et

les ratures soient si clairement indiqués que les personnes les moins intelligentes ne puissent pas hésiter un seul instant pour rétablir le texte, tel qu'on veut qu'il soit imprimé. Il faut agir de même si l'on veut faire réimprimer un texte dans lequel on a fait de très-grands changements.

Il arrive quelquefois que l'on efface, soit dans un manuscrit, soit dans une épreuve, un article que, après un plus mûr examen, on se décide à conserver; en ce cas, pour ne pas se donner la peine de transcrire des passages quelquefois assez longs, on les entoure d'une ligne auprès de laquelle on met en grosses lettres le mot *bon*, ce qui suffit pour indiquer que c'est par erreur que ces passages ont été effacés.

Toutes les fois qu'un auteur peut ou veut suivre les conseils que nous lui donnons relativement à la mise au net de la copie, nous croyons qu'il n'aura qu'à s'en louer, cependant quelques écrivains, même du plus grand talent, ne peuvent s'astreindre à une telle régularité. Ainsi, madame de Staël n'achevait réellement ses ouvrages que sur les épreuves; son manuscrit n'était que le premier jet de sa pensée, qui se développait seulement sur la feuille imprimée. On pourrait en citer bien d'autres exemples. Il est certain que la lettre moulée répand, pour tout le monde, un jour plus vif sur les détails de la composition, et que telle négligence qui n'avait point choqué dans la copie, devient saillante lorsque l'impression l'a fixée.

Pour la bonne exécution d'un ouvrage, il ne suffit pas qu'une copie soit lisible, sans ratures, sans renvois, sans surcharges, il est encore nécessaire qu'elle soit bien orthographiée et bien ponctuée; mais c'est malheureusement ce qu'il est assez difficile d'obtenir, beaucoup d'écrivains étant fort ignorants sur ce point, et un grand nombre d'autres, trop occupés pour songer à ces détails. Il en résulte que les compositeurs sont obligés, en composant, de régulariser leur copie sous ce rapport, et, comme aucun d'eux ne suit un système régulier, la plupart des ouvrages modernes sont de vraies mosaïques, dans lesquelles se trouvent combinés le système de l'auteur et celui de chacun des compositeurs; le tout est souvent entièrement bouleversé par chacun des correcteurs. Si une économie mal entendue ne guidait pas la presque totalité des imprimeurs, aucun ouvrage ne serait publié sans avoir été préalablement revu par le correcteur de la maison, à moins que l'auteur n'exigeât que l'on suivît exactement l'orthographe et la ponctuation de sa copie. Ce procédé serait plus avantageux pour le compositeur, qui aurait moins de temps à perdre pour orthographier et ponctuer son manuscrit, et pour faire les changements qui lui sont indiqués par le correcteur, et qui souvent ne sont pas des fautes, mais seulement une manière de voir différente, ou une correction nécessitée par l'obligation de suivre toujours dans un ouvrage un seul système, bon ou mauvais. Le correcteur ayant pu étudier l'ouvrage dans son ensemble et dans ses détails, n'hésiterait pas, comme il le fait souvent, quand il ne le voit que par fragments, et il aurait ensuite plus de temps pour

demander à l'auteur les explications nécessaires. Enfin, bien que le maître imprimeur vît un peu augmenter ses dépenses, il trouverait peut-être une espèce de compensation dans les corrections moins nombreuses, ce qui détériorerait moins son caractère, dans la plus rapide exécution de l'ouvrage, et dans la clientèle que ne manquerait pas de lui attirer la bonne exécution des ouvrages sortis de ses presses.

Fautes venant du compositeur ou paquetier. — Le compositeur n'est pas non plus ce qu'il était dans l'origine. Quoique cette partie de la classe ouvrière soit généralement très-intelligente, ses connaissances sont malheureusement trop peu développées. Il n'en est pas de même en Allemagne, aussi les éditions de ce pays sont-elles souvent préférables aux nôtres.

Un atelier de compositeurs qui, pour la bonne exécution du travail, devrait être silencieux, est souvent très-bruyant. Quand un ouvrier est occupé à rire et à plaisanter, il est impossible qu'il n'en résulte pas des fautes nombreuses, quelle que soit d'ailleurs son habileté. Les imprimeurs allemands l'emportent encore sur les nôtres sous ce rapport.

L'écriture, souvent peu lisible des auteurs, leur fait perdre beaucoup de temps, dont on ne leur tient pas toujours compte, et de là naissent de très-nombreuses bévues. Le sens, en effet, ne suffit pas toujours pour les guider, obligés qu'ils sont de travailler sur des ouvrages traitant de matières qui leur sont inconnues la plupart du temps.

Souvent aussi, on les voit lire autre chose que ce qu'il y a dans le manuscrit, même quand il est très-lisible. Ainsi un auteur aura beau écrire *statique*, partie de la mécanique qui traite de l'équilibre, le compositeur lira *statistique*, mot qui lui est plus connu. Quelques-uns plus ignorants liront *coutumace* pour *contumace* ou *contumax*; *rénumérer*, *rénumération*, pour *rémunérer*, *rémunération*.

M. de Reiffenberg a dit qu'il n'y a qu'un juge capable d'aller dîner après avoir prononcé une condamnation à mort; on peut dire pareillement qu'il n'y a qu'un typographe endurci qui puisse se mettre au lit sans remords, après avoir rendu ridicule un pauvre homme de lettres qui se livre à lui sans défiance. Les Italiens disent que tout traducteur est un traître, *traduttore, traditore*, on pourrait le dire avec autant de raison des compositeurs.

Cependant il faut convenir que les auteurs mettent souvent leur patience à de rudes épreuves en leur livrant une *copie* (quel nom dérisoire!), indéchiffrable, raturée, barbouillée, écrite dans tous les sens, remplie de renvois, qui ne sont pas toujours bien indiqués, ou qui ne sont pas du tout. Si on ajoute à cela des fautes de langage assez fréquentes, des fautes d'orthographe beaucoup plus nombreuses, le défaut presque absolu de ponctuation, ou, ce qui est pis, une mauvaise ponctuation, on aura une idée des tribulations des compositeurs. Mais ce n'est pas tout: un compositeur est obligé d'orthographier couramment, non-seulement dans le système généralement suivi, mais encore dans tel ou tel système particulier qu'on lui désigne; il est obligé, en outre, de ponctuer sa

copie, quand même elle ne le serait pas du tout; il n'y a que les fautes de langue auxquelles il ne touche pas. La nécessité où il est de faire une attention particulière à l'orthographe et à la ponctuation lui fait souvent acquérir une connaissance pratique assez étendue de sa langue, dont quelquefois il ne connaît nullement la théorie.

Quand un ouvrage d'une certaine étendue et roulant sur le même sujet, est écrit par un seul auteur, les compositeurs parviennent assez vite à déchiffrer son écriture, quelque mauvaise qu'elle soit; mais si c'est un journal, une revue, une encyclopédie, la difficulté est bien plus grande pour eux, chaque auteur ayant sa manière de former ses lettres, de disposer sa copie.

Autrefois les compositeurs changeaient rarement de caractères, et par conséquent de casse, distribuaient avec soin pour éviter les *coquilles*, c'est-à-dire les lettres tombées hors du cassetin où elles doivent être placées, et nettoyaient les cassetins dont on se sert rarement, qui sont toujours amplement fournis de *pâté*, c'est-à-dire d'un mélange de toutes sortes de caractères, qui sont à peu près perdus pour la maison, puisqu'on ne peut pas en faire usage. Aujourd'hui, ce soin n'est plus guère possible quand on les fait changer à chaque instant de caractère pour composer quelques lignes seulement, ce qui entraîne pour eux une grande perte de temps, et, ce qui est pis, c'est qu'on leur fait distribuer plusieurs pages, dont ils ne lèvent souvent que quelques lignes.

L'emploi de l'italique est aussi une cause fréquente de fautes. Bien que chaque romain ait son italique, le nombre des casses d'italique n'est pas proportionné à celui des casses de romain, de sorte qu'il n'y a quelquefois qu'une seule casse pour une dizaine de compositeurs, ce qui les oblige à travailler deux ou trois à la fois à l'italique. Les casses étant communes, c'est-à-dire n'appartenant à personne, sont toujours très-mal tenues, remplies de coquilles, de pâté, etc.; il est impossible qu'il n'en résulte pas de nombreuses fautes à la composition et sur l'épreuve.

La sévérité exagérée des lois sur la presse, les fréquents chômages qui ont lieu dans l'imprimerie et la presque impossibilité de former un établissement éloignent de cette profession ou empêchent d'y entrer beaucoup de personnes intelligentes. D'un autre côté la parcimonie des maîtres imprimeurs qui aiment mieux employer des apprentis ou des ouvriers aux demi-pièces ou demi-ouvriers, c'est-à-dire des apprentis sous un autre nom, que des ouvriers habiles, donnent naissance à ces milliers d'ouvrages tellement incorrects que l'on ne penserait pas qu'ils ont été corrigés.

Si de la composition nous passons à la correction, les causes d'erreurs ne sont pas moindres.

Les mauvais compositeurs faisant un très-grand nombre de fautes, les marges sont tellement surchargées de corrections que le compositeur ne s'y reconnaît plus, et fait mal les corrections ou n'en fait qu'une partie.

Cette multitude de fautes fait perdre un temps pré-

cieux, détériorer le caractère et fait que la composition n'est jamais régulière, car, en supposant que le compositeur n'ait pas laissé de fautes ou n'en ait pas fait de nouvelles, l'espacement ne peut être régulier, surtout lorsqu'il y a beaucoup de *doublons* (phrases ou mots doublés), ou de *bourdons* (phrases ou mots omis), car, pour que le remaniement, suite des intercalations ou des suppressions, dure le moins longtemps possible, l'ouvrier tantôt prodigue les espaces fines, tantôt les espaces fortes, de sorte qu'à côté d'une ligne où les mots sont excessivement serrés, il s'en trouve une autre où les mots sont beaucoup trop éloignés les uns des autres.

La nécessité de finir la correction à certaines heures fait que, pressés par le temps, les compositeurs ne font qu'une partie des corrections ou les font mal, mettant dans un mot les lettres qui doivent être dans un autre. Quelquefois deux ou trois personnes corrigent en même temps, et se gênent beaucoup plus qu'elles ne font avancer l'ouvrage. Le même motif a quelquefois obligé à envoyer à l'auteur des épreuves qui n'avaient pas été lues.

Les signes employés pour la correction des épreuves sont quelquefois déformés, ce qui les fait confondre avec des lettres et donne lieu à de nouvelles fautes.

La même conséquence résulte de ce que les fautes ne sont pas toujours rangées dans un ordre méthodique et très-régulier, constamment le même.

Beaucoup d'auteurs, ne connaissant pas les signes de correction, font souvent des marques qui ne sont pas comprises par les compositeurs qui alors corrigent mal ou ne corrigent pas. Ainsi il y en a qui, pour marquer un accent sur une lettre, le mettent au milieu de la ligne sur la lettre même, sans rien marquer en marge, ce qui fait que le compositeur ne l'aperçoit pas. Quelquefois ils écrivent un mot en entier, lorsqu'il n'y a qu'une seule lettre à changer. J'en ai vu un qui, chaque fois qu'une espace se levait, écrivait en entier le mot *essuyez*, ne songeant pas que, outre qu'il pouvait ne pas être compris, il s'exposait à ce que le compositeur intercalât ce mot dans le texte. De semblables bévues ne sont pas rares en typographie.

Quand on a des compositions à faire en langues étrangères, il serait bon, pour éviter les nombreuses fautes que sont exposées à faire les personnes qui l'ignorent, de choisir pour composer les langues modernes des compositeurs du pays et pour les langues anciennes, des compositeurs qui les aient étudiées, bien qu'ils soient aujourd'hui très-rares dans la typographie. En effet, ceux qui remplissent ces conditions sont bien plus en état de déchiffrer un manuscrit qui paraît très-difficile à lire à celui qui ne sait pas la langue, tandis qu'il ne présente que peu ou point de difficulté pour celui qui la sait même imparfaitement.

Quant aux ouvrages scientifiques, il faudrait en charger non pas les compositeurs qui ont étudié ces sciences, puisqu'il est à peu près impossible d'en trouver, mais ceux qui ont travaillé sur des ouvrages de la même nature, parce que l'habitude qu'ils ont

acquise des expressions techniques, leur facilite singulièrement le travail.

Quand une composition doit être doublée, triplée, etc., il semblerait naturel d'en faire une première composition, de la corriger avec soin, puis d'en tirer plusieurs exemplaires qui serviraient de copie pour les autres compositions; mais, sous prétexte de terminer le travail plus rapidement, on tire souvent plusieurs exemplaires d'une épreuve non corrigée, ce qui produit de graves inconvénients. Il semble en vérité que l'on prenne à tâche d'augmenter le nombre possible des fautes.

Quand un compositeur fait fréquemment des fautes trop nombreuses ou trop grossières, les patrons ou les protes ne devraient pas les garder, car il tient la place d'un bon ouvrier, et son travail mal exécuté peut retarder l'envoi d'une épreuve. Souvent en effet celui qui compose mal corrige encore plus mal, et, d'un autre côté, plus les fautes sont nombreuses, plus il y a à craindre qu'il en reste à l'impression.

On dit bien que les compositeurs doivent corriger les fautes typographiques, mais on est bien loin d'être d'accord sur ce qu'il faut entendre par là. En imprimerie on accepte généralement comme telles, les lettres renversées, enlevées, les mots tronqués, les doublons (mots doubles), les bourdons (mots omis), les transpositions d'alinéas, de lignes, de mots; mais on trouve quelques opposants s'il s'agit de l'accord du pluriel, des participes, à plus forte raison d'une mauvaise construction et même de la construction, non dans les vétilles, mais dans son application ordinaire. Il est trop vrai que beaucoup d'auteurs ont le tort de connaître trop peu la grammaire, et qu'ils rejettent sur leur imprimeur les fautes dues à leur propre ignorance. Parmi les auteurs les plus distingués, le défaut de savoir lire typographiquement équivaut souvent à l'ignorance grammaticale; car parfois des fautes évidentes leur échappent sur plusieurs épreuves successives, et bien entendu qu'ils taxent aussi ces fautes de typographiques. Cependant c'est se montrer trop rigoureux de prétendre, avec quelques personnes, que toute faute qui n'est pas de rédaction, de style, est typographique. Si ce système était admis, il en résulterait souvent que les compositeurs croiraient devoir, pour ne pas s'exposer à des corrections, se permettre de changer certaines choses qui leur sembleraient vicieuses, mais qui dépendraient d'un système particulier suivi par l'auteur, ou qui feraient partie d'une citation de l'ancien langage, dans laquelle l'auteur aurait conservé le style ou l'orthographe du temps ou du personnage cité. Il y a d'ailleurs certaines erreurs consacrées qu'un auteur ne voudrait pas sacrifier, quand il devrait en résulter une beauté réelle. C'est ainsi que, suivant un feuilletoniste du *Siècle*, tout est de tradition en Angleterre, même l'enthousiasme. On cite jusqu'à des fautes de copie qui se maintiennent par tradition. Un *si bémol* pour un *si bécarre*, par exemple, cela vous déchire les oreilles, mais le temps a étendu sa noble protection sur le *si bécarre* qui est respecté et admis à l'égal du reste.

Il est des compositeurs qui lisent leurs pages en paquets avant de les lier. Cette opération entraîne une inutile perte de temps. En effet, si l'on a bien distribué, et si l'attention, la délicatesse du toucher ont fait rejeter certaines coquilles; surtout si l'on a relu rapidement les lignes avant de les justifier, la lecture sur la galée n'en pourra relever que fort peu.

Fautes venant du metteur en pages. — Le metteur en pages est un compositeur chargé de faire des pages avec les lignes composées par les paquetiers, c'est-à-dire les compositeurs qui ne font que des lignes, au moyen desquelles ils forment des paquets que le metteur en pages vient prendre à la place de chaque compositeur; il y ajoute le blanc et les titres nécessaires, et enfin les dispose comme ils doivent être dans le livre.

Comme ils sont chargés de distribuer la copie à leurs paquetiers, ce sont eux qui leur donnent les renseignements relatifs à l'orthographe à suivre, à la marche adoptée dans l'ouvrage dans certains cas particuliers. Si le metteur en pages oublie de donner ces renseignements, ou s'il les donne mal, de là naissent des fautes très-nombreuses.

Il y a en outre des fautes qui lui sont particulières, celles, par exemple, qu'il commet dans la composition des folios, des titres, des titres courants; celles qui résultent d'une mauvaise disposition des blancs, etc.

Quelquefois il peut prendre quelques lignes d'un paquet ou un paquet tout entier et les placer dans une autre page que celle où ils doivent figurer.

Quand un compositeur a oublié un ou plusieurs alinéas, le metteur en pages ne s'en apercevrait pas, s'il n'avait le soin de vérifier les alinéas au moyen de la copie, pendant sa mise en pages, ce qui permet de les *bloquer*, c'est-à-dire de mettre un blanc équivalent, en attendant que le compositeur les fasse, ce qui évite une nouvelle mise en pages. Si cependant les alinéas sont trop nombreux, le metteur en pages n'en est pas responsable, c'est le paquetier qui est chargé de les placer.

Des transpositions de pages ont quelquefois lieu dans l'imposition, c'est-à-dire dans l'action de placer les pages dans un certain ordre, pour qu'elles tombent l'une sur l'autre dans l'impression. Ce genre de fautes s'opère aussi quelquefois sous presse, dans quelques changements nécessités par le format.

Fautes venant du prote. — Le prote, suivant la direction bonne ou mauvaise qu'il donne à la maison qu'il est chargé de diriger, peut exercer une grande influence sur la correction des textes.

Ainsi en répartissant les travaux entre chacun des compositeurs, s'il a soin de s'informer de sa capacité, il donnera, autant que possible, les ouvrages en langues étrangères à composer à des compositeurs qui savent ces langues, ou qui sont du pays, car quelqu'un qui sait même imparfaitement une langue, fait moins de fautes, déchiffre plus facilement le manuscrit, que celui qui ne la sait pas du tout.

S'il s'agit d'ouvrages scientifiques, il tâchera de s'adresser, non pas à des ouvriers qui connaissent ces sciences, car il n'en trouverait pas, mais du moins à

des compositeurs qui aient déjà travaillé à des ouvrages de la même nature, parce que, familiarisés avec les expressions techniques, ils commettront moins de fautes que ceux qui les verraient pour la première fois.

S'il y a plusieurs correcteurs dans la maison, il doit veiller à ce qu'ils ne suivent pas un système d'orthographe différent, qu'ils ne ponctuent pas différemment, et qu'en tout enfin il y ait de l'uniformité. La chose est encore plus essentielle quand il donne des épreuves à corriger hors de la maison. Dans le cas contraire, combien de temps perdu, combien de lettres estropiées. En outre, il en résulte que le compositeur qui s'est appliqué à suivre le système qu'on lui a indiqué se trouve en opposition directe avec lui si on en change sans motif. De là un nombre infini de corrections, dont la plupart sont inutiles et ruineuses pour le compositeur qui est obligé de les exécuter à ses frais.

Fautes venant de l'épreuve. — Beaucoup de fautes viennent de ce que les épreuves sont mal faites. Cependant, pour bien corriger une épreuve, il est de première nécessité qu'elle soit bien lisible. Lorsque les épreuves sont trop noires ou trop blanches, il y a a impossibilité de distinguer les lettres mauvaises, souvent même les coquilles.

Le faiseur d'épreuves doit remarquer si une forme est pleine, s'il y a plus ou moins de blancs disséminés, surtout des lignes, des mots, des lettres, des filets, plus ou moins isolés, car, s'il ne garantit pas suffisamment du foulage ces différentes parties, et si son coup de barreau n'est pas réglé d'après leur isolement, elles viendront très-mal et seront fortement endommagées, sinon écrasées. Même chose arriverait si la forme, quoique pleine, présentait une superficie exiguë, comme les bilboquets, et qu'elle n'ait pas été préalablement entourée de bois de hauteur.

Quand les épreuves sont faites à la brosse, il arrive souvent que le papier se déchire et que plusieurs petits morceaux s'en détachent, ce qui peut empêcher de découvrir des fautes.

Ces défauts des épreuves et plusieurs autres que je passe sous silence, ne devraient pas être tolérés; il faudrait faire recommencer toute épreuve qui ne serait pas parfaitement lisible, on obligerait par là les imprimeurs à être plus soigneux. Mais quelquefois pressé par le temps, on est contraint d'accepter de mauvaises épreuves, de là d'assez fréquentes fautes résultant de ce que certaines parties ne sont pas lisibles.

Fautes venant de l'apprenti. — L'apprenti, consacrant une grande partie de la journée à faire des courses, a rarement occasion de faire des fautes dans ses compositions, parce qu'il compose fort peu. Ce n'est pas sous ce rapport que j'ai à m'en occuper.

Quelles sont les connaissances que doit posséder un apprenti compositeur? S'il faut en croire quelques Manuels d'imprimerie, un apprenti doit connaître parfaitement sa langue, savoir un peu de latin, lire couramment le grec et l'hébreu. Où trouver ces apprentis?

Autrefois ils n'étaient admis dans les imprimeries qu'après un examen préalable. Cet usage est tombé en désuétude, et, s'il en reste encore des traces dans quelques établissements, ce n'est plus guère qu'une vaine formalité, car il est bien rare qu'un postulant soit refusé.

L'apprenti compositeur devrait savoir non-seulement bien lire l'imprimé, mais encore lire couramment les manuscrits, puisqu'il est destiné à déchiffrer plus tard les écritures hiéroglyphiques; mais cela a lieu rarement, car, dans les écoles élémentaires aujourd'hui, on s'occupe fort peu d'enseigner aux enfants à lire dans les manuscrits difficiles, et c'est un grand tort. Que l'on tâche d'obtenir des élèves l'écriture la plus nette et la plus correcte, rien de mieux, mais cela ne suffit pas; il faut les mettre en état de déchiffrer les plus mauvaises écritures, car les gens qui écrivent mal sont et seront probablement toujours les plus nombreux. Sous ce rapport, l'enseignement élémentaire est bien loin d'être en progrès.

De tous les travaux dont est chargé un apprenti, celui dont il s'acquitte le plus mal est la tenue de la copie, et il n'en peut pas être autrement.

Conçoit-on en effet que l'on puisse obliger un enfant à lire haut pendant dix heures consécutives? Un tel exercice n'est-il pas tout à fait contraire à la santé? On plaint souvent les enfants qui vont à l'école, parce que, dit-on, on exige d'eux une attention trop soutenue; cependant il y a une énorme différence entre l'écolier et l'apprenti : les travaux de l'écolier sont interrompus de temps à autre par des récréations; d'ailleurs les exercices sont variés. Pour l'apprenti, au contraire, c'est toujours le même genre de travail. Non-seulement il est obligé de lire, et toujours haut, pendant le jour, mais quelquefois encore après la journée ou même la nuit. De bonne foi, n'est-ce pas là soumettre un enfant à la torture? Si au moins ce qu'il lit était de nature à lui inspirer le moindre intérêt; mais non : la plupart du temps ce sont des ouvrages de ville, des affiches, des tableaux, des comptes, des ouvrages scientifiques, très-rarement des livres à sa portée. Aussi cherche-t-il à lire le plus rapidement possible pour avoir fini plus vite la lecture de sa feuille et aller la porter au compositeur, ce qui lui permet de s'amuser en route.

Le peu de soin avec lequel il lit, sa mauvaise prononciation lui attirent des reproches du correcteur; ce qui fait qu'entre ces deux êtres obligés d'être en contact journalier, il y a une antipathie profonde. Dans de telles conditions doit-on s'étonner que la lecture des épreuves au moyen d'apprentis soit une des sources les plus fécondes des bévues de toute sorte qui fourmillent dans la plupart des livres modernes. Il est étonnant qu'il n'y en ait pas davantage avec un système aussi radicalement vicieux.

M. Frey avait proposé de remplacer l'apprenti par un compositeur, chargé spécialement de cette besogne. On n'y a eu aucun égard. Est-ce qu'on a trouvé ce moyen trop coûteux? C'est possible. Cependant quelle différence dans les résultats!

On pourrait aussi charger un correcteur de tenir

la copie à son collègue; ils pourraient alterner pour la lecture, et se donner mutuellement des conseils. Ce genre de lecture serait infiniment préférable à ceux adoptés jusqu'à ce jour.

Quant à l'apprenti, n'apprendrait-il pas mieux à déchiffrer les manuscrits en composant. Il ferait plus d'attention à ce travail, qui doit être celui de toute sa vie, qu'à la tenue de la copie, qui le fatigue, l'ennuie, et lui semble inutile pour son enseignement.

Dès que l'apprenti commence à être en état de tenir la copie, c'est l'époque où on l'enlève au correcteur, de sorte qu'il n'a jamais un lecteur supportable. On peut donc dire avec vérité : Dès que les apprentis ne tiendront plus la copie, les épreuves seront mieux lues, et par conséquent les livres plus corrects.

Fautes venant du correcteur. — J'ai déjà fait connaître au mot *Correcteur*, les qualités principales que doit posséder un correcteur digne de ce nom.

S'il n'est pas nécessaire qu'il soit encyclopédiste, ce qui serait impossible, ni un savant de premier ordre, comme l'ont été plusieurs des correcteurs de l'origine de l'imprimerie, qui avaient souvent à restituer des textes fort altérés par les copistes, les talents variés qu'il doit posséder sont assez rares pour que l'on s'étonne de voir le peu de considération dont ils jouissent auprès des maîtres imprimeurs.

Peu soucieux de la correction des textes des ouvrages qu'ils publient, les imprimeurs de nos jours tiennent à avoir des correcteurs au rabais, faut-il s'étonner que les livres fourmillent de fautes ?

La position des correcteurs est si peu avantageuse, que la plupart ne regardent leur profession que comme un pis-aller qu'ils quitteront à la première occasion favorable. En effet, ils n'ont aucune chance d'avancement, ils sont toujours exposés à voir diminuer leurs appointements; jamais ils ne reçoivent le moindre témoignage de satisfaction, et c'est presque un bonheur pour eux de ne pas recevoir de reproches; ils sont les boucs émissaires de la maison, et il ne faudrait pas qu'ils cherchassent à se justifier, quelque juste et modérée que fût leur défense.

Il ne faut donc pas s'étonner si l'on trouve beaucoup de correcteurs en premières qui sont trop inhabiles, soit qu'ils n'aient pas des connaissances littéraires ou scientifiques assez étendues, soit qu'ils ne connaissent pas suffisamment les règles de la typographie. Sous ce dernier rapport, les metteurs en pages instruits seraient de bons correcteurs, mais la plupart perdraient au change, sous le rapport pécuniaire, aussi se montrent-ils peu disposés à accepter.

Mais ce n'est là qu'un faible échantillon des désagréments qu'un correcteur subit.

Il est toute la journée dans un réduit si étroit et souvent si obscur, qu'on ne le croirait pas destiné à servir d'habitation à une créature humaine.

Le correcteur aurait besoin d'avoir à sa disposition une petite bibliothèque d'ouvrages scientifiques et littéraires, et à peine se décide-t-on à lui accorder un dictionnaire de la langue; s'il en veut d'autres, il est obligé de se les procurer.

Il existait, dans l'ancienne typographie, un usage que l'on a eu raison d'abolir sous certains rapports, mais que l'on aurait dû conserver sous d'autres. C'étaient *les copies de chapelle*, c'est-à-dire des exemplaires de chaque ouvrage imprimé dans la maison. Plusieurs ouvriers y avaient droit, et le produit que l'on retirait de la vente de ces ouvrages était consacré à un banquet. La vente des ouvrages et le banquet ont été abolis avec raison. Mais ce que l'on aurait bien dû conserver, c'est le droit du correcteur à un exemplaire de chaque feuille de l'ouvrage, non-seulement pour *faire la table*, mais encore pour augmenter sa bibliothèque, ce moyen de développer chaque jour ses connaissances, ce qu'il ne peut faire la plupart du temps, vu sa position beaucoup trop modeste.

Pour qu'un correcteur s'acquittât convenablement de ses fonctions, il faudrait qu'il fût placé dans un lieu isolé, loin du bruit, tandis que la plupart du temps il est au milieu d'un atelier bruyant. Les correcteurs ont, en général, assez de sujets de distraction dans les relations obligées avec les ouvriers pour le travail, et il est aussi indigne de leur caractère que préjudiciable à une bonne lecture de se livrer près d'eux à des conversations frivoles ou tout au moins intempestives.

« Une chose étrange, bizarre et inexplicable, dit M. Breton, c'est que l'attention la plus soutenue, les soins les plus scrupuleux ne puissent pas conduire à l'épuration complète d'une épreuve; on pourrait même admettre qu'une trop grande tension d'esprit n'est pas sans inconvénient dans ce genre de travail, en ce qu'elle jette la perturbation dans les centres nerveux, provoque l'afflux du sang vers les régions supérieures, cause de l'engourdissement dans toute la périphérie du crâne, et par suite le trouble de la vue; ces accidents morbides se rencontrent souvent chez les correcteurs, surtout aujourd'hui qu'ils sont astreints à passer dix heures consécutives, et quelquefois davantage, dans une espèce d'échoppe que l'on décore du nom de bureau. Là, le correcteur, atteint déjà moralement par la nature de son travail, souffre encore physiquement de la posture qu'il est obligé de tenir : la barre d'abord d'un pupitre trop haut, le bord anguleux d'une table trop basse, lui meurtrissent le thorax, et ses heures de travail sont des heures de torture que chaque jour aggrave. »

Non-seulement on exige du correcteur de longues heures de travail, mais souvent encore on l'oblige à fournir un certain nombre d'épreuves par jour; si, pour lire consciencieusement, il y met un peu plus de temps, il est coupable, il n'a pas rempli sa tâche.

Quand il est aux pièces, on le met dans l'alternative, ou de lire trop vite pour gagner de quoi vivre, ou d'employer tout le soin que la correction exige de ses yeux et de son esprit, ce qui est nuisible à ses intérêts, et on ne lui en sait nul gré, car on dit alors qu'*il n'a fait que son devoir.*

Mais de tous les désagréments du correcteur en premières, celui qui, à lui seul, surpasse tous les autres, c'est la nécessité de lire avec un apprenti. Cette lec-

ture étant pour l'apprenti une torture physique et morale de tous les instants, il est facile de comprendre quelle mauvaise volonté il y met. Il lit mal par ignorance, par inattention, etc.; quelquefois il lit sans articuler, etc.; le correcteur s'en plaint, l'enfant rejette cela sur la lassitude, sur une indisposition; il n'est jamais embarrassé pour trouver une excuse. Si le correcteur travaille après l'heure, même la nuit, il faut qu'il en soit de même de l'apprenti. Est-il raisonnable d'exiger, quand même ce ne serait que de temps à autre, douze, quinze heures d'un tel travail pour un apprenti. A peine l'enfant est-il en état de déchiffrer sa copie qu'il lit avec une rapidité effrayante, sans s'embarrasser du nombre considérable de mots qu'il estropie, qu'il passe, etc. Pour lui, il n'y a qu'un seul but à atteindre, avoir fini le plus vite possible pour aller jouer avec ses camarades en portant l'épreuve. Si le correcteur veut l'arrêter dans sa course pour indiquer les corrections, pour relire une phrase mal comprise ou qu'il n'a pas entendue, c'est une lutte avec l'apprenti, qui ne veut pas recommencer, sous prétexte que c'est déjà lu. Ce n'est là qu'un faible échantillon des discussions quotidiennes qui s'élèvent entre deux êtres si peu faits pour se comprendre. Aussi la lecture avec un apprenti pour teneur de copie n'est pas et ne peut pas être une lecture sérieuse. L'apprenti, fatigué de lire continuellement tout haut, de recevoir continuellement des reproches pour sa mauvaise lecture, de ne pouvoir pas parler, de rester immobile, est aussi dégoûté de ce travail, parce qu'il sait qu'il ne le fera qu'un certain temps, et que, par conséquent, il est tout à fait inutile pour lui de s'y appliquer. C'est donc un temps perdu pour son apprentissage. Ne vaudrait-il pas infiniment mieux l'occuper à composer? Il s'y appliquerait, tandis qu'avec le correcteur, il n'apprend rien, faute d'attention. Il est excessivement rare qu'il en soit autrement.

Il faudrait pour tenir la copie un homme raisonnable, comprenant bien l'importance de ce travail. Ce serait peut-être plus coûteux pour l'imprimeur, mais, d'un autre côté, par la meilleure exécution du travail il regagnerait bien la somme déboursée. Ce teneur de copie pourrait être un compositeur instruit, mais peu habile à lever la lettre, ou même un second correcteur, ce qui permettrait d'alterner la lecture, pour diminuer la fatigue.

La lecture sans teneur de copie est vue de mauvais œil par les patrons, et cependant elle est infiniment préférable, sous tous les rapports, à celle faite avec un apprenti.

Ce qui est également nuisible à la bonne lecture, c'est l'usage qui s'est introduit de faire quitter une épreuve commencée pour en prendre une autre plus pressée. Comment l'attention du correcteur ne serait-elle pas distraite si on le fait passer ainsi brusquement d'un sujet à un autre, et cela plusieurs fois dans la journée?

Mais ce qui est plus funeste encore pour la correction, c'est l'habitude qui s'est introduite de partager la copie en une infinité de petites cotes, comme on fait pour les journaux; chacune d'elles n'est composée que de dix à douze lignes; quelquefois la dernière est faite avant la première, et ainsi des autres, et il faut que chacune d'elles soit lue dans l'ordre où elle arrive. Conçoit-on quelque chose de plus contraire au bon sens qu'une telle lecture? Si au moins, pour en atténuer les inconvénients, il était possible de relire la feuille en pages avant de l'envoyer à l'auteur, mais non, il faut tout sacrifier à la rapidité de la lecture.

Quelquefois, lors même que la feuille est en pages, on est si pressé de l'envoyer, que le correcteur est prié d'en faire une lecture rapide, comme s'il y avait un milieu entre lire bien et lire vite. Comme une telle lecture n'en est pas une, si des fautes subsistent après une telle lecture, c'est nécessairement le correcteur qui est responsable, car il doit être responsable de tout, même de ce qu'il fait malgré lui.

La trop grande rapidité de la lecture n'est pas la seule cause ordinaire des nombreuses fautes qui restent après une première lecture, cela tient aussi à ce que l'on exige que le correcteur examine trop de choses à la fois. Il doit, en lisant aussi rapidement que possible, une feuille d'un ouvrage quelconque, examiner: 1° si tous les mots sont bien orthographiés; 2° s'ils ne contiennent pas quelques coquilles, des lettres retournées, des lettres d'un œil différent; 3° s'il y a des doublons, des bourdons; 4° si le compositeur ne s'est pas écarté de sa copie; 5° s'il a bien eu égard à toutes les additions ou corrections de la copie; 6° s'il a suivi une marche régulière dans l'emploi des capitales et de l'italique; 7° s'il ne s'est pas écarté des règles de la typographie dans certains cas; 8° enfin, si la ponctuation est régulière. Et il faut que le correcteur fasse toutes ces observations à la fois, car s'il remettait l'examen de certains détails après avoir lu la feuille, elle ne serait pas prête à temps. Tout doit être sacrifié à la rapidité de l'exécution, une mauvaise écriture ne doit pas prendre plus longtemps qu'une belle écriture calligraphiée: l'heure s'y oppose. Si on ajoute que, dans la même maison, il faut suivre tel système d'orthographe dans un ouvrage, et dans un autre, tel autre système; que quelquefois un auteur ne ponctue pas ou ponctue mal; que les compositeurs, obligés de mettre la ponctuation, n'ont d'autre guide que la routine, et que souvent le correcteur se voit contraint de laisser subsister une ponctuation vicieuse, parce qu'elle entraînerait de trop nombreuses corrections et retarderait l'envoi de l'épreuve, on n'aura qu'une faible idée des difficultés qui se rencontrent.

Pendant que le correcteur est bien appliqué à son travail, il est interrompu par la turbulence de son teneur de copie, par des compositeurs qui viennent le prier de déchiffrer un passage illisible, ou lui demander des renseignements sur différents objets.

Que ceux qui sont disposés à jeter la pierre au correcteur, méditent les réflexions suivantes de M. Breton: « La correction n'est pas plus un travail mathématique qu'un travail manuel, et, s'il repose sur quelques règles générales, comme la connaissance des langues et l'expérience que réclame une bonne exécution ty-

pographique, il est le plus souvent soumis à l'arbitraire, et ne cède par conséquent que fort peu à l'habitude. Il ne suffit pas, en effet, de posséder à fond la connaissance des lettres pour s'acquitter au mieux de l'emploi de correcteur, il faut encore avoir acquis une connaissance parfaite de la typographie, c'est-à-dire être bon compositeur et savoir apprécier le travail des imprimeurs. Il faut qu'une longue expérience de l'imprimerie et de l'impression ait formé l'œil et le jugement du correcteur. Il est impossible de se faire une idée des mille difficultés qui se dressent devant celui qui corrige une épreuve pour la première fois. Il est facile d'écrire, la plume vole, la ponctuation se sème au hasard, on orthographie selon Boiste, Noël, Napoléon Landais, l'Académie même ; on n'est point arrêté par l'emploi raisonné des majuscules, des minuscules, de l'italique, des points d'interrogation, d'exclamation, par l'accord des mots entre eux, par l'emploi des guillemets, des parenthèses, des traits d'union ; on n'est pas contraint surtout et régulièrement à l'observation des règles de tel ou tel dictionnaire, de celui de l'Académie par exemple, vrai labyrinthe dans lequel viennent se perdre les réputations les mieux établies, qui écrit la *Bohême* avec un accent circonflexe, le *Bohème* avec un accent grave, le *Bohémien* avec un accent aigu ; *sève* avec un accent aigu, *fève* avec un accent grave ; des *pot-au-feu*, quand tous les autres écrivent des *pots-au-feu* ; *Grand-Seigneur* avec une capitale et une division, *sa seigneurie* sans capitale, et mille autres mots entre lesquels l'Académie établit des distinctions bizarres, absurdes, sans compter les nombreuses exceptions créées par le caprice du maître, qui n'est pas toujours conséquent avec lui-même, et qui n'en exige pas moins que le correcteur se conforme toujours à sa volonté. Le correcteur, au contraire, ne voit autour de lui que difficultés ou écueils ; il se doit tout entier à l'observation religieuse des règles dont les écrivains s'affranchissent sans scrupule, et son esprit tendu dès la première page d'un ouvrage est condamné à ne pas en perdre de vue un seul instant la marche, le détail et l'ensemble. Tantôt un auteur lui imposera des principes généraux d'orthographe ; tantôt il l'enfermera dans un labyrinthe grammatical qui lui est propre ; les uns voudront le *t* au pluriel, d'autres le proscriront ; ceux-ci exigeront encore l'*o* à l'imparfait, ceux-là écriront *tems* sans *p*, et *si*, dans une maison, trois ouvrages se rencontrent soumis chacun à une orthographe particulière, le correcteur s'épuisera en efforts de mémoire pour satisfaire aux exigences de chacun, et voyez avec quelle facilité les auteurs élaborent leurs ouvrages, avec quel laisser-aller ils procèdent. Voici un échantillon de l'orthographe de Voltaire dans une de ses lettres : *chambelan, nouvau, touttes, nourit, souhaitté, baucoup, ramaux, le fonds de mon cœur,* etc., etc., et tous les verbes sans distinction de l'indicatif et du subjonctif ; *à* préposition comme *a* verbe. »

Il faut que les correcteurs apportent à l'orthographe une attention d'autant plus minutieuse, que les savants ne sont pas forts sur cet article, qu'ils traitent souvent de bagatelle. En effet, si l'auteur a le génie, la propriété

du style, au correcteur appartient la régularité orthographique. Un livre dans lequel les fautes fourmillent n'est pas seulement un mauvais livre, une œuvre informe, un salmigondis littéraire, c'est un livre dangereux. En effet, quoique l'imprimerie ait beaucoup perdu de son ancienne splendeur, il est encore une foule de gens qui ont une telle foi en toute chose imprimée qu'une phrase, quelle qu'elle soit, est pour eux toujours logique.

S'il est facile d'éviter l'énorme quantité des fautes qui déparent beaucoup de nos ouvrages modernes, il est à peu près impossible de publier un livre sans fautes. Si le correcteur s'occupe trop des détails, il laisse passer des fautes grossières ; dans le cas contraire, il laisse facilement filer la coquille, ce qui donne quelquefois lieu à de singulières bévues. C'est une inattention de ce genre qui a causé l'impression de cette singulière phrase dans un rituel : « *Ici le prêtre ôte sa* CULOTTE (calotte) *et baise l'autel.* »

Suivant mon confrère Aug. Bernard, correcteur à l'imprimerie impériale, « les fautes sont pour ainsi dire inhérentes à l'imprimerie ; elles naissent souvent même du soin que l'on prend de les éviter ; et, une fois l'ennemi dans la place, il est bien difficile de l'en expulser. Si le correcteur court trop attentivement après les coquilles, le sens général du texte lui échappe, et il laisse échapper de grosses balourdises ; si, au contraire, il s'attache trop au sens, il ne voit que ce qu'il devrait y avoir et non ce qu'il y a. »

Il est si facile de laisser échapper des fautes, même grossières, que Boileau avait dit d'abord dans son *Art poétique* :

Que votre âme et vos mœurs, *peints* dans tous vos ouvrages,

sans que ni les compositeurs, ni les correcteurs, ni les amis de l'auteur, ni les critiques qui lui étaient le plus hostiles, se doutassent du solécisme, et cette erreur est restée dans plusieurs éditions successives. Cependant, à la fin, un ami de Boileau plus clairvoyant que les autres, la signala au poëte qui s'empressa de substituer au vers fautif le vers suivant qui est resté :

Que votre âme et vos mœurs, *peintes* en vos ouvrages.

Une des erreurs littéraires les plus célèbres est celle de l'édition de la *Vulgate* par Sixte-Quint. Sa Sainteté surveilla soigneusement la correction de chaque épreuve ; mais au grand étonnement de l'univers, l'ouvrage se trouva rempli de fautes. Le livre fit une figure très-bizarre avec les corrections rapportées, et fournit des armes aux incrédules sur l'infaillibilité du pape. La plupart des exemplaires furent retirés, et l'on fit les plus grands efforts pour n'en pas laisser subsister. Il en reste cependant encore, grâce au ciel, pour satisfaire la curiosité des bibliomanes. A une vente de livres à Londres la Bible de Sixte-Quint a monté à 60 guinées (1,562 fr. 82 c.). On s'amusa surtout de la bulle du pontife et du nom de l'éditeur, dont l'autorité excommuniait tous les imprimeurs qui

s'aviseraient, en réimprimant cet ouvrage, de faire quelque changement dans le texte.

Dom Gervaise, qui a écrit la vie de l'abbé Suger, rapporte, à la page 31 du tome Ier, que, dans un acte de partage fait par les religieux de Saint-Denis, ceux-ci exigeaient entre autres choses, qu'on leur fournît *onze cents bœufs* par an. Quelque idée que l'on ait de la voracité des moines, quelque nombreux que fussent ceux de Saint-Denis, encore ne peut-on croire qu'il leur fallût *onze cents bœufs* par an. L'abbé Grosier, un des rédacteurs de l'*Année littéraire*, résolut d'éclaircir ce fait; il recourut au titre original, qui prouva qu'au lieu de *onze cents bœufs*, il fallait lire *onze cents œufs*. L'erreur venait du typographe.

Le satirique Despazes, tombé maintenant dans l'oubli, avait glissé dans ses rimes le nom d'un certain *Dabaud*. On imprima *Dubaud*. Je ne sais quel chef d'administration qui portait ce nom, se tint pour offensé. Il alla trouver le poëte qui tâcha inutilement de se disculper. Il fallut se battre, et le satirique malencontreux fut blessé.

Ce que je viens de dire doit suffire, ce me semble, pour prouver que le métier de correcteur n'est pas aussi facile qu'on le suppose. C'est donc avec peine qu'on voit La Bruyère, que ses fréquentes relations avec les imprimeurs auraient dû rendre juste à l'égard des correcteurs, en parler avec la plus grande injustice. Corneille Kilian, correcteur distingué du XVIe siècle, disait ce qui suit des écrivains de son temps : « Notre fonction est de corriger les fautes des livres et de relever les passages défectueux. Mais un méchant brouillon, emporté par la rage d'écrire, fait des compilations sans discernement, couvre les feuillets de ratures et souille le papier. Il ne passe pas des années à polir ce travail; mais il se hâte de faire imprimer ses rêveries par des presses diligentes; et, lorsque des savants proclament qu'il écrit en dépit des muses et d'Apollon, notre brouillon enrage; il se défend de toutes ses forces et s'en prend au correcteur: Eh! cesse donc, lourdaud, d'attribuer au correcteur un tort qu'il n'a pas. Ce qu'il y a de bien dans ton livre l'a-t-il gâté? Désormais débarbouille toi-même tes petits. »

On dit que Malherbe avait d'abord rédigé ainsi le passage suivant de sa belle ode à Duperrier, *sur la mort de sa fille* :

Et Roselle a vécu ce que vivent les roses
L'espace d'un matin.

Roselle, prénom assez rare, n'était connu ni du compositeur ni du correcteur, à l'imprimerie on crut devoir faire la correction suivante :

Et rose elle a vécu ce que vivent les roses
L'espace d'un matin.

Malherbe fut loin de se plaindre d'une aussi heureuse erreur, et peut-être à l'exemple de ses confrères, aurait-il été disposé à s'attribuer le mérite de cette correction, si le public n'en avait été instruit, je ne

sais comment. Personne n'ignore en effet que, de tout temps, les auteurs ont rejeté leurs bévues sur les imprimeurs et que, par compensation, ils ne sont pas fâchés qu'on leur attribue les corrections faites à l'imprimerie.

On croirait que les nombreuses et grossières fautes qui se trouvent dans les ouvrages ne devraient exister que dans ceux qui ont été composés sur des copies manuscrites ou sur imprimés accompagnés de nombreux changements. Il n'en est rien; on voit souvent des ouvrages d'une facile exécution, imprimés pour la vingtième fois et avec le plus grand luxe, n'être point exempts de fautes typographiques.

S'il en est ainsi, comment se fait-il donc qu'il y a des ouvrages à peu près corrects. Cela vient de ce qu'il se trouve encore des libraires et des imprimeurs dignes de ce nom, qui ne reculent devant aucune dépense pour atteindre ce but.

Un célèbre libraire étranger, avant de publier des œuvres importantes, faisait successivement afficher aux portes de l'Université les feuilles imprimées, et accordait une petite gratification pour chaque faute d'impression qui lui était signalée. Les Estienne recouraient au même moyen pour leurs belles éditions. De nos jours, le libraire Tauchnitz, à Leipzig, connu par ses éditions stéréotypes d'auteurs grecs et latins, offrit aussi une récompense pour chaque faute d'impression qui lui serait signalée dans ses éditions. Chez nous, le libraire Lenormant a donné plusieurs fois des primes en livres aux personnes qui lui envoyaient le plus grand nombre d'observations sur les corrections à faire, et même sur les améliorations à introduire dans les dictionnaires latins de Noël. Il est bien peu d'éditeurs, qui recourent à ce moyen qu'ils trouvent trop dispendieux.

Quoique l'immense majorité des éditeurs tienne à avoir des correcteurs au rabais, il s'en trouve encore quelques-uns qui agissent tout autrement. Un libraire de Paris a payé, dit-on, jusqu'à 48 fr. la feuille la lecture d'une collection in-32 de classiques latins. Il est vrai que les caractères employés à cette collection étaient infiniment petits; mais si, dans des proportions équitables, le maître imprimeur conforme son tarif à cet exemple, il aura le droit d'exiger de ses correcteurs beaucoup de temps, de soin et de savoir, et les abus de l'imprimerie disparaîtront, en même temps que les errata cesseront de déprécier les livres aux yeux du public.

On assure que P. Didot, pour obtenir des livres purgés de toute erreur, donnait 3 fr. par chaque faute qui lui était signalée; ce qui n'empêcha pas P. Didot de faire une belle fortune.

Non-seulement ces dignes éditeurs, ainsi que leurs honorables devanciers, ne reculaient devant aucune dépense pouvant amener la plus parfaite correction possible, mais encore ils recouraient aux procédés de lecture les plus parfaits. Alde Manuce, entre autres, avait fait placer cette inscription sur la porte de son cabinet : *Ne m'interrompez que pour des choses utiles*. François Ier lui-même, dans une de ses fréquentes visites à l'illustre Robert Estienne, son savant ami,

lui dit un jour : *Restez, j'attendrai la fin de votre lecture*; et il attendit en effet.

De nos jours, P. Didot s'enfermait, pour faire ses lectures, dans un cabinet retiré, dont les appartements voisins étaient inhabités ou silencieux. Là, entouré d'une bibliothèque nombreuse, il lisait debout, à haute voix, articulant assez lentement pour que sa vue pût distinguer les lettres une à une ; une personne qui lui était bien chère suivait attentivement la copie, et ne l'interrompait que lors de besoin absolu. Qu'on vînt le demander, il n'y était pas, à moins que ce ne fût pour des motifs d'une urgence extrême. Malgré ces précautions, malgré le choix préalable de très-bons compositeurs, et quoique la première épreuve, lue avec soin, n'offrît ordinairement que quelques coquilles, M. P. Didot faisait encore lire une double épreuve par un excellent grammairien et fort habile typographe, M. Lequien ; de plus, les tierces étaient conférées et relues avec une grande attention. Eh bien ! rarement arrivait-il que dans un exemplaire tout broché, il ne se rencontrât encore quelques incorrections qui nécessitaient un carton. C'est par de tels moyens que P. Didot a pu annoncer une édition latine de Virgile *sans faute*, merveille peut-être unique en typographie.

Qu'il y a loin de ces belles éditions à ces livres au rabais, aussi incorrects que des contrefaçons ! A quelque bas prix qu'on les cote, ils sont toujours vendus beaucoup au delà de leur valeur. Pour la plupart des ouvrages de ville on se contente ordinairement d'une seule lecture, malgré les nombreuses et grossières erreurs qui résultent de cet usage. On fait de même pour les journaux quotidiens, et aujourd'hui la plupart des livres sont aussi peu soignés que les journaux. Cependant il serait dans l'intérêt bien entendu de l'imprimeur ou du libraire de proportionner au moins les soins de la correction au mérite et à la nature de l'ouvrage, c'est-à-dire de réunir tous ses efforts pour faire aussi corrects que possible toute production transcendante, tout ouvrage scientifique ou qui a pour objet le calcul, etc. L'intérêt bien entendu du patron doit même l'engager à prendre les mêmes soins à la correction de tout ouvrage qui doit avoir une grande publicité.

Il est même des ouvrages où une erreur présenterait de très-graves inconvénients, tels sont, par exemple, les traités et manuels pharmaceutiques, où un chiffre pour un autre dans la dose des médicaments pourrait occasionner la mort ou de funestes accidents.

Si la lecture des épreuves présente de si grandes difficultés pour les personnes qui sont habituées à ce genre de travail, il est facile de penser que la lecture des épreuves par les auteurs est fort imparfaite ; ils ne s'occupent la plupart du temps que du sens général, s'en remettant pour le reste à l'imprimerie. Quelquefois même ils ne font pas attention aux endroits sur lesquels le correcteur attire leur attention. L'auteur d'un ouvrage sur les juges de paix avait inséré dans son traité la loi sur l'intérêt de l'argent, et en note, il avait placé deux observations, mais les notes

différaient si peu des renvois en marge, que le compositeur avait introduit les notes dans le texte ; j'avais demandé sur l'épreuve que les notes fussent rétablies comme elles étaient dans le manuscrit ; le compositeur n'a pas voulu faire cette correction, parce qu'il a prétendu qu'il n'était pas possible de distinguer les notes du texte. La faute est restée au bon à tirer, et bien qu'elle ait été signalée à l'auteur, il n'y a fait nulle attention, et l'ouvrage a paru avec ce texte de loi altéré.

Aujourd'hui, les fautes typographiques ne relèvent plus que de la critique des gens éclairés, malheureusement trop peu nombreux. Il n'en était pas de même autrefois. Les anciennes ordonnances exigeaient qu'on reformât par des cartons les fautes trop considérables, et qu'on confisquât les livres dont la correction avait été visiblement négligée, le tout aux frais des maîtres ou correcteurs spéciaux. De tels correcteurs, fort rares du reste, devaient sans doute être rétribués en conséquence.

Si de telles ordonnances existaient de nos jours, qu'il y aurait peu de livres qui pourraient éviter la condamnation !

Je ne dirai rien de la correction des secondes ou bons à tirer, ni des tierces, ce que j'en ai dit au mot *Correcteur* est suffisant.

Fautes faites sous presse. — Un auteur qui a fourni une copie très-lisible, très-correcte, dont les épreuves ont été lues avec soin à l'imprimerie, est bien tranquille sur l'exécution de son livre ; il ne se doute pas à quels périls il peut encore être exposé. Quelques mots suffiront pour lui prouver qu'il n'est pas encore à l'abri du danger.

Quand une forme n'a pas été bien serrée ou qu'elle s'est desserrée à cause des chaleurs, quelques lettres peuvent tomber dans son transport aux presses, et alors les imprimeurs sont obligés de les faire replacer par un compositeur en conscience, c'est-à-dire à la journée. Comme on ne vérifie pas cette correction, il peut en résulter une nouvelle faute, dont il n'y a pas de trace dans les épreuves précédentes.

D'autres fois, en encrant la forme, des lettres peuvent s'enlever, ou elles peuvent se casser ou s'écraser pendant le tirage. Aussitôt que l'imprimeur s'en aperçoit, il doit en prévenir un compositeur en conscience, pour qu'il puisse corriger la faute ; mais, souvent, pour ne pas perdre quelques minutes, quelques-uns d'entre eux préfèrent replacer eux-mêmes un peu au hasard les lettres dans la ligne d'où elles sont tombées ; de là peuvent résulter de singulières bévues, car les imprimeurs sont très-rarement des hommes lettrés.

Les anecdotes suivantes prouveront quels dangers peuvent résulter de ces petits accidents.

Le docteur Flavigny fut accusé d'impiété, injurié, soupçonné de mauvaises mœurs pour une faute bizarre, occasionnée par la disparition d'une seule lettre. Dans ses observations critiques contre la *Bible polyglotte* de Lejay, il avait cité ces deux versets de saint Mathieu : *Quid ! vides festucam in oculo fratris tui, et trabem in oculo tuo non vides ? Ejice primo tra-*

bem de oculo tuo, et tunc poteris ejicere festucam de oculo fratris tui. La première lettre du mot *oculo,* dans la deuxième partie du premier verset, avait été enlevée à l'impression, il resta *culo*, avec ce sens : *Et tu ne vois pas une poutre dans ton c...* Par une maladresse typographique, le second mot du second verset se trouvait ainsi divisé : *o-culo,* il n'en fallut pas davantage pour faire supposer chez l'auteur les plus coupables intentions. Il avait entre les mains la dernière épreuve de la feuille, où la faute n'existait pas. Il ne comprenait rien à ce changement diabolique. Il protesta publiquement en jurant par les saintes Écritures, qu'il était innocent d'une faute aussi impie, aussi odieuse, aussi sacrilége ; mais il ne se remit jamais de cette mésaventure typographique. Flavigny ne put pas accuser le correcteur, il avait lui-même corrigé les épreuves, et il avait une bonne feuille en main ; mais il s'en prit aussi injustement à son imprimeur, qui ne pouvait ni prévoir, ni empêcher cet accident, dont la cause était toute manuelle. Il fut aussi inexorable, lui qui, en qualité de correcteur, connaissait tous les écueils de la pratique, que les juges fanatiques d'Etienne Dolet, imprimeur à Lyon, qui fut pendu et brûlé comme athée et relaps, pour avoir laissé subsister les mots *du tout,* ajoutés à la fin de cette phrase, qu'il avait traduite de Platon : « *Après la mort, tu ne seras plus rien.* » Certes on ne peut pousser plus loin l'ignorance et la barbarie.

À une époque plus rapprochée de nous, un sort également tragique aurait pu être le résultat d'une bévue typographique.

L'abbé Siéyès, trouvant dans une épreuve d'un discours justificatif de sa conduite politique les mots : « J'ai *abjuré* la république, » au lieu de *j'ai adjuré,* dit furieux à celui qui lui apportait l'épreuve : « Comment fait-on de pareilles fautes. L'imprimeur veut donc me faire guillotiner ! »

Le *Moniteur* de l'empire, à l'époque où Napoléon Ier fondait les plus grandes espérances sur son projet d'alliance avec l'empereur de Russie, publia en ce sens un article où il était dit : « Ces deux souverains dont l'*union* ne peut être qu'invincible. » Les trois dernières lettres du mot *union* ayant été enlevées pendant l'impression, l'indignation d'Alexandre fut au comble lorsqu'il lut cette phrase ainsi dénaturée : « Ces deux souverains dont *l'un* ne peut être qu'invincible. » Et toutes les réclames des numéros suivants ne purent suffire à détruire l'idée qu'il en avait conçue, que l'on avait voulu le mystifier.

Bien que presque toujours de telles erreurs soient tout à fait fortuites, cependant quelques-unes ont été volontaires.

Érasme faisait imprimer chez Froben sa *Veuve chrétienne,* dédiée à la reine Marie de Hongrie. Les ouvriers, mécontents de sa générosité, au mot *mens* destiné à exprimer la grande âme de la princesse, substituèrent méchamment le mot *mentula,* que l'honnêteté nous défend de traduire. Quel scandale, quand les princesses lisaient mieux le latin que nos docteurs d'Académie ! On n'eut que le temps de faire un carton.

La femme d'un imprimeur allemand saisit l'occasion de s'introduire la nuit dans les ateliers, à l'époque où l'on imprimait une nouvelle édition de la traduction de la Bible, et fit un changement dans la sentence de soumission prononcée contre Ève, dans la Genèse, chapitre XXXI, verset 16. Elle enleva les deux premières lettres du mot *herr* (maître ou seigneur), et y substitua les lettres *na* changeant ainsi la sentence : « Il sera ton maître (*herr*) ; » en celle-ci : « Il sera ton fou (*narr*). » On raconte que cette gentillesse lui coûta la vie, et que quelques exemplaires de cette Bible se sont vendus à des prix exorbitants.

On cite une aventure assez plaisante arrivée sous le règne de Louis-Philippe, dans une imprimerie où s'imprimaient deux journaux politiques, l'un légitimiste et l'autre républicain, les formes se trouvèrent mêlées je ne sais comment, et deux pages d'un des journaux furent imprimées avec deux pages de l'autre, sans qu'on s'aperçût du quiproquo, car, pour les journaux on ne vérifie rien sous presse, et vu qu'on est toujours trop pressé : bon gré mal gré, il faut arriver à l'heure.

Fautes qui paraissent après l'impression. — Ces fautes sont peu nombreuses.

Les *larrons* sont des parcelles de papier ou de pâte qui adhèrent aux feuilles, soit par suite de négligence dans la manipulation à la fabrique, soit par l'effet d'un remaniement peu soigneux fait après le trempage. Retenus sur la forme par l'action agglutinative de l'encre, ils laissent en blanc, sur la feuille imprimée, une lettre ou des portions de mots. Il n'y a souvent qu'un exemplaire d'un ouvrage, où ces bouts de lignes non imprimés existent. Il en est de même pour les défauts suivants.

On nomme *moine* une partie plus ou moins grande d'impression qui, par un défaut quelconque de la touche, est restée tout à fait en blanc.

Le *doublage* est une répétition plus ou moins incomplète de quelques mots ou de quelques lettres sur l'impression qui rend la lecture fatigante.

Le *frisottement* et le *papillotage* sont des défauts analogues, mais bien moins prononcés.

Quand les imprimeurs sont peu soigneux, il peut arriver qu'une feuille se plie en partie, et alors des mots ou des lignes se trouvent la moitié sur une partie du pli, et l'autre moitié sur l'autre, ce qui est très-incommode pour la lecture.

Quelquefois aussi des relieurs peu soigneux transposent des feuilles ou des cartons, défaut que l'on peut faire disparaître en débrochant le livre ou en le reliant de nouveau.

J.-B. PRODHOMME,
correcteur à l'Imprimerie Impériale.

G

GLAND-DOUX (économie domestique). — Le gland est le fruit de cet arbre majestueux qui peuple nos forêts et dont l'aspect imposant est l'emblème de

la durée; de la force et de la vigueur; On distingue deux sortes de glands : le *gland doux* et le *gland ordinaire*. Le premier sert à l'alimentation de l'homme et le second à celle des animaux.

Le gland doux, si précieux par ses propriétés hygiéniques, sert depuis longtemps de but à la sordide cupidité de quelques falsificateurs, qui ne craignant pas de donner la chicorée sous l'enveloppe du gland doux parviennent à faire tomber en France cette branche d'industrie.

Après avoir découvert ces falsifications, un habile industriel de Bordeaux, M. Coussin, s'est rendu sur les lieux de production, et n'a reculé devant aucun sacrifice pour fabriquer une poudre qui, ayant véritablement le gland doux pour base, contient environ 35 centigrammes de tannin pour chaque tasse de décoction, quantité suffisante d'après l'avis des hommes de l'art.

Le *tannin*, principe actif et salutaire du gland doux, mis en contact avec les tissus vivants, resserre soudainement leur texture fibrillaire, qu'il rend plus solide en ajoutant à l'énergie et à l'intensité de leur action; de plus le tannin, se combinant avec la sécrétion de la muqueuse de l'estomac, la précipite et la fait évacuer par les voies digestives; c'est ainsi qu'il facilite la transmission des sucs alimentaires dans le réservoir du chyle. Cette théorie repose sur des faits acquis à la science.

Pelouse, Thénard, Orfila, Dorvault, Bouchardat, etc., considèrent le *tannin* comme une substance éminemment précieuse pour le rétablissement ou la conservation de la santé, et le prescrivent comme fortifiant, tonique et astringent dans le cas de scrofules, pertes sanguines, chloroses, incontinence d'urine, fièvres, diarrhées, dyssenteries, rhumatismes, maux de tête, d'estomac, etc.

Le constant usage du vrai gland doux raffermit les chairs, assure l'embonpoint, fortifie l'estomac, excite l'appétit, facilite la digestion, remet en peu de temps les organes digestifs dans leur état normal, et n'a pas, comme la chicorée, l'inconvénient de ternir la peau, et d'affaiblir le tempérament. Les anciens, dont la nourriture se composait en grande partie de glands, étaient plus sains, plus robustes, et vivaient plus longtemps que nous.

Les personnes accoutumées à l'usage de divers cafés de gland, qui ne contiennent pas un atome de gland doux, trouvent le goût de chêne dans celui qui est bien préparé; ce goût, qui n'est nullement désagréable, doit être pour elles une preuve de la sincérité du titre de ce produit.

On prépare la décoction de gland doux selon le goût de chacun, à la dose plus ou moins forte d'une cuillerée à bouche par tasse, et après l'avoir laissé bouillir quelques minutes, on le prend à l'eau après le repas, ou au lait pour le déjeuner. — *Rozier*.

GUILLOCHAGE (technologie). — Le guillochage est une espèce de gravure symétrique faite au tour et peu profonde; les boîtes de montres et les tabatières sont presque toujours guillochées dans les fonds, ou en plein.

L'art du guillocheur ne parait pas fort ancien, nous croyons que le xviii° siècle le vit naître ; nous n'avons aucune donnée précise à cet égard, mais l'admiration du roi Louis XVI pour un tour à guillocher qui lui fut présenté, nous fait supposer qu'à cette époque seulement, ou peu avant, le guillochage s'annonçait dans l'industrie, car si ce monarque fut étonné à l'aspect de ce nouvel outil, lui, prédisposé naturellement au travail de la mécanique et connaisseur, c'est que l'invention était récente.

Ce tour, que l'on peut voir au Conservatoire des arts et métiers, est chose plaisante à considérer aujourd'hui pour les gens du métier; comme toute industrie naissante, cette mécanique est naïve et simple, et pourrait bégayer à peine le langage éloquent de sa lignée insatiable du xix° siècle.

Elle offrirait en effet peu de ressources à l'artiste par la sobriété de sa composition; son corps de rosettes à larges tailles ne ressemble en rien aux modernes dont nous allons donner la description. Le tour à guillocher est maintenant universel; toutes les formes peuvent recevoir le guillochage: l'orfèvrerie, la bijouterie, l'horlogerie, offrent leurs œuvres à ce genre de décoration, et enfin l'impression, la taille-douce, et le gaufrage se font par ce procédé, après avoir préalablement guilloché la planche de cuivre qui doit imprimer, ou le rouleau qui doit gaufrer.

Le guillochage ou gravure régulière s'obtient au moyen d'un burin dans un support à chariot; le tour se compose d'un corps de rosettes pris dans un parallèle soutenu par deux pointes; ce parallèle est fixé par deux vis horizontales que l'on desserre pour le rendre mobile, puis une vis tangente et un cliquet, à l'aide desquels l'artiste adroit peut composer une infinité de dessins; et enfin la rosette coulant sur une touche fixe pour obtenir le *satiné*. Ce tour que l'on pourrait comparer à un ballon piqué en terre, et dont la partie supérieure vacille au moindre vent, se conduit avec la main gauche et le burin de la main droite. On peut concevoir l'extrême précision et surtout la finesse du toucher que l'artiste doit posséder dans ce cas, pour ne point renfoncer d'abord son œuvre qui d'ordinaire est fort mince, et n'effleurer que la superficie du métal; ce tour exige une grande régularité dans ses mouvements et une main exercée pour le conduire. Une pédale faisant partie du mécanisme est employée seulement pour les pièces de précision. Le corps de rosettes est taillé de telle façon qu'on peut en obtenir une variété considérable de dessins de toutes grandeurs; le kaléidoscope, cette petite lorgnette en carton dans laquelle on voit de nouvelles formes chaque fois qu'elle est mise en jeu, peut seule donner une idée de toutes les nouvelles combinaisons qu'un artiste intelligent pourrait composer.

Les principaux guillochés sont le satiné, le moucheté, le moiré, l'azur, les rayons, les grains d'orge; avec ces genres qui sont adoptés dans le commerce, on produit une quantité de choses merveilleuses: ici ce sont des soleils resplendissants sur des fonds de montres, qui partent très-fins et rapprochés du centre, pour s'é-

largir ensuite vers la circonférence, ou bien encore un grain d'orge progressif d'enchevêtrement l'un dans l'autre, des moirés serpentant à l'infini ; enfin une multitude de choses bizarres, dont l'œil le plus savant est toujours étonné ; nous ne pourrions mieux comparer ces effets de travail qu'aux tableaux fondants dans l'obscurité, composés de rosaces nuancées de mille façons, se rétrécissant, s'élargissant selon le degré de rotation qn'on leur imprime, ou l'éloignement qui leur est donné ; ces changements successifs de formes qui s'entrelacent et se fondent ensemble, et enfin tous ces soleils et choses ingénieuses que l'on admire aux feux d'artifices.

Ce travail léger, régulier et original, est employé à profusion sur différents genres de bijouterie et horlogerie ; le guillochage dans l'espace d'un demi-siècle a donné des résultats étonnants, soit par l'adresse de l'artisan ou les développements donnés au tour à guillocher.

Colard et Château firent progresser grandement cette industrie le premier pour les gaufrages et les sujets, le second pour l'horlogerie et les montres.

Plus tard, Vincent et Bardot l'adaptèrent à la bijouterie et l'orfèvrerie ; et enfin, tout récemment, le dernier que nous venons de citer, aujourd'hui premier en ce genre, vient d'innover un nouveau guillochis et vaincre des difficultés qui n'avaient point été tentées.

M. Bardot est parvenu à guillocher des pièces bombées et rondes ; ce résultat doit être considéré comme une grande invention qui pourra désormais faire progresser démesurément l'art du guillocheur.

E. PAUL,
Orfèvre-bijoutier.

H

HALLUCINATION. — *Folie et hallucinations.* — *Exemples d'aliénations mentales et d'hallucinations des cinq sens jusqu'au* xv° *siècle* (1). — Aucune branche de l'art de guérir plus que l'histoire de la folie, a dit Sprengel (2), ne reflète d'une manière plus évidente et plus claire les principes philosophiques dont les théories ont presque toujours été empruntées par les médecins.

Nous raisonnons à peu près tous de la même façon sur la faveur distinctive que chacun de nous possède du talent, de la naissance, de la fortune, pourvu que le moral conserve son équilibre heureux ; le jugement, sa justesse normale. Les facultés intellectuelles, mentales, viennent-elles à être bouleversées par la maladie, nous ne devons plus nous fier à la rectitude des sens, à la vérité de nos jugements, de nos idées, de nos raisonnements.

L'idiotisme n'est pas une maladie ; c'est plutôt une

(1) Nous extrayons cet article d'un ouvrage remarquable de M. le docteur Eugène Postel, publié en 1859.

(2) *Histoire de la Médecine,* trad. franç. de Jourdan, t. I, Introd., Paris, 1815.

infirmité : on a eu raison de dire « qu'il existe des bêtes humaines ! »

Les imbéciles, susceptibles d'un certain degré de perfectibilité, tiennent le milieu entre les idiots et les hommes qui possèdent une intelligence commune. Anciennement, dans les pays déserts, dans des forêts épaisses, on a plus d'une fois rencontré des imbéciles à l'état sauvage. Joachim Camerarius a raconté une foule d'histoires qui attestent qu'autrefois les idiots se perdaient assez facilement. Gonner affirme que, dans les bois de la Lithuanie, on prit au milieu des ours un jeune garçon qui marchait à quatre pattes, qui fut longtemps à apprendre à se tenir debout, qui finit à la longue fois articuler quelques sons rudes, et qu'on eut beaucoup de mal à apprivoiser. Dresserus a recueilli des faits analogues, et cite entre autres histoires, celle d'un jeune enfant de village qui, vers 1544, au landgraviat de Hesse, fut perdu et retrouvé au milieu de loups. On lit, dans Goulard-Simon-(1), plusieurs anecdotes relatives à l'existence d'hommes passée parmi des bêtes. Boerhaave, dans ses cours, parlait d'un imbécile que l'on avait trouvé en Hollande parmi des troupeaux de chèvres sauvages : il leur avait emprunté les goûts, les mœurs et même le chevrotement.

Les hallucinations ne constituent pas toujours un symptôme de folie : mille faits physiques et moraux le prouvent (2). Une préoccupation intellectuelle, une disposition pathologique de l'organisme, une illusion d'optique, suffisent quelquefois pour les faire naître, sans que, pour cela, il y ait trouble de la raison. Néanmoins, dans l'étude de la folie, l'attention doit être portée sur les phénomènes qui caractérisent l'hallucination. L'halluciné, comme le dit M. Calmeil (3), porte en partie le monde dans son propre cerveau, donnant raison à l'hypothèse des berkeleistes (4), pour lesquels les corps extérieurs n'existent pas, et qui veulent que ce soit par une illusion mensongère que nous leur accordons la réalité.

Parmi les éléments principaux de la folie, on doit faire figurer, avec les hallucinations, le désordre de la volonté, l'aliénation des facultés morales, les idées fausses, les sensations illusoires, les jugements erronés.

L'expression des traits, de la physionomie, du regard, la démarche, le maintien, les gestes, les cris, les rires, les chants, les lamentations, la nature des projets, l'obstination de la quiétude et du silence, les tics, les poses, les vêtements, l'agitation, font reconnaître celui qui est aliéné, qui n'a pas toute sa raison, qui n'a jamais raisonné.

Ce qui annonce la manie, ce sont des gestes désor-

(1) *Histoires admirables et mémorables,* etc., Paris, 1600. 2 vol. in-12.

(2) Brierre de Boismont, *des Hallucinations,* p. 28.

(3) L. F. Calmeil, *de la Folie* ; Paris, 1845. 2 vol.

(4) Berkeley, œuvres, éd. d'Arbuthnet, Londres, 1784, 2 vol. in-12. Berkeley a exposé son système d'idéalisme dans les *Principes de la connaissance humaine,* 1710 ; et dans les *Dialogues d'Hylas et de Philonous,* 1713, trad. franç, par M. l'abbé Gua de Malves, 1750.

donnés, le trouble, le bouleversement de toutes les fonctions de l'entendement, un tableau d'emportement et de violence qui frappe extraordinairement ceux qui, pour la première fois, en sont les témoins. L'inattention, les actes tumultueux, l'énergie et la puissance musculaire doublée, triplée même, la continuité du babillage, les idées sans liaison, ni suite, ni ensemble, la malpropreté sont le propre de la manie. L'irrégularité dans l'entendement, l'absence de toute réflexion distinguent spécialement les maniaques des monomaniaques chez lesquels il y a contention d'esprit, chez lesquels aussi l'action de certaines facultés morales et intellectuelles a lieu comme chez ceux qui ne sont pas privés de raison.

C'est un épisode plutôt qu'une complication de la manie que la fureur qui, selon l'idée de M. Calmeil, est une sorte de tempête s'élevant dans les passions, les idées, et donnant naissance aux actes les plus frénétiques.

Ainsi que nous venons de le dire, la monomanie n'est qu'une aliénation partielle des fonctions intellectuelles et morales. La monomanie *intellectuelle* présente pour caractères un assemblage de fausses idées liées à un faux principe; la monomanie *morale* présente pour caractères la perturbation de sentiments affectifs, tels l'amour paternel, maternel, filial, celui de ses semblables; l'exagération d'autres sentiments, tels l'ambition, la jalousie, la présomption, la haine; la séduction des inclinations, des penchants qui entraînent de mille façons et présentent la monomanie incendiaire, homicide, la nostalgie, la lypémanie, la nymphomanie, la démonomanie, le vampirisme, la choréomanie, l'érotomanie, le somnambulisme, etc., etc. De ces espèces, celles qui ont le plus affligé l'humanité sont la théomanie, avec ses idées de mysticité, de miracles, de prédictions; la démonolâtrie, avec le culte, les hommages envers le Dieu de l'enfer et la jouissance de commettre tous les crimes qui viennent du génie du mal; la démonophatie, partout contagieuse, presque toujours compliquée de catalepsie, avec la haine de Dieu, et qui a régné dans les couvents dont les religieuses devenaient *possédées*; la zoanthropie, enfin, qui est une aberration de la sensibilité et qui donnait la faculté des transformations en hiboux, chats, loups, etc.

Dans l'enfance des sociétés, l'intervention d'une cause divine était admise dans tous les phénomènes qui s'offraient dans le monde. Toutes les traditions du passé, profanes ou sacrées, toutes les convictions populaires prouvent l'existence des esprits, indispensables d'intervenir, comme causes occasionnelles, entre les cieux et la terre, entre Dieu et les hommes. Y a-t-il un autre mode d'explication dans les livres hébreux et chez les Grecs, avant la révolution scientifique à la suite de laquelle les prêtres n'eurent plus le monopole exclusif des connaissances, à la suite de laquelle, encore, les interprétations théologiques furent renversées par la discussion, possible quand le caractère sacré fut banni de semblables données?

Dans les premières pages de la Genèse, on lit que l'entrée du Paradis terrestre fut confiée à un chérubin aux ailes flamboyantes. C'est le démon, déguisé en serpent, qui fait déchoir la première femme de son innocence. Les anciens Parsis ou Guèbres, ministres de Zoroastre (521 avant J.-C.), admettaient une quantité de puissances spirituelles. Hésiode (*Théogonie ou généalogie des Dieux*), Platon, Aristote, Homère ont peuplé le monde de génies, d'esprits surnaturels relativement à l'homme, tout aussi nombreux que ceux que croyait compter par millions le prophète Ezéchiel (599 avant J.-C.). On se rappelle Circé dans l'Odyssée d'Homère, Médée dans les Métamorphoses d'Ovide, Tirésias dans l'Œdipe de Sénèque, Erisichto dans la Pharsale de Lucain, Canidie dans les Épodes d'Horace, Manto dans la Thébaïde de Stace, Antonoe dans Silius Italicus (1).

Une des plus anciennes histoires d'aliénation mentale que nous ait léguée la tradition est celle de Saül (1080 avant J.-C.). Saül désobéit au Seigneur. « Depuis lors l'esprit du Seigneur se retire de lui, et il est agité du malin-esprit envoyé par le Seigneur (2)... Il paraissait au milieu de sa maison comme un homme qui est transporté hors de soi (3)... » Plus loin : « Après que David eut parlé de la sorte à Saül, Saül lui dit : N'est-ce pas là votre voix que j'entends, ô mon fils David? En même temps, il jeta un grand soupir et versa des larmes (4). » Cette histoire n'offre-t-elle pas un exemple de mélancolie, de démonomanie? N'y voit-on pas aussi que les anciens attribuaient la folie à une influence divine? C'est, d'après le P. Augustin Calmet (5), un exemple de possession et non d'obsession : pour cet auteur, la possession agissait en dedans, et l'obsession en dehors, témoin Sarah, fille de Raguël, obsédée par le démon Asmodée qui avait fait mourir ses sept premiers maris (6).

La zoanthropie fut une des formes les plus fréquentes d'aliénation mentale dans les temps les plus reculés. Nous avons recueilli une foule d'exemples : citons-en quelques-uns. Lycaon, roi d'Arcadie (1643 avant J.-C.), fut changé en loup, ainsi que le rapporte Ovide :

> Territus ipse fugit, nactusque silentia ruris
> Exulat, frustraque loqui conatur. —

Les Prœtides, filles du roi Prœtus d'Argos (1498 avant J.-C.), se croyaient changées en vaches, et parcouraient la Thrace en beuglant. Le devin Melampus les guérit avec de l'ellébore (7), qui, mille ans plus tard, était encore le purgatif d'Hippocrate, et qui prouve que déjà on attribuait la mélancolie à la bile noire.

(1) *Controverses et recherches magiques* de Martin del Rio, VI liv., trad. André Duchesne 1611.

(2) Liv. des Rois. c. XVI, v. 4. — Sainte Bible, de Le Maistre de Sacy, t. III, Paris, 1711.

(3) Liv. des Rois, c. XVIII, v. 10.

(4) Liv. des Rois, c. XXIV, v. 17.

(5) R. P. dom Augustin Calmet, *Traité sur les apparitions des esprits ou sur les vampires et les revenants*. 2 vol. Paris, 1751.

(6) Tob. III, 8.

(7) S. Hahnemann, *Diss. hist. et méd. sur l'elléborisme* dans les *Études de médecine*. Paris, 1855, t. II, p. 157.

Les compagnons d'Ulysse furent transformés en pourceaux par l'enchanteresse Circé (1280 avant J.-C.). Mœris, devenu loup, se cachait dans les bois, comme le dit Virgile dans son églogue *Pharmaceutria* :

His (*par de tels charmes*) ego sæpe lupum fieri, et se condere sylvis.

On lit dans Pline cette phrase : *Homines in lupos verti, rursumque restitui sibi falsum existimare debemus, aut credere omnia quæ fabulosa sæculis comperimus*(1). Saint Augustin raconte (2), d'après Varron, qu'un nommé Démétrius resta en loup pendant dix ans, et reprit ensuite sa première forme. Saint Macaire (300 de J.-C.) plongea dans l'eau bénite une femme qui se croyait changée en cavale (3). Bodin (4) nous dit que Jean Trithème (1462-1516) avance (5) qu'en l'an 626, Baïan, roi de Bulgarie, se transformait en loup quand il le voulait, et se rendait invisible quand il le voulait aussi. A. Bosquet raconte, dans sa *Normandie pittoresque*, que l'empereur Sigismond (1366) avait voulu pénétrer le mystère de là lycanthropie et manda les plus doctes théologiens qui, en sa présence, reconnurent, après mille preuves lumineuses, que la transformation des hommes en loups-garous (6) était un fait positif, et que soutenir le contraire était tourner à l'hérésie.

L'histoire de Nabuchodonosor, 605 ans avant J.-C., se rattache à une forme de la lypémanie. Sa disgrâce pendant plusieurs années, qu'il passa sans doute dans l'exil, ainsi que le veut l'historien Fl. Josèphe (7), ainsi que le fait remarquer E. Salverte (8), s'explique parce que ce prince était feudataire de Syrie et de Babylonie, soumis à l'empire persan. Au rapport d'un historien arabe, Tebry (9), qui semble versé dans la connaissance des plus vieux écrivains de l'Orient, Nabuchodonosor, disgracié par le Roi des rois, fut, postérieurement à une victoire éclatante devant Jérusalem, rétabli sur le trône, plus puissant que jamais. Daniel (10) ne fait que montrer dans l'état de dégradation ce prince détrôné, exilé. « Voici ce qui est annoncé, ô Nabuchodonosor roi ! votre royaume passera à d'autres mains (11)... vous serez chassé de la compagnie des hommes... vous mangerez du foin comme un bœuf : et sept ans passeront sur vous (12)... Et après que le temps marqué eut été accompli, moi, Nabuchodonosor, je levai les yeux au ciel ; le sens et

(1) Liv. viii, ch. xxii.
(2) Cité de Dieu. l. xviii, c. xvii.
(3) Leloyer, *Des Spectres*, p. 924.
(4) *De la Démonomanie des Sorciers*, par J. Bodin, Angevin. Anvers, chez Jehan Keerberghe, 1592, p. 197.
(5) *Chroniques d'Hirsauge*, Saint-Gall, 1690, 2 vol. in-fol.
(6) *Gerulphus* en latin du moyen âge. — *Garval*, vieux mot employé en Normandie.
(7) *Ant. jud.* liv. x, c. ii.
(8) *Sciences occultes*, p. 43, 44, 45.
(9) Trad. angl. de sir Fr. Gladwin.—D'Herbelot, *Biblioth. orient.*, art. Bahman.
(10) C. iv, v. 50.
(11) Id., v. 27.
(12) Id., v. 29.

l'esprit me furent rendus, etc. (1). » Les Septante qui veulent que ses cheveux devinrent semblables à la crinière d'un lion ; la Vulgate, aux plumes d'un aigle, ne font qu'ajouter à la peinture que fait Daniel. Saint Epiphane prétend que, tout en conservant la pensée et les sentiments d'un homme, Nabuchodonosor était vraiment moitié bœuf, moitié lion. De même que l'effroi et la peur de Saül désobéissant le font démonomaniaque, de même l'orgueil et l'ambition rendent Nabuchodonosor lycanthrope, à la suite d'hallucinations. C'est toujours l'explication religieuse qui domine. Eusèbe Salverte fait remarquer le rôle important qu'ont joué dans les religions orientales les formes de l'homme, de l'aigle, du bœuf, du lion, qui, pendant 2153 ans, ont été les indices des points équinoxiaux et solstitiaux. Avec quelle efficacité, dit-il, l'aspect de cet emblème n'aura-t-il point aidé à la croyance du mythe merveilleux !

C'est aussi l'explication religieuse qui dominait chez les Grecs, où les maladies, surtout l'aliénation mentale, avaient une origine sacrée. Telles les Furies Maternelles qui jettent Méléagre (1330 avant J.-C.) dans l'accablement ; qui le rendent meurtrier des frères de sa mère ; qui, à l'approche d'une armée ennemie, n'est réveillé que par la voix de son épouse de son pénible affaissement, de ce poids qui, comme un lourd cauchemar, l'abat et le domine ; qui, enfin, retombe dans une sombre torpeur. Telles encore les Euménides qui torturent et harcèlent jusque dans Athènes le fils d'Agamemnon, Oreste (1200 av. J.-C.), parricide par vengeance, et que de longues courses guérissent pour qu'il règne ensuite. Le poète Eschyle qui le représente dans le désespoir, attaqué par les Furies, en butte aux sifflements d'odieux serpents qui le glacent de peur, et, dans un accès de frénésie, se ruant sur son arc pour éviter les infernales déités, a offert un tableau saisissant d'hallucinations.

Les monuments littéraires, religieux, historiques de l'humanité, nous offrent à chaque page, nous présentent en chaque lieu des peintures d'hallucinations. Nous en avons recueilli un grand nombre, dans de nombreuses lectures, et nous désirons citer plusieurs exemples.

Apparitions, évocations, esprits incubes et succubes, fantômes, farfadets, follets, génies familiers, lares, lutins, mânes, obsessions, ombres, revenants, spectres, simulacres, vampires, visions fantastiques, tout cela a pris naissance dans le cerveau de certains hallucinés.

Les hallucinations peuvent agir sur les cinq sens.

On observe surtout les hallucinations de l'odorat chez les extatiques qui se vantent de flairer les odeurs les plus délicieuses, les plus suaves. C'est une perversion du sens de l'odorat qui fait que certaines femmes éprouvent tant de bonheur à respirer l'odeur de plantes aliacées, de la corne brûlée, de l'assa-fœtida, quand elles ont de la répugnance à flairer le parfum du jasmin et de la violette.

Les hallucinations du goût se présentent aussi fré-

(1) C. iv, v. 31.

quemment. Tout le monde sait que les meilleurs vins, les mets les plus exquis, paraissent doués d'une saveur amère à quiconque est affecté d'un rhume éphémère. Il arrive aussi très-fréquemment de voir de jeunes filles chlorotiques, des femmes grosses manger avec délice des substances repoussantes et détestables, ainsi des araignées, de la suie, de vieux chiffons, etc., etc.

Les hallucinations de l'ouïe, dites hallucinations vocales, sont, avec les hallucinations visuelles, les plus fréquentes. L'halluciné entend, au milieu de la solitude, des voix inconnues. Tantôt ce sont des plaintes qui s'exhalent du sein d'une pierre, de la profondeur d'une tombe, de l'épaisseur d'un meuble, du fond de la terre. A Charenton, une femme entendait dans ses intestins un coq chanter. Une vieille religieuse prétendait que ses chats connaissaient plusieurs langues, savaient dire quelques prières latines, répétaient plusieurs phrases de dévotion. — Des anges annoncent à Loth (2300 av. J.-C.), neveu d'Abraham, la ruine de Sodome et de Gomorrhe. — Abraham et Loth n'entendent pas seulement la voix des êtres par laquelle est prédite la naissance d'Isaac au premier, la ruine des villes infidèles au second (hallucinations vocales), il leur avait été possible de voir face à face les envoyés de Dieu, qui agirent et marchèrent en leur présence. — Il apparut des spectres dont les menaces effrayaient les Egyptiens pendant les ténèbres dont Moïse frappa l'Egypte (1700). — Un ange menace Balaam (1489 av. J.-C.). — La nouvelle de la délivrance d'Israël du joug des Madianites est annoncée par un ange à Gédéon (1349-1309 av. J.-C.). C'est encore un ange qui annonce à Manué la naissance de Samson (1172 av. J.-C.). — Le pieux Enée veut quitter la belle Didon : il lui parle de ses rêves ; il lui dit que, chaque nuit, il est effrayé par la pâle figure de son père Anchise :

Me patris Anchisæ quoties, humentibus umbris,
Nox operit terras, quoties astra ignea surgunt,
Admonet in somnis et turbida terret imago.

Quand la nuit d'un long crêpe enveloppe les cieux,
L'ombre pâle d'Anchise apparaît à mes yeux
Et de songes affreux épouvante mon âme. —

C'est pour satisfaire aux terreurs d'un songe que la cruelle Athalie (876 av. J.-C.) conçoit le projet d'immoler son petit-fils. — Numa Pompilius (714 av. J.-C.) parlait avec la nymphe Egérie, aussi bien que Mahomet avec l'ange Gabriel, et Luther avec le Diable. — On connaissait à Athènes le génie qui, par ses sages avis, conduisait Socrate (470-400 av. J.-C.) dans le chemin de la Sagesse. — Platon (1) raconte que ce même philosophe se persuada qu'il mourrait dans trois jours, et que cette persuasion devint une réalité, après avoir entendu en songe ce vers d'Homère :

Ἤματι κεν τριτάτῳ φθίην ἐριβώλον ἵκοιο,
Tu verras dans trois jours ces fertiles contrées.

(1) In Crit.

Cicéron (1) rapporte qu'avant la défaite des Lacédémoniens à Leuctres (371 av. J.-C.), on entendit des armes qui rendaient un son d'elles-mêmes : à Thèbes, les portes du temple d'Hercule s'ouvrirent spontanément, et les armes pendues contre la muraille furent trouvées à terre. — Les oreilles de Dion de Syracuse (357 av. J.-C.) étaient effrayées par le tapage que faisait autour de lui un spectre à taille colossale. — Au rapport de Pline et de Tacite, le préteur Rufus (150 av. J.-C.) fut poussé au sommet des grandeurs et des dignités par un spectre de femme qui le conseillait. Ce même Rufus, qui fut consul avec M. T. Curio, songea qu'il perdrait la vue : il se réveilla aveugle (2). — Suétone affirme que ce fut à la rencontre d'un spectre que Drusus (122 ap. J.-C.) dut de faire rebrousser chemin à son armée victorieuse qui avait mis tout à feu et à sang au delà du Rhin. — Comme Oreste, Néron (37 ap. J.-C.) ne savait que faire pour fuir le spectre maternel qui le harcelait de ses persécutions. — Brutus (42 av. J.-C.) était profondément occupé à réfléchir la nuit, dans sa tente, sur les périls qui allaient fondre sur la mère-patrie par la puissance d'Antoine et d'Octave, quand il vit entrer un génie à taille gigantesque qui lui dit : Je suis ton mauvais génie, Brutus : tu me reverras dans les plaines de Philippes ! — Au fort de la bataille, l'ombre de Jules César, montant un cheval fougueux et se battant à la tête de l'armée ennemie, apparut à Cassius (42 av. J.-C.). — L'histoire sacrée fourmille d'exemples d'hallucinations vocales. Hermas (92 de J.-C.) dormait lorsqu'une voix lui dicta, dit-on, l'ouvrage grec intitulé le Pasteur, qui est un des plus anciens monuments du christianisme, et qui a joui d'une grande autorité (3). — Quelques jours avant son martyre, Perpétue (203) vit la forme spirituelle du diacre Pomponius avec lequel elle s'entretint : elle vit aussi celle de son frère Dinocrate, mort à sept ans d'un cancer à la joue. — A la même époque (203), le païen Basilidès, archer sous Septime Sévère, et bourreau d'une foule considérable de chrétiens, mourut lui-même pour la cause du Christ, après la visite de Potamienne qui lui marquait sa place dans le ciel (4). — Saint Cyprien (248) raconte qu'un esprit admonesta avec menaces et sévérité un évêque qui, pendant une persécution, montra de la faiblesse. — Cyprien lui-même comprit qu'il n'avait plus qu'un seul jour pour se préparer à mourir, à l'aspect d'un génie céleste qui s'offrit à lui sous l'apparence d'un homme jeune. — Irène, fille de l'évêque de Spiridon (274), parut à son père pour lui montrer de splendides richesses confiées à sa garde, de son vivant. —

(1) De divin.
(2) Avicenne, dont le vrai nom est Abou-Ibn-Sina, médecin arabe (980-1037), raconte qu'un de ses clients rêva qu'il avait une jambe de pierre : il devint paralysé.
(3) Ce livre est divisé en trois parties (les Visions, les Préceptes et les Similitudes). L'original grec est perdu. Il ne reste plus qu'une version latine insérée par Coteler dans ses Monuments des Pères qui ont vécu dans les temps apostoliques. Paris, 1672.
(4) Eusèbe, l. VI, c. IV.

Sulpice Sévère raconte que saint Martin (316) vit un jour le Diable dans un appareil somptueux et d'une richesse inouïe : bien plus fréquemment, l'évêque de Tours se vit entouré d'anges. — Comme Tacite, le philosophe empereur Julien (331) ne pouvait feindre la frayeur qu'il avait de la vue des spectres : c'était le génie d'Esculape qui assistait l'Apostat quand il était malade : ce fut un génie, au dire d'Ammien Marcellin (1), à la figure sombre, au teint hâve, qui, s'offrant à lui sous sa tente, lui prédit sa mort. — Pline (2) a décrit les voix que l'on entendit à l'époque des guerres des Cimbres, et entre autres plusieurs voix du Ciel, et l'alarme que sonnaient des trompettes horribles (120 av. J.-C.). — « Mille prodiges, dit Gaffarel (3), annoncèrent la prise de Jérusalem (66 de J.-C.) : on vit souvent en l'air des armées en ordre avec contenance de se vouloir choquer : et un jour de la Pentecôte, le grand prestre entrant dans le temple pour faire les sacrifices, que Dieu ne regardait plus on ouït un bruit tout soudain, et aussitôt une voix qui cria : *Naauour mizeb*, retirons-nous d'ici. Je laisse l'ouverture de la porte de cuivre sans qu'aucun la touchât, et tous les autres prodiges couchés dans Josèphe (4). » — La tête de Gabinius (69 av. J.-C.), qui était mort, annonça à Sextus Pompée que les dieux infernaux étaient contents de lui, et qu'il réussirait dans son entreprise (5). — Lucien (6) raconte l'aventure du philosophe Arignote. Il y avait à Corinthe, dans le quartier appelé Cranaüs, une maison ayant appartenu à Eubatide. Le philosophe y passe la nuit. Un spectre y apparaît, mais des invocations magiques le chassent. Le lendemain, on pratique des fouilles à l'endroit où Arignote l'avait vu. On y trouve un squelette. — Une histoire analogue à celle de Lucien est racontée par Pline (7). Il y avait à Athènes une maison déserte. Un spectre, sous la forme d'un vieillard amaigri, chargé de chaînes qu'il secouait horriblement, avait fait abandonner cette maison. Le philosophe Athénodore demande à y coucher. Il voit le fantôme qui l'appelle, lui fait signe de le suivre, ce que fait Athénodore, étant bien éveillé : arrivé dans la cour de la maison le fantôme disparaît. A cet endroit, les magistrats font une fouille le lendemain : on trouve des os enlacés encore dans les chaînes ; on les rassemble, on les ensevelit publiquement, et, depuis lors, le fantôme ne trouble plus le repos de la maison. — Une marque de la faveur des Dieux pour moi, disait le sage Marc Aurèle (121-180), c'est que dans mes songes, ils m'ont enseigné des remèdes pour mes maux, et particulièrement pour mes étourdissements et mon crachement de sang. — L'effigie de Basilicus annonça à Jean Chrysostome (334), qui se rendait en exil, qu'il ne vivrait plus qu'un seul jour. — Saint Ambroise (346) raconte qu'il apprit des choses d'une importance considérable de la bouche d'Anochalius, de saint Paul, de saint Gervais et de saint Protais. Averti du jour de la mort de saint Martin à Tours, il annonça aux assistants l'instant du trépas du confesseur (1). — L'ombre de sainte Agnès, ayant visité pendant une maladie Constantia, fille de Constantin (347), cette dernière bâtit un temple en son honneur. — Jésus, fils d'Ananus (350), simple paysan, prédit, quatre ans avant, la guerre et la prise de Jérusalem. Ni les mauvais traitements, ni les fouets d'Albinus ne l'empêchèrent de crier : Malheur, malheur sur Jérusalem ! Il ajouta un jour : Malheur sur moi ! Et une pierre, lancée par la machine des Romains, l'atteint et le tue (2). — Saint Augustin (354), allant consulter saint Jérôme, entendit la voix de ce saint, au milieu d'un rayon d'une lumière éblouissante, qui tout à coup vint l'assaillir. — Des anges à la voix tonnante prédirent à Prétextata sa mort prochaine pour avoir donné de mauvais conseils à la nièce d'Himmétius. — Saint Louis (1215), étant un jour tombé malade, entendit au milieu des transports d'une fièvre ardente une voix céleste : « Roi de France, tu dois venger les outrages faits à Jésus-Christ. Le ciel t'a choisi. » Sacrifiant les prières de l'amitié à cette injonction, inébranlable dans ses projets, le roi reçoit la croix de Pierre d'Auvergne, dont l'imagination était exaltée par le jeûne, le silence, la prière et la solitude (3).

Passons aux hallucinations visuelles, qui se manifestent surtout la nuit. Les individus atteints de cette sorte d'hallucinations sont connus sous le nom de *visionnaires*. Nous avons rassemblé les exemples les plus frappants de l'antiquité. Ce sont ceux qui sont le plus nombreux. Abraham (2300 av. J.-C.) eut neuf apparitions : Dieu lui parlait de la destinée qui attendait sa postérité. — On lit dans le livre des Juges que Satan chercha à mettre le corps de Moïse dans le ravissement (1725 av. J.-C.). Un ange, prenant le nom de Dieu, apparut dans le buisson ardent d'Horeb à Moïse et lui donna les tables de la loi sur le mont Sinaï (4). — Le devin Balaam aperçut distinctement l'ange qui effrayait son ânesse : il se tenait debout, une épée nue à la main. — C'est sous la forme d'un homme que se présenta à Josué (1605 av. J.-C.), près de Jéricho, l'ange qui lui enjoignit de se déchausser pour fouler la terre promise. — Ce fut la nuit que la

(1) Liv. XXV.

(2) L. vii, c. 56.

(3) *Curiositez inouyes sur la sculpture talismanique des Persans*, 1637.

(4) Virgile, qui passa à Naples pour sorcier, dit à propos de semblables prodiges :

Armorum sonitum toto Germania cœlo
Audit : insolitis tremuerunt motibus Alpes.
Vox quoque per lucos vulgo exaudita silentes
Ingens ; et simulacra modis pallentia miris
Visa sub obscurum noctis, pecudesque locutæ.
                                   (Georg. liv. I.)

(5) Pline, l. vii. c. 52.

(6) *In Philo-pseud.* p. 840.

(7) L. vii, lettre 27.

(1) Grégoire de Tours, *De Miracul. Sti.-Mart.* l. i, c. 5.

(2) Fl. Josèphe, *Guerre des Juifs contre les Romains*, l. vi, c. xxxi. — Br. de Boismont, *loc. cit.*, p. 252.

(3) Michaud, *Histoire des Croisades*, 6e édit.

(4) Exod. 3, 6, 7. — Cf. dom A. Calmet, *loc. cit.* t. I, p. 18.

pythonisse d'Aïn-dor (1080 av. J.-C.) évoque devant Saül l'ombre de Samuel : elle voit, dit-elle, un Dieu qui s'élève du sein de la terre (1) : l'ombre de Samuel apparut à Saül sous l'aspect d'un vieillard couvert d'une draperie blanche. — Elisée, qui guérit Nahaman (835 av. J.-C.), et les autres prophètes, dit saint Augustin, n'étaient point respectés par la plus grande partie du peuple, qui les regardait comme des insensés. Leurs paroles et leurs actions prouvent, en effet d'une manière évidente, que le peuple avait raison, ainsi que le remarque M. Leuret (2). — C'était un bel adolescent que l'ange qui s'offrit pour conduire le jeune Tobie (714 av. J.-C.) à Ecbatane, et qui le ramena à la maison paternelle. — Isaïe allait nu et sans souliers pour être, disait-il, comme un prodige qui marque ce qui doit arriver. — L'ange qui causa d'abord une frayeur si grande à Daniel (606 av. J.-C.), qui l'apostropha sur les bords du Tigre, était vêtu de lin, portait une ceinture d'or, reluisait comme la chrysolithe, jetait du feu par le regard, et imitait à lui seul le tumulte d'une multitude de voix. — Une voix ordonne à Ezéchiel (599 av. J.-C.) de marcher dans la campagne : il voit la gloire du Seigneur, et tombe le visage contre terre. L'esprit entre en lui, lui enjoint de s'enfermer dans sa maison, où il sera enchaîné, où sa langue s'attachera à son palais, où les excréments humains souilleront ses aliments, etc. Analysant ces faits, M. Leuret, après avoir déterminé les hallucinations de l'ouïe et de la vue, rapproche du mutisme du prophète une observation, dont est l'auteur M. Ch. Lens, où une jeune fille resta quatre jours muette et aveugle, après une hallucination. Ezéchiel, maniaque, exalté, enchaîné, a écrit ce dont il a été victime, non autrement que le font certains aliénés dans un instant de calme ou quand la convalescence commence, alors que l'aliénation n'est plus pour eux qu'un rêve. — Simonide (558 av. J.-C.), ayant rencontré sur son chemin le cadavre d'un homme, l'inhuma : plus tard, il lui sembla que ce même homme lui donnait le conseil de ne pas monter sur un vaisseau où il était sur le point de s'embarquer. Le vaisseau fit naufrage (3). — Hippias, tyran d'Athènes (500 av. J.-C.) songea la veille de sa mort qu'il était précipité de la dextre de Jupiter en terre. — A la bataille de Platée (479 av. J.-C.), l'air retentit d'un cri épouvantable que les Athéniens attribuèrent au dieu Pan, et qui dérouta les Perses effrayés : c'est là, dit-on, l'origine du mot *frayeur panique*. — Quatre ans après la bataille de Marathon, écrit Pausanias (4), on entendait chaque nuit le hennissement des chevaux et le cliquetis des armes dans le lieu où se livra la bataille : tous les curieux n'étaient pas témoins de ce bruit, et il n'y avait que ceux qui parcouraient la plaine sans préméditation qui l'enten-

daient. — Le général lacédémonien Pausanias (477 av. J.-C.), meurtrier d'une jeune fille byzantine, Cléonice, dont la réputation de beauté l'avait impressionné, fut jour et nuit obsédé de l'ombre de sa victime ; ayant pieusement évoqué cette ombre, le spectre lui annonça qu'il trouverait le repos dans sa patrie. On sait, au rapport de Plutarque (1), que Pausanias, accusé d'être un traître aux intérêts de Sparte, y mourut de faim dans un temple dont les issues furent murées de la main paternelle ; et le cadavre du meurtrier fut jeté aux chiens par la main maternelle. — A l'attaque du temple de Delphes, les Gaulois (390 av. J.-C.) furent effrayés de l'apparition de trois héros ensevelis aux environs de la ville, et reconnus pour les ombres d'Hyperochus, de Laodocus et de Pyrrhus, fils d'Achille (2). — Aristote (3) parle d'un hypochondriaque qui dans la solitude s'extasiait devant les plus beaux spectacles auxquels il croyait assister. — Bessus, l'assassin de Darius III, après la bataille d'Arbelles (335 av. J.-C.), Bessus, entouré de convives, écoute attentivement une voix que lui seul entend. Soudain, il saisit son épée, et, dans un accès de frénésie, court à un nid d'hirondelles qu'il écrase. « Concevez-vous, s'écrie-t-il, ces insolents qui osent me reprocher le meurtre de mon père (4) ! » — Cléarque, d'Héraclée (352 av. J.-C.), était, longtemps avant sa mort tragique, obsédé de la vue de fantômes dont les traits lui rappelaient les malheureux qu'il avait condamnés à mort d'une manière aussi injuste que tyrannique. — Cicéron (5) et Valère Maxime (6) raconte le rêve de deux amis qui couchaient dans la même auberge à Mégare. Pendant la nuit, l'un d'eux rêve que son compagnon était attaqué par des assassins. Il s'éveille, et, se sentant sous le poids d'un pénible cauchemar, il se rendort. Il rêve une seconde fois son ami, qui lui reproche sa lâcheté de ne l'avoir point défendu, et le supplie au moins de le venger; il ajoute qu'il trouverait son cadavre dans un banneau d'ordures aux portes de la ville. Ce n'était pas un rêve, dit Cicéron, mais une réalité. — Calpurnie (100 av. J.-C.), femme de César, songea que son mari avait été poignardé au sein du sénat, dans la nuit même qui précéda ce meurtre (7). Horace parle d'un hypochondriaque qui était désolé d'avoir été guéri d'une maladie dans laquelle les plus grandes merveilles du théâtre s'offraient devant lui (8). — Nous trouvons dans les an-

---

(1) *In Cimone.*
(2) Améd. Thierry, *Hist. des Gaulois*, t. I, p. 174.
(3) *De Mirabil.*
(4) Plutarch., *De sera Numinis vindicta.* — Br. de Boismont. p. 112.
(5) *De divinat.*, l. i, § XXVII, p. 77.
(6) L. i, c. VII.
(7) Suétone, *In Aug.*, c. LXCI.
(8) *Epist.*, l. II.
Saint Augustin rapporte à Jésus Christ ces vers célèbres de la quatrième églogue de Virgile :

Ultima Cumæi venit jam carminis ætas;
Magnus ab integro seclorum nascitur ordo :
Jam redit et Virgo, redeunt Saturnia regna.
Jam nova progenies cœlo demittitur alto.

---

(1) Reg., l. I, c. XXVIII.
(2) *Frag. psychol. sur la Folie.* Paris, 1834.
(3) Valère Maxime, l. I, c. I. — Plutarque, *Des Oracl. de Pythag.*, p. 154. — Philostrate, *Vie d'Apollonius*, l. VIII, c. X.
(4) Pausanias, *Voy. hist. en Grèce* (150 de J.-C.).

nales d'Espagne que Marie, appuyée sur une colonne de la ville de Saragosse, apparut à saint Jacques, et lui ordonna de dédier en ce même lieu une église en son honneur : cette église est la plus ancienne de l'Espagne, et peut-être de toute l'Europe. — Constantin (347) ayant donné l'ordre de bâtir une église en l'honneur de la Vierge, elle-même apparut à l'architecte et lui apprit le moyen d'élever les colonnes. — Jean le Précurseur, dont la tête avait été profondément enfouie par Hérodias, apparut, au cinquième siècle, à deux moines auxquels il indiqua le lieu où ils la découvriraient : ils oublièrent ce lieu, et, une seconde fois, le saint l'apprit au moine Marcel, non autrement que saint Ambroise connut de Gervais et Protais l'endroit où gisaient leurs corps. — Au vi° siècle, pendant le siége de Rome par les Goths, on vit saint Pierre défendre une partie des murailles. — Grégoire, évêque de Tours, dit qu'au pillage de Metz par les Huns, « un homme digne de foy aperceut en face sainct Estienne, comme devisant et conférant de cette ruine avec les apostres sainct Pierre et sainct Paul. » Vespasien (70 de J.-C.) songea qu'il serait empereur quand Néron aurait perdu une dent, ce qui arriva le jour suivant (1). Vespasien se fit proclamer empereur par l'armée d'Orient, envoyant ses généraux Mucien et Antonius Primus pour le faire reconnaître en Italie. — Dans un songe, Antonin Caracalla (118 de J.-C.) vit, armé d'un glaive, son père Severus, qui lui dit : De même que tu as tué ton frère, il faut aussi que tu meures de ce coup. — L'empereur Pertinax fut averti trois jours avant de mourir par une figure qu'il vit dans un étang et qui le menaçait l'épée au poing. — Saint Antoine (251), dans le désert, commence d'abord par être obsédé par les esprits des ténèbres : le démon lui met d'abord sous les yeux tous les biens qu'il a quittés, le trouble la nuit, le tourmente le jour, présente à son esprit des idées d'impureté : plus tard, il prend la forme d'une femme, puis la figure d'un enfant noir ayant une voix humaine. Encore plus tard, il le bat de telle sorte qu'il le laisse par terre tout couvert de plaies et sans pouvoir articuler une seule parole, par l'excès de ses souffrances. Une autre fois, il est encore battu; et une foule de démons, qui entrent dans sa cellule, le percent de coups. Dans ce combat, le ciel ne l'abandonne point; et un rayon de lumière, au milieu duquel une voix l'encourage, vient le délivrer de l'obsession des démons qui, sous la forme d'ours, de tigres, de lions, de taureaux, de serpents, de loups, dont il entendait les mugissements, les grincements, les sifflements, s'offraient à lui. Encouragé par la protection divine, il redouble de piété; le démon, de son côté, redouble ses aggressions dans le désert, où Antoine passe vingt ans dans un château que ne pouvaient visiter ses amis, dont les oreilles étaient choquées par le bruit qui s'y faisait, bruit qu'on attribuait à des démons. Sorti de ce château, Antoine fait un discours à ses disciples. Il y montre des démons s'efforçant de jeter la terreur dans notre esprit : il nous

(1) Bodin, loc. cit., p. 73.

raconte leurs transformations, leur grandeur prodigieuse, leur grosseur colossale, leurs vanteries, leurs artifices; il y fait remarquer qu'il parle de faits qui ne lui sont pas seulement venus à l'esprit, mais bien sincères et véritables. « Dieu, dit-il, connaît à cet égard ma sincérité (1). » — Théodoric (455) ordonne la mort de Symmaque qui meurt dans les prisons de Ravenne. A table, il croit voir un jour, poursuivi par le repentir, les traits de l'infortuné Symmaque dans la hure d'un brochet énorme. A dater de cet instant, il tombe dans une mélancolie profonde qui ne finit qu'avec sa vie (2). — Dans une peste qui, sous Justinien (483), décima plusieurs contrées de l'Egypte, on s'imaginait voir sur les flots des embarcations d'airain que montaient des hommes noirs sans tête. — A la même époque, Carthage était en proie à une des affections endémiques que, dans l'antiquité, on connaissait sous le nom de peste : frénétiques, transportés, exaltés, la plupart des malades sortaient en armes pour chasser l'ennemi qu'ils pensaient avoir pénétré dans la ville (3). — Dans la peste de Néo-Césarée, on s'imaginait aussi que des fantômes entraient et erraient dans les maisons. — Au temps de Charlemagne (742), on apercevait clairement les phalanges des sorciers se battre dans les cieux (4). — Turpin (745) raconte, d'après une vision qu'il eut, la manière dont l'âme de Charlemagne fut délivrée des mains des démons. — Charles le Chauve (823) crut parcourir l'enfer et le purgatoire. — A la bataille d'Antioche (1098), au plus fort de la mêlée, saint Théodose, saint Démétrius, saint Georges vinrent au secours des Croisés, qui les virent (5). — L'empereur Henri III apprit sa mort par un fantôme représentant un cavalier qui faisait caracoler son cheval, et par deux autres qui se battaient en duel dans la basse-cour d'un palais de Milan. — Alexandre III, roi d'Ecosse (1249-1286), fut averti de sa mort par un spectre qui dansa publiquement au bal. — Les Amoméens, les Béguines, les Bégards, les Quiétistes du mont Athos prétendaient voir Dieu face à face, dans leurs accès contemplatifs. D'anciens démonolâtres qui prétendaient avoir été témoins de danses de démons, les avoir vus sous mille formes bizarres, au sabbat, peuvent être rangés dans cette classe de visionnaires. Exténués par

(1) Th. Archambault, trad. du *Traité de l'Aliénation mentale*, de W.-C. Ellis. Paris, J. Rouvier, 1840. — Introd.

(2) Procope, *de Bell. Italic.*

(3) Diod. de Sic. l. xv, c. ix.

(4) Fd Denis, le *Monde enchanté.* — Les lois saliques, les commentaires de César nous apprennent que l'Allemagne était peuplée de sorciers. Le plus ancien monument où il est fait mention des assemblées nocturnes des sorciers est dans les Capitulaires. Ces assemblées célébraient Diane ou la lune, et non Lucifer. « *Quædam sceleratæ mulieres*, dit Baluze (*Capitular. fragm.*, c. xiii), *dæmonum illusionibus et phantasmatibus seductæ, credunt se et profitentur nocturnis horis cum Diana, paganorum dea, et innumera multitudine mulierum, equitare super quasdam bestias, et multa terrarum spatia intempestæ noctis silentio pertransire, ejusque jussionibus veluti Dominæ obedire.* »

(5) Michaud, *Hist. des Croisades*, t. I.

la fatigue, la faim, le désespoir, sur le radeau où ils avaient été si cruellement laissés, les naufragés de la *Méduse* étaient en proie à des illusions extatiques, dont le charme quelquefois offrait un contraste affreux avec leur état désespéré (1).

Terminons, enfin, par citer quelques exemples d'hallucinations du toucher. Jacob (2300 av. J.-C.) revenant de Mésopotamie, lutta avec un ange qui le bénit dans le lieu qui, depuis, porta le nom de Phanuël : cet ange avait commencé par lui paralyser une partie de la jambe en lui desséchant un tendon par son simple attouchement. — Des dragons enlevèrent Triptolème, fils de Célée, roi d'Eleusis : Ganymède, fils de Tros, fut enlevé par un aigle (2300 av. J.-C.). — Sarah, fille de Raguël, fut en butte aux persécutions d'un esprit, appelé Asmodée : cet esprit avait mis à mort sept de ses maris, au moment où ils avaient voulu user de leurs droits auprès de leur nouvelle femme. Ajax (1200 av. J.-C.) est si courroucé de l'adjudication à Ulysse des armes d'Achille qu'il entre en fureur. Il prend pour des Grecs un troupeau de pourceaux; et, s'armant de son épée, il les frappe à coups redoublés. Il en saisit ensuite deux qu'il fouette fortement, avec menaces et outrages, car il en prend un pour Ulysse, son ennemi, et l'autre pour Agamemnon, son juge. Le calme ayant reparu dans son esprit, il est si honteux de cet acte qu'il se précipite sur son épée (2). — Habacuc (600 av. J.-C.) fut en un clin d'œil emporté un jour depuis le pays de Judée jusqu'aux terres de Chaldée, et reporté à sa première place avec la même rapidité. — Plutarque écrit que Pythagoras (580 av. J.-C.) faisait souvent paraître sa cuisse toute d'or, et qu'il apprivoisait les aigles par ses charmes. — Athénée (3), sous Trajan, rapporte que Thrasilée, fils de Pytodore, se croyait maître de tous les vaisseaux qui mouillaient dans le port du Pirée. Il les comptait, leur donnait leurs ordres de départ, les recevait à leur entrée dans le port et leur désignait les places qu'ils devaient y occuper, avec tout autant d'empressement et de joie que s'ils lui eussent réellement appartenu. Dès qu'il était instruit de la perte d'un navire, il cessait de s'en informer; mais recevait, au contraire, avec grande joie ceux qui arrivaient, passant ainsi la vie la plus heureuse. Il guérit de cette erreur, et dit qu'il n'avait jamais eu plus de bonheur que pendant sa folie (4). — Philippe, diacre (70), revenant de baptiser un des ennuques de Candace (5), reine d'Ethiopie, fut enlevé par un esprit sur la route de Gaza. — Saint Clément d'Alexandrie (202) raconte (6) une

histoire assez gaie. Un jeune Egyptien était convenu d'une certaine somme pour obtenir les faveurs d'une courtisane : les conditions étaient acceptées de part et d'autre, et il ne s'agissait plus que de fixer l'heure et le jour du rendez-vous. Dans l'intervalle, le jeune homme rêva qu'il avait obtenu de la courtisane ce qu'il désirait, et se trouva si satisfait qu'il ne voulut plus tenir l'engagement qu'il avait contracté avec elle. La courtisane le fit assigner, et l'affaire fut portée devant le roi Bocchoris. Ce prince sage et judicieux, qui aurait pu rivaliser avec Salomon, décida que la courtisane serait payée comme le jeune homme avait joui, en imagination; qu'il viderait sa bourse au soleil, et que son amante se contenterait de l'ombre des écus. — Saint Hilarion (292-372) guérit quatre ou cinq fois des forcenés que la possession des esprits malins rendait dangereux. — Saint Jérôme (331) assure qu'un ange vint en songe le fouetter vigoureusement pour s'être trop appliqué à imiter le style de Cicéron. A son réveil, saint Jérôme porta la main sur le lieu de l'exécution, et y trouva les traces sensibles des verges angéliques. — Saint Germain l'Auxerrois (380-448), étant en voyage, chassa d'une auberge une foule de revenants qui venaient tous les soirs se mettre à table et se faire servir à souper (1). — Saint Bernard (1091-1153) exorcisa publiquement, dans la cathédrale de Nantes, au milieu d'une foule considérable, un esprit lascif qui, depuis six années, caressait une jeune épouse jusque dans le lit conjugal (2). — Ollerus, dit Saxon le Grammairien (1204), traversait les mers les plus profondes avec un os enchanté comme avec un navire (3). — En 1262, la maison des Chartreux, rue d'Enfer, était infestée de malins esprits : tout le monde connaît cette histoire. Le roi l'accorda à ces religieux, qui se livraient à la vie contemplative, à condition qu'ils les en chasseraient, ce qu'ils firent, disent les chroniques du temps, par le jeûne, la discipline et la prière (4). — C'est dans les *Études et recherches philosophiques et historiques sur*

(1) *Relation du naufrage de la* Méduse, 1re édition, p. 72-73.

(2) *Traité de l'apparition des esprits*, par Taillepied. Rouen, 1609. Ce livre est la traduction déguisée d'un bon ouvrage de Lavater sur les spectres : *Ludovici Lavateri, theol. eximii, de spectris, lemuribus*, etc. Lugduni Bat. 1570.

(3) *Dei pnosoph.*, l. XII.

(4) U. Trélat, *Rech. hist. sur la folie*, p. 87, 88.

(5) *Act. Apost.* VIII, 27.

(6) *Stromat.*, l. IV.

(1) *Bollandist.*, 15 juill., p. 287.

(2) Il ne faut regarder que comme une perversion de la sensibilité des parties sexuelles tout ce qui est dit, dans d'anciens ouvrages, concernant le secret commerce de chérubins avec certaines dévotes, des incubes avec les filles des hommes. Autrefois on attribuait à l'obsession des esprits masculins (incubes), ou des esprits féminins (succubes) ce sentiment de suffocation, d'un poids incommode sur la région épigastrique, avec impossibilité de se mouvoir, de parler, de respirer, et qu'on désigne sous le nom de *cauchemar*, asthme nocturne de quelques auteurs. Le cauchemar est souvent l'effet d'une digestion difficile, d'une position pénible du corps; d'autres fois il est causé par des affections morales tristes, une grande contention d'esprit, une émotion qui a exalté la sensibilité cérébrale. — P. Calmet, t. I, c. 38, p. 325. — *Victa Sancti Bernardi*, t. II, l. 21.

(3) *Danorum regum heroumque historia*, 1514, in-fol. Paris.

(4) Van Buerle, dit-on, se croyant transformé en pain de beurre, refusa longtemps de se chauffer, craignant d'être liquéfié. Il se jeta dans son puits.

Un vétéran de l'empire devenait furieux par le chatouillement d'un gros rat qu'il prétendait sentir sous sa chemise :

les hallucinations et la folie, de M. le docteur Postel, qu'il faut lire les intéressants chapitres sur les théories philosophiques et médicales de l'aliénation mentale, jusqu'à la fin du siècle dernier.

HYGIÈNE. — Le célèbre Hallé, après avoir défini l'hygiène, présente dans son remarquable ouvrage, *l'histoire de l'Hygiène publique et de l'Hygiène privée.* Nous extrayons ici tout ce qui concerne *l'histoire de l'Hygiène publique.*

L'hygiène est cette partie de la médecine dont la fin est la conservation de la santé. — La médecine peut être complètement divisée en deux grandes parties; l'une a pour objet tout ce qui concerne l'homme sain : c'est *l'hygiène,* dans le sens le plus étendu de ce mot; l'autre a pour objet tout ce qui concerne l'homme malade : c'est *l'iatrique,* ou si l'on veut, la *thérapeutique,* en prenant ce mot, comme celui d'*hygiène,* dans sa plus vaste acception. — Chacune de ces deux parties suppose : 1° la connaissance, tant anatomique que chimique, l'une de l'homme sain, l'autre de l'homme malade; 2° la connaissance physiologique de ses fonctions et de leurs phénomènes, l'une dans l'état de santé, l'autre dans l'état de maladie; 3° celle des influences auxquelles il est exposé dans l'un et l'autre état, soit nécessairement, soit par une suite de ses besoins et de sa nature; 4° enfin, l'usage qu'on peut faire de ces influences, soit pour la conservation de sa santé, soit pour la guérison de ses maladies. — Mais communément, quand on traite de l'hygiène, on suppose déjà acquises les connaissances anatomiques et chimiques, on suppose aussi la connaissance acquise des phénomènes de la santé et de la vie, sous le nom de physiologie. — Il reste à connaître les influences à l'action desquelles est exposé l'homme sain, et l'usage qu'on en peut faire pour sa conservation. C'est à cela que se réduisent ordinairement les traités les plus complets d'hygiène. — Mais dans ces bornes mêmes, l'hygiène renferme des objets d'une grande étendue; car il faut connaître : 1° les différentes dispositions dans lesquelles peut se trouver l'homme sain, relativement aux influences auxquelles il est exposé : c'est l'étude des *tempéraments* et des *constitutions*; 2° les causes, la nature et les effets de ces influences : c'est ce qu'on a appelé très-improprement choses *non-naturelles*; 3° la manière de régler ou de modifier ces influences, en sorte qu'elles contribuent à la conservation de la santé : c'est ce qu'on a nommé proprement *régime* ou *diététique.*

Les trois livres attribués à Hippocrate et intitulés : *de Diæta,* présentent, imparfaitement à la vérité, un exemple de cette triple division; mais l'exécution en est bien incomplète, et de ces trois livres, le second est celui qui remplit le plus exactement son objet.

maintes fois, il portait vivement la main sur lui, en s'écriant avec le sentiment de la vengeance : Je le tiens!

Berbiguier, qui a composé trois volumes pour rendre compte de ses hallucinations, consacrait fréquemment ses nuits à chercher sous ses vêtements, sur son linge, d'illusoires farfadets dont il était persécuté : avec d'innombrables épingles, il les fixait à ses matelas.

Histoire de l'hygiène.

Les premières observations des hommes ont nécessairement eu pour objet les effets du régime. Il est aussi très-probable qu'avant de chercher dans des substances médicamenteuses le remède de leurs maux, ils ont commencé par modérer l'usage des aliments, et que la diète, soit inspirée par la nature, soit dirigée d'après l'observation, est devenue leur premier moyen de traitement dans les maladies. Cependant il est remarquable qu'Hippocrate s'applaudit, comme d'une invention qui lui est propre, d'avoir déterminé la juste mesure du régime relative aux tempéraments, aux circonstances et aux différentes périodes des maladies. C'est que l'art des hommes, commençant par un petit nombre d'expériences, s'est étendu d'abord par l'analogie et a produit la routine. Des esprits impatients ont généralisé par le raisonnement quelques portions de l'expérience, et ont formé des systèmes de règles, suivies religieusement par quelques disciples et négligées par le vulgaire; mais ce n'est qu'aux grands génies, qu'aux véritables observateurs qu'il a été réservé de réduire la routine en principes, de substituer un système d'observations et de lois conformes au vœu de la nature, à une expérience confuse et maintenue sur la foi de l'exemple et de la tradition de leurs pères. — Cette marche de l'esprit humain nous est évidemment tracée par l'histoire. — Hippocrate, dans son excellent traité des *Origines de la médecine,* nous présente l'idée des premiers essais d'hygiène ou de régime; c'est par eux qu'il nous dit que la médecine a commencé; c'est à eux qu'il nous rappelle pour démontrer la solidité des bases d'un art dont il prend la défense contre ses détracteurs. — Ainsi, comme il le dit, le choix, la préparation, le mélange des aliments ont commencé l'art et sont nés de l'observation. Cette même observation a montré que ces préparations, ce choix et ce mélange devenaient plus nécessaires suivant la différence des tempéraments; que l'homme qui commençait à s'affaiblir par la maladie ne pouvait pas user des mêmes aliments que celui qui jouissait d'une parfaite santé; de là sont nés les règles et le régime, « et quel nom peut-on donner à une telle invention, qui lui convienne mieux que celui de médecine (dit Hippocrate), puisque son objet a été, en changeant un régime qui occasionnait et les souffrances et les maladies, d'assurer la nourriture, la santé et la conservation de l'homme? »

L'observation n'a pas tardé à faire joindre à la mesure des aliments la mesure et la proportion des exercices et du repos ainsi que du sommeil et de la veille, et le second pas de l'art a été la *gymnastique,* à laquelle il faut joindre l'usage des bains, qui, surtout dans les pays chauds, sont devenus pour l'homme autant un besoin journalier qu'un objet d'agrément et de luxe.

Histoire de l'hygiène publique, de la législation, des mœurs et de la police des peuples anciens, relativement à l'hygiène.

L'influence de ces premières observations sur le

bonheur des hommes et sur leur conservation, leur perfection physique et morale, et l'avantage des sociétés politiques, a bientôt frappé les esprits supérieurs appelés à donner une grande impulsion à leur siècle. — Aussi voyons-nous que les premiers instituteurs des sociétés, les philosophes, les législateurs ont fait de ces importants sujets la base de leur institution physique et une partie essentielle de leur législation; et tandis que, pour rendre leurs lois plus imposantes, ils faisaient même intervenir la divinité, le sentiment de la vérité, du besoin, ainsi que la force de l'exemple, introduisaient aussi ces coutumes utiles; en sorte que les hommes furent portés à se perfectionner et à se conserver eux-mêmes par les pouvoirs réunis de la raison, de l'autorité, de la superstition et de l'habitude. — C'est alors qu'a commencé la distinction entre *l'hygiène privée* et *l'hygiène publique*; distinction importante, et qui n'a fait partie de la législation et de la constitution des peuples que dans l'antiquité la plus reculée. Les législateurs modernes ont négligé cette portion de la législation ancienne, qui, par des institutions sages, préparait des générations saines et vigoureuses. Sans doute les anciens ont été plus persuadés que les modernes de la dépendance mutuelle des vertus physiques et morales, et de la nécessité de joindre les lois qui portent à la tempérance et à la sagesse à celles qui répriment les excès et qui punissent les crimes. Peut-être a-t-on cru que les grands empires étaient moins susceptibles de ces lois bienfaisantes que les petites républiques; peut-être aussi les systèmes modernes de tactique militaire, rendant la force individuelle des hommes moins importante au succès des batailles, ont-ils été cause de cette indifférence malheureuse. — Les Chaldéens, et surtout les Egyptiens, dont l'usage était d'associer toutes les sciences utiles et toutes les institutions publiques aux mystères religieux, sont les premiers que nous connaissions qui aient lié les deux parties de la médecine à la législation; à moins que nous ne donnions cette gloire aux peuples des Indes, auxquels quelques philosophes ont accordé l'antériorité sur les habitants de l'Egypte et de la Chaldée. — Toujours conviendra-t-on que c'est des Egyptiens que les Hébreux et les Grecs ont reçu la plupart de ces usages. Moïse les a imités plus particulièrement, en donnant aux lois du régime un caractère mystique et religieux. Ce caractère était le seul propre à contenir une multitude ignorante et superstitieuse : le simple raisonnement ne l'aurait jamais astreint à des observances régulières, dont leur santé et leur conservation étaient l'objet, mais dont l'oubli n'eût pas été suivi d'un effet assez prompt pour imprimer à leur esprit la crainte et la terreur.

Pythagore parlait à des disciples qui l'écoutaient avec enthousiasme; mais ses leçons ne s'étendirent pas au delà de son école. — Lycurgue et Minos attachèrent leurs préceptes à l'amour de la patrie, et l'idée qu'ils laissèrent de leurs vertus, jointe à l'orgueil national, cimenta leurs pensées, que leurs concitoyens reçurent comme des lois. — Les jeux publics et les prix proposés pour les différents exercices, furent dans la Grèce une suite de ces institutions politiques destinées à former le corps, à lui donner plus de vigueur et de force. Les citoyens les plus distingués étaient ambitieux de la gloire qu'on y acquérait, et les gymnases étaient les premières écoles où la jeunesse se préparait à tous les genres de triomphes.

Chez les Romains, ces institutions perdirent beaucoup de leur utilité; la gloire des jeux publics fut abandonnée aux gladiateurs et aux esclaves; et à la place des luttes pacifiques et honorables qui faisaient les délices de la Grèce éclairée, Rome, altérée de sang, fit immoler à ses plaisirs des victimes humaines. Nous ne devons pas ici faire attention à quelques modes passagères qui, sous les empereurs, ramenèrent dans la lice publique des personnages importants; ces caprices tenaient plus à la dissolution des mœurs et à l'oubli de toutes les décences, qu'à une institution nationale; et la gloire d'avoir vaincu toute pudeur fut le seul triomphe que les deux sexes recueillirent de ces honteux excès. Ce n'était pas ainsi que les Lacédémoniennes s'offraient aux regards de leurs concitoyens, l'idée de leur vertu leur servait de vêtement et commandait le respect, et toute leur ambition était de se montrer dignes de donner des héros à la patrie.

Cependant les gymnases se conservèrent chez les Romains, et les descriptions qui nous restent des constructions qui leur étaient destinées prouvent qu'ils donnèrent à la gymnastique une grande importance, et qu'ils la faisaient entrer pour objet principal dans l'éducation de la jeunesse. — Les bains publics furent élevés à Rome avec la plus grande magnificence, mais leur usage ne pourrait être regardé que comme un objet de sensualité, ou de salubrité individuelle, s'il n'avait été lié avec la gymnastique; c'est en cela seul qu'ils peuvent être mis au rang des institutions nationales et publiques. — Examinons maintenant l'*hygiène* publique chez les anciens : 1° dans leur législation, 2° dans leurs usages et leurs mœurs, 3° dans les règlements de leur police publique.

1° LÉGISLATION PHYSIQUE, OU HYGIÈNE LÉGISLATIVE CHEZ LES PEUPLES ANCIENS.

Législation physique, ou hygiène publique des Hébreux. — Un coup d'œil jeté sur ce que les législateurs anciens ont fait pour l'*hygiène* ne sera pas sans utilité ici : et les circonstances où nous nous trouvons donnent à cette matière un intérêt nouveau. — Je ne crois pas que ce que nous a laissé Moïse à cet égard mérite un très-grand détail. Toute son hygiène se réduit à trois objets principaux. La prohibition de certains aliments, les lotions ordonnées pour les impuretés légales et la séquestration des maladies réputées contagieuses, spécialement la lèpre. — Quelques-uns donnent pour origine à la circoncision un motif de salubrité; mais je ne vois point qu'il soit constaté en aucun endroit que les habitants de l'Arabie et de la Syrie aient été sujets à quelque incommodité qui ait eu son siège dans les parties retranchées par la circoncision. La pratique de cette opération dans l'île de Madagascar, parmi les nations qui ne paraissent

d'ailleurs avoir aucune notion du judaïsme et du ma-
hométisme, ne sert pas davantage à démontrer cette
opinion. — A l'égard de la prohibition légale de quelques aliments, il est, je crois, fort difficile de démontrer pourquoi tant d'espèces d'animaux étaient inter-
dits aux Hébreux. On conçoit cependant que, la lèpre
étant une maladie très-commune chez eux, et le porc
étant sujet à un genre d'altération du tissu graisseux,
très-analogue à la dégénérescence lépreuse, on a pu
croire que l'usage de la chair de cet animal était propre à communiquer une disposition à la lèpre. Quelque peu démontrée que soit cette idée, elle a pu avoir
quelque empire sur les esprits, dans un temps où les
connaissances dans la physique animale étaient réduites à de faibles analogies ; et c'est à ces analogies
que l'on peut attribuer la proscription de tous les
animaux qu'on regardait comme formant une même
classe, parce que l'un de ces animaux a paru suspect
par quelque raison pareille. Le porc paraissant, au
premier coup d'œil, devoir être rangé parmi les animaux qui ont la corne du pied fendue, et étant cependant remarquable par le défaut de rumination,
qui est une fonction commune à presque tous les animaux de cette classe, il en résulte que la réunion du
caractère de la rumination avec celui de la corne du
pied fendue, a paru un caractère essentiel des animaux dont la chair est salubre ; d'où l'on a conclu
que deux classes d'animaux seraient exclus du régime : 1° celle des ruminants qui n'ont pas le pied
fourchu ; 2° celle des animaux à pied fourchu qui ne
sont pas ruminants. De plus, les genres d'animaux
aux pieds digités ont été mis dans la même classe que
les animaux dont le pied n'est pas fourchu ; en sorte
que ceux d'entre eux qui ruminent ont été exclus du
nombre des aliments permis.

De ce précepte est résulté une plus grande uniformité dans le régime ; car les viandes non prohibées
se trouvaient réduites à un petit nombre, puisque,
parmi les oiseaux et les poissons, il y avait de pareilles
prohibitions qui excluaient encore du rang des aliments de nombreuses familles de volatiles, de poissons et d'amphibies. — Cette uniformité dans le
régime, rendue nécessaire par les prohibitions religieuses, jointe à l'interdiction absolue des alliances
étrangères, et même d'une tribu à l'autre, a dû conserver entre les individus de la nation juive une analogie particulière dans les traits et les caractères physiques qui forment les ressemblances nationales. Aussi
prétend-on que les races juives se distinguent d'une
manière sensible dans les différents climats et au milieu des peuples si divers parmi lesquels cette nation
est dispersée. Je ne sais cependant s'il serait facile
d'analyser les traits de cette ressemblance ; pour ce
qui est de moi, je n'ai jamais pu m'en rendre compte
d'une manière précise.

Il est plus aisé de concevoir le but de l'institution
des purifications légales dans les climats chauds, où
la corruption facile des substances animales, la transpiration abondante et l'odeur de cette excrétion, principalement parmi les individus de couleur rousse,
couleur assez répandue dans ces contrées, sont autant de causes d'insalubrité que les lotions détruisent.
Les Arabes, qui descendent des patriarches, pères des
Hébreux, et desquels sont venus les premiers musul-
mans, observent religieusement les mêmes pratiques.
Mahomet les y a trouvées, et les a prescrites à ses
sectateurs. On sait que dans ces pays, si souvent ra-
vagés actuellement par la peste, le meilleur préservatif de cette contagion est l'immersion dans l'eau
de tous les corps susceptibles de la communiquer.
Ces observations donnent le motif raisonnable des
purifications prescrites dans la loi de Moïse. Ce législateur a fait de la propreté un précepte de religion,
et a mieux aimé la porter jusqu'au scrupule le plus
minutieux, que de risquer de la laisser négliger dans
des circonstances importantes. Il est bien singulier
que ce peuple, qui a pu conserver tant de traces physiques des premiers caractères distinctifs de ses ancêtres, soit remarquable presque partout par une excessive malpropreté, toutes les fois que les individus
se trouvent réunis dans une même enceinte, comme
on le voit à Rome, dans quelques villes d'Allemagne
et dans tous les lieux où il y a un quartier particulier
affecté à cette nation. Si l'on peut supposer que ce
caractère soit héréditaire, il rend encore mieux raison
du soin que le législateur a pris de rendre la propreté obligatoire pour un peuple dont il connaissait
le peu d'inclination à cette vertu domestique. — Pour
ce qui regarde la séquestration des maladies réputées
contagieuses, et particulièrement de la lèpre, la législation de Moïse présente les mêmes caractères,
c'est-à-dire l'excès des précautions. Nous ignorons ce
que c'est que la lèpre des murs et des bâtiments ;
mais nous voyons partout le soin le plus recherché
pour détruire jusqu'à l'ombre de la contagion. La
lèpre des Hébreux paraît être notre éléphantiasis, et
les différences que semble présenter au premier aspect la description qu'en donne le législateur hébreu, disparaissent, comme l'a observé Chamseru,
en recourant au texte original, et en observant que
les termes desquels les traducteurs ont conclu que la
lèpre occasionnait des excavations ou des dépressions
à la peau, au lieu de former des tubercules saillants,
signifient seulement que cette altération de la peau
pénétrait au-dessous de sa surface, et s'étendait dans
son épaisseur ; en sorte que le mot d'excavation ou
de dépression a été substitué à celui de profondeur ou
de pénétration : on sait que les termes de la langue
hébraïque donnent lieu à de pareilles méprises, par
le nombre de significations d'un même mot. Cela
posé, et la lèpre étant la même chose que l'éléphantiasis, on pourrait s'étonner que cette maladie, qui,
dans nos climats, n'est nullement contagieuse, dont
la contagion est même fort équivoque dans des climats chauds, ait paru mériter une séquestration si
entière parmi les Hébreux ; si l'excès des précautions,
dans tous les autres points qui regardent la salubrité,
n'était pas un des caractères distinctifs des observances hébraïques. D'ailleurs l'aspect hideux et rebutant
des personnes attaquées de cette affreuse maladie a
dû inspirer cet éloignement, et favoriser le préjugé
de la contagion. C'est peut-être même à cet effroi

seulement qu'est dû le crédit qu'a obtenu la même opinion dans nos colonies américaines, où les lépreux sont également séquestrés avec soin.

Hygiène législative de Lycurgue et des Grecs en général. — C'est à ces seuls objets que se borne ce qu'il y a d'applicable à l'hygiène dans la législation des Hébreux. Car nous ne voyons, à l'appui de leurs lois, aucune trace d'institution publique qui ait eu pour but la perfection physique de l'homme. Les premières lois qui, dans l'histoire de l'antiquité, nous en présentent des exemples, sont celles de Lycurgue. A la vérité, celles de Crète avaient déjà prescrit et les repas en commun et l'éducation publique. Mais tout ce que les Crétois avaient fait, les Spartiates l'ont exécuté mieux encore; parce que Lycurgue s'occupa de fonder l'empire des lois sur les mœurs publiques, qu'il prépara et qu'il créa par des institutions plus puissantes que les lois mêmes. Il est bon de remarquer ici que c'est une source de considérations qui ne sont nullement étrangères à la connaissance physique de l'homme, que l'art de lui créer des mœurs, art bien plus important peut-être que de lui donner des lois : *quid leges, sine moribus, vanæ proficiunt?* Les mœurs sont une espèce d'habitude qui entraîne l'homme, comme malgré lui et à son insu, et qui donne à toutes ses actions, à toutes ses idées, une direction uniforme, dont le but doit être toujours de le porter au bien, moins par les préceptes que par une impulsion irrésistible. C'est en parlant aux sens, par le moyen des objets extérieurs, par les institutions, les monuments, les fêtes, les solennités publiques, qu'on entraîne l'homme, toujours imitateur, toujours disposé à se mettre à l'unisson de tout ce qui l'entoure. Ce n'est donc pas une chose sans importance, quand on veut changer les mœurs d'une nation, de faire disparaître jusqu'aux moindres témoignages de ses anciennes habitudes, et de retracer partout l'image de celles qu'on veut lui donner. En général, les lois parlent à l'intelligence et les mœurs maîtrisent l'homme par les sens. Nul peuple n'a connu mieux que les Grecs la puissance des mœurs; nul législateur n'en a plus profité que Lycurgue. Mais, quelque physiques que soient ces observations, nous devons nous en tenir ici à la partie de la législation de ce grand homme qui a pour objet la conservation de la santé ou la perfection de l'espèce. En étudiant la législation des anciens peuples, on ne doit pas oublier que leur principal but était de donner à la patrie des citoyens robustes et des défenseurs vigoureux. Chaque citoyen était soldat, et toute considération privée était constamment sacrifiée à l'intérêt de la république. C'est ce qui a donné quelquefois naissance à des coutumes qui nous paraissent aujourd'hui barbares et inhumaines. C'était à Sparte, comme chez les plus anciens peuples de la Grèce, ainsi que depuis chez les Romains, un usage reçu de prononcer sur le sort de l'enfant nouveau-né, et, d'après sa force et les apparences qu'il donnait d'une bonne constitution, de l'admettre au nombre des vivants, ou de l'en exclure, quand son état faisait présumer qu'il ne pouvait devenir, par la suite, qu'un être débile et peu propre à

servir son pays. Partout ailleurs les parents eux-mêmes étaient les arbitres de ce jugement; à Sparte, c'étaient les anciens de la tribu qui en décidaient solennellement au nom de la patrie. Sans doute, les Spartiates ont cru que la possibilité de fortifier une constitution faible était une chance trop peu avantageuse, et ne présumaient pas que des hommes si peu favorisés de la nature pussent dédommager la patrie de la faiblesse de leurs organes par l'éminence de leurs lumières ou de leurs vertus. Les Thébains n'admirent pas cette barbare coutume, et peut-être la mémoire d'Œdipe fut-elle pour eux la cause de cette exception si conforme au cri de l'humanité. Il ne faut pas cependant juger des pertes que devait faire Lacédémone au moyen d'une semblable proscription, par celles que la même loi occasionnerait parmi nous. Les désordres des parents, leur débauche, leur mollesse, leur faiblesse acquise par une détestable éducation, ont dû, chez les nations modernes, multiplier beaucoup ces êtres débiles que la mort semble réclamer dès le berceau, et qu'on ne lui arrache qu'à force de soins et de vigilance. Outre cela, Lycurgue avait eu l'attention de préparer des germes vigoureux, et de chercher dans l'éducation des femmes les éléments de cette force de corps qui, réunie à l'énergie de l'âme, devait constituer les héros qu'il voulait donner à sa patrie. C'est pour cela que, jusqu'à l'époque du mariage, les femmes, formées aux mêmes exercices que les hommes, puisaient dans une éducation mâle et sévère la force qu'elles devaient transmettre à leurs enfants. Une fois mariées, elles cessaient de fréquenter le gymnase et se livraient aux devoirs importants que leur imposait la dignité d'épouses et de mères. C'est une opinion ou un préjugé bien ancien que celui d'une transmission quelconque à l'enfant des impressions extérieures dont sa mère est affectée pendant la grossesse. Durant ce temps, les yeux d'une Spartiate n'étaient frappés que des images qui rappelaient la beauté réunie à la force. Ainsi l'on avait soin que tout concourût à préparer une race de héros, et même, avant de naître, le Spartiate n'était pas un homme ordinaire. A peine était-il né que la patrie avait les yeux ouverts sur lui, et son éducation était une des affaires importantes de l'Etat. C'était une coutume chez les anciens Grecs, et dont l'histoire d'Achille nous offre un exemple, de plonger le nouveau-né dans l'eau froide au moment de sa naissance. D'autres nations faisaient passer leurs enfants par le feu. (*Hist. de la médecine*, l. i, c. 14.) Après avoir extrait de Platon ce que ce philosophe dit contre Hérodicus et contre la médecine gymnastique, il cite l'exemple des Lacédémoniens, qui plongeaient leurs enfants dans le vin au moment de leur naissance; il ajoute que ces républicains s'embarrassaient peu des accidents qui en résultaient, persuadés que ceux qui y succombaient n'eussent jamais été des citoyens robustes. Il dit, sans citer son auteur, que souvent les enfants, ainsi traités, mouraient d'une attaque d'épilepsie. Leclerc et son auteur ont pris sans doute ici l'épilepsie pour le tétanos ou mal de mâchoire, que les intempéries froides et humides, et en

général tous les genres d'irritations, occasionnent fréquemment chez les enfants nouveau-nés, surtout dans les pays chauds. La première enfance du jeune Spartiate était seule confiée à ses parents ; elle s'étendait jusqu'à l'âge de sept ans, et, dans ce temps précieux pour le développement des organes, toutes leurs facultés physiques et morales se déployaient dans une entière liberté. Leurs membres n'étaient point entravés par des liens étroits, leurs esprits n'étaient point asservis par la rigueur d'une sévérité prématurée. A sept ans, ils devenaient les enfants de la patrie, et déjà ils commençaient à se faire à des fatigues proportionnées à leur âge : les jeux, toujours publics, ainsi que leurs exercices, étaient toujours dirigés vers un même but, celui d'endurcir par degrés leurs corps aux impressions extérieures, d'en fortifier les membres, d'en perfectionner les mouvements. C'est vers l'âge de douze ans qu'ils commençaient à quitter les habits longs de l'enfance et les cheveux flottants ; ils se dépouillaient même de la tunique, des bas et des souliers, et, vêtus d'un simple manteau, passant presque toute la journée dans le gymnase, ils se formaient, par la vie la plus dure, par les exercices les plus rudes, par la plus grande sobriété, à la vie militaire, qui, dans les institutions anciennes, était la plus essentielle des habitudes, puisque tout citoyen était soldat ; car l'esprit de conquête ou de domination tourmentait perpétuellement ces nations inquiètes, qui ont laissé à la fois à la postérité les plus beaux modèles de sagesse et d'humanité, et les exemples les plus déplorables de la fureur guerrière.

Les Spartiates faisaient moins d'usage des bains que les autres peuples de la Grèce. Il paraît que l'étuve sèche leur était familière, puisque chez les Romains, dans les bains publics, la portion de l'édifice destinée à cette sorte d'étuve portait le nom de *laconicum*. Mais le bain ou l'immersion dans l'eau courante des fleuves leur était familier. Dans l'éducation des Spartiates, il est un usage qui mérite d'être distingué ici pour la différence de ses effets sur les mœurs des différents peuples de la Grèce. En effet, tel usage convient à une nation sage et sévère, et sert à exalter ses vertus, qui, au contraire, ne fait qu'accroître la dissolution et le désordre chez des peuples voluptueux et corrompus par le luxe et la mollesse. C'est ce qu'on doit dire de l'usage établi à Sparte, et que Lycurgue avait emprunté des Crétois, de former entre les jeunes gens des attachements tendres, au moyen desquels les amis, inséparablement unis, intéressés à la gloire et à l'honneur de leurs amis, devenaient réciproquement des instituteurs dont la surveillance était plus utile que toute la sévérité des maîtres. La publicité de leurs démarches était la sauve-garde de leurs vertus ; et d'ailleurs on pouvait bien croire à la pureté d'une pareille institution chez un peuple dont les femmes ont laissé parmi leurs contemporaines et dans la postérité une haute opinion de leurs vertus et de leur pudeur, quoiqu'elles dédaignassent, aux yeux même du public, les voiles qui n'en sont que les symboles sans en être les garants. On sait, au contraire, dans quels désordres dégénérèrent ces associations in-

times parmi les Athéniens, chez lesquels la vertu même de Socrate ne fut pas à l'abri du soupçon, et parut souillée par l'attachement que lui vouait le jeune Alcibiade. On sent que les institutions de Sparte ne pouvaient pas aisément se naturaliser à Athènes ; et, parmi les peuples livrés à ce genre de débauche, les générations détériorées et appauvries on dût porter la peine de ces injures faites aux lois les plus sacrées de la nature. Aux exercices qui fortifient la première jeunesse, succédaient de véritables combats entre les jeunes Spartiates qui avaient atteint l'âge de dix-huit ans. Partout on les exerçait à mépriser et à braver la douleur ; ils la trouvaient au milieu de leurs plaisirs plus terrible qu'aux champs de bataille. Au lieu de les abandonner à eux-mêmes dans l'âge des passions tumultueuses, on présentait alors de nouveaux aiguillons à leur courage, et toutes leurs passions, dirigées ou absorbées par l'amour de la patrie, faisaient éprouver à leur âme de grandes jouissances et la livraient à une ivresse sans volupté.

Nulle part la sensualité n'était excitée, et la sauce noire de Sparte, qu'assaisonnait l'appétit excité par un violent exercice, était sans doute un mets que le Spartiate seul pouvait trouver supportable. Les arts, enfants de l'imagination et qui l'exerce si agréablement, ne leur étaient présentés qu'autant qu'ils portaient à des sentiments nobles et mâles ; l'art des orateurs leur était inconnu, leur éloquence consistait dans la force et la précision des idées, leur poésie était pleine de feu et d'enthousiasme, et leur musique n'admettait que les modes majestueux et puissants, faits pour exciter au courage et à l'audace. Le temps détériore les plus belles institutions ; mais il est à remarquer que les vices qui d'abord altérèrent celles de Lycurgue furent précisément opposés à ceux qui communément corrompent et énervent les vertus primitives des peuples neufs. L'impulsion que les Spartiates reçurent de leurs premières institutions fut telle, qu'au lieu de laisser affaiblir les sentiments qu'elles leur inspiraient ; ils en outrepassèrent le but ; la fermeté et le courage se changèrent en férocité et en barbarie, l'orgueil des vertus fières étouffa jusqu'aux sentiments de l'humanité, et, au lieu de se borner à endurcir et à fortifier leurs corps, ils les livrèrent avec une joie barbare aux supplices les plus inutiles. Leur persévérance dans la première direction que Lycurgue leur avait donnée, fut sans doute l'effet du soin que ce législateur avait pris de les éloigner de tout mélange avec les autres nations ; il préférait de les priver des arts, enfants du commerce et du luxe, pourvu qu'ils ignorassent la corruption qui les suit de près, et il valut mieux peut-être pour eux conserver toute l'aspérité d'une première empreinte, que d'en laisser user les traits originaux dans des unions qui n'amènent la politesse qu'avec les vices. Au reste, le plus grand éloge qu'on puisse donner aux institutions physiques de Lacédémone, c'est qu'en aucun lieu de la Grèce les hommes n'avaient un sang plus beau et plus pur que celui des Spartiates. (Voyez *le Voyage du jeune Anacharsis*.)

Législation physique de Pythagore et de Platon. —

Ce n'est point sous la forme de lois que les autres peuples de la Grèce ont reçu ceux de leurs usages qui sont relatifs à l'*hygiène* publique; et ces objets regardent en général beaucoup moins la législation que les mœurs et les coutumes des nations. Cependant il est deux hommes qu'on doit mettre au rang des législateurs, et dont les préceptes, sous le point de vue de l'hygiène publique, peuvent être rapprochés de la législation de Lycurgue. Ce sont *Pythagore* et *Platon*.

L'un, n'ayant eu que l'intention de fonder une école de philosophes, devint presque législateur d'un peuple; l'autre, en formant un système de lois pour des peuples, est resté simple philosophe. La sobriété et la tempérance étaient les bases primitives des lois diététiques de Pythagore, et l'abstinence de certaines substances, ainsi que le régime végétal, n'étaient que des conclusions d'un premier principe dont le but était de procurer avec la santé du corps la perfection des fonctions intellectuelles. Certaines interdictions ne sont même devenues des préceptes sévères et rigoureux que pour ses disciples, qui, comme tous les sectateurs des instituts religieux ou philosophiques, se sont toujours piqués d'enchérir sur la sévérité des pratiques, souvent en perdant de vue le but qui les avait fait établir, c'est-à-dire la perfection physique et morale de l'homme. L'homme qui verse le sang du bœuf ou de la brebis s'accoutumera mieux qu'un autre à voir couler celui de son semblable; la barbarie s'empare de son âme, et les professions dont l'objet est d'immoler les animaux aux besoins des hommes communiquent à ceux qui les exercent une férocité que les rapports de la société n'émoussent qu'imparfaitement. Serait-il vrai que la soif du sang est une des dépravations auxquelles l'espèce humaine s'abandonne le plus facilement; et l'homme serait-il semblable à ces animaux carnassiers, chez lesquels la couleur ou l'odeur, ou la saveur du sang réveillent un instinct terrible, qui les porte à méconnaître jusqu'au maître qu'ils caressaient, et dont ils recevaient leur nourriture? Il est une autre observation que je rapporte également à l'organisation physique de l'homme, et à laquelle donne lieu l'espèce d'institut religieux fondé par Pythagore. Elle a pour objet la puissance des symboles et des pratiques symboliques, pour graver dans l'esprit les maximes de la morale. Il avait pris cette méthode chez les prêtres égyptiens; mais il n'avait pas songé que l'homme, né superstitieux, s'attache bientôt au symbole en abandonnant l'idée qu'il exprime, se saisit de l'image pour la mettre à la place de la chose représentée, et devient par là plus religieux sans être meilleur. L'on ne peut guère douter que les idolâtries et les superstitions n'aient leur origine dans les langages symboliques et mystérieux, qui, couvrant de voiles la vérité, ne la présentaient que sous des emblèmes. Mais ceci a moins de rapport à l'*hygiène* publique qu'à la nature de l'homme.

On peut observer ici, comme une des choses qui contribuent le plus à la salubrité du corps, le soin que les Pythagoriciens avaient de modérer tous les mouvements de l'âme, non-seulement par l'étude de la philosophie et des sciences spéculatives, non-seulement par les préceptes et l'exercice de la morale la plus douce, mais encore par l'usage de la musique, par le spectacle paisible des solitudes agréables, en général par tous les moyens qui, portant le calme dans les sens extérieurs, font passer jusque dans l'âme les douces affections de nos yeux et de nos oreilles. Je n'ai pas cru qu'il fût superflu de m'arrêter un instant à ces considérations, parce que l'institut de Pythagore ne se borna pas à son école, mais devint pendant quelque temps la loi d'une colonie grecque établie à Crotone, et qui ne fut détruite que par la jalousie de quelques personnes qui n'y purent être admises à cause de leurs vices. C'eût été sans doute un beau spectacle pour l'univers, et un grand sujet d'observations pour ceux qui se livrent à l'étude de l'homme physique et moral, qu'un peuple de philosophes, gouverné par les lois les plus douces, chez lequel les passions, toujours soumises à la raison, n'auraient jamais troublé la paix, l'union et l'égalité; édifice chimérique, mais qu'il est beau d'avoir élevé jusqu'à une certaine hauteur, malgré l'inévitable écueil que lui préparait la perversité des hommes. L'effet physique d'une pareille institution sur des générations successives, dans un des plus beaux climats de l'univers, n'est malheureusement qu'un problème irrésolu, livré à nos méditations, mais qui fournira peu de pages dans l'histoire de l'hygiène publique. La belle chimère que Platon a conçue en organisant sa république nous présente peu de nouveaux traits propres à notre objet; et le partage de l'éducation de sa classe guerrière entre la gymnastique et la musique est pour nous la seule chose digne de remarque. Elle mérite attention, tant en ce que cette portion du plan de Platon est appuyée sur l'expérience des peuples de la Grèce qu'en ce que l'intention du législateur était de compenser les effets physiques de l'une de ces institutions par ceux de l'autre; en sorte que la musique ôtait à l'âme cette rudesse et ce penchant à la férocité que lui donnait la gymnastique, et celle-ci, en fortifiant le corps et l'accoutumant aux plus rudes travaux, ôtait au corps la mollesse et l'énervation qui résultent des effets de la musique. Il faut cependant remarquer ici que par musique Platon et les anciens entendaient aussi tout ce qui est du ressort des Muses, c'est-à-dire toutes les sciences spéculatives; néanmoins il est sûr que la musique proprement dite entrait pour beaucoup dans les institutions des Grecs. Ils la regardaient comme ayant une grande influence tant physique que morale sur les hommes, puisque les rois et les éphores portèrent un décret flétrissant contre un musicien ionien qui était venu apporter à Sparte des innovations et, donnant à la musique des modes plus voluptueux, leur parurent propres à corrompre la jeunesse. Plusieurs lois des autres pays de la Grèce prescrivaient le nombre des cordes de la lyre, et en défendaient l'augmentation sous les peines les plus graves. Platon, lui-même, regarde les changements opérés dans la musique comme un signe de la dépravation des mœurs et comme un présage fâcheux pour l'État. Il prescrivait aux élèves de sa république

les modes dorien et phrygien, dont l'un était mâle et l'autre majestueux, et proscrivait le lydien, fait pour la plainte langoureuse, et l'ionien, qui respirait la molle volupté. Quoi qu'il en soit, un seul mot de ce grand homme nous instruit de ce qu'il avait en vue dans l'organisation de son éducation publique. « En » arrivant dans une ville, vous verrez, dit-il, que » l'éducation y est négligée, si l'on y a besoin de » médecins et de juges. » Je n'examine pas ici en détail ce qu'a dit Aristote après Platon, et que plusieurs autres philosophes de l'antiquité ont pu écrire ou faire d'utile à la perfection de l'homme; il est peu de choses qui ne doivent se rapporter à ce qui vient d'être dit, et qui ne soient empruntées des exemples que je viens de citer.

Hygiène législative des Perses au temps de l'enfance du grand Cyrus. — C'est vers le temps de Pythagore, c'est-à-dire dans le vi° siècle avant l'ère chrétienne, que l'on doit placer l'époque où Xénophon nous représente Cyrus sorti de l'école sévère des Perses et donnant à la cour d'Astyage l'exemple d'une éducation virile, d'une sobriété, d'une sagesse et d'une tempérance qui paraissaient un phénomène incompréhensible aux courtisans voluptueux de l'empereur des Mèdes. — Ne dût-on regarder la Cyropédie que comme un roman ingénieux, ce roman du moins ne peut pas être regardé comme établi sur des bases entièrement imaginaires. Xénophon aurait-il présenté à ses compatriotes un si beau tableau d'une nation-étrangère et rivale, si l'opinion des Grecs n'eût été fixée à cet égard, surtout au moment où, dégénérée de sa véritable splendeur et dépravée par le luxe et la mollesse, la nation des Perses n'offrait plus de traces de cette gloire inaltérable qui n'accompagne que la vertu. — Chez les Perses, dont Xénophon nous dépeint les mœurs avant l'époque où cette nation se confondit avec celle des Mèdes, l'éducation des enfants n'était point abandonnée aux parents. L'enfant appartenait à la nation, et dès l'âge de six à sept ans était sous la surveillance de magistrats pris parmi les anciens, et qui étaient spécialement choisis pour présider à l'éducation de la jeunesse; pendant dix ans on les exerçait de toutes les manières; ils se levaient à la pointe du jour, prenaient leurs repas en commun, non chez leurs parents, mais chez les maîtres auxquels ils étaient confiés; là on les habituait à souffrir la faim et la soif, et à se contenter d'un repas frugal. L'eau était leur boisson, le pain et le cardamon (que les interprètes traduisent par *nasturtium* ou cresson) étaient leur nourriture, et leur exercice était de tendre l'arc et de lancer le javelot.

Parvenus à la puberté, ils étaient destinés à des fatigues plus grandes, et jusqu'à l'âge de vingt-cinq ans ils faisaient, dans tous les genres, l'apprentissage de la guerre. Ils dormaient en plein air sans quitter leurs armes, ils accompagnaient à la chasse le chef de la nation, supportaient dans cet exercice, image des combats guerriers, le froid et toutes les intempéries de l'air, ne mangeaient alors qu'une fois le jour, et se nourrissaient de la proie des chasseurs; en tout autre temps ils se contentaient du simple cardamon uni au pain. Ceux qui ne partageaient point les fatigues de la chasse s'exerçaient entre eux, et se disputaient la gloire et le prix de l'adresse et de la force. — Ce n'était qu'à vingt-cinq ans qu'ils étaient associés aux hommes faits; on ne cherchait point à cueillir les fruits de la maturité dans l'âge des espérances, et l'on n'épuisait point avant le temps les ressources de la patrie. L'homme fait était soldat pendant vingt-cinq ans. A cinquante, il entrait dans la classe des vieillards, et dès lors il n'était jamais engagé que dans les combats qui se livraient pour la défense même de ses foyers et du territoire national. Tel était l'ordre des lois relatif à l'éducation et à l'emploi des hommes, chez une nation guerrière et indomptée, qui ne succomba sous les efforts des Grecs que dans un temps où, mêlée aux Mèdes, amollie par le luxe et la richesse des nations conquises, elle s'était étendue beaucoup au delà de ses limites, et dont les descendants ont soutenu, sans fléchir, tout le poids de l'orgueil et de la puissance de Rome. Il est encore à cet égard une remarque qui ne nous est point étrangère; les lois défendaient de se moucher et de cracher en public, ainsi que de s'éloigner de ses exercices pour satisfaire aux besoins de la nature. Cette défense si extraordinaire ne saurait être conçue, ainsi que l'observe Xénophon, qu'autant qu'on considère que l'extrême sobriété de ce peuple, en restreignant l'usage des aliments au plus strict nécessaire, rendait par cela seul moins urgentes et moins fréquentes des évacuations dont l'abondance est le plus souvent proportionnée à la superfluité des sucs et à l'imperfection des digestions.

2° DES MŒURS ET COUTUMES DES ANCIENS RELATIVEMENT A L'HYGIÈNE.

Il est une puissance plus impérieuse que celle des lois, c'est celle des mœurs. J'entends ici par mœurs tout ce qui s'établit universellement parmi les hommes, par l'effet presque irrésistible de l'habitude et de l'imitation. C'est le sens précis du mot latin *mos, mores;* on transgresse les lois, on ne transgresse point les mœurs, ou du moins cette transgression n'est point le fait du vulgaire, et le vulgaire forme la masse des nations. Les mœurs sont donc un des objets les plus importants à étudier tant au physique qu'au moral; les lois nous donnent la mesure du législateur, les mœurs nous donnent celle des peuples.

De la gymnastique. — Ce que les mœurs des peuples anciens nous présentent de plus important, sous le point de vue de l'hygiène, est la gymnastique. Elle fut d'abord l'exercice naturel des gens de guerre, et Homère nous peint, dans quelques endroits, le spectacle d'une véritable gymnastique militaire. Les prix proposés à l'adresse et à la force dans ces luttes innocentes et l'intérêt qu'elles excitaient, soit entre les concurrents, soit parmi les spectateurs, convertirent bientôt ces institutions guerrières en des spectacles agréables qui embellirent les loisirs même de la paix et se mêlèrent aux fêtes publiques. Hercule et Pélops

instituèrent des jeux de cette espèce, et Iphitus, roi d'Élide, à leur exemple, les renouvela dans l'établissement des jeux olympiques. Bientôt les philosophes et les médecins s'aperçurent combien l'homme retirait de ces exercices de force et de santé, combien le jeune homme acquérait de perfection par leur usage, combien d'indispositions s'évanouissaient au milieu des mouvements multipliés qu'ils nécessitaient, et quelle énergie ces mouvements communiquaient aux fonctions conservatrices et dépuratrices. Ils virent même les convalescents, en proportionnant à leurs forces l'usage de ces exercices, se débarrasser plus promptement des longues et pénibles suites des maladies; ils avertirent leurs concitoyens de leurs observations, et l'usage de la gymnastique s'étendit de plus en plus, et des édifices publics furent érigés dans la vue d'en favoriser l'établissement et la réunir aux autres institutions qui composaient l'éducation de la jeunesse, et l'on sentit combien la gymnastique importait à la perfection et à la conservation de l'homme. — C'est sur ce point de vue de son usage, relativement à la conservation de la santé, qu'on a dit qu'*Herodicus* était l'inventeur de cet art, dont Iccus, avant lui, avait déjà donné des préceptes. On attribue à *Herodicus* de s'être conservé malgré sa constitution valétudinaire, et d'être ainsi parvenu à un grand âge par le moyen de la gymnastique, et c'est ce dont Platon croit lui devoir faire un reproche, parce qu'il croit (dans sa République, liv. 3) qu'une infirme constitution éloigne l'homme de la vertu et le rend uniquement occupé de lui-même, et que prolonger de telles vies, c'est faire un tort égal à la république et aux malheureux qu'on fait exister longtemps au milieu des infirmités. Comment un homme comme Platon n'avait-il pas remarqué que beaucoup de gens infirmes ont joui d'une grande perspicacité d'entendement, et ont été, par leurs conseils et leur sagacité, infiniment utiles soit aux leurs, soit à la chose publique ?

Mais revenons à l'institution de la gymnastique; nous avons vu que les anciens Perses en faisaient grand usage au temps de Cyrus. Les progrès de cet art rendent raison de la distinction que font Platon, Aristote et Galien, entre *gymnastique militaire*, la plus ancienne de toutes; *l'athlétique*, ou selon l'expression de Galien, *la gymnastique vicieuse*, et la *véritable gymnastique* ou la *gymnastique médicale*, c'est-à-dire celle dont le but est la perfection de l'homme et la conservation de la santé, et qui entrait comme partie essentielle dans l'éducation de la jeunesse. Varron (*De re rust. liv. II, proœm.*) remarque que, tant que les Romains se sont livrés à l'agriculture, et ont trouvé dans des mœurs pures et dans les travaux de la campagne cette force et cette vigueur qui maintiennent la santé, la gymnastique leur a été inconnue; elle est devenue un besoin quand ils ont quitté leurs champs pour se livrer à la pénible oisiveté des villes et à leurs loisirs funestes. Les médecins, depuis Varron jusqu'à la décadence de l'empire, la prescrivaient avec soin, pour la guérison des maladies et la conservation de la santé; et Plutarque

nous dit que, de son temps, tout le monde se livrait à ces utiles exercices (*Voyez* Mercurial. *De art. gymnast.*, liv. I, ch. v). Nous avons déjà observé dans quels excès on était tombé ensuite à cet égard, sous les empereurs. — La gymnastique médicinale ou la véritable gymnastique, celle dont les hommes de tous les âges usaient pour conserver leur santé, différait de l'athlétique, non précisément par la nature des exercices, mais par la mesure dans laquelle ils étaient pris. En effet, dans l'athlétique le but était de donner au corps non pas toute la stabilité d'une santé vigoureuse, mais toute la force que le corps était susceptible d'acquérir, d'où résultait une constitution excessive qu'on nommait *athlétique*, et dont quelques statues antiques nous donnent une idée; car nous ne voyons que fort rarement de tels hommes parmi nous. Tous les anciens blâment cet état excessif, et le regardent comme hors des termes de la nature, comme nuisible aux fonctions de l'esprit et même à la stabilité de la santé. C'est à l'athlétique ou au moins aux excès d'une gymnastique mal entendue et immodérée, qu'il faut sans doute appliquer cet aphorisme d'Hippocrate, que les exemplaires ordinaires nous présentent dans ces termes « Dans les exercices » gymnastiques, il est dangereux de parvenir au plus » haut degré de vigueur, si cette vigueur est portée » au dernier terme auquel elle puisse parvenir. En » effet, cet état ne peut rester toujours au même » point, ni se soutenir sans variations. Puis donc » qu'il ne peut se soutenir ainsi, et que cependant il » ne peut s'améliorer, il est nécessaire qu'il empire. » C'est pour cela qu'il est utile de dissoudre sans dif- » férer cet excès de vigueur, afin que le corps se res- » taure de nouveau, etc. » Villebrune ne veut pas entendre cet aphorisme de la gymnastique athlétique, mais seulement de la gymnastique médicinale, et au lieu de *in gymnasticœ deditis*, il substitue *in iis qui ad bonum habitum exercentur*. Lorri entend ce passage autrement, et l'applique à ceux qui faisaient de la gymnastique leur principale occupation, comme les athlètes, et à ceux qui ambitionnaient de parvenir au degré de force qui les caractérisait. C'est aussi le sentiment de Bosquillon, et beaucoup de raisons, qu'il est inutile d'exposer ici, me font préférer leur opinion à celle de Villebrune. Quoi qu'il en soit, il est aisé de concevoir que ceux qui se livraient, soit par état, soit par goût, à l'usage continuel de la gymnastique, parvenant par degrés à un point qui est l'excès des forces et de la vigueur, ne pouvaient continuer leurs exercices ordinaires, sans s'exposer à des dangers, et qu'alors pour les reprendre sans inconvénients, il fallait qu'ils diminuassent ces forces ainsi acquises et poussées à l'excès, afin de rendre à l'action fortifiante de la gymnastique l'espace nécessaire pour produire son effet sans briser les ressorts du corps. Et dans ce sens, on comprend au moins aussi bien le mot restauration que celui repos, que lui substitue Villebrune. L'autorité de Galien, qui était lui-même témoin des effets de la gymnastique, autorité sur laquelle est appuyé le texte vulgaire, paraîtra à cet égard équivalente à celle des manuscrits cités

dans l'ouvrage estimable de ce savant critique. D'ailleurs, le mot restauration semble beaucoup mieux correspondre que l'autre à l'expression remarquable *dissoudre promptement cette vigueur excessive*, ce qui signifie la faire disparaître par des moyens affaiblissants, qui lui substituent une faiblesse artificielle et utile. C'est ce qui est indiqué par le mot d'*affaissement*, *considentiœ*, dont Hippocrate se sert ensuite pour exprimer le changement qui doit s'opérer pour prévenir les effets de cette force excessive ; changement dans lequel il prescrit également d'apporter une sage modération, et qu'il veut qu'on proportionne au tempérament du sujet ; et bientôt après il se sert du mot d'évacuations, auquel il oppose de nouveau le mot restauration, ou, selon Villebrune, repos, et partout il recommande la mesure et les proportions convenables à la personne qu'on conduit par ces changements à un état moyen de force et de vigueur. D'où il semble évident que, dans cet état de vigueur extrême qu'occasionnait l'usage immodéré de la gymnastique, on était obligé d'affaiblir et d'affaisser, pour ainsi dire, par des évacuations proportionnées, l'homme parvenu à cet excès de force, et ensuite de le ramener par une restauration bien ordonnée à un état moyen, seul compatible avec une santé durable. C'est en effet ce que dit exactement Hippocrate à la suite du passage qui vient d'être cité, et dans le même aphorisme : « Il ne faut pas porter trop loin » l'affaissement, car cela serait dangereux ; mais il » le faut proportionner à la constitution de celui qui » doit l'éprouver. Car ce qui a été dit convient éga- » lement aux évacuations, qui, portées à l'extrême, » sont dangereuses. Et ensuite la restauration qu'on » pousserait de nouveau à un degré excessif serait » aussi accompagnée de dangers. » Aussi Galien nous apprend-il que les athlètes étaient sujets à des accidents subits, comme à des coups de sang et à des hémorrhagies ; et Mercurialis cite saint Jérôme, qui assure que les athlètes ne vivaient jamais fort longtemps, et qui atteste là-dessus l'autorité d'Hippocrate et de Galien. L'explication de cet aphorisme remarquable n'était certainement point indifférente à l'histoire médicinale de la gymnastique.

Des bains et des repas dans leur rapport avec la gymnastique. — L'usage des bains était lié de trop près au système général des exercices, pour que les mêmes établissements ne réunissent pas les lieux destinés aux uns et aux autres ; une partie essentielle du gymnase était consacrée aux bains et aux étuves. C'est chez les Romains principalement, beaucoup plus que chez les Grecs, que les édifices construits pour l'usage des bains s'élèvent avec recherche et magnificence, et même les bains publics ne s'établirent à Rome que fort tard. Le peuple y était reçu pour une très-modique somme ; les heures en étaient réglées par des lois ; des dispositions de police y maintenaient la décence, et ce ne fut que dans des temps de dépravation, et sous d'infâmes empereurs, qu'on y vit les sexes confondus ; tant est puissante sur les mœurs des peuples, principalement pour les corrompre, l'influence de ceux qui les gouvernent !

On les méprise, et on les imite. — Les bains d'eau chaude, ceux d'eau tiède, les étuves humides et les étuves sèches (laconicum), les bains d'eau froide, et surtout les bassins dans lesquels on pouvait prendre l'exercice de la natation, étaient les principales parties des bains publics ; en sorte qu'ils servaient ou pour la propreté, et dans cette intention les exercices eux-mêmes en rendaient l'usage indispensable, ou pour rendre aux corps la souplesse, aux fluides la liquidité, à la peau la perméabilité que de rudes exercices leur enlevaient ; ou pour fournir un nouveau genre d'exercice, aussi propre que tous les autres à fortifier le corps, sans l'épuiser, et à mettre en action tous les membres. Je ne parle pas de ce que la sensualité ajoutait de recherches à tous ces soins utiles ; la gymnastique ne supposait pas ces délicatesses plus propres à énerver l'homme qu'à le perfectionner. — L'alternative du chaud et du froid produite, soit par l'immersion successive dans des bains de différentes températures, soit par l'affusion de l'eau froide sur un corps qui sortait du bain d'eau chaude (*calida lavatio*), était une des pratiques le plus habituellement en usage. Hippocrate, en parlant du régime dans les maladies, et même dans les maladies aiguës, parle des précautions qu'exigeaient les affusions de l'eau froide au sortir du bain, selon les différents genres d'affections auxquels le corps avait été exposé, et Galien traite ce même sujet. (*Gal. Comm. 3, in lib. de victu in acutis, c. 44, éd. de Chartier.*) Il fut même un temps où la mode du bain froid fut généralement répandue, et ce fut, à ce qu'il paraît, Antonius Musa, médecin d'Auguste, qui l'introduisit. Auguste avait, dit-on, été guéri par ce moyen. Cette mode dura, et l'on fit vanité de la hardiesse avec laquelle on se plongeait dans l'eau la plus froide. Sénèque s'en vante, et dit de lui-même, ep. 83 : *Ille tantus psychrolutes qui kalendis januariis in Euripum saltabam.* Plutarque et Galien s'élèvent contre l'usage du bain froid, comme j'aurai occasion de l'observer dans la suite.

La natation même était spécialement regardée comme une partie essentielle de l'éducation de la jeunesse ; on y attachait la même importance qu'à la connaissance des lettres : *Neque litteras didicit nec natare*. Il ne sait ni lire ni nager, disait-on d'un homme qu'on voulait désigner comme parfaitement ignorant. Les pratiques qui suivaient et accompagnaient l'usage des bains n'étaient pas recherchées avec moins de soins que les bains eux-mêmes. Les frictions, les maniements multipliés, les pressions sur les parties musculeuses et sur les articles, la forme et la matière des instruments destinés à enlever de dessus la peau les matières qui y restaient attachées après le bain (*strigiles*), les épilatoires, etc., étaient un objet de recherche que les médecins mêmes ne méprisaient pas ; et Galien, Oribase, Aëtius, etc., ne négligent pas de parler de la plupart de ces choses dans leurs ouvrages. Les onctions faites avec les huiles, ou simples ou parfumées, tenaient un rang distingué parmi ces pratiques ; et même, abstraction faite et des exercices et des bains, elles étaient habituelle-

ment mises en usage par beaucoup de personnes dans toutes les conditions. Tout le monde sait la réponse d'un soldat très-âgé, sur la demande que lui faisait Auguste des moyens qu'il avait pris pour se conserver en santé : *Extus oleo, intus mulso*; l'huile au dehors, le vin doux ou le moût au dedans, dit-il, voulant indiquer qu'il attribuait sa longue et son excellente santé à l'usage des onctions pour se mettre à l'abri de l'influence des vicissitudes atmosphériques sur la transpiration, et à la liberté du ventre, entretenue par l'usage du suc des raisins. La combinaison des exercices et des bains déterminèrent la proportion et l'heure des repas, en sorte que la seule gymnastique entraînait dans sa considération presque toute l'hygiène. C'est en effet à l'usage des bains généralement établi chez les Romains, et parmi presque toutes les classes des citoyens, qu'était due la coutume de faire du souper ou de la cène, c'est-à-dire du repas du soir, le repas principal, et celle d'être couché sur des lits pour prendre ce repas. Les autres ne pouvaient être que légers pour des hommes qui devaient se baigner le soir, et partager leur journée entre les affaires, les exercices et les bains. Sous le point de vue de la salubrité, l'heure de la cène était également remarquable; elle répondait d'une part à l'issue des affaires, c'est-à-dire au moment où l'homme, fatigué des mouvements de la journée, s'était délassé dans le bain; où toutes les pratiques qui y étaient usitées avaient facilité et complété les évacuations cutanées, et par conséquent achevé la dépuration journalière du corps; enfin, à l'instant où la liberté du corps et de l'esprit était aussi entière qu'elle pouvait l'être. Alors l'oubli légitime de tous les soins du jour permettait à une gaieté sans mélange d'animer les jouissances, et d'embellir la société de tous les charmes d'un abandon sans réserve. De l'autre part, la cène était suivie d'un long repos et du sommeil de la nuit; ainsi il semblait que dans cet ordre tout favorisât la digestion des aliments, et concourût à la parfaite réparation des pertes du corps. Les repas du jour ne semblaient destinés qu'à faire gagner plus facilement l'heure de la cène; ils n'interrompaient pas les affaires, et les hommes sobres ne s'arrêtaient et ne s'attablaient pas pour les faire. Auguste, suivant Suétone, dînait dans sa litière avec un morceau de pain et un peu de fruit : *En revenant du palais chez moi, dans ma voiture, écrivait-il lui-même, j'ai mangé une once de pain, avec quelques grains de raisins.* (*Dum lectica ex regia domum redeo, panis unciam cum paucis acinis uvæ duracinæ comedi.*) (Suet. Octav.) Et Sénèque parlant de son dîner (ep. 83), se sert de ces expressions : *Panis deinde siccus, et sine mensa prandium, post quod non sunt lavandæ manus;* « Je prends ensuite du pain sec, je dîne sans me mettre à table; mon dîner ne m'oblige point de me laver les mains. » Encore qu'on puisse croire que tout le monde n'était pas dans l'usage d'une pareille sobriété, il est néanmoins constant que le *prandium* n'était qu'un repas léger, et, comme on ne le faisait pas au sortir du bain, on ne se couchait pas pour cela.

L'ordre des mets dans les repas était aussi une af-

faire d'usage, comme chez nous, et cet usage n'est peut-être pas le plus conforme aux principes sur lesquels doit se fonder l'hygiène. Celse désapprouve la coutume de son temps, au moins quant à ce qui concerne les hommes dont l'estomac est délicat, et il y a beaucoup d'analogie dans la division des différentes parties du repas de ce temps, et celle des différents services en usage sur nos tables. Les anciens, ou du moins les Romains, distinguaient le repas en premières et secondes tables ou services (*primæ et secundæ mensæ*). Le premier service était composé de viandes et d'aliments fort nourrissants; et le second était rempli par des friandises et des fruits. C'est de cette partie du repas que Celse dit : *Secunda mensa bono stomacho nihil nocet, in imbecillo coacessit; si quis itaque hoc parum valet, palmulas, pomaque et similia melius primo cibo assumit.* « Le second service n'est point à » charge aux bons estomacs, mais il est sujet à causer » des aigreurs aux estomacs faibles. Si donc quelqu'un » se trouve dans ce cas, il fera mieux de commencer par » les dattes, les fruits et les autres aliments sembla- » bles. » Celse, un peu avant, dit aussi qu'il est plus à propos de commencer le repas par les aliments assaisonnés de sels et les herbes potagères : *Cibus a salsamentis, oleribus, similibusque rebus melius incipit.* Et dans un autre endroit c'est lui-même qui dit : *Imbecillima materia est omne olus;* les herbes potagères sont de peu de substance. Il blâme donc la coutume de terminer les repas par des aliments légers, et qui n'ont que l'avantage de provoquer l'appétit ou de plaire au palais. Sans examiner ici jusqu'à quel point cette opinion est fondée, il est toujours remarquable qu'en effet c'est un art perfide que celui de présenter à des hommes rassasiés et déjà suffisamment nourris des mets qui réveillent l'appétit éteint, et qui font naître le désir et le plaisir quand le besoin n'existe plus. Cet art était cultivé chez les anciens, comme chez nous, il y était même cruellement perfectionné, et il paraît que leurs seconds services ressemblaient beaucoup à nos entremets et nos desserts. Quelque légers que soient de tels aliments, s'ils arrivent quand les forces digestives sont saturées, ils doivent éprouver dans l'estomac une altération très-différente de celle que la digestion leur aurait fait subir; c'est celle que Celse indique par le mot *coacescit*, à laquelle il faut joindre celle qu'Hippocrate exprimait par le mot ναυσῶδες, que j'ai cru devoir entendre des aliments *sujets à causer des rapports brûlants ou le fer chaud*, ainsi que je pense l'avoir suffisamment prouvé au mot *Aliment.* (Voyez *Aliment.*) Les considérations sur les habillements et les coiffures chez les anciens appartiennent également aux mœurs et aux coutumes, et n'intéressent pas moins la médecine sous le rapport de l'hygiène. Mais j'aurai occasion de présenter à cet égard quelques réflexions en parlant des mœurs et coutumes relatives à l'hygiène chez les modernes, et en faisant une comparaison des différents systèmes d'habillements en usage chez les différents peuples. Je pourrais donner encore beaucoup d'étendue à cette partie de l'histoire physique et médicale des mœurs et des coutumes chez les anciens;

mais beaucoup de choses que je pourrais ajouter ici cesseraient d'appartenir à l'hygiène publique, et pourront être traitées avec plus d'avantage et de convenance dans d'autres articles de ce Dictionnaire.

3° DES RÉGLEMENTS RELATIFS A LA POLICE PUBLIQUE CHEZ LES ANCIENS.

La portion de la police publique, qui seule doit faire le sujet de nos réflexions, est celle qui est relative à la salubrité des habitations, et en général à la santé des hommes rassemblés dans les villes, les camps, les vaisseaux, etc.; — la position des villes, la direction de leurs bâtiments, la manière dont doivent être percées leurs rues, les dispositions favorables à leur nettoiement, sont les principaux objets qui ont dû fixer l'attention des hommes publics. — L'antiquité nous offre un exemple célèbre d'une ville dont la salubrité fut rétablie en changeant sa situation. C'est la ville de *Salapia*, aujourd'hui *Salpe*. Vitruve nous apprend que, placée d'abord au nord-ouest d'un marais appelé *salapina palus*, elle en recevait par les vents de sud-est des influences malsaines; on la transporta à quatre milles de là, au sud-est de ce marais, auquel, outre cela, M. Hostilius fit donner un écoulement vers la mer; alors toute l'insalubrité qui rendait funeste le séjour de cette ville, se dissipa entièrement. — Hippocrate a consacré une grande partie de son traité de *l'air, des lieux et des eaux*, à des observations propres à nous éclairer sur cette partie de l'*hygiène* publique. En déterminant quels doivent être les effets des différentes expositions relativement aux vents, et ceux des situations relativement au sol et aux eaux, il a nécessairement présenté des éléments *d'hygiène* publique, et posé les bases sur lesquelles doivent reposer les lois ou les mesures de police, relativement à la manière dont il serait à désirer que les habitations fussent disposées.

Vitruve, qui écrivait en Italie, et qui est un des artistes qui ait le plus profondément étudié l'art de construire, non-seulement sous le point de vue de la perfection des édifices, mais encore sous celui de leur salubrité, donne des préceptes sur l'exposition des villes. Il conseille de les construire sur des lieux élevés, loin des marais. Si elles sont voisines de la mer, il ne veut point qu'elles soient tournées vers le sud ni vers l'ouest, ni placées dans les expositions qui sont soumises à l'influence des vents chauds. Il recommande que les celliers et les greniers publics soient exposés au nord, et remarque que leur exposition au sud ne les rend pas favorables à la conservation des denrées. L'inspection des entrailles des animaux, monument de la plus absurde superstition, cesse d'être méprisable quand elle devient un indice de l'influence de l'air, des eaux et des lieux sur les êtres vivants. Vitruve nous apprend que les anciens consultaient le foie des animaux pour juger de la nature des eaux d'un pays et de la salubrité de ses productions alimenteuses. De là, ils tiraient des instructions pour le choix des emplacements les plus avantageux pour la construction des villes. Le volume et

le mauvais état du foie sont en effet un indice bien certain de l'insalubrité des pâturages, et de la mauvaise qualité des eaux, qui, surtout quand elles sont stagnantes, produisent chez les vaches et surtout chez les brebis des maladies désastreuses, dont le foie est souvent le siège; telle est par exemple la pourriture qui détruit fréquemment les troupeaux dans les pays marécageux; la rate est aussi un viscère bien susceptible de ces influences, et les obstructions de cette partie sont bien communes dans une portion de l'Italie, où Vitruve écrivait. Il parle de deux villes peu distantes, *Gnossus* et *Cortyne*, qui différaient d'une manière singulière, en ce que dans le territoire de *Cortyne* les animaux avaient la rate très-petite, et qu'elle paraissait au contraire très-volumineuse dans celui de *Gnossus*. Au reste, dans le cas où l'on ne pourrait éviter le voisinage d'un marais, Vitruve observe que si ce marais est près de la mer, ou s'il est situé au nord ou au nord-est de la ville, il est bien moins malfaisant, soit à cause de la salure des eaux de mer qui s'y mêlent et qui rendent la putréfaction des végétaux et des animaux moins rapide; soit à cause de la nature des vents qui se chargent de ses exhalaisons, et dont le souffle plus froid et plus sec en est le correctif. Il observe également que les marais voisins de la mer, mais plus élevés que son niveau, sont moins redoutables que les autres, parce qu'ils ont la ressource d'un écoulement qu'on peut aisément leur procurer. Or, il est remarquable que, pour ces raisons, Vitruve observe que le voisinage des marais n'a point rendu insalubre le séjour d'Aquilée, d'Altine et de Ravenne; et cependant dans ce siècle Lancisi nous dit qu'Aquilée, autrefois si florissante si populeuse, si célèbre, a été entièrement détruite, sans que sa perte puisse être attribuée à d'autres ennemis qu'aux pernicieuses exhalaisons des marais qui l'ont dépeuplée: *Vix nostro œvo reliquias œdium et veteris fortunæ vestigia retinet, nullis aliis armis eversa quam corrupto ex aquis hærentibus aere* (*De nox. palud. effluviis, l. 1, p. 1, c. 3*). Ce n'est pas le seul exemple que l'Italie offre d'un changement physique dans son sol, et le même Lancisi observe que, dans ce siècle, les marais d'Italie sont singulièrement augmentés en comparaison de ce qu'ils étaient dans les siècles passés, au point que des villes autrefois célèbres se sont perdues dans les eaux : *Nos autem in eo agimus seculo, in que enormiter auctæ sunt paludes et eo usque excreverunt, ut celeberrimæ quondam urbes primum innatantibus aquis obrutæ, dein longea oblivione spultæ, vix ac ne vix quidem nomen servaverint posteris me morandum.* (*Ib. de sylva Cisternæ et Serminetæ nonnisi per partes excidenda*, 23.)

Tout le monde sait quels soins les empereurs romains Jules-César et César-Auguste ont pris pour faire dessécher les marais Pontins, et combien le succès qu'ils ont eu a été de peu de durée, car il paraît qu'il ont au moins réussi pour le moment, ainsi que le prouve ce passage de l'*Art poétique* d'Horace :

.......Sterilisque diu palus, aptaque remis,
Vicinas urbes alit, et grave sentit aratrum.

Mais leurs travaux ont été détruits par l'abondance des eaux, ainsi qu'il est arrivé depuis aux travaux entrepris par les ordres de Sixte-Quint, et j'ignore si ceux commandés par Pie VI ont eu un succès plus complet. Quoi qu'il en soit, cet objet est assurément un des plus importants de l'hygiène publique, et c'est un de ceux dans lesquels l'industrie des modernes ne le cède en rien aux travaux des anciens. La considération dont jouissaient les édiles chez les Romains, la nature de leurs fonctions, l'abondance des eaux qui étaient conduites dans la ville par les aqueducs; les restes encore subsistants des égouts destinés à entretenir la propreté; les lieux consacrés aux sépultures situées partout hors des villes; le soin que César eut de créer des édiles particuliers, appelés *céréales*, chargés de veiller à la conservation des grains et à l'entretien des greniers publics, sont des témoignages de l'attention que les anciens ont donnée à tout ce qui peut concourir au maintien de la salubrité. — La santé des hommes rassemblés dans les camps, dans les vaisseaux et des troupes dans leurs marches, excitait également l'attention publique. On sait que, parmi les provisions dont on chargeait les soldats, on comptait, outre une certaine quantité de riz, une bouteille remplie de vinaigre destiné à être mêlé à leur eau pour faire une boisson salubre et anti-putride, que les Romains désignaient sous le nom de *posca*. Certainement ce régime devait contribuer à entretenir la bonne santé des troupes; mais on ne peut douter aussi, indépendamment de la discipline militaire dont l'observation rigoureuse contribue tant au succès des armées, qu'il n'y eût dans les camps principalement une police de salubrité scrupuleusement maintenue; comment sans cela, dans un grand nombre d'expéditions lointaines, d'une longue durée, et dont quelques-unes ont été partagées par les alternatives de la bonne et de la mauvaise fortune, n'aurait-on pas compté plusieurs exemples remarquables d'épidémies dépopulatrices dans les armées romaines?

Hygiène publique des modernes législations. — Ce que les modernes ont fait pour l'hygiène publique ne doit point être cherché dans leur législation; si ce n'est parmi les Orientaux, chez qui les ablutions légales, reste de la législation des Hébreux, réunies aux pratiques de la religion de Mahomet, sont d'accord avec les besoins qui résultent de la chaleur du climat, et sont véritablement importantes pour la conservation de la santé. Les prohibitions légales de certains aliments sont à peu près les mêmes que celles de Moïse; et la proscription du vin, qui chez les Juifs n'était qu'une perfection qu'affectait seulement une secte, celle des Nazaréens, chez les sectateurs de Mahomet est véritablement une interdiction légale; elle est d'ailleurs si mal conçue que la prévarication est presque universelle, et qu'elle a donné lieu à un autre abus, celui de l'opium, dont les dangers sont bien plus grands que ne peuvent être jamais ceux qui résultent de l'usage excessif des liqueurs fermentées. — Les lois de l'Église chrétienne ne doivent point être rappelées ici; leur but est seulement d'amener l'homme à une perfection morale par des objets sensibles, et de

l'écarter des excès par l'abstinence et la tempérance. Les excès de la table surtout lui ont paru la source de presque tous les autres, et ce n'est pas sans raison, beaucoup de ses institutions pratiques sont semblables à celles de Pythagore; mais il est arrivé aux unes et aux autres, que les hommes, souvent plus occupés de leur exécution sévère que du but vers lequel elles sont dirigées, dès lors moins religieux que superstitieux, les ont exposées à la risée des gens qui ne jugent que des surfaces, et au mépris de quelques philosophes. Il faut convenir aussi que beaucoup d'usages diététiques introduits dans la discipline de l'Église chrétienne, n'ont pas été assez mesurés sur la salubrité des aliments, et surtout n'ont point été calculés pour tous les climats. Nous nous occuperons encore moins des instituts monastiques, dont plusieurs ont eu pour objet plutôt des privations pénibles que des observances utiles. Les meilleurs sont assurément ceux qui ont écarté l'oisiveté et tempéré la méditation, par les exercices du corps, le travail des mains, et surtout la culture de la terre. Ce sont ceux au moins où la pureté des mœurs s'est le plus longtemps conservée. — Ce n'est donc point dans la législation des modernes qu'il faut chercher les traces d'une hygiène publique.

Mœurs et coutumes. Gymnastique bains et régime. — Quant aux institutions, aux usages et aux coutumes, nous ne trouvons rien dans les peuples modernes qui réponde aux écoles gymnastiques des anciens; notre gymnastique militaire n'a rien de comparable à la leur. Les hommes y sont calculés comme les différents points de la surface et de la solidité d'un corps considéré géométriquement; ils sont dressés à conserver dans ce corps leur ensemble et leur uniformité, à agir d'accord et comme par l'effet d'un ressort qui imprime à toutes les parties un mouvement isochrone; mais on ne s'occupe ni de leur conservation individuelle, ni de leur force, ni de leur perfection; au moins n'y a-t-il aucun usage reçu, aucune loi existante, qui ait cet objet pour fin; et les soins de quelques hommes de guerre plus éclairés et plus vigilants que les autres, les écrits de quelques médecins, amis de l'humanité, sont les seuls monuments qui attestent qu'on se soit occupé avec quelque attention du sort de ces victimes humaines destinées à être immolées à l'orgueil et au caprice des grands. Cependant il faut convenir qu'avant l'invention de la poudre et le nouveau système militaire qui est résulté de son usage, les tournois de la chevalerie formaient au milieu des extravagances féodales, un genre de gymnastique militaire, véritablement utile. Les chevaliers, animés par deux aiguillons bien puissants, la gloire et l'amour, s'exerçaient à des combats où la force et l'adresse, triomphant à la fois, les formaient aux courageuses entreprises, et préparaient à la patrie de valeureux guerriers et des défenseurs intrépides. Mais aujourd'hui qui croirait qu'en Europe, c'est seulement dans le sérail du Grand-Seigneur que l'on retrouve dans l'éducation des jeunes Icoglans, destinés à composer sa garde, les traces d'un institution physique passable! On aurait tort néanmoins

de ne pas mettre au nombre des pratiques gymnastiques les jeux usités dans nos colléges. Ceux de la balle, de la longue paume, du ballon, des barres et beaucoup d'autres, en aiguillonnant l'amour-propre par l'honneur d'une victoire due à la fois à la force, à l'agilité et à l'adresse, étaient parfaitement bien inventés pour développer dans tout le corps les puissances musculaires, perfectionner les sens, en augmenter la justesse et la précision, et développer dans l'enfant plus d'un genre utile d'industrie. La paume ressemblait, à beaucoup d'égards, au jeu dont Galien fait l'éloge sous le nom de *petite balle*.

L'établissement des bains publics et les usages à cet égard ne se sont pas transmis des anciens jusqu'à nous. Les Russes et les Turcs sont les seules nations européennes chez lesquelles il y ait des édifices publics destinés aux bains. Chez les uns et les autres les bains de vapeur sont principalement usités; chez les premiers on y frappe le corps nu avec des rameaux d'arbre, et au sortir du bain on se jette souvent dans la neige ou dans l'eau froide et glacée. Parmi les Turcs on masse, on pétrit les membres pour leur donner de la souplesse. Ce que nous avons dit des immersions et des affusions d'eau froide au sortir des bains chauds ou de l'étuve *laconienne*, ressemblait assez à l'usage établi chez les Russes. Cette alternative doit, et endurcir et fortifier le corps, et surtout le mettre à l'abri des effets les plus dangereux des vicissitudes de l'air. Cet usage en rappelle un établi chez quelques nations septentrionales, de plonger leurs enfants nouveau-nés dans l'eau froide ou dans la neige. Les nations qui habitent un climat plus doux ont voulu imiter cet exemple : les plus forts y résistent et s'en trouvent bien peut-être, mais les plus faibles y succombent. D'ailleurs, il faut songer que l'utilité de cette pratique, pour des enfants qui doivent vivre dans un climat tempéré ou chaud, et au milieu de villes policées, ne peut pas être la même que pour ceux qui doivent vivre à la manière des sauvages, et presque aussi durement, dans un air glacial et environnés de frimas. Le plus sûr est de les amener par degrés à supporter les vicissitudes de l'air et le lavage à l'eau froide, mais de ne pas les y précipiter au moment de leur naissance, c'est-à-dire à l'instant où ils sortent d'un bain dont la température est de près de 30 degrés. On sait que même le danger des vicissitudes froides de l'atmosphère paraît d'autant plus grand qu'on se trouve dans des climats plus chauds; puisque en Amérique l'impression qui fait l'air humide et froid, et surtout l'air de mer, rafraîchi par les brises, est une des causes de la fréquence du tétanos ou du mal de mâchoire qui affecte si souvent les nouveau-nés dans les premières semaines qui suivent la naissance, et qu'on ne les en préserve qu'en les mettant à l'abri de ces vicissitudes. (Voyez *Dazille, Maladies des nègres, et traité sur le tétanos.*)

Le peu d'usage que les modernes ont fait des bains a mis dans leurs repas, dans les heures qui leur sont destinées, dans leur mesure respective et la manière de s'y comporter, une différence remarquable d'avec les usages anciens. Il serait difficile de dire ce que cette différence a d'avantages ou de désavantages. L'habitude devient une loi; et ce que nous avons perdu en cela de plus réel, est la proportion des exercices et l'utilité des bains. Je n'ai pas intention de parler ici du choix des aliments ni de l'art de les assaisonner. Les modernes se trouveraient avoir l'avantage sur les anciens en se rapprochant de la simplicité, si l'on comparait la cuisine française avec celle dont *Apicius* nous a laissé des échantillons qui ôtent l'envie d'en essayer. Au reste, l'habitude fait trouver des délices dans ce qui révolte d'abord un palais peu fait à certains assaisonnements. On trouverait mille exemples de cette vérité dans tous les pays et chez toutes les nations. Quel Européen peut s'imaginer qu'il soutiendra le goût brûlant de la pimentade, à laquelle il s'habitue cependant quand il a vécu quelque temps dans nos colonies, ainsi que dans les Indes? Qui croira que les Perses peuvent supporter habituellement l'*assa fœtida*, surtout quand il saura que ce suc, tel qui nous vient, n'approche pas, pour l'odeur et le goût, de ce qu'il est dans le pays où on le recueille. Ce qui mérite en apparence plus d'attention, c'est le changement qui, ce semble, aurait dû résulter ou de certains aliments universellement adoptés, ou d'autres substances dont l'usage a été introduit à différentes époques dans la vie commune; telles sont les liqueurs fermentées, les liqueurs spiritueuses, le thé, le café, le chocolat, le sucre; tel est l'usage du tabac si universellement établi depuis plus d'un siècle, et connu depuis près de deux. On sait assurément bien quels effets généraux ces substances produisent sur les individus; mais il est bien impossible de dire quels changements en sont résultés pour l'espèce, et si la vie des hommes est accrue ou diminuée, si leur santé est plus ou moins constante depuis l'usage de leur usage. Rien de remarquable n'a été observé à cet égard, si ce n'est que l'usage très-général du café a certainement diminué dans une nombreuse classe d'hommes l'abus des liqueurs fermentées. Quant à l'examen particulier des différentes sortes d'aliments ou d'assaisonnements, on en parlera assez au long dans leurs articles particuliers. (Voyez *Aliments*.) Il faut aussi chercher aux topographies les régimes des différents peuples, déterminés, soit par les localités, soit encore davantage par l'influence des climats, dont l'effet, faisant varier les besoins des habitants, contribue à rendre plus général l'usage de certaines substances moins universellement employées parmi d'autres nations. Les considérations nombreuses qui en résulteraient donneraient à cet article une beaucoup trop grande étendue.

Je n'ai pas parlé, parmi les coutumes anciennes, des habillements; ce n'est en effet que dans les coutumes modernes qu'on rencontre à cet égard des usages très-éloignés de l'ordre de la nature, et dont l'effet intéresse éminemment la santé et la vie. La seule chose que nous ayons à remarquer chez les anciens relativement à la façon de se vêtir, est la différence entre les costumes des peuples occidentaux et septentrionaux, et celui des nations méridionales et orientales, de même qu'entre les habillements de

guerre et ceux de paix. L'habillement long, lâche, et seulement retenu par une ceinture, était l'habillement de paix chez tous les peuples de l'Orient et du Midi, même en Europe. Il est encore de nos jours chez les Turcs, et les Russes même en ont conservé l'usage. L'habillement de guerre était toujours et plus juste et plus court, pour se prêter à la célérité des mouvements et la promptitude de l'action. Cet habillement court a toujours, au contraire, été l'habillement de paix et de guerre, à quelques légères différences près, parmi les peuples septentrionaux, comme les Gaulois, les Germains et les Scythes, peuples guerriers, inquiets et actifs. Partout cependant les femmes portaient l'habit long, et l'on sait que chez les Scythes, dans une maladie dans laquelle les hommes perdaient l'énergie de la virilité (*fœmininus morbus*), ils quittaient les habillements de leur sexe, et prenant l'habit long, ils se rangeaient parmi les femmes, adoptant aussi leurs travaux et leurs ouvrages. — Il est cependant encore, relativement aux vêtements des femmes, une observation importante. Quoique l'habit long ait été généralement adopté comme l'habit distinctif du sexe, une différence remarquable distinguait encore l'habit septentrional de l'habit oriental et méridional. Celui-ci a toujours été fait de manière, qu'attaché et reposant sur les épaules, il tombait de là flottant sur tout le reste du corps, retenu seulement par des ceintures, soit au-dessous du sein, soit au-dessus des hanches. L'habit septentrional, au contraire, a toujours été divisé en deux parties, l'une couvrant la moitié inférieure du corps jusqu'aux pieds, et s'attachant au-dessus des hanches, formant ce que nous nommons la *jupe*; l'autre s'attachant au-dessus des épaules, s'appliquant plus ou moins *juste au corps* jusqu'à la ceinture, et retombant plus ou moins bas par-dessus la jupe. La jupe principalement est le caractère distinctif de l'habillement septentrional et occidental. Et voici en quoi cette observation est importante.

Les femmes attachant leur jupe au-dessus de leurs hanches, ont dû la tenir un peu serrée pour l'empêcher de s'échapper et de tomber. Le froid les a contraintes d'en mettre plusieurs, et les hanches ont paru grosses, tant par le nombre des jupes, que par l'épaisseur que leurs plis, rassemblés vers la ceinture, leur ont donnée nécessairement en cet endroit; le contraste de cette épaisseur avec l'effet du juste, s'appliquant au corps jusqu'à la ceinture, a donné l'idée des avantages et des prétendus agréments d'une taille fine et élancée. Ces avantages devenant plus remarquables par l'opposition des hanches extraordinairement renflées, les femmes ont cherché à outrer ces contrastes pour faire valoir leur taille; elles n'ont pas seulement ridiculement surchargé et enflé leurs hanches, elles ont contraint et serré, outre mesure, la partie du corps qui les joint; de là les corps de toutes les espèces, c'est-à-dire ces moules étroits dans lesquels on s'est efforcé de modeler la poitrine et le ventre en comprimant les os du thorax, et leur faisant prendre, au lieu de leur forme naturelle évasée par en bas, celle d'un cône renversé. De là la compression

des viscères et mille maux dont on aura traité dans d'autres articles de cet ouvrage.

On a bientôt adapté ces extravagances dangereuses aux corps des enfants, parce qu'on a été curieux de faire croître leurs poitrines délicates dans des étuis qui leur imprimassent des formes que la nature n'a pas avouées. On s'est aussi persuadé que le corps des enfants avait besoin de ces soutiens superflus; et trompées par la faiblesse que ces funestes machines leur faisaient contracter, les mères ont accusé la nature, ont cru la rectifier, en ont affaibli les puissances, pour avoir le droit malheureux de les suppléer. Rien n'est cependant plus ferme et plus robuste que l'enfant qui s'est développé sans gêne et sans contrainte; tous ses muscles exercés à balancer son corps et à en maintenir l'équilibre, prennent de bonne heure le volume qui leur est nécessaire, et l'habitude d'une action qui les fortifie. Tandis que, chez l'enfant continuellement étayé et contenu dans une gaîne raide et inflexible, les mêmes muscles, dans une inaction contre nature, n'acquièrent ni la force ni le volume qu'ils doivent avoir, et l'enfant fléchit, sitôt qu'il cesse d'être soutenu. D'erreurs en erreurs, on a cru ne pouvoir prendre trop tôt ces funestes précautions, et les maillots dans lesquels on a garrotté les enfants nouveau-nés, en ont fait, dès le berceau, des espèces de momies immobiles, dont les cris perçants et douloureux réclament en vain contre ces outrages faits à la nature. En vain, quand on était obligé de les délivrer de ces entraves pour les débarrasser de leurs ordures, témoignaient-ils par leur joie et leur calme l'horreur que leur inspirait cette barbare coutume; le préjugé, également insensible à l'expression de leur plaisir comme à celle de leur souffrance, se hâtait d'abréger leur bonheur en leur rendant au plus tôt ces pénibles liens. On étouffait leurs cris renouvelés par les secousses données à leur berceau, et le sommeil amené par l'uniformité du mouvement, ou le silence nécessité par l'inutilité de la plainte, en imposait enfin à la mère, sous les fausses apparences d'un calme trompeur. — Inutilement les médecins ont-ils réclamé contre ces abus; il a fallu la voix imposante d'un homme qui pût prêter un nouveau langage à la froide raison, dont les reproches énergiques fissent rougir la sottise elle-même, et qui sût confondre l'homme en le mettant vis-à-vis de la nature. Moins curieux que les physiciens, de calculer, de démontrer et de convaincre, Rousseau sut commander et se fit obéir. Il sut aussi rappeler les femmes à ce devoir si touchant qu'elles confiaient presque toujours à des nourrices mercenaires, en leur montrant quelles véritables grâces parent une mère qui ouvre son sein à son enfant, et qui ne lui refuse point cet aliment que la nature prépare pour lui. Il rendit ainsi son corps à la liberté et les mères à leur devoir. La philosophie triomphe de la vanité. Cependant, disons-le à la gloire de son style, mais à la honte de l'humanité, l'enthousiasme eut plus de part à ce triomphe que la raison.

En effet, le Français, trop vif pour s'arrêter d'abord au but, trop impétueux pour connaître assez tôt les mesures de la sagesse, exagéra les préceptes du phi-

losophe (hélas! que n'a-t-il pas exagéré!), et se méprenant sur la force de l'impulsion qu'il avait fallu lui donner pour l'arracher à ses habitudes, il s'abandonna sans frein aux excès contraires. Il crut qu'on pouvait traiter un jeune et tendre élève encore tiède et tout humide du sein maternel, comme un soldat qu'on endurcit aux frimas de l'hiver et aux rayons brûlants de l'été ; il méconnut à cet égard les leçons mêmes des animaux. Il se méprit autant pour son esprit que pour son corps ; il prit la licence pour la liberté, il abandonna son élève au lieu de le diriger, et surtout il ne sut pas que l'enfant imitateur reçoit sa première éducation de l'exemple, et qu'il ne faut pas attendre de la sagesse et des vertus de celui qu'on environne du spectacle de toutes les erreurs et de tous les vices. Au moins résulta-t-il de cette célèbre révolution une vérité consolante : c'est que les racines des préjugés ne sont pas toujours aussi profondes qu'on le pense. — Les vêtements de tête présentent, à l'égard des hommes de l'Orient et ceux de l'Occident, des hommes du Nord et du Midi, des différences assez remarquables et conformes aux différences observées à cet égard entre les habillements. Les hommes du Midi et de l'Orient, de l'Europe et de l'Asie, ont eu en général, et ont encore habituellement la tête couverte. Ils vont même jusqu'à retrancher les cheveux que la nature leur a donnés, pour y substituer les turbans et bonnets. Ceux du Nord et de l'Orient ou ont la tête découverte, ou l'ont couverte seulement passagèrement. Nos chapeaux, que longtemps même nous n'avons portés que par contenance et sans nous en servir, ne nous servent que momentanément, et nous ne les gardons guère dans l'intérieur. Les Turcs et les Arabes, au contraire, conservent constamment leur coiffure. La tiare et la mitre des Mèdes chez les anciens étaient également une couverture habituelle, quoique ces peuples conservassent leurs cheveux. Le bonnet phrygien se conservait toujours, tandis que les Grecs allaient tête nue. Les Romains ne se couvraient la tête à la ville, dans les plus grandes ardeurs du soleil, que d'un pan de leur manteau, les gens de campagne seuls ayaient la tête couverte; et dans la ville, le bonnet qui chez nous est devenu le symbole de la liberté, était à Rome la marque distinctive des esclaves. Peut-être même l'usage de mettre un bonnet au haut d'une pique, pour signaler l'époque de la délivrance des peuples, usage assez ancien, ne représente-t-il véritablement que le trophée de l'affranchissement, et n'a-t-il été imaginé que pour signifier la destruction de l'esclavage, dont l'emblème est le bonnet, par le courage et par la puissance désignées par la pique? Il est naturel qu'en comparant les Grecs et les Romains fondateurs de la liberté européenne, à des peuples vivant sous le joug du despotisme, on ait affecté de caractériser la différence de leurs gouvernements par les différences les plus apparentes dans leurs modes et de leurs usages. Mais, à part les idées politiques, il paraît qu'en général les hommes ont mieux senti la nécessité de se mettre la tête à l'abri des ardeurs d'un soleil brûlant, que de l'impression du froid et des frimas. On voit également cette différence dans l'oppo-

sition que présente Xénophon entre les usages des Mèdes à cet égard et des anciens Perses qui habitaient un pays montueux et sauvage. Quant aux effets que dut produire sur le corps, et sur la tête en particulier, la différence de ces coutumes, ce n'est peut-être pas ici le lieu de les apprécier complétement; on connaît la remarque d'Hérodote sur la différence observée entre les crânes des Égyptiens et des Perses tués dans une action. Les têtes des Égyptiens, habitués à supporter dès l'enfance l'ardeur du soleil, la tête nue et rasée, offraient des crânes plus durs et plus épais que les têtes des Perses accoutumés à avoir cette partie couverte de coiffures épaisses.

L'usage de se raser la tête dans la plupart des pays où on la conserve couverte par un grand appareil de coiffures, tient peut-être plus à la propreté et à l'épargne des soins qu'à tout autre raison, parmi des nations qui soignent extrêmement leur barbe ; tandis que, parmi les nations européennes, on a généralement sacrifié le soin de la barbe à ceux de la chevelure. — On pourrait ici ajouter un mot sur les restes d'une mode longtemps adoptée parmi les Européens, de faire, de leurs cheveux pétris avec le suif de mouton et l'amidon, un massif imperméable dont ils couvraient tout le cuir chevelu. Une pareille description ne paraît convenir qu'à des Hottentots ; et c'est cependant ce que nous avons tous vu sur les têtes de nos pères et sur les nôtres. Nous croyons encore qu'il est utile de graisser notre chevelure avec du suif, de la saupoudrer avec de l'amidon, et la crasse épaisse qui s'amasse dans leurs interstices nous paraît un aliment utile à leur accroissement et à leur conservation. L'évaporation abondante qui s'exhale de la tête, dans toute l'étendue de la chevelure, nous paraît sans doute une évacuation inutile ; et, comme l'habitude d'un usage en diminue les inconvénients (par un effet de notre organisation et des suppléments que la nature prévoyante semble avoir préparés pour réparer nos erreurs), nous croyons que les besoins que nous nous sommes faits sont le vœu de la nature. Nous ne songeons pas que les anciens et les Orientaux n'ont rien fait de cela, et que, cependant, leurs femmes ont également eu soin de leurs cheveux comme d'un des ornements les plus avantageux de leur beauté. Leur recherche la plus industrieuse n'a été que jusqu'à les parfumer et à les assouplir avec des huiles légères, jamais jusqu'à les pétrir. Aujourd'hui cependant ces absurdes usages commencent un peu à vieillir, grâce à la mode ; car, ne nous y trompons pas, c'est le plus souvent à la mode que la raison doit ses triomphes.

Police relative à la salubrité publique. — La vigilance des administrations sur différents objets de salubrité publique est peut-être un des points dans lesquels les modernes soutiennent le plus avantageusement le parallèle avec les anciens.

Lazarets, hôpitaux et mesures préservatives. — Un des articles les plus importants de la police publique est l'éloignement des maladies contagieuses. Les lazarets, établis dans les ports de la Méditerranée pour soumettre les bâtiments marchands aux épreuves de la quarantaine, ont garanti l'Europe d'un fléau qui ra-

vage périodiquement les côtes orientales et méridionales de cette mer, et dont les atteintes contagieuses
ont désolé en différents temps Marseille, Messine, Naples et Rome. Le quartier des Francs, à Constantinople, est préservé le plus souvent de cette désastreuse
maladie par une séquestration exacte; tandis que le
Turc, rassuré par le dogme de la prédestination, laisse
moissonner ses frères, et meurt lui-même victime de
son aveuglement. Ainsi, la séquestration est le seul
préservatif que la police publique puisse employer
pour écarter la contagion pestilentielle. L'administration du lazare de Marseille a fait publier le détail des
soins qu'elle emploie à cet effet. Dans le siècle dernier,
le cardinal Gastaldi fit imprimer un ouvrage volumineux sur les moyens employés à Rome pour arrêter
les progrès de la peste de 1656 qui, apportée de la
Sardaigne en Italie, pénétra à Naples, à Civita-Vecchia
et à Rome. Cet ouvrage curieux de police publique est
intitulé : — *Hieronymi... cardinalis Gastaldi... Trac-*
tatus de avertenda et profliganda peste, politico-legalis,
eo elucubratus tempore quo ipse lœmocomiorum primo,
mox sanitatis commissarius generalis fuit, peste ur-
bem invadenda anno MDCLVI-LVII, ac nuperrime
Goritiam depopulante, typis commissus. In-folio. Bo-
noniæ, 1684, *e Camerali typographia manolessiana.*
Cet ouvrage est rare et mérite d'être consulté, d'autant que la peste dont il parle n'a pas été citée dans le
recueil sur la peste de Marseille, publié par Chicoy-
neau, et qu'il contient aussi une liste plus complète
que ce dernier des maladies contagieuses qui, dans
différents siècles, ont ravagé la terre et ont été désignées sous le nom de pestes. Le recueil de Chicoy-
neau est aussi un monument de police publique. La
seconde partie en contient les principes exposés avec
quelque étendue. Quand on considère le peu de ravages que la peste a faits dans l'Europe chrétienne, depuis 1720, comparés avec la fréquence de ses invasions avant cette époque, on ne peut douter de l'importance et des succès de cette partie de la police
publique, et de l'utilité des lazarets construits pour
en écarter la contagion.

Les établissements relatifs à la préservation de
la peste, beaucoup trop modernes, si l'on considère le
nombre de maladies contagieuses de ce genre qui ont
désolé l'Europe et l'univers en général, rappellent un
établissement plus ancien, et dont on ne trouve
plus de traces, parce que le fléau contre lequel il était
dirigé a presque entièrement disparu de l'Europe;
c'est celui des maladreries. — Les croisades avaient
introduit la lèpre en Europe, et le préjugé de la contagion lépreuse avait déterminé à opérer la séquestration des infortunés qui en étaient atteints, et à les réunir dans des hôpitaux construits à cet effet. La maladie
a disparu, plutôt peut-être parce que le climat n'était
pas propre à sa génération, que par l'effet des soins
employés pour s'opposer à sa propagation; en effet, il
est bien reconnu que, dans nos climats au moins,
cette maladie n'est aucunement contagieuse. Quoi qu'il
en soit, cet établissement des maladreries a donné, du
moins en partie, naissance aux hôpitaux, sur l'utilité
desquels on n'aurait pas élevé des doutes raisonnables,

si l'on eût pensé de bonne heure que plus ces établissements sont vastes et plus ils sont détestables, et si
l'ambition de présenter aux yeux des voyageurs su-
perficiels une masse énorme, portant l'étiquette de la
bienfaisance nationale, n'eût pas fait perdre de vue la
vraie manière de les rendre utiles et d'en perfectionner l'administration. On le sent maintenant, et sans
doute les mesures déjà proposées de toutes parts par
les médecins instruits trouveront bientôt leur exécution. On divisera les grands hôpitaux, on formera des
hospices, et on établira autant qu'on pourra des secours à domicile; on ne donnera aux premiers que
l'étendue nécessaire pour recevoir d'une manière salubre les pauvres qui n'appartiennent à aucun arrondissement, ou qui sont affectés de maladies dont le traitement exige des secours que l'on ne peut administrer
que dans de grands établissements; les seconds, réservés aux pauvres, dont le domicile est trop insalubre ou
trop incommode, seront proportionnés à la population
des arrondissements circonscrits auxquels ils seront
destinés. Enfin, tous les pauvres qui pourront être se-
courus et soignés chez eux ne seront envoyés ni à
l'hospice ni à l'hôpital. Alors on pourra organiser un
système de secours vraiment salutaire, et le soumettre
à une administration véritablement bienfaisante; quelque luxe apparent qu'il y a eu dans la plupart des
hôpitaux établis actuellement parmi nous, il n'en est
presque aucun qui n'ait de très-grands vices, relativement à l'administration économique, à l'administration des secours et des remèdes, ou à la salubrité des
dispositions locales. En Italie, en Espagne surtout,
toutes les commodités y sont réunies et portées même,
à ce qu'on dit, jusqu'à une superfluité déraisonnable:
l'oisive indigence y trouve un asile qui favorise son
inutilité. On fait un grand éloge de ceux de Vienne et
surtout de ceux d'Angleterre. Un jour viendra sans
doute où nous n'aurons rien à leur envier; déjà, pour
ce qui est des hospices et des secours à domicile, d'estimables et d'utiles établissements avaient honoré
l'humanité française. On sait de quels succès ont été
couronnés les travaux de cette institution si respectable
et si touchante, connue longtemps sous le titre de
charité maternelle. Puisse-t-elle reparaître parmi
nous, y resserrer encore les liens de la première des
unions, et conserver des citoyens à la patrie, en con-
solant les mères et leur faisant bénir leur fécondité !

C'est à cette respectable association que l'on doit la
conservation d'un grand nombre d'enfants que la dépravation des mœurs, l'infortune ou la honte, accu-
mulaient dans l'hospice des Enfants-Trouvés, et qui
y trouvaient presque tous une mort inévitable. C'est
dans le même temps que la vigilance des magistrats
s'occupa d'une grande expérience, dont les résultats,
quoique peu favorables, instruisirent du moins d'une
vérité importante. C'est que l'éducation des enfants
sans nourrice, ou l'allaitement artificiel, est impraticable dans un établissement en grand; qu'il y manque
la condition la plus essentielle au succès de cette difficile opération, la communication immédiate de la
mère et de l'enfant, et cette espèce d'incubation qui
fournit une portion de la chaleur animale nécessaire

au nouveau-né dans l'enfance des organes pulmonaires. Cette épreuve, vraiment patriotique, nous a instruits de la différence qu'il y a entre l'allaitement artificiel, pratiqué souvent avec succès dans les maisons particulières, entre les mains, sur les genoux, dans le sein même des parents, et le même allaitement, essayé infructueusement, quoique en apparence avec toutes les conditions nécessaires au succès, sur des enfants réunis, confiés à des femmes, dont tous les soins et toute la vigilance se bornaient nécessairement à veiller sur leurs berceaux, et à leur distribuer avec exactitude et régularité la nourriture réputée la plus appropriée à leur âge. Combien cette triste vérité a-t-elle dû redoubler encore notre reconnaissance pour les fondateurs d'une société conservatrice des vertus des mères et de la vie des enfants? — C'est encore dans le même temps que se sont formés des établissements pour le traitement des enfants qu'on supposait infectés en naissant d'un vice qui ne devrait pas du moins flétrir l'innocence. C'était un objet bien digne de la curiosité des hommes qui se livrent à l'art de conserver et de guérir que l'épreuve faite en grand de la possibilité de faire passer à la fois, du sein d'une nourrice infectée, dans le corps de l'enfant malade, et l'aliment et le remède. Dans de pareilles entreprises, le défaut de succès n'autorise pas les reproches, et ne doit point ralentir le zèle; ce n'est que parmi ceux qui rêvent le bien de l'humanité que se rencontrent ses bienfaiteurs.—Mais notre siècle, en disputant aux siècles passés la gloire des découvertes utiles à la conservation des hommes, pourra présenter dans la liste des siennes cet art de préserver des générations entières d'un des fléaux les plus destructeurs de la population, de la petite-vérole. L'inoculation, dès longtemps pratiquée pour préserver la beauté chez une nation barbare, pour laquelle la beauté est un commerce, paraît bientôt digne de l'attention des philosophes et de l'étude des médecins. Une femme vraiment forte, et dont les grâces étaient encore au-dessous de l'esprit et du caractère, lady Wortley Montagute, s'expose elle-même à l'épreuve; ses enfants la suivent; elle voit dans ce succès et le salut de son pays et l'avantage de l'Europe entière. Une heureuse expérience étonne tous nos esprits, surmonte toutes les réclamations, étouffe tous les préjugés : *duæ femina facti.* D'autres développeront suffisamment, et beaucoup mieux que moi, cette célèbre histoire; ils parleront de l'établissement, vers 1750, d'un hôpital pour l'inoculation des pauvres à Londres, de l'introduction de l'inoculation dans l'hôpital des Enfants-Trouvés de la même ville, des règlements établis dans l'Ecole-Militaire de France pour l'inoculation des élèves; ils exposeront les règlements de la société d'inoculation de Chester; ils célèbreront cette opération pratiquée sur tant de milliers d'individus, dans des villages entiers de la Franche-Comté, par le courageux Girod, que les habitants de cette contrée, délivrés pendant longtemps du fléau de la petite-vérole, regrettent et révèrent encore comme leur père. Et en faisant des vœux pour que les peuples libres et éclairés se livrent volontairement à cette

pratique salutaire, ils célèbreront aussi l'heureux emploi d'une puissance absolue sur des nations encore stupides et ignorantes, en parlant des moyens employés par Catherine II pour forcer ses peuples à recevoir ce bienfait. Le sceptre du despotisme, remis entre des mains bienfaitrices, cesse donc quelquefois d'être un fléau pour l'humanité!

Des prisons et des maisons de travail. — Les prisons, ainsi que les hôpitaux, en réunissant un grand nombre d'hommes, réunissent et développent les causes les plus actives de la mortalité. Mille fois on a répété l'histoire des *assises d'Oxford et des cachots de Calcutta*; et, peu de temps avant l'époque de la révolution, nous avons été témoins des mêmes désastres, dans les prisons des contrebandiers, dans la ville de Lorient. Les soins nécessaires pour conserver la salubrité sont donc une dette de la société, non moins envers l'homme accusé ou coupable, qu'envers l'homme infirme et indigent. Les prisons et les hôpitaux ont excité l'active sollicitude d'un des plus célèbres amis de l'humanité, d'un des meilleurs citoyens du monde, de l'estimable et vénérable Howard. Un seul homme, peut-être, depuis que le monde existe, n'a voyagé ni pour se distraire, ni pour admirer les mouvements des arts, ni pour jouir du spectacle varié de la nature, ni pour en examiner les productions et les richesses, ni pour observer le caractère et les mœurs des nations, ni pour étudier leurs gouvernements ou pour en épier les secrets, ni pour aucun avantage ou pour aucun intérêt personnel, mais seulement pour le bien de l'humanité, pour visiter les retraites de l'affliction et de la misère, et présenter aux hommes le tableau de ce qu'ils ont fait pour le malheur de leurs semblables, et de ce qu'ils auraient dû faire pour leur bonheur. Quelle grande leçon donnée par un homme à l'univers! Le système des prisons est encore plus éloigné de sa perfection que celui des hôpitaux; cependant, sur les uns et les autres, des compagnies savantes ont déjà, parmi nous, donné d'excellentes réflexions qui, sans le malheur des temps, auraient sans doute utilement éclairé la sollicitude des gouvernements.

Plus heureux que Howard et non moins ami de l'humanité, l'estimable Benj. Thomson, comte de Rumford, a vu, par ses soins et sous ses yeux, se former en Bavière des établissements de charité, où tout ce qui peut rendre l'homme sain, heureux et bon, est soumis au calcul le plus exact et à l'épreuve de l'expérience la plus démonstrative. Là, dans un des pays de l'Europe où la mendicité dégradait et détériorait le plus l'homme et dans ses dispositions morales et dans sa constitution physique, il a su rendre l'oisif au travail, l'homme dépravé à la vertu, l'indigent à l'aisance et au bonheur. Là, le mendiant, arraché à la paresse, à l'inutilité, à la malpropreté, aux infirmités, aux vices et au mépris, bénit son bienfaiteur, heureux de jouir de la vie, de la devoir à son travail, et de recevoir un logement salubre sans humiliation et sans remords.

De la salubrité des villes, des camps et des vaisseaux; des colonies, des dessèchements. — Partout où

les hommes se sont réunis, il a fallu surveiller la salubrité des enceintes qui les rassemblaient. Les lieux publics, les temples, les salles de spectacle, les camps, les vaisseaux, les villes, ont dû de tous temps exciter cette surveillance. Hales a donné le premier l'idée des *ventilateurs* propres à renouveler l'air en accélérant son mouvement. Ces instruments ont été employés dans différentes occasions et sur les vaisseaux, et on les a construits de beaucoup de manières. Mais la théorie du feu, mieux connue, a fourni des moyens encore plus efficaces de remplir le même but, et dans l'épuisement des immondices, soit dans les égouts publics, soit dans les habitations privées, la réunion de ces deux moyens a servi utilement à écarter et les dangers des émanations nuisibles et les désagréments d'une odeur infecte. Mais c'est principalement sur l'art de construire les bâtiments, d'y préparer à l'air et ses accès et ses issues, que se fonde la salubrité des édifices. C'est aussi à l'art de ménager les percées des rues, de disposer les places publiques et d'entretenir une libre circulation de l'air, que l'on doit en partie celle des grandes cités. N'hésitons pas à rendre justice à des hommes auxquels nous devons le bienfait précieux d'un air libre et pur; quoique, cédant à la force des circonstances, ils aient fui leur patrie agitée, n'oublions pas que c'est au baron de Breteuil, que nous devons la liberté des ponts et des quais sur une rivière qui porte la fécondité et l'abondance dans une des plus belles villes de l'Europe ; que c'est sous son ministère, fécond en grandes et utiles entreprises, que le ministre de la police a changé au milieu de nous un cimetière impur, un charnier dégoûtant, hérissé de tous les attributs affligeants de la destruction, en une place vaste, ouverte à un commerce actif, à un air salubre, que, malgré les appréhensions de la timidité, et les réclamations des préjugés, l'exhumation de tant de milliers de cadavres s'est faite sans accident, sans tumulte, dans la plus grande décence ; que les mouvements d'une grande population n'en ont point été interceptés, les yeux n'ont été frappés d'aucun spectacle affligeant, la santé publique menacée d'aucun désastre alarmant, et qu'au milieu de ce travail pénible, conduit avec tant de sagesse et de succès, l'œil curieux de l'observateur a pu encore, avec sécurité, pénétrer les mystères de la nature dans la destruction lente des êtres, et y puiser des connaissances précieuses sur des métamorphoses dont les produits seront quelque jour peut-être la source d'utiles découvertes.

La santé des soldats établis dans les camps, des gens de mer réunis dans les vaisseaux, a donné naissance à beaucoup d'ouvrages utiles, et les observations de Pringle à cet égard ont acquis une grande réputation. Lind, Poissonnier et Pringle avaient éclairé les navigateurs par leurs observations et leurs théories sur le régime des gens de mer, lorsque l'immortel Cook a prouvé par l'expérience combien ces préceptes, observés avec intelligence, pouvaient avoir de succès et a donné un exemple nouveau dans ce genre à l'Europe, en ramenant d'un long et périlleux voyage tout l'équipage de trois vaisseaux, sans avoir perdu plus d'un homme, que la faiblesse de sa santé menaçait déjà en partant d'une mort prochaine.

Des ouvrages estimables ont éclairé les Européens sur la manière d'éviter les dangers qui les attendent dans leurs colonies, établies dans ces climats brûlants où la soif de l'or leur a fait supporter les influences d'un ciel qui n'était pas fait pour eux. La terreur qu'inspirent les maladies les plus désastreuses les en eût chassés dès leurs premières tentatives, si l'avarice savait craindre la mort. Mais surtout il fallait leur apprendre à conserver ces malheureux esclaves qu'ils arrachaient à l'Afrique, et qu'ils condamnaient à arroser de leurs sueurs une terre étrangère qui n'est féconde que pour leurs maîtres. Le C. Dazille est un de ceux qui ont rempli cette dernière tâche avec le plus de succès dans ses observations sur le tétanos et sur les maladies des nègres, et les colonies lui ont dû la conservation de beaucoup d'hommes. Mais tous ces travaux font plus d'honneur à l'esprit d'humanité et aux talents de quelques hommes estimables, qu'à la vigilance des gouvernements. Ce sont les travaux publics et les législations utiles qui seuls peuvent honorer les administrations.

Presque partout on entend longtemps la voix des philosophes et des hommes instruits avant de voir la main bienfaisante des administrateurs répandre la consolation dans le sein des malheureux. Les ouvrages de Lancisi ont longtemps existé avant que l'on sentit dans le reste de l'Europe combien il était utile de faire disparaître aux environs des villes et des habitations nombreuses ces foyers de dangereuses émanations, qui donnent naissance à des maladies presque aussi dépopulatrices et peut-être plus insidieuses que la peste, aux fièvres *intermittentes malignes*. C'est cependant à la sollicitation des gouvernements d'Italie que ce célèbre médecin composa ses traités dont la collection est intitulée : *De noxiis paludum effluviis*, et la dissertation remarquable *de Sylva Serminetæ non nisi per partes excidenda*. Les travaux des marais Pontins ordonnés par Sixte-Quint, et l'ouvrage du cardinal Gastaldi, déjà cités, attestent aussi que c'est en Italie que le gouvernement s'est le plus tôt occupé de ce genre de travaux importants pour la santé des citoyens. Cependant ce n'est que de nos jours qu'on a exécuté, aux environs de Rochefort, les travaux nécessaires pour changer les influences de la température d'un pays depuis si longtemps insalubre et marécageux, et l'Europe, ainsi que la France, présentent encore de grandes surfaces couvertes de marais inutiles et malfaisants ! En Piémont et dans le Milanais, on s'est occupé de faire des lois pour éloigner les rivières des grandes villes, dans la crainte que leurs émanations ne nuisent aux habitants des cités ; et, frappé du triste spectacle des maladies qui accablent les malheureux cultivateurs du riz, et qui abrègent de moitié la durée de leur vie, a-t-on songé à examiner s'il est des moyens de multiplier cet aliment précieux à de moindres frais, et sans dépenser, pour le perfectionner et le récolter, quarante ans de vie dans une nombreuse population ? O habitants des villes, c'est pour vous qu'on fait de pareils sacrifices ! et c'est autour de vous encore que

se réunissent toutes les sollicitudes des gouvernements pour écarter toutes sortes d'influences nuisibles; c'est pour vous seuls qu'on s'est occupé du nettoiement des voies publiques; c'est pour vous qu'on prépare des promenades magnifiques et salubres, et qu'on éloigne de dessous vos yeux ces profonds réservoirs où vont se détruire vos restes inanimés! C'est encore pour vous que l'on creuse des égouts artistement construits; plus habitables que la cabane du pauvre, et que s'élèvent à grands frais des canaux destinés à verser des eaux salubres, soit que vous en deviez la construction à la vigilance de vos magistrats ou à l'active industrie de vos concitoyens. C'est enfin autour de vous que *l'hygiène* publique est véritablement étudiée et mise en pratique, et cependant, avec cette différence, dont il ne nous est plus permis d'accuser les vices d'un régime détruit; avec cette différence, dis-je, que les quartiers où gémit la misère, où se réfugie l'industrie pénible et laborieuse, semblent oubliés ou délaissés, tandis que les recherches les plus superflues se multiplient autour de l'opulence et de la mollesse. En vain, avons-nous vu les échanges les plus inattendus des vicissitudes de la fortune. Tout a changé autour de nous, excepté l'insouciance pour les malheureux. Que l'indigent use donc de sa liberté, non pour se livrer aveuglément aux excès tumultueux d'une inutile fureur, non pour se venger de l'oubli par la destruction, mais pour réclamer hautement et noblement les soins qu'on lui doit, pour montrer, auprès des somptueux édifices d'une ville opulente, l'obscénité d'une rivière fangeuse, qui circule au milieu de ses asiles, et dont le cours aurait pu être utilement rectifié, les eaux épurées, et les bienfaits n'être point empoisonnés par des miasmes dangereux, et cela sans faire autre chose que de consacrer à cet objet utile des trésors prodigués tant de fois pour de coupables usages ! *(Hallé)*

I

INSECTICIDES. — Nom donné aux poudres qui ont pour but de détruire les parasites, surtout les punaises. Les racines pulvérisées de trois plantes, et les fleurs d'une quatrième, détruisent très-bien les parasites.

1° La racine de l'*Actée cimifuge* (famille des renonculacées).

2° La racine de la *cimicaire* (même famille).

3° La racine de la *veratre cévadille* (*veratrum sabadilla*). — Cette dernière est précieuse.

4° Les fleurs, réduites en poudre, du *pyrethrum caucasicum.*

De toutes les préparations employées dans ce but, l'insecticide Vicat a donné les meilleurs résultats. Expérimenté par la Société d'Agriculture de Lyon, ce corps savant a reconnu :

1° Que les cousins, les mouches, les poux, les punaises, les puces, les fourmis, les courtillières, les teignes et certaines araignées meurent presque instantanément.

2° Les hannetons, les charançons, et les blattes vulgairement dites *cafards*, succombent après une heure ou deux.

3° Les pucerons verts et lanigères restent un jour ou deux dans un état de somnolence et finissent par périr après avoir abandonné les tiges sur lesquelles ils étaient fixés.

4° Enfin quelques espèces de chenilles et araignées qui ne paraissent pas subir d'abord l'action de cette poudre, meurent comme les autres, un jour ou deux après.

J

JUPITER (astronomie). — Planète la plus brillante et la plus grosse. Son diamètre équatorial est de 128,000 kilom. et celui des pôles de 121,000, sa distance au soleil de 798 millions de kilom. Elle tourne vers son axe en 9 h. 55' 21", et décrit son orbite en 11 ans, 314 jours, 10 h., 2', 7". Son éclat varie suivant sa position relative avec notre globe; dans son moindre éloignement, nous en sommes séparés par 640 millions de kilom., et le plus grand intervalle de cet astre avec le nôtre, va à 960 millions de kilom. On distingue des deux côtés de l'équateur de Jupiter, deux bandes obscures qui, suivant Arago, sont produites par des nuages emportés avec une grande vitesse dans son atmosphère. Cette planète a quatre satellites qui ont été découverts en 1610, par Galilée (voir les mots : *Astronomie*, *Lois de l'astronomie*). Leurs éclipses, qui sont de trois à quatre cents par an, servent aux navigateurs pour le calcul des longitudes, et elles ont permis, en outre, de déterminer la vitesse de la lumière, par la différence du temps observé dans l'intervalle de leurs retours. La masse énorme de Jupiter et celle de Saturne, qui est presque le tiers, occasionnent dans les mouvements de ces deux corps, des perturbations qui se reproduisent dans une période de 70 mille ans.   GOSSART.

L

LOIS DE L'ASTRONOMIE. — L'homme qui étudie la nature n'acquiert de nouvelles connaissances qu'en comparant ses idées actuelles avec celles qu'il avait précédemment retenues : il les rapproche et les généralise toutes les fois qu'il croit pouvoir le faire : c'est ainsi qu'après avoir reconnu que les distances au soleil, de Mercure, de Vénus, de la Terre, de Mars, de Jupiter et de Saturne, forment une sorte de progression dans laquelle il manquait un terme entre Mars et Jupiter; il a supposé qu'un astre non encore aperçu existait dans cet intervalle, et la découverte de Cérès a causé une satisfaction universelle. Cette joie doit être attribuée à ce que l'homme, avide de connaissances, se donne une peine infinie pour en acquérir, et serait profondément affligé s'il reconnaissait plus tard que ses efforts ont été inutiles; son plaisir est d'autant

plus grand quand il trouve une preuve de la justesse de ses raisonnements.

La découverte postérieure de Pallas, de Junon et de Vesta a été pour lui un sujet de contrariété, parce que son hypothèse se trouvait renversée par cette adjonction hétérogène de planète ; cependant il a voulu se réhabiliter en cherchant à démontrer que les quatre corps dont il s'agit n'en formaient précédemment qu'un seul, qui avait été brisé par le choc d'une comète ; mais cette nouvelle supposition a dû être abandonnée aussi, quand on a su qu'au lieu de quatre, il y avait plus de cinquante astéroïdes, et les comètes, loin d'avoir la puissance nécessaire pour briser un globe comme la terre, n'aurait pas même assez de force pour pénétrer dans notre atmosphère.

Quand, au contraire, un fait important se confirme par les observations ultérieures, on le consacre en lui donnant le nom de loi.

L'astronomie admet plusieurs de ces lois.

1° Celles de Képler, au nombre de trois. Cet astronome n'est parvenu à les établir qu'après dix-neuf ans de recherches assidues et de calculs approfondis.

Ire Loi. — *Les rayons vecteurs décrivent des aires proportionnelles aux temps.*

IIe Loi. — *Les orbites sont des ellipses dont le soleil occupe l'un des foyers.*

IIIe Loi. — *Les carrés des temps des révolutions sont entre eux comme les cubes des grands axes des orbites.*

On appelle rayon vecteur une ligne droite menée du centre d'une planète au centre du soleil. Si chaque planète, en tournant autour du soleil, décrivait un cercle, le rayon vecteur aurait toujours la même longueur, l'arc parcouru dans un temps donné et la surface du vecteur décrit par le rayon, seraient toujours les mêmes pour un même astre ; mais la deuxième loi établit que les orbites sont des ellipses dont le soleil occupe un foyer. Conséquemment le rayon vecteur varie continuellement de longueur, ainsi que l'arc qu'il décrit ; ce n'est que des deux côtés du grand axe qu'on retrouve des longueurs semblables à des temps également éloignés du passage au périhélie et à l'aphélie ; ainsi la terre, à sa plus courte distance du soleil, en est éloignée de 150,817,200 kilom. et elle décrit chaque jour un arc de 3,673", tandis qu'à l'aphélie sa distance est de 155,992,500 kilom. et l'arc parcouru dans le même temps n'est que de 3,433".

Il résulte de la troisième loi que les carrés des temps de révolution de deux planètes quelconques, divisés les uns par les autres, donnent le même quotient que les cubes des grands axes des mêmes planètes, divisés aussi l'un par l'autre. Ainsi la terre décrit son orbite en 365 jours un quart, et Vénus en 224 jours sept dixièmes ; les carrés de ces nombres font 133,412 et 50,490 ; leur quotient est 2,642. Le grand axe de la terre, 306,807,700 kilom., élevé au cube, donne 2,888 sextillions ; le cube du grand axe de Vénus ou de 221,910,000 kilom., s'élève à 1,092 sextillions. En divisant le plus grand de ces cubes par le plus petit, on retrouve 2,642, comme ci-dessus.

2° Newton établit dans son livre des *Principes* que *tous les corps de la nature s'attirent en raison directe des masses et en raison inverse du carré des distances.*

Pour comparer la puissance d'attraction du soleil sur la terre avec celle qu'il exerce sur Vénus, il faut multiplier la distance 0,7233 de Vénus par elle-même, on trouve 0,5232, ce dernier nombre représente la force attractive du soleil à l'égard de la terre, celle de Vénus étant prise pour unité.

3° Deux lois de Laplace, relatives aux satellites de Jupiter.

Ire Loi. — *La longitude du premier satellite, moins trois fois celle du second, plus deux fois celle du troisième, est toujours égale à 180 degrés.*

Il résulte de ce fait que ces trois satellites ne peuvent pas être éclipsés en même temps.

IIe Loi. — *Le moyen mouvement du troisième satellite, plus deux fois celui du premier, égalent trois fois celui du second.*

4° Parmi les satellites de Saturne, le premier fait deux révolutions pendant que le troisième n'en fait qu'une ; le deuxième en fait aussi deux pendant le temps que le quatrième en fait une ; celle du cinquième est à un dixième de jour près égale à la révolution du troisième et du quatrième, etc.

5° La loi de Bode, qui donne les distances des planètes au soleil, en ajoutant à celle de Mercure les termes de la progression géométrique :: 3 : 6 :: 12 :: 24, etc. ; de sorte qu'on a les nombres :

4. 7. 10. 16. 28. 52. 100. 196. 388.

Avant la découverte de Neptune, le plus grand écart de ces chiffres avec les distances réelles était de 0,05 environ ; mais le dernier, 388, diffère de 0,29 avec la distance de Neptune, qui est 301 ; de sorte qu'il n'est plus possible de s'en servir. Elle devra donc être remplacée par la loi de *progression géométrique*, déjà signalée au mot *Astronomie* (tom. II, pag. 277), attendu que cette dernière, plus générale, convient aux planètes et à leurs satellites, la voici :

6° *Pour toutes les planètes et pour les satellites, la distance au soleil ou à la planète est une moyenne proportionnelle entre la distance de l'astre qui précède et de celui qui suit.*

PLANÈTES.	Distances réelles.	Moyennes proportionnelles.	Loi de progression : rapport 1.722
Mercure.........	4.3870	0.3870	0.3870
Vénus..........	4.7233	0.6221	0.6669
Terre..........	1.0000	1.0490	1.1480
Mars..........	1.5236	1.6780	1.9790
Polymnie......	2.8655	2.8155	3.4090
Jupiter.......	5.2027	5.1820	5.8740
Saturne.......	9.5388	9.9898	10.1200
Uranus........	19.1827	16.9300	17.4400
Neptune.......	30.0400	30.0400	30.0400

Satellites de Jupiter.	Distances réelles.	Moyennes proportion-nelles.	Loi de progression : rapport 1.625
1er	6.0485	6.0485	6.0485
2e	9.6235	8.5880	9.6355
3e	15.3502	15.8177	15.8100
4e	25.9983	25.9983	25.9983

Satellites de Saturne : rapport 1.308.

1er	3.35	3.35	3.35
2e	4.30	4.20	4.38
3e	5.28	5.41	5.73
4e	6.82	7.09	7.50
5e	9 52	9.94	9.81
		12.60	12.84
		16.68	16.79
6e	22.08	21.16	21.97
7e	30.89	31.54	28.74
		39.45	37.61
		50.39	49.20
8e	64.36	64.36	64.36

Satellites d'Uranus : rapport 1.321.

1er	7.44	7.44	7.44
2e	10.37	9.88	9.82
3e	13.12	13.28	12.98
4e	17.01	16.14	17.14
5e	19.85	19.67	22.64
6e	22.75	22.75	29.90
		32.18	39.50
7e	45.51	45.51	52.17
		64.36	68.90
8e	91.01	91.01	91.01

Après le cinquième et le septième de Saturne, le sixième et le septième d'Uranus, la moyenne proportionnelle ne suit pas le même rapport que dans les autres intervalles, c'est pourquoi on a supposé qu'il pouvait exister, dans ces endroits, des satellites restés inaperçus, et la progression a été continuée en suivant la relation donnée par les premiers éléments. La difficulté extrême que présente l'observation de ces petits corps autorisait en quelque sorte cette hypothèse.

Les différences assez légères qui existent entre les moyennes proportionnelles et les distances réelles, loin d'infirmer la loi, seraient de nature à la confirmer ; car, dans toutes celles qui viennent d'être exposées, on trouve des variations semblables, et il s'en rencontre d'analogues dans presque tous les phénomènes astronomiques. Gossart.

M

MARS (astronomie). — Planète qui, dans sa plus courte distance du soleil, en est à 208,560,000 kilom., et à 251,440,000 dans son plus grand éloignement.

Son diamètre équatorial est de 6620 kilom., et celui des pôles de 6400, d'où résulte un aplatissement de 110 kilom. Elle tourne sur son axe en 24 heures 22' 12" et elle décrit son orbite en 686 jours 23 heures 30' 41".

La lumière de Mars est d'un rouge obscur, ce qui fait penser qu'il est environné d'une atmosphère épaisse et nébuleuse : on a cru distinguer à sa surface des continents d'un rouge d'ocre, des mers d'une teinte verte et à son équateur des bandes obscures parallèles qui semblent indiquer des courants nuageux. L'axe de rotation est incliné à l'orbite de 61°, ce qui rend les variations des saisons presque les mêmes que sur la terre. Gossart.

MERCURE (astronomie). — Planète la plus rapprochée du soleil : dans sa plus courte distance, elle en est à 47,180,000 kilom. et son plus grand éloignement est de 71,588,000 kilom. Elle parcourt son orbite en 87 jours 23 heures 15' 43". Son diamètre est de 4978 kilom. et elle tourne sur elle-même en 24 h. 5' 30". On ne la voit que difficilement à l'œil nu ; mais avec des lunettes elle présente des phases comme la lune. Il existe à sa surface des inégalités qui font penser qu'elle a des montagnes de 16,000 mètres d'élévation.

MÉTÉOROLOGIE (art médical).—Science des météores ou des phénomènes qui se passent dans l'atmosphère et les espaces célestes. Après avoir assigné à la météorologie un aussi vaste domaine, nous nous demanderons s'il convient d'en parcourir toute l'étendue ? Assurément non ; nous laissons à la physique, à la chimie et à l'astronomie, le soin d'étudier et d'expliquer les phénomènes atmosphériques et célestes ; nous nous bornons au point de vue pratique et médical, qui consiste à constater leur présence et leurs effets sur le corps humain. Notre météorologie sera donc tout entière, 1° dans l'indication des moyens d'acquérir des notions exactes sur les météores ; 2° dans l'appréciation de leur influence sur notre organisation.

Les mêmes mots n'ont pas une même signification dans le langage scientifique et la langue ordinaire. Nous avons donc besoin de prévenir que, sous notre plume, météore ne veut pas dire le moins du monde un phénomène rare ou merveilleux, mais tout simplement un état, qualité ou accident quelconques appréciables dans l'immensité des airs. La chaleur, le froid, les vents, la pluie, etc., sont des météores tout aussi bien que les étoiles filantes, les comètes, les éclipses, l'arc-en-ciel, etc.

L'étude de la météorologie médicale, c'est-à-dire des rapports des phénomènes météorologiques avec l'état sanitaire général et individuel, date d'une très-haute antiquité. Il est même vrai que les anciens médecins y attachaient une plus grande importance que ne le font les modernes. Et pourtant ils n'avaient pas les instruments que nous possédons pour apprécier exactement les qualités atmosphériques. Privés du thermomètre, de l'hygromètre, du baromètre, de l'électromètre, ils en étaient réduits à des évaluations approximatives touchant un grand nombre de phénomènes météorologiques, que nous apprécions avec

toute la rigueur du calcul. Bien plus, les phases astronomiques qui sont une base si essentielle de la météorologie, furent longtemps mal déterminées. Les saisons étaient imparfaitement fixées, et dès lors comment savoir si l'atmosphère était ce qu'elle devait être en hiver, au printemps, en été et en automne? Aujourd'hui ces causes d'inexactitude et d'erreur n'existent plus. Nous pouvons constater rigoureusement la plupart des objets météorologiques, et comparer ensuite avec non moins de précision, les saisons, les mois, les semaines, les jours, les heures, les instants qui se correspondent dans les années différentes.

Nous avons annoncé que nous n'insisterions pas sur la météorologie comme science physique, et que le rapport des météores avec la santé serait l'objet important pour nous. Conséquemment nous ne décrirons pas les instruments météorologiques, et nous ne ferons qu'indiquer sommairement la manière de s'en servir.

Thermomètre. — Il doit être placé au nord, dans un lieu que n'atteigne jamais le soleil, et qui ne soit exposé à aucune cause partielle d'échauffement ou de réfrigération, comme serait la proximité de corps réflecteurs de calorique, les courants d'air, l'évaporation de liquides, etc. Moyennant ces précautions, on obtient la température réelle de l'air libre ou ambiant du lieu où l'on fait l'expérience. Le plus bas degré ou le *minimum* du thermomètre s'observe ordinairement à l'aurore, et le *maximum* vers deux ou trois heures de l'après-midi. La chaleur augmente et décroît graduellement dans le double intervalle qui précède ou suit le plus haut degré d'élévation thermométrique. Quand on veut déterminer la température d'un climat, on fait trois fois par jour le relevé du thermomètre, savoir : au lever du soleil, à deux heures de l'après-midi, et au soleil couchant. Le tiers du nombre de l'addition totale donne la moyenne des températures de la journée, et par exemple 1° 10 degrés, 2° 20, 3° 15, somme 45, moyenne 15. Pour avoir la température d'un mois, on le divise en trois périodes de dix jours, et l'on prend la moyenne de chaque série décadaire. Enfin la moyenne thermométrique de l'année s'obtient en additionnant les moyennes des douze mois, que l'on divise ensuite par douze. Il est digne de remarque qu'on puisse parvenir au même résultat, selon M. Pouillet, 1° en prenant seulement la moyenne du seul mois d'octobre; 2° en prenant la moyenne des températures correspondantes à une seule heure de la journée qui serait, pour notre latitude, neuf heures du matin. Si, au lieu de prendre les moyennes, par la méthode simple que nous venons d'indiquer, on se bornait à noter pour chaque pays, le *minimum* et le *maximum* des températures en hiver et en été, on serait exposé à avoir des notions très-inexactes sur les climats. Soit à cause de bizarreries atmosphériques, soit effet d'influences locales, le froid est quelquefois passagèrement plus vif dans le midi que dans le nord, et la chaleur plus forte dans le nord que dans le midi. Ces contradictions cessent d'exister, lorsqu'au lieu des *extrêmes* on prend les *moyennes* annuelles des températures.

Baromètre. — Placé dans les mêmes conditions que le thermomètre, il indiquera exactement, selon sa destination, la pesanteur variable de la colonne d'air atmosphérique. Le plus haut degré d'élévation du baromètre s'observe ordinairement à neuf heures du matin, et à onze heures du soir, sous nos latitudes, et son plus grand abaissement diurne vers trois heures de relevée. Vers midi, on a la hauteur moyenne de la journée. Quand on veut donner de la suite aux observations barométriques, pour trouver la pression atmosphérique annuelle, comme pour déterminer le moyen degré de chaleur propre à un pays, on note quatre fois par jour (9 heures, midi, 3 heures et 9 heures du soir) le niveau de la colonne de mercure; et le quart de la somme totale donne la mesure de la pesanteur moyenne de l'atmosphère dans la journée. Du reste, la seule observation de midi fournit, ou bien peu s'en faut, le même résultat, et peut dispenser des trois autres. Ensuite on n'a qu'à procéder comme pour le thermomètre, pour obtenir la moyenne des pressions atmosphériques mensuelles et annuelles. C'est en été et dans les climats chauds que le baromètre et le thermomètre marquent les variations les plus fortes ; mais, tandis que dans le midi ils varient davantage en un jour, c'est dans le nord que les extrêmes des variations annuelles sont plus considérables. Quoique l'inégalité des pesanteurs de l'air nous impressionne moins que la différence des températures, elle ne laisse pas que d'exercer sur nous une notable influence dont nous avons parlé à propos de l'air, de l'acclimatement et des climats. Duhamel rapporte que, en décembre 1747, le baromètre ayant baissé d'un pouce quatre lignes en moins de deux jours, il y eut beaucoup de morts subites.

Hygromètre. — Cet instrument qui sert à mesurer l'humidité de l'air, est beaucoup moins usité, et n'a pas, à beaucoup près, le même degré de précision que le thermomètre et le baromètre, dont, au reste, on ne doit point le séparer, attendu que ses calculs sont complexes. L'humidité se combinant avec la température et la pesanteur, on note ces trois qualités de l'air sur une ligne horizontale et dans trois colonnes séparées ayant en tête le nom de l'instrument. Ensuite les relevés journaliers de l'hygromètre sont soumis aux mêmes procédés que ceux du thermomètre, quand on désire déterminer la moyenne de sécheresse ou d'humidité propres à un climat, à une localité. Mais il faut prendre garde aux influences bornées, accidentelles, qui pourraient agir sur l'instrument, et donner lieu à de graves erreurs. C'est ainsi par exemple que, sous le ciel brumeux de la Hollande, un hygromètre placé dans un appartement chaud et sec, donnerait l'idée la plus fausse, non point de la sécheresse de l'air intérieur, mais de celle du climat. Il faut donc placer l'hygromètre à l'air libre, à l'abri du feu, du soleil, de la pluie et des évaporations accidentelles. A propos de l'hygromètre figurent naturellement tous les météores qui ont l'eau pour base, tels que les nuages, les brouillards, la pluie, la rosée, le serein, la gelée blanche, la neige, la grêle.

Electromètre. — Indépendamment des températu-

res, de la pesanteur, de la sécheresse ou de l'humidité de l'air, il se passe dans l'atmosphère un autre ordre de phénomènes dont l'électricité est l'agent principal. La présence continuelle de ce fluide serait le plus souvent inappréciable, si l'on n'avait imaginé un instrument propre à mesurer ses variations, moins sensibles encore que celles de la pression de l'air.

Le fluide magnétique et les aiguilles aimantées qui en indiquent la présence et le cours, n'ont point fourni d'importantes notions à la météorologie médicale, tandis que cette découverte a été immense pour la navigation. Ce fluide est un grand secret dans la physique générale du globe; qu'on nous permette une hypothèse relativement à la polarisation de l'aimant : la déperdition continuelle du calorique terrestre qui doit avoir lieu vers les pôles, ne suppose-t-elle pas, dans ce principe de chaleur, des courants centrifuges du sud au nord, qui imprimeraient sa direction constante à l'aiguille aimantée et constitueraient (ces courants de calorique) le fluide dit magnétique lui-même?

Les anciens physiciens, qui ne connaissaient point les instruments de météorologie dont nous avons mentionné l'usage, et qui n'observaient les phénomènes aériens qu'avec les sens nus, ne classaient point, parmi les objets météorologiques, les simples qualités variables de l'air, ils attachaient au mot *météore* la même acception qui a été conservée par les gens du monde; voici leurs classifications : « Ils distinguaient des *météores ignés*, tels sont le tonnerre, le feu Saint-Elme, les feux follets, les étoiles filantes, les bolides ou globes de feu et les comètes. Ils rangeaient parmi les *météores lumineux*, l'arc-en-ciel, les halos ou couronnes que l'on aperçoit quelquefois autour du soleil et de la lune, l'aurore boréale, la lumière zodiacale, les parhélies et les parasélènes. Ils nommaient *météores aqueux*, ceux dans lesquels l'eau paraît être le principal agent; ainsi le serein, la rosée, les brouillards, la pluie, la gelée blanche, la neige, le givre, la grêle étaient de ce nombre. Enfin, sous le nom de *météores aériens*, ils désignaient les vents et les trombes. »

Laissant à l'astronomie et à la géologie le soin d'en rechercher les causes, d'en décrire la marche, la météorologie de nos temps a ajouté à son domaine l'indication des événements astronomiques et géologiques, tels que les éclipses, la conjonction et l'opposition des planètes, ou leur passage sous le disque du soleil, l'apparition des comètes, les points équinoxiaux et solstitiaux, les phases lunaires; et les températures du globe, les tremblements de terre, les éruptions volcaniques, les grandes inondations, etc. Quel parti a tiré la médecine de ces grands ou terribles phénomènes météorologiques? Eh bien, il faut le dire, rien ou presque rien, soit qu'on les ait mal observés, soit qu'ils aient été réellement sans influence sanitaire. Non pas qu'on n'en ait attribué une et même très-grande, mais elle a été mal établie, encore plus mal expliquée. On voit que le goût pour le merveilleux l'a trop souvent emporté sur l'esprit d'observation, quand on a voulu établir des corrélations entre des accidents maladifs isolés ou des épidémies, et l'avénement de comètes, d'éclipses, de tremblements de terre, etc. Conséquemment, nous ne rapporterons pas ici les remarques qui ont été faites touchant ces corrélations prétendues, et qui n'étaient peut-être que de simples coïncidences ; d'ailleurs l'exposé de ces remarques nous entraînerait trop loin. Disons seulement que nous ne sommes pas pour cela de ces hommes qui rejettent comme impossible ce qu'ils ne peuvent comprendre. Nous partageons plutôt la sage réserve de Delaplace quand il dit, dans son *Essai philosophique sur les probabilités* : « Nous sommes si loin de connaître tous les agents de la nature et leurs différents modes d'actions, qu'il serait peu philosophique de nier les phénomènes, uniquement parce qu'ils sont inexplicables dans l'état actuel de nos connaissances; seulement nous devons les examiner avec une attention d'autant plus scrupuleuse, qu'il paraît plus difficile de les admettre ; et c'est ici que le calcul des probabilités devient indispensable pour déterminer jusqu'à quel point il faut multiplier les observations ou les expériences, afin d'obtenir, en faveur des agents qu'elles indiquent, une probabilité supérieure aux raisons que l'on peut avoir d'ailleurs de ne pas les admettre. » C'est assez dire que, sans parler de l'action bien avérée du soleil et de la lune sur l'atmosphère, qui agit elle-même sur l'homme, nous ne contestons pas la possibilité de l'influence sidérale sur l'humanité. Ce que nous pensons, c'est qu'on l'a trop légèrement admise, trop vaguement constatée, trop mal prouvée. Avec une bonne méthode, longtemps suivie, on pourrait donner à l'astrologie médicale une précision scientifique. Il suffirait de mettre en rapport les tables astronomiques dressées dans les observatoires, avec les registres des maladies et de mortalité tenus dans les hôpitaux, la pratique civile et les municipalités, le tout pendant longues années, pour s'assurer si les phases solaires, lunaires et tous les événements qu'on signale en astronomie, ont ou n'ont pas de relation avec la santé publique. Alors, au lieu de s'offrir comme une rêverie de cerveau creux, l'astrologie médicale ne serait plus qu'une affaire de statistique comparative, dans laquelle, du reste, il y aurait beaucoup d'autres éléments à considérer pour éloigner les causes d'erreurs. Voilà de quelle manière cette puissance si merveilleuse et si fantastique des astres sur l'homme pourrait être appréciée à sa valeur. Mais qu'il y a loin de cette méthode, vraiment scientifique, d'étudier l'influence sidérale, comme la pratiquait Toaldo vers la fin du siècle dernier, à celle que nous voyons employée dans les ténèbres du moyen âge !

Maintenant que nous avons indiqué les principaux phénomènes météorologiques, disons un mot des constitutions atmosphériques qui ont beaucoup occupé les médecins vraiment observateurs, depuis Hippocrate jusqu'à nous. On entend par constitution atmosphérique, l'ensemble des qualités appréciables dans l'air. Ensuite, suivant les diverses proportions des propriétés thermométriques, hygrométriques, barométriques, électrométriques, eudiométriques de l'at-

mosphère, on dit que la constitution est chaude ou froide, sèche ou humide, pesante ou légère, chargée ou non d'électricité, pure ou miasmatique. Les constitutions atmosphériques sont régulières ou irrégulières suivant qu'elles correspondent ou ne correspondent pas à l'époque à laquelle on les observe. Dans un mémoire de *Considérations sur les rapports qui pourraient exister entre le règne épidémique du choléra et les observations météorologiques*, publié en 1832, nous disions : Chaque pays passe annuellement par une succession plus ou moins uniforme d'états atmosphériques, dont la somme totale constitue son climat. Après plusieurs années d'observations on établit des règles générales, et tout ce qui est en dehors de ces règles est anormal et le plus souvent malsain. C'est une assertion bien ancienne qu'il convient que les saisons se succèdent régulièrement et soient semblables à elles-mêmes, ainsi le demandent sans doute les habitudes des organisations. Pour comparer les saisons correspondantes d'un même pays, l'hiver à l'hiver, le printemps au printemps, etc., il serait trop long de procéder jour par jour ; on se sert d'une méthode abrégée (*voyez plus haut*) qui, réduisant à un petit nombre de données la totalité des observations météorologiques journalières, permet de savoir, avec autant de facilité que d'exactitude, quelle a été la constitution atmosphérique d'un mois, d'une saison, d'une année. Ces documents, publiés dans plusieurs pays, rendent les atmosphères exactement comparatives, et c'est ainsi, par exemple, qu'on pourrait s'assurer aisément si celle des capitales de l'Europe n'a subi aucune variation sensible depuis que le choléra asiatique a franchi le Don et la chaîne des monts Ourals. Pour apprécier les changements qui seraient survenus, les observatoires de plusieurs grandes villes où ce redoutable fléau s'est montré, fourniraient tous les termes de comparaison désirables, et, s'il était constaté, par ce moyen, que dans les divers lieux où l'épidémie a régné, l'atmosphère qui la précédait ou l'accompagnait était anormale, c'est-à-dire insolite pour le pays et la saison, il apparaîtrait une première liaison entre les états météorologiques et sanitaires. Toutefois la seule irrégularité de l'atmosphère serait encore une notion trop générale, trop vague, pour rendre compte d'une épidémie. Ce premier fait établi, il faudrait entrer dans tous les détails de pesanteur, de sécheresse et d'humidité, de température, d'électricité atmosphériques ; considérer les vents et tous les météores aériens, aqueux, lumineux, ignés, qui ne se traduisent pas sur des instruments. Les propriétés physiques de l'air, notées d'abord dans leur ensemble, seraient ensuite envisagées séparément, et l'on verrait quelle a été la somme de chacune d'elles, dans un temps déterminé, à l'aide d'une addition du thermomètre, du baromètre, de l'hygromètre, de l'électromètre. Ces instruments donneraient aussi la mesure exacte des proportions dans lesquelles se combinaient l'électricité et la température, l'humidité et la pesanteur, etc. Ces combinaisons atmosphériques du froid et du chaud avec l'humide et le sec, auxquels nous ajouterons l'électricité et la pesanteur que les anciens ne connaissent pas, jouent vraisemblablement un grand rôle dans la production de plusieurs espèces de maladies qui frappent les populations en masse. C'est ainsi que les épidémies catarrhales qu'on observe sur toute l'étendue du pays qui sépare la ligne des cercles polaires, évidemment indépendantes des mêmes degrés dans chacune des propriétés physiques de l'air, proviennent peut-être d'une succession, d'un rapport ou combinaison de ces propriétés, qui seraient en tous lieux les mêmes.

L'insalubrité de l'air libre se prépare quelquefois avec beaucoup de lenteur ; il ne faut rien moins qu'un enchaînement de saisons pour la produire, et c'est ce que n'ignoraient pas de grands médecins qui, pénétrés des larges vues du père de la médecine, ont cherché et cru découvrir la cause de plusieurs épidémies dans les constitutions atmosphériques. Les maladies régnantes dans une saison, peuvent n'être pas moins la conséquence de l'état météorologique de la saison qui les a précédées que de celui qui les accompagne.

Les vents que nous n'avons fait que nommer jusqu'ici, offrent l'intérêt d'une double influence, comme agents physiques et comme véhicules de miasmes plus ou moins dangereux. Il est certain que quand on songe que ces messagers rapides peuvent transporter dans les contrées les plus salubres, l'air de tant de pays infectés, il y aurait de quoi concevoir des inquiétudes de leur présence, si l'expérience n'avait appris que les miasmes se déposent ou s'affaiblissent à mesure qu'ils s'éloignent de leurs foyers. Il est probable que les violentes agitations et le calme de l'atmosphère qui correspondent périodiquement aux équinoxes et aux solstices, ne sont pas sans influence sur les états sanitaires coïncidents. (*Voyez Air, Acclimatement, Climat, Électricité, Saisons.*)

Dr *Lagasquie.*

MIASMES. — Prenant le mot dans son acception la plus large, nous réunirons sous ce titre toutes *les émanations chimiques malfaisantes* qui attaquent le corps humain, ayant l'air pour véhicule. Cette diffusibilité dans l'atmosphère les distingue des virus, qui ont plus de fixité. D'ailleurs rien de plus obscur que la nature intime des miasmes ; nous connaissons plusieurs causes qui leur donnent naissance, nous pouvons apprécier grand nombre de leurs effets pernicieux, et à peine nous savons ce qu'ils sont en eux-mêmes. Soumis à l'exploration de nos sens, il n'y a que l'odorat qui nous avertisse quelquefois de leur présence, il ne nous est donné ni de les toucher ni de les voir. La chimie la plus fine vient échouer contre la subtilité des doses et des combinaisons miasmatiques. Le plus souvent elle ne découvre rien dans l'air insalubre ou mortifère qui en est infecté, et lorsqu'elle parvient à y signaler la proportion insolite ou la présence accidentelle de quelque principe gazeux, elle ne nous dévoile qu'une mince partie du problème. Certainement il est bon de savoir, à l'aide de l'eudiométrie, que l'air peut être vicié parce que l'oxygène y manque, parce que le gaz acide carbonique ou l'azote y sont en excès ; parce qu'il y a de l'hydrogène carboné, sulfuré, azoté, phosphoré, etc. ;

mais, indépendamment de ce qu'il est rare de saisir ces proportions et ces mélanges insalubres dans une atmosphère bien positivement altérée, il s'en faut que ces notions jettent un jour suffisant sur la composition des miasmes.

Laissons donc leur constitution intime, pour nous occuper de leurs causes, de leurs effets et des moyens qui en préservent. Les miasmes font partie de ce système général d'émanations qui joue un si grand rôle dans la nature. Chaque être reçoit et donne à son tour. Dans cet échange continuel d'éléments que la nature prête et n'aliène jamais, les mélanges, les séparations, les combinaisons les plus variées s'opèrent. Dans certains cas, il en naît des miasmes, sortes de poisons volatils, invisibles, impalpables, dont heureusement nous connaissons plusieurs sources qu'on peut éviter ou tarir. Les conditions qui favorisent les dégagements miasmatiques sont assez bien déterminées. Les marais s'offrent en première ligne : on n'ignore point combien sont communes, sur le globe, les maladies, et spécialement les fièvres intermittentes bénignes ou pernicieuses, qui en proviennent. Ces effluves marécageuses, auxquelles la décomposition de matières organiques végétales et animales paraît donner l'insalubrité, sont surtout redoutables à la fin de l'été et au commencement de l'automne, époques où l'ardeur du soleil épuise les eaux immobiles des marais, des étangs, des lacs, des rivières dormantes. Après les débordements considérables, il se dégage aussi parfois des effluves des terres qui viennent d'être inondées, et les terrains d'alluvion récemment formés ou fraîchement remués, qui ne passent point pour être salubres. Et par ses nombreux volcans et par d'autres voies apparentes ou secrètes, le globe terrestre lance aussi dans l'atmosphère des émanations dont l'influence est mal connue: Il est plusieurs industries qui répandent dans l'air des principes malfaisants : l'exploitation des mines, des manufactures de produits chimiques, les fabriques où l'on travaille les matières animales. Partout où se trouvent l'homme, des animaux, des végétaux, il y a nécessairement des miasmes. La respiration, la transpiration, les excrétions des uns, la décomposition des autres, corrompent continuellement l'air. Les latrines, les égouts, les abattoirs, les voiries, les cimetières, dégagent sans cesse des miasmes que leur diffusion dans une masse d'air rend heureusement peu nuisibles, et qui deviendraient délétères par l'abondance ou la concentration. Mais, parmi les foyers d'infection, l'un des plus dangereux pour l'homme, c'est l'homme lui-même, vivant ou mort. Dans un mémoire que nous avons publié sur l'origine de la peste et les moyens d'en prévenir le développement, nous avons cherché à établir, d'après notre conviction intime, que cette redoutable maladie, annuellement désastreuse pour le Levant, et qui a plusieurs fois couvert le globe entier de funérailles, naissait en Egypte de l'incroyable négligence des sépultures humaines. Lorsque autrefois la police des inhumations était mal faite en France et en Europe, on a compté une foule d'épidémies qui provenaient de la putréfaction des cadavres. Vivant

et plutôt malade, l'atmosphère qui entoure l'homme n'est pas toujours sans danger pour son semblable. (Voyez Contagion.)

Les foyers d'infection que nous venons de signaler, d'une manière générale, ont divers degrés d'activité, selon certaines causes opposantes ou auxiliaires. Il s'en échappe beaucoup moins de miasmes en hiver, par un temps froid et sec, et dans le jour. L'humidité chaude favorise leur dégagement, leur extension, et semble ajouter à leurs propriétés nuisibles. Qu'elles soient plus abondantes, ou que le corps soit plus mal disposé, il est constant que les émanations miasmatiques sont plus à craindre la nuit que le jour. Du reste l'influence de la lumière et de l'obscurité sur les émanations est bien connue. On sait, par exemple, que les fleurs odorantes, qu'il n'est pas sain d'accumuler dans une chambre à coucher, dégagent beaucoup plus d'arome pendant que le soleil a disparu de l'horizon. Il y aurait vraiment de quoi s'alarmer de l'infection de l'atmosphère par la quantité de miasmes qu'elle a reçus et qu'elle reçoit à chaque instant, si l'on ne savait que l'intelligence providentielle a tout prévu pour la conservation des êtres qu'elle a gratifiés de la vie. Ainsi ce gaz acide carbonique irrespirable que nous exhalons de nos poumons, que nous dégageons de la combustion des foyers, des lumières; ces vapeurs malfaisantes qui s'élèvent des minéraux, ou des matières organiques en décomposition, en fermentation ; tout cela, en vertu des lois générales, cesse d'exister à l'état miasmatique, pour rentrer dans de nouvelles combinaisons favorables à la vie. Les principes de vie et de mort se touchent et se confondent dans la nature. Changez le degré d'un fluide impondérable, les proportions d'un composé, et vous aurez tour à tour un agent vivifiant ou destructeur. Nous disions donc que l'air, sans cesse altéré, revenait continuellement à sa pureté primitive. Le règne végétal travaille très-activement à cette dépuration salutaire : pour leur développement ou leur entretien, les plantes décomposent les émanations malfaisantes, les vents les dispersent, les minéraux aussi s'en saisissent et les soumettent à d'autres combinaisons, et, par ces continuelles transformations, l'équilibre des éléments n'est jamais troublé d'une manière durable. Cependant il est des miasmes très-rapprochés sans doute de la condition des virus, qui paraissent s'attacher aux objets inertes qui les ont reçus et résister opiniâtrément aux actions dissolvantes et dépuratives de la chimie et de la physique générales.

Le corps humain, plongé dans une atmosphère miasmatique, est accessible à l'infection par tous les points, mais c'est par la respiration surtout que les principes volatils dangereux le pénètrent et le troublent. Du reste, l'action des miasmes est inconstante comme celle de toutes les causes de maladie ; sans la prédisposition du corps, elles sont toutes impuissantes. Les sujets naturellement faibles et craintifs, ceux qui ont été débilités par des privations, des chagrins, des fatigues, résistent le moins bien. Tantôt l'infection miasmatique éclate soudainement, d'autres fois elle n'agit qu'à la longue. Si le miasme est émané

du corps d'un malade, communément la maladie, médiatement transmise, revêt des apparences semblables. L'action des miasmes est généralement débilitante, et l'observation a été fort anciennement faite que dans les maladies qui en provenaient, la saignée était plus suspecte que contre les inflammations en général.

Mettre le corps dans les conditions les plus favorables pour leur résister, s'occuper d'en purifier et d'en tarir la source, tels sont les deux ordres de moyens de préservation contre les miasmes. Il tombe sous le sens commun de s'éloigner des foyers d'infection, toutes les fois que c'est possible. S'il faut absolument en vivre rapproché, on s'applique à placer l'organisation dans la meilleure situation de résistance.

Le premier point consiste à éviter les excès de n'importe quelle espèce : car tout excès est débilitant, et tout débilitant diminue la puissance de réaction contre les miasmes. Ainsi point de veilles, de fatigues physiques ou morales, d'abus vénériens, d'intempérance dans les aliments et les boissons. Régime sain, végétal et animal, proportionné au besoin et aux forces digestives. Changer le moins possible ses habitudes, et commencer par amender seulement celles-là même qui sont mauvaises. Nous avons dit que, pendant la nuit, les miasmes étaient plus redoutables ; conséquemment, après avoir fait en sorte de renouveler ou de purifier l'air de l'appartement, suivant que le foyer miasmatique sera extérieur ou intérieur, on tiendra les fenêtres fermées ou ouvertes. Il va sans dire que ces précautions hygiéniques rigoureuses ne s'appliquent qu'aux circonstances où les miasmes menacent de dangers pressants et sérieux, comme pendant les épidémies, ou lorsqu'on vit auprès de malades dont l'atmosphère est contagieuse.

Le pouvoir de l'homme sur les miasmes, pour en prévenir le dégagement, est immense, et, s'il voulait s'en donner soigneusement la peine, presque tous les foyers d'infection seraient taris. Le desséchement des marais et de toutes sortes d'eaux croupissantes, préserverait de plusieurs espèces de fièvres qui affligent une infinité de contrées de la terre. Quant aux émanations qui suivent les débordements ou qui s'échappent secrètement des antres et de la surface du globe, il faudrait les subir ; d'ailleurs on est assez mal fixé sur le danger de ces dernières. Les industries malsaines seraient reléguées loin des habitations, et ceux qui les exploitent auraient grand soin de protéger leur santé par un aérage abondant, une propreté soigneuse et d'autres moyens de désinfection. Que ne pourrait-on pas pour le maintien sanitaire des dépôts de matières animales et végétales, et pour les conduits et les réservoirs des liquides altérés ! Les cimetières les mieux situés sont écartés des maisons, leur terrain est sec, un peu incliné, accessible aux vents. Ils sont spacieux, de telle sorte qu'il s'écoule cinq, six années et plus, sans remuer les mêmes fosses, dont la profondeur convenable est de cinq à six pieds. Les animaux aussi devraient être enterrés

ou détruits par la combustion, et cependant il n'y a pas que les peuples sauvages qui laissent leurs cadavres se décomposer à l'air libre et non loin des lieux habités. Avec les latrines, chacun conserve à domicile un foyer d'infection obligé, dont on peut toutefois pallier les inconvénients par des soins de propreté, ou par une construction qui facilite le renouvellement de l'air et l'éconduite des miasmes. Il convient que les conduits de diverses dimensions de liquides altérés, notamment les grands égouts, soient en pente, bien unis, et se laissent pénétrer le moins possible. Il serait à désirer qu'on pût y diriger des courants d'eau vive qui les nettoieraient tous les jours.

La question des miasmes qui rentre beaucoup plus dans l'hygiène publique et administrative, que dans l'hygiène privée, nous entraînerait trop loin, s'il fallait examiner une à une toutes les circonstances qui favorisent l'exhalation dans l'atmosphère d'émanations chimiques malfaisantes. Qu'il nous suffise d'avoir indiqué les principales ; pour d'autres détails qui se rattachent plus ou moins directement au même sujet, voyez *Contagion*, *Asphyxie*, etc.   *Idem.*

MISÈRE [du latin *miseria*]. — Nous avons toujours eu des pauvres ; cela ne peut manquer d'être ; tant d'événements font du riche d'hier le pauvre d'aujourd'hui ! mais la pauvreté n'est pas permanente ; le pauvre d'aujourd'hui peut être le riche de demain. Qu'est-ce qui prouve que la misère n'est pas une nécessité passagère, comme stimulant au travail, et aussi comme épreuve, et pour celui qui la supporte avec courage et résignation, et pour celui qui est appelé à la soulager avec amour et libéralité, et par suite, comme stimulant pour celui qui a été secouru, à secourir les autres ?

La pauvreté n'est parfois qu'un nuage qui passe sur le soleil d'une vie heureuse. Ce n'est après tout qu'un simple besoin d'aide ; ce n'est jamais le dénuement, ce qui s'appelle l'amour du prochain réduit à l'impuissance.

Telle est la pauvreté : mais il faut bien se garder de la confondre avec la misère.

La misère, c'est le déchaînement de toutes les calamités ; c'est le vent qui souffle à travers les ais disjoints de porte et de fenêtre dans une sordide demeure, où gisent, accroupis dans un coin, un pauvre vieux, une pauvre vieille, transis, manquant de tout, même de force pour se mouvoir ! C'est la pluie, la neige, le givre filtrant par les fissures du chaume dont le réduit est à demi couvert, et qui tombe sur un sol boueux ; c'est l'humidité qui suinte sur des murs délabrés que n'égaie jamais la bourrée du ménage ; c'est l'horrible impression d'un jour douteux qui implore en vain un rayon de soleil, ou d'une obscurité profonde que ne perce jamais la lueur blafarde d'une mèche trempée d'huile fumeuse ! Ce sont les douleurs qui racornissent le corps, le désespoir qui torture l'âme, les mauvais aliments qui minent l'estomac, la faim qui le tiraille, le mord et le déchire ; c'est quelque chose de hideux qui s'attaque à tous les membres, et qui fait de l'être humain un tout qui n'a plus de nom dans aucune langue ; qui fait soulever le cœur de

dégoût, et qui fait retentir à nos oreilles ce cri du commencement des générations humaines : « Caïn, qu'as-tu fait de ton frère ? »

Telle est la différence qui existe entre la misère et la pauvreté. Il nous resterait maintenant à parler des moyens employés par le gouvernement pour soulager un peu cette misère ; mais nous renvoyons nos lecteurs au mot *Paupérisme*. Nous dirons seulement qu'il serait bien heureux que la charité se fît, non individuellement, mais par association. De cette manière, l'obligé devant à tous, ne doit à personne.

Les bureaux de secours mutuels existent, il est vrai, mais pour faire partie de ces associations, il faut verser par mois une somme assez forte pour le malheureux qui vit au jour le jour, qui ne peut par conséquent faire la moindre économie.

J'ai publié, en 1858, un ouvrage, dans lequel je proposais un moyen bien simple d'arriver par association aux plus brillants résultats. Je vais en citer quelques passages.

La civilisation, en poursuivant son œuvre, doit rendre plus profondes encore certaines misères. Le progrès ne peut pas toujours réparer le mal qu'il fait ; c'est à la charité chrétienne qu'il appartient de consoler les malheureux, de secourir les victimes ; car, plus forte que la misère, la charité, vertu théologale, la fera disparaître ; c'est elle qui a toujours soutenu, en la réhabilitant, l'honnête pauvreté ; c'est elle qui a toujours mendié pour elle.

Rempli d'admiration pour ces hommes qui composent les confréries des ordres des moines mendiants, et se dévouent tout entiers au soulagement des pauvres, nous avons eu la pensée d'établir sur une vaste échelle cette mendicité sublime, afin de secourir les pauvres d'une façon plus efficace encore, en créant de nouveaux apôtres de la charité.

Les bons sentiments ne demandent qu'à être développés en France. Que l'Église parle, et de toutes parts surgiront des hommes disposés à la servir dans ses œuvres pieuses. Que l'Église dise : Cherchez la vraie souffrance pour la soulager, et elle sera obéie.

Pour réaliser cette association, nous nous adressons à l'Église, qui est la véritable arche d'alliance sur laquelle on peut sans danger arborer cette bannière. Nous la supplions de faire appel aux membres de la grande famille chrétienne, dont la solidarité ne saurait être contestée.

Plus forte et plus vive que toutes les institutions, l'Église a traversé les siècles sans être ébranlée. Le marteau qui a été levé, dans un jour de colère, pour frapper ses basiliques, est retombé pour tailler de nouveaux blocs, pour élever de nouveaux temples ! Et cela se comprend : l'Église est éternelle, parce qu'au lieu de se consacrer à l'adoration de la matière, elle parle au cœur et à l'âme des peuples.

Aussi son pouvoir n'effraye personne. Les quinze mille églises qui ouvrent en France leurs portes aux fidèles venant pour entendre la parole sacrée, sont une puissance de paix devant laquelle tout s'incline.

Quelles puissances humaines voudraient s'opposer au son argentin de la cloche, quand cette cloche tinte pour la prière, pour faire appel aux idées généreuses ! C'est la loi de l'amour en Dieu qui nous appelle à élever nos cœurs vers lui. Nous avons pensé que cette cloche qui appelle les fidèles à la prière pourrait également les convier à une charité nouvelle.

Nous demandons pour l'*Œuvre de l'Assistance générale* un sou par mois, au riche comme au pauvre, pour les associer également et les unir dans cette œuvre de charité.

La *Société de l'Œuvre de l'Assistance* est, en principe, la réhabilitation de l'honnête pauvreté, le moyen de la soulager.

C'est une protection pour ceux que la ruine vient surprendre, un contrat d'union entre la richesse et la pauvreté, car tous les membres de la Société sont égaux pour le versement, tous donneront le sou fraternel, rien de plus.

Ceux qui seront chargés de recevoir cette cotisation mensuelle seront aussi priés, non-seulement de recevoir les demandes de secours, mais aussi de rechercher la souffrance qui se cache honteuse de ses haillons. Ainsi se trouvera stimulée et bien renseignée la charité des fidèles ; ainsi, nous n'en doutons pas, de nombreuses souffrances trouveront un soulagement immédiat.

Le sou que nous demandons chaque mois paraît bien peu de chose, mais ce que rapportent tous ces sous réunis sera considérable. Ne comptons que sur dix millions de personnes, nous aurons par année un total de six millions de francs. C'est peu de chose, dira-t-on, quand on compare la somme aux besoins qui se produiront. Non pas. Cette somme, bien répartie et distribuée en espèces, sera en outre un puissant auxiliaire à la charité qui nous entoure, et, loin de réduire ses ressources, ne fera que les accroître.

Cette somme servira à faire des rentes à des veuves chargées d'enfants ;

Aux vieillards incapables de pourvoir à leur existence.

Elle viendra en aide à de pauvres débiteurs qu'une saisie réduirait à la mendicité.

Elle secourra aussi des ouvriers sans travail ou incapables de travailler.

Ajoutez l'effet moral produit par cette association, et l'on comprendra qu'elle peut avoir d'immenses résultats.

Aussi c'est seulement sous le patronage de l'Église que nous avons cru qu'elle pouvait se réaliser. C'est du haut de ses chaires que devra descendre la voix qui demandera cette souscription volontaire à laquelle nul ne se refusera.

L'Église et l'autorité civile nommeront les collecteurs, fonctions gratuites de confiance que nombre de personnes seront heureuses de remplir.

Ces collecteurs, dont le nombre dépendra de l'importance de la ville, se rendront tous les 25 de chaque mois dans les maisons pour réclamer la faible somme susdite. Après avoir réuni leurs collectes, ils les remettront entre les mains du maire de leur commune ou arrondissement, qui à son tour les enverra au maire

du chef-lieu, qui enfin les enverra directement au siége de la Société.

Tel est sommairement l'exposé de notre projet.

Ce projet aura pour effet, nous l'espérons, de faire disparaître à tout jamais cet axiome de l'égoïsme qui n'est pas français : *Chacun chez soi, chacun pour soi*. A ces paroles, nous voudrions substituer celles de saint Jean : *Mes petits enfants, aimez-vous bien les uns les autres*, en y ajoutant : Aidez-vous, associez-vous par la charité sur cette terre, où Dieu vous a placés pour vivre en frères après vous avoir pétris du même limon; associez-vous dans la charité avant que la justice divine s'abaisse sur vous; liez-vous par l'aumône; que le sou du pauvre se mêle à celui du riche, qui, plus tard, aura peut-être besoin aussi qu'on l'assiste, et que cette confrérie générale soit l'aveu tacite de l'instabilité des fortunes, la communion fraternelle dans la mutualité de la charité.

Cet ouvrage intitulé : *Projet d'assistance générale et mutuelle*, était dédié à S. E. Mgr Morlot, archevêque de Paris. Bien que S. E. ait approuvé et encouragé cette idée lorsque j'allai la lui soumettre, elle ne s'en est pas occupée encore, que je sache; mais cela se comprend. Pourquoi suis-je un laïque!... la charitable, la juste, l'impartiale Église, peut-elle s'intéresser à une idée, quelque bonne et utile qu'elle soit, si elle n'a pas trouvé naissance dans son sein?...

Ce projet, cependant, comme on a pu en juger, est simple et très-réalisable. Il n'y a qu'à vouloir, c'est là le difficile. Ils sont rares, ceux qui de nos jours ont de la volonté.

Ayez une idée : faites-en part aux personnes que vous croyez capables de vous donner un conseil. Eh bien! quatre-vingt-dix-neuf sur cent, si elles aperçoivent le moindre point qui puisse mettre entrave à la réalisation de votre projet, déclareront aussitôt, — sans se donner la peine d'approfondir le sujet, pour voir si l'obstacle qu'ils ont rencontré peut-être surmonté, — que votre idée est impossible à mettre en pratique, que c'est une utopie, que c'est travailler en vain, et autres encouragements de cette sorte.

Telles sont les réponses de la plupart de nos amis.

Vous allez croire, d'après cela, que les personnes qui vous sont inconnues, ne daigneront seulement pas jeter les yeux sur votre ouvrage : vous vous trompez. Lors de la publication de mon *Projet d'assistance générale et mutuelle*, je fus surpris de me voir adresser des éloges dans les journaux par des écrivains que je ne connaissais guère que de réputation. Les journalistes de mes amis, qui s'étaient tus d'abord, voyant que leurs confrères avaient pris l'initiative, suivirent leur exemple, — ces moutons de Panurge, — et c'est de cette manière que mon ouvrage a eu un retentissement que je n'espérais pas.

L'initiative est une perle si difficile à trouver à notre époque, qu'on ne saurait trop louer ceux qui en possèdent.

A mes yeux, les imitateurs ont moins de mérite que s'ils se taisaient.

C'est donc avec bonheur que j'adresse ici de sincères remercîments à MM. le docteur Lunel, notre savant rédacteur en chef, Coutant, gérant de la *Critique morale*, d'Audigier, rédacteur de la *Patrie*, d'Artenay, du *Messager de Paris*, Lomon, de l'*Aigle*, de Toulouse, etc., etc.

Ces remercîments ne sont pas pour les éloges plus généreux que mérités que ces écrivains ont bien voulu m'accorder, mais pour l'empressement avec lequel ces gens de cœur, ces véritables amis de l'humanité ont mentionné et même développé un Projet « simple et grandiose tout à la fois, comme l'a dit M. Coutant, simple, car il s'agit d'un sou par mois; grandiose, car il s'étend à toute la France, aux riches comme aux pauvres. »   ALFRED SIRVEN.

MNÉMOTECHNIE (du grec *mnémé*, mémoire, et *techné*, art.) — Art de faciliter les opérations de la mémoire. Synonyme de mnémonique (voir ce mot). Parmi les moyens imaginés pour aider la mémoire, le plus remarquable est celui qui permet de retrouver les dates et les chiffres en général, par la transformation de ceux-ci en lettres, dont on fait des mots qui s'incorporent dans des phrases rappelant l'objet qu'on veut connaître ; c'est un système combiné de nombres et de mots dont voici les éléments.

0	1	2	3	4	5	6	7	8	9
s	t	n			l	j	k	f	p
z	d	gn	m	r	ll	ch	g	v	b

On fait remarquer les relations ci-après :

s se compose de deux demi zéros, et *z* est une consonne sifflante comme *s* ;

t est formé par un trait droit, comme 1, et *d* est une dentale comme *t* ;

n a deux jambages, et *gn* est une nasale comme *n* ;

m a trois jambages ;

r, s'il était renversé, ressemblerait à un 4 manuscrit ;

l majuscule se commence comme le 5 manuscrit ;

j présente, comme le 6, une boule au bas et une queue en haut, *j* et *ch* sont des linguales ;

k et 7 ont tous les deux de l'analogie avec une potence, *k* et *g*, consonnes gutturales ;

f et 8 sont, l'un et l'autre, composés de deux boucles; *v* est une soufflante, comme *f* ;

p a, aussi bien que le 9, une boule en haut et une queue en bas, *p* et *b* sont des labiales.

On forme des mots avec ces lettres en y ajoutant des voyelles.

Les consonnes sonores sont seules comptées, et c'est leur prononciation qui en détermine la valeur ; exemple :

agneaux,	agnus,	bon,	bonne,	bout à bout,	cacis,
2	720	9	92	919	700

cadre,	cassés,	cèdre,	chélidoine,	cheminée,	exemple,
714	70	014	7512	632	7095

fixe,	plomb,	puits,	sexe.
870	95	9	070

Les deux vers suivants donnent tous les chiffres dans l'ordre numérique.

C'est un ami relâché qui va bien.
0 1 2 3 45 6 7 8 9

Et Zoé dignement raille au jeu gars fait pot.
0 1 2 3 4 5 6 7 8 9

On a fait un dictionnaire qui donne tous les mots correspondant aux nombres ; en voici un spécimen.

0 aise, aisé, anse, as, assez, ce, c'est, hausse, onze, ose, osé, sa, se, ses, soi, son, sot, suie, usé, etc.

1 aide, aider, atteint, attend, de, doigt, don, du, hâte, huit, ode, ôté, ta, tes, toi, ton, tu.

2 aîné, aisne, âne, année, ânon, aune, haine, une, uni, unis, union.

3 aime, aimé, âme, ami, émis, homme, hume, iman, omis.

4 air, art, ère, hère, hors, hure, ire, or, rat, ré, ris, roi, rôt, rue.

5 ail, aile, allée, allez, elle, il, île, la, le, l'eau, les, lit, lot, lu, lue, lui.

6 ache, âge, âgé, agi, ange, auge, chat, chaud, chaux, chien, hache, huche, j'ai, je, jeu, joie, joue, jouer.

7 aga, cas, coin, coup, cuit, gand, goût, gueux, quand, que, qui, quoi, qu'un.

8 afin, avait, avant, avent, effet, enfant, enfin, envie, envieux, envoi, faim, fait, fin, foi, fond, fou, fuit, va, veau, vin, voit, voix, vu.

9 abbé, ambe, appas, appui, aube, bas, beau, bien, boa, bon, bu, pain, pan, pays, pin, poids, poing, point, puits.

00 assassin, assises, cesse, cessé, saisi, saison, science, suisse.

01 cette, santé, saute, sente, séton, souhaite, soute, suite.

02 assignat, houssine, sanie, signé, soigné, sonné, zone

03 assommé, azime, cime, somme.

.. ....

10 danse, d'ici, dix, dose, douce, hôtesse, tasse, tasseau, tousser.

11 attente, atteinte, date, datte, dot, doute, entendu, entente, étendue, tante, tonte, toute.

12 adonné, damné, dîné, donnait, entonné, étonné, tonne, tonneau.

13 admet, admis, atome, dame, démon, dîme, dôme, Edmond, entamé, étamé, idiome, intimé, t'aime, Thomas, timon, tome.

14 adoré, auteur, autour, dire, doré, dur, durant, étroit, hêtre, huître, odeur, odorant.

15 étoile, taille, tuile.

.. ..

000 saisissez, saisissons, sensation.

001 assister, cécité, sieste, zeste, etc.

En complétant ce dictionnaire (ce qui serait facile au moyen d'un vocabulaire français ordinaire, on commence par préparer du papier sur lequel on met, dans la marge, tous les chiffres de zéro à mille ou plus, puis on inscrit, en suivant sur le vocabulaire, chaque mot à la suite du nombre qu'il représente), on y trouverait les mots dont on aurait besoin pour faire des formules comme celles qui suivent.

La date de la création du monde se perdrait dans la suite des temps, si les savants n'avaient pu la *ressaisir* ; 4004.

Lors du déluge mythologique, Deucalion et Pyrrha se sauvèrent seuls *dans la nef* ; 1528.

Noé, construisant son arche, passait aux yeux de bien des gens, pour *un homme rêvant* ; 2348.

Abraham est appelé, sous la condition de ne jamais faire *de peine à Dieu* ; 1921.

En promulguant la loi, Moïse sert à Dieu de *trompette* ; 1491.

Quand il dédia le temple au Seigneur, Salomon était animé *d'un saint zèle* ; 1005.

L'enthousiasme pour les lois de Lycurgue ne fut à Sparte qu'un *feu follet* ; 885.

Aux jeux qui marquaient les Olympiades, auraient brillé Castor et Pollux, sortis d'une *coquille* ; 775.

Ruine du royaume d'Israël, dont la piété n'était plus aussi *active* ; 718.

Les lois de Solon étaient faites, plus que celles de Dracon, pour un peuple *libre* ; 594.

Babylone essaie de lutter contre Cyrus, *il la lie* ; 555.

Fin de la captivité de Babylone qui, de Jérusalem, punit *les méfaits* ; 538.

Lois de Confucius, dont l'obscurité charmerait *les Manceaux* ; 530.

Léonidas, sommé de rendre ses armes, *refuse* ; 480.

Dans les proscriptions de Marius, nombre de dames romaines *sont veuves* ; 088. Le zéro qui précède les autres chiffres, indique les années avant Jésus-Christ.

Sertorius se retire en Espagne, où il doit braver les efforts du peuple *souverain* ; 084.

Pharamond voit dans la Gaule son *règne assis* ; 420.

Le récit du désastre de Lisbonne arrache des larmes *à qui le lit* ; 755. Cet événement date de 1755 ; mais une erreur de dix siècles n'est pas supposable, ce qui permet de ne rappeler que les trois derniers chiffres.

Quand les formules doivent être classées par ordre de numéro, on introduit, dans la première phrase, un mot de rappel qui indique le rang de chacune. Le tableau ci-après comprend cent de ces mots, dont on retrouve facilement la valeur, parce qu'ils résultent d'une combinaison de substantifs et d'adjectifs qui ont du rapport entre eux. La première consonne de chaque mot de la première ligne et de la première colonne, en indique le rang. Ainsi on met pour :

0 Héros.
1 Temple.
2 Animal.
10 Église (temple saint).
11 Loge (temple terrible).
20 Bœuf (animal saint). Le bœuf était adoré en Égypte.
27 Eléphant (animal carré). En Asie on charge l'éléphant d'une tour carrée.
46 Sardanapale. Ce roi, ayant été vaincu par Arbaces, s'est brûlé avec ses femmes et ses trésors.
47 Bajazet. Enfermé par Tamerlan dans une cage carrée.
56 Boa (lien chaud), fourrure.

71 Tauride (coin terrible). On y immolait les voyageurs.

91 Mancenillier. Son ombre donne la mort.

100 Sang.

	0	1	2	3	4	5	6	7	8	9
0 Héros	Saint	Terrible	Nu	Malheureux.	Rond	Long	Chaud	Carré	Froid	Petit
1 Temple	Église	Loge	Ruine	Ermitage	Dôme	Babel	Chapelle ardente	Bourse	Catacombes	Oratoire
2 Animal	Bœuf	Tigre	Grenouille	Âne	Hérisson	Serpent	Salamandre	Éléphant	Ours blanc	Ciron
3 Mets	Communion	Poison	Volaille	Pain bis	Fromage	Saucisse	Potage	Chocolat	Sorbet	Petits pois
4 Roi	David	Néron	Jean sans Terre	Priam	Louis le Gros	Philippe le Long	Sardanapale	Bajazet	Pierre le Grand	Pépin le Bref
5 Lien	Vœux	Serment	Ceinture	Mauvais ménage	Corde à pendre	Câble	Boa	Collier de forçat	Chaîne	Chaîne de montre
6 Jeu	Musique	Guerre	Lutte	Loterie	Boules	Paume	Main chaude	Échecs	Boules de neige	Petits jeux
7 Coin	Terre Sainte	Tauride	Arabie Déserte	Barbarie	Monde	Italie	Afrique	Espagne	Sibérie	Sardaigne
8 Fruit	Manne	Fruit défendu	Pêche	Pomme de terre	Citrouille	Asperges	Marrons	Figues en caisses	Concombres	Groseille
9 Pommier (arbre)	Olivier	Mancenillier	Mât	Croix	Oranger	Peuplier	Buisson ardent	Poutre	Sapin	Myrthe

CHRONOLOGIE DES ROIS DE FRANCE.

La première expression soulignée de chaque formule indique le rang du roi dans la nomenclature générale ; la seconde est un paronyme de son nom et de son numéro dans la série particulière ; la dernière fait connaître la date de son avénement : le surnom est donné quand il y a lieu à la suite du nom.

A voir clair dans un *temple* sans *phares* (cierges), il faut *renoncer*. 1. Pharamond. 420.

Plus d'un *animal* immonde dans les *clos d'eau règne gai*. 2. Clodion. 427.

Parmi les *mets* brillent *mes rôts* que la cuisson n'a pas trop *raréfiés*. 3. Mérovée, 448.

Un *roi* en *déroute* et un *roi léger*. 4. Childéric Ier. 456.

Un *lien* indissoluble attache au *whist* le joueur qui a un *air avide*. 5. Clovis Ier. 481.

Au *jeu* souvent celui qui avait *deux bottes* les perd, et avec elles, ce qui lui couvre *la tête*. 6. Childebert Ier. 511.

Dans un *coin* celui qui envoie sous le *tertre* pour nettoyer ses mains *les lave*. 7. Clotaire Ier. 558.

Quel *fruit* retiraient les navigateurs quand leur audace dans le gouffre de *Charybde les jetait*. 8. Caribert. 561.

Un *pommier* est pour son propriétaire une *perte* si cet arbre ne soutient pas du vent *le choc*. 9. Chilpéric Ier. 567.

Une *église terne* est éclipsée par *le Louvre*. 10. Clotaire II. 584.

Une *loge* conserverait la *date* de la réception du philosophe de *Genève*. 11. Dagobert Ier. 628.

Dans les *ruines* en France, la statue de *Wisnou* ne s'est *jamais vue*. 12. Clovis II. 638.

Un *ermitage* est le *terme* où aspire l'anachorète qui s'y voit avec *joie logé*. 13. Clotaire III. 656.

Un *dôme* est fait en *dernier*, et l'on doit craindre qu'il ne termine l'édifice d'une manière *choquante*. 14. Childéric II. 674.

Le plaisir de raconter la mésaventure de la tour de *Babel* n'eût pas été pour *Tite-Live* un sujet de chagrin. 15. Thierry Ier. 674.

Pour n'avoir rien à craindre à l'époque où tu seras déposé dans la *chapelle ardente*, *vis au mieux* et ne ressemble pas aux *gens pendus*. 16. Clovis III. 691.

Celui qui s'est ruiné à la *Bourse*, au lieu d'avoir *deux bonnes* est réduit à mendier en disant son *chapelet*. 17. Childebert. II. 695.

Le peintre enfermé dans les *Catacombes* se *damne* et maudit les antiquités qui, naguère, le *contentaient*. 18. Dagobert II. 711.

Dans un *oratoire*, tout homme, *père ou non*, ne doit commettre aucun *délit*. 19. Chilpéric II. 715.

Le *bœuf* a raison d'éprouver de la *terreur* quand il est *caduc*. 20. Clotaire IV. 717.

Tigre, quelle fureur est la *tienne*? Tu ne respectes pas plus un homme *qu'un oiseau*. 21. Thierry II. 720.

La *grenouille* a le *derme* peu *garni*. 22. Chilpéric III. 742.

L'*âne* porte le fumier qui fait croître les *pépins* sur les *collines*. 23. Pépin. 752.

On n'a pas besoin de dire au *hérisson* : voici la *chatte, cachez-vous.* 24. Charles I⁰ʳ. 768.

Par un autre dard que celui d'un *serpent* on vit le *loup tué* lorsque par lui de l'arc la corde *fut tirée.* 25. Louis I⁰ʳ 814.

(La Fontaine. *Le loup et le chasseur.*)

La *Salamandre* serait moins promptement qu'un *chat nain chauve*, brûlée dans l'élément *vorace.* 26. Charles II. 840.

L'*éléphant* n'aurait pas fait mettre le *loup nu*, pour se venger de lui ; il eût balbutié une excuse, comme un *bègue*, au lieu d'imiter le renard qui était un *fin coquin.* 27. Louis II. 877.

Les cigognes étant rares près du pôle, un *ours blanc* n'aurait pas eu la ressource du *loup muet* par qui un *carlin fut gobé.* 28. Louis III et Carloman. 879.

Un *ciron* qui voudrait manger un *carlin seul* serait un *fou fini.* 29. Carloman. 882.

On fait sa dernière *communion* avec *chagrin* quand on va cesser de *vivre.* 30. Charles le Gros. 884.

C'est un *poison* que les *œufs* dans lesquels un poulet commence à se *vivifier.* 31. Eudes. 888.

Ce n'est pas une *volaille* qu'il faut au *chameau simple*, un peu de fourrage lui *vaut bien mieux.* 32. Charles III. 893.

L'homme qui se nourrit de *pain bis*, engagé à manger du *rôti* trouve l'invitation *bénigne.* 33. Robert I⁰ʳ. 922.

Dans la poussière aucun *fromage* ne *roule impunément.* 34. Raoul. 923.

Une *saucisse* n'est pas pour l'homme *lourd d'outremer* un *bon manger.* 35. Louis IV. 936.

Voler une cuiller à *potage* pour mettre à la *loterie*, a mené plus d'un coupable au *pilori.* 36. Lothaire. 954.

Celui qui mange tranquillement du *chocolat* ne s'inquiète pas des fatigues du *loup bas* ; il fait le *fainéant* et n'en est *pas fâché.* 37. Louis V. 986.

La Seine offrit de tristes *sorbets* aux *huguenots* qui avaient quitté le *bivac.* 38. Hugues. 987.

Celui qui est assez riche pour vivre de *petits pois*, dans le *Rhône* peut *pêcher.* 39. Robert II. 996.

David avait un fils *entier* qui voulait prendre son *manteau.* 40. Henri I⁰ʳ. 1031.

Par *Néron*, on vit plus d'un *fil teint* (de sang) et plus d'un sénateur *sans chaise.* 41. Philippe I⁰ʳ. 1060.

Jean sans Terre eut une conduite *louche*, et, comme Hérode, il eut en *gros* fait périr *des enfants.* 42. Louis VI. 1108.

Priam, s'il eût vécu, aurait été le *loup gueux*, à qui, dès son *jeune âge*, *tout manquait.* 43. Louis VII. 1137.

Louis le Gros ayant de la liberté le *fil noué* (par l'affranchissement des communes) fut appelé *Auguste sans division.* 44. Philippe II. 1180.

Philippe le Long avec ses grandes jambes eût pu éviter *louve et lion* ; sur ce point on est *unanime.* 45. Louis VIII. 1223.

Sardanapale souffrit plus que si on lui eût retiré une *loupe*, ce qui, pour un *saint*, n'eût pas été une *niche.* 46. Louis IX. 1226.

Bajazet, si sa cage avait été de *fil mou*, eût été as-

sez *hardi* pour la briser ; mais elle ne *cassait.* 47. Philippe III. 1270.

Pierre le Grand, à l'aide d'un *fil rond* (du fil d'un collier de perles) donnait à sa *belle* de ses *nouvelles.* 48. Philippe IV. 1285.

Pépin le Bref eût donné, aussi bien que le cheval, un coup terrible au *loup déçu*, qui, loin de faire le *mutin*, eût reconnu son *maître.* 49. Louis X. 1314.

Quand on a fait ses *vœux*, le goût des *jantes* (des somptueux équipages) est *mitigé.* 50. Jean I⁰ʳ. 1316.

Un *serment* comme un *fil long* pour un temps très-long *m'attache.* 51. Philippe V. 1316.

Avec sa *ceinture* flottante, Vénus sur son *char* était belle et mignonne. 52. Charles IV. 1322.

Dans un *mauvais ménage* embrouillé comme un *fil joint* sans *valeur*, on invente des *mots nouveaux.* 53. Philippe VI. 1328.

Une *corde* aux colonies suspend des *gens nus*, les uns *bons*, les autres *malicieux.* 54. Jean II. 1350.

En guise de *câble* un *schall* servit à une fille *sage* qui ne craignait pas de gâter son *mouchoir.* 55. Charles V. 1364. (Anecdote de la Vestale qui échappe au supplice en remorquant, à l'aide de sa ceinture, un navire engravé dans le Tibre.)

Pour mettre en fuite un *boa*, on ne se contenterait pas de crier *chat ! chat !* sans quoi on ne sauverait pas sa *bien aimée* de cette bête si *mauvaise.* 56. Charles VI. 1380.

Si l'on punissait les grands voleurs comme les petits, du *collier de forçat*, presque *chaque victorieux* pourrait dire : *ornez-nous.* 57. Charles VII. 1422.

La *chaîne* parut au *loup tenté* une chose à *rejeter.* 58. Louis XI. 1461. (La Fontaine, *le loup et le chien*.)

Paré d'une *chaîne de montre*, un *chafouin revient mieux.* 59. Charles VIII. 1483.

Il eut tort de chercher à faire de la *musique*, le *loup tenu* berger, et qui, voulant se faire passer pour le *père du peuple* mouton, chercha à se débarrasser de sa *robe en vain.* 60. Louis XII. 1498. (La Fontaine. *Le loup devenu berger.*)

On prend à la *guerre* un *franc ton* autre que celui qu'enseignent les *pères des lettres*, à ceux qui les ont *longtemps lus.* 61. François I⁰ʳ. 1515.

L'homme fort à la *lutte* éprouve souvent un violent *ennui* en lisant les poëtes *lyriques.* 62. Henri II. 1547.

Celui qui met à la *loterie* est un *franc niais* ; il ignore qu'on voit rarement la mise par *le lot payé.* 63. François II. 1559.

Le jeu de *boules* sied mieux à celui qui porte la *chape* que la *chasse.* 64. Charles IX. 1560.

De la *paume*, on revient avec un *œil en moins*, si l'on est atteint par une balle venant d'une certaine *longueur.* 65. Henri III. 1574.

Qui dira que lorsqu'à la *main chaude*, en riant, on donne un *grand coup*, *l'on fait bien.* 66. Henri IV. 1589.

Tenant l'agneau en *échec*, le *loup démon* fut peu *juste* et peu *judicieux.* 67. Louis XIII. 1610. (La Fontaine, *le loup et l'agneau*).

Dans la saison des *boules de neige*, une coiffure de

loutre à *grands* bords nous *charme.* 68. Louis XIV. 1643.

Victime d'une mystification semblable à celle des *petits jeux*, le *loup dans l'eau* maudit le renard *cauteleux*. 69. Louis XV. 1715. (La Fontaine, *le loup et le renard.*)

Le maître de la *Terre-Sainte* ne traite pas les pèlerins comme le *loup touché* par les prières du chien maigre, avec lequel il croyait ne pouvoir dîner *qu'au quart*. 70. Louis XVI. 1774. (La Fontaine.)

Aussi perfide que les habitants de l'ancienne *Tauride*, un *loup taquin* traîna le renard par devant le singe, en disant : je veux *qu'on paie moi*. 71. Louis XVII. 1793. (La Fontaine.)

Dans une des villes de l'*Arabie déserte* on voit un *Apollon* sur la place nommée du grand *Visir*. 72. Napoléon. 1804.

Si, en *Barbarie*, on rencontre aussi des *loups dévots*, ce n'est pas moi qui les *vanterai*. 73. Louis XVIII. 1814.

Si le *monde* n'avait pas de souris, on verrait les *chats déçus* et leur race près de *finir*. 74. Charles X. 1824.

En *Italie* il y a aussi des *loups filous*, quoique ce soit une contrée *fameuse*. 75. Louis-Philippe. 1830.

L'*Afrique* présente des ruines qui rendraient *Apollon muet*, s'il lisait la triste description qu'en donne *Volney*. 76. Napoléon III. 1852.

Le fait le plus extraordinaire de la mnémotechnie, c'est qu'on soit parvenu à mettre en formules le rapport de la circonférence au diamètre, avec cent vingt-sept décimales, de sorte qu'une demi-heure d'étude suffit pour apprendre tous ces chiffres dans leur ordre, et dire, sans se tromper, quel est le 30ᵉ, le 65ᵉ, le 100ᵉ, etc. Voici ces formules :

Si l'on te permet de mettre en prison le *héros* qui t'a volé ta
Montre, tu le peux nicher là,

Qui oserait aller dans le *temple* répondre à celui qu'on y adore, disant :
Ma loi vaut bien qu'on paie mieux ; non ma foi.

On vous verrait, en présence d'un *animal* furieux,
Riants jeunes gens, remuer moins vos mines.

Vous devriez craindre, en humectant trop vos *mets*,
Qu'un polisson ne vous fît retomber.

La couronne d'un *roi* peut dire à un bourgeois : Crois-tu
Que ton chapeau moins pompeux m'égalait ?

On ne peut dire à l'enragé qu'on charge de *liens* :
Ta salive ne s'est pas corrompue.

Faisant la chasse autrement que comme *jeu*, le laboureur dit :
Rends, rends, lapin, nos moissons ; qu'en fais-tu ?

Caché dans un *coin* pour entendre Virgile de plaisir
J'ai ri, ses chants n'ont fâché nos savants.

Si nous refusons de leur vendre des *fruits*, nous pouvons regarder comme une chose qui
Peut bien fâcher nos voisins, maint refus.

Donnant une sérénade sous un *pommier* pendant la
Nuit l'amoureux n'entendait que ses chants.

Sixte V, te voyant chef de l'*Église*, après ne t'avoir cru
Que peu finaud, tes rivaux sont fâchés.

Pour être reçu dans une *loge*, on promet de se bien conduire ; mais souvent cette envie on
La témoigna vainement sans danger.

Détruit par l'intempérie des saisons, un édifice en *ruines* peut dire : voilà un
Air qui sait bien me faire enrager.

La manière de faire parcourir au cavalier en soixante-quatre sauts, toutes les cases de l'échiquier est donnée par les formules suivantes, dans lesquelles on suppose que les cases sont numérotées comme ci-dessous ; chaque formule a un mot de rappel qui la rattache à la précédente.

11	12	13	14	15	16	17	18
21	22	23	24	25	26	27	28
31	32	33	34	35	36	37	38
41	42	43	44	45	46	47	48
51	52	53	54	55	56	57	58
61	62	63	64	65	66	67	68
71	72	73	74	75	76	77	78
81	82	83	84	85	86	87	88

Euler s'étant occupé de ma marche
Dédaigner mon talent n'est qu'un rêve choquant.

Il a fait un beau *rêve*, celui qui disait que
Fief engorgé fera gagner l'homme au château.

Quand on est dans un *château* royal on peut dire :
Reine, n'as-tu, dis-moi, nulle attaque ? ma foi !

Comme il avait encore de la *foi*,
Le gueux qui vous fâcha chez lui, rougit marri.

Un *mari* studieux, s'écrie :
Lulle à moi, jour heureux ! l'ange me le lira.

La mère de Ninon, ayant apparu à sa fille sous la figure d'un *ange*,
Ma mère, a dit Ninon, tu renais, je te vois !

Le cœur de *Ninon*, si précieux,
Maint gueux l'avait conquis, voilà comme on fait tout.

Et pourtant ce *gueux*
Je ne vaux mieux que lui, vu que je vous requis.

Nous avons *requis* tous nos voisins pour cueillir le raisin, car
Nos vendanges n'auront donné moins dans l'année.

Aux courses de chaque *année*, je m'écrie :
Que de juments ! venez, courons, j'échouerai là.

J'aime mieux le vaudeville que l'opéra, et *là*
Je rirai moins, les dieux m'ennuient.

DATES DE NAISSANCE ET DE DÉCÈS DES PERSONNES REMARQUABLES.

Alexandre est surnommé le Grand *sans mélange*, et pourtant on n'approuve pas toujours *ses manières* (né 0356 mort 0324).

Quand Amyot travaillait si *douillettement* à Daphnis et Chloé, on pourrait s'étonner qu'un évêque traduisit un *tel poème* (né 1513, mort 1593).

Benserade en traduisant les Métamorphoses a dit : *Je donne en jeu Ovide* (né 1612, mort 1691).

Bernard, dans sa poésie plus *que douce* est plus *que galant*.

De Boileau les *jeux méchants* de l'enfance faisaient prévoir que de la critique c'était un *candidat*.

Copernic trouve l'astronomie trop *reculée*, il observe les planètes et à leur place il les *remet*.

Quoique Corneille soit Normand, il n'est pas que *je sache*, de ceux qu'on suspend avec *du chanvre*.

A Cuvier il ne fallait *qu'un jambon* pour savoir si un animal était masculin ou *féminin*.

De Candolle, dans sa théorie de la Botanique, indique le caractère *qui convient* le mieux dans chaque plante pour connaître sa *vertu*.

Alexandre de Humbold pouvait être en naissant aussi novice *qu'un chapon*; mais, plus tard, son savoir s'est bien *développé*.

De Jussieu, *qui a refait* la Botanique, a divisé les plantes en *familles*.

Joseph de Maistre avait peu de *calme* et beaucoup de *vanité*.

La doctrine d'Epicure peut être *aisément reniée* et celle de *Sénèque aussi*.

Fénelon a fait un livre *joli en tout* qui est généralement *goûté et lu*.

Franklin, *qui se jouait* de la foudre, l'avait *décomposée* (né 1706, mort 1790).

Galilée n'a pas trouvé *légère* la condamnation qui lui faisait passer en prison de tristes *journées*.

Hahnnemann, dans la doctrine *qu'il a louée*, est toujours resté *ferme*.

Lavoisier, qui *résout* le plus grand problème de chimie, a été victime de la révolution et a péri dans la *gabare*.

Hudson Lowe a un nom *cocasse* et qui *fait rire*.

Marsh a imaginé un appareil *qui fit bien* dans le procès La *Farge*.

Molière, dès sa *jeunesse*, avait une conversation qui dévoilait son avenir à *chaque mot*.

Néron qui était né *méchant* aurait dû mourir sur un *échafaud*.

La naissance de Newton a été une bonne *journée* pour ceux qui aiment le calcul des sections *coniques*.

Philidor, que personne ne traite de *ganache* aux échecs, a, pour sa musique, excité plus d'une *cabale*.

Polignac, après avoir rendu les fameuses ordonnances *qui faisaient* perdre au peuple sa liberté, a voulu s'échapper en changeant *de frac*.

Roquelaure peut dire : J'ai *chatouillé* l'imagination de bien des gens par les sottises que j'ai *vomies*.

Dans J.-J. Rousseau ce *qui étonne*, c'est que pour tous les sujets il a le style *qui convient*.

Scarron, ta naissance voulait que *tu chantasses* et ta mort voulait que *tu changeasses*.

Sénèque était né *sage* et c'est Néron qui nous l'a *ravi*.

Villon sut le premier *remonter* l'art confus de nos vieux qui *rabâchent*.

Virgile, qui *s'accuse* de n'avoir pas fini l'Enéide, a cependant des beautés dignes d'Homère, et sous ce rapport, il ne lui *cède point*.

Voltaire, dans sa jeunesse, pouvait avoir les formes arrondies, mais par la suite elles *échappèrent* et devinrent *concaves*.

DATES DE DÉCOUVERTES ET D'INVENTIONS.

L'invention des Aérostats parut fournir un moyen heureux de voyager; mais, voyageur peureux, une voiture moins élevée *te convient mieux* (1783).

La première fois qu'on se trouve dans un Panorama, on ne sait *qu'en penser* (1790).

On peut dire aux Betteraves dont on se sert pour faire le sucre, nous voulons *vous sucer* (1800).

La Lithographie permet de reproduire tous les traits *du visage* (1806).

Pour aller vite la Sténographie est la seule écriture *qui convienne* (1782).

La Vaccine est, contre la variole, le meilleur remède qu'on ait pu *composer* (1790).

Le Chloroforme a été inventé pour nous *faire cois* (1847).

Pour épuiser l'air, la Machine pneumatique est plus puissante qu'un *chalumeau* (1653).

La découverte du cap de Bonne-Espérance n'a pu se faire qu'en s'approchant *du rivage* (1486).

Etablissement en France des *Tribunaux* (1492).

Les montres se font *dans la Suisse* (1500).

Le Microscope solaire fait voir un cheveu aussi gros *qu'un roseau* (1740).

Pour l'éclairage on a le Gaz *qui est bien bon* (1799).

Avec un Paratonnerre on doit se *calmer* (1753).

Par suite des dépenses occasionnées par la construction du château de Versailles, on voyait le peuple *déjà fâché* (1686).

Holopherne meurt pour s'être dit en voyant Judith : *le sang juif est beau* (0689).

L'inventeur du Canon devait avoir *des mains rouges* (1346).

L'invention de l'Imprimerie a permis à beaucoup de poètes *de rimailler* (1435).

Dans l'église Notre-Dame de Paris, *tout est joli* (1165).

PESANTEURS SPÉCIFIQUES A 4 DÉCIMALES.

Celui qui s'asphyxie par l'*Acide carbonique*, peut-être du suicide *a-t-il une bosse* (1,5290).

En *Acier* sont les serpettes *qui vendangent mieux*.

La pesanteur de l'*Alcool* est aussi utile à connaître que *ses combinaisons.*

L'*Antimoine* a été fatal au premier qui a dit : *Je connais ceci.*

L'*Argent* est recherché par maint homme qui, pour en posséder, *désire un crime.*

L'*Arsénic* est un poison, ceux qui en prennent *vomissent vingt sceaux.*

L'*Azote* nous tue, on lui ordonnerait en vain de *se bien conduire.*

Le *Corail* n'irait pas bien, mêlé à *nos cheveux sans soin.*

Le *Cristal* Palace est *une jolie maison.*

Le *Cuivre fondu* est réduit à cet état par un *feu qui fait fusion.*

Le *Diamant* est une vanité qui n'est pas *mal aimée des sots.*

Sur l'*Eau de mer,* la boussole *désigne un chemin.*

L'*Eau est distillée* par un feu qui est *dessous sans cesse.*

Remplacer l'*Etain* par un autre métal pour étamer, ce n'est *qu'une bétise.*

L'*Ether,* dans les syncopes, n'est pas *ce qu'on délaisse.*

Le *Fer fondu* ne redoute *aucune section.*

C'est la *Glace* qui enrhume et rend *si peu musicien.*

Sous un *Hétre* Tityre enfle son chalumeau d'un *souffle innocent.*

L'*Huile de lin* adoucit les douleurs d'entrailles de celui qu'on voit par des *soubresauts mu.*

L'*Huile d'olives* est bonne, *aussi peut-on l'aimer.*

Pour avoir un *Hydrogène* le poids d'un litre d'air, il en faudrait deux fois *seize chopines.*

Le *Lait* qu'on donne aux enfants criards est du goût de *ces musiciens.*

Le *Liége* saute au plafond par la force du vin qui rend plus d'un grand *seigneur insensé.*

Le *Marbre de Paros* dit : Je suis de la chaux et personne ne veut *me gâcher.*

Le *Mercure* porte le nom du dieu des voleurs qui veulent *du mal aux biens voisins.*

L'*Opale* a des couleurs variables que plus d'un peintre *ne sait pas nuancer.*

L'*Or* est fusible; mais avec beaucoup *de peine il est fondu.*

Attendez-moi sous l'*Orme,* dit-on à quelqu'un quand on trouve *ses vœux insensés.*

Quand l'*Oxygène* se dégage de l'eau on peut lui dire : *Tu te sens léger.*

Une *Perle* est dissoute entre les mains de Cléopâtre et Marc Antoine en boit comme un *nigaud la sauce.*

Le *Platine* est précieux; mais sa rareté et la difficulté de le travailler *nous nuisent, je pense.*

On fait en *plomb fondu* des cavaliers qui ont des *dadas mal animés.*

Le *Tilleul* a une fleur dont il est ordinaire que la tisane *sans joie soit reçue.*

La *Vapeur de l'arsénic* est *dix, je sais ceci.*

La *Vapeur d'eau se joue en nuées molles.*

Le *vin de Bordeaux* au dessert est trouvé, après tous *ces bonbons, moins bon.*

Le *vin de Bourgogne* est *sain bu en bouteilles.*

On peut mnémoniser de la même manière la population des villes, des départements, des capitales ; les distances des villes entre elles, leur latitude et longitude, la hauteur des montagnes et des principaux édifices, en un mot, partout où il y a des chiffres, il est facile de construire des phrases mnémoniques pour se les rappeler. Le système des paronymes dont on a vu l'application à la chronologie des rois de France, s'adapte aussi aux classifications scientifiques, notamment à la botanique, au code civil, etc. : voir à ce sujet l'ouvrage d'Aimé Paris. Enfin, chacun peut se faire des formules pour ses besoins particuliers, comme pour des adresses, et pour tout autre fait auquel il s'intéresse.   Gossart.

N

NEPTUNE (astronomie). — Planète découverte le 23 septembre 1846, par M. Galle, de Berlin, d'après les renseignements qui lui avaient été fournis par M. Leverrier. Neptune est la plus éloignée de toutes les planètes, sa distance moyenne au soleil est de 4,600 millions de kilomètres; il lui faut 164 ans, 7 mois, 13 jours, pour accomplir sa révolution; son diamètre est de 60,087 kilomètres, et il tourne sur son axe en 5 jours 21 heures. On est porté à croire qu'il a un anneau et plusieurs satellites. Toutefois, on n'a de certitude que pour un de ces derniers corps, tournant autour de Neptune en 5 jours 21 heures 7 minutes à une distance de 400,000 kilomètres.

NOMS (Signification des). — Dans un livre des plus récents, intitulé : *l'Etat de nommer,* l'auteur, M. Léon Scott, présente des renseignements et des tableaux dont nous extrayons ce qui suit :

Noms chez les Hébreux. — On ne voit nulle part dans l'Ecriture que le peuple hébreu ait connu l'usage des prénoms ni des surnoms. Le fils recevait souvent le nom de l'aïeul ou de quelques-uns de ses proches ; souvent le nom de l'enfant était tiré soit des circonstances qui avaient précédé ou accompagné sa naissance, soit des premiers mots qu'avait prononcés son père en le voyant. En général, il n'y avait chez les Hébreux, comme depuis chez les Arabes, qu'un moyen de distinguer un homme des autres membres de sa famille, on disait : *Josué, fils de Nun; Othoniel, fils de Cenez.* Il en résultait une extrême confusion dans les généalogies. Après la conquête d'Alexandre et sous les Ptolémées, les Juifs des classes élevées adoptèrent des noms grecs.

Noms et prénoms chez les Grecs. — Dans les noms employés par les Grecs, on retrouve l'empreinte du génie particulier de ce peuple, pénétré du sentiment de l'art, amoureux de l'euphonie. L'usage de porter deux noms remontait à la plus haute antiquité; on en trouve plusieurs exemples dans Homère; le second était donné plus ou moins longtemps après la naissance, et servait à marquer une qualité. On prenait

quelquefois le nom du plus illustre de ses ancêtres, afin de perpétuer le souvenir de ses faits glorieux pour la famille.

Noms chez les Romains. — Il n'est aucun peuple chez lequel le nom ait joué un rôle plus puissant, plus intime et plus social à la fois que chez le peuple romain. Cela ne doit pas étonner ; jamais on ne vit dans le monde le sentiment de la personnalité collective, l'orgueil du citoyen acquérir plus de développement ; ce sentiment si énergique n'a été dépassé pour la persistance que chez la race juive et quelques débris de la race celtique. Si les Grecs n'avaient qu'un nom, les Romains en avaient souvent trois et même jusqu'à quatre : le *nomen,* nom ; le *prœnomen,* prénom ; le *cognomen,* surnom ; l'*agnomen,* autre surnom. Ce système complexe de noms fut adopté, suivant Varron, pour distinguer les familles qui tiraient leur origine d'une même souche, et pour ne pas confondre entre elles les personnes d'une même famille. Les Cornelius, par exemple, étaient une race illustre d'où plusieurs familles étaient issues, savoir : les Scipions, les Lentulus, les Cethégus, les Dolabella, les Cinna, les Sylla. Voici comment on distinguait un de ses membres les plus illustres : *Publius Cornelius Scipio Africanus.* Ce personnage, dont la dénomination individuelle était *Publius* (prœnomen), s'appelait, en outre, *Cornelius* (nomen), comme appartenant à la *gens Cornelius*; *Scipio* (cognomen), pour indiquer qu'il était de la branche, *familia,* des Scipions, et *Africanus,* à cause de ses victoires en Afrique.

Les femmes ne portaient généralement qu'un nom : *Claudia, Antonia, Terentia,* femme de Cicéron ; s'il y avait deux sœurs, on les distinguait par le surnom d'*aînée* (major), et de *cadette* (minor); la troisième ajoutait au nom de famille le nom de *Tertia* : *Claudia Tertia.* Quelquefois cependant on ajoutait un véritable surnom : *Julia Agrippina, Valeria Messalina.*

L'esclave avait un nom unique. Ce fut d'abord le prénom du maître, mais un peu modifié : *Lucipor,* pour *Lucii puer,* esclave de Lucien ; *Marcipor,* pour *Marci puer,* esclave de Marcus. On donna dans la suite aux esclaves des noms latins ou grecs, suivant le caprice du maître ; un nom tiré du pays, quand c'était une nation voisine. Si l'on affranchissait l'esclave, il augmentait son nom du nom et du prénom du maître : les deux affranchis de Cicéron s'appelèrent *Marcus Tullius Tiro, Marcus Tullius Laurea.* Le nom de l'esclave devenait ainsi le surnom de l'affranchi.

L'esclave du sexe féminin, à son affranchissement, prenait le nom de la personne qui lui avait accordé la liberté.

Noms chez les Gaulois. — On ne possède qu'un petit nombre de noms celtiques dans leur forme originelle, c'est-à-dire, pour la période antérieure à la conquête romaine. Quelques surnoms de chefs gaulois sont des plus curieux : *Vercingetorix,* signifie le *grand chef des cent têtes ; Orgetorix : le chef des cent vallons ; Galgacus : le chef des forêts ; Viridomar : le grand homme noir.*

Les noms germains et franks reproduisent l'indépendance de l'individu, la confiance du guerrier dans sa force, la valeur personnelle, la passion du butin et des trésors, le caractère de supériorité et de protection qui s'attachent à un homme redoutable : *Mero-wig : éminent guerrier ; Hilde-rik : fort au combat ; Hlodo-wig : célèbre guerrier ; Hilde-bert : brillant dans le combat,* etc.

Le christianisme, en prescrivant le baptême, imposa l'obligation d'avoir au moins un parrain et une marraine, et de donner au néophyte ou à l'enfant le nom d'un saint.

Malgré l'influence croissant de jour en jour de l'Eglise dans la politique et les relations de la vie, l'usage du nom de baptême fut plusieurs siècles à se généraliser. On voit dans les diplômes que, sous la seconde race, les évêques étaient loin de porter tous des noms de saints. Longtemps, la masse des noms se compose de noms uniques à radicaux celtiques, le plus souvent du haut allemand ou du saxon latinisé. Au XIIe siècle, le nom de famille venant à apparaître nettement, le nom de baptême devenu prénom est d'un emploi presque général dans la classe noble.

L'usage de deux noms de baptême, tel que nous le pratiquons, ne s'introduisit que fort tard dans le nord de la France ; dans le midi, on le trouve dans le XIe siècle.

Tableau des noms les plus en vogue aux différentes époques de notre histoire.

752-900. — Baudouin, Eudes, Foulques, Pépin, Alain, Arnaud, Arnould, Béranger, Bernard, Conrad, Herbert, Hildebert (Gilbert), Honoré, Hugues, Loup, Milon, Raoul, Rodolphe, Roger, Raimond, Régnier, Richard, Robert, Roland.

900-1000. — Guillaume, Gui, Othon, Geoffroi, Thibaud, Adolphe, Albert, Giselbert, Adalbert, Aimar, Aymon, Alfred, Archambauld, Alberic, Bruno, Bouchard, Etienne, Eric, Emmeric, Gaston, Gautier, Gerbert, Henri, Ives. — Adèle, Mathilde.

1000-1100. — Enguerrand, Amauri, Baudri, Conan, Eudon, Evrard, Eustache, Gervais, Hardouin, Lambert, Macaire, Nicolas, Philippe, Pierre, Pons, Renaud, Simon, etc. — Adélaïde, Berthe, Ermengarde, Euphrosine, etc.

1100-1200. — Anselme, Alphonse, Arthur, Barthélemy, Berthold, Bertrand, Charles, Gérard, Matthieu, Samson, Thierry, etc. — Agnès, Mahaut, Constance, Béatrix, Denise, Elisabeth, Eléonore, Ermessinde, Ida, Isabel, Marguerite, Marie.

1200-1300. — Tristan, Jacques, Thomas, Gérard, Adam, Edouard, Gaucher, Gilles, Louis, Sulpice. — Jeanne, Alix, Yolande, Blanche, Clémence, etc.

1300-1400. — André, Amédée, Armand, Florent, Hambert, Matthieu, Olivier, etc. — Catherine, Cécile, Reine, etc.

1400-1500. — René, François, Engelbert, Phébus, Philibert. — Anne, Antoinette, Jacqueline, Nicole, etc.

1500-1600. — Antoine, Bernardin, César, Claude, Sébastien, etc. — Diane, Louise, Henriette, Suzanne, etc.

1600-1700. — Arnaud, Joseph, Eugène, Jules, etc. — Françoise.

1700. — Emmanuel, Paul. — Julie.

L'auteur, avec une patience digne d'un bénédictin, a dressé un catalogue complet de prénoms d'origine sacrée ou profane, de source hébraïque, grecque, latine, celtique, germaine, etc., actuellement employés ou qui peuvent l'être. Cette nomenclature est naturellement divisée en prénoms d'hommes et prénoms de femmes, et divisée selon l'ordre alphabétique. A chaque prénom, s'ajoute la condition du saint ou patron, l'année de sa mort, le jour de sa fête et le sens littéral du même prénom.

Citons-en quelques-uns :

NOMS.	SIGNIFICATION DU NOM.	RACINES.	NOMS.	SIGNIFICATION DU NOM.	RACINES.
Achille.....	enfant qui n'a pas pris le sein.	grec.	Pierre......	pierre, rocher.	
Adam.......	homme de terre rouge.	hébreu.	Paul......	petit.	grec.
Adolphe....	Adel-luph, secours de Dieu.	anglo-saxon.	Simon.......	qui obéit.	grec.
Alexandre..	qui protège les guerriers.	grec.	Stanislas...	Stani-slaw, gloire de l'État.	hébreu.
Alfred.....	Al-freid, docile, pieux.	grec.	Stephen ou		polonais.
Amboise....	immortel.	grec.	Étienne...	couronné.	grec.
Anatole....	lever d'un astre.	grec.	Laurent....	couronné de laurier.	latin.
André.....	homme fort.	grec.	Thomas....	jumeau ou admirable.	hébreu.
Anselme...	armure des dieux.	scandinave.	Victor.....	vainqueur.	latin.
Armand....	Herman, guerrier.	germain.	Zacharie...	mémoire du Seigneur.	hébreu.
Arthur....	Ard-air, tête, chef.	celtique.	Gaston.....	Gast, hôte ou convive.	germain.
Balthazar..	qui répand des richesses,	assyrien.	Vincent....	qui est vainqueur.	latin.
Barnabé....	fils de la consolation.	hébreu.	Adèle......	noble.	germain.
Barthélemi.	fils de celui qui arrête les eaux.	hébreu.	Agnès......	pure, chaste, innocente.	grec.
Bernard....	Bern'hart, homme brave.	germain.	Agathe.....	bonne.	grec.
Charles....	Karl, fort, vaillant.	germain.	Albine.....	qui a la peau blanche.	latin.
Cyprien....	cyprioté.	grec.	Anna ou Anaïs	gracieuse.	hébreu.
Daniel.....	jugement de Dieu.	hébreu.	Artémise...	intacte, chaste.	grec.
Philippe...	qui aime les chevaux.	grec.	Antoine ...	racine Anton, fils d'Hercule.	étrusque.
Edmond....	heureux protecteur.	germain.	Athénaïs...	semblable à Minerve.	grec.
Edouard...	Edd-uartt, heureux protecteur.	germain.	Catherine..	pure, nette.	grec.
Ernest.....	Ernst, grave, sérieux.	allemand.	Cécile.....	qui a de petits yeux.	latin.
Eugène.....	de bonne naissance.	grec.	Delphine ...	fraternelle.	grec.
Gabriel....	la force de Dieu.	hébreu.	Clotilde...	Hlode-hilde, fille illustre.	germain.
Grégoire...	vigilant.	grec.	Henriette...	digne d'honneur.	germain.
Guillaume..	Wil-helm, qui protège.	germain.	Hortense...	de jardin ou exhorteur.	latin.
Jacques....	le même que Jacob : supplanteur ou talon.	hébreu.	Irène......	la paix.	grec.
			Julie......	adolescente.	grec.
Jean.......	qui est rempli de grâce.	hébreu.	Philibèrte..	brillante dans la lutte.	germain.
Jérôme.....	nom sacré.	grec.	Zoé........	la vie, l'existence.	grec.
Lazare.....	secours de Dieu.	hébreu.	Sidonie....	de la ville de Sidon.	phénicien hébreu.

Quand on jette les yeux sur ces longues listes de prénoms, dit M. J. Garnier, on est frappé, au premier abord, de l'incohérence ou plutôt de la confusion qui résulte de cet étrange amalgame de mots empruntés à tous les idiomes morts ou vivants. Mais que l'on vienne à les classer avec l'aide de la linguistique et à examiner chaque groupe en particulier, on y découvrira, comme dans une coupe géologique, la trace des alluvions successives des peuples et des races dont s'est formée notre nationalité. Chacun de ces groupes de mots reflète merveilleusement l'état moral de notre pays à diverses époques.   J. G.

O

OPIUM (Considérations sur l') par Hufeland (1). — L'opium est un agent puissant, mystérieux, extraordinaire, dont les effets dépassent encore les bornes de notre intelligence, et que la nature elle-même n'a point en vain décoré d'une couronne (au dernier terme de sa vie végétative, sur le sommet des capsules du pavot). C'est à juste titre que nous l'appelons un moyen héroïque, car il réunit en lui toutes les qualités distinctives du héros : sa puissance pénètre jusque dans les replis les plus profonds, jusqu'à la source même de la vie ; ses effets peuvent, au moment décisif, sauver les jours du malade ou en trancher le fil, suivant qu'on l'applique à propos ou à contre-temps ; nulle autre substance ne saurait le remplacer, enfin il a plus d'une fois déjà régné, même en despote, sur le monde médical, et il a fait autant de bien que de mal au genre humain.

Les paroles de Wedel, dans son Opiologie, seront éternellement vraies : *sacra vitæ anchora, circumspecte agentibus, est opium; cymba Charontis in manu imperiti.* L'opium est une épée à deux tranchants, un don divin dans la main du maître, un poison redoutable dans celle de l'homme sans expérience. Oh! que n'est-il possible de le confier uniquement au vrai médecin, et de l'interdire aux médicastres !

L'histoire de l'opium est celle de la médecine. Ce médicament a subi toutes les phases de l'art de guérir, tantôt porté aux nues, et pour ainsi dire adoré, tantôt redouté et proscrit, mais toujours remis en avant, comme indispensable. Les plus grands maîtres de l'art, Galien, Sydenham, Hoffmann, Werlhof, le vénéraient et ne concevaient pas qu'on pût être médecin sans lui. Et combien de temps y a-t-il qu'on croyait pouvoir guérir toutes les maladies avec son

(1) Traduction du docteur A. J. L. Jourdan.

secours, que la plupart des médecins portaient habituellement une petite bouteille d'opium dans leur poche? N'avait-il pas écarté presque tous les autres médicaments et gardé le champ de bataille pour lui seul? Pouvons-nous disconvenir qu'alors il dominait réellement la médecine, qu'il avait même exercé la plus grande influence sur les théories médicales? C'est le fréquent usage qu'on en faisait, ce sont les effets souvent si extraordinaires qu'il produit, qui ont le plus contribué à mettre en crédit la doctrine dans laquelle l'asthénie passe pour être le caractère fondamental de toutes les maladies.

Mais il est dans la destinée du genre humain de passer d'un extrême à l'autre, et la médecine n'a pu y échapper ici. A la prédilection qu'on éprouvait pour l'opium, à l'abus qu'on en faisait, et qui a produit tant de maux il y a peu de lustres, qui a même empêché beaucoup de médecins d'apprécier la véritable valeur de ce médicament, a succédé une crainte exagérée, dont le résultat a été d'enlever à l'art l'une de ses plus précieuses ressources, et à plus d'un malade l'unique moyen qui eût pu le secourir.

Le temps est venu de chercher un juste milieu, et de réintégrer ce vieux et respectable médicament dans ses droits légitimes. Tel est le but que je me propose; je veux apprécier les vertus de l'opium, ainsi qu'elles doivent l'être, les ramener à des principes fixes, et mettre les médecins, surtout ceux qui débutent, en mesure d'éviter l'abus, sans renoncer à l'usage, quand il est indiqué. Tout ici, la vie comme la mort, dépend des notions exactes sur les effets fondamentaux, d'une juste appréciation des indications, et du talent de bien distinguer les cas.

La première condition, et la plus importante, est incontestablement de connaître et de déterminer l'effet fondamental, le caractère essentiel d'un médicament; de même que toute maladie a son caractère fondamental dans l'organisme, ainsi tout effet de médicament, qui n'est qu'une maladie provoquée par l'art, a pour caractère fondamental le changement vital intérieur qu'il détermine. Pour connaître cet effet fondamental d'un agent médicinal, il faut savoir quelle espèce de changement il occasionne dans l'être vivant en général, quelle modification il apporte dans les différents systèmes, et quel est le système qu'il affecte de préférence, tout en apportant le plus grand soin à bien distinguer les uns des autres les effets prochains ou immédiats et les effets éloignés ou secondaires. Ce n'est donc point assez de savoir les noms des maladies dans lesquelles l'opium a été utile, car il peut tout au plus résulter de là une connaissance empirique. L'analyse chimique, quelque exacte qu'elle soit, ne suffit pas non plus, puisqu'elle demeure toujours soumise aux lois propres et à l'autocratie de la nature. Les inductions *a priori* sont bien moins recevables encore, attendu qu'elles doivent varier à chaque modification des systèmes. L'effet fondamental ne peut donc être déduit que des effets sur l'organisme vivant, en tant qu'ils tombent sous les sens, et de la manière dont la substance se comporte avec le corps doué de la vie. Mais là même il ne faut avoir égard

qu'aux effets prochains, immédiats, essentiels, constants, et non à tous les phénomènes qui suivent l'emploi du médicament, comme le fait l'homœopathie, puisqu'une foule de circonstances accidentelles, qui dépendent uniquement de l'individu ou des conditions extérieures ou intérieures du moment, peuvent entrer simultanément en jeu, et contribuer pour leur part à modifier les effets.

Il s'agit donc d'interroger l'expérience, et parmi les effets que produit l'opium, de séparer ceux qui sont immédiats, essentiels et constants, des effets secondaires et accidentels.

Le champ est vaste et le problème épineux. On devrait croire ce dernier facile à résoudre d'après le nombre incalculable d'observations et d'expériences qui ont été recueillies depuis des milliers d'années sur l'opium. Cependant il n'en est point ainsi. En effet, il s'agit pour nous de distinguer, dans les effets, ce qui appartient à la constitution individuelle, à l'idiosyncrasie du sujet, ce qui se rapporte à la réaction changée par la maladie, ce qui dépend de la constitution épidémique ou endémique, dont on [connaît la puissante influence modificatrice sur tous les êtres doués de la vie, ce qui est dû à l'habitude, comme par exemple, dans l'Orient, enfin ce qui doit être attribué aux théories diverses de l'observateur, aux lunettes à travers lesquelles il voyait, qui défiguraient complétement les faits, et qui surchargeaient la science d'un si grand nombre d'observations incomplètes et fausses. Je ferai tous mes efforts pour mettre en relief ce qu'il y a de plus essentiel dans cette masse énorme de faits et dans ceux que m'a fournis ma propre expérience. Sous ce rapport, l'une des plus fécondes périodes a été celle des derniers temps du brownisme, qu'on peut considérer comme la plus grande et la plus générale des expériences qui aient jamais été tentées avec l'opium sur le genre humain.

I. *Phénomènes constants.* — Lorsque nous mettons l'opium en conflit avec l'organisme vivant, que ce soit par la surface interne ou par la surface extérieure, nous remarquons d'une manière constante les phénomènes suivants :

1° *Le pouls s'élève, il devient plein et fort.* Cet effet est immédiat et constant. L'accélération, au contraire, est relative, et varie selon les états divers de la vie. Dans l'état de santé, on en remarque toujours une légère, ce qui a lieu également lorsque la force vitale se trouve exaltée. Mais quand le pouls est déjà fréquent par suite de faiblesse, l'opium le relève, le ralentit, et lui donne plus de régularité. Des doses fortes de cette substance rendent aussi le pouls lent et semblable à celui des apoplectiques.

2° *La turgescence ou l'expansion du sang.* Elle s'annonce par la plénitude du pouls, par le gonflement de tous les vaisseaux, par les congestions sanguines qui surviennent. Elle s'opère spécialement vers la tête, vers les poumons ou vers tout autre organe quelconque qui est prédisposé, et elle a une grande tendance à produire des hémorrhagies, même des inflammations.

Cette turgescence vitale, qui se manifeste par l'ex-

pansion du sang, doit être considérée comme un effet spécial de l'opium, et signalée d'une manière toute particulière. Les anciens la connaissaient sous le nom de *raréfaction du sang*, et ils voyaient en elle l'effet fondamental de l'opium. C'est effectivement un phénomène des plus constants, et qu'on peut toujours observer. Chez tous les sujets, même dans les cas de débilité extrême, d'anémie, le pouls devient plein et grand : il s'établit une pléthore artificielle, une véritable *plethora ad volumen*. A cela tient le danger des congestions sanguines vers la tête, quand on emploie l'opium; de cette circonstance aussi dépend la facilité avec laquelle, dans la suite, le sang se dissout et perd son mode organique de composition.

3° *L'accroissement de la chaleur vitale.* C'est un phénomène inséparable de l'exaltation de la turgescence vitale et de l'impulsion plus forte communiquée à la circulation. C'est donc un des effets les plus constants de l'opium.

4° *L'affection du système nerveux*, et particulièrement du *sensorium*. Le système nerveux subit une action immédiate et énergique, qui le déprime, qui diminue la sensibilité, car il survient de la stupeur, des envies de dormir, un sommeil profond, et quand l'opium a été appliqué d'une manière locale, l'engourdissement de la partie, son insensibilité, la cessation des spasmes et des douleurs dont elle était atteinte. A la vérité, on voit quelquefois l'opium, administré à l'intérieur, accroître la vivacité, exalter le sensorium et la vie morale, déterminer même un délire qui peut aller jusqu'à la fureur; mais ce sont là des excitations qui font promptement place à l'état inverse. Elles sont au plus haut degré relatives, et dépendent soit de la dose, soit de circonstances individuelles. Elles se rapportent en partie à l'affection nerveuse qui, avant de céder à l'action déprimante fondamentale, se manifeste par une réaction vive et anomale contre l'agent qui l'attaque violemment; en partie aussi au sang qui afflue en plus grande abondance vers le cerveau, sur lequel il agit comme le plus puissant des stimulus, et dont il exalte l'activité, comme on le voit dans toute autre congestion sanguine ou état inflammatoire de ce viscère (1). En effet,

(1) L'effet pur de l'opium ne peut être connu que chez les hommes qui n'y sont point accoutumés; il n'y a donc point d'objection à fonder sur les effets qu'il produit chez les Turs et autres Orientaux, ainsi que chez ceux qui, chez nous, se sont habitués à en faire usage. L'habitude engendre un rapport tout nouveau entre l'opium et un organisme auquel l'émoussement entraîné par un long abus a imprimé une modification pathologique. Le courage furibond que les Turcs doivent à l'opium est le résultat d'un effet positif et d'un effet négatif : d'un côté, l'insouciance, l'oubli du danger et de soi-même, qui tiennent à l'action déprimante de cette substance; de l'autre, l'exaltation de la force et du courage, qui se rattache à l'afflux plus considérable du sang vers le cerveau et le cœur. Chez nous aussi, ceux qui depuis longtemps prennent l'opium à hautes doses, n'éprouvent plus de sa part d'autre effet appréciable qu'un entier oubli de soi-même, de ses douleurs, de son état de maladie, d'où résulte un sentiment de satisfaction et de bonheur.

c'est toujours par l'effet local qu'on apprécie le mieux l'action immédiate d'un corps quelconque sur l'organisme, et cet effet, en ce qui concerne l'opium, est constamment une diminution de la sensibilité. Le canal intestinal, mis en contact avec de l'opium, cesse d'agir; de même l'application de cette substance sur une partie extérieure y éteint la douleur, le spasme, en supposant l'épiderme entier, car la dénudation du derme rend appréciable ou douloureuse l'action de tout corps étranger, surtout résineux.

5° *La constipation et la sécheresse de la gorge*, par suite de la paralysie locale du tube alimentaire et de ses vaisseaux excréteurs. C'est l'engourdissement, le sommeil des intestins.

6° *L'accroissement de la sécrétion cutanée, la sueur.* C'est le produit de la force excitante, de l'exaltation de l'activité artérielle, de l'accroissement du mouvement vers la périphérie, joint à l'effet sédatif, à la cessation du spasme de la peau, au relâchement des orifices des vaisseaux. Voilà aussi pourquoi l'opium favorise la suppuration, et pourquoi il provoque si facilement la miliaire, des pétéchies et des aphthes, dans les fièvres.

7° On peut encore considérer comme un effet assez constant celui qui porte sur les parties génitales et les voies urinaires, dont il stimule l'action. Les organes sexuels sont surtout ceux que l'opium excite; il donne ordinairement lieu à des rêves voluptueux, à des érections, à des éjaculations. Quant à l'appareil urinaire, il accroît fréquemment la quantité de l'urine, mais d'une manière plus conditionnelle, et l'on est encore dans le doute de savoir s'il active réellement la sécrétion urinaire, ou s'il ne fait que rendre plus vif le stimulus qui pousse à vider la vessie.

8° Lorsque l'opium est employé à très-hautes doses ou pendant fort longtemps, il amène la dissolution du sang, la destruction des combinaisons organiques qui caractérisent la matière vivante, la putrescence, la gangrène, la promptitude de la putréfaction après la mort. Quoique secondaire, cet effet est un des plus constants. L'abus de l'opium peut transformer toutes les fièvres aiguës en fièvres putrides, et faire passer toutes les inflammations à la gangrène. L'usage prolongé de cette substance amène également, dans les maladies chroniques, une tendance à la dissolution et aux hémorrhagies. Chez les Turcs eux-mêmes, elle finit par déterminer une mort lente, et des hémorrhagies abondantes. La promptitude avec laquelle le cadavre passe à la putréfaction, dans tous ces cas, n'est pas un phénomène moins constant, et, sous ce rapport, l'opium ressemble à la foudre, qui produit le même effet.

II. *Effet fondamental.* Nous voyons donc, dans l'opium, une réunion fort singulière, et dont on ne connaît pas d'autre exemple, d'une vertu excitante avec une vertu sédative, d'une puissance vivifiante avec une autre mortifère, et c'est là précisément ce qui le distingue à un degré si éminent, ce qui lui donne tant de valeur dans la pratique. Diminuer la sensibilité, la vie nerveuse, et même la détruire entièrement, stimuler et exalter l'irritabilité du cœur et la vitalité du

sang, c'est-à-dire ce qui fait la base de la vie organique, enfin, par un phénomène inséparable de celui-là, accroître et accélérer le travail intérieur de la vie, jusqu'au point d'occasionner une hyperanimalisation mortelle, d'éteindre toute plasticité, et d'amener un commencement de décomposition chimique, tel est le caractère essentiel, l'effet fondamental de ce médicament extraordinaire. De là son aptitude à relever et remplir instantanément le pouls abaissé par la faiblesse, à retarder celui dont la même cause a déterminé l'accélération, et à provoquer les plus violentes congestions sanguines, jusqu'à l'inflammation, de sorte que nulle autre substance n'amène aussi rapidement que lui le passage à la gangrène, la colliquation, l'hypercarbonisation, la putréfaction, la décomposition.

L'opium est donc un grand excitant et cardiaque, le plus puissant même de tous ceux que nous possédons, et cet effet, de sa part, est réellement positif, primaire, il ne dépend pas d'une réaction secondaire ou antagonistique. Les phénomènes qu'il produit dans l'état de maladie et d'épuisement extrême de la vie, nous en fournissent la preuve convaincante, s'il est vrai, comme on n'en saurait douter, que, pour apprécier la manière d'agir des substances médicinales sur le corps vivant, nous soyons obligés de ne point nous borner aux essais tentés chez des sujets bien portants, et d'appeler encore à notre secours la pathologie et les effets pathologiques. Il faut avoir été témoin des résultats surprenants et instantanés qu'une seule dose d'opium procure, dans le cas d'affaissement, d'épuisement complet de la force vitale entière, dans les fièvres typheuses, dans la variole maligne. Il faut l'avoir vu rendre plein, uniforme et vigoureux un pouls à peine perceptible, fréquent, tremblant et intermittent, distribuer une chaleur uniforme à la peau, répandre partout la turgescence vitale, remplir le malade d'un sentiment nouveau de vie, de force, de courage, de bien-être, enfin, communiquer tout à coup l'impulsion la plus énergique au travail curatif intérieur, à la crise, qui n'avait pu jusqu'alors s'accomplir, et imprimer à toutes les productions et sécrétions salutaires un mouvement qui dès lors ne s'arrête plus.

En cela, Brown avait parfaitement raison, quoique, dès longtemps avant lui, cette propriété fût connue et mise à profit. Seulement il perdit de vue l'autre côté de l'opium, il oublia que cette substance agit aussi comme sédatif sur le système nerveux, et que même son impulsion excitante est si tumultueuse, remue si profondément la vie, qu'à la stimulation succède très-facilement et très-promptement une débilitation extrême, même un état paralytique, de sorte qu'on ne peut point lui attribuer une propriété fortifiante, véritable et durable.

Mais l'idée d'excitation, de stimulation, n'épuise point l'effet primaire de l'opium, pas plus que celle de surexcitation n'épuise l'effet consécutif, car l'action de cette substance s'étend bien plus loin, l'excitation portant jusque sur le travail fondamental de la vie, sur la composition chimico-vitale, tout comme la surexci-

tation devient une surabondance de la vie, une exaltation des phénomènes de la vie par delà les bornes de l'état normal. C'est ce qu'attestent les promptes dégénérescences en putridité, en gangrène, en dissolution, auxquelles l'opium donne lieu.

Ainsi, la sédation ne doit pas moins que l'excitation être considérée comme effet fondamental de l'opium. Cette sédation n'est point, ainsi qu'on a coutume de l'admettre, un phénomène purement secondaire, et qui dépend de la surexcitation; de même que l'excitation, elle constitue une action primitive, exercée directement sur les nerfs, ce que démontre surtout le pouvoir dont jouit l'opium, appliqué localement, de faire cesser la douleur, le spasme et même toute espèce d'activité.

J'obéis donc à ma pleine conviction en disant que nous ne possédons pas une seule substance médicinale qui agisse d'une manière à la fois si immédiate, si énergique et si variée sur l'ensemble de la vie et sur le principe fondamental de la vitalité entière, que l'opium. Quiconque l'emploie a entre ses mains la vie et la mort, qui se touchent de très-près. Sydenham avait donc raison de dire que, sans lui, la médecine serait incomplète et insuffisante.

III. *Manière d'agir de l'opium.* Mais tout homme réfléchi se demande naturellement comment on peut expliquer ces effets surprenants, jusqu'à un certain point contraires, et qu'on ne rencontre dans aucun autre médicament.

Depuis des milliers d'années, la sagacité des médecins s'est exercée sur ce problème, l'un des plus obscurs que la nature leur offre. Rien de plus instructif, mais aussi de plus décourageant que l'exposé des opinions successivement émises à cet égard; nous y trouvons en même temps l'histoire de l'esprit humain et celle des différents degrés auxquels la science s'est élevée peu à peu; et comme le mystérieux moyen dont on cherchait à dévoiler l'action, ébranle la vie organique jusque dans ses profondeurs les plus cachées, cet exposé nous fait aussi connaître les idées fondamentales qu'à chaque époque on s'est formée de la nature et de la vie elle-même.

Nous rencontrons d'abord les esprits vitaux, qu'au dire des médecins de l'antiquité, l'opium a le pouvoir d'enchaîner et de charmer d'une manière miraculeuse (1). Viennent ensuite les galénistes, qui attribuaient une nature froide à l'opium, et en conséquence y associaient des aromates. Sylvius, qui expliquait tout par la chimie, voulait que ce médicament renfermât un principe sulfuro-volatil, qui était la source de tous ses effets. Vanhelmont le faisait agir sur l'archée, dont les affections servaient à rendre raison de tous ses phénomènes. L'école mécanique dérivait ceux-ci d'une obstruction des plus petits vaisseaux, qu'elle le disait propre à déterminer. Ensuite s'éleva l'opinion qui devint presque générale, et régna longtemps, suivant laquelle l'opium agit uniquement en

(1) Le grand Bacon prétendait encore que l'opium repousse les esprits vitaux de l'extérieur, et les concentre au dedans.

produisant l'expansion du sang, hypothèse que Frédéric Hoffmann lui-même adopta en grande partie. Puis, on vint à mieux connaître le système nerveux et son influence sur les fonctions organiques. Haller aperçut la différence qui existe entre la sensibilité et l'irritabilité, et cette découverte, qui changea la face de la physiologie et de la pathologie, modifia singulièrement aussi la manière de concevoir les effets de l'opium. Ces effets furent rapportés principalement, et même par Cullen exclusivement, aux nerfs (1). Dans les temps modernes, deux théories surtout méritent d'être distinguées. L'une, fort ingénieuse et imaginée par Louis Hoffmann, repose sur le principe que les petits vaisseaux et leurs terminaisons, ayant une irritabilité inférieure à celle des gros vaisseaux et du cœur, doivent la perdre avant ces derniers, sous l'influence excitante de l'opium ; de là résultent un état de faiblesse relative, une inaction, une suspension du mouvement des humeurs dans les petits vaisseaux, une résistance, une rupture d'équilibre, qui entraîne une réaction plus forte de la part du cœur. L'autre appartient au trop fameux Brown ; suivant lui, l'opium est l'excitant le plus énergique, le plus diffusible pour le système entier ; il provoque donc d'abord une réaction des plus vives dans l'économie entière, mais, par cela même, laisse à sa suite un épuisement extrême de la force, ce que le novateur écossais appelait faiblesse indirecte. L'hypothèse la plus récente se rattache au système de la polarité créée par les partisans de la philosophie dite naturelle, et tient de près à celle de l'école iatrochimique.

La plupart des médecins pensent aujourd'hui que l'opium agit en irritant le système entier, et que les effets narcotiques sont une conséquence de la surexcitation, de la débilitation indirecte. A cette doctrine, j'opposerai les deux questions suivantes. Pourquoi d'autres substances tout aussi diffusibles et qui excitent prodigieusement le système vasculaire, par exemple, le musc, l'ammoniaque et le castoreum, ne produisent-elles pas également des effets narcotiques? D'un autre côté, ne voyons-nous pas des substances qui donnent lieu aux effets narcotiques les plus intenses, sans exercer aucune stimulation sur le système vasculaire, sans changer le pouls, ni la chaleur, même en retardant le pouls, et, par conséquent, en déprimant l'action du cœur? Il me semble qu'on doit conclure de là que le principe narcotique est une chose toute particulière, qui agit d'une manière immédiate et spécifique sur le cerveau et le système nerveux, indépendamment de l'irritabilité du cœur et du système vasculaire, et qui a le pouvoir de les affecter et de les déprimer directement, sans le concours d'une surexcitation. Or, ce principe narcotique existe manifestement aussi dans l'opium. Nous en avons la preuve dans l'odeur particulière de ce dernier, qui, de toute évidence, appartient à la classe des odeurs dévolues à la jusquiame, à la pomme épineuse et à d'autres plantes narcotiques, et dont la présence nous décèle toujours celle d'un

principe narcotique. Nous en trouvons encore la preuve dans l'effet sédatif local de l'opium : ce médicament, lorsqu'on l'applique à l'extérieur, agit comme anodin et calmant, sans exciter en aucune manière le système vasculaire ; j'ai même éprouvé, après en avoir tenu longtemps un gros morceau dans la main, pendant une journée chaude, qu'il pouvait, par le seul fait de la sympathie nerveuse, agir sur le sensorium et provoquer des symptômes de narcotisme (1). La simple application de l'opium sur les tempes, fait dormir (2); celle sur la région épigastrique fait cesser immédiatement la sensibilité locale et l'activité nerveuse de l'estomac (appétit, faculté digestive et mouvement péristaltique); celle sur la surface intérieure du rectum arrête le mouvement péristaltique du canal intestinal. Nous voyons, en outre, que la seule vapeur de cette substance, c'est-à-dire la plus pure expression du principe narcotique, suffit pour causer de la stupeur. L'eau distillée d'opium, qui n'offre rien d'appréciable à la chimie, et qui probablement ne contient non plus que la vapeur, les parties les plus volatiles, agit comme calmant contre les douleurs de l'ophthalmie. Enfin, l'expérience prouve que l'extrait aqueux est stupéfiant, anodin et calmant, sans exciter le système sanguin (de sorte qu'il ressemble aux narcotiques purs, la jusquiame, la pomme épineuse), ce que ne fait point l'extrait résineux, et il n'en faut pas davantage pour témoigner de l'existence d'un principe narcotique qui agit sans le concours d'une excitation du sang et des vaisseaux. On peut même, en ajoutant du nitre ou autres antiphlogistiques à l'opium, lui enlever sa propriété échauffante, sans lui rien faire perdre de ses vertus sédatives.

Nous devons donc, de toute nécessité, distinguer, dans l'opium, l'effet sédatif et l'effet excitant, et la seule explication satisfaisante qu'on puisse donner, suivant moi, de sa manière d'agir, consiste à dire qu'il est une combinaison particulière et intime d'un principe narcotique et d'un principe excitant, d'une substance qui agit d'une manière spéciale sur le système nerveux, et d'une autre dont l'action porte particulièrement sur le système sanguin. Un léger coup d'œil jeté sur les plus importants de nos narcotiques prouve que cette distinction est fondée, et qu'il n'y a pas, entre l'effet narcotique et l'effet excitant, le rapport direct, la corrélation constante, qui devraient exister si ces deux effets ne faisaient qu'un, s'ils résultaient d'une seule et même irritation. La pomme épineuse est peut-être le plus fort narcotique que nous possédions après l'opium ; or, les nombreuses expériences faites sur les animaux témoignent qu'elle n'excite pas le moins du monde le pouls ni le système vasculaire sanguin; la digitale déprime même le pouls; la bella-

(1) Cette opinion a été adoptée par M. Brachet.

(1) Je demande à ceux qui admettent l'identité de l'action du vin et de celle de l'opium, si l'alcool, même le plus fort, a jamais produit cet effet.
(2) C'est un des moyens auxquels j'ai ordinairement recours dans l'insomnie des malades nerveux, état qui leur cause tant de fatigue ; je fais appliquer tous les soirs sur les deux tempes un mélange de 15 grammes d'emplâtre de jusquiame et de 1 gram, 30 c, d'opium, malaxés ensemble.

donc l'émeut; l'acide hydrocyanique peut anéantir entièrement la sensibilité sans stimuler ni le cœur ni le système vasculaire. Ces remarquables différences entre les effets des narcotiques me paraissent même être la plus forte preuve qu'on puisse donner de celle qui existe entre la sensibilité et l'irritabilité, comme forces organiques fondamentales.

Adressons-nous maintenant à la chimie, cette science qui décompose tout, et demandons-lui en quels principes on parvient à résoudre l'opium. Peut-être jaillira-t-il de là quelque lumière sur les effets divers de cette substance. Peut-être y trouverons-nous la clef du mystère qui couvre les forces différentes dont elle est animée. L'ancienne chimie se contentait de traiter l'opium, par l'eau, le vin et l'alcool, et de séparer les parties solubles dans l'eau de celles qui ne se dissolvent point; il fut reconnu que la dissolution aqueuse (l'extrait aqueux) possédait les propriétés narcotiques (bien qu'à un degré plus faible), mais qu'elle ne jouissait pas des propriétés échauffantes, que, par conséquent, ces dernières appartenaient à la partie résineuse non soluble; aussi les médecins employèrent-ils l'extrait aqueux toutes les fois que l'excitation du sang et la phlogose rendaient l'usage de l'opium dangereux. La chimie moderne, qui a fait de si grandes découvertes, et qui a ouvert des voies nouvelles pour pénétrer dans l'intérieur de la nature, a dirigé aussi ses puissants instruments sur cet objet si important, et soumis l'opium aux analyses les plus minutieuses, les plus variées. Elle y a trouvé, comme éléments, de l'azote, du carbone, de l'hydrogène. Quant aux matériaux immédiats, ses résultats ont été qu'il se réduit à quatre substances, la *morphine*, la *méconine*, la *narcotine* et l'*extractif* (1). Mais les opinions sont très-partagées encore sur le compte des propriétés et des effets de ces substances. Ce qu'il y a de certain, c'est que la morphine seule agit fort peu. Elle a besoin d'être combinée avec un acide, et alors elle produit des effets semblables à ceux de l'opium, qui vont même jusqu'à causer un empoisonnement mortel. Mais il reste encore la narcotine, fort active suivant les uns, presque inerte selon les autres. Il ne s'est pas non plus confirmé que, comme on le pensa d'abord, les effets excitants appartinssent à la narcotine, et les effets narcotiques à la morphine. D'ailleurs, il reste encore à étudier l'extractif, que le chimiste suédois Lindbergson assure être ce qu'il y a de plus efficace dans l'opium.

Quel résultat découle, pour le médecin, de toutes ces recherches? Ni la morphine seule, ni la narcotine seule, ni la méconine seule, ni l'extractif seul ne sont l'opium, dont M. Orfila dit lui-même que l'action tient

(1) Cet extractif ne me paraît point une chose indifférente, et les chimistes me permettront de leur demander s'ils ne l'ont pas traité avec trop d'insouciance, tant en général, qu'à l'égard de l'opium en particulier. Car, qu'entend-on par-là, si ce n'est la partie que nous ne connaissons point encore, et ne vaudrait-il pas mieux substituer à ce mot d'*extractif*, celui de *matière problématique*, qui annoncerait au moins un problème dont la solution réclame d'ultérieures recherches?

à la réunion de ces substances; à quoi j'ajoute qu'elle dépend encore de leur mode particulier de combinaison et d'existence, que l'analyse chimique détruit. D'où il suit, pour la pratique, que celui qui veut faire usage de l'opium, doit employer l'opium lui-même. Alors il est certain de mettre en rapport avec l'économie toutes les substances que ce médicament renferme, et les administrer à cet état particulier de combinaison organique qui est probablement ce qu'il y a de plus important dans tous les corps, la cause de leur essence proprement dite.

Ce qui, de nos jours encore, a bien plus d'importance pour le praticien, c'est l'ancienne manière de lui offrir l'opium sous la double forme de dissolution spiritueuse et de dissolution aqueuse, de teinture et d'extrait aqueux. Là, effet narcotique, avec congestion sanguine, et accroissement de l'action du cœur; ici, effet narcotique sans propriété échauffante, ou du moins avec un échauffement bien plus faible. Voilà ce que l'expérience constate, et ce qui est de la plus haute importance pour la pratique, puisqu'il y a des cas où nous voulons avoir l'action sédative réunie à l'action excitante, tandis que, dans d'autres, nous recherchons seulement la première et redoutons la seconde.

Mais, même sous le point de vue chimique, cette distinction a de l'importance; car elle nous montre au moins, sous la forme la plus simple, que les parties constituantes de l'opium qui sont solubles dans l'eau possèdent les principes narcotiques presque purs, tandis que celles dont l'alcool opère la dissolution renferment, en outre, les principes excitants, qui sont, par conséquent, à séparer des autres; or, les premiers sont le méconate de morphine et l'extractif, les seconds, la morphine pure et la narcotine.

Qu'on me permette de soumettre également ici mon opinion au creuset de la critique. L'empire de l'irritabilité diffère de celui de la sensibilité non pas seulement par le nom, mais encore quant au fond; il existe à part soi, il a en lui-même le fondement de son activité, qui n'est pas un effet secondaire, une dépendance de celle des nerfs, quoique, d'ailleurs, influencée et modifiée par cette dernière. Haller avait parfaitement raison en cela; pour s'en convaincre, il suffit de jeter un coup d'œil sur le cœur et sur ses nerfs, si insignifiants, eu égard à la force qui l'anime, comme aussi sur le premier *punctum saliens*, qui s'étend et se contracte sans nerfs (1).

(1) Je citerai encore deux faits qui établissent l'indépendance de l'irritabilité, comme force organique fondamentale. L'un est la contraction et l'oscillation des fibres musculaires, même après la section des nerfs, quand on les met en contact avec des excitants, non pas seulement chimiques, mais encore mécaniques. L'autre, auquel on semble avoir fait trop peu d'attention, jusqu'à ce jour, est l'absence de la fatigue, malgré un travail continuel, tel que celui qu'accomplit le cœur, tandis que toute action qui dépend de nerfs est soumise à la loi de la fatigue. Je crois que ces faits démontrent une force inhérente aux organes, qui se suffit à elle-même, qui puise en elle-même les matériaux de sa restauration, en un mot une force spéciale.

Mais, pour bien saisir l'idée de l'irritabilité et du système irritable, il faut l'embrasser dans tout son ensemble, ce qui fait que j'aime mieux employer les termes de vie du sang et du système sanguin. En effet, ce qui jouit de la vie, à proprement parler, dans ce système, c'est le sang. Le sang est son élément; le cœur et la circulation existent pour lui, et non, comme on le pense généralement, le sang pour le cœur, afin de le faire entrer en action.

C'est le sang, et non le nerf, qui est la source et le *substratum* de la vie, car le nerf lui-même a besoin du sang pour vivre. Le liquide existe avant le solide; tout ce qui a vie émane du liquide, non pas seulement à l'époque de sa première origine, mais encore pendant la durée entière de son existence. Le sang et le système sanguin sont donc la base de la vie, à proprement parler, organique, de la vie végétale et plastique; le sang est le facteur de la vie, et le nerf en est le régulateur.

La réceptivité pour les impressions du dehors ne se rapporte pas non plus uniquement au système nerveux, elle n'est pas toujours dépendante de ce système et, par conséquent, secondaire en ce qui concerne la vie du sang, car il y a des influences extérieures qui agissent tout aussi immédiatement sur le sang (sa composition, sa vie), que sur les nerfs. Je me contenterai de rappeler l'effet de la saignée, qui, manifestement, exerce une influence immédiate sur la composition, sur la vie du sang. La chaleur est dans le même cas; elle accroît la turgescence du sang, elle exalte la vie de ce liquide, sans avoir pour cela besoin de la coopération préalable du système nerveux.

De même, l'opium agit simultanément et d'une manière immédiate sur les nerfs et sur le sang; il détermine, dans ce dernier, une exaltation momentanée de sa vitalité, qui s'annonce par le phénomène si sensible de la turgescence, par l'accroissement de l'activité du cœur, par l'exaltation de la vitalité des produits placés sous la dépendance immédiate du sang, par exemple, de la suppuration; enfin, par une accélération générale du travail de la vie, par la promptitude avec laquelle la matière organique passe à la décomposition et à la putrescence.

Il nous suffit donc d'attacher à l'idée de la vitalité un sens plus élevé et plus large que celui qu'on lui donne ordinairement aujourd'hui; ne voyons-nous pas dans les végétaux, qui sont aussi des êtres organiques vivants, des indices irrécusables de vitalité et même d'un certain degré d'irritabilité, sans nerfs? Ne voyons-nous pas certaines substances exalter la vitalité des plantes, d'autres la déprimer, la détruire même, sans qu'il y ait des nerfs, comme le prouvent assez les expériences tant de fois répétées dans ces derniers temps? Et pouvons-nous révoquer en doute qu'au fond de la vie animale, il y ait également une vie végétale de cette nature?

Pour m'exprimer en peu de mots, je dirai : l'opium appartient à la catégorie des médicaments dont le mode d'action ne peut point s'expliquer, comme celui des autres, par les idées reçues de stimulus, d'irritation, d'excitement ; semblable aux agents supérieurs de la nature, à la chaleur, à la lumière, à l'électricité, il agit immédiatement sur la vitalité elle-même, et, sur tous les points, détermine des modifications et des manifestations de cette vitalité, la pénètre et la remplit, avec cela de particulier, qu'il exalte la sphère organico-végétative de la vie, le travail fondamental de la vie plastique, tandis qu'au contraire il déprime la sphère de la sensibilité.

IV. *Indication.* De l'effet fondamental qui vient d'être assigné à l'opium, il est facile de déduire l'indication de recourir à l'emploi de cette substance.

Les cas qui la réclament sont ceux de spasme d'état nerveux, c'est-à-dire de perversion ou d'exaltation de la sensibilité, mais, et il importe de bien noter ceci, quand il y a en même temps diminution de l'énergie du système sanguin et de la vie entière du sang. Ceci s'applique, tant à l'économie entière qu'à chacune de ses parties, à l'état aigu comme à l'état chronique.

Plus l'érétisme du système nerveux est exalté et l'énergie du système sanguin déprimée, ou, en d'autres termes, plus il existe de vraie faiblesse vitale, plus l'opium est indiqué et mieux il convient; il triomphe surtout quand ce désaccord met la vie dans le plus imminent danger, comme, par exemple, dans la variole maligne, la gangrène et le typhus.

En conséquence, on n'administre jamais l'opium avec plus de succès que quand le corps a été préalablement affaibli par des pertes abondantes d'humeurs, ou par des émissions sanguines et des évacuations gastriques.

Ainsi, calmer le système nerveux excité, ramener à l'état normal son action qui s'en était écartée (ici se rangent aussi les vices des sécrétions), faire cesser le spasme, surtout diminuer l'accroissement douloureux de l'énergie du cœur et de la vie organique entière, telles sont les idées fondamentales qui doivent nous déterminer à faire usage de l'opium, ou nous diriger dans l'emploi de cette substance.

L'opium est indiqué d'une manière toute spéciale dans les douleurs, quand il importe de provoquer la sueur, en général lorsqu'il y a nécessité d'accroître les efforts du centre vers la périphérie, et enfin dans les cas d'évacuations intestinales débilitantes.

Mais de là découlent aussi les contre-indications, qui sont :

1° La pléthore sanguine et la diathèse inflammatoire. Aussi longtemps que les émissions sanguines continuent d'être indiquées, l'opium serait le plus redoutable des poisons, parce qu'il accroît beaucoup la congestion sanguine, surtout vers la tête, et qu'il exaspère l'irritation inflammatoire. Ainsi on ne doit jamais l'employer dans le début des fièvres, qui sont toujours inflammatoires au moment de leur premier développement. Mis en usage hors de propos, dans de telles circonstances, il peut transformer toute fièvre quelconque en typhus, comme on l'a vu si souvent à l'époque du brownisme.

2° Les accumulations de saburres dans l'estomac. L'opium ne convient jamais en pareil cas, parce qu'il fixe et immobilise les matières saburrales.

VIII.   16

3° La tendance du sang à la dissolution et à la putrescence. L'opium ne ferait qu'accroître cette tendance.

V. *Emploi de l'opium.* Mon but ne peut-être de montrer quand et comment on doit employer cet héroïque médicament dans tous les cas et dans toutes les maladies ; il me faudrait pour cela passer en revue la pathologie entière, car il n'y a réellement pas une seule maladie dans laquelle on n'ait fait usage de l'opium, et avec raison, lorsque certaines circonstances se trouvaient réunies. Je ne me propose autre chose que d'indiquer les cas dans lesquels cette substance convient d'une manière spéciale, où même nul autre médicament ne saurait la remplacer, ceux dans lequel son emploi est douteux et exige des déterminations précises, ceux enfin dans lesquels il est encore trop peu connu et usité.

1° *Inflammations locales.* En voyant mettre les inflammations locales à la tête des maladies contre lesquelles l'opium déploie surtout sa puissance, plus d'un partisan des doctrines régnantes sur l'inflammation haussera les épaules. Mais la chose n'en est pas moins vraie, et je regarde l'emploi bien dirigé de l'opium dans ces inflammations comme un des traits qui assurent la prééminence à la pratique moderne, comme la plus grande marque de talent que puisse donner un praticien. Voici le cas. Il arrive quelquefois, assez souvent même, qu'après avoir convenablement insisté sur les émissions sanguines, générales et locales, ainsi que sur les autres moyens antiphlogistiques, on voit cependant les symptômes de l'inflammation locale ne point céder, ou qu'après avoir diminué, ils ne tardent pas à reparaître, avec un redoublement d'intensité. C'est ce qui a lieu, par exemple, dans la pleurésie, à l'égard du point de côté, de la toux et de la difficulté de respirer ; le pouls offre bien de la fréquence et un caractère fébrile, mais il est si petit qu'on n'ose plus répéter la saignée. Ici la méthode antiphlogistique a rompu la part que le sang et le système sanguin prenaient à l'inflammation, mais l'irritation du système nerveux de la partie enflammée, l'exaltation de la sensibilité, ou le spasme, comme on l'appelle aussi, persiste, souvent même exaspérée par la débilitation qu'entraînent les émissions sanguines trop copieuses, et plus on continue de tirer du sang, plus aussi la douleur et les autres symptômes locaux augmentent et doivent augmenter. En pareil cas, l'opium est l'unique remède, un divin remède ; vingt-quatre heures lui suffisent pour enlever tous les restes de l'inflammation, comme par enchantement, et il réunit en lui, et à un degré qu'on ne retrouve dans aucune autre substance, les deux facultés requises, savoir celle d'éteindre l'excès de sensibilité, l'état spasmodique, et celle de stimuler assez les vaisseaux affaiblis pour leur rendre le degré d'énergie nécessaire à la résorption du sang stagnant ou extravasé, et à l'accomplissement de la crise, tant locale que générale sans laquelle le retour à la santé ne saurait jamais avoir lieu.

C'est ce qu'on voit surtout dans les pleurésies, ou les pneumonies douloureuses. L'opium manié avec

sagesse peut épargner beaucoup de sang au malade, et souvent même seul lui sauver la vie. Mais il faut pour cela le coup d'œil du maître ; car, malheureusement, l'opium, administré hors de propos, peut également entraîner ici les plus graves inconvénients, ce dont nous n'avons eu que trop d'exemples pendant la longue domination du brownisme, quand on se contentait de prescrire ce médicament dès le début même, et sans l'avoir fait précéder par les antiphlogistiques. La douleur cessait bien, mais l'oppression persistait, l'inflammation ne se résolvait point et elle passait soit à la gangrène suivie de mort, soit à l'induration et à la suppuration ; le malade recouvrait une apparence de santé, et l'on célébrait les vertus salutaires de l'opium ; mais la malheureuse victime avait en elle un germe de mort, et tôt ou tard elle succombait à la phthisie pulmonaire. Car c'est là précisément le côté dangereux de l'opium : il fait taire pour un temps les douleurs, et berce ainsi le médecin et le malade d'une illusion dangereuse en ce qu'elle fait négliger le moment favorable pour recourir à des remèdes efficaces.

L'opium n'est donc à sa place que quand les douleurs lancinantes dans la poitrine ne cessent point entièrement après l'emploi méthodique des émissions sanguines et des antiphlogistiques, ou lorsqu'après avoir cédé aux émissions sanguines, elles reviennent sans cesse, souvent avec plus de forces, que le vésicatoire ne procure non plus aucun soulagement, que le pouls est petit et mou, et qu'il n'y a plus possibilité de tirer du sang. Cinq centigrammes d'opium, sous forme de poudre de Dower, pris le soir, produisent des effets merveilleux. Ils enlèvent les restes de l'inflammation en une nuit, et complètent la crise, tant locale que générale, qui tardait à s'accomplir. Bien des fois aussi j'ai employé avec succès l'opium uni au mercure (1), association qui permet d'agir en même temps sur la portion lymphatique de l'inflammation, et de procurer la fonte et la résorption des caillots ou épanchements de lymphe. Il suffira souvent, pour compléter la cure, de continuer l'usage de ce moyen pendant vingt-quatre ou quarante-huit heures, en l'aidant d'une boisson expectorante chaude. La douleur disparaît, la respiration redevient libre, le malade crache, une sueur critique s'établit, et le pouls perd son caractère fébrile.

On peut quelquefois, au début des pleurésies rhumatismales inflammatoires simples, obtenir une guérison parfaite en pratiquant d'abord une forte saignée du bras, et administrant ensuite la poudre de Dower.

Je sais même un cas de cardite dans lequel les émissions sanguines, poussées aussi loin qu'il avait été permis de le faire, ne purent mettre un terme aux affreux battements de cœur et aux inexprimables angoisses qu'éprouvait le malade ; l'eau de laurier-cerise fut employée sans résultat ; l'opium enleva en

(1) R. Calomelas, 30 centigrammes ; opium, 10 centigr. ; sucre blanc, 1 grammes. M. Faites une poudre, à partager en six paquets, dont le malade prend un paquet toutes les deux ou trois heures.

peu de temps, et d'une manière complète, ces restes de la maladie.

Ce que je recommande surtout lorsqu'on emploie l'opium dans des maladies inflammatoires, c'est d'avoir égard au pouls, le principal signe d'après lequel on puisse juger si cette substance convient ou non. Non-seulement il ne faut l'administrer que quand le pouls a perdu sa force et sa dureté, mais encore on doit observer avec soin le malade auquel on en a fait prendre; si le pouls redevient dur et fréquent, c'est une preuve qu'il restait encore une tendance à l'inflammation, que l'opium a exaspéré cette tendance, et qu'on l'a donné trop tôt; il importe alors de le mettre à l'écart, et de s'en tenir aux narcotiques non échauffants, la jusquiame, l'eau de laurier-cerise, la digitale.

La même chose a lieu dans toutes les autres inflammations locales, où nous devons prendre pour guides les mêmes principes. Dans les inflammations des viscères abdominaux, le foie, la rate, l'estomac, celles surtout de ce dernier organe, dont l'exquise sensibilité et les sympathies étendues peuvent faire jouer, comme on sait, un si grand rôle à la partie nerveuse, que le malade périsse, rigoureusement parlant, non de l'inflammation, mais du spasme général provoqué par elle : ici l'opium est, en effet, l'unique moyen de sauver la vie. Dans le choléra très-aigu, même dans le choléra asiatique, dont le véritable traitement ne diffère point de celui des gastriques portées au plus haut degré d'intensité, où, après les émissions sanguines, le seul moyen de salut est l'opium uni au calomelas, et aidé de boissons oléoso-mucilagineuses. Dans l'entérite, dans l'iléus inflammatoire, lorsque la constriction spasmodique des intestins, la constipation persiste par l'effet de l'état nerveux qui survit à l'inflammation dont les émissions sanguines ont opéré la destruction, rien n'est plus propre à déterminer les évacuations alvines que le calomelas, avec l'opium et les bains chauds. Ceci s'applique également aux purgatifs, auxquels on est souvent obligé de recourir, et qui n'agissent qu'autant qu'on les associe à l'opium; car j'ai vu naguères, dans un iléus opiniâtre, le plus énergique même de tous les drastiques, l'huile de croton tiglium, ne produire d'effet que quand on vint à y adjoindre l'opium. Dans la cystite, l'ischurie inflammatoire, l'opium fait couler l'urine lorsque les émissions sanguines ont été employées en vain, que le cathéter et les diurétiques ne procurent aucun soulagement.

Les inflammations de la gorge, le croup surtout, méritent encore une attention particulière. C'est une des règles les plus importantes de la pratique, dans toutes ces maladies, la dernière spécialement, qu'il peut survenir une époque à laquelle, après que la méthode antiphlogistique, convenablement appliquée, a fait cesser l'irritation sanguine, le malade reste atteint d'une inflammation nerveuse, c'est-à-dire d'un état spasmodique des organes de la déglutition ou de la respiration, en sorte que, dans le premier cas, la difficulté d'avaler, et, dans le second, celle de respirer, persistent comme pendant la durée de l'inflammation,

finissent même par amener la mort. Insister sur les antiphlogistiques ne serait alors d'aucun secours, puisqu'il ne reste plus de l'inflammation que le spasme; on n'obtient de bons effets que de l'opium, ou d'un autre puissant antispasmodique analogue, d'un vésicatoire au col, et de cataplasmes émollients et calmants. Je crois devoir appuyer sur ce point, particulièrement en ce qui concerne le croup; car j'ai remarqué qu'on s'en tient fort souvent à la seule idée de l'inflammation et de la méthode antiphlogistique, de sorte qu'on ne guérit point le malade, tandis qu'à l'époque dont il s'agit, l'opium, le musc, enlèvent fréquemment d'une manière instantanée tous les restes du mal, les symptômes de suffocation, et sauvent la vie, dans l'acception la plus rigoureuse du terme. C'est par là seulement qu'on parvient à s'expliquer la dissidence entre les médecins, dont les uns regardent la maladie comme inflammatoire, tandis que les autres la croient spasmodique, tous se fondant sur l'effet des moyens mis en usage pour la combattre. Ils ont tous raison à un certain égard : car bien que la maladie soit toujours inflammatoire de sa nature et au moment de sa première apparition, quoique, dans bien des cas, les antiphlogistiques la guérissent à eux seuls, cependant la période inflammatoire peut faire place, souvent avec une grande promptitude, à l'état spasmodique ou nerveux, et alors il n'y a que les antispasmodiques puissants qui aient la faculté de sauver le malade.

L'encéphalite doit être traitée d'après des principes analogues. L'opium y trouve place à deux titres, même comme moyen d'agir d'une manière spécifique sur la sensibilité, lorsqu'après les émissions sanguines, l'application du froid et l'usage des purgatifs antiphlogistiques, la stupeur et le délire ne cèdent point, quoique le pouls ne permette plus de tirer du sang; en pareil cas, l'inflammation a été remplacée par l'état nerveux du cerveau, ou même il s'est déjà opéré un épanchement de sérosité, et l'opium suffit fort souvent seul pour enlever complètement le reste de la maladie, bien qu'on puisse lui adjoindre le calomelas, dans la vue de favoriser la résorption. J'ai vu avec plaisir les bons effets de l'opium contre le delirium tremens ramener un grand nombre de médecins modernes à l'usage de ce médicament, qu'ils avaient entièrement mis de côté, pour se borner aux antiphlogistiques; mais je n'ai pas été médiocrement surpris de voir considérer ces effets comme un phénomène nouveau, tandis que depuis longtemps l'efficacité de l'opium était connue et appréciée des meilleurs praticiens dans toutes les affections cérébrales qui sont nerveuses de leur nature, ou qui ont pris le caractère nerveux après la cessation de l'inflammation.

Chacun connaît aujourd'hui l'action salutaire que l'opium, appliqué d'après ces principes, exerce dans les ophthalmies.

2° Fièvre nerveuse et typhus. J'arrive tout naturellement à l'utilité de l'opium dans la fièvre nerveuse et le typhus. Je suis fort éloigné de croire que ces maladies reconnaissent toujours pour cause une inflammation cérébrale : mais ce qu'il y a de certain,

c'est que le cerveau et le système nerveux s'y trouvent toujours affectés d'une manière morbide, et que l'encéphale est le centre de la maladie, tout comme le cœur l'est dans les fièvres inflammatoires. Une congestion sanguine s'y joint souvent, comme il arrive dans toute irritation locale; mais d'une congestion à une inflammation à distance est immense, et la participation du système sanguin n'est jamais qu'un phénomène accessoire, non essentiel. Cependant il résulte de là, quant à l'emploi de l'opium, une différence fort importante, décisive même. Quelque indiqué que ce médicament puisse sembler par l'affection nerveuse du cerveau et du système nerveux, il nuira beaucoup, s'il existe simultanément congestion sanguine ou inflammation à l'encéphale; en pareil cas, il ne ferait qu'accélérer la manifestation de l'état soporeux et de l'apoplexie. Le doute même n'est point permis à cet égard, après la triste expérience qu'on a faite pendant la domination du brownisme. Mais il n'en est pas moins nécessaire de mettre en relief l'autre côté, que celui-ci avait fait oublier, et de réintégrer l'opium dans ses droits.

Il y a quatre cas dans lesquels l'opium est salutaire, même indispensable, chez des malades atteints de fièvres nerveuses.

a. Lorsque la fièvre est purement nerveuse dès le commencement, en d'autres termes, quand c'est une fièvre de faiblesse, provoquée par des fatigues, l'abus des plaisirs de l'amour ou de l'onanisme, les excès de boisson, etc., ou survenue chez un sujet déjà nerveux, et qui n'offre simultanément aucun signe d'inflammation. Dans de telles circonstances, on peut, après avoir administré quelques évacuants, recourir de suite à l'opium, qui fréquemment suffit pour amener la guérison. Ici se rapportent les bons effets de cette substance, tant vantée par les modernes, dans la dipsomanie, le *delirium tremens.* Il existe, en outre, une espèce de fièvre nerveuse, qui se rencontre principalement chez les sujets délicats, jeunes et nerveux; le pouls est irrité, l'accablement extrême, mais on n'observe aucun symptôme d'affection locale, si ce n'est un léger délire, et rien n'annonce qu'il y ait ni disposition à l'inflammation, ni congestion sanguine vers la tête; les antiphlogistiques soulagent, mais la fièvre et le délire persistent pendant huit à quinze jours; il suffit pour faire cesser promptement l'un et l'autre, d'ajouter un peu de teinture d'opium à la potion antiphlogistique.

b. Lorsqu'après avoir suffisamment employé les émissions sanguines, le froid et les évacuants, les signes de la congestion disparaissent, mais le délire persiste ou même dégénère en fureur. L'état est alors purement nerveux, et, dans beaucoup de cas, on obtient tout de l'opium, qu'il vaut cependant mieux associer au calomelas. Je n'oublierai jamais la joie qu'il m'a procurée à l'occasion d'un de mes plus chers collègues; le malade était au septième jour d'un typhus très-intense, pouls petit, pulsations si nombreuses qu'on pouvait à peine les compter, état soporeux, délire, soubresauts des tendons. Les émissions sanguines, le froid, les purgatifs, le calomelas avaient été largement employés. Je fis prendre la poudre précédemment indiquée de calomelas et d'opium; à la sixième dose, le pouls était relevé et lent, les spasmes avaient cessé, la tête était libre, et la crise s'opérait; l'amélioration data de ce moment, et marcha ensuite d'une manière régulière. Combien d'autres cas analogues ne pourrais-je point citer!

c. Lorsque le typhus est accompagné, dès le principe, de diarrhée, de dyssenterie ou de choléra, ce qui agit comme puissant dérivatif sur le cerveau, mais accroît le danger de l'épuisement total des forces et de la mort par inanition. L'opium est l'unique moyen d'arrêter cette profusion, de calmer la surexcitation du canal intestinal, et de sauver la vie; seulement, il faut être certain que les premières voies sont bien nettoyées. Lui seul a été efficace dans le typhus qui ravagea la Prusse en 1806 et 1807, et dont la diarrhée était la compagne essentielle.

d. Lorsque les forces sont au plus bas, et que les nervins ou excitants, même les plus énergiques, ne peuvent relever le pouls, qui est petit et fréquent. Je ne connais pas de meilleur moyen que d'ajouter du laudanum aux autres stimulants, par petites doses fréquemment répétées.

Pour apprécier cet inestimable don du ciel, il faut l'avoir vu, en une seule nuit, rendre calme, plein et fort le pouls qui était petit et fréquent, faire cesser le délire, rendre la connaissance au malade, arrêter les évacuations épuisantes, en un mot produire une métamorphose véritablement miraculeuse.

Du reste, on n'oubliera jamais, dans la fièvre nerveuse, qu'il ne faut recourir à l'opium qu'après avoir mis en usage les évacuants et les dérivatifs, et qu'on ne doit point, par conséquent, le prescrire de trop bonne heure.

3° *Fièvre intermittente.* C'est dans la fièvre intermittente, surtout pernicieuse, que les effets de l'opium se manifestent de la manière la plus brillante. Il est réellement le seul moyen de sauver la vie, et si nous pouvons dire que nous sommes maîtres de cette maladie, c'est seulement depuis que les vertus de l'opium nous ont été révélées, ce dont nous sommes redevables à L. Hoffmann principalement. On appelle *fièvre intermittente pernicieuse* celle dans laquelle chaque paroxysme s'accompagne d'un symptôme dangereux, apoplexie, coma, etc., et qui tue d'ordinaire au second ou au troisième accès. L'opium peut ici sauver les jours du malade de deux manières. D'abord pendant l'accès même de l'apoplexie; on se tromperait beaucoup en comptant sur la saignée, car l'accès n'est qu'un spasme, que l'opium seul peut faire cesser. En second lieu, pendant l'apyrexie, pour prévenir l'accès; il s'agit ici d'une fièvre intermittente, et l'important est de la supprimer en toute diligence, d'empêcher le prochain accès de se développer; on n'y parvient sûrement qu'en donnant, pendant l'apyrexie, 30 gr. de quinquina, à la dernière prise duquel, immédiatement avant l'accès, on ajoute 5 centigrammes d'opium. Cette méthode peut être considérée, en général, comme la meilleure pour faire cesser toutes les fièvres intermittentes opiniâtres.

4° *Spasmes.* Chacun sait que l'opium est le plus puissant remède contre les affections spasmodiques, et que ces maladies sont celles dans lesquelles on l'emploie le plus fréquemment. Tout médicastre même, en prononçant le mot de spasme, laisse aussi échapper celui d'opium, mais seulement le mot, ce qui est un grand malheur, car quelle énorme différence n'y a-t-il point entre les spasmes contre lesquels l'opium se montre utile, et ceux dans lesquels il nuit, cause même d'irréparables dommages ou la mort. Je vais indiquer les moyens de distinguer ces cas les uns des autres.

Il y a trois points qu'on doit soumettre à un examen profond, avant d'administrer l'opium. Il faut examiner si le spasme est accompagné de pléthore sanguine, de congestion cérébrale, de diathèse inflammatoire, ou même engendré par quelqu'une de ces circonstances; s'il est accompagné ou provoqué par des saburres gastriques; enfin s'il est exempt de toute complication, et purement nerveux.

Dans le premier cas, à l'égard duquel je signale surtout les jeunes gens et les petits enfants, durant le travail de la dentition, l'opium augmente les spasmes, et peut exaspérer la maladie jusqu'au degré d'une apoplexie mortelle. L'indication est de combattre d'abord la congestion par les émissions sanguines, les antiphlogistiques et les révulsifs, qui suffisent souvent; si les spasmes persistaient ensuite, l'opium serait permis et utile. Cependant il vaudrait encore mieux commencer par des antispasmodiques non échauffants, tels que la jusquiame, l'eau de laurier-cerise, le zinc, et n'administrer l'opium que quand ceux-là n'auraient pas produit un effet complet.

Dans le second cas, l'opium nuirait également, au lieu d'être utile. Le premier soin doit être de nettoyer l'estomac et le canal intestinal par des vomitifs et des purgatifs; après quoi, si les spasmes persistent, on donne l'opium.

Le troisième cas est le seul dans lequel l'opium convienne et soit efficace. Plus l'état spasmodique repose sur la véritable faiblesse, ou plus le malade a été préalablement débilité par des émissions sanguines et des purgatifs, en un mot, plus le pouls est petit, mou et vide, plus aussi les effets de l'opium sont avantageux. Cependant il importe de remarquer que les personnes atteintes de spasmes purement hystériques, éprouvent souvent une répugnance idiosyncrasique pour cette substance, de sorte qu'alors on fait bien de l'associer à un correctif, par exemple à la jusquiame ou castoreum. C'est aux circonstances de ce genre que se rapportent à la composition imaginée par Sydenham, et les associations si variées de l'opium avec des substances aromatiques (thériaque, mithridate), dont les anciens médecins avaient déjà reconnu la nécessité.

Une remarque fort essentielle encore, et dont l'expérience m'a bien des fois confirmé la justesse, c'est que, dans les spasmes violents, du bas-ventre surtout, et dans ceux qui se rattachent principalement à la moelle épinière et au nerf intercostal, l'opium a infi-

niment plus d'efficacité lorsqu'on l'administre sous la forme de lavement, que quand on le fait prendre par la bouche.

5° *Affections nerveuses traumatiques.* L'irritation traumatique mérite une attention spéciale lorsqu'après avoir reçu une blessure grave ou perdu beaucoup de sang, le malade est étendu sur son lit, en proie à des spasmes, raide et à demi-mort, ou lorsque, dans de semblables circonstances, les douleurs deviennent excessivement violentes au second ou troisième jour, le pouls et tout l'extérieur annoncent un état nerveux, l'inflammation n'a point une couleur vive, et la suppuration est plus ichoreuse que purulente; il n'y a que l'opium qui puisse changer la scène avec rapidité, parce que, d'un même coup, il apaise la douleur, fait cesser le spasme, relève la force vitale, et corrige le travail de l'inflammation et de la suppuration par son action toute spéciale sur le système sanguin et la plasticité du sang.

Il n'y a pas longtemps encore que j'ai pu m'en convaincre chez une femme qui venait de subir l'opération césarienne. L'opération avait été pratiquée cinq jours auparavant, trente-six heures après l'éruption des eaux, et en six minutes, par la main habile de Græfe; la malade, d'une complexion faible, avait été saignée deux fois avant de la subir, et une fois après: elle avait pris jusqu'alors la potion de Rivière, puis alternativement de l'extrait de jusquiame et de l'eau de laurier-cerise, ce qui avait modéré les souffrances. Au cinquième jour, les douleurs acquirent une violence extrême; elles ressemblaient à celles du travail de l'enfantement, et arrachaient presque des cris à la malade. Le pouls était petit, à cent trente-cinq pulsations, les mains se refroidissaient, une sueur visqueuse couvrait le corps, les lèvres de la plaie avaient une teinte blafarde. On fit prendre d'heure en heure une goutte de laudanum liquide, avec deux gouttes de liqueur anodine. Au bout de quelques heures, les douleurs cessèrent, le pouls se releva, et diminua de vingt pulsations, les lèvres de la plaie prirent une teinte inflammatoire plus vive, et la sécrétion fut moins ichoreuse; à dater de ce moment, la guérison suivit une marche régulière, et la maladie se termina heureusement.

J'ai à peine besoin de rappeler que l'opium est la seule ancre de salut qui reste dans le trisme et le tétanos traumatique. Le monde médical entier en a l'intime conviction. C'est ici précisément qu'on voit ressortir d'une manière merveilleuse la propriété dont cette substance jouit d'apaiser les spasmes. La sensibilité se trouve tellement enchaînée par l'état spasmodique, que l'effet narcotique de l'opium n'est même point senti; nous pouvons le donner sans inconvénient jusqu'à des doses énormes. Mais, dès qu'il a fait cesser le spasme, on voit reparaître la perception et la réaction normales.

Dans le tétanos aussi, l'opium en lavements, à fortes doses (15 à 30 grammes de laudanum), produit souvent plus d'effet que de toute autre manière. On ne peut même quelquefois pas l'administrer autrement, à cause de l'occlusion complète de la bouche.

6° *Folie.* L'effet de l'opium dans les maladies mentales dépend d'une foule de circonstances et d'individualités : tantôt prompt et bien évidemment salutaire, tantôt, et plus souvent, nul, parfois aussi nuisible au plus haut degré. Il importe donc de distinguer les cas avec un soin tout particulier.

La principale règle à suivre est celle-ci : plus le désordre intellectuel est purement nerveux, plus il est accompagné de véritable faiblesse, ou plus il la reconnaît pour cause, plus aussi l'opium se montrera salutaire, comme on le voit dans l'aliénation mentale due à l'abus des boissons spiritueuses ou des plaisirs de l'amour, dans celle qui a un caractère hystérique, dans celle qui est restée à la suite d'une affection inflammatoire, et dans la folie purement morale. Mais quand il y a état pléthorique ou tendance à une excitation phlogistique active du cerveau, quand la source du mal ne réside point dans le cerveau et le système nerveux, qu'elle se trouve dans l'abdomen, qu'elle tient à des accumulations, des congestions, des stases dans les organes de la région précordiale, ainsi qu'on le voit surtout dans la mélancolie, l'opium ne fait que nuire. Il peut cependant, même alors, être utile sur la fin, lorsque la cause matérielle a été enlevée et qu'il ne reste plus qu'un état purement nerveux.

Ici encore il importe de faire remarquer que l'opium en lavements produit souvent bien plus d'effet, dans le délire nerveux, que quand on le donne par la voie de l'estomac.

7° *Toux et affections de poitrine.* Ce sont également là des cas dans lesquels l'opium joue un grand rôle. On ne saurait nier que certaines espèces de toux, même de phthisie pulmonaire, peuvent être guéries par cette substance. Mais il est tout aussi certain qu'elle en aggrave bien plus qu'elle n'en soulage, qu'elle peut même provoquer une véritable inflammation de poumon, et déterminer le passage à la phthisie pulmonaire. Tout dépend de la différence qui existe entre les affections de poitrine, eu égard à leur nature, et de l'habileté avec laquelle le médecin parvient à les distinguer les unes des autres. Si la toux est de nature inflammatoire, effet ou tout au moins compagne d'une inflammation ou d'une congestion sanguine des poumons, l'opium ne manquera jamais de nuire. On doit en dire autant de la toux catarrhale, aussi longtemps qu'elle se trouve jointe à une irritation inflammatoire, et de la toux gastrique, qui ne cède qu'aux vomitifs, l'opium n'étant propre qu'à l'aggraver. Mais, dans la toux purement nerveuse ou spasmodique, rien de plus efficace que ce dernier médicament. Une seule dose de poudre de Dower, prise le soir, suffit pour le faire disparaître complétement. L'opium est aussi un des principaux moyens à mettre en usage pendant la seconde période, ou période nerveuse, de la coqueluche. Il y a même une espèce de phthisie, qui, durant sa première période, est complétement nerveuse, et qui résulte d'une exaltation de la sensibilité des poumons et du système nerveux entier ; ce qu'il importe alors, c'est de diminuer la sensibilité locale et générale ; or, rien n'est plus propre que l'opium, non-seulement à pro-

duire cet effet, mais encore à calmer la toux, quand, d'ailleurs, on le seconde par le lait d'ânesse, la gelée de lichen d'Islande et de salep, les bains tièdes, et les vêtements de flanelle sur la peau.

8° *Dyssenterie.* L'emploi de l'opium dans cette maladie fournit matière à des considérations d'un haut intérêt. Ici encore il importe de bien distinguer les cas.

Celui qui voudrait donner de l'opium dans une dyssenterie bilieuse ou inflammatoire, ferait périr le malade. Au contraire, dans une dyssenterie purement rhumatismale, c'est l'unique moyen de salut. L'effroyable dyssenterie rhumatismale, causée par l'humidité et le froid, qui fit tant de ravages dans l'armée prussienne en 1792, tant qu'on la combattit, comme c'était alors l'usage par la rhubarbe en poudre, ne redevint curable et ne cessa que quand on lui opposa généralement l'opium.

Cependant je conseille de commencer toujours par faire vomir au moyen de l'ipécacuanha, avant de passer à l'administration de l'opium, et de donner celui-ci, non pas en grande quantité à la fois, mais par petites fractions, souvent répétées, en le mêlant avec un mucilage ou une émulsion ; autrement on courrait le risque de déterminer une suppression brusque de la dyssenterie, ce qui est toujours nuisible, tandis qu'on doit uniquement avoir en vue de diminuer peu à peu la sécrétion du mucus et du sang, comme aussi de faire cesser le spasme qui retient les matières alvines, but auquel on ne parvient jamais mieux qu'en suivant la méthode dont je viens de parler.

9° *Diabète.* Quelque chose d'analogue a lieu dans le diabète ; car la cause prochaine de cette maladie est également un érétisme morbide des reins, qui peut aller jusqu'à l'état convulsif, et qui, dans le diabète sucré, s'accompagne d'une perversion spéciale de la productivité (de la sécrétion chimico-organique), en sorte qu'au lieu des sels ordinaires de l'urine, il se produit du sucre. L'opium est assurément le plus énergique des moyens à mettre en usage contre cette cause prochaine, bien que les causes éloignées, qui varient à l'infini, et qui souvent sont directement contraires les unes aux autres, puissent imposer la nécessité de commencer par employer d'autres méthodes et d'autres moyens, quelquefois suffisants pour procurer la guérison. Mais, quand on ne découvre aucune de ces causes éloignées, telles que pléthore, congestion, métastases, obstructions abdominales, ou quand la maladie persiste après leur destruction, et qu'il ne reste plus à combattre que le diabète, comme tel, que l'érétisme des reins, avec l'altération spécifique de leur faculté sécrétoire, l'opium satisfait aux deux seules indications qu'on ait encore à remplir ; il fait cesser l'érétisme nerveux local, et il imprime une impulsion énergique vers la périphérie, il favorise et active la transpiration cutanée, qui agit comme contre-irritation et dérivatif. Le régime animal et l'opium à fortes doses, longtemps continués, sont les principaux moyens curatifs connus ; l'expérience m'a appris qu'ils avaient réellement l'efficacité que leur ont attribuée Waren, Rollo, Blane et

M. de Stosch, dans l'estimable traité qu'il a publié sur cette maladie.

Poisons, miasmes. Un des plus remarquables effets de l'opium est son action antimiasmatique et antivénéneuse.

C'était un fait reconnu dans l'antiquité que l'opium résiste aux poisons et à la contagion. On sait qu'un électuaire composé, comme la thériaque, d'un mélange d'opium et d'aromates, doit son nom à l'usage journalier qu'en faisait Mithridate, roi de Pont, pour se rendre inaccessible aux poisons. L'empereur Marc-Aurèle employait le thériaque dans la même vue.

On ne saurait disconvenir qu'un certain degré d'insensibilité et d'émoussement des nerfs ne soit propre à diminuer l'action des poisons et des miasmes sur l'organisme, puisque cette action repose sur la réceptivité de l'économie, qui elle-même dépend de la sensibilité. Ce qui le prouve, c'est le fait remarquable du peu d'aptitude à être atteint par les maladies contagieuses et épidémiques qu'on remarque chez les hypocondriaques et les hystériques, en qui la direction de la sensibilité, et sa concentration à l'intérieur, affaiblissent singulièrement la faculté de recevoir les impressions du dehors.

Mais nous devons bien distinguer ici les poisons animés, ou les miasmes, des poisons inanimés.

A l'égard des premiers, l'opium ne peut être utile contre eux que de deux manières : d'abord, en rendant les nerfs moins aptes à recevoir l'impression qu'ils exercent, et affaiblissant la réaction nerveuse, puis, en provoquant la sueur ; et déterminant ainsi la volatilisation et l'expulsion du poison. Mais les anciens n'avaient point fait assez d'attention à la propriété qu'il possède d'accroître la circulation, d'échauffer, d'enflammer, et de cette négligence vint le funeste abus qu'on fit de lui dans les fièvres aiguës ; car, persuadé, comme on l'était, que ces maladies dépendaient toujours d'un miasme, qu'il fallait repousser au dehors, on les convertissait ainsi presque toutes en fièvres malignes et putrides, accompagnées de miliaire et de pétéchies.

L'opium sera donc constamment nuisible dans le cas de miasmes aigus, si ce n'est, toutefois, durant les premiers moments de l'infection, car une dose de poudre de Dower, après laquelle on favorise la sueur, suffit souvent alors pour faire disparaître en vingt-quatre heures les premières traces de la maladie. Mais il joue un rôle plus important dans les miasmes chroniques, où sa propriété de stimuler le sang, de volatiliser, de pousser à la périphérie, produit des effets très-salutaires, et peut suppléer, à ce qui manque souvent, en pareil cas, du côté de la réaction de l'organisme.

Prenons d'abord pour exemple un empoisonnement syphilitique. Une multitude de faits ont établi, sans réplique, que l'opium est le meilleur moyen de détruire certains reliquats de vérole, contre lesquels le mercure ne peut plus rien. Il fut un temps, de 1780 à 1785, où les Anglais crurent pouvoir guérir la syphilis par ce médicament seul, sans mercure, et ils en ont aussi publié un grand nombre d'exemples.

Point de doute non plus que l'opium ne soit, à lui seul, capable de détruire les symptômes de l'infection syphilitique ; car l'arcane de Bernard, composé d'opium et d'alcali, possédait cette propriété. L'expérience, tant la mienne que celle des autres, m'a convaincu que, si l'opium ne peut remplacer le mercure, eu égard à la faculté spécifique que ce métal possède de tuer le miasme syphilitique, il a, du moins, l'incontestable puissance de favoriser et de régulariser la maladie dont les mercuriaux frappent l'organisme, la réaction qu'ils déterminent, l'élaboration et l'élimination critiques du miasme sans lesquelles la guérison ne saurait s'accomplir. Pendant la seconde période de l'infection, après la cessation de l'état inflammatoire, j'ai vu l'opium, associé au mercure, rendre manifestement et plus rapides les effets de ce dernier moyen. En l'unissant au sublimé, dans les cas de syphilis invétérée, et surtout de vérole dégénérée par l'abus et l'usage non méthodique des préparations mercurielles, j'ai obtenu des résultats bien plus prononcés que quand j'administrais le sublimé seul, et je considère même cette association comme une condition absolue du succès en pareille circonstance. L'opium ne se borne point alors à corriger le mercure, ainsi qu'on l'admet généralement, il aide encore à son action, et le rend plus énergique. Non-seulement il écarte les effets accessoires, toujours si désagréables et souvent si dangereux, de ce sel corrosif, l'ardeur et les spasmes d'estomac, les nausées, les coliques, la diarrhée, mais encore il exalte à un degré extraordinaire son influence sur le miasme, dont il détruit surtout l'aptitude à se reproduire, principal objet du traitement. On ne saurait non plus attacher trop de prix à l'impulsion vers la périphérie que l'opium imprime, et que ne peut communiquer le mercure, car de là résultent, particulièrement chez les sujets débiles et engourdis, des sueurs salutaires et des évacuations critiques.

Pour bien juger des effets de l'opium, et apprécier convenablement son emploi dans la syphilis, je suis obligé d'entrer dans quelques détails sur la maladie fort remarquable, mais souvent obscure et complexe, qu'on désigne sous le nom de *syphilis invétérée, modifiée, dégénérée, larvée*, et qui malheureusement est si répandue aujourd'hui, remplit d'amertume les jours d'un si grand nombre d'hommes. Il s'en faut qu'elle soit toujours un seul et même état : loin de là, elle varie souvent beaucoup.

D'abord on doit bien distinguer le poison encore subsistant et l'aptitude à reproduire ce poison.

Le poison peut être détruit, mais l'aptitude à le reproduire persister dans l'organisme. C'est le cas le plus ordinaire au milieu de ces traitements mercuriels incomplets et trop tôt interrompus, dont il est si ordinaire qu'on se contente aujourd'hui lorsque les symptômes disparaissent. Or, cette aptitude à reproduire est principalement une propriété des nerfs, comme tout ce qui porte le caractère de la spécificité dans l'organisme. Il suit donc de là que le plus puissant des nervins, l'opium, doit avoir une efficacité

toute spéciale pour la combattre, et être, sous ce rapport, le meilleur adjuvant du mercure.

Le poison peut aussi se trouver latent, endormi. L'expérience a suffisamment prouvé qu'il est sujet à suspendre son action, sans pour cela cesser d'exister, et l'analogie s'élève en faveur de ce phénomène, car la chaleur peut exister dans le corps à l'état latent, aussi bien qu'à l'état de liberté, et même d'autres miasmes, celui de la rage, par exemple, peuvent demeurer des mois entiers, des années, sans annoncer le moins du monde leur présence. Quel moyen serait plus apte que l'opium, par sa vertu stimulante et diffusible, qui pénètre partout, à éveiller ce germe endormi, à le rendre l'objet d'une élaboration critique, et quand il est fixé par une incarcération spasmodique chronique, comme le cas semble avoir réellement lieu quelquefois (état latent), à dissiper le spasme et à remettre le miasme en liberté ?

Il peut se faire encore que, par le fait de son ancienneté, le poison ait pénétré trop profondément dans l'organisme, et se soit, pour ainsi dire, assimilé avec lui. Quelle substance a plus que l'opium le pouvoir de s'insinuer dans les moindres replis de l'économie, de provoquer une réaction dans les organes les plus éloignés et les plus délicats ?

Enfin, dans le cas, si commun aujourd'hui, où le poison, à qui les attaques incessantes, mais toujours incomplètes, du mercure, ont fait perdre son caractère spécifique, sans le détruire lui-même, est devenu un produit pathologique nouveau, une dyscrasie toute spéciale, pour laquelle nous n'avons point encore de nom, et que le mercure n'a plus le pouvoir d'anéantir à lui seul ; dans celui, où l'abus et l'usage déréglé du mercure ont mis le malade en proie à un véritable empoisonnement mercuriel ; dans tous ces cas, la propriété excitante et diffusible de l'opium, le pouvoir qu'il a de déterminer des mouvements critiques, et surtout des crises cutanées, correspondent parfaitement aux indications à remplir.

J'accorde qu'il est souvent fort difficile, impossible même, de distinguer ces divers états les uns des autres, à tel point qu'on est dans l'usage de les confondre tous ensemble sous l'appellation commune de reliquats vénériens, ou de vérole dégénérée. Mais je puis assurer que, même après l'inutile emploi des traitements par les frictions et la salivation, je les ai vus céder parfaitement au sublimé associé avec l'opium.

S'il y a véritable maladie mercurielle, le mercure ne pourra point la guérir, à cette circonstance on la reconnaîtra ; car le soufre seul peut débarrasser entièrement le malade, mais l'opium est aussi de tous les moyens celui qui aide le plus à la guérison.

Cela me conduit au second point que je dois examiner dans ce paragraphe, la vertu antidotaire de l'opium dans les empoisonnements par des substances inorganiques, métalliques surtout, mercurielles, saturnines et arsenicales. Dans tous les empoisonnements secondaires, c'est-à-dire lorsque le poison, après avoir exercé son action toxique locale, est passé dans les secondes voies, ou le système entier, l'opium joue un des premiers rôles. On sait qu'il est le principal moyen sur lequel on puisse compter dans l'empoisonnement par le plomb, après que les premières voies ont été bien nettoyées. La même chose a lieu dans les empoisonnements par le mercure et l'arsenic, bien qu'ici on doive joindre à l'opium le grand neutralisant chimique de tous les poisons métalliques, le soufre. C'est incontestablement là-dessus aussi que repose, en grande partie, la remarquable vertu antisialagogue de ce médicament, qui le rend un des moyens les plus efficaces pour prévenir la salivation, quand on emploie le mercure, et même pour la guérir, quoique cet effet de sa part puisse dépendre en partie de sa propriété diaphorétique, et être, par conséquent, un phénomène de dérivation et de contre-irritation.

L'opium exerce également, par la promptitude avec laquelle il détermine la sueur, une influence décisive dans la morsure des vipères et autres empoisonnements analogues, qui sont l'effet de venins animaux.

11° Crise, vivification de la peau. J'arrive à la propriété, si caractéristique, dont jouit l'opium, de stimuler le système cutané et d'agir sur les sécrétions pathologiques de cette membrane. Il la manifeste d'une manière bien tranchée dans deux cas.

Le premier cas est celui de la variole. Lorsque, dans une petite vérole maligne, nerveuse, la suppuration ne fait point de progrès, vers le cinquième ou sixième jour après l'éruption, qu'elle dégénère en une sécrétion séreuse, ichoreuse, que les boutons ne se remplissent point, qu'ils prennent même un aspect livide, et semblent sur le point de tomber en gangrène, avec prostration extrême des forces, et violente fièvre typheuse, je ne connais point de moyen qui soit plus apte que l'opium à rétablir la suppuration, à compléter la crise, et par conséquent à sauver la vie du malade. Je m'en suis souvent convaincu dans mon jeune âge, particulièrement pendant le cours de la variole maligne qui régna épidémiquement à Weimar, en 1786. Dans cette circonstance, il agit à la fois par ses deux propriétés, par la calmante, en faisant cesser le redoutable et douloureux spasme qui s'est emparé de la peau entière ; par l'excitante, en imprimant une impulsion critique énergique au tissu à demi-mort des téguments extérieurs.

Le second cas est celui de la gangrène, de celle surtout qui survient localement aux parties externes, chez les personnes avancées en âge, sans être précédée de gangrène. Comme la cause tient ici à un défaut de vitalité plastique, l'opium est l'unique moyen de salut : l'expérience de tous les praticiens en fait foi.

L'opium possède une aptitude spéciale à favoriser la suppuration et à faire naître un pus de bonne qualité. On peut tirer un parti avantageux de cette propriété, dans une multitude de circonstances.

On a reconnu que, sous l'influence de ce médicament, non-seulement il survient des sueurs, mais encore la peau se couvre fréquemment d'éruptions d'une forme indéterminée, plus analogues à la miliaire qu'à tout autre. J'ai surtout observé cet exan-

thème chez les personnes qui portent en elles un principe arthritique caché. Dans une foule de cas, il a un caractère critique. Un tel effet de la part de l'opium le rend précieux dans une multitude de maladies chroniques, principalement nerveuses, qui, plus souvent qu'on le pense, sont matérielles, c'est-à-dire produites par un principe morbifique qui s'est jeté sur les nerfs, dont il trouble l'action normale. Il me suffira de citer un exemple. Un homme de moyen âge était atteint, depuis plusieurs années déjà, d'une coxalgie qui le faisait boiter ; il fut pris d'un accès de dyssenterie, qui le mit dans la nécessité de recourir à l'opium ; cette substance provoqua une sueur fort abondante et une éruption cutanée générale, qui le débarrassa de sa coxalgie. Depuis lors, il a pu se servir librement de son membre. Tout porte à croire qu'ici la coxalgie n'était autre chose qu'une métastase, sur la hanche, d'un principe rhumatismal que l'opium mobilisa, et qu'il rejeta par la crise cutanée, sous la forme d'un exanthème.

12° *Fausses organisations.* L'opium exerce une influence salutaire fort remarquable dans certaines productions morbides extérieures, notamment dans quelques espèces de polypes du vagin, du nez, du conduit auditif, etc., où son usage prolongé à l'extérieur a amené peu à peu la flétrissure de l'excroissance, et finalement une guérison complète. Cette propriété mériterait d'être mise à profit plus souvent, et dans diverses sortes de vices d'organisation.

13° *Palliation.* Pour terminer, il me reste à examiner la vertu palliative de l'opium, que l'on considère ordinairement comme une chose accessoire, mais qui devient souvent l'objet principal, et à l'égard de laquelle cette substance l'emporte de beaucoup sur tous les autres narcotiques.

Pallier, c'est apaiser les souffrances, calmer les douleurs, tranquilliser le malade, relever son courage, et lui rendre la mort plus facile. N'est-ce pas, dis-je, beaucoup dans cette pauvre vie terrestre, qui n'offre souvent qu'un enchaînement de misères et de maux, et que trop fréquemment même il est si difficile de quitter pour se reposer dans les bras de la mort ? Quelle substance possède au même degré que l'opium cette propriété de répandre des consolations sur la vie ! Je ne crains pas d'avancer que n'en eût-il même pas d'autre, nous devrions voir en lui l'un des plus grands bienfaits de la Providence, comparable, sous ce rapport au sommeil qui marche en frère à ses côtés.

Nul moyen n'est aussi propre que lui à calmer la douleur, à diminuer les angoisses, à les faire même cesser pendant quelque temps ; ce n'est pas cent fois, mais mille, qu'à ma visite du matin j'ai trouvé un changement complet dans la mine, la voix et tout l'extérieur des malades auxquels j'avais fait prendre de l'opium la veille au soir, et en général l'effet dure vingt-quatre heures.

Je rappellerai seulement la triste position du phthisique incurable, qui s'avance peu à peu vers la tombe, au milieu des plus cruels étouffements ; les affreuses douleurs qui tourmentent jour et nuit l'infortuné atteint d'un cancer, à l'activité dévorante duquel rien ne peut le soustraire ; la longue agonie de l'homme frappé d'une hydropisie de poitrine. En pareil cas, qui voudrait être médecin sans opium ? Combien de malades ce médicament n'a-t-il point arrachés au désespoir ! car, ce qu'il y a de plus remarquable dans ses effets, c'est qu'il ne se borne point à faire taire les douleurs physiques, mais donne de l'énergie à l'âme, la relève et lui procure du calme.

L'un des effets les précieux de cette propriété calmante, est celui qui consiste à rendre la mort plus douce dans les cas difficiles, à procurer cette euthanasie qui est aussi un devoir sacré pour le médecin, et son plus beau triomphe, quand il ne peut plus retenir les liens de la vie. Non-seulement l'opium enlève les douleurs de la mort, mais il inspire le courage de mourir, il contribue même physiquement à faire naître la disposition morale qui rend l'esprit apte à s'élever dans les régions célestes.

Un fait tout récent, pris parmi tant d'autres que je pourrais citer, suffira pour exemple. Un homme, tourmenté depuis longtemps par des douleurs de poitrine et de besoins vomiques, fut enfin aux portes de la mort ; une effroyable agonie, accompagnée d'étouffements continuels, s'empara de lui, et le plongea dans un véritable désespoir ; c'était un spectacle horrible à voir, et qui frappait de terreur les assistants eux-mêmes. Vers midi, cet homme prit, toutes les heures, 2 centigrammes d'opium ; au bout de trois heures, il était devenu calme ; après avoir avalé 20 centigrammes, il céda au sommeil, et dormit plusieurs heures ; il se réveilla tout dispos, sans douleurs ni anxiété, et si calme, si fortifié au moral, qu'il prit congé des siens avec courage, même avec une sorte de gaieté, leur donna sa bénédiction, et se rendormit tranquillement pour ne plus se réveiller ici-bas.

VI. *Inconvénients et dangers.* Un mot encore sur les inconvénients et les dangers de l'opium. Ils sont malheureusement fort grands, et l'on aurait de la peine à décider si l'opium n'a pas causé autant de mal que de bien dans le monde. Mais on peut en dire autant de la saignée, de la poudre à canon et de tous les agents de la nature, sans excepter le feu. Plus la puissance de faire le bien est grande, plus aussi celle de faire le mal est considérable : et qui voudrait renoncer à une telle puissance, parce que l'abus qu'on en fait peut entraîner des maux ?

Le premier danger de l'opium, et sans contredit le plus grand, ne tient pas à sa léthalité, mais aux illusions qu'il fait naître. Il réduit au silence les douleurs, les agitations, les spasmes et autres sensations pénibles, qui sont, à proprement parler, la voix de la nature souffrante, le langage dont elle se sert pour invoquer des secours. Il s'empare même de l'esprit et de l'imagination, et sait inspirer à l'âme tant de courage et d'espérance, qu'il dérobe le véritable état des choses au malade et au médecin, dissimule le péril, et fait passer dans une insouciante inertie les jours où il aurait fallu déployer le plus d'activité, le seul instant

où il eût été possible d'appliquer avec avantage les ressources de l'art.

Le second danger est celui d'une affection apoplectique du cerveau. On doit surtout le redouter chez les petits enfants pendant la première année de la vie, époque de la vie à laquelle je ne saurais trop prémunir contre l'emploi de l'opium, car une seule goutte de laudanum peut être alors une dose très-forte et même trop considérable. Il ne faut donc y recourir que dans le cas de nécessité absolue, par exemple, pour combattre une diarrhée épuisante, qui met la vie en danger, et le mieux est de l'administrer sous la forme de lavement. A l'intérieur on donne, en quatre prises, une goutte de laudanum broyée avec du sucre.

Le troisième est celui qu'on court, dans les inflammations actives, d'exaspérer l'inflammation, et d'en accélérer le passage à la suppuration et à la gangrène.

Le quatrième se rattache à l'incarcération des saburres, à la fixation des stases abdominales, à l'accroissement de la congestion sanguine dans le système de la veine porte.

Le cinquième tient à l'augmentation de la colliquation et de la putrescence dans le sang, avec sueurs colliquatives, à la production de la miliaire, des pétéchies, des aphthes. On doit le redouter dans toutes les fièvres, celles principalement de nature gastrique, lorsqu'on emploie l'opium à contre-temps, à doses trop élevées, ou pendant trop longtemps.

Le sixième enfin est l'habitude. On peut finir, dans les affections chroniques, par s'accoutumer tellement à l'opium, qu'il devienne, même après la cessation de la maladie, un besoin journalier pour amener la sensibilité générale au degré qui constitue le bien-être, pour vivifier l'économie entière, pour rendre les facultés physiques et morales aptes à s'exercer. Les buveurs s'habituent de même à l'eau-de-vie, qui devient enfin un impérieux besoin. Or, les résultats sont semblables dans l'un et l'autre cas ; il faut accroître sans cesse les doses, ce qui affaiblit de plus en plus les nerfs, et amène le tremblement, la destruction des forces digestives et de la nutrition, le *delirium tremens*, l'émoussement des sens et de l'intelligence, des hémorrhagies, la dissolution du sang, le marasme.

(*Hufeland.*)

ORGUE A ANCHES LIBRES, ou préférablement Orgue expressif. — *L'harmonium, l'orchestrium, le mélodium, le symphonium*, etc., ne sont et ne forment, pris isolément, qu'un seul et même instrument dont l'appellation rationnelle est Orgue expressif, et dont l'élément essentiel a pour base *l'anche libre*, unie à une *soufflerie* à pressions d'air variées.

Or, parler tout d'abord de *l'anche libre*, c'est commencer l'historique de l'instrument qui nous occupe, en ce moment.

Selon les uns, l'anche libre est d'origine chinoise, et sa découverte remonte à la plus haute antiquité ; selon les autres, elle n'est qu'une simple modification de la *guimbarde*, qui, elle-même, suivant Framery

et Adrien de la Fage (1), est un instrument fort ancien.

Mais comme cette dissidence d'opinions pourrait nous entraîner au delà des limites qui nous sont assignées, pour la teneur de cet article, nous l'éliminons, et nous nous bornons à considérer l'*anche libre* comme « *l'appareil vibratoire composé d'un canal recouvert d'une languette flexible,* » qui, sous l'impulsion d'un souffle plus ou moins fort, parlant plus ou moins *expressif*, a été le principe producteur du son de l'*émule* du grand orgue.

Et en effet, laissons parler Grenié (2) lui-même, le révélateur premier, sinon l'inventeur, de l'orgue expressif, laissons-le rendre compte de sa découverte, dans la notice qu'il fit paraître en 1810.

« Il y a à peu près deux ans que, lisant l'ouvrage du *docteur* Bedos, je trouvai dans la comparaison

(1) Cet instrument, dit Framery, dont il n'est parlé, ni dans l'ancienne *Encyclopédie*, ni dans le *Dictionnaire de lutherie* de l'*Encyclopédie méthodique*, partie des arts et métiers, n'est guère connu que de cette classe de peuple qui, des montagnes de Savoie ou d'Auvergne, vient proposer aux habitants de la capitale l'emploi de ses petits talents. Cependant il paraît qu'on en fait usage dans des contrées éloignées. Au moins trouve-t-on dans le voyage en Afrique de M. Le Vaillant, qu'il en avait porté chez les Hottentots, où il s'en servit avec succès. On pourrait présumer néanmoins qu'il y a des instruments plus propres à faire impression sur l'âme des sauvages, plus capables d'adoucir la férocité de leurs inclinations.

« La guimbarde, continue le même auteur, est un instrument de fer, de forme à peu près ovale, dont l'un des côtés vient se terminer en ligne droite. — Au milieu est une languette de fer également, mais élastique, qui tient par un bout à l'extrémité aiguë de l'instrument.

» Il s'applique contre les dents, où il est assujetti par la pression des lèvres. On en joue en agitant avec le doigt la languette élastique, dont la vibration rend un son uniforme, qui se modifie par l'élargissement et le rétrécissement des lèvres. L'expérience seule, très-facile à acquérir, peut indiquer la manière d'obtenir tous les tons possibles et appréciables. Le son de ce petit instrument est sourd, peu intense et même peu agréable : cependant, j'ai connu un homme du monde qui s'était amusé à le cultiver, et qui était parvenu à en jouer avec une grande supériorité. On ne peut nier qu'il n'ait beaucoup d'étendue, mais la faiblesse du son qu'il produit qu'on aurait de la peine à entendre à vingt pas, s'opposera toujours a son succès, et il est probable qu'il ne sortira jamais de l'obscurité où il est resté parmi nous. » (*Dictionnaire de musique*, de l'Encyclopédie méthodique in-4°, Paris, 1791, tom. I)

A son tour M. de la Fage, en parlant de quelques instruments à vent en usage dans la Chine, dit ces quelques mots qui méritent d'être rapportés : « Il est encore un instrument à vent que l'on relègue habituellement dans la classe des instruments joujoux, mais dont nous devons parler ici pour marquer sa haute antiquité, et sa présence chez la plupart des peuples : c'est la guimbarde appelée en chinois keou-kin, c'est-à-dire xin de la bouche. Sa forme, quoique allongée, est véritablement la même que celle des guimbardes d'Europe. » (*Histoire générale de la Musique et de la Danse*, tom. I, pp. 198-199.)

(2). Grenié (Gabriel-Joseph), né à Bordeaux en 1756, mourut à Paris en 1837.

qu'il fait des différents jeux d'anches de l'orgue avec les instruments à vent dont les hommes se servent cette phrase-ci : Le chalumeau a une languette qui doit mouvoir librement, et qu'on met tout entière dans la bouche pour faire parler cet instrument. Dès lors, je pensai qu'une languette qui ne battrait pas

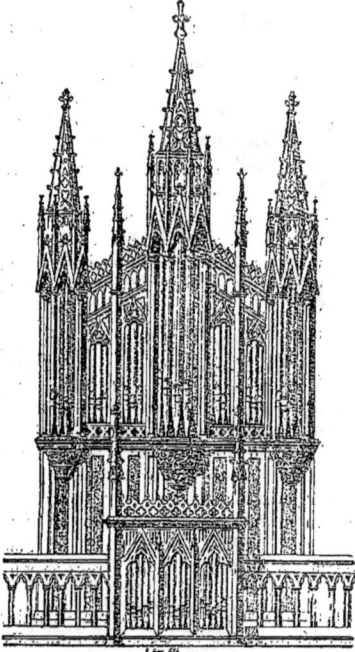

Orgue à tuyaux.

sur l'anche, et par conséquent cuivre contre cuivre, devrait produire des sons moins criards et plus doux. Le docteur Bedos ne donnait aucune proportion d'un pareil jeu, ne disait pas même qu'il pouvait être employé parmi ceux desquels il donnait le diapason. — J'allai chez plusieurs facteurs. — Aux questions que je leur fis ils répondirent qu'ils ne connaissaient point de jeux d'anches libres, et qu'ils n'en avaient jamais fait. Je fis exécuter tant bien que mal une anche libre, et j'en fus assez content pour croire pouvoir entreprendre d'en former le diapason. Mais le hasard vint à mon secours, en me montrant chez un de mes amis un orgue relégué depuis trente ans dans un coin de la maison, et qui contenait deux octaves d'un jeu d'anches libres. C'est avec ce secours, en faisant refaire à neuf tous les tons nécessaires, que j'ai formé un instrument qui, en partant d'un son égal en douceur à celui de l'harmonica, s'élève à toute la force d'une musique militaire. »

Disons cependant qu'à l'époque où Grenié fit parai-

tre son premier instrument (1) de nombreuses tentatives avaient eu lieu pour rendre l'orgue à tuyaux expressif (2); car, au commencement du XIX° siècle, « il était arrivé à un point de perfection qu'il ne paraissait point possible de franchir ; tous les sons appréciables à l'oreille s'y trouvaient réunis ; tous les timbres différents que l'on avait pu trouver depuis vingt siècles, composaient son vaste domaine ; *il était devenu le plus riche de tous les instruments, mais il lui manquait ce qui ne suit pas toujours la richesse* : la grâce et le sentiment. On lui reprochait de ne pouvoir *se prêter à ces inflexions sans lesquelles il n'y a point de sensibilité dans les instruments, ni de touchantes émotions autour d'eux*. Pour suppléer à cette qualité, on avait en vain *échelonné sur plusieurs claviers des jeux de force différente*. On n'était parvenu qu'à obtenir une gradation utile sans contredit, mais insuffisante pour atteindre le but qu'on se proposait. » (*Facteur d'orgues*, tom. I, p. LVIII.)

Même déjà, vers la fin du siècle précédent, Sébastien Erard s'était occupé de construire un orgue rendu expressif par l'enfoncement gradué des touches, car Grétry, dans ses *Essais de musique*, imprimés en 1797, dit : « J'ai touché cinq ou six notes d'un buffet d'orgue qu'Erard avait rendu susceptible de nuances ; et sans doute le secret est découvert pour un comme pour mille. Plus on enfonçait la touche, plus le son augmentait ; et il diminuait en relevant doucement le doigt. C'est la pierre philosophale en musique que cette trouvaille. »

M. Hamel, à qui nous empruntons une partie de ces détails, ajoute : « Grétry ne dit pas de quelle nature étaient les sons de cet orgue, ni quels étaient les moyens que l'on employait pour les rendre susceptibles de nuances. »

Plus tard, en 1803, les frères Girard se firent breveter pour un moyen de construire des orgues dont on pût enfler ou diminuer les sons à volonté sans en changer la nature ni le ton. Mais, paraîtrait-il, ce procédé ingénieux ne reçut jamais d'application.

Aussi les contradicteurs ne manquèrent pas à Grenié, lors de ses débuts : son invention venait trop mal à propos renverser des espérances chimériques, léser des intérêts trop considérables ; enfin battre trop en brèche la routine, pour qu'elle fût acceptée du premier coup.

Disons également que de nos jours, plusieurs au-

(1) C'était un petit orgue de chambre, composé d'un simple jeu d'anches libres ; l'expression résidait dans la disposition et l'action des soufflets subissant des pressions variables dont l'intensité, transmise aux lames, donnait à celles-ci le caractère et l'accent des instruments à vent. Toutefois le mécanisme présentait encore des inconvénients dont Grenié lui-même s'aperçut bientôt, et qu'il fit disparaître plus tard.

(2) Ces tentatives n'avaient pas *l'anche libre* pour base ; elles se résumaient, à peu près toutes, à l'emploi de moyens artificiels tels que *trappes, jalousies* etc., propres seulement à ménager la sonorité des orgues à tuyaux et non pas à *la nuancer* suffisamment.

teurs, et qui font autorité, ont contesté à Grenié le mérite et la priorité de sa découverte.

« L'invention de Grenié n'était pas absolument nouvelle, dit M. Fétis ; un Allemand, nommé Kratzenstein, qui vivait à Saint-Pétersbourg sous le règne de Catherine, paraît avoir employé le premier les anches libres *dans les tuyaux d'orgues*. Rackwitz, l'abbé Vogler, Sauer, Kober et d'autres Allemands avaient employé ensuite ces anches dans des instruments construits avant 1807. M. Godefroy Weber, en rappelant ces faits dans le n° 43 de la *Cœcilia*, a contesté les droits de M. Grenié à cette amélioration du système des jeux d'anches ; mais outre que M. Grenié n'a jamais été en Allemagne, et ne sait pas un mot d'allemand, il est prouvé par les registres des séances du comité d'enseignement du Conservatoire de Paris qui sont entre les mains de M. Vinit, ancien secrétaire de cette école, que *douze ans* avant de produire son orgue expressif en public, il a fait le 20 nivôse an ıv (janvier 1798) des essais de comparaison entre les tuyaux à anches ordinaires et à anches libres. » (*Biographie universelle des musiciens*, tome IV, page 406..)

A son tour, M. Nisard ajoute :

« Ce qui a contribué à fournir des doutes sur la légitimité de l'invention de Grenié, ce ne sont point les tentatives vagues ou essentiellement différentes dont il vient d'être fait mention plus haut : ce sont les querelles de priorité qui s'élevèrent, vers 1805, entre deux facteurs, l'un M. Léopold Sauer, à Prague, — l'autre M. Kober, à Vienne, — à propos de pianos organisés dans lesquels *l'anche libre* jouait un rôle fondamental. On prétendit que Grenié avait eu connaissance de ces débats et y avait puisé son idée. On a vu la réponse de M. Fétis, et cette réponse nous paraît sans réplique.» *Revue de musique ancienne et moderne*, page 348, 1ʳᵉ année.)

« Mais pourquoi, reprend le judicieux auteur du *Manuel du facteur d'orgues*, tome III, pages 440, 441, vouloir donner ou disputer à Grenié un mérite qu'il ne réclame pas ? Ne dit-il pas lui-même qu'en cherchant à mettre à profit un principe qu'il avait puisé dans Dom Bedos, le hasard était venu à son secours et lui avait fait découvrir chez un de ses amis un orgue relégué dans un coin de la maison et qui contenait deux octaves d'un jeu d'anches d'airain en forme de demi-sphère ? Il paraît même que ce système d'anches était connu fort anciennement. On m'a assuré qu'il avait existé au Conservatoire de musique (de Paris) un petit instrument portatif, construit sur ce principe, et qui s'est trouvé vendu avec plusieurs objets de cuivre ou de ferrailles. J'ai vu aussi deux instruments chinois du même genre, qui consistaient en une petite caisse d'airain en forme de demi-sphère, sur laquelle sont implantés une dizaine de tubes cylindriques, étroits et longs de quelques pouces, munis à leur extrémité inférieure d'une anche libre. L'air entre dans la caisse au moyen d'un conduit par lequel on souffle avec la bouche. Il n'y a point de soupapes, et cependant tous les tuyaux ne parlent pas en même temps, parce qu'ils sont percés latéralement d'un trou qui divise le

tuyau de façon que la colonne d'air qu'il contient, n'est plus en rapport avec le ton que doit rendre la languette. Il en résulte que, lorsque le trou est ouvert, l'anche ne peut point parler ; mais que si on le bouche, le rapport convenable entre la longueur de la colonne d'air et les vibrations de la languette étant rétabli, le tuyau fait entendre un son. Toutefois, reprend encore M. Hamel, les essais que l'on avait pu faire d'après le principe des anches libres étaient si imparfaits, qu'on peut regarder Grenié comme l'inventeur de l'orgue expressif ; car c'est lui qui, le premier, donna à ces sortes d'anches un diapason capable d'en faire un instrument de cinq octaves d'étendue, et qui sut les animer par *une ingénieuse soufflerie susceptible de rendre toutes les nuances d'expression* qu'un habile musicien peut donner à la clarinette, au hautbois ou au basson. »

Sans se laisser intimider par les clameurs des *coteries* ambitieuses et jalouses de son temps, sans se laisser abattre par la froideur du public, Grenié poursuivit résolûment son œuvre. En juin 1810, il prit un brevet, afin de se garantir la propriété de son invention. L'année suivante, il présenta son instrument à une commission de l'Institut, dont il n'eut qu'à recueillir *alors* les suffrages les plus flatteurs (1). Plus tard, il fit construire deux autres orgues, suivant son système, l'un au couvent des Dames du Sacré-Cœur, à Paris, l'autre au Conservatoire de musique. Enfin, en 1816, il prit un nouveau brevet pour un instrument composé de jeux d'anches ; et, tournant alors ses vues vers le domaine des orgues à tuyaux, il essaya d'y appliquer ses jeux, en fit même l'offre aux facteurs de l'époque, qui, n'écoutant que la routine et leur intérêt mal compris, les refusèrent (2).

Mais il était écrit que Grenié ne recueillerait pas la trop juste rémunération de ses peines, et que d'autres, plus heureux ou mieux inspirés, profiteraient des résultats déjà obtenus. — Pour être juste, ajoutons que deux causes principales empêchèrent son orgue d'obtenir tout le succès dont il était digne : l'élévation des prix et le manque de publicité.

L'orgue expressif restait par conséquent stationnaire, et, seul, M. Muller (3), élève de Grenié, continuait la fabrication de cet instrument, lorsque des circon-

---

(1) Le rapport, daté des 20 et 22 avril 1811, proclame l'auteur de cet instrument, le premier inventeur d'une telle intensité d'expression , jusqu'alors inconnue dans les orgues.

(2) Ces détails sont extraits du *Petit Traité sur l'Orgue expressif*, brochure in-12, Passy-lès-Paris, 1854, et si nous les retraçons *textuellement* ici, c'est en vertu de cet adage qui dit : *On reprend son bien où on le trouve.*

(3) Le doyen de notre industrie possède encore chez lui, rue Neuve-des-Mathurins, 19, un orgue expressif construit sous la direction de Grenié « Cet instrument ressemble, quant à la forme extérieure, à un petit piano oblong, mais le meuble en est plein, c'est-à-dire, que les panneaux de la caisse prennent naissance tout en bas de l'orgue pour cacher complétement le sommier, la soufflerie et les tuyaux placés dans l'arrière-corps de la caisse. Les tuyaux , ou plutôt les pieds des tuyaux sont en bois et de forme carrée; les anches libres sont placées à l'extrémité supérieure de ces bouts de

stances toutes fortuites vinrent le tirer de son état d'insuccès; mais laissons parler ici M. Nisard.

« Les conducteurs de diligences, venant de Strasbourg à Paris, prirent fantaisie de passer le pont de Kehl et d'aller acheter des *harmonicas* (1) de l'autre côté du Rhin où, paraît-il, ces joujoux se fabriquaient et avaient une grande popularité. Ces petits instruments, grâce à une exploitation de contrebande, arrivaient ainsi sans encombre, du grand-duché de Bade, dans la capitale de la France, et s'y vendaient à des prix relativement élevés. M. Buffet voulut profiter de l'engouement des Parisiens, et se mit à construire des *harmonicas métalliques*. La vente en fut tellement considérable, elle prit une telle extension, que le fabricant, pour y suffire, fut obligé d'avoir des ouvriers, et même de *faire travailler en ville*, suivant l'expression technique. » (*Revue de musique ancienne et moderne*, p. 352, an. 1856.)

De son côté, « M. Isoard, vers 1837, se mit à construire et à perfectionner un autre instrument qui était fondé sur ce même principe, et qui avait, depuis quelque temps, du succès à Vienne en Autriche. Cet instrument, c'était *l'accordéon*, ainsi nommé parce qu'il faisait entendre les notes *ut, ré, mi, fa, sol, la*, accompagnées chacune d'une tierce diatonique. Sauf cette différence, *l'accordéon de Vienne* était en tout semblable à celui qui est aujourd'hui généralement connu en France; mais M. Isoard ne tarda pas à le perfectionner : il fit disparaître les successions de tierces, donna un seul son à chaque petite touche, et mit deux accords parfaits qui, au moyen de deux boutons placés des deux côtés du clavier, résonnaient à volonté à mesure que l'on poussait le soufflet expressif adhérent à la boîte de l'instrument. » (*Revue de musique ancienne et moderne*, p. 352, an. 1856.)

La vente considérable des *harmonicas*, la vogue prodigieuse de *l'accordéon*, et peut-être bien aussi les succès qu'obtenaient certains facteurs étrangers avec *l'élodicon*, le *physharmonica*, décidèrent donc de la transformation de l'orgue expressif; et en effet, c'est à partir de cette époque que nous le voyons se dépouiller de « tout l'appareil volumineux de l'ancien sommier à grille, avec ses chappes, ses boîtes et ses tuyaux, remplaçant tout cela le plus simplement du monde, avec rien..... ou bien peu de chose (2). » (N° 1er du journal le *Propagateur, Presse des Beaux-Arts et des faits religieux*).

Parmi ceux qui concoururent le plus à la transformation de l'orgue Grenié, en l'orgue expressif actuel, nous citerons particulièrement, et tout d'abord, deux noms : Feu Fourneaux père et Debain; aussi font-ils

tuyaux dans une sorte de poire en creux, et s'accordent au moyen de rasettes; les poires ont une bouche par laquelle s'échappe la sonorité de l'anche mise en vibration.»
(NISARD, *Revue de mus.* p. 349, 1re an.)

(1) Ces *harmonicas* consistaient en une sorte de flûte de pan ou syringe à *anches libres* donnant d'abord un accord parfait, puis plusieurs accords parfaits.

(2) *L'anche libre*, sans aucun autre accessoire que celui de la case où elle se trouve placée.

école et sont-ils suivis encore aujourd'hui dans les systèmes qu'ils ont créés, et ce par la *généralité des praticiens*.

Nous citerons encore Martin (de Provins), qui le dota du système dit-à *percussion* (1); mais nous nous arrêterons-là, car s'il nous fallait parler de tous les perfectionnements individuels, de toutes les améliorations apportées graduellement, notre tâche serait sans bornes.

Grâce à ces habiles facteurs, l'orgue expressif est donc devenu, non-seulement l'émule du grand-orgue, mais encore le rival *inattendu* du piano... Aujourd'hui il est vulgarisé, et sa place est aussi bien marquée au foyer de l'ouvrier qu'à celui du bourgeois, au presbytère, à l'église, aussi bien qu'au château; il règne enfin et c'est de lui que le poëte aurait pu dire :

> Le pauvre en sa cabane, où le chaume le couvre,
> Est sujet à ses lois;
> Et la garde qui veille aux barrières du Louvre,
> N'en défend point nos rois.

Comment aussi résister à un pareil tentateur qui se livre à tous pour *cinq ou six napoléons?* Comment faire la sourde oreille *à des timbres nouveaux, frais et charmants, à des flots d'harmonie, à tout un orchestre enfin?*

Non, il n'y a pas de résistance possible, l'orgue expressif, en raison de son prix *actuellement* tres-mo-

Orgue expressif.

dique, en raison des ressources qu'il présente, soit par son *clavier transpositeur*, soit par la diversité de ses registres, en raison encore de la simplicité de son mécanisme, en raison, enfin, de la constance de son accord, attire à lui tous ceux qui possèdent à un plus ou moins haut degré ce quelque chose que l'on nomme... la *fibre musicale*, — et en France le nombre en est grand.

Cependant, nous nous empressons de le faire connaître, l'orgue expressif actuel « *n'en est encore qu'à l'une des premières étapes de la voie où le pousse sa*

(1) En même temps que la touche ouvre la soupape du sommier, elle chasse un petit marteau sur la languette vers son point d'attache, ce qui la fait articuler avec une prestesse et une netteté parfaites. Les divers degrés de force du choc de ce marteau produisent une grande variété dans la qualité du son.

destinée » et celui qui a écrit ces paroles prophétiques est un maître.

Concluons :

Si, comme l'entend Martin de Provins, — nous devons *une statue à Grenié et une lyre d'or à l'auteur de l'accordéon*, sommes-nous quittes envers *feu* Fourneaux père, Debain et l'inventeur de la percussion lui-même ? Nous ne le pensons pas ! Nous leur devons..... le pain que nous mangeons chaque jour; car ce sont eux qui nous ont rendu, — à nous tous *petits facteurs*, — l'art facile, la voie prospère. Ne soyons donc pas ingrats; mais montrons-nous bien plutôt affectueux, respectueux et reconnaissants envers ces grands maîtres de notre industrie, et, en agissant ainsi, nous mettrons notre conscience en paix (1)!　　　J. B. NOIREL, *facteur d'orgues.*

OZONE (chimie). — L'ozone n'est point un corps particulier, mais bien un état spécial de l'oxygène électrisé. Nous allons examiner la production, sa nature et ses propriétés.

Toutes les fois que l'on provoque la puissance électrique, dans un corps, par le frottement ou tout autre procédé, il se développe, dans l'air en contact avec ce corps, une *odeur* particulière, plus ou moins vive, suivant l'intensité de l'électricité dégagée, et que l'on a comparée à celle du phosphore. Cette odeur avait été remarquée de tout temps par les physiciens, et notamment par Van-Marum, qui rapporte, dans son ouvrage, des expériences très remarquables sur ce sujet. Ayant fait passer de très-fortes étincelles à travers de l'oxygène contenu dans un tube de verre; il observa que le gaz avait contracté une *odeur très-prononcée qui lui parut être celle de la matière électrique*, et avait, en outre, acquis la propriété d'agir très-activement sur le mercure et de se combiner avec lui. Ces résultats furent attribués à la présence de quelques traces d'acide azotique formé par la combinaison de l'oxygène avec un peu d'azote qui serait resté mêlé à ce gaz, et furent à peu près complétement oubliés.

Ce fut en 1840 que M. Schœnbein ayant constaté que, pendant qu'un courant électrique décomposait l'eau, il se développait autour et au-dessus de l'électrode positive de platine, une odeur semblable à celle de l'air en contact avec les conducteurs de la machine électrique, publia un travail remarquable sur les causes et l'origine de cette odeur particulière. D'après les premières expériences de cet habile physicien, cette odeur continue à être sensible même après la cessation du courant voltaïque dirigé à travers l'eau. Cette odeur n'est émise que du côté de l'électrode positive. L'oxygène recueilli dans une cloche est forte-

(1) Ajoutons, pour être équitable à notre tour, que la MAISON DE FACTURE de MM. Noirel et Dewingle a sa part d'améliorations à l'orgue expressif; — elle en a simplifié considérablement le mécanisme; — elle a en outre créé un *modèle portatif*, à registres, de prix très-réduit, et qui est l'auxiliaire indispensable de tous les *lutrins paroissiaux*; enfin elle jouit d'une certaine notoriété parmi les membres du clergé, surtout par le bon marché et la qualité de ses modèles.　　　(*Note du Rédacteur en chef.*)

ment odorant, rien de semblable n'existe pour l'hydrogène. Cette odeur n'est sensible que lorsque l'électrode positive est de *platine* ou *d'or*; avec les métaux oxydables employés comme électrode positive, il n'y a pas d'odeur sensible. L'eau mélangée avec de l'acide sulfurique, de l'acide azotique pur, ou de l'acide phosphorique, fournit, du côté de l'électrode positive, de l'oxygène fortement odorant; on n'obtient rien de semblable avec les dissolutions de bromures, de chlorures, ou d'iodures métalliques. L'oxygène et le mélange détonnant fournis par l'électrolysation de l'eau, gardent indéfiniment cette odeur, quand on a soin de les conserver dans des flacons de verre bien fermés. Pour dépouiller complétement l'oxygène de cette odeur, il suffit d'une simple élévation de température, ou de faire tomber dans le vase où il a été recueilli quelques pincées de charbon en poudre, ou de limaille d'un métal oxydable, ou bien quelques gouttes de mercure, et d'agiter le mélange.

Dans un second travail sur le même sujet entrepris en 1845, M. Schœnbein arriva aux conclusions suivantes : L'ozone est insoluble dans l'eau, il détruit promptement les couleurs organiques, les matières ligneuses et albumineuses, etc. L'ozone transforme les acides sulfureux et azoteux en acides sulfurique et azotique. L'air atmosphérique *ozonisé*, en présence d'une forte base et de l'eau, forme un azotate. L'ozone attaque la plupart des métaux, et les fait passer au maximum d'oxydation. Dans un grand nombre de cas, l'ozone se comporte exactement comme les peroxydes de plomb, de manganèse et d'argent. L'ozone décompose l'iodure de potassium et met l'iode à nu; une bande de papier amidonné imbibée d'iodure de potassium passe au bleu au contact de l'ozone. Cette dernière réaction est un excellent moyen de constater la présence de ce corps et constitue l'*ozonomètre.*

M. Schœnbein conclut de tous ces faits que l'*ozone* est un oxyde d'hydrogène plus oxygéné que le bioxyde ou eau oxygénée.

Suivant M. Schœnbein, on obtient des quantités considérables d'*ozone* en laissant de l'oxygène, ou de *l'air humide*, en contact avec du phosphore à la température de 20 à 25 degrés. Le gaz prend alors l'odeur et toutes les propriétés de l'oxygène fourni par l'électrolyse de l'eau, ou soumis à une série d'étincelles électriques.

MM. de la Rive et Marignac ont fait une étude spéciale des phénomènes annoncés par M. Schœnbein. Leur travail confirme l'exactitude de la plupart de ses observations, et de plus ils ont obtenu des résultats nouveaux fort remarquables, en soumettant de l'air ou de l'oxygène à l'action de décharges électriques. Ils ont prouvé que :

1° Quand l'air est soumis à une série de décharges électriques (peu importe que la décharge se fasse par une succession d'étincelles ou par un écoulement continu et invisible), l'ozone se développe. L'expérience réussit également avec de l'air parfaitement sec, ou avec de l'air *humide*.

2° Dans l'acide carbonique pur, sec ou humide, il

ne se développe point d'ozone; il suffit de la présence d'une très-petite quantité d'oxygène libre pour que l'ozone prenne naissance.

3° L'ozone se développe avec la plus grande facilité dans l'oxygène parfaitement *pur* et *sec*, sous l'influence d'une série de décharges électriques.

MM. de la Rive et Marignac ont conclu de ces derniers faits que l'oxygène est susceptible, dans certaines circonstances, de subir une modification particulière qui exalte ses propriétés chimiques, et le rend apte à se combiner directement avec des corps sur lesquels il n'exerce point d'action à l'état ordinaire ; l'ozone ne serait que de l'oxygène dans cet *état allotropique*. M. Schœnbein paraît avoir adopté lui-même cette manière de voir.

Le rôle de l'électricité dans la production de l'ozone a été étudié avec beaucoup de soin par MM. E. Becquerel et Frémy. Ils ont successivement étudié l'influence de l'arc voltaïque, des étincelles de l'appareil d'induction et des décharges de la machine électrique. Leurs résultats confirment ceux de MM. Schœnbein, Marignac et de la Rive ; ils montrent que l'ozone est un agent d'oxydation d'une très-grande énergie. Leur mémoire contient, en outre, des faits nouveaux qui peuvent servir à élucider cette question délicate d'électro-chimie. Il résulte de leur recherche que :

1° L'arc *voltaïque* ne développe pas de traces sensibles d'ozone dans l'oxygène qu'il traverse ; mais cet arc, entraînant avec lui des particules de platine très-divisées, agit sur les mélanges gazeux, et combine directement l'oxygène avec l'azote pour former de l'acide azotique, l'hydrogène avec l'azote pour faire de l'ammoniaque, l'acide sulfureux avec l'oxygène pour produire de l'acide sulfurique.

2° Les étincelles fournies par l'appareil d'induction de Ruhmkorff se comportent exactement comme celles de la machine électrique, elles produisent de l'ozone dans l'oxygène qu'elles traversent.

3° Pour que les étincelles de la machine électrique produisent de l'ozone, il n'est pas nécessaire qu'elles traversent l'oxygène ; il suffit qu'elles *léchent extérieurement* les parois des tubes de verre dans lesquels l'oxygène est enfermé. L'ozone, dans ce cas, est le résultat de l'électrisation de l'oxygène à distance ou par *influence*.

Tous ces faits et surtout cette dernière expérience, prouvent bien évidemment que, sous l'influence des décharges électriques, l'oxygène prend un *état allotropique* dans lequel ses propriétés chimiques sont exaltées.

Enfin, M. Andrews a repris, dans un travail très-remarquable, l'étude de la constitution et des propriétés de l'ozone. Ses expériences ont établi d'une manière incontestable que : l'ozone, quelle que soit son origine, est un seul et même corps possédant des propriétés identiques et la même constitution ; ce n'est pas un corps composé, mais de l'oxygène dans un état particulier ou *allotropique*.

L'ozone se produit dans l'air en grande quantité dans toutes les perturbations électriques de l'atmos-

phère. D'après M. Schœnbein, ce corps jouerait un rôle important dans la météorologie morbifique, il serait l'une des principales causes des épidémies catarrhales. Cet habile chimiste a fait des observations pendant plusieurs épidémies qui ont régné à Bâle, et il a toujours vu que leur développement et leur déclin étaient en rapport direct avec la quantité de cette substance répandue dans l'atmosphère. M. Splenger (d'Elteville) a publié, à l'appui de l'opinion de M. Schœnbein, les faits suivants :

Dans le village de Roggendorf, dans le Mecklembourg, régnaient, vers la fin de 1846, de légères affections catarrhales ; l'air ne renfermait alors que de faibles traces d'ozone. Au commencement de 1847, ces affections catarrhales revêtaient les formes les plus graves d'affections bronchiques et trachéales, et la grippe se répandit sur une grande partie de la population. A ce moment, on put constater une augmentation notable dans la proportion d'ozone renfermée dans l'atmosphère, qui alla toujours en croissant, depuis le 9 janvier jusqu'au 21 de ce même mois. Aussi la maladie s'étendit-elle graduellement, et bien peu de personnes y échappèrent. Il y avait donc une liaison parfaite entre la présence de l'ozone dans l'air et la propagation de la maladie.

Ce n'est pas seulement sur la production des épidémies catarrhales que ce corps exercerait de l'influence, si l'on s'en rapporte à certains documents. M. Moffat (*British Associat.*) affirme qu'il produit aussi la diarrhée. A une séance de l'Association médicale de Londres, en octobre 1848, le docteur Golding Bird disait que l'ozone avait été trouvé dans l'atmosphère.

Plusieurs physiciens, comprenant l'importance de cette nouvelle branche d'observation météorologique, s'y sont adonnés. Nous citerons MM. Bœckel à Strasbourg, Simonin père à Nancy, Wolf à Berne, Billard à Corbigny, Schopfer et Besluberg en Allemagne, Gaillard en Amérique, etc.

Nous allons rappeler brièvement les résultats auxquels ils sont arrivés.

En février 1855, M. Wolf, directeur de l'observatoire de Berne, a adressé une lettre à l'Académie des sciences, dans laquelle il dit : qu'en comparant ses observations ozonométriques des dernières années, il vient de trouver que la marche annuelle des réactions de l'ozone est représentée par une courbe, dont la plus grande ordonnée appartient au mois de février, la plus petite au mois d'août ou au mois de septembre.

Relativement aux anomalies, qui sont assez fréquentes, la comparaison des diverses colonnes des tableaux météorologiques fait tout d'abord reconnaître que l'humidité de l'air, que la pluie, la neige, le vent du sud augmentent les réactions ; un air sec, le vent du nord les diminuent au contraire.

Mais ces anomalies paraissent à M. Wolf avoir surtout une conséquence importante au point de vue hygiénique.

M. le docteur Bœckel, de Strasbourg, a déjà observé que les réactions de l'ozone diminuaient extrêmement avec l'apparition du choléra, à Strasbourg, et qu'elles

augmentaient graduellement quand le choléra commençait à disparaître. Après avoir comparé les observations de Berne, M. Wolf dit qu'il a trouvé, d'une part, que la diminution des réactions observées par M. Bœckel, depuis le 17 juillet jusqu'au 4 septembre, surpassait tout ce que les observations simultanées de Berne auraient pu faire présumer, et d'autre part qu'une diminution analogue a été constatée à Berne vers le milieu du mois de septembre, époque où le choléra faisait irruption dans plusieurs contrées de la Suisse.

En poussant plus loin ses recherches sur la portée de ces anomalies, le savant directeur de l'observatoire de Berne est arrivé à ce résultat important, que (dans le plus grand nombre des cas, au moins) *une inflexion rapide de la courbe de l'ozone est suivie d'une augmentation considérable de la mortalité.* Il termine cette note en ajoutant que ses recherches sur ce point ne sont pas encore tout à fait terminées.

Dans une autre lettre adressée de Zurich à M. Elie de Beaumont, en mai 1856, le même observateur expose les faits suivants :

Dans une dyssenterie qui eut lieu à Berne dans l'été de 1855, et qui, pendant les mois d'août et de septembre, causa en moyenne 6 à 7 décès par jour, je viens de trouver, dit-il, en comparant ces faits avec les indications de l'ozonomètre, que l'énergie de l'épidémie a augmenté et diminué avec la quantité d'ozone.

M. Billiard regarde la diminution de l'ozone comme la cause première du choléra.

Un médecin américain, M. E. S. Gaillard, voit une relation entre la présence de l'ozone dans l'air atmosphérique et l'apparition des fièvres intermittentes.

D'après le docteur Bœckel, la malaria se montre toujours avec le zéro de l'ozonoscope, et la même chose a lieu quand les fièvres paludéennes règnent fortement.

M. Schœnbein, qui a observé, comme nous l'avons déjà dit, une quantité considérable d'ozone dans l'atmosphère de Berlin pendant une épidémie de grippe et sous une constitution médicale prédisposant aux affections de poitrine, a constaté l'inverse sous le règne d'une constitution gastrique.

D'après cet observateur, l'ozone a fait complétement défaut dans l'atmosphère de la même ville pendant une épidémie de choléra.

Nous devons signaler ici une note fort intéressante adressée à l'Académie des sciences, en janvier 1853, par M. Edouard Robin, sur l'*Usage de l'oxygène électrisé ou ozone dans l'albuminerie.* Ce savant chimiste cherche à prouver, dans ce travail, que, mélangé avec l'air, l'ozone peut présenter des avantages dans l'albuminerie, en favorisant la combustion.

Au moment, dit l'auteur, où mes recherches et celles qu'elles ont fait naître montraient l'extrême importance de la combustion lente dans l'activité des phénomènes de la vie tant à l'état de maladie qu'à l'état de santé, d'autres recherches venaient présenter l'oxygène électrisé ou ozone comme beaucoup plus propre à exciter les phénomènes de combustion lente

que ne l'est l'oxygène obtenu par les moyens chimiques ordinaires.

De là des applications qui semblent d'un grand intérêt. L'ozone, tantôt libre, tantôt uni à l'air, se présente comme un agent précieux dans les asphyxies de nature quelconque, dans les scrofules, et en général dans tous les empoisonnements, dans toutes les maladies où il est utile, soit de relever les forces, soit d'activer la combustion réduite au-dessous du terme normal, soit particulièrement de ranimer la vie dans les conditions où l'air et l'oxygène ordinaire seraient impuissants.

Quoi qu'il en soit, rien de plus facile que l'inhalation de l'oxygène électrisé, mélangé à l'air ordinaire. La décomposition de l'eau par la pile donnant de suite un oxygène convenable, on peut le laisser dégager dans une chambre et diriger l'hydrogène au dehors, ou le recueillir dans un tube recourbé, faire arriver dans le tube un courant d'air et aspirer le mélange.

Deux oiseaux ont été anesthésiés; ils ont été introduits à cet état, l'un dans l'oxygène ordinaire, l'autre dans l'ozone pur. Celui qui était dans l'ozone a repris plus promptement son activité; mais il a montré de suite une extrême agitation, comme s'il ne pouvait soutenir cette respiration; l'autre, revenu paisiblement à la vie, est resté quelque temps dans l'oxygène sans éprouver d'agitation.

Enfin, au commencement de l'année 1855, M. Joanne a cherché à démontrer que l'ozone était la cause du choléra et que l'on pouvait, en faisant respirer ce corps, produire un choléra artificiel.

En août 1855, M. le docteur Bérigny a fait à l'hôpital militaire de Versailles des observations qui l'ont conduit aux conclusions suivantes :

1° Lorsque la température s'élève, l'ozone diminue ;

2° Lorsque la force élastique de la vapeur et l'humidité relative augmentent, l'ozone suit la même progression ; que fréquemment plus le degré de sérénité du ciel est faible, plus celui de l'ozone est considérable.

La courbe de l'ozone marche en raison directe de celle de l'électricité atmosphérique.

En mai 1856, M. le docteur Scoutetten a adressé un mémoire à l'Académie des sciences sur les sources de l'ozone, dans lequel il prétend avoir découvert que l'ozone est formé :

1° Par l'électrisation de l'oxygène sécrété par les végétaux ;

2° Par l'électrisation de l'oxygène qui s'échappe de l'eau ;

3° Par l'électrisation de l'oxygène dégagé dans les actions chimiques ;

4° Par les phénomènes électriques réagissant sur l'oxygène de l'air atmosphérique.

Et, des expériences auxquelles il s'est livré, il conclut :

5° Que les végétaux ainsi que l'eau, fournissent constamment à l'atmosphère de l'ozone pendant le jour ;

6° Que ce phénomène cesse pendant la nuit.

Nous croyons pouvoir résumer tout ce qui précède

en disant que l'ozone existe toujours naturellement dans l'air, mais en proportions variables.

Pour apprécier ces variations, on dresse une échelle ozonométrique en divisant en un certain nombre de parties ou degrés l'espace chromatique compris entre le blanc répondant à l'absence d'ozone et la coloration bleue, la plus intense que l'ozone, à son maximum, puisse produire sur le papier ozonoscopique en mettant l'iode à nu. 10 est le nombre de divisions adoptées, et ceci fait, on possède un *ozonoscope* ou *ozonomètre* au moyen duquel on peut mesurer les variations quotidiennes de l'ozone atmosphérique, comme au moyen du thermomètre et du baromètre on mesure les variations quotidiennes de la température et la pression atmosphérique.

M. Schœnbein indique le procédé suivant comme le plus simple pour obtenir de l'air ozonisé :

On met dans un ballon de verre, de 10 à 15 litres de capacité, une petite quantité d'eau, des bâtons de phosphore de 1 centimètre de diamètre, de manière qu'ils plongent moitié dans l'air, moitié dans l'eau, élevant la température de 15 à 20 degrés, et fermant imparfaitement le ballon. Quand l'opération est achevée, ce dont on s'aperçoit à l'odeur caractéristique de l'ozone, on renverse le ballon dans une cuve à eau, pour en faire sortir les bâtons de phosphore. Le ballon contient alors de l'air ozonisé avec lequel on peut faire des expériences.   Dʳ DESPARQUETS.

P

PAPIER AUTOGRAPHIQUE. — Il faut appliquer à froid, sur du papier non collé, trois couches successives d'une dissolution de belle gélatine ou de colle de poisson : on fait sécher avec soin après chaque couche. Quand la dessiccation de la dernière est opérée, passez une couche d'empois léger par-dessus, puis une eau colorée par de la gomme-gutte. On laisse sécher, puis on lisse à la presse lithographique.

Voici un procédé plus simple, mais moins parfait. Recouvrez du papier non collé d'une mince couche d'empois teinté légèrement en jaune avec de la gomme-gutte. — Pour l'encre à autographie. (Voy. *Encre*.)

PAPIER CARBONIFÈRE. — Depuis longtemps on se sert de la poudre de charbon pour décolorer les liquides, pour absorber les gaz méphitiques. L'industrie a fait de cette substance le plus grand usage ; mais on était loin d'avoir tiré de cette application tous les avantages qui peuvent en résulter.

M. J.-A. Pichot et M. Malapert, pharmacien, professeur à l'école de médecine de Poitiers, sont parvenus, après de nombreux essais, à résoudre un problème des plus intéressants.

Grâce à leurs recherches, on peut désinfecter la plaie la plus repoussante, et, de plus, obtenir promptement les cicatrisations les plus difficiles dans le cas de gangrène ou d'ulcères.

C'est là un bienfait rendu à l'humanité.

Nul charlatanisme ne préside à l'exploitation d'un produit parfaitement compréhensible.

Ces dignes inventeurs n'ont reculé devant aucune exigence. Il s'agissait, une fois reconnue la propriété qu'a la cellulose d'exalter les propriétés absorbantes du charbon, de combiner ensemble ces deux éléments. Cela fut obtenu par la fabrication d'un papier spécial composé, mi-parti de chiffon lavé et préparé convenablement, et mi-parti de poudre de charbon lavé et passé au tamis. Rien n'était moins facile que d'obtenir un produit satisfaisant à toutes les indications.

Un carré de ce papier carbonifère, placé entre deux feuillets de papier Joseph, peut être appliqué sur un vésicatoire ; il se dessèche si l'on n'a pas soin de l'entretenir. Ce résultat inattendu a fait songer à employer ce moyen dans la cicatrisation des plaies. On a très-bien réussi.

Poussant l'application à ses dernières limites, les inventeurs ont fait une charpie carbonifère, en divisant le papier ainsi apprêté. Cette opération donne la charpie la plus moelleuse qu'on puisse imaginer. Elle est de la plus grande ressource dans le pansement de vastes clapiers remplis de sanie et de suppuration. On peut, au besoin, la renfermer dans des petits sachets, à travers les mailles desquels l'action s'opère sans difficulté.   (*Dʳ Henri Favre.*)

Il résulte des diverses expérimentations médicales qui ont été faites dans plusieurs hôpitaux de Paris et de la province et de nombreuses attestations de savants docteurs, la plupart professeur :

Que ces *papiers* et *charpies carbonifères* sont appelés à rendre des services réels, en détergeant les plaies de mauvaise nature, leur donnant un meilleur aspect, les *désinfectant* et facilitant même leur cicatrisation.

La propriété désinfectante de cette charpie-carbonique est si puissante, que les inventeurs ont songé à en faire l'application à des SUAIRES.... voulant ainsi atténuer toute émanation putride, en attendant la levée du corps.... bienfait, que saura apprécier le clergé ; grave question qui intéresse à un si haut degré l'hygiène et l'humanité ! !

PARATONNERRES. — Dans l'instruction pratique sur l'établissement des paratonnerres, rédigée en 1823, l'Académie des sciences présentait les recommandations suivantes :

« Que la pointe de la tige soit très-aiguë, et que le conducteur communique parfaitement avec le sol, sans qu'il y ait aucune solution de continuité dans toute sa longueur;

» La tige doit avoir environ 9ᵐ, 25 de long, et se terminer par une aiguille en platine dorée au bout ;

» Le conducteur se fixe par des pattes sur la couverture du toit et le long du mur ; on le fait aboutir dans un puits ou dans un trou rempli d'eau, après l'avoir mené par des tranchées creusées dans la terre et remplies de braises de boulanger. » La commission avait admis qu'un paratonnerre protège une zone circulaire d'un rayon double de la hauteur de sa tige.

Depuis cette époque, les progrès de la science ayant

amené quelques modifications dans la théorie des paratonnerres, l'Académie a cru devoir modifier aussi en quelques points son instruction, et, en 1858, elle a recommandé au public les trois règles pratiques qui suivent :

« 1° Réduire autant que possible le nombre des joints sur la longueur entière du paratonnerre, depuis la pointe jusqu'au réservoir commun.

» 2° Faire au moyen de la soudure à l'étain tous ceux de ces joints qu'il est nécessaire d'exécuter sur place, soit à cause de la forme, soit à cause de la longueur des pièces. Ces soudures à l'étain, qui devront toujours se faire sur des surfaces ayant au moins 0ᵐ, 10 carrés, seront, en outre, consolidées par des vis, des boulons et des manchons. Ces précautions sont surtout nécessaires pour les édifices où il rentre beaucoup de métal, pour ceux qui sont placés sur un vaste sol bon conducteur, enfin pour les bâtiments de mer.

» 3° Il est important de ne pas amincir, autant qu'on le fait, le sommet de la tige du paratonnerre. L'extrémité supérieure du fer ne doit pas avoir moins de 3 centimètres carrés de section, par conséquent 0ᵐ, 02 de diamètre ; on y fera à la lime et dans l'axe un cylindre ayant 0ᵐ,01 de diamètre et 0ᵐ,01 de hauteur, qui sera ensuite taraudé ; sur cette vis saillante on adaptera un cône de platine de 0ᵐ,02 de diamètre à la base et d'une hauteur double, c'est-à-dire de 0ᵐ,04, l'angle d'ouverture à la pointe aiguë étant ainsi de 28 à 30° ; ce cône de platine, d'abord plein, sera creusé et taraudé pour faire un écrou sur la vis, ensuite il sera soigneusement soudé au fer, à la soudure forte, pour composer avec lui un tout continu et sans vides. » On remarquera dans cette troisième règle une grave modification à l'instruction de 1823, qui recommandait l'usage de la pointe effilée. — Quant au cercle de protection, l'Académie ne se prononce point, la pratique et l'expérience n'ayant rien fourni de concluant à cet égard.

PÉRITONITE (pathologie). — Inflammation du *péritoine*. On en distingue plusieurs espèces, dont les principales sont désignées par les noms d'*aiguë*, de *chronique*, de *partielle*, de *générale*, de *puerpérale*.

Péritonite aiguë. Des contusions, des plaies, des opérations pratiquées sur le ventre, en sont quelquefois les causes déterminantes ; des épanchements de bile, d'urine, de pus, de sang, de matières alimentaires ou fécales, peuvent également la produire ; les changements qui s'opèrent dans l'acte de l'accouchement y donnent aussi quelquefois lieu. Les femmes y sont, par ce motif, plus exposées que les hommes. Le plus souvent la péritonite se développe sous l'influence de causes obscures, comme la plupart des autres phlegmasies.

L'invasion est tantôt lente et tantôt rapide. Elle est quelquefois marquée par un frisson.

Les principaux symptômes sont une douleur aiguë, exaspérée par la plus légère pression, avec chaleur, dureté du ventre, puis distension gazeuse, épanchement d'un liquide séro-purulent dans la cavité péritonéale, épanchement qui peut être reconnu quelquefois par une fluctuation obscure, et toujours par la percussion de l'abdomen, qui rend un son obscur là où peu avant le son était très-clair. A la douleur, à la contraction ou à la distension du ventre, se joignent des nausées, des vomituritions, des vomissements, la constipation, la pâleur de la face, l'altération profonde des traits, le décubitus dorsal, l'abattement moral et physique, la soif, la gêne de la respiration qui est fréquente et courte, l'accélération et la concentration du pouls, l'élévation de la chaleur, la diminution dans la sécrétion de l'urine.

La marche de la péritonite aiguë est généralement exacerbante. Sa durée est courte : elle s'étend rarement au delà de quelques semaines, et souvent elle se termine dans l'espace de quelques jours et même de vingt-quatre heures.

Sa terminaison est le plus ordinairement fâcheuse, quand l'inflammation occupe avec une certaine intensité *tout le péritoine*. — Elle l'est dans presque tous les cas, lorsqu'il s'est formé rapidement une collection purulente dans l'abdomen. Il en est autrement dans la péritonite partielle. Ici, la douleur est circonscrite : le gonflement est borné à un point du ventre, les vomissements ont rarement lieu, la constipation est moins rebelle, la physionomie n'est pas altérée et la fièvre est moins forte. Cette espèce de péritonite se termine communément d'une manière heureuse, quand elle est traitée suivant les règles de l'art.

Quand la guérison a lieu, la phlegmasie se termine par résolution, et plus fréquemment par adhérence. La suppuration n'entraîne pas nécessairement la mort, surtout quand elle a lieu dans une petite portion du péritoine ; le pus peut être résorbé, comme il peut aussi se faire jour dans les intestins, l'estomac, la vessie, etc., être évacué au dehors, de manière à ne laisser aucun doute sur sa présence. Lorsque la mort a lieu, elle peut survenir dans la première période de la maladie, avant qu'un épanchement ait eu lieu dans le ventre ; mais en général cet épanchement existe déjà lorsque la mort survient. Elle est précédée du hoquet, de la régurgitation des matières contenues dans l'estomac, de la décomposition des traits, du refroidissement progressif.

A l'ouverture du cadavre on trouve seulement de la rougeur dans le tissu cellulaire qui tapisse l'extérieur du péritoine, si la mort a eu lieu dès le premier ou le second jour : si la mort a été moins prompte, on trouve entre les circonvolutions intestinales une matière demi-concrète, blanchâtre ou grisâtre, qui adhère faiblement aux parties entre lesquelles elle est placée. — Si le sujet a survécu plus longtemps, on trouve une certaine quantité de sérosité purulente, dans laquelle nagent des flocons albumineux et des concrétions semblables appliquées sur plusieurs points du péritoine. Dans quelques cas, on trouve dans le péritoine une matière étrangère dont la présence a déterminé l'inflammation, et l'on reconnaît l'ouverture par laquelle elle a été introduite dans la cavité péritonéale.

La péritonite aiguë réclame l'emploi de la méthode antiphlogistique : est-elle générale ou intense, il faut recourir à des saignées abondantes et répétées, sur-

tout dès le début, dans les premières heures de la maladie ; on couvre en même temps le ventre d'un grand nombre de sangsues, et l'on cherche à solliciter doucement les évacuations alvines, à l'aide de l'huile de ricin, du sirop de chicorée, ou des sels neutres. La péritonite est-elle partielle, les saignées locales suffisent ordinairement. — Dans les deux cas, le repos et la diète absolue sont indispensables, et l'on doit éloigner scrupuleusement toute pression douloureuse. On s'abstiendrait même des topiques émollients, si leur poids exaspérait la douleur. — Les vésicatoires sur le ventre peuvent être employés, lorsque la faiblesse ne permet plus de tirer du sang.

Péritonite puerpérale. On nomme ainsi l'inflammation du péritoine qui survient chez les femmes récemment accouchées. L'impression du froid, les émotions vives, les erreurs de régime, l'usage intempestif des cordiaux dans le travail, un accouchement long et difficile, la suppression des lochies, en sont les causes occasionnelles les plus fréquentes. Cette affection se montre quelquefois épidémiquement dans les maisons destinées aux femmes en couches.

Les symptômes sont en grande partie les mêmes que ceux des autres péritonites aiguës. — Elle en diffère seulement en ce qu'elle est accompagnée de la suppression des lochies, qui peut en être l'effet comme la cause ; de l'affaissement des mamelles et d'une augmentation beaucoup plus considérable du ventre, dont les parois distendues pendant la grossesse n'offre pas la résistance ordinaire.

La péritonite chronique succède souvent à l'inflammation aiguë ; elle peut aussi se former lentement et être primitive. Ses causes sont en partie les mêmes que celles de la péritonite aiguë.

Ses principaux symptômes sont une douleur obscure, qui ne se fait sentir que par la pression et dans les secousses, la tuméfaction et la dureté du ventre, quelquefois le son mat rendu par la pression, la constipation, l'œdème, l'accélération du pouls et le dépérissement progressif. — C'est surtout dans cette variété de la péritonite que le pus amassé dans quelque portion du péritoine peut se faire jour dans les organes contigus, et être évacué avec les excréments, l'urine, etc.

Le traitement varie, comme celui des autres phlegmasies chroniques, selon que l'inflammation s'est prolongée d'elle-même, ou qu'elle a été entretenue et prolongée par des causes irritantes. Dans ce dernier cas elle peut être considérée comme une inflammation aiguë prolongée, et réclame encore la méthode antiphlogistique ; dans l'autre, les révulsifs appliqués aux cuisses ou sur le ventre même, sont spécialement indiqués. Dans les deux circonstances, les bains et les douches peuvent être mis en usage, avec des modifications diverses selon les cas particuliers. Une collection purulente qui se forme dans une portion du péritoine, peut aussi fournir des indications chirurgicales importantes à remplir.   *(Chomel)*

PHLEGMASIA ALBA DOLENS (OEdème DOULOUREUX) (pathologie). — Maladie affectant spécialement les femmes en couches, et qu'on attribue à l'inflammation des vaisseaux lymphatiques ainsi qu'à celle des nerfs et des veines. Elle débute ordinairement par une douleur subite dans l'aine et la cuisse, est précédée de frissons et accompagnée d'une fièvre intense. Dès que cette douleur paraît les lochies et la sécrétion du lait s'arrêtent ; la cuisse se gonfle peu à peu de haut en bas, surtout à la partie antérieure et interne, et le membre s'infiltre en totalité ; enfin la peau est blanche, luisante, tendue, extrêmement sensible. Cette affection dure ordinairement quatre à sept semaines, et se termine par la suppuration et quelquefois par la mort. Le traitement antiphlogistique dans toute son énergie lui convient, mais ne suffit pas toujours pour prévenir la formation des abcès. Les préparations narcotiques sont, sinon toujours suffisantes, du moins souvent indiquées pour combattre les douleurs très-vives qui forment un des caractères essentiels de cette maladie.

PHOTOGRAPHIE. — Quelle que soit le genre de photographie adopté, sur plaques métalliques, sur papier ou sur verre, le photographe a besoin d'une chambre noire munie d'un bon objectif.

L'objectif, dit l'abbé Moigno, est l'âme de la photographie : sans objectif parfait, il est aussi impossible à l'opérateur le mieux exercé d'obtenir de belles épreuves qu'au peintre le plus habitué d'imiter la nature sans palette et sans pinceaux. Les objectifs à verres combinés opèrent beaucoup plus vite ; mais pour les avoir bons, il faut ne les demander qu'aux meilleurs opticiens. Un bon objectif doit avoir au moins 0m,33 de foyer pour plaque ou feuille de papier entière, 0m,14 ou 0m,15 pour quart de plaque ou de feuille ; il doit être exempt de toute gerçure ou fil ; quelques bulles rares ne produisent aucun mauvais effet. On doit le munir d'une *glace parallèle* pour redresser les objets : la nécessité de cette addition pour les vues de monuments, de paysages, et surtout pour les portraits se comprend d'elle-même. Un *diaphragme* placé en avant de la première lentille aura pour objet d'arrêter les rayons égarés sur les bords : on gagnera ainsi en pureté ce que l'on perdra en lumière. En résumé, une bonne chambre noire doit satisfaire aux conditions suivantes : 1° ne laisser pénétrer la lumière que par l'objectif : toute lumière étrangère à celle de l'objet à reproduire détruit en partie le dessin et l'on n'obtient alors qu'une épreuve voilée ; 2° ne laisser parvenir à la plaque ou feuille sensible que les rayons qui, dans leur course, n'ont pas rencontré les parois de la boîte : on y parvient par l'addition du diaphragme ; 3° substituer rigoureusement la plaque à la face dépolie de la glace : on peut vérifier que la substitution est parfaite en introduisant dans la chambre par le trou de l'objectif, un cylindre en cuivre gravé sur une génératrice ; on y parvient plus simplement et d'une manière toute mécanique par l'emploi du châssis et de la coulisse.

PHOTOGRAPHIE SUR PAPIER. — *Sensibilisation du papier ciré et ioduré.*

Les exposer 20 à 30 secondes à la vapeur d'iode, qui leur donne une nuance jaune d'or.

Substances accélératrices : Chaux, chloro-bromure de chaux.

L'application de ces substances doit être faite dans une chambre où pénètre seulement la lumière nécessaire pour qu'on puisse distinguer la teinte de la plaque. « Après avoir versé dans une cuvette de verre ou de porcelaine assez de liqueur accélératrice pour former une couche de 0ᵐ,005 on couvre la cuvette avec la plaque iodée jusqu'à ce qu'elle ait acquis une belle teinte rose. La plaque ainsi préparée peut être mise dans la chambre noire pour recevoir l'impression de l'objet dont on veut y fixer l'image. »

Après avoir *développé* l'image, on expose la plaque au contact du mercure en vapeur, cette plaque est immédiatement plongée dans un bain saturé d'hyposulfite de soude, puis lavée à très-grande eau. L'image est alors fixée.

« Au sortir de cette opération, les clairs de l'image ont un ton d'un bleu violacé, qu'on change en un ton d'un blanc pur, en passant sur la plaque une solution de chlorure d'or ; cette solution se prépare ordinairement en faisant dissoudre d'une part 4 gr. d'hyposulfite de soude dans 500 gram. d'eau, et de l'autre 1 gram. de chlorure d'or dans la même quantité d'eau ; on réunit aussitôt les deux solutions. La plaque mouillée de solution de chlorure d'or est chauffée en dessous par la flamme d'une lampe à alcool, afin de faire évaporer promptement l'humidité ; elle est ensuite plongée dans l'eau de pluie filtrée, puis séchée de nouveau. »

II. — PHOTOGRAPHIE SUR PAPIER. — *Sensibilisation du papier ciré et ioduré.*

On se sert pour cela de la solution suivante : « D'une part, on dissout dans un litre d'eau de pluie, 80 gram. d'azotate d'argent (*pierre infernale*), et 100 gram. d'acide acétique cristallisable ; de l'autre, on fait fondre dans 20 gram. d'eau, 2 gram. d'iodure de potassium, et 1 gram. de bromure de potassium. Après avoir mêlé les deux liqueurs on laisse reposer 24 heures, et l'on filtre. Les feuilles sont plongées dans un bain de ce liquide clair, de 0ᵐ,03 à 0ᵐ,04 de profondeur. »

Développement de l'image.

On l'obtient au moyen de la solution suivante :

Acide gallique	1 gramme.
Eau	120 gr.

Ajoutez à la solution :

Eau	900 gr.

Épreuve négative (moyen de l'obtenir et de la fixer).

Plonger l'épreuve dans l'eau, au sortir de la solution précédente. Ce lavage dure 30 minutes, et l'eau doit être renouvelée plusieurs fois.

On fixe ensuite l'épreuve négative en l'immergeant plusieurs fois dans :

Hyposulfite de soude	40 grammes.
Eau	100 gr.

III. — PHOTOGRAPHIE SUR PAPIER ALBUMINÉ. — *Préparation de l'albumine.*

Bromure de potassium	1 gramme.
Iodure de potassium	5 gr.
Eau	5 gr.

Faites une solution, dans laquelle on jette 3 blancs d'œufs battus en neige. — Décantez après 24 heures. — Le papier doit être passé dans l'albumine et y rester cinq minutes.

Sensibilisation du papier albuminé.

Elle s'obtient avec la solution suivante :

Azotate d'argent	8 grammes.
Acide acétique cristallisable.	12 gr.
Eau distillée	100 gr.

IV. — PHOTOGRAPHIE SUR COLLODION.

Le papier peut être aussi préparé au *collodion*, qui s'obtient ainsi :

Collodion simple. — « On ajoute à 50 gram. d'éther 50 gram. d'alcool ; on fait dissoudre dans ce mélange 1 gram. de bromure de cadmium, 4 gram. d'iodure de cadmium et 2 gram. de pyroxile ou coton-poudre. Quand ce liquide est resté en repos pendant quelques jours, on le décante pour séparer les fibres déposées au fond du vase et on le met dans un bocal qui doit être tenu exactement bouché. Les feuilles de papier qui doivent être enduites de collodion y sont trempées pendant une minute. »

Sensibilisation du papier, au collodion.

S'obtient par le bain d'argent suivant :

1ʳᵉ solution. Azotate d'argent cristallisé.	60 grammes.
Eau de pluie	100 gr.
2ᵐᵉ solution. Iode.	1 gr.
Alcool	10 gr.

Mêlez les 2 solutions dans un local obscur.

Après 24 heures, ce bain peut être employé. — Il importe de le filtrer chaque fois qu'on l'utilise.

Collodion épais.

Pyroxile	3 grammes.
Alcool à 94°	10 gr.
Ether à 60°	80 gr.

La sensibilité de ce collodion s'obtient par l'iodure et le bromure de cadmium, en diverses proportions.

V. — PHOTOGRAPHIE SUR VERRE.

L'albumine et le collodion y sont employés avec un égal avantage.

Albumine pour le verre.

Iodure de potassium	45 grammes.
Blancs d'œufs en neige	30 gr.

L'iodure doit être dissous dans quelques cuillérées d'eau. — On décante comme il est dit plus haut.

Solution pour nettoyer les verres qui ont déjà été pré-parés à l'albumine.

Potasse caustique.......... 20 grammes.
Eau..................... 100 gr.

Appliquée sur le verre avec un tampon de coton.—
Le verre est ensuite lavé à grande eau.

Sensibilisation de l'albumine sur verre.

S'obtient avec le liquide suivant :

Azotate d'argent cristallisé.... 1 gramme.
Acide acétique cristallisable... 2 gr.

Dissous dans :

Eau..................... 100 gr.

Observation. — Si l'on emploie le collodion au lieu de l'albumine, son application sur le verre, et la sensibilisation, se font de la même manière que pour la photographie sur papier (1).

PITYRIASIS (pathologie). — Maladie de la peau manifestée par de petites squammules blanches et extrêmement minces, qui se détachent et se reproduisent avec une facilité et une abondance extraordinaires. Elle se montre principalement au cuir chevelu, aux sourcils, au menton, mais peut occuper toute autre partie de la surface du corps. Cette affection ne s'accompagne jamais d'autres symptômes que d'une démangeaison assez vive. Les squammules, que le moindre frottement fait tomber en abondance, ne sont pas répandues çà et là, mais occupent une large surface. Il semble en cet endroit que la peau a été tellement fendillée qu'elle s'est réduite en petites lamelles très-minces. On n'observe dans les points de la peau où elles siègent aucune rougeur ni tuméfaction. Le traitement du pityriasis consiste dans l'administration de tisanes amères rendues laxatives par l'addition de quelques sels neutres, de l'emploi de lotions ou de pommades alcalines, de bains alcalins ou de douches de vapeur. Quand la maladie siège au menton, on doit s'abstenir de l'usage du rasoir et couper la barbe avec des ciseaux. Chez les enfants on parvient à faire cesser l'exfoliation du cuir chevelu en leur brossant légèrement la tête.

PORTE-NITRATE, PORTE-PIERRE (chirurgie). — On appelle ainsi un instrument fait comme un petit porte-crayon, qui s'enferme dans un étui à vis, et sert à fixer et à retenir la pierre infernale ou nitrate d'argent fondu, dont on se sert pour cautériser.

Parmi les modifications apportées à cet instrument, nous citerons le porte-nitrate Begon, que nous regardons comme le plus ingénieux et le plus sûr dans la pratique médicale.

Ce nouveau système de porte-nitrate est représenté ici, en demi-grandeur d'exécution ; il a été construit dans le but d'éviter les accidents pendant les cautéri-

(1) Cet article est extrait des *Mille Procédés industriels, formules, recettes,* du docteur B. Lunel, *Dictionnaire universel de secrets,* d'une application sûre et facile ; grand in-8° à 2 col. Prix : 10 fr.

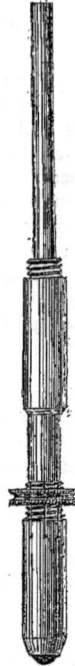

sations de la bouche, du pharynx et du larynx des enfants malades. On sait que le crayon de nitrate peut se casser, tomber dans les voies aériennes ou être avalé.

Ce porte-nitrate est composé de quatre tubes. Le premier, en commençant par le bas de la figure, sert de rallonge à l'instrument, après lequel il se visse extérieurement ou intérieurement ; lorsqu'il est vissé extérieurement, comme il est représenté dans le dessin, il permet, par la longueur qu'il donne, de pouvoir cautériser très-profondément ; mais, lorsqu'on n'a pas besoin d'autant de longueur, il se visse intérieurement dans les autres tubes, et l'instrument se trouve raccourci de toute cette longueur.

Le deuxième tube, après lequel se visse la rallonge, est fixé à un troisième tube qui est fendu en plusieurs parties à sa partie supérieure, comme les porte-nitrate ordinaires, pour faire ressort et serrer le nitrate que l'on met en cet endroit.

Le quatrième tube sert de recouvrement ; il glisse à frottement sur le troisième ; à sa partie supérieure il est repoussé en cône pour dégager le crayon ; l'intérieur de ce cône est ouvert d'un diamètre plus petit que le nitrate, de manière que lorsqu'on glisse le recouvrement par en bas, le nitrate vient dans ce cône ; mais l'extrémité seule du caustique, qui est taillée en pointe, peut passer.

Ce quatrième tube est fendu à sa partie inférieure pour qu'il soit flexible. Là aussi existe un pas de vis conique, sur lequel monte un écrou molleté, comme on le voit dans la figure. Cet écrou molleté, montant sur le pas de vis conique, serre le recouvrement sur le troisième tube et permet d'obtenir un frottement ferme ; en serrant cet écrou, on arrête même le recouvrement à l'endroit nécessaire, selon la longueur du nitrate. Cette combinaison permet de mettre dans cet instrument un caustique de trois centimètres de longueur et de pouvoir le tailler aisément chaque fois qu'il est émoussé, car ce recouvrement s'enlève facilement ; il suffit de desserrer l'écrou pour retirer le recouvrement. Lorsque le nitrate est taillé, on le remet ; il glisse le long du troisième tube. On peut ainsi user le caustique dans toute sa longueur.

Mais le principal avantage de cette combinaison est d'éviter que le nitrate ne soit cassé pendant la cautérisation ; on comprendra que par ce mode de construction cela ne peut arriver que difficilement, puisque le recouvrement le protège contre les chocs. La pointe seule du nitrate sort de l'instrument, encore est-elle soutenue par le cône dans lequel elle porte, et si par un hasard imprévu ce nitrate cassait, il ne peut s'échapper, la seule ouverture par laquelle il pourrait passer étant plus petite que le diamètre du caustique, le nitrate ne peut donc pas être cassé pendant l'opération, ou, s'il vient à se briser, il ne peut tomber dans le larynx ou dans l'œsophage.

Lorsqu'on ne se sert pas de l'instrument, on glisse

le recouvrement par en haut; l'extrémité du nitrate rentrant dans l'intérieur, on serre l'écrou; ainsi placé, il ne peut toucher la trousse, ni la poche dans lesquelles on le mettrait.

Le porte-nitrate à recouvrement de M. Begon a été soumis à l'examen d'une commission de médecins de la classe des sciences de la Société des sciences industrielles de Paris, qui s'est estimée heureuse de décerner une médaille d'argent à cet habile mécanicien.

Dr B. LUNEL.

PROFESSIONS (HYGIÈNE DES). — L'homme n'est pas né pour l'oisiveté; la nature, dans sa bienfaisance, l'a voué au travail; elle a voulu que, pour son plus grand avantage, il aidât ses semblables, et qu'il en fût aidé. La vie active est d'ailleurs le rempart le plus puissant de la vertu et l'égide de la santé; bien plus, c'est que la machine animale, pour bien aller, ne doit pas plus garder le repos que l'atmosphère, aux vicissitudes de laquelle nous sommes constamment exposés; et pour que notre vie soit durable, nous ne devons pas rester dans l'inaction et la mollesse. Il faut que l'homme se livre tour à tour au repos et au travail, et qu'il se fatigue même. C'est une opinion aussi absurde que ridicule de croire que, pour se bien porter et vivre longtemps, il faille mener une vie uniforme et garder toujours la même assiette, quand tous les êtres avec lesquels nous sommes en rapport sont dans des révolutions continuelles. Les changements sont absolument nécessaires pour nous préparer à ces violentes secousses qui ébranlent quelquefois les fondements de notre existence. Il en est des animaux comme des plantes, qui acquièrent de la force et de la vigueur au milieu des orages, et par le choc des vents contraires. — Les travaux sont aussi utiles à la santé et au bonheur qu'à la société. Considérez les habitants des campagnes: occupés toute la journée à des exercices pénibles et fatigants, ils n'en chantent pas moins au milieu des travaux champêtres; ils jouissent de la santé, tandis que les citadins, énervés par la mollesse, bâillent au sein des plaisirs. « La goutte est » à la ville, dit La Fontaine, et l'araignée est aux » champs. » Le travail, fils du besoin, est le père de la santé et du bonheur. Ne plaignons donc plus autant les heureux villageois: au milieu des fatigues et des peines, ils goûtent les douceurs de la santé, de la paix, de l'innocence, il n'y a de vrais malheureux que ceux qui, au sein de l'abondance, languissent dans le repos et la mollesse, qui leur ôtent les moyens de jouir.

Néanmoins, pour que les travaux entretiennent ou affermissent la santé, il faut qu'ils soient proportionnés à l'état des forces, car, lorsqu'ils sont portés à l'excès, ils ruinent la santé et font vieillir avant l'âge. Ces effets sont produits par une concentration forte et habituelle des forces. Celles-ci, retenues et comme fixées à l'intérieur par l'excès de la fatigue, les autres organes ne se rétablissent qu'incomplètement dans leur ordre naturel d'action et de réaction. Il suit de là que l'organe extérieur, privé de la portion d'action qui lui est nécessaire pour contrebalancer celle de l'intérieur, s'endurcit et acquiert

de jour en jour la fermeté et la raideur qui caractérisent la vieillesse. Il est faux, ainsi que quelques égoïstes l'ont avancé, que les hommes qui sont obligés de se livrer à des travaux pénibles et excessifs vivent aussi longtemps que les riches, qui jouissent sans abuser. Une semblable opinion, dit avec raison Raynal, a été mise en avant pour consoler les misérables que la fortune a condamnés à traîner leur existence sous le poids des maux, en leur persuadant que leur état était le plus propre à maintenir la santé. Ce sophisme a été imaginé pour achever de détruire toute sensibilité dans le cœur du riche et le dispenser de la bienfaisance. Les hommes qui, par état, se livrent habituellement à des travaux rudes et accablants, sont très-vieux à l'âge de soixante ans, et passent rarement ce terme, au lieu que ceux qui usent avec sagesse des faveurs de la fortune atteignent fréquemment et passent même quatre-vingts ans. Il est néanmoins quelques exemples d'hommes qui, s'étant livrés presque toute leur vie à des travaux durs et excessifs, sont parvenus à un âge très-avancé. On lit dans les *Transactions philosophiques* l'histoire de deux vieillards de ce genre, dont l'un mourut âgé de cent quarante-quatre et l'autre de cent soixante-cinq ans. Mais que prouvent de semblables exemples, sinon qu'ils sont fort rares et extraordinaires, puisqu'il est vérifié par l'observation que les trois quarts et demi de ces hommes meurent avant le terme ordinaire.

On peut distinguer en général trois sortes de travaux: 1° les travaux pénibles et qui mettent en action tout le corps; 2° ceux qui exigent la vie sédentaire, et qui la plupart n'exercent que quelques membres; 3° enfin, les travaux de l'esprit. Quant à ces derniers, je remets à en parler lorsque je traiterai de l'influence du moral sur le physique. — Les travaux pénibles sont ceux qui demandent un emploi considérable des forces: ils ne peuvent être exercés que par des hommes forts et robustes; ces travaux leur sont même nécessaires pour entretenir la libre circulation de l'action dans toutes les parties: mais, comme je l'ai dit plus haut, ils ne doivent jamais être excessifs, ni trop longtemps soutenus; c'est la principale règle qu'il faut suivre pour conserver sa santé. — Ceux qui, par état, se livrent à des travaux pénibles en plein air, comme les cultivateurs, sont exposés à toutes ses vicissitudes, aux brusques variations du chaud et du froid, et par conséquent à toutes les affections dépendantes de l'influence des saisons et des changements extrêmes de température, telles que les maladies inflammatoires, catarrhales, rhumatismales, les fièvres bilieuses, les dyssenteries, les fièvres d'accès, etc. Ces causes sont inévitables, et il n'y a qu'une éducation conforme à ce genre de travaux qui puisse préserver des maladies auxquelles ils donnent lieu; seulement on peut affaiblir l'action de ces causes par un régime analogue au tempérament, à la saison et à l'état de l'atmosphère.

Les hommes dont les occupations sont de porter des fardeaux pesants, comme les crocheteurs, et tous ceux dont les travaux exigent de longues inspirations et une tension soutenue du diaphragme, sont exposés

à l'hémoptisie, aux inflammations de poitrine, et du bas-ventre, aux hernies, etc. On ne peut que recommander à ces artisans de ne pas abuser de leurs forces. Il en est qui, par paresse ou par gageure, portent en une fois de lourds fardeaux qu'ils ne devraient porter qu'en deux ou trois reprises, et qui s'exposent ainsi aux plus grands dangers. — En général, les hommes dont les travaux exigent une grande dépense de forces, tels que ceux dont je viens de parler, les forgerons, les charpentiers, les charrons, etc., ne doivent jamais travailler longtemps de suite; il est nécessaire qu'ils se reposent de temps à autre, pour rendre aux organes la portion d'action dont le travail les a privés. — Les travaux sédentaires auxquels on emploie les hommes, tels que les métiers de tisserand, de tailleur, etc., sont non moins préjudiciables à la santé que contraires au vœu de la nature. La plupart des ouvriers sédentaires sont habitués à ces travaux dès l'enfance, ce qui fait qu'ils n'acquièrent jamais la force et la vigueur nécessaires au métier de la guerre et à la culture des champs. On remarque qu'ils ont plus d'adresse et de force dans les parties agissantes, et plus de délicatesse et de faiblesse dans celles qui sont passives, courbées ou comprimées. Ces hommes ont un air faible, les jambes souvent cagneuses, la taille mal proportionnée, et affectent dans leur contenance la posture qui est propre à leurs travaux. Ils sont souvent malades, et vieillissent pour l'ordinaire de très-bonne heure. — Les travaux sédentaires devraient être uniquement le partage des femmes, qui, par un renversement de l'ordre, s'occupent dans les campagnes des travaux les plus pénibles. Le sexe féminin supporte mieux les occupations sédentaires auxquelles il paraît être spécialement destiné. Les femmes sont plus susceptibles de sensations agréables, et ont pour l'ordinaire un plus grand fonds de gaieté. Elles parlent davantage, et leur babil continuel est une sorte d'exercice proportionné à leur état. Elles ont moins besoin d'aliments, et ne s'épuisent point par de profondes réflexions. Elles sont d'ailleurs attentives à mille petits événements de la société, qui suffisent pour exciter leurs passions et les monter au point nécessaire pour entretenir la circulation des forces. Si l'on trouve des hommes qui vieillissent dans l'inaction, exempts des infirmités qui en sont le produit, c'est qu'ils ont joui des avantages dont je viens de parler, et qui sont propres au sexe féminin.

Il serait utile à la santé de ceux qui se livrent à des travaux sédentaires, qu'ils y joignissent des travaux plus actifs, ou des exercices qui missent en action tous les membres, car rien ne nuit plus que la vie sédentaire. Outre qu'elle étiole ceux qui s'y livrent, elle s'oppose encore à la libre circulation des forces, qui, retenues habituellement dans l'intérieur, donnent lieu aux affections hystériques et mélancoliques. On a observé que c'était principalement dans les pays de manufactures que les affections nerveuses régnaient parmi les gens du peuple. Une cause non moins nuisible à la santé de ces sortes d'ouvriers, c'est leur rassemblement dans un même lieu non

assez vaste et souvent peu aéré; il conviendrait au contraire qu'ils travaillassent en petit nombre dans de grands locaux où l'air circulât librement. La plupart, tels que les tailleurs, les cordonniers, etc., sont forcés, dans leurs travaux, d'avoir le corps courbé en avant; cette position est extrêmement défavorable; outre qu'elle nuit singulièrement à la digestion, et qu'en tenant assidûment pliée l'épine dorsale, elle lui fait prendre la forme voûtée, c'est qu'elle gêne l'action des poumons et expose ces organes à des affections fort graves. Stoll a remarqué que les grandes et mortelles inflammations des poumons étaient très-fréquentes chez les hommes qui ont habituellement le corps penché en avant, comme les cordonniers, les tailleurs, etc.; cette attitude soutenue retient tout le système musculaire dans un état de faiblesse relative, gêne la distribution des humeurs dans les viscères du bas-ventre, et les détermine à refluer vers la poitrine, qui est, par l'effet de ces causes, dans un état permanent de pléthore et de congestion. L'ouverture des cadavres démontre que les poumons sont généralement plus ou moins affectés chez ceux que leur profession oblige à rester constamment dans une position si peu naturelle.

Il convient donc que ces ouvriers changent souvent de situation, et qu'au lieu de fréquenter les tavernes, les cafés et les maisons de jeu, ainsi qu'ils le font ordinairement pour la plupart, dans leurs moments de loisir, ils aillent se promener et faire de l'exercice au grand air; qu'ils n'usent que d'aliments fortifiants, de viande, de pain bien cuit, de bon vin pris modérément, ainsi que de plantes âcres, qui donnent de l'action aux solides et aux fluides; qu'ils s'abstiennent des substances difficiles à digérer, des liqueurs fortes, et généralement de toutes les espèces de débauches. — Il est des travaux qui exposent ceux qui s'y livrent à l'action du feu; d'autres à celle des miasmes délétères; plusieurs, à celle de l'eau; et d'autres enfin à celles de quelques-unes de ces causes réunies. Ils exigent des précautions particulières pour se préserver des maladies qui en sont la suite. — Les chimistes, les distillateurs, les fondeurs, les verriers, etc., éprouvent tout à la fois les effets de la chaleur et des exhalaisons nuisibles: il en résulte souvent des rhumatismes, des affections graves des poumons, et principalement la toux, l'asthme et la consomption.

Les moyens les plus efficaces pour prévenir ces affections consistent: 1° dans la construction des laboratoires et des ateliers; il faut qu'ils soient disposés de manière que l'air puisse s'y renouveler aisément, et que la fumée et les exhalaisons n'y puissent séjourner longtemps; 2° il convient que ces artistes ne continuent pas trop longtemps de suite leurs travaux; 3° qu'ils ne se rafraîchissent que par degrés, et qu'ils se couvrent de leurs habits avant que de prendre le grand air, lorsqu'ils ont le corps très-échauffé. — Les boulangers sont sujets aux mêmes maladies: outre qu'ils prolongent la veille fort avant dans la nuit, ils sont sans cesse exposés à la chaleur de leur four; et s'ils viennent ensuite à respirer un air froid, ils con-

tractent des rhumes et d'autres affections de poitrine. Ils respirent aussi de la farine, ce qui, à la longue, leur cause la dyspnée, l'asthme, etc. Il convient qu'ils évitent les variations subites du chaud et du froid, et qu'ils se couvrent la tête avec un linge, pour empêcher l'impression de la farine répandue dans l'air sur les poumons. Ils sont aussi très-sujets aux maladies des paupières par l'effet de ces causes. On leur conseille de les laver fréquemment avec de l'eau fraîche. Les meuniers sont exposés aux mêmes inconvénients, et doivent prendre les mêmes précautions. — Les mineurs, et tous ceux qui travaillent sous terre, sont exposés aux accidents qu'occasionne la présence des gaz non respirables. Les mineurs doivent en redouter trois espèces, qu'ils appellent *feu brison, feu sauvage* ou *terou*, le *ballon* et la *mofette* ou *pousse.*

Le *feu brison* paraît n'être autre chose que du gaz hydrogène : il s'échappe des souterrains avec sifflement, et se manifeste sous la forme de toiles d'araignée. Lorsque cette vapeur est rencontrée par les lampes des mineurs, elle s'allume avec une explosion très-violente. Pour prévenir cet accident, on fait descendre dans la mine un ouvrier couvert de linges mouillés et armé d'une longue perche, au bout de laquelle est une lumière ; il se couche le ventre contre terre, et met le feu à la vapeur. Dès que l'inflammation a eu lieu, il n'y a plus de dangers à courir, et on peut descendre dans la mine.

Le *ballon* paraît sous la forme d'une poche arrondie qui est suspendue en l'air. Lorsque les ouvriers l'aperçoivent, ils n'ont de ressource que dans une prompte fuite ; car, si le ballon crève sur eux, ils sont à l'instant suffoqués. On présume qu'il n'est, ainsi que le précédent, que du gaz hydrogène.

La *mofette* est une vapeur épaisse qui se forme surtout en été, et qui se dégage lorsqu'on ouvre des fosses profondes, des mines riches en minerai, et surtout de celles qui se sont fermées depuis longtemps avec les déblais. Cette vapeur est mortelle et tue sur-le-champ ceux qui la respirent (1). Elle paraît être composée en grande partie de gaz azote, et ne fait point varier sensiblement le mercure dans le baromètre ni dans le thermomètre. Les mineurs sont avertis de sa présence lorsque la lumière de leurs lampes diminue ; instruits par l'expérience, ils fuient le plus vite qu'il leur est possible. Cette vapeur les frappe d'asphyxie, et le moindre mal qu'elle occasionne est une toux convulsive qui dégénère ordinairement en phthisie. Ceux qui se sont trouvés dans un espace où cette vapeur s'était répandue à un degré supportable, dit don Ulloa, ont éprouvé un sentiment de formication considérable par tout le corps, surtout aux extrémités, à la face, à la tête ; de la surdité, des tintements d'oreilles, une bouffissure aux yeux, qui semblaient leur sortir des orbites ; en un mot, les mêmes effets qu'on remarque chez les animaux soumis à l'expérience du vide, ou plongés dans des gaz

(1) *Mémoires philos. histor. phys.,* par don Ulloa, tom. I, pag. 343-44.

non respirables. — Pour prévenir les accidents de la mofette, il est prudent, avant de faire descendre les ouvriers dans la mine, d'y porter, au moyen d'une corde, un flambeau allumé : s'il brûle, comme dans l'atmosphère, avec une flamme vive, il n'y a rien à craindre, l'air n'est point méphitique ; mais si elle diminue et s'éteint, c'est un indice certain que l'air n'est point respirable : il faut alors le corriger par le feu et le ventilateur. — Les mineurs sont encore exposés aux affections graves qui dépendent des vapeurs métalliques : tels sont les paralysies, les vertiges, les tremblements, les coliques, etc. ; à celles que produit l'étiolement ou la privation de la lumière, et enfin aux maladies occasionnées par le refoulement des forces et la suppression de la transpiration. — On doit en général favoriser la libre circulation de l'air atmosphérique dans les mines par le moyen des ventilateurs, des galeries, des puits, etc., pour prévenir les malheurs dont sont constamment menacés les infortunés qui sont obligés d'y travailler. Ce sont surtout les puits de respiration qui sont les plus avantageux et qu'il convient de multiplier. Pour cela, il faut considérer les mines qu'on exploite sous deux aspects différents : ou elles sont creusées dans une montagne au-dessus d'un plan incliné, ou sous un plan horizontal. Dans le premier cas, la colonne d'air du puits diffère, quant à la pesanteur, de celle de l'entrée de la mine, à moins que la température de l'air intérieur de la mine ne soit entièrement la même que celle de l'air extérieur. A mesure que l'on avance dans l'exploitation de la mine, il serait sans doute utile d'ouvrir de nouveaux puits ; mais ce travail serait considérable et trop dispendieux. M. Jars a proposé de construire dans la galerie, et de conduire jusqu'au fond de la mine, un plancher sous lequel l'air s'introduit, pénètre jusqu'au fond de la mine, et revient s'échapper par le puits, la communication de la partie antérieure de la galerie avec le puits étant interceptée par une porte. — Dans le second cas, quand la mine est creusée sous un plan horizontal, on peut rendre les colonnes d'air inégales en pesanteur, en construisant sur l'une des bouches de la mine une cheminée en maçonnerie épaisse. Lorsque l'air extérieur est à la même température que celui des mines, on construit à leur entrée ou à l'embouchure d'un des puits un fourneau dont la cheminée soit très-élevée. Le feu de ce fourneau pompe l'air de la mine par le moyen d'un tuyau de communication, et en établissant ainsi une inégalité de pesanteur entre les colonnes d'air, il en procure la libre circulation.

Il conviendrait de n'employer aux travaux des mines que des hommes robustes et dont la constitution fût fortifiée par l'habitude des exercices durs et pénibles : ce sont ces hommes qui résistent le mieux aux funestes impressions des vapeurs métalliques. Aussi de Haën recommandait-il avec raison de ne nourrir ces ouvriers que d'aliments forts et difficiles à digérer, et de ne point les laisser aller au travail à jeun. C'est en effet un des moyens les plus puissants pour conserver leur santé, que de leur faire prendre une nourriture qui exerce fortement les puissances diges-

tives, et qui, en montant à leur ton les autres organes, les fait résister à l'action délétère des vapeurs minérales. C'est par la même raison que les boissons fermentées et les liqueurs fortes leur conviennent particulièrement, et plus qu'aux autres ouvriers qui se livrent à des travaux forts et rudes. Il leur est aussi très-avantageux de se laver souvent et de changer d'habits en quittant l'ouvrage. Les hommes qui travaillent dans les mines de mercure, et surtout de celui qui est *vierge*, de même que les artistes qui emploient ce métal dans leurs travaux, sont très-sujets à la salivation et aux tremblements. Le remède qu'on met en usage dans le Pérou, pour faire cesser ces accidents, est de faire passer l'individu qui en est attaqué, et qui, pour l'ordinaire, est extrêmement maigre et épuisé, dans une température chaude, et on l'emploie à la culture de la terre d'une manière proportionnée à ses forces. Par ce moyen il sue beaucoup; la sueur entraîne avec elle le mercure dont son corps est imprégné, il ne tarde pas à se rétablir. Néanmoins ceux qui travaillent dans les mines de mercure, d'après l'observation de Fallope, vivent rarement au delà de quarante ans. Les ouvriers qui travaillent dans les mines de plomb ont, d'après l'observation de Stoll, une figure qui leur est propre, et qui les fait aisément reconnaître; leur physionomie est celle de la tristesse et d'une profonde mélancolie, et a quelque chose de sinistre et de menaçant. Ces hommes, ainsi que ceux qui emploient les préparations de ce métal, tels que les potiers, les barbouilleurs, etc., sont sujets à la paralysie, aux tremblements et à la colique saturnine. Les doreurs en or moulu et en vermeil sont exposés à tous les accidents des ouvriers qui travaillent dans les mines de mercure, parce qu'en faisant évaporer sur le feu ce dernier amalgame avec l'or, ils en respirent et en avalent les vapeurs. On peut prévenir ou au moins affaiblir les maux qui dépendent de cette cause, au moyen des ateliers vastes et disposés de manière à y entretenir la libre circulation de l'air. Ces sortes d'artistes ne doivent y séjourner que durant le travail, qu'il convient d'interrompre de temps à autre pour aller respirer le grand air. Il leur sera très-avantageux aussi de placer la forge ou le fourneau vis-à-vis la porte ou la fenêtre, et d'y adapter un large tuyau dont l'extrémité inférieure, évasée en forme de pavillon, soit assez grande pour couvrir le foyer, et dont l'autre bout recourbé entre dans le tuyau d'une cheminée voisine, ou sorte par un carreau de la fenêtre.

Les chaudronniers, les graveurs, et généralement tous ceux qui travaillent sur le cuivre, en respirent la vapeur, qui leur occasionne la dyspnée, la toux, l'asthme, etc. Ils doivent prendre les précautions que je viens d'indiquer. Ils sont exposés aussi à la surdité, de même que les canonniers, les forgerons, par rapport au bruit qu'ils font continuellement, et qui détruit le ressort du tympan; cette affection est irrémédiable. Les fabricants de chandelles, ceux qui préparent les huiles, de même que ceux qui travaillent sur les substances animales, comme les corroyeurs, les tanneurs, les chamoiseurs, les poissonniers, les cuisi-

niers, les bouchers, les charcutiers, les anatomistes, etc., sont exposés aux miasmes fétides et putrides qui s'exhalent de ces matières, et aux maladies graves qui en sont le produit. Les anatomistes sont très-sujets au scorbut et aux fièvres putrides occasionnés par les miasmes septiques qui s'exhalent des cadavres qu'ils dissèquent. De Haller n'attribue qu'à cette cause les fréquentes maladies bilieuses dont il fut affecté à Gottingue, pendant tout le temps qu'il démontra les parties du corps humain dans le théâtre anatomique de cette ville. Les anatomistes ont moins à craindre, aujourd'hui que l'on connaît la propriété qu'a l'acide muriatique oxygéné de désinfecter et de détruire les miasmes putrides et les odeurs fétides. On ne saurait trop en recommander l'usage dans ces sortes de cas, ainsi que dans plusieurs autres dont j'aurai encore occasion de parler. Le sang et les humeurs des cadavres, dont les mains des anatomistes sont continuellement baignées, rendent quelquefois mortelle la plus légère excoriation qu'ils se font dans ces parties. Un célèbre chirurgien anglais, qui avait une légère égratignure au doigt médius de la main gauche, l'envenima tellement en disséquant une matrice putréfiée, qu'on fut obligé d'amputer promptement ce doigt pour éviter la perte du bras.

On ne saurait trop conseiller à tous ceux qui, par leur état, sont exposés à l'action des miasmes délétères, de renouveler fréquemment l'air dans leurs ateliers, et d'y maintenir la plus grande propreté. Il serait à désirer, pour leur propre avantage et celui de la société, qu'ils exerçassent leurs travaux hors des villes, surtout en été, par rapport à la putréfaction qui est accélérée par les chaleurs de cette saison. Il est très-important aussi qu'ils fassent souvent usage des acides végétaux, et qu'ils emploient des moyens de sanification, surtout l'acide muriatique oxygéné, pour éloigner tout germe de corruption et en détruire le foyer. Les fossoyeurs sont encore plus exposés que les précédents à l'action des effluves putrides et aux maladies mortelles auxquelles ils donnent lieu. Les hommes que la misère réduit à la triste nécessité de vivre des ravages de la mort vieillissent rarement. Ils sont presque toujours pâles: leurs yeux ternes, leur face hâve et lugubre, annoncent leur mauvaise santé et le profond sentiment de leur misère; car leur pâleur n'est pas seulement l'effet de l'impression des miasmes septiques, elle est aussi, à mon avis, celui de l'influence du moral sur le physique. Comment des hommes dont le dégoûtant spectacle des débris de l'humanité ne cesse de contrister l'âme, et qui n'exercent qu'à contre-cœur un état dont les fonctions sont aussi pénibles que tristes, porteraient-ils sur leur physionomie l'empreinte de la joie et le coloris de la santé? Ce n'est que dans l'aisance et le contentement que l'une et l'autre fleurissent, et non dans un état funèbre, parmi des ossements, des cadavres et des exhalaisons sépulcrales. Ramazzini observe que le sang des fossoyeurs est aussi cadavéreux que leur figure, et qu'on ne doit prescrire la saignée dans leurs maladies qu'avec la plus grande circonspection: les évacuants leur conviennent davantage.

Les fossoyeurs sont encore sujets à l'asphyxie produite par les gaz non respirables. Plusieurs en ont été les victimes, en ouvrant des fosses ou en descendant dans des caveaux de sépulture. Ramazzini rapporte qu'un fossoyeur étant descendu pendant la nuit dans un charnier, pour dépouiller le cadavre d'un jeune homme qui y avait été déposé avec tous ses habits, il y fut suffoqué, et tomba mort sur le cadavre dont il violait la sépulture. Il est beaucoup d'exemples de ce genre qui prouvent combien il est dangereux de visiter le séjour des morts. Mais ces dangers sont aujourd'hui bien diminués en France, depuis que l'on a proscrit les inhumations dans les églises, et que les morts ne jouissent plus du droit d'infecter les vivants. On ne peut que recommander aux fossoyeurs d'entretenir sur eux la plus grande propreté; de respirer fréquemment, lorsqu'ils remplissent les devoirs de leur état, des eaux odorantes, le vinaigre, etc.; de changer d'habits et de linge aussitôt qu'ils sont de retour dans leur domicile, de n'ouvrir des fosses et de ne descendre dans les caveaux qu'avec précaution et après s'être assurés qu'ils n'ont point de méphitisme à craindre. Quant à l'asphyxie produite par cette cause, on doit recourir aux moyens que j'ai indiqués en parlant de l'air atmosphérique. Les ouvriers qui curent les égouts, les puits et les cloaques, et principalement ceux qui nettoient les latrines, ont cela de commun avec les fossoyeurs, qu'ils respirent, tout le temps de leurs travaux, qui sont plus longs, beaucoup de miasmes qui portent dans leur sang le germe de la corruption et la mort. Ils sont sujets à une sorte d'asphyxie et à des maux d'yeux qui leur sont propres.

L'asphyxie qui attaque les vidangeurs est appelée *plombagineuse, plomb*, et est occasionnée par des vapeurs qui s'élèvent des latrines, lorsque les ouvriers cassent une espèce de croûte qui se forme à la surface des excréments. Ces vapeurs sont très-septiques et produisent rapidement la putréfaction dans les corps qui les ont reçues; elles sont plus légères que l'air, un peu inflammables, et l'eau ne les absorbe pas. Les symptômes de l'asphyxie plombagineuse sont les mêmes que ceux des autres asphyxies; mais lorsque ceux qui en sont affectés donnent des signes de vie, leur ventre se tuméfie prodigieusement, et la bouche se remplit d'une écume sanguinolente; la respiration et la parole ne reviennent que lentement, par degrés, après des vomissements et des flux de ventre. Ceux qui n'ont cette asphyxie que dans un faible degré éprouvent seulement la dyspnée, qui ne se dissipe qu'après de grands efforts, qui sont comme convulsifs. Ceux qui sont attaqués de cette asphyxie exhalent des miasmes putrides morbifères qui décident une maladie septique nerveuse très-grave chez ceux dans lesquels ils se sont introduits par la voie de la contagion: le corps de ces derniers répand une puanteur horrible, et est frappé de spasmes et de mouvements convulsifs qui approchent souvent du tétanos et de l'épilepsie, et qui continuent jusqu'à ce qu'il survienne des vomissements spontanés de matières noires et fétides. A ces symptômes succèdent des douleurs qui durent

plusieurs jours, et qui ne diminuent que lorsqu'il se fait une éruption de taches élevées, dures, rouges, et très-prurigineuses. Quand cette éruption vient à disparaître tout à coup, il se manifeste une toux violente, convulsive et analogue à la toux férine des enfants, avec des douleurs aiguës d'estomac et des extrémités d'un côté, et leur immobilité. Les sinapismes seuls ont procuré du soulagement dans ce cas; les émollients, les narcotiques, les sudorifiques et les acides, pris intérieurement, n'ont produit aucun effet, et les ammoniacaux ont paru nuisibles. Le célèbre Hallé rapporte l'observation d'un homme qui fut attaqué de cette espèce d'asphyxie, et qui eut à sa suite, pendant plusieurs mois, une angine opiniâtre, avec une éruption de taches rouges, mais moins élevées et moins dures que celles qui étaient survenues dans le cours de la maladie.

Il est une autre affection qui dépend de la même cause, et qui est familière aux vidangeurs, la *mite*. C'est une inflammation particulière des yeux, et qui est souvent suivie de la cécité. On en distingue trois sortes, la *mite coulante* ou *humide*, la *mite grasse*, et la *mite grasse tardive*. La première espèce est caractérisée par la tumeur, la rougeur des yeux, et un écoulement aqueux qui guérit bientôt la maladie. La *mite grasse* ou sèche présente les mêmes symptômes que la précédente, à cette différence près qu'il n'y a point d'écoulement et que la tumeur et la rougeur sont bien plus considérables; les douleurs sont augmentées par la chaleur externe, par le vin et le régime échauffant. Il est nécessaire que le malade s'expose à l'air frais, qu'il emploie des lotions et des fomentations froides; qu'il use de boissons réfrigérantes et d'un régime analogue. On parvient à rendre humide cette espèce de *mite*, et à en hâter la guérison, au moyen des sternutatoires administrés dès le principe.

La mite sèche tardive débute, la nuit suivante du travail des vidangeurs, par une douleur au front, que ces ouvriers appellent le *fronton*, et qui éveille le malade; l'inflammation des yeux ne tarde pas à paraître, et ne s'accompagne d'aucune espèce d'écoulement. Les mites sont fréquentes, et toutes les fosses d'aisances y donnent lieu : il n'en est pas de même de l'asphyxie plombagineuse. Il paraît qu'il n'y a que les latrines où pourrissent des substances animales qui exposent les vidangeurs. On a observé aussi que ceux-ci sont moins sujets que les autres hommes à quelques maladies de la peau; mais leur vie est de moitié plus courte, et s'ils ont le malheur d'être infectés du virus vénérien, et qu'ils ne cessent pas aussitôt leurs travaux, le mal s'aggrave tellement dans l'espace de quinze jours, qu'il devient entièrement incurable. Les moyens les plus propres à préserver ces malheureux ouvriers des maux graves attachés à leur profession, sont d'entretenir la libre circulation de l'air dans les fosses où ils travaillent; de n'y descendre qu'après s'être assurés, au moyen des lumières, qu'il n'y a pas de méphitisme à craindre; de ne casser la croûte formée à la surface des excréments qu'avec précaution, et à une distance telle que la va-

peur qui s'en exhale ne puisse les atteindre; de quitter leurs habits dès qu'ils sont de retour chez eux, et de se laver tout le corps, et surtout les yeux, avec de l'eau fraîche et du vinaigre (1).

Les foulons travaillent à demi nus sur des matières puantes putréfiées; il en résulte que les vapeurs fétides qui s'en exhalent et les crasses huileuses des draps et des laines qu'ils foulent, portent leur impression sur les poumons et la peau : c'est pourquoi ces ouvriers sont sujets aux maux de tête, de poitrine et d'estomac, aux maladies cutanées, aux bouffissures, et à l'œdématie des extrémités inférieures. Les précautions à prendre pour garantir les ouvriers de ces affections consistent à bien aérer les lieux où ils travaillent, à y faire évaporer continuellement du vinaigre ou d'autres acides, mais surtout l'acide muriatique oxygéné; à interrompre de temps à autre leurs travaux, et à s'exposer au grand air le plus fréquemment qu'il leur sera possible. On leur recommande aussi de se laver matin et soir avec de l'eau et du vinaigre. Les brasseurs et les marchands de vin sont exposés à l'asphyxie causée par l'acide carbonique qui se dégage de la bière et du moût de raisins en fermentation. Pour prévenir cet accident, il convient de tenir fréquemment ouverte les portes des celliers, de manière à y établir un courant d'air qui entraîne la vapeur des corps en fermentation. Les liqueurs qui ont déjà fermenté exhalent aussi des vapeurs qui sont très-nuisibles, et quand on les respire quelque temps, on risque de s'enivrer : c'est surtout la vapeur du vin nouveau qui est le plus à craindre. On remédie aisément à cet état en prenant l'air, et en faisant usage d'un *infusum* léger de café ou d'autres diaphorétiques. Les teinturiers respirent dans leurs travaux les vapeurs fortes qui s'exhalent des différents mordants qu'ils emploient. Il est à propos que ces ouvriers évitent d'avoir le nez et la bouche sur ces vapeurs, et qu'ils prennent aussi le grand air le plus souvent possible. Ils sont encore exposés à la colique saturnine, lorsqu'ils se servent des préparations de plomb.

(1) Les travaux de MM. Hallé, Dupuytren, Thénard, sur les dangers que couraient les vidangeurs, en dévoilant la nature du gaz délétère des fosses d'aisances, ont en même temps fourni les moyens d'en préserver les ouvriers qui sont obligés de s'y descendre. Ces précautions sont les suivantes : 1° choisir un temps froid et sec pour vider les fosses; 2° ouvrir la fosse douze heures avant de commencer à la vider, ne pas approcher la chandelle trop près de l'ouverture, de peur d'enflammer la vapeur; 3° boucher tous les sièges de la fosse, excepté le plus élevé, où l'on place un fourneau ouvert par son fond, rempli de charbons ardents; 4° casser la croûte des matières en détournant la tête et la remuer avec de longues perches pour faire dégager les exhalaisons méphiques; 5° ne point descendre dans la fosse avant de s'être assuré qu'une chandelle ne s'y éteint pas; 6° ceux qui travaillent dans la fosse doivent détourner constamment la tête et quitter le travail aussitôt qu'ils se sentent incommodés.

L'établissement des fosses mobiles inodores rend la plupart de ces précautions inutiles; il préservera les malheureux ouvriers de bien des accidents et d'une infinité de manœuvres dégoûtantes, s'il se multiplie, comme on doit l'espérer.   (Bricheteau.)

Les amidoniers pétrissent la farine avec les pieds, après l'avoir fait macérer dans l'eau, pour en retirer ensuite la fécule qu'on sèche au soleil. Il s'élève de cette masse battue une vapeur tirant sur l'aigre, et qui, par son action sur les organes de la respiration, produit des toux et des oppressions si violentes aux ouvriers qui pétrissent l'amidon, qu'ils se trouvent très-fréquemment obligés d'interrompre leurs travaux pour ne pas étouffer sur-le-champ. On conseille aux amidoniers de travailler dans des lieux très-spacieux, d'y entretenir un courant d'air, et de se placer autour du cou une espèce d'entonnoir de carton ou de papier dont l'extrémité la plus large soit tournée vers la tête, pour briser la direction de la vapeur. Ils pourraient aussi faire dégager de temps à autre de l'ammoniac, pour neutraliser la vapeur acide qui s'exhale de l'amidon. Les huileux et les mucilagineux conviennent dans l'espèce de toux et d'oppression dont ils se trouvent surpris dans leurs travaux. Les chaufourniers respirent fréquemment une vapeur qui est un mélange de chaux, d'eau et d'acide carbonique qui se dégage du carbonate de chaux qu'ils convertissent en chaux. Ces sortes d'ouvriers sont sujets aux tremblements, à l'asthme et à la phthisie. On leur recommande de prendre l'air de temps en temps, mais de ne point s'exposer subitement à l'air froid, en sortant de leur four. Les gypseurs, et tous ceux qui emploient journellement le gypse (sélénite, sulfate de chaux), sont non-seulement exposés à la chaleur très-vive des fourneaux, mais encore à la vapeur du gypse, qui est très-malfaisante, surtout lorsqu'il est nouvellement préparé : aussi la plupart de ces ouvriers meurent-ils de bonne heure de phthisie, d'asthme, etc. Ils doivent prendre les mêmes précautions que les précédents. Les marbriers, les statuaires et les tailleurs de pierres respirent dans leurs travaux une poussière fine et impalpable, qui se détache des pierres et du marbre; ce qui forme quelquefois à la longue, dans les poumons et même dans l'estomac, des concrétions pierreuses qui occasionnent des crachements de sang, la dyspnée et la phthisie pulmonaire. Ils devraient avoir la précaution, ainsi que les statuaires qui travaillent le gypse, de s'envelopper le cou d'une espèce d'entonnoir, comme il a été conseillé aux amidoniers, pour détourner du nez et de la bouche cette poussière nuisible aux poumons, ou de s'envelopper, ainsi que les boulangers, le visage d'un linge ou d'un mouchoir, pour ne pas la respirer.

Les bateliers, les pêcheurs, les tanneurs, les lavandières, etc., vivent habituellement dans un air froid et humide, et ont fréquemment les mains, les pieds et quelquefois tout le corps dans l'eau. C'est pourquoi ils sont très-sujets aux maladies cutanées, aux érysipèles, aux pleurésies, aux catarrhes et aux rhumatismes. Les précautions que doivent prendre ces sortes d'ouvriers consistent à se tenir bien vêtus, à ne marcher dans l'eau, lorsque le cas l'exige, qu'avec des bottes ou des bottines, et de porter sur le dos une capote de toile cirée qui couvre la nuque, les épaules et toute l'épine dorsale, afin de ne pas être continuel-

lement mouillés. Ils doivent quitter ce vêtement à la fin de leurs travaux, changer de linge, et se sécher au lit ou auprès du feu. C'est à eux qu'il convient particulièrement de boire du vin et même de l'eau-de-vie, surtout quand ils se sentent saisis par le froid. Les baigneurs et les étuvistes sont forcés par leur état d'être souvent renfermés dans des lieux chauds, humides et chargés de vapeurs méphitiques : c'est pourquoi on en voit quelquefois qui sont frappés d'asphyxie. Lorsque cet accident a lieu, il faut à l'instant les exposer à l'air libre, les arroser d'eau froide, les frotter avec de la glace ou de la neige, jusqu'à ce qu'elle soit fondue, et quand ces moyens sont insuffisants, recourir aux autres que j'ai indiqués en parlant de l'air. Les baigneurs doivent avoir l'attention, pour prévenir cette affection mortelle, de sortir des étuves dès qu'ils éprouvent de l'oppression, et de ne point s'exposer brusquement à l'air froid. Ces mêmes hommes, ainsi que les lingères, les chanteurs, les joueurs d'instruments à vent, les écrivains, etc., sont sujets à une hémoptysie dépendante de la rupture des vaisseaux pulmonaires devenus variqueux. On ne peut se préserver de cette maladie grave qu'en restant le moins possible exposé à l'action des causes qui la produisent.   (*Tourtelle.*)

PRURIGO (pathologie). — Maladie chronique de la peau caractérisée par des papules plus ou moins étendues, plus larges que celles du lichen, sans changement de couleur à la peau, occupant le plus souvent les épaules et le cou, mais pouvant se développer aux membres dans le sens de l'extension. Tantôt les papules sont peu proéminentes, appréciables au toucher, et accompagnées d'un prurit incommode (1re variété, *prurigo mitis*) ; tantôt elles sont larges, saillantes, aplaties, discrètes, isolées, occupant spécialement la partie postérieure du tronc et la face interne des membres : la démangeaison qu'elles occasionnent est quelquefois intolérable, surtout le soir, par la chaleur du lit, et peut être comparée à la sensation d'insectes qui vous dévorent ou d'aiguilles qui pénètrent dans la peau (2e variété, *prurigo formicans*) ; tantôt enfin, surtout chez les sujets jeunes, ces papules sont très-multipliées et occasionnent un prurit tellement violent que le malade les déchire sans cesse avec les ongles : il s'en écoule une petite gouttelette de sang, laquelle forme bientôt une petite croûte noirâtre qui constitue son caractère spécifique. Cette maladie dure, en général, de quinze à vingt-cinq jours, et se termine par résolution ou par une légère desquammation. Quelquefois les papules se reproduisent plusieurs fois ; sa durée est de trois mois. Chez les vieillards et même chez les enfants débiles, le prurigo persiste deux ou trois ans, devient général ; les papules sont très-larges, très-saillantes ; la peau sous-jacente est épaissie, il survient parfois des exacerbations très-vives dans lesquelles la peau, couverte sur de larges surfaces de pustules comme confluentes, est enflammée et présente en outre des vésicules, des pustules, des furoncles. Dans quelques cas il survient de la fièvre, et même des signes d'inflammation gastro-intestinale. Trop souvent le malade est en proie à des

démangeaisons affreuses que rien ne peut apaiser. Dans les cas les plus simples on se borne à prescrire au malade quelques bains et une décoction d'orge contenant deux gros de sous-carbonate de potasse par pinte. Dans les cas les plus graves, on doit recourir à l'usage des boissons acidulées avec un gros d'acide sulfurique par pinte, et au régime le plus propre à remédier au dérangement des organes digestifs. Si la peau est fine on ne fait aucune application stimulante ; si au contraire elle est rude et sèche, on prescrit les lotions alcalines, salines, jointes aux bains de vapeur ou de mer. Les opiacés sont indiqués quand le prurit est très-fort. Quelquefois on peut faire usage avec succès d'un mélange de soufre sublimé et de magnésie calcinée à la dose d'un demi-gros par jour pendant une semaine. La saignée n'est utile que chez les individus jeunes et robustes.

Le prurigo pédiculaire ou *senilis* diffère des précédents en ce que tout le corps est couvert d'insectes du genre *pediculus*, qui se multiplient avec une grande facilité ; du reste les symptômes sont les mêmes que dans le *prurigo formicans*. Son traitement, qui n'est que trop souvent inefficace, est également le même, et consiste surtout dans l'emploi des bains sulfureux. Les fumigations de cinabre ont pour effet presque constant de détruire les insectes. Les eaux ferrugineuses et un régime fortifiant ont aussi des résultats avantageux sur les individus qui sont le plus ordinairement atteints de cette affection.

Le prurigo qui a son siége aux parties génitales de l'homme et de la femme ou à la marge de l'anus présente un caractère d'opiniâtreté qui le rend une maladie assez fâcheuse. On l'a vu déterminer l'onanisme et même la nymphomanie. Pour le faire cesser on emploie tour à tour les lotions froides, émollientes, alcalines, opiacées, et surtout les fumigations cinabrées, bornées uniquement à la partie malade.

                    (*Tavernier.*)

R

RAGE (médecine), dite aussi *hydrophobie rabique*, à cause d'un de ses symptômes principaux, l'horreur de l'eau. — *Pharyngospasme* (spasme du pharynx), maladie des plus graves qui peut se développer soit spontanément (fait très-rare chez l'homme), soit par communication, chez divers animaux.

La rage se développe spontanément chez le chien, le loup, le renard et le chat ; le plus souvent à la suite des chaleurs excessives ou des froids rigoureux qui les privent de l'eau qui leur est nécessaire ; les passions violentes dans le temps du rut sont capables aussi de la déterminer. Le virus est transmis par la salive. Selon le docteur Marochetti, il paraît se former dans de petites vessies qui sont situées près du frein de la langue et qu'on retrouve également chez les individus de l'espèce humaine atteints de la rage, comme chez les autres animaux. C'est, du moins, l'opinion du médecin italien, car en France on n'a pu encore constater chez l'homme atteint de la rage ces vésicules du frein de la langue.

Chez l'homme, on attribue généralement la rage à *l'action d'un virus spécifique déposé dans une plaie par une morsure, ou inoculé de toute autre manière par contact avec la salive d'un animal enragé.* Tantôt ce virus agit en déterminant une irritation locale, fixée dans l'endroit de la blessure, et qui donne ensuite lieu à une névrose générale; tantôt le virus, absorbé et mêlé au sang, produit une infection générale qui ne manifeste ses effets qu'après un temps indéterminé. Un grand nombre de faits porte à croire que la salive et le mucus bronchique sont les seuls véhicules du *virus rabique*; les effets ont lieu quelquefois presque immédiatement après la morsure; d'autres fois ils [sont précédés d'une période d'incubation dont la durée est plus ou moins longue : on cite des exemples où les accidents ne se sont déclarés que plusieurs mois ou même plusieurs années après la morsure. — Les symptômes du mal sont : une douleur vive dans la partie mordue, une violente céphalalgie avec excitation des facultés intellectuelles et des organes des sens, des désordres variés des fonctions digestives, une soif brûlante et en même temps une invincible aversion pour l'eau et les liquides, un sentiment de constriction extrême à la gorge, enfin une bave écumeuse. La mort survient ordinairement le cinquième jour. — On peut prévenir le développement du mal en cautérisant immédiatement et profondément la partie mordue. On commence par laver la plaie avec de l'eau simple, puis on applique quelques ventouses pour la faire saigner, et l'on cautérise ensuite, soit avec le cautère actuel (le feu), soit plutôt avec des caustiques liquides (l'acide sulfurique et surtout le chlorure d'antimoine). — On a préconisé toutes sortes de remèdes spécifiques contre ce mal affreux, les uns empruntés au règne végétal, notamment la *passe-rage*, les autres à la chimie, tel que le sulfate de quinine combiné avec l'extrait d'opium, etc.; mais tous les moyens intérieurs, rationnels ou empiriques, ont été inefficaces.

RÉFRIGÉRANT (art du brasseur). — De toute antiquité, on a été obligé de refroidir la bière bouillante, afin de l'amener à une température qui permette l'existence de la levûre et sa végétation rapide.

Il est certain que dans la levûre il existe deux genres d'êtres organisés, un végétal et une multitude innombrable d'animalcules qui dévorent ces végétaux.

Animalcules et végétaux s'engendrent et viennent au monde avec une profusion prodigieuse; en quelques heures, plusieurs millions de milliards de ces animalcules ont reçu l'existence !

Cette production des animalcules s'appelle la fermentation; cette fermentation est prompte, tumultueuse, si la bière a de 25 à 30 degrés; elle est lente si la bière a 5 ou 8 degrés.

Les Allemands appellent *oberhefe* la levûre provenant de la fermentation tumultueuse du moût de bière, et *unterhefe* la levûre provenant de la fermentation calme opérée à froid.

Dans le premier cas, la levûre s'élève à la surface du liquide entraînée par la masse d'acide carbonique produite, ou plutôt soulevée par les animalcules qui,

manquant d'air pour respirer, s'élèvent à la surface en masse tumultueuse afin de rencontrer de l'air respirable.

Dans le second cas, au contraire, la bière, étant plus refroidie, contient plus d'air; les animalcules peuvent respirer dans l'intérieur du liquide, et la levûre, au lieu de s'élever, se précipite au fond des cuves sous forme de lie.

L'aspect de ces deux levûres étant tout à fait différent, les brasseurs s'imaginent que leur nature est différente.

Mais cette supposition n'est pas fondée; c'est la même substance végétale, ce sont les mêmes animalcules, donc c'est la même composition chimique; cette vérité a d'ailleurs été démontrée par M. Schlossberger.

Quoi qu'il en soit, il paraîtrait que ces deux levûres n'agissent pas de la même manière et qu'il est plus facile de provoquer la fermentation *par le bas*, c'est-à-dire la fermentation lente à la mode de Bavière avec la levûre de la fermentation lente ou lie, qu'avec la levûre de la fermentation tumultueuse.

Mais, pour obtenir alternativement les deux espèces de fermentation et les deux variétés de levûre, il s'agit de refroidir la bière à des degrés plus ou moins bas.

Le secret de la fermentation consiste donc, bien évidemment, dans les moyens de refroidissement de la bière. Nous allons examiner les anciens appareils et les anciens moyens qui rendaient les brasseurs si malheureux sous ce rapport, car cette question du refroidissement de la bière est la plus importante de toute la brasserie, l'obstacle le plus insurmontable des manipulations de l'art du brasseur.

BACS PRIMITIFS.

Les premiers brasseurs n'ont trouvé rien de mieux que d'employer des appareils permettant d'étendre la bière sur une grande surface, en couche de moyenne épaisseur.

En effet, on sait que la vaporisation des liquides a lieu en raison directe de la surface; plus la surface était grande, plus il y avait de vaporisation et plus tôt la bière était refroidie.

Que d'inquiétude pour le brasseur pendant le refroidissement de sa bière ! le moût de bière pendant son refroidissement est susceptible de beaucoup d'altération, il est très-fermentescible, et plusieurs fermentations, *qui sont loin d'être celles qu'on recherche*, peuvent se reproduire spontanément. Quelquefois un brassin, sur lequel on était en droit de fonder les plus belles espérances, se couvre de taches blanchâtres; c'est le *faux levain*, c'est *la fermentation sauvage* qui se déclare; la bière est perdue, si l'on ne se hâte d'y porter remède, et quel que soit le remède, le brassin est perdu, la bière n'acquiert jamais les qualités demandées, la réputation du brasseur est compromise !

On a imaginé des ventilateurs; mais ces ventilateurs, qui réussissent quelquefois dans des brasseries

parfaitement aérées, ne réussissent pas dans les brasseries d'une disposition vicieuse, parce qu'alors l'air chassé par le ventilateur étant chargé d'une quantité considérable de germes fermentescibles à l'état miasmatique, vient favoriser la fermentation sauvage. Dans ce cas, on peut dire que le remède est pire que le mal ; il vaut encore mieux laisser la bière en repos que de l'agiter au moyen d'un air miasmatique.

BAC MODERNE.

Les brasseurs modernes, s'appuyant sur le principe physique de la conductibilité du calorique par les métaux, ont pensé que les bacs en bois n'étant pas susceptibles de conduire la chaleur, refroidissaient la bière plus lentement que les bacs métalliques ; mais c'est ici une question fort peu importante ; les bacs métalliques se mettent bientôt en équilibre de calorique, avec la bière bouillante, et la cause du refroidissement plus prompt n'existe plus que dans l'échauffement de la couche d'air atmosphérique en contact avec la surface du métal. Or, comme l'air est peu conducteur du calorique, l'air s'échauffe difficilement, il n'y a que les molécules en contact qui s'échauffent, celles qui suivent ne reçoivent qu'une faible influence de la chaleur ; conséquemment, le refroidissement est d'une lenteur désespérante, et l'affreux malheur du levain sauvage n'est pas plus évité par les bacs métalliques que par les bacs en bois.

RÉFRIGÉRANT ARTIFICIEL.

Dans cette désolante alternative, plusieurs inventeurs ont imaginé de refroidir la bière par l'eau, parce que, si l'air n'est point conducteur du calorique, l'eau, au contraire, en est très-conductrice.

Nous ne décrirons pas les mille appareils qui ont été inventés d'après ce principe ; nous dirons seulement que pas un seul n'a réussi complétement ; pourquoi ?

Parce que tous les inventeurs qui ont adopté ce système mettent la bière bouillante en contact avec l'eau froide. La bière est saisie, il en résulte un nouvel arrangement moléculaire, qui, se faisant d'une manière instantanée, désagrége les parties constituantes les plus généreuses du liquide, et l'on n'obtient plus que de la bière qui a perdu son moelleux et sa saveur : « C'est de la bière tuée, disent les garçons brasseurs. » Que l'eau froide soit projetée sur des vases contenant la bière bouillante, ou que la bière bouillante soit introduite dans des masses d'eau froide, si ce système ne tue pas la bière sur le coup, il la blesse plus ou moins mortellement, et les brasseurs se sont vus dans l'obligation de rejeter tous ces systèmes, ou, du moins, de ne les employer que dans les jours d'extrêmes chaleurs.

En présence de tous ces insuccès, il y avait certainement une grande hardiesse, un grand courage, à tenter la combinaison d'un nouveau réfrigérant, et ce n'est qu'à l'aide d'une science bien approfondie de la question, que M. Baudelot, habile brasseur d'Haraucourt

(Ardennes), a pu conserver l'espoir d'une réussite.

Cette réussite cependant n'était point douteuse, et, pour s'en convaincre, il ne fallait point attendre que l'expérience eût parlé. L'analyse scientifique suffit pour démontrer que M. Baudelot avait parfaitement étudié les causes d'insuccès, et les avait entièrement détournées par la combinaison de son nouvel appareil.

Ainsi, les brasseurs n'ont que deux moyens de refroidir leurs bières :

1° La vaporisation spontanée ;
2° Le refroidissement par contact.

REFROIDISSEMENT PAR VAPORISATION.

Quatre défauts existent dans ce mode, qui est le plus ancien et le plus usité :

1° Pertes inutiles d'une certaine quantité de moût ;
2° Pertes de lupuline et favorisation de la fermentation sauvage ;
3° Élimination des parties clarifiantes ;
4° Enfin, ventilation, qui, par certain courant d'air, change entièrement la nature du moût.

1° Pertes du moût.

Le refroidissement par vaporisation ne s'opère que par la production de la vapeur ; un hectolitre de moût contient 100 calories, les 100 calories se combinent avec une certaine quantité de bière, pour former de la vapeur ; certainement, si on met la main dans la bière bouillante, bien qu'elle ne contienne que 100 calories, la peau est désorganisée et l'on se brûle.

On ne se brûle pas en mettant la main et la figure en contact avec la vapeur qui s'échappe des bacs ; cependant cette vapeur contient beaucoup plus de calories, beaucoup plus de chaleur que la bière bouillante ; il faut 543 calories en plus de la chaleur de l'eau bouillante pour réduire un kilogramme d'eau en vapeur ; or, chaque litre de bière, perdu en vapeur, refroidit 643 litres de bière à 0 degré. On voit que dans l'ancien système on peut refroidir la bière, mais qu'infailliblement on la refroidit en perdant de la quantité, puisqu'il faut perdre un litre de bière pour en refroidir 643 litres à 0 degré.

Cette proposition est mathématiquement exacte dans les bacs en bois fort peu aérés ; on perd moins de bière quand les bacs sont très-aérés et qu'il faut un vent froid ; on perd encore moins de bière, quand les bacs sont en métal, et on perd toujours moins de bière quand on ventile.

Mais que d'emplacement il faut employer pour ce système ! Toute la surface de la brasserie est encombrée par les bacs ; les cours sont couvertes de bacs, quand on veut perdre moins de bière au moyen du refroidissement par l'air. Tout cela demande beaucoup de dépenses, beaucoup de réparations et beaucoup de travail pour entretenir une propreté sinon parfaite, car cela serait impossible, du moins passable.

Tous ces inconvénients sont énormes, mais à la perte par la vapeur, perte que nous venons d'indiquer, il

faut encore ajouter la perte beaucoup plus sensible par le mouillement des bacs, par la porosité du bois, et enfin par toutes autres causes analogues, qui retiennent les sucs les plus généreux de la bière et constituent une perte très-regrettable.

2° Pertes de lupuline.

Le moût de bière, en sortant de la chaudière, contient deux espèces de substances vaporisables en dehors de l'eau :

1° Une substance narcotico-âcre non assimilable avec la matière gommo-sucrée de la bière entretenue mécaniquement par les parties azotées;

2° Par la division des molécules de la substance bouillante, la substance âcre et narcotique du houblon se vaporise entraînant avec elle une partie des substances de la série formique, contenue dans l'épisperme de la graine et entraînée par la seconde trempe.

Si les vaporisations se font dans des conditions rationnelles, ces seules parties se vaporisent avec l'eau, et la bière se concentre sans accident; mais si un coup d'air oblique ou vertical contenant des parties miasmatiques vient frapper le liquide, le glucose combiné avec l'arome aromatique du houblon se désassocie. Le glucose éprouve une fermentation *muco-lactique*. L'arome amer du houblon, cet arome analogue aux huiles essentielles aromatiques, qui est le principe virtuel de la stabilité du moût, se vaporise; le moût passe à l'état de combinaison instable; la fermentation *muco-lactique* prend le dessus, et c'est alors que le phénomène, appelé *levain sauvage* par les brasseurs, apparaît; la bière est gâtée, elle a perdu son principe moelleux, aromatique, son principe conservateur, et si l'accident n'est pas toujours apparent sur les bacs, il se développe quelquefois dans la cuve guilloire, où la fermentation, au lieu d'avoir une odeur franchement alcoolique et piquante, prend une odeur excrémentielle; ce sont là des malheurs assez rares, il est vrai, mais encore beaucoup trop communs, et si la perturbation n'est pas toujours portée à cet état extrême, elle existe en partie et si peu qu'elle existe, elle fait le désespoir du brasseur.

3° Eliminations des parties clarifiantes.

C'est une très-grande erreur, en brasserie, de croire que le parfait dépouillement de la bière sur les bacs est un pronostic de bonne clarification.

Un simple raisonnement va prouver l'immensité de cette erreur.

Pourquoi la bière reste-t-elle louche et n'arrive-t-elle pas toujours à un *nif* parfait?

C'est parce que les parties hétérogènes en suspension dans la bière sont trop légères pour pouvoir se précipiter.

Si, au contraire, au lieu de ne laisser dans la bière que des parties hétérogènes en suspension, égales à la densité de la bière, on y laissait en suspension des substances plus lourdes, qui sont toujours d'une nature albumineuse, en se précipitant au fond du tonneau, entraînent avec elles les parties qui sont plus légères, et la bière, après sa clarification, est d'une transparence beaucoup plus parfaite et arrive, grâce aux parties albumineuses, au *nif* des brasseurs, à cette limpidité qui donne le désir de se désaltérer avec une boisson si pure.

4° Ventilation.

La ventilation est indispensable; donc tous les auteurs qui refroidissent la bière sans le contact de l'air, sont des insensés qui apportent une perturbation plus ou moins grande dans les opérations de la brasserie.

En effet, la bière bouillante ne contient pas d'air, tous les gaz s'échappent de l'eau en ébullition, et l'eau chaude, qui n'est point édulcorée par le sucre, est une boisson lourde et indigeste, tellement indigeste qu'elle provoque le vomissement. Ce fait était connu de toute antiquité, bien avant que la science en eût découvert la cause. C'est le moyen qui a été employé par Ésope pour se justifier d'une accusation infâme (1).

Liébig a prouvé que la levûre pouvait exister sans la présence des animalcules; mais la pratique démontre que si ces animalcules ne divisaient point les pories de la levûre, le levain resterait en souffrance et ne tarderait point à prendre un caractère lactique.

Il faut donc que le brasseur favorise le développement et l'existence des animalcules; pour cela, il ne faut pas mettre ces animaux en présence d'une bière capable de leur donner des nausées et des vomissements. Plus la bière est aérée et oxygénée, plus le levain se conduit sans tumulte, plus il se conduit régulièrement; la condition *sine qua non* d'un très-bon levain consiste dans l'aérage ou l'oxygénation de la bière.

Démontrons maintenant les avantages du nouveau réfrigérant Baudelot. A l'aide de cet appareil la bière passe dans un organe qui a la propriété de retenir les feuilles et les cônes du houblon; elle passe ensuite dans un autre appareil qui retient les semences du houblon et autres impuretés.

L'appareil laisse passer les parties albumineuses en suspension, en quantité suffisante pour faciliter la clarification de la bière, mais en quantité assez faible pour ne point attaquer la stabilité du moût.

En sortant de cet organe, la bière est mise en contact avec l'air atmosphérique, en filet extrêmement

(1) Ésope, le fabuliste immortel, le premier Vatel de l'antiquité, était muet; on l'avait accusé d'avoir mangé des figues fraîches; des esclaves avaient commis ce larcin. Ésope, ne pouvant se justifier par la parole, fit apporter de l'eau tiède; il en but, il en fit boire aux esclaves; l'eau tiède fit vomir tout le monde, et comme le fabuliste Ésope était aussi un honnête homme, quoique cuisinier, il démontra son innocence en prouvant qu'il n'avait point mangé de figues, tandis qu'il fut bien démontré que les esclaves étaient seuls coupables, puisqu'ils s'en étaient gorgés outre mesure.

divisé, pendant l'espace de trois ou quatre secondes; les vapeurs narcotico-âcres se dégagent, et comme la vaporisation n'a lieu que pendant trois secondes, il n'y a que les parties non combinées avec le moût qui s'échappent; l'essence aromatique amère, l'essence préservatrice de la décomposition de la bière reste combinée avec le glucose amylacé et avec le glucose hordéique.

La bière, en sortant de l'appareil qui retient les graines du houblon, a déjà perdu 10 à 15 degrés; elle n'a donc plus que 85 degrés centigrades; on la fait tomber sur une surface, portée par de l'eau chaude à 75 degrés centigrades.

La différence de 10 degrés, qui existe entre le moût sortant de la chaudière, et le moût qui tombe sur le premier récepteur, est incapable de désassocier les parties constituantes du moût; conséquemment la bière n'est pas tuée.

Ce moût conserve tout son arome et tout son velouté, et comme il reste fort peu de temps sur ce premier récepteur, il n'a perdu que 3 degrés de sa chaleur primitive.

Le moût passe ensuite sur un second récepteur; mais il n'a pas quitté le contact de l'air, et il se divise en filets bien réguliers, pour passer du premier récepteur sur le second, où il perd encore 3 à 4 degrés.

L'avantage de ces dispositions, c'est que si le moût se refroidit graduellement, sans perturbation dans sa stabilité, il s'aère aussi graduellement. L'oxygène de l'air s'assimilant par degrés à la nature du moût, n'opère aucune décomposition et laisse, malgré son action bienfaisante et active, toute l'homogénéité du composé; c'est là une circonstance précieuse, parce que, arrivée au 17e récepteur, la bière est refroidie à point et se trouve saturée d'air vital; on peut l'envoyer en toute confiance dans la cuve guilloire; les animalcules de la levure ne sont point étouffés, ils se délectent à plaisir de l'excellent sucre d'orge, et ils ne sont point obligés d'employer tous les ressorts de la force vitale pour opérer la transformation merveilleuse du sucre en acide carbonique.

Il y a plus, c'est que, comme ils n'ont plus d'air vital, ils décomposent moins de sucre, ils ne sont point obligés d'attaquer la dextrine, et la bière est beaucoup plus riche en substance moelleuse, beaucoup plus veloutée à la bouche et beaucoup plus aromatique au palais.

La fermentation haute est beaucoup moins tumultueuse, elle se rapproche des caractères de la fermentation basse. Si on veut faire fermenter par le haut, le nombre de 17 récepteurs est suffisant pour les petites brasseries; si, au contraire, on veut faire fermenter par le bas, à la mode de Bavière, il suffit d'augmenter le nombre des récepteurs et de charger ces récepteurs avec de l'eau de puits bien fraîche.

La nature de l'eau de puits est insignifiante; l'eau la plus chargée de matières étrangères est aussi bonne que l'eau la plus pure; on peut même dire qu'elle est préférable, puisqu'elle est plus conductrice du calorique.

Les récepteurs sont faciles à nettoyer, et les dépôts pourraient être enlevés à chaque brassin sans un long travail.

On peut ajouter, comme conséquence extrêmement favorable à la brasserie, que de l'eau, qui serait impropre à la fabrication de la bière, acquiert les propriétés indispensables à cette fabrication, quand, après avoir été introduite froide dans le premier récepteur, elle sort à 75 degrés centigrades de chaleur du dernier.

Elle peut même directement, dans les brasseries à travail continu, servir à jeter les trempes d'un nouveau brassin, en utilisant avec avantage la chaleur perdue du brassin précédent.

Nous résumons donc ainsi les avantages du réfrigérant éminemment rationnel de M. Baudelot, en rappelant les questions posées dans le refroidissement par vaporisation :

1° Conservation d'une grande partie de la bière, puisqu'il y a à peine un centième du liquide vaporisé au lieu d'un septième;

2° Conservation de la lupuline et de l'arome amer, puisqu'il n'y a que l'huile essentielle âcre qui se vaporise;

3° Conservation des parties clarifiantes, puisque la bière n'a pas le temps de déposer les derniers atomes albumineux;

4° Enfin, ventilation régulière et assimilation proportionnelle et graduelle de l'oxygène de l'air en trois ou quatre secondes, ce qui empêche les ferments miasmatiques de produire leurs effets, lesquels ferments sont d'ailleurs sans action, puisque l'arome est préservateur et conserve.

CHATELAIN, ingénieur-chimiste.

RÈGLE A CALCUL (mathématiques). — Instrument en bois ou en métal qui, comme son nom l'indique, sert à faire des calculs arithmétiques. Cette règle est fondée sur la propriété des logarithmes; savoir, qu'on peut remplacer la multiplication par une addition et la division par une soustraction. La règle à calcul est, en conséquence, une reproduction graphique des tables de logarithmes.

On en a établi de plusieurs mètres de longueur; mais celle qui est le plus en usage a 250 millimètres, sur une largeur de 25 à 30 millimètres : elle a, dans toute sa longueur, une rainure de 10 millimètres dans laquelle se trouve une pièce nommée *tiroir*, établie de manière à glisser par un frottement doux, tout le long de la rainure, en la poussant à gauche ou à droite, au moyen d'un bouton fixé à une extrémité. Le côté de la règle où sont la rainure et le tiroir s'appelle face antérieure; le côté opposé est la face postérieure : sur celle-ci on imprime soit des échelles ordinaires pour le dessin des plans, soit de petits tableaux particuliers donnant certains coefficients numériques, soit la valeur de diverses mesures anciennes ou étrangères, comme

Pied français	0,3248
Pied anglais	0,3048
Aune de Paris	1,1890
Pied carré	0,1055
Pouce cube	0,0198

Chopine.......... .. 0,0465
Gallon anglais....... 4,5435
Velte.............. 7,0450

La face antérieure porte les quatre échelles A B C D disposées comme dans la figure ci-dessous, qui ne représente que la moitié gauche de la règle.

L'échelle A, au-dessus de la rainure présente deux fois la série des chiffres 1 à 10, attendu que la partie de droite de la règle, qui n'est pas figurée, est tout à fait semblable à la partie gauche : l'intervalle entre chaque chiffre et le commencement de l'échelle est proportionné au logarithme de ce chiffre, relativement à l'étendue de l'échelle : il est donc

Pour 1.... 00.00
     2.... 37.63
     3.... 59.64
     4.... 75.25
     5.... 87.37
     6.... 97.27
     7.... 105.64
     8.... 112.88
     9.... 119.28
    10.... 125.00
     2.... 162.63
     3.... 184.64
     4.... 200.25
     5.... 212.37
     6.... 222.27
     7.... 230.64
     8.... 237.88
     9.... 244.28
    10.... 250.00

Les intervalles des chiffres sont subdivisés tant à gauche qu'à droite de la règle, par de petits traits, savoir : entre 1 et 2, en 50 parties ; entre 2 et 3, 3 et 4, 4 et 5, en 20 parties ; entre chacun des autres chiffres, en 10 parties, et toutes ces parties sont proportionnelles aux autres divisions, ou, ce qui revient au même, aux logarithmes.

Les échelles B et C sont marquées sur le tiroir et tout à fait pareilles à l'échelle A.

L'échelle D, au-dessous de la rainure, est divisée de la même manière que celles qui viennent d'être décrites ; mais pour une longueur double, de sorte que les intervalles sont :

Entre 1 et 2 de 75ᵐ26
      1 et 3 .. 119.28
      1 et 4 .. 150.50
      1 et 5 .. 174.74
      1 et 6 .. 194.54

Entre 1 et 7 de 211.28
      1 et 8 .. 225.76
      1 et 9 .. 238.56
      1 et 10 .. 250.00

Entre 1 et 2 il se trouve des chiffres plus petits qui marquent les dixièmes et l'intervalle de ces petits chiffres est encore partagé en dix parties, ce qui fait cent parties entre 1 et 2. Les espaces compris entre 2 et 3, 3 et 4 sont subdivisés en 50 parties, et les autres en 20.

Le revers du tiroir porte trois autres échelles ; une construite dans la proportion des logarithmes des sinus, une autre dans la proportion des logarithmes des tangentes ; la dernière est une division de la règle en cinq cents parties égales, d'un demi-millimètre chacune, la graduation est écrite de droite à gauche, de 0 à 1000, comme si elle était partagée en quarts de millimètre.

Lecture des échelles. Il a été dit, pour les échelles A, B, C, que l'intervalle compris entre les chiffres 1 et 2 est divisé en 50 parties ; donc 5 de ces parties font un dixième et une partie vaut 2 centièmes. De 2 à 5, chaque espace est partagé en 20, de sorte que 2 divisions font un dixième, une division forme un demi-dixième ou 5 centièmes. Entre 5 et 10, les traits sont marqués par dixièmes ; dans la partie droite de ces échelles, les chiffres 2 à 10 ont une valeur décuple, ainsi le 2 doit se comprendre 20, le 3, 30 et ainsi de suite. Pour trouver le nombre 275, par exemple, on cherche le 2 dans la 1ʳᵉ moitié de l'échelle, on suit à droite, en comptant sept dizaines et, pour le 5 on comprend le trait qui suit. Pour lire le nombre 1865, on prend pour 1 mille le premier chiffre au commencement ou au milieu de la règle, on cherche ensuite, pour le 8, la huitième division secondaire, puis, pour le 6, on compte trois des autres divisions intermédiaires, et, pour le 5, on divise à vue l'intervalle entre cette division et la suivante en quatre parties égales, on ajoute une de ces parties ; la longueur ainsi obtenue correspond au nombre 1865.

L'échelle D étant double de l'échelle C, un chiffre quelconque de l'échelle D correspond à son carré sur l'échelle C : réciproquement, un chiffre de cette dernière se trouve exactement au-dessus de sa racine dans l'échelle D.

Usages de la règle à calculs. Pour avoir le produit de deux nombres, il faut, en faisant glisser le tiroir à droite, placer le chiffre 1 de l'échelle B sous le multiplicande, dans l'échelle A; le produit se trouve sur cette dernière, au-dessus du multiplicateur pris dans l'échelle B. Exemple: Multiplier 3,2 par 17,8. En plaçant le chiffre 1 de B sous 3,2 de A, on voit, dans celle-ci, au-dessus de 17,8 de B, le nombre 57. C'est le produit cherché : produit juste à 0,04 près : il est clair que si 17,8 était pris pour multiplicande et 3,2 pour multiplicateur, on obtiendrait le même résultat.

Pour connaître la valeur des chiffres du produit, il faut savoir combien il doit en avoir : on s'en assure en multipliant le premier chiffre de gauche du multiplicande par le 1er chiffre de gauche du multiplicateur : si ce produit d'essai contient 2 chiffres, le produit cherché en a autant que les deux facteurs ensemble : si ce produit d'essai n'a qu'un chiffre, celui-ci, comparé au 1er chiffre de gauche du produit sur la règle, peut être :

1° Plus grand,

2° Égal,

3° Plus petit;

S'il est plus grand : le produit a autant de chiffres que les deux facteurs réunis;

S'il est égal ou plus petit : le produit a un chiffre de moins que les deux facteurs.

On trouve encore le nombre des chiffres du produit en prenant les deux facteurs dans la partie gauche des échelles; si le produit est du même côté, il a un chiffre de moins que les facteurs; s'il est à droite, ce produit a autant de chiffres qu'il y en a dans les deux facteurs.

Quand les facteurs ont des décimales, on opère comme s'il s'agissait de nombres entiers, sauf à en compter dans le produit autant qu'il y en a dans les deux facteurs.

Exemple : multiplier 0,0045 par 0,076 : 45 étant pris à gauche dans l'échelle A et 76 à gauche dans l'échelle B ; le produit, qui se trouve à droite, doit avoir 4 chiffres, c'est donc 3420 ; mais comme les facteurs en ont 7 en tout, le produit réel est 0,0003420.

Pour la division, il faut placer le diviseur pris sur l'échelle B au-dessous du dividende pris sur A; le nombre qui, sur A, correspond au chiffre 1 de B est le quotient. Exemple : Diviser 1285 par 15. En amenant 15 de B sous 1285 de A (à droite) on trouve, au-dessus de 1 de B, 85,66, c'est le quotient. On peut encore effectuer la division en retournant le tiroir et en plaçant le chiffre 1 de C (qui occupe alors la place de B) sous le dividende : le quotient est au-dessus du diviseur. Cette manière d'opérer est commode quand on a un nombre à diviser par plusieurs autres, parce qu'on n'a pas besoin de déplacer le tiroir.

Le nombre des chiffres du quotient, quand il est entier, se trouve en retranchant le nombre des chiffres du diviseur du nombre des chiffres du dividende; le reste plus 1 indique le nombre des chiffres du quotient. Pour les nombres décimaux, on opère de même en ayant soin de mettre autant de chiffres décimaux à chaque terme. Dans le cas où le dividende est plus petit que le diviseur, on ajoute au premier assez de zéros pour qu'il puisse être divisé ; le nombre des zéros ainsi ajoutés indique le rang du premier chiffre significatif. Quand on a des nombres décimaux, on rend le nombre des chiffres fractionnaires égal et l'on opère comme pour des nombres entiers, en faisant abstraction de la virgule.

Le carré d'un nombre se trouve dans l'échelle C, au-dessus de la racine prise sur l'échelle D, lorsque les chiffres 1 de chacune de ces échelles sont vis-à-vis l'un de l'autre. Dans la même position, il est clair que la racine carrée est, sur l'échelle D, au-dessous du carré pris sur l'échelle C : il faut toutefois remarquer que si la quantité dont on cherche la racine a un nombre de chiffres impair, il faut la prendre sur C, à gauche, tandis que si le nombre des chiffres est pair, on doit lire à droite. Les fractions décimales se prennent également à gauche quand le premier chiffre significatif est précédé d'un nombre impair de zéros, et à droite dans le cas contraire. Exemple 1er; Trouver la racine carré de 12718; réponse 112,15. Exemple 2e : Trouver la racine carrée de 127180. Réponse 356. Exemple 3e. Trouver la racine carrée de 0,00075. Réponse 0,02738.

Pour trouver le cube d'un nombre, il faut amener le chiffre 1 du tiroir au-dessus de ce nombre pris sur D ; le cube se trouve sur A au-dessus du nombre proposé pris sur B. Exemple : Trouver le cube de 245. Réponse 14710000 au lieu de 14706125. La racine cubique se trouve par une opération inverse : on l'obtient en lisant le cube sur A, en amenant au-dessous un chiffre du tiroir, sur B, qui soit le même que celui de D en correspondance avec le chiffre 1 de C. Si le nombre des chiffres est dans la progression arithmétique 1, 4, 7, 10, on le cherche à gauche de A ; s'il est dans la progression 2, 5, 8, on le cherche à droite de A ; dans ces deux circonstances, la racine est sous le premier 1 de C. Quand il est dans la progression 3,6,9... on cherche à droite de A et la racine est sous le second 1 de C. Pour les fractions décimales, on cherche à droite quand le premier chiffre significatif est le 1er, le 4e, le 7e après la virgule, et on se sert du second 1 de C ; on cherche encore à droite en se servant du premier 1 de C quand le 1er chiffre significatif est le 2e, le 5e ou le 8e après la virgule ; enfin on cherche à gauche de A en prenant le 1er 1 de C quand le chiffre est le 3e, le 6e, etc. Un nombre entier a autant de chiffres à sa racine que de tranches de trois chiffres, en allant de droite à gauche ; pour une fraction décimale, le premier chiffre significatif est indiqué par la tranche qui contient le 1er chiffre significatif dans la puissance, partagée en tranches de trois chiffres, en allant de gauche à droite.

Pour avoir le 4e terme d'une proportion géométrique, il faut mettre le 3e terme pris sur B au-dessous du 1er terme pris sur A, le 4e terme se trouvera sur B au-dessous du 2e terme pris sur A.

Ces exemples feront comprendre les autres applications qui peuvent être faites de la règle à calcul : cet instrument, dont l'invention remonte à l'année 1624, n'est un peu répandu que depuis que le gou-

vernement en a compris la connaissance et le manie-
ment dans les programmes d'admission aux écoles
des services publics.   GOSSART

S

SAIGNÉE (CONSIDÉRATIONS SUR LA) par *Hufeland*. — La médecine possède trois moyens qui pri-
ment tous les autres ; ce sont les *saignées*, les *vomitifs*
et l'*opium*.

Ces moyens représentent en quelque sorte les trois
méthodes fondamentales de la thérapeutique, l'*antiphlogistique*, la *gastrique* et l'*excitante*, et simultanément les trois systèmes fondamentaux de l'organisme,
savoir : la saignée, le système de l'irritabilité ; les vomitifs, celui de la nutrition, et l'opium, celui de la
sensibilité. Ils pénètrent jusque dans les replis de la
vie elle-même, et sont, de tous les médicaments connus, ceux qui exercent l'action la plus décisive et la
plus rapide. Ces moyens, réellement héroïques, peuvent donner la vie et la mort ; ils décident le combat
dans l'instant critique, et c'est surtout le talent de les
appliquer qui fonde les succès et la réputation du praticien. Chacun d'eux jouit d'une existence à part, et
ne saurait être remplacé par rien.

Celui qui sait employer à propos ces trois grands
moyens est passé maître dans l'art de guérir ; et c'est
à l'habileté avec laquelle il les manie qu'on reconnaît
sa capacité pratique. Mais fort souvent on ne s'attache
qu'à un seul d'entre eux. Tel médecin a fait une profonde étude des vomitifs, et juge parfaitement les cas
dans lesquels ils conviennent, mais ne sait tirer aucun
parti de la saignée. Tel autre connaît à fond les avantages de la saignée, mais ignore l'art de placer à propos les vomitifs et l'opium.

Nous avons vu s'écouler sous nos yeux des périodes
entières pendant tout le cours desquelles ce phénomène avait pris une extension générale, à tel point
que l'un ou l'autre des trois moyens régnait d'une
manière exclusive. Rigoureusement parlant même, il
y a toujours eu domination de l'un d'entre eux, et
l'on pourrait admettre, en médecine comme en politique, une succession de monarchies caractérisées par
celui qui était en possession de régenter la généralité
des esprits (1).

Il y a cinquante ans, la saignée régnait d'une manière à peu près absolue ; puis vint l'empire des vomitifs, qui dura longtemps, et fit place à celui de l'o-

(1) Je n'entends point par-là reprocher aux praticiens de
céder aux caprices de la mode. Ces changements de sceptre
ont été, sans contredit, l'effet des constitutions dominantes.
Mais, à cet impérieux motif se mêle fort souvent une prédilection contre laquelle ne se mettent point en garde les
médecins qui ne prennent point leur propre jugement pour
unique guide. On ne saurait trop méditer le magnifique
Traité *De novæ febris ingressu* de Sydenham, dans lequel
ce grand homme nous apprend lui-même comment il fut
contraint par la nature et par un changement survenu dans
le caractère des maladies, d'abandonner la méthode qu'il
avait suivie jusqu'alors, et d'en adopter une autre.

pium ; aujourd'hui la saignée commence à remonter
sur le trône.

Cependant, ce sont là trois moyens dont la nature
diffère totalement, qui s'appliquent à des séries de
cas spéciaux, qui ne sauraient se remplacer mutuellement, et qui peuvent même compromettre les jours
du malade quand on les substitue l'un à l'autre.

Il me paraît donc utile de soumettre ces grands
agents thérapeutiques à un examen approfondi, d'en
faire ressortir la haute valeur, mais en même temps
de déterminer les bornes de leur empire, d'assigner à
chacun la place qui lui revient, et surtout d'indiquer
les cas dans lesquels on méconnaît leur puissance, on
en abuse, ou on la néglige, faute de la savoir généralement apprécier.

> La vie de l'homme est dans son sang.
>   MOÏSE.

La saignée a incontestablement le pas sur tous les
autres moyens thérapeutiques, en ce sens qu'elle est
le seul à l'aide duquel nous puissions soustraire une
partie de la vie elle-même et diminuer la somme de la
vitalité, en attaquant celle-ci à sa source. Car personne
aujourd'hui n'élève de doutes à l'égard de la proposition contre laquelle se soulevèrent tant de contradicteurs quand je l'émis, il y a vingt-cinq ans, que le
sang est animé, qu'il ne joue pas seulement le rôle
de stimulus, et qu'il fait partie constituante de la vie
elle-même, qu'il est un organe sous forme liquide.

Oui, je crois ce que nous enseigne l'Écriture, que
la vie de l'homme est dans son sang. Le sang est la
source d'où émane tout ce qui vit, le siège de la force
plastique et créatrice dont l'action ne demeure pas un
seul instant suspendue dans l'économie vivante. Sans
liquide, point de vie ; tout ce qui vit procède du liquide, et il en est ainsi pendant la durée entière de
la vie, qui n'est autre chose qu'une répétition continuelle de l'acte créateur. Sans le sang, point de
vie des nerfs, ni du cerveau, quoique les nerfs ne
soient point indispensables à la vie du cœur et du
sang.

L'affaiblissement de la vie est donc l'*effet premier et
fondamental* de la soustraction du sang. Voilà pourquoi la saignée est et sera toujours le plus puissant
des moyens dans toutes les maladies où la vie du
sang devient surabondante, dans celles qu'on nomme
inflammatoires. Une saignée faite à temps peut, au
début d'une maladie fébrile, détruire entièrement
la tendance à l'inflammation ; pratiquée ou répétée
dans le cours d'une maladie inflammatoire, générale
ou locale, déjà développée, elle peut en trancher le
cours et sauver les jours du malade.

La saignée produit un *second effet*, non moins important ; elle *relâche la fibre*, et ainsi *fait cesser le
spasme et la contraction de cette fibre* : par là elle peut
devenir ainsi un moyen héroïque dans des maladies
qui ne sont point précisément des inflammations,
mais avec lesquelles coexiste une disposition inflammatoire, dans des affections nerveuses, spasmes, convulsions et fièvres nerveuses, dans des suppressions
d'évacuations dépendantes d'une réaction spasmodi-

que ; elle peut même faciliter l'établissement de la crise, de l'éruption dans les exanthèmes.

C'est surtout de la quantité du sang qu'on tire, et de la rapidité avec laquelle ce liquide coule, que dépendent et la dépression de la vie et le relâchement de la fibre.

La saignée a pour *troisième effet* de *diminuer la quantité du sang.* Comme la pléthore sanguine n'est point une chose imaginaire, mais un état morbide très-réel, et qu'une foule de maladies ne reconnaissent pas d'autre cause qu'une trop grande quantité de sang, la soustraction d'une partie de ce dernier peut être un puissant moyen curatif, à titre de simple déplétion, et indépendamment de tout état inflammatoire. Ce qui importe ici, ce n'est ni le lieu, ni l'époque de l'émission sanguine, mais seulement sa juste proportion.

Enfin, la saignée a un *quatrième effet*; elle *opère une révulsion.* Cet effet a une haute importance dans les congestions et affections locales. Ici c'est principalement le lieu où s'accomplit l'émission sanguine qui joue un rôle essentiel. On sait que les modernes ont élevé des doutes à l'égard de cette assertion ; mais il suffit de rappeler aux incrédules les effets de la saignée dans la pleurésie : pourquoi la saignée du pied ne produit-elle rien, non plus que celle du bras opposé, ou même aggrave-t-elle l'état, tandis que la seule qui soit utile, qui même soulage instantanément, est celle qu'on pratique sur le bras du côté malade ? Plus d'une fois aussi j'ai reconnu que la saignée du bras peut arrêter le flux menstruel et la tendance à l'avortement, au lieu que celle du pied produit l'effet inverse,

Chacun voit que la saignée est le principal remède dans les inflammations et autres maladies inflammatoires ; je n'ai donc plus besoin d'insister sur ce point. Mais ce qu'on aperçoit moins distinctement, c'est que, même hors du cas d'inflammation, dans la pléthore sanguine, dans certaines affections chroniques, elle ait une importance extraordinaire comme dérivatif et surtout comme moyen éminemment prophylactique. Mon but principal ici est de démontrer cette vérité.

Nous avons oublié la saignée dans une multitude de cas où nos pères, guidés par l'expérience, l'employaient d'une manière régulière, et avec la plus grande utilité. Cette conduite de notre part tourne assurément au détriment du genre humain.

Qu'il me soit permis, à titre d'exemple, de hasarder ici une conjecture. Tout me porte à croire qu'à part l'influence morale des événements politiques, la fréquence croissante des maladies du cœur, depuis une trentaine d'années, se rattache principalement au faux système qui a régné pendant cette période, et qui faisait négliger la saignée : car toutes les autres causes physiques et morales existaient également autrefois ; leur action n'a pas été moins vive et moins prolongée dans la guerre de sept ans, dans celle de trente ans, et cependant les maladies du cœur n'étaient point alors si communes qu'elles le sont aujourd'hui. Mais la cause que j'assigne est nouvelle, et bien propre à faire apprécier toute l'importance de l'action

qu'exercent ces causes. Autrefois, en effet, l'usage était, après toute commotion violente, physique ou morale, après une vive explosion des passions, après l'échauffement, dans le cas de pléthore, générale ou locale, en un mot toutes les fois qu'il y avait excitation quelconque du sang et raptus de ce liquide vers le centre circulatoire, de pratiquer aussitôt une saignée prophylactique, afin de prévenir toute conséquence, et pour détourner le sang du cœur. Malheureusement cette conduite n'a point été tenue durant les trente dernières années. Egarés par une fausse théorie, les médecins non-seulement rejetaient la saignée de précaution dans tous ces cas, mais même prescrivaient fort souvent du vin, du rhum, ou des médicaments échauffants, dans la supposition erronée que les violentes commotions du corps et de l'âme entraînent après elles la faiblesse. Ne devait-il pas résulter de ce péché d'omission que le sang, n'éprouvant jamais de diminution ni dans sa quantité, ni dans son impétuosité, son raptus vers le cœur, quand il se répétait souvent ou se prolongeait beaucoup, finît par amener des distensions, des hypertrophies et autres désorganisations de ce viscère ?

Indications de la saignée. Les cas suivants sont ceux surtout dans lesquels une longue expérience m'a démontré combien il est salutaire et indispensable de pratiquer une saignée. Ma conviction, que paraissent ne point encore partager tous les médecins, repose malheureusement sur plus d'un triste exemple des dangers qu'entraîne, au contraire, l'omission de ce grand moyen.

1° Grossesse. Nos ancêtres s'étaient fait une inviolable loi d'ouvrir la veine du bras toutes les fois qu'une femme éprouvait des accidents durant les premiers mois de la grossesse, et de saigner du pied pendant les derniers mois ; ils se trouvaient bien de suivre cet usage. Vint ensuite le règne des théories nerveuses, puis celui des doctrines de l'asthénie, et l'on n'osa plus tirer de sang ; la bonne coutume de nos pères tomba en désuétude, on l'oublia même, et l'on posa en principe qu'une femme enceinte devant être considérée comme prédisposée à l'asthénie, toute émission sanguine portait préjudice tant à elle qu'à son fruit.

J'établis, au contraire, l'axiome suivant, qui a toujours dirigé ma conduite, sans que j'aie jamais eu à m'en repentir : *toute femme enceinte doit être regardée comme un être à double vie, produisant plus de sang qu'à l'ordinaire, privé en même temps d'une hémorrhagie qui lui était habituelle, et par conséquent plus enclin à la pléthore, à la sthénie, qu'à la faiblesse.*

Il y a deux périodes de la grossesse pendant lesquelles la saignée est l'unique moyen de prévenir un grand danger.

La première est celle des second, troisième et quatrième mois, lorsqu'il survient des accidents graves, violents maux de tête et de dents, vomissements, vertiges, syncopes, toux, oppression de poitrine, ou prodromes d'avortement, coliques, maux de reins, faiblesse des extrémités inférieures, efforts poussant vers

la région utérine et vésicale. A cette époque, où le fœtus consomme encore fort peu, la suppression du flux menstruel entraîne toujours un certain degré de pléthore. Toutes les fois donc, dans les cas qui viennent d'être signalés, qu'il n'y a point de signes évidents de faiblesse et d'épuisement, je ne manque jamais de prescrire la saignée, mais au bras, car celle du pied pourrait déterminer l'avortement. C'est le plus sûr moyen de les faire cesser et de prévenir une fausse couche. Combien de fois ne m'a-t-elle pas suffi, à elle seule, pour arrêter des vomissements violents qui avaient résisté à tous les autres remèdes!

La seconde période est celle des derniers mois, peu avant la parturition, chez toute femme enceinte dont l'extérieur annonce un corps abondamment fourni de liquides, ou mieux, toutes les fois qu'on n'a pas la preuve convaincante du contraire, d'un état de faiblesse et d'épuisement. La saignée, qu'il est mieux alors de pratiquer au pied, procure des avantages de deux sortes. D'abord, elle facilite l'accouchement: bien des fois j'ai vu, même pendant le travail, quand la malheureuse femme était déjà depuis longtemps accablée par de vaines douleurs, la saignée du pied faire cesser les spasmes, comme par enchantement, et amener une délivrance facile. En second lieu, elle prévient une foule d'accidents redoutables pendant et après l'accouchement. Je range surtout ici la mort apoplectique subite ou immédiatement après le travail de la parturition, les hémorrhagies excessives et la fièvre puerpérale. Personne ne niera que l'accouchement n'ait beaucoup d'analogie avec une lésion grave: dans un cas comme dans l'autre, il y a douleur, solution de continuité de parties organiques, perte de sang, commotion morale; tous deux sont suivis d'une fièvre. Or il est de règle, pour les bons chirurgiens, de saigner avant toute opération grave, quand l'état du sujet le comporte, parce que c'est le plus sûr moyen de se garantir d'une inflammation violente, et de prévenir d'autres suites fâcheuses. L'importance de ce précepte a été démontrée récemment jusque dans l'opération de la cataracte. Pourquoi donc voudrait-on ne pas appliquer les mêmes principes à l'opération de l'enfantement, qui ressemble tant aux opérations chirurgicales?

C'est un événement des plus affreux lorsque, pendant ou immédiatement après un accouchement laborieux, une femme pleine de force et de santé périt subitement d'apoplexie, avec ou sans convulsions, quelquefois sans hémorrhagie, mais parfois aussi pendant ou après une grande perte de sang. J'ai bien plus souvent observé ce malheur chez les femmes jeunes et pléthoriques que chez les sujets affaiblis et épuisés; je l'ai vu survenir aussi quand on avait omis de saigner avant la parturition. Ce sont là autant de faits prouvant que l'apoplexie n'est point l'effet d'un défaut de force, mais bien d'une congestion cérébrale déterminée par les violents efforts auxquels se livre une personne dont les vaisseaux regorgent de sang. Je regarde la saignée pratiquée peu avant l'accouchement comme l'unique moyen de la prévenir, et je ne l'ai jamais non plus observée quand on avait eu soin de tirer du sang.

2° *Cessation des menstrues.* C'est encore là une circonstance dans laquelle la saignée peut prévenir de grands maux, et cependant on l'y néglige fort souvent. La cessation du flux menstruel n'est point, comme tant de personnes se l'imaginent, le résultat d'une faiblesse générale amenée par l'âge et d'une diminution dans la quantité du sang qui se produit; elle tient uniquement à l'extinction de la vie sexuelle, à la mort des organes de la sexualité: or le reste de l'organisme et la production du sang peuvent n'en pas moins conserver toute leur énergie; souvent même c'est seulement alors que le corps acquiert de la vigueur et de l'embonpoint, précisément parce que les pertes qu'il éprouvait chaque mois n'ont plus lieu, et bien des femmes ne commencent à jouir d'une santé florissante que quand elles cessent, à proprement parler, d'appartenir à leur sexe. Mais la pléthore qui succède à la flétrissure de l'organe sécrétoire provoque fréquemment des accidents fâcheux, et ce n'est pas sans raison qu'on appelle *âge critique* toute la période de la vie des femmes qui s'écoule jusqu'au retour de l'équilibre. Quant à cet équilibre lui-même, il ne consiste pas uniquement dans le rétablissement d'un juste rapport entre la production et les pertes, ni dans une nouvelle répartition des humeurs: il embrasse encore une distribution nouvelle des forces, même de la productivité, qui, ayant perdu l'organe dans lequel s'accomplissaient ses actes réguliers, n'a que trop de tendance à prendre désormais une direction fausse et pathologique. De là proviennent tant d'accidents qui mettent la vie en danger, et qu'on peut ramener tous à deux sources; en effet, les uns sont des congestions sanguines vers la tête, la poitrine, l'estomac et autres viscères abdominaux, des hémorrhagies, des pertes utérines, des vomissements et des crachements de sang, des affections hémorrhoïdales, des maladies nerveuses; les autres tiennent à un vice de la sécrétion, à une dégénérescence de la productivité, comme la formation des squirrhes, ou leur passage à l'état de cancer, les maladies de peau, les ulcères, la goutte, l'hydropisie.

Le seul traitement qu'on doive employer à cette époque de la vie, le seul par conséquent qui puisse prévenir les accidents qu'elle entraîne, consiste à rétablir l'équilibre, à diminuer la pléthore, à détourner le sang des parties nobles, à remplacer l'organe sécrétoire éteint par d'autres déjà existants, ou par de nouveaux qu'on établit.

Le plus sûr moyen de remplir les diverses indications est, à moins qu'un degré considérable de faiblesse n'en interdise l'emploi, de pratiquer une saignée modérée tous les six mois, même tous les trois mois chez les femmes pléthoriques et qui avaient des menstrues abondantes. S'il existe des congestions et des affections locales, on applique en outre, tous les deux mois, dix à seize ventouses, dérivation que j'ai trouvée fort avantageuse à cette époque de la vie, pour débarrasser le système capillaire, qui devient si fréquemment alors le siége de la maladie. La femme

doit suivre un régime peu substantiel, prendre de l'exercice tous les jours, et faire usage chaque mois, pendant quatre à six jours, d'un laxatif rafraîchissant, par exemple, boire le matin 200 à 520 grammes d'eau de Sedlitz. Lorsqu'il survient des affections et des congestions considérables et opiniâtres, par exemple des vertiges, une disposition à l'apoplexie, l'asthme, des maladies de peau, de goutte, on doit établir les cautères.

Quant aux émissions sanguines, on les éloigne d'autant plus qu'il s'est écoulé un laps de temps plus long depuis la cessation des menstrues et que la pléthore diminue davantage, de sorte qu'on arrive à n'en plus pratiquer au bout d'un an, parfois au bout de deux ou trois années. Cependant il y a des femmes d'une constitution tellement sanguine que, depuis le ménaupose jusqu'à l'âge le plus avancé, on est obligé de les saigner une fois tous les ans.

Je ne crains pas d'affirmer qu'en suivant ces préceptes, et surtout en pratiquant de temps en temps des émissions sanguines, on parvient souvent à prévenir les accidents les plus fâcheux de l'âge critique, même le cancer, ou du moins le passage du squirrhe au cancer, qu'il est si commun d'observer à cette époque.

3° *Disposition à la phthisie pulmonaire.* On distingue deux genres ou modifications de cette disposition, l'*atonique* et la *floride* ou *inflammatoire*.

Dans la première il y a relâchement des poumons et atonie de l'économie entière; une toux fréquente, avec expectoration muqueuse devenant de plus en plus abondante, la caractérise, et le principal moyen de prévenir la dégénérescence en véritable phthisie consiste à fortifier, à faire habituellement usage du lichen d'Islande, du quinquina et autres substances semblables. Les émissions sanguines nuiraient ici, et ne feraient qu'accélérer la transition à laquelle on veut s'opposer.

Dans la seconde, au contraire, il existe un état phlogistique des poumons, une irritation et souvent des tubercules dans ces organes, une tendance de leur part à s'enflammer, et de plus une exaltation de l'irritation du système sanguin entier, rougeur des pommettes, qui semblent avoir été peintes, chaleur fréquente aux joues et aux mains, pouls toujours irrité, fréquemment des élancements ou des douleurs dans la poitrine, avec toux brève et sèche, asthme, propensions aux saignements de nez et mouvements fébriles. En pareil cas, l'unique moyen de conserver la vie et de prévenir l'invasion de la phthisie pulmonaire est de prescrire un régime antiphlogistique, et de pratiquer de temps en temps de petites saignées. Une saignée modérée, de 200 à 250 grammes, tous les deux, trois ou quatre mois, des cautères ou mieux encore le garou aux bras, à l'intérieur le petit-lait et le lait, les sucs exprimés ou les mellites de pas-d'âne, de cerfeuil, de bourrache et de chiendent, le suc de concombre, et la digitale à petites doses, tels sont les moyens à l'aide desquels je suis souvent parvenu à faire franchir la plus dangereuse période de la vie, chez les personnes ainsi constituées, celles de seize à vingt-cinq ans. La

nature elle-même nous fournit, chez les femmes, la meilleure preuve de l'utilité des émissions sanguines en pareil cas, car personne n'ignore que la menstruation est le plus sûr moyen de prévenir longtemps le développement de la phthisie pulmonaire chez celles mêmes qui y sont le plus prédisposées, tandis que, quand les règles s'arrêtent, la maladie éclate dans toute sa force et la malade est perdue sans ressource.

4° *Disposition à l'apoplexie.* Les hommes à corps ramassé, à col court et gros, à tête d'un volume extraordinaire, en un mot ceux qui présentent les caractères de ce qu'on nomme la *constitution apoplectique*, ont une prédisposition naturelle à l'apoplexie, de sorte que quand ils parviennent à un certain âge, qu'ils dépassent quarante ou cinquante ans, ils éprouvent les prodromes de cette maladie, vertiges, sentiment de plénitude dans la tête, bourdonnements et tintements d'oreilles, propension inaccoutumée au sommeil, perte de la mémoire. Chez d'autres, cette disposition survient, sans complexion apoplectique, à certaines époques de la vie, par l'effet d'autres maladies, la goutte et les hémorroïdes surtout. L'âge peut même seul l'engendrer, chez les personnes pléthoriques, par le rétrécissement ou l'ossification des vaisseaux extérieurs, qui oblige le sang de se refouler vers l'intérieur et vers le cerveau, ce qu'on appelle *plethora ad spatium*.

Dans tous ces cas, où l'on rencontre les signes précurseurs énumérés plus haut et des indices de pléthore, je ne connais pas de moyens plus puissants, pour prévenir l'apoplexie et conserver la vie, que de fréquents purgatifs rafraîchissants (1), des cautères, et de temps en temps une saignée, faite alternativement tantôt au bras, tantôt au pied. Les époques qui conviennent le mieux pour ces saignées prophylactiques, et que la nature elle-même nous indique, sont le temps des premières neiges, au mois de novembre, parce qu'alors la constriction des vaisseaux de la périphérie, jointe à la pression atmosphérique, détermine facilement des congestions vers la tête, et celui des premières chaleurs, au mois de mai ou de juin, parce qu'en ce moment le sang éprouve une expansion qui amène aussi des congestions cérébrales.

Je connais bon nombre de personnes qui ont poussé leur carrière jusqu'à quatre-vingts ans, en se faisant ainsi saigner chaque année. L'âge lui-même est souvent la seule et unique indication de la saignée chez les sujets qui n'en avaient pas eu besoin jusqu'alors, et je ne saurais trop recommander de faire une grande attention à cette particularité. N'imitons pas

(1) Je ne saurais trop recommander un moyen que Kæmpf a proposé le premier contre les vertiges, et dont j'ai éprouvé un grand nombre de fois l'efficacité. C'est un mélange de 2 grammes de gomme de gayac et d'une égale quantité de crème de tartre, qu'on prend, le soir, avant de se coucher, plusieurs jours de suite. Je l'ai trouvé excellent, non-seulement contre le vertige, mais encore comme préservatif de l'apoplexie, chez les personnes âgées (où il contribue aussi à combattre la goutte atonique). On peut le répéter tous les mois. Quand il existe des congestions hémorroïdales, j'y ajoute 10 à 15 décigrammes de soufre.

ces médecins qui ne voient dans la vieillesse que faiblesse et nécessité de recourir aux toniques ; chez les personnes d'un tempérament sanguin, et qui digèrent bien, la sanguification continue souvent de s'accomplir d'une manière parfaite jusqu'à un âge fort avancé, et alors seulement la quantité de sang devient dangereuse, parce que le rétrécissement des vaisseaux et la diminution de la contractilité des capillaires ne permettent plus à ce liquide de se distribuer d'une manière régulière, et amènent ainsi des congestions locales, surtout au cerveau. Aussi tel qui avait pu s'en passer jusqu'alors, est-il obligé de se faire saigner tous les ans dès qu'il est arrivé à la cinquantaine ou à la soixantaine. Qu'on ne s'en laisse point imposer ici, non plus que dans l'apoplexie elle-même, par des dehors annonçant la faiblesse et l'anémie, par la pâleur et la maigreur ; ce sont là fort souvent les sujets qui ont le plus de sang, et le pouls seul fournit des indices certains, par sa plénitude, sa force ou sa dureté. Ayant été appelé auprès d'un homme de soixante et douze ans, d'une complexion grêle, que je trouvai pâle, insensible, et privé de la parole, par l'effet d'une attaque d'apoplexie, je lui fis tirer d'abord 500 grammes de sang ; cette saignée ne produisant rien, et la veine ne fournissant plus, je fis ouvrir celle de l'autre bras, qui en donna encore 440 grammes ; ce fut seulement après cette perte de 940 grammes, que le malade recouvra la connaissance, la parole, et la faculté de parler, et que son attaque d'apoplexie se dissipa d'une manière complète.

5° *Hémorrhagies.* Ici également la saignée a été beaucoup trop négligée, par suite de l'idée fausse que l'hémorrhagie dépend toujours de la faiblesse, et qu'elle remplace les émissions sanguines. On parut avoir fini par oublier que les hémorrhagies peuvent tenir aussi à la pléthore et à l'accroissement de l'activité des vaisseaux, que la perte de sang occasionnée par une saignée a des effets tout différents de ceux qui résultent du saignement lent des hémorrhagies ; et qu'enfin il vaut mieux que le sang dont le corps a besoin d'être débarrassé, coule de la veine du bras que du poumon.

L'hémoptysie surtout mérite de fixer notre attention. Le poumon, cet organe si imprégné de sang, si facile à léser, et dont les lésions sont si peu réparables, exige, à mon avis, la saignée, toutes les fois qu'il devient le siége d'une hémorrhagie, quelque peu considérable même que soit celle-ci ; je n'excepte qu'un seul cas, celui où le sang proviendrait manifestement d'une dissolution putride ou d'ulcères pulmonaires. Dans toutes les autres circonstances, on agira prudemment en pratiquant d'abord une saignée modérée, qui souvent suffira pour arrêter l'hémorrhagie, qui du moins aura l'avantage de rendre l'action d'autres moyens plus libre et plus efficace, qui, enfin, chose capitale, préviendra les suites dangereuses, l'inflammation du point saignant.

De même, dans les hémorrhagies utérines, la saignée est souvent l'unique moyen de salut, ou du moins son concours devient indispensable pour assurer le succès des autres. Je range principalement ici le cas des métrorrhagies survenant chez des femmes pléthoriques, à l'époque de la cessation du flux menstruel ; car il n'y a fréquemment d'autre ressource, pour les arrêter, que de pratiquer de temps en temps une saignée au bras.

La saignée est plus rarement nécessaire dans l'hémorrhagie hémorrhoïdale, le saignement de nez, l'hématémèse. Cependant elle peut y devenir également indiquée et salutaire, lorsqu'il y a pléthore, ou qu'il existait antérieurement un flux de sang qui a été supprimé.

6° *Commotions.* Je ne dois point omettre de signaler le cas important d'une violente secousse mécanique, par une chute ou un coup, à laquelle le corps aurait été exposé. La conséquence de cette commotion est toujours l'affaiblissement local d'un ou plusieurs organes intérieurs, d'où résultent la distension de ses vaisseaux et une accumulation de sang, ou l'épanchement de ce liquide soit dans le tissu cellulaire, soit au dehors (crachement de sang, hématurie, hémorrhagie utérine).

On voit survenir, après de violentes commotions, des inflammations du cerveau, des poumons, des reins, etc., qui ont cela de particulier qu'elles offrent la réunion du caractère actif et du caractère passif, c'est-à-dire une accumulation considérable et une stase du sang dans un système vasculaire affaibli, où la pléthore locale détermine un surcroît d'irritation, un dégagement plus abondant de chaleur, une inflammation. Rien n'est plus facile que de méconnaître le caractère intérieur de cet état, et c'est effectivement ce qui a eu lieu bien des fois. Sous le règne de l'asthénie, toutes les conséquences de la commotion, même les phénomènes inflammatoires, étaient considérées comme des symptômes de faiblesse, et traitées par des excitants seuls, sans émissions sanguines ; aussi les malades, quand ils ne périssaient pas sur-le-champ, conservaient-ils des affections viscérales chroniques, qui se terminaient fréquemment par la consomption. Le seul traitement rationel de ces inflammations *a commotione* consiste à réunir les deux méthodes réclamées par deux états pathologiques qui s'y trouvent associés, par conséquent les évacuants et les toniques. Il faut commencer par une saignée, afin de faire cesser promptement la congestion locale. Cette indication remplie, on applique le froid sur la partie malade, et l'on donne à l'intérieur, s'il existe encore de la tendance à l'inflammation, des antiphlogistiques ; dans le cas contraire, une infusion de fleurs d'arnica, qui jouit de propriétés spécifiques pour procurer la prompte résorption des stases et des extravasations auxquelles ont donné lieu les commotions.

La commotion peut aussi, au lieu de provoquer l'inflammation de la partie qui en reçoit les atteintes, y faire naître des affections chroniques. On doit toujours conclure de là qu'il y a stagnation des humeurs, soit dans l'intérieur des vaisseaux capillaires, soit hors de ce système (épanchements dans le tissu cellulaire, dans le parenchyme de la partie). L'histoire des stases et extravasations sanguines dans la substance des viscères n'a point encore été suffisamment étudiée.

A l'extérieur, nous voyons les contusions violentes entraîner des ecchymoses, qui durent des semaines, des mois, même plus longtemps, qui s'étendent d'une partie à une autre, par exemple, de l'épaule au bout des doigts, et qui finissent souvent par amener des désorganisations, des indurations, des suppurations; la même chose arrive dans les organes internes. On a fréquemment observé, après de fortes commotions, des douleurs dans les poumons, le foie, la rate, qui persistaient pendant fort longtemps, résistaient à tous les moyens, et disparaissaient enfin d'elles-mêmes après des évacuations spontanées de sang par le poumon, l'estomac ou le canal intestinal. Mais plus fréquemment les accumulations et stases locales donnent lieu peu à peu à des obstructions incurables, à des indurations, à des suppurations, ou à d'autres métamorphoses pathologiques. Le plus sûr moyen de prévenir tous ces maux, tant aigus que chroniques, est de pratiquer une saignée immédiatement après la commotion.   (*Hufeland.*)

SAISONS (hygiène). — Les anciens, d'après Hippocrate, partageaient comme nous l'année en quatre saisons, l'hiver, le printemps, l'été et l'automne. L'hiver commençait au coucher des *pléiades*, et s'étendait jusqu'à l'équinoxe du printemps; celui-ci était compris entre cet équinoxe et le lever des *pléiades*; l'été entre cette époque et le lever d'*arcturus*, et l'automne commençait au lever de cette constellation et finissait au coucher des *pléiades*. D'après des rapprochements et des calculs comparatifs, l'hiver commençait le 11 novembre et finissait le 26 mars : sa durée était par conséquent de cent trente-cinq jours. Le printemps s'étendait depuis et y compris le 27 mars jusqu'au 13 mai, et n'avait que quarante-huit jours; l'été se trouvait placé entre le 13 mai et le 13, et, suivant d'autres, le 24 septembre, ce qui équivalait à cent vingt ou cent trente jours. L'automne, de même longueur que le printemps, s'étendait du 24 septembre au 11 octobre (quarante-huit jours).

La division astronomique des saisons adoptée par les modernes est entièrement fondée sur la course inégale qu'on suppose parcourue par le soleil, de même que c'est à l'inclinaison de l'écliptique sur l'équateur qu'on attribue leur différence. D'après les astronomes, et en particulier le célèbre Delaplace, que nous prenons ici pour guide (1), lorsque, par un mouvement annuel, le soleil atteint l'équateur, il le décrit presque en vertu de son mouvement diurne, et ce grand cercle étant partagé en deux également par tous les horizons, le jour est alors égal à la nuit sur toute la terre. On a nommé par cette raison *équinoxes* les points d'intersection de l'équateur avec l'écliptique. A mesure que le soleil, en partant de l'équinoxe, s'avance dans son orbe, ses hauteurs méridiennes sur notre horizon croissent de plus en plus : l'arc visible des parallèles qu'il décrit chaque jour augmente sans cesse et fait croître la durée des jours, jusqu'à ce que le soleil parvienne à sa plus grande hauteur. A cette époque, le jour est le plus long de l'année, et

(1) Exposition du système du Monde.

comme vers le *maximun* les variations de la hauteur méridienne du soleil sont insensibles, le soleil, à ne considérer que cette hauteur dont dépend la durée du jour, paraît stationnaire ; ce qui a fait nommer solstice d'été ce point du maximum de hauteur. Le parallèle que le soleil décrit alors est le tropique d'été; cet astre redescend ensuite vers l'équateur, qu'il traverse de nouveau dans l'équinoxe d'automne; et de là il parvient à son *minimum* de hauteur ou solstice d'hiver. Le parallèle décrit alors par le soleil est le tropique d'hiver, et le jour qui lui répond est le plus petit de l'année. Parvenu à ce terme, le soleil remonte vers l'équateur et revient à l'équinoxe du printemps recommencer la même carrière.—D'après cette marche constante de l'astre du jour, le printemps se trouve être l'intervalle compris entre l'équinoxe du printemps et le solstice d'été; l'intervalle de ce solstice à l'équinoxe d'automne forme l'été; l'intervalle de l'équinoxe d'automne au solstice d'hiver constitue l'automne; enfin l'hiver s'étend du solstice d'hiver à l'équinoxe du printemps. Chacune des quatre saisons a la durée suivante :

Le printemps,	92 jours,	21 heures,	74 minutes.
L'été...........	93	13	58
L'automne....	89	16	47
L'hiver........	89	2	2

Entre les tropiques, il ne règne que deux saisons, l'hiver et l'été. A vingt-trois degrés de latitude boréale, comme à la Havane, à la Mecque, à Calcutta, à Bénarès, etc., l'on a le soleil à pic sur la tête le 21 juin : c'est l'été ou la saison des pluies. De même au tropique du capricorne, comme à Rio-Janéiro, à l'Ile-Bourbon, etc., le soleil passe au zénith le 21 décembre; l'hiver de l'un des tropiques devient l'été de l'autre. Ainsi, notre hiver est l'été de nos antipodes et notre printemps leur automne, et *vice versa*.

Plus on approche de la ligne équinoxiale, plus les étés sont chauds et moins les hivers sont intenses; il s'ensuit que dans les zones intermédiaires entre les pôles et l'équateur, il y a plusieurs saisons extrêmes (l'été et l'hiver), qui sont séparées par des saisons intermédiaires. On conçoit très-bien qu'en avançant vers le pôle où l'on reçoit obliquement les rayons du soleil, puisque cet astre ne dépasse jamais les tropiques, on éprouvera des saisons de plus en plus rigoureuses, surtout pendant l'hiver que le soleil est dans l'équateur (1). Dans l'été des régions polaires, au contraire, le soleil étant arrivé au tropique, frappe moins obliquement l'extrémité du globe et produit plus de chaleur. — Les lieux correspondants au quarante-cinquième degré de latitude australe et boréale sont ceux où les saisons sont le plus régulières. Les rivages de la Loire, de la Dorogne, du Danube, etc., correspondent à cette latitude (2). — C'est de la lon-

(1) En Sibérie, où la température s'abaisse pendant l'hiver jusqu'à soixante-dix degrés, la chaleur s'y élève en été jusqu'à quarante degrés au-dessus de zéro.

(2) Dictionnaire des Sciences médicales, art. *Saisons*, par Virey.

gueur des jours que dépend la grande chaleur qu'on ressent momentanément en été au voisinage des pôles, de même que c'est à leur brièveté qu'il faut attribuer le froid rigoureux qui désole presque continuellement ces contrées. Il en est de même, toutes choses égales d'ailleurs, sous les parallèles plus rapprochés de l'équateur. — Il est impossible que des variations de température telles que celles qui ont lieu dans les différentes saisons des zones terrestres n'aient pas une grande influence sur ceux qui les éprouvent; la différence est si grande de la chaleur qui dilate, épanouit, réchauffe et centuple la vie, à la froidure qui nous attriste, nous resserre et nous refoule en nous-mêmes, qu'on ne peut s'empêcher d'admettre cette transition comme une cause très-active de phénomènes physiologiques et pathologiques, indépendamment d'autres causes moins appréciables qui se lient au passage d'une saison à l'autre. — De la succession constante des quatre saisons, il résulte que celle qui précède a une influence quelconque sur celle qui suit : c'est de cette manière qu'on explique le froid du printemps, quoique le soleil nous lance moins obliquement ses rayons lumineux, et semblerait devoir échauffer davantage la terre, considérablement refroidie par l'hiver. Pendant l'automne, au contraire, quoique les rayons solaires deviennent plus obliques, la chaleur est plus forte qu'au printemps par suite de la continuité de la chaleur de l'été. Ces réflexions peuvent s'appliquer à l'hiver et à l'été.

La différence des saisons et les variations de température qui en sont inséparables contribuent, comme l'a remarqué Hippocrate, à produire un caractère inquiet, impatient, qui domine en effet chez les Européens, sans cesse excités par le besoin de changer de position, et d'aller à la recherche de terres lointaines et de nouvelles richesses. Au contraire, dans les contrées où règne une température uniforme, douce et favorable aux jouissances de la vie, les habitants se complaisent dans leur pays natal et s'y livrent avec délices à la vie tranquille et monotone, et souvent à une sorte de quiétude qui annonce l'insouciance et le défaut d'énergie, comme nous le verrons ailleurs. — Quoique la chaleur de chaque saison soit le principal phénomène qui modifie les êtres vivants, il faut aussi admettre l'action de quelques autres causes en quelque sorte spécifiques dont il résulte, aussi bien en santé qu'en maladie, des changements spéciaux dans la manière d'être des fonctions organiques, et dans le caractère essentiel des maladies, comme nous le verrons en traitant de chaque saison en particulier. C'est un fait reconnu et vérifié par tous les observateurs, dit M. Barbier [1], que la digestion, la respiration, la circulation, les sécrétions, en un mot, tous les actes de la vie assimilatrice, ne s'exécutent pas dans toutes les saisons avec le même rhythme, ni avec une égale activité. On a donc pu dire avec quelque raison que l'homme du printemps ne ressemble pas entièrement à celui de l'automne, de même que celui de l'été n'est

pas le même que celui de l'hiver [1]. On en peut dire autant des maladies, qui, d'après des observateurs recommandables, présentent dans chaque saison un *génie* particulier [2].

M. Barbier observe encore, d'après Barthez, que les équinoxes sont marqués par un accroissement dans la mortalité. Il semble que les individus depuis longtemps épuisés par des maladies chroniques, les vieillards valétudinaires, ne peuvent supporter la mutation qui s'opère dans l'atmosphère, et l'effet des autres causes dont il a été fait mention. — L'une des principales sources de l'influence des saisons sur la nature des maladies est la discordance qui existe fréquemment entre la température et la saison. Lorsque, par exemple, l'hiver qui devait être froid et tempéré; lorsqu'à cet hiver succède un printemps sec et froid au lieu d'être humide et chaud, il en résulte, comme l'avait déjà très-bien observé Hippocrate, des constitutions médicales particulières, différentes de ce qu'elles sont quand il y a une harmonie naturelle entre la saison et l'état de l'atmosphère. — La puissance des saisons, en santé comme en maladie, est toujours, toutes choses égales d'ailleurs, d'autant plus sensible et plus énergique qu'on s'éloigne davantage de l'équateur, et qu'on s'approche des zones où les jours sont très-inégaux, et par conséquent les températures très-variables. M. Barbier a dit, avec raison, que cette puissance était forte dans nos climats, violente vers le Nord et faible dans le Midi. — Les saisons doivent aussi être comptées au nombre des agents thérapeutiques que la nature emploie dans la guérison des diverses maladies, mais il faut convenir que le médecin ne possède en aucune manière la puissance d'en tirer le même parti, et d'en faire varier l'influence à son gré. C'est un fait d'observation assez connu et également constaté par le vieillard de Cos, qu'une saison voit presque toujours disparaître les maladies stationnaires de la saison précédente. Cela tient sans doute à ce qu'un certain ordre de causes cesse d'agir pour faire place à un autre totalement différent.

HIVER.

L'hiver astronomique ou sidéral [3] commence pour nous le 21 décembre, et finit le 20 mars. Le froid qui règne pendant une grande partie de cette saison dépend de la brièveté des jours et de l'obliquité des rayons solaires, qui nous parviennent presque toujours difficilement à travers une atmosphère brumeuse et surchargée de vapeurs condensées. La température moyenne de l'hiver doit être considérée

[1] Hygiène appliquée à la Thérapeutique.

[1] L'illustre Baillou éprouvait tous les trois mois une légère fièvre éphémère que provoquait le passage d'une saison à l'autre. (*Cons. méd.*, lib. I, caus. 48.)

[2] Sydenham , Stoll , Baillou, Huxham et Lepecq-de-la-Clôture, trop peu lus aujourd'hui.

[3] Il y a deux ordres de saisons : les unes astronomiques, réglées comme nous l'avons dit; les autres physiques, qui suivent l'état de la température, et qui sont d'un usage plus vulgaire.

comme l'un des agents qui exercent la plus grande influence sur nous pendant cette triste période de l'année; elle est pour Paris de huit degrés au-dessous de zéro, de douze ou quatorze degrés à Berlin, de vingt degrés à Pétersbourg, et 35 à 40 degrés en Laponie, etc. — Le plus grand froid n'a lieu qu'après le solstice d'hiver (du 25 décembre au 5 février), quoique à cette époque les jours commencent à croître : cela tient à ce que, dans le commencement de la saison qui nous occupe, la terre est encore échauffée par la chaleur des saisons précédentes. — Un des principaux effets de l'hiver sur les fonctions organiques est de diminuer la transpiration, d'accroître au contraire la quantité des urines et des autres excrétions de l'intérieur, d'activer les organes digestifs, qui demandent plus d'aliments qu'en été, et les digèrent plus facilement, ce qui fait que la vie nutritive et intérieure à une activité plus grande, et que les organes acquièrent momentanément plus de force. Il faut ajouter à cela un sommeil plus prolongé qu'en été, qui favorise l'exécution pleine et entière des fonctions réparatrices. Aussi l'embonpoint s'accroît-il communément dans cette saison, et le tissu cellulaire graisseux semble-t-il s'épaissir, comme pour nous défendre par son interposition contre la rigueur du froid hibernal.

Les contractions du cœur sont plus énergiques, le pouls plus plein, plus fort, mais sa vitesse moindre qu'en été, comme l'ont remarqué plusieurs observateurs, d'après Galien et Frédéric Hoffmann. Les mouvements inspiratoires sont moins précipités, il y à moins d'air inspiré dans un temps donné ; il en résulte un sang moins oxygéné, moins propre à exciter les parties dont il est le stimulant naturel ; l'état de contraction et de resserrement de la peau est peu favorable à l'absorption cutanée ; l'absorption intérieure et interstitielle au contraire se fait avec une grande énergie. — D'un autre côté, pendant l'hiver, la vie extérieure est moins expansive, le système nerveux est comme engourdi ; et nous serions presque dans l'état des animaux hivernants si nous n'étions parvenus, à l'aide des vêtements, des habitations, des feux, etc., à changer la température rigoureuse du milieu dans lequel nous vivons. Les passions, toujours en raison de l'exaltation du système nerveux, paraissent comme endormies pendant l'hiver. Les femmes nerveuses sont moins sensibles, moins portées aux plaisirs de l'amour (1). C'est à tort, il nous semble, qu'un médecin d'ailleurs si recommandable (Barbier) s'est appuyé de l'opinion d'un poëte pour avancer que l'hiver portait aux passions haineuses, et qu'il se commettait plus de crimes qu'en toute autre saison. La chaleur de l'été me paraît, au contraire, plus propre à exalter les têtes, à exciter les séditions et les vengeances populaires : les jour-

(1) On peut changer l'influence de cette saison, par rapport aux fonctions du système nerveux, par tous les moyens de la chaleur artificielle, et créer dans un salon tous les moyens d'excitement que nous offre la température la plus élevée.

nées les plus sanglantes de la révolution française (14 juillet, 10 août, 22 septembre, 10 fructidor) ont eu lieu pendant cette saison.

La diminution de la transpiration cutanée pendant l'hiver, l'impression du froid sur la surface du corps, déterminent souvent, ou au moins favorisent singulièrement les congestions intérieures, principalement sur les poumons, qui sont d'ailleurs perpétuellement irrités par la présence d'un air froid : aussi les individus d'une faible constitution, disposés aux phlegmasies, principalement à celles du thorax, du système musculaire, etc., redoutent-ils beaucoup l'influence de l'hiver, dont se trouvent fort bien au contraire les hommes forts, doués de beaucoup de résistance vitale, et qui n'ont à se plaindre d'aucune espèce d'irritation et de congestion chroniques. — La constitution médicale de l'hiver est marquée par une série particulière de maladies qu'Hippocrate avait déjà en partie désignée dans l'aphorisme 34 de sa troisième section, *hiems vero pleuritides, peripneumoniæ, lethargi, gravedines, raucedines, tusses, dolores pectorum et laterum, lumborum et capitis dolores, vertigines, apoplexiæ*, etc. Les affections catarrhales, les phlegmasies cutanées, les fièvres intermittentes, sont à peu près les seules maladies épidémiques de cette saison, qui, loin d'ailleurs de favoriser la propagation des maladies contagieuses, doit être considérée comme l'un des plus puissants moyens de les faire cesser, ainsi que les fièvres typhoïdes et pestilentielles. L'hiver peut aussi être regardé comme un moyen de guérison pour les maladies d'une saison opposée. Ainsi, Hippocrate à dit, d'après l'expérience : *æstivos morbos hiems succedens solvit*. (*Morb. pop.*, lib. III, sect. III.)

Les précautions hygiéniques les plus essentielles à prendre pendant l'hiver sont relatives aux vêtements qui doivent nous garantir convenablement du froid et de l'humidité ; aux exercices qui sont nécessaires pour développer une certaine dose de chaleur ; au régime alimentaire, qui doit être autant que possible, nutritif, excitant, et propre, avec les autres actes de la vie, à maintenir les propriétés vitales dans un état d'activité propre à repousser les impressions nuisibles de cette saison.

PRINTEMPS.

Pendant cette saison, qui est comprise entre le 21 mars et le 22 juin, le soleil continue à s'élever sur l'horizon ; les jours deviennent de plus en plus longs ; il y a un accroissement manifeste dans la température de l'atmosphère ; de là un mouvement dans toute la nature que la chaleur vivifie ; les productions végétales, engourdies par le froid, reverdissent ; les germes déposés dans la terre produisent de nouveaux individus ; les animaux se régénèrent, et semblent recevoir une nouvelle vie. Un essaim d'êtres vivants, que la rigueur de l'hiver avait chassés ou fait périr, reparaissent et repullulent pour cesser d'exister bientôt après. La croissance et la régénération subite des végétaux changent la masse de l'air, en y versant une

nouvelle quantité d'oxygène, ce qui le rend plus excitant et plus propre à l'hématose : ce changement dans l'atmosphère est l'une des sources les plus fécondes de la salubrité de cette époque. — Le spectacle vivifiant de cette période de régénération suggéra l'idée que le monde avait été créé au printemps. D'anciennes traditions religieuses avaient consacré cette opinion ; de là vient, sans doute, que la plupart des peuples de l'antiquité commençaient leur année au mois de mars, temps où le soleil, âme du monde, semblait renaître. M. Virey remarque, que si le monde eût été créé au printemps, il n'y aurait eu que notre hémisphère, puisqu'on était en automne dans l'hémisphère opposé. Cette réflexion fait voir combien on est absurde quand on veut tout savoir et tout expliquer.

C'est avec le commencement de cette saison que coïncide le carême, institution qui, dans son origine, était probablement en harmonie avec une hygiène publique bien ordonnée. On se décida, à ce qu'il paraît en effet, primitivement, à proscrire l'usage des viandes, dans la vue d'épargner les animaux à l'époque où ils reproduisaient leur espèce. Cette époque, d'ailleurs, n'en est pas moins favorable à la reproduction de l'espèce humaine, car il est prouvé, par l'expérience, que le plus grand nombre des conceptions humaines ont lieu au printemps ; les mois de décembre et janvier sont, d'un autre côté, les époques de l'année où il se fait le plus d'accouchements. Cette particularité n'était probablement pas ignorée des anciens ; car Celse a dit, en parlant du printemps : *Eo tempore anni Venus tutissima est.* — Relativement aux influences que le printemps exerce sur nous, il participe de l'hiver et de l'été. La digestion est presque aussi active, aussi facile qu'en hiver ; la circulation plus énergique , les battements du cœur plus précipités, l'impulsion artérielle plus forte, et le cours du sang plus rapide, ainsi que l'attestent Galien et Frédéric Hoffmann (1), et que M. Barbier l'a confirmé dans l'ouvrage précité. Les expériences de Spallanzani assimilent, sous ce rapport, la respiration à la circulation ; les fonctions assimilatrices, ainsi que l'hématose, paraissent aussi s'accomplir avec la plus grande activité, puisque, d'après le témoignage des anciens et des modernes, la quantité du sang est manifestement augmentée, et qu'il tend sans cesse à faire irruption au dehors, par suite d'un état pléthorique des organes. Il résulte de cet état des fonctions organiques un accroissement de force et d'activité du système musculaire, et pareillement une augmentation d'énergie des facultés intellectuelles. Ces effets, au reste, comme ceux des autres saisons, sur l'organisation humaine, supposent une manière d'être convenable de la saison précédente, et ils ne seront plus les mêmes dans celle qui nous occupe, si, par exemple, l'hiver, au lieu d'être sec et froid, avait été humide et tempéré. L'état atmosphérique peut aussi modifier l'influence du printemps. « L'air, dit M. Barbier, peut empêcher les effets ordinaires du prin-» temps de se manifester. Si ce fluide conserve à cette » époque de l'année une qualité humide, son impres-» sion sur les organes vivants relâche leur tissu ; elle » les rend moins sensibles à l'action stimulante de la » saison ; on n'aperçoit plus cette sorte d'explosion » que l'arrivée du printemps suscite dans l'énergie » vitale des corps. La puissance de l'atmosphère altère » et anéantit même celle de la saison. »

Malgré les conditions favorables au bien-être de l'espèce humaine, le printemps favorise néanmoins le développement de plusieurs maladies qui peuvent entraîner sa perte, et l'on peut dire, à cette occasion, ce que l'on répète si mal à propos en politique, que les corps périssent d'excès d'embonpoint. La grande énergie vitale, l'activité de l'hématose, le mouvement général du centre à la périphérie du corps, paraissent en effet prédisposer aux hémorrhagies, aux inflammations viscérales, musculaires et cutanées. Les maladies nerveuses, telles que la manie, l'hypochondrie, la mélancolie, l'épilepsie, etc., s'exaspèrent presque toujours au commencement de cette saison. Un médecin (M. Châteauneuf) a présenté, en 1819, à l'Académie des Sciences, un Mémoire où il se trouve établi que le printemps est plus funeste aux phthisiques que l'automne, malgré l'assertion d'Hippocrate, qui dit positivement que cette saison hâte la mort de ces infortunés (*Autumnus tabidis malus*). Tout ce qu'on observe dans les hôpitaux où les phthisiques abondent, tend à faire croire que l'auteur précité a soutenu un paradoxe. Pour l'ordinaire, en effet, le printemps prolonge la vie des phthisiques, et si l'accroissement de l'oxygène, produit chez eux une excitation nuisible, la cessation du froid allège beaucoup leurs souffrances. Concluons que quels que soient les inconvénients du printemps, la douce chaleur de cette saison, le spectacle ravissant qu'elle offre de toutes parts, les nouveaux aliments végétaux qu'elle présente, le lait des animaux qui s'en sont nourris, la pureté de l'air qu'on respire, ne peuvent qu'être très-avantageux ; tous ces objets réunis exercent aussi une influence salutaire sur les maladies chroniques, et l'on peut, en général, répéter avec Hippocrate : *Ver saluberrimum, minime exitiale.*

On connaît de temps immémorial l'effet salutaire du printemps dans la curation des fièvres intermittentes de l'hiver, Baillou l'atteste d'une manière bien formelle (*Epid. ephemer.*, lib. II). Pinel a bien observé qu'à Bicêtre le scorbut disparaissait au printemps, après avoir exercé ses ravages pendant la saison humide et froide qui avait précédé. Les affections catarrhales, goutteuses, rhumatismales ; les engorgements glanduleux et autres maladies du système lymphatique, éprouvent une diminution notable dans leur intensité, surtout lorsqu'on approche du solstice d'été où les variations atmosphériques sont moins fréquentes. L'excitation générale qui a lieu au printemps, la disposition qu'on a aux hémorrhagies, aux irritations de diverses espèces, expliquent l'emploi des évacuations sanguines auxquelles beaucoup de personnes ont recours pendant cette saison ; elles sont en général utiles, ainsi que tous les autres moyens capa-

(1) *Vere medio, pulsus magni sunt et vehementes.* E. Hoffmann.

bles de modérer l'effervescence vitale et le mouvement expansif des fluides; par conséquent, tout ce qui est susceptible de produire un effet opposé est nuisible. Le printemps est un temps où l'abstinence des choses excitantes est impérieusement indiquée, et où la diète et les règles du régime doivent être, dans les cas prévus, plus rigoureusement observés qu'en aucune autre saison.

ÉTÉ.

L'été commence au solstice du 21 juin et finit à l'équinoxe d'automne (le 22 septembre). La chaleur de cette saison se fait principalement sentir lorsque les jours commencent à diminuer (du 7 juillet au 7 août), c'est-à-dire à l'époque où la terre a été chauffée par une série de longues journées de chaleur. Dans le climat de Paris, la température ne s'élève jamais au delà de 29 degrés, ce qui est à peine les trois quarts de celle qu'on observe journellement en Afrique, et principalement au Sénégal. L'été des zones polaires est aussi chaud que le nôtre, puisqu'on a observé jusqu'à 31 degrés à Astracan pendant cette saison. Cette élévation de température s'explique par la longueur que les jours acquièrent dans ces régions à l'époque où le soleil s'élève vers les tropiques. — L'été est sans contredit la saison où l'homme jouit de la plus grande force expansive et développe le plus d'activité; c'est aussi l'époque où les végétaux se trouvent dans la plénitude de leur organisation, dans toute leur maturité; on doit également regarder cette saison comme la plus saine, absolument parlant, et celle où l'on observe le moins de maladies. Il faut en partie attribuer ces avantages au petit nombre de besoins que nous éprouvons, et à la facilité que nous trouvons à satisfaire ceux qui sont inséparables de notre existence. La chaleur de l'été détermine une grande action à la périphérie du corps, et diminue d'autant l'énergie des organes intérieurs. C'est pour cette raison que la transpiration est très-considérable, tandis que les urines et le produit de plusieurs autres excrétions se trouvent en très-petite quantité. La faculté digestive et les fonctions nutritives ont moins d'énergie qu'en hiver : aussi recherche-t-on avec avidité les aliments végétaux et les boissons aqueuses et acidulées, qui exigent peu d'action de la part des organes digestifs. Les contractions du cœur sont fréquentes, mais faibles; les mouvements inspiratoires sont précipités, et il y a, dans un temps donné, une plus grande quantité d'oxygène absorbé qu'en hiver, comme l'ont prouvé les expériences de M. de la Roche, mentionnées plus haut. La chaleur paraît être un puissant stimulant de l'appareil biliaire, qui, en été, secrète beaucoup plus de bile qu'en toute autre saison. La sensibilité et la mobilité se trouvent prodigieusement excitées pendant la saison qui nous occupe : aussi est-ce le temps où l'imagination s'exalte le plus facilement, prépare l'explosion des plus violentes passions et fait fermenter les esprits.

On conçoit très-bien que la chaleur d'été, en augmentant l'action vitale, excite une abondante transpiration, et doit être difficilement supportée par les hommes gras, sanguins, lymphatiques et pléthoriques. Elle convient au contraire beaucoup aux individus secs, nerveux, mélancoliques; à tous les hommes faibles, infirmes, avancés en âge. — Plusieurs maladies sont propres à l'été : telles sont les fièvres et les inflammations gastriques, la dyssenterie, la fièvre inflammatoire, les inflammations de l'encéphale, les vomissements spasmodiques, le choléra-morbus, le tétanos, etc. C'est la saison où les maladies épidémiques et contagieuses se propagent avec le plus de promptitude et se communiquent avec le plus de facilité. Dans les régions équatoriales, la chaleur brûlante de l'été a un effet beaucoup plus accablant et des suites plus fâcheuses que dans nos climats : on est infesté d'une multitude d'insectes venimeux dont la présence fort incommode n'est pas toujours sans danger. Dans nos climats, les piqûres des cousins, de la guêpe, du frelon, de la puce et de la punaise sont celles qui nous incommodent davantage. — Ces insectes pullulent principalement dans la *canicule*, dont il convient de dire un mot en passant. Cette partie de l'été, que les anciens avaient ainsi nommée à cause de l'éclat que répand alors la constellation du grand chien (sirius), qui se lève avec le soleil, est comprise entre le 24 juillet et le 23 août, l'une des époques les plus chaudes de l'année. Les médecins de l'antiquité, et Hippocrate lui-même, recommandaient de prendre durant la canicule, une multitude de précautions qui sont tombées en désuétude : on défendait surtout de se purger, fondé sur cet aphorisme du père de la médecine : *sub cane et ante canem difficiles sunt purgationes (sect.* IV, § 5.) Il est possible toutefois que cette partie de l'été exerçât dans la Grèce et dans l'Orient une influence qui ne lui est point départie dans nos climats.

Malgré les inconvénients que peut présenter l'été et les influences fâcheuses qui dérivent de l'excès de la chaleur, aucune saison n'offre plus d'avantage pour le maintien de la santé et la guérison des maladies, et dans aucune autre la nature ne montre autant de puissance pour nous délivrer des maux qui résistent à l'action curative des remèdes. Il s'établit sur toute la périphérie du corps une action vive, qui est une dérivation puissante et une sorte de voie de décharge pour les organes intérieurs affectés d'irritations et de congestions chroniques et autres dérangements. C'est cette action du système cutané dont il résulte une abondante diaphorèse, qui masque ou anéantit les symptômes de la maladie vénérienne dans les climats chauds favorisés d'un été perpétuel : combien d'autres maladies ne sont pas assoupies ou détruites à la longue par une active et abondante transpiration ! Sanctorius attachait donc avec raison une grande importance à cette fonction, qu'il regardait, d'ailleurs, comme l'une des bases d'une santé florissante, et une sorte de pivot autour duquel semblent tourner tous les agents prophylactiques. —En été on doit, plus encore qu'au printemps, éviter l'usage des aliments excitants et des boissons alcooliques, qui peuvent irriter les voies digestives, et disposer aux antérites, aux choléra-mor-

bus, à la dyssenterie, etc. Aussi remarque-t-on qu'une sorte d'instinct nous pousse à faire usage des végétaux féculents, des fruits, des boissons aqueuses, acides, moins réfractaires aux forces digestives que les substances animales, les boissons fermentées et alcooliques.

AUTOMNE.

Le soleil, parvenu à l'équateur le 21 septembre, s'éloigne encore de cette ligne pendant trois mois, et s'abaisse jusqu'au tropique du capricorne. Ces trois mois renferment l'automne, saison qui conserve encore dans ses premiers mois une partie de la chaleur de l'été; mais qui, sur la fin, nous offre les premiers froids de l'hiver et la décadence de tout ce qui s'était accru sous la féconde influence du printemps, et avait atteint sa maturité pendant les chaleurs de l'été. Les champs sont déjà dépouillés, les arbres perdent leurs feuilles, la verdure disparaît, et tout annonce le sommeil de l'hiver et le deuil de la nature. — Avec la décadence des végétaux et la mort des plantes annuelles coïncide la disparition d'un grand nombre d'insectes, d'oiseaux qu'avait fait naître et attirés notre été, et qui, détruits et chassés par les premiers froids, vont chercher ailleurs la chaleur indispensable à leur existence, d'autres animaux, comme les reptiles, les loirs, les chauves-souris, les hérissons tombent dans un profond engourdissement. Il est impossible que la cause de ces phénomènes remarquables n'ait pas une action plus ou moins énergique sur l'organisation humaine.

· L'influence qu'exerce l'automne sur nous a sa source dans deux phénomènes remarquables: l'un est la cessation de l'été, qui est un puissant stimulant des propriétés vitales ; et l'autre, l'arrivée de l'hiver, dont l'influence est d'une nature totalement différente. Les organes digestifs, affaiblis par la chaleur continue de l'été, digèrent lentement et avec difficulté : *Autumno cibos difficillime ferunt*, a dit Hippocrate. Le pouls est lent, mou et faible; la respiration éprouve les mêmes modifications de la part de cette saison; les excrétions éprouvent une diminution, conformément à l'observation de Sanctorius, qui a dit que nous augmentons de poids au commencement de l'automne, tandis que la perspiration cutanée diminuait et était moins d'une livre par jour. De cet état des fonctions assimilatrices doit résulter une nutrition faible, et peu de forces dans les organes agissants, ce qu'avait très-bien observé Baillou, qui dit que l'automne imprime une faiblesse notable à notre organisation. L'homme, en effet, comme l'arbre qui perd ses feuilles ou l'animal qui mollit et transpire abondamment au moindre exercice, sent ses forces abattues et son énergie décroître sensiblement jusqu'à ce que les premiers froids viennent fortifier et stimuler ses organes. — Pour l'ordinaire l'apparition des froids change tout à coup le système d'influences propre à l'automne; mais pour ressentir les avantages de ce changement, il faut se trouver dans des conditions favorables.

« L'heureuse révolution dont il s'agit ne peut avoir lieu que chez les individus qui se nourrissent bien, qui font usage d'une liqueur fermentée, qui sont bien couverts; mais l'indigent, qui ne prend que de chétifs aliments, qui est mal vêtu, qui frissonne toujours parce que le froid l'attaque de tous côtés, reste pâle, faible; à la fin de l'automne, sa constitution paraît souvent détériorée; il est dans un état de bouffissure générale. Chez lui le froid n'a pas rétabli un meilleur exercice des fonctions assimilatrices, les forces n'ont pu renaître. — La secousse que l'automne fait éprouver à tous les hommes est peu sensible pour ceux qui sont forts, qui jouissent d'une bonne santé; mais les personnes faibles, celles qui sont exténuées par des maladies anciennes, et qui portent depuis longtemps un germe de destruction; celles qui sont dans la convalescence d'une maladie aiguë, etc., la soutiennent difficilement; elles ne peuvent souvent résister à sa violence ; ce qui explique pourquoi la mortalité est considérable à cette époque de l'année (1). » (BARBIER, *Traité d'hygiène appliquée à la thérapeutique. Saisons.*)

Cette saison dispose manifestement aux maladies asthéniques, comme les fièvres muqueuses, adynamiques, les fièvres intermittentes de plusieurs types, et notamment celles qui ont un caractère pernicieux, les dyssenteries, etc. D'après Hippocrate, Baillou, etc., les maladies prennent, en général, un caractère plus grave, et ont une marche plus irrégulière en automne qu'en toute autre saison; les malades se rétablissent difficilement; et l'on observe souvent des crises incertaines. Les derniers mois de l'automne surtout, quand ils sont pluvieux, deviennent funestes aux individus épuisés par de longues maladies, et en particulier par la phthisie pulmonaire, ce qui a fait dire à Hippocrate que l'automne était défavorable aux phthisiques.

L'automne se rapproche du printemps sous le rapport des précautions qu'il convient de prendre pour se préserver des fâcheuses influences de cette saison ; il convient de se prémunir de bonne heure par des vêtements chauds contre le froid assez vif qui se manifeste à la fin de l'automne. *Per autumnum*, dit Celse, le père de l'hygiène, *neque sine veste neque sine calceamentis prodire oportet, præcipueque diebus frigidioribus, neque sub divo noctes dormire aut certe bene operiri* — Celse recommande encore d'user d'aliments fortifiants et d'une petite quantité de bon vin pur : ceux qui redoutent l'influence débilitante de la saison se trouvent bien d'un tel régime. Nous ajouterons aux conseils de Celse, qu'on doit éviter avec soin l'influence de l'humidité, qui, réunie au froid, cause si fréquemment des dyssenteries, des fièvres intermittentes rebelles, qu'on excite plutôt qu'on ne prévient par le régime excitant recommandé plus haut, si l'on ne se soustrait pas en même temps à l'action dangereuse de l'atmosphère. (Dr *Bricheteau*.)

SCEPTICISME ET FOI (philosophie). — Douter,

(1) *Idemque tempus et diutius malis fatigatos, et ab æstate etiam proxima pressos interimit, et alios novis morbis conficit.* (CELSE.)

c'est commencer de savoir : quand l'esprit ne voit pas clairement une chose, il en doute; quand il trouve à deux propositions contraires le même degré de vrai-semblance, cette égalité engendre le doute. Ce doute ne peut cesser que par une connaissance plus pleine de l'objet étudié; il est une négation ou plutôt une suspension de l'être; cette suspension a besoin d'être la plus courte possible, car pour l'homme affirmer c'est vivre.

Il n'y a donc aucun reproche à faire à l'homme qui doute avec sincérité; il est naïvement affecté par un état inévitable dont il aspire à sortir. Mais il est un doute coupable, parce qu'il est systématique et veut être final : dans l'histoire des opinions humaines, il s'appelle le scepticisme.

Quand un jeune homme instruit peu à peu son esprit, élève graduellement sa raison, il doute de certaines choses qu'il ne sait pas encore assez bien : mais, loin de se complaire dans ce doute, il le détruit à toute heure par le progrès continu de ses connaissances : le jeune homme n'est pas sceptique.

Le peuple croit volontiers, affirme beaucoup et doute peu; il complète ses demi-connaissances par des divinations instinctives et de promptes affirmations; le peuple montre avec ingénuité les qualités fondamentales de la nature humaine; le peuple doute des choses le moins longtemps possible : le peuple n'est pas sceptique.

Le savant trouve dans la réflexion la force de douter, de douter longtemps, de douter méthodiquement : il suspend l'affirmation jusqu'au moment de pouvoir l'appliquer avec justesse; le savant soutient le doute entre la demi science et la science complète : le savant n'est pas sceptique.

Puisque ni le jeune homme, ni le peuple, ni le savant ne sont sceptiques, il suit que le scepticisme ne saurait être une disposition saine de l'esprit. Il ne peut naître que d'une science mal digérée ou d'une volonté mauvaise. En effet, quand des connaissances mal perçues obscurcissent l'esprit au lieu de l'éclairer, ces ténèbres engendrent le scepticisme; ou bien encore, quand l'âme se complaisant dans son égoïsme, se ferme obstinément à ce qui pourrait l'entraîner à l'expansion et au dévouement, le scepticisme est le fruit corrompu de cette corruption de la volonté. Le scepticisme est une paralysie de l'âme, qui la rend incapable de désirer et de goûter la vérité, qui glace toutes ses affections, enchaîne tous ses mouvements; le scepticisme, par sa neutralité volontaire entre l'erreur et la vérité, n'est autre chose que l'athéisme.

Aussi ne serons-nous pas surpris que le scepticisme, cette négation erronée de la vie, n'ait paru dans l'histoire des opinions humaines qu'après l'établissement des principes et des affirmations de la philosophie. Platon avait chanté, Aristote écrivait peut-être encore quand avec Anaxarque, disciple de Métrodore de Chio, Pyrrhon d'Élée suivit, dit-on, Alexandre jusque sur les rives du Gange. Que va-t-il nous rapporter cet homme qui a étudié les choses philosophiques, après avoir vu l'Orient dans la compagnie d'Alexandre? le scepticisme. Ainsi l'Orient avec ses

brahmanes et ses temples, avec sa sagesse et ses prêtres, avec les magnificences de la nature et de la religion, n'a su inspirer à Pyrrhon que l'abdication complète de l'histoire et de la vie. Ainsi Alexandre, un des hommes les plus divins qui aient honoré la terre, conciliateur armé de l'Orient et de l'Occident, âme de feu, tête marquée du signe de Dieu, n'a pu en laissant tomber un regard sur Pyrrhon, lui révéler la vérité par l'héroïsme. Plus tard l'ironie de Lucien se chargera de venger la raison de l'humanité, et il n'y aura pas de meilleure réfutation du scepticisme que cette plaisanterie de l'écrivain de Samosate : « Sceptique, dis-moi ce que tu sais? demande un marchand qui veut acheter Pyrrhias ou Pyrrhon, dans l'enchère générale des sectes philosophiques. — Rien, répond le philosophe. — Que veux-tu dire par là? — Que je ne crois à l'existence d'aucune chose. — Et nous, nous n'existons donc pas? — Je n'en sais rien. — Tu n'existes peut-être pas non plus? — Je l'ignore encore davantage. — Quelle incertitude! Et que veulent dire ces balances? — Elles me servent à peser les raisons et à juger de leur égalité; mais les voyant d'un poids parfaitement semblable je ne sais quelle peut être la plus vraie... — Mais enfin, reprend le marchand, quel est le but de ta doctrine? — De ne rien savoir, de ne rien entendre et de ne pas voir. —..., A cause de tout cela je veux t'acheter; t'ai-je acheté? — La chose est incertaine. — Nullement; je t'ai acheté et l'argent est donné. — Je m'abstiens et je considère. — Quoi qu'il en soit, suis-moi, puisque tu es mon esclave. — Qui sait si tu dis la vérité? — Le crieur, l'argent et ceux qui sont ici. — Y a-t-il quelqu'un ici? — Je vais tout à l'heure te mener au moulin et te persuaderai par un argument un peu rude que je suis ton maître. » Dans l'ordre logique des idées, le scepticisme ne mérite pas une plus sérieuse réponse que cette moquerie de Lucien. Dans l'application des opinions humaines aux intérêts de la société, le scepticisme, cette théorie de l'égoisme, veut être dénoncé comme un travers coupable, et comme une des erreurs les plus malfaisantes et les plus idiotes qui puissent s'attacher aux flancs de l'humanité.

L'homme et le monde ont besoin de foi. La foi est l'aptitude que possède l'humanité à croire aux principes et aux idées dont elle n'a pu se procurer encore la certitude et la démonstration. L'humanité se sert autant de la science que de la foi pour la conquête de la vérité; elle aspire et croit à ce qu'elle ne sait pas, parce qu'elle veut le savoir. La foi est un élan de l'âme qui se précipite en avant, et précède, en la préparant, la victoire de l'intelligence.

Quand la philosophie grecque eut accompli ses phases et ses destinées, Athènes et Alexandrie purent se glorifier d'avoir élaboré toutes les idées de l'esprit humain. Aussi Julien et Proclus étaient sincères lorsqu'ils disaient reconnaître dans le christianisme la reproduction d'une sagesse déjà connue. Seulement ils ne sentaient pas que cette sagesse, sous la forme chrétienne, se régénérait et grandissait en s'appliquant aux intérêts du genre humain.

Quand la bataille d'Actium eut donné le monde à Octave, la société antique fut à bout, et la pourpre de la monarchie impériale tomba sur les épaules d'un corps destiné à mourir. Rome, qui s'était faite la tête, la forme et le nom du monde, n'avait plus d'action et de puissance; elle n'avait plus rien à concevoir et à désirer, signe visible de dépérissement et de ruine. L'empire se défendait sur les bords du Rhin et du Danube, et n'avait plus d'autres prospérités que d'être lent à se laisser envahir. Les particuliers ne se trouvaient pas plus d'avenir que l'empire même; ils songeaient à jouir de leurs biens et à conserver leurs jouissances; l'art ne pouvant plus s'inspirer des choses dont il était le contemporain, s'épuisait dans l'imitation des beautés grecques et de la grandeur égyptienne. La philosophie employait surtout ses forces à comprendre et à relever le polythéisme; elle savait le passé et ne pouvait se résoudre à reconnaître l'avenir dans le christianisme.

Le philosophe antique était plus choqué des formes du christianisme que du fond. Elle n'était pas offusquée d'entendre dire qu'il n'y avait qu'un Dieu, puisqu'elle avait toujours caché et conservé cette vérité sous les formes du polythéisme; l'immortalité de l'âme ne la scandalisait pas, puisqu'elle l'enseignait; elle concevait l'égalité des hommes entre eux et pouvait en montrer la déclaration dans ses écrits. Mais elle était indignée d'entendre ces vérités proclamées nouvelles et inconnues avant l'apparition des chrétiens; la manière dont elles étaient enseignées et prêchées la soulevait également; elle ne concevait rien à ces hommes qui méprisaient la science, voulaient humilier les esprits et enflammer les âmes; elle ne pouvait se résoudre à voir l'intelligence complète des choses détrônée par les intolérantes ardeurs d'un enthousiasme qui ne lui semblait tomber que sur une des faces de la vérité; elle avait d'invincibles répugnances pour ces hommes fanatiques qui croyaient si énergiquement à des propositions auxquelles elle s'élevait par l'esprit, et dont elle élaborait depuis longtemps la démonstration; ses répulsions n'étaient pas moins excitées par le symbole de cette foi, que par la foi même, et la sublime infamie de la croix, lui était un étonnement qui se tournait en horreur et en colère.

Il y eut schisme entre l'intelligence et la foi; mais l'humanité qui avait surtout besoin alors de croire et de se prendre à des affirmations vivifiantes, passa du côté de la foi, et la philosophie, consciencieuse du passé, mais incapable de l'avenir, se voyait tomber avec une douloureuse surprise dans le délaissement et le mépris.

La philosophie antique comprenait tout alors, hormis l'avenir et la foi. A ses yeux la société humaine ne pouvait avoir d'autre désir et d'autre destinée que l'immobilité sur ses anciens fondements; pour elle un changement n'était pas nécessaire, et de plus elle ne soupçonnait pas aux idées la force de l'accomplir; voilà quelles furent sa faiblesse et sa faute. Athènes et Alexandrie, en possession de toutes les traditions et de toutes les disciplines du monde, s'éteignaient dans l'ignorance de la puissance de l'humanité.

La foi poursuivait ses triomphes. Elle avait surtout été répandue et fixée dans les cœurs par un homme de Tarse qui, après avoir traversé les lettres grecques et la secte pharisienne de l'hébraïsme, tomba dans le christianisme par une de ces péripéties dont les grandes âmes sont capables. Saint Paul ne prêcha la foi avec tant d'autorité que parce qu'elle l'avait envahi et le possédait avec une puissance insurmontable. Aussi jamais l'humanité ne fut plus vivement haranguée que par cet homme; il crie aux Romains, aux Corinthiens comme aux Hébreux, qu'il faut croire, qu'il faut s'élever par la foi à Dieu et à la vie éternelle; il ne nie pas les vérités fournies par la raison et la philosophie, mais il les pénètre et les revêt des rayons et des ardeurs de la foi; non-seulement il est intelligent, mais il est inspiré; il est rationnellement fanatique, et avec une autorité fulminante, il pousse au pied de la croix toutes les âmes de l'humanité.

Le monde fut changé, puisqu'au lieu de délibérer sur Dieu et sur l'immortalité de l'âme, il y crut. Les âmes étant ainsi affectées, l'intelligence dut reprendre ses travaux et la science dut recommencer. Après Auguste, Tibère et Néron, la foi se préparait à conquérir le monde; après Charlemagne et Philippe-Auguste, la raison se préparait à venir le partager pour le changer.

La foi et l'examen philosophique sont deux dispositions de l'esprit humain; ces deux dispositions se développent ensemble, mais inégalement; l'homme et l'humanité ont des moments où la foi est plus vive que l'intelligence, d'autres où l'intelligence les préoccupe plus que la foi. Mais les objets de la foi et de l'intelligence sont toujours les mêmes: Dieu, l'immortalité et le bonheur.

La philosophie moderne a eu cet avantage dès son début sur la sagesse antique, qu'elle spéculait en présence d'une religion supérieure au paganisme, et qu'elle avait pour appui, non-seulement ses propres forces, mais les convictions plus élevées de la société. Aussi elle eut du penchant et de la facilité à se montrer dogmatique, et sa plus grande ambition fut d'établir dogmatiquement Dieu, les idées, l'âme et l'immortalité.

La théologie officielle s'en irrita: n'eut-elle pas tort de s'en irriter? Car enfin on lui apportait des preuves nouvelles à l'appui de cette vérité dont elle était la gardienne et l'interprète; mais elle méconnut la force ascendante et les virtualités efficaces de la philosophie moderne; elle ne comprit pas plus sa vertu, que l'École d'Alexandrie ne comprit la puissance du christianisme et le schisme de l'intelligence et de la foi reparut.

L'homme qui a le plus contribué à répandre dans la société française ce schisme de l'intelligence et de la foi, est sans contredit Pascal. Il semble que cette puissante tête dès qu'elle ne s'applique plus à la géométrie, et dès qu'elle se met à considérer la religion, doute sur-le-champ d'elle-même et des lois de l'intelligence. Alors Pascal n'a plus d'autre manière de raisonner que de fuir le raisonnement; la raison est à ses yeux l'irréconciliable ennemie de la foi, et la

science lui semble un démenti de la religion. Il entre dans un désespoir affreux, il se prend à lui-même, à tout ce qui l'environne, à ses semblables qu'il ne trouve pas mieux instruits que lui, mais qu'il voit misérables comme lui, impuissants comme lui. « Je vois, s'écrie l'infortuné, qu'ils ne m'aideront point à mourir; je mourrai seul; il faut donc faire comme si j'étais seul. Or, si j'étais seul, je ne bâtirais pas de maison, je ne m'embarrasserais pas dans les occupations tumultuaires, je ne chercherais l'estime de personne; mais je tâcherais seulement de découvrir la vérité. » Non, jamais plus lamentables paroles n'ont pu contrister l'humanité en l'égarant. Quelle douleur et quelle pitié de voir le grand Pascal désirer la vérité non pour s'aider à vivre, mais pour s'aider à mourir, ne plus chercher l'estime de personne, et abandonner la société pour mieux trouver Dieu! Pascal ne s'arrêtera pas dans cette voie funeste : comme il a méconnu la société, il méconnaît la nature : « La nature ne m'offre rien qui ne soit matière de doute et d'incertitude. Si je n'y voyais rien qui marquât une divinité, je me déterminerais à ne rien croire. Si je voyais partout les marques d'un créateur, je reposerais en paix dans la foi. Mais voyant trop pour nier, et trop peu pour m'assurer, je suis dans un état à plaindre et où j'ai souhaité cent fois que si un dieu soutient la nature, elle le marquât sans équivoque, et que, si les marques qu'elle en donne sont trompeuses, elle les supprimât tout à fait; qu'elle dît tout ou rien, afin que je visse quel parti je dois suivre. » Mais Pascal, vous n'y songez pas, vous répudiez un des plus solides appuis de l'humanité, la science. Vous outragez Dieu dans la nature qui est son voile, dans la science qui est son culte, et croyez-vous que les siècles en passant n'aient pas rendu le voile plus transparent et le culte plus intelligent? Quoi! pour être chrétien vous commencerez à fermer les yeux devant la nature! Mais la nature est un point entre l'homme et Dieu par lequel Dieu affecte l'homme et par lequel l'homme pressent Dieu. Hélas! Pascal continue et ne traitera pas mieux l'histoire que la nature : « Je vois des multitudes de religions en plusieurs endroits du monde et dans tous les temps. Mais elles n'ont ni morale qui puisse me plaire, ni preuves capables de m'arrêter. Et aussi j'aurais refusé également la religion de Mahomet et celle de la Chine et celle des anciens Romains, et celle des Égyptiens, par cette seule raison, que l'une n'ayant pas plus de marques de vérité que l'autre, ni rien qui détermine, la raison ne peut pencher plutôt vers l'une que l'autre. » Au milieu de cet embarras, Pascal rencontre dans une partie du monde, un peuple particulier, séparé de tous les autres peuples de la terre, et dont les histoires précèdent de plusieurs siècles les plus anciennes que nous ayons.

Pascal voit que ce peuple est tout composé de frères;

Que ce peuple est le plus ancien qui soit dans la connaissance des hommes;

Que ce peuple est gouverné par une loi la plus ancienne du monde, la plus parfaite et la seule qui ait toujours été gardée sans interruption dans un État.

Ainsi Pascal aurait refusé également la religion de Mahomet, celle de la Chine, des Romains et des Égyptiens; sa raison n'aurait pas plus penché vers l'une que vers l'autre, parce que l'une n'aurait pas plus de marques de vérité que l'autre. Mais quelles sont donc les marques de la vérité? Il semblerait d'abord que rencontrer dans la religion de Mahomet, dans celle de Confucius et de l'Égypte l'enseignement d'un seul Dieu sous des formes diverses n'est déjà pas chose si malheureuse pour l'établissement de la religion. Mais à quel signe particulier s'attache donc Pascal pour reconnaître la vérité supérieure? A l'antiquité. Donc, si la tradition hébraïque n'était pas la plus ancienne, la vérité du christianisme lui manquerait. Heureusement Pascal raisonne mal; la loi mosaïque n'est pas la plus ancienne de toutes, et elle s'est trouvée moralement supérieure aux traditions qui l'ont précédée, précisément parce qu'elle en est sortie. La mobilité progressive de l'histoire échappe à notre auteur aussi bien que l'intelligence de la nature; et jamais le christianisme n'a été plus compromis que par les éloquentes convulsions du scepticisme et du désespoir de Pascal.

La science et la foi ne doivent pas être séparées dans la vérité des choses. Mais il importe de connaître et de définir les conditions de leur alliance.

Il ne faut pas qu'une science immobile demeure attachée à la fortune d'une foi immobile. La nature des choses est éternelle et depuis l'origine des temps elle se déroule sous l'œil de l'homme pour s'en faire pénétrer et dompter. Or l'homme s'assimile les choses en les croyant et en les comprenant.

Pourquoi le christianisme a-t-il trouvé la puissance de convertir l'humanité? C'est que, indépendamment de sa propre vertu, il avait été secouru dans sa tâche par cette philosophie antique qui se portait son antagoniste. Les travaux et les discussions de cette philosophie avaient peu changé les dispositions intellectuelles de l'humanité, qui put alors employer ses forces pour croire à la vérité et non plus pour croire à l'erreur.

Le christianisme a rendu ce service au monde de mettre dans les âmes, dans les têtes des hommes, et d'élever au-dessus de toute dispute sérieuse ces trois vérités, l'unité de Dieu, l'immortalité de l'âme, l'égalité des hommes entre eux.

Ces trois vérités ayant pris possession pour toujours des esprits et des cœurs, la science moderne put prendre une marche plus rapide et prétendre à de plus grands résultats que ceux obtenus par la science antique.

La science moderne interroge la nature : tantôt elle explique l'effet par les lois qu'elle présent; tantôt elle redresse les lois incomplètes qu'elle ne fait qu'entrevoir par les faits qu'elle étudie. Dans cette double épreuve elle est profondément religieuse; elle porte Dieu dans ses conceptions, dans ses hypothèses et dans ses études, puisqu'elle cherche partout les lois de l'unité et les raisons de l'analogie.

La science moderne explore l'histoire. Elle cherche la signification de la suite des temps, la raison des événements, la cause des choses, les idées que représentent les hommes, l'esprit des nations, l'enchaînement de leurs successions, l'originalité des peuples, leurs ressemblances et leur solidarité : elle honore Dieu dans l'histoire en cherchant à construire l'unité des destinées humaines, et la fraternité des hommes égaux entre eux.

La science moderne étudie l'homme, par l'homme abstractivement considéré, mais l'homme complet, corps et âme; le tempérament comme le caractère, les nerfs et le sang comme les idées et le génie; elle se détourne de plus en plus des puérilités laborieuses de l'autopsie scolastique pour étudier la vie dont l'énergie et les richesses deviendront un magnifique témoignage de l'âme et de la Divinité.

La science, non pas la science morte, mais religieuse, non pas sceptique, mais animée de toutes les croyances fondamentales de la foi, et pouvant dire, comme Napoléon, et mieux encore, qu'elle sent en elle-même l'infini, la science tient donc aujourd'hui le sceptre des choses humaines. Et quelle sera surtout la méthode et la forme de ses travaux? — La solitude et le mystère? — Non, l'association et la publicité.

C'est par l'association que les résultats de la science s'enchaînant les uns aux autres, peuvent se trouver égaux aux problèmes immenses et divers qui doivent être résolus. Nier dans les affaires humaines, au XIXe siècle, le principe de l'association, ne serait pas moins étrange que si l'on niait aujourd'hui la gravitation dans la physique, ou la circulation du sang dans la physiologie.

Le mystère serait aussi impuissant au XIXe siècle que la solitude : aujourd'hui ce n'est plus la vérité qui se cache dans l'ombre, mais l'erreur.

Dans l'association, quand le but qu'elle se propose est grand et juste, les idées et les passions s'épurent et se fortifient. Comme les passions et les idées sont les deux formes les plus puissantes de l'humaine activité, l'application légitime de cette puissance est le premier devoir de l'homme et de la société. Quelques-uns se sont efforcés d'éluder cette grande solution par un petit expédient : ils ont représenté les passions et les idées comme dangereuses en elles-mêmes, comme un inconvénient dont il fallait accepter le moins possible; ils n'ont pas cherché aux passions et aux idées un vigoureux exercice et une noble matière; ils ont tenté de rétrécir les idées et d'endormir les passions, et ils ont voulu ameuter contre elles ce qu'ils ont pu rassembler de petites irritations, et de petits raisonnements. Mais la nature des choses ne se laisse pas réduire par de semblables menées. Les passions dans leur essence sont la vie de l'homme : elles sont le feu élémentaire et central qui le nourrit et le dévore, le brûle et le régénère. Les passions sont des voisines d'une autre trempe et d'une autre espèce, les idées, dont le caractère est la nécessité. Les idées dans leur essence sont la loi de l'homme; elles sont la règle impérieuse et calme qui le mène pour s'en faire obéir, et n'est jamais satisfaite que par une entière obéissance. C'est

VIII.

ainsi. Ceux qui s'irriteraient que les passions fussent ardentes et les idées nécessaires, n'éteindraient pas l'ardeur des passions et ne fléchiraient pas la nécessité des idées; seulement ils pourraient nous donner à soupçonner que ni leur esprit ni leur cœur ne sont la proie d'un excès de grandeur et de générosité.

— Mais n'est-il pas un but si saint et si vrai qu'en y tournant les passions et les idées, cette application les grandisse à coup sûr en les purifiant? Oui, il est quelque chose de si un et de si vaste, de si infini et de si simple, de si positif et de si sacré que dans son sein il y a place pour toutes les pensées et pour tous les sentiments, pour toutes les vocations d'âme et de génie, pour tous les dévouements, toutes les ambitions, pour toutes les modes et pour toutes les vibrations de la vie, c'est l'humanité. Dans la théogonie de l'antique Egypte, quand Osiris et Isis ont établi le règne d'une nature bienfaisante et bonne, et triomphé de Typhon, paraît Hermès, le trois fois grand Hermès. C'est le dieu des idées, de la science, et du spiritualisme le plus éthéré, et puis c'est encore le dieu des hommes, de la politique et de la société : il a inventé l'écriture et rien ne s'écrit que dans lui et par lui, aussi tout ce qui s'écrit de grand et de sacré compose le livre infini d'Hermès. Il dirige la pensée dans ses élancements les plus subtils comme dans ses manifestations les plus positives; il mène et guide les âmes dans toutes les sphères qu'elles doivent parcourir; il conduit les hommes dans toutes les destinées de la vie humaine. Il est l'intelligence, il est la loi, il est l'idée, il est le fait, il est Dieu, il est l'homme. Qu'est-il donc enfin? Il est l'humanité. La voilà cette humanité comprise par la sagesse égyptienne dans sa grandeur et son immensité, contenant tout, identique à Dieu sous une forme inférieure et terrestre par la médiation de la nature.

Servez donc l'humanité, vous tous qui êtes ses membres et devez être ses soldats; croyez à tout ce qui est, à Dieu comme à l'homme, à la terre comme au ciel, au bonheur comme à l'immortalité; arrachez de votre cœur l'égoïsme comme un dard empoisonné. Alors, par un effet naturel, vous serez délivré du scepticisme : vous croirez à ce que la science et ses développements, à ce que l'humanité et ses destinées ont d'infini. Cette foi vous donnera du dévouement; l'exercice de ce dévouement augmentera votre foi. Et ce culte rendu à l'humanité par l'harmonieuse association des facultés humaines, vous enverra des pressentiments de la divine vérité.

(*Lerminier*, du collège de France.)

SOL (CULTURE DU). — Sous ce nom nous allons présenter les principes généraux d'agriculture pratique que M. Masson-Four a publié dans le *Journal des Connaissances utiles*. — Il était impossible de mieux résumer tout ce qui se rattache à l'agriculture.

La culture est l'art de faire produire à la terre en plus grande abondance des grains ou autres végétaux, et dans un état plus parfait que ceux qui croissent *spontanément*.

Les végétaux ou plantes sont des *êtres organisés*

19

vivants, qui proviennent d'une graine; sont fixés pendant la durée de leur existence au lieu où ils ont pris naissance; s'accroissent par l'*absorption* de *fluides* qu'ils puisent dans le *sol* et l'*atmosphère*; ils périssent ou meurent après un temps plus ou moins long.

Les plantes sont composées de plusieurs parties distinctes ou *organes*, savoir : la racine qui s'enfonce dans le *sol*; la tige ou le tronc qui s'élève dans l'air; les feuilles, expansions membraneuses, planes, ordinairement vertes, qui revêtent la tige; la fleur, composée de feuilles ou pétales, le plus souvent colorées, et qui enveloppent les organes *sexuels* ou de la génération; le fruit qui renferme les graines ou semences.

Cultiver une plante, c'est placer la graine ou la jeune plante dans un sol *labouré*; favoriser son accroissement par des soins particuliers; recueillir à une époque convenable de la végétation les parties ou produits utiles pour l'homme et les animaux *domestiques*.

La culture se divise en cinq classes qui ont entre elles de nombreux rapports.

L'agriculture, culture en plein champ, blé, orge, etc.

Praticulture, culture des prairies ou herbages.

Horticulture, culture soignée des jardins.

Viticulture, culture de la vigne.

Arboriculture et sylviculture, culture des arbres, bois et forêts.

L'agriculture est la profession la plus utile et la plus honorable.

La chimie et la botanique sont les sciences qui ont avec l'agriculture les rapports les plus intimes, quoiqu'elle s'aide de toutes les autres. La première donne au cultivateur les moyens de reconnaître par l'analyse la nature ou composition des terrains et des *engrais*, afin d'appliquer ces derniers de la manière la plus convenable. La seconde leur fournit les caractères distinctifs des différentes plantes qu'on peut cultiver avec profit.

La culture est aussi ancienne que l'apparition de l'homme et des animaux sur le globe.

Toutes les nations ne sont pas au même degré d'avancement dans cet art. Plusieurs le connaissent à peine, et vivent du produit de leurs nombreux troupeaux et de leur chasse. Les Tartares, les Arabes, les Indiens de l'Amérique du Nord, sont tous des peuples nomades, pasteurs ou chasseurs.

L'agriculture est pratiquée surtout par les nations de l'Europe, les Chinois, les Japonais, les Hindous et enfin par tous les peuples qui ayant une demeure fixe dans les villes ou les villages, ne mènent pas une vie errante et misérable.

Les avantages que la pratique agricole procure aux nations qui la suivent et aux gouvernements qui l'encouragent et la protègent sont immenses. Le pays peut nourrir un plus grand nombre d'habitants, les peuples sont plus civilisés, les agréments de la vie se multiplient, les arts fleurissent, puisque c'est la terre qui fournit en grande partie les matières que l'industrie met en œuvre, et les produits que le commerce distribue dans toutes les parties du monde. L'agriculture est une des sources les plus fécondes du bien-être et de la richesses des nations.

Les premières notions historiques de la pratique raisonnée ou systématique de l'agriculture datent de l'époque à laquelle les Israélites vinrent s'établir dans la terre de Chanaan, aujourd'hui la Palestine; encouragés par la fertilité du sol, ils s'adonnèrent à la culture. Le peuple ne fut pas seul employé à ces travaux; les richesses des princes et des grands personnages consistaient principalement en domaines très-étendus qu'ils faisaient valoir de leurs propres mains.

Les Chaldéens excellèrent aussi dans l'agriculture et ont surpassé toutes les autres nations. On croit que ce sont eux qui les premiers, employant les engrais pour fertiliser les sols épuisés, ont obtenu par ce moyen des récoltes successives.

Parmi les peuples de l'antiquité qui se sont distingués par leur science en agriculture, on cite les Égyptiens, les Phéniciens, les Grecs, les Carthaginois et les Romains, qui nous ont laissé les traités de Columelle et de Pline. On sait que la culture était tellement perfectionnée dans la Sicile que cette île était le grenier de Rome.

Le *Théâtre d'agriculture d'Olivier de Serres* est le premier ouvrage d'agriculture classique raisonné qui ait paru en France. Réimprimé avec d'utiles observations et additions par la *Société royale d'agriculture de Paris*, c'est encore un des meilleurs traités d'écocomie rurale. La protection accordée à l'agriculture, sous le règne d'Henri IV, par les conseils de Sully, qui regardait le labourage et le pâturage comme les deux mamelles de l'État, n'a pas été de longue durée. L'art de cultiver fut de nouveau abandonné à la routine, et depuis Louis XIV le gouvernement n'a demandé à la terre que des grains et des impôts.

La Flandre a été le berceau de l'agriculture européenne; c'est dans ce pays que les Allemands, les Suisses et les Anglais, ainsi qu'une partie de nos provinces limitrophes, ont puisé les bonnes méthodes de culture; les Anglais ont su en retirer des avantages immenses sur un sol et sous un climat ingrats.

La France tout occupée au commerce et aux manufactures a dédaigné les travaux des champs. Cependant elle n'a pas manqué d'hommes instruits qui se sont livrés aux améliorations agricoles, surtout dans ces derniers temps. Duhamel et l'abbé Rozier nous ont laissé des ouvrages intéressants. En 1797, des agronomes célèbres ont créé les *Annales de l'agriculture française*. Ce recueil important est continué par les membres de la *Société royale et centrale d'agriculture*; joint aux mémoires que la société publie tous les ans, on peut le regarder comme les archives de l'agriculture, où sont réunies toutes les découvertes faites en France et à l'étranger. Si notre agriculture pratique est arriérée, c'est que la science, qui est réléguée dans les livres, n'a profité qu'à ceux qui ont le loisir de lire. Nos cultivateurs, accoutumés à ne marcher qu'avec le flambeau de l'expérience, n'ont retiré aucun avantage des recherches et des ouvrages des Thouin, des Bosc, des Yvart, des Chaptal, etc.; les traductions des traités de Davy, de John Sinclair, de

Thaër, sont encore dans les bibliothèques, et les instruments d'agriculture se répandent lentement. Ce qui nous manque essentiellement, ce que Bernard de Palissy réclamait avec instance, ce sont des écoles primaires d'agriculture pour l'instruction des enfants pauvres ou abandonnés.

La France paraît aujourd'hui occuper le dernier rang parmi les Etats du nord de l'Europe; mais la fertilité de son sol, l'état convenable du sous-sol et de la surface pour le labourage, et par-dessus tout l'excellence de son climat, sont autant d'éléments réunis qui ne se rencontrent au même degré dans aucune autre contrée de l'Europe. Si l'on considère toutes ces circonstances favorables, combinées avec les efforts extraordinaires que l'on fait pour répandre l'instruction parmi les classes laborieuses, l'activité des habitants, et les progrès non moins extraordinaires de l'industrie manufacturière, on peut hardiment prédire que dans quelques années la richesse de la France sera considérablement augmentée, et que cette nation acquerra en agriculture la suprématie qu'elle exerce dans les lettres, les sciences et les arts : cette importante révolution, on la devra aux établissements de fermes modèles et d'écoles normales agricoles qui tendent à se multiplier, ainsi qu'aux efforts des sociétés d'agriculture dont les primes d'encouragement ne peuvent manquer d'exciter l'émulation. Quant à l'action du gouvernement, c'est déjà beaucoup lorsqu'elle n'est pas un obstacle au développement des institutions utiles.

Des sols ou terrains. — Le sol est cette couche de matières finement divisées dont la partie supérieure, qui constitue la surface de la terre, est en contact direct et immédiat avec l'atmosphère, et s'étend à une profondeur suffisante pour que les racines puissent s'y fixer.

Le sous-sol est la couche qui repose immédiatement sous le sol, et s'étend à une profondeur indéfinie.

Le sol est formé par des particules provenant de roches solides *désagrégées* ou décomposées, ou bien par un sédiment déposé par les eaux qui le tenaient en suspension, en mélange avec des matières organiques. Quelquefois il est composé de matières végétales seulement, telle que la tourbe.

Les principaux ingrédients qui entrent dans la composition des sols sont : la silice ou terre vitrifiable ; le cristal de roche ; l'alumine, qui fait la base des argiles ; le calcaire ou chaux carbonatée, marbre, pierre à bâtir ; le gypse ou plâtre, et l'*oxyde* de fer et de manganèse, auxquels ils doivent leur couleur. Les différents mélanges mécaniques produits par ces *constituants* terreux primitifs fournissent ces innombrables variétés de sol qu'on rencontre.

Les sols purs se divisent en sols minéraux ou terrestres.

1° Cailloux, fragments arrondis de roches de diverses dimensions, depuis un pied de diamètre jusqu'à un pouce. Ils sont de diverses qualités.

2° Graviers, fragments arrondis de la grosseur d'une noix à celle d'un pois.

3° Grits ou pierrailles, fragments angulaires de la grosseur du gravier.

4° Sable, fragments arrondis de la grosseur d'un pois à celle de particules à peine visibles ou impalpables.

Sable calcaire, celui qui est composé de chaux carbonatée ou de fragments de coquilles réduites en particules plus ou moins fines.

Sable siliceux ou quartzeux, celui qui est composé en totalité ou en majeure partie, de silice ou de quartz.

5° Poussière, particules si menues qu'elles sont enlevées ou entraînées par les vents lorsqu'elles sont sèches ; à l'état humide, elles forment la boue ou la vase.

6° Argile, particules menues, adhérant fortement entre elles, lorsqu'elles sont humectées. Dans cet état, elles forment une pâte ductile, qui conserve la forme qu'on lui donne, et durcit considérablement par l'action de la chaleur.

Variétés: marne, argile mêlée avec du calcaire ; loam, terre franche, argile mêlée avec de la silice.

Sols végétaux provenant des plantes décomposées.

7° Terreau ou humus. Friable, lorsqu'il est sec ; fangeux, lorsqu'il est humide, sans ténacité, ni ductilité, contenant des matières charbonneuses provenant de végétaux décomposés.

8° Tourbe : consistant en matières végétales en partie décomposées. Molle et pâteuse, lorsqu'elle est humide; dure et cohérente lorsqu'elle est sèche.

Les sols purs existent rarement dans la nature ; ils forment, par leur mélange en proportions variables, les sols composés qui prennent leur dénomination de celle de l'ingrédient prédominant.

Les sols agissent en raison de leurs propriétés physiques ; c'est-à-dire leur état de division ; leur perméabilité à la chaleur; à l'air et à l'eau, leur ténacité, mais leur fertilité dépend entièrement de la présence des matériaux provenant de la décomposition des êtres organisés, des engrais naturels fournis par l'homme et les animaux.

On connaît exactement la nature ou composition des sols par le moyen de l'analyse chimique. Mais la manière la plus commode pour les cultivateurs, en général, est d'observer les plantes qui croissent sans culture. Si elles sont en fleur, en bon état et *luxuriantes*, et que nous connaissons d'avance le terrain qu'elles aiment, nous pourrons penser que celui que nous examinons lui convient.

Les meilleures terres arables répandent une odeur fraîche et agréable, lorsqu'elles sont nouvellement béchées, elles n'adhèrent pas trop aux doigts lorsqu'on les manie. Elles offrent quelquefois une apparence onctueuse, ce dont on s'aperçoit en les pétrissant ou pressant entre les doigts et le pouce ; elles ne retiennent pas l'eau trop fortement et ne l'abandonnent pas trop facilement.

Les sols argileux, ou terres fortes glaiseuses, diffèrent essentiellement entre eux, selon la quantité et la qualité de l'argile qui domine et suivant les altérations ou modifications produites par le mélange d'autres substances terrestres ou végétales. Elles donnent généralement de bonnes récoltes de blé et de pâ-

turages, mais les frais de culture sont plus forts en raison de leur texture compacte.

Les sols loameux, ou terres franches, qu'on distingue en argileux, sablonneux, calcaires, etc., sont plus secs et friables que l'argile ; ils se travaillent plus facilement ; ils reçoivent et transmettent l'humidité plus librement; ils sont moins aptes à se durcir par la sécheresse, et à se geler dans les temps froids et humides;ils produisent aussi peu de mauvaises herbes; ils exigent moins de frais de culture; c'est pourquoi ils sont très-recherchés.

Les sols calcaires sont composés de chaux carbonatée, d'argile, et occupent dans plusieurs localités des plaines très-étendues ; ils diffèrent essentiellement entre eux par les proportions de leurs composants, par leur profondeur et leur situation basse. Lorsque la quantité des ingrédients qui sont mélangés avec le calcaire est minime et imparfaitement réduite en terreau, le sol est pauvre et léger ; mais si la couche superficielle a beaucoup de fond, si les substances sont en décomposition complète, le sol peut être considéré comme riche. Dans le premier cas, les récoltes sont incertaines, tandis que dans le second elles sont abondantes.

Cette espèce de sol est moins endommagée par les pluies que les autres ; mais quelquefois la sécheresse la durcit tellement qu'on ne peut la rompre qu'après qu'elle a été divisée par les pluies.

Les sols siliceux, ou sablonneux, sont composés de petites particules de silex, de calcaires ou autres substances pierreuses, plus ou moins menues. Ils varient suivant la proportion plus ou moins grande des principes améliorants qui s'y rencontrent : lorsqu'ils sont mêlés avec des terres argileuses en grande quantité, ils forment des sols lourds, compactes ; si l'argile est en petite dose, le sol est sablonneux, léger.

En raison de leur texture poreuse, du peu d'adhérence de leurs parties; ils sont cultivés avec moins de peine ; ils conservent mieux leur façon que les espèces plus serrées et plus lourdes; et, lorsqu'ils sont convenablement préparés, ils conviennent pour la culture des plantes à racines bulbeuses, tubéreuses et charnues, telles que oignons, pommes de terre, turneps, betteraves, etc.

En vertu de leur extrême division et porosité, les sols sablonneux sont aisément pénétrés par la chaleur et l'humidité ; mais en revanche ils se refroidissent et se dessèchent avec la même facilité; les pluies d'orages, les grands vents, laissent souvent à nu les racines des récoltes. Les céréales sont versées avant leur maturité, ce qui diminue de beaucoup leur valeur, lorsqu'elles ne peuvent se relever.

Les sols graveleux sont principalement composés de petites pierres, de la grosseur d'un pois à celle d'un caillou moyen; ils varient comme les précédents en qualités et pour les mêmes causes; par leur légèreté et leur texture poreuse, divisée, ils se cultivent à peu de frais; le travail s'exécute avec facilité et promptitude ; les terres sont bientôt mises en état de recevoir les récoltes. Mais, comme les sols graveleux abandonnent facilement l'eau dont ils sont imbibés,

ils brûlent les plantes, ce qui n'arrive pas avec les sols plus lourds et plus compactes.

Les sols tourbeux et mousseux sont formés de racines et autres parties des végétaux morts, mêlés avec une terre argileuse ou sablonneuse, et une substance qui ressemble au charbon, et qui provient de même de la décomposition des plantes submergées, ou constamment baignées dans une eau stagnante. Ils diffèrent entre eux par leur texture, les quantités et qualités des ingrédients qui constituent le mélange. En raison de leur origine et de leur situation ordinaire dans les lieux bas et humides, les marais et marécages, les tourbes sont rarement ou même jamais exemptes de cette humidité excessive qui les rend stériles et de peu de valeur.

La terre végétale est la couche superficielle dans laquelle, en général, les plantes végètent, quelle que soit la nature du sol. Elle diffère principalement par sa profondeur plus ou moins grande, par la proportion des matières végétales qu'elle contient, et leur état plus ou moins avancé de décomposition. Il ne faut pas la confondre avec l'humus.

On peut tirer de ce qui vient d'être dit sur les sols les conclusions suivantes : en général, les meilleurs sont ceux qui contiennent la plus grande quantité de substances alimentaires pour les plantes. C'est pourquoi les sols calcaires, qui ont une grande attraction pour l'acide carbonique, combinaison chimique très-favorable à la végétation, sont fertiles. Les sols les plus estimés sont ceux qui contiennent une plus grande quantité de débris animaux et végétaux en décomposition, les sels qu'ils renferment stimulent aussi fortement la végétation.

Améliorations, amendements des sols.

Amender un sol, c'est corriger ses défauts par une substance qui a des qualités contraires, et l'addition d'ingrédients qui lui manquent, auxquels on donne le nom de matériaux d'amendement. Leur action se borne à changer les qualités physiques du sol ; ils ne contribuent à l'accroissement des plantes que mécaniquement, et ne sont pas nutritifs à proprement dire.

On suit, pour cet objet, diverses méthodes selon les circonstances ; ainsi, on mêle une espèce de sol avec une autre; on dessèche ceux qui retiennent trop d'humidité; on a recours à l'irrigation pour ceux qui sont trop secs; on brûle les gazons et les tourbes; on enrichit avec des engrais et des sels les sols épuisés ou infertiles.

On se procure et on extrait des lieux où elles abondent les terres qui manquent aux sols qu'on veut amender. Il est rare qu'on ne trouve pas dans le même champ, en faisant des fouilles, ou dans les environs, les matériaux qu'on désire.

Pour amender les sols argileux, tenaces, on emploie les terres calcaires, le gravier, la marne calcaire, le sable fin, les plâtras. A défaut de ces substances, on se sert avantageusement d'un mélange de chaux, de fumier et de sable; on peut y ajouter des végétaux coupés dans les lieux incultes.

Les loams n'exigent pas autant de mélanges étrangers que les autres terres; la vase des mares et des fossés est ajoutée avec profit.

Pour les sols calcaires, les espèces les plus denses sont améliorées par les loams sablonneuses, et les plus légères par l'argile, les marnes argileuses.

On amende les sols sablonneux avec la marne calcaire, les loams et autres terres argileuses et par le parcage des moutons.

Les sols graveleux sont mêlés avec de la marne, de l'argile, les loams argileuses, le calcaire bien divisé.

Les sols tourbeux sont préalablement desséchés, et, leur surface une fois privée d'eau, on les amende avec du gravier, du sable commun, du calcaire, des terres grossières, la marne calcaire, le sable marin, la chaux, selon le besoin et la facilité de se procurer ces diverses substances améliorantes.

Clôtures ou défenses des champs. — On garantit les champs des dégats du bétail extérieur en les entourant de clôtures impénétrables. Les troupeaux qui paissent dans l'intérieur ne peuvent alors s'échapper. Dans les pays où les pierres sont abondantes on construit des murs, mais le plus ordinairement on plante des haies.

Les murs ont l'avantage de préserver les champs de l'entrée des animaux domestiques et remplissent le but proposé immédiatement. Ils ne servent pas de repaire aux oiseaux et aux insectes; mais aussi ils ne fournissent pas d'abri contre les vents et les froids. Ils exigent de fréquentes réparations.

Comme les haies demandent quelque temps pour atteindre leur parfait développement, elles restent longtemps dans cet état avant de dépérir; elles procurent aux champs un abri dont les animaux profitent. Dans les premiers temps de leur plantation elles sont jeunes et tendres, et ne forment clôture qu'au bout de quelques années, de sorte que leur utilité n'est pas immédiate pour le planteur.

Le choix des arbres ou arbrisseaux pour la formation d'une haie doit être dicté par les climats, le sol et le besoin. Dans le midi, le grenadier, le jujubier, le genévrier, le nerprun, etc.; dans le centre et le nord, l'aubépine, le prunellier, le groseillier épineux, la ronce, le houx, etc.

De toutes les plantes qui conviennent pour haies vives, l'aubépine paraît mériter la préférence, en raison de son accroissement rapide, de sa durée et de sa beauté ; presque tous les sols lui conviennent, lorsqu'on a creusé un fossé et préparé une levée de terre fraîche pour la recevoir; les sols graveleux sont les moins propres à sa réussite. Vient ensuite l'épine noire ; mais sa venue est moins certaine ; ses racines s'étendent dans le champ. Le houx, dans les endroits où son accroissement est le moins incertain et lent, l'emporte de beaucoup sur les autres comme clôture. La meilleure méthode, pour éviter tous les inconvénients, est de planter alternativement un houx et quatre épines blanches. À mesure que le houx avance en grosseur, on enlève une aubépine jusqu'à ce qu'à la longue le premier occupe tout l'espace et forme une haie impénétrable. On remplit les vides en cou-

chant quelques branches, les plus basses, qu'on couvre de terre ; elles prennent promptement racine et remplissent les interstices.

Les autres plantes qu'on peut employer pour haies, suivant les circonstances, sont le noisetier, le sureau, le troène, l'acacia, l'ajonc, le cornouiller, etc.

Dessèchement, assainissement, irrigation. — On prive les sols marécageux de l'eau qui baigne leur surface en pratiquant des tranchées ou fossés d'écoulement convenablement disposés. Ces canaux sont couverts ou à découvert, selon la disposition du sol ou le besoin. Comme la méthode du dessèchement, quand il s'agit d'une grande étendue, est un peu compliquée, on a recours à des ingénieurs dans cette partie, ou à des praticiens expérimentés. En général, les fossés profonds et couverts sont les plus avantageux. Les tranchées ont 26 à 32 pouces et plus de profondeur, et 12 pouces de largeur. On place au fond des pierres plates ou des briques de manière à former une espèce de toit qu'on couvre de terre: l'eau coule entre ces pierres ou briques. On se sert au besoin d'épines ou de fascines, de cornes, de cailloux ou toute autre substance perméable à l'eau. Ainsi disposés, ces canaux d'écoulement sont restés intacts pendant plusieurs années.

Au moyen de l'irrigation, on fournit l'eau nécessaire aux terres qui sont naturellement trop sèches et à celles qui demandent une plus grande quantité d'eau que celle qu'ils ont naturellement. Cette pratique a été connue de temps immémorial par les Egyptiens et les Chinois; mais elle n'a été introduite en France que dans les temps modernes. Elle est d'un très-grand avantage lorsque les terres ont une qualité convenable ; et là où se trouve un courant d'eau ou un réservoir qu'on puisse employer à cet effet, on obtient alors, par ce procédé, des récoltes d'herbages plus précoces et plus abondantes que par tout autre moyen.

Tous ces bénéfices de l'irrigation proviennent de l'eau qui, indépendamment des matériaux qu'elle entraîne et dépose, est favorable à la végétation, comme principe nutritif et essentiel des plantes; mais l'eau n'est réellement bonne que lorsqu'elle est appliquée dans une saison appropriée, et dans une proportion convenable. C'est en cela que consiste la principale science de l'*irrigateur*. On a soin de répandre l'eau avec modération, de ne jamais la laisser stagnante: plus elle coule lentement, plus elle profite aux végétaux. L'hiver est la meilleure saison pour l'application de l'eau si on ne la laisse pas séjourner trop longtemps. Les sols sablonneux et graveleux sont ceux qui retirent le plus de bénéfice de cette pratique.

Traitement des prairies arrosées. — Aussitôt que les herbages ont été pâturés, le maître irrigateur commence à nettoyer la tranchée principale et les autres rigoles, il répare les conduits que le piétinement du bétail a plus ou moins endommagés; lorsqu'une pièce de champ est terminée, elle est mise immédiatement sous l'eau. Il procède successivement de la même manière jusqu'à ce que le tout soit terminé. Cette besogne doit être achevée d'assez bonne heure, en au-

tomme, afin de profiter, pour la première submersion, des eaux chargées de matières nutritives qu'elles amènent des montagnes voisines, des grandes routes, etc.

Le temps que l'eau doit séjourner sur le pré dépend de la situation et de circonstances particulières ; mais la règle générale est de laisser l'eau quinze jours ou plus, de bien dessécher le sol en retirant l'eau pendant un jour ou deux, surtout lorsqu'on aperçoit des écumes blanches.

Pour que l'arrosage soit avantageux en automne, il est essentiel que la prairie soit desséchée préalablement autant que possible, pour stimuler et faciliter l'accroissement des herbes, comprimer la terre autour des racines et tenir le gazon serré.

On renouvelle l'arrosage aussitôt que la végétation languit ; mais, en général, pour quelques jours seulement.

La submersion est souvent plus utile si on a soin de délayer la vase qui est au fond des fossés ou rigoles, dans lesquels on peut même jeter de la chaux. De cette manière, les substances nutritives, fertilisantes, ont été distribuées également sur le sol qui est alors considérablement enrichi.

La pratique des arrosements n'est pas partout la même. Dans quelques pays, on laisse le sol inondé pendant plusieurs semaines consécutives; on dessèche ensuite par intervalle pendant un jour ou deux, tandis que dans quelques autres on alterne une semaine de submersion avec une d'écoulement.

En général les prairies demandent moins d'eau au printemps qu'en automne, elles doivent être complétement desséchées entre chaque irrigation. Il n'y a pas d'inconvénient de laisser l'eau dans les prés pendant les gelées lorsque les herbes sont bien enracinées.

Des engrais et fumiers. — Les engrais sont aux plantes ce que les aliments sont aux animaux. Sans engrais, point de végétation, eux seuls donnent aux sols une fertilité chimique.

Les végétaux sont composés d'oxygène, de carbone, d'hydrogène et accidentellement d'azote. C'est dans la terre et dans l'air qu'ils puisent, par le moyen des racines et des feuilles, les substances qui doivent leur servir d'aliments et par conséquent qui doivent contenir les matériaux qui entrent dans leur composition.

Les plantes ne se nourrissent d'aucune substance solide lors même qu'elle est réduite à un état de division extrême.

Les terres seules sont infertiles. Ce sont les engrais qui alimentent les plantes après la germination. Ils sont en grand nombre, mais en général ils proviennent de la décomposition des matières animales et végétales. On emploie quelques substances minérales et salines qui agissent comme stimulants des fonctions organiques ou qui ont une action chimique sur les matériaux des engrais.

Nous divisons les engrais ainsi qu'il suit :

Première classe. Engrais animaux.

Genre premier. Urineux.

Espèces. 1° Colombine ; 2° fiente de poule ; 3° urine de l'homme et des quadrupèdes ; 4° gadoue liquide ; 5° égout des étables, des écuries, etc.

Genre second. Stercoraux.

Espèces. 1° Excréments humains ; 2° des animaux carnivores; 3° des moutons; 4° des chevaux ; 5° des bœufs, vaches ; 6° des chèvres ; 7° des porcs ; 8° le parcage.

Genre troisième. Parties molles et liquides des animaux.

Espèces. 1° Chair; 2° sang ; 3° dépouilles ; 4° égout des tueries ; 5° les poissons.

Genre quatrième. Parties dures des animaux.

Espèces. 1° Os; 2° cornes, sabots ; 3° ongles; 4° poils, plumes ; 5° débris de laine, bourre, etc.

Seconde classe. Engrais végétaux-animaux. Fumiers.

Genre premier. Des étables ou écuries.

Espèces. 1° Porcs; 2° moutons; 3° chevaux; 4° bœufs, vaches; 5° lapins, etc.

Genre second. Des manufactures.

Espèces. Débris des cuirs tannés, résidu des buanderies, écumes des raffineries, etc.

Troisième classe. Engrais végétaux.

Genre premier. Difficilement décomposable.

Espèces. Lupins moulus, séchés au four ou cuits à l'eau, graines avariées, récoltes enfouies en vert, plantes des marais.

Genre second. Facilement décomposable.

Espèces. Pailles, chevenettes, sciures de bois, marcs d'olives, de raisins, navettes, colza, tourteaux de lin, etc.

Quatrième classe. Engrais animaux minéralisés.

Urates, composts, noir animal, coquilles.

Cinquième classe. Engrais végétaux minéralisés.

Genre premier. Naturels.

Espèces. Tourbes, terreaux des bois, de bruyère, vases de lacs, des fossés, eau des routoirs.

Genre second. Artificiels.

Espèces. Charbons de bois, balayures des magasins.

Stimulants de la végétation ayant une action chimique sur les matériaux de l'engrais, et qui sont absorbés par les racines.

Genre premier. Simples, alcalis ou sels naturels.

Espèces. Chaux, potasse, soude, plâtre-gypse, sel marin, nitre, phosphate, nitrate, hydrochlorate, calcaires, etc.

Genre second. Composés artificiels.

Suie, cendres de bois, de tourbe, de houille, vases marines, plâtras, décombres, résidus des savonneries, buanderies,

Appendice. Boues des rues, des villes et autres; propriétés mixtes des engrais et des stimulants.

On voit par ce qui précède que les substances qui peuvent servir à fertiliser la terre sont en grand nombre, faciles à ramasser; une grande partie se consume en pure perte par la négligence des cultivateurs, dans les cours, sur les routes, etc.

L'application des engrais est un des points importants en agriculture. On doit avoir égard, dans leur emploi, à la nature du sol, à la structure des plantes, à la facilité plus ou moins grande avec laquelle les

matériaux organiques se décomposent et se convertissent en combinaisons solubles et gazeuses qui sont absorbées par les végétaux qui les convertissent en leur propre substance, en vertu de leur vitalité, au moyen des organes de nutrition.

On s'assure de la qualité des engrais par l'analyse chimique ; mais comme cette méthode n'est familière qu'à ceux qui ont étudié la science, on doit s'en tenir à l'expérience et aux observations des praticiens éclairés.

Les substances animales dures, réduites en particules par des instruments appropriés, fournissent aux plantes un excellent aliment, et donnent au sol, par leur décomposition lente, une fertilité durable.

Les substances animales molles abondent en mucilage, en gélatine, en huile ; attirent fortement l'humidité, se décomposent facilement et promptement, contribuent de suite à l'alimentation des plantes : mais leur effet est de peu de durée. Leur emploi exige des précautions. On les prépare en composts. On se sert de la même manière des engrais urineux et stercoraux.

Les fumiers végéto-animaux sont les plus usités et recherchés. Leurs qualités varient suivant les circonstances. Ceux des animaux gras et bien nourris valent mieux que ceux des bêtes maigres et chétives.

Les agronomes ne sont pas d'accord sur l'état dans lequel on doit employer les fumiers. Le plus grand nombre recommande d'attendre, pour les appliquer, qu'ils aient subi l'acte de la fermentation ou putréfaction, qu'ils soient consommés, réduits en une espèce de pâte. Des savants et des cultivateurs instruits veulent qu'on les répande et qu'on les enfouisse à l'état frais et d'intégrité, et en cela cette pratique est d'accord avec la théorie et l'expérience. Les fumiers perdent par la putréfaction une grande partie de leurs principes fertilisants, le tiers au moins, et sont réduits en humus dont l'effet est de peu de durée.

Une des meilleures méthodes et la plus avantageuse pour obtenir un engrais végétal puissant, c'est l'enfouissement des récoltes vertes, succulentes, telles que le trèfle, les vesces, le lupin, le sarrasin, etc., qui sont cultivées exprès et enterrées avec la charrue ; la fermentation a lieu dans le sol et rien n'est perdu pour la récolte qui suit. Les bons effets de cette pratique sont appréciés depuis longtemps et sont en faveur de l'emploi judicieux des fumiers récents, c'est-à-dire non fermentés ou consommés.

La chaux vive agit d'abord chimiquement sur les matériaux des engrais, forme des composés savonneux et salins, qui se décomposent lentement ; elle brûle les mauvaises herbes, favorise la conversion du carbone en acide carbonique, et passant à l'état de craie, elle devient un amendement utile.

Le salpêtre, le sel marin ou de cuisine, le sulfate de soude, le chlorure de chaux, le phosphate calcaire, les sels de potasse, agissent comme stimulants des fonctions de nutrition, sont absorbés et décomposés en partie, cèdent ou leur acide ou leur base qu'on retrouve en combinaisons dans les plantes. Les uns ne sont qu'accessoires, les autres sont indispensables.

Le plâtre agit comme stimulant, décompose le carbonate d'ammoniaque, est décomposé par le charbon, qui enlève l'oxygène au soufre, et il se forme de la craie, chaux carbonatée.

Les composts sont des mélanges pulvérulents, de terres avec des substances organiques, liquides, molles et sèches. On les répand sur les prés et les récoltes en pleine végétation. C'est ce qu'on nomme fumure en recouvrement, en couverture. C'est le *top-dressing* si recommandé avec raison par les Anglais.

On répand aussi les fumiers en recouvrement après la première coupe, lorsqu'on veut enfouir une récolte de trèfle en vert, et l'action de ces deux engrais donne au sol une fertilité étonnante.

Des herbages et prairies. — Les plantes propres à la composition des prairies sont en grand nombre, différentes entre elles par leur nature et leur valeur. Les plus employées pour la culture sont prises dans la famille des graminées et des légumineuses. On forme des prairies permanentes ou temporaires, en remplacement de la jachère.

Le choix des plantes dépend de la nature du sol, de son humidité, de l'intention que l'on a d'obtenir un pré à pâturer ou à faucher.

Pour les sols argileux :

Trèfle moyen, dactyle aggloméré ou pelotonné, crételle, la fétuque, l'avoine, la lupuline, la houlque, la phléole, le vulpin, le lotier.

Pour les loams ou terres franches :

Trèfle blanc, ivraie vivace, ray-grass, la houlque, la fétuque, la lupuline, le vulpin, la phléole, la luzerne.

Pour les sols sablonneux :

Trèfle blanc, ray-grass, houlque, mille-feuilles, pimprenelle, lupuline, plantain.

Pour les calcaires :

Mille-feuilles, pimprenelle, lupuline, trèfle blanc, sainfoin.

Pour les sols tourbeux :

Trèfle blanc, crételle, dactyle, plantain, houlque, ray-grass, vulpin, fétuque et phléole.

Dans la culture alterne on forme les prairies artificielles, c'est-à-dire temporaires, avec le trèfle, la luzerne, le sainfoin ; on peut opérer des mélanges avec des graminées et légumineuses.

On doit fumer largement les prairies qu'on fauche souvent. C'est à tort qu'on les abandonne aux soins de la nature ; le sol s'épuise, le gazon s'éclaircit, la récolte est empoisonnée de mauvaises herbes. On fume en recouvrement après chaque coupe. Les prés qu'on fait pâturer exigent moins d'engrais, ils se fertilisent par les déjections du bétail.

On répand sur les prairies le plâtre et la chaux par un temps un peu sombre. Les légumineuses surtout profitent du gypse qui est généralement employé. La chaux détruit la mousse et les mauvaises herbes.

Dans la culture alterne, on sème ordinairement le trèfle, la luzerne et le sainfoin, ou le ray-grass seul. On peut former de même une prairie temporaire avec un mélange d'herbes. On aura soin, si c'est un pré à faucher, d'associer les plantes qui fleurissent ou mû-

rissent à peu près à la même époque ; pour pâturage, au contraire, on mêle les herbages de manière à obtenir une végétation pendant toutes les saisons.

Il faut éviter de faire pâturer les prés et les faucher alternativement. C'est le moyen de les détruire. Les prairies qui sont pâturées, n'ayant pas la faculté de procréer les herbes par les graines, s'entretiennent par les racines qui s'entrelacent et forment un tissu serré. Elles ne peuvent, dans ce cas, donner une bonne récolte de foin ; mais en revanche elles jettent des pousses tendres et délicates, qui sont très-nutritives et agréables au bétail. Lorsqu'une prairie est appauvrie, on lui rend sa fertilité en la faisant parcourir par des moutons, en la couvrant d'un compost composé d'une partie de chaux vive, douze de terre franche et du fumier. Une pratique qui n'est pas moins avantageuse est d'arracher les joncs, les bruyères, les genêts, etc. ; de les faire sécher et de brûler pour répandre les cendres sur le pré.

Du labourage. — L'opération du labourage est la plus importante en agriculture ; elle a pour objet de retourner la terre, de la diviser et ameublir, et de l'exposer aux influences atmosphériques, enfin de la préparer pour recevoir la semence.

On ne doit pas labourer lorsque la terre est mouillée, parce que, dans ce cas, le labour est inutile, sans bénéfice pour le champ.

La profondeur des labours dépend en général de la nature du sol. Pour la plus grande partie des terres on peut aller jusqu'au fond du sol fertile, mais non plus loin, à moins qu'il ne soit avantageux de mélanger une partie du sous-sol pour amender la couche supérieure.

Le labourage est utile à la végétation, parce qu'il ouvre et ameublit le sol et qu'il donne aux fibres des racines la faculté de s'étendre et d'absorber les principes nutritifs des engrais. Il contribue à détruire les mauvaises herbes.

Les sols graveleux et sablonneux font exception à la règle générale. Loin de souffrir du labour lorsqu'ils sont humides et par un temps pluvieux, ils en profitent beaucoup mieux que par un temps chaud et sec.

On doit, aussitôt que les récoltes sont enlevées, donner un labour superficiel ou déchaumer. Cette opération enterre le chaume, fait germer les semences qui ont été répandues, et celles des mauvaises herbes, et les premiers labours débarrassent le champ des plantes inutiles.

Toutes les terres ne demandent pas, en général, de fréquents labours ; elles diffèrent grandement entre elles sous ce rapport. Les argiles tenaces, les loams argileuses doivent être labourées plus souvent à la charrue et hersées, etc., afin de rompre et de diminuer l'adhérence de leurs molécules. Les sols légers, d'une texture lâche, poreuse, demandent moins de travail. On laboure les sols argileux en automne, pour qu'ils profitent de l'influence des gelées.

On ne peut trop recommander l'usage des bons instruments en agriculture : le travail est meilleur et plus expéditif. Nous signalerons *l'araire Dombasle*,

sans avant-train, *la charrue Guillaume*, avec avant-train, *la charrue Grange l'extirpateur, la herse à dents de fer, le rouleau, la houe à cheval, le rayonneur et le semoir à brouette*. On a déjà reconnu les avantages de ces instruments, qui se confectionnent actuellement dans plusieurs départements, par des ouvriers, ou sous la direction des élèves sortis de la ferme de Roville et de l'institut de Grignon.

Culture en lignes ou raies. — Le but de cette méthode et de semer le blé et les graines de toutes espèces, de manière à ce qu'elles soient déposées dans la terre à une profondeur égale, dans des sillons réguliers et à distance égale.

Au lieu de semer à la main et à la volée, comme cela se pratique, la semence est déposée régulièrement au moyen d'une machine qu'on nomme semoir ou charrue à semer en lignes, *Drillplough* en Angleterre, d'où elle nous a été importée.

Cette méthode, usitée en Chine pour la culture du riz, n'a été introduite en Europe que depuis soixante ans ; elle a éprouvé beaucoup d'opposition, et aujourd'hui on la regarde comme la meilleure manière de semer dans les pays où elle est adoptée.

Dans le semis à la volée, la graine est lancée au hasard, souvent par des mains inhabiles. Déposée à la surface, elle est exposée aux ravages des oiseaux et des insectes. Tandis qu'avec le semoir elle est placée dans des sillons d'une égale profondeur et convenables à sa nature : recouverte instantanément, elle est protégée contre tout dégât. Dans la pratique ordinaire, la graine est trop épaisse en certains endroits et trop claire dans d'autres. Lorsqu'on passe la herse, une grande partie de la semence est enterrée profondément dans le sol et pourrit avant de germer ; ces inconvénients n'ont pas lieu dans la culture en raies. Lorsque le froment et autres céréales sont semés à la volée, on ne peut le sarcler commodément, parce qu'ils lèvent irrégulièrement, tandis que, semés en lignes, on peut passer la houe à cheval, qui extirpe les mauvaises herbes et favorise l'accroissement de la plante par les substances alimentaires qu'elle introduit dans la terre.

On reproche à cette méthode que les récoltes sont semées trop claires ; que les moissons des grains se font dans ce cas plus tard que les autres ; que le trèfle ne réussit pas dans les blés ainsi cultivés ; que l'avoine produit une paille abondante et dure, qui ne peut servir à la nourriture du bétail. La première objection est sans fondement. Outre une grande économie de semence, l'expérience a démontré que la récolte a été très-supérieure en quantité et en qualité. Quoique la seconde objection soit en quelque sorte fondée en raison de la régularité et de la vigueur des plantes, la récolte se fait avec moins de frais, la terre reste en bien meilleur état que par la pratique ordinaire.

Culture des céréales. — On comprend sous cette dénomination le froment, le seigle, l'orge et l'avoine.

Pour le froment, on donne d'abord un labour, lorsque la terre est moite, parce que dans cet état elle se divise aisément et s'ameublit. On prépare la semence par le chaulage. Pour cela on met le blé

dans une corbeille en osier, on le plonge à plusieurs reprises dans un lait de chaux claire; on remue le grain à la main ou avec une palette de bois, on égoutte et on fait sécher le grain sur le plancher avec les précautions convenables. On peut substituer au lait de chaux une solution de trois onces de couperose bleue ou sulfate de cuivre dans suffisante quantité d'eau, pour chaque hectolitre de semence : on laisse le grain tremper quelque temps.

L'époque de la semaille, pour les blés d'hiver, est le commencement d'octobre, aussitôt que le terrain est prêt. Si l'on sème de trop bonne heure, le froment lève et pousse trop tôt et se trouve exposé à beaucoup d'inconvénients. Semé trop tard, il n'a pas le temps de se fortifier, de s'enraciner convenablement pour résister aux gelées qui le poussent hors de terre.

On sème ordinairement à la volée; quelquefois on place la semence à la main. Il est prouvé que dans les pays où cette pratique est suivie, c'est une des meilleures qu'on puisse adopter. Les épis sont plus gros, le grain plus volumineux et plus pesant par boisseau que le blé semé à l'ordinaire. Au premier moment, la récolte paraît claire; mais les plantes tallent et se répandent considérablement au printemps.

On fait cette opération de la manière suivante. Un homme fait, avec un plantoir en fer, et à quatre pouces, de distance, des trous d'un pouce de profondeur dans chacun desquels des femmes et des enfants coulent deux ou trois grains, qui sont ensuite recouverts avec une herse de fagots d'épines traînée par un cheval et qui bouche tous les trous.

Les avantages de cette méthode sont que 27 à 30 litres de semence suffisent pour un demi-hectare; que la semence ainsi recouverte n'est pas dévorée par les insectes et attaquée par les gelées. Les plantes s'élèvent régulièrement, le sarclage avec la houe à cheval est facile, et les mauvaises herbes sont extirpées. L'économie de graine lorsque le blé est rare mérite considération. La dépense est de 7 à 8 francs par demi-hectare; mais le grain est beaucoup plus beau, et la quantité d'un hectolitre qu'on obtient de plus que par le semis accoutumé compense et au delà les frais de culture.

L'époque de la moisson varie depuis la fin de juin jusqu'en août selon le climat. On coupe le blé avec la faucille ou avec la faux, un peu avant sa parfaite maturité. Alors il reste soit en javelles, soit en meulons ou mayettes, jusqu'à son entière maturité et dessiccation. Dans quelques cantons on conserve le grain en gerbes dans la grange, mais la meilleure manière est de l'établir en meules, dans les environs de la maison. Le grain se conserve ainsi sans altération jusqu'au moment du battage qu'on exécute à l'aide d'une ingénieuse machine, qui rend un treizième de plus en grain que le fléau. Le produit par hectare est de 18 hectolitres; il faut deux hectolitres pour semence; ce produit varie et peut s'élever à 20 et 23 hectolitres : le poids varie de 73 à 75 kilogrammes l'hectolitre, celui de la paille est le double de celui du grain.

On sème communément le seigle sur les sols pauvres, secs, calcaires ou sablonneux, où le froment ne vient pas. On le cultive quelquefois comme nourriture de printemps pour les moutons. On connaît quatre espèces de seigle; mais on n'en cultive que deux, le seigle d'hiver et le seigle de printemps. On sème celui d'hiver en automne avant le blé; mais il mûrit avant le froment. On le préfère à la variété du printemps, parce que son grain est plus gros et plus pesant. Le seigle du printemps se sème de bonne heure, en mars, aussitôt que les circonstances le permettent; il mûrit aussi promptement que celui d'hiver. Comme il est de qualité inférieure, on le cultive rarement, à moins que la récolte d'hiver n'ait manqué. On sème dans le mois de juin une variété connue sous le nom de seigle de la Saint-Jean. On la coupe en vert en automne, et on la fait pâturer en hiver. Le produit du seigle est presqu'égal à celui du blé; mais il rend plus en paille, il exige autant pour semailles.

L'orge se plaît dans un sol léger, meuble; c'est pourquoi elle exige beaucoup de travail, si on la cultive sur un sol argileux. Dans ce cas on laboure la terre aussitôt la récolte enlevée, afin que le sol s'ameublisse par les gelées et l'air. On la sème à la fin de mars ou au commencement d'avril.

On lui donne quelques préparations. On la fait tremper dans l'eau pendant vingt-quatre heures avant de semer. On a reconnu qu'il y avait un grand avantage dans cette trempe. Un agronome renommé fait tremper son orge dans de l'eau de fumier et d'étables. Il la mêle ensuite avec des cendres pour semer plus régulièrement. Il a obtenu par demi-hectare 22 hectolitres d'orge très-propre, sans grains petits ou verts, ni mauvaises herbes, tandis que d'autres champs semés en grains non préparés n'ont rendu que le tiers ou 7 hectolitres d'orge, considérablement chargée.

Lorsqu'on laboure un sol argileux pour de l'orge, il vaut mieux laisser passer la saison que de mettre la charrue lorsque la terre est humide, parce qu'alors elle forme des masses compactes, préjudiciables à une bonne végétation et surtout à la germination. On ne peut les diviser qu'avec difficulté. Après les premières pluies, on applique le rouleau, afin de rompre les mottes. Au bout de trois ou quatre semaines, on roule de nouveau avec un rouleau pesant. La terre est alors pressée contre les racines; les plantes tallent davantage et deviennent plus épaisses sur le sol. Lorsque l'orge pousse trop vigoureusement, quelques fermiers la font paître par les moutons. Mais comme ces animaux sont très-avides de la partie sucrée de la tige, près des racines, ils broutent trop près de terre, et endommagent la plante. La faux, qui n'enlève que les sommités trop luxuriantes, est bien préférable. Le produit est de 12 à 16 hectolitres suivant les saisons et le mode de culture. Il exige 2 à 3 hectolitres pour semence.

Quoique l'avoine se sème au printemps, la terre doit être labourée en hiver, de manière à ce qu'elle profite de l'influence des gelées et de l'air, qui contribuent beaucoup à l'amélioration du sol. On sème or-

dinairement en mars, au commencement du mois, si la terre est desséchée suffisamment. Cette culture n'est pas difficile ni incertaine, parce que ce grain est probablement indigène à l'Europe, qui en offre plusieurs espèces non cultivées. L'avoine vient sur presque tous les sols, sans beaucoup de façons ; elle rend beaucoup plus dans un sol bien cultivé. Après l'avoine on fume pour une récolte d'orge, ou pour herbages ou pâturages temporaires. Elle rend 16 à 20 hectolitres, et en exige 2 à 3 pour semailles.

On cultive le maïs ou blé de Turquie en raies. Il demande un sol chaud, léger, bien meuble. On le plante sur la fin d'avril ou au commencement de mai ; on le sème quelquefois à la volée, ce qui a lieu rarement, à moins qu'on ne le destine pour fourrage, dont le bétail est très-friand ; le mieux est de le planter en lignes, tracées à trois pieds de distance et peu approfondies. La plantation s'exécute au plantoir. On met deux grains dans chaque trou à la distance qu'on veut conserver entre les plantes (deux ou trois pieds), on recouvre avec la herse renversée. Le grain, pourrissant facilement, ne demande pas être enfoncé. Deux pouces de terre suffisent pour que la volaille ne le mange pas. Ceci s'applique au grand maïs ; mais on en cultive deux autres variétés qu'on sème plus rapprochées, le maïs quarantain et le maïs à poulet ; elles sont plus hâtives, mais moins productives.

On donne au maïs trois labours ou façons, pour ameublir la terre et la débarrasser des mauvaises herbes. Le premier a lieu quand les plantes ont trois pouces de hauteur ; on butte lorsqu'elles ont un pied. Le dernier travail et le plus nécessaire s'exécute lorsque le grain commence à se former dans l'épi ; on nettoie alors et on butte soigneusement. On peut employer dans ce cas la charrue à deux versoirs ; on arrache, pour favoriser la croissance du maïs, les tiges latérales les plus basses, on ne laisse que deux ou trois épis selon la force de la plante ; lorsque le grain commence à mûrir, on étête, c'est-à-dire on coupe la sommité au-dessus de l'épi supérieur.

On récolte le maïs en septembre ou octobre, lorsque les feuilles ou enveloppes commencent à jaunir, que le grain est dur et luisant. On replie les feuilles en arrière, on lie ensemble plusieurs épis en paquets, qu'on suspend sur des perches dans un endroit sec et aéré. Le plus ordinairement, on fait sécher au four les épis effeuillés, lorsqu'on veut avoir le grain promptement pour la consommation. Le produit du maïs dans les climats et les terres qui lui conviennent est considérable, il donne jusqu'à mille pour un ; il rend au mois 12 hectolitres et peut aller au double.

On cultive aussi le millet, qui veut une terre légère et meuble : on le sème en mai. On en connaît deux espèces, celui des oiseaux, celui d'Allemagne et de Pologne. Il rend 12 hectolitres et quelquefois beaucoup plus. On range le sarrasin parmi les grains, quoiqu'appartenant à une autre ordre de plantes. On le cultive dans le Nord et surtout en Bretagne ; on le sème au printemps : sa végétation est prompte ; il rend de 19 à 20 hectolitres. On le cultive pour donner en vert, et pour enfouir comme engrais.

Des plantes légumineuses. — Les plantes de la grande famille des légumineuses, et qui sont cultivées en plein champ, sont les fèves, les haricots, les pois, les vesces, le lupin.

Les fèves réussissent très-bien dans un sol profond et une argile humide.

La terre doit être bien labourée et de bonne heure, afin qu'elle puisse profiter des influences météoriques.

Comme elles se plaisent dans un sol humide, que leur végétation est luxuriante, si on les sème à la volée, elles couvriront trop le sol et donneront peu de graines. Il vaut beaucoup mieux les semer ou planter en rayons, comme cela se pratique le plus ordinairement.

L'avantage de cette méthode est de donner au soleil et à l'air un libre accès, de dessécher la terre et de produire une abondante récolte de graines mûres.

La culture des fèves est une spéculation avantageuse pour le fermier et mérite son attention ; elle le met à même de diminuer, d'abandonner le système vicieux des jachères.

On ne saurait décider quel est le plus avantageux le semis ou le plantage. Si la machine-séchoir ne laisse pas toujours tomber la graine régulièrement, elle fait l'ouvrage avec moins de frais et couvre la semence à une profondeur plus égale que ne pourrait le faire avec la houe le cultivateur le plus expert.

On doit laisser entre les lignes une distance suffisante pour que la houe à cheval puisse passer, lorsqu'on a l'intention de substituer cette culture à la jachère, parce que la terre est alors bien ameublie.

Il y a plusieurs espèces de fèves. la plus commune est celle dite fève de cheval. On les sème en février ; on les coupe au mois de septembre, un peu avant la maturité ; elles remplacent avantageusement la jachère, parce qu'elles n'épuisent pas le sol ; elles le garantissent de l'ardeur des rayons solaires ; elles fournissent une excellente préparation pour le froment. Le produit est de 18 à 20 hectolitres par hectare.

Les pois se plaisent dans un sol sec, chaud et fertile, quoique le pois bleu réussisse passablement sur un sol pauvre.

On les sème depuis février jusqu'en avril.

Le semis se fait à la volée, en lignes ou sous raies.

Cette dernière méthode est préférée, parce qu'outre l'économie de graine, elle protège la semence contre les oiseaux, qui la dévorent avidement.

Pour le semis à la volée, on consomme de 170 à 180 litres de graine par demi-hectare, 70 à 75 litres suffisent quand on sème en lignes, et comme le grain est immédiatement recouvert, la volaille ne peut l'enlever.

Les plantes sont ensuite sarclées et buttées, aussitôt qu'elles ont atteint un pouce de hauteur. On recommande la même opération quand elles ont quatre pouces.

Lorsque les pois approchent de la maturité, on les garde contre les ravages des pigeons et d'autres

oiseaux. Au moment de la récolte, on les coupe, on les met en paquets, pour les faire sécher au soleil ou à l'air, et les battre.

Les pois n'épuisent pas le sol; c'est une bonne nourriture pour les cochons. On rentre la tige sèche sans inconvénient; elle est peu inférieure au foin pour les chevaux et le bétail.

Les pois gris qu'on sème à la fin de mars et à la volée sont enfouis à la charrue, avant la floraison, et donnent un bon engrais préparatoire pour le blé.

On cultive de la même manière les haricots et les lentilles.

La vesce se cultive pour la nourriture des pigeons, ou bien on la sème de quinze jours en quinze jours pour la donner en vert au bétail. Le produit est pour ces légumes de 9 à 12 hectolitres de graines.

Des racines fourragères. — Le sol convenable aux turneps est un sol léger; mais ils prospèrent également sur tous les sols bien ameublis; il n'y a pas de plante qui convienne mieux au climat brumeux du nord et du centre de la France, et qui contribue davantage à sa fertilité. On doit changer la semence tous les ans ou tous les deux ans. Sans cela les plantes dégénèrent, et les racines sont de mauvaise qualité.

Lorsqu'on les destine à la nourriture du bétail, on les sème depuis décembre jusqu'en février, et depuis le mois de mai jusqu'à la fin de juin. Pour être consommé en mai, on sème à la fin de juillet ou au commencement d'août. On emploie deux livres de graines pour le semis à la volée et une pour le semis en lignes. On les sème aussi en pépinières, et on transplante en rayons. On laisse trois pieds de distance entre les raies. Un plus grand écartement est inutile, un moindre ne laisserait pas le passage à la houe à cheval. La meilleure méthode de désherber est à la main; la houe coupe les racines; les intervalles sont nettoyés à la charrue, opération que l'on doit répéter aussitôt que les mauvaises herbes paraissent.

Après les turneps on obtient une bonne récolte d'orge, qu'ils aient été pâturés sur place par des moutons ou enfouis à la charrue. Dans le premier cas on ne doit pas laisser les moutons en liberté dans les champs. On les restreint dans un espace suffisant pour un jour. La récolte est alors régulièrement broutée et la terre fumée également.

Les turneps sont souvent dévorés par un insecte aussitôt qu'ils paraissent. On n'a jusqu'à présent découvert aucun moyen de les préserver de ce fléau.

On cultive la bettrave pour la nourriture des vaches ou pour la fabrication du sucre. Elles demandent un sol meuble et plusieurs façons.

La pomme de terre, ce précieux tubercule qui nous vient de l'Amérique, et dont on cultive un grand nombre de variétés, réussit dans presque tous les sols, même les médiocres; une loam ou terre franche, légère, sablonneuse lui convient mieux.

Le sol doit être profondément labouré deux ou trois fois, et avant le dernier labour au printemps, on répand à la surface du fumier consommé qu'on enterre à la charrue.

Au mois de mars ou au commencement d'avril, le terrain doit être nivelé ou uni; ensuite on trace des sillons à trois pieds de distance et de sept à huit pouces de profondeur au centre desquels on met un tubercule. On coupe ceux qui sont trop gros. L'expérience a démontré que les peaux ou pelures munies d'yeux intacts réussissent et donnent une récolte abondante. Ce procédé ne réussit qu'en petit.

Quelque temps avant qu'elles ne poussent, on passe la herse pour détruire les mauvaises herbes et favoriser la croissance des plantes. A mesure que les tiges s'élèvent, on les bine et on les butte.

Pour prévenir les maladies auxquelles les pommes de terre sont sujettes et leur dégénérescence, on doit mettre le plus grand soin dans le choix des semences, les changer et élever des graines de nouvelles sortes ou variétés.

La meilleure manière de les récolter est d'employer la charrue. On laboure une seule fois le long de chaque raie, des deux côtés à quatre pouces de distance. On ramasse à la main les pommes de terre qui paraissent, on lève ensuite les tiges avec une fourche à trois dents, on recueille les tubercules de même à la main, en ayant grand soin de ne pas les écraser ou les couper.

Lorsqu'on n'a pas l'intention de les conserver plus tard que le mois d'avril, on les met dans un coin de la grange ou du grenier, ou mieux à la cave. On les couvre de paille; si on veut les conserver jusqu'à la récolte prochaine, on les place dans une fosse creusée dans une terre sèche; on fera bien de les mêler avec de la bouffe d'avoine ou des feuilles bien sèches: lorsque la fosse est ouverte, on enlève avec un couteau les œilletons ou germes filetons qui paraissent en végétation; les pommes de terre se gardent alors jusqu'à la fin de juin.

Si l'ancienne récolte est épuisée avant que la nouvelle ne soit mûre, on y supplée en partie au moyen de jeunes tubercules qui sont presqu'à la surface du terrain, ce qui, loin de nuire à la récolte, lui sera avantageux en favorisant l'accroissement des tubercules restants.

La pomme de terre sert à la nourriture de l'homme et des animaux, à la fabrication de la fécule dont on fait un sirop ou sucre, qui s'emploie pour améliorer les vins, le cidre et la bière, et qui donne une très-bonne eau-de-vie. Le produit de la pomme de terre s'élève jusqu'à 300 hectolitres par hectare. Un hectare en pommes de terre produit assez de matière nutritive pour alimenter 18 individus pendant un an, 10 de plus qu'un hectare en froment, qui ne peut nourrir que 8 personnes.

Le sol qui convient aux carottes et aux panais est une terre franche et un sol sablonneux, qui doit avoir au moins un pied de profondeur et offrir partout une fertilité égale.

Si la terre n'est pas naturellement bonne, on la fertilise par de bons labours et du fumier; les sillons doivent avoir la plus grande profondeur possible.

Il ne faut pas semer les carottes immédiatement après la fumure; elles seraient infailliblement infec-

tées de la galle ou chancre ; on doit prendre une ou deux récoltes avant les carottes.

On les sème à la fin de mars ou au commencement d'avril : il faut premièrement que la terre soit bien meuble. On les sème en lignes à un pied de distance si on les bine à la main, et à trois pieds si on les travaille avec la houe à cheval.

La récolte des carottes et des panais est d'une grande utilité dans une ferme ; elle procure aux chevaux, au bétail et aux cochons un aliment plus nutritif que la betterave et les turneps, et qu'ils aiment beaucoup.

Des choux, colza, etc. — L'époque de la plantation des choux dépend tout à fait de la saison à laquelle on veut les avoir pour la nourriture du bétail. Si on désire consommer en mars, avril et mai, il faut planter au commencemnt du mois de juin qui précède. Si on veut nourrir en novembre, décembre et janvier, on plante en mars et avril : dans cette dernière circonstance, on dispose la terre en sillons de trois pieds de large, aussitôt après la récolte, pour qu'elle s'ameublisse pendant l'hiver. En mars, on répand du fumier dans les raies, on couvre à la charrue, on met alors les plants sur l'engrais à trois pieds d'intervalle, qui sera suffisant pour passer la charrue en long et en travers. Cette méthode économise le binage à la main, le sol se trouve plus convenablement préparé, la terre est ramassée autour des tiges de chaque plante, qui se trouve buttée proprement.

Les choux, étant d'une grande utilité dans l'économie rurale, sont très-souvent et généralement cultivés ; ils ne sont exposés qu'à un très-petit nombre d'accidents : ils sont plus robustes que les turneps, plus nutritifs, et ils sont plus du goût du bétail, dont ils accélèrent de beaucoup l'accroissement. Il y en a plusieurs espèces dont une vivace, le grand chou cavalier ou chou en arbre qui est d'une grande ressource pour la nourriture d'hiver.

On cultive aussi la navette et le colza comme nourriture de printemps, mais ces plantes sont principalement cultivées pour la graine qui donne une huile très-usitée pour l'éclairage.

On sème la navette en juin, soit à la volée avec les deux premiers doigts et le pouce, soit en lignes à douze ou quatorze pouces de distance. On la sème en pépinière et on la transplante ; la peine, ainsi que la dépense, sont amplement récompensées par la supériorité de la récolte.

Les jeunes plants sont arrachés au milieu d'août et mis à seize pouces de distance, au fond de sillons d'un pied d'écartement ; aussitôt qu'ils ont pris racine, on les bine et butte à la main ou bien avec la houe à cheval. Comme ils sont sujets à être dévorés par les limaces, on les saupoudre avec un mélange de chaux vive et de cendres.

La graine mûrit en août et septembre, et comme elle tombe très-aisément des siliques, il faut prendre beaucoup de précautions pour couper la récolte sans éprouver de perte.

On bat la navette, dans le champ, sur de larges draps ou bâches en toile étendues sur la terre ; on la

porte ensuite au moulin pour l'extraction de l'huile. Les tourteaux servent de nourriture au bétail ; on les emploie aussi comme engrais en recouvrement.

On traite le colza de la même manière. On cultive cette plante en Flandre, mais cette culture commence à se répandre dans les pays où l'on a renoncé à la pratique ruineuse des jachères complètes.

Assolements, rotations de récoltes.

On appelle cours de récoltes, cultures alternes, assolement ou rotation, une série successive de récoltes qu'on suit pendant un certain nombre d'années, après lesquelles on les recommence dans le même ordre.

L'expérience a démontré qu'on ne peut cultiver une céréale pendant plusieurs années de suite sur le même sol ; le sol s'appauvrit, devient infertile. Il en est de même pour toutes les plantes. On sait aussi que tous les végétaux n'épuisent pas le sol au même degré ; il en est même qui l'améliorent. Ainsi le trèfle, la luzerne, le sainfoin et les plantes vivaces des prairies qu'on coupe avant la maturité des semences, ou qui sont pâturées, laissent le sol dans un meilleur état de fertilité qu'auparavant.

Les céréales sont très-épuisantes lorsqu'on laisse venir la graine à maturité. La pomme de terre est probablement la plus épuisante des récoltes racines, les graines à huile sont épuisantes beaucoup moins quand elles sont transplantées. Les légumineuses récoltées en graine épuisent moins que les céréales ; coupées en vert avant la floraison, elles tirent peu du sol.

Les plantes ne doivent revenir sur le même terrain qu'après un certain laps de temps.

Nous ne pouvons donner qu'un petit nombre de préceptes généraux.

1. On doit intercaler les récoltes épuisantes et les récoltes améliorantes.

2. Les récoltes sarclées doivent venir assez souvent pour maintenir le sol en bon état et bien net de mauvaises herbes, l'intervalle de quatre ans est le plus long.

3. Le fumier doit toujours être appliqué à la récolte sarclée ; cette récolte doit recevoir de fréquentes cultures ou façons avec la houe à main ou celle à cheval.

4. On doit éloigner autant que possible les récoltes du même genre ; on ne fera jamais suivre deux récoltes de céréales.

5. Les plantes à fourrages, destinées à être coupées ou pâturées, le trèfle, etc., se placent dans la récolte des céréales qui suit immédiatement la récolte sarclée et fumée.

6. On doit choisir les plantes qui sont les plus appropriées à la nature du sol, les placer dans un ordre tel qu'on puisse donner avec facilité les cultures préparatoires que chacune d'elles exige.

7. Il faut combiner son assolement de manière à se procurer une quantité de fourrages suffisante pour nourrir un nombre de bestiaux assez considérable pour fournir tout le fumier que l'assolement lui-même exige.

8. Le meilleur cours de récolte est celui qui, sans épuiser le sol, donne le plus de profit et avec le moins de frais possible.

9. Dans les terres lourdes, froides, au lieu de la jachère cultiver les fèves.

10. Trois récoltes de fèves ou d'herbages successives mettront la terre en bon état.

11. Sur les sols crayeux, graveleux, cultivez les turneps, l'orge, le trèfle, le froment, les pommes de terre, les pois.

Il est impossible de donner des principes rigoureux et d'indiquer d'avance le cours de récoltes applicables dans toutes les circonstances. L'expérience et le savoir du cultivateur le guideront dans le choix d'une rotation convenable au climat, à la nature du sol et à ses besoins.

Des animaux propres au labourage. — On emploie les bœufs et les chevaux pour tirer la charrue. On donne la préférence à ces derniers, mais le raisonnement et la pratique sont en faveur des bœufs.

En effet, leur entretien est moins dispendieux; ils ne consomment jamais de grains ou de farines.

Lorsqu'un cheval est hors de travail, il est de peu de valeur. Le bœuf, au contraire, peut être engraissé et livré à la boucherie à un prix très-élevé.

Il est moins sujet aux maladies que le cheval.

Un emploi général du bœuf nous fournirait de la viande en abondance, à un prix modéré, ce qui est d'un grand intérêt pour le pays.

On allègue, en faveur du cheval, qu'il fait la besogne plus habilement que le bœuf, et que par conséquent il paie la dépense plus grande qu'il demande.

Le cheval convenable pour le labourage est celui qui a une carcasse épaisse, le dos court et droit, les jambes courtes et nettes; il doit avoir de la vivacité dans ses mouvements et endurer la fatigue.

Les qualités requises pour un bœuf de labour sont : la tête petite, le cou mince, les épaules bien disposées pour recevoir le collier, la carcasse large, la poitrine épaisse, le coffre large, les côtes arrondies, le dos droit et plein, les quartiers longs, les cuisses petites, les jambes droites et nettes.

On nourrit les bœufs de diverses manières; mais, d'après l'expérience, les turneps sont le meilleur aliment qu'on puisse leur donner; on ajoute un peu de nourriture sèche.

Des vaches et des moutons. — On doit apporter la plus grande attention dans le choix d'une vache laitière.

La qualité du lait est plus importante à considérer que la quantité, parce que le produit le plus avantageux, celui qui donne le plus de bénéfice, est la crème.

La nourriture exerce une grande influence sur la quantité et la qualité du lait. Les herbes qui croissent spontanément sur un sol riche et sec constituent leur meilleur aliment.

L'usage généralement adopté est de traire la vache deux fois par jour; mais si on lui donne abondamment des herbes succulentes et nutritives, on peut la traire trois fois, et elle donnera plus de lait à chaque fois que lorsqu'on la tire seulement matin et soir.

Il faut avoir soin de ne pas laisser une seule goutte de lait dans le pis de la vache, parce que le lait qui coule le dernier est plus riche que le premier rendu, et donne un parfum agréable au beurre.

On doit avoir égard aux conditions suivantes dans le choix des moutons.

Le bélier doit être large et bien proportionné; sa tête est petite et forte, le nez plat, le front large, les yeux noirs, le cou petit, le corps long et haut, les testicules ramassées et la queue longue.

Les brebis doivent être de grande dimension, avoir le cou petit, et se mouvoir avec agilité; leur toison doit être épaisse, fournie, touffue, et la laine longue, douce et blanche.

On élève quatorze ou quinze espèces de moutons qui ont chacune leurs qualités essentielles et pour lesquelles ils sont recherchés.

Les moutons demandent beaucoup de soins, sont sujets à un grand nombre de maladies dont plusieurs sont contagieuses; on doit apporter beaucoup d'attention dans le choix d'un berger.

On nourrit les moutons au pâturage; leur parcage est d'un grand avantage pour la fertilisation des champs. Au besoin, on leur donne des turneps, des choux et des navets.

Dans quelques pays, on élève des chèvres dont le lait sert à fabriquer une espèce de fromage. On le prescrit quelquefois comme médicament. Les peaux de chèvres sont employées pour faire le maroquin. Leur duvet sert à la fabrication de tissus précieux.

Indication des travaux à faire dans chaque mois de l'année.

JANVIER. Labours d'hiver. — Soins à donner aux vaches, aux jeunes veaux. — Conduite des engrais. — Battage en grange. — Sillons d'écoulement. — Engraissement des cochons. — Treillage du chanvre. — Entretien des chemins et des clôtures.

FÉVRIER. Semer les féverolles. — Semer l'avoine, le pavot ou œillet. — Entretien des sillons ou raies d'écoulement, des fosses.

MARS. Semer l'avoine, le trèfle rouge, le trèfle blanc, la lupeline, la luzerne, le sainfoin. — Plâtrer les trèfles, etc. — Semer les pois, les vesces, les carottes, les panais, semis de choux et rutabagas en pépinière. — Semer les betteraves, les lentilles. — Herser le blé. — Tirer des sillons d'écoulement. — Fumer les prés en recouvrement. — Pâturer les jeunes herbages. — Biner le colza d'automne. — Semer le blé du printemps. — Semer le lin. — Semer les graines de prairies. — Labours du printemps en temps sec.

AVRIL. Semer l'orge. — Planter les pommes de terre. — Semer les vesces et les prairies temporaires. — Sarcler les navets, les pavots. — Herser l'avoine et l'orge. — Planter le blé de Turquie. — Biner le blé. — Labourer les jachères. — Biner les fèves. — Sarcler les pépinières de betteraves, rutabagas et choux. — Sarcler le lin.

MAI. Echardonner les blés. — Herser les pommes de terre. — Nourriture au vert. — Moutons au pâtu-

rage. — Semer les rutabagas et choux-navets sur place. — Transplanter les rutabagas, betteraves et choux. — Parcage des moutons. — Semer les vesces. — Couper les vesces d'hiver. — Planter les haricots. — Semer le colza du printemps. — Plâtrer les vesces. — Semer le chanvre.

Juin. Semer la navette du printemps. — Biner les pommes de terre et les autres récoltes sarclées. — Semer les turneps ou navets. — Faire les foins. — Couper le trèfle, la luzerne, les vesces. — Tonte des moutons. — Semer le sarrasin. — Prairies artificielles dans le sarrasin. — Couper les sommités des féveroles.

Juillet. Récolte du colza et de la navette. — Semer le colza. — Récolter le seigle. — Herser les turneps. — Herser les carottes semées dans le seigle ou autres récoltes. — Semer les turneps en seconde récolte. — Biner les récoltes sarclées. — Semer le sarrasin après la vesce, pour enfouir ou faucher.

Aout. Moissons des blés, d'orge, d'avoine. — Semer la navette. — Semer le trèfle incarnat. — Récolter le lin et le chanvre. — Semer la spergule. — Récolter les pavots. — Rouissage du lin et du chanvre. — Déchaumage ou labour préparatoire des éteules.

Septembre. Semer le froment. — Semer le seigle. — Récolter les fèves. — Semer les vesces d'hiver. — Faire les engrais. — Récolter la graine de trèfle. — Planter le colza. — Récolte des pommes de terre. — Arracher les betteraves et carottes. — Récolter le maïs ou troquet. — Récolter la navette d'été et le sarrasin. — Semer l'escourgeon ou orge d'hiver.

Octobre. Curer les fossés d'écoulement. — Nourriture d'hiver des bestiaux, pailles et foins hachés, racines coupées, pommes de terre cuites ou crues, grains moulus, tourteaux de semences oléagineuses émiettés. — Botteler le foin. — Labours préparatoires. — Extraction de la marne. — Composition des composts.

Novembre. Battage des grains. — Conservation des navets. — Rutabaga. — Saigner les sols marécageux. — Visite des sillons d'écoulement. — Semailles tardives du blé.

Décembre. Entretien des sillons d'écoulement. — Comptes et inventaire de la ferme : seul moyen de connaître la perte ou le bénéfice net de telle ou telle récolte, et de se fixer sur une rotation convenable. — Travaux intérieurs et réparation des instruments. — Donner une couche à l'huile aux chariots, etc.

L'époque indiquée pour les travaux de culture s'applique aux climats tempérés; elle varie nécessairement avec les saisons dans chaque pays. Au nord et au midi, c'est aux cultivateurs à observer l'ordre de maturité sous le climat qu'ils habitent, et par ce moyen, ils se composeront un calendrier spécial pour leurs fermes; il faut habituer de bonne heure les jeunes gens à tenir la comptabilité et à rédiger les observations de météorologie agricole.

SOURDS-MUETS, page 211 du tome VII, après la ligne 19, terminée par *naguère* on a omis : *Tout le monde reculerait d'épouvante, surtout quand pour obéir...*

T

TAILLE (Déviation de la) (orthopédie). On donne communément le nom de *taille* à la stature, à la hauteur de l'individu, et plus spécialement encore à toute la longueur de l'échine ou du tronc qui s'élève au-dessus du bassin. Mais le mot de *taille* synonyme de tournure est pris dans un sens plus étendu. Il exprime la conformation générale du tronc, des épaules, du dos, de la poitrine; c'est de cette manière que nous devons l'envisager dans cet article.

Une jolie taille ou tournure est le résultat d'une juste proportion, de la bonne conformation de nos diverses parties; elle s'entend généralement d'une personne bien faite. Mais un préjugé trop accrédité et contre lequel doit s'élever le médecin consiste à regarder comme la plus parfaite, la taille la plus mince et la plus étroite. De là résultent les coutumes les plus pernicieuses, qui deviennent la cause d'une foule de maladies chez les femmes. Un grand nombre de jeunes personnes, en effet, veulent, à tout prix, avoir une taille fine. Combien sacrifient leur santé au désir de posséder cet attrait chimérique, et font un dangereux abus de ceintures, de buscs, ou de corsets baleinés.

Des anomalies de conformation se rencontrent souvent dans la taille chez les femmes; la constitution plus délicate, la vie molle et peu active de ce sexe expliquent facilement la fréquence de ces déformations. Les os ou leurs articulations se ressentent de ces irrégularités de forme. Dans les viciations de la taille, il faut mentionner en première ligne celles de l'épine ou colonne vertébrale, puis des côtes, de l'articulation de la hanche, des os du bassin. Le but de cet article est l'histoire spéciale des déviations de la colonne vertébrale ; mais avant d'aborder cet important sujet, il faut dire un mot des vices de forme qui peuvent intéresser l'articulation de la hanche, les os du bassin ou les côtes. La luxation de l'os de la cuisse sur l'os du bassin, offre pour caractère une saillie extraordinaire de la hanche, saillie choquante à la vue, et une claudication très-grande. Cette luxation survient quelquefois par accident, mais le plus souvent elle est apportée en naissant, et constitue une infirmité, dont on s'aperçoit ordinairement vers l'âge où un enfant commence à marcher. La guérison en est le plus souvent impossible. On doit donc se borner à l'emploi de moyens palliatifs, qui ont pour but de dissimuler les inconvénients d'une pareille difformité. Cependant quelques observations tendent à prouver qu'elle est, dans quelques circonstances, assez rares à la vérité, susceptible d'être guérie. Le bassin, cette ceinture osseuse destinée à supporter les viscères du bas ventre et à transmettre aux membres inférieurs le poids de tout le corps, n'est pas conformé de la même manière dans les deux sexes: chez les hommes, il est étroit transversalement, peu saillant sur les côtés, les os qui le forment sont épais et solidement constitués. Chez la femme, au contraire, il est spacieux, très-large et produit par sa conformation particulière, la saillie re-

marquable des hanches, qu'on observe dans ce sexe. Cette conformation donne à la marche un caractère particulier causé par l'écartement de l'articulation supérieure des deux os de la cuisse. On a observé des bassins très-allongés en avant et comme aplatis latéralement; d'autres plus élevés d'un côté que de l'autre, sans qu'il y eût luxation de l'os de la cuisse. On en a vu d'autres tellement inclinés en arrière sous la colonne épinière, qu'il résultait de cette disposition une saillie choquante des fesses. Si ces vices de conformation sont le plus souvent primitifs, on ne peut se refuser d'admettre qu'ils peuvent être accidentels; alors le vice rachitique en est souvent la cause; mais il est une question que des faits bien observés pourraient promptement résoudre, celle de savoir si la pression exercée d'une manière continue sur le bassin chez les jeunes sujets où les os sont mous et incomplétement formés, est capable d'altérer cette cavité, et d'exposer par suite à des dangers les femmes qui deviennent enceintes. La solution de cette question est d'autant plus importante, qu'une méthode nouvelle employée indistinctement et d'une manière exclusive par certains orthopédistes, contre toutes les déviations de la colonne vertébrale, met en usage une ceinture, qui prend ses points d'appui sur le bassin. Or ce moyen, qui sourit beaucoup aux jeunes personnes, et à des familles entières, et qui est applicable à quelques cas seulement, deviendrait dangereux employé intempestivement sur de trop jeunes sujets, en nuisant au développement des os de cette partie. Les déformations du bassin peuvent être palliées dans le jeune âge; on peut, du moins, s'opposer à leur accroissement, en suivant certaines indications que le médecin seul peut donner; mais chez les sujets adultes, ils sont au-dessus des ressources de l'art. Certains vices du bassin, qui, souvent, ne sont que des vices de direction, accompagnent les déviations de la colonne vertébrale, et leur traitement est subordonné au traitement de celles-ci. Nous en dirons plus bas quelques mots.

Les déformations de la poitrine, quelle que soit leur cause, réclament principalement l'emploi des exercices gymnastiques; elles sont presque toujours une conséquence de la déviation de la colonne vertébrale, et doivent être soumises au même traitement. Mais elles sont aussi le résultat d'une habitude vicieuse de l'application de bandages ou autres moyens compressifs sur la poitrine de trop jeunes sujets.

Les épaules prennent quelquefois des positions vicieuses, sans qu'il y ait déviation de l'épine. Le développement considérable de la clavicule peut en être la cause; mais, le plus souvent, ces déformations sans déviation vertébrale, sont dues à des attitudes vicieuses auxquelles il est facile de remédier.

Si je ne craignais d'être accusé de prolixité, je parlerais des déformations de la tête, des os du crâne, par exemple. Un mauvais serre-tête en usage dans certains pays est la cause de la conformation souvent bizarre que présente quelquefois cette partie; mais il est temps d'en venir aux déviations de l'épine, principal objet de cet article.

Déviation de la colonne vertébrale. La colonne vertébrale (échine, épine du dos, *rachis*) est une tige osseuse placée à la partie postérieure et centrale du tronc, étendue de la tête au bassin, flexible en tous sens et cependant très-solide; creusée dans toute sa longueur par le canal vertébral, formée par la superposition de petits os appelés *vertèbres*, que sépare les uns des autres une substance fibreuse blanchâtre, très-élastique et très-résistante. Cette tige formée d'os, de ligaments et de cartilages, réunit la légèreté à la solidité, elle loge et protége la moelle épinière, une des parties centrales du système nerveux, donne passage à des vaisseaux, à des nerfs; mais, ce qui est le plus important à rappeler, c'est qu'elle constitue le levier le plus considérable du corps, qu'elle sert de soutien à la tête, à la poitrine, aux membres supérieurs, au bas ventre, supporte le poids de ces différentes parties, et se trouve, par suite de ces importantes fonctions, très-exposée aux *déviations*.

On comprend sous ce dernier nom les flexions ou courbures vicieuses de cette tige osseuse.

Elles sont distinguées, d'après leur siége, en cervicale, dorsale, lombaire, suivant qu'elles affectent le cou, le dos, les reins. Elles comprennent : 1° la courbure postérieure; 2° la courbure antérieure; 3° la courbure latérale.

Courbure postérieure (cyphose), consistant dans l'inflexion de la colonne vertébrale en avant, et sa saillie en arrière; elle est générale ou partielle. Dans le premier cas, l'épine tout entière décrit un axe à convexité postérieure, dont la saillie plus prononcée au dos forme, avec les côtes, une véritable *bosse* : le col et la tête sont portés en avant. La cyphose partielle du dos constitue le dos voûté; la tête s'enfonce en arrière entre les épaules, qui sont relevées inférieurement et rapprochées en avant : la poitrine paraît rétrécie, le dos élargi et bombé. La cyphose est peu commune aux lombes; mais la carie des vertèbres, maladie très-grave, donne lieu, dans cette région, à une saillie vertébrale *anguleuse* (caractère essentiel), siége d'une douleur sourde, cas d'un pronostic très-fâcheux. Il est important de distinguer cette déviation vertébrale de la *cyphose* proprement dite; à celle-ci seule sont applicables les moyens orthopédiques; ils pourraient être fort dangereux dans la carie vertébrale; nouvelle preuve du danger de confier les procédés de l'orthopédie à des mains inhabiles !

On voit survenir la cyphose plus particulièrement dans l'enfance et la vieillesse, que dans l'âge adulte; chez les jeunes filles que chez les garçons. Elle s'observe chez les individus d'une constitution délicate, dont le système musculaire a peu d'énergie, qui se livrent à des occupations qui nécessitent la forte flexion du corps en avant. Les jeunes filles y sont souvent exposées à l'époque de la puberté, lorsqu'elles ont grandi vite, et qu'elles s'appliquent avec ardeur à leurs différents genres d'études. La faiblesse et l'inaction du système musculaire favorisent chez elles le développement de cette difformité. Les jeunes garçons y sont moins sujets; ils changent plus fréquemment de position, et dans leurs jeux bruyants ils

réveillent l'énergie musculaire engourdie. Les jeux plus tranquilles des jeunes filles ne suffisent pas pour contre-balancer l'influence des habitudes contractées. Les muscles postérieurs allongés démesurément, perdent bientôt tout ressort, et ne sont plus capables de redresser l'épine, qui se trouve entraînée de plus en plus en avant. *Portal* a observé le même effet chez les femmes de quarante à cinquante ans, qui, après avoir porté un corset, le quittaient à cet âge. Chez elles, les muscles extenseurs du tronc étant restés longtemps sans être exercés, n'étaient plus capables de soutenir l'épine. Dans quelques cas, l'épine, par suite d'un relâchement excessif des ligaments, est devenue, chez quelques individus faibles qui ont crû démesurément en peu de temps, d'une flexibilité telle, que selon la position où on le place, il pourra se manifester une flexion antérieure ou latérale. La cyphose générale est souvent consécutive à celle du cou, et il est rare que celle-ci reste complétement isolée. C'est ce que l'on observe chez les enfants très-jeunes, qui ont la tête grosse et mal soutenue, chez les jeunes gens myopes, dont on ne surveille pas la position, chez les jeunes filles faibles qui ont naturellement le cou allongé. Le traitement a un double but : 1° de vaincre les obstacles qui s'opposent au redressement de l'épine, 2° de rendre aux muscles postérieurs du tronc leur contractibilité et leur volume naturels. Chez les vieillards, on se borne à s'opposer aux accidents qui peuvent résulter d'une flexion extrême en avant. Le malade doit être tenu couché le plus horizontalement possible; il doit être soutenu dans la station avec des béquilles. Les enfants et les adolescents doivent être, avant tout, soumis à un traitement fortifiant; les toniques amers, les ferrugineux à l'intérieur, les bains aromatiques ou sulfureux, les frictions stimulantes sur l'épine, sont alors indispensables. Les moyens orthopédiques que l'on doit employer, comprennent les exercices gymnastiques et les agents mécaniques. Les exercices doivent être variés suivant une foule de circonstances; ils ont pour but commun de développer, par l'exercice, les muscles extenseurs du tronc. Les avertissements répétés sont un moyen puissant, surtout pour les jeunes filles; il ne faut pas se lasser de leur recommander de bien porter la tête, de redresser leurs épaules. Si l'enfant a la vue basse, la table de travail sera convenablement élevée; le lit sur lequel on fera coucher les jeunes sujets, sera composé d'un seul matelas élastique horizontal, sans oreiller. Parmi les exercices que l'on peut mettre en usage, se trouvent : l'escrime, la natation, les diverses ascensions à l'échelle, à la corde, en se soutenant par les mains seules; l'exercice proposé par Andry, consistant à placer sur la partie antérieure de la tête un corps léger que le sujet doit éviter de laisser tomber en marchant et même en lisant. Pour redresser le dos voûté, on emploie encore avec succès l'exercice militaire; quant à la descente répétée sur un plan incliné, elle n'est pas sans quelques inconvénients. Les appareils immobiles, ou agents mécaniques, sont employés quand la déviation est ancienne, le sujet indocile, et dans tous les cas de

cyphose lombaire ou bornée à quelques vertèbres. Ils comprennent les tuteurs simples du tronc, les tuteurs à bascule, le lit à extension mécanique avec de larges pelotes destinées à repousser les parties saillantes, la bande de Winslow, les ressorts élastiques, etc.

Courbure antérieure (lordose). Dans cette courbure, la convexité est en avant et la concavité en arrière; elle est toujours partielle; au cou, elle n'est que l'augmentation de la courbure naturelle à cette région. La lordose des lombes est indiquée par une cambrure plus prononcée de la taille et par le volume du ventre, dont les viscères sont repoussés en avant; à un degré plus avancé, la saillie du bassin en arrière est remarquable. Quand cette espèce de courbure siége au cou seulement, il est possible d'y remédier par des moyens mécaniques et gymnastiques. Quand elle existe aux reins, on a recours aux exercices de suspension combinés avec la position horizontale, à l'extension modérée et à l'usage de différents appareils.

Courbure latérale (scoliose). Elle se distingue en droite et en gauche, elle peut siéger au cou, au dos ou aux lombes. Tantôt elle est simple et bornée à une seule de ces régions, tantôt elle est multiple, double ou triple. Les courbures dorsale ou lombaire sont les plus ordinaires. Presque toujours il existe une double courbure chez le même sujet, l'une dorsale, l'autre lombaire, en sens opposé, mais à des degrés différents. La courbure dorsale occupe presque toujours le côté droit, la lombaire le côté gauche; le contraire se rencontre pourtant quelquefois. La déviation dorsale droite peut exister seule ou bien être réunie avec d'autres courbures en sens inverse. Les caractères principaux de la déviation dorsale droite sont les suivants : le côté droit renflé au niveau de la poitrine se déprime au-dessus de la hanche; le côté gauche, au contraire, déprimé à la hauteur du thorax, se relève au-dessus du bassin; l'épaule droite s'élève et proémine légèrement en arrière, repoussée par les côtes; l'épaule gauche s'abaisse et s'incline en dehors; en avant à gauche la clavicule et le sein sont un peu plus saillants; quelquefois on peut déjà, du même côté, remarquer une légère voussure produite par les cartilages des côtes. Mais le signe le plus caractéristique, celui qui peut exister quand la déviation de l'échine est encore incertaine, c'est la saillie formée par le bord interne de l'omoplate du côté des apophyses épineuses. A un degré plus avancé, le tronc s'incline sensiblement à droite, les côtes fortement arrondies soulèvent l'épaule, repoussent en arrière l'angle inférieur de l'omoplate; enfin, à un degré extrême, la saillie anguleuse des côtes est le caractère le plus remarquable.

La courbure lombaire occupe, le plus souvent, le côté gauche; elle est remarquable par la saillie convexe correspondante aux côtes inférieures et aux vertèbres lombaires, par la hanche droite qui proémine.

La courbure cervicale existe rarement seule : elle offre, pour caractère propre, la saillie du cou et du sommet de la poitrine, et est constituée par les pre-

mières vertèbres dorsales et les dernières cervicales qui soulèvent les muscles du cou.

Ces différentes courbures se trouvent, en général, réunies sur le même individu, mais à des degrés différents, l'une d'elles prédomine toujours, et c'est, le plus souvent, la courbure dorsale qui l'emporte sur les autres. Les symptômes que déterminent ces déviations ne se prononcent que progressivement, et ils passent souvent inaperçus dans leur principe ; aussi les différentes attitudes chez les personnes qui commencent à être atteintes de déviations, méritent une attention particulière. On les voit souvent porter en avant le bras qui correspond à l'épaule soulevée, pour tâcher d'effacer celle-ci, et repousser en arrière le bras de l'autre côté. Dans une difformité avancée, cette dissimulation n'est plus possible ; le membre supérieur gauche paraît serré contre la poitrine, qui proémine de son côté, tandis que le bras gauche semble fort écarté par suite de la dépression. Les membres inférieurs sont appuyés sur le sol d'une manière inégale. La saillie des hanches varie ; dans la courbure dorsale prédominante avec courbure lombaire, le flanc raccourci n'est plus indiqué que par une dépression peu sensible ; le côté gauche est occupé par une excavation qui s'étend de l'aisselle au voisinage de la hanche, qu'elle rend plus saillante. Lorsqu'une triple courbure existe à un degré très-avancé, on voit la tête s'enfoncer entre les omoplates, dominée surtout par l'épaule droite et la gibbosité. A ces caractères se joignent la diminution extrême de la hauteur du tronc, la longueur démesurée des bras, les doigts allongés, la mâchoire inférieure prédominante, etc. ; Les principaux viscères placés dans la poitrine et le ventre, sont alors gênés dans leurs fonctions ; aussi la gêne de la respiration et de la circulation, les palpitations, diverses affections abdominales, peuvent être la conséquence des déviations vertébrales portées à un degré avancé. Sous ce rapport, les courbures dorsales gauches, qui, du reste, ne sont pas communes, sont remarquables par leur influence fâcheuse sur les principales fonctions. Les muscles du tronc éprouvent aussi des changements notables par suite de ces déviations ; les uns s'atrophient, se raccourcissent, les autres s'hypertrophient et acquièrent plus de force ; il en résulte des inégalités d'action très-favorables à l'accroissement de la difformité. Quant au bassin, il conserve ses dimensions, ou même, il tend à acquérir une capacité plus grande ; aussi l'accouchement est-il naturel et facile dans la majorité des cas.

En général les déviations latérales reconnaissent pour cause première le ramollissement des os, la laxité trop grande des ligaments vertébraux, indépendants de toute espèce de rachitisme. Elles ont une prédilection pour le côté droit ; on a trouvé la cause dans l'usage plus fréquent du bras droit, d'autres médecins l'ont attribuée à l'influence du vaisseau central de la circulation, l'aorte qui s'appuie sur le côté gauche de la colonne épinière. On a voulu aussi trouver une relation intime entre la position du cœur à gauche de la colonne vertébrale et le sens le plus

commun de l'inflexion. Il y a des exemples de déviations héréditaires. Les filles en sont beaucoup plus fréquemment affectées que les garçons. Parmi les causes prédisposantes, on doit ranger les suivantes : le tempérament lymphatique, une croissance trop rapide, l'habitation des lieux humides mal aérés, la mauvaise nourriture, un sevrage prématuré, les maladies de l'enfance, les longues convalescences dont elles sont suivies, le travail de la dentition, les convulsions, l'exercice prématuré des facultés intellectuelles, les passions précoces, l'onanisme, les veilles prolongées, l'inaction. Les causes mécaniques agissent en forçant la colonne vertébrale à s'infléchir sur un de ses côtés, leur action s'observe principalement pendant la station droite ou assise longtemps prolongée, puisque c'est le moment où la pression est la plus forte. Tel est le cas des jeunes filles faibles, condamnées par leurs occupations habituelles d'écriture, de dessin, de musique, de travail à l'aiguille, à être assises la plus grande partie du temps ; joignez à cela l'influence des corsets qui, portés de bonne heure, ont augmenté l'inaction et la débilité musculaire, et l'on ne s'étonnera pas que les déviations soient beaucoup plus fréquentes dans le sexe féminin. Les professions qui exigent que le corps soit habituellement penché, prédisposent aux déviations ; si les personnes qui les exercent n'en sont pas généralement atteintes, elles le doivent à la force de leur constitution. L'inégalité de développement des deux côtés du corps peut aussi déterminer du côté le moins fort une inclinaison habituelle destinée à rétablir l'équilibre dans les divers mouvements : mais on a beaucoup trop exagéré l'influence de l'usage plus fréquent de l'un des bras.

En résumé, la plupart des causes mécaniques agissent surtout par l'effet de la pesanteur distribuée inégalement sur la circonférence des pièces vertébrales. L'action des muscles est secondaire, elle n'est la cause directe de déviations que dans certaines contractions spasmodiques permanentes, comme on le voit au cou pour le muscle sterno-mastoïdien.

Différentes maladies, telles que la pleurésie, le rhumatisme, l'empyème peuvent être la cause d'une déviation dorsale.

Le traitement des déviations vertébrales présente d'autant plus de difficultés que la déviation est plus ancienne, parce que les altérations qu'elle entraîne, sont plus grandes ; de là le précepte de les traiter le plus tôt possible.

Si on est appelé dans le principe, on peut s'opposer aux progrès ultérieurs de la difformité, en changeant les habitudes vicieuses, ou les principales circonstances qui ont une influence reconnue sur la production de ces affections. Mais on ne peut prescrire une méthode générale de traitement applicable à toute espèce de déviation. On devra s'enquérir avec soin dans chaque cas particulier, de tout ce qui peut exercer quelque action sur l'épine, et ne pas se guider exclusivement d'après de vaines théories. Tantôt il faudra remplacer une attitude constante, effet de l'inaction et de l'immobilité, par des mouvements et un exercice variés, tantôt réparer, par un repos nécessaire, les forces

épuisées à la suite d'une longue maladie ou de travaux pénibles. Quelquefois on devra substituer à l'usage exclusif d'un des membres supérieurs, celui du membre opposé; dans d'autres cas, faire disparaître l'inégalité de longueur des membres inférieurs, soit qu'elle dépende d'un vice de conformation, soit qu'elle consiste seulement dans l'habitude de fléchir l'un de ces membres, et de s'appuyer davantage sur l'autre. Souvent les sujets devront être soustraits à l'influence de la position inclinée qu'ils prennent dans diverses occupations, telles que l'écriture, le dessin, etc., ou dans l'exercice de certaines professions. Dans quelques circonstances il faudra dissiper avant tout, les affections douloureuses d'un membre ou d'un côté du tronc, remédier à la gêne des vêtements, à celle d'un corset serré ou mal fait. Une observation très-remarquable, est la suivante : deux sœurs furent affectées de déviations opposées, pour s'être couchées ensemble face à face; elles furent guéries en peu de temps, en changeant simplement de position.

Chez beaucoup de malades affectés de déviations, la constitution est faible, le système musculaire débile. L'indication générale doit alors consister dans l'emploi des toniques : à cet effet on conseille le séjour à la campagne, l'insolation, les eaux minérales sulfureuses et ferrugineuses, les bains d'eau froide, d'eau salée, les bains de rivière, les bains de mer, les frictions stimulantes, les vêtements de flanelle appliqués sur la peau, l'exercice musculaire, la gymnastique, la nourriture animale, les amers, etc. Mais il est d'autres courbures qui coïncident, au contraire, avec un développement prononcé du système sanguin; alors l'emploi des toniques serait nuisible. Certains malades mêmes sont doués d'une constitution forte, et ont un système musculaire bien développé. La partie la plus importante dans le traitement des difformités est, sans contredit, l'emploi des moyens *orthopédiques*. Ces moyens se divisent, comme nous l'avons déjà dit, en deux classes, savoir, les agents mécaniques et les exercices musculaires. Les premiers ont pour but de redresser mécaniquement les parties fléchies, les seconds doivent développer, par l'exercice, certaines portions du système musculaire.

Il ne faut pas croire avec quelques personnes qui tirent de quelques faits particuliers une conclusion trop générale, que certains exercices, tels que l'escrime, les jeux du ballon, du volant, de la paume, l'action de tirer d'une seule main la corde d'une poulie, etc., suffisent en effet, dans tous les cas, pour redresser l'épine déviée. Il ne faut pas non plus attacher une confiance exclusive à différents appareils, dont l'action consiste dans une simple pression sur les parties saillantes, tels que les ceintures, les leviers disposés de différentes manières, afin d'exercer une pression continue plus ou moins forte sur la partie déviée; la large bande élastique de Joerg, le levier à bascule, fixé à une ceinture de MM. Bouvier et Milly; le corset à inclinaison, de Delpech; le fauteuil de Mayor, l'appareil de M. Mellet, les lits et les ceintures de M. J. Guérin, la ceinture de M. Hossard, etc., ces différents moyens ne sont applicables qu'à certaines

inclinaisons latérales très-récentes. La ceinture de M. Hossard, par exemple, dont on a fait grand bruit dans ces derniers temps, tend plutôt à changer la direction générale de toute la colonne, qu'à redresser le moins du monde les courbures dorsales; aussi doit-elle réussir seulement dans les cas de courbure générale de l'épine, provenant d'attitudes vicieuses. La plupart de ces ceintures ont d'ailleurs un grand avantage sur les corsets; elles ne comprennent pas comme eux toute la surface de la poitrine, de manière à déformer cette cavité, à atrophier les muscles respirateurs.

La méthode la plus rationnelle se compose de l'extension de l'épine, et des exercices gymnastiques; elle est sanctionnée par l'expérience : elle compte de nombreux succès dans l'établissement de M. Bouvier, et dans l'Institut Orthopédique de M. J. Guérin, où elle est appliquée en grand depuis plusieurs années. On se figure bien à tort, dans le monde, que le traitement orthopédique est une espèce de torture où la santé peut être compromise; c'est une grave erreur : il suffit, pour dissiper toutes les préventions conçues à cet égard, de visiter les beaux établissements que nous venons d'indiquer. Très-souvent nous y avons vu les personnes qui, à leur entrée, étaient maigres, chétives, affectées de pâles couleurs, se fortifier et s'embellir au point de n'être plus reconnaissables au bout d'un certain temps. Elles ont acquis de l'embonpoint, des couleurs, de la force; en un mot, tous les attributs d'une brillante santé. Les exercices gymnastiques sont employés concurremment avec les moyens mécaniques. Ceux-ci sont simples, sans appareil effrayant; leur action est tout à fait innocente, se supporte sans peine, et n'a rien même de fort gênant; le sommier, un peu dur du coucher, est peut-être ce qui incommode le plus au début du traitement, mais on s'y accoutume facilement. Dans ces établissements, d'ailleurs, tous les modes de traitement sont employés suivant les indications, et aucun n'est mis en usage d'une manière exclusive. En outre, les ressources de l'art de guérir viennent concourir au traitement dirigé par les médecins habiles que nous avons nommés. L'extension de l'épine est, sans aucun doute, le moyen curatif par excellence des déviations latérales.

Il y a trois modes principaux d'extension : 1° le soulèvement du haut du tronc; 2° le coucher dans un lit mécanique; 3° la suspension.

Un grand nombre d'appareils ont été inventés pour relever et soutenir l'épine qui cède sous le poids des parties supérieures du corps. Tous ont un point fixe, d'une part sur le bassin, et d'autre part sous les aisselles ou sur la tête. Ils trouvent inférieurement un appui solide dans la résistance des os du bassin; de ce point montent une ou plusieurs tiges placées le long de la colonne vertébrale ou sur les côtés du tronc, et disposées de manière à pouvoir s'allonger à volonté. Dans les appareils qui s'étendent à toute la longueur du tronc, une tige médiane recourbée autour de l'occiput, jusqu'au-dessus du sommet de la tête, forme une espèce d'arbre auquel est suspendu un arc ou une couronne métallique qui saisit la tête, en forme

de casques. Ces moyens d'extension ont été adaptés à des *siéges-fauteuils*. Ces supports sont presque toujours incapables de contrebalancer entièrement l'effort de la pesanteur; ils conviennent particulièrement aux cas dans lesquels on doit agir sur le cou ou sur la tête; les autres tuteurs ne produisent qu'une très-faible extension. Les béquilles exercent, sans contredit, une action beaucoup plus puissante : lorsqu'elles ne sont pas trop élevées, et que l'on s'en sert convenablement, elles ont le double avantage d'éviter tous les inconvénients de la pression du bassin, et de fournir aux membres supérieurs un appui solide à l'aide duquel la suspension du corps a lieu d'une manière active, ce qui prévient la trop grande élévation des épaules, et la compression douloureuse de l'aisselle, résultat inévitable des corsets à tuteur. Mais le coucher horizontal offre les ressources les plus puissantes contre les déviations vertébrales. *Les lits à extension* sont aujourd'hui la base de toutes les méthodes curatives proposées contre les difformités de la taille. Nous allons nous efforcer de donner une idée générale de ce mode de traitement, sans entrer toutefois dans aucun détail technique. Un matelas élastique ou un sommier de crin bâti sur des sangles attachées à un cadre solide plus bombé, et plus élevé à la tête qu'aux pieds, constitue un plan orthopédique que l'on peut adapter à un lit ordinaire. Les deux extrémités du tronc sont saisies d'une part, au moyen d'un collier ou de liens passés sous les aisselles; de l'autre, par une ceinture assez large et matelassée, placée au-dessus du bassin; les courroies du collier ou des liens axillaire vont s'attacher à des ressorts élastiques fixés au chevet du lit, celles de la ceinture vont prendre attaches à des ressorts mobiles, et dont on peut graduer l'action, qui se trouvent au pied du lit.

Il existe une foule de modifications dans les différents lits et appareils mis en usage : ils ont tous pour but commun l'extension modérée de la colonne vertébrale. On adapte souvent à ces lits des appareils de pression consistant dans des plaques en bois ou en fer, garnies de coussins, et fixées à demeure sur les parties saillantes qui répondent aux convexités des courbures de l'épine. La position horizontale doit être gardée presque constamment; mais à certaines époques de la journée, les malades se lèvent pour se livrer aux exercices gymnastiques. La plupart de ces exercices ont pour but principal la suspension et l'extension du tronc, en même temps que le développement du système musculaire. Ils sont nombreux et variés (Voir le mot *Gymnastique*) : les uns ont pour effet d'exercer certains muscles, de les développer par l'exercice; les autres tendent à redresser la colonne en mettant à contribution le poids du corps suspendu par les bras, plusieurs ont à la fois ce double résultat. Parmi ces exercices, on peut citer le câble flottant, les échelles de corde ou de bois, les câbles parallèles, les mâts, les chariots, la balançoire, le barrière, les boules; on peut encore y joindre la natation : mais il ne faut pas perdre de vue tel ou tel exercice qui doit être préféré, suivant l'espèce de déviation; c'est à remplir cette indication que s'attache la sagacité du médecin.

La durée d'un traitement orthopédique varie suivant la nature de la déviation, son ancienneté, l'âge du sujet, sa constitution : c'est en vain que l'on voudrait redresser la colonne inflexée chez les individus adultes; l'ossification est terminée, les ligaments sont trop résistants; mais on peut encore, à cet âge, empêcher que la déviation ne prenne de l'accroissement. Jetons un coup d'œil sur les résultats que donne en général un traitement orthopédique. Dès les premiers moments, le corps s'allonge de quelques millimètres; au bout d'un mois, la croissance est de 27 à 54 millim.; elle continue les mois suivants. En même temps, on voit les courbures de l'épine s'effacer, la poitrine se relever vis-à-vis de la cavité, s'aplatir au niveau de la convexité, les hanches devenir plus égales, toutes les fonctions gênées reprendre leur libre exercice, l'embonpoint augmenter, les forces musculaires s'accroître, la santé générale se raffermir.

Après le traitement terminé, il convient encore de faire usage d'appareils particuliers, de suivre un régime spécial, jusqu'à ce que l'épine et ses muscles paraissent en état de supporter sans inconvénient le poids du tronc. Si, malgré tous les efforts du médecin, le redressement de la colonne n'a pu être qu'incomplet, on aura recours à différents moyens, pour cacher aux yeux l'irrégularité persistante de la taille, et l'on insistera sur l'emploi des fortifiants locaux et généraux. On préviendra les rechutes, en éloignant toutes les causes capables de reproduire la déviation. Pendant les derniers mois de la grossesse, par exemple, les femmes devront garder la chaise longue, à certaines heures de la journée, à moins que l'on ne trouve dans la force de la constitution, une garantie suffisante contre toute récidive.

Une remarque sur laquelle nous devons insister ici, et qui terminera cet article, un peu long déjà, c'est que les familles ne sauraient trop prendre garde à qui elles donnent leur confiance en pareil cas. Trop de gens font aujourd'hui de l'*orthopédie* et de la gymnastique, sans posséder les premiers éléments des connaissances qui s'y rattachent. L'orthopédie et la gymnastique doivent être considérées comme des branches importantes d'hygiène et de thérapeutique. Le médecin seul qui, à des études solides et générales, réunit les connaissances spéciales relatives à ce sujet, est apte à remplir les indications qui se présentent. L'artiste, le mécanicien, l'instituteur lui-même, ne peuvent rien, que dirigés par ses lumières et guidés par ses conseils.   (Dr *Loir*.)

TEINTURE. — Les teinturiers emploient pour teindre les divers tissus un grand nombre de matières colorantes dont la préparation et l'application aux étoffes de la laine, de soie, de fil et de coton, exigent l'emploi de procédés industriels étrangers à l'économie domestique. Ces couleurs portent le nom de couleurs *substantives*, lorsqu'elles peuvent s'employer sans le secours des apprêts nommés *mordants*, et celui de couleurs *adjectives*, quand elles ont besoin d'un mordant. Les couleurs dont on peut faire usage pour la teinture domestique sont pour la plupart des cou-

leurs substantives. Les plus usitées servent à teindre en noir, gris, brun, bleu, rouge, jaune, vert et violet.

On emploie pour le *noir*, le *gris* et le *brun*, l'infusion de noix de galle associée au fer, soit à l'état de rouille, soit à celui de sulfate de fer (vitriol vert). Le brou des noix bien mûres remplace pour les *teintes brunes* la noix de galle. La fleur et les pousses terminales du sumac donnent les mêmes tons avec le fer. L'infusion de sumac donne les tons *jaune* et *fauve verdâtre*, lorsqu'on y ajoute un peu d'alun; si l'on associe à l'alun un peu de fer, l'infusion de sumac donne des tons d'un *vert olive*, sur le coton, la laine et la soie. Le *noir* sur les tissus de lin et de chanvre s'obtient au moyen du brou de noix et de l'écorce d'aune dont on fait une forte infusion brune qui passe au noir dès qu'on y ajoute du fer. — Pour le *bleu*, la matière première la plus économique et la plus facile à se procurer, est la paille de sarrasin. Quand le grain en a été séparé par le battage, on l'humecte pour la faire fermenter, puis on en forme une pâte qu'on divise en boules ou en galettes. Séchée ensuite rapidement dans le four ou à l'étuve, elle se conserve indéfiniment. Pour s'en servir, on la fait bouillir dans de l'eau pure; elle donne un bleu très-fixe, plus ou moins foncé, selon la quantité de matière colorante employée. Si l'on y ajoute un peu de noix de galle en poudre, le bleu qui paraît d'abord très-foncé, se change peu à peu en un beau *vert*, fixe et durable. On prépare et l'on emploie de la même manière la renouée des teinturiers, jolie plante à fleurs roses, qui peut être cultivée dans tous les jardins, et le pastel, qui prospère surtout dans les terres très-calcaires de nos départements du midi. — Le *rouge* s'obtient avec la décoction de racine de garance; cette décoction teint, non-seulement toutes sortes de tissus, mais aussi tous les objets en os et en ivoire, dés, étuis, jetons, fiches, manches de couteaux. Un rouge plus vif et plus beau s'obtient avec la cochenille; mais cette matière colorante, toujours fort chère, ne peut être bien employée que par les teinturiers de profession. Les tons *violets* et *amarante* sont donnés principalement sur la laine, par l'infusion d'orseille. Cette infusion possède la propriété singulière de teindre le marbre blanc ou gris en rouge ou en bleu, teinture qui persiste pendant plusieurs années, et qui pénètre à plus d'un centimètre d'épaisseur dans le marbre. La décoction de bois du Brésil donne, selon la dose, des tons *gris*, *rouges* et *amarante*; on en trouve chez les droguistes des extraits tout préparés avec lesquels on peut donner diverses teintes à toute sorte de tissus. La plus délicate des nuances *roses* s'obtient par l'infusion de carthame ou safran bâtard, plante qu'on peut cultiver dans tous les départements du centre et du midi. La fleur du carthame ne contient pas plus de cinq millièmes de son poids de matière colorante rouge. Le rose de carthame est très-vif, mais il manque de fixité. — On teint en *jaune* assez fixe avec l'infusion de gaude, ou jaunâtre, et en *jaune orangé* avec la décoction de fustet, qu'il ne faut employer qu'avec beaucoup de précaution, car c'est un poison violent. Les grains de l'hélianthe brun ou du grand soleil donnent une couleur *mordorée* très-agréable, applicable aux étoffes de laine. Les baies bien mûres du sureau teignent les menues étoffes en *rouge*, et celles de l'épine-vinette, en *jaune*.

Pour teindre en *vert*, on peut associer le jaune et le bleu, en commençant par le jaune; pour le *violet*, on commence par le bleu, et l'on termine par le rouge; pour l'*orangé*, on commence par le rouge sur lequel on applique le jaune.

Un grand nombre de couleurs minérales servent aussi en teinture; mais leur préparation et leur emploi sont du domaine exclusif de l'industrie.

TEMPÉRATURE. — *Température moyenne de quelques capitales d'Europe, et température extrêmes de quelques lieux du globe* (1).

Le signe + indique des degrés au-dessus de 0, et le signe — indique des degrés au-dessous de 0, point où la glace fond.

CAPITALES.	Latit.	Hiver.	Été.	Année moy.
Ile Melville, limite extrême de l'Europe..	74,45	33,3—	3,1+	17,0—
Saint-Pétersbourg....	59,56	13,7—	17,3+	2,2+
Stockholm..........	59,20	3,7—	16,3+	5,6+
Copenhague........	55,41	0,9—	17,2+	7,7+
Berlin............	52,33	1,0—	17,0+	8,4+
Dresde............	51,04	1,2—	17,0+	8,3+
Bâle.............	47,34	0,2—	17,6+	9,1+
Londres..........	51,31	3,2—	16,7+	9,8+
Vienne...........	48,12	0,2—	20,4+	10,4+
Paris............	48,50	3,6+	18,0+	19,8+
Rome............	41,54	8,3+	22.8+	15,5+
Lisbonne.........	38,42	11,4+	21,6+	16,3+

Voici maintenant quelles sont les températures extrêmes de quelques lieux du globe.

FROID EXTRÊME.

Cambridge (Etats-Unis d'Amérique) .... 33,5—
Moscou (Europe)......................... 38 —
Fort Reliance (Amérique du Nord)........ 56 —

CHALEUR EXTRÊME.

Rome (Europe)......................... 31,3+
Ile Martinique (Amérique).............. 35,0+
Pondichéry (Asie)...................... 44,7+
Le Caire (Afrique)....... .... 47,4+

CASTILLON.

TRIGLE (histoire naturelle) [du grec *trigla* mulet]. — Genre de poissons de l'ordre des acanthoptérygiens, de la famille des joues cuirassées, section joues cuirassées sans rayons épineux, libres en avant des nageoires dorsales. Les caractères du genre sont: corps écailleux, sous-orbitaire couvrant entièrement la joue et s'articulant avec le préopercule, tête pres-

(1) Voir dans le premier volume, page 314, un article et des éphémérides sur les grands hivers.

que cubique, côtés de la tête à peu près verticaux; dents en velours aux mâchoires et au-devant du romer; nageoires pectorales grandes, pas assez cependant pour que les trigles s'élèvent au-dessus de l'eau.

Ce sont les poissons les mieux cuirassés, leurs os sont durs, grenus ou striés, leurs ouïes bien fendues, leur bouche médiocre, corps allongé, rond, un peu comprimé, aminci vers la queue. Estomac en cul de raie; un grand nombre d'appendices au cœcum, vessie aérienne, large, bilobée. Ces poissons nagent avec une grande facilité. Il y en a une quinzaine d'espèces. On peut citer, parmi les plus connues :

1° Le rouget commun de Paris, d'un beau rouge clair, plus pâle en dessous, plus vif sur les nageoires; museau oblique, marqué de lignes verticales parallèles formées par des plis de la peau.

2° Le rouget grondin, d'un brun plus ou moins rougeâtre sur le dos, nageoires pectorales noires bordées de bleu du côté du corps; cette espèce est la plus grande, elle atteint 70 centimètres.

3° Le grondin, gris brun, parfois rougeâtre en dessus, tacheté de blanc, ventre blanc; une épine pointue à l'opercule et à l'épaule, très-abondant sur nos côtes.

4° La lyre, d'un rouge vif en dessus, blanc d'argent en dessous.

Les espèces nommées Cavillone-Papillon, Sphalène, etc. font aussi partie de ce genre.

TRITON (histoire naturelle). — Genre de reptiles de la famille des salamandrides. En voici les caractères : Langue charnue, papilleuse, arrondie ou ovale, libre seulement à ses bords; dents palatines en deux séries longitudinales rapprochées, presque parallèles; pas de parotides très-saillantes, corps allongé, lisse ou verruqueux; tête plus petite que la partie moyenne du ventre, légèrement aplatie en dessous; queue toujours comprimée

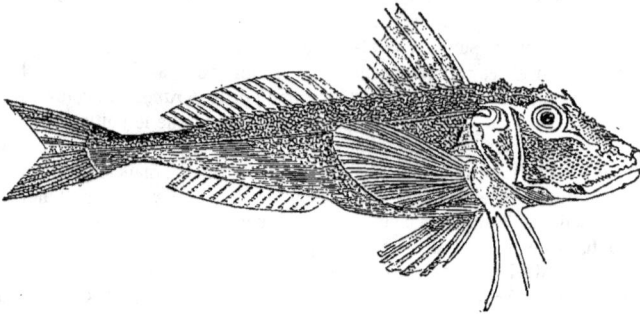

Trigle perlon.

quand l'animal habite les eaux douces, à nageoires verticales cutanées, au moins dans les mâles, à l'époque de la fécondation.

Les tritons passent presque toute leur vie dans l'eau; ils sont, sur la terre, plus agiles que les salamandres; mais ils ne peuvent y vivre longtemps, ils recherchent alors l'obscurité la plus grande, car ils craignent la chaleur et la sécheresse, on les trouve sous les pierres, derrière les écorces d'arbres, dans la mousse, etc.; ils sont très-carnassiers et peuvent cependant supporter un jeûne de plusieurs mois. Ils font entendre un petit bruit qui leur est propre et, quand on les touche, ils répandent une odeur particulière. Les femelles pondent des œufs isolés qu'elles fixent sous des feuilles aquatiques; les têtards naissent au bout de quinze jours; ils conservent longtemps leurs branchies.

Les membres des tritons repoussent plusieurs fois quand on les a coupés; ces animaux peuvent être pris dans la glace et y rester congelés assez longtemps sans mourir.

Il y en a une vingtaine d'espèces, toutes de petite taille ; les plus connues sont :

1° Le triton à crête, qui a le dos brun verdâtre, rugueux, avec de grandes taches noires et des points blancs saillants; le ventre orangé taché de noir.

2° Le triton marbré, dos d'une couleur brune avec des points blancs.

3° Le triton des Pyrénées: raies larges découpées, sur le dos.

4° Le triton ponctué, peau lisse, taches noires sur le ventre; c'est l'espèce la plus petite.

5° Le triton à bandes, qui se distingue du précédent par une ligne claire, latérale.

6° Le triton abdominal, peau lisse, dos gris à points noirs ventre sans taches.

7° Le triton des

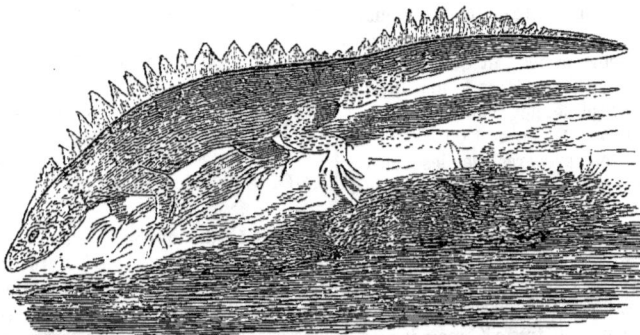

Triton à crête.

Alpes, dos fauve avec trois plis saillants. GOSSART.

TUBIPORE (histoire naturelle). — Genre de polype

pierreux, renfermés dans un tube calcaire cylindrique, vertical, qui se divise en un grand nombre de tuyaux articulés, formant une masse plus ou moins

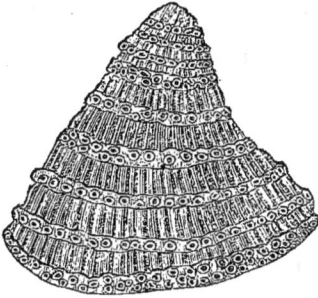

Tubipore.

considérable. Le tubipore musique est remarquable par les couleurs de ses animaux, qui sont d'un beau vert, contenus dans des tubes d'un beau rouge.

TYPOGRAPHIE. — L'imprimerie, inventée en 1457, fit baisser, dans sa première période, le prix des livres de 60 pour 100.

Les Allemands ont inventé l'imprimerie, et Dieu sait s'ils ont usé depuis et abusé de la grosse machine. Depuis soixante-dix ans, l'activité de l'esprit germanique est prodigieuse, maladive, effrayante. « Nous laissons, dit Menzel, aux Italiens leur ciel, aux Français leurs actions, aux Anglais leur or, et, contents, nous nous reposons sur nos livres. » D'après un calcul des plus modérés, on imprime annuellement en Allemagne plus de 10,000,000 de volumes, et dans chaque catalogue de la foire de Leipsick, qui se tient tous les six mois, on compte toujours environ mille nouveaux auteurs allemands ! Il ne doit pas y avoir, dans ce pays des bouquins et des savants culs-de-jatte, moins de 60,000 auteurs vivants. On a calculé qu'un catalogue complet de tous les écrivains de ce pays, anciens et modernes, contiendrait plus de noms que la liste de tous les lecteurs qui sont au monde.

Les lignes suivantes empruntées à un ouvrage anglais, ne sont-elles pas caractéristiques pour plus d'un rapport: « Le plus remarquable exemple de célérité dans la presse a été dans ces dernières années fourni par l'Angleterre. Il s'agissait des voyages de Damberger en Afrique. L'éditeur reçut le volume original, écrit en allemand, un mercredi à onze heures du matin. Avant midi, trente-six feuilles furent distribuées entre six traducteurs habiles; avant une heure, trois gravures et la carte qui devait terminer le volume étaient entre les mains des graveurs; à six heures, le commencement du manuscrit anglais était chez l'imprimeur, et à partir de ce moment vingt casses de caractères furent constamment entretenues de copies; le jeudi fut employé à la correction des épreuves du texte et des gravures; ces dernières furent remises aux coloristes; le vendredi à deux heures, la trente-quatrième et dernière feuille de l'ouvrage était sous presse; à huit heures, tout était

à sécher; le même jour, une préface critique de douze pages fut composée par un des traducteurs; le samedi à deux heures, les brocheurs avaient confectionné les volumes; à deux heures et demie, les commis du libraire faisaient des expéditions de l'ouvrage, dont le soir, à six heures et demie, pas un exemplaire ne restait à l'éditeur. »

U

ULTRAMONTANISME ET GALLICANISME. — Qu'est-ce que l'Ultramontanisme ? Qu'est-ce que le Gallicanisme ?

A ces deux questions intimement liées l'une à l'autre, nous répondrons brièvement. Nous aurons garde de promener le lecteur dans les ténébreuses subtilités dont s'enveloppent les ergoteurs de métier pour démontrer, — Dieu sait comment, — qui l'orthodoxie de l'Ultramontanisme; qui les droits du fier Gallicanisme. Loin de nous l'orgueilleuse prétention de vouloir traiter, comme eux, *ex-professo*, cette double question. Et le pourrions-nous, que l'idée ne saurait nous en venir. Qui donc aujourd'hui songe à l'Ultramontanisme, au Gallicanisme, ces frères jadis si acharnés l'un contre l'autre, aujourd'hui paisiblement étendus dans le silence de l'oubli, aujourd'hui ensevelis côte à côte dans le linceul de la mort, sous les décombres entassés par l'égalitaire 89 ? Si, de nos jours, il existe encore des Don Quichotte rompant des lances pour ou contre l'un des deux fantastiques adversaires, gardons-nous de les suivre, de les imiter, de jouer auprès d'eux le grotesque rôle de Sancho Pansa. Rions plutôt des stériles efforts de ces intrépides désœuvrés, et votons-leur une large provision d'ellébore. Gallicans et Ultramontains une fois pourfendus, — chaque camp a ses héros de la Manche, — nos infatigables jouteurs iront s'escrimer ailleurs dans le vide.

Les uns mettront flamberge au vent, enfonceront l'éperon dans les étiques flancs de leur rossinante, pour lutter contre la vapeur, contre les railway, contre ces roulantes demeures qui, fendant l'air avec la rapidité de la flèche, vous lancent en deux jours, de tous les points de la France, deux cent mille guerriers au cœur de l'Italie, c'est-à-dire dans les bras de la gloire prompte à couronner nos braves des lauriers de la victoire, au début de la campagne, à Montebello, à Palestro, à Turbigo, à Marignan, surtout aux gigantesques batailles de Magenta et de Solferino, gagnées par Napoléon III, continuateur, sur les champs d'Italie, des prodiges du chef de sa dynastie, dont il a les grandes vues, les hardies conceptions, le ferme vouloir.—Nous écrivons ceci en juin 1859.

D'autres, moins batailleurs, se prosterneront devant les antiquailles du passé, leur rendront les honneurs militaires, exalteront le progrès à reculons, présenteront les armes aux lourds chariots de cette époque fortunée où

Quatre bœufs attelés d'un pas tranquille et lent
Promenaient dans Paris le monarque indolent.
(BOILEAU, Lutrin, chant II.)

I. Ultramontanisme. Sous la défunte monarchie de nos aïeux, l'Ultramontanisme avait surtout pour objet, — et c'est presque uniquement pour cela qu'il mérite tous les hommages de la postérité, — d'établir la suprématie de l'Église sur les rois de fait, de châtier leur altier despotisme. Il fut grand, populaire, courageux ; nous l'aimons cet Ultramontanisme, nous l'admirons, et si l'on se proposait de lui ériger une statue de bronze, nous souscririons volontiers des deux mains. Respect donc à cet illustre mort ! Bénissons-le sans toutefois souhaiter sa résurrection. A lui déjà si grand a succédé la grandeur même, un colosse ! Cet impérissable successeur est le peuple, qui n'est surpassé en puissance, en majesté, que par Dieu même !

Qu'est-ce que le peuple aux yeux de la foi catholique, de la saine raison ? — Tous les fidèles, tous les sujets du Christ, qui, dans l'ordre temporel, tiennent de Dieu le pouvoir d'élever les dynasties au-dessus de leurs têtes, pour être commandés, pour être régis par elles sous l'autorité des constitutions, des lois ; — qui, dans l'ordre spirituel, font, quand il le faut, entendre la voix de Dieu dans les conciles œcuméniques, par l'intermédiaire des évêques, leurs légitimes représentants, leurs généraux spirituels, présidés par le général en chef de la milice chrétienne, par le pape qui, dans ces assemblées souveraines, cesse momentanément d'être le maître pour prendre le rang de *primus inter pares*, de premier entre les égaux, dont il est ensuite tenu de faire passivement exécuter les décisions dictées par le Saint-Esprit, comme notre chef suprême temporel fait exécuter les lois présentées par lui et votées par les députés de la nation.

Vous avez l'air de trouver cette opinion hardie ? Allez-vous, par hasard, nous croire novateur ? Eh bien ! voyons comment s'exprime sur la même matière, la première illustration catholique d'un siècle où la papauté touchait à l'apogée de sa gloire, de sa puissance : « L'Église universelle, dit Gerson (1), est l'assemblage de tous les chrétiens, grecs, barbares, hommes, femmes, nobles, paysans, riches et pauvres. C'est cette Église qui, selon la tradition, ne peut ni errer, ni faillir ; elle n'a pour chef que Jésus-Christ ; les papes, les cardinaux, les prélats, les ecclésiastiques, les rois, le peuple, en sont membres, quoique à des degrés différents..... Il y a une autre Église, nommée apostolique, qui est particulière et renfermée dans l'Église universelle, savoir : le pape et le clergé ; c'est celle-là qu'on a coutume d'appeler l'Église romaine, c'est elle dont on tient que le pape est la tête et que les autres ecclésiastiques en sont les membres ; celle-là peut errer et faillir, elle peut

tromper et être trompée, elle peut tomber dans le schisme et dans l'hérésie ; elle n'est que l'instrument et l'organe de l'Église universelle, et elle n'a d'autorité qu'autant que l'Église universelle lui en donne pour exercer le pouvoir qui réside en elle seulement... L'Église a le droit de déposer les papes, s'ils se rendent indignes de leur office ou s'ils sont incapables de l'exercer ; car, si, pour le bien public, on dépose un roi qui tenait le royaume de ses ancêtres par droit de succession, combien davantage peut-on déposer un pape qui n'a cette dignité que par l'élection des cardinaux ? »

La doctrine de Gerson est à peu près celle du concile de Constance (1414) qui exerça lui-même et réserva exclusivement aux conciles œcuméniques le droit de statuer en dernier ressort sur les questions du domaine le plus élevé : entre autres dispositions, il en est une relative aux jugements du pape en matière de foi, lesquels ne peuvent revêtir le caractère d'infaillibilité qu'après avoir été sanctionnés par les conciles.

Au XVIe siècle, dans les dernières sessions du concile de Trente (1545-1563), on abandonna le difficile mais urgent projet de réformer l'Église dans son chef, qu'on laissa seul juge des changements à opérer dans la discipline, infaillible dans les choses de la foi, interprète suprême des canons. Mais, comme nous le verrons plus loin, les évêques de France proclamant, dans leur assemblée de 1682, l'orthodoxie des décrets du concile de Constance, résumèrent leurs délibérations en *Quatre Articles* rappelés et rendus obligatoires par le Concordat de 1801, négocié entre le saint pontife Pie VII et le chef du gouvernement français. C'est absolument la doctrine un peu adoucie de Gerson ; c'est la théorie de l'Église gallicane ou française.

Qu'est-ce donc enfin que l'Ultramontanisme dont le souffle vient parfois effleurer nos oreilles, semblable au bruit léger des ombres glissant à travers l'espace dans les souterraines et poétiques régions de la mythologie ? C'est une rêverie de pauvres diables auxquels Charenton devrait ouvrir ses portes à deux battants. C'est la doctrine de ceux qui, — nous ne leur en faisons pas notre compliment, — n'ayant pas une seule goutte de sang français dans les veines, appellent sur notre patrie la férule d'un maître étranger (1), veulent à toute force, soumettre, en matière politique, le temporel de notre pays, c'est-à-dire la suprême autorité de notre Empereur à la puissance spirituelle de notre saint père le pape. Mais cette doctrine, — si elle existait réellement, si elle pouvait avoir accès ailleurs que dans des cerveaux fêlés, — serait un anachronisme, une monstruosité, un appel direct aux ténèbres et à l'esclavage du moyen âge, une déclaration de guerre à la raison, au bon sens, un tocsin d'anarchie, de révolte ! L'Ultramontanisme fut autrefois une nécessité, une cause toute patrio-

(1) Jean Charlier de Gerson, chancelier de l'Université de Paris et l'un des plus grands théologiens du XVe siècle, né près de Rethel en 1363, mort en 1429, fut surnommé *doctor christianissimus*, le docteur très-chrétien. L'Église a toujours professé le plus grand respect pour sa piété, pour sa science. Un manuscrit trouvé, il y a environ vingt ans, à Valenciennes, semble irrécusablement prouver qu'il est l'auteur du livre si répandu : *De l'Imitation de Jésus-Christ*, dont Thomas A. Kempis passe généralement pour être l'auteur, comme nous l'avons dit à l'article *Théologie*.

(1) Comme chef temporel, le pape est un prince étranger ; il n'a rien de plus, rien de moins que les autres monarques de la terre. Comme chef spirituel, il ne peut rien ni directement, ni indirectement sur notre temporel.

tique ; car, alors, comme nous l'avons dit ailleurs (Voy. *Théologie*), le peuple qui est, qui fut toujours, dans l'ordre politique, en matière de souveraineté, le seul organe légitime des décrets de la Providence, le peuple est, au moyen âge, foulé par l'oppression et placé dans l'impossibilité de remplir lui-même son mandat dont il confie implicitement l'exécution à ses maîtres spirituels, à ses amis les évêques, au pape chef des évêques comme des autres chrétiens. L'Eglise défend merveilleusement son mandataire, l'éclaire, lui prodigue conseils, affection. Instruit, fortifié, grandi sous la paternelle tutelle du clergé, le peuple sort enfin de sa léthargie, lève le front, se dresse, se mesure, se voit géant, secoue ses chaînes, les brise, veut être libre : il l'est ! Et il remercie l'Eglise d'avoir préparé sa délivrance ; et il reprend pour toujours son mandat qu'il n'est pas, qu'il ne sera jamais en son pouvoir d'aliéner ; et les dignitaires de tout rang de notre sacerdoce applaudissent à ses allures décidées ; et ils continuent d'exercer avec lui, pour lui, chacun leur part de souveraineté, dont personne n'est exclu, pas même les anciens despotes condamnés seulement par le généreux 89 à dépouiller leur hideuse peau de tigre pour revêtir le noble manteau de citoyen. Et vous voudriez, vous, en plein xixᵉ siècle, en l'an de grâce 1859, sous le radieux soleil des Napoléons, vous voudriez faire au pape le sacrifice des droits du peuple ! Et vous auriez l'audace de les lui offrir en holocauste ! Mais y avez-vous réfléchi ? Quoi ! vous proposeriez au saint père de détruire son propre ouvrage, de ravir au peuple ses précieux, ses imprescriptibles droits dont la papauté a tant contribué à le mettre en possession ! Vous proposeriez au pape le vol ! Et vous vous dites chrétien ! Non, vous ne l'êtes pas ! Malheureux ! si l'enfer, qui l'avait vomi de ses flancs, n'avait pas replongé dans ses gouffres le terrible temps où l'on brûlait les renégats, vous courriez grand risque d'aller affreusement grimacer au milieu des flammes vengeresses d'un horrible bûcher ! Et nous vous plaindrions de tout notre cœur; car, au fond, vous n'êtes pas méchant, vous n'avez que le tort d'appartenir de très-près à la famille des rossignols d'Arcadie. Et vous seriez, à coup sûr, un bon homme, si vous aviez une toute petite part de sens commun. En bonne conscience, vous ne devez exciter que notre pitié, pour avoir insulté par une infâme proposition, le caractère sacré du chef visible de notre Eglise ! Le pontife des pontifes ne doit-il pas avoir, n'a-t-il pas sans cesse présentes à sa mémoire, à son cœur, les paroles du maître des maîtres, du saint des saints? *Mon royaume n'est pas de ce monde.* Est-ce que la puissance donnée par Jésus-Christ à son Eglise s'adresse à d'autres choses qu'aux choses spirituelles? Point d'adultère mélange du sacré avec le profane ! Une telle promiscuité serait odieuse, anti-rationnelle, anti-chrétienne ! Supposez un prétendu pape assez mal inspiré pour insulter le temporel de la France : ce ne pourrait être qu'un échappé de l'enfer ; et le peuple qui croit à Dieu et au diable ; le peuple qui adore l'un et ne craint pas l'autre, courrait sus au démon, n'emploierait pas, pour le punir, le gantelet

dont Sciarra Colonna frappa indignement (1) Boniface VIII au visage ; mais il noierait le malin, avec sa tiare d'emprunt, au fin fond d'un bénitier, et le vrai pape féliciterait le peuple d'un tel exploit.

Pendant plusieurs siècles, l'Eglise exerça la souveraineté temporelle pour le peuple qui en était éloigné par la force brutale de la stupide et cruelle féodalité. Mais ses entraves une fois brisées, le peuple, rendu à sa dignité, sut reprendre et exercer ses droits avec une incomparable intelligence. Il l'emporta de beaucoup en habileté, pour la gestion de son temporel, sur l'Eglise elle-même. Alors, seulement alors, on reconnut en lui, on admira dans ses actes le majestueux reflet du Très-Haut. Pourquoi tous les efforts de l'Eglise avaient-ils été moins fructueux ? C'est qu'en se mêlant aux choses terrestres dans l'intérêt du peuple, qui lui en a voué une éternelle reconnaissance, elle était sortie de sa propre sphère : c'était pour elle une exception, c'était du provisoire. N'avait-elle pas pénétré dans un royaume qui n'est pas le sien, dans le royaume de ce monde ? Sa spiritualité n'était-elle pas forcément mal à l'aise dans le mortel élément des choses matérielles ? L'immensité des devoirs attachés à la spécialité de sa divine mission n'était-elle pas, ne devait-elle pas être l'objet de ses principaux soins? L'accessoire souffrait, c'est-à-dire les choses de la terre, les besoins, les intérêts du peuple.

L'Evangile a dit : *Rendez à César ce qui appartient à César, et à Dieu ce qui appartient à Dieu.* Par César, entendez ici tout pouvoir temporel établi par Dieu, dont le suffrage universel du peuple peut seul promulguer le décret d'institution, et auquel sont tenus d'obéir et laïques et clergé. Sans la volonté de Dieu ainsi manifestée, pas de véritable autorité suprême, pas de César : imposez au peuple un César qu'il n'aura pas couronné lui-même, et ce César sera un faux César, et le peuple aura le droit, le devoir de briser la couronne usurpée sur le front de l'usurpateur, du voleur ! Au César proclamé par le peuple au nom de Dieu, à ce César seul, à sa dynastie, amour, respect, dévouement absolu ! Obéissance de tous les instants aux ordres, aux décrets de cette haute puissance que, sur cette terre, nul ne saurait attaquer ni froisser, sans insulter à la fois Dieu et le peuple qui l'ont fondée ! Ce pouvoir, directement émané du ciel, est donc inviolable. Dire que, en sa qualité de vicaire de Jésus-Christ, de Dieu, le pape pourrait contrôler, blâmer ce pouvoir, n'importe par quelle voie traîtreusement dérivée du droit spirituel, ce serait affirmer que le pape a le droit de contrôle et de blâme sur les

---

(1) A l'approche de Sciarra Colonna entrant dans Agnani, avec une troupe d'aventuriers pour l'arrêter et le livrer à Philippe le Bel, tyran de la France, Boniface se revêt de ses ornements pontificaux, s'assied près de l'autel, dans sa chaire apostolique. « Fils de Satan, lui crie Colonna prêt à l'égorger, cède la tiare que tu as usurpée. » — « Voilà ma tête, répond Boniface ; mais, trahi comme Jésus-Christ, et prêt à mourir, du moins je mourrai pape. » — C'est alors que le lâche Colonna frappa sur la joue un vieillard sans défense.

actes de Dieu même. Ne serait-ce pas proférer un horrible blasphème ?

Oui, la souveraine puissance qui préside aux destinées de notre pays, ne relève que de Dieu ; elle est pour le moins aussi sacrée que le pouvoir temporel du pape dans les Etats de l'Eglise, pouvoir trop souvent contesté, mais pouvoir indispensable à la dignité, à l'indépendance de notre premier chef spirituel, et qu'au prix du sang de milliers de ses enfants, la catholique France arracha, en 1849, d'un bond de sa généreuse colère, à des hordes de démagogues (1) pour le remettre intact aux mains vénérées du sublime pontife ! Que le crime audacieux se tienne sur ses gardes : la France et son empereur ne permettront jamais au brigandage de toucher impunément au plus léger atome du patrimoine de l'Eglise ! — Un vœu ! c'est de voir la souveraineté temporelle des papes tenir vigoureusement les rênes du pouvoir, pour conduire leur beau pays à la haute prospérité matérielle qu'une volonté forte peut seule y créer, et qui aurait pour effet certain de grandir une population dont le thermomètre moral ne s'élève guère au-dessus de zéro. *Panem et circenses!* Telles semblent être encore aujourd'hui, sur les bords du Tibre, les principales aspirations d'une multitude courbée, comme il y a deux mille ans, sous l'avilissement d'immondes instincts. Que faut-il pour la régénérer, pour l'arracher à la misère, pour lui jeter l'aisance à pleines mains, et avec l'aisance, l'amour de l'ordre, le respect de l'autorité, le sentiment religieux qui ne peut exister, qui n'existe pas dans les cœurs pervertis par la fainéantise, source de tous les vices, de la plupart des forfaits ? Ce qu'il lui faut ? le travail ! Convertissez vos myriades de vagabonds en laboureurs ; faites-leur défricher vos landes immenses : faites-leur dessécher vos marais. Bientôt des flancs de la terre surgira la richesse qui, s'emparant d'abord des individus, ira s'abattre ensuite dans vos caisses vides, les remplira, justifiera la théocratie romaine du reproche d'être presque toujours complétement inhabile à régir des intérêts matériels. Les progrès de la richesse nationale diminueront de plus en plus le chiffre des crimes qui désolent vos villes, vos campagnes. Une excessive mansuétude nuit au bien public. En 1572, Grégoire XIII est élevé à la papauté. Si, par sa réforme du calendrier julien, il sut bien mériter de tous les peuples ; s'il fut admirable de charité ; si, en un mot, il se montra parfait dans le gouvernement spirituel du monde catholique, on ne saurait le louer comme souverain temporel. A la nouvelle d'un crime, d'un assassinat, il se bornait à lever les mains au ciel, à gémir. Aussi des légions de malfaiteurs s'organisent-elles sur tous les points des Etats pontificaux, sous les yeux du peuple, des grands qui les affectionnent, les honorent, les protègent. Ne vont-ils pas jusqu'à donner aux brigands le nom de braves ? Et les braves

d'une si dangereuse espèce ne forment-ils pas une sorte de corps officiel avec lequel on traite pour faire assassiner ou mutiler un ennemi, saccager ou brûler une propriété ? Et puis, si on a l'air de se mettre à leurs trousses, n'ont-ils pas la certitude de trouver dans les palais des cardinaux, des princes, un asile toujours prêt contre les poursuites de la justice (1) ? En 1585 meurt Grégoire XIII, et Sixte-Quint ceint la tiare. Le jour même où il est couronné, il s'attaque aux bandits, leur promet la peine capitale, leur tient parole, fait trancher la tête à tout criminel arrêté. Un noble, le comte Pepoli, convaincu d'avoir donné retraite à des bandits, est impitoyablement mis à mort. Le banditisme est terrifié, frémit, s'éclipse, disparaît. Bientôt les routes des Etats pontificaux présentent partout la plus grande sécurité. Plus de terres incultes. Les campagnes se couvrent de riches moissons. Rome est agrandie, ornée. L'*Aqua felice* accourt de loin (vingt-deux milles) sur le Capitolin, sur le Quirinal, pour alimenter vingt-sept abondantes fontaines. L'obélisque de Caligula est érigé, la bibliothèque du Vatican bâtie. La population s'accroît ; les finances, jusque-là ruinées, sont rétablies, et, après un règne vigoureux de cinq ans, Sixte-Quint meurt, laissant dans les caisses du trésor pontifical une réserve de près de cinq millions de scudi. Ancien gardeur de pourceaux, instruit par la charité des vertueux hôtes d'un couvent, élevé au souverain pontificat par un mérite transcendant, à l'âge de soixante-quatre ans, ce grand homme fut, au temporel comme au spirituel, le modèle des papes.

Ainsi donc l'inexorable énergie de Sixte-Quint sut forcer Rome, perdue de vices, pressurée par la misère, à connaître le bien-être, l'aisance, la moralité. Ce que fit cet illustre pontife au milieu de difficultés sans nombre, pourrait aisément s'obtenir de nos jours : il suffirait pour cela de *vouloir* dans toute l'acception de ce magique mot.

Obligé de manier la pelle ou la pioche, le vagabondage cesse d'être dangereux pour la société. Le travail est un des premiers, des plus impérieux devoirs imposés à l'homme. Quiconque n'ayant rien et pouvant se livrer à d'honnêtes travaux, demande ses moyens d'existence à la mendicité, à la rapine, doit être forcé de travailler (2). Il appartient à la société, c'est-à-dire à son délégué, au gouvernement de l'y contraindre. Ce principe révolte l'impur socialisme. Pour lui, c'est assez de proclamer le droit au travail : il n'entend nullement aller jusqu'à l'exercice de ce droit incontesté. Son travail à lui, ce serait de vider fraternellement les poches, les greniers du travailleur ; ce serait de le massacrer, pour peu que, de parole ou d'action, le travailleur voulût entraver les spoliatrices opérations du proudhonisme.

II. L'Ultramontanisme n'est aujourd'hui qu'un mot vide de sens comme les cerveaux qui voudraient lui reconnaître une valeur actuelle. Nous n'avons pas à parler des droits qu'il avait créés. La véritable démo-

(1) Il y avait des exceptions ; il y avait, mais en très-petit nombre, des hommes fort honorables, des cœurs généreux, comme il y en a quelquefois dans les mauvaises causes où la politique a un rôle à jouer.

(1) Tarabaud, d'après le père Tempesti.
(2) Voy. l'article *Paupérisme.*

cratie (1)ne blâmera jamais le chef de l'Eglise d'avoir jadis, au nom du peuple, disposé des couronnes, quand le peuple ne pouvait le faire lui-même.

Rien n'est parfait sur notre planète. A l'Ultramontanisme que nous avons loué, parce qu'il a dûment flagellé le despotisme, se rattachait un déplorable abus, celui de tirer à boulets-rouges sur l'or de notre France : il s'agit ici des annates définitivement abolies, sous l'Assemblée constituante, par les lois des 11 août et 21 septembre 1789.

Qu'était-ce donc que les annates? Eh mon Dieu, un vol qui méritait la bastonnade à ceux qui avaient l'infamie de le pratiquer et à ceux qui se laissaient lâchement spolier. Ce langage ne doit pas étonner. Pourquoi déguiserions-nous la vérité? On sait en quels termes nous avons parlé de la papauté à l'article *Théologie*. On sait combien nous la vénérons. Le nombre des papes indignes de représenter Dieu sur la terre, est presque imperceptible, tandis que tous les autres se sont montrés les dignes vicaires de Jésus-Christ; à ceux-ci nos plus humbles hommages; aux autres le mépris. Aux onze apôtres fidèles tous nos respects; au traître Judas toutes nos imprécations!

Ce fut vers le commencement du XIVe siècle que

(1) Cette opinion n'est pas — nous le savons — tout à fait partagée par des hommes très-honorables auxquels il en coûte d'abandonner un vieux préjugé auquel nous avons aussi jadis payé notre tribut; préjugé consistant à nous représenter l'acte de 1682 comme une digue opposée à la prétendue tyrannie de Rome.

C'est une grave erreur.

Le plus léger examen de la question met à nu tout le gallicanisme, ses aspirations anti-démocratiques, partant anti-chrétiennes, et son esprit envahisseur des droits du peuple garantis, aujourd'hui par lui-même, et, avant 1682, par l'Eglise, par le pape, dont un socialiste pur sang, nécessairement ennemi du catholicisme, n'hésite pourtant pas à signaler le contrôle comme un bienfait éminemment apprécié par les masses.

. . . .

« En élevant les rois au-dessus de toute juridiction ecclésiastique, dit M. Louis Blanc dans son *Histoire de la Révolution française*, tom. I, p. 252, en dérobant aux peuples la garantie que leur promettait le droit accordé au souverain pontife de surveiller les maîtres temporels de la terre, de les contenir, de les suspendre, de délier leurs sujets du serment de fidélité, la déclaration de 1682 semblait placer les trônes dans une région inaccessible aux orages. Louis XIV y fut trompé : il crut avoir donné à la monarchie absolue des bases éternelles, en la dégageant DU PLUS RESPECTÉ DES CONTRÔLES.

» Mais en cela son erreur fut profonde et fait pitié. Le pouvoir absolu, dans le vrai sens du mot, est chimérique, il est impossible. Il n'y a jamais eu, grâce au ciel! et il n'y aura jamais de despotisme irresponsable. A quelque degré de violence que la tyrannie s'emporte, le droit de contrôle existe toujours contre elle, ici sous une forme, là sous une autre; mais réel partout, partout impérissable, et tôt ou tard agissant.

. . . .

» La déclaration de 1682 ne changeait rien à la nécessité du droit de contrôle. Donc, elle ne faisait que le déplacer, en l'enlevant au pape; et elle le déplaçait pour le transporter au parlement d'abord, puis à la multitude. »

Jean XXII (1) s'attribua le droit de puiser, à son profit et sous le nom d'annates dans le trésor de notre France et des autres pays catholiques, le revenu d'une année de certains bénéfices devenus vacants. Pendant le schisme d'Avignon en 1385, le roi Charles VI défendit de payer les annates. Cette défense, plusieurs fois renouvelée mais presque toujours éludée, fut confirmée par la pragmatique-sanction de Bourges en 1438. Le concordat de François Ier avec Léon X, en 1516, rétablit les annates, se rendit ainsi complice du vol qui fut ensuite proscrit, un peu plus tard, par plusieurs ordonnances, entre autres par celles de 1561, rendues par le sage, le pieux, le savant Michel de L'Hôpital, sur la demande des Etats d'Orléans. Ce vol fut aussi l'objet des plus vives, des plus justes attaques de la part du concile de Trente. Il n'en subsista pas moins jusqu'en 1789.

Les annates constituaient donc au profit de la cour de Rome le prétendu droit de s'emparer d'une bonne partie de l'or de notre France : c'est d'une notable portion des revenus de notre ancien clergé qu'il faut dire. Les annates étaient, en effet, prélevées sur les honoraires des ecclésiastiques obligés, en outre, à diverses époques du vieux régime, de payer au souverain pontife, à qui il eût été impossible de produire des titres justificatifs de ses exigences, des sommes considérables sous le nom de *vacances*, de *dépouilles*, de *déports*, de *successions*, etc.; et l'ancien clergé et les anciens couvents n'avaient certes pas trop de leurs revenus. Ils ne possédaient point de scandaleuses richesses, comme on le croit généralement sur la foi de menteurs historiens. Pour prouver l'exactitude de notre assertion nous nous appuierons sur une imposante autorité qui ne saurait être suspecte de partiale tendresse envers les prêtres : « Il est incontestable, dit Voltaire (2), que l'Eglise de France est de toutes les Eglises catholiques celle qui a le moins

(1) Jean XXII (J. d'Euse) — (1316-1334) — amassa à Avignon un trésor immense évalué par des historiens à trois cents millions de francs.

Ce ne fut pas le seul pape qui sacrifia à Plutus. Un de ses prédécesseurs, Innocent IV (1243-1254), reçut à propos de son amour excessif pour le fauve métal, une observation très-peu flatteuse. On comptait un jour, en sa présence, de l'or dans sa chambre où se présente l'illustre saint Thomas d'Aquin : « Vous voyez, lui dit le pontife, que l'Eglise n'est plus au temps où elle disait, je n'ai ni or ni argent. — Il est vrai, Saint-Père, reprit le docteur angélique, aussi ne peut-elle plus dire au paralytique : Lève-toi et marche. »

A ceux qui s'étonneraient de voir des papes s'écarter ainsi des préceptes de l'Evangile, nous conseillerons de lire, ci-avant, notre article *Théologie*, où nous avons démontré, d'après le témoignage même des ennemis naturels du saint-siége, que presque tous les souverains pontifes ont brillé par l'éclat de leurs vertus. Les cardinaux ont toujours voulu faire, mais ils n'ont pas la prétention d'avoir toujours fait des élections irréprochables. Leur maître, notre maître à tous, Jésus-Christ, ne trouva-t-il pas, — nous l'avons déjà dit, — un monstre, un Judas au nombre des douze apôtres qu'il avait lui-même choisis?

(2) *Siècle de Louis XIV*, chapitre XXXV, affaires ecclésiastiques.

accumulé de richesses... En général les évêchés de France ne sont pas d'un revenu trop immense. Ceux de Strasbourg et de Cambrai sont les plus forts ; mais c'est qu'ils appartenaient originairement à l'Allemagne et que l'Eglise de l'Allemagne était beaucoup plus riche que l'empire.

» Giannone, dans son *Histoire de Naples*, assure que les ecclésiastiques ont les deux tiers du revenu du pays. Cet abus énorme n'afflige point la France. On dit que l'Eglise possède le tiers du royaume, comme on dit au hasard qu'il y a un million d'habitants dans Paris. Si on se donnait seulement la peine de supputer le revenu des évêchés, on verrait, par le prix des baux faits il y a environ cinquante ans, que tous les évêchés n'étaient évalués alors que sur le pied d'un revenu annuel de quatre millions, et les abbayes commendataires allaient à quatre millions cinq cent mille livres. Il est vrai que l'énoncé des prix des baux fut un tiers au-dessous de la valeur ; et si on ajoute encore l'augmentation des revenus en terre, la somme totale des rentes de tous les bénéfices consistoriaux sera portée à environ seize millions. Il ne faut pas oublier que de tout cet argent il en va tous les ans à Rome une somme considérable qui ne revient jamais et qui est en pure perte. C'est une grande libéralité du roi (1) envers le saint-siége : elle dépouille l'Etat, dans l'espace d'un siècle, de plus de quatre cent mille marcs d'argent ; ce qui, dans la suite des temps, appauvrirait le royaume, si le commerce ne réparait pas abondamment cette perte.

» A ces bénéfices qui paient des annates à Rome, il faut joindre les cures, les couvents, les collégiales, les communautés et tous les autres bénéfices ensemble ; mais s'ils sont évalués à cinquante millions par année dans toute l'étendue actuelle du royaume, on ne s'éloigne pas beaucoup de la vérité.

» Ceux qui ont examiné cette matière *avec des yeux aussi sévères qu'attentifs*, n'ont pu porter les revenus de toute l'Eglise gallicane séculière et régulière, au delà de quatre-vingt-dix millions. Ce n'est pas une somme exorbitante pour l'entretien de quatre-vingt-dix mille personnes religieuses et environ cent soixante mille ecclésiastiques. »

Comme Voltaire le remarque, cette somme ne pouvait être exorbitante, puisqu'elle ne donnait en moyenne, qu'un revenu annuel de 360 francs par individu ; puisque, après la suppression des couvents et la diminution du personnel sacerdotal, l'Assemblée constituante qui, ayant ajouté au domaine de l'Etat les biens de l'Eglise, devait pourvoir directement aux besoins de celle-ci, n'hésita pas à voter, le 8 juillet 1790, soixante-dix-sept millions pour le traitement annuel des ecclésiastiques et des religieux, auxquels elle n'entendait certainement pas donner du superflu.

III. *Gallicanisme*. Mort et enterré comme l'Ultramontanisme ! *Requiescant in pace* l'un et l'autre ! Que la terre leur soit légère ! Ces deux frères jumeaux, en-

gendrés le même jour, ennemis jurés comme Etéocle et Polynice, périrent tous deux le même jour, à la même heure. Le Gallicanisme ne représente donc rien du présent et son passé a commencé en 89. Il ne fut auparavant qu'une attaque directe à la souveraineté du peuple qui, jusqu'au jour où il fut tout (1), n'était rien, n'avait d'autre appui, d'autre représentant que l'Eglise, dont il devint à son tour le plus ardent protecteur comme il l'a prouvé plus d'une fois, notamment en 1849, sous les murs de Rome et dans Rome.

Disons brièvement ce qu'est, ou plutôt ce que fut le Gallicanisme. Il était bien vieux, au moment de sa mort, ce roué défunt ; mais bien ancienne aussi était la tyrannie qui, à cheval sur le gallicanisme, a vainement lutté, pendant tant de siècles, contre le pouvoir libérateur du clergé, c'est-à-dire du peuple dont le clergé était le légitime représentant. Et cependant il eut de zélés partisans jusque dans les rangs de l'Eglise et du peuple. Pierre de Marca, qui fut un de ses plus vigoureux défenseurs, veut en porter l'origine au premier concile de Tours tenu en 461. Mais généralement on ne la fait pas remonter au delà de la pragmatique sanction de saint Louis. Les libertés de l'Eglise gallicane se développèrent au xive siècle, pendant le séjour des papes à Avignon. La pragmatique de Bourges les confirma en 1438. Elles reçurent une sanction éclatante au xviie siècle par l'approbation de Bossuet et de l'assemblée de nos évêques en 1682. On désigne sous le nom de QUATRE ARTICLES, dans l'histoire de France, les maximes solennellement proclamées dans cette assemblée et dont voici le résumé (2) : 1° Les rois ne sont point soumis pour le temporel à la puissance ecclésiastique ; ils ne peuvent être déposés par les papes ni leurs sujets déliés du serment de fidélité ; 2° les décrets du concile de Constance sur l'autorité des conciles généraux doivent être admis dans leur plénitude ; 3° l'exercice de la puissance ecclésiastique doit être réglé d'après les canons ; les lois et coutumes de l'Eglise gallicane doivent être observées ; 4° le jugement du pape, même en matière de foi, n'est infaillible que lorsqu'il est approuvé par le consentement de toute l'Eglise. « Ces quatre maximes, dit Voltaire (3), furent d'abord soutenues avec enthousiasme dans la nation, ensuite avec moins de vivacité. Sur la fin du règne de Louis XIV, elles commencèrent à devenir problématiques ; et le cardinal de Fleury les fit depuis désavouer en partie par une assemblée du clergé sans que ce désaveu causât le moindre bruit. »

Sous la Constituante, les relations entre le spirituel et le temporel furent bouleversées par la constitution civile du clergé, laquelle fut rejetée par la majeure par-

(1) Par peuple il faut entendre l'universalité des citoyens en possession de leurs droits civils et politiques. C'est ainsi que nous avons défini ce mot à l'article *Théologie*.

(2) Le texte latin des Quatre Articles rédigés par Bossuet lui-même, est dans ses Œuvres complètes, tome XL, pag. 27, 28, 29, édition Gauthier frères et comp. ; Paris, 1828.

Ce texte a pour titre : *Cleri gallicani de ecclesiastica potestate declaratio*, die decimo nono martii 1682.

(3) *Siècle de Louis XIV*, chapitre xxxv.

(1) Une grande libéralité du roi ! Oui, avec la bourse du clergé !

tie de nos prêtres. Elle devint une cause de trouble, de persécution jusqu'au 15 juillet 1801, date du concordat négocié par le premier consul avec le pape, pour rétablir l'union entre les deux puissances et régler la circonscription des diocèses, la nomination aux évêchés, le traitement des ecclésiastiques. Ce concordat ne fut exécuté qu'au mois d'avril 1802. Le premier consul nommait les archevêques et évêques; le saint-siége leur donnait l'institution canonique. Les évêques nommaient les curés dont le choix devait être approuvé par le gouvernement. L'article 13 garantissait la sécurité des acquéreurs de biens ecclésiastiques. Le concordat de 1801 conserva le principe des libertés gallicanes applicables à la nouvelle situation du clergé. La loi du 18 germinal an x (6-8 avril 1802) pour l'exécution du concordat, porte, article 24, que « ceux qui seront choisis pour l'enseignement dans les séminaires, souscriront la déclaration faite par le clergé de France, en 1682, et publiée par un édit de la même année; ils se soumettront à y enseigner la doctrine qui y est contenue, et les évêques adresseront une expédition en forme de cette soumission au conseiller d'Etat chargé de toutes les affaires concernant les cultes. »

La même loi du 18 germinal rappelle d'anciennes maximes de l'Eglise gallicane; ainsi, article 1er : « Aucune bulle, bref, rescrit, décret, mandat, provision, signature servant de provision, ni autre expédition de la cour de Rome, même ne concernant que les particuliers, ne pourront être reçus, publiés, imprimés, ni autrement mis à exécution, sans l'autorisation du gouvernement. » L'article 2 exige la même autorisation, pour que les nonces, légats, vicaires ou commissaires apostoliques, puissent exercer en France des fonctions relatives aux affaires de l'Eglise gallicane. D'après l'article 3, les décrets des synodes étrangers et même des conciles généraux ne peuvent être publiés en France, avant que le gouvernement en ait examiné la forme, leur conformité avec les lois, droits et franchises de la France, et tout ce qui, dans leur publication, pourrait altérer ou intéresser la tranquillité publique. L'article 4 dispose qu'aucun concile national ou métropolitain, aucun synode diocésain, aucune assemblée délibérante du clergé ne pourront avoir lieu sans la permission expresse du gouvernement.

En 1813, Napoléon Ier conclut avec le pape, alors prisonnier à Fontainebleau, un nouveau concordat qui ne fut jamais exécuté. Enfin le 11 juillet 1817, un dernier concordat fut conclu entre Pie VII et Louis XVIII; il annulait le concordat de 1801, et rétablissait un grand nombre d'archevêchés supprimés en 1790. Une opposition des plus vives empêcha l'exécution de ce concordat; et celui du 15 juillet 1801 conserva, conserve encore aujourd'hui toute son action.

Il y a eu en France quatre concordats conclus, le premier, par François Ier, en 1516 : le second, par Bonaparte, premier consul, en 1801; le troisième, par l'empereur Napoléon, en 1813, et le quatrième, par Louis XVIII, en 1817. Les deux derniers sont restés à l'état de projet; les deux premiers ont seuls été exécutés.

Une ordonnance royale de 1828 a renouvelé l'injonction d'enseigner les Quatre Articles dans tous les séminaires. Ce serait à ne pas y croire, si l'usurpation inaugurée en 1814 et en 1815, par le despotisme de l'Europe conjurée contre nous, n'avait été alors assise sur le trône des Napoléons. Cette pauvre usurpation craignait tout, jusqu'à la colère du pape qui, pourtant, ne pouvait plus rien au temporel, depuis que le peuple avait pris possession du droit de promulguer seul les décrets du Très-Haut en matière de souveraineté. Et le peuple prouva une fois de plus et sa puissance et son droit, en expulsant, malgré leur ordonnance de 1828, les Bourbons de la branche aînée en 1830, et ceux de la branche cadette en 1848, pour rendre le sceptre à la nationale dynastie élevée par ses robustes bras sur le pavois de la France, au commencement du XIXe siècle.

Les vieilles dynasties avaient la prétention, — sans toutefois pouvoir s'appuyer sur rien de solide, de vrai, — de tenir leurs droits de la Providence. Et quels droits, grand Dieu ! « Celui qui a donné des rois aux hommes, dit Louis XIV dans ses Mémoires, a voulu qu'on les respectât comme ses lieutenants, se réservant à lui seul d'examiner leur conduite. *La volonté de Dieu est que quiconque est né sujet, obéisse sans discernement.* » Sparte aurait-elle autrement parlé de ses ilotes?

A cette maxime antichrétienne, le plus éloquent, le plus chaleureux orateur sacré de nos jours, le père Lacordaire, a ainsi répondu, peu de temps après juillet 1830, dans le journal l'*Avenir* : « Ce n'est pas le droit du souverain qui vient de Dieu : c'est le pouvoir lui-même; or, ce pouvoir, Dieu le transmet immédiatement à la communauté, et la communauté le délègue aux individus qu'il lui plaît d'en constituer dépositaires. Voilà la vraie doctrine de l'Eglise. » — « Les rois, dit ailleurs Louis XIV dans ses Mémoires (tom. II, p. 121), sont seigneurs absolus et ont naturellement la disposition pleine et entière de tous les biens qui sont possédés aussi bien par les gens d'Eglise que par les séculiers, pour en user en tout temps, comme de sages économes, c'est-à-dire suivant le besoin général de leur Etat.... Tout ce qui se trouve dans l'étendue de leurs Etats, de quelque nature qu'il soit, leur appartient au même titre, les deniers qui sont dans leur cassette, ceux qui demeurent entre les mains de leurs trésoriers, et ceux qu'ils laissent dans le commerce de leurs peuples. » Voilà du socialisme dans toute sa crudité, ce nous semble. Et les grands prêtres du proudhonisme n'ont pas encore érigé un autel à Louis XIV ! Quelle différence entre le tyrannique langage de celui qui osa mentir à la face du monde, en disant : « L'Etat, c'est moi, » et le patriotique principe écrit dans l'article 5 de notre constitution du 14 janvier 1852, par l'auguste main de notre Empereur, qui y a fait connaître sa propre responsabilité devant le peuple, au *jugement souverain* de qui Sa Majesté a toujours droit de faire appel, comme Elle le dit dans le dix-septième paragraphe de sa proclamation du même jour.

IV. *Quelques observations sur l'Ultramontanisme,*

et surtout sur le Gallicanisme. — Comme nous l'avons vu, Bossuet prêta aux Quatre Articles le colossal appui de son immense génie ; mais Bossuet n'était pas, ne se croyait pas infaillible. Bossuet, l'honneur de l'Eglise et de l'humanité, était homme après tout ; il put donc se tromper et il se trompa.... volontairement. Bossuet connaissait Louis XIV et son inflexible orgueil. Le despote voulait, exigeait les Quatre Articles. Résister ouvertement à sa volonté, la braver, c'eût été inévitablement exposer l'Eglise de France aux malheurs d'un schisme pareil à celui qui déchire l'Angleterre, ce pays où tous les cultes sont les bienvenus, excepté le seul bon, le seul vrai, le seul démocratique, le catholicisme ; ce pays enfin où, de nos jours, l'Eglise anglicane écoute, accueille les basses, les immondes prédications du hideux Mormonisme, tandis qu'elle persiffle, qu'elle injurie par ses journaux, les sublimes prédications d'un grand orateur, d'un grand homme, d'un grand saint : c'est nommer la première illustration intellectuelle et chrétienne du Royaume-Uni, le pieux consolateur de la malheureuse Irlande, le cardinal Wiseman.

Pour défendre le Gallicanisme, que l'on ne vienne donc pas mettre en avant le grand nom de Bossuet et le nom moins grand de Louis XIV et les quatre bruyants articles. Le premier de ces quatre articles fit brèche à la théocratie universelle ou plutôt au très-haut patronage de la papauté en faveur du peuple, hardiment proclamé par l'audacieux Hildebrand (Grégoire VII). Mais cette garantie populaire officiellement brisée par Louis XIV, le despotisme sera-t-il désormais sans contrôle ? Impossible : tout ce qui est enlevé à la papauté passe de droit au peuple, et le peuple sera autrement fort, autrement redoutable que la papauté. Il n'y a, il n'y eut jamais de pouvoir absolu irresponsable dans l'acception vraie de ce mot : le contrôle sait toujours trouver, tôt ou tard, une voie à son action, et cette voie est quelquefois terrible ! La force matérielle peut contenir le peuple écrasé par Louis XIV qui dévore sa substance, qui le réduit à la misère, qui ruine les finances de l'Etat, qui lègue à la nation deux milliards quatre cents millions de dettes, dont un tiers immédiatement exigible ! Mais si le peuple dut contenir son indignation, du vivant du despote, il considéra sa mort comme un bonheur public, se livra aux transports d'une joie effrénée, jeta l'outrage à son cercueil s'acheminant vers le royal ossuaire de Saint-Denis, marqua la première étape de son affranchissement ! Si nous abhorrons l'orgueil incarné dans la personne de Louis XIV, nous n'en déplorons pas moins les orageuses manifestations de la colère du peuple ; car, si nous n'avons guère de sympathie pour l'homme, nous admirons le héros, l'administrateur, le protecteur des lettres, des sciences et des arts, mais, par-dessus tout, le monarque qui sut régner et gouverner, commander et se faire obéir. Ses fautes furent nombreuses, très-graves : sa gloire l'en a absous jusqu'à un certain point, et le surnom de grand lui est resté.

Parlerons-nous des trois autres articles ? A quoi bon ? Seul le premier eut une portée réelle, immense, merveilleusement révolutionnaire, qu'il perdit le jour où le peuple, battu dans la papauté, en 1682, par Louis XIV, reprit largement ses droits et vengea la papauté des injustices du grand roi. Les trois derniers articles ne méritent pas de fixer notre attention. Ils constatent des vérités claires comme le jour, des faits d'une telle évidence qu'ils sont perçus par les plus vulgaires intelligences, et dont la stupidité ou le faux christianisme peuvent seuls contester la catholique orthodoxie ; ils ne sont qu'une partie des rigoureuses conséquences dérivant des prémisses posées dans l'Évangile ; nous n'y voyons, d'ailleurs, que la légitime satisfaction des exigences du bon sens. Les maximes énoncées dans ces articles et si chrétiennement développées dans l'éloquent sermon sur l'unité de l'Eglise prêché, le 9 novembre 1681, à l'ouverture de l'assemblée [du clergé par Bossuet, qu'aucun pape, qu'aucun saint ne surpassa en vertus, en savoir, en génie ; ces maximes, disons-nous, sont de tous les siècles et marquent les limites de la puissance apostolique, sans la diminuer. « L'Océan même, dit l'illustre Père de l'Eglise moderne, le saint évêque de Meaux, l'Océan même a ses bornes dans sa plénitude, et s'il les outrepassait sans mesure aucune, sa plénitude serait un déluge qui ravagerait l'univers. » Et quand Bossuet parle ainsi, il faut le croire : ne l'a-t-on pas toujours nommé, à juste titre, l'historien, l'interprète, le confident de la Providence aux suprêmes conseils de laquelle il semble puiser ses inspirations ?

V. Il est aisé de caractériser les relations de la France avec Rome. En matière spirituelle, le pape a sur nous catholiques une autorité absolue *dans les limites de l'Evangile* : il a droit à tous nos respects. En matière temporelle, au contraire, il ne peut rien, absolument rien sur nous Français, ni sur nos propriétés : nous ne lui devons pas un centime. Par Français, il faut entendre tous nos concitoyens, surtout nos vertueux prêtres qui, par leurs courageux enseignements, ont tant contribué à la civilisation, à la moralisation, à l'affranchissement de notre belle patrie. L'Evangile défend à la papauté de la manière la plus formelle de s'immiscer dans les affaires d'ici-bas. Son royaume n'est pas de ce monde. La science de l'Eglise dans les choses de la terre est, d'ailleurs, infiniment au-dessous de celle du peuple. Que l'Eglise nous ouvre les voies du ciel, marche à notre tête bannières déployées. C'est son droit. A nous le devoir de la suivre, d'adorer, de prier Dieu avec elle sans contrainte aucune : l'élan de l'homme vers Dieu pourrait-il s'imposer ? Mais pendant que l'Eglise nous ouvre, nous prépare les célestes demeures, à nous laïques de gérer les intérêts de la terre.

L'Eglise a deux caractères bien distincts, le caractère spirituel, et le caractère temporel auxquels il est expressément défendu de réagir l'un sur l'autre sous peine d'élever des conflits funestes à la religion, à l'humanité. Le premier de ces caractères domine le spirituel, rien que le spirituel, mais tout le spirituel du monde catholique, comme l'Evangile domine les conciles, comme les conciles œcuméniques dominent les papes. Le second s'applique au pape, souverain

temporel des Etats de l'Eglise où son pouvoir fondé sur la volonté expresse ou tacite de tous les peuples catholiques, doit s'exercer selon les vœux de ces peuples représentés par leurs souverains. A la France surtout a, jusqu'ici, incombé le glorieux rôle de protéger, de soutenir la couronne terrestre du chef de la chrétienté, *dont le royaume n'est pas de ce monde*, comme le dit l'Evangile, comme le confirme l'inflexible logique des faits nous montrant dans tous les siècles la souveraineté temporelle des papes péricliter, s'effacer quelquefois, et ne se relever qu'avec le secours des monarques de la terre.

Et pourquoi, dans les derniers siècles, surtout, cette souveraineté est-elle si souvent frappée d'impuissance, de stérilité? La cause en est dans son origine, dans son essence même. Essayons de le démontrer.

En 1059, le pape Nicolas II confie l'élection du souverain pontife aux cardinaux. Mais lui appartenait-il de statuer, à lui seul, sur une matière aussi ardue? comptait-il donc pour rien les autres ecclésiastiques? Le mode d'élire le chef suprême du monde spirituel d'ici-bas, ne devait-il pas être demandé à Dieu même par les représentants directs des fidèles, par les évêques réunis en concile œcuménique?

Le nombre des cardinaux, longtemps indéterminé, fut fixé à 24 par le concile de Constance (1414). Mais plusieurs papes s'arrogèrent vite le droit de le dépasser. Par une bulle du 3 décembre 1586, Sixte-Quint le porta à soixante-dix. Ce nombre n'a pas, depuis, varié.

Quand, par suite de décès ou de tout autre motif, la chaire de saint Pierre devient vacante, soixante-dix cardinaux sont seuls chargés d'élire le nouveau pape.

Que veulent, qu'exigent et l'esprit de l'Evangile, et la raison, et le bon sens, et le respect dont la double autorité papale doit être entourée? C'est que l'élection soit la réelle, l'incontestable, la sainte, la divine expression des vœux de la majorité des catholiques. L'est-elle? non, un milliard de fois, non!

Supposons un instant un coin de notre pays, par exemple Aurillac, chargé d'élire seul tout le personnel de notre corps législatif. Il enverra au Palais-Bourbon, — cela est naturel, — des Auvergnats, rien que des Auvergnats, trois cents robustes Auvergnats. Nous aimons messieurs de l'Auvergne : ne valent-ils pas individuellement, homme pour homme, Messieurs de Paris, de Lyon, de Marseille, de Bordeaux et autres lieux? Mais nos trois cents députés d'Aurillac seront-ils bien les représentants des intérêts, des aspirations de la France entière? Evidemment non.

Sommes-nous mieux représentés, nous catholiques de tous les Etats de la terre, par ceux chargés d'élire notre chef spirituel, que ne le serait la France par les trois cents législateurs charabias? Non. L'Italie où, à l'heure qu'il est, la grande épée de Napoléon III écrit, avec son armée de héros, les plus belles pages de l'histoire contemporaine, l'Italie, une toute petite portion du globe, a seule 60 (soixante !) cardinaux..... Et la France très-chrétienne en a moins de cinq, c'est-à-dire, douze fois moins que la terre

classique du sigisbéisme ! — La France, le plus grand, le plus éclairé, le plus puissant, le plus moral, par conséquent le plus religieux empire du monde catholique ! — La France qui, si elle a les meilleurs soldats de l'univers, en a aussi les meilleurs prêtres ! La France dont tous les cardinaux sans exception sont des sommités intellectuelles, morales, religieuses de premier ordre, toutes capables au plus haut degré de commander au monde spirituel et de tenir d'une main ferme, vigoureuse, juste, le sceptre temporel de Rome! Qu'arrive-t-il? complètement maîtresses du terrain, les éminences italiennes, que le bruit public, un bruit mensonger peut-être s'acharne à peindre de tristes couleurs, ces éminences si peu éminentes, ne manquent jamais d'asseoir exclusivement l'une d'elles sur le trône pontifical ! Sur 60 cardinaux italiens, il peut y avoir souvent un saint, mais rarement un homme. Aussi avons-nous toujours des papes dignes d'aller tout droit en paradis. Mais les papes sont aussi souverains temporels. Pour commander à des hommes, il ne suffit pas d'être un prédestiné, il faut, avant tout, un caractère fortement trempé. Combien de fois a-t-on vu au Vatican le commandement appuyé sur la vigueur? Ce n'est pas assez pour un pape d'être, lui, pur de tout vice. S'il a passé sa vie dans un milieu corrompu, aucune dépravation ne l'étonne et il n'entreprendra rien pour réformer les mœurs de ses Etats. Mais qu'un cardinal né, élevé, toujours domicilié sur une terre étrangère aux mœurs babyloniennes de certaines parties de l'Italie, vienne à ceindre la tiare, et l'on verra les turpitudes de tout genre trembler à son aspect, s'évanouir.—Mais les soixante barettes de l'Italie ne voudraient pas, et pour cause, d'un courageux réformateur. Leur volonté sera-t-elle toujours omnipotente ?

Ce n'est pas seulement de nos jours que l'on se plaint à tort ou à raison du désordre moral de la capitale du christianisme. Un grand chrétien, dont nous avons déjà invoqué l'autorité, s'exprime ainsi : «La cour de Rome, dit Gerson, a inventé mille offices pour avoir de l'argent, mais à peine en trouverait-on là un seul pour cultiver la vertu. On n'y parle du matin au soir que d'armées, de terres, de villes et d'argent, mais rarement, ou plutôt jamais, on n'y parle de chasteté, d'aumône, de justice, de fidélité, de bonnes mœurs; de sorte que cette cour, qui était autrefois spirituelle, est devenue mondaine, diabolique, tyrannique et pire qu'aucune cour séculière. *Les puissances séculières ne doivent point permettre que l'épouse de Jésus-Christ soit indignement prostituée.* »

Si, comme nous l'avons vu dans une des premières pages de cet article (1), l'illustre Gerson attribue aux conciles le droit de déposer les mauvais papes, il invite les pouvoirs séculiers à considérer comme un impérieux devoir de leur part de remplir directement à la cour de Rome un rôle bien autrement difficile, celui d'y faire la guerre à l'immoralité.

(1) Tout ce que nous avons cité de Gerson est textuellement enseigné dans les établissements d'instruction publique (classe de seconde).

On nous interrompt, on crie anathème! qui? N'entendez-vous pas cette voix de chouette? Ne voyez-vous pas une sorte d'animal amphibie affublé d'un costume, moitié laïque, moitié clérical? Oh! que le drôle serait heureux de pouvoir endosser, sans crainte d'être emprisonné, et dans l'espoir de mieux nous tromper, le respectable habit de nos prêtres si respectés! Voyez cette figure! Comme sous cet air béat, il y a du sigisbée! — Ton pays, vaurien? — Inutile de nous répondre. Nous devinons. Si tu n'es pas des bords du Tibre, tu ne saurais en être bien éloigné: tu appartiens certainement à l'une de ces provinces où tant de misérables font bon marché des six derniers commandements de Dieu; où, surtout, le neuvième est presque partout lettre morte. Tu ressembles, à s'y méprendre, au scélérat que, dans une de ses immortelles comédies, Molière nous montre si âpre à ravir au seigneur Orgon et sa belle fortune et sa jolie femme?

A ce mot de comédie tu te signes! Ah! tu es bien de ces riantes contrées où Priape, Cotytto, Mercure, le dieu des gueusards de ton espèce, ont tant et de si fervents adorateurs; — où tes pareils, si nombreux, croient en profanant le plus vénéré des signes, faire descendre les bénédictions du ciel sur les actes les plus révoltants; — où ils entendent sanctifier le vol, le meurtre, toutes les abominations de Sodome, de Gomorrhe, pourvu qu'ils les fassent précéder d'un signe de croix! Tu hurles un *distinguo*! Attends, bandit! Voici deux arguments à ton service: ce sont deux solides cravaches, vois! et vois aussi ce poignet prêt à les manœuvrer sur ton dos, sur ta figure de singe. Distingue, choisis l'un de ces deux arguments: l'un vaut l'autre. Tu seras servi à souhait: tu ne nous prieras pas de bisser. Mais tu ne réponds rien, tu fuis, tu prends la clef des champs! Bon voyage! Casse-toi le cou!

VI. Si dans l'ordre temporel, l'Église ne peut, dans aucun cas et sous aucune forme, rayonner sans crime, sans s'exposer à de justes représailles, au delà de la sphère des États pontificaux, comment exerce-t-elle sur nous sa spirituelle action? Par l'intermédiaire de son fils aîné, de notre Empereur, dont les relations avec le saint-siège sont régies par le concordat de 1801, et qui communique directement ou par son ministre des cultes, avec ses archevêques, avec ses évêques, tous nommés par sa majesté impériale, tous institués par le pape, tous indépendants les uns des autres, tous chefs suprêmes spirituels dans leurs diocèses respectifs, où le pape lui-même ne saurait nommer le curé du plus mince hameau.

La France est à bon droit fière de son clergé qui n'a pas son pareil dans aucune partie de la terre. Aimés comme citoyens instruits, vertueux, dévoués à leur pays, nos prêtres sont aussi et surtout vénérés comme zélés et bienveillants pasteurs des âmes, comme redoutables ennemis du mensonge, de l'erreur, des fourberies du philosophisme, cousin germain du socialisme, à qui il prête ses plus détestables arguments pour y asseoir la théorie du vol. Aucun effort ne coûte à nos ecclésiastiques pour fa-

voriser le développement religieux et intellectuel de la société, source éternelle de la prospérité publique.

S'ils mettent tout en œuvre pour répandre la lumière dans les âmes comme dans les cœurs, c'est dans l'intérêt de la religion par conséquent, du bonheur des masses. « Un peu de philosophie, a dit un illustre penseur, fait l'incrédule, et beaucoup de philosophie fait le chrétien. »

Vous avez l'air de sourire du bout des lèvres, braves esprits forts, vous dont La Bruyère a dit: « Savent-ils qu'on les appelle ainsi par ironie? » Et nous aussi nous vous rions au nez en vous donnant la menteuse épithète de braves. Vous la méritez à peu près comme les braves si impitoyablement traqués par Sixte-Quint. Vos pareils ont garde de paraître sur les champs de bataille. Vous n'avez pas la fibre mâle qui fait le bon citoyen, le Français, partant l'intrépide soldat. Mais si vous péchez par le cœur, vous pouvez être, en revanche, des braves de parole ou de plume: et la peur de la guerre vous fait enrôler sous les drapeaux du congrès de la paix, qui ne trouve à se recruter que parmi des sujets d'une virilité pareille à la vôtre, à celle des malheureux que la jalousie ottomane commet à la garde de ses harems.

Tous les bruyants services — quels services! — de votre stérile faconde ne valent pas la centième partie de ceux d'un seul des mulets de bât de notre armée d'Italie. — Pardon, vigoureux mulets, de vous avoir un instant comparés à un essaim d'inutiles, de trop souvent nuisibles bipèdes!

Que peut, après tout, avec ses stupides éteignoirs, un inepte philosophisme en présence des flots de lumière jaillissant des entrailles du sacerdoce ou des flancs de nos bataillons? Le progrès est partout; partout il électrise les masses. Dans nos vastes basiliques, où se presse un public avide de chrétiennes, de françaises émotions, le R. P. Félix, avec d'autres héros de la tribune sacrée, tonne contre le vice, exalte la vertu, grandit les cœurs, les détache des grossiers appétits, éclaire les intelligences, les élève, les lance aux sublimes régions du vrai, du bien, du beau, du grand, du divin!

Ailleurs, mêmes succès par les voies différentes. Debout sur nos affûts ou sur la pointe de nos baïonnettes, le génie de la civilisation plane sur l'Italie, l'enflamme de ses regards, la ravit au despotisme, au brigandage cosmopolite, lui souffle les évangéliques devoirs en ces trois magiques mots: Liberté! — Égalité! — Fraternité! (1); sainte trilogie trop souvent profanée par les saturnales invocations de sacriléges démagogues.

Oui, les boulets de notre chevaleresque, de notre catholique France sont, ont toujours été, depuis 89, les avant-coureurs de la délivrance des peuples. Le canon d'Orient n'a-t-il pas été naguère le signal de l'affranchissement des innombrables serfs enchaînés aux immenses steppes de la Russie? L'Italie une fois soustraite au joug de ses tyrans, ne verrons-nous pas

(1) Voy. à notre article *Théologie*, tome VII, page 408, la définition de ces trois mots.

les Tudesques s'arracher par millions aux stupé-
fiantes étreintes des féodales serres de l'Autriche, qui
deviendra humaine, juste, sincère envers ses peuples, du jour où elle sera catholique de fait, comme
elle l'est seulement de nom? Et c'est le fer de nos
soldats qui l'aura catéchisée, qui l'aura convertie au
vrai christianisme! Eh! n'est-ce pas l'invincible épée
de Napoléon III qui trace, en ce moment (1), les sillons
où vont germer, naître, pousser, la pensée, l'esprit,
les idées, les vitales aspirations de notre magnanime
France!

Un peuple fort, courageux comme le nôtre, a ses
meilleurs Talleyrands dans la giberne de ses soldats,
dans le bronze de ses canons, dans le fer de ses
baïonnettes. En présence d'un fameux nœud, et pour
résoudre une question de souveraineté posée par la
diplomatie de Gordius, Alexandre le Grand employa-
t-il autre chose que le tranchant de son épée?

Ah! nous ne pouvons nous défendre de donner cours
à notre indignation à la vue des bouquets jetés par
l'astuce, le mensonge ou l'ignorance, aux dégradantes
institutions du moyen âge dont plusieurs salissent
encore le germanique sol! Temps maudit où nos
pères étaient moins estimés, moins considérés, moins
bien traités que ne le sont aujourd'hui les ânes, les
chevaux et les bœufs, protégés, défendus par une loi
spéciale, une sage loi, la loi Grammont! Une foule de
brigands titrés faisaient alors impunément ce que le
proudhonisme enrage d'être empêché de faire : ils
pillaient, ils assassinaient (2)! Pour se mettre en règle

_____

(1) Ceci s'écrit le 30 juin 1859.

(2) Toutefois, pas la moindre similitude à établir entre
ces deux catégories de coquins. Les guerriers barbares
avaient, avec un indomptable courage, de vigoureux bras
conduits par l'amour de la France, et toujours prêts à frapper fort ses ennemis; qualités que ne connurent jamais les
prédicateurs des doctrines des bagnes, et auxquelles les valeureux descendants de l'antique héroïsme ont su ajouter,
avec le dévouement au juste, à l'équitable, une séduisante
urbanité. Cette exquise politesse, partage exclusif d'une éducation distinguée, vrai type du caractère français, vous la
trouverez aussi et dans notre brillante noblesse impériale
et chez tout homme au cœur haut placé; mais jamais dans
les salons guindés de la prétentieuse noblesse, jadis achetée
à prix d'or; jamais dans les fastueux palais des fripons enrichis par l'astuce, par l'agio, par les tripotages de bourse.
La bravoure et la gloire se font beaucoup pardonner.

Mais ne serait-ce pas offenser la France, pour laquelle ils
ont versé le plus pur de leur sang, que de comparer les terribles barons du vieux régime à de lâches voleurs pareils
aux corbeaux fuyant à l'odeur de la poudre? — à ces vils
coryphées du socialisme, dont tout le cœur est cousu à la
semelle de leurs souliers, toujours prompts à galoper la
fuite sur le terrain du péril, où les grands seigneurs de la
démagogie laissent invariablement leurs imprudentes, leurs
pitoyables dupes? Habitués à trembler même en l'absence
du danger, même loin de nos frontières dont ils n'osent
approcher, ces misérables ont peur du peuple, « parce qu'ils
ne l'aiment pas, » parce qu'ils ont fait mille efforts pour le
ruiner à leur profit. Ils en voudront toujours à notre chevaleresque pays de ne pas avoir voulu se laisser empêtrer,
avec ses trésors, dans la glu de leurs captieuses théories, de
leurs mielleuses périodes. Ils ne lui pardonneront jamais

avec leur élastique conscience — gardons-nous de dire
avec Dieu — certains de ces monstres érigeaient, qui
une église, qui un hôpital, qui un monastère. D'autres,
plus roués, mais non plus heureux, se faisaient affu-
bler, au moment de la mort, d'un froc, d'un ample costume
de moine. Mais, « halte-là! criait à leur âme effrayée
la formidable voix de Satan : l'habit ne fait pas le
moine; — c'est de là que nous vient ce proverbe : —
Tu n'iras pas là-haut; tu m'appartiens. Ainsi le veut
l'irrévocable arrêt de ton Dieu. » Et les faux capucins
étaient, comme les indignes bâtisseurs d'édifices pieux,
happés par les griffes du malin, aplatis au fond du
gouffre embrasé.

Si nos administrations de chemins de fer viennent
jamais à organiser, pour les sombres demeures, des
trains de plaisir, aller et retour — retour sans faute,
dûment garanti, — nous ne manquerons pas d'y
prendre place, afin de pousser une visite à la gent
cornue, pour lui recommander de chauffer sans cesse
au rouge ces exécrables sacripants.

Mais non! nous nous trompons. Pourrait-on recommander aux infernales puissances des sujets qui n'ont
plus maille à partir avec elles, qui n'habitent plus leur
noir domaine? Les féroces seigneurs du moyen âge
ne sont plus dans leurs brûlants cachots; la gloire soutenue, pure de toute souillure, de leurs intrépides fils,
les en a depuis longtemps fait sortir, les a, depuis des
siècles, absous de tous leurs crimes que le feu des
batailles a complètement dévorés.

Nous voulions parler des éternels ennemis des peu-

_____

de ne pas avoir résisté à la divine volonté conduisant le
peuple à ses grandioses destinées commencées le dix décembre 1848, fortifiées le deux décembre 1851, consommées
en 1852 dans l'impériale couronne solennellement placée sur
une tête sacrée, sur une tête puissante de patriotique grandeur élevée aux plus hautes proportions du génie.

Heureuse France, où le catholicisme, dont elle est si profondément empreinte, se reflète avec tant d'éclat dans son immortelle dynastie, dont le chef fut le premier des chrétiens
comme le premier des héros, — celui qui, à son heure dernière, proclama à la face du monde, dans son testament
gravé dans nos cœurs, la conformité de sa vie entière aux
lois de la religion apostolique et romaine, ne vit jamais sa
foi chanceler dans les enivrements d'un bonheur inouï,
dans le prestige d'une puissance illimitée.

Un jour, le grand monarque, au plus fort de la splendeur
de sa gloire surhumaine, s'entretient avec les principaux
héros formés à l'école de ses prodigieuses batailles. L'un
d'eux lui demande quel est le plus beau jour de sa vie.
Tous les regards s'attachent aussitôt aux yeux, à la bouche
du Conquérant-législateur.

De cette bouche auguste va-t-il sortir Wagram, Auster-
litz, Iéna ou Marengo? Non. « Le plus beau jour de ma vie,
répond sans hésiter l'Empereur d'une voix grave, émue, le
plus beau jour de ma vie, c'est le jour de ma première communion ! »

Notre sympathie n'a jamais enlacé de ses fibres le moyen
âge ni les institutions d'une époque où _le sire_ (le seigneur),
dit Pierre des Fontaines, en parlant des serfs, _peut prendre
tout ce qu'ils ont et les corps tenir en prison toutes fois
qu'il lui plaît, à tort, soit à droit, et il n'est tenu
d'en répondre à personne fors à Dieu._ Mais si nous abhorrons la féodalité, il faut, de par l'histoire, lui accorder d'a-

ples, des philosophistes, surtout de ceux du XVIIIe siècle, de tous leurs successeurs jusqu'ici rejetés de ce monde dans l'autre, où ils grilleront éternellement.

A propos des seigneurs du moyen âge plongés, pour leurs méfaits, au fond de l'abîme des pleurs où, pourtant, ils se dispensaient de pleurer, savez-vous bien que l'on attribue à leur délivrance une autre cause des plus extraordinaires?

Cette merveilleuse cause, tout à fait différente de celle dont nous venons de nous faire l'écho, on ne saurait l'admettre pour vraie, à moins d'être millionnairement riche en crédulité. Nous engageons donc à n'y croire, qu'après s'être assuré de la réalité du fait, *de visu, de auditu*, sur les lieux mêmes, près du chef des démons. Mais un passe-port régulier est indispensable pour voguer vers la région des mortelles ténèbres. A qui s'adresser pour l'obtenir? à un des plus zélés ministres de la mort; au docteur Noir (1).

voir un peu donné la main au progrès, d'avoir un peu débrouillé le chaos de la barbarie, d'avoir organisé une espèce d'ordre dans le désordre. Il faut aussi reconnaître à un certain nombre de souverains d'avoir poursuivi, de leurs fructueux efforts, le développement logique de la nationalité française. C'est surtout dès le début du XIIe siècle que, dans la personne de Louis le Batailleur, la monarchie prend son essor pour ne plus s'arrêter. Nous la bénirions de bon cœur, cette monarchie, si elle avait eu souci du bonheur des peuples; mais, à part d'honorables exceptions, elle ne fut guidée, dans ses actes, que par le plus étroit égoïsme.

Le XIIe siècle où la royauté fait, dans l'unique but de son intérêt, une rude guerre à force tyranneaux, et prélude à une sorte d'affranchissement des communes; le XIIe siècle où se manifeste un vif élan vers l'indépendance de la pensée, où notre langue naît avec une espèce d'aurore de la liberté, voit aussi le commencement de l'épouvantable extermination des Albigeois, dont il faut exécrer les sanguinaires meurtriers, mais dont plusieurs historiens ont, à tort, voulu excuser les fanatiques, les anti-sociales erreurs. Ces hérésiarques ne se bornent point à nier bon nombre de vérités chrétiennes. Ne vont-ils pas jusqu'à s'affranchir, sans pudeur, des nœuds du mariage? Les seigneurs du midi dépouillent les églises; certains d'entre eux possèdent plusieurs femmes. Le comte de Toulouse Raymond VI, fauteur secret des Albigeois, porte encore plus loin l'immoralité : Ne s'est-il pas donné un sérail?

Comme pour faire contraste avec un tel dévergondage, brille (1068-1153) un apôtre, véritable athlète de science, de vertu, d'énergie, saint Bernard, simple moine de l'abbaye de Clairvaux, fondée par sa piété. Son influence à la fois religieuse et politique, prime en France le pouvoir royal, et commande le respect à l'Europe entière. En voulez-vous des preuves?

Deux prétendants à la tiare sont proclamés. Il n'en faut qu'un. Lequel des deux va l'emporter? Un concile est réuni à Étampes (1130). L'un des compétiteurs, G. Papi, y produit ses titres : l'éloquente voix de saint Bernard les décrète seuls légitimes et appelle Papi, sous le nom d'Innocent II, au trône pontifical. Cette décision est acceptée sans conteste de toute la chrétienté, et Bernard reconduit Innocent II en Italie avec une armée.

Exténué par les jeûnes, par les fatigues, rien n'abat le savant religieux de Clairvaux, rien ne diminue sa dévorante activité toute consacrée aux affaires de l'Eglise, à celles du monde.

Par ses écrits, par ses leçons publiques, une intelligence de l'ordre plus élevé, une dialectique des plus profondes au service de Pierre Abélard, attire autour de sa chaire scolastique, des milliers d'auditeurs, de disciples, d'admirateurs. Le célèbre philosophe s'écarte de la voie de l'Évangile. Une charitable douceur ne cesse, pendant vingt ans, de l'en avertir. Plus d'espoir de l'arrêter dans ses doctes mais déplorables écarts. Il faut un acte de vigueur : le philosophe est cité au concile de Sens (1130). Le voilà prêt à défendre ses doctrines, à combattre à outrance, à terrasser ses adversaires.

Mais l'hérésie rapetisse l'esprit, comme elle gangrène le cœur. Le grand Abélard est en face du grand homme de Clairvaux. Alors son assurance l'abandonne. Il ne peut soutenir le regard flamboyant de saint Bernard, ni répondre un seul mot à sa foudroyante apostrophe : *Quum de trinitate loquitur, sapit Arium, quum de gratia, Pelagium, quum de Christo, Nestorium.* (Parle-t-il de la Trinité? c'est Arius; — de la grâce? c'est Pélage; — du Christ? c'est Nestorius.)

Écrasé par la vérité, forcé à un mutisme complet par l'éloquence du saint de Clairvaux, l'infortuné Abélard est condamné à un silence éternel et relégué au monastère de Cluny. Deux ans après, la pénitence, l'expiation, les pleurs du repentir lui ouvrent le ciel où il va, près de Dieu, attendre son incomparable Héloïse, dont les ferventes prières ont, avec les larmes de l'amour, tristement présidé à ses funérailles!

Un des plus illustres contemporains de saint Bernard fut l'abbé Suger, dont la colossale statue orne la cour du château de Versailles. C'était aussi un homme du peuple, un homme de l'Église. Il s'éleva de la plus humble condition à la régence de notre pays pendant l'absence de son roi, et mérita le surnom de père de la patrie. C'est, — on le voit, l'histoire le démontre, — c'est le catholicisme qui n'a cessé de conduire la France vers le faîte de la grandeur : c'est l'Église qui a fourni au catholicisme ses meilleurs instruments de vivifiante action. C'est le peuple, comme on le comprenait avant 89, qui a donné à l'Église les plus grands hommes. Au peuple donc l'honneur, la gloire d'avoir puisé à la féconde source de la foi catholique, la première, la principale cause, la cause génératrice de l'impérissable grandeur de notre chrétienne, de notre invincible nation!

Nous avons, dans cette note, parlé d'Innocent II. C'est aussi Innocent II qu'il faut lire à l'article *Théologie*, p. 399, 2e colonne, ligne 31. Il y a trois I à la suite de cet Innocent protégé par saint Bernard; c'est assez de deux. Chargez donc votre léger grattoir d'en enlever un à votre choix. Et puis commandez à ce subtil grattoir d'escamoter prestement, un peu plus loin, page 407, le premier mot de la 28e ligne, (1re colonne) *avant*. A cet *avant* votre habile plume substituera un *après*. *Contraria contrariis sanantur*, dit, dans ses aphorismes infiniment petits comme ses remèdes, l'hétérodoxe Homœopathie, dont il faut ici appliquer l'axiome, sans craindre de blesser la grave, l'orthodoxe Allopathie.

Voltaire est né en 1694; Labruyère est mort en 1696, par conséquent, deux ans *après* et non deux ans *avant* la naissance de Voltaire, qui s'était laissé rajeunir de quatre ans. Le vieux coquet d'Arouet s'est bien gardé de souffler mot contre notre *lapsus calami*.

(1) Ce nègre, cet ignare, prétendu guérisseur de maux incurables, a naguère fait grand bruit en Europe et même dans d'autres parties du monde, où, comme en France, les dupes lui ont apporté des trésors. Démasqué à Paris il y a peu de semaines par nos sommités médicales, il a dû mettre un terme à ses homicides jongleries utiles seulement au jongleur, à sa bourse prodigieusement enflée par la crédulité souffrante.

si fameux dans le monde des hableuses annonces.

Quoi qu'il en soit, voici le fait tel quel, sans commentaire aucun.

Un désordre effroyable rendait de plus en plus inabordables aux plus déterminés démons, les cellules, les dortoirs, tous les coins et recoins parfumés de soufre du satanique empire. Impossible aux plus solides légions des enfers d'avoir raison des mutineries sans nombre des forcenés seigneurs. Lucifer et son état-major avaient les yeux pochés, les cornes brisées, maintes côtes enfoncées. Sur tous les sbires des ardentes fournaises pleuvaient les horions les plus abasourdissants. Les meilleurs amis de Satan, les Anglais, étaient, plusieurs fois par jour, impitoyablement rossés; leurs ladys et leurs miss fort peu respectées, ce dont elles ne se plaignaient pas. Les trois-quarts des diables battus, mais non pas contents, grinçaient la colère, la rage, découragés, hors de combat, étendus sans force sur le lit de douleur. L'autre quart allait indubitablement être mis à la broche. Force fut donc de couper le mal dans sa racine, de congédier des paroissiens aussi indisciplinés. On pria donc ces dangereux hôtes de décamper : ce qu'ils firent subito, sans dire au revoir, ni merci!

Mais quoi! On proteste? Qui? Huit ou dix polissons. Que veulent vos discordantes, vos ridicules voix? — Arguer de faux nos accusations contre les intraitables guerriers du moyen âge? — Pour vous réduire au plus absolu mutisme, voici l'histoire : elle se charge de confirmer pleinement notre assertion, de vous clore la bouche (1).

Après tout de quel droit venez-vous vous mêler d'une affaire qui n'est pas la vôtre? Il est, dites-vous, question de vos ancêtres. Allons donc, marauds! Comptez-vous nous en imposer? Vous n'y parviendrez point. Depuis quand le noble lion engendre d'immondes pourceaux? Vous, enfants de héros! mais c'est à mourir de rire! Vos héros, vos ancêtres à vous, ce sont ou de fripons savetiers, ou des banqueroutiers frauduleux, ou des échappés de bagnes! Que nous importent vos particules, vos titres apocryphes ramassés on ne sait où? Ah! vous êtes nobles! Mais votre face vous dément! Mais chacun de ses traits trahit votre bassesse! Mais vos familles n'ont jamais rendu aucun service à la patrie (1)! Mais vous n'avez vous-même jamais rien fait pour elle! Mais, pendant que, sous la conduite de notre Empereur, nos soldats combattent les ennemis de la France, vous croupissez, vous, dans une lâche inaction! Tandis que le vrai gentilhomme prodigue, en Italie, son sang au pays, vous prodiguez, vous, à l'orgie avec les derniers restes d'une vigueur qui s'éteint, l'or que jadis le vol entassa dans les coffres de vos aïeux! Ce n'est pas tout. Vous voudriez voir s'appesantir sur nous les colères, les vengeances, les triomphes de l'Autriche (2)!

Aucun de vous, d'ailleurs, ne saurait justifier de la validité de ses titres.

Tiens! Mais en voilà un qui nous allonge un parchemin crasseux daté de 1696, signé Louis. C'est M. de La Pochardière, noble comme les quatre fers d'un chien! — Si ton parchemin n'est pas l'œuvre d'un faussaire, comme nous le pensons, tu serais, en effet, un méprisable avorton de l'un des cinq cents gueusards enrichis que, moyennant écus, Louis XIV, honora, le même jour, à la même heure, d'une *savonette à vilain* (3). Va, coquin! Tu n'as pas dégénéré! Tu es bien le digne fils de ton père suivant le Code : *Pater is est quem nuptiæ demonstrant.* Ce père avait noyé son patrimoine et sa virilité dans les fangeuses eaux de la crapule. 1815 arrive; avec lui nos malheurs,

---

(1) Pour preuve, voici des faits enseignés, dans la classe de seconde, à la jeunesse, dans tous les lycées, dans tous les collèges de l'empire. Vous les lirez, pages 168, 169, 170 et 254 de l'*Abrégé de l'histoire du moyen âge* par un professeur d'histoire :

« Tous ces seigneurs, cantonnés dans des châteaux-forts, couverts d'armures de fer, entourés d'hommes d'armes ne respiraient que la guerre et le pillage. Plus de commerce, car les routes n'étaient pas sûres; plus d'industrie, car les seigneurs, maîtres des campagnes, l'étaient aussi des villes, et rançonnaient les bourgeois dès que ceux-ci laissaient paraître quelque peu d'opulence. Partout la plus profonde ignorance, si ce n'est au fond de quelques couvents. Partout la guerre organisée, permanente; et le clergé réduit, non à interdire la violence, mais à la régulariser, en établissant la trêve de Dieu, qui défendait de *tuer* et de *voler* du mercredi soir au lundi matin.

» Les anciens vassaux de Robert le Fort, les comtes d'Anjou, de Blois, de Chartres, étaient devenus de puissants feudataires, et Philippe Ier ne possédait plus, de tout le duché de France, que les comtés de *Paris*, de *Melun*, d'*Etampes*, d'*Orléans* et de *Sens* ; encore n'avait-il pas la route libre de l'une de ces villes à l'autre. Entre Paris et Etampes, s'élevait le château du seigneur de Montlhéri; entre Paris et Melun la ville de Corbeil, dont le comte espéra quelque temps pouvoir fonder une quatrième dynastie ; enfin, entre Paris et Orléans, le château du *Puiset*, dont le prix coûta trois années de guerre à Louis VI. Plus près encore de Paris, se trouvaient les seigneurs de *Montmorency* et de *Dammartin* ; et à l'ouest, les comtes de *Montfort*, de *Meulan*, et de *Mantes*, qui tous pillaient les marchands et les pèlerins, malgré les saufs-conduits du roi. »

....

Au commencement du douzième siècle, sous Louis VI, « tous ces petits seigneurs de Montmorency, de Montlhéry, du Puiset, de Corbeil, de Coucy, ne se faisaient pas faute de descendre de leurs donjons sur les grandes routes voisines, *pour piller les marchands et les voyageurs.* »

(1) Si la vraie noblesse aime surtout à porter l'épée, on la trouve aussi dans diverses carrières civiles où elle ne sert pas moins bien l'Empereur et la France. Voy. notre article *Noblesse*, tome VI, pages 182, 184 et 195.

(2) Un de nos camarades, un brillant officier supérieur, dont tous les vaillants ancêtres ont, de temps immémorial, largement payé leur dette au pays, vient de nous affirmer qu'un de ces misérables eunuques auxquels nous faisons allusion, a manifesté en sa présence des vœux parricides, des vœux autrichiens contre notre France. A d'aussi criminels souhaits exprimés, il est vrai, en termes ambigus, embarrassés, notre ami a répondu par le silence du mépris. N'eût-il pas mieux fait de charger sa cravache d'une vigoureuse réponse. Il faut toujours prendre par *le sentiment* les drôles de cette espèce.

(3) Voyez notre article *Noblesse*, t. IV, p. 182.

avec lui l'étranger. Elevée à la Dubarry, belle comme la Dubarry, ta mère songe, de concert avec son franc garnement d'époux, à courir après la fortune. Ses désirs sont surpassés. — Tu naquis riche en 1817!... Mais... Il y a affreusement du Calmonck dans ton exotique figure!

Encore un mot, triste escouade de vauriens, et puis vous serez libres de vous éloigner.

Fussiez-vous issus en droite ligne du roi Clovis, vous n'en seriez pas moins, vous en seriez encore plus coupables de ne pas jeter au loin la livrée de l'oisiveté, de la fainéantise.

> Qui sert bien son pays n'a pas besoin d'aïeux,
> (VOLTAIRE.)

Maxime très-juste, toujours appliquée dans notre Empire, où l'*Armée est la véritable noblesse de notre pays* (1).

Mais qui a des aïeux est tenu plus que tout autre, sous peine de déroger, de les imiter, de servir son pays comme ils l'ont fait. « Vous comptez sur les services de vos pères, disait Charlemagne aux fils de ses grands, lorsque, les examinant lui-même dans les écoles, il les trouvait moins instruits que les enfants des pauvres; vous comptez sur les services de vos pères; mais sachez qu'ils en ont été récompensés, et que l'État ne doit rien qu'à celui qui mérite par lui-même. »

Et voilà pourquoi dans les combats de l'ancienne monarchie, comme dans les gigantesque batailles de Napoléon Ier, comme en Algérie, en Crimée, en Italie, partout où flotte notre national drapeau, les fils d'illustre race ont, dans tous les degrés de la hiérarchie de l'armée, conquis de nouveaux fleurons à la couronne nobiliaire de leur maison. N'est-ce pas un digne rejeton d'une de nos historiques familles, n'est-ce pas un Poncharra (2), un jeune sous-officier du 21e de ligne, qui, le 24 juin 1859, à Solférino, bravant, à l'exemple

(1) Paroles de Napoléon III à la garde impériale. (*Moniteur universel* du 21 mars 1855.)

(2) M. Jules Du Port de Poncharra, dont il est ici question, porte son nom inscrit dans les fastes de l'histoire.

Vivement attaquée en 1580, par le duc de Mayenne, La Mure avait besoin d'énergiques défenseurs. Lesdiguières fit choix pour les mettre, à la tête des soldats, de quatre capitaines éprouvés, pris parmi les meilleurs. Un Du Port fut du nombre de ces quatre chefs d'élite.

Ce fait est rapporté, page 42, dans la *Vie du connétable de Lesdiguières par Louis Videl, son secrétaire*: un volume in-folio imprimé à Paris en 1638.

Dans ce même livre, pages 119 à 123, est fort bien décrite la bataille de Pontcharra, gagnée par Lesdiguières, le 7 septembre 1591, sur Dom Amédée, frère bâtard du duc de Savoie.

Près de cinq mille morts, huit à neuf cents prisonniers, trente-deux drapeaux, un immense et riche butin, telles furent les pertes de l'ennemi. Celles des Français ne s'élevèrent pas même à cinquante tués.

Du Port qui, onze ans auparavant, a défendu La Mure, a-t-il aussi combattu à Pontcharra? Videl qui, du reste, écrit la vie de Lesdiguières, et non celle de Du Port, ne parle ni de ce dernier, ni d'aucun des autres officiers de

de ses aïeux, le danger, la mort, s'est jeté le premier dans une tour défendue avec acharnement par plusieurs centaines d'Autrichiens forcés aussitôt de rendre les armes à un faible peloton de Français?

C'est surtout notre épiscopat qui brille par l'éclat de ses vertus, de sa science, par son inaltérable dévouement et aux multiples devoirs de l'apostolat, et à la patrie, et à l'Empereur, et à nos impériales et si chrétiennes institutions! Tous les pouvoirs qui se sont succédé en France, se sont surtout étudiés à ne donner la mitre et la crosse qu'à des prêtres dignes au plus haut degré du difficile commandement des âmes. Louis XIV lui-même ne nomma aux évêchés que des ecclésiastiques toujours plus recommandables par leurs vertus et leur savoir que par l'illustration de leur naissance: aussi vit-on alors, comme aujourd'hui, peu, excessivement peu de grands seigneurs à la tête des diocèses.

VII. *Résumé.* Nous vous faisons nos adieux, intrépide Ultramontanisme; mais, pauvre ami, vous ne nous entendez pas! Vous êtes mort sans espoir de ressusciter. Vous fûtes grand, mais plus grand que vous a pris votre place. Restez donc en paix où vous êtes et que Dieu vous bénisse!

A toi, une petite correction, avant de te quitter, vil et rampant Gallicanisme! Que nous importent les trompeurs accents de ta magistrale voix. Tu fus jadis le matamore de la tyrannie. Tu n'es plus qu'un fantôme, mais un fantôme important. VA-T'EN, faux apôtre. Laisse-là ton misérable accoutrement sous lequel tu cherches à poser en pasteur. Tu voudrais nous conduire? Toi? Allons donc! nous savons notre La Fontaine: mal en prit au loup, tu le sais, de se faire berger; en vain, comme le loup, tu écrirais volontiers sur ton chapeau:

> « C'est moi qui suis Guillot, berger de ce troupeau. »

On ne te croirait pas. Tu ne nous tromperas jamais, vil imposteur! Sous ta fière prestance nous lisons lâcheté; sous ton bouclier sur lequel tu as barbouillé l'image de la liberté, nous découvrons tout l'appareil de la tyrannie. Sous ton masque singeant les libres, les saintes allures du catholicisme, nous voyons un cagot du philosophisme, un cafard, un suppôt du despotisme. Tu t'éclipses; c'est bien; ne reviens plus ou gare le manche à balai. Va te réfugier dans les ténèbres de la mort, sur le sein de ton plus hardi soutien, l'anonyme époux de Maintenon!

« Mais, dites-vous, qu'allons-nous devenir sans le

l'armée française, si ce n'est d'un Valouses, cité comme le seul personnage important qui eût été blessé.

Il existe, nous a-t-on dit, un document officiel de la fin du seizième siècle, d'après lequel le champ de bataille de Pontcharra admira la valeur de sept braves de la famille Du Port, à laquelle Henri IV aurait aussitôt attribué, pour récompenser sa vaillance, le droit d'ajouter à son nom patronymique celui de DE PONTCHARRA. Ce nom s'écrit aujourd'hui sans T dans la famille qui le porte et qui, si elle le voulait, pourrait sans nul doute, l'y faire rétablir en remplissant les formalités exigées en pareil cas.

Gallicanisme que vous avez chassé ? Rien désormais pour protéger notre Eglise! Rome va nous envahir et courber nos têtes sous son joug de fer! Infortunées libertés gallicanes! » Rassurez-vous, *infortuné* trembleur? Guérissez-vous de la peur..... si vous en avez le courage. Cessez de craindre pour votre tête. Rome ne vous la prendra pas. Qu'en ferait-elle ? Votre chef gallican pourrait tout au plus convenir au sommet d'un cerisier pour en éloigner les oiseaux amateurs du délicieux fruit de l'arbre de Lucullus. Tranquillisez-vous. Vous n'avez rien à redouter des chapeaux rouges de la péninsule italique. Ils ne sont pas féroces, tant s'en faut! Eussiez-vous, d'ailleurs, affaire à des anthropophages, que le plus affamé d'entre eux n'aurait, à coup sûr, envie de porter la dent sur votre molle et très-peu appétissante encolure. Vous vous apitoyez sur le sort de vos chères libertés gallicanes! Ces deux mots ne devraient-ils pas faire rougir votre front, s'il était tant soit peu chrétien ? Libertés! Mais ce mot appliqué à une catégorie de chrétiens, suppose l'esclavage pour d'autres : il y a donc pour vous des chrétiens libres et des chrétiens asservis? Tâchez donc de vous procurer un peu de sens commun!

En constatant la nature, le but, la limite de chacune des deux puissances conférées aux papes par l'élection, nous avons exprimé notre profond respect pour leur pouvoir spirituel, sans dissimuler, quant à leur souveraineté temporelle, deux faits évidents pour le monde entier, la faiblesse et l'impéritie du commandement. Nous en avons dit la cause. Mais est-ce assez d'indiquer le mal ? ne faut-il pas aussi en chercher le remède ? C'est bien de mettre le doigt sur la plaie ; c'est encore mieux de la cicatriser.

Et d'abord respect absolu aux élections accomplies jusqu'ici. N'avons-nous pas, d'ailleurs, à la tête de la catholicité, un pape dont la terre entière admire les vertus? Au spirituel, — et c'est là le point le plus important pour la chrétienté, — n'est-il pas un des plus saints pontifes qui se soient assis sur le trône de Rome?

Où trouvons-nous la règle de nos principaux rapports avec la cour pontificale ? Dans le concordat de 1801; un code des plus sages, élaboré, mûri par le pape Pie VII et le premier consul Napoléon Bonaparte. Que prescrit ce concordat dans l'une de ses plus importantes dispositions ? L'observance des lois internationales connues sous le nom de Libertés gallicanes dont le sommaire forme l'économie des Quatre Articles qui consacrent la législation canonique du concile de Constance, toujours en vigueur, toujours enseignée dans nos grands séminaires en conformité de la loi précitée de germinal an x. « Dans ce grand concile siégèrent, non-seulement les évêques, comme c'était l'usage, mais les abbés, les ambassadeurs des princes chrétiens, les députés des Universités, une multitude de théologiens d'un ordre inférieur, et jusqu'à des docteurs en droit. Les partisans de l'absolutisme pontifical et ceux de l'indépendance des églises particulières se trouvèrent en présence. Une multitude d'évêques italiens était accourue pour soutenir le pape. Les ecclésiastiques des

autres pays, pour leur ôter la prépondérance du nombre, firent décider qu'on ne voterait pas par têtes, mais par nations, et le concile fut divisé en quatre nations, ayant chacune une voix : Italiens, Allemands, Français, Anglais. Cette disposition assura l'avantage aux théories du milieu. L'esprit gallican anima le concile qui condamna les deux extrêmes: d'une part l'absolutisme du pape et la corruption de l'Eglise ; de l'autre, la réaction presbytérienne et la réforme puritaine de Jean Huss (1).»

Appliquez à l'élection des papes le mode de voter adopté au concile de Constance, ou mieux encore le principe de proportionalité posé dans l'article 35 de notre constitution , et d'après lequel chaque nation catholique aurait un nombre de cardinaux électeurs proportionné à celui de sa population. Alors, seulement alors, vous rentrerez dans l'esprit de l'Evangile, vous cesserez d'être en opposition formelle avec les ordres souverains du concile de Constance ; et tant de millions de catholiques ne seront plus au spirituel, foulés par l'absolutisme anti-chrétien de 60 Italiens qui ne tiennent leur mission que de l'arbitraire !

En attendant, pas de conflit à redouter entre Rome et la France qui s'aiment. La France et Rome ne sont-elles pas chrétiennes au même titre ? N'ont-elles pas les mêmes intérêts à régler devant Dieu , devant les hommes ? Ne comprennent-elles pas mieux qu'autrefois, l'Evangile, son esprit? Ne hausseraient-elles pas les épaules de dédain, de pitié, dans le cas où l'on viendrait, comme autrefois, gravement discuter devant elles, en l'an de grâce 1859, si de vraies ou de fausses décrétales, apportées, oui ou non, d'Espagne, dans le viiie siècle, par saint Isidore, ont force de loi pour le genre humain? Nos relations de toute nature au delà des Alpes, ne vont-elles pas, d'ailleurs, retremper leur ressort dans les triomphes de nos armes ? Nos invincibles phalanges, conduites à la gloire, électrisées par l'héroïsme de Napoléon III, ne régénèrent-elles pas, en ce moment, les régions italiques, dont les bouillantes populations, arrachées aux griffes de la tyrannie, secouent de tout côté l'esclavage aboli par le Christ? N'allons-nous pas voir tous les peuples d'Italie, jaloux d'imiter le glorieux exemple de leur frère, de leur aîné en liberté, l'intrépide Piémont, épouvanter l'astuce, briser la fureur de leurs despotes, grandir, grandir sans cesse avec les horizons que leur ouvrent le génie de notre Empereur et le brûlant patriotisme de Victor-Emmanuel ? Les vices engendrés par l'absolutisme vont faire place aux bonnes mœurs, fruit de la liberté. Les momeries, les abjectes habitudes de la tartuferie se retireront devant le pur catholicisme qui n'existe que de nom sur tant de points de la péninsule. L'Italie aura des citoyens éclairés, des prêtres selon Jésus-Christ, et avec des prêtres pieux, instruits, zélés, on a vite des citoyens éclairés, partant de solides chrétiens, d'où de braves soldats. Notre souverain maître ne se proclame-t-il pas le Dieu des ar-

(1) *Abrégé de l'histoire du moyen âge,* par un professeur d'histoire, pages 450 et 451. Cet ouvrage est entre les mains de la jeunesse des collèges, comme nous l'avons déjà dit.

mées? Ne cherchez pas des chrétiens là où il n'y a point de bons soldats. Elle était donc peu chrétienne malgré le nombre de prélats, qui alors, comme aujourd'hui, pullulaient dans son sein (qu'importe le nombre, quand la qualité manque ?) ; elle était peu chrétienne, cette Italie du xvie siècle, témoin de la honteuse journée d'Anghiari, où deux armées d'Italiens, après s'être battues avec acharnement, sans doute à une tres-respectueuse distance, pendant quatre mortelles heures, se retirèrent gravement du champ de bataille sans avoir perdu un seul homme. Il n'y eut de mort qu'un cavalier étouffé dans la presse, après s'être trop repu, sans doute, de macaroni.

Moins que jamais on n'aura besoin d'invoquer, qui les canons de l'Eglise, qui le concordat avec ses logiques conséquences. Canons et concordat, qui déjà, dorment d'un doux sommeil dans le même lit, seront toujours en paix. Les rapports entre les deux puissances ne reposent-ils pas sur deux maximes des plus simples ?

Au *temporel*, Rome n'a rien à faire, rien à dire chez nous, surtout rien à recevoir, rien, excepté des prières dont elle nous sait gré et qu'elle nous rend en indulgences.

Au *spirituel*, l'Eglise adresse ses ordres à son fils aîné, fils émancipé, fils majeur, sans cesse prêt à lui obéir dans la mesure de son devoir, c'est-à-dire pour la ponctuelle, la stricte, la scrupuleuse exécution des lois de l'Evangile entièrement confiée au zèle, aux lumières, à la sainteté de notre grand Episcopat qui partage toute la respectueuse tendresse du fils aîné de l'Eglise pour son auguste mère.

Si, *par impossible*, Rome voulait, dans ses attributions spirituelles, franchir les limites sacrées de l'Evangile, la France, cet immense foyer de pur christianisme, ne le souffrirait pas. Nos évêques, sentinelles avancées de la foi, seraient les premiers à donner le signal du danger au fils aîné de l'Eglise ; et si, malgré de sages, d'énergiques représentations, Rome osait passer outre, on lui barrerait le passage : au nom de Dieu, du clergé, des fidèles, le Chef suprême des Français crierait à Rome, comme Dieu à la mer : « Tu n'iras pas plus loin ! »

— Bravo! Bravo! — Qu'est-ce donc? On nous applaudit! — Voyez-vous notre amour-propre nager dans un océan de délices! le petit scélérat! comme il se laisse chatouiller! Vite! courons embrasser qui nous aime! — Quoi!... mais c'est lui! Oh! notre joie se change en amertume, en dépit... c'est bien toi, impudent gallicanisme! Ah çà! nous t'avions chassé; tu as donc rompu ton ban pour venir nous insulter : de frénétiques applaudissements partis de ton impure bouche, sont-ils autre chose qu'une impardonnable injure? — Voici pour ton salaire d'insulteur!... Comment trouves-tu la caresse imprimée par la pointe de notre botte, au beau milieu de tes deux flasques demi-lunes? L'empreinte en est, croyons-nous, irréprochable de touche, de vigueur, de solidité. Nous en avons la preuve dans tes grotesques contorsions pareilles à celle d'un Belzébuth aspergé d'eau bénite.

Mais tu cries : pardon! Pardon! A la bonne heure! c'est bien à toi de ne pas mourir (1) dans l'impénitence finale comme certains de tes cousins les philosophistes. Faut-il croire à ton sincère repentir? Pourquoi pas? Tu vaux peut-être mieux que ta repoussante mine de tartufe-docteur. D'ailleurs, tu n'es plus jeune, tant s'en faut. Devenu vieux, le diable se fit ermite; le saint homme! Veux-tu, toi aussi, d'un ermitage? Si oui, nous tâcherons de te colloquer au centre des plus luxuriants vignobles de Bourgogne, où ta rubiconde face de Silène achèvera de se couvrir de bourgeons. A tout péché miséricorde : nous t'absolvons. De plus, nous te recommandons au prône. N'aie pas peur, tu es à peu près chrétien; tu n'iras pas rôtir avec les réprouvés. Compte sur nos prières : elles ont pour but de te faire allouer le coin le mieux chauffé du purgatoire. Puisses-tu n'y rester que le temps rigoureusement nécessaire pour te purifier, c'est-à-dire jusqu'à la fin de l'éternité!

Infortuné Gallicanisme, tu croyais avoir conquis notre estime par un coup d'encensoir; un instant tu nous a crus de ta bande. Ce que c'est que de ne pas écouter ou de ne pas comprendre! Pauvre malin, tu n'avais donc pas remarqué notre *par impossible*. Si ta plaintive escarcelle n'était veuve de numéraire, comme ton cerveau de bon sens, nous te conseillerions d'acheter un lexique plus ou moins français, où l'emploi des deux mots *par impossible* te signalerait une hypothèse que, d'avance, on sait irréalisable. Il faudrait avoir, comme toi, toutes les régions cérébrales envahies par les épais brouillards de la plus stupide méchanceté, pour supposer au Pape, au premier des catholiques, la moindre velléité de sortir, en transfuge, des lignes du catholicisme!

Depuis la venue du Sauveur, pendant plus de dix-huit siècles, le catholicisme n'a jamais varié dans ses dogmes, dans ses sacrements, dans ses usages. Jusqu'à lui et depuis la chute d'Adam, le désordre moral va toujours croissant; aucun effort humain ne peut l'enrayer. La sagesse même de Socrate n'y peut rien : le crime le condamne à boire la ciguë. Toutes les nations frémissent de leur décadence. Elles aperçoivent dans le lointain le bonheur qu'elles ont perdu. On voit, les larmes aux yeux, les hauteurs d'où l'on est tombé; à personne, si ce n'est au peuple élu, l'espoir d'en remonter les pentes. Ces fiers Romains placent l'idéal de la vertu dans l'antiquité la plus reculée, croient le mal irréparable, se résignent à leur déchéance, et répètent tristement la dernière strophe d'une ode célèbre :

> Damnosa quid non imminuit dies?
> Ætas parentum, pejor avis, tulit
> Nos nequiores, mox daturos
> Progeniem vitiosiorem
>
> (Horat. lib. III, carmen VI)

Que n'altère pas le temps destructeur? Nos pères ne valent pas nos aïeux, nous ne valons pas nos pères, et nos fils ne nous vaudront pas.

(1) Dans d'autres pages du même article, nous avons annoncé la mort du Gallicanisme; aussi vous étonnez-vous

Le catholicisme change la face de la terre. Avec lui commence la doctrine du progrès. Il ne se contente pas d'enseigner la perfectibilité; il l'exige, il en fait une loi. « Soyez parfaits », dit l'Evangile, *estote perfecti.* Le progrès auquel il vise est illimité; le terme en est dans l'infini : « Soyez parfaits comme le Père céleste est parfait. » La loi de l'individu devient dès lors la loi de la société, comparée par saint Paul, sous le nom d'Eglise, à un grand corps appelé à grandir jusqu'à sa maturité complète, jusqu'à réaliser dans sa plénitude l'humanité de Jésus-Christ. Il faut qu'avec les âges, avec les siècles, il y ait accroissement continu d'intelligence, de sagesse, de science pour chacun comme pour tous. Telle est la tradition des pères continuée par Bossuet, si ennemi des innovations, mais convaincu du progrès *dans* la foi. « Pour être constante et perpétuelle, la vérité catholique, dit ce grand homme, ne laisse pas d'avoir ses progrès, elle est connue en un lieu plus qu'en un autre, en un temps plus qu'en un autre, plus clairement, plus distinctement, plus universellement. » — Mais pas de confusion, il y a progrès et non changement. La vérité est une : elle ne peut changer. Inébranlable sur sa divine base, l'Eglise, c'est-à-dire le Pape étroitement uni à l'épiscopat, est, a toujours été, dans ses enseignements, dans sa pratique, dans sa foi, immuable comme Dieu même qui parle par la voix de notre suprême pontife, son premier ministre sur notre globe. Dieu peut-il errer? Non! Donc la bouche d'où sort la parole divine ne saurait s'ouvrir à l'erreur.

Franchement légitimiste (1) dans toute l'étendue de la signification du mot, nous vénérons au plus haut degré le principe d'autorité indispensable au sage gouvernement des peuples. Tout gouvernement vrai, légitime, manie avec force l'arme de l'autorité qui lui a été confiée par le peuple, arme toujours propice aux bons, sans cesse terrible aux mauvais. Une telle autorité, l'avez-vous souvent remarquée chez les Papes, dans l'exercice de leur souveraineté temporelle? Ne sont-ils pas, en général, par une excessive bonté d'âme inhérente à leur caractère sacré, disposés à une excessive indulgence triplement fatale? — Oui, fatale à leur propre pouvoir frappé de discrédit; fatale aux honnêtes gens sans appui sérieux; fatale aux chenapans eux-mêmes qui croupissent jusqu'au bout dans le crime, et qui, bon gré mal gré, seraient, pour la plupart, ramenés au devoir, si leur perversité, traquée sans relâche, était forcée de trembler, à toute minute, devant la perspective de durs, de prompts, d'inévitables châtiments. Mais si l'autorité temporelle s'entoure de trop de paternité, si elle re-

de le revoir en scène. Nous ne sommes pas moins étonné que vous. Après cela, ou il faut croire aux revenants, ou supposer que le cuistre avait simulé le mort : il en est bien capable. Libre à vous d'admettre telle version qu'il vous plaira.

(1) Voy. à l'article *Théologie* comment nous entendons la légitimité. Si l'on en veut une définition encore plus large, on la trouvera, pages 54 à 73, de nos *Esquisses encyclopédiques,* 1 vol. in-12 de 280 pages, paru en 1859, chez Dentu, libraire au Palais-Royal.

cule devant l'impérieuse nécessité de sabrer le banditisme, de forcer au travail l'ignoble, le fainéant socialisme, qui oserait contester l'incontestable perfection du gouvernement spirituel du vicaire de Jésus-Christ? Ne commande-t-il pas, n'obtient-il pas le plus profond respect sur tous les points de la terre? Ne s'exerce-t-il pas selon les lois de l'Evangile? N'est-il pas presque l'Evangile lui-même.

Dans le cours de notre article, nous avons, peut-être à tort, relaté l'opinion de certains organes voulant réformer l'Eglise dans son chef. La réforme suppose des abus : votre loupe vous en signale-t-elle un seul dans la plus auguste chaire du christianisme?

Mais, après nous être fortement imprégné de l'opinion d'autrui, après en avoir répandu l'odeur autour de nous, nous sera-t-il permis de la secouer, et de manifester la nôtre? si on nous accorde ce droit, nous en profiterons; si on nous le refuse, nous le prendrons. Prenons-le sur-le-champ, dussions-nous durement fustiger ce que nous avons paru louer plus haut.

D'abord, pas plus d'Ultramontanisme que de Gallicanisme. Soyons simplement catholiques : n'est-ce pas assez?

Inutile de s'occuper ici du temporel papal. Exprimons seulement le vœu de ne pas y voir mêler, à de rares exceptions près, des ecclésiastiques, dont, ici-bas, le rôle, — c'est à coup sûr le plus noble, — consiste à prier, à bénir, à sanctifier; mais que, sous la haute volonté, mais que, sous la suprême, sous l'indépendante direction du saint-siége, éclairé par un conseil élu par le peuple, par le vrai peuple, le laïque, scrupuleusement choisi parmi les plus dignes, soit seul ou à peu près seul chargé d'administrer les choses terrestres des Etats de l'Eglise, tienne la balance de la justice humaine, ait sans cesse la main — une main de fer — à la poignée de son épée, pour frapper sans pitié le crime, le brigandage qui, trop souvent, dans la péninsule italique, ne craint pas d'affecter de patriotiques allures. Le fils aîné de l'Eglise ne serait-il pas, d'ailleurs, toujours prêt à protéger sa divine mère contre d'infâmes agresseurs?

Au spirituel, rien au-dessus du Pape, rien, pas même les conciles, fussent-ils archi-œcuméniques. — Vous mettez en avant les conciles de Constance et de Bâle? Mais celles de leurs décisions que vous voudriez invoquer ont été virtuellement abrogées par une autorité des plus compétentes, par le dernier de nos conciles généraux, le concile de Trente, agissant dans la plénitude de ses droits, et dont les décrets sont seuls exécutoires. Est-ce qu'il n'appartient pas à une autorité quelconque de modifier, d'étendre, d'infirmer, de rapporter ses propres décrets ou ceux d'une autre autorité, dont elle est la continuation, et dont elle a recueilli le pouvoir, tout le pouvoir?

D'ailleurs, le concile de Trente n'a certes pas eu à recréer, lui, la suprématie spirituelle du pape, contre laquelle Constance et Bâle n'avaient rien pu : Trente n'eut qu'à rétablir *en théorie* une vérité inattaquable.

Les conciles semblent ne plus avoir raison d'être à l'avenir. Ils ont, à bien des époques, rendu d'im-

menses services à l'humanité (1), à la religion si intimement liée au bonheur des hommes. Mais leur grandiose mission n'a-t-elle pas été définitivement close, du jour où les saintes Écritures ont été clairement, définitivement expliquées ; du jour où ils ont cessé d'être une nécessité politique ; du jour où, sous l'inexorable logique de la vérité, ils ont écrasé toutes les hérésies qui, brisées, déchirées, traînant les humiliants lambeaux de leurs misérables erreurs, excitent partout la pitié de la raison ? Les synodes diocésains, réunis par nos évêques, ne suffisent-ils pas pour fortifier l'unité de la discipline ecclésiastique, pour assurer l'intime cohésion de toutes les parties de cette admirable milice spirituelle dont le chef visible est à Rome et le chef invisible au ciel ? Dans son organisation, cette milice est forte comme sa meilleure amie, la milice terrestre. N'ont-elles pas l'une et l'autre le même chef, le Dieu des armées ? Ne leur faut-il pas, pour remplir leur sublime tâche, même courage, même abnégation, même dévouement, presque mêmes vertus ?

Pas d'énervant contrôle inférieur dans l'exercice du suprême, du légitime pouvoir, dont le but est le bonheur universel dans la mesure du possible. Le pouvoir pourrait-il atteindre ce but, si des entraves venaient l'empêcher d'agir, de marcher ? Est-ce que le meilleur général ne deviendrait pas l'être le plus nul, si son génie ne pouvait prendre son essor sans le bon vouloir de ses subordonnés ? La seule idée d'un concile dominant la papauté ne soulève-t-elle pas le cœur de dégoût ? Ne serait-ce pas du parlementarisme religieux ? Ne serait-ce pas imposer à la plus haute royauté spirituelle, ce que l'indignation de la noble France a rejeté de son généreux sein, a foulé, a broyé sous ses pieds ? Avez-vous oublié la basse et ridicule maxime d'avant 48 : *Le roi règne et ne gouverne pas* ; — traduction : *Les trembleurs, les Pritchardistes, les Anglais du Palais-Bourbon commandent et le roi obéit* (2). Voudriez-vous, oseriez-vous proposer de condamner à l'impuissance notre premier chef spi-

rituel ? Mais nos prêtres, mais nos évêques, mais des millions de fidèles vous jetteraient à la face un irrévocable *veto* ; et vos sottes épaules courraient grand risque de recevoir une bonne volée de bois vert ; nous serions, pour notre compte, ravis au superlatif de vous l'administrer, certain d'avance que vous n'auriez pas à vous plaindre de l'insuffisance de la ration !

Notre clergé est essentiellement catholique ; c'est-à-dire que de son cœur jaillissent les aspirations les plus françaises. Notre sacerdoce n'a donc rien de commun avec la couardise pritchardiste, pas plus qu'avec le goujatisme gallican.

On murmure à notre oreille le nom de Bossuet ; on nous dit Bossuet gallican. Oh ! de grâce, respect à ce nom démesurément grand ! Respect, trois fois respect à la majesté du plus illustre des Pères de l'Eglise moderne ! Non, Bossuet ne fut pas, ne pouvait pas être gallican. L'éminent prélat avait au plus haut degré le sentiment national, la foi catholique ; il était donc parfait démocrate, partant irréconciliable ennemi de toute usurpation sur la souveraineté du peuple. S'il souscrivit aux Quatre-Articles rédigés par sa tremblante main ; s'il contraignit sa propre volonté à céder aux impératifs, aux exécrables désirs d'un puissant despote, nous en avons dit plus haut la déterminante cause.

Cette funeste déclaration de 1682, plaignons l'immortel Bossuet d'avoir été forcé de la signer, de la défendre en public, pour épargner d'inévitables malheurs à son pays. Que de tortures morales accumulées sur le saint pasteur ! Sur cette terre de France tant de fois bénie par lui, il fit d'avance sa part, bien au delà de sa part de purgatoire. Vainement voulut-il concentrer à jamais en lui sa poignante douleur. Un jour elle fit explosion en ces termes (in Gall. Orthod., cap. X) :

Abeat igitur declaratio quo libuerit ! non enim eam (quod sæpe profiteri juvat) notandam hit suscipimus.

---

(1) Voy. *Théologie.*

(2) Les anglomanes vont se récrier. Nous professons un souverain mépris pour leurs aboiements. Après tout, y a-t-il encore sur notre sol des animaux de cette vile espèce ? La faune de notre belle patrie n'en est-elle pas entièrement purgée ? La négative révélerait l'existence de gredins fieffés, dont les monstrueuses opinions ne sauraient être combattues qu'avec l'argument du fouet.

La France, régénérée par nos impériales institutions, assises sur l'évangélique doctrine du Christ, domine par sa moralité, comme par sa gloire, toutes les régions connues. L'Angleterre a beau chercher à se poser en exemple au monde, à s'attribuer la palme de la supériorité. Les chiffres officiels se dressent menaçants pour lui infliger un énergique démenti. Jetez un coup d'œil simultané sur la statistique judiciaire de la Grande-Bretagne et sur celle de la France. Puis comparez les rapports des crimes à la population moyenne dans les deux pays ! N'en demandez pas les éléments à l'époque actuelle, époque exceptionnelle de grandeur pour nous : ils seraient trop avantageux pour notre nation. Mais demandez-les à une époque où le niveau de sa moralité a été le plus bas, à une époque où un piteux pouvoir,

subissant à regret une grande partie des bienfaits législatifs inaugurés par notre premier empire et si heureusement complétés par Napoléon III, nous traînait honteusement à la remorque d'Albion. Prenez les cinq années de 1831 à 1836, vous serez conduit, avec notre illustré statisticien, M. Moreau de Jonnès, aux différences suivantes :

Le meurtre est au moins quatre fois plus fréquent dans les îles Britanniques qu'en France, même lorsque ce dernier pays est en état de révolution.

L'assassinat est au moins moitié plus fréquent.

Les vols constatés devant les cours d'assises et devant la police correctionnelle, sont quatre fois aussi nombreux, quand on considère leur nombre d'une manière absolue, et ils sont au moins quintuples, comparés à la population des deux pays.

Et cependant cette multiplicité du crime dans la Grande-Bretagne ne peut pas être considérée comme le résultat de l'impunité : car il y a neuf fois autant d'individus condamnés, année moyenne, dans le Royaume-Uni qu'il y a en France proportionnellement à la population ; les condamnations à mort sont vingt-deux fois plus multipliées dans les îles Britanniques, et les exécutions le sont au delà de trois fois.

Que la déclaration aille donc où elle voudra. Je n'entreprends pas (je me plais à le répéter souvent), je n'entreprends pas de la défendre ici.

Cet *abeat declaratio quo libuerit*, comment le trouvez-vous? La traduction vous en paraît par trop littérale, nous le voyons à votre air narquois. Vous le traduisez, vous, *in petto*, d'une manière autrement énergique, n'est-ce pas? Et vous faites bien. Faut-il copier ici votre pensée? vous hésitez!

> Le latin dans les mots brave l'honnêteté :
> Mais le lecteur français veut être respecté ;
> Du moindre sens impur la liberté l'outrage ,
> Si la pudeur des mots n'en adoucit l'image.
> (Boileau, *Art poétique*, chant II.)

Nous vous respecterons jusqu'au bout, ami lecteur. Aussi n'enverrons-nous pas la gallicane déclaration où vous savez ; nous nous contenterons de l'envoyer à tous les diables. Elle n'y sera pas mieux.

Le Major Paul Roques.

URANUS (astronomie). — Planète découverte par W. Herschell en 1781. Sa distance du soleil est de 2,900 millions de kilomètres, elle décrit son orbite en 84 ans 5 jours 19 heures 42 minutes; son diamètre est de 55,312 kilom. On ne connaît pas la durée de sa rotation, qui est évaluée à 10 heures. La marche de cette planète ne coïncidait pas avec les tables, et M. Leverrier, dans les calculs qu'il a effectués à ce sujet, a reconnu qu'une planète plus éloignée qu'Uranus, occasionnait des perturbations dans les mouvements de celle-ci : d'après les indications de M. Leverrier, la découverte de Neptune a été faite le 23 septembre 1846 à Berlin.

Uranus a huit satellites dont les éléments ont été donnés dans le tome II, page 279. Les cinq premiers sont à des distances en progression géométrique au rapport de 1,324, les autres s'en écartent; mais il reste encore de l'incertitude sur ces corps célestes.

Gossart.

V

VAMPIRE (histoire naturelle). — Genre de l'ordre des carnassiers, composé d'une seule espèce, caractérisée par 34 dents, savoir : 8 incisives, 4 canines, 10 molaires en haut et 12 en bas. Les molaires sont tuberculeuses, les incisives supérieures du milieu très-larges, les latérales beaucoup moins développées. Museau allongé, membrane interfémorale large, tronquée à l'extrémité ; queue nulle. Le vampire a l'aspect des chauves-souris, les oreilles fort ouvertes et très-droites ; il a le pelage doux, marron en dessus, jaune roussâtre en dessous; une feuille nasale plus haute que large, se prolongeant sur le fer à cheval sans être découpée à sa base, le bourrelet du milieu peu épais, les lobes latéraux arrondis et se terminant en pointe. La membrane des ailes s'étend jusqu'à la base du doigt extérieur du membre postérieur. Longueur totale 16 centim., envergure 66 centim. On le trouve dans presque toute l'Amérique méridionale; il est commun au Brésil et à la Guyane.

On a fait un portrait effrayant du vampire en le peignant comme difforme, malfaisant et vorace ; en assurant qu'il attaque les grands animaux , pendant

Tête de vampire.

leur sommeil, tels que les chevaux, les mulets, les ânes, les bêtes à cornes, les hommes même, et, sans les éveiller, suce tout leur sang, envenime la plaie et leur donne ainsi la mort.

Ces récits exagérés sont démentis par les observateurs modernes; s'il est vrai que le vampire suce le sang des animaux , il est certain aussi qu'il n'en peut tirer qu'une quantité fort petite et que ses blessures ne présentent pas le danger qu'on leur attribue, puisqu'au Paraguay personne ne craint cet animal et ne s'en occupe. Il se nourrit principalement d'insectes, et c'est quand il est pressé par la faim qu'il se jette sur le bétail pendant la nuit. Gossart.

VÉGÉTAUX (De l'amélioration des espèces végétales). Il existe, dans les végétaux comme dans les animaux, une double loi, en vertu de laquelle un individu reproduit d'autres individus qui lui ressemblent avec *quelques exceptions* que nous attribuons généralement à des fécondations adultérines, mais dont au fond les causes nous sont à peu près inconnues.

Parmi ces *individus modifiés*, les uns ont une valeur économique plus grande, les autres moindre que celle des individus qui les ont produits. C'est par un choix judicieux des premiers qu'on peut porter les espèces végétales à leur plus haut point de perfection, c'est en éliminant sévèrement les seconds, qu'on peut les empêcher de dégénérer et de s'abâtardir. Du moment qu'on laisse indistinctement les bons et les mauvais sujets multiplier leur race, on n'obtient qu'un mélange qui ne donne jamais *qu'une moyenne*, dont la différence avec le produit *maximum* qu'on obtiendrait avec les plus parfaits employés exclusivement est une perte.

Or, en jetant un simple coup d'œil sur ce qui se fait sous ce rapport, on voit que non-seulement les

cultivateurs prennent peu de souci de ne récolter les semences que sur de beaux sujets, mais encore, qu'ils éliminent à peine les plus médiocres, qui sont appelés à reproduire abondamment leur race défectueuse pour l'année suivante.

Voyons, par exemple, de quelle manière on traite le blé, cette précieuse céréale dont la réussite tient chaque année les populations dans l'anxiété. Un *fermier intelligent* prend le plus beau grain qu'il a récolté, ou, s'il croit que sa semence a besoin d'être changée, il se procure le plus beau qu'il peut trouver; ensuite il passe ce blé au tarare ou trieur, afin d'éliminer les plus petits grains et les graines étrangères; les plus gros grains sont confiés à la terre... C'est là à peu près où se bornent tous ses soins, du moins dans la pratique générale, et il n'existe qu'un bien petit nombre d'exceptions.

Le premier inconvénient d'un pareil système, ou plutôt d'une pareille routine, c'est d'avoir pour point de départ un principe vicieux. *Les plus gros grains ne donnent pas en effet les plus lourds épis* (1); c'est le contraire qui arrive le plus souvent. Le second, c'est que les espèces à gros grains sont plus délicates que les autres et qu'elles ne réussissent généralement bien que dans des conditions exceptionnelles de terres et de climat; elles sont surtout sujettes *à couler* quand le temps n'est pas favorable au moment de la floraison, et c'est précisément quelquefois parce qu'une partie des grains a avorté, que les autres ont eu une nourriture plus abondante, plus de place, et ont pu acquérir un développement plus grand. L'emploi du tarare-trieur, s'il devenait général, et que ses effets ne fussent compensés par aucune autre opération plus rationnelle, aurait donc pour résultat de créer un danger immense et d'autant plus grand que les instruments seraient plus parfaits, en substituant partout les espèces à gros grains aux espèces à petits et à moyens grains, c'est-à-dire en créant des espèces délicates qui, dans une année rigoureuse, pourraient déterminer une récolte presque nulle.

C'est en vain qu'on cherche à épurer les espèces végétales par des procédés mécaniques. On ne peut y parvenir que par une étude sérieuse, complète, des individus reproducteurs, considérés séparément et comparés entre eux; en un mot, on n'obtiendra ce résultat que par la SÉLECTION INDIVIDUELLE absolue.

Il est vrai que dans la pratique se dressent tout d'abord des difficultés immenses : premièrement, les végétaux sont des êtres essentiellement petits, dont les différences individuelles sont extrêmement minimes et par conséquent difficiles à saisir; secondement, les différences qu'on observe entre deux végétaux d'une même espèce, peuvent être aussi bien le résultat des conditions particulières dans lesquelles ils ont accompli leur végétation que celui de leur nature intime; dans le même champ, à côté l'un de l'autre, à

la même place pour ainsi dire, il se peut que le plus médiocre ait été favorisé et présente de plus belles apparences. On apprécie facilement la beauté d'un cheval, on juge au premier aspect les formes colossales d'un taureau, mais comment déterminer d'une manière exacte la valeur économique de deux brins d'herbe?

Le cultivateur a dû penser que des différences aussi mesquines n'avaient aucune importance, ou bien qu'elles étaient dues uniquement aux circonstances diverses qui accompagnent l'existence des végétaux; c'est là une double erreur très-préjudiciable à ses intérêts : les végétaux ne sont rien si on les considère isolément et en eux-mêmes, et par conséquent les différences qui existent entre ceux d'une même espèce n'ont pas d'importance; mais les individus sont si nombreux dans un champ, que la somme de ces petites différences représente une masse considérable. Qu'on suppose en effet un seul grain de plus dans tous les épis de blé en France, et on reconnaîtra qu'au point de vue économique, cette conquête serait tout aussi importante que celle de quelques kilogrammes sur chaque individu de l'espèce bovine. Donc, ce grain de blé, il faut chercher à le mettre dans tous les épis, si c'est possible, il faut élever la puissance productive de toutes les espèces végétales. Si difficile que soit cette tâche, on doit l'entreprendre, car elle intéresse au plus haut point l'humanité.

Nous avons fait beaucoup d'essais et d'expériences dans ce but, et nous nous sommes créé une méthode simple, facile, à la portée de tout cultivateur intelligent, et à l'aide de laquelle on arrive à des résultats d'une rigueur presque mathématique, parce que l'on obtient des éléments certains de comparaison.

Nous pensons qu'elle est supérieure aux autres méthodes indiquées jusqu'à ce jour, et qu'elle mérite de recevoir une large application. Nous allons l'exposer ici aussi clairement que possible :

Pour ce qui concerne le choix du sol et du climat, nous demandons qu'on se place autant que possible dans des conditions analogues à celles où les plantes devront être postérieurement cultivées. Nous ne voulons pas une terre trop médiocre où la race s'abâtardirait, ni une terre trop riche où elle trouverait des principes pour lesquels elle se modifierait et se transformerait, et qu'elle ne devrait plus rencontrer dans la suite; mais nous approuvons que cette terre soit bien remuée et bien préparée.

Quand une fois les dispositions sont arrêtées pour le mieux, on prend au hasard dans une botte de blé qu'on veut améliorer — nous choisissons le blé pour exemple, parce que c'est la plante qui fixe le plus justement l'attention — on prend, disons-nous, dans une botte de blé quatre ou cinq cents épis, desquels on détache vingt-cinq ou trente des plus beaux grains, mais en adoptant une quantité égale pour tous : on les sème par petits lots, qu'on numérote par ordre et qu'on sépare assez les uns des autres pour qu'aucun mélange ne puisse s'effectuer.

Pendant le cours de la végétation, on écrit sur un registre *ad hoc* toutes les particularités qu'on remar-

(1) Nous avons le plaisir de savoir notre opinion complétement partagée par M. le comte de Gasparin, qui, dans sa longue carrière agronomique, a souvent observé des faits qui justifient pleinement nos allégations.

que dans chaque lot et toutes les observations auxquelles elles donnent lieu ; à la récolte on pèse exactement le produit en grain et en paille, et on inscrit également le résultat sur le registre dont nous venons de parler.

L'année suivante on opère de même, c'est-à-dire que l'on sème une quantité égale de chacun de ces lots, mais sur une échelle beaucoup plus importante que la première année, de façon à obtenir des éléments d'une certaine valeur pour opérer une première sélection, — deux ou trois mille individus environ. Comme précédemment, on récolte avec soin, on pèse le produit en paille et en grain, et les résultats sont immédiatement inscrits.

Par ce moyen, on a groupé un assez grand nombre d'individus parfaitement identiques ou du moins aussi identiques qu'il est possible de les obtenir, et si petite que soit la différence des individus d'un lot avec les individus d'un autre lot, la somme en est facilement appréciable puisqu'elle est répétée deux ou trois mille fois ; cette différence individuelle ne serait-elle en effet que d'un gramme, on trouverait deux ou trois kilogrammes.

On pourra donc, dès la seconde année, éliminer la plus grande partie des lots et ne conserver que ceux qui ont donné les meilleurs résultats. Nous conseillons de ne pas consulter seulement le rendement brut, mais de tenir compte aussi de la manière dont se sont comportés les lots pendant le cours de la végétation des deux années d'expériences, comme leur rusticité pour résister aux rigueurs de l'hiver, leur aptitude à taller, à épier régulièrement ; la solidité de la paille au point de vue de la résistance qu'elle peut offrir, aux orages qui font verser ; on doit considérer aussi la quantité comme la beauté de la farine, sa richesse nutritive, etc., etc.

Ordinairement, le dixième des lots seulement approche du maximum de rendement, et cinq ou six seulement sont réellement supérieurs, par la réunion d'un plus grand nombre de mérites ; quelle que soit la quantité qu'on ait choisie, il sera bon de les expérimenter une troisième année, et de ne livrer à la grande culture que ceux qui auraient complétement répondu aux espérances qu'ils auraient fait naître.

Quelle que soit la similitude apparente de quelques-uns des lots entre eux, il ne faut jamais les mélanger, mais les conserver au contraire soigneusement séparés ; ils pourraient en effet renfermer des principes invisibles différents qui se manifesteraient plus tard et viendraient troubler l'homogénéité qui fait la supériorité des semences ainsi préparées.

Mais, dira-t-on, comment amener les cultivateurs à des opérations aussi délicates et qui sont aussi en dehors de leurs habitudes séculaires ? Nous répondrons d'abord qu'il est parfaitement inutile que *les cultivateurs*, c'est-à-dire la majorité des cultivateurs, se livrassent à des expériences qui auraient, non-seulement l'inconvénient d'entraîner pour chacun d'eux de grandes dépenses de temps et même d'argent, dont la somme représenterait un sacrifice assez considérable pour le pays, mais encore celui de détermi-

ner beaucoup de mécomptes, parce que les opérations manqueraient le plus souvent de la précision nécessaire. Il suffirait, pour obtenir les résultats que nous indiquons, qu'un certain nombre d'entre eux, par contrée, s'occupât de ces améliorations ou que des fermes expérimentales fussent érigées dans ce but. Un seul établissement de ce genre exercerait une heureuse influence dans un rayon immense, grâce à la puissance reproductive des végétaux ; car, non-seulement ses produits seraient employés comme semences, mais le grain qui en proviendrait pourrait servir lui-même à produire d'autres semences. En effet, une variété qui provient d'un individu unique, qui ne contient aucun sujet étranger, ne s'abâtardit pas aussi vite que celle dont les individus ont une origine différente ; elle reste longtemps dans un état satisfaisant.

Ces fermes expérimentales auraient encore l'avantage de présenter aux cultivateurs des sources authentiques où ils seraient sûrs d'obtenir de bonnes semences, au lieu d'être livrés à toutes les incertitudes dans lesquelles nous les voyons aujourd'hui, quand ils sont obligés d'acheter des graines.

Nous avons pris le blé pour sujet de démonstration, mais toutes les autres céréales et tous les autres végétaux sont dans la même situation et susceptibles des mêmes améliorations, depuis le chêne géant de la forêt jusqu'à l'herbe la plus humble de la prairie. Partout on obtiendra par la sélection des individus reproducteurs une amélioration que nous estimons à une augmentation de rendement d'au moins quinze ou vingt pour cent, et qui s'élèvera quelquefois jusqu'à quarante ou cinquante, quand une variété d'élite viendra à se révéler. 　　　　　(S. Malingre.)

Procédé de conservation des plantes avec leur forme habituelle et l'éclat de leurs fleurs. — Depuis longtemps on a songé à conserver les plantes en leur conservant leur forme, leur port habituel et tout leur éclat ; on trouve des procédés très-anciennement décrits. Nous allons les passer rapidement en revue avant d'indiquer celui que nous proposons et qui nous a constamment réussi.

En 1770, M. Quer, Espagnol de nation, présenta à l'Académie de Bologne une collection de plantes desséchées avec soin et très-élégantes : mais dans le procédé indiqué on détachait les feuilles et les rameaux qu'on faisait dessécher séparément entre des feuilles de papier au soleil ou dans un four modérément chauffé. Les fleurs conservaient leur éclat et leur forme si la dessication était rapide et si on comprimait très-peu : puis on collait au moyen de la gomme les feuilles et les rameaux sur l'axe principal. On comprend que ce procédé devait être long, et que, de plus, il était difficile et même impossible de rendre aux feuilles et aux rameaux leur position naturelle. M. Monty, qui a exposé ce procédé dans les *Observations sur la physique et sur l'histoire naturelle*, 1772, page 623, a reconnu que la température du corps humain était la plus convenable pour opérer cette dessication ; c'est par ce moyen qu'il parvint à conserver des tulipes, des anémones, des renoncules, etc.

Le célèbre anatomiste Ruisch indique dans son ouvrage intitulé : *Premier trésor*, divers procédés pour la conservation des matières animales, dont quelques-uns peuvent être appliqués aux plantes.

Mais c'est surtout à Monty que l'on doit les recherches les plus intéressantes. Nous les consignons ici avec d'autant plus de plaisir que ces observations sont complétement d'accord avec les nôtres; nous ne connaissions pas les travaux de Monty, lorsque nous avons commencé nos expériences; si nous les eussions connus il y a quelques mois, nous nous serions épargné beaucoup de peines et d'expériences.

Monty a cherché, en 1772, à conserver les plantes sans leur faire subir la moindre compression; avant lui, diverses tentatives avaient été faites dans ce sens; mais inutilement. Il essaya d'abord la dessication dans des fruits du millet; mais il vit que par ce moyen les fleurs et les feuilles étaient ridées, et de plus elles conservaient l'impression des graines de millet. Il essaya ensuite, mais sans plus de succès, le millet *écossé*, c'est-à-dire privé de son péricarpe; le riz et le blé ne donnèrent non plus aucun bon résultat; toute substance végétale doit être rejetée, parce qu'elle s'empare de l'humidité des plantes, et la dessiccation se fait mal et est plus longue.

Monty essaya alors le sable jaune de rivière; il dut y renoncer, parce que les plantes retenaient ce sable. Il fut amené insensiblement à faire usage du sable blanc connu sous le nom de *grès* (le sablon d'Étampes convient très-bien pour cette opération). Après avoir criblé ce sable pour séparer les parties les plus grossières, il sépara par *lévigation* les parties les plus fines, fit sécher le sable et s'en servit pour mouler des plantes dans des caisses, qu'il exposa ensuite au soleil, ou au four du boulanger chauffé. L'expérience lui réussit fort bien; plus tard, Monty fit usage du sable de mer qui lui donna des résultats moins satisfaisants.

Il y a une dizaine d'années, M. Stanislas Martin proposa sous le nom d'*embaumement des plantes*, un procédé de conservation dans lequel il employait également le sable sec, mais sans indiquer les précautions à prendre et sans lesquelles l'opération ne pourrait réussir.

Tout le monde a pu remarquer à l'exposition universelle les magnifiques fleurs préparées par M. Kentz Swarts. Nous eûmes la pensée à cette époque de rechercher par quels moyens ces plantes avaient pu être conservées. L'un de nous possédant un appareil dans lequel on peut pratiquer facilement le vide, nous essayâmes la dessiccation à l'abri du contact de l'air et à une basse pression sans obtenir des résultats très-satisfaisants; nous avons expérimenté également le procédé par ventilation, qui dessèche rapidement et conserve parfaitement la couleur, mais qui a le grave inconvénient de déformer les corolles et de mutiler les feuilles; tous les organes des plantes deviennent friables par la dessiccation; aussi la ventilation a-t-elle dû être abandonnée.

Nous avons alors essayé le sable sec, et, sans connaître les expériences de M. Monty, nous avons été amenés successivement à apporter dans le procédé les modifications qu'il avait recommandées comme indispensables. c'est-à-dire le choix du sable en petits grains égaux, son lavage pour enlever la poussière; mais, à notre avis, ces précautions sont encore insuffisantes, et après de nombreux essais nous nous sommes arrêtés au procédé suivant :

Préparations du sable. On prend du sable blanc en grains égaux, que l'on passe au tamis de crin, on le lave à grande eau pour enlever les particules les plus ténues, et on continue le lavage jusqu'à ce que l'eau sorte parfaitement limpide. On fait alors dessécher le sable au soleil ou à l'étuve, et mieux, on le porte à 150 degrés environ, en agitant constamment dans une bassine; on y verse alors pour 25 kilogrammes de sable un mélange fondu de 20 grammes d'acide stéarique et 20 grammes de blanc de baleine; on brasse fortement et on froisse avec les mains de manière à graisser convenablement chaque grain de sable.

On met alors une couche de ce sable dans une caisse dont la longueur et la largeur peuvent être variables, mais haute de 12 centimètres environ; le fond de cette caisse est à coulisse, et doit pouvoir s'enlever avec facilité. Sur le fond se trouve un grillage en fil de fer à mailles très-larges. La couche de sable étant bien établie, on dispose les plantes en ayant le soin d'étaler les feuilles et de *mouler* les corolles dans du sable que l'on verse avec précaution, on recouvre les plantes de sable, et il vaut mieux s'en tenir à cette couche unique; on a le soin de mettre le moins de sable possible sur les feuilles et les tiges; on recouvre la caisse d'une feuille de papier, et on porte à l'étuve ou dans un four chauffé à 40 ou 45° environ; la dessiccation s'opère très-rapidement; lorsqu'on la suppose finie, on enlève le fond de la caisse; le sable traverse le treillage en fil de fer, et les plantes restent dessus; on les brosse avec un blaireau, et on les conserve comme nous le dirons tout à l'heure.

Le sable graissé adhère très-peu aux plantes, et il est toujours facile à enlever : il suffit le plus souvent de frapper de petits coups pour que tout le sable tombe, à condition toutefois que les plantes n'aient pas été cueillies encore humides; nous avons remarqué également qu'il valait mieux les cueillir avant que l'anthèse fût complétement opérée; elle peut être achevée en plongeant la plante par sa base dans une petite quantité d'eau : pour les plantes un peu charnues, le vide hâte singulièrement la dessiccation.

Cependant nous devons ajouter que le sable graissé ou non ne peut être employé pour conserver les plantes qui sont recouvertes d'un enduit visqueux, par exemple, les *hyosciamus*; dans ce cas, il faut absolument se servir des grains de millet ou de riz, comme le faisait Monty.

On peut à la rigueur superposer deux couches de plantes, mais il n'est pas prudent d'en mettre davantage; la caisse à fond mobile nous a rendu de grands services; en se servant d'une caisse ordinaire, on risque de blesser les plantes en les retirant du sable.

L'éclat des plantes est parfaitement conservé par ce procédé ; les fleurs blanches elles-mêmes conservent leur aspect mat ; on aurait pu croire *à priori* qu'il en serait autrement, puisque le blanc est dû à l'interposition de l'air ; les fleurs jaunes et bleues se conservent très-bien, mais les couleurs violettes et rouges se foncent légèrement.

La plante desséchée, abandonnée au contact de l'air, reprend un peu d'humidité et se flétrit ; pour la conserver on la place dans des bocaux, au fond desquels on a mis de la chaux vive renfermée dans du papier de soie et recouverte de mousse ; on ferme hermétiquement le bocal avec un disque de verre, que l'on fait adhérer au moyen d'un mastic de gomme laque ou de caoutchouc.

Ce procédé de conservation des plantes peut rendre quelques services pour dessécher quelques fleurs ou plantes employées en médecine, telles sont la violette, la mauve, le bouillon blanc, les tiges de mélisse, de menthe, de ciguë, etc. L'odeur est parfaitement conservée et souvent exaltée, mais c'est surtout pour la conservation des plantes destinées aux collections des écoles de pharmacie et de médecine et aux colléges, que ce procédé peut être utile ; il rendra également de grands services aux horticulteurs qui voudront conserver les fleurs rares, ainsi qu'aux naturalistes voyageurs, qui pourront ainsi rapporter les plantes avec leur aspect naturel, ce qui rendra la détermination plus facile. REVEIL ET BERJOT de Caen.

VÉNUS (astronomie). — Planète dont l'orbite est comprise entre celles de Mercure et de la terre. Le diamètre de cet astre est de 12542 kilomètres ; il tourne sur son axe en 23 h. 21 m. 24 s. Sa distance moyenne au soleil est de 127,200,000 kilomèt., d'où il résulte que son moindre éloignement de la terre est de 23,617,200 kilom., et son plus grand de 283,190,500 kilom. Il décrit son orbite en 224 j. 16 h. 49 m. Son diamètre apparent varie de 10 secondes à 63, sa lumière est plus blanche que celle de tous les autres corps célestes, et on y distingue des phases comme dans la lune. C'est sans doute à cause de son brillant éclat que chez les peuples anciens, où tous les astres étaient considérées comme des divinités, Vénus était adorée en qualité de déesse de la beauté. Son culte s'était transmis des Egyptiens chez les Grecs, qui lui avaient élevé des temples dans l'île de Chypre, à Gnide et à Paphos.

On voit Vénus le soir après le coucher, ou le matin avant le lever du soleil ; elle paraît alors comme une petite lune, sous la forme d'un croissant tournant toujours sa convexité du côté du croissant. Les cornes du croissant ont des formes très-variées ; rarement elles se terminent en pointes très-aiguës ; elles sont le plus souvent tronquées, et cette troncature est surtout sensible pour la corne de l'hémisphère austral. On conclut de cette apparence que Vénus a une atmosphère et des montagnes très-élevées.

VERGLAS (météorologie) [du latin *viridis glacies*, glace vive]. — Glace mince étendue sur la terre ou sur le pavé, et produite par un fort brouillard ou par une petite pluie qui se gèle en arrivant sur le sol. La condition nécessaire à la production du verglas, c'est que l'air soit assez chaud pour donner naissance à de la pluie, et la terre assez froide pour geler l'eau.

La *gelée blanche* a plutôt l'apparence de neige que celle de glace ; elle est produite par la rosée qui se prend en glace ou en petites aiguilles de neige, lorsqu'elle se trouve en contact avec les corps au-dessous de zéro, quoique la température de l'air soit de 6 ou 7 degrés.

Il y a cependant des gelées qui ne proviennent pas de l'humidité de l'atmosphère ; elles résultent de ce que les liquides contenus dans les jeunes pousses des plantes, refroidies par le rayonnement nocturne, descendent à une température au-dessous de zéro, celle de l'air ayant atteint — 3° ou — 4°.

La formation de la *grêle* n'est pas encore bien connue ; Volta pensait qu'elle se produisait entre deux nuages chargés d'électricité différente et placés l'un au-dessus de l'autre : les noyaux des grêlons étant déjà formés par le froid, sont attirés et repoussés alternativement d'un nuage à l'autre et grossissent dans ce mouvement jusqu'à ce que leur poids les précipite vers la terre. D'autres physiciens croient que la grêle résulte des vents froids qui traversent les airs, de sorte que les grêlons, entraînés horizontalement, grossissent pendant leur trajet, qui peut être de 60 à 80 kilom., et atteignent ainsi le volume énorme qu'ils ont quelquefois, car on en a recueilli qui pesaient plus de 400 grammes. La grosseur la plus ordinaire est à peu près celle d'une noisette ; il en tombe souvent de plus petits ; mais on en voit aussi d'un décimètre de diamètre et plus. La grêle est toujours accompagnée de phénomènes électriques : l'orage qui a traversé la France et la Hollande le 13 juillet 1788, est peut-être le plus terrible dont on ait gardé le souvenir. Il a pris naissance dans les Pyrénées et s'est dissipé dans la Baltique ; il a donc parcouru environ 900 kilomètres avec une vitesse de 74 kilom. à l'heure, sa largeur moyenne était de 51 kilom., elle était formée de trois bandes, l'une à l'Orient de 10 kilom. en moyenne, une à l'Occident, ayant 48 kilom., et la bande intermédiaire de 23 kilom.; celle-ci n'a reçu qu'une pluie abondante ; mais sur les deux autres il est tombé pendant sept à huit minutes des grêlons de différentes formes, les uns ronds, les autres longs et pointus ; les plus gros pesaient 250 grammes ; 1039 paroisses ont été ravagées par cet ouragan et ses dégâts ont été évalués à plus de 24 millions de francs.

On ne connaît que très-peu de chose sur la formation de la *neige* ; on ne sait pas si les nuages qui la produisent sont composés de vapeurs vésiculaires ou de parcelles déjà glacées ; on ignore également si les flocons se forment directement ou s'ils prennent leur accroissement en traversant les couches inférieures ; les seules observations un peu complètes que l'on ait faites sont relatives à la forme des flocons.

Quand l'air est calme, il arrive souvent que chaque particule de neige a la forme d'une jolie étoile à six rayons, d'une délicatesse extrême, et qui ressemble tantôt à de petites plumes, tantôt à des rosaces de

parquet, à des alvéoles de mouches à miel ; il en est qui présentent des combinaisons symétriques très-curieuses et fort jolies.

La neige, en se tassant, se durcit à la longue, et se change en glace par la pression et par le froid. Dans les pays où il en tombe plus que chez nous, en Suisse, en Savoie, etc., il y a des montagnes où elle ne fond jamais, ce qui donne naissance aux glaciers. Quand la neige s'amasse sur des pentes très-rapides, il arrive un moment où elle ne peut se soutenir, et alors il se fait ce que l'on nomme une avalanche, c'est-à-dire un éboulement qui entraîne tout ce qui se rencontre sur son passage.

C'est avec de la neige, du sel et un acide, que l'on produit un froid artificiel capable de congeler le mercure, tandis que la neige seule est à peu près à zéro, température de la glace fondante.

La neige rouge que l'on rencontre dans les régions polaires, et partout où il y en a de permanentes, doit sa couleur à un petit champignon (*uredo nivalis*) qui a la propriété de végéter à la température des glaciers.

Le *grésil* est aussi de l'eau congelée : il consiste en petites aiguilles de glace pressées et entrelacées, formant une espèce de pelote compacte, enveloppée quelquefois d'une couche de glace transparente.

GOSSART.

VERRE (DÉVITRIFICATION DU VERRE, *par J. Pelouze*). — Le verre perd sa transparence quand, après l'avoir fondu, on le laisse refroidir très-lentement ou lorsqu'on le soumet à un ramollissement prolongé. Il se change en une matière presque entièrement opaque, connue sous le nom de *porcelaine de Réaumur*.

La connaissance de la dévitrification du verre doit remonter à des temps très-éloignés, car il est presque impossible de ne pas rencontrer du verre dévitrifié dans les creusets que les verriers retirent des vieux fours hors de service. Le refroidissement d'une aussi grande masse de maçonnerie argileuse est nécessairement très-lent, de sorte que les restes de verre abandonnés dans les creusets se trouvent dans des conditions toujours favorables à la dévitrification.

La surface d'une masse de verre fondue dans un creuset de verrerie et soumise dans le four même à un refroidissement très-lent se recouvre d'une croûte plus ou moins épaisse et opaque, tandis que dans les parties centrales on voit des groupes de cristaux aiguillés partant d'un centre commun et formant des sortes de boules ou mamelons suspendus dans une masse transparente.

Réaumur, qui, à diverses reprises, s'est occupé de la dévitrification, a dirigé plus particulièrement ses recherches vers les moyens de la produire d'une manière complète.

Voici le procédé qu'il a indiqué :

On mettra dans de très-grands creusets, telles que les gazettes des faïenciers, par exemple, les ouvrages de verre qu'on voudra convertir en porcelaine. On remplira les ouvrages et tous les vides qu'ils laissent entre eux de la poudre faite d'un mélange de sable fin et de gypse. Il faudra faire en sorte que cette poudre touche et presse les ouvrages de toutes parts, c'est-à-dire que ceux-ci ne se touchent pas immédiatement et qu'ils ne touchent pas non plus les parois du creuset.

La poudre ayant été bien empilée, bien pressée, on couvrira le creuset, on le lutera et on le portera dans un endroit où l'action du feu soit forte.

Quand on retirera et qu'on ouvrira la gazette (Réaumur ne dit pas après combien de temps), on verra les objets qu'elle renferme transformés en une belle porcelaine blanche.

Comme on le voit, le procédé de Réaumur n'était pas aussi simple que celui dont il a d'abord été question. Il lui fallait nécessairement prendre des dispositions et des précautions particulières pour conserver les formes des objets dont il voulait opérer la dévitrification.

Réaumur considérait le plâtre calciné comme une des matières les plus propres à changer le verre en une porcelaine blanche. Il attribuait au sable cette même propriété et il ajoutait que le sable très-blanc, tel que celui d'Étampes, donne avec le gypse une poudre composée qui doit être employée de préférence au plâtre seul ou au sable seul.

Réaumur croyait que les arts tireraient bientôt un parti avantageux de la dévitrification ; que celle-ci était appelée à les doter d'une nouvelle porcelaine.

Les premiers travaux de ce célèbre physicien remontent à 1727, les derniers datent de 1739. Depuis

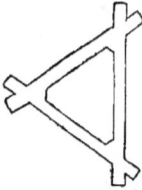

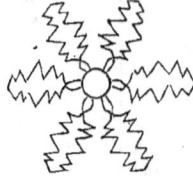

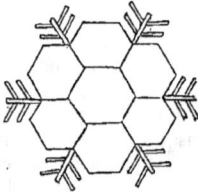

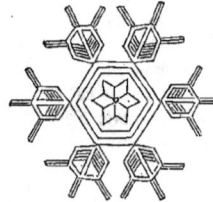

Neige.

lors on a essayé plusieurs fois d'introduire la porcelaine de Réaumur dans le domaine de l'industrie. On en a fait des bouteilles, des carreaux d'appartement, des porphyres, des mortiers, des vases de diverses formes, des capsules et des tubes destinés à certaines opérations de chimie. Je citerai particulièrement M. d'Arcet parmi ceux qui se sont occupés de cette question.

L'expérience n'a pas, jusqu'à présent, réalisé les espérances de Réaumur.

Deux circonstances rendent très-difficile la fabrication industrielle, c'est-à-dire économique des objets façonnés en verre dévitrifié : d'abord et surtout, la nécessité de soumettre ces objets à un ramollissement prolongé qui devient un obstacle considérable à la conservation de leurs formes, et en second lieu, la longueur de l'opération, qui nécessite des dépenses très-considérables de combustible et de main-d'œuvre.

Je ne veux pas dire, cependant, que la porcelaine de Réaumur ne recevra jamais d'applications importantes ; il y a plus, je crois que, dès aujourd'hui, il serait possible de fabriquer des plaques de verre dévitrifié d'un volume assez considérable, imitant la belle porcelaine et pouvant la remplacer avec avantage dans certains cas. Ces plaques, quoique très-dures, peuvent être douces et polies comme les glaces.

Les phénomènes chimiques de la dévitrification ne paraissent pas avoir été l'objet d'une étude approfondie. Cependant, dans le cours de l'année 1830, M. Dumas ayant fait l'analyse comparative d'un verre cristallisé et d'un verre amorphe et transparent, retirés l'un et l'autre d'un même creuset de verrerie, considéra le premier comme une combinaison définie plus riche en silice et moins chargée d'alcali que le second, et, par conséquent, moins fusible. Partant de cette analyse, dont le résultat n'était pas contestable, et qui, d'ailleurs, cadrait avec les idées émises par Berthollet, dans sa *Statique chimique*, sur les cristaux observés dans le verre par Keir ; M. Dumas considéra la dévitrification comme une cristallisation du verre due à la formation de composés définis, infusibles à la température actuelle, au moment de la dévitrification. Il admet que cette infusibilité relative est le résultat tantôt de la volatilisation de la base alcaline, tantôt d'un simple partage dans les éléments du verre, les alcalis passant alors dans la portion qui conserve l'état vitreux.

Toutefois, quelques chimistes, et à leur tête Berzélius, ont émis une opinion différente, partagée, d'ailleurs, par les verriers en général, et qui consiste à ne voir dans la porcelaine de Réaumur rien autre chose qu'une masse vitreuse cristallisée.

Les faits que je vais rapporter corroborent cette dernière opinion et semblent démontrer que le verre cristallisé qui a servi aux expériences de M. Dumas a dû se produire dans des conditions tout à fait exceptionnelles.

Le verre, en se dévitrifiant, ne subit aucune altération, ni dans la nature, ni dans la proportion des matières dont il est formé. Les cristaux agglomérés en forme de boules isolées les unes des autres dans une masse de verre transparente ne diffèrent pas de celle-ci quant à leur composition. Cela résulte des analyses en grand nombre que j'ai faites, depuis quelques années du verre cristallisé et du verre transparent.

Il est inutile de dire que la composition du verre variant sans cesse, non-seulement dans les verreries différentes, mais encore dans la même fabrique, les analyses comparatives n'ont de signification que pour les verres provenant d'une même fonte.

L'analyse chimique est ici corroborée par une observation physique non moins certaine. Si un changement de composition se produisait dans une masse de verre lentement refroidie, il y laisserait des traces de son existence par des bulles, des stries, par un signe quelconque d'hétérogénéité, tandis que les parties non modifiées présentent un éclat, une transparence et surtout une homogénéité parfaite.

Mais de toutes les expériences, la plus simple comme la plus décisive pour démontrer que la dévitrification consiste uniquement en un simple changement physique du verre, consiste à maintenir des plaques de verre pesées sur la sole d'un four à recuire jusqu'à ce que la dévitrification soit complète, ce qui a lieu ordinairement après 24 heures, ou, au plus, quarante-huit heures. Leur poids reste constamment le même, et si l'on opère sur un verre blanc de belle qualité, il est absolument impossible de distinguer autre chose que des cristaux dans la masse dévitrifiée.

Ces cristaux donnent, par la fusion, un verre transparent de composition identique avec celui dont ils proviennent. Coulé sur une table de fonte, roulé sous forme d'un morceau de glace, ce verre subit, par un ramollissement prolongé, une seconde dévitrification. Les mêmes expériences de fusion et de cristallisation ont été répétées une troisième fois sans que la composition du verre opaque ou transparent ait subi le moindre changement. La seconde et la troisième dévitrification s'effectuent, d'ailleurs, comme la première, sans aucun changement de poids, dans les plaques vitreuses.

Je n'insisterai pas davantage sur la netteté de ces expériences, que j'ai eu souvent occasion de répéter à la manufacture des glaces de Saint-Gobain.

La manière la plus facile et la plus simple de préparer le verre dévitrifié consiste à soumettre à un ramollissement prolongé une feuille de verre à vitre, ou mieux un morceau de verre à glace. Au bout d'un temps qui varie selon la nature du verre et la température du lieu où se fait l'expérience, mais qui est en général compris entre 24 et 48 heures, la dévitrification est achevée. La plaque ressemble à un morceau de porcelaine, mais on l'en distingue facilement quand on la brise. On la voit formée d'aiguilles opaques ténues et serrées, parallèles les unes aux autres et perpendiculaires à la surface du verre. Si l'on retire la plaque du four à recuire avant que la dévitrification soit complète, on observe constamment que la cristallisation commence par des surfaces, pour se

prolonger lentement jusqu'au centre, de sorte qu'on retrouve encore une lame de verre transparent dans l'intérieur de la plaque.

Une ligne ordinairement très-visible marque le point de réunion des cristaux dans les échantillons même complétement dévitrifiés : le long de cette ligne, on remarque quelquefois des noyaux cristallins.

Dans quelques cas rares, la texture fibreuse disparaît et le verre dévitrifié présente jusqu'à un certain point la cassure saccharoïde et l'aspect d'un beau marbre blanc : quelquefois aussi les cristaux disparaissent et sont remplacés par une matière que l'on prendrait pour de l'émail.

Le verre à vitres et surtout le verre à bouteille dévitrifiés en grandes masses dans des creusets se présentent parfois en aiguilles d'un jaune verdâtre, tantôt petites et courtes, tantôt, au contraire, longues de plus de 1 centimètre, fortement adhérentes les unes aux autres, entrelacées dans tous les sens et laissant entre elles des vides ou géodes qui les font ressembler, jusqu'à un certain point, à des cristallisations de soufre.

Le verre dévitrifié est un peu moins dense que le verre transparent ; sa dureté est considérable, car il raye facilement ce dernier et fait feu au briquet. Quoique cassant, il l'est beaucoup moins que le verre ordinaire ; il est mauvais conducteur de la chaleur. Une plaque de verre dévitrifié conduit très-notablement l'électricité des machines. Elle possède cette propriété à peu près au même degré que le marbre, et à un degré beaucoup plus prononcé que le verre et la porcelaine. Le verre dévitrifié ne pourrait donc être employé comme corps isolant.

On croyait que le verre dévitrifié était devenu presque infusible, que les tubes formés de cette matière se comporteraient presque comme ceux de porcelaine, sous l'influence des hautes températures. Je ne sais ce qui a pu donner cours à cette erreur. Toujours est-il que le verre cristallisé fond presqu'aussi facilement que le verre amorphe dont il provient. A cet égard, les ouvriers verriers n'établissent pas en général de différence ; cependant il paraît bien que le verre cristallisé est plus réfractaire que le verre ordinaire.

Tous les verres à glaces, à vitres et à bouteilles qu'on trouve dans le commerce peuvent être dévitrifiés. Le cristal lui-même, malgré l'assertion contraire de Réaumur, ne fait pas exception ; il se dévitrifie sans que l'oxyde de plomb qu'il contient s'en sépare. Il prend l'aspect de la porcelaine, mais sa cassure est lisse, homogène, et on n'y remarque plus la texture fibreuse. J'ai déjà dit que ce dernier changement se produit quelquefois dans les verres ordinaires à base de soude de chaux.

Les verres à base de potasse, comme ceux de Bohême, subissent la dévitrification beaucoup plus difficilement que les verres de soude. On a pu exposer pendant quatre-vingt-seize heures, dans la partie la plus chaude d'une étenderie, le borosilicate de potasse et de chaux sans en déterminer la dévitrification. La température était cependant assez élevée pour ramollir ce verre.

Dans les mêmes conditions, le borosilicate de potasse et de zinc a donné quelques signes de dévitrification (1).

De tous les silicates, celui qui se dévitrifie le plus facilement est le trisilicate de soude N à O (Si O³)³.

J'ai vu quelquefois de petits creusets remplis entièrement par une cristallisation confuse de ce verre, sans qu'on ait cherché à la produire. Lorsqu'on reçoit une masse transparente de trisilicate de soude, il prend, bien avant la température nécessaire à la dévitrification, un aspect opalin tout particulier. L'échantillon que je présente à l'Académie ressemble, en effet, à de l'opale quand on le regarde par réflexion ; mais quand on l'interpose entre l'œil et la lumière, il paraît d'une transparence parfaite.

La dévitrification semble rendue beaucoup plus facile par l'introduction de matières réfractaires ou difficilement fusibles dans le verre pâteux, telles que les cendres du foyer, le sable, et, chose bien curieuse, par le verre lui-même réduit en poudre fine, ou par le mélange des matières avec lesquelles on le forme.

L'expérience suivante, faite sur plus de 100 kilogrammes de verre, démontre l'exactitude de cette assertion.

On a laissé dans un four deux pots à moitié remplis de verre fondu, et on a cessé de chauffer ce four : lorsque la matière est devenue pâteuse, on a ajouté dans l'un des pots une *très-petite quantité* de matière vitrifiable ; puis, le four s'étant refroidi lentement et de lui-même, on en a retiré les deux pots. Celui dans lequel rien n'avait été ajouté contenait un verre transparent ayant à peine subi un commencement de dévitrification, tandis que l'autre est entièrement opaque et rempli dans toute sa masse de noyaux cristallins.

Un ou deux centièmes de sable suffisent pour provoquer le même changement dans une masse vitreuse, pourvu que la température de celle-ci ne soit pas trop élevée, ce qu'on reconnaît facilement au peu de fluidité de la matière.

Le quartz soumis à l'action de la chaleur dans les conditions qui amènent la dévitrification du verre conserve sa transparence. Il semble qu'il faille, pour produire le phénomène de la dévitrification, une chaleur suffisante pour ramollir les matières soumises à l'expérience. Or, cette condition n'existe pas pour le quartz.

Indépendamment des verres des différentes qualités, j'ai dévitrifié les verres colorés suivants :

Le verre bleu au cobalt,
Le verre vert au chrôme,
Le verre bleu au cuivre,
Le verre jaune au charbon,
Le verre noir au fer.

(1) Ces deux verres, remarquables par leur beauté et leur éclat, m'avaient été donnés par M. Clémandot, qui les avait lui-même fabriqués.

Ces différents verres ne semblent pas se comporter autrement que le verre blanc.

Qu'il me soit permis, en terminant cette note, d'appeler sur les faits qu'elle signale l'attention des minéralogistes et des géologues. Il me semble impossible que l'étude des nombreux silicates naturels ne leur présente pas quelques phénomènes de l'ordre de ceux que je viens d'indiquer.

M. Dumas, à l'occasion du Mémoire de M. Pelouze, a communiqué à l'Académie les remarques suivantes :

Le phénomène de la dévitrification m'a occupé il y a vingt-cinq ans, et il a été l'objet, depuis cette époque, de recherches communiquées par M. Leblanc à la Société philomatique en 1845.

Mes analyses, ainsi que celles de M. Leblanc, établissent que dans les échantillons sur lesquels nous avons opéré, les cristaux qui ont pris naissance dans la masse vitreuse possèdent une composition essentiellement différente de celle qui appartient à la matière vitreuse elle-même.

M. Pelouze considère ces résultats comme accidentels. Il pense que le verre dévitrifié et le verre qui lui donne naissance ont la même composition.

Notre savant confrère avait bien voulu me faire connaître, il y a quelques jours, les résultats auxquels il était conduit par son nouveau travail; j'ai pu, en conséquence, essayer de me rendre compte des différences qui se manifestent, soit dans nos analyses, soit dans nos conclusions.

S'il s'agit d'admettre qu'une masse transparente de verre puisse tout entière, sans rien perdre ou rien gagner de pondérable, se transformer en cristaux, les expériences de M. Pelouze le démontrent clairement. Mais s'il s'agit d'admettre que les cristaux formant la masse de verre dévitrifié sont tous identiques, on peut en douter.

Je comprends, en effet que lorsqu'on opère sur des corps homogènes comme le sucre, le soufre ou l'acide arsénieux, qu'ils puissent passer de l'état vitreux à l'état cristallisé, sans changement de composition chimique, par une simple modification de capacité calorifique.

La même chose peut arriver, sans doute, à une masse vitreuse dont la composition serait définie et identique avec celle des cristaux qu'elle tendrait à constituer.

Mais les verres du commerce sont des mélanges indéfinis de silicates définis. Quand ils cristallisent, les silicates les moins fusibles doivent se séparer les premiers, ainsi que cela se passe dans les alliages. C'est donc une véritable liquation inverse qui s'accomplit dans ces deux cas. Si les conditions sont favorables, la cristallisation envahit successivement toute la masse, qui peut être comparée à un granit.

Bien entendu que les cristaux qui se forment les premiers peuvent déterminer, par leur présence comme solides, le dépôt de cristaux tout à fait différents produits par des composés qui n'auraient pas cristallisé s'ils n'y avaient pas été sollicités.

De même que dans la masse vitreuse d'apparence homogène qui constitue les verres du commerce, il existe pourtant des silicates divers et distincts, fondus les uns dans les autres ; de même dans les masses fibreuses de verres dévitrifiés il peut exister, je pense, à côté les unes des autres, des aiguilles de silicates cristallisés, définis, parfaitement distincts entre eux.

Je pense donc que, tandis que dans l'acide arsénieux opaque, le sucre d'orge fibreux, le soufre dur, tous les cristaux se ressemblent ; dans la plupart des alliages et des verres dévitrifiés, les cristaux qui s'accolent au moment de la solidification ne se ressemblent pas.

Les cristaux que j'avais séparés d'une masse de verre dévitrifié, bien distincts, différaient trop de la pâte vitreuse pour qu'on pût s'y méprendre.

En effet, pour me borner ici à comparer celui des éléments du verre dont le dosage est le moins sujet à erreur, je remarque qu'il y a dans la silice des cristaux et de la pâte vitreuse des différences trop grandes pour qu'on ait pu s'y tromper. J'ai trouvé 64,7 de silice dans la partie vitreuse et 682 dans la partie cristallisée. Il s'agit d'un verre à vitres.

M. Leblanc, dans une masse de verre à glaces, a trouvé 66,2 de silice dans la partie transparente, et 69,3 dans la partie cristallisée.

Le même observateur trouvait 57,9 de silice dans la partie transparente d'un verre à bouteilles dévitrifié, et 62,95 dans la partie cristallisée.

Dans ce dernier verre, chose plus remarquable encore, la partie vitreuse contenait 1,57 de protoxyde de fer, tandis que, dans la partie cristallisée, il n'en restait que des traces trop faibles pour qu'on ait pu les doser.

Je serais donc porté à considérer les masses obtenues par notre confrère comme analogues, dans leur constitution, à ces masses produites par un mélange de plusieurs acides gras solides. Par la fusion, elles constituent un liquide homogène. Solidifiées, elles produisent des masses fibreuses où l'œil ne distingue rien de dissemblable, mais où néanmoins chaque acide s'est séparé des autres en constituant des cristaux distincts pour son compte. Enfin, ces masses peuvent être fondues et solidifiées de nouveau, nombre de fois, en reproduisant les mêmes phénomènes.   (*Pelouze.*)

VESPERTILIONS (histoire naturelle) [du latin *vesper*, soir]. — Genre de mammifères carnassiers de la famille des chéiroptères, comprenant plus de cent espèces connues sous le nom de chauves-souris. Ces animaux sont essentiellement nocturnes, ils commencent au crépuscule à prendre leur vol. Pendant le jour ils se retirent dans des trous d'arbres, dans les crevasses des rochers et des vieux édifices ; on les trouve parfois réunis en grand nombre. Dans nos climats ils s'engourdissent pendant l'hiver ; pour mieux se garantir du froid, ils se mettent en tas en se cramponnant les uns aux autres. Ils ont, près des yeux, des glandes odoriférantes d'où suinte, près des orifices presque imperceptibles, une matière onctueuse dont l'odeur est pénétrante et désagréable. La femelle produit ordinairement un petit, rarement deux. Le jeune lorsqu'il est seul, s'accroche en sautoir sur la poitrine de sa mère ; quand il y en a deux, ils se tiennent le

long des flancs et sont soutenus par la membrane interfémorale : une particularité remarquable des ver-
pertilions, c'est la réunion d'un grand nombre de femelles fé-
condées qui se séparent des mâles et choi-
sissent un gîte commun pour y déposer leur progéniture et
vaquer ensem- ble aux soins qu'exigent les nouveaux nés.

Pendant ce temps les mâ- les se rassem- blent quelquefois et se tien- nent éloignés des lieux choi- sis par les femelles.

Ces lanières, enrobées de farine, sont suspendues à
l'air et exposées au soleil sur des traverses horizontales de bois. Chaque soir, si l'on craint la pluie, on les
rentre et on les met à couvert : on continue cette exposition à l'air, jus- qu'à dessicca- tion presque complète, c'est-
à-dire jusqu'à ce que la vian- de ne retienne plus que sept à
huit centièmes d'eau. Le pro- duit de cette opération est
désigné sous le nom de *tasajo* dans l'Améri- que méridio-

Vespertilion.

Ces animaux se nourrissent exclusivement d'insectes
crépusculaires ou nocturnes, leur gloutonnerie est
extrême, on en a vu avaler treize hannetons de suite;
ils se servent de leur queue, qui est assez longue,
pour faire entrer dans leur bouche les gros insectes
qu'ils ne pourraient pas avaler autrement.

VIANDE (Conservation de la).—Pour conserver la
viande, ses préparations ou les produits qu'on en extrait, il faut mettre ces substances dans des conditions
telles que la fermentation ne puisse pas se produire
ni les moisissures se développer.

D'après M. Payen, les conditions principales sont :
1° Une très-basse température;

2° Ou la dessiccation, c'est-à-dire l'évaporation rapide de la plus grande partie de l'eau ;

3° Ou l'exclusion de l'air, ou plutôt de l'oxygène libre, sans la présence duquel la fermentation ne peut
commencer et les végétations cryptogamiques ou les
moisissures se développer.

Nous n'avons pas à nous occuper de la première
condition, qui ne peut être remplie que dans des circonstances exceptionnelles et avec une très-forte dépense.

Dessiccation. — Le procédé de la dessiccation des
viandes est très-pratiqué dans les contrées aurifères.
Nous allons le décrire d'après M. Boussingault (1),
attendu qu'il peut être d'une grande utilité et d'une
fréquente application.

Les quartiers de bœuf sont adroitement découpés
en lanières très-minces et longues de deux à trois
mètres, au moyen d'un couteau mince et bien affilé.
On saupoudre ces lanières de farine de maïs, afin de
sécher la surface de la viande.

nale. 100 parties de viande fraîche donnent environ 26
parties de tasajo. Ainsi, l'exposition à l'air enlève 74
p. 0/0 d'eau. Le tasajo a une couleur foncée, son
odeur n'a rien de désagréable; les lanières ainsi obtenues conservent assez de flexibilité pour être enrou-
lées sous forme de pelotes cylindroïdales. Comprimé
de cette façon, le tasajo est moins accessible aux
influences atmosphériques, et peut se conserver très-
longtemps sans altération sensible, pourvu qu'on le
maintienne dans des endroits secs.

Lorsqu'on veut faire cuire convenablement le tasajo,
il faut le couper en morceaux et le laisser tremper
dans l'eau qu'il absorbe peu à peu en gonflant. On
chauffe par degrés et le bouillon que l'on obtient est
de bonne qualité.

Le bouilli est très-analogue à celui que donne la
chair fraîche.

*Procédés de la Société générale de conservation des
viandes.* — Les journaux ont récemment publié les
nombreuses annonces faites par cette société. La méthode qu'elle emploie consiste à envelopper des quartiers de viande crue d'une couche épaisse d'une sorte
de gelée obtenue en soumettant certaines parties de
l'animal à une longue ébullition.

Ce procédé semble, au premier coup d'œil, remplir
parfaitement la troisième condition prescrite par
M. Payen. Déjà le chimiste Darcet et plusieurs autres
expérimentateurs étaient parvenus à conserver les
viandes plusieurs semaines en les recouvrant d'une
couche épaisse de gélatine, à peu près imperméable
à l'air.

Le nouveau procédé fait-il mieux? La plus sérieuse
objection que l'on ait faite à cette méthode, c'est d'enrober les viandes avec une substance animale qui,
bien que moins sensible aux effets de l'atmosphère,

(1) *Économie rurale.*

n'en est pas moins putrescible comme elles et doit nécessairement s'altérer.

L'administration de la guerre et celle de la marine en France, ont soumis à une épreuve positive les viandes conservées par la gélatine. Une provision de viandes préparées sous les yeux d'un représentant de la Société, a été mise dans des caisses et chargée à bord d'un navire qui se rendait à Constantinople. Au retour des caisses on procéda à leur ouverture; mais, dit M. Payen (1), « l'examen fut, en quelque sorte, » rendu inutile, car, dès avant l'ouverture des caisses, » le résultat, non douteux de l'expérience, se mani- » festait à distance de chacune d'elles par des éma- » nations nauséabondes, sur lesquelles il était impos- » sible de se méprendre. »

Procédé Lamy. — M. Lamy, ancien professeur de l'Université, a exposé à Paris, cette année, des vian- des conservées par un procédé qui d'abord avait été tenu secret, mais dont il a depuis donné connaissance. Voici en quoi il consiste :

On sait que le gaz acide sulfureux prévient l'alté- ration des vins en détruisant ou modifiant le ferment qui provoque cette altération. Le tonneau est rempli d'acide sulfureux que le vin absorbe complétement en raison de la solubilité de ce gaz.

M. Lamy admet que l'acide sulfureux agit sur le ferment organique qui doit provoquer l'altération des substances animales, de la même manière que sur ce- lui du vin et, en conséquence, il laisse séjourner les viandes dans ce gaz pendant plusieurs jours. Si l'acide sulfureux pouvait pénétrer dans toutes les parties de la viande, il serait peut-être possible d'obtenir un succès complet. Mais on comprend que le gaz, n'exer- çant son action anti-septique que sur la surface, les parties intérieures restent soumises aux causes ordi- naires d'altération, et ne tardent pas à se putréfier. C'est ce qui est arrivé dans des expériences que l'on a faites de ce procédé.

Ajoutons que le gaz sulfureux communique à la viande une saveur détestable, qui, seule, empêcherait de la faire servir à l'alimentation, qu'en outre il doit agir chimiquement sur les matières organiques avec lesquelles il est mis en contact, et détruire une partie de leurs qualités hygiéniques; qu'enfin, la condition de maintenir les produits dans une atmosphère dé- pourvue d'oxygène, revient au procédé Appert, qui a, du moins en sa faveur, l'avantage d'une extrême sim- plicité.

Procédé Bouet, Doucin, Chaudet, Perra et de Bri- gnola. — Il résulte de cet exposé que les méthodes dont nous venons de parler constituent un progrès vé- ritable, et que les travaux des inventeurs méritent les plus grands éloges. Néanmoins, il paraît certain qu'ils n'ont pas réussi d'une manière complète et que leurs procédés n'assurent pas la conservation indéfinie et absolue des viandes soumises à leurs préparations.

Ainsi, bien que le problème ait fait un grand pas vers sa solution, il restait encore à achever cette im- portante découverte et nous sommes heureux de faire

(1) *Revue des Deux-Mondes,* 15 novembre 1855.

part des faits dont nous avons été les témoins et dont l'exposé prouvera que, si nous ne pouvons encore af- firmer le succès le plus complet, nous avons le droit d'espérer que MM. Bouet, Doucin, etc., inventeurs d'un troisième procédé, sortiront triomphants des épreuves sérieuses et décisives qui ont été prescrites par la Société Universelle et pour lesquelles nous ob- tiendrons le concours obligeant de nos collègues de la confédération Argentine.

Nous ne pouvons décrire ici les détails, ni même sommairement les préparatifs employés par ces mes- sieurs. Leurs droits, comme inventeurs, doivent être sauvegardés, et la discrétion devient un devoir en présence d'une propriété qui n'est pas complétement garantie. Tout ce que nous pouvons dire, c'est que la communication en a été faite et que ces procédés ont paru rationnels, d'une extrême simplicité et qu'ils sont d'une exécution rapide.

Ces procédés ont pour principe l'enrobement des viandes. Mais la substance employée par MM. Bouet, Doucin, etc., loin d'être animale et par conséquent putrescible, est un produit chimique, bien connu par son imperméabilité et la facilité qu'il offre pour l'opé- ration de l'enrobement. Ce produit, employé par la médecine pour les plaies de toute nature, les sous- trait immédiatement au contact de l'air et fait cesser presque instantanément les douleurs que cause son action sur les chairs. Il est permis de supposer qu'ap- pliqué sur les viandes crues, il produira les mêmes effets, c'est-à-dire qu'après avoir chassé par sa pré- sence les moindres parties d'oxygène qui les enve- loppent dans l'atmosphère, il en préviendra l'accès jusqu'à elles par son imperméabilité et les conservera indéfiniment sans altération, puisqu'il n'est pas lui- même susceptible de se combiner avec les éléments de l'atmosphère.

Il semble d'abord qu'enrober les viandes doive être une chose facile et que, parmi les substances inalté- rables à l'air, il doive en exister un grand nombre pro- pres à envelopper des substances animales. Pour bien faire comprendre la difficulté de cette opération, nous remarquerons, d'après M. Payen, qu'*un seul globule d'air* suffit pour déterminer la putréfaction de masses considérables de substances animales. Il faut donc que l'enrobement soit complet et qu'il soit fait au moyen de substances liquides pendant l'opération et susceptibles de prendre, après que les viandes y ont séjourné, une dureté et une consistance qui en as- surent la parfaite imperméabilité. Ces substances doi- vent, en outre, remplir la condition d'être à l'abri des influences atmosphériques et de n'exercer elles-mêmes sur les viandes aucune action, non-seulement chimi- que, mais même mécanique, et, enfin, de n'en modi- fier ni le goût, ni l'apparence, ni les qualités aroma- tiques.

VIE [*vita*, βιος]. — PREMIÈRE PARTIE : *Physiologie.*— La vie est un mouvement intérieur, une action intime, propre à des êtres qui ont une forme et une durée prédéterminées, une composition de tissus changeante ; qui s'accroissent, s'entretiennent, se reproduisent et dépérissent graduellement.

Cette existence organique est la manifestation d'un principe universel (Voy. la 2ᵉ partie).

La science de la vie comprend l'histoire des végétaux — phytologie, botanique, — et l'histoire des animaux — zoologie, zoonomie.

Les êtres vivants sont fixes, sédentaires, ou, locomotiles, voyageurs.

Les premiers, les *végétaux*, inactifs et immobiles, possèdent une force de contractilité intérieure, *vis insita*, qui suppose une sorte de sensibilité ne comportant ni douleur ni plaisir. C'est l'existence inanimée (de *a* privatif et *anima*, âme sensitive), dépendante, passive.

Les seconds, les *animaux*, mobiles, actifs, possèdent une force contractile et une force sensible. Ils sont pourvus d'un appareil nerveux apte à apprécier les impressions venues du dehors, ainsi que les émotions intra-individuelles. De là une expérience continue de l'animal, qui conforme sa conduite aux exigences du milieu où il vit, soit pour les subir, soit pour les dominer. C'est l'existence spontanée, libre.

On admet une classe d'êtres qui, dotés d'une spontanéité sensitive, partagent cependant la vie immobile et dépendante des végétaux : ce sont les zoophytes ou phytozoaires.

La vie, dans son développement le plus étendu, présente trois actions fondamentales, source de phénomènes très-variés :

Action chimique, par affinité et par élection, effectuant la nutrition, la calorification, la composition de l'organisme ;

Action contractile des tissus, effectuant les diverses fonctions ;

Action du fluide nerveux, distinguée en : Vibration transmissive, — vibration sensitive, — vibration intellective.

La vie se produit, se soutient, par les impondérables et autres agents de la nature, que Broussais désigne par l'expression générale de *modificateurs*. L'influence de ces modificateurs constitue ce que Brown appelle la *stimulation*. Lorsque les modificateurs stimulent dans une mesure moyenne, c'est l'*incitation*, l'équilibre. Lorsqu'ils élèvent l'action vitale un peu au-dessus du rhythme normal, c'est l'*excitation*. Lorsqu'ils provoquent une maladie, c'est l'*irritation*. Lorsqu'ils deviennent insuffisants, c'est l'*abincitation*, nommée aussi *abexcitation*, *abirritation*.

Quelques exemples sont utiles pour rendre cela sensible.

Si un homme reçoit l'électricité dans une quantité nécessaire à ses besoins, il éprouve du bien-être, de la vigueur. Qu'il la reçoive en excès, il tombe foudroyé, et, s'il se relève, ce n'est qu'avec lenteur qu'il recouvre les facultés d'agir et de penser. — Si un homme respire un air pur, riche en oxygène, en ozône, il déploiera une remarquable énergie. Que l'air lui manque d'une manière subite, il sera plus ou moins vite asphyxié ; — si un troisième sujet use d'aliments qui contiennent beaucoup d'azote et de phospholéine (1),

il suffira à de grands travaux et prolongera son existence au delà du terme ordinaire. Qu'il ne prenne, au contraire, que des aliments pauvres, il dépérira immédiatement.

Un moment arrive où l'organisme devient impropre à toute stimulation, c'est la *mort*. Les éléments du corps et de l'âme rentrent alors dans la circulation universelle ; c'est métamorphose. Il n'y a pas de néant.

DEUXIÈME PARTIE : *Philosophie*. — Les innombrables variétés de mouvements que l'homme remarque dans la nature, le portent à admettre une vie répandue en tous lieux. Chaque être, chaque astre, est une fonction spéciale de l'organisme immense. Il y a un ensemble harmonieux. Il n'y a pas de mouvement qui ne suppose une existence active ; être, c'est vivre.

Cette large conception de la vie provient du raisonnement appliqué aux faits que découvre l'expérience. Elle fut un pressentiment plutôt qu'une déduction scientifique, lorsque l'anatomie était proscrite et que les moyens d'analyse physique manquaient. Sans anatomie, sans physiologie comparée, sans instruments de chimie, quelle notion était véritable? Aucune pour ainsi dire. Les philosophes s'égaraient dans l'absurde, au sein d'une contemplation vague. Mille systèmes naquirent. Ils se fondirent dans le platonisme. Là, on ne regarde pas les êtres naturels comme de vrais êtres ; Dieu seul est réel ; l'homme voit par ce médium. La pensée divine agit sur la matière par ses idées, qui sont une force innée. L'âme et l'entendement s'instruisent en évoquant Dieu, qui descend parfois sous forme de souffle. L'âme, toutefois, selon Plotin, est inférieure à l'entendement et ne peut se connaître elle-même.

Pareille ontologie, que les psychologistes nomment sublime, est comparable à un marais caché sous les fleurs, où le bon sens va se perdre sans retour.

De nos jours il n'en est pas ainsi, l'on marche sur un terrain ferme qui est l'expérimentation. On étudie la vie en la constatant.

« Beaucoup de physiologistes se sont trompés, dit le docteur Guépin (1) en voulant définir la vie. La plupart ont puisé les éléments de leurs explications dans les qualités spéciales à une ou deux seulement des cinq séries d'existences que nous offrent les mondes ; par suite ils ont été incomplets et inexacts. La vie ne se définit pas, puisqu'elle ne finit pas, puisqu'elle est sans limite : elle se constate. Mais à quelque règne qu'une existence appartienne, qu'elle soit minérale, végétale, animale, sociale ou sidérale, elle présente les phénomènes successifs que nous allons énumérer :

« 1° L'être s'individualise, se forme par émanation, au sein d'éléments antérieurs ;

« 2° Il subit des transformations successives et progressives ;

_____
(1) Voir les travaux intéressants de MM. Mège, Mouriès et Baud.

_____
(1) *Philosophie du XIXᵉ siècle*, étude encyclopédique sur le monde et l'humanité : *in scientia spes*. Paris, Gustave Sandré, éditeur, 11, rue Saint-André-des-Arts ; un volume in-12.

» 3° Il oscille autour d'un état moyen qui est pour lui la perfection relative ;

» 4° Il décroît ;

» 5° Ses parties se séparent ; il y a dissolution. Alors se présente un temps de repos plus ou moins prolongé, puis les éléments qui avaient vécu en association rentrent dans la grande circulation de la nature, pour fournir des aliments soit à des émanations nouvelles, soit à de nouvelles existences.

» Notre système solaire est arrivé à la troisième phase de cette série. Sur notre globe, les eaux et l'atmosphère paraissent arrêtées à la même période ; l'humanité en est encore à la première, tandis que des existences plus rapides en leurs manifestations, accomplissent journellement sous nos yeux les cinq temps de la vie. — P. 38. »

L'extension donnée ici au sens du mot *vie* fait comprendre les transformations des êtres ; question sur laquelle M. Raspail a jeté une vive lumière depuis plus de trente ans. Ce hardi novateur a été suivi par d'autres ingénieux expérimentateurs, tels que M. Gros, qui d'une chrysalide d'infusoire a produit, par le changement de milieu, soit un être animal, aquatique, soit un être végétal, terrestre.

Elle aide à concevoir le protéisme de l'homme même. L'histoire de l'organologie de l'homme, écrit le professeur Serres, est, en petit, la répétition de toute l'organologie des animaux. M. Guépin, après avoir cité cette proposition de zoologie, dans son *Résumé encyclopédique*, ajoute la proposition suivante qui est relative à la vie cosmique.

« Il se passe en neuf mois, au sein de la femme, pendant le développement du germe humain, une série de phénomènes qui résument ceux qui se sont accomplis dans la grande série des animaux vertébrés et invertébrés, depuis l'apparition sur la terre, des premiers êtres jusqu'à nous. » Page 321.

L'homme est, à lui seul, une série de merveilles.

La vie individualisée sans génération, par la combinaison fortuite ou artificielle des éléments, est-elle possible ? La génération spontanée est-elle probable ? C'est là une question importante. La fissiparité, les transformations, la disparition d'anciens êtres, l'apparition de nouveaux, sont des présomptions pour la solution affirmative, que de nombreuses expériences viennent confirmer. La nature est sans cesse en œuvre de formations et de déformations ; elle indique à l'homme ce qu'il doit employer de génie et d'audace pour l'assujettir.

Il est nécessaire de compléter cet article sur la vie par quelques mots sur le zoomagnétisme, vulgairement appelé somnambulisme.

Soit sous le point de vue de l'agent actif et de l'agent passif, soit sous le point de vue de la participation d'une tierce personne non influencée, cet état vital présente les trois genres de faits ci-énumérés :

Premier genre.

Influence attractive, fascinatrice ;
Influence somnifère, cataleptisère ;

Sympathie pathologique ;
Action curative, ou maléficiante ;
Clairvoyance sur les choses actuelles ;
Transposition des sens.

Deuxième genre.

Communication ou plutôt *identification* momentanée de deux personnes dans
Le sentiment,
Le mouvement,
La pensée,
Le langage,
La volonté.

Troisième genre.

Vue des choses et des faits à une très-grande distance, ou *téléopsie*.
Connaissance du passé, de l'avenir, ou *vaticination*.

Les faits du premier genre sont acquis à la science, puisqu'ils se répètent et se constatent fréquemment.

Ceux du second genre, de plus difficile compréhension, n'existent que pour ceux qui en ont été le théâtre. Je les crois vrais.

Ceux du troisième genre sont rapportés confondus trop souvent avec des impostures et des illusions. La philosophie à venir distinguera ce qu'ils contiennent de vérité.

Tous les phénomènes magnétiques rentrent, selon M. Guépin, dans l'électro-chimie qui gouverne la vie universelle.

Quoi qu'il en soit, sachez bien, législateurs, que le zoomagnétisme règne dans la société. Efforcez-vous d'en réglementer la pratique extérieure, pour l'enlever aux mains des charlatans ; car, s'il est utile, s'il sert à la guérison des êtres souffrants, il est parfois très-dangereux. Il subjugue, puis il dispose du bonheur, de la vertu et de la vie ; d'un long regard il séduit l'innocence ; à son appel, même lointain, elle quitte son asile et marche vers lui. Il l'outrage à son insu, comme dans un rêve, et elle ne se plaint pas au réveil ; il lui ordonne de souffrir, et elle obéit ; il souffle sur sa beauté qu'il dessèche, et elle laisse faire ; il la jette enfin dans un dépérissement mortel, et elle s'éteint sans maudire le scélérat qui l'a assassinée.

L'hygiène morale doit donner ses enseignements sur le zoomagnétisme.

La vie est sacrée, nul ne doit décliner l'honneur de la défendre.   D' F. BROUSSAIS.

VIGNE (CULTURE DE LA). — La culture de la vigne est le beau fleuron de notre agriculture et celui que nos voisins, plus avancés dans la culture des céréales et dans l'éducation des bestiaux, pourront le plus difficilement nous enlever.

La culture de la vigne est celle qui s'est le plus étendue depuis trente ans.

Le nord peut difficilement lutter avec le midi de la France pour la production du vin.

La vigne est sujette à des accidents nombreux qui

souvent privent de sa production pendant plusieurs années.

L'abondance de la récolte avilit le prix du vin; c'est le plus grand fléau des propriétaires.

L'inégalité de l'assiette de l'impôt, qui charge de droits énormes les vignobles les moins productifs, est aussi une des causes de la détresse des vignerons.

L'extraction des liqueurs spiritueuses des graines, fécules et fruits, perfectionnée à l'étranger, a nui à l'exportation des eaux-de-vie et esprits, extraits du vin en France.

Il est des vignes mal placées sous le rapport du climat et des moyens d'exportation.

La propriété de la vigne est l'apanage du propriétaire soigneux, du capitaliste qui peut attendre le moment opportun pour la vente, et encaver les produits des années abondantes, qui sont presque toujours les meilleurs.

Le mode de culture par vigneron à tiers, à moitié, qui est le plus pratiqué, n'est pas le plus avantageux à la production ni à l'entretien du vignoble.

C'est une erreur de croire qu'il convient d'arracher des vignes en France; les terres où elles sont en général plantées ne rapporteraient pas, sous d'autres cultures, ce qu'elles donnent en nature de vignes.

Le vice est dans l'assiette de l'impôt qui met au niveau les terres de première classe de vignes dont le produit est tout industrie, et celles qui, arrachées, ne produiraient pas même de seigle.

La France ne paraît pas posséder plus de 1,500,000 hectares plantés en vignes.

En supposant 12 tonneaux de 250 litres par hectare, le produit total serait de 18 millions de tonneaux ou 125 litres par individus, quantité insuffisante encore pour les besoins de la population actuelle.

La vigne ne se cultive avec profit qu'entre le 25° et le 52° degré de latitude.

Schiraz, en Perse, et Coblentz sur le Rhin, sont les deux derniers points, méridional et septentrional, où l'on cultive la vigne.

L'exposition est la première condition pour planter une vigne au centre et au nord de la France.

C'est à l'exposition de la chaîne de la Côte-d'Or que les vins de Bourgogne doivent toute leur qualité.

La profondeur des vallées du Rhin et de la Moselle paraît ajouter à la qualité des produits de leurs vignobles.

On redoute les plaines pour la culture de la vigne, et cela avec raison. Les produits de la plaine de Médoc font exception à cette règle.

On fait aussi de fort bon vin dans quelques plaines du Languedoc.

Les climats du nord et du centre réclament impérieusement des vignes plantées en coteaux. Les terrasses sont le meilleur mode de retenir le terrain des vignes ainsi exposées.

La vigne craint l'aspect du nord: Quelques vins du Rhin font toutefois exception à cette règle, ainsi que quelques excellents crûs des bords de la Loire.

L'exposition du nord rend la vigne moins sujette aux effets désastreux des gelées du printemps.

La vigne se plaît dans tous les terrains qui laissent pénétrer ses racines; elle craint les eaux stagnantes; mais elle ne donne de bons produits que dans les terrains secs et légers.

La nature des raisins étant diverse suivant le plant de vigne, on ne doit planter que des chapons donnant le raisin le plus convenable pour corriger les inconvénients du terroir.

La culture influe sur l'époque de la maturité, l'abondance et la grosseur des fruits.

Exposition, sol, plants, culture sont donc les quatre articles que nous avons à examiner dans ce traité.

La température est plus froide sur les montagnes que dans la plaine; c'est ce qui permet de cultiver la vigne en Abyssinie lorsqu'on ne peut le faire aux plaines de Damas, plus au nord.

Les coteaux les plus rapides sont ceux qui reçoivent le plus les influences du soleil; le vin sera donc d'autant meilleur au nord que le coteau sur lequel il aura été cultivé sera plus rapide et exposé plus longtemps à l'influence du soleil.

Le raisin mûrissant lorsque la saison la plus chaude est passée, il convient de le tenir rapproché de la terre, dans le nord, pour qu'il profite des influences du soleil dont elle est pénétrée. Le raisin mûrit mieux dans le milieu des coteaux que dans les autres parties; dans le bas, la racine trop humide ne permet pas la maturité. Les vents et le froid s'opposent à ce qu'elle ait lieu dans la partie supérieure.

Les pays du nord doivent choisir les variétés de plantes les plus hâtives.

Ce choix fait que les vendanges sont quelquefois plus précoces dans le nord que dans le midi.

Au nord surtout les vignes doivent être éloignées des eaux et des bois qui ont la propriété de refroidir l'atmosphère.

Obtenir la maturité est assurer la qualité du vin; ce doit être l'objet de tous les soins du vigneron.

La quantité de sève, ou la vigueur de la vigne, doit suivre la maturité, celle qui en manque ne permet pas plus la maturité que celle qui en a en excès.

Les vignes sur le sol sec et au midi donnent peu de bonne qualité; mais si elles manquent de vigueur dans la canicule, elles perdent leurs feuilles et sont exposées à périr.

Les terrains pierreux mêlés de terre permettent moins l'évaporation de l'humidité et conviennent mieux aux racines de la vigne.

L'abbé Rozier avait fait paver ses vignes du côté de Béziers et s'en était bien trouvé.

La vigne craint surtout les terres à sous-sol glaiseux et susceptible de retenir les eaux supérieures.

Ces terrains doivent être coupés d'aqueducs souterrains, s'il y a nécessité de les planter en vigne.

Dans les climats froids la terre plutôt sèche qu'humide convient surtout à la vigne; toutefois certains plants prospèrent bien dans les terrains humides; le Plusare du Jura qui charge beaucoup est dans ce cas.

Le sol et le sous-sol influent beaucoup sur la nature du vin.

Il est des phénomènes presque inexplicables en ce genre qui trouveraient leurs solutions dans l'étude du sous-sol et de sa composition.

Un vin séparé d'un autre par un ruisseau, un ravin, même sol en apparence et même exposition triplera de valeur; cette différence tient sans doute aux sous-sols des deux localités.

Les vieilles vignes donnent des raisins moins gros mais plus sucrés.

Beaucoup des vins les plus réputés doivent surtout leur qualité à la vieillesse des souches et aussi sans doute à la disposition des couches inférieures du sol.

Lorsque la terre a peu d'épaisseur et que le rocher pur est au-dessous, ces influences sont moins sensibles, mais la vigne dure peu.

Lorsque la couche inférieure est argileuse et ne laisse pas pénétrer l'humidité supérieure, la vigne est sujette à couler dans la floraison.

Le mois de mai pluvieux donne de l'allongement à la grappe et favorise le produit, si le reste de la saison est favorable.

En France, les vignes sont en partie plantées dans le terrain primitif, en partie dans l'argilocalcaire, tantôt dans le secondaire, quelques-unes sur la craie.

Le terrain qui paraît le plus convenable est celui d'argile et de craie mêlées de cailloutages.

Plus la terre sera colorée, plus le raisin mûrira facilement.

Il paraît que la faiblesse du vin de Champagne est due en partie au peu de chaleur du climat.

Les détritus de granit peuvent produire, suivant l'exposition, des vins de première qualité, ou de très-médiocres.

Les graviers argileux donnent, en général, des vins de bonne qualité, de même que les terrains schisteux.

Les terrains volcaniques donnent tantôt des vins de dessert, tels que ceux du Vésuve, du Lacrima-Christi, de l'Etna, et tantôt de fort médiocres, tels que les vins d'Auvergne.

Les terres fortement oxydées par le fer n'en donnent pas moins de très-bons vins; mais toute argile retenant les eaux pluviales n'en donne que de détestables.

Eu général consacrez aux vignes les terres légères, inclinées et non susceptibles de donner d'autres productions. C'est là que vous obtiendrez la qualité.

Un sol riche produira la quantité.

La vigne possède deux espèces de racines, les pivotantes et les traçantes, ce qui fait qu'elle s'accommode des terrains profonds comme de ceux qui ne le sont pas.

Les racines traçantes paraissent porter au fruit, les pivotantes au bois.

Le raisin mûrira plus vite sur un sol peu profond que dans un autre. Il doit être préféré, puisque c'est la maturité et la promptitude de cette maturité qui assurent la récolte.

Les terres qui possèdent au-dessus des roches fendues, dans lesquelles les vignes peuvent s'introduire, sont singulièrement favorables à leur culture.

Le mode, déjà si répandu, de faire sortir des vignes par des ouvertures de mur de terrasse, augmente la quantité et doit être recommandé. Il faut pour cela que de la pierraille et des terres légères appuient contre ces murs.

Du plant dépendent aussi le produit et la qualité du vin.

Telle nature de plants arrive à sa maturité en contenant fort peu de principes sucrés: ce sont ceux qui conviennent le moins.

Le pineau de Bourgogne, le morillon hâtif du Jura, le fié vert du même pays, le mêlier donnent du bon vin; leur précocité les fait toujours mûrir.

Il y a presque toujours avantage de transplanter un plant du nord au midi, et rarement du midi au nord.

Le gros plant, presque toujours retardataire, charge beaucoup, mais il est de qualité inférieure; le plant précoce donne des vins plus fins.

Les variétés de vigne, à cépages vigoureux, absorbent quelquefois la substance d'un plant plus faible, qu'elles font couler et souvent périr.

Près d'Épernay, il existe deux variétés de pineaux dont l'un ne porte jamais de fruits lorsque l'autre en est chargé et cela très-régulièrement.

Dans le nord, les variétés de plants à raisins à peau fine donnent de meilleur vin que les autres.

Il y aurait peut-être inconvénient dans le midi d'adopter les raisins à peau trop fine que la chaleur pourrait dessécher.

Les variétés de plants du midi qui donnent les vins les plus capiteux n'ont jamais pu arriver à leur maturité dans la pépinière du Luxembourg.

Il paraît que la variété du plant et la nature du cep influent sur la conservation du vin.

Il est des plants très-vigoureux qui ne peuvent réussir que dans des terrains fertiles et profonds, parce que, chargeant beaucoup en bois et en grappes, ils ne peuvent tirer toute leur nourriture de leurs feuilles.

Le Plusare du Jura est de ce nombre.

L'influence de la culture et du plant ne peut être méconnue. Les sortes qui mûrissent en Italie sur des arbres ne peuvent le faire dans le nord qu'à quelques pouces de terre ou appliquées contre un mur.

Il doit y avoir autant de natures de culture pour la vigne qu'il y a de natures de climat.

Les terres riches peuvent nourrir des vignes plus élevées; les terres arides réclament des plants plus faibles et des qualités de vin plus fines: ce sont encore deux natures de culture.

Chaque variété de plant réclame sa culture et sa taille particulières.

D'où il suit que la culture de chaque pays est souvent la seule qui puisse s'appliquer aux plants qu'on y cultive.

Les racines pivotantes et traçantes de la vigne sont fortement garnies de chevelus; la tige en est grêle, divisée par des nœuds d'où sortent les vrilles, les feuilles et les fruits.

L'écorce de la vigne est fauve, quelquefois verte tachée de brun.

La moelle du jeune bois occupe presque toute la cavité de la tige; cette moelle diminue et disparaît dans les tiges très-vieilles.

Les variétés de vignes à petite moelle et à nœuds rapprochés donnent les vins de première qualité.

On appelle cep, ou souche, un pied de vigne ; sarment, la pousse de l'année.

Le sarment, couché par terre pour former un nouveau plant, prend le nom de provin.

Nous ne décrirons pas la feuille de la vigne, tout le monde la connaît. Ces feuilles se colorent en brun, rouge, ou jaune en automne.

Les vrilles sont opposées aux feuilles et paraissent être des grappes avortées. On peut les amener à porter des grains en supprimant les véritables grappes au moment de leur développement, et en pinçant l'extrémité du bourgeon pour faire refluer la sève.

Le bouton, ou l'œil de la vigne, a la propriété de donner sur sa pousse les feuilles, fleurs et vrilles.

C'est sur la base des bourgeons qui portent grappes, que se trouvent les grappes qui doivent toujours sortir du bois de l'année précédente.

C'est sur ces deux faits que sont fondées la culture et la taille de la vigne.

Le bourgeon pointu est stérile, le plus gros et celui qui paraît formé de deux réunis est le plus productif.

Le développement du bourgeon est très-rapide ; dans le début la tige est herbacée, ce qui la rend sujette à casser; elle se soutient par les vrilles et par les moyens artificiels qu'on lui présente.

La grappe vient dans le bas de la tige du bourgeon opposé aux feuilles. Les fleurs de la grappe sont composées d'un calice à cinq dents, cinq pétales, cinq étamines et un ovaire surmonté d'un style à stigmate obtus.

Les baies de grain, ou fruit, sont au nombre de deux à cinq ; ces baies ou graines sont une substance osseuse que tout le monde connaît.

La vigne paraît originaire de la Perse ; elle était déjà cultivée par les anciens Egyptiens.

La durée de vie d'un cep de vigne est indéterminée; on en a cité ayant 600 ans de durée. Le bois de vigne avait chez les anciens une réputation qu'il a perdue chez les peuples modernes ; passant pour indestructible, il était employé par eux pour faire les statues de leurs dieux et les portes des temples.

La porosité du bois de la vigne , le volume de la moelle , la rapidité avec laquelle monte la sève, indiquent la nécessité de courber les sarments et de pincer les bourgeons pour avoir abondance et grosseur dans les fruits.

Plus une plante est anciennement cultivée, plus ses variétés sont multipliées.

La culture de la vigne se perdant dans la nuit des temps, ses variétés sont aussi innombrables.

On obtient de nouvelles espèces par les semis de pepin; M. Van Mons, de Bruxelles, a obtenu de semis une variété portant des grains aussi gros qu'une forte prune de reine-Claude, et qui mûrit dans la première quinzaine d'août.

Il y a en France des espèces innombrables à fruits rouges, violets, gris, jaunes, blancs , verdâtres et noirs ; à gros ou petits grains, serrés ou détachés. Ces variétés peuvent être modifiées par la culture, mais elles devraient être avant tout étudiées.

Les vignerons connaissent les plants qui donnent les vins de garde , mais ils ignorent ceux des cantons voisins qui pourraient prospérer avantageusement dans leurs vignes.

Le travail le plus essentiel à faire serait de classer sous un nom générique chaque espèce, en faisant connaître à côté les dénominations qu'elle prend dans tous les pays, et indiquant le produit et les avantages que chaque espèce peut offrir sous telle ou telle latitude et dans telle ou telle circonstance.

C'est une erreur de croire que le climat et le sol seuls font le bon vin ; le plant, la culture et l'âge y sont pour beaucoup.

Plus un raisin contient de sucre, plus le vin sera alcoolique, ou spiritueux. Ce sont les espèces qu'il faut rechercher pour les climats du nord.

Il est d'usage de mettre plusieurs sortes de plants dans la même vigne. Cet usage est louable ; mais il convient que ce soit toutes espèces mûrissant en même temps.

Le mode de culture à moitié fruits tend à détériorer les qualités du vin ; le vigneron, visant toujours plus à la quantité qu'à la qualité, propage les plants qui se changent en grappes aux dépens de ceux des vins fins qu'il finit par faire disparaître entièrement.

Le vigneron préfère le gamet au pineau en Bourgogne, et le gouais en Champagne, parce que ces plants produisent plus.

Indiquer à la France septentrionale les plants hâtifs qui chargent le plus et mûrissent le mieux, serait rendre un immense service à ce pays.

Les nombreuses variétés de plants du midi réunies ensemble donnent toujours des vins de qualité inférieure.

L'expérience prouve que ces variétés cueillies, traitées et cuvées séparément donnent au contraire de très-bon vin.

Comme nous l'avons dit, telle terre convient à tel plant; tel plant à tel climat ; le raisonnement et la pratique peuvent seuls guider le propriétaire dans le choix qu'il veut faire.

L'école de vignes créée dans le temps au jardin du Luxembourg et celle du jardin de botanique à Genève, ont rendu des services qu'on ne peut nier ; mais qui auraient pu être plus importants si nos cultivateurs et nos vignerons avaient reçu une éducation plus avancée.

La publicité a manqué à ces établissements. Il n'en reste pas moins prouvé, par les expériences qui ont été faites au Luxembourg, que des plants plus précoces et de meilleure qualité pourraient être cultivés dans les jardins de Paris ou des environs.

Que la mauvaise qualité du vin de la banlieue de Paris, tient à la nature des plants dont la grappe mûrit rarement et auxquels on pourrait substituer un plant fin et précoce.

Le gamet qui altère la nature du vin de Bourgogne

pourrait être remplacé par d'autres espèces produisant le double et de meilleure qualité, très-rapprochées de celle du pineau.

On a reconnu au jardin du Luxembourg dix variétés de pineau ; quatorze variétés de muscat noir, violet, ou blanc, et vingt variétés de chasselas.

La vigne vient presque sans soins dans le midi et donne des produits abondants ; ce n'est que par artifice et par des soins particuliers que l'on obtient quelques produits dans le nord.

Cette circonstance indique aux cultivateurs combien ils doivent être prudents pour planter au nord des espèces non hâtives, ou de mauvaise qualité, car ce n'est que par la qualité que le vigneron du nord peut soutenir une lutte presque toujours inégale avec celui du midi.

La vigne se cultive, en Italie, en la laissant monter sur des arbres ; en hautin ou hutin dans l'Isère et la Drôme, et avec échalas, ou tires, et treilles basses dans tout le nord.

Les bons vins d'Italie paraissent cultivés par la méthode française. Dans la Drôme et l'Isère on fait une grande différence du vin de hautin avec celui de vigne. La différence seule de quantité indemnise de la moindre qualité.

Dans tous les cas, les plants de vigne se mettent dans la ligne du pieu et leurs branches sont conduites d'un pieu à un autre par étages et par guirlandes.

Dans le midi on tient les ceps écartés, on laisse monter leurs souches jusqu'à deux pieds et sur un seul brin, et on plante à cette distance, ce qui permet de labourer entre les lignes. Ces vignes s'appellent vignes courantes.

Dans le Médoc et près de Grenoble, de Lyon, de Dijon, on dispose quelquefois les vignes en treilles basses, plus ou moins écartées, qui permettent le labour, soit à la houe à main, soit à la charrue entre les lignes ; la réussite de ce mode de culture, dans des climats différents, prouve qu'il est bon et qu'il pourrait être généralement adopté ; toutefois il ne peut être adopté que dans les localités où le bois est à bon marché.

Dans la Gironde, sur les bords de la Loire, dans la partie nord du bassin du Rhône, sur les bords de la Saône et en Bourgogne, les vignes sont assujetties contre des échalas, leurs sarments n'ayant pas dans ces localités la force de les soutenir seuls.

La méthode de cultiver la vigne en berceau ne favorise pas la maturité.

Plus les pays sont froids, plus les vignes doivent être taillées bas, pour rapprocher le raisin de la terre et le mûrir par ses émanations.

Les vignes basses se provignent, ou ne se provignent pas.

Il paraît que le provignage, en rajeunissant la vigne, lui fait porter plus de fruits, la supériorité de qualité peut être contestée.

Les vignes sur coteaux très-rapides peuvent être laissées plus élevées, car le coteau leur sert alors de mur d'abri.

La méthode de provigner par fossés, renouvelant la vigne régulièrement de cinq ans en cinq ans, est bonne et doit être encouragée.

Il est peu d'objections à faire contre la culture sans échalas, culture peu dispendieuse et qu'on peut faire à la charrue.

La culture avec échalas peut difficilement soutenir la concurrence avec la première, elle est susceptible de grandes améliorations.

Les plants précoces, propres à la culture du nord, portent un bois plus faible que ceux du midi.

Un défoncement est nécessaire à l'établissement d'une vigne. Ce défoncement doit être de 50 à 60 centimètres.

Dans la Corrèze on plante la vigne dans des fossés d'un pied de large sur un pied et demi de profondeur. Ce mode est mauvais : il faudrait un défoncement complet.

Un minage, ou défoncement qui donne une trop grande quantité de pierres, oblige d'en faire des tas, qu'on appelle vergers. Ces tas, disposés longitudinalement aux plants de vigne, pourraient leur servir d'abri et remplacer les murs.

Lorsqu'on arrache une vigne pour la replanter, il convient de faire un défoncement complet.

S'il est vrai que les racines qui pourrissent en terre soient un principe de mort pour les racines vivaces de même espèce qui les approchent, les moindres parcelles de racines d'une vigne arrachée pour être replantée doivent être enlevées.

Il est encore des pays où la vigne est plantée au plantoir dans des terres à peine remuées à la charrue. Ce mode est aussi peu convenable que l'usage de les planter à la taravel, sorte de tarière.

Il paraît qu'on plante au cap Breton des vignes sur dunes mobiles, et que, lorsque les vallons de ces dunes sont comblés, on les transporte ailleurs.

Parmi les espèces de vignes, il en est qui viennent au midi et qui ne mûrissent pas au nord. D'autres qui se plaisent au levant beaucoup mieux qu'au midi.

Certaines espèces ne donnent qu'après des hivers pluvieux.

La qualité du vin de certaines années tient souvent à l'abondance de produit de telle ou telle espèce. Ce sont des faits à observer avec attention.

Le chicheau du Vivarais, variété hâtive, n'a que le goût d'eau à l'exposition du nord et dans les années humides, tandis que son fruit est le plus sucré dans les années chaudes et à une bonne exposition.

En principe, les variétés les plus tardives quant à la pousse des bourgeons, et les plus hâtives quant à la maturité du fruit, sont celles que l'on doit préférer.

Le gamet, qui donne un mauvais vin, peut repousser et produire après une première gelée, se plaît en toute terre et compense son infériorité par l'abondance de son produit.

Loin de tirer des plants du midi, transplantez ceux du nord au midi ; mais surtout choisissez parmi vos plants ceux qui portent le raisin le plus sucré, le plus haut, et qui fait le vin de meilleure garde.

Moins une vigne renfermera de variétés de raisin et plus le vin sera de qualité.

Le chasselas, très-bon au goût, fait un mauvais vin; la jeune vigne ayant un bois plus poreux élabore moins de sève, elle donne plus en quantité; mais, comme qualité, un vin moins généreux que celui de vieille vigne.

Il est des vignes en Beaujolais, en Mâconnais qui s'arrachent tous les vingt, trente et quarante ans, ces contrées n'étant pas dans l'usage de provigner. On remarque que les vins des vignes les plus vieilles, à conditions égales, sont aussi ceux dits de première cuvée.

La vigne se plante par des barbus (boutures enracinées), ou des boutures.

La vigne provenant de semences ne porte fruit qu'au bout de sept à huit ans. Les pepins d'un même raisin produisent une variété de nouvelles espèces.

Il vaut mieux planter des chapons, ou boutures que des barbus; la difficulté de bien arranger les racines est un obstacle à leur développement.

Il est à remarquer que beaucoup de pieds de vignes, plantés en barbus, meurent la seconde et troisième années.

Les chapons provenant soit de bois d'un an, soit ceux où l'on laisse un petit talon de bois de deux ans, se conservent ordinairement le pied dans l'eau. Il vaudrait peut-être mieux les faire enfouir à moitié dans la terre.

Le chapon se fait lorsqu'on taille la vigne. Conserver le chapon en sillot ne paraît pas une bonne méthode.

Le chapon se plante de deux en deux à la profondeur de plus d'un pied, dans des trous faits au plantoir dans la terre minée.

On courbe la partie supérieure de la tige pour arrêter la montée trop rapide de la sève, et permettre au plant de s'enraciner.

Cette précaution serait nuisible si la vigne était plantée avec barbus (plants enracinés).

On peut planter la vigne tout l'hiver; les plantations qui réussissent le mieux sont celles faites avant la gelée.

Les boutures pour cet emploi doivent se faire l'été, dans l'intervalle des deux sèves; ces boutures seront ensuite arrosées, après avoir été mises en terre; par ce mode, elles réussissent toujours bien.

La distance à laquelle on veut planter les vignes varie suivant la culture qu'on veut leur donner en hautin, traîne-ceps, pour cultiver à la main ou à la charrue.

Dans l'Ain, la distance des ceps entre eux est de 50 à 60 centimètres.

Les vignes dont la culture paraît la plus rationnelle sont celles par rangées de deux pieds de distance, toutes les quatre rangées séparées entre elles par un chemin de trois pieds ou d'un mètre.

Dans les environs de Lyon, Bordeaux, pour avoir abondance et qualité, il convient de mettre les rangs à deux, trois et même trois mètres et demi de distance.

On dispose les sarments parallèlement aux lignes,

on les supporte par les échalas; ce mode de culture double, dans certains cas, le produit.

Les vignes plantées à intervalles de sept à dix mètres de distance par lignes parallèles, au milieu desquelles on cultive des céréales, chanvre, etc., produisent beaucoup. Ces lignes sont cultivées en forme de palissades qui servent d'abri.

Ce mode de culture abrite les récoltes et rend souvent productives des terres qui, sans cela, seraient absolument stériles.

M. Coignet, à Isi, près Pithiviers, a doublé le produit de ses vignes en diminuant de moitié leurs dépenses; tout son secret consiste à espacer davantage ses ceps.

Plus les vignes sont dans un climat chaud, plus les ceps doivent être écartés; deux pieds à l'extrémité nord où croissent les vignes est la moindre distance qu'on peut donner.

Les vignes se plantent dans des fosses, au plantoir, enfin de vingt manières diverses, qu'il serait trop long d'énumérer ici.

Les fosses doivent être dirigées du levant au couchant pour donner l'aspect du midi à la plantation.

Les jeunes vignes plantées en fosse, recevant plus d'humidité, sont plus sujettes à geler.

Les bonnes conditions d'une vigne plantée en fosse sont : 1° que les rangées soient à assez grandes distances pour ne pas se porter ombrage mutuellement; 2° que les fosses soient assez profondes pour abriter le plant des vents du nord, sans toutefois que le pied de la vigne craigne l'humidité par l'effet du séjour de l'eau dans la fosse.

Il paraîtrait, d'après des expériences, qu'il ne conviendrait pas de tailler la première année les vignes plantées en fosses; l'expérience prouverait que les ceps non taillés, après avoir langui la première année, donnent plus tard et constamment des bourgeons bien plus vigoureux et des produits bien plus abondants.

Ce mode de ne pas tailler la première année est connu dans les pépinières et se pratique dans l'empire ottoman.

Le but de la culture de la vigne étant la maturité du raisin, on doit en éloigner toute espèce d'arbre.

Tout ce qu'on peut permettre dans les climats méridionaux sont quelques pêchers et amandiers, mais à des distances fort éloignées.

La lentille, le lupin, le haricot, le navet, cultivés entre les ceps de vignes, ne leur sont jamais funestes. La culture d'autres légumes concourt souvent aussi à maintenir la fraîcheur du sol.

Les haies, comme abri, favorisent les ceps, qu'elles préservent des vents. Une haie d'un mètre de haut ne peut nuire qu'à un rang de ceps, et en préserve trente de la rigueur des vents. C'est un usage qui nuit à la maturité du raisin que de poser dans la fourche des échalas, pour les faire sécher, les plantes arrachées de la vigne.

Le nombre des plantes parasites qui croissent dans les vignes est considérable; nous n'en donnons pas l'énumération.

Le provignage si généralement pratiqué, a pour

but, par le couchement du sarment, d'obtenir un bourgeon plus fécond en fruit et de meilleure qualité.

Le sarment couché prend de nouvelles racines et tire plus de sucs de la terre. Le provignage permet de tenir toujours le raisin à une petite distance de la terre.

Dans beaucoup de localités, on ne sépare pas le provin couché de la mère racine, ce qui favorise la qualité du vin.

La supériorité du Clos de Vougeot, de Migraine, paraît tenir à ce que le cep couché n'est jamais séparé de la mère racine qu'à quatre ou cinq ans.

Lorsqu'on provigne sur un jeune cep et qu'on sépare les provins de la mère racine, on prolonge indéfiniment la mauvaise qualité du vin de jeunes plants, et on expose en affaiblissant les vieux, à les faire périr.

La méthode de planter de jeunes vignes avec des provins provenant de vieilles vignes est mauvaise; le mode de plantation avec des chapons convient mieux.

Les vignes provenant de provignage ont leurs provins vigoureux, et n'ont pas besoin de sautèles, d'arceaux, de ployons, pour leur faire rapporter davantage.

Un moyen de multiplier prodigieusement la vigne est d'étendre toute la longueur du sarment en terre; il sort de chaque nœud une tige et une racine, qui forme autant de chevelus pour l'année suivante. Ce mode a été pratiqué avec succès au cap de Bonne-Espérance.

Le mode de marcoter dès la fin de juin, pour avoir au printemps suivant des ceps enracinés, est le plus sûr et le plus expéditif. En certains lieux on ne marcotte que pour remplir les places manquantes ou augmenter le nombre des ceps.

Le mode de perpétuer la vigne par le provignage, qui la rend éternelle, a de graves inconvénients.

La vigne, comme toutes autres plantes et arbres, a besoin d'être assolée, c'est-à-dire changée de sol.

Toute vigne sur même sol depuis plus d'un siècle serait peu productive, quelle que soit d'ailleurs la fertilité du terrain sur lequel elle se trouve.

Les vignes se greffent comme tout autre bois et avec plus de facilité encore. Toutefois, comme elle a une prodigieuse facilité de reprendre de boutures, ce mode est peu usité.

La greffe en fente est la seule praticable pour la vigne.

La greffe doit se faire lorsque la sève commence à entrer en mouvement.

Elle ne manque jamais, à quelque endroit de la fente qu'on mette la bouture, si la greffe se fait en terre et sur bois jeune.

La seule greffe exposée à manquer est celle faite dans des terrains arides et exposés au midi.

Le sarment destiné pour greffe doit être coupé à l'avance et enterré à moitié dans la terre fraîche.

L'utilité de la greffe est de renouveler par une ou deux variétés bonnes, une vigne en contenant un grand nombre qui peuvent nuire à la qualité du vin.

Tout propriétaire de vignes composées de plants, portant peu en raison de mauvaise qualité, doit faire usage de la greffe pour améliorer son vignoble.

Ce mode peut s'employer aussi avec succès pour obtenir des vins de Bourgogne, de Champagne ou d'autres lieux, en greffant des sarments des vignobles de ce pays sur des plants plus inférieurs.

On renouvelle les vignes abandonnées ou négligées depuis longtemps, en coupant les souches de ceps au niveau de terre, puis, sur une pousse de deux ans, on établit la taille des années suivantes.

TAILLE. — La taille est l'opération la plus importante que l'on fait subir à la vigne, elle a pour but de procurer une même quantité de raisins chaque année, et de l'obtenir plus gros et plus hâtif.

La taille des vignes se fonde sur le même principe que celle des autres arbres fruitiers; toutefois, comme le fruit vient sur le bourgeon de l'année, cette opération est infiniment plus facile.

La taille se réduit en principe à couper au-dessous du premier œil, les sarments faibles; et, au-dessous du second œil, ceux plus vigoureux.

Lorsqu'on veut avoir la quantité, on laisse deux ou trois sarments au cep que l'on taille au-dessus du 8me ou 10me œil dont on fait des arques, sautelles, mérains.

La taille favorise la production du fruit en ce qu'elle arrête la circulation de la sève et la production du bois.

On force un plant stérile à donner du fruit l'année suivante; il faut casser ses bourgeons entre les deux sèves dans le milieu de leur longueur, sans séparer toutefois la partie supérieure cassée.

C'est un usage pernicieux de tailler la vigne en deux fois.

Il est d'un bon usage de tailler long les souches qui n'ont point rapporté l'année précédente. Les racines non épuisées peuvent fournir à une plus grande quantité de fruits.

La taille de la vigne a pour principe de lui faire toujours porter ce qu'elle peut porter sans l'épuiser.

L'obligation de tenir le fruit près de terre dans le nord, oblige de supprimer tous les sarments qui s'élèvent, et à ne tailler que ceux latéraux.

Deux mères branches suffisent aux vignes où il est nécessaire que le raisin soit rapproché de terre; plus, le fruit ne mûrirait pas.

Le fruit tenu bas mûrit mieux, mais aussi il est plus exposé à la pourriture : inconvénient toutefois qui ne se fait sentir que dans les années humides.

Il sort quelquefois au bas du cep des bourgeons qui permettent de rajeunir la vigne, en taillant plus tard sur ce nouveau bois.

Ce sont les plus gros bourgeons des plus forts sarments qui donnent le plus de fruit et les plus grosses grappes.

Chaque variété de vigne a sa taille particulière, comme aussi chaque pays.

On peut tailler la vigne tout l'hiver; plus tôt la taille est faite, plus tôt la sève entre en mouvement.

De ce qui précède, il suit qu'il faut retarder la taille dans les pays froids où l'on craint les gelées d'hiver sur les coursons et celles de printemps sur les bourgeons.

On assure que la taille d'automne est favorable à la pousse des racines.

La taille avant l'hiver rend le sarment sujet aux gelées.

Dans les pays froids, si l'on est forcé de tailler avant la gelée, il convient de le faire en coupant le sarment long et au-dessus d'un nœud; dans ce cas, si le premier bourgeon est détruit par la gelée, le bourgeon inférieur peut le remplacer.

Dans les vignes composées de plants tardifs et hâtifs, il serait convenable de tailler de bonne heure les plants tardifs pour hâter leur maturité et obtenir par ce moyen maturité égale.

On a remarqué que du bois de vigne, frappé de la gelée dans la première quinzaine de septembre, taillé ensuite en mars, n'a pas donné de fruits, et que ce même bois, non taillé, en a donné comme à l'ordinaire.

Les extrémités des sarments non mûrs et qui ont craint la gelée nuisent pour l'année suivante à la production du fruit, quoique le bas du sarment ne paraisse pas avoir souffert.

Quand un sarment a souffert, il doit être taillé court, la vigueur de la pousse réparera le mal pour les années subséquentes.

On taille les vignes basses sur deux ou trois yeux, et les vignes hautes sur un seul œil.

La végétation est d'autant plus forte que la taille est plus courte et que la hauteur de la tige est moindre.

La vigne doit se tailler en temps sec. Tailler à vin s'entend lorsque, pour se procurer du fruit, on laisse de nombreux coursons, sautelles ou ployons.

Ce mode de taille, qui procure la quantité, réduit la qualité et épuise la vigne.

Il est à craindre, en ne laissant qu'un seul œil, de voir périr la vigne, si cet œil vient à manquer.

Si l'œil est faible, on en laisse deux, et on ébourgeonne plus tard celui qui pourrait nuire au cep.

La vigne en bon fonds demande à porter un peu de bois. Lorsqu'on ne lui en laisse pas suffisamment, les bourgeons trop vigoureux empêchent la production du fruit. La taille en bec de flûte doit être préférée à toute autre. Elle doit être dirigée de façon à ce que l'écoulement de la sève, ne puisse altérer l'œil laissé.

La serpe paraît toujours préférable au sécateur, et permet mieux de tailler la vigne en bec de flûte.

La sautelle ou ployon est le sarment coupé en arc, que l'on attache à un échalas.

Lorsque l'on établit une sautelle, il convient de laisser monter un bourgeon dont la vigueur supplée à la faiblesse de végétation du sarment.

Tout cep bas, où l'on laisse une sautelle, doit avoir en même temps un bourgeon montant. Ce principe est de rigueur pour les vignes délicates.

Toutes les fois qu'on laisse une sautelle, il faut se hâter de la courber avant que la sève entre en mouvement, faute de quoi on n'obtiendra point de fruits. La sève ascendante portera tout au bois et fera même disparaître les yeux à fruit au bas du sarment.

La vigne taillée à vin est bientôt épuisée.

Il est des pays où, calculant plus sur la qualité que sur la quantité, on taille la vigne à vin de manière à l'épuiser en vingt ans, au bout desquels elle est arrachée. Ce mode d'opérer peut avoir des avantages qui seront l'objet de calculs rigoureux de la part d'un propriétaire éclairé.

Les vignes en terre aride supportent peu les sautelles et coursons, de même que les plants délicats.

Les sautelles d'années précédentes se mettent quelquefois en terre pour former des chapons forts et vigoureux.

On place aussi quelquefois en terre l'extrémité de la sautelle pour former marcotte. Cette pratique serait bonne à introduire partout, surtout dans les terrains maigres et chauds.

La marcotte séparée du cep formerait l'année suivante un barbu très-vigoureux.

L'incision annulaire faite au cep de vigne avant la floraison empêche bien la coulée de la fleur, mais a d'autres inconvénients si positifs, qu'elle a dû être abandonnée avec raison; nous n'en parlerons pas.

La taille et l'ébourgeonnement de la vigne tiennent cet arbre rabougri, et empêchent son développement.

C'est cette faiblesse de développement du cep qui accélère la maturité du raisin, et aussi la mort du plant.

LABOUR. — Dans le midi on laboure la vigne à la charrue. Ce mode devrait être davantage pratiqué. Viennent ensuite la houe, la pioche à trois dents et même la bêche.

Plus le terrain est pierreux, plus il convient d'employer la pioche à deux pointes, ou celle à queue d'hirondelle.

Les pioches à court manche, très-courbées, conviennent fort au sol pierreux, lorsque leur extrémité est en queue d'hirondelle.

La houe, ou pioche carrée, convient aux terres franches dépourvues de pierres. La triangulaire aux terres fortes, chargées en pierres; et celle à deux ou trois dents, aux sols légers, graveleux ou caillouteux.

La petite bêche à fer arrondi est expéditive et fatigue moins l'ouvrier.

On doit donner un labour profond avant l'hiver, un bon binage avant la floraison, un second lorsque les graines sont à la moitié de leur grosseur et un troisième lorsqu'elles entrent en maturité.

Si le dernier binage est supprimé, on retarde le second.

Labourer ou biner vaut fumier. Les labours et les binages ne doivent donc pas être épargnés.

Le labour d'hiver doit être profond. Les autres fort légers.

Ils ne tendent qu'à détruire les mauvaises herbes et à favoriser la maturité.

Dans les vignes en pente, les labours se feront en remontant constamment les terres.

L'emploi de la petite bêche est infiniment plus commode pour cela que celui des pioches.

Lorsqu'un labour aura été donné de gauche à droite, celui qui suivra se donnera de droite à gauche pour conserver toujours la terre égale partout.

Les deux derniers binages s'appellent aussi sarclages, car on ne fait réellement que gratter la terre.

Il est des vignes dont on chausse le pied dans les opérations du binage, en laissant creux les intervalles des lignes ; ce mode convient aux terrains humides.

Dans les terrains graveleux et secs, on plante souvent la vigne dans des fosses profondes qui ne se comblent que lentement. Cette méthode a aussi ses avantages pour la maturité.

Un bon mode de labour pour la vigne, c'est de peler la terre en novembre, après que l'on a sorti les échalas ; on en forme des petits tas entre les ceps, monticules que l'on détruit dans le labour profond que l'on donne après la taille.

Dans les terrains secs et en pente, les binages doivent être légers dans les chaleurs de crainte de faire trop évaporer l'humidité de la terre.

Nous avons dit que ce sont les racines traçantes de la vigne qui nourrissent le fruit. On doit donc blâmer les vignerons qui s'attachent à les détruire, quelque inconvénient qu'elles aient en nuisant aux racines pivotantes.

Une méthode justifiée par l'expérience est de fumer la vigne superficiellement aux racines traçantes, pour empêcher leur dessèchement, et leur donner la force de nourrir le fruit.

Dans les terres humides, les racines traçantes sont les seules qui nourrissent la vigne, les racines pivotantes périssant bientôt par suite de l'humidité et du manque d'air.

L'échalas est le pieu de bois que l'on met près le cep et auquel on attache les bourgeons, soit avec de la paille, de l'osier ou du jonc ; dans d'autres lieux les sarments qu'on veut laisser sont mis en palissade allant d'un cep de vigne à l'autre ; enfin il est des lieux où la vigne taillée en gobelets, ne porte ni échalas ni traînes.

L'avantage des échalas est d'exposer la grappe aux influences du soleil, et de permettre de placer plus de ceps dans un espace donné.

Le prix des échalas doit faire calculer si leur emploi est convenable ; ils ont l'inconvénient de nécessiter une grande main d'œuvre, des aiguisages continuels, et de retarder la maturité dans beaucoup de cas, en favorisant l'ascension droite de la sève.

On peut éviter l'emploi des échalas dans les variétés vigoureuses et les bons fonds, en plantant le bout des arceaux en terre en forme de marcottes, que l'on supprime chaque année, pour les remplacer par de nouveaux sarments.

Un bon mode de diminuer le nombre d'échalas, c'est de réunir les bourgeons d'un cep avec ceux de son voisin, et de les faire se soutenir l'un par l'autre.

La culture en palissades basses diminue aussi la consommation des échalas.

On plante l'échalas au printemps, après le premier binage, avant la pousse du premier bourgeon ou peu

après. Il convient d'enfoncer le pieu profondément, de manière à ce qu'il ne puisse être arraché par les vents.

Le meilleur bois pour échalas est celui de châtaignier ; le chêne, le pin et le sapin fendus, le mûrier, viennent après.

Les échalas faits de jeunes pins ou sapins provenant d'éclaircissements n'ont point de durée, leur bois n'ayant pas acquis de maturité.

Un prix utile à proposer serait la suppression des échalas dans les pays du centre de la France, où leur consommation n'est plus en rapport avec la production des forêts.

Tout échalas qui n'est pas de bois de refente devrait être rebuté.

Un bon mode de conserver les échalas est de les placer pendant l'hiver sur quatre forts pieux fichés en terre en forme de croix de saint André. Cinquante à cent échalas se mettent ensuite dans les deux fourches formées à un mètre de distance l'une de l'autre.

Accoler est l'opération par laquelle on lie le bourgeon à l'échalas.

Chaque bouton de vigne contient d'habitude trois yeux qui se suppléent l'un l'autre. Le premier avortant, les deux autres prennent de la vigueur ; dans le cas contraire, le développement du premier fait éteindre les seconds.

L'agassin est le premier bouton qui se montre sur le bourgeon et qui ne donne jamais grappe.

L'ébourgeonnement est la suppression des pousses improductives.

L'ébourgeonnement est une opération délicate, qui ne devrait pas être confiée aux enfants, comme on le fait.

Les principes d'ébourgeonnement sont de ménager les plants faibles, en leur laissant des bourgeons stériles.

De porter au fruit les plants forts, en supprimant toutes les pousses à bois.

Enfin de supprimer même des bourgeons à fruit, lorsque leur abondance peut faire craindre pour l'épuisement du cep.

Les vignes en coteaux doivent garder plus de bourgeons et plus de feuilles ; celles qui sont basses et humides en doivent être davantage dépouillées. Ce mode d'opérer favorise, dans chaque cas, la maturité et le développement du fruit.

Une méthode plus vicieuse est de ne pas arrêter les bourgeons à fruit et ceux destinés à la taille de l'année suivante. La sève se porte alors au bois ; on a peu de fruit, d'une maturité tardive, et d'une qualité médiocre.

Il est des cantons si légers, que l'on n'y doit ni ébourgeonner ni lier la vigne, pour empêcher le dessèchement du sol, qui se couvre alors de sarments.

La vigne en floraison demande un repos absolu.

C'est des influences atmosphériques pendant la floraison de la vigne que dépend la récolte.

La coulure peut être organique. Il est des espèces qui coulent plus facilement que d'autres ; elles doivent être supprimées.

La coulure peut avoir lieu par les fleurs prolongées, par la gelée, par trop d'humidité dans le sol, lors de la floraison, ou par l'excès d'une production trop abondante et épuisante des années précédentes.

Arrêter ou pincer est la suppression de l'extrémité du bourgeon, pour le porter à fruit et accélérer la maturité. Cette opération, distincte de l'ébourgeonnage, doit se faire lorsque le fruit est arrivé à sa grosseur. Cette méthode, bonne dans le nord, serait dangereuse dans le midi, où elle ferait pousser de nouveaux bourgeons; dans tous les cas, ce mode d'opérer ne convient ni aux plants trop forts, ni aux plants trop faibles.

Il n'est pas vrai que l'effeuillage de la vigne accélère la maturité du fruit. Il nuit à sa saveur seulement.

Les feuilles garantissent le fruit du vent froid, de la grêle, arrêtent les émanations de la terre et en font profiter le raisin.

L'effeuillage n'a de mérite que pour l'espèce de chasselas auquel les rayons du soleil donnent une couleur dorée qui favorise la vente, sans augmenter la saveur et la maturité.

On doit casser les queues des vignes que l'on effeuille, et non arracher les feuilles.

La feuille de vigne, conservée dans des cuves, est parfaite pour la nourriture des chèvres et des vaches; elle est d'une grande ressource dans le Mont-d'Or.

La vigne plantée dans un sol fertile, pouvant chercher sa nourriture à de grandes distances, est en quelque sorte éternelle; toutefois, la bonne théorie indique de planter la vigne dans les terres les plus arides et les mieux exposées.

Les fumures trop abondantes altèrent la qualité du raisin; tandis qu'un engrais raisonnable redonne de la qualité à un fruit venu sur un sol trop épuisé.

Ménagez les fumiers dans les vignobles en réputation et de vin délicat. De bonnes fumures feront le profit du vigneron qui vise à la quantité et qui fait le vin marchand.

Les fumiers animaux nuisent plus à la qualité du raisin que les engrais végétaux.

Des transports de grès gras et de terres très-fertiles dans les vignes ne peuvent donc être trop recommandés.

Les curages de fossés, les vases d'étangs peuvent être portés sur les vignes comme engrais; mais pour cela il faut en former des composts, et les laisser en tas au moins pendant un an.

L'épuisement des vignes peut se réparer aussi par l'enfouissement dans leur sol de plantes cultivées pour engrais. Ce sont celles que l'on peut semer après la vendange et enterrer avant le binage de la floraison.

Le sarrasin enfoui en fleurs pourrait devenir un excellent engrais pour la vigne. Les anciens employaient, à cet effet, le lupin.

Toute plante qui peut se semer après la vendange et être enterrée après les gelées doit être recommandée comme un puissant engrais.

Il est des cantons où l'on sème des vesces d'hiver en octobre, qu'on plâtre au printemps, et qu'on enterre en mai. Les vignerons s'en trouvent bien et leur méthode doit être signalée.

La fève de marais doit être indiquée aussi comme une des plantes qui conviendrait le mieux à l'engrais de la vigne.

Les engrais animaux, dont on a signalé les inconvénients, doivent s'employer lorsqu'ils sont très-consommés et quand leurs sels volatils se sont échappés par la fermentation.

Les vieux draps, la laine, le poil, les ongles, la cornaille et autres engrais, agissent de la manière la plus efficace sur la vigne, sans nuire à la qualité du fruit.

L'automne est l'époque la plus convenable pour fumer les vignes. La décomposition a lieu pendant l'hiver, et les effets nuisibles du fumier sont moins sensibles plus tard.

Le mode d'enterrer des broussailles et des bruyères au pied des vignes est bon et doit être recommandé. Le fumier doit être répandu également sur toute la terre, afin que les moindres parcelles du chevelu des racines traçantes en profitent.

Fumer peu et souvent est une bonne maxime à suivre.

Le mode de creuser des fossés transversaux et rapprochés, dans les vignes en pente, est bon et ne peut trop être recommandé; les dépôts de terres qui s'y forment deviennent un excellent engrais.

Soutenir les vignes en pente par des haies formant terrasse est un mode économique d'empêcher la coulée des terres, et de remonter économiquement dans le travers de la terrasse celles qui ont pu couler contre la haie.

La marne et la chaux peuvent être employées comme stimulants, mais avec précaution dans les terrains arides; elles mettent trop promptement en solution la petite quantité d'humus contenue dans la terre.

Tout stimulant ne peut être conseillé qu'avec mesure dans la culture de la vigne, et doit être interdit dans les coteaux arides et trop exposés aux influences du soleil.

Le goût de terroir qu'on remarque dans certains vins paraît tenir plus au plant qu'à la nature du sol.

L'opinion accréditée vient sans doute du mauvais goût que donnent au vin les fumiers de boue et de vidange; goût que l'on remarque immédiatement après une fumure abondante.

Une vieille vigne peut se renouveler en taillant les ceps entre deux terres, et supprimant avant la fin du printemps la plupart des bourgeons qu'elle a poussés et ne réservant que le plus fort, qui se taillera ensuite à la méthode ordinaire.

Plusieurs années de soins sont nécessaires pour empêcher la nouvelle sortie de bourgeons de vignes ainsi rajeunies.

Le rajeunissement des ceps par la méthode ci-dessus est fondé sur ce que le cours de la sève est arrêté par des coudes, qui sont d'autant plus nombreux dans la vigne qu'elle est plus vieille.

Nous avons dit que la vigne demande à être assolée. Aucune vigne ne devrait avoir une durée de plus d'un siècle, être mise ensuite plusieurs années en terre

cultivée et alors fortement fumée. La terre reprendra dans cet intervalle les sucs propres à former de bonnes vignes.

Il ne convient jamais de replanter une vigne précédemment arrachée sans faire un vigoureux défoncement, au fond duquel on enterrera une forte masse de fumier.

Le sainfoin, dans les terres calcaires, est une des plantes les plus avantageuses à cultiver à la suite de l'arrachage d'une vigne à replanter.

Les pluies s'opposent aux travaux de la vigne en hiver; au printemps, elles développent trop les feuilles et les bourgeons; se continuant lors de la floraison, elles amènent la coulure; plus tard, continuant encore, elles laissent le fruit aqueux, sans saveur, et le font pourrir lors de sa maturité.

Les années pluvieuses sont les moins favorables à la qualité du vin. Quelques pluies douces lorsque la pulpe du grain a besoin d'être attendrie pour permettre le développement, sont un bienfait; on obtient alors quantité et qualité, mais ce cas est peu fréquent.

Laisser à la nature le soin de mûrir le fruit est ce qui paraît le plus raisonnable. On recommande cependant le tordage des grappes avant la maturité. Ce mode, qui accélère cette maturité, peut nuire cependant au développement de la partie sucrée.

Le raisin mûrit plus vite dans les terres volcaniques que dans les calcaires ordinaires. Cette précocité doit tenir à la chaleur absorbée par les terres noires.

Si la chaleur cesse au mois d'août, le raisin cesse de mûrir; le vin est faible, sans force et de peu de garde.

Les brouillards peuvent quelquefois, en attendrissant la pulpe du grain, favoriser la maturité; ils nuisent moins que les pluies, mais concourent à la coulure de la fleur, et rendent la vigne plus impressionnable à la gelée.

L'excès de sécheresse et d'humidité sont également nuisibles à la récolte.

Les vignes au nord de la France sont plus sensibles à la sécheresse que celles du midi, moins vigoureuses et ayant des racines moins profondes. Les vignes traçantes sont plus impressionnables que celles du midi.

Dans les grandes sécheresses, la feuille de vigne se colore en jaune et ne remplit plus alors ses fonctions auprès du fruit, ce qui nuit à la qualité du raisin.

La jaunisse des feuilles a aussi lieu dans un terrain marécageux, parce que ce sol ne convient pas à ces plantes.

Le rouget, ou rougeot, est une maladie de la feuille, qui rougit subitement lorsqu'après un brouillard, un fort coup de soleil la frappe. Elle tombe deux jours après, et sa perte s'oppose à l'accroissement des grains de la grappe. Une autre maladie de la feuille est la désorganisation de quelques-unes de ses parties, qui rougissent et se désorganisent. Ces effets proviennent des mêmes causes, mais ont moins d'inconvénient que le rouget. On nomme cette maladie quille.

Le raisin lui-même est sujet à la brûlure partielle, connue sous le nom de raisin taconné.

L'effet d'un coup de soleil, à la suite d'une forte rosée, peut occasionner cette désorganisation.

Pour y remédier, on plante la vigne en rangées du levant au couchant. Le soleil levant, frappant sur les premiers ceps de la rangée, permet l'évaporation de la rosée avant qu'il ait acquis assez de force pour désorganiser le point où il resterait encore de l'humidité. La fumée provenant de la brûlure de matières végétales humides prévient aussi les effets du soleil à la suite d'une gelée blanche, d'un brouillard ou d'une forte rosée.

On appelle bourgeons échampelés ceux qui poussent très-tard.

Toutes les maladies qui attaquent les bois attaquent aussi la vigne : les ceps sont sujets au chancre; les bourgeons à un excès de vie comme de faiblesse; les raisins sont sujets à la pourriture. Il est des ceps au bas desquels il se forme une loupe en forme d'apostose, qui doit être coupée jusqu'au vif, pour éviter la mort du plant.

Quelques vignes sont sujettes à donner naissance au champignon, connu sous le nom de l'hérinée de la vigne. Il attaque sa feuille, qu'il désorganise dans certains points, et, en l'empêchant de faire ses fonctions, nuit à la production du fruit.

On doit couper la feuille avant la maturité du champignon pour préserver la vigne de l'hérinée l'année suivante.

L'isère est le champignon qui s'attache aux racines des vignes, qu'il fait périr en deux ans; puis il passe aux ceps voisins, dont il cause également la mort.

On préserve les autres ceps de la contagion de ceux qui sont attaqués, en faisant une tranchée profonde autour de tous les plants soupçonnés atteints, que l'on isole ainsi de ceux encore sains. Cette tranchée doit avoir de 80 centimètres à un mètre de profondeur.

La présence de l'isère se reconnaît aux feuilles jaunes et pendantes des ceps qui en sont attaqués. La chaux éteinte peut faire périr les champignons parasites.

La vigne est sujette aux gelées : c'est le plus redoutable de ses fléaux.

Les gelées d'automne avant la récolte font tomber la feuille, désorganisent le bois non mûr, empêchent le raisin de mûrir, et souvent occasionnent la perte totale de la récolte.

Les variétés tardives et faibles souffrent plus des gelées d'automne.

Les gelées d'automne, en attaquant le bois non mûr, nuisent aux récoltes de l'année suivante. Dans ce cas, pour remettre à fruit, il faut tailler sur un seul œil, et supprimer les sautilles ou courants.

Les gelées d'hiver, qui n'attaquent qu'une partie du sarment, sont moins désastreuses que celles d'automne; mais, si le sarment entier est frappé, elles peuvent occasionner la mort de la souche qui ne peut plus pousser que sur vieux bois; pousses qui sont faibles et que l'on met difficilement à fruit.

La plupart des vignes dont le sarment entier a gelé ne sont bonnes qu'à être arrachées.

Le sarment attaché à l'échalas l'hiver est plus sujet à geler que celui qui est libre. Ce fait s'explique par les principes posés ci-dessus.

Rarement le vieux bois gèle dans les années les plus froides, mais, lorsque cela arrive, il n'y a plus d'autres ressources que d'arracher la vigne.

La vigne dont le sommet est en partie gelé doit se tailler tard. Le vigneron distingue plus facilement les yeux morts, et taille au-dessous.

Les gelées de printemps sont surtout funestes aux nouveaux bourgeons. Ces gelées se font sentir surtout dans les endroits bas, rapprochés des eaux et des bois.

Les gelées de printemps sont plus funestes aux vignes nouvellement labourées qu'à celles qui le sont depuis longtemps.

Tous les labours d'hiver doivent donc être terminés avant la pousse des bourgeons; et l'on doit donner le premier binage lorsque les gelées du printemps ne sont plus à craindre.

Les bourgeons de vignes, légèrement frappés des gelées du printemps et non exposés au soleil, peuvent se rétablir sans se désorganiser.

D'après ce principe, les vignes au levant craignent plus les gelées que celles qui sont au couchant et surtout au nord.

La fumée, les aspersions d'eau peuvent, en interceptant les rayons solaires, empêcher les effets de désorganisation après les gelées. Ce mode de faire est efficace, mais coûteux, et il est rare que l'on puisse opérer sur un grand espace.

La fumée doit partir d'un point qui permette, par le mouvement de l'air, de couvrir le plus d'espace. On l'obtient avec des fruits, des broussailles, des herbes mouillées que l'on fait briller sans flamber, une heure avant le lever du soleil.

On cite comme préservatif des gelées de printemps des branches de pins placées au-devant et en avant des ceps, à quelque distance. Ce mode pour des plants fins serait peut-être plus économique, plus sûr que le précédent.

Il est des pays où, pour retarder la végétation du sarment, on le couche en terre. Ce mode demande à être étudié et calculé pour être conseillé.

Les gelées de printemps anéantissent ordinairement les récoltes de l'année, mais sont de peu d'effet pour les récoltes subséquentes. Pour augmenter cette garantie, il convient de peu ébourgeonner, afin de favoriser la maturité du bois et le développement des racines.

Après la gelée vient la grêle, qui déchire les feuilles et ne leur permet plus d'élaborer la sève des racines.

En attaquant le fruit, elles font vider le suc, empêchent sa maturité, et rendent le grain chancreux.

La vigne grêlée ne doit pas être ébourgeonnée, afin que les bourgeons portent aux racines les sucs qui leur sont nécessaires.

Les bourgeons trop attaqués par la grêle devraient être coupés sur vieux bois, si la grêle a eu lieu avant le 15 août, afin de favoriser la nourriture des racines.

Mais si la grêle a eu lieu passé le 15 août, ou la dernière sève, il faut attendre l'hiver pour couper les bourgeons attaqués.

Il n'est d'autre remède contre la grêle que la résignation, jusqu'à ce que les effets produits par le paragrêle soient bien constatés.

Les paragrêles sont de longues perches que l'on plante autour des vignes, armées à l'extrémité d'une pointe métallique et d'un fil de fer, ou autres conducteurs, de la pointe jusqu'à terre.

Ces paragrêles, en attirant l'électricité de l'air, s'opposent, dit-on, aux effets de la chute de la grêle; mais il faudrait pour cela qu'ils fussent adoptés dans tout un canton, et il n'est pas encore prouvé que la dépense d'établissement et d'entretien ne dépassât pas les chances de perte par la grêle.

Il est des cantons plus sujets à être grêlés que d'autres : ce sont ceux surtout qui terminent les vallées, par lesquelles arrivent en général les orages.

Les vents sont aussi les ennemis de la vigne; les vents d'est la dessèchent; les vents froids du nord durcissent le fruit et empêchent son développement; les vents pluvieux d'ouest peuvent faire couler la fleur, empêcher le fruit de prendre de la qualité, et peuvent le faire pourrir dans l'arrière-saison.

Les ouragans renversent les échalas. On ne doit donc pas planter les vignes dans les lieux exposés aux vents violents, et nuisibles, soit à la maturité, soit à la qualité.

Les vents diminuent au printemps les effets des gelées dont les petites ne sont funestes à la vigne que dans les localités basses et abritées contre le vent.

Les insectes qui nuisent à la vigne sont :

La pyrale de la vigne,
La teigne de la grappe,
Les attelabes verts ou cramoisis,
Le leumolpe de la vigne,
Le charançon gris,
Le gribouri ou écrivain,
Le hanneton,
Les hélices et les limaces.

La pyrale se nourrit de feuilles et coupe les pétioles.

Quant à la teigne de la grappe, sa larve vit dans l'intérieur des grains et va de l'un à l'autre en se frayant dans la grappe un passage soyeux.

Les attelabes, ou urbec et becmar, coupent les pétioles des feuilles; le midi en est infesté.

Le leumolpe vit de bourgeons et de grains, il est souvent confondu avec les deux précédentes espèces.

Le gribouri ronge les feuilles, fend les grains des raisins; les feuilles sont alors percées comme un crible en différents sens.

Quant au charançon, il se nourrit des bourgeons au moment de se développer, empêche leur développement, et nuit au nombre et à la grosseur des grappes.

Le ver blanc, chenille du hanneton, attaque les racines du jeune plant, et en fait périr une grande quantité.

Les hélices et limaces mangent les fruits et les feuilles; mais sont beaucoup moins redoutables que les renards ou les blaireaux, très-friands du raisin dans le voisinage des bois, et qui, avec les grives, les étourneaux et les fauvettes, en mangent une grande quantité.

Les papillons donnent naissance aux teignes de la grappe, et autres papillons de nuit, dont les larves attaquent la vigne; on les détruit en suspendant au bout d'une perche de la paille goudronnée qui, enflammée, attire les papillons blancs qui viennent s'y brûler. Un petit nombre de perches, ainsi enflammées à l'époque de l'accouplement, ont fait périr des milliers de ces papillons.   (*Masson-Four.*)

VISION (physiologie.) — Il y a vision quand nous avons conscience d'une impression lumineuse oculaire. Le phénomène de la vision est donc à la fois d'ordre *oculaire* pour l'impression que l'œil reçoit, d'ordre *cérébral* ou *intellectuel* pour la connaissance ou perception de l'impression portée au cerveau. Comment se produit l'impression oculaire? Quels sont les faits connus de la perception intellectuelle? Voilà le double problème à résoudre.

L'image oculaire est si nette pour ses couleurs et pour sa forme, si nette encore pour le même objet vu à des distances différentes, qu'il était naturel que l'on cherchât dans les conditions géométriques de l'œil l'explication de ces trois faits : l'achromatisme, la netteté de l'image et la faculté d'adaptation de l'œil à diverses distances.

Voyons ce que vaut cette théorie :

Dehaldat a démontré par une expérience directe, passée en chose jugée, que le cristallin est achromatique. Voici comment nous démontrons indirectement l'achromatisme de l'humeur vitrée : si vous opérez une personne adulte pour une cataracte et si vous l'opérez par extraction, pour peu que l'opération soit bonne et que l'œil soit sain, l'œil opéré est achromatique, même après l'écoulement de l'humeur aqueuse. Les personnes qui ont eu des maladies de la choroïde voient souvent tout rouge après une opération de cataracte, et l'opération réussit alors rarement; d'autres voient tout bleu; chez les premières, l'humeur vitrée est plus liquide, elle est plus épaisse au contraire chez les secondes. Voici du reste un fait bien propre à éclairer sur l'achromatisme naturel des liquides oculaires : le nommé François Raboisson, de Bomboudif (Cantal), cataracté de naissance, avait été opéré sans succès d'un œil par deux hommes très-habiles, Faure, l'oculiste de madame la duchesse de Berry, et Fleury, de Clermont. Craignant pour l'autre œil quelque cause inconnue d'insuccès, si j'opérais par les méthodes de Faure et de Fleury, voyant du reste que le cristallin cataracté était très-étroit, je coupai un tiers de l'iris et je fis au malade une large pupille artificielle. J'ai pu constater quelques mois plus tard que chez cet homme l'adaptation était parfaite, la vue excellente et l'œil parfaitement achromatique. Remarquons-le bien chez Raboisson :

La pupille est sur le côté et n'est pas ronde, elle est très-peu mobile;

Le cristallin opaque et étroit est resté en place, il occupe le centre de l'œil.

Donc, les conditions géométriques de position, de forme et de solidarité que l'on veut établir entre la cornée, l'humeur aqueuse, le cristallin et l'humeur vitrée ne sont pas indispensables pour une bonne vue, pour une bonne adaptation et pour l'achromatisme de l'œil.

Si maintenant l'on essaie de mesurer exactement toutes les parties de l'œil et si l'on recherche leurs indices de réfraction, l'on est tout étonné de voir avec quelle franchise Krause, Chossat et autres encore ont donné des *à peu près* pour des faits *absolus*. C'est incroyable !!!

La cornée varie de forme et d'épaisseur selon les individus, selon les âges, selon les races, selon que les contrées sont chaudes et sèches ou marécageuses.

La distance de la cornée au centre du cristallin n'est nullement une grandeur constante.

Les théories émises sur la pupille sont trop absolues et tombent devant ce fait : l'ex-soldat Riou, né à Trégueu (Côtes-du-Nord), depuis employé des douanes à Nantes, est doué d'une bonne vue, et il a pu faire les campagnes d'Afrique, participer à la prise de Constantine, sans être plus gêné qu'un autre par la lumière. Cependant il n'a point d'iris. Chez lui l'adaptation est parfaite. Gerdy et Stœber ont cité des faits pareils.

Le cristallin est très-variable selon les individus, les âges et les races humaines, celui des nègres Jolofs est plus gros, plus semblable que le nôtre au cristallin des enfants.

Il y a 30 ans, il y a même 12 ans, l'on paraissait ne pas savoir que la rétine est une membrane très-transparente qui possède une grande puissance de réfraction. On la considérait comme un *épanouissement du nerf optique*, tandis que c'est un organe *cellulo-ganglionaire*.

Ne disons donc point avec les anciens physiologistes que l'œil est un instrument d'optique très-parfait en sa géométrie, disons au contraire qu'il résout ce problème: donner une image dans des conditions géométriques très-imparfaites.

Nous avons vidé, nous le croyons du moins, la question de l'achromatisme, il est cependant quelques faits intéressants que nous devons signaler. C'est, en général, chez les vieillards d'une belle santé que l'on trouve l'humeur vitrée plus solide que de coutume et ce sont eux qui, après l'opération de la cataracte, voient tout bleu. Ce fait peut persister plusieurs mois après l'opération. J'ai opéré, il y a près d'un an, un paysan qui voit encore des franges irisées autour des objets. Cet état correspond au cercle sénile de la cornée. Diverses maladies peuvent détruire l'achromatisme de l'œil. Dans la dernière période des ophthalmies purulentes, la couche excessivement légère de sérosité qui recouvre la cornée change complétement la manière de voir. Une bougie ne paraît plus nette, elle est plus rouge et entourée d'une auréole colorée. Supposez que cette auréole paraisse large de 16 centimètres, voici comment elle sera composée :

Il y a au centre un cercle ayant l'aspect de la vapeur d'eau de 28 millimètres de rayon.

Vient ensuite un anneau brun orangé qui tranche sur le fond de vapeur et paraît large de 12 millimètres.

L'on voit autour un anneau vert tendre d'une couleur très-douce à l'œil d'environ 25 millimètres de large.

Cette cocarde est terminée par un second anneau brun orangé auquel on peut accorder 15 millimètres.

La choroïdite spéciale appelée *glaucôme* peut aussi détruire l'achromatisme de l'œil. Le malade voit alors autour d'une bougie une cocarde colorée avec des couleurs analogues à celles de l'arc-en-ciel.

Nous avons aussi constaté la perte de l'achromatisme dans quelques affections du cristallin et dans la cataracte postérieure. Mais ces faits sont excessivement rares.

Revenons à l'image oculaire qui produit cette impression, que le nerf oculaire transmet au cerveau, quel rôle jouent dans sa production la cornée et les humeurs de l'œil?

L'un de nos savants géomètres, M. Vallée, a étudié deux courbes très-intéressantes qu'il appelle optoïde simple et optoïde composée. L'optoïde simple est une courbe telle que les ondulations lumineuses qui partent d'un seul point et viennent la frapper se réunissent au delà d'elle en un seul point ou foyer. L'optoïde composée est une courbe qui jouit encore de la même propriété, alors que les ondulations lumineuses rencontrent d'autres surfaces entre elles et le point sur lequel elles doivent converger, pourvu que ces surfaces, si elles ne sont pas optoïdales, soient du moins régulières, soient des surfaces de révolution.

Si l'œil humain était simple et d'un seul liquide, ce qui peut être considéré comme à peu près exact pour quelques enfants, il suffirait, pour que l'image du fond de l'œil soit nette, que la cornée soit une optoïde simple. Mais d'après les recherches de M. Vallée elle doit avoir chez les adultes la forme d'une optoïde composée.

Pour juger de la valeur pratique de cette théorie, nous traçons sur du papier une optoïde composée et nous trouvons aussitôt qu'il y a un arc de cercle, telle portion de parabole avec laquelle cette courbe se confond sensiblement dans une étendue correspondante à l'ouverture de l'iris. Ce fait nous a conduit à faire des lunettes avec des verres à vitre et du papier noir percé au milieu d'un trou assez étroit, d'un trou de quelques millimètres. Ces lunettes sont utiles dans quelques circonstances, mais chez les personnes qui ont au cristallin un commencement d'opacité, ce commencement d'opacité se dessine dans le trou circulaire et trouble la vue.

Nous avons fait, avec cette espèce de lunette optoïdale qui ne permet la vision que par la partie centrale de la cornée qui est la plus *optoïdale composée*, l'expérience suivante :

M. N. est atteint de trouble dans les couches corticales du cristallin et d'une congestion choroïdienne qui va jusqu'à la sub-inflammation. Il est presbyte de près, myope de loin. A 4 mètres il voit l'extrémité

de la lumière d'une bougie trifide, à 15 mètres il voit cette bougie multiple et formant un anneau elliptique de lumières qui se touchent; de plus, s'il regarde dans une glace la bougie placée à 4 mètres, cette bougie lui montre une flamme multiple formant un anneau elliptique comme celui qui est vu à 15 mètres, mais bien plus petit. Je lui mets sur le nez, à défaut de lunette optoïdale composée, ma lunette opaque, percée de deux petits trous ronds, et aussitôt, à 4 mètres et à 15 mètres, la vision redevient naturelle, soit qu'il regarde la bougie, soit qu'il regarde l'image de cette bougie dans une glace. Les belles recherches théoriques de M. Vallée ont donc une double application, d'une part elles nous aident à nous expliquer la vision plus nette, d'autre part elles peuvent nous mettre sur la voie pour de nouveaux progrès dans l'art d'améliorer les vues usées par le travail de cabinet, ce qui devient chaque jour plus important.

La cornée qui devrait être une optoïde composée se rapproche donc tout à fait de cette forme dans son centre. C'est là l'une des raisons pour lesquelles nous voyons mieux par le centre de l'œil que de toute autre manière.

La cornée ne se modifie que très-peu dans l'adaptation, excepté chez les opérés de cataracte. Ce fait tient à l'action bien plus grande des muscles sur cet organe quand le cristallin n'est plus en place. J'engage les personnes qui seraient tentées de nier ce fait à assister à l'opération de cataractes solides et de cataractes traumatiques ou naturellement molles, elles verront de suite combien, dans ce dernier cas, la cornée se modifie facilement sous la pression d'un instrument même très-aigu.

C'est à la surface de la cornée que se passe le grand phénomène de réfraction oculaire. Les réfractions diverses et successives de l'humeur aqueuse, des couches corticales, du noyau du cristallin, de l'humeur vitrée sont très-peu différentes les unes des autres à en juger par les chiffres que l'on donne habituellement comme représentant leurs indices de réfraction, chiffres du reste aussi contestables que ceux qui représentent les dimensions *absolues*, *exactes*, des diverses parties de l'œil.

Si notre opinion est vraie, quelques faits doivent la confirmer et prouver que l'on pourrait voir très-bien avec un œil d'un seul liquide ou d'un liquide peu variable. C'est ce qui a lieu. Vers 1833, ayant pour aide notre ami le docteur Gicquiau, alors l'un de nos élèves, nous avons opéré par extraction, pour une cataracte molle et traumatique, un douanier nommé Lecouillon. Un an plus tard cet employé voyait sans lunettes à lire et à écrire avec son œil opéré. Cet œil était parfaitement achromatique. De près, comme de loin, il voyait aussi bien les petits et les gros objets qu'avec l'autre œil. — J'ai adressé dans le temps cette observation à M. Arago pour l'Institut, mais il ne jugea pas à propos, je ne sais pour quel motif, d'en faire part à l'Académie des sciences, et elle ne lui fut pas communiquée. — Ecarter une difficulté ce n'est pas la résoudre. — Depuis lors j'ai opéré plusieurs personnes, surtout des cataractés de naissance,

qui jouissent d'une très-bonne vue, qui savent aujourd'hui lire et écrire et qui ne se servent pas de lunettes. J'ai même rencontré ce fait plus curieux encore : Mlle Martin de Laval, aveugle de naissance, opérée d'un œil à huit ans et un an plus tard de sa seconde cataracte, s'est trouvée myope après l'opération des deux yeux. Il a fallu lui appliquer le n° 6 ou 7 des myopes pour qu'elle vît nettement surtout à une certaine distance. Chez elle l'œil est très-volumineux et la cornée est très-bombée. Ces faits donnent une très-grande importance à la théorie des optoïdes composées, toutefois, il ne s'ensuit pas que le cristallin soit inutile, que ce corps ne soit chez l'homme qu'un souvenir des animalités inférieures, qu'un gage de sa solidarité avec la série zoologique; loin de nous cette erreur. Si des opérés de cataracte, en très-petit nombre et tous très-jeunes, à de rares exceptions près, ont pu voir très-bien sans lunettes à la cataracte, nous avons pu constater que chez eux la forme de l'œil se modifiait plus aisément que dans l'état normal depuis leurs opérations.

Les chiffres donnés pour les indices de réfraction par Brewster et Chossat sont les suivants :

	Brewster.	Chossat.
Air...............................	1000	1000
Cornée............................	»	1330
Humeur aqueuse..................	1337	1338
Capsule du cristallin (antérieure).	»	1350
Couches corticales externes......	1377	1330
Couches moyennes................	1379	1395
Noyau............................	1399	1420
Cristallin entier.................	1384	»

Que de choses à dire sur la possibilité d'obtenir ces chiffres d'une manière exacte, partant sur leur valeur réelle ! Nous en parlons par expérience. Prenons-les pour exacts et nous trouverons qu'il était convenable d'y ajouter le chiffre de la rétine, nous trouverons aussi que les réfractions internes de l'œil ne sont sensiblement différentes qu'au noyau du cristallin.

En général la presbytie résulte d'une atrophie du cristallin, et la myopie d'une conformation spéciale de la cornée qui est très-bombée. Chez les chlorotiques, la presbytie est souvent la conséquence de la pauvreté générale des liquides. Souvent la presbytie, souvent la cataracte elle-même sont la conséquence d'émissions sanguines, imprudentes ou trop abondantes. La myopie de loin, avec la presbytie pour les objets rapprochés, annonce une trop grand liquidité dans le milieu de l'œil, trop peu de résistance dans les tissus, une disposition générale au staphylome soit antérieur, soit postérieur. Cette disposition se voit surtout chez les personnes qui ont abusé de leurs yeux par des travaux délicats et trop prolongés. En général, la myopie et la presbytie ne font qu'augmenter avec les années.

Lorsque l'on presse sur l'œil dans sa partie rétinienne, l'on produit à l'opposé de la pression une lumière brillante appelée phosphène. Cette lumière est perçue l'œil fermé. L'œil est donc susceptible d'images lumineuses *objectives* et *subjectives*. Les phosphènes ont été bien compris et bien étudiés pour la première fois par un savant médecin du midi de la France, le docteur Serre d'Uzès. L'absence des phosphènes dans une partie de la rétine est un signe de maladie grave. Leur couleur jaune ou rouge est un autre signe indicateur. Quelquefois il existe, pendant la nuit des phosphènes anormaux qui éclairent passablement les objets placés près du malade. Nous avons, l'un des premiers, signalé cette rare anomalie, et nous en avons conclu que *peut-être* les animaux nocturnes ne sont tels que par suite d'une propriété phosphénique normale de leur organe oculaire, propriété que décèle en quelque sorte l'éclat de leurs yeux durant la nuit. Descartes, le fondateur de la théorie des ondulations lumineuses admettait, du reste, que les ondulations peuvent aller de l'œil à l'objet perçu.

Les phosphènes peuvent servir à nous éclairer sur la marche des ondulations lumineuses à l'intérieur de l'œil. Plus le phosphène est provoqué profondément dans l'orbite, plus il paraît extérieur. Coupez un morceau de carton, qu'il s'adapte exactement au-devant de la tête, avant cette opération ayez soin de dessiner l'intérieur des yeux et tracez sur le carton les lignes correspondantes aux divers phosphènes; cela fait, expérimentez les phosphènes et vous trouverez que le point central des réactions rétiniennes passe par le cristallin. Ce point est nécessairement celui où se croisent les ondulations lumineuses qui d'un objet extérieur pénètrent dans l'œil. Il n'a pas la même place chez les myopes et chez les presbytes. Volckman a trouvé que le point tombe dans l'humeur vitrée, très-près du cristallin. M. Vallée estime, si je ne me trompe, que ce point n'en n'est pas un, que c'est une petite surface située encore plus loin du cristallin que ne l'admet Volckman et que ne l'indiquent les phosphènes.

L'étude de l'œil sur le cadavre nous apprend que les rayons efficaces ou virtuels qui arrivent d'un point lumineux dans l'intérieur de l'œil sont perpendiculaires à la rétine. Vallée rappelle à cette occasion cette phrase de d'Alembert, le fondateur de la philosophie positive. « Le rayon qui frappe le fond de l'œil, n'affecte l'organe suivant sa propre direction, mais son action sur le fond de l'œil doit s'estimer conformément aux lois de la mécanique suivant une direction perpendiculaire à la courbure que le fond de l'œil fait en cet endroit. »

Lorsque pour se rendre compte de la vision l'on prend des yeux de lapins albinos, si par malheur on les blesse d'un coup de bistouri, l'on pourrait croire que l'image oculaire ne sera plus nette, mais il n'en n'est rien : une petite quantité d'humeur vitrée perdue ne nuit en rien à la perfection de l'image alors même qu'on l'examine avec une loupe. Il m'est arrivé de prendre des yeux qui avaient commencé à se flétrir, à se rider, à se dessécher et d'arriver au même résultat, ce qui nous écarte beaucoup des conditions géométriques que l'on croyait jadis indispensables.

Lorsque l'on examine des objets placés à des dis-

tances différentes, la vision n'est parfaitement nette que dans certaines limites. Il y a des personnes qui commencent à lire un livre à une distance donnée A et qui à la distance A + trois décimètres cessent de voir à lire. Je connais une dame, elle est même ma plus proche parente, qui peut lire une adresse de lettre à un décimètre et à cinq mètres. Comment cette adaptation de l'œil à des distances si différentes peut-elle avoir lieu? voilà une importante question.

En examinant avec soin les personnes qui jouissent de la plus grande faculté d'adaptation, j'ai cru reconnaître que, quand elles regardent de très-près, elles louchent un peu en dedans, que quand elles lisent de fort loin, par exemple à cinq mètres, elles ne lisent que d'un œil qui regarde un peu en dehors. Cette manière de voir concorde avec ce fait, que les yeux louchant en dedans sont myopes et les yeux louches en dehors presbytes, que pareille myopie, et pareille presbytie se guérissent parfaitement, dans le premier cas, par la section du droit interne, dans le second par la section du muscle droit externe. Il n'y a pas longtemps, nous avons opéré un paysan pour un double strabisme interne beaucoup moins dans le but de l'embellir que dans celui d'améliorer la vue; sous ce rapport le résultat fut immédiat. La myopie fut subitement guérie et l'adaptation qui ne se faisait que dans des conditions détestables s'améliora de suite.

Ce serait du reste grossièrement se tromper que de donner ce qui précède comme une explication suffisante de l'adaptation. Ce phénomène est un produit qu'engendrent des facteurs multiples. Prenez un presbyte, placez-le vis-à-vis d'un livre, juste au point où il ne peut plus lire, pressez sur l'œil avec l'extrémité du doigt soit d'un côté, soit de l'autre et il lira. Ce que le doigt fait artificiellement, les muscles et surtout les obliques le produisent naturellement. Quelle est l'action du muscle ciliaire? je ne sais au juste: ce qui a été dit sous ce rapport me fait croire à une action, mais je ne saurais l'apprécier. L'épaisseur de la partie sentante, doit aussi être mise en ligne de compte; cette partie, la portion cellulo-ganglionaire de la rétine, n'est pas une surface mathématique; mais un corps solide. Quand j'admettrais qu'à la distance où je lis aisément, un carré de cinq décimètres de côté corresponde à 100 millimètres carrés de la rétine, ce qui est exagéré, il n'en serait pas moins vrai que toute image de ma rétine serait encore 2,500 fois plus petite que l'original, d'où cette conséquence, que si l'épaisseur ganglionaire de la rétine était d'un vingt-cinquième de millimètre, l'adaptation se pourrait faire pour la lecture à des distances qui varieraient de un décimètre, mais si cette partie de l'œil, la portion ganglionaire de la rétine, a une grande puissance de réfraction trop oubliée jusqu'à ce jour, ce qui est positif et facile à vérifier, il en résulte que notre résultat, déjà trop réduit, l'a été encore pour ce motif outre mesure: Réunissez maintenant les trois facteurs que nous venons d'étudier, la direction de l'œil, la pression musculaire, l'épaisseur de la rétine et, sans être arrivé à quelque chose de parfait, vous aurez une explication de l'adap-

tation plus satisfaisante que celles qui ont actuellement cours.

Maintenant, tenez compte de ce fait, que l'iris règle la quantité de lumière qui doit entrer dans l'œil pour une bonne vision et que les milieux de l'œil sont très-supérieurs à des verres pour leur qualité moléculaire ou chimique, puisqu'ils sont achromatiques, et vous trouverez peut-être notre explication de l'adaptation suffisante. Elle me paraît telle.

Nous avons admis, jusqu'à présent, avec Vallée, que les surfaces du cristallin étaient des surfaces régulières de révolution sans être des surfaces optoïdales; mais s'il en était autrement, alors la question serait tout à fait changée, et nous serions obligés d'admettre la théorie de Stourm. Cette théorie nous donne, pour *chaque point vu*, deux points intérieurs, *deux foyers* entre lesquels se peint l'image. La série des premiers foyers et la série des seconds, rencontrant non pas une surface, mais une membrane sentante d'une certaine épaisseur, il pourra exister une image invisible très-nette dans la rétine et une image visible assez nette sur la choroïde. La limite de l'adaptation s'agrandit évidemment. Stourm était très-près de la vérité, et si à l'époque où il s'occupait de la vision, les diverses parties de la rétine avaient été connues comme depuis les recherches des Allemands et de Bowman, nul doute qu'il n'eût conclu, comme nous concluons en ce moment; c'est-à-dire, nul doute qu'il n'eût fait entrer l'épaisseur de la rétine avec juste raison dans les données de l'adaptation; nul doute surtout, qu'il n'eût distingué entre l'image *rétinienne* invisible, mais seule efficiente au cerveau, et l'image *choroïdienne* de Descartes qui est un pur effet de chambre obscure et qui ne peut arriver au cerveau puisqu'elle est sur une membrane inerte. Voilà quelques années déjà, que nous avons démontré, pour la première fois, l'existence d'une image invisible toute rétinienne, seule efficiente, portée au cerveau par les fils télégraphiques du nerf optique sans avoir réussi à saisir les corps savants les plus importants de cette grave question. Elle se relie cependant à des recherches de la première importance pour tout ce qui concerne le système nerveux. Nous allons en dire deux mots avant de passer outre.

Nous avons considéré la rétine comme un corps auquel aboutissent les filets du *câble nerveux*, dit nerf optique, et nous avons reconnu que ce corps susceptible d'impressions objectives ou visuelles et subjectives ou phosphéniques était composé de cellules ganglionaires. Mais qu'est-ce que l'œil? N'est-ce pas l'instrument du toucher pour les ondulations lumineuses? Aussitôt se pose cette question: le toucher proprement dit, le goût, l'odorat, le toucher des ondes sonores seraient-ils aussi exercés par des appareils *ganglionaires*? J'étudie, je cherche et je réponds *oui*.

Examinant la nature et la forme des cellules ganglionaires, j'arrive alors à ce résultat: toutes se rattachent à trois types, nous avons des cellules de la *sensibilité*, de la *volonté* et de la vie *végéto-automatique* que leurs formes distinguent, alors je trouve vis-à-vis

de ces trois ordres de cellules trois ordres de filets nerveux consacrés à la volonté, au sentiment et à la vie végétative, et ces trois ordres de fils télégraphiques forment trois télégraphies différentes, une pour le sentiment, une pour le mouvement, la troisième toute cérébrale.

Cette manière de voir basée sur la distinction qui existe entre les *cellules ganglionaires* et les nerfs ou *tubes nerveux* qui sont purement télégraphiques conduit à considérer la substance blanche du cerveau comme purement télégraphique pour rapporter le mouvement et le sentiment à la substance grise. Celle-ci examinée au microscope se montre, d'après Kölliker, sous la forme de quatre couches, deux blanches que nous considérons comme télégraphiques, deux grises qui sont remplies de cellules du mouvement et du sentiment. Les belles recherches anatomiques de Gratiolet viennent à l'appui de cette théorie. Souvent, après une congestion cérébrale, les malades ont la vue réduite d'un œil avec difficulté des mouvements dans cet œil; il y a vertige, les deux yeux ouverts et double vision; si alors l'on coupe le muscle qui fait opposition aux mouvements, le malade guérit habituellement, mais si cette section n'apporte aucune amélioration à la vision, si de plus le malade fléchit en marchant du côté opéré, l'on peut pronostiquer, l'expérience nous l'a appris, l'extension de la maladie à l'autre œil, à l'autre côté du corps, et la mort. Cette proposition que les faits nous ont enseignée, nous a conduit à ajouter à ce qui précède, cette assertion que l'anatomie démontre, assertion qui sert à expliquer la solidarité de toutes les parties de l'être humain.

Tous les nerfs moteurs prennent leurs racines dans les cordons télégraphiques, moteurs de la moelle.

A l'exception du nerf optique qui a des racines directement cérébrales, tous les nerfs du sentiment prennent leurs origines dans les cordons télégraphiques sensifères de la moelle.

Les nerfs mixtes ont des origines mixtes.

Le *nœud de la vie* du savant secrétaire de l'Institut, devient alors le point de la moelle où, d'antérieurs, les cordons moteurs de la moelle deviennent internes, ce point est situé au-dessous de la huitième paire. Coupez-le, il n'existe plus de télégraphie nerveuse pour aucune partie du corps.

Nous comprenons maintenant que les trois ordres de sens de Cabanis, les *externes*, les *internes*, les *cérébraux* n'étaient pas un rêve, mais l'intuition métaphysique d'un homme de génie, intuition que nos recherches devaient vérifier (mémoire adressé à l'Institut le 7 juin 1858). Nous comprenons aussi, que le terrain est tout déblayé pour nous rendre compte de la vision intellectuelle dont notre cerveau est l'instrument. Etudions donc cette vision :

Une impression est portée sur la rétine, qu'arrive-t-il? cette impression produit dans la rétine même une image pareille à celle de la chambre obscure de l'œil dont elle est excessivement rapprochée, et les fils télégraphiques du *câble nerveux*, dit nerf optique, portent cette image, d'une part, au ganglion optique de la vie végétative et automatique comme chez les vertébrés inférieurs, de l'autre au cerveau proprement dit, c'est-à-dire à sa partie corticale où se trouvent les deux couches grises de cellules sentantes et motrices.

Ici l'image est portée en des départements différents, et par suite, si le nombre des filets nerveux télégraphiques est N, il y a N images produites. Quelle sera la nature de ces images?

Evidemment toutes seront semblables.

D'autre part les ondulations lumineuses apportées au cerveau sont celles d'un cliché, d'une image *négative*, elles ne pourront donc se photographier que *positives*; d'autre part, nous aurons au cerveau autant d'images positives produites par le cliché rétinien qu'il y aura eu de filets nerveux employés à transporter ce cliché rétinien. Ce nombre sera donc le nombre N. Ici se présentent de nouvelles questions, essayons de les résoudre :

Pourquoi ne voyons-nous qu'une seule image de l'objet quand il y en a 2 N au cerveau? A cause de la dualité du cerveau.

Je réponds : si dans un stéréoscope je regarde deux images : mes yeux et ma conscience les réduisent à une. Il se produit donc au cerveau un effet de stéréoscope multiplié par deux N et divisé par deux.

A mon sens pour que l'intelligence soit consciente, il faut que toutes les cellules cérébrales du sentiment soient associées dans une même action; c'est pour cela que la substance blanche ou médullaire forme au cerveau une télégraphie si admirablement parfaite.

Dans le daguerréotype nous avons une combinaison transcendante entre la lumière et une préparation d'argent. Nous pouvons même faire mieux, nous pouvons, à l'imitation de l'habile M. Niepce de Saint-Victor, prendre du papier blanc, le laisser dans l'obscurité quinze jours, le soumettre à l'action d'un cliché et le tremper ensuite dans une préparation chimique de manière à obtenir une épreuve positive du cliché. Les divers départements du cerveau sont pour nous dans le même cas; et l'*attention* est cette préparation vitale qui remplace la préparation d'argent de M. Niepce de Saint-Victor, d'où il résulte pour nous que toute perception est caractérisée par une sorte de photographie cérébrale que nous appelons *névrographie*.

Nous comprenons maintenant le redressement de l'image et dans la perception sensorielle et dans cette conservation de la névrographie appelée mémoire.

Encore une fois, l'image cérébrale, celle qui est la résultante des N images déposées dans autant de départements cérébraux ne peut être que *positive* puisqu'elle est produite par l'image rétinienne qui est un cliché *négatif*, voilà pourquoi nous voyons les objets droits au lieu de les voir renversés.

Mais pourquoi, me dira-t-on, avons-nous conscience de ce que l'on peut appeler l'*extériorité de l'objet?* Pourquoi voyons-nous le point qui fait image au cerveau là où il est, au lieu de le voir, soit dans le cerveau, soit sur la rétine?

L'expérience nous apprend que l'impression s'extériorise selon des règles qui sont encore très-peu connues. Ce que nous voyons, ce n'est pas l'objet lui-même qui est devant nous, c'est l'image de cet objet au fond de l'œil reportée au-dehors par la rétine. Voici l'une des preuves de ce fait : Soyez en mer, dessinez une côte accidentée, votre dessin sera exact pour les lignes horizontales, mais il sera double de ce qu'il devrait être pour les lignes verticales. Ce phénomène important de vision a été signalé par Bravais, il est très-connu de tous les ingénieurs hydrographes. Il tient évidemment à des conditions rétiniennes encore inconnues. Lorsque l'on étudie les phosphènes, il est très-facile d'avoir la direction à peu près exacte des phosphènes horizontaux, mais il est difficile d'avoir celle des phosphènes verticaux. Quoi qu'il en soit, il ressort de l'apparition même du phosphène que la rétine est disposée de manière à réfléchir ses impressions dans une direction donnée, c'est-à-dire à les extérioriser ; qu'elle est à la fois un miroir et un corps impressionnable.

Prenez un stéréoscope, regardez deux images semblables placées dans la direction des lunettes convergentes de cet instrument ; ces deux images n'en formeront qu'une seule. La même unité d'impression se fait remarquer lorsque les deux images sont placées en arrière du croisement des mêmes axes. Dans ces deux expériences, l'œil crée lui-même une sorte de rideau physiologique sur lequel l'image est refoulée dans le premier cas, rapprochée dans le second. Réunissez par une droite le point de chaque œil où se croisent les ondulations lumineuses, regardez un point quelconque, par ces trois points faites passer une circonférence, elle sera le rideau physiologique de l'œil pour une ligne, et tous les points placés sur cette circonférence seront vus simples et avec la même netteté.

Existe-t-il dans la rétine des points correspondants tels que les impressions qu'ils reçoivent simultanément se confondent nécessairement ? La réponse est facile : Si à une personne qui louche un peu, vous coupez un muscle de manière à redresser quelque peu l'œil qui louche le plus, aussitôt l'harmonie de la vision est détruite et le même objet est vu double dans des conditions où il ne l'était point précédemment ; mais cet effet disparaît habituellement au bout de huit à quinze jours. Cependant le fait suivant peut se produire : Une personne est atteinte de congestion cérébrale et devient loucher ; son strabisme peut être plus ou moins étendu, il peut être borné à l'impossibilité de porter l'œil en dehors ou en dedans, de plus, il y a un peu de vertige quand les deux yeux regardent en même temps le même objet. Vous coupez le muscle opposant, ainsi que j'ai commencé à le faire vers 1848, et la guérison peut être complète ; mais elle peut aussi n'être qu'incomplète ; il y a quelques circonstances exceptionnelles dans lesquelles le même objet vu d'une certaine manière, est toujours vu double, mais sans vertiges.

Nous devons conclure de ce qui précède que les axes optiques sont un fait d'habitude, et que les conditions normales qui s'y rattachent peuvent être modifiées par des faits encéphaliques.

Les impressions visuelles exigent certaines conditions de temps et d'espace. Un morceau de feu qui tourne très-vite à l'extrémité d'une ficelle, apparaît comme une circonférence de feu ; des lignes colorées vues à une certaine distance donnent des sensations composées, les couleurs primitives sont altérées.

Nous ne saurions terminer cette étude sans y joindre quelques notes sommaires sur la disposition de l'organe oculaire dans la série des êtres.

Beaucoup d'infusoires nous offrent une tache rouge qu'Ehrenberg considère comme un œil. Cette tache rouge considérée comme pigmentaire ne présente aucun des appareils qui, dans nos idées usuelles, se rattachent à ce que nous considérons comme un organe oculaire.

L'on admet généralement que, chez les polypes, toute la surface est sensible, et que les cinq touchers qui forment nos cinq sens, se trouvent confondus en un seul, ce qui semblerait établir que pour les sens comme pour le système nerveux, l'organisation marche vers le progrès par la multiplication des organismes et la distinction des fonctions. Je dois ajouter cependant qu'il y a des polypes chez lesquels certaines taches rouges, nettement limitées, sont considérées comme des rudiments d'organes oculaires. L'on a cru y reconnaître des appareils rudimentaires de réfraction.

Le système oculaire des acalèphes est très-peu connu.

Les échinodermes nous offrent des taches rouges appelées ocelles, à chacune desquelles se rend un filet nerveux ; mais la cornée, le cristallin et les humeurs aqueuse et vitrée manquent absolument.

Les yeux des helminthes sont inconnus.

L'on trouve chez les rotifères des points oculaires, que des filets nerveux mettent en rapport avec leur ganglion cérébroïde.

Dans la famille dont les sangsues font partie, les yeux, au nombre de deux à dix, sont très-rudimentaires de forme presque cylindrique, et reliés à des ganglions céphaliques par des filets nerveux. Un nerf optique, un corps à la fois rétinien et pigmentaire, une sorte de cornée, voilà leurs éléments, ce qui prouve que dans ce système la multiplication des parties et la distinction des fonctions qui doit l'accompagner, ne sont pas encore très-avancées.

Les yeux des acéphales sont en grand progrès ; l'on y reconnaît un nerf optique, un corps pigmentaire, une rétine, une humeur vitrée, un cristallin tel quel, souvent très-aplati, une cornée. Les acéphales possèdent quelquefois un nombre d'yeux très-considérable. C'est chez ces animaux que pour la première fois l'on distingue le rudiment d'un iris et d'une pupille ; chez les céphalophores, les yeux sont encore plus parfaits ; dans quelques espèces le cristallin est sphérique.

L'organe oculaire des céphalophores est très-volumineux ; mais il s'écarte du type assigné par la nature aux vertébrés. Leur orbite est cartilagineuse,

une membrane fibreuse s'y rattache, recouvre l'œil et joue le rôle de cornée; leur chambre antérieure est très-grande. Dans plusieurs genres, le cristallin s'y trouve en rapport avec le milieu ambiant. L'iris, généralement recouvert de pigment à la surface postérieure, est formé par la membrane argentée de ces animaux. La pupille est en général ou semi-lunaire ou transversale. Le cristallin fait saillie à travers cette pupille, ce qui a encore lieu dans un degré plus élevé de l'animalité chez les poissons. Cette disposition donne à la chambre postérieure la forme d'un anneau; le corps vitré est un liquide aqueux, la rétine reçoit plusieurs filets des nerfs optiques qui s'entrecroisent auparavant.

Chez les crustacés l'on trouve aussi d'autres yeux très-rudimentaires, réunis sous une cornée commune; chez d'autres, sous la cornée commune, l'on trouve des yeux à facettes; chez d'autres encore, la cornée commune n'existe plus et l'œil multiple est remplacé par un autre œil multiple à facettes. Cette disposition demande une explication : chaque facette représente une cornée, elle correspond à un cristallin pyramidal dont la base est appliquée sur la cornée, dont la pointe plonge dans un calice où se trouve ce qui représente notre humeur vitrée; chacune de ces pyramides cristallines est séparée de ses congénères par une choroïde. L'on peut se rendre compte d'un œil à facettes en regardant à travers une pyramide tronquée ou en adaptant à la chambre obscure une pyramide au lieu de l'objectif ordinaire. Les yeux multiples, sans facettes, nous représentent l'œil humain, divisé en autant d'yeux que cet œil reçoit de filets nerveux. Chez l'homme, l'image est multipliée par le nombre des filets nerveux pour être portée par chacun des filets de la grosse racine, au département cérébral qui lui correspond. Chez les animaux inférieurs, ce sont les rétines multiples et les yeux multiples qui font les images multiples du même objet. Le centre cérébroïde chez ces animaux qui nous occupent, se compose d'une paire de ganglions plus ou moins confondus, situés soit au-dessus, soit au-dessous, ou plutôt au-devant de l'œsophage. Ce centre cérébroïde n'est pas simple : il contient, comme le cerveau des vertébrés, un certain nombre de cellules sensitives. Les yeux des arachnides sont très-variables selon leur genre de vie, quelquefois très-brillants dans la nuit, et semblent jouir d'une propriété phosphénique normale que l'on ne trouve chez l'homme que dans l'état de maladie.

Beaucoup d'insectes possèdent à la fois des yeux rudimentaires et des yeux à facettes; les yeux simples ont chacun leur nerf optique qui part d'un tronc commun à tous. Ainsi se trouve divisé chez eux le *câble nerveux* oculaire de l'homme, qui n'est autre que l'assemblage de tous les nerfs oculaires. C'est surtout chez les insectes qu'il convient d'étudier les yeux à facettes. Les insectes ayant beaucoup d'yeux et deux ordres d'yeux, ne sont pas pour cela plus percevants que nous. Dugès a fait remarquer que les insectes qui possèdent à la fois des ocelles ou yeux rudimentaires et des yeux à facettes, se pas-

sent plus aisément des premiers que des seconds, ce qui semble établir la supériorité de leurs yeux à facettes.

Chez les poissons, la cornée paraît plate; mais j'ai reconnu en 1852, que pour les poissons chasseurs de nos rivières et de nos mers, elle représente très-exactement un verre de myope bi-concave, n° 3 1/2 à 4 1/2. Le cristallin de ces animaux est fortement adhérent à l'humeur vitrée; il est parfaitement sphérique et très-solide; souvent il touche à la cornée en faisant saillie à travers la pupille, qui est immobile dans beaucoup de genres, et toujours très-peu mobile. La coque oculaire, généralement très-résistante, est souvent cartilagineuse et même osseuse; l'œil est mû par quatre muscles droits et deux obliques. Cet œil a un très-petit diamètre antéro-postérieur, un grand diamètre transversal. Il en résulte une vision antéro-postérieure très-différente de celle qui a lieu selon les autres diamètres qui traversent la cornée, la pupille et le cristallin. La division de la rétine, appelée peigne, semble aussi former de l'œil du poisson un œil multiple par sa partie rétinienne; elle est pour nous une transition entre l'œil humain et l'œil composé des insectes.

Chez les reptiles, la vision se fait ou dans l'air ou dans l'eau, ou successivement dans l'un et l'autre de ces éléments; aussi les reptiles sont-ils pour la vision, comme sous les autres rapports, un intermédiaire naturel entre les poissons et les oiseaux. Chez plusieurs reptiles, l'œil possède un nouvel appareil musculaire qui sert à retirer l'œil dans l'orbite ou à le porter en avant. Cette disposition est très-remarquable chez le caméléon; par ailleurs l'organe appelé peigne devient plus prononcé.

Les besoins, les fonctions et les organes sont solidaires. Les animaux qui vivent dans les étangs obscurs des cordilières de la Carniole, de la Carinthie, n'ont pas d'yeux.

Chez les oiseaux nocturnes, l'œil est plus volumineux que chez les autres, la cornée est plus bombée, la chambre antérieure est plus vaste, le cristallin est plus épais, plus volumineux. Chez tous les oiseaux, la cornée présente un grand développement. Le cristallin est aplati chez l'aigle, la buse, l'épervier; mais il ressemble à celui des poissons chez les oiseaux plongeurs. Dans plusieurs espèces, l'iris est mobile sous l'influence de la volonté, ce qui existe aussi, mais par anomalie, chez quelques hommes. Plus développé encore que chez les reptiles et les poissons, le peigne, chez les oiseaux, produit des visions très-différentes, une très-bonne vue pour les objets éloignés et rapprochés. Leur chambre obscure est divisée et leur rétine est par suite ici très-rapprochée, là très-éloignée du cristallin. Leur membrane nictitante est une troisième paupière que possèdent plusieurs mammifères, mais dont on ne trouve chez l'homme que le rudiment.

La cornée varie chez les mammifères, elle est plus bombée chez les animaux nocturnes. Le cristallin est aussi plus bombé chez les mammifères aquatiques. Chez la taupe, l'œil n'est que rudimentaire; mais nous avons relevé, dès 1832, l'erreur de notre maître,

le vénéré Geoffroy Saint-Hilaire , qui croyait que son nerf optique provenait de la cinquième paire.

Chez l'homme et les animaux qui s'en rapprochent le plus, le nerf optique a deux ordres de racines : les unes, et c'est le plus grand nombre, se rendent directement à la couche corticale du cerveau, qui est à notre sens, le cerveau véritable. Nous devons cette belle découverte à Gratiolet, qui l'a publiée en 1854.

Tels sont les phénomènes généraux de la vision et les faits qui s'y rattachent, nous pouvons ajouter que dans son embryologie l'œil de l'homme rappelle celui des vertébrés inférieurs, et que beaucoup de ses anomalies se rattachent à des arrêts de développement qui représentent des états définitifs et réguliers chez des animaux placés au-dessous de nous. D'autres anomalies, et c'est peut-être le plus grand nombre, surtout dans les pays marécageux froids et humides, sont dues à des maladies de l'œil qui se sont développées pendant la vie intra-utérine.

En somme : les objets extérieurs, par leur lumière, produisent dans la rétine une excitation. D'une part, cette excitation est réfléchie par la rétine sous forme d'image extérieure plus ou moins exacte , et c'est là ce que nous voyons; d'autre part, cette excitation est transmise au cerveau, où elle produit des névrographies nombreuses qui sont des images naturelles ou jugées telles des objets, et la source de la mémoire qui nous en reste. C'est à travers ces névrographies, en suivant le trajet des ondulations lumineuses, réfléchies par la rétine que nous arrivons à l'image des objets, ce qui établit une distinction entre ce qui est de réalité et ce qui est de la sensation. Le phénomène signalé par Bravais en est la preuve. Nous avons démontré dès 1843 , par l'exemple d'aveugles nés, que le sens visuel n'a besoin d'aucune éducation pour apprécier les formes et les distances relatives. L'idéal du beau, sous le triple rapport de la couleur, de la forme et de la grandeur, est inné en nous; mais l'éducation le développe. L'influence de l'éducation sur l'organe oculaire et sur la vision intellectuelle est une question capitale qui demanderait, pour être bien traitée, un chapitre aussi étendu que celui que nous venons de consacrer à la vision elle-même. Cette question nous transporterait de suite, si nous devions la traiter ici, sur le terrain de la phrénologie ; mais d'une phrénologie améliorée et corrigée par des découvertes tout à fait récentes. Dr A. GUÉPIN, de Nantes.

VITALINE-STECK. Nom d'une huile végétale qui, d'après les résultats authentiques, a une action incontestable sur les organes capillaires en agissant à la façon d'un engrais puissant, et en détruisant la stérilité des bulbes lorsqu'elle a pour cause une débilité ou un affaiblissement local.

Ce fait ne nous étonne pas, puisqu'il est prouvé aujourd'hui, par l'anatomie pathologique, que les tiges capillaires ne sont pas détruites par l'*alopécie*. — Voy. ce mot.

VOLTIGEURS (art militaire) [du verbe *voltiger* pris dans l'acception de courir çà et là avec légèreté, avec vitesse.] — I. Créés par décrets des 13 mars et 24 septembre 1804, les voltigeurs avaient, ont encore aujourd'hui, pour mission habituelle d'exécuter en présence de l'ennemi ou sur les champs de manœuvres, de rapides évolutions de tirailleurs, soit devant le front de leur bataillon en bataille de pied ferme ou en marche, soit devant ce même bataillon en colonne, sur ses flancs, quelquefois aussi sur ses derrières. Ils forment l'une des deux compagnies d'élite, entre lesquelles sont encadrées les compagnies du centre, dont ils occupent la gauche ; la droite est réservée aux grenadiers. Quand les voltigeurs ne sont pas déployés en tirailleurs, ils manœuvrent dans les rangs comme les autres compagnies,

Ils sont choisis parmi les fusiliers d'une conduite éprouvée, d'une forte constitution, sans condition de taille, pourvu qu'elle soit inférieure à celle où se recrutent les grenadiers. Destinés d'abord à être parfois transportés avec célérité par les troupes à cheval sur les points où il était urgent d'établir des postes d'infanterie, ils furent exercés à monter lestement et d'un saut sur la croupe des chevaux, à en descendre de même, à se former rapidement, à suivre à pied un cavalier au trot. Cela ne dura pas : les voltigeurs cessèrent bientôt de monter en croupe derrière les cavaliers.

II. LES GRENADIERS, soldats d'élite au même titre que les voltigeurs, n'ayant pas eu leur article dans ce Dictionnaire encyclopédique, nous allons combler cette lacune.

Sous les derniers rois de l'ancienne monarchie, on se servait à la guerre de grenades qu'on lançait dans les rangs ennemis où elles éclataient. On nommait ainsi ces projectiles, parce qu'ils étaient pleins de poudre, comme le fruit appelé grenade est plein de pépins. C'étaient des boules creuses en fer et même en bois ou en carton. Selon *De Thou*, on commença à s'en servir en 1388. Ce fut un habitant de Vanloo qui les inventa. D'autres font remonter cette invention à l'année 1536.

Les soldats chargés de lancer des grenades étaient armés comme les autres fantassins. Ils avaient seulement, en plus, une espèce de gibecière pour leurs grenades.

La qualification de grenadier fut employée pour la première fois en 1667. Il y eut d'abord quatre grenadiers par compagnie. En 1670, ils furent réunis en une seule compagnie. Deux ans après, en 1672, Louis XIV attacha une compagnie de grenadiers à chacun des trente premiers régiments. Dans la suite, chaque bataillon eut la sienne, qui forma comme aujourd'hui, son premier peloton.

En 1741, on forma des bataillons entiers de grenadiers.

Un corps spécial de grenadiers royaux, créé en 1748, fut vite renommé par sa valeur.

Aucun gouvernement n'a porté atteinte à l'institution des grenadiers, dont les hauts faits ont, comme ceux des voltigeurs, rempli bien des pages de nos fastes militaires.

Chaque bataillon d'infanterie de ligne a aujourd'hui sa compagnie de grenadiers comme sa compagnie de voltigeurs.

Il y a, quelquefois, une exception uniquement appliquée en temps de guerre. Dans sa formation normale, un régiment d'infanterie de ligne a, indépendamment de sa compagnie hors rang, trois bataillons composés, chacun, de huit compagnies, dont deux d'élite et six du centre, soit vingt-quatre compagnies. Pour la première fois, et, en vertu d'un décret impérial du 24 mars 1855, il fut créé, dans chaque corps, sans en augmenter le nombre des compagnies, mais en réduisant de six à quatre, celui des compagnies du centre de chacun des trois bataillons ; il fut, disons-nous, créé un quatrième bataillon composé de six compagnies de fusiliers et commandé par le major qui, en conservant la direction générale de l'administration de tout le régiment, demeura alors spécialement chargé de l'instruction militaire des jeunes soldats appelés à alimenter les bataillons de guerre de l'armée d'Orient. Pour organiser ce bataillon qui, après la guerre, fut supprimé et renversé dans les trois premiers qui lui avaient fourni chacun deux compagnies, il avait suffi de nommer un adjudant-major, un adjudant sous-officier, un caporal-tambour.

La guerre d'Italie a donné lieu à la même formation qui, sans presque augmenter les charges du trésor public, ajoute beaucoup à la force de l'armée.

Dans l'infanterie légère, réunie à l'infanterie de ligne par décret impérial du 24 octobre 1854, les grenadiers portaient le nom de carabiniers.

Digne appréciateur du rôle élevé des compagnies et des corps d'élite destinés à réunir en splendides faisceaux les plus beaux courages, les services les plus distingués, Sa Majesté Napoléon III a créé, par décret du 1er mai 1854, une garde impériale qui a trois régiments de grenadiers et quatre de voltigeurs, les uns et les autres à quatre bataillons. Ils ont fait leurs preuves d'indomptable bravoure en Crimée comme en Italie, sous Sébastopol comme à Magenta, qui a donné, avec le bâton de maréchal, la couronne ducale à l'héroïsme d'un des plus illustres lieutenants de Napoléon III, à Mac-Mahon, un nom d'antique race, cher à l'armée, cher à la France (1).

Si, par les qualités physiques et morales recherchées, exigées dans leur personnel, les voltigeurs semblent être, sont en effet spécialement aptes aux manœuvres de tirailleurs, les autres compagnies sont loin d'y rester étrangères. Souvent, en présence de l'ennemi on les emploie, — et toujours avec succès, — à ces rapides évolutions auxquelles elles sont toutes préparées sur les champs de manœuvres.

Ne combat-elle pas en tirailleurs, dans la mémorable journée du 24 juin 1859, cette compagnie de grenadiers du 21e de ligne, dont le jeune sergent-major,

(1) L'Empereur a, on le sait, salué M. le général comte de Mac-Mahon, maréchal de France et duc de Magenta, sur le glorieux champ de bataille de ce nom, pour avoir exécuté les ordres de Sa Majesté, avec la plus intelligente bravoure, avec la plus savante ponctualité, avec la plus rare vigueur, et avoir ainsi puissamment concouru au triomphe de cette grande journée où, comme vingt jours plus tard, à Solférino, le génie de Napoléon III a continué les prodiges du chef de son auguste dynastie.

M. Jules DU PORT DE PONCHARRA, s'élance le premier, au milieu d'une grêle de balles, dans la tour de Solférino, où cet acte d'indomptable audace, aussitôt imité par de nobles courages, terrifie les défenseurs, fait déposer les armes à 600 Autrichiens tombés ainsi au pouvoir de la France avec leurs officiers, avec leur drapeau ! C'est que l'intrépide sous-officier, dont l'action d'éclat aura sa récompense (1), veut ajouter au riche patrimoine de gloire de son illustre famille. Sa noblesse à lui est essentiellement militaire : elle remonte au loin dans le moyen âge et se perd dans la nuit des temps. Loin de dégénérer dans la mollesse et l'oisiveté, elle grandit, grandit toujours : les Du Port de Poncharra n'ont jamais cessé de servir leur pays avec distinction. Le jeune guerrier de Solférino est le fils d'un brave officier supérieur entouré de la plus haute considération. Il marche dignement sur les traces de son père. Chacun de ses pas sur les champs d'Italie, si souvent témoins des exploits de ses aïeux, ne remue-t-il point d'émouvants souvenirs dans son âme et son cœur ? Ne descend-il pas du chevalier sans peur et sans reproche (2) ? N'a-t-il pas dans ses veines du sang de ce Bayard qui arma son roi chevalier, et trouva la mort et l'immortalité dans ces belles contrées où, sans doute du haut des cieux, il animait de son souffle, du souffle divin des héros, son fils, son Jules, combattant à Solférino pour la France, pour son grand Empereur ?

III. Comme les voltigeurs, les grenadiers sont choisis parmi les meilleurs soldats des compagnies du centre, qui ont en outre, une taille assez élevée, dont le minimum n'est pas et ne saurait être fixé ; par suite de

(1) Nous écrivons notre article le 2 juillet 1859 ; le fait d'armes que nous relatons est extrait de plusieurs documents authentiques que nous avons eus sous les yeux.

Au moment où l'on nous rapporte l'épreuve de cet article, le *Journal militaire* officiel signale la nomination de M. Jules de Poncharra au grade d'officier.

(2) Une DU TERRAIL, fille du dernier rejeton de la famille de Bayard, fut la mère du marquis de PONCHARRA (Jean-Charles-Frédéric DU PORT), officier d'artillerie, né en 1767, lieutenant en premier, en 1789, de la compagnie où se trouvait alors, comme lieutenant en second, le jeune Napoléon, le futur météore qui, très peu d'années après, devait éclipser toutes les splendeurs passées, et former la souche de la plus sublime des dynasties.

Le marquis Jean-Charles-Frédéric de Poncharra, mort le 8 septembre 1854, eut quatre fils. Deux sont morts : l'un fut tué en 1813, à la retraite de Russie ; c'était un officier plein de mérite récemment sorti de l'école de Saint-Cyr ; l'autre a succombé à une courte maladie, le 18 janvier 1858, à l'âge de soixante-dix ans : c'est le célèbre colonel d'artillerie DE PONCHARRA qui sorti de l'École polytechnique, le 1er octobre 1806, a vaillamment servi sous le premier empire et rendu, jusqu'à sa mort, de très-grands services à l'armée, à la France, par d'importants, par de savants travaux.

Les deux autres fils du marquis de Poncharra, l'un et l'autre officiers supérieurs, ont pris leur retraite après de longs et très-honorables services. L'un M. le marquis de Poncharra de Bannes, est, depuis plusieurs années, maire de Gemenos (Bouches-du-Rhône). L'autre, M. le comte de Poncharra (Jules-César-Alphonse DU PORT), né le 5 juillet 1798, est le père du jeune sous-officier de grenadiers du 21e.

l'affectation aux armes spéciales et à la cavalerie des jeunes soldats *les plus longs*, on est quelquefois obligé d'admettre dans les grenadiers des soldats qui n'ont guère plus de 1 mètre 620 centimètres (5 pieds). Au reste, ils n'en valent pas moins. Est-ce donc la quantité de matière qui fait le bon, le vigoureux soldat? N'en est-ce pas plutôt la qualité? Est-ce que le plus léger voltigeur, qui a tout juste la taille exigée pour être fantassin (1 mètre 56 centimètres ou 4 pieds 9 pouces 7 lignes et demie), ne vaut pas, en face de l'ennemi, le plus volumineux tambour-major? Le petit David ne terrassa-t-il pas le colossal Goliath?

Les épaulettes des grenadiers sont en laine rouge écarlate; celles des voltigeurs en laine jaune jonquille.

La solde journalière des sous-officiers et soldats des compagnies de grenadiers et de voltigeurs est la même. Elle prime légèrement celle des grades correspondants de compagnies du centre, savoir: celle du sergent-major, de 5 centimes; celle du fourrier et des sergents, de 10 centimes; celle des caporaux, soldats, tambours ou clairons, de 5 centimes.

Pourquoi le sergent-major d'élite, qui est le premier sous-officier de sa compagnie, n'a-t-il pas un accroissement de solde au moins égal à celui des autres sous-officiers ses subordonnés? Pourquoi? Nous nous le demandons nous-même. Impossible de répondre d'une manière satisfaisante. C'est une anomalie que l'on devrait chasser de nos tarifs.

Les officiers d'élite sont traités, sous le rapport de la solde, absolument comme leurs camarades du centre.

IV. — QUESTION IMPORTANTE:

Serait-il convenable de mentionner sur les registres matricules de messieurs les officiers les nominations aux compagnies d'élite?

A cette question, qui intéresse un grand nombre d'officiers placés à tous les degrés de l'échelle hiérarchique, depuis le sous-lieutenant jusqu'au maréchal de France, nous répondrons par l'affirmative, en nous attachant à prouver qu'elle ne peut recevoir une autre réponse.

La négative ne saurait, en effet, s'appuyer sur aucun argument sérieux.

Si, jusqu'ici, les états de services soumis à la vérification des bureaux de la guerre, ont vu disparaître, sous une couche d'encre rouge, toutes les inscriptions afférentes à des emplois dans les compagnies d'élite, c'est sans doute parce que, jusqu'à ce jour, aucune décision ministérielle n'a *explicitement* prescrit de les y mentionner. Dans le cas où le mode d'opérer que nous préconisons et que nous croyons à la fois *juste, rationnel, indispensable* même, ne pourrait être consacré que par un ordre formel du ministre, nous appellerions de tous nos vœux une décision de Son Excellence à cet égard.

Si les instructions n'avaient assigné aux matricules d'autre rôle que celui de présenter l'aride nomenclature des services admissibles pour le droit à la pension de retraite, on serait mal fondé à réclamer une place dans leurs colonnes pour les nominations aux

compagnies d'élite. Mais il n'en est pas ainsi; mais ces registres doivent, d'après leur contexture, relater non-seulement les grades successivement obtenus par l'officier, mais encore les blessures, les actions d'éclat, les titres, les décorations et les *positions diverses*. (*Modèle n° 9 annexé à l'ordonnance du 10 mai 1844 verso, première colonne supérieure horizontale, page 38.*)

Le passage dans une compagnie d'élite crée, sans contredit, une *position différente* à un officier; donc elle doit être mentionnée sur la matricule, comme le sont les emplois dérivant des fonctions spéciales d'adjudant-major, de trésorier, d'officier d'habillement, d'adjoint au trésorier, de porte-drapeau.

N'est-ce donc rien que d'appartenir à une compagnie d'élite quand, d'après l'article 179 du règlement du 2 novembre 1833, les grenadiers et les voltigeurs sont uniquement choisis parmi les hommes que leur vigueur, leur intelligence, leur adresse au tir, leur taille ou leur agilité rendent propres à ce service, et qui, en outre, ont mérité cette *distinction* par leur valeur, leur conduite, leur tenue, un acte d'intrépidité ou une bravoure soutenue?

N'est-ce donc rien que d'avoir été jugé digne de faire, comme officier, partie intégrante d'une compagnie composée de tels hommes, quand, pour avoir l'honneur d'y être admis, il faut avoir été choisi par l'inspecteur général (*article 174 de l'ordonnance du 16 mars 1838*), ou par le général commandant la division, sur une liste de trois candidats dressée par le colonel et revêtue de ses notes, ainsi que de celles du général de brigade sous les ordres duquel le corps est immédiatement placé?

Une nomination dans une compagnie d'élite étant pour un militaire le prix d'une action d'éclat ou la récompense du ponctuel accomplissement de ses devoirs, l'officier regrette avec raison de ne pas voir figurer sur la page de ses services, une mention honorable qui flatterait son amour-propre, et pourrait être de nature à lui rappeler de nobles souvenirs.

Au siége de Saint-Jean d'Acre, une bombe ennemie va éclater près du général en chef de l'armée d'Egypte, près du futur Empereur des Français. Un simple soldat s'élance entre la bombe et son général à qui il fait un rempart de son corps. Ce soldat était le grenadier Daumesnil élevé plus tard au généralat, devenu plus tard baron de l'Empire et si connu sous le populaire surnom de *Jambe de bois* (1).

Quand il se trouvait en présence de son Empereur, il devait se rappeler avec orgueil ces épaulettes rouges dont il était paré, alors que son acte de courageux dévouement avait attiré sur lui l'attention du Grand Homme. Eh bien! la qualité de grenadier gagnée sur le champ de bataille, dut être écartée de l'état des services de Daumesnil, promu officier. Il fallut la ban-

_____

(1) A une insolente sommation de rendre à l'ennemi l'importante forteresse de Vincennes confiée à sa défense, l'héroïque Daumesnil répondit avec toute la fermeté, avec toute la verve d'un soldat français: VOUS AUREZ VINCENNES, QUAND VOUS M'AUREZ RENDU MA JAMBE.

nir aussi des services de Joubert, de Kléber, de Bugeaud (1) et de beaucoup d'autres célébrités dont les noms sont gravés sur les tables d'or du temple de Mémoire. L'ostracisme qui, chez ces illustres morts, frappa la noble qualité de soldat d'élite, atteint aussi de nos jours grand nombre des chefs suprêmes de notre vaillante armée, qui, ayant servi dans l'infanterie, l'âme des batailles, ont appartenu, dans divers grades, à des compagnies d'élite.

Dans le huitième paragraphe de sa circulaire du 25 décembre 1833 (*Journal militaire, deuxième semestre* 1833, *page* 157) relative à la tenue de la matricule des sous-officiers et soldats, le ministre de la guerre s'exprime ainsi : « Les inscriptions contenues » dans chacune des cases du registre matricule ne » doivent omettre aucun des faits qui peuvent servir » de bonne ou de mauvaise note. . . . Enfin, il est né- » cessaire, ajoute le ministre, que la seule lecture des » *Matricules* permette d'apprécier le plus ou le moins » de distinction des services et que, lorsqu'après leur » rentrée dans la vie civile, les anciens militaires ré- » clament un relevé de leurs services et campagnes, » je sois toujours à même de faire délivrer un titre » qui contienne toutes les circonstances honorables » qui ont marqué leur passage sous les drapeaux. »

Pour obéir à cet ordre, confirmatif, du reste, des anciennes instructions sur la matière, on a toujours indiqué sur les registres matricules de la troupe, les nominations aux compagnies d'élite. Mais, quand les services d'un sous-officier promu sous-lieutenant, sont transcrits sur la matricule des officiers, il faut se garder de donner accès, dans celle-ci, aux mentions de cette nature, *bien que rien ne le défende*. Et pourquoi? les faits qui impriment *plus ou moins de distinction* aux services du sous-officier, perdraient-ils leur caractère honorable, du jour où l'intéressé échange son épaulette de laine contre l'épaulette en or ?

Vainement objecterait-on, pour contester la convenance de mentionner les passages dans les compagnies d'élite sur les états de services de messieurs les officiers, que les notes données à chacun d'eux en dispensent. Ces notes sont et doivent demeurer secrètes, Copie n'en est, dans aucun cas, délivrée aux intéressés, en sorte que, si un officier, rentré dans la vie civile, réclame un relevé de ses services, le titre qu'il obtient, ne contient pas, comme pour le sous-officier ou soldat, *toutes les circonstances honorables qui ont marqué son passage sous les drapeaux.*

Une seule exception, mais une exception qui constitue une anomalie, et qui, cette fois, loin de confirmer la règle, la sape dans sa base, est admise en faveur des officiers qui, avant d'être promus au grade de

sous-lieutenant, sont devenus élèves d'élite, durant leur séjour à l'École impériale militaire. La nomination d'élève d'élite est, avec raison, reproduite sur les matricules.

Les épinglettes d'honneur, données comme prix d'adresse aux meilleurs tireurs, prix dont ne sont pas exclus les plus mauvais sujets, font l'objet d'une inscription sur la matricule de la troupe, et même sur celle des officiers, quand le titulaire d'une épinglette en argent arrive à la sous-lieutenance. Nous allons le prouver :

Le jour même où fut portée à notre connaissance la décision ministérielle du 24 avril 1851, nous nous empressâmes de rédiger la lettre ci-après, de la soumettre à la signature du conseil d'administration du 26e de ligne (1) et de l'adresser ensuite au sous-in-

(1) Nous avions l'honneur d'être alors major de ce beau régiment dont le numéro nous est cher. Ce numéro brille en Italie, comme il a brillé en Algérie, puis en Crimée où tant de ses dignes enfants, qui l'ont arrosée de leur sang, dorment du sommeil des braves.

Le dernier officier français mort au champ-d'honneur sur le sol de la Tauride, appartenait au 26e : c'est le lieutenant BROUHOUNET tombé, le 8 décembre 1855, dans le dernier combat, le combat de Baga, livré aux Russes par l'armée d'Orient.

Qu'il nous soit permis de consacrer, en passant, deux mots à la mémoire de cet officier :

Brouhounet (Maurice-Jean-Pierre), né le 11 septembre 1825, à Servian (Hérault), entra le 26 septembre 1843, au 26e régiment de ligne, en qualité d'engagé volontaire. Une intelligence d'élite lui assigna de bonne heure un rang distingué parmi les meilleurs sous-officiers. L'épaulette de sous-lieutenant vint, le 28 février 1854, récompenser ses bons services. Embarqué le 16 mai suivant, à Toulon, pour l'Orient, il fit preuve d'une rare énergie dans les rudes travaux du mémorable siège de Sébastopol. Il combattit avec vigueur à la sanglante bataille d'Inkermann (5 novembre 1854), comme à la meurtrière attaque de la tour Malakoff (18 juin 1855), où il fut blessé, où se distinguèrent aussi beaucoup de militaires de tout grade du même corps, entre autres, le brave capitaine Alexandre LAMY aussi habile à conduire sa compagnie au combat qu'à diriger l'administration des trois bataillons de guerre dont il était le fonctionnaire major.

Nommé lieutenant le 29 juin 1855, Brouhounet prit et conserva jusqu'au jour où il reçut le coup mortel, le commandement de la 2e compagnie du 2e bataillon, dont le capitaine était absent par suite d'une grave blessure.

Après la prise de Sébastopol, le 26e, dirigé sur la vallée de Baïdar, forma la tête de colonne de l'armée. Le 8 décembre 1855, son deuxième bataillon bivouaquait à une faible distance de l'ennemi, et la compagnie de Brouhounet occupait, à Baga, le poste le plus avancé. Tout à coup apparaît une nuée de Russes qui cherchent à l'envelopper. Brouhounet et son jeune sous-lieutenant M. Louis REGNAUD, (1), son intime ami, jurent, en se serrant la main, de vaincre ou de mourir, disposent, en un clin d'œil, leur troupe en tirailleurs, leur communiquent leur irrésistible ardeur, la lancent au cri de *vive l'Empereur !* sur la ligne russe. Brouhounet fait des prodiges de valeur et tombe

(1) Alors qu'il n'était encore que simple soldat, le futur vainqueur d'Isly était considéré comme devant arriver un jour au plus haut de l'échelle hiérarchique de l'armée.

Telle était l'opinion de tous ses jeunes camarades, de tous les soldats de sa compagnie. Nous l'avons ouï dire, en 1850, à l'un deux, alors inspecteur-général, le brave général de division Foucher, aujourd'hui sénateur.

(1) Fils d'un conseiller référendaire de première classe à la Cour des Comptes, officier de la Légion d'honneur, qui, avant d'entrer dans la magistrature, porta l'épée d'officier et combattit avec gloire sur plusieurs champs de bataille de notre premier Empire.

tendant militaire chargé de la surveillance administrative de ce corps :

Metz, le 21 mai 1851.

« Monsieur le sous-intendant,

» Une décision ministérielle du 24 avril 1851, insérée au *Journal militaire*, page 170, prescrivant » de relater sur les registres matricules des corps de » troupe, la délivrance des épinglettes d'honneur accordées, à titre de prix, aux meilleurs tireurs à la » cible, nous avons l'honneur de vous prier de vouloir bien demander à M. le Ministre de la guerre si, » comme nous le pensons, cette mention, qui doit » nécessairement avoir un effet rétroactif pour tous » les sous-officiers et soldats comptant actuellement » à l'effectif, doit aussi figurer sur l'état des services » de ceux de ces militaires qui sont devenus ou » qui deviendront officiers, après avoir obtenu des » prix de tir.

» Veuillez agréer, etc. »

L'ordre du jour ci-après répondit complétement à la question posée dans la lettre qui précède, et dont le ministre avait sans doute été saisi.

3e DIVISION MILITAIRE.
État-major-général. ORDRE DU JOUR DE LA DIVISION.
Nº 6.

« Le Ministre de la guerre a décidé, le 24 avril 1851, » que, lorsqu'un homme aura obtenu une épinglette » d'honneur, il en sera fait mention à son article signalétique sur le registre matricule. Quelques » doutes s'étant élevés à l'égard des militaires qui ont » reçu des épinglettes d'honneur avant cette décision, » le Ministre vient de faire connaître, par lettre du » 10 juin courant, qu'elle est applicable à tous les » militaires présents au corps, qui ont obtenu des » épinglettes d'honneur, *quel que soit le grade qu'ils* » *occupent.*

» Au quartier-général à Metz, le 12 juin 1851.

Le général de division. commandant
la 3e division militaire,
» MAREY-MONGE. »

C'est donc en vertu d'une décision ministérielle du 10 juin 1851, que l'obtention de l'épinglette est mentionnée non-seulement sur le registre matricule de la troupe mais encore sur celui des officiers.

On a, avec raison, ouvert à l'épinglette de tir, les colonnes de la matricule de MM. les officiers. Mais,

mortellement blessé. Tous ses soldats brûlent de le venger. L'intrépide Regnaud guide leur bouillante impétuosité : sa place est toujours au plus fort de la mêlée. L'audace de cette poignée de héros impose à l'ennemi, l'arrête.

Cependant le bruit de la fusillade attire les autres compagnies du bataillon. Elles arrivent au pas de course avec leur valeureux chef, se précipitent sur les Russes dix fois plus nombreux et les culbutent.

Ainsi finit le combat de Baga si glorieux pour le 26e, pour l'armée, pour la France.

Brouhounet rendit le dernier soupir au moment où l'étoile des braves allait briller sur sa noble poitrine.

pour être nommé soldat d'élite, il faut, au préalable, avoir fait ses preuves d'adroit tireur. Donc, l'épaulette de grenadier ou de voltigeur, à laquelle ne peuvent aspirer que les meilleurs soldats prime de beaucoup l'épinglette à laquelle a droit de prétendre l'homme le plus taré, pourvu qu'il excelle dans le tir; donc cette épaulette a, plus que l'épinglette, droit de cité dans les états de services.

L'officier que ses qualités d'homme de guerre ont fait placer dans une compagnie d'élite, aurait-il moins de titres qu'un habile tireur, à voir figurer sur la page de ses services, la distinction qu'il a su mériter?

Ces considérations nous paraissent suffire pour mettre en lumière le droit de l'officier à l'inscription sur la matricule de chaque nomination à une compagnie d'élite.

En conformité des dispositions de la circulaire ministérielle du 19 décembre 1835 (*Journal militaire,* 2e *semestre* 1835, *page* 370) et de l'article 145 de l'instruction du 1er juin 1858 pour les revues d'inspection générale des corps d'infanterie, les capitaines des compagnies d'élite doivent être tiercés entre eux, non d'après leur ancienneté de grade, mais suivant la date de leur nomination à une compagnie d'élite.

Pour exécuter cette opération avec une rigoureuse exactitude, Messieurs les Inspecteurs généraux devraient avoir sous les yeux les dates précises des nominations de MM. les capitaines aux compagnies d'élite. Elles n'existent nulle part. La mémoire seule doit suppléer à l'absence de tout document écrit. Si les nominations sont anciennes, et il en est qui remontent à plus de dix ans, on court risque de commettre des erreurs. Dans l'hypothèse où les capitaines auraient toujours servi dans le même corps avec leur grade actuel, nous concevons que les erreurs puissent, jusqu'à un certain point, être évitées.

Mais si, comme le fait s'est plus d'une fois produit, il s'agit de classer un capitaine d'élite venu de la non-activité, et qui a été, dans un autre corps, sans en excepter l'infanterie de marine, à la tête d'une compagnie de grenadiers ou de voltigeurs, comment pourrait-on déterminer, d'une manière sûre, ses droits au bénéfice de la décision ministérielle du 26 octobre 1841 (*Journal militaire,* 2e *semestre* 1841, *page* 323), qui l'admet à compter pour son classement par ordre de bataille, le temps pendant lequel il a commandé une compagnie d'élite, *quelle qu'elle soit?* Ici apparaît l'impérieuse nécessité de résoudre par l'affirmative la question que nous venons de traiter sommairement.

Tous les officiers se trouvent très-honorés d'être placés dans une compagnie d'élite. Une récompense de cette nature aurait encore plus de prix pour eux, si, indépendamment de la mention qui en serait faite au registre matricule, il leur était délivré un titre de nomination revêtu de la signature du général qui leur aurait conféré une distinction si vivement, si justement ambitionnée.

Les développements dans lesquels nous venons d'entrer, n'ont certes pas pour objet de critiquer le

mode d'opérer des bureaux de la guerre. Ce sont de simples observations : nous avons l'honneur de les soumettre avec confiance à la haute appréciation de Son Excellence monsieur le Maréchal Ministre secrétaire d'État au département de la guerre. Son administration, dont les ressorts, merveilleusement trempés, fonctionnent avec une admirable intelligence, avec une rapidité inouïe, avec un ensemble parfait, ne se drape jamais, malgré ses prodigieuses richesses de savoir, dans les plis du manteau de l'orgueil. Loin de repousser les projets d'amélioration conçus en dehors de son enceinte, elle s'attache, au contraire, à les provoquer. Tout ce qui lui est adressé, est soumis à un scrupuleux examen, et tout ce qui est d'une incontestable utilité est accueilli, promptement appliqué.   Le major PAUL ROQUES.

VOMITIFS (CONSIDÉRATIONS SUR LES), par *Hufeland*. — Les anciens s'étaient contentés d'établir la théorie de l'utilité et de l'emploi des vomitifs sur les bases de l'humorisme et de la mécanique. Vers le milieu du dernier siècle, les médecins commencèrent (Cullen, Tissot, Schaeffer, Stoll) à envisager davantage ces médicaments sous le point de vue dynamique, et à les employer comme moyens d'apaiser le spasme, de modifier la sensibilité, de faire cesser l'irritation fébrile, de corriger la sécrétion biliaire. Malheureusement on alla trop loin dans cette nouvelle direction, et l'on abusa des vomitifs. Ce fut alors le règne du gastricisme.

Brown et son école parurent ensuite : l'emploi des vomitifs fut frappé de proscription, ou du moins restreint au seul cas de crudités dans l'estomac, après une surcharge de ce viscère. Du reste, on les considéra comme de purs débilitants.

Ne doit-on pas déplorer le sort de l'art qui se vit dépouillé d'un de ses plus précieux moyens par l'étroitesse des idées théoriques, la manie des réformes, l'esprit de secte, et surtout le dédain de l'expérience ? N'est-il pas surprenant que l'école qui déclarait la guerre à toutes les idées matérielles de l'humorisme, soit précisément celle qui a fait retomber les vomitifs dans la classe des moyens appartenant à la méthode purement humorale, c'est-à-dire, dans celle des évacuants, et qu'en croyant porter ses vues plus haut, on n'ait fait que limiter davantage son horizon ?

Sous le nom de *gastricisme*, toute idée de vomitif était représentée comme une idée grossière et indigne d'un médecin philosophe, sans qu'on prît la peine de réfléchir que, même déjà dans les mains de Stoll, la méthode gastrique n'avait pas pour unique but d'évacuer, que tous ses partisans raisonnables visaient plus à l'effet dynamique qu'au phénomène matériel, et qu'à coup sûr ils interprétaient mieux et plus largement la nature que les sectateurs de l'excitement, qui pourtant les regardaient d'un œil de pitié.

La vérité triompha enfin. On en revint à l'usage des vomitifs, comme à celui de la saignée. Mais alors on tomba dans un autre extrême : on ne vit plus que le côté dynamique de ces médicaments, et l'on n'eut aucun égard à leur effet matériel évacuant ; en un mot, on les considéra comme de simples nervins, et sous ce point de vue on en abusa.

Aujourd'hui nous sommes de nouveau placés entre deux écoles, d'un côté celle de Broussais, qui voit partout inflammation et n'a soif que de sang, de l'autre celle de Hahnemann, qui se borne à temporiser et qui rejette tous les moyens héroïques. L'une et l'autre repoussent les vomitifs, qui sont pour elles des moyens uniquement propres à troubler et même dangereux au plus haut degré.

La médecine se trouve même aujourd'hui dans l'étrange situation de voir les uns n'employer les vomitifs qu'empiriquement, et souvent avec excès, les autres s'en abstenir, parce qu'ils les croient inutiles et dangereux (1).

Oh ! sainte nature, montre-nous donc la véritable voie, tracée par toi-même dans notre art, et préserve-nous des erreurs de l'école !

Le vice était, comme il est de nos jours, dans la manière incomplète d'envisager le mode d'action des vomitifs. Les uns ne voient encore en eux que des évacuants, et les autres que des excitants, des irritants ; on n'a égard dans un cas qu'à leur effet matériel, et dans l'autre qu'à leur effet dynamique. Mais ici, de même que partout ailleurs en médecine, soit pour expliquer la production des maladies, soit pour concevoir l'action des médicaments, il faut réunir les deux ordres de considérations. C'est une loi que je me suis faite de tout temps et que j'ai toujours proclamée. A la condition seule de cette réunion on obtient une explication satisfaisante et complète.

Nous allons donc établir le mode d'action des vomitifs, non d'après des spéculations, mais sous la dictée de l'expérience ; puis nous ferons connaître les indications, non point non plus avec le secours de la théorie, mais telles qu'elles ressortent de la pratique, c'est-à-dire en relatant les signes sur lesquels elles reposent ; ensuite nous passerons en revue les cas dans lesquels ces moyens sont utiles, nécessaires, parfois les seuls capables de sauver le malade, et ceux

(1) Naguères encore un écrivain estimable disait qu'il ne faut jamais prescrire de vomitifs, si ce n'est quand des poisons ont été introduits dans l'estomac. Je ne puis me défendre de reproduire ici un passage que j'écrivis il y a trente-cinq ans, qui malheureusement s'applique encore à l'époque actuelle. « Il est douloureux de voir des écrivains sans expérience biffer d'un trait de plume les résultats les mieux constatés de l'expérience des siècles passés, et priver ainsi le genre humain d'un de ses plus puissants remèdes, du moins pour quelque temps, et chez une certaine classe de médecins ; c'est donc un devoir pour quiconque aime réellement la vérité, de ne point garder le silence, de proclamer à haute voix, et sans nul égard pour aucune théorie, ce que la nature nous a enseigné pendant une longue série d'années. Quand bien même nous accorderions que, dans les sciences comme en politique, les révolutions sont quelquefois nécessaires pour changer le cours des idées, quoiqu'un progrès lent semble être une voie plus sûre et plus digne de la raison, il n'en faudrait pas moins sauver du naufrage les vérités qui sont devenues la propriété légitime du genre humain, afin qu'elles ne périssent point, et qu'on ne soit pas réduit à les découvrir de nouveau. »

aussi dans lesquels ils sont nuisibles, ou peuvent même devenir un poison mortel; enfin, nous tracerons les règles à suivre pour les employer d'une manière complète, nous décrirons l'art d'exciter le vomissement, art dont l'importance est très-grande.

I. *Mode d'action.* Les vomitifs ont des effets de deux genres, les uns locaux, et les autres généraux.

A. *Effets locaux.* Ils sont également au nombre de deux, suivant qu'il en résulte une évacuation, ou une stimulation, une modification de l'activité nerveuse.

Quant à ce qui concerne l'évacuation, les vomitifs amènent au dehors, non-seulement les matières contenues dans l'estomac, mais encore celles qui se trouvent au delà de ce viscère, dans le duodénum. L'évacuation s'étend même à la vésicule du fiel, aux conduits biliaires et au foie, d'où la bile est chassée jusque dans l'estomac, tant par l'irritation que par l'effet mécanique de la pression. Il se passe donc là un phénomène que nous ne pourrions jamais produire avec un purgatif, et auquel précisément doit être attribuée la grande utilité des vomitifs dans les maladies bilieuses. Cette puissance évacuatrice agit même sur les poumons et les voies aériennes; et l'on ne saurait nier que l'ébranlement imprimé à toute l'économie, que les contractions convulsives du diaphragme et des muscles intercostaux dont le vomissement s'accompagne, ne soient aptes à chasser mécaniquement, le mucus, le pus ou les concrétions lymphatiques accumulés dans les voies aériennes, à en débarrasser les poumons, au grand soulagement du malade, dont la vie dépend quelquefois de là seulement, comme nous en avons la preuve dans les engouements muqueux de la poitrine chez les petits enfants, dans la coqueluche, le croup. Ce ne sont point seulement des matières grossières, des mucosités, de la bile, des crudités, qui sortent ainsi; car le vomissement paraît même pouvoir entraîner de plus subtiles, par exemple, des principes contagieux, ainsi que le témoigne l'efficacité des vomitifs dans les cas d'infection ou au début des fièvres contagieuses.

Mais l'effet nerveux local n'est pas moins important que l'évacuation. Par lui, les vomitifs peuvent changer totalement le mode d'action des nerfs de l'estomac, du foie et des parties voisines, en un mot du plexus solaire entier, ce dont on a la preuve, tant par la cessation des états spasmodiques de ces organes que par les modifications imprimées aux sécrétions, qui reprennent leur caractère normal. C'est cet effet nerveux qui, en même temps que s'opère l'expulsion des mucosités, de la bile, des acides, etc., fait cesser l'état morbide à la présence duquel tenait la production de ces saburres, dont par conséquent il tarit la source.

B. *Effets généraux.* Ils tiennent à la sympathie des nerfs de l'estomac et de la région précordiale. Les connexions de ces nerfs avec tout le reste du système nerveux donnent une haute importance à ces effets généraux, et font qu'ils pénètrent tous les systèmes de l'économie. On peut les distinguer en ceux qui excitent ou stimulent, ceux qui dérivent par antago-

nisme (antispasmodiques), et ceux qui activent la sécrétion et la résorption.

L'effet excitant s'annonce principalement par l'éveil donné à l'action des poumons et du cœur, qui sont les premiers à s'en ressentir. Aussi emploie-t-on les vomitifs avec avantage pour ranimer la vie dans les asphyxies, les paralysies, l'apoplexie et la coqueluche (paralysie du cerveau et des poumons).

L'effet révulsif et dérivatif, antispasmodique, entre souvent en jeu, et joue un rôle fort important, car la contre-irritation porte ici sur la partie la plus essentielle après le cerveau, sur le centre du système ganglionaire, qui sympathise avec toutes les parties de l'organisme. Cet effet peut donc, par cela même, s'étendre à tous les points de l'économie. C'est ainsi que les vomitifs deviennent un des plus puissants moyens pour calmer des spasmes de toute espèce. On les a même appliqués avec succès au traitement de l'épilepsie, des fièvres intermittentes, des spasmes, de l'asthme, de la toux convulsive. Ils sont surtout fort utiles dans les affections morales du cerveau, dans les aliénations mentales. Employés à petites doses, ils peuvent produire de très-grands effets par leur action contre-irritante et calmante.

L'effet qui consiste à rendre les sécrétions plus actives se manifeste spécialement à la peau. C'est là-dessus que repose l'influence salutaire des vomitifs dans les rhumatismes et les exanthèmes. Mais ces médicaments accroissent aussi la sécrétion des reins, du canal intestinal, des bronches et des glandes salivaires. Ils activent également l'absorption par le système lymphatique, comme le prouve assez la part qu'ils prennent à la disparition des hydropisies, même articulaire et scrotale, et à la résolution des stases et tuméfactions locales.

II. *Indications et contre-indications.* L'*indication* principale est celle-ci: *vomitus vomitu sanatur.* Hippocrate l'a formulée ainsi : *si quid movendum est, move.* En d'autres termes, dès que la nature elle-même demande le vomissement pour évacuer quelque chose de nuisible, qu'elle tend à l'établir, ou qu'elle l'a déjà mis en train, c'est un impérieux devoir de la favoriser, et jamais on ne désobéit impunément à cette injonction.

Cependant il faut bien s'assurer que cet effort de la nature tient à une accumulation de matières dans l'estomac, autrement dit, à une turgescence gastrique. On le reconnaît à ce qu'il existe en même temps des indices de saburres gastriques. De là suit la règle de n'employer les vomitifs qu'autant qu'il y a des signes de saburres dans l'estomac.

En effet, le vomissement peut dépendre d'une foule d'autres causes. Il peut tenir à une affection inflammatoire de l'estomac, qui exaspère l'irritabilité de ce viscère jusqu'au point de le déterminer à se soulever. Il peut être le résultat d'une exaltation de la sensibilité. Il peut même, ce qui arrive plus souvent encore, se rattacher à une simple affection sympathique de l'estomac, en sorte que l'irritation qui le détermine ait son siége, non dans ce viscère, mais dans une autre partie, quelquefois éloignée; tel est le cas,

par exemple, du vomissement qui procède du foie, de la rate, du pancréas, des reins (surtout dans les cas de calculs rénaux), du cerveau (dans l'hydrocéphale, les commotions cérébrales).

Dans toutes les circonstances un vomitif serait inutile, nuisible, même parfois mortel, par exemple, dans la gastrite.

Mais, indépendamment de cette indication générale, le médecin peut prescrire les vomitifs à titre de substances agissant avec énergie sur les nerfs, pour exciter, pour dériver, pour activer la sécrétion et la résorption. C'est ce qui arrive, par exemple, dans la folie, les spasmes, les rhumatismes, etc., en supposant qu'il n'existe point de contre-indications.

Les *contre-indications* des vomitifs sont :

1° L'inflammation et avant tout celle de l'estomac, en présence de laquelle ces substances pourraient agir précisément comme poison, et causer une mort immédiate, toute véritable inflammation d'autres viscères internes les contre-indique également, parce qu'ils ne pourraient qu'exaspérer la phlegmasie et la rendre plus dangereuse. Mais je prie de bien noter que je parle d'une véritable inflammation ; car une irritation qui semble inflammatoire n'entraîne point la même interdiction. Ici je dois m'élever contre une erreur des temps modernes, et prendre le parti des vomitifs, dont elle a fait prononcer l'exécution. On est allé jusqu'au point d'appeler *inflammation* tout spasme d'estomac. Cependant je puis assurer qu'une foule de spasmes d'estomac, même parmi les plus douloureux, ont cédé instantanément à un vomitif, entre mes mains, lorsqu'ils dépendaient d'une matière gastrique. On ne saurait non plus considérer les inflammations érysipélateuses comme des contre-indications ; loin de là même, les vomitifs sont le meilleur moyen pour les combattre.

La règle empirique est donc de s'abstenir des vomitifs toutes les fois qu'il y a forte fièvre, langue rouge et sèche, soif intense, violentes douleurs brûlantes dans l'estomac, et impossibilité de rien conserver dans ce viscère, car ce sont là les signes d'une véritable gastrite.

2° La constipation défend aussi d'employer les vomitifs ; car non-seulement ils agissent alors d'une manière plus violente, donnent lieu à des spasmes, et peuvent déterminer des congestions fâcheuses vers la tête et la poitrine, mais encore ils peuvent rendre la constipation elle-même plus opiniâtre, déterminer un mouvement anti-spéristaltique continuel, et faire naître l'iléus. En pareil cas, on doit toujours, avant d'administrer les vomitifs, commencer par vider les intestins à l'aide d'un lavement.

On est dans l'usage de considérer encore les hernies, la grossesse et les règles comme autant de contre-indications des vomitifs. Je conviens que, dans tous ces cas, il vaut mieux épargner le vomissement au malade, et essayer d'arriver au but par des purgatifs ; mais quand la vie en dépend, l'imminence du danger fait taire des craintes moins vives, et l'on ne doit point hésiter à faire vomir. Les personnes atteintes de hernies peuvent d'ailleurs prévenir la procidence de

l'intestin au moyen d'un bandage bien appliqué, ou en comprimant la tumeur à chaque vomissement.

Enfin, je dois ajouter qu'il ne faut jamais donner de vomitifs immédiatement après un accès de colère, quelle que soit leur efficacité pour provoquer l'écoulement de la bile ; car ils pourraient entraîner des suites fâcheuses et même fort dangereuses. On commence par administrer des calmants rafraîchissants, et lorsque la vive excitation nerveuse est apaisée, on peut faire prendre un vomitif.

III. *Art d'exciter le vomissement.* Nul médicament ne demande autant d'art que le vomitif, pour être employé d'une manière convenable ; c'est principalement au manque de connaissance à cet égard qu'il faut s'en prendre de ce qu'on accuse si souvent ce moyen d'être resté sans effet, ou d'avoir agi avec trop de force, et de ce qu'il est tombé en discrédit dans l'esprit d'un grand nombre de médecins.

L'une des principales causes des résultats défavorables entraînés par les vomitifs, tenait jadis, et tient encore aujourd'hui, à la coutume de les administrer en une seule dose. Mais nul ne saurait déterminer d'avance le degré d'irritabilité de l'estomac et de turgescence de la matière, d'où dépend l'effet du médicament, et il peut se faire qu'une même dose soit énorme dans telle circonstance donnée, tandis que, dans une autre, elle ne déterminera aucune réaction.

La première règle est donc de ne jamais administrer un vomitif en une seule dose, et de le faire prendre toujours à doses fractionnées. Cette méthode présente deux avantages : d'abord, les premières doses agissent comme digestif, et disposent la matière à se laisser plus aisément évacuer ; puis, on est maître de calculer exactement l'effet, et de faire qu'il ne soit jamais ni trop fort ni trop faible. On donne donc, de quart en quart d'heure, environ le quart de la dose totale, et l'on continue ainsi jusqu'à ce que le vomissement commence à s'établir ; alors on attend une demi-heure, et s'il ne survient point trois vomissements durant ce laps de temps, on fait encore prendre la moitié de la dose qui a été administrée jusqu'alors. Les liquides que le malade boit, ne sont pas non plus sans importance. Trop boire, peut, en délayant le vomitif, affaiblir son action, ou, en distendant l'estomac, rendre l'évacuation difficile et accroître l'anxiété. Le mieux est donc de ne point boire après les premières doses, et avant que les nausées se prononcent ; alors seulement, on prend une tasse d'infusion de camomille, ce que l'on répète à la suite de chaque vomissement. Lorsque ce dernier s'effectue avec beaucoup de peine, on emploie avec succès l'eau tiède contenant un peu de farine.

Le vomissement doit se répéter au moins trois fois, pour déblayer convenablement l'estomac ; en un mot, il doit durer jusqu'à ce que la bile vienne à la bouche ; c'est là le seul signe annonçant que l'estomac a été nettoyé d'une manière complète.

Il n'y a que trois cas dans lesquels on doit préférer de faire prendre à la fois la dose entière du vomitif : ce sont celui d'insensibilité extrême de l'estomac (par exemple dans certains typhus), d'aliénation mentale,

de saburres muqueuses, celui d'empoisonnement, qui exige une prompte évacuation, celui enfin de diarrhée, parce qu'il est à craindre alors que de petites doses ne franchissent l'estomac et n'aggravent la maladie.

Après la dose, ce qui mérite une grande attention, c'est le choix du moyen auquel on a recours pour déterminer le vomissement, chaque substance ayant des propriétés accessoires auxquelles on doit avoir égard. Le tartre émétique possède une vertu vomitive très-énergique; mais, à l'instar de toutes les préparations métalliques, il ébranle violemment l'organisme, et de plus, il augmente les déjections alvines. En conséquence, il convient chez les sujets apathiques, dans le cas de mucosités visqueuses, et quand il y a tendance à la constipation. Mais on doit l'éviter chez les personnes délicates, irritables, ou déjà atteintes de diarrhée. L'ipécacuanha est plus antispasmodique, moins incisif, plus constipant; de sorte qu'il convient chez les sujets très-irritables, enclins aux spasmes, ou frappés de diarrhée. L'oxymel scillitique est excellent pour détacher les muscosités, et il excite doucement le vomissement, ce qui le rend approprié surtout aux cas dans lesquels les premières voies sont gorgées de mucosités. J'ai donc trouvé que le mieux était d'unir ensemble ces trois substances, afin d'avoir ensemble l'effet antispasmodique, l'effet incisif et l'effet pénétrant, et de les corriger ainsi l'un par l'autre. En général, je me sers de la potion n° 258.

Il me reste encore un point à examiner, la manière de préparer le malade, et les précautions qui rendent nécessaires les circonstances concomitantes. C'est le plus important de tous; en le négligeant, on s'expose à ce que les vomitifs ne produisent rien, ou à ce qu'ils entraînent des effets nuisibles, même très-dangereux. Il faut distinguer les cas suivants:

1° *L'immobilité des saburres.* Les matières sont encore trop visqueuses, trop fixées, trop enveloppées de mucosités gluantes. Nous reconnaissons cet état à la langue chargée, mais dont l'enduit est sec et ferme, à l'absence des nausées et à celle des envies de vomir. Si l'on se hâte trop alors de donner un vomitif, on fatigue inutilement le malade, et l'on provoque de violents hauts de corps et vomissements, sans effets, car il ne sort point de matières altérées. Il faut donc commencer par administrer des digestifs, soit le sel ammoniac (quand il y a tendance à la diarrhée, ou même déjà diarrhée), soit le tartre tartarisé (lorsqu'il y a propension à la constipation). Le résultat est que les symptômes gastriques disparaissent d'eux-mêmes, au milieu d'évacuations alvines douces, et que le vomitif devient inutile, ou que les signes de turgescence vers le haut se prononcent davantage, que les matières deviennent plus mobiles; on donne alors un vomitif, qui agit aisément et d'une manière efficace.

2° *La mobilité des saburres.* Il y a déjà une forte turgescence, qui se décèle par l'enduit épais, humide et mou de la langue, par la grande propension à vomir, ou même déjà par des vomissements. On doit bien donner de suite un vomitif en pareil cas, mais avec circonspection, dans la crainte d'exciter des vo-

missements excessifs. En conséquence, on évite le tartre émétique, et l'on prescrit 25 centigrammes d'ipécacuanha, avec de l'oxymel scillitique, tous les quarts d'heure, jusqu'à suffisant effet.

3° *L'existence de la pléthore*; pouls plein et fort, fièvre aiguë, disposition inflammatoire; un vomitif, donné sans préparation, pourrait produire beaucoup de mal, déterminer les plus violentes congestions vers la tête et la poitrine, amener même des ruptures de vaisseaux, des hémorrhagies. Il faut donc, en premier lieu, combattre la pléthore sanguine par une saignée modérée, ce qui prévient ces conséquences fâcheuses.

4° *L'état spasmodique.* Le malade est extrêmement irritable et nerveux, sujet aux spasmes, aux syncopes, il éprouve beaucoup de douleurs à la région précordiale et de l'anxiété. Le vomitif pourrait provoquer des spasmes violents, même des vomissements excessifs, si l'on ne détruisait point auparavant, ou simultanément, l'anomalie du système nerveux. On débute donc par des frictions antispasmodiques et des cataplasmes narcotiques sur la région épigastrique; on donne, à l'intérieur, des calmants, et on ajoute à la potion vomitive quelques grains de jusquiame ou de castoreum.

5° *Le malade a la diarrhée*, et cependant il présente tous les signes d'une turgescence vers le haut. Il est à craindre, en pareil cas, que le vomitif, l'émétique surtout, ne s'échappe par le bas, et ne fasse qu'accroître la diarrhée, sans nettoyer l'estomac. On prescrit donc d'abord du sel ammoniac dans une émulsion de gomme arabique, puis une dose entière d'ipécacuanha.

Ce cas arrive assez fréquemment dans les fièvres typheuses graves, compliquées d'engourdissement de l'estomac; la vie court alors de grands dangers, et le problème est un des plus difficiles de la pratique. Le malade, accablé de faiblesse, est au huitième, neuvième ou dixième jour de la fièvre; on remarque en lui de la sopeur et autres symptômes nerveux; sa langue est très-chargée (ordinairement les évacuants ont été omis); il y a des hauts de corps, des envies de vomir, de l'anxiété, et en même temps une diarrhée aqueuse continuelle, souvent colliquative. Ici, un vomitif est indispensable: il est même l'unique moyen de sauver la vie; mais on doit craindre qu'il ne franchisse pas l'estomac, et qu'il n'augmente la diarrhée colliquative, ce qui mettrait le malade dans le plus grand danger. L'important est de faire d'abord cesser la diarrhée et de réveiller l'excitabilité normale de l'estomac. On y parvient en faisant prendre d'abord une dose d'opium avec de l'ipécacuanha, appliquant des fomentations vineuses, aromatiques, sur l'épigastre, donnant un lavement d'amidon avec l'opium, et administrant ensuite 1 gramme 30 centigrammes d'ipécacuanha à la fois. Plus d'une fois, par cette méthode, je suis arrivé à mon but et j'ai amené un commencement de convalescence. Un vésicatoire sur la région épigastrique peut également contribuer à ranimer l'irritabilité éteinte de l'estomac. J'ai vu un malade, qui avait pris depuis quatre heures, un vo-

mitif sans en éprouver aucun effet, vomir de lui-même dès que le vésicatoire commença d'agir.

Je dois encore ici ajouter une remarque: Beaucoup de personnes s'imaginent que tout est fini après le vomissement. Mais il n'en est point ainsi : pour que l'effet du vomitif soit complet, il faut que le malade aille plusieurs fois à la selle, car les contractions de l'estomac refoulent toujours une partie des saburres dans le duodénum, où le foie verse en outre une plus grande quantité de bile, et ces matières ont besoin d'être expulsées par le bas, sans quoi le soulagement et l'effet ne sont point complets. Si donc les déjections n'ont pas lieu d'elles-mêmes, on ne manquera jamais, après le vomissement, de prescrire un purgatif léger.

Je terminerai par quelques réflexions sur les vomissements excessifs. Ils tiennent ordinairement à ce qu'on a négligé de préparer le malade, ou à ce qu'on lui a fait prendre une trop forte dose de vomitif. Les vomissements ne s'arrêtent point, et le cas peut devenir dangereux, soit parce qu'il survient une gastrite ou une hématémèse, soit au moins parce que les forces sont épuisées au plus haut degré. Heureusement nous possédons ici des moyens dont l'effet est certain. Le premier consiste à prendre des boissons mucilagineuses abondantes, après quoi on prescrit la potion de Rivière (mais non la poudre effervescente, qui, presque toujours, irrite encore davantage un estomac déjà trop irrité), sous la forme suivante : carbonate de potasse, 10 grammes, suc de citron, quantité suffisante; eau de mélisse, 90 grammes, sirop de fleurs d'oranger, 30 grammes, une cuillérée à bouche, toutes les demi-heures. En même temps on applique sur la région épigastrique de la menthe crépue bouillie dans du vin.

IV. *Application aux cas particuliers.* Examinons maintenant, d'après les principes qui viennent d'être posés, les maladies auxquelles les vomitifs s'appliquent le plus particulièrement, celles aussi dans lesquelles ils sont trop négligés, ou mal appréciés, et accompagnons cette revue de remarques puisées dans notre propre pratique.

1° *Fièvres aiguës.* Dans toutes les fièvres, le plexus nerveux de la région précordiale et le nerf grand sympathique semblent être le premier point irrité, en quelque sorte le foyer d'où part l'irritation fébrile. Nous en avons la preuve dans les sensations qui accompagnent la première apparition d'une fièvre, la perte d'appétit et de faculté digestive qui a lieu sur-le-champ, les frissons qui partent de cette région, etc. Cette affection nerveuse toute spéciale n'a point encore été expliquée jusqu'à présent. Nul moyen n'est plus propre que les vomitifs à la combattre, et à agir sur le plexus nerveux qu'elle a pour siége. Aussi les regarde-t-on avec raison comme l'anti-fébrile le plus général, comme le meilleur moyen d'anéantir la fièvre en elle-même, de détruire l'irritation fébrile dès les premiers moments de son développement; même à doses faibles, et insuffisantes pour faire vomir, ils produisent d'excellents effets, et l'expérience a depuis longtemps constaté les avantages de la poudre de

James, qui est, comme l'on sait, un oxyde d'antimoine.

Mais il y a des fièvres dans lesquelles cette affection de l'estomac et du canal intestinal parvient à un haut degré, non-seulement d'irritation morbide, mais encore d'altération des sécrétions et des humeurs, et demeure l'objet principal, la source proprement dite de tous les accidents, non pas seulement au début, mais encore pendant le cours entier de la maladie, à laquelle par conséquent elle imprime son caractère. Nous donnons à ces fièvres l'épithète de *gastriques*, sans nous arrêter aux vaines hypothèses qu'on a imaginées pour les expliquer, et dont aucune ne repose sur l'expérience. Le fait est qu'il y a des fièvres dans lesquelles les signes et les effets de l'affection gastrique et de la perversion des humeurs sont le point capital, dans lesquelles il n'y a d'autre moyen de soulager, ou même, si elles ont atteint un haut degré d'intensité, de sauver la vie du malade, que celui d'employer les vomitifs et les purgatifs.

L'indication fondamentale, en pareil cas, est donc d'écouter la voix de la nature, de favoriser la tendance qu'elle manifeste à solliciter le vomissement. Appelé auprès d'un malade qui au début d'une fièvre, lui présente des nausées ou des vomissements, avec bouche mauvaise et langue chargée d'un enduit jaune et brun, le médecin commet une faute grave lorsqu'il n'a point recours au vomitif, et le pauvre malade l'expie cruellement, car il importe de saisir l'instant où la nature demande une évacuation, où elle y est disposée, et c'est ici surtout qu'Hippocrate avait raison de dire : *quid movendum est, move.* Souvent même il n'y a pas moyen de réparer les maux qui résultent de l'omission d'un vomitif. Administré à temps, il peut étouffer la maladie dès sa naissance; de même son omission peut la rendre longue, difficile à guérir, incurable. C'est là une vérité dont les jeunes praticiens ne sauraient trop se pénétrer. Qu'on ne croie pas pouvoir remplacer le vomitif par un purgatif! Les purgatifs n'expulsent jamais ce qu'un vomitif entraîne au dehors : j'ai vu des restes d'aliments indigérés demeurer dans l'estomac, malgré les purgations continuées pendant quinze jours, et n'en sortir que par l'effet d'un vomitif. Il ne faut point oublier, en outre, que c'est un grand avantage pour le malade, surtout dans le cas de saburres putrides, d'en être débarrassé par la voie la plus courte; car, en parcourant tout le canal intestinal, et faisant par conséquent un long séjour dans le corps, elles lui nuiraient infiniment, par irritation, débilitation et résorption. Mais ce qui est plus important encore, les purgatifs ne provoquent jamais cette révolution salutaire, dans tout le système nerveux et sécrétoire de l'estomac et du foie, qui a le pouvoir d'en changer totalement le mode d'action et de tarir la source des saburres gastriques.

Un seul vomissement ne suffit pas toujours. Il est souvent nécessaire de répéter deux ou trois fois le vomitif. En un mot, il faut y revenir aussi souvent que la nature détermine une nouvelle turgescence vers le haut.

On doit avoir égard aux complications et aux di-

verses formes de la fièvre gastrique. Nous distinguons, sous le rapport des matières, la fièvre saburrale, la fièvre bilieuse, la fièvre muqueuse, la fièvre vermineuse, et sous celui de la forme, la fièvre gastrique inflammatoire, nerveuse putride.

L'inflammation, tant générale que locale, peut se joindre à toute fièvre gastrique. Elle exige qu'on la prenne en considération avant tout : constamment il faut la dompter, par les émissions sanguines nécessaires, avant de procéder à l'emploi du vomitif.

Dans la complication nerveuse et putride, on doit soutenir les forces vitales, et à cet effet administrer simultanément des nervins, des excitants, des toniques et des antiseptiques.

Le traitement de la fièvre saburrale simple, de celle qui est causée par des matières indigestes, n'exige ordinairement autre chose que des vomitifs et des purgatifs.

La fièvre bilieuse demande également de la prudence, à cause des inflammations qui la compliquent souvent, dans le système hépatique surtout, et de l'âcreté parfois considérable qu'a acquise la bile elle-même ; sous ce dernier rapport, il faut s'abstenir des vomitifs énergiques, ne point surtout les administrer à dose pleine et entière, et faire prendre en même temps les boissons délayantes.

La fièvre muqueuse est toujours accompagnée d'un grand état d'engourdissement des organes digestifs. C'est donc celle dans laquelle l'emploi des vomitifs se trouve plus particulièrement indiqué ; mais elle réclame en outre le concours de dissolvants et d'incisifs énergiques.

Le vomitif peut être utile aussi dans la fièvre vermineuse, tant pour expulser les vers, qui se fourvoyent quelquefois jusque dans l'estomac, que pour éteindre certains symptômes sympathiques. Ainsi un vomitif peut faire cesser instantanément les violents points de côté, en apparence pleurétiques, qui se rencontrent si souvent dans cette maladie.

En général les affections sympathiques des organes situés au-dessus du diaphragme (poitrine, col et tête), dans les fièvres gastriques, annoncent une turgescence vers le haut, et indiquent l'emploi des vomitifs.

2° *Fièvre intermittente.* Je suis persuadé, d'après tous les symptômes essentiels de cette maladie, qu'elle a son foyer proprement dit dans les nerfs de la région précordiale et dans le grand sympathique, et ma conviction repose en outre sur les excellents effets des vomitifs. Bien des fois on a vu un vomitif, pris avant l'accès, la prévenir. Les espèces ordinaires de fièvres intermittentes, celles surtout du printemps, guérissent fréquemment par le seul usage des vomitifs, dans l'intervalle desquels on administre du sel ammoniac. Dans les plus graves mêmes, celles qui exigent le quinquina, il y a nécessité de commencer par faire vomir : l'avantage qu'on en retire est de rendre le quinquina plus facile à supporter ensuite, et la fièvre plus prompte à céder. J'ai souvent vu le quinquina, ou la quinine, qui se digère mieux, ne point arrêter la fièvre, qui, loin de là même, devenait plus forte et anticipait ; le malade se sentait mal à

son aise jusque dans les apyrexies ; qu'on vint alors à suspendre le quinquina, et à donner un vomitif, la scène changeait tout d'un coup, l'écorce du Pérou opérait parfaitement, la fièvre s'arrêtait, et la guérison ne tardait point à avoir lieu.

Naguère encore j'ai eu l'occasion de me convaincre de cette puissance extraordinaire des vomitifs. Un homme d'un certain âge, qui, l'année précédente, avait été atteint d'une jaunisse grave, retomba malade ; les principaux symptômes étaient l'insomnie, le défaut d'appétit, l'anxiété, la difficulté de respirer, l'intermittence du pouls, l'irrégularité des selles, de fréquents mouvements fébriles, mais sans type régulier, et une teinte jaune des yeux. Cet état dura trois semaines, puis il fut suivi d'un amaigrissement inquiétant et d'une grande prostration des forces. Le malade avait fait usage jusqu'alors d'extraits fondants et de sel ammoniac. Comme la fièvre devenait plus prononcée chaque soir, et commençait à se régler, comme, en outre, la fièvre intermittente régnait d'une manière épidémique, on lui fit prendre de la quinine, à la dose de 3 décigr. d'abord, puis de 4, chaque jour. Mais chaque fois qu'on augmentait la dose de ce médicament, la fièvre prenait aussi plus d'intensité, et l'on fut par conséquent obligé de s'arrêter. On crut voir dans cette circonstance une indication de recourir aux vomitifs. Dix centigrammes de tartre émétique procurèrent quatre vomissements et plusieurs selles, qui entraînèrent une grande quantité de bile et de mucosités. A dater de ce moment, toute trace de fièvre disparut, l'anxiété cessa, ainsi que l'oppression et la toux, l'appétit et le sommeil revinrent, et le teint s'éclaircit ; en un mot le malade entra en convalescence, et celle-ci marcha d'une manière régulière. Il avait donc suffi d'évacuer la bile accumulée, de modifier, et de régulariser l'action du système hépatique.

Je dois signaler un effet des vomitifs dont j'ai souvent profité avec beaucoup d'avantage. Il n'est pas rare que la fièvre intermittente ait une marche irrégulière, qu'elle ne présente pas d'intermission décidée, qu'elle n'observe point de type, et qu'elle se rapproche d'une fièvre continue. Qu'on donne alors un vomitif, et la maladie deviendra une fièvre intermittente régulière, avec des apyrexies bien marquées, qui guérira promptement par le quinquina.

3° *Fièvres contagieuses.* Il n'est pas douteux que les nerfs de l'estomac et de la région précordiale sont le premier point sur lequel porte l'action des miasmes fébriles, souvent même la voie par laquelle ces derniers s'introduisent dans l'économie. Le vomissement et autres symptômes gastriques sont d'ordinaire les premiers signes de l'infection qui commence à agir. C'est ce qu'on voit dans la petite vérole, dans la rougeole, et surtout très-fréquemment dans le typhus contagieux. Il n'en faut pas davantage pour nous porter à faire usage des vomitifs à cette époque. Nous pouvons espérer par là d'expulser une partie du principe contagieux, de détruire son action, et d'empêcher qu'il ne se reproduise. Bien des fois, en effet, j'ai vu ces médicaments, administrés au début, diminuer beau-

coup la violence de la maladie. On pourrait même avec leur secours prévenir les conséquences d'une contagion typheuse probable.

Plus tard, au contraire, quand le principe contagieux a été admis dans l'organisme et y a déployé son action, quand la nature fait déjà des efforts critiques pour le rejeter à la peau, en un mot, dans la fièvre exanthématique, je recommande une grande circonspection. Si la période d'éruption a commencé, si l'exanthème apparaît déjà, la révolution et la contre-irritation produites à l'intérieur par les vomitifs pourraient exercer une influence nuisible, même dangereuse, sur la crise cutanée, comme je l'ai vu quelquefois. Il ne faut donc y recourir que dans le cas d'une indication pressante, et quand les symptômes gastriques en rendent l'emploi indispensable.

Mais, dans les maladies qui succèdent à ces fièvres exanthématiques contagieuses, une époque arrive à laquelle on peut employer les vomitifs avec beaucoup d'avantage. C'est un point sur lequel je crois devoir appeler l'attention, parce que c'est précisément celui auquel on songe en général le moins. Dans la rougeole, en particulier, et dans la toux qu'elle laisse si souvent après elle, toux qui n'est que l'effet et le signe d'un reste d'irritation psorique dans les poumons, et qui peut, comme on sait, passer si aisément à la dégénérescence tuberculeuse, les vomitifs me paraissent être les moyens les plus efficaces. J'en ai eu un exemple frappant chez le malade dont je vais rapporter l'histoire. Une petite fille de douze ans avait très-bien supporté la rougeole; on était au quatorzième jour de la maladie; l'état était très-satisfaisant, depuis quelques jours déjà la fièvre avait cessé, et l'appétit même commençait à renaître; mais tout à coup ce dernier disparut complétement, la toux redevint violente, la respiration était difficile, la faiblesse augmentait, la malade dormait mal, elle éprouvait des maux de tête et de la constipation, les purgatifs même agissaient peu : je fis prendre un vomitif; il y eut six vomissements, qui entraînèrent une grande quantité de mucosités et de bile; dès ce moment il s'établit une diarrhée spontanée, véritablement critique, déterminant quatre à cinq selles par jour, et qui dura ainsi plusieurs jours; la toux disparut, l'appétit revint, les forces reprirent, et la santé ne tarda pas à être complétement rétablie.

4° *Angine, croup.* Dans toutes les inflammations de la gorge, les vomitifs sont, d'après mon expérience, un des moyens les plus actifs et le plus généralement utiles. L'irritation qu'ils exercent sur les nerfs et la membrane muqueuse du pharynx paraissent avoir une influence salutaire, et souvent même décisive, sur la prompte résolution des irritations et des stases inflammatoires. La difficulté d'avaler ne doit point empêcher d'y recourir, car le malade vomit beaucoup plus facilement qu'il n'avale. J'excepte seulement l'angine inflammatoire pure, au plus haut degré, en un mot, l'état ou l'époque qui exige impérieusement les émissions sanguines.

Les vomitifs sont surtout utiles dans les cas suivants, où l'on ne saurait trop les recommander.

a. Dans *l'angine proprement gastrique,* c'est-à-dire lorsqu'au début les symptômes de l'inflammation de la gorge sont associés à ceux de l'état gastrique, langue chargée, bouche mauvaise, nausées, envies de vomir, vomissement. Ici l'angine n'est qu'une affection sympathique de la gastrose, avec turgescence vers le haut, et il suffit, pour la guérir, de donner un vomitif, qui souvent fait disparaître sur-le-champ les symptômes les plus graves d'inflammation à la gorge.

b. Dans *le croup.* Les vomitifs ont une puissante action sur cette maladie, et principalement à deux époques, d'après mon expérience.

Ils conviennent au début. S'il existe un moyen de prévenir le développement du croup, d'arrêter même cette maladie dans ses commencements, c'est à coup sûr le vomitif. J'en ai eu la preuve dans une multitude de cas, parmi lesquels j'en signalerai seulement un. Un enfant de trois ans bien portant, robuste, pléthorique, ayant été refroidi par un vent du nord-est, éprouva pendant trois jours des mouvements fébriles, avec toux; toutes les nuits, vers trois heures, il survenait une toux spasmodique si violente, avec symptômes de suffocation et bruit analogue à l'aboiement d'un chien, qu'on crut à un accès d'asthme de Millar, et qu'on prescrivit le musc, avec du calomélas dans les intervalles. Je vis ce malade pour la première fois au quatrième jour : le pouls était plein et fréquent : excitation continuelle à la toux, respiration tantôt plus et tantôt moins oppressée, tête libre, du reste gaieté, même un peu d'appétit, mais langue chargée. Je reconnus le croup commençant, qui, ainsi qu'on le voit quelquefois, était accompagné de spasmes périodiques des organes respiratoires, et je prescrivis sur-le-champ la potion suivante : tartre émétique, 5 centigrammes; ipécacuanha en poudre, 30 centigrammes; oxymel scillitique et sirop de framboises, de chaque 15 grammes; eau de fontaine, 30 grammes : à prendre par cuillérées à café, tous les quarts d'heure, jusqu'à ce que le vomissement survînt. Après que le malade eut vomi trois fois une grande quantité de mucosités, la toux cessa, et l'enfant dormit pendant quatorze heures d'un sommeil calme, accompagné de sueurs abondantes. Le lendemain matin, la toux et la dyspnée avaient complétement disparu, la crise était accomplie, et le commencement de croup avait avorté.

Les vomitifs conviennent aussi vers la fin, quand la fausse membrane s'est produite, qu'elle est détachée, mais qu'elle ne peut point sortir, d'où résulte une respiration râlante et un accroissement des symptômes de suffocation. Le vomitif aide à l'expulsion des masses membraneuses, gluantes, et débarrasse les organes respiratoires. En voici un exemple : Un enfant de deux ans, qui s'était toujours bien porté, à cela près de fréquents coryzas, fut pris d'un croup des plus intenses. Appelé dans la soirée du second jour, je le trouvai en proie aux plus redoutables accès de suffocation, avec toux aboyante et respiration sifflante; tendance continuelle à tenir la tête haute et à allonger le cou; pouls à cent vingt pulsations. Huit

sangsues furent appliquées au col; on donna du calomélas toutes les heures, et un lavement vinaigré.
Après l'effet des sangsues, et la prise de 40 centigr.
de calomélas, qui procurèrent plusieurs selles, il y
eut un notable soulagement. A midi, le pouls n'offrait
plus que quatre-vingt-dix pulsations, mais la respiration était encore râlante et la voix rauque. Je fis appliquer deux nouvelles sangsues, et prescrivis tous les
quarts d'heure la potion vomitive précédente. Une
amélioration complète en fut la suite. Le traitement
fut terminé par une potion avec carbonate de potasse,
1 gramme; eau de fontaine, 30 grammes; sirop de
manne, 15 grammes; vin antimonial, 20 gouttes, dont
le malade prit une cuillerée à café toutes les deux
heures.

c. *Dans l'angine parotidienne,* maladie de gorge
qui ne se voit ordinairement qu'à l'état épidémique.
Elle a bien son siége primitif dans les glandes parotides et sublinguales; mais, avec le temps, et lorsqu'elle prend de l'intensité, elle attaque aussi les
glandes intérieures et la membrane muqueuse de la
gorge, de sorte qu'elle peut rendre la suffocation imminente, et même amener un trisme complet. En
pareil cas, et à la dernière extrémité, un vomitif est
le principal remède, le seul même qui puisse sauver
la vie. Quand la maladie est légère, comme elle n'offre alors aucun danger, et qu'elle appartient à la catégorie des inflammations plus particulièrement sé-
reuses des tissus muqueux et glandulaires, la méthode
antiphlogistique et diaphorétique générale suffit pour
la guérir. Mais il n'en est plus ainsi dès qu'elle a acquis plus d'intensité; les émissions sanguines elles-
mêmes, le calomélas et les vésicatoires échouent souvent, et il n'y a que les vomitifs qui puissent mettre
le malade hors de danger. On en pourra juger par le
fait suivant : une femme de vingt-six ans fut atteinte
d'une angine parotidienne portée au plus haut degré;
non-seulement les parotides, mais encore les glandes
sous-maxillaires et sublinguales, la membrane muqueuse interne, les amygdales, étaient tellement gonflées, que la malade éprouvait les plus grandes difficultés à avaler, et qu'elle ne respirait non plus qu'a-
vec peine; les mâchoires mêmes étaient immobiles au
point que les dents s'écartaient fort peu les unes des
autres; il y avait un véritable trisme; on était déjà
au neuvième jour. Les saignées, les sangsues, les vésicatoires, les mercuriaux, les cataplasmes, les frictions, tout avait échoué; la fièvre était continuelle et
forte. Il ne restait d'autre ressource que le vomitif;
cependant on hésitait à l'employer, en raison de l'occlusion presque complète du pharynx et des mâchoires, qui faisait craindre qu'en refluant à la bouche, et
ne trouvant point d'issue au dehors, les matières ne
déterminassent la suffocation. Cependant, il fallut
bien l'essayer; l'effet en fut surprenant. Les organes
qui refusaient le passage à toutes les substances venues du dehors, le frayèrent à celles qui sortaient de
l'estomac; trois vomissements copieux eurent lieu avec
facilité; immédiatement après, le trisme cessa, le gonflement glandulaire diminua, la déglutition fut possible, et en peu de jours le rétablissement était complet.

Je ne saurais trop recommander les vomitifs, même
pour prévenir cette maladie. A une époque où elle
régnait épidémiquement, et n'épargnait même point
les enfants à la mamelle, j'ai vu un vomitif, administré dès le début, en arrêter les progrès, et amener
une prompte guérison.

d. *Dans l'angine gangréneuse.* Dans cette maladie
si dangereuse, mais qui, par bonheur, est rare, et ne
se voit guères chez nous que comme symptôme d'une
scarlatine maligne, où les signes d'une dégénérescence gangréneuse se prononcent dès l'apparition
même des accidents inflammatoires, les vomitifs sont
le moyen sur lequel on peut le plus compter, surtout
au début.

e. *Dans le stomacace.* Je regarde les vomitifs comme
le plus grand des spécifiques contre cette affection,
comme celui qui agit avec le plus de rapidité. J'ai vu,
dans des cas où l'on avait épuisé en vain tous les évacuants et tous les antiphlogistiques, un seul vomitif
faire cesser cette maladie à la fois si pénible et si dégoûtante.

En un mot, je le répète, le vomitif est le meilleur
remède et l'unique moyen de salut dans toutes les
inflammations de la gorge, lorsque les antiphlogistiques et les antispasmodiques n'ont pu triompher du
mal, qui menace de causer la suffocation.

5° *Pneumonie.* Il est une espèce de pneumonie dans
laquelle la saignée, le nitre, l'opium, les vésicatoires,
en un mot tous les moyens échouent, et qui ne cède
qu'aux vomitifs. C'est même le plus grand triomphe de ces médicaments, qui seuls peuvent sauver la
vie du malade, quand tous les autres ont été employés sans succès. J'ai vu des temps où l'on se bornait à saigner dans toutes les pneumonies, sans rien
faire autre chose; puis d'autres où l'on n'avait recours qu'à l'opium et aux excitants; enfin d'autres
encore où l'on ne faisait usage que des sangsues et
du calomélas; mais, à toutes ces périodes, j'ai trouvé
maintes fois la confirmation de cette grande vérité
pratique, qu'il y a des cas rebelles à tous les traitements, si ce n'est à la méthode vomitive. Qu'est elle-
même la méthode de Peschier, devenue si célèbre
dans ces derniers temps, si ce n'est celle que Schrœ-
der, Tissot, Stoll et Richter recommandaient déjà, il
y a quarante ans, et qui consiste à employer le tartre
émétique dans la péripneumonie, à faire vomir d'a-
bord, puis à provoquer une purgation modérée?

Nous donnons à ces pneumonies le nom de *pneumonies gastriques* ou *fausses.* Elles se rattachent au
système gastrique par les liens d'une causalité immédiate, et sont ou des irritations purement consen-
suelles, des reflets de l'affection gastrique, ou de véritables phlogoses, provoquées dans les poumons par
cette irritation sympathique, en tous points analogues
par conséquent aux inflammations érysipélateuses
extérieures qui naissent de la même source gastrique
et que les vomitifs font cesser.

Ce qui les distingue des pneumonies purement inflammatoires, c'est que le pouls n'est point aussi dur,
aussi fort, aussi difficile à déprimer, qu'il est même
parfois mou et petit; c'est qu'on observe, dès le début;

des signes d'affection gastrique, comme langue chargée, jaune ou brune, mauvais goût dans la bouche, qui est surtout amère, répugnance complète pour les aliments, nausées, envies de vomir ou vomissement, pesanteur ou douleur à la région précordiale, céphalalgie à la partie antérieure de la tête, quelquefois même délire, teinte de jaunâtre autour de la bouche, dans les plis du visage et dans le blanc des yeux ; c'est enfin qu'on remarque presque toujours, dès le début même, un accablement extraordinaire et un état général de courbature. Le point de côté, symptôme principal de ces affections, est souvent si douloureux, que les inspirations ne sont guères moins difficiles et brèves qu'on ne les observe dans la pleurésie inflammatoire la plus intense.

Lorsqu'en arrivant auprès du malade on le trouve dans cet état d'affection violente de poitrine, avec tous les signes de turgescence gastrique, langue jaune ou brune, dégoût, hauts de corps, ou vomissements spontanés, pesanteur à l'épigastre, anxiété, pouls fréquent, mais ni plein, ni dur, il n'y a d'autre parti à prendre que celui d'administrer sur-le-champ un vomitif, car la violence de l'affection de poitrine tient à la mobilité extrême et à la turgescence des saburres gastriques, et en est le produit. Un vomissement bilieux ou saburral abondant surviendra bientôt, et l'on sera surpris de voir la douleur de poitrine, le point de côté, l'oppression, l'anxiété, disparaître souvent tout à coup et comme par enchantement.

Mais parfois aussi ce caractère gastrique est associé dès le principe à une véritable inflammation, c'est-à-dire, qu'il y a pneumonie gastrique inflammatoire ou inflammatoire gastrique. Le pouls est plein et dur, la soif vive, l'urine rouge comme du feu, la chaleur considérable ; en pareil cas, il faut d'abord détruire le caractère inflammatoire par les émissions sanguines et le traitement antiphlogistique, après quoi on applique la méthode antigastrique.

Ainsi, lorsqu'on rencontre un pouls dur et plein, avec les signes de la turgescence gastrique, que le malade est jeune, et sa constitution pléthorique, on doit saigner du bras, puis faire prendre un vomitif. Quelquefois le caractère propre de la maladie ne se dessine pas après l'usage de ce dernier ; il faut alors le faire suivre par la saignée.

Je vais citer, à titre d'exemple, un cas tiré de ma pratique. Une femme de trente-cinq ans était atteinte d'une fièvre violente, avec un point de côté très-douloureux. On remarquait chez elle, en outre, toux brève et sèche, respiration courte et oppressée, mal de tête violent, symptômes gastriques, pouls plein et dur. J'ordonnai une large saignée du bras droit, et de plus, parce qu'il y avait constipation, une mixture de sel de Glauber, avec le vin antimonial et l'électuaire de séné. Après la saignée, les douleurs diminuèrent pendant quelques heures, mais elles reparurent ensuite avec un redoublement d'intensité ; le lendemain le pouls était plus plein et plus fréquent que la veille, mais il n'offrait plus de dureté, le mal de tête était violent, la toux sèche avait augmenté ; le siége de la douleur, le rebord des côtes, la région hépati-

que, présentaient de la tuméfaction, et étaient douloureux au toucher, ce qui prouvait que le foie participait à l'état inflammatoire : des nausées se déclarèrent, en outre, et la langue se couvrit d'un enduit mou, jaune-brun. En présence de cette complication manifeste de l'état inflammatoire et de l'état gastrique, et parce que la dureté du pouls persistait, je fis encore pratiquer une saignée de deux palettes ; le sang ne se couvrit pas d'une couenne. Les douleurs diminuèrent peu, et les nausées s'accrurent, il y eut même des envies de vomir. Alors je donnai le tartre émétique et l'ipécacuanha à doses fractionnées. La malade vomit à trois reprises, une grande quantité de bile et de mucosités. Aussitôt après, diminution considérable des douleurs et de la fièvre ; le pouls tomba de cent dix pulsations à quatre-vingt-dix. Dès ce moment, la convalescence fit chaque jour des progrès, sous l'influence de purgatifs doux, dont l'usage fut continué pendant quelque temps.

Cependant les signes du caractère gastrique ne sont pas toujours si prononcés, et il y a des pneumonies gastriques latentes ou larvées qui réclament une grande attention de la part du praticien ; car, bien que l'état soit le même, les symptômes gastriques ne se dessinent pas à beaucoup près aussi nettement. Le diagnostic peut alors présenter des doutes. Mais d'abord on se laisse guider par les indications négatives. Il y a un violent point de côté, une oppression des plus fortes, et cependant le pouls n'est point inflammatoire, on ne découvre aucun des autres signes généraux de la synoque. Ayant égard alors aux circonstances commémoratives, telles que chagrins, contrariétés, trouble de la digestion, et prenant de plus en considération le sentiment de pesanteur et de tension à la région précordiale, l'aspect de la langue, ou même la teinte jaunâtre du visage, il n'y a plus à hésiter. Je signale surtout l'anxiété comme un symptôme capital de l'état gastrique caché. Elle peut, en pareil cas, s'élever au plus haut degré de violence, et il faut bien se garder de la confondre avec l'anxiété inflammatoire. Elle indique de la manière la plus pressante la nécessité de recourir aux vomitifs, qui seuls peuvent la faire cesser. Enfin, dans les cas très-douteux, on essaie une petite saignée : si l'état est vraiment inflammatoire, quelques décagrammes de sang suffiront pour procurer un peu de soulagement, et on laissera couler ce liquide ; si l'état est purement gastrique, les douleurs, loin de diminuer, s'accroîtront, et on fermera aussitôt la veine, car on sera certain d'avoir affaire à une affection gastrique. Il arrive quelquefois que, pendant la saignée, ou immédiatement après, une turgescence se prononce subitement, les saburres gastriques, mises en liberté, provoquant un vomissement bilieux spontané. Un vomitif, administré de suite, produit alors les meilleurs effets. Il faut également ranger ici les circonstances dans lesquelles la véritable nature du mal a été méconnue dès le premier jour, où l'on a déjà saigné plusieurs fois, toujours sans utilité, sans diminution des symptômes du côté de la poitrine, ou enfin, le malade continué d'offrir de la fièvre, des douleurs de poitrine, de

la gêne dans la respiration et des signes gastriques, l'état du pouls interdisant d'insister davantage sur les émissions sanguines ; ici le vomitif peut, quelquefois même très-tard, procurer un soulagement complet, être l'unique moyen d'écarter le danger.

Ces cas dans lesquels les vomitifs, négligés d'abord contre la pneumonie, n'en deviennent pas moins nécessaires à une époque tardive, sont fort remarquables, et prouvent combien les émétiques sont puissants, même indispensables, en pareille circonstance. Ils se sont fréquemment offerts à moi, durant le cours de ma pratique, et ils recommencent à devenir communs aujourd'hui, qu'un attachement trop exclusif aux théories inflammatoires et à la méthode des émissions sanguines fait souvent perdre entièrement de vue le caractère gastrique. Parmi un grand nombre d'exemples, j'en choisirai un seulement.

Une femme de trente ans fut prise de tous les symptômes d'une inflammation pulmonaire. Son médecin employa les saignées, les sangsues, les évacuants, et déploya tout l'appareil antiphlogistique interne. Les accidents les plus intenses diminuèrent, mais l'affection principale persista. Appelé près de la malade au huitième jour, je la trouvai dans l'état suivant : forte fièvre, toux continuelle, difficulté de respirer, anxiété constante et pénible, alternant quelquefois avec des syncopes, faiblesse extrême, tête entreprise, délire, pouls petit, fréquent et mou, urine jumenteuse, langue couverte d'un enduit jaune brun, diarrhée aqueuse épuisante. Il fallait prendre promptement son parti, car beaucoup de temps avait été perdu, et la vie était en jeu. L'état du pouls, la nature de l'urine, et plus encore la possibilité d'inspirer sans tousser annonçaient que l'anxiété, la toux et la difficulté de respirer ne tenaient plus à une véritable inflammation du poumon. Évidemment, ce qui pressait le plus c'était de relever les forces (les règles avaient paru en outre), et de modérer la diarrhée qui les épuisait. Je prescrivis donc la poudre de Dower à petites doses, et des lavements mucilagineux. Il s'ensuivit un calme de six heures ; mais ensuite, l'anxiété reparut, plus grande encore, avec point de côté, nausées, pouls extrêmement petit, fréquent et intermittent, syncopes, vertiges, déjections alvines involontaires. L'inutilité des calmants, la persistance et même l'exaspération des symptômes du côté de la poitrine, mais par dessus tout l'anxiété et les nausées, annonçaient qu'il y avait encore des matières irritantes dans l'estomac, qu'on devait leur attribuer la continuité des affections de poitrine, des spasmes et de la fièvre, que les vomitifs étaient indiqués, et que seuls ils pouvaient amener une crise salutaire dans un état de choses où la vie se trouvait réellement compromise. Mais la prostration des forces et la diarrhée les rendaient fort incertains ; ils pouvaient franchir l'estomac, et porter l'épuisement au comble. Je commençai donc par faire prendre une petite dose de poudre de Dower ; quelques heures après, j'administrai, de dix en dix minutes, 30 centigrammes d'ipécacuanha ; à la quatrième dose, il se déclara, par trois fois, un copieux vomissement de mucosités bilieuses. La malade dormit ensuite plusieurs heures, d'un sommeil tranquille : à son réveil, respiration parfaitement libre, plus d'anxiété, plus de point de côté. Le lendemain, moins de fièvre, poitrine et tête complétement dégagées ; il ne restait plus que de la faiblesse et de la tendance à la diarrhée. En un mot, le traitement était terminé ; un seul vomitif avait fait cesser en quelques heures un état qui mettait la vie en danger ; la convalescence ne tarda pas à s'établir, et rien ne l'entrava dans sa marche.

Je dois encore citer deux cas de ce genre, ne fût-ce que pour fixer davantage l'attention des jeunes praticiens sur un point trop négligé, et leur faire sentir toute l'importance des vomitifs. En effet, dans ces deux cas, un seul vomitif, non-seulement sauva le malade, ce qui était le plus essentiel, mais encore fonda la réputation du médecin, et décida de tout son avenir.

Un de mes condisciples, au sortir des écoles, alla tenter la fortune dans une grande capitale. A peine arrivé, il fut appelé auprès d'un personnage éminent, que les premiers médecins du lieu traitaient depuis dix jours d'une maladie aiguë de poitrine. On avait essayé en vain les saignées, les vésicatoires, les béchiques. Le malade était plongé dans un état soporeux, avec la respiration stertoreuse, une grande oppression de poitrine et une fièvre violente, en un mot, sur les bords du tombeau. Le jeune médecin sortait de Gœttingue, et appartenait à l'école de Richter, dans laquelle il avait appris à connaître les pneumonies gastriques. Trouvant qu'au milieu de tous ces signes fâcheux, le malade éprouvait souvent des soulèvements de cœur et des envies de vomir, que sa langue était épaisse, molle et couverte d'un enduit brun, que la région précordiale présentait de la tension, et que le malade y portait fréquemment la main, il conclut de là que l'estomac renfermait encore des saburres, et prescrivit un vomitif. Le malade rendit une quantité énorme de matières bilieuses, et fut sauvé. Le médecin, regardé comme un véritable Esculape, devint en peu de temps le plus répandu et le plus considéré des praticiens de la ville.

L'autre cas concerne une princesse généralement vénérée. Depuis onze jours, elle était atteinte d'une pneumonie accompagnée de miliaire. Ses médecins avaient tout tenté, mais inutilement. Le danger était au comble, et l'on doutait du salut de la malade. Un médecin étranger, qu'on appela près d'elle, osa lui donner un vomitif, malgré l'état de faiblesse dans lequel elle se trouvait. Elle vomit, et ce fut le signal de son rétablissement. Celui qui l'avait sauvée devint premier médecin.

Mais je vais plus loin, et m'appuyant sur une longue expérience, je soutiens que, dans toutes les pneumonies, tant avec que sans douleurs de poitrine, lorsque l'inflammation n'est point assez violente pour réclamer la saignée, nul moyen n'égale le vomitif pour procurer une guérison certaine, prompte et complète. On donne toutes les heures 2 centigr. de tartre émétique, car l'antimoine paraît être rigoureusement nécessaire en ce cas. La première dose fait

vomir ; les autres purgent doucement, poussent à la sueur et provoquent l'expectoration, en un mot, l'émétique opère tout ce qu'il y a nécessité d'accomplir, et souvent ainsi termine la cure à lui seul.

Ceci est vrai, non pas seulement de la pneumonie gastrique, mais encore des pneumonies catarrhales et rhumatismales, qu'on rencontre si fréquemment. Ici l'effet ne dépend pas tant de l'évacuation que de l'irritation exercée sur les organes de la région précordiale, et qui agit d'une manière toute spécifique, comme dérivatif, sur ceux de la poitrine.

De quel avantage ne serait-il pas pour le genre humain que ces remarques eussent pour résultat de rendre les médecins plus réservés sur l'usage du calomélas, dont on fait aujourd'hui un emploi beaucoup trop fréquent !

6° *Erysipèle à la face.* Dans toutes les espèces d'érysipèles, les vomitifs et les purgatifs sont les principaux moyens de traitement. Mais l'érysipèle à la face est surtout celui dans lequel ils méritent réellement le nom de *spécifiques.* On sait à quel degré d'intensité cette maladie peut s'élever, et combien alors elle met la vie en danger. Le malade est en proie à une fièvre des plus violentes, à l'anxiété, au délire, même à la fureur : tout annonce alors que l'érysipèle s'est propagé jusqu'au cerveau. Même en ce cas, il n'y a de salut à attendre que des vomitifs. Plus d'une fois, après que les émissions sanguines avaient été, comme de coutume, employées sans succès, j'ai vu ces médicaments produire des effets salutaires aussi prompts que décisifs. Qu'on les donne hardiment, sans se laisser arrêter par les congestions apparentes, et qu'on ne craigne point d'y revenir, s'ils ne suffisent pas la première fois.

7° *Aphthès.* Les aphthès sont du nombre des maladies qui indiquent l'emploi des vomitifs. Ces productions anomales de la membrane muqueuse s'accompagnent toujours d'une perversion des sécrétions stomachales, ce qui les rend fort sujettes à s'étendre jusque dans l'estomac. De légers moyens gastriques suffisent ordinairement pour faire cesser les aphthès chez les petits enfants ; mais pour peu qu'ils se montrent opiniâtres, un vomitif est le meilleur moyen de les guérir en très-peu de temps. On en peut dire autant des affections aphtheuses chez les adultes.

8° *Toux.* Il est une espèce de toux qu'on appelle à juste titre *gastrique,* attendu qu'elle s'annonce par des signes bien prononcés d'état anomal et d'accumulation dans l'estomac, langue chargée, défaut d'appétit, nausées, etc., et qu'elle reconnaît évidemment ces deux circonstances pour causes. Les moyens les plus propres à la guérir sont les délayants, les évacuants et surtout les vomitifs. On peut l'attaquer en vain, pendant des mois entiers, par les béchiques ordinaires, tandis qu'elle cède à un seul vomitif.

9° *Coqueluche.* La coqueluche n'est point une maladie inflammatoire, non plus qu'une maladie simplement gastrique. C'est une maladie convulsive et contagieuse des nerfs précordiaux et pulmonaires, qui s'accompagne souvent d'une affection inflammatoire fébrile, à son début, mais qui revient toujours à son

véritable caractère, et qui, constamment aussi, exerce sur la sécrétion muqueuse de ces organes une influence dont l'effet est de la rendre plus abondante et plus épaisse. Sous deux points de vue, les vomitifs sont les plus puissants moyens à lui opposer ; d'abord, parce qu'ils déterminent une dérivation énergique, qui calme le caractère spasmodique ; ensuite, parce qu'ils procurent l'évacuation des mucosités visqueuses accumulées, et contribuent à modifier la sécrétion muqueuse elle-même. L'expérience confirme pleinement ces résultats. Chaque fois qu'on administre un vomitif, il soulage pendant quelques jours, et rend les accès moins graves. J'ai toujours trouvé qu'on facilitait et accélérait singulièrement la guérison de la maladie en associant aux antispasmodiques et aux irritants de la peau l'usage des vomitifs répétés de temps en temps.

10° *Phthisie pulmonaire.* Les vomitifs ne sont point propres à guérir cette maladie ; malgré tous les éloges que leur a prodigués l'Anglais Reid. Ils pourraient même nuire beaucoup dans l'espèce et durant la période inflammatoire, lorsqu'il y a tendance au crachement de sang. Mais il y a deux cas dans lesquels on peut se trouver bien de les employer. Le premier est celui de la phthisie purulente, lorsque, sans offrir aucun symptôme d'inflammation, le malade éprouve de la peine à cracher, ce qui accroît la fièvre et l'anxiété : un purgatif administré de temps en temps peut alors lui procurer un grand soulagement. L'autre est celui de la phthisie muqueuse, ayant sa source dans le bas-ventre, dépendant d'un état maladif et d'accumulations dans le système digestif, comme il arrive à la toux gastrique dont j'ai parlé plus haut, et qui peut même finir par dégénérer en phthisie muqueuse ; en pareil cas, j'ai obtenu les meilleurs effets de l'emploi répété des vomitifs.

11° *Asthme, catarrhe suffocant.* On sait que l'asthme est une maladie très-pénible et souvent fort dangereuse. Les vomitifs tiennent aussi un rang distingué parmi les moyens à l'aide desquels on peut le combattre ; donnés de temps en temps, dans l'asthme humide ou muqueux, s'ils ne procurent pas une guérison complète, du moins soulagent-ils beaucoup. Quant à l'asthme sec et convulsif, ils y sont le plus puissant remède que je connaisse ; souvent même n'y a-t-il qu'eux qui puissent sauver la vie lorsque l'affection revient d'une manière périodique, par accès bien réglés, et met instantanément le malade en danger de périr. L'expérience a démontré que les vomitifs parviennent à dissiper le spasme, lors même qu'on a employé sans succès le musc et l'opium.

Les mêmes remarques sont applicables aussi au catarrhe suffocant, ou à la paralysie pulmonaire, cette maladie qui a tant de ressemblance avec l'apoplexie, dont elle diffère seulement en ce que ce sont les nerfs des poumons et non ceux du cerveau qui se trouvent frappés de paralysie, ce qui fait même que le cerveau demeure parfaitement libre et le malade en pleine connaissance, bien qu'il y ait imminence de la suffocation et respiration stertoreuse. Le vomitif,

employé après la saignée, est le plus grand moyen de salut, le seul même qui reste encore.

12e *Dyssenterie et choléra.* Dans la dyssenterie, l'ipécacuanha, donné au début, est un des principaux moyens de traitement. Chez un nombre infini de malades, je n'ai eu besoin, pour la guérir, que d'administrer d'abord ce vomitif, et de prescrire ensuite des émulsions de gomme arabique, avec de petites doses d'opium. Constamment j'ai remarqué que le vomitif, donné d'abord, exerçait l'influence la plus favorable sur le traitement, et qu'il en abrégeait la durée; car, lorsqu'on l'avait omis, les meilleurs moyens n'avaient plus un effet aussi certain, ni aussi prompt. Mais ici l'ipécacuanha mérite toujours la préférence sur l'émétique, parce que, de sa nature, il y a une action plus soutenue, même quand on le fait prendre à petites doses.

Il peut se présenter jusque dans le choléra des circonstances qui rendent les vomitifs indispensables. On sait que le but, dans cette maladie, est de faire cesser le plus promptement possible les évacuations excessives par des calmants; mais il reste quelquefois des nausées, de la dyspepsie et des symptômes bilioso-gastriques, d'où l'on peut conclure que les amas de bile n'ont point été entièrement évacués, ou qu'il s'en est reproduit de nouveaux. J'ai quelquefois remarqué que rien n'était plus propre qu'un vomitif modéré à dissiper cet état d'une manière rapide et complète.

13e *Rhumatisme.* J'ai recueilli peu de faits relatifs aux effets des vomitifs dans les rhumatismes, parce qu'ordinairement d'autres moyens m'ont réussi, et que volontiers j'épargne à l'estomac les efforts et la débilitation que ceux-là entraînent. Mais l'expérience d'autres praticiens m'a convaincu qu'il y déployaient réellement une grande efficacité. Je n'en pense pas moins, cependant, qu'il vaut mieux essayer d'abord d'autres remèdes, et que le cas où ils se montreraient insuffisants est le seul où l'on doive recourir aux vomitifs, qui portent toujours une atteinte profonde au système digestif, l'un des plus importants appareils de l'économie.

14e *Folie.* Les vomitifs me paraissent être, avec les affusions froides, les plus puissants de tous les moyens physiques aptes à combattre l'aliénation mentale, en raison de la dérivation énergique qu'ils déterminent. Puisqu'il est certain que toutes les anomalies de l'action cérébrale, celles surtout qui affectent la forme de la mélancolie, s'accompagnent d'une grande inertie et d'une insensibilité extrême des nerfs abdominaux (du système ganglionaire), puisqu'il est constant que cette destruction d'équilibre est une des principales causes de la folie, des substances capables d'exciter si vivement l'action des organes du bas-ventre doivent être bien placées ici, et contribuer d'une manière très-efficace à rétablir l'équilibre, par conséquent à régulariser l'activité cérébrale. Ajoutons encore une circonstance à laquelle on me paraît n'avoir point fait assez d'attention, je veux dire l'importance du sens qui réside dans l'estomac, de la sensibilité particulière dévolue à cet organe, qui se mani-

feste par la faim, plus encore par l'appétit, et surtout par le dégoût. Le sentiment de la faim est un des plus impérieux et des plus pénétrants; il influe jusque sur l'âme, qu'il peut même réduire au désespoir et à l'égarement, ce qui était nécessaire, puisque de ce sens et du sens génital dépendent et la conservation du genre humain et la vie, l'action même dans l'univers. Voilà pourquoi la faim est un des plus grands moyens, quand l'homme est tombé dans la folie, de le ramener à lui-même, c'est-à-dire de le rétablir dans ses rapports normaux avec lui-même et le monde. Le dégoût et l'envie de vomir agissent également sur ce sens, mais produisent sur lui un effet inverse de celui de la faim; combien de malheureux n'ont-ils pas déjà été rétablis par là depuis le temps de Mutzel?

Mon expérience confirme pleinement toutes ces données. J'ai vu les vomitifs produire des effets extraordinaires, non-seulement dans la mélancolie, mais encore dans les manies les plus furibondes, et dans le délire particulier des ivrognes. Je signalerai aussi la mélancolie-suicide, dans quelques cas de laquelle j'ai vu les idées de suicide s'effacer chaque fois qu'on administrait des vomitifs, sous l'empire desquels, en y associant la gratiole et les sels neutres, on parvenait à obtenir une guérison complète (1).

15e *Apoplexie, paralysie.* Il faut s'abstenir des vomitifs, dans l'apoplexie, tant que le pouls est plein et la face rouge, en un mot, tant qu'il y a encore indication de tirer du sang; mais on ne saurait trop les recommander quand ces symptômes n'existent point; ils sont alors les plus puissants moyens d'excitation et de rappel à la vie; souvent même il n'y a qu'eux qui soient capables de sauver le malade.

Mais comme un usage intempestif entraîne les plus graves inconvénients, et peut hâter la mort, je vais déterminer exactement les cas dans lesquels un vomitif convient contre l'apoplexie.

A. Quand l'apoplexie est d'origine purement gastrique, c'est-à-dire, lorsqu'elle a éclaté au sortir de table, après une surcharge de l'estomac, ou qu'elle est accompagnée de nausées, de vomissements spontanés, de langue sale et chargée. Ici un vomitif est le véritable moyen de guérir radicalement, de détruire la cause : seulement, on doit commencer par saigner, si le pouls est plein et le sujet pléthorique.

B. Lorsque, l'apoplexie étant sanguine, l'état comateux ne cesse point après qu'on a tiré assez de sang et déprimé le pouls.

C. Quand l'apoplexie est nerveuse ou séreuse, avec pouls petit et faible dès le commencement, face pâle et tirée, au lieu d'être rouge et vultueuse. Ici, on doit débuter par le vomitif.

Ce qui vient d'être dit de l'apoplexie s'applique également à toutes les espèces de paralysies. Plus d'une fois les vomitifs ont été les meilleurs moyens de guérir ces dernières.

(1) Consultez surtout Esquirol, *Des Maladies mentales considérées sous les rapports médical, hygiénique et médico-légal.* Paris, 1838. 2 vol. in-8°. Fig.

16° *Asphyxie, surtout des nouveau-nés.* Dans mon opinion, et d'après mon expérience, les vomitifs sont un des moyens les plus importants pour éveiller la vie chez les nouveau-nés, pour la mettre en train, quand elle est faible et qu'une cause quelconque en a suspendu le jeu. Tout ici dépend de faire entrer en exercice la respiration et la petite circulation. Or, quel est l'excitant qui agit d'une manière plus immédiate, plus mécanique même, sur le diaphragme, les muscles de la poitrine, le cœur et les poumons, que le vomissement? Ajoutons que, dans une foule de cas, la cause unique de l'inaction de ces organes, et de l'asphyxie qui s'ensuit, est l'engouement des bronches par des mucosités, que la faiblesse du nouveau-né ne lui permet pas de se débarrasser. Ce qu'on appelle alors asphyxie n'est donc souvent autre chose qu'une véritable suffocation. Or, en pareil cas, il ne reste réellement d'autre ressource que le vomissement, pour écarter les matières muqueuses dont les voies aériennes sont remplies, et je suis étonné de ne pas voir figurer parmi les moyens capables de rappeler les nouveau-nés à la vie, ce grand moyen, que je recommande de la manière la plus instante.

Pour confirmer ce que je viens de dire, je rapporterai un fait dont j'ai été le témoin. Une dame avait déjà eu deux fois le malheur d'accoucher d'enfants venus morts au monde, quoiqu'ils fussent d'ailleurs vigoureux et bien constitués. Ces petits êtres ne laissaient échapper aucun son, tout au plus faisaient-ils entendre un léger bruit; on ne remarquait point de respiration en eux, et, au bout de quelque temps, ils étaient totalement privés de vie. L'habile médecin avait employé en vain tous les moyens imaginables, bains, insufflation d'air, frictions, lotions, lavements, etc. Au troisième accouchement, on réclama mes avis. Je reconnus qu'il s'agissait d'un cas d'obstacle à la respiration, et je résolus d'employer le vomitif, que je tins tout préparé d'avance. L'enfant vint au monde facilement et heureusement, mais présentant les mêmes phénomènes que ses précédents frères; point de cris, ni de respiration, seulement un faible son grêle au moment de la sortie. Je le fis mettre de suite dans un bain chaud, et je lui coulai dans la bouche une cuillerée d'oxymel scillitique, avec 5 centigrammes d'ipécacuanha et un peu d'infusion de camomille; au bout de six minutes, je donnai une seconde cuillerée; alors survint un violent vomissement de matières muqueuses, et de suite un cri vif; la respiration était en train, et l'enfant sauvé. Tout alla ensuite parfaitement, et aujourd'hui cet enfant est un homme robuste, plein de santé.

Les vomitifs devraient être aussi plus souvent employés qu'on ne le fait maintenant dans l'asphyxie des adultes, par les mêmes motifs que chez les nouveau-nés, pour éveiller l'action des organes respiratoires à l'aide d'une puissante excitation provoquée dans leur voisinage. Enfin, pour débarrasser les poumons des matières qui pourraient s'y être amassées, on devrait, dès qu'il y a possibilité d'avaler, couler dans la gorge une dissolution de tartre émétique, ou si le malade n'avalait point, injecter cette même liqueur dans les veines.

17° *Maladies des enfants.* Parmi tous les moyens que la médecine pratique emploie chez les enfants, le premier rang appartient, d'après mon expérience, aux vomitifs. Dans la plupart des cas, chez ces petits êtres, le principe morbifique siége à la région précordiale, et il est de nature matérielle. Leur système nerveux ganglionaire exerce une influence sympathique puissante, tant pathogénétique que thérapeutique, et toute action qui porte sur lui a, dans l'économie entière, un retentissement bien plus grand et bien plus décisif que chez les adultes. Enfin, les enfants vomissent avec beaucoup plus de facilité que ces derniers. L'expérience m'a démontré mille fois toutes ces vérités, et je pourrais remplir plusieurs volumes de faits qui les attestent. Dans une multitude de circonstances, un seul vomitif, donné au début, m'a suffi pour faire complétement cesser, et de suite, les fièvres les plus intenses, pour arrêter des affections de la poitrine ou de la gorge qui allaient éclater, pour mettre un terme à des toux violentes que nul moyen n'avait pu apaiser, pour guérir des vomissements, des diarrhées, des dyssenteries, pour éteindre même des convulsions, quand elles avaient leur source dans les nerfs de la région précordiale. Voici quel est le résultat de mon expérience au terme de ma longue pratique : lorsqu'un enfant, surtout pendant la première année de la vie, est atteint de fièvre, avec défaut d'appétit et langue sale, et plus encore quand il vomit déjà de lui-même, ou qu'il a des envies de vomir, on ne doit jamais négliger de lui administrer un vomitif. On retirera un avantage immense de cette méthode; souvent, il ne faudra rien de plus pour clore le traitement, et d'ailleurs, quand on ne donne pas des vomitifs au début, il devient ensuite difficile de les compenser par d'autres moyens, même par des émétiques prescrits plus tard. Qu'on ne se laisse point non plus arrêter par la coexistence de la toux ou de la difficulté de respirer; car très-fréquemment ces symptômes sont mis complétement de côté par le vomitif.

J'excepte un seul cas, celui dans lequel l'enfant serait atteint de fièvre avec état soporeux. Ici, il y a toujours congestion au cerveau, peut-être même commencement d'hydrocéphale inflammatoire, et le vomitif pourrait nuire.

Du reste, il ne faut pas que la crainte de voir les efforts du vomissement provoquer une congestion céphalique (ce qui peut être réellement une contre-indication chez les adultes) détourne d'administrer un vomitif aux enfants; ils vomissent avec bien moins de peine que les adultes, et d'autant plus facilement qu'ils sont plus petits.

Cependant il ne faut jamais provoquer au delà de trois à quatre vomissements, et prendre un vomitif léger, qui soit en même temps incisif et antispasmodique, car le choix de la substance est fort important. Chez les très-petits enfants, et quand il y a déjà tendance à vomir, une cuillerée à café d'oxymel scillitique, tous les quarts d'heure, avec l'infusion de ca-

momille, suffit parfaitement. Chez ceux qui sont plus grands, on emploie un mélange d'ipécacuanha et d'oxymel scillitique, ce dernier contribuant toujours d'une manière puissante, par sa propriété incisive, à faciliter le vomissement. Chez ceux qui sont plus âgés encore, on ajoute une petite quantité de tartre émétique, uniquement pour rendre l'irritation un peu plus vive; on s'en abstient seulement lorsqu'il y a beaucoup de propension à la diarrhée, parce que l'émétique est fort sujet à franchir les limites de l'estomac. Par exemple, chez les petits enfants, on emploie la formule suivante: ipécacuanha en poudre, 1 gramme; oxymel scillitique, sirop de framboises et eau pure, de chaque, 15 grammes, on en donne une cuillérée à café tous les quarts d'heure, jusqu'à ce que le vomissement commence, et l'on attend l'effet, qui, dans beaucoup de cas, est suffisant; si une demi-heure s'écoulait sans que le vomissement recommençât, on ferait prendre une seconde cuillérée. Cette mixture est la meilleure dont on puisse se servir chez les enfants qui n'ont point dépassé l'âge d'un an. Chez ceux qui sont plus âgés, on ajoute 1 centigramme de tartre émétique.

18°. *Empoisonnements*. La première pensée qui se présente naturellement à l'esprit quand un poison a été introduit par la bouche, est de l'expulser par la même voie, qui est la plus expéditive. En cela on ne fait qu'imiter la nature. La règle, sans exception, consiste à provoquer le vomissement toutes les fois qu'on arrive à temps et qu'on peut présumer que la matière vénéneuse se trouve encore dans l'estomac; il faut seulement distinguer ici deux cas. Quelquefois, après l'ingestion de poisons âcres et caustiques, le vomissement est déjà si violent qu'on n'a pas besoin d'autre chose que de le favoriser et de l'entretenir en faisant boire du lait et de l'huile en abondance. Mais parfois aussi il n'existe pas, ou l'on n'observe que des maux de cœur, ce qui arrive surtout après l'empoisonnement par des substances narcotiques. Dans cette circonstance, on doit administrer un vomitif, et plus

Zorille du cap.

particulièrement que tout autre, le tartre émétique. Il y a même des cas où le narcotisme a tellement émoussé la sensibilité de l'estomac, que l'émétique ne produit aucun effet, et qu'on est obligé de recourir à un moyen plus actif, le sulfate de zinc. Le temps nous apprendra jusqu'à quel point la pompe stomacale peut remplacer le vomissement. (*Hufeland.*)

Y

YERBA (botanique). — Nommé aussi maté, arbre de la grosseur d'un petit chêne, à feuilles larges, dentées, fleurs en grappes de trente à quarante; on l'appelle aussi thé du Paraguay, parce que ses feuilles, réduites en poudre et infusées dans l'eau bouillante, servent de boisson et remplacent le thé dans une grande partie de l'Amérique méridionale. La yerba est une branche très-importante de commerce du Paraguay. Cette plante appartient au genre Ilex (houx) et à la famille des Ilicinées.   GOSSART.

Z

ZORILLE DU CAP (histoire naturelle). — Quadrupède digitigrade du genre marte, de la famille des carnivores. On le trouve au cap de Bonne-Espérance, en Abyssinie et dans la Sénégambie; il a le pelage noir, avec des taches et des bandes blanches irrégulières, savoir: une tache entre les yeux, une autre de chaque côté de la croupe, et une au bout de la queue, deux bandes sur le cou et sur le dos partant de l'occiput, deux autres bandes parallèles commençant à une petite distance de chaque œil, une bande de chaque côté de la poitrine, commençant au coude et remontant à la partie postérieure du dos, une bande transversale sur les lombes et une en demi-anneau à l'origine de la queue. Les grands poils qui sont fermes et lustrés cachent un duvet très-serré. Le zorille se nourrit d'oiseaux, d'œufs, de mulots, de loirs, de lézards, de serpents, etc. Il creuse un terrier dans lequel il se retire pendant la nuit et où il se réfugie à la moindre apparence de danger.   GOSSART.

FIN DU SUPPLÉMENT.

APPENDICE AU SUPPLÉMENT

VÉGÉTAUX. — Nous compléterons ce que nous avons dit sur ce mot par quelques généralités sur les graines et les plantes, et nous présenterons le mode des cultures du lin et du tabac; ces précieux renseignements sont dus à un habile agriculteur de Morlaix, M. Gruet.

GRAINES. — La graine est l'œuf de la plante.

La graine diffère des bourgeons, tuburcules et bulbes, qui ont la faculté de se reproduire, en ce qu'elle est le résultat de la fécondation de la fleur.

Chaque graine est entourée d'une enveloppe appelée tégument.

Outre le germe, chaque graine, contient une substance particulière destinée à le nourrir jusqu'à ce qu'il ait rompu son enveloppe.

Chaque graine tient à la plante par un point où aboutissent deux cordons.

Les graines se composent de trois sortes d'organes, la tunique extérieure, la tunique intérieure, l'amande et le germe dit embryon.

L'embryon est la plante en miniature; la végétation ne tend qu'à développer toutes ses parties.

La radicule est la partie de l'embryon qui est destinée à former la racine.

La plumule est la partie de l'embryon dirigée vers le centre de la graine, qui doit former la tige.

Les cotylédons ou lobes, sont la partie de la graine que portent à l'extérieur les plumules, et sont destinés à former les premières feuilles.

Le nombre des cotylédons varie dans les graines.

Certaines graines conservent leurs propriétés végétatives plusieurs années; d'autres les perdent au bout de quelques mois.

Toutes les graines contenant de l'huile s'altèrent quand cette huile rancit.

On préserve les graines en les tenant, au frais et profondément, dans de la terre ou de la sciure de bois.

Les crucifères, moutardes, colzas, enfouis longtemps sous la terre et ramenés à la surface par de profonds labours, ont la propriété de germer un grand nombre d'années après leur enfouissement.

Même effet se fait sentir dans les étangs rendus plus tard à la culture.

Une graine huileuse, altérée ou rancie, n'est plus susceptible de germer.

Les graines cornées ou desséchées peuvent germer de nouveau si on les laisse se ramollir à l'eau tiède et si on les entoure ensuite de stimulants.

On assure que l'eau chlorurée ranime la faculté germinative des vieilles graines; mais il faut qu'elle soit à un très-faible degré.

Les plantes porte-graines, transplantées, donnent une plus grande quantité de semence, mais ses qualités s'altèrent promptement. Celle qui a été récoltée sur porte-graines, cultivées en place, ramène la semence à son type primitif.

Les graines capsulaires, ou contenues dans des capsules, s'y conservent plus longtemps qu'exposées à l'air.

Les graines oléagineuses, employées immédiatement après leur récolte, donnent moins d'huile et de moins de garde.

Quelques semaines plus tard, l'huile est de meilleure qualité et en plus grande quantité.

Ces mêmes graines vieilles produisent moins, et de l'huile rance ou disposée à rancir.

Toutes les graines des baies et de la famille des courges et melons demandent à être conservées dans de la terre ou du sable, lorsqu'on les sort de leurs fruits.

Si les graines craignent la sécheresse, la plupart aussi craignent l'humidité qui les fait moisir.

Les graines rancissent moins dans la terre et dans le terreau que dans tout autre lieu.

Il est à présumer que les graines conservées dans le poussier de charbon de bois s'y conserveraient sans altération.

Il est à présumer qu'il en serait de même dans la magnésie, terre qui s'oppose à toute germination.

La conservation des graines demande une température basse et égale, l'absence de la lumière, celle des insectes et des souris.

Les graines, en général, ne veulent pas être semées immédiatement après leur récolte : leurs éléments de reproduction ne sont pas encore entièrement formés. Il convient de les exposer à l'air pendant quelques semaines.

Le défaut de maturité est ordinairement la cause du manque des semis.

La graine, conservée dans des bouteilles hermétiquement fermées, perd ses qualités germinatives.

Nous donnerons le tableau des temps pendant lesquels les graines conservent leur faculté de se repro-

duire. Cette faculté s'étend de 8 jours à 10 ans et plus.

Les graines lèvent à intervalles inégaux ; cet effet se fait surtout sentir pour les semis d'arbres verts.

Les facultés végétatives des plantes, provenant du même semis, viennent des circonstances qui accompagnent la germination et souvent aussi de la qualité des graines.

Les bonnes graines se distinguent par la couleur, le volume et le poids.

Cette étude demande de l'exercice, de l'habitude et surtout la comparaison.

Les graines les plus chétives sont celles qui donneront les fleurs les plus doubles. La graine des fleurs simples est toujours plus nourrie et en plus grande quantité que celle des fleurs doubles ou semi-doubles.

Pour avoir les fleurs les plus doubles, il faut semer la graine la plus vieille, et au moment où elle va perdre ses facultés germinatives.

Cette même règle s'applique au melon et à toutes les plantes bisannuelles que l'on ne veut pas voir fleurir la première année.

Hors le cas ci-dessus, on doit toujours choisir la graine la plus belle et la plus lourde. Les germes seront d'autant plus vigoureux qu'ils trouveront plus de substances dans les cotylédons ou amandes, qui servent à leur subsistance.

La plus belle graine se procure en réservant les plus beaux pieds, ceux qui fleurissent les premiers, et surtout en choisissant celle qui se détache le plus facilement dans l'opération du battage.

Les rats et autres animaux rongeurs ne touchent plus aux graines germées ; c'est pourquoi il convient de faire germer les glands et les châtaignes, avant de les semer.

PLANTES. — La plante est l'être organisé tirant sa nourriture de l'air et de la terre et n'étant pas doué de la faculté de changer de place.

La plupart des plantes ont des racines, des branches, des fleurs et des feuilles ; il en est pourtant parmi lesquelles on ne remarque aucuns principes de cette organisation, tels que la truffe, les varechs, etc.

La plante est organisée ; car elle a des vaisseaux de diverses sortes, des fluides circulants, des organes reproductifs ; elle secrète et absorbe certains principes de l'air ou de la terre.

L'eau, un peu de terre, le carbone et la présence de la lumière constituent la partie solide des plantes ; les alcalis, la sève, le mucilage, la gomme, la résine, le sucre, qui se rencontrent dans leur analyse, sont des combinaisons de l'eau des oxydes ou terres et de l'acide carbonique.

Sans les plantes, nul être ne pourrait exister ; elles fournissent à la nourriture du règne animal depuis l'éléphant jusqu'à l'insecte que le microscope seul fait apercevoir.

La plante est par dessus tout la vraie nourriture de l'homme, puisque c'est d'elle et des animaux qui s'en nourrissent qu'il tire sa subsistance.

La plante sert aussi aux besoins de nos habillements, ameublements et logements.

À part quelques rochers battus des vagues, la terre et les pierres se couvrent de végétation abandonnée à la nature.

Les moules, les huîtres, par leur décomposition couvrent d'humus le rocher le plus infertile.

Les plantes qui croissent dans les sables les rendent, en s'y décomposant, propices à la production d'autres plantes.

La mer, les rivières, les étangs, les marais, les sols humides ont, chacun, des plantes qui leur sont propres, et qui croissent dans les conditions de cette existence.

Les mousses, les lichens paraissent être la base de toute végétation ; ces plantes ne se nourrissant que de l'air, leur décomposition forme l'humus de la terre qui est pour elle une nouvelle création.

Peu de plantes conviennent aux usages de l'homme, ou des animaux qu'il emploie. Multiplier et améliorer celles-ci, détruire celles qui nous nuisent, tel est le but de l'agriculture.

Connaître les conditions d'existence et du bien-être de ces plantes doit être l'étude principale de l'agriculteur.

La luzerne demande un sol frais et profond ; le sainfoin préfère un sol crayonneux, aride et superficiel.

Il y a des plantes que l'on rencontre dans les quatre parties du monde ; d'autres ne se trouvent que dans telles ou telles localités.

Il est des plantes que tous les animaux rejettent ; d'autres qui sont mangées par certaines races seulement ; d'autres enfin, auxquelles il faut accoutumer les animaux. L'agronome doit faire une étude de ces diverses espèces.

Certaines plantes, qui s'élèvent et que les animaux rebutent, peuvent être encore productives comme litières, et, si on les brûle, faire de la potasse ou du fumier.

Que l'on emploie en litières dans les composts, ou qu'on fasse brûler ces plantes, cette opération doit toujours avoir lieu avant leur floraison.

La culture des plantes de marais, destinées à cet emploi, pourrait souvent faire subsister une nombreuse famille sans ressources.

On ne saurait trop encourager les propriétaires et fermiers à ne pas négliger de sortir des bois et des marais les plantes nuisibles dont l'incinération peut être un objet de ressources dans leur exploitation.

Il est des plantes qui ne portent qu'une fleur, qui possède en même temps les organes du mâle et de la femelle ; ce sont les plus ordinaires, elles se nomment hermaphrodites.

Les monoïques sont celles qui offrent des fleurs mâles et femelles sur le même pied. Les noisetiers, noyers et châtaigniers en sont les exemples.

Les dioïques sont les plantes dont la fleur mâle est sur un pied et la femelle sur un autre. Cet exemple se trouve dans le chanvre.

Les polygames sont celles où se trouvent sur le même pied des fleurs hermaphrodites et monoïques, ou dioïques.

On dit plantes complètes celles qui ont racines, tronc ou tige, branches, feuilles, fleurs et fruits.

Les racines qui s'enfoncent peu font appeler les plantes qu'elles soutiennent plantes à racines traçantes.

Les racines tubéreuses sont celles qui, d'abord fibreuses, grossissent subitement en s'arrondissant.

Une racine est fusiforme, lorsque, grosse à son sommet, elle est pointue à son extrémité; rameuse, quand elle se divise en plusieurs branches horizontales; noueuse, quand ses fibres se renflent de distance en distance; fasciculée, quand elle est composée de plusieurs rameaux partant du collet; bulbeuse, quand la base des feuilles, devenue charnue, entoure la partie supérieure de leur collet; grumeleuse, quand le collet pousse en dessous plusieurs rameaux épais et subdivisés; pivotante, quand elle s'enfonce perpendiculairement; tronquée, lorsque l'extrémité de la racine est coupée net.

Les tiges prennent aussi des noms qui sont l'expression de leur nature.

La tige tendre pendant toute la durée de la vie de la plante s'appelle herbacée. Elle est ligneuse, si elle est formée de bois. Elle est solide, c'est-à-dire non creuse. Elle est noueuse, articulée, simple ou rameuse, fourchue ou bifurquée, droite verticale ou perpendiculaire; elle est oblique ou genouillée, ce dernier mot s'entend lorsqu'elle fait un angle ou coude.

Elle est couchée, lorsque ses rameaux s'étendent sur terre sans y prendre racine; rampante lorsque ces mêmes rameaux couchés reprennent racines; radicante, lorsqu'elle s'attache aux autres corps par des suçoirs ou crochets; enfin l'énumération des noms que prend la tige par rapport à son port, sa forme, ses feuilles, ses épines, ses poils, ses écailles, ses côtes, ses lignes, son aspect, son toucher, sa forme, est une nomenclature qu'il serait trop long de détailler ici.

Les branches prennent aussi des dénominations par rapport à leur port et à leur position au tronc; ces dénominations sont presque toutes l'expression de cette position.

Il est des feuilles qui accompagnent la germination; d'autres qui leur succèdent; il en est qui accompagnent les fleurs. Il est des feuilles sortant du collet de la racine; d'autres prenant naissance sur la tige. Ces feuilles se présentent sous divers aspects et positions qui ont chacune leur nom, qu'il serait trop long également d'énumérer.

Ces mêmes feuilles prennent des noms venant de leur forme, c'est toute une nomenclature et une science; car ces formes varient à l'infini.

La feuille persistante est celle qui dure plusieurs années; la feuille caduque est celle qui tombe avant la fin de la saison.

Les fleurs prennent des noms de leur position sur la plante; c'est encore une nombreuse nomenclature. Elles prennent des noms de leurs formes, de leur composition, lorsqu'elles ont corolles ou lorsqu'elles en manquent; quand elles ont un seul ou plusieurs pétales, elles sont simples ou doubles.

La fleur complète est composée du calice, de la corolle, des étamines et des pistils.

Chacune de ces parties prend des noms différents suivant le nombre, la composition et la position. C'est par l'aspect de la fleur que l'on arrive à la connaissance du nom de la plante, à la classer dans telle ou telle famille; c'est une science, enfin, qui forme l'étude de la botanique.

Les plantes grasses sont celles dont les feuilles sont remplies de mucilage; les plantes marines forment une autre espèce employée dans l'agriculture sous le nom d'algue, varech ou gnémon.

DE LA CULTURE DU LIN. — Nous considérerons cette culture sous le point de vue d'économie générale, et sous celui des localités où elle peut être introduite avec succès. Nous nous occuperons ensuite de la culture proprement dite, depuis la préparation des terres jusqu'à l'époque du rouissage, nous dirons un mot de cette importante opération, et enfin nous traiterons du tillage du lin, ou de la séparation de la partie ligneuse d'avec la fibre.

Considérations générales sur cette culture. — La culture du lin est une de celles qui capitalisent la plus grande somme par une plus grande masse de main d'œuvre.

En Flandre il n'est pas rare de voir vendre 7,000 fr. la récolte sur pied d'un hectare de lin, dont le sol ne vaut que 4 à 5,000 francs. Ce fait prouve d'une manière incontestable que cette culture doit être adoptée, rapprochée des grands centres de population inoccupée et qu'elle peut, dans les pays de fabriques, être d'une grande ressource, pour les années de stagnation de travail.

La culture du lin, encouragée par le gouvernement aux approches de guerre générale, peut éviter de grandes catastrophes, et donner de l'aisance à toutes les localités industrieuses qui auraient à souffrir de l'état de guerre.

L'augmentation rapide de la population en France, augmentation qui se fait sentir dans les départements les plus peuplés d'une manière plus sensible, doit encourager encore davantage cette culture.

Le lin, étant considéré comme petite culture, convient à la propriété extrêmement divisée, et peut être un palliatif à cette plaie de notre civilisation moderne.

L'occupation que le broyage et le filage donnent dans l'intérieur est un excellent emploi des longues soirées d'hiver et des jours pluvieux.

Occupons-nous donc de savoir si la culture du lin peut être propagée indéfiniment; quelles sont les localités où elle peut être introduite et le mode de faire qui convient à chaque localité.

De l'extension de la culture du lin. — La culture du lin remonte à l'époque la plus reculée de l'histoire des hommes; on le trouve employé en toile très-fine, dans les bandes recouvrant les momies égyptiennes; les auteurs anciens en parlent comme d'une plante cultivée de toute antiquité: il est donc étonnant qu'on trouve cette culture aussi peu répandue en France. Le lin paraît originaire des montagnes du Thibet; ce qu'il y a de certain c'est qu'il s'acclimate aussi bien au midi que sous le pôle. Les cultures que l'on voit en Lombardie le disputent à celles du nord de la Russie.

Le lin demande une terre substantielle, profonde, fraîche, et un fumier parfaitement consommé.

Le choix de la semence est une des conditions essentielles à la réussite de cette récolte.

On a observé en général que la graine indigène était altérée au bout de deux ou trois rotations.

Cet effet provient sans doute de ce que, lorsqu'on cultive la plante trop serrée pour obtenir une filasse fine et longue, les plantes s'étalent et produisent une graine abâtardie.

La culture du lin demande humidité du sol pour la levée de la plante, et pour son premier développement.

Cette condition de succès, que l'on ne rencontre pas toujours dans les départements méridionaux, devrait faire semer le lin en automne; mais il faut que le sol ne présente pas l'inconvénient d'être sujet aux fortes gelées d'hiver, et aux gels et dégels du printemps, qui dessoudent les racines et arrachent les jeunes plantes.

La culture du lin doit donc prospérer sur les bords de la mer, à l'abri des vents glacés de terre, dans les départements assez méridionaux pour ne pas éprouver plus de 3 à 4 degrés d'intensité de froid, et peu de gelées de printemps. Dans ces conditions, la culture du lin d'automne doit donner de beaux résultats.

Dans tous les climats sujets à des pluies chaudes et fertilisantes, en avril et en mai, on peut se livrer sans crainte à cette culture; elle réussira également sur toute prairie naturelle, arrosable, défoncée, et souvent également sur un défoncement de prairie artificielle.

Toute vallée fraîche, dans les provinces méridionales, arrosée par une rivière, peut supporter la culture du lin d'été, lorsque des abris mettront cette culture à couvert d'un soleil ou de vents trop desséchants.

C'est faute d'avoir connu le mode de tailler le lin que nombre de propriétaires isolés n'ont pas su tirer parti de leurs récoltes, et que leurs essais qui auraient dû encourager cette culture en ont pour jamais dégoûté leurs voisins.

L'emploi du coton, qui se propage d'une manière extraordinaire, ne peut jamais anéantir la culture du lin, non remplaçable pour un grand nombre d'usages; d'ailleurs, les manipulations que demande cette plante fibrile sont un moyen trop commode pour capitaliser les moments perdus des habitants des campagnes pour que nous ne la recommandions pas de tout notre pouvoir.

En résumé, le lin peut être cultivé sur tous les lieux susceptibles d'arrosements, dans tous les climats où l'hiver n'est pas trop rigoureux, même avec des printemps et des étés secs et chauds. Dans ce cas il sera semé en culture d'automne. Il se plaira encore dans les vallées basses des départements les plus méridionaux, s'il rencontre des abris, assez d'ombrage; et alors il peut se cultiver en culture de printemps. Il réussira toujours sur une prairie naturelle défoncée, dans les vallées des montagnes les plus élevées, et au milieu des brouillards humides qui couvrent les sommités des grandes chaînes de montagnes.

Les belles cultures du lin que l'on voit dans la vallée de Chamouny, au pied du Montanvert; celles que l'on rencontre dans le Freguet, département du Finistère, prouvent que le lin se plaît aussi bien dans les climats les plus tempérés que dans les plus rudes. L'état habituel de l'atmosphère, dans ces deux localités, est la vraie cause des produits étonnants qu'on y rencontre.

De la culture du lin. — Le lin, de la famille des caryophyllées, renferme un grand nombre de variétés. Nous ne nous occuperons que de celles qui sont utiles dans les arts.

On ne cultive le lin que pour la filasse que fournit ses tiges, et pour la graine dont on fait de l'huile.

Le lin cultivé pour filasse demande des tiges hautes, si on tient à la quantité; des tiges longues et grêles, si l'on s'attache à la finesse.

Le lin, cultivé comme graine, demande à être espacé pour obtenir un plus grand nombre de capsules, et surtout la maturité. La seule graine produite par ce mode ne dégénérera pas, et évitera au propriétaire de se procurer aussi souvent de la semence exotique, connue sous le nom de graine de Riga.

On distingue plusieurs sortes de lin : le lin froid, destiné à donner la plus longue filasse, et qui serait encore mieux nommé lin d'hiver; le lin chaud ou têtard, dont les tiges peu élevées, rameuses, garnies de capsules, végètent d'abord rapidement; il mûrit de bonne heure; sa filasse, courte, est peu estimée. C'est le seul que l'on devrait cultiver lorsqu'on s'occupe de cultiver la plante comme oléagineuse.

Le lin moyen paraît être le type de l'espèce. La graine la plus estimée de cette variété nous vient de la Hollande, sous le nom de pâle et blanc. Viennent ensuite la graine de Pétersbourg à douze têtes, le Nerva, le Riga et le Marienbourg.

Dans l'ancien département du Mont-Tonnerre, on cultive deux variétés de lin, sous les noms de précoce et tardif; la première se sème en mars, donne une filasse très-fine; la seconde se sème en mai, s'élève beaucoup et donne une filasse abondante.

Le grand lin demande une terre légère, fraîche, très-fertile. Ces conditions donnent finesse et grandeur.

Le lin têtard, le lin moyen, demandent toujours la terre la plus substantielle.

Le grand lin, le lin moyen, et le lin têtard, semés épais, procurent une filasse fine, plus cassante, et peu de graines.

Le lin demande autant de fraîcheur qu'il redoute l'excès d'humidité; lorsqu'on craint ce dernier cas, il ne peut réussir qu'en planches étroites, avec de bons fossés d'écoulement de chaque côté, et les planches disposées en ados.

L'eau retenue dans les fossés d'écoulement, par des vannes, à une hauteur convenable, assure la réussite de la récolte; mais ce mode n'est pas toujours praticable.

Le lin demande une fumure surabondante, en fumier parfaitement consommé. Il réussit bien après une ou deux récoltes sarclées, qui ont combiné le fumier

avec le sol, qu'elles ont aussi délivré des plantes parasites.

Nous ne pouvons trop recommander, pour la culture du lin, l'excellent mode d'une seule fumure, de 160 mètres de fumier à l'hectare, donnée pour sept ou neuf ans ; le lin viendrait alors en seconde récolte, après une riche culture de pommes de terre.

Le goémon rouge, coupé le plus menu possible, au hache-paille, ainsi que le sel marin, favorise la levée et la végétation du lin, comme celle de toutes les autres plantes huileuses.

La culture du lin demande des labours multipliés et croisés, des hersages énergiques : il s'agit en un mot de parfaitement ameublir la terre, et de la combiner de la manière la plus intime avec le fumier qui s'y trouve.

Deux labours et autant d'hersages sont nécessaires dans les terres les plus légères, les terres fortes en demandent autant qu'il convient à l'ameublissement parfait du sol.

Il est beaucoup de localités où l'on fume la terre destinée à récolter le lin : ce mode est bien inférieur à la culture de cette plante faite sur forte fumure, et après une culture sarclée.

On redoute l'emploi du fumier de cheval et des débris d'animaux comme engrais ; dans le premier cas, c'est que le crottin de cheval empoisonne la terre de plantes parasites provenant des semences non digérées dans l'estomac de l'animal ; et dans le second, l'excès de sève, que donnent sur certains points les débris d'animaux qui ne peuvent se diviser parfaitement dans le sol, fait nuancer la levée de la plante, et occasionne d'énormes différences dans la longueur des tiges.

L'époque de la semence du lin doit varier suivant le climat ; nous avons dit que, partout où l'on peut redouter les sécheresses de printemps, le lin doit se semer en hiver, par un jour frais, sur une terre de même, pas trop humide ; il faut que la terre soit susceptible d'être divisée par la herse, pas trop comprimée par le rouleau, enfin, qu'elle se serre sous les pieds des chevaux, sans faire boue.

De ces principes on conçoit que la culture du printemps convient aux départements du nord et de l'ouest, où la fréquence des pluies, des brouillards habituels, et le voisinage de la mer, laissent au sol toujours une certaine humidité ; dans le midi au contraire, ou dans les terres très légères il doit être avantageux de semer avant l'hiver, afin que la plante profite des pluies de cette saison, et qu'elle ait acquis assez de force à l'époque de la sécheresse, pour aller chercher, par ses racines profondes, l'humidité qui lui est nécessaire.

L'expérience prouve que, plus le lin reste en terre, plus la filasse est abondante et nerveuse, plus la graine est lourde, mûre, et supérieure à l'autre en quantité et en qualité.

Les semis de lin avant l'hiver peuvent être détruits dans la mauvaise saison par les neiges trop prolongées, des gelées trop fortes, des pluies continuelles, et les gels et les dégels du printemps. On ne doit donc semer

le lin d'hiver que sur les sols où l'on n'a pas à redouter ces inconvénients.

Le choix de la graine est de la dernière importance ; avant toute chose ne réunissez jamais des graines d'espèces différentes : leur levée, maturité et grandeur n'étant pas égales, il en résulte les plus graves inconvénients. La graine destinée à la semence doit être semée claire, pour que l'air puisse circuler entre les capsules, et que le soleil la mûrisse convenablement ; ces précautions doivent, suivant nous, éviter pour le midi, que l'on ait besoin de s'approvisionner de graines du nord.

On a remarqué que la dégénération de la graine a lieu dès la seconde année ; ce qui tient sans doute au mode de culture serrée qui étiole les semences.

De ce qui précède on peut conclure que, pour les trois variétés de lin, il faut choisir la plus belle semence, la plus lourde, point trop vieille, ayant été tenue dans un lieu sec et aéré, faute de quoi elle se rancit ou moisit ; la graine de trois ans doit toujours être rejetée.

Deux cent cinquante livres de graines suffisent par hectare ; mais si l'on voulait du lin très-fin dans une terre très-riche, dit lin fin de Flandre, on pourrait mettre 450 livres de graines à l'hectare.

La graine de lin se sème, comme celle du blé, à la volée, sur des planches plus ou moins larges, toujours un peu bombées, après des hersages multipliés faits avec la herse Valcour. La graine est enterrée à la herse, roulée ensuite. Un bon mode d'opérer, lorsqu'on craint le hâle du soleil, est de recouvrir la terre, après la semence, de paille hachée menue au hache-paille, ou de balle de grain.

La semence doit être peu enterrée ; elle ne peut germer à demi pouce de profondeur.

Semez avant la pluie sur une terre fraîche, par une température un peu chaude, le lin lève promptement. Il doit être sarclé une ou deux fois avant qu'il ait atteint six pouces de hauteur. C'est avant cette époque aussi, si l'on cultive le grand lin long, qu'il faut lui donner des appuis, soit au moyen de perches légères tenues par des piquets et attachées avec des osiers, soit encore mieux avec des ficelles goudronnées tendues dans la longueur des planches, soit enfin par des fils de fer tendus, comme les ficelles ci-dessus, sur des piquets qu'ils traversent suivant la méthode que nous avons écrite.

La cuscute exerce de grands ravages dans le lin ; le seul mode de s'en débarrasser est d'enlever les places infectées et de brûler avant que la cuscute ne soit en graine.

Les insectes exercent aussi de nombreux ravages sur la racine et les tiges de cette plante ; mais ces inconvénients ne sont pas à comparer à ceux de la sécheresse prolongée. Des récoltes entières sont détruites par ce fléau, connu sous le nom de flambé, qui ne laisse absolument rien dans certaines places des champs plus perméables à la chaleur.

Lorsqu'on cultive le lin têtard dans une terre douce et fraîche, qu'il a été semé clair, et qu'il a bien levé, il n'y a rien à faire jusqu'à la récolte. Mais, quant au

lin froid qui se sème épais, il faut, comme nous l'avons dit, soutenir les tiges à 18 pouces de terre par les appuis indiqués.

L'arrosage du lin, lorsque la chose est possible, est une excellente méthode, qui doit être profitable à cette plante surtout par submersion des racines en faisant arriver l'eau par les raies d'écoulement : mais cet arrosage ne doit pas se prolonger lors de la floraison, de crainte de faire avorter les étamines. Dans tous les cas, une levée drue tiendra le sol frais, si, à cette époque, il s'est trouvé dans cette condition.

L'époque de la maturité du lin dépend du climat et est annoncée par le changement de couleur de la tige.

Le lin n'est pas mûr tant que la graine se trouve attachée dans son placenta dans la capsule.

On ne doit cueillir le lin que lorsque la moitié des capsules environ est ouverte, qu'une partie des feuilles est tombée, et que la graine a acquis toute la grosseur et la pesanteur possibles.

Ces signes de maturité sont les mêmes pour le lin cultivé pour graines et pour le lin destiné à la filasse ; le défaut de maturité rend la fibre cassante ; la finesse dépend entièrement de la hauteur et de la ténuité des tiges.

Plus les tiges sont serrées et minces, plus la filasse est fine, et *vice versa*.

Plus le lin est égal de hauteur, plus il profite et donne de produit en évitant les déchets.

En cas d'inégalité dans la longueur des brins, un cultivateur soigneux les fera arracher séparément, pour en faire des poignées séparées.

La récolte du lin se fait en général trop tôt, et avant sa maturité ; c'est un grave abus, contre lequel nous ne pouvons trop nous élever.

Le lin, arraché par bottes, est dressé sur le sol, les brins sont espacés [pour achever sa maturité et pour faire sécher ses tiges.

Dans d'autres climats on fait subir cette opération au lin loin du champ où il a été cultivé, en le transportant dans les cours et les jardins des fermes. Dans l'un et l'autre cas, en complétant la maturité, ce dessèchement a pour but de faire tomber les feuilles et mûrir la graine.

La plante desséchée, on bat la graine, ce qui se fait de trois manières : dans le champ même, en frappant la botte, que l'on tient par les racines, sur un billot qui se trouve sur un drap destiné à recevoir les capsules ; cette opération, pour laquelle le plus souvent on emploie une batte à linge avec laquelle on frappe sur le billot, peut se faire également dans la grange avec des instruments aussi simples ; mais la méthode la plus ordinaire est d'engager la poignée, en la tenant fortement du côté des racines, dans un peigne à dents de fer, long de deux à trois pouces ; en retirant la poignée, on détache les capsules de l'extrémité des tiges.

Soit que l'on détache la graine par le battoir sur l'extrémité d'un banc, ou par le peigne placé également à l'extrémité, il est essentiel de ne pas déranger le parallélisme des poignées ; le cas arrivant, il est convenable qu'une femme fasse sauter entre ses doigts, sur un plan parallèle, la poignée pour faire appuyer chaque racine sur ce plan.

L'opération de l'égrénage finie, on vanne la graine, pour la séparer des capsules ; il faut alors la porter dans un grenier, à l'abri des rats, l'étendre claire, la remuer souvent, pour éviter qu'elle moisisse, et, lorsqu'elle est sèche, la mettre en tonneaux pour empêcher qu'elle rancisse. L'hectare du lin pour graine donne de 13 à 15 hectolitres, chaque hectolitre rend de 15 à 16 litres d'huile.

On tire peu de parti, dans le département du Finistère, de la graine de lin ; l'établissement de bons moulins à huile, dans ce département, serait sans doute une excellente opération.

Le mode de conserver le lin en greniers avec sa capsule favorise la maturité de la graine, mais il est désastreux pour le cultivateur par le déchet qu'occasionnent les rats et surtout par l'embrouillement des poignées qui cause plus tard une perte énorme.

La graine de lin, parfaitement séchée, donne plus d'huile que la fraîche ; la graine rance en donne moins et de plus mauvaise qualité.

L'extraction de l'huile de lin demandant des presses robustes et un mode parfait d'écrasage, un bon moulin à huile est encore à trouver ; toutefois les Hollandais ont longtemps extrait un tiers d'huile de plus que nous de la même quantité de graines, et cela par la perfection de leurs moulins.

Tout le monde connaît l'emploi de la graine de lin comme émollient en médecine, soit employé à l'intérieur, soit à l'extérieur.

Du rouissage. — Aussitôt que la graine est séparée de la tige, le lin doit être porté au routoir. L'opération du rouissage a pour but de séparer le gluten de la partie ligneuse de la filasse, et de décomposer une sorte de vernis composé de plusieurs couches dont la plus extérieure est colorée, et est aussi la plus facile à entrer en fermentation.

L'eau après les alcalis, est la substance la plus propre à dissoudre le gluten et la résine attachée à la filasse.

On emploie la rosée pour cette opération, à défaut d'eau courante.

Lorsque l'on met le lin au routoir dans de l'eau peu courante, on étend parallèlement les bottes, sur un fond bien uni et point vaseux ; on les charge de planches, sur lesquelles on place de grosses pierres ; si le temps est chaud, la fermentation s'établit promptement ; il se dégage d'abord, dès le second jour, des bulles d'air qui ne sont que de l'air commun ; au troisième, apparaît le gaz acide carbonique ; au cinquième, paraît le gaz hydrogène carboné ; alors l'eau se trouble, exhale une odeur fétide, qui empêche que les hommes et les animaux puissent s'en abreuver. Il ne paraît pas au surplus que ses effets soient autres que narcotiques et purgatifs à haute dose.

La fermentation est plus prompte et plus complète dans les eaux stagnantes que dans les eaux très-courantes. Dans celles-ci, les masses doivent être plus épaisses et plus serrées, plus chargées, et aussi d'une plus grande étendue.

Le rouissage est moins complet à l'extrémité des tiges que dans le corps de la tige. Les Hollandais mettent de la fougère entre les rangs de poignées, pour faciliter la fermentation égale entre les bottes : cette pratique prouve qu'il est convenable de ne pas couper l'extrémité des bottes, et de leur laisser le plus de feuilles possible.

La durée du rouissage pour le lin dépend de plusieurs circonstances ; le long rouit plus vite que le court, le vert plus vite que celui plus mûr, le voisinage des racines plus tôt que la filasse de la tête, celui nouvellement arraché plus vite que le sec, celui qui a crû serré et étiolé plus vite que celui qui a été cultivé écarté, à l'air et au soleil. Ces diverses espèces doivent être tenues séparées, si l'on veut avoir un rouissage égal.

La durée du rouissage varie selon son étendue et la chaleur de la saison.

Dans un routoir isolé et de moyenne grandeur, alimenté par des eaux de rivière, sous le climat de Paris, ce temps sera de cinq jours en juillet, de cinq à huit en septembre, de huit à quinze en octobre. Cette durée sera augmentée si les eaux sont séléniteuses, ou provenant des fontaines. Les eaux salées rouissent mal.

En général, dans tous les pays où l'on cultive le lin, la durée du rouissage de cette plante est de moitié moindre que celle du chanvre.

On reconnaît que le rouissage est complet lorsque la fibre quitte le bois dans toute sa longueur, et lorsque la moelle a disparu.

Si le rouissage n'est pas complet, on peut y remédier en remettant les bottes à l'eau ; mais, lorsqu'il y a eu excès, il n'y a plus de remède, et la filasse se trouve alors profondément altérée dans sa force.

C'est le matin que l'on doit procéder à retirer les bottes du routoir ; les bottes doivent être lavées avec soin à l'eau claire ; on prendra soin de les sortir dans le même ordre où elles ont été placées dans le tas, pour ne pas déranger les brins.

On mettra sécher sur la terre le lin qu'on aura sorti de l'eau après l'avoir lavé ; il sera placé en bottes droites, écartées par le pied, en forme de parapluies.

M. Guyon a proposé de rouir le lin dans de l'eau de fumier, c'est un essai à tenter ; le rouissage à une eau de chaux, élevée à une haute température, est également une expérience à faire.

Le rouissage à l'air est pratiqué, en Flandre et en Hollande, sur le lin destiné à donner le fil pour batiste. Ce rouissage doit avoir lieu dans le temps des fortes rosées, et dans un clos bas qui ne soit exposé que peu d'heures à l'action du soleil.

Le rouissage fait dans la terre, dans laquelle on creuse des fosses, que l'on recouvre de deux ou trois pieds de terre, après y avoir déposé le lin ou le chanvre, s'exécute dans les pays très-secs ; mais il demande toujours un fort arrosement du lin en masse et de la terre supérieure, pour que la fermentation puisse s'établir.

Le rouissage du lin paraît avoir été remplacé en Angleterre au moyen d'une machine. Cette machine inventée, par MM. Hill et Bundy, et pour laquelle ils ont pris brevet, se transporte facilement, est d'un service commode et ne demande point d'apprentissage ; le pied de l'homme la fait mouvoir et l'effet s'opère au moyen de trois cylindres coniques, et qui, en roulant et frappant l'un contre l'autre, détachent le chenevotte et la résine attachée à la fibre du lin.

Si cette machine est telle qu'on la dépeint, il y a lieu de s'étonner qu'elle ne devienne pas d'un usage général en France : nous prédisons un beau succès au premier qui l'introduira. En effet, le lin obtenu par elle conserve toute sa longueur, acquiert une souplesse et une finesse étonnantes, et ne retient aucune molécule des parties ligneuses ; il est tel enfin que le lin qu'elle fournit peut se comparer à ceux préparés pour la fabrication des dentelles et batistes, et la machine a l'avantage de pouvoir être conduite par un enfant ou par une personne infirme.

Cette machine, assure-t-on, évite les deux tiers au moins du déchet que donne la broie ordinaire, ou sérancoir. Son produit en fibres, ou rittes première qualité, est de 25 pour 100, sur le poids de la poignée qui lui est confiée. On ajoute que la filasse préparée par cette méthode a la propriété de pouvoir se blanchir à une simple savonnade d'eau de savon, et d'être amenée en six jours, par ce moyen, à la blancheur du coton lui-même.

Nous résumerons cet article sur la culture, en disant : Le lin demande une terre ou d'alluvion, ou de loamons riches, pas trop argileuse, pas trop sablonneuse, se divisant bien, ne retenant pas trop d'humidité, profonde, et pouvant rappeler, par la capillarité de ses pores, l'humidité inférieure. La belle réussite du lin, dans certaines provinces de la Hollande, paraît tenir à ce que le sol est toujours imprégnée d'eau à moins d'un pied de profondeur de la surface.

L'Irlande cultive des lins fins et très-élevés, dans des terres fortes, riches, mais toujours humides à la partie inférieure.

Le sol est plus épuisé par la récolte de la graine que par celle de la plante employée en vert pour en tirer la filasse ; mais, comme nous l'avons dit, cette filasse est moins forte quand la plante n'a pas acquis toute sa maturité.

Le précepte anglais est que le lin doit se semer sur prairies défoncées et après une récolte de blé, lorsque la terre a été chaulée ou marnée par avance, en petites cultures, après une récolte de pommes de terre, mais jamais après haricots ou pois ; qu'il ne doit reparaître sur la même terre que tous les quatre ans au plus.

Les prairies défoncées, destinées à recevoir le lin, le seront bien avant l'hiver, pour donner le temps au gazon de se consommer par la fermentation, et à la terre de se diviser par les influences de l'air et de la gelée.

De la mi-mars au 15 avril est l'époque la plus convenable pour la semence de la graine.

La graine brune, huileuse à la main et la plus pesante, comme nous l'avons dit, est la plus propre à la semence.

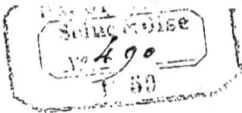

Les Anglais sont dans l'usage de changer fréquemment leur graine, en la faisant venir, soit de Hollande, soit de Riga; mais ils admettent en principe que toute graine semée claire, et qui a mûri n'est pas susceptible de dégénérer.

Les Ecossais font quelquefois sarcler leur lin par un troupeau de moutons, qui, en passant sur le champ, broutent tous les plants étrangers; le lin n'est jamais touché par eux.

Le mode d'attacher les poignées de lin par le haut et d'écarter ensuite les racines pour faire sécher la poignée et mûrir la graine dans la capsule est improuvé par les Anglais, qui assurent qu'il convient mieux d'arracher le lin, d'en séparer les capsules immédiatement à l'égrugeoir et de le porter encore frais au routoir, afin que l'opération du rouissage soit plus égale, avantage qu'ils considèrent bien au-dessus de celui de la maturité de la graine.

On assure qu'en Flandre un bon mode de rouissage est de saisir les têtes des bottes entre deux perches; on fait rouir alors la botte perpendiculairement, au lieu de la placer dans le routoir horizontalement. On est averti que l'opération est complète, quand la botte, dont le pied est à six pouces au fond de l'eau, s'enfonce de toute sa hauteur.

Les annales de l'Académie de Stockholm de 1747 parlent d'un mode de préparation du lin, pour l'amener ensuite à la douceur et à la blancheur du coton. On place les écheveaux en quenouilles dans une chaudière de fer ou de cuivre non étamée. On arrose avec de l'eau de mer; on met au-dessus de la chaudière un mélange de portions égales de cendre de bouleau et de chaux vive. On porte la chaudière à une légère ébullition que l'on continue pendant dix heures consécutives. On ajoute de l'eau de mer chaque fois que l'évaporation en a enlevé à la chaudière. On lave ensuite les poignées très-chaudes et encore bouillantes à l'eau de mer, on les plonge ensuite dans une savonnade, on les bat légèrement, et on les rince à l'eau douce. Ce mode, assure-t-on, ne fait rien perdre à la force de la fibre du lin; toutefois, comme il est indiqué depuis près d'un siècle, il est à présumer qu'il ne réunit pas assez d'avantages pour qu'il puisse être introduit en France.

Nous ne terminerons pas cet article sans dire encore un mot des avantages que présenteraient à l'agriculture des recherches bien dirigées : 1° pour remplacer le mode du rouissage par une préparation chimique peu dispendieuse et d'un effet certain.

2° Pour remplacer les instruments en usage en ce moment pour la séparation de la chenevotte par d'autres plus expéditifs, brisant moins la fibre, et cependant d'un coût assez médiocre pour devenir d'un usage habituel.

CULTURE DU TABAC DANS LES DÉPARTEMENTS DU NORD ET DE L'EST DE LA FRANCE. — *Introduction.* — La plante de tabac appelée primitivement Nicotiane, à cause de son importation en France, en 1560, par Jean Nicot, qui lui donna son nom, prit plus tard d'autres noms que lui donnèrent les botanistes; ce n'est que depuis 125 à 130 ans qu'elle porte le nom qu'elle conserve encore aujourd'hui.

Cette plante, qui nous vient d'Amérique et qui paraît être indigène dans les autres parties du globe, a une propriété narcotique qui provoque l'écoulement des humeurs, et on l'emploie comme médicament purgatif et comme caustique pour certaines plaies ou maladies.

Cette matière, devenue aujourd'hui un objet de première nécessité, rapporte tous les ans au gouvernement de 65 à 66 millions de francs bruts, pour une consommation d'environ 11 millions de kilogrammes. Sur les 66 millions, la régie des tabacs en emploie près de 15 pour l'achat de feuilles et en dépense un peu plus de 7 pour frais de transport, de fabrication, de traitements, etc., de manière que le trésor bénéficie chaque année d'environ 44 millions de francs. Sur les 15 millions dépensés pour achats de feuilles, plus de 10 sont employés pour celles indigènes; le surplus l'est pour le tabac exotique. Avant l'établissement du monopole, les cultivateurs ne retiraient guère tous les ans plus de 7 à 8 millions de la vente des feuilles destinées à la consommation intérieure, et, si le gouvernement dépense à présent 10 millions pour le même objet, c'est dans l'intention d'obtenir de meilleur tabac et d'encourager le perfectionnement de la culture.

De toutes les cultures, celle du tabac présente le plus de diversité dans la manière d'obtenir et de recueillir son produit. Chaque pays a ses usages, et ces usages varient en raison des localités, des habitudes, du plus ou moins d'expérience des cultivateurs ou de préjugés souvent difficiles à détruire.

Chargé, en 1811, de la formation d'un manuel à l'usage du cultivateur de tabac dans l'ex-département de la Roër, je m'entourai de tous les éléments pratiques reconnus propres à une bonne culture et je me livrai à des essais dont j'ai obtenu des résultats utiles qui me mettent à même de condamner les mauvais procédés et de faire connaître les bons.

Parmi tous les produits agricoles, celui du tabac donne seul un revenu qui s'élève quelquefois, pour une seule récolte, à la valeur du terrain sur lequel on a planté; aussi remarque-t-on qu'il n'y a pas de cultivateurs pauvres dans les pays où cette culture est permise, surtout dans ceux où l'on suit une bonne méthode.

Point de doute que la qualité et le produit de cette plante ne soient susceptibles de grandes améliorations que procureront infailliblement le bon choix de la graine, du terrain et les soins convenables donnés à la terre, à la plante, à la dessiccation et à la fermentation première des feuilles. On ne saurait trop s'attacher à ces points, et c'est pour le démontrer que je crois devoir, dans l'intérêt du cultivateur et dans celui du consommateur, indiquer ici les moyens propres à augmenter le revenu des propriétaires et des métayers, à améliorer la qualité du tabac et à nous placer, avec le temps, dans une position à pouvoir nous passer de feuilles exotiques, et par conséquent nous éviter la sortie annuelle de 5 millions de francs, qui seraient placés plus utilement entre les mains de nos cultivateurs. Ce ne serait pas le seul avantage que procurerait une meilleure culture : nos

tabacs une fois reconnus meilleurs que ceux de nos voisins, les étrangers ne manqueraient pas d'en tirer une plus grande quantité, et au lieu de 2 à 3 millions que rapportent chaque année les exportations, on en tirerait probablement de 6 à 7 millions, lesquels ajoutés aux 14 ou 15 millions que donnerait l'achat du tabac destiné à la consommation intérieure, feraient, pour nos cultivateurs, un revenu de 20 à 22 millions tous les ans pour cette seule branche de culture.

Il existe plusieurs espèces de tabac, mais celles qui se cultivent généralement en France, surtout dans nos départements du nord et de l'est, sont : le nicotiana tabacum de Linné, ou le grand tabac, et le nicotiana major angustifolia de Tournefort, ou tabac de Virginie. Les autres espèces sont plus petites, de qualité plus délicate ; elles produisent moins et ne sont susceptibles de bien venir que dans nos départements méridionaux, où elles donneraient des feuilles excellentes pour le scaferlaty et les cigares de choix, si la culture et la récolte en étaient soignées convenablement. Je vais traiter particulièrement des deux premières espèces dans les chapitres ci-après, bien qu'ils pourraient être appliqués aux autres espèces en les modifiant pour ce qui a rapport à l'époque des semis, à la distance des pieds entre eux, à l'époque de la récolte, aux moyens de dessiccation et de fermentation.

CHAPITRE Ier. — *Sol qui convient au tabac.* — Autant que possible, le terrain doit être exposé au midi et avoir du fond. Il y en a cinq espèces dans lesquelles le tabac vient bien ; la première est la terre noirâtre, grasse, contenant des résidus de végétaux. Cette espèce se trouve ordinairement dans les vallées, dans les bas fonds, dans l'emplacement d'étangs ou de marais desséchés, ou dans les vieilles prairies défrichées. La seconde espèce est la terre franche, grasse, un peu limoneuse ; la troisième est celle douce, mélangée de sables ; la quatrième celle franche, mélangée de mica ou de pierres schisteuses ; et la cinquième espèce est celle sableuse, mélangée d'un quart environ de terre franche ou de résidus de végétaux. Les terres argileuses ou trop humides ne conviennent pas.

Les deux premières espèces de terre produisent ordinairement un tabac très-gros, d'une grande dimension, qui prend une couleur très-foncée après avoir fermenté pendant un mois et demi. Ce tabac est excellent pour faire la poudre à priser.

Les deux espèces qui suivent donnent aussi un tabac gras, dont la feuille est grande et moins épaisse que celle du premier. Ce tabac, après une fermentation d'un mois et demi, prend une couleur moins foncée que celui qui précède, et a une odeur plus agréable. On l'emploie assez ordinairement pour faire la carotte et le rôle à mâcher.

Enfin la dernière espèce produit du tabac plus léger, qui conserve, après la fermentation, la couleur de feuilles mortes, et qui s'emploie à la fabrication du scaferlaty et des cigares.

CHAPITRE II. — *Des engrais.* — La nature du terrain ne contribue pas seule à déterminer la qualité et le produit du tabac ; les engrais ont aussi une grande influence sur cette plante : cette influence est plus ou moins sentie en raison de leur espèce, de la quantité plus ou moins forte qu'on emploie et de la terre sur laquelle telle espèce doit être mise préférablement à telle autre.

Cinq espèces d'engrais sont ordinairement employées pour amender les terres. La première espèce est la fiente de pigeons ou de volailles, la seconde celle de mouton, la troisième celle fécale, la quatrième le fumier de vaches, et la cinquième celui de cheval.

La fiente de pigeons est sans contredit l'engrais le plus actif, mais il faut l'employer avec précaution dans les terres déjà riches en humus et la mêler à une grande quantité de paille, sans quoi on courrait risque, pendant les sécheresses, de voir dépérir les plantes. Il en faut de 30 à 40 charretées ordinaires par hectare.

La fiente de moutons est l'engrais qui devrait être généralement préféré, à cause des bons effets qu'il produit, de l'onctuosité et du goût agréable qu'il donne à la feuille de tabac. Il faut, comme pour celui de pigeon, le mélanger avec beaucoup de paille lorsqu'on doit le mettre dans un terrain fort et déjà riche en humus. Il en faut de 60 à 70 charretées par hectare.

Les matières excrémentielles ou fécales doivent être conduites et répandues sur le terrain au fur et à mesure qu'elles sont tirées des fosses, au moins un mois et demi avant la plantation, et plus tôt si faire se peut. Il en faut de 55 à 60 tombereaux par hectare.

Le fumier de vache est aussi très-bon ; il donne d'excellent tabac, et bien qu'il soit propre à toutes les terres, il convient néanmoins mieux à celles légères ; il faut le conduire sur le terrain dans l'état le plus frais possible, en quantité de 80 à 90 charretées par hectare.

Celui de cheval est meilleur pour les terres fortes que pour celles légères, parce que, contenant ordinairement beaucoup de paille, il divise et ameublit bien le terrain ; de plus il vaut mieux pour le tabac destiné à faire la poudre à priser que pour toute autre espèce. Il en faut également de 80 à 90 charretées par hectare.

On doit employer le maximum indiqué pour les terres faibles, pour celles mises pour la première fois en tabac, pour les fumiers trop chargés en paille, et le minimum pour les terres fortes en principes végétatifs, pour celles qui auraient servi depuis plusieurs années à la culture du tabac, et pour les fumiers gras.

On fait aussi un excellent engrais avec la tige de tabac, qu'on a soin d'arracher avec ses racines aussitôt que les feuilles sont cueillies. On la fait pourrir en la mettant en tas et en la recouvrant avec du fumier ou de la terre.

CHAPITRE III. — *De la préparation de la terre.* — On commence à préparer la terre vers le mois de février ; du 1er au 20, on transporte le fumier qu'on épand sur le champ. Après on fait labourer pour la première

fois, et on continue à le faire à des intervalles égaux jusqu'à trois et quatre fois, selon que la terre est plus ou moins facile à rendre meuble. Le dernier labour se donne la veille de la plantation, et, s'il est possible, le matin même du jour où elle doit avoir lieu, afin de mettre les plantes dans un terrain frais, bien meuble, et de détruire ou de déranger les vers ou autres insectes, lesquels, ayant été nouvellement retournés avec la terre, ne peuvent faire de mal aux jeunes plantes, leur laissent le temps de se former de nouvelles racines et d'acquérir assez de force pour ne plus les craindre. Je n'ai pas besoin d'ajouter que le dernier tour de charrue doit être suivi d'un hersage.

On ne saurait trop recommander d'ameublir le terrain destiné à la culture du tabac, non-seulement parce qu'il absorbe mieux les eaux pluviales, conserve mieux son humidité, s'échauffe davantage, mais encore parce que les racines de la plante, s'étendant alors plus facilement, trouvent plus de nourriture et craignent moins de sécheresse.

Dans quelques pays, les terres destinées à cette culture se préparent à la bêche; dans ce cas, elles n'ont besoin que de trois façons. Dans d'autres, on se sert du même instrument pour disposer la terre en sillons, et pour économiser l'engrais, on n'en met que sous la plante. Ce dernier moyen offre de graves inconvénients, d'un côté, à cause de la sécheresse qui se fait sentir plus vite dans un terrain ainsi préparé, et, de l'autre, parce que l'engrais exerce quelquefois une action trop forte sur la plante.

Les terres destinées au tabac ne se reposent jamais, et, plus elles servent à cet usage, meilleures elles sont; aussi n'est-il pas surprenant, dans les pays à bonne culture, de voir vendre jusqu'à six à sept mille francs l'hectare un terrain qui a été employé à cette plantation pendant de nombreuses années.

CHAPITRE IV. — *Des semis.* — Il existe deux manières de les opérer : l'une en pleine terre, et l'autre sur couche. La première n'est praticable que dans les départements méridionaux de France, où elle est sujette à moins d'inconvénients que dans les autres. On choisit, pour établir le semis, un terrain bien meuble, fort en humus, abrité des vents du nord et exposé au midi; on y met de bon terreau, au besoin même du sable pour mieux l'ameublir; après quoi on le laboure à la bêche une première fois, puis une seconde fois, en ayant la précaution de ne pas laisser de mottes et de bien unir la superficie de la terre; ensuite, au moyen d'un tamis, on sème la graine, qu'on a eu soin de mélanger avec 9/10e de sable fin, puis on passe légèrement le râteau, et on recouvre la graine avec deux à trois centimètres de bon terreau. Il ne faut mettre que la quantité nécessaire de graine pour obtenir, par exemple, de 4,000 à 4,500 pieds, sur une étendue de 4 mètres de longueur, et de 2 mètres de largeur. S'il y en avait plus, les plantes seraient trop faibles et n'acquerraient jamais assez de force pour faire un beau pied de tabac.

La seconde manière, celle à laquelle on devrait donner la préférence, même dans les départements méridionaux, à cause des avantages qu'elle a sur l'autre, tant sous le rapport de la réussite des semis, que sous celui de la beauté et de la force qu'acquièrent les jeunes plantes, consiste à former des couches du 10 mars au 1er avril, selon que la saison est plus ou moins avancée. Pour qu'une couche ne soit ni trop grande ni trop petite, et que la chaleur puisse s'y maintenir à un degré convenable, elle doit avoir 380 centimètres de longueur sur 170 de largeur et contenir une forte charretée de fumier nouveau sortant des écuries. On tasse ce fumier le plus également possible dans la couche, on le recouvre ensuite de huit à dix centimètres de bonne terre bien ameublie; on ferme les côtés de cette couche au moyen de planches ou de maçonnerie et on la couvre d'un cadre garni de vitraux ou de papier huilé. Ce cadre, placé sur la couche, doit la fermer hermétiquement à la hauteur de 16 à 18 centimètres de la superficie de terre; ensuite, pour augmenter ou diminuer le degré de chaleur, on se sert d'une espèce de crémaillère en bois, au moyen de laquelle on lève plus ou moins le cadre, selon que la température et la fermentation du fumier l'exigent, attendu que, si cette couche restait fermée hermétiquement pendant une température trop chaude ou pendant la fermentation trop active du fumier, les plantes ne lèveraient pas ou pourraient périr après avoir levé. Si la couche offre une chaleur trop forte, il faut, pendant la nuit, laisser le cadre ouvert à la hauteur de 20 centimètres de son assiette ordinaire. Pendant le jour, si le temps est doux et si le soleil est caché par des nuages, on lève ce cadre de 30 centimètres, et on le couvre de nattes si le soleil paraît. La couche une fois établie, on sème la graine comme je l'ai dit plus haut, et on n'en met que la quantité voulue pour avoir environ 4.000 pieds. Cette couche doit être abritée et exposée au midi.

Le cultivateur qui veut faire un choix de plantes assez fortes pour supporter la transplantation sans beaucoup souffrir, et qui veut en conserver pour remplacer celles qui viendraient à manquer, a besoin de dix couches, comme celle ci-dessus, pour mettre un hectare de terre en tabac.

A partir du jour où les couches sont ensemencées, on les arrose tous les deux jours, après le coucher du soleil, avec de l'eau de mare ou de rivière; si on est obligé de se servir de celle de puits, on doit la laisser vingt-quatre heures exposée au soleil, ou y mettre un dixième d'eau de fumier, avant d'en faire usage. Neuf jours après qu'on a ensemencé, les plantes commencent à lever, et dès lors on ne les arrose plus que lorsque la terre est sèche, sans quoi ces plantes pousseraient trop vite et n'auraient pas le temps de prendre assez de force et de racines pour bien supporter la transplantation.

Je crois aussi devoir faire observer qu'on ne doit pas se servir d'arrosoirs dont les trous seraient trop grands, attendu que le poids de l'eau coucherait la plante, la déracinerait ou enlèverait une partie de la terre nécessaire à son aliment.

La graine une fois levée, il faut avoir soin d'éclaircir les plantes trop rapprochées, d'ôter les mauvaises

herbes, et de détruire les limaces et autres insectes nuisibles.

CHAPITRE V. — *De la plantation.* — Les plantations se font du 15 mai au 15 juin; le cultivateur doit avoir soin, autant que faire se pourra, de choisir, pour les opérer, un temps calme, qui aura succédé à la pluie. On ne doit pas les faire pendant que la pluie tombe avec force, ou lorsqu'on craint les averses, parce que la plante serait exposée à être déracinée, ou enfouie sous le limon que les eaux entraînent, selon que le terrain se trouverait situé. Il faut aussi éviter de les faire par un temps sec, attendu que les plantes languissent trop et restent toujours petites. Il est vrai qu'on pourrait obvier à ce dernier inconvénient au moyen des arrosements; mais ce procédé qui est très-coûteux pour les grandes plantations, produit un mauvais effet, parce qu'il attendrit la plante, la fait pousser trop vite, et durcit la terre au point de gêner la croissance des racines, d'empêcher l'action de l'air et celle de la chaleur. Un cultivateur soigneux pourrait avoir des tuiles un peu convexes, percées de deux ou trois trous, qui serviraient à abriter la plante pendant les trois ou quatre premiers jours de la transplantation. Ces tuiles, qui ne coûteraient pas plus de trois à quatre francs le millier, pourraient servir quinze à vingt ans.

A moins que le temps ne soit couvert, on ne doit jamais commencer les plantations avant trois heures après midi, et, comme je l'ai dit plus haut, le dernier tour de charrue doit être donné, autant que possible, au fur et à mesure de l'emploi du terrain.

On ne doit pas planter passé le 15 juin; après cette époque le tabac quelquefois beau, mais il n'est jamais pesant ni bon; les feuilles n'ont pas de consistance ni d'onctuosité, et souvent elles restent vertes, même après la fermentation.

Il faut se garder de mettre en terre des plantes qui ne seraient pas assez vivaces, qui auraient plus ou moins de 5 à 6 feuilles, ou qui seraient trop effilées, parce qu'elles ne viennent jamais très-bien.

CHAPITRE VI. — *De la distance des plantes.* — On commet généralement la faute de ne pas laisser assez d'espace entre les plantes. De là vient que le tabac est de mauvaise qualité, qu'il pèse peu, qu'il manque d'onctuosité et du goût aromatique voulu; de là vient aussi le froissement ou le brisement des feuilles, soit à la suite des coups de vents, soit à la suite des allées et venues des personnes obligées de traverser les champs pour soigner la plante : de plus les feuilles jaunissent avant maturité, pourrissent même quelquefois; et les pieds de tabac, au lieu de prendre de la force, restent minces et effilés.

La distance qu'il convient de mettre entre chaque pied est de 60 à 65 centimètres; si le terrain est riche on peut laisser jusqu'à 80 centimètres. Il ne faut pas non plus que la distance soit trop grande, attendu que les vents et les sécheresses auraient trop de prise sur la plante.

Si le terrain dans lequel on plante est sablonneux, léger et peu riche, la distance peut être réduite à 50 ou 55 centimètres, attendu que les plantes, venant moins fortes dans ces sortes de terres, n'ont pas besoin d'être trop espacées, autrement les vents violents les coucheraient, et les sécheresses auraient trop d'action sur elles.

CHAPITRE VII. — *Des soins à donner pendant la croissance des pieds, et de la récolte des feuilles.* — Trois semaines après les plantations, on fait butter chaque pied pour lui donner plus de fraîcheur et de nourriture, pour ameublir la terre et détruire les mauvaises herbes. Cette opération terminée, on attend quinze à dix-huit jours pour faire celle des écimages; elle demande le plus grand soin. On coupe, avec l'ongle de l'index et celui du pouce, la tête de la plante, de manière à ne lui laisser que dix à onze feuilles, non compris les trois premières feuilles, dites de pied, et, comme les plantes ne croissent pas toutes également, on ne fait l'écimage qu'à celles qui peuvent le subir sans qu'on ait à craindre d'endommager les trois dernières feuilles, qu'on appelle feuilles de haut; quelques jours plus tard on écime les autres. Une fois cette opération terminée, il faut avoir la plus grande attention de casser tous les rejetons qui poussent entre la feuille et la tige; sans cette précaution, le tabac perd un tiers de son poids et de sa qualité.

L'écimage et la destruction des rejetons sont ordinairement confiés à des enfants intelligents, parce qu'ils coûtent moins cher, et ensuite parce que les enfants font moins de dommages en parcourant les champs; de plus, leurs doigts étant petits, ils extirpent les rejetons, de manière à ne faire aucun mal à la feuille.

Du 1er au 10 septembre, et plus tôt dans les pays méridionaux, on fait cueillir les feuilles dites de pied, lesquelles, en restant plus longtemps, finiraient par pourrir et gâter celles dites de milieu. Cette récolte terminée, on s'occupe de celle des autres feuilles, qui se prolonge quelquefois jusqu'au 1er octobre, suivant que le tabac est plus ou moins avancé en maturité. On reconnaît cette dernière quand la couleur verte de la feuille commence à prendre une légère teinte de jaune.

Les feuilles une fois cueillies, on arrache les pieds, et on les met en tas. Si on les laissait en place sans les arracher, ils produiraient des feuilles dites de regain, qui ne sont d'aucune valeur, et qui épuisent la terre au point d'obliger le cultivateur à mettre l'année suivante de vingt-cinq à trente charretées de fumier de plus par hectare pour réparer l'épuisement du terrain.

CHAPITRE VIII. — *De la dessiccation des feuilles, de la fermentation et de la mise en tas.* — Au fur et à mesure que les feuilles sont cueillies, on les place sur un léger lit de paille, en tas de 60 à 70 centimètres de hauteur; si ces tas étaient plus forts, le tabac s'échaufferait; le troisième ou le quatrième jour, ces feuilles ont pris assez de souplesse pour qu'on n'ait pas à craindre de les casser en les touchant : c'est alors que des enfants de huit à quinze ans s'occupent avec un couteau dont le manche et la lame sont très-courts, à fendre par le milieu la côte de chaque feuille, dans une étendue de 5 à 6 centimètres en commen-

çant de 2 à 3 centimètres au-dessous de l'endroit appelé caboche. Cette opération peut durer cinq jours pour toutes les feuilles récoltées sur un hectare, en employant onze à douze enfants par jour. A mesure que les feuilles sont fendues, d'autres enfants les font entrer sur des baguettes, sur lesquelles elles sont ensuite exposées au séchoir. Vers le 10 octobre, la côte et par conséquent la feuille sont assez sèches pour permettre de commencer à manoquer les feuilles dites de pied, dont la récolte se fait plus tôt; et le 30 du même mois, on peut commencer à mettre en manoques celles du milieu, qu'il ne faut pas confondre avec celles du haut, ces dernières n'étant quelquefois bonnes à manoquer que dix jours plus tard.

Chaque manoque doit peser environ un kilogramme et demi pour la première qualité, un kilogramme pour la seconde et un demi-kilogramme pour la dernière. Quand toutes les manoques sont faites, on en forme des tas de cent à cent cinquante centimètres de hauteur, et on les laisse dans cet état jusqu'au 15 décembre. Passé cette époque, on augmente les tas du double en hauteur, en ayant soin de mettre dessous les manoques qui se trouvaient d'abord en dessus: C'est alors qu'il s'établit une fermentation qui décide de la qualité du tabac. A la fin de février, ou au commencement de mars, on change ces tas de place, en ayant toujours soin de mettre en dessous les manoques qui se trouvaient en dessus.

Il convient de faire les manoques de grand matin ou par un temps humide, sans quoi une partie de la pointe des feuilles se briserait et les liens qui sont faits au moyen de deux à trois feuilles mises ensemble, manqueraient de souplesse et de force. On ne manoque jamais le tabac qu'on ne se soit bien assuré que les feuilles ne sont plus vertes et que la côte ne rend plus de jus; pour en être certain, on presse cette dernière avec l'index et le pouce dans l'endroit le plus épais. Le tabac qui ne serait pas dans un bon état de siccité pourrirait pendant la fermentation, ou perdrait au moins beaucoup de sa qualité.

Il est bon de faire remarquer qu'un calcul mal entendu décide quelquefois des cultivateurs à laisser à la naissance de la côte de la feuille des parties de la tige, appelées caboches, afin de donner plus de poids aux produits de la récolte. Ce calcul a deux grands inconvénients; l'un de retarder la dessiccation de la côte, et l'autre d'altérer la qualité du tabac.

Il faut faire attention, lorsque le tabac est en tas et que la partie de la côte placée extérieurement moisit, de remédier à ce mal dès sa naissance au moyen d'une brosse très-rude avec laquelle on fait disparaître la moisissure. Sans cette précaution, la côte se pourrit et pourrit à son tour la partie de la feuille qui la touche.

La manière indiquée ci-dessus pour faire sécher le tabac est la meilleure, non-seulement pour accélérer sa dessiccation, mais encore pour bonifier sa qualité. Il existe deux autres procédés pour obtenir la dessiccation, et tous deux sont sujets à des inconvénients que je vais signaler.

Dans quelques localités on coupe le pied au col de la racine et on le fait sécher avec ses feuilles. Ce procédé suppose une récolte faite en une seule fois, et entraîne l'un des deux inconvénients suivants: ou les feuilles du haut sont cueillies trop tôt, ou celles de pied le sont trop tard, les dernières étant mûres quinze à vingt jours avant les premières. Cet inconvénient n'est pas le seul; la feuille de tabac mise au séchoir avec sa tige demande beaucoup plus de temps pour atteindre l'état de siccité convenable, et souvent on est obligé de la mettre en manoque avant que la côte soit entièrement sèche et de là vient quelquefois que cette côte et une partie de la feuille se pourrissent pendant la fermentation.

Dans d'autres localités, on se sert d'aiguilles et de ficelle pour faire des guirlandes avec des feuilles. Ce moyen entraîne aussi des lenteurs pour la dessiccation parce que la côte, n'étant pas fendue dans l'endroit où elle a le plus d'épaisseur, ne sèche pas aussi vite et aussi bien qu'elle le fait au moyen de baguettes.

Les baguettes dont on doit se servir ont de 200 à 250 centimètres de longueur, et sont un peu plus grosses que le pouce: il en faut à peu près trois mille huit cents pour sécher les feuilles d'un hectare.

CHAPITRE IX. — *Des séchoirs.* — Le manque presque général de séchoirs s'oppose beaucoup à la bonification de la qualité du tabac. Un grand nombre de cultivateurs se servent d'étables qui ne sont pas aérées, ce qui fait contracter un mauvais goût à la feuille, et la fait souvent moisir; d'autres cultivateurs sèchent le tabac dans leur propre habitation, ou dans des greniers qui sont la plupart du temps remplis de fumée qui donnent à la feuille une odeur désagréable qu'elle conserve toujours; d'autres enfin, ne voulant pas établir de séchoir, se servent de leurs granges où ils sont obligés de serrer leurs baguettes ou guirlandes tellement près les unes des autres, que le défaut de circulation de l'air fait moisir la feuille, lui fait prendre une vilaine couleur, un mauvais goût, et s'oppose à son entière dessiccation.

Il serait à désirer, dans l'intérêt des cultivateurs et dans celui des consommateurs, que les premiers sentissent tout l'avantage qu'ils retireraient de l'établissement de séchoirs assez vastes et aérés pour y placer convenablement le tabac: un séchoir bien fait doit être très-élevé, les clôtures doivent être formées avec des claies ou des planches et offrir un grand nombre de lucarnes pour laisser librement circuler l'air lorsque l'état de l'atmosphère permet de les tenir ouvertes, sans craindre les effets de l'humidité extérieure.

CHAPITRE X. — *Des porte-graines.* — Les porte-graines se choisissent parmi les pieds de tabac qui annoncent une belle végétation. Quand une fois on est fixé sur ceux qui doivent être conservés, on leur donne des soins particuliers qui consistent à ajouter un peu de fumier autour du pied avant de le buter, et à l'arroser dans les grandes sécheresses. On ne laisse porter de la graine qu'à la tige principale, et on a soin de détruire tous les rejetons qui pousseraient entre cette tige et les feuilles.

Vers la fin de septembre on fait cueillir les feuilles des porte-graines, lesquelles ne sont jamais d'une bonne qualité, et à la fin d'octobre on arrache ces

porte-graines, et on les pend dans un lieu sec où ils restent jusqu'au moment des semailles, sans que la capsule laisse aller son fruit ; cette capsule annonce sa maturité quand elle commence à prendre la couleur de feuilles mortes ; c'est alors qu'on arrache les pieds.

On ne doit jamais se servir que de la graine de la dernière récolte, la graine plus ancienne ne lève pas aussi bien.

CHAPITRE XI. — *Du choix de la semence et de sa préparation.* — Les expériences auxquelles je me suis livré m'ont prouvé que les espèces de tabac qui produisent le plus et qui donnent les meilleures qualités dans les départements du nord et de l'est, sont celles indiquées au commencement de cet article. On peut, lorsqu'on possède ces espèces, récolter tous les ans la graine sur son terrain, sans être obligé de la renouveler.

La graine de tabac peut être semée sans préparation autre que celle indiquée à l'article des couches, cependant l'expérience m'a démontré qu'elle lève bien plus sûrement, bien plus vite, que le germe se développe avec bien plus de vigueur lorsqu'on la met pendant vingt-quatre heures dans du lait frais ou dans de l'eau de fumier mitigée. On ne la retire de ces liquides que pour la mélanger avec 9/10es de sable bien sec et la semer de suite sans quoi l'effet de la trempe serait plutôt nuisible qu'utile.

Ainsi qu'on l'a fait remarquer plus haut, on ne doit, autant que possible, employer que la graine de la dernière récolte.

CHAPITRE XII. — *Des ennemis du tabac.* — Le tabac n'a d'autres ennemis, lorsqu'il est dans la couche, que les vers, les limaces et les pucerons. Il est facile de les détruire au moyen de chaux éteinte qu'on tend sur la couche avant que la graine ne lève, ou de sel marin qu'on met dans l'eau dont on se sert pour arroser ; mais, autant que faire se pourra, il ne faudra employer ces moyens que lorsque la nécessité le commandera, parce qu'ils sont quelquefois nuisibles au développement de la plante. Il faut aussi surveiller les taupes qui s'introduisent dans la couche, lorsqu'elle est mal faite.

Quand le tabac est planté, il a d'autres ennemis en pleine terre : ce sont les limaces, les vers et les taupes. Pour les premiers on les évite dans le moment où ils font le plus de mal, en formant un cercle autour de la plante avec de la cendre de charbon de terre, ou bien on les détruit à l'aide de lanternes avec lesquelles on passe dans le champ de neuf à dix heures du soir, surtout après la pluie, parce qu'on est certain de les trouver tous, soit sur la plante, soit aux environs ; pour les seconds, je ne connais d'autre moyen que de garder des plantes pour remplacer celles qu'ils couperaient, ou, comme je l'ai dit à l'article des plantations, d'avoir soin de ne donner le dernier labour qu'au fur et à mesure qu'on met les jeunes plantes en terre, parce qu'elles ont le temps de prendre de la force avant que les vers aient pu les atteindre, et une fois bien prises il est rare qu'ils les attaquent. Quant aux taupes, il faut tendre des piéges dans leur passage ha-

bituel, ou les faire surveiller soit le matin au soleil levant, soit de midi à une heure, soit le soir au soleil couchant ou lorsque le temps est à l'orage : c'est ordinairement pendant ces intervalles qu'elles font leurs taupières et on profite du moment où elles travaillent pour aller doucement à elles, armé d'une bêche, au moyen de laquelle on les jette hors de terre en l'enfonçant vivement sous la taupière. Il faut avoir soin de se présenter sous le vent, sans quoi la taupe vous entend venir et cesse de travailler.

Le tabac a encore d'autres ennemis, tels que la grêle, les trop grands vents et les gelées. On le garantit des deux premiers au moyen de haies, formées avec des haricots à ramer. Ces haies, quand les pièces de terre sont trop étendues et ne sont pas abritées naturellement, doivent être établies à une distance de 10 mètres les unes des autres. On plante les haricots assez à temps pour qu'ils commencent à garnir les rames vingt à vingt-cinq jours après que le tabac est transplanté. Ces haies demandent peu de frais, et ont l'avantage d'arrêter l'impétuosité des vents, et d'amortir la chute de la grêle, qui est chassée par eux. Quant aux gelées, on ne peut s'en garantir que par l'habitude qu'ont les cultivateurs de juger d'avance quand elles doivent se faire sentir ; alors, vers minuit (à l'époque où les tabacs sont plantés, il ne gèle guère que quelques heures avant le lever du soleil), on dispose du côté d'où vient le vent, de 15 mètres en 15 mètres, des tas, soit de paille, soit de genêts, de landes, d'ajoncs ou de mauvais fagots, auxquels on met le feu lorsqu'on s'aperçoit que le frimas commence à monter. L'effet de la chaleur et de la fumée, qui ne s'élèvent et se plantent à peu de distance du sol, empêchent la gelée d'atteindre les feuilles, et souvent cette simple précaution, qui se répète rarement deux fois dans l'année, sauve toute une récolte.

Le tabac est aussi sujet à une maladie, appelée chancre, laquelle vient du peu de soin donné aux plantes lorsqu'elles sont sur couches. On l'évitera en suivant exactement ce qui a été dit plus haut à l'article des semis.

Il l'est également à une autre maladie, appelée la rouille, qui est due à de petits globules de rosée, formés sur les feuilles au moment du soleil levant, et comme ces globules, quand les rayons du soleil sont trop chauds, produisent l'effet d'un verre d'optique, les parties de la feuille sur lesquelles ils reposent se trouvent brûlées. On ne peut obvier à cet inconvénient qu'en secouant les pieds de tabac avec précaution, pour faire tomber la rosée, quand on s'aperçoit que le soleil levant menace d'être trop chaud.

CHAPITRE XIII. — *Des frais présumés et du produit d'un hectare cultivé en tabac.* — La pratique et l'expérience me mettent à même d'établir ci-après le montant de la dépense que coûterait un hectare de terre mis en tabac et soigné convenablement, et de faire connaître le produit qu'on doit en retirer en supposant que l'intempérie de la saison ou d'autres causes, ne soit pas venue altérer la récolte d'une année ordinaire.

L'hectare de terre propre à la culture du tabac

coûte, en principal, de 14 à 15 cents francs, et de location . . . .   65 f. » c.

Cet hectare, labouré quatre fois, demande huit jours de travail pour deux chevaux et un laboureur, à raison de 5 fr. par jour.   40   »

Soixante-dix charretées de fumier de moutons, à 3 fr. l'une, terme moyen. .   210   »

Pour épandre cet engrais, deux hommes employés pendant deux jours, à 1 fr. 50 cent.   6   »

Pour conduire le fumier sur le terrain, à 50 cent. par charretée.   35   »

Douze journées d'ouvriers pour planter l'hectare, à 1 fr. 50 cent par jour. . . .   18   »

Deux personnes employées journellement, depuis le 16 juin jusqu'au 15 septembre, pour butter, écimer, couper les rejetons, etc., à 80 cent. par jour, terme moyen   144   »

Cent vingt journées par hectare, pour cueillir le tabac, fendre la côte, le mettre au séchoir, le placer sur les perches ou baguettes, à 80 cent. prix moyen. . . .   96   »

Dix journées pour faire les manoques, à 1 fr. 50 cent.   15   »

Il faut 3,800 baguettes pour faire sécher le tabac d'un hectare, ces baguettes coûtent 30 fr. le mille, ce qui fait 114 fr., et attendu qu'on peut s'en servir dix ans, le dixième est de.   11   40

Dix couches pour avoir les plantes nécessaires à un hectare coûtent, année moyenne, y compris le fumier.   50   »

Loyer pour la portion nécessaire d'un séchoir   80   »

          Total de la dépense. . .   770   40

Le produit d'un hectare de terre, pour lequel on aurait donné les soins et fait les dépenses indiquées ci-dessus, est, année commune, de 2,000 kilogrammes; il peut même quelquefois s'élever à 2400. Ces 2,000 kilogrammes sont susceptibles d'être classés, savoir :

1,200 kilog. de 1re qualité, à 120 fr. les 100 kilg., donnent. . . . .   1,440 f.   » c.

500 de 2e Idem, à 90 fr., idem. . .   450   »

200 de 3e Idem, à 70 fr., idem. . .   140   »

100 non susceptibles d'être classés, à 40 fr.   40   »

2,000. . Total du produit par hectare.   2,070   »

Le montant de la dépense étant de. .   770   40

       Le bénéfice sera de. . .   1,299 f. 60 c.

par hectare, en supposant que la récolte ait réussi. Ce bénéfice peut être plus considérable ; je l'ai quelquefois vu s'élever à 4,700 fr., comme je l'ai vu aussi se réduire à 100 ou 200 fr., quand la grêle ou la gelée ont endommagé la récolte.

CHAPITRE XIV et dernier.— *Observations générales.* — Toutes les terres n'étant pas propres à la culture du tabac, il est très-utile de s'assurer de celles qui peuvent convenir à cet usage, sans quoi l'on s'exposerait à des dépenses que le produit de la récolte ne couvrirait pas. Il convient donc, quand on ne connaît pas la nature du terrain, de faire, la première année, des essais en petit, sauf, l'année suivante, à se livrer à la culture en grand, lorsqu'il ne reste plus aucun doute pour la réussite. Il en est de cette faute d'attention comme de celle que commettent les personnes qui se livrent, sans réflexion et sans étude préliminaire du terrain, à des défrichements en grand ; ces personnes se ruinent ordinairement, tandis que celles qui, par des essais multipliés faits en petit, ont trouvé les végétaux qui se plaisent le mieux dans telles ou telles espèces de terres, sont sûres de réussir, et de faire des bénéfices considérables.

Je terminerai cet article en faisant observer qu'une vieille prairie naturelle, défrichée pour être plantée en tabac, n'a besoin, pendant les deux premières années, que du quart de la quantité d'engrais indiquée pour les terres ordinaires.   (*Gruet.*)

VÉTÉRINAIRE (administration) [du latin, *veterinarius*]. — Celui qui pratique l'art de soigner et de guérir les animaux. Des conditions sérieuses de capacité sont exigées de ceux qui se destinent à cet art.

Les écoles vétérinaires de France, au nombre de trois : d'Alfort, de Lyon et de Toulouse, doivent leur organisation actuelle au décret royal en date du 1er septembre 1825. L'enseignement, dans les trois écoles, repose sur les mêmes bases et se trouve divisé en six chaires pour l'école d'Alfort, et en cinq seulement pour les écoles de Lyon et de Toulouse. Chacune des branches de l'enseignement est confiée à un professeur, qui ne peut changer de chaire sans l'autorisation du ministre. Les professeurs sont aidés dans leurs fonctions par des chefs de service, qui sont au nombre de trois. Chaque école est administrée par un directeur, qui surveille toutes les parties de l'instruction et qui occupe une des chaires de l'établissement. Un inspecteur général visite les écoles annuellement et même toutes les fois qu'il est jugé nécessaire; il fait sur chacune d'elles un rapport circonstancié qu'il adresse au ministre. Les emplois qui tiennent spécialement à l'instruction, tels que ceux d'inspecteur général, de directeur, de professeur et de chefs de service, ne peuvent être remplis que par des vétérinaires munis de diplômes ou de tout autre titre qui en tient lieu. L'inspecteur général et les directeurs sont nommés par l'empereur sur la présentation du ministre, tandis que les places de professeurs et de chefs de service ne sont accordées qu'au concours devant un jury spécial, formé par le ministre et choisi parmi les professeurs des écoles vétérinaires. Le ministre a la faculté de confirmer ou de rejeter les choix faits par le jury, et nomme à tous les emplois autres que ceux ci-dessus énoncés. Il y a dans chaque école un jury composé de l'inspecteur général, président; du directeur, qui préside en cas d'absence de l'inspecteur général, des pro-

fesseurs et des chefs de service (ces derniers, avec voix consultative). La convocation de ce jury a lieu par le ministre : 1° au mois de mars de chaque année, à l'occasion des examens généraux du premier semestre d'études; 2° à la fin de chaque année scolaire, pour la délivrance des diplômes et la distribution des prix; 3° au renouvellement de l'année scolaire, pour l'examen des candidats admis à se présenter. Les jeunes gens admis à l'examen préparatoire ne sont reçus élèves que lorsque le jury de l'école a constaté qu'ils remplissent les conditions exigées pour leur admissibilité. Après quatre années d'études, ceux des élèves qui sont reconnus capables d'exercer la médecine des animaux domestiques reçoivent un diplôme de vétérinaire.

ELÈVES CIVILS. — *Demandes d'admission.* Toute demande d'admission dans les écoles impériales vétérinaires doit être adressée au ministre de l'agriculture, du commerce et des travaux publics.

Elle peut être faite soit directement par le postulant, soit par l'intermédiaire du préfet de son département, de ses parents, de son tuteur ou de ses protecteurs.

Dans tous les cas, les pièces ci-après doivent être produites à l'appui, savoir :

1° L'acte de naissance du candidat;

2° Un certificat du maire du lieu de sa dernière résidence, constatant qu'il est de bonnes vie et mœurs;

3° Un certificat d'un médecin, chirurgien ou officier de santé, attestant qu'il a été vacciné ou qu'il a eu la petite vérole;

4° Une obligation souscrite sur papier timbré, par les parents, le tuteur ou le protecteur du jeune homme, pour garantir le payement, par le trimestre et d'avance, de sa pension pendant tout le temps de son séjour à l'école.

Cette obligation doit être rédigée ainsi qu'il suit :

« Je soussigné (*nom, prénoms et domicile*), m'engage à payer, par trimestre et d'avance, la pension de (*titre de parenté du jeune homme, ses nom, prénoms et domicile*) à l'école impériale vétérinaire de (*nom de l'école*), à raison de quatre cents francs par an, pendant tout le temps qu'il passera à cet établissement.

« A défaut de payement de cette pension aux époques fixées par les règlements, je déclare me soumettre à ce que le recouvrement en soit poursuivi par voie de contrainte administrative, décernée par M. le ministre des finances, suivant les droits qui lui sont conférés par les lois des 11 vendémiaire et 18 ventôse an VIII. »

Cette pièce doit désigner un correspondant demeurant, pour l'école d'Alfort, soit à Alfort, soit à Paris, et pour les autres écoles, dans les localités où elles sont situées.

Les jeunes gens de vingt ans et au-dessus doivent, en outre, justifier qu'ils ont satisfait à la loi du recrutement.

Pour les étrangers, l'obligation mentionnée ci-dessus doit être fournie par un correspondant résidant en France, en son propre nom, lequel se constitue ainsi, par son engagement, personnellement responsable du payement du prix de la pension.

Sur le vu de ces pièces, *dûment légalisées*, le ministre examine s'il y a lieu d'autoriser le pétitionnaire à se présenter à l'examen préparatoire d'admission qui se fait à l'école devant un jury composé des membres du corps enseignant. Si l'autorisation est accordée, il en est donné avis au postulant ou à la personne qui a fait la demande en son nom.

Conditions d'admission. — Un jeune homme ne peut être admis dans une école vétérinaire à d'autre titre que celui d'élève payant pension.

Il doit être âgé de dix-sept ans au moins ou de vingt-cinq ans au plus;

Etre en état de forger un fer en deux chaudes.

Et faire preuve de connaissance sur la langue française, l'arithmétique, la géométrie et la géographie.

En conséquence, l'examen préparatoire comprend, indépendamment de l'exercice de la forge, savoir :

Langue française.

1° Un passage écrit sous la dictée;

2° L'analyse raisonnée d'une partie de cette dictée.

Arithmétique.

1° Notions élémentaires d'arithmétique;

2° Système décimal;

3° Proportions arithmétiques et algébriques;

Géométrie.

Notions élémentaires de géométrie, comprenant l'étude des lignes et celle des surfaces planes.

Géographie.

1° Géographie élémentaire;

2° Notions générales sur la géographie de l'Europe;

3° Etude particulière de la géographie de la France.

Enfin, une composition écrite sur un des sujets de l'examen oral.

Epoque de l'examen préparatoire et de l'admission. — Tous les jeunes gens autorisés à subir l'examen préparatoire d'admission doivent être rendus à l'école le 1er octobre, au matin, à l'effet de justifier de l'autorisation qu'ils ont obtenue. Le directeur leur donne connaissance du jour et de l'heure de l'ouverture de cet examen.

Les candidats auxquels le résultat de l'examen est favorable sont admis au nombre des élèves, et, sur le vu de la carte d'admission qu'ils reçoivent, l'économe leur délivre les objets de coucher, et le surveillant leur indique la place qu'ils doivent occuper dans les chambres ou dortoirs.

Les jeunes gens qui, pour un motif quelconque, n'ont pas profité de l'autorisation de subir l'examen préparatoire, et ceux qui, ayant subi cet examen, ont été refusés, ne peuvent se présenter de nouveau que l'année suivante et avec une nouvelle autorisation du ministre.

Durée des études. — La durée des cours est de quatre

années, après lesquelles les élèves qui sont reconnus en état d'exercer la médecine des animaux domestiques reçoivent un diplôme de vétérinaire, dont la rétribution est fixée à 100 fr.

Cependant, il peut arriver qu'un élève soit obligé d'étudier plus de quatre ans avant de terminer ses études et d'obtenir le diplôme de vétérinaire : c'est ce qui a lieu pour ceux que le jury chargé d'examiner les élèves à la fin de chaque année scolaire ne trouve pas assez instruits pour les faire passer dans une division supérieure.

Prix et mode de payement de la pension et du droit de diplôme. — La pension annuelle est fixée à 400 fr. par an, payables par trimestre et d'avance. Le payement doit en être effectué, savoir : pour la pension des élèves admis au mois d'octobre, à partir du 1er dudit mois, entre les mains du régisseur de l'école, et pour les trimestres suivants, dans la caisse du receveur général des finances de la résidence de l'école. Toutefois, le débiteur de la pension d'un élève peut en verser le montant dans la caisse du receveur général du département qu'il habite, et, à Paris, dans celle du Trésor, contre des mandats sur le receveur général du département où l'école est située. Lorsque les parents d'un élève n'habitent pas le chef-lieu du département, ils peuvent s'adresser au receveur particulier de leur arrondissement, qui pourra leur procurer un mandat du receveur général du département sur le receveur général du département ou l'école est située.

La somme due pour le diplôme doit être versée par les élèves, avant leur examen devant le jury, entre les mains du régisseur. Elle est restituée, après l'examen, à ceux qui n'obtiennent pas ce titre.

Des demi-bourses. — Il y a pour les écoles vétérinaires 172 demi-bourses de 200 fr. chacune, dont deux par département, à la disposition du préfet, sous l'approbation du ministre de l'agriculture, du commerce et des travaux publics.

Ces 172 demi-bourses sont réparties ainsi qu'il suit : 60 à Alfort, 56 à Lyon et 56 à Toulouse.

Les départements qui peuvent disposer de ces demi-bourses, sont :

Pour Alfort : Aisne, Ardennes, Aube, Calvados, Côtes-du-Nord, Eure, Eure-et-Loir, Finistère, Ille-et-Vilaine, Indre-et-Loir, Loir-et-Cher, Loiret, Manche, Marne, Mayenne, Meurthe, Meuse, Morbihan, Moselle, Nord, Oise, Orne, Pas-de-Calais, Sarthe, Seine, Seine-Inférieure, Seine-et-Marne, Seine-et-Oise, Somme, Yonne.

Pour Lyon : Ain, Allier, Basses-Alpes, Hautes-Alpes, Ardèche, Bouches-du-Rhône, Cher, Corse, Côte-d'Or, Doubs, Drôme, Indre, Isère, Jura, Loire, Haute-Loire, Lozère, Haute-Marne, Nièvre, Puy-de-Dôme, Bas-Rhin, Haut-Rhin, Rhône, Haute-Saône, Saône-et-Loire, Var, Vaucluse, Vosges.

Pour Toulouse : Aube, Ariége, Aveyron, Cantal, Charente, Charente-Inférieure, Corrèze, Creuse, Dordogne, Gard, Haute-Garonne, Gers, Gironde, Hérault, Landes, Loire-Inférieure, Lot, Lot-et-Garonne, Maine-et-Loire, Basses-Pyrénées, Hautes-Pyrénées, Pyrénées-Orientales, Deux-Sèvres, Tarn, Tarn-et-Garonne, Vendée, Vienne, Haute-Vienne.

Indépendamment de ces 172 demi-bourses, il en existe 68 dont la disposition directe est réservée au ministre de l'agriculture, du commerce et des travaux publics. La répartition de ces dernières a lieu chaque année au mois d'avril.

Les unes et les autres ne sont accordées qu'aux élèves qui, après six mois au moins d'études dans les écoles, ont fait preuve de bonne conduite en même temps que de zèle, de travail et d'instruction.

Les notes semestrielles sont des documents toujours consultés par le ministre pour la répartition des demi-bourses.

Nul ne peut obtenir plus d'une demi-bourse à la fois et pour le même semestre.

ELÈVES MILITAIRES. — Il y a, à l'école d'Alfort seulement, quarante élèves entretenus aux frais du ministère de la guerre. Ces places sont données aux jeunes gens déclarés admissibles par le jury d'examen, et, exclusivement, aux fils de militaires en activité, en retraite ou retirés dans leurs foyers après quinze ans de service au moins. Les jeunes gens qui veulent solliciter leur admission à cette école, en qualité d'élèves militaires, doivent adresser leur demande au ministre de la guerre, avant le 1er juillet de chaque année; ils y joindront les pièces suivantes :

1° Leur acte de naissance dûment légalisé;

2° Un certificat de bonnes vie et mœurs délivré par l'autorité civile, ou par l'autorité militaire, si le candidat fait partie de l'armée; si le candidat a dépassé l'âge de vingt ans, ce certificat fera connaître sa position sous le rapport du recrutement;

3° Un certificat, délivré par le capitaine du recrutement, attestant qu'il a la taille de 1 mètre 56 centimètres, et qu'il réunit les qualités requises pour servir dans l'arme de la cavalerie;

4° Une déclaration, signée d'un docteur en médecine ou en chirurgie, constatant que le postulant a eu la petite vérole ou a été vacciné, et qu'il n'a aucune maladie chronique ou contagieuse;

5° Un certificat d'un chef d'institution ou d'un professeur de l'Université faisant connaître que le candidat possède le degré d'instruction indiqué ci-dessus au programme des conditions d'admission :

6° Un certificat constatant des connaissances en maréchallerie, délivré par un vétérinaire civil ou militaire; ces trois dernières pièces seront légalisées par le préfet ou le sous-préfet;

7° Enfin, un état, en original ou régulièrement certifié, des services du père du candidat.

Les conditions ou connaissances exigées pour l'examen préparatoire sont les mêmes que pour les élèves civils.

Les jeunes gens autorisés par le ministre de la guerre à subir l'examen préparatoire, doivent être rendus à l'École d'Alfort avant le 1er octobre.

Le directeur, après qu'ils auront justifié de l'autorisation qui leur aura été donnée de s'y présenter, leur indiquera le jour et l'heure de cet examen.

Les candidats qui n'auront pu répondre d'une ma-

nière satisfaisante à l'examen seront déclarés inadmissibles, et devront se retirer immédiatement. Ceux auxquels son résultat aura été favorable, pourront être admis à suivre les cours en attendant la décision du ministre de la guerre pour la nomination des élèves militaires.

La durée des études est de quatre ans ; hors le cas de maladie, dûment constatée, aucun élève militaire ne peut être autorisé à doubler une année d'étude.

Les places d'élèves militaires sont gratuites ; en conséquence, la pension de ces élèves, les frais d'entretien, la fourniture du trousseau, des livres élémentaires et des instruments, ainsi que les frais du diplôme sont au compte de l'État.

Les élèves militaires qui, par leur conduite, auront donné lieu à des plaintes graves, ou qui n'auront pas satisfait aux examens qu'ils doivent subir, seront renvoyés dans leur famille, à moins qu'ils ne soient liés au service militaire à un titre quelconque.

Dans ce dernier cas, ils seront dirigés sur le corps auquel ils appartiendront, ou sur celui qui leur sera désigné par le ministre de la guerre, pour y compléter le temps de service exigé par la loi.

Les élèves militaires qui, avant d'avoir terminé leurs études, seraient renvoyés de l'École, seront tenus de restituer les effets d'habillement, le linge, les livres et les instruments dont ils seraient en possession au jour de leur sortie. Dans le cas contraire, la valeur de ces objets, même de ceux qui seraient perdus ou dégradés, sera remboursée au trésor, soit par ces élèves, soit par leurs parents ou tuteurs, qui seront tenus d'en contracter l'engagement par écrit aussitôt après l'admission des élèves à l'école.

Les élèves militaires qui auront obtenu le diplôme peuvent être appelés à remplir, concurremment avec les autres vétérinaires brevetés, les vacances d'aides-vétérinaires de deuxième classe qui se produiront dans le cadre des vétérinaires militaires.

Élèves des colonies. — Indépendamment des élèves militaires il y a encore, à l'école d'Alfort, quelques élèves entretenus par le ministère de la marine aux frais des colonies. pour avoir droit à cette faveur il faut être fils de colon et, par conséquent, destiné à revenir dans les colonies pour y exercer l'art vétérinaire. Rien, du reste, ne détermine d'avance, ni les conditions spéciales d'admissibilité, ni les avantages accordés aux jeunes gens de cette catégorie. Ils s'adressent, d'abord, au gouverneur de la colonie à laquelle ils appartiennent ; si le gouverneur est favorable à leur demande, il leur fait subir un examen préparatoire et fait ensuite la proposition au ministre de la marine, qui statue, spécialement, sur chaque cas qui se présente.

Extraits des réglements. — Les élèves ne peuvent quitter l'école sans autorisation du directeur, qui, après s'être assuré qu'ils ne sont plus détenteurs d'objets mobiliers appartenant à l'établissement, leur délivre une carte de laissez-passer pour la sortie de leurs effets.

Les dimanches et les jours de fêtes sont les seuls jours de congé.

Il est défendu aux élèves de sortir de l'école les jours de travail, ni même aux heures de récréation, sans en avoir obtenu la permission expresse du directeur. Cette permission ne peut être motivée que par des affaires reconnues pressantes pour ne pas être remises au plus prochain jour de congé.

Il peut être accordé des congés de quinze jours au plus, par le directeur de l'école, aux élèves que le mauvais état de leur santé ou des affaires indispensables appellent chez leurs parents.

Le ministre en est prévenu immédiatement et ajoute, s'il y a lieu, une ou plusieurs prolongations.

Les congés pour cause de maladie ou de convalescence ne sont accordés par le directeur que sur l'avis motivé du médecin de l'école.

Tout élève qui ne rentre pas à l'expiration de son congé ou de sa prolongation est considéré comme ayant abandonné l'étude de l'art vétérinaire ; il est rayé du contrôle de l'école et ne peut y rentrer qu'en vertu d'une décision du ministre.

Lorsqu'un élève tombe malade, il reçoit à l'infirmerie tous les soins qu'exige son état. Si la maladie paraît devoir être grave et de longue durée, le directeur de l'école autorise, au besoin, la translation de l'élève chez ses parents ou son correspondant.

Tenue et uniforme des élèves. — Hors de l'école, ainsi que pour assister au service divin, aux distributions de prix et aux visites faites par les autorités, les élèves portent un habillement uniforme, consistant en :

Un habit bleu foncé, croisé sur le devant, avec collet montant et rabattu, sans poches fermées sur le côté ; sept grands boutons en cuivre doré uni sur le devant de l'habit, deux grands boutons dans chacun des plis de derrière, deux à la taille, et, enfin, deux petits boutons pour fermer les manches ;

Un pantalon en drap pareil à celui de l'habit ;

Un gilet de casimir noir ;

Demi-bottes ou souliers ;

Un chapeau rond en soie noire ;

En été, le pantalon de drap est remplacé par le pantalon blanc ou de coutil gris.

Le seul surtout toléré en hiver consiste en un grand collet sans pli, en drap bleu, de la même nuance que celui de l'habit, descendant jusqu'au mollet et doublé sur le devant d'une étoffe de laine noire unie. Ce collet est attaché par une agrafe noir très-simple.

Les élèves ont à se pourvoir, à leurs frais, de ce trousseau, ainsi que du linge à leur usage personnel, à l'exception du linge de literie et des autres objets de coucher, qui sont fournis par l'État.

Les frais d'entretien du trousseau des élèves demeurent à leur charge, excepté ceux de l'entretien et du blanchissage de leur linge, personnel ou autre, qui sont supportés par l'État.

Les élèves ont à se procurer, à leurs frais, les livres, instruments et objets qu'ils jugent nécessaires à leurs études.   (*V. Mazurkiewic.*)

VIEILLESSE. — Si l'affaiblissement ou la perte d'une partie de nos facultés suffisent pour nous constituer infirmes, nous le devenons tous avec l'âge, et la seule vieillesse est une infirmité. Mais la sage na-

ture a ménagé les transitions : entre la veille et le lendemain, l'an qui précède et celui qui suit, la différence est peu sensible ; nous entassons ainsi les jours et les années, et, quand arrive la vieillesse naturelle, nous ne nous sentons pas pour cela invalides, vu l'éloignement et la succession insensible des termes de comparaison dont le souvenir peut nous faire apprécier notre dépérissement physique et moral. Il est donc une santé pour la vieillesse, comme pour les autres âges, seulement elle est plus précaire et elle ne s'accompagne pas de ce sentiment de plénitude d'existence qui anime la jeunesse et la virilité. L'époque à laquelle commence la période du déclin de la vie qui nous occupe, et qu'on a comparée à l'automne et à l'hiver de la révolution annuelle, cette époque est très-variable, à ne consulter que les apparences ; mais on a établi, comme règle générale, que la vieillesse humaine commençait de cinquante-cinq à soixante ans. Non, certes qu'il n'y en ait de bien plus prématurées et de bien plus tardives, et même que tous les peuples de la terre puissent être rigoureusement soumis au même niveau ; mais, sous peine de ne pas s'entendre, il fallait fixer un terme qui marquât, pour le plus grand nombre, le commencement du déclin de l'existence, et l'observation a dicté celui de cinquante-cinq à soixante ans.

L'âge de décadence qui succède à la virilité, a été, par certains auteurs, divisé en trois périodes : 1° l'âge de retour (de soixante à soixante-dix ans) ; 2° la caducité (de soixante-dix à quatre-vingts) ; 3° la décrépitude. Nous ne pouvons consacrer ici beaucoup d'espace à l'examen de la physiologie des vieillards, signaler les dégradations successives que leur organisation subit, et par suite la détérioration de leurs fonctions physiques et morales. Toutefois, obligé de réduire considérablement cette étude philosophique, dans laquelle Cabanis, entre autres, a été si bien inspiré, nous tâcherons du moins de ne pas omettre les points de vue principaux qui devront servir d'introduction à l'hygiène, à la pathologie et à la thérapeutique de la vieillesse.

Tandis que les cheveux blanchissent et que la peau se ride, les chairs perdent de leur souplesse et de leur élasticité, les os durcissent et deviennent plus cassants. Toutes les fonctions sont languissantes dans la vieillesse. Ce n'est que par exception que l'appétit se soutient ou augmente, les digestions sont d'ailleurs plus difficiles, et parce que le tube digestif a perdu de son ressort, et parce que les mâchoires, plus ou moins dégarnies de dents, ne triturent pas aussi bien les substances alimentaires. L'absorption a moins d'activité. La circulation et la respiration sont plus lentes, le sang est moins abondant, moins oxygéné, plus sujet aux stases. La nutrition se fait mal, ordinairement le poids du corps diminue, parfois cependant l'embonpoint augmente et devient plutôt un embarras qu'un indice et un auxiliaire de la santé. Les sécrétions sont aussi moins actives et très sujettes à s'altérer. Les excrétions sont encore plus difficiles, et la constipation afflige souvent les vieillards. La puissance génitale ne s'affaiblit pas seulement, elle s'éteint chez le plus grand

nombre, plus tôt chez la femme, dont la vieillesse est d'ailleurs plus hâtive.

Si les fonctions de la vie dite organique ou végétative, nous passons aux fonctions plus relevées de la vie de relation, nous ne constaterons pas une détérioration moindre dans ces dernières. Les sens deviennent plus obtus, d'où l'erreur si commune aux vieillards, de croire que tout a dégénéré dans le monde extérieur, parce que les mêmes objets ne peuvent plus les impressionner de la même manière ou dans la même mesure. Le sentiment, ou la sensibilité de réflexion, est affaibli, comme les sens externes. De là l'absence d'émotions vives et de fortes passions dans la vieillesse. Les sympathies, ces mouvements généreux de l'âme dans lesquels on s'oublie pour se dévouer, se rétrécissent de plus en plus avec l'âge, et l'égoïsme les remplace trop souvent. L'imagination s'éteint, plus de poésie dans l'existence, qui se matérialise et ne se compose bientôt que de froids calculs des intérêts personnels.

A Dieu ne plaise que, dans cette ébauche dont nous relèverons plus bas les sombres couleurs, nous ayons paru vouloir dénigrer la vieillesse, sur laquelle, au contraire, nous nous forcerons toujours d'appeler les soins, les égards et la vénération des âges plus favorisés de la nature ! Non certes, telle n'a pas été notre intention ; mais il importe de se connaître à tout âge, et il ne faut pas que les vieillards ignorent qu'ils sont entraînés instinctivement par les changements survenus dans leur organisation, vers la critique des temps présents et les louanges du passé, vers l'indifférence, l'impassibilité, l'absence du courage, l'avarice et l'égoïsme qu'on leur reproche. La source matérielle des imperfections morales étant dévoilée, ils se tiendront plus en garde contre les propensions instinctives. L'âme mieux éclairée sur les dommages que lui cause sa prison ruinée, réagira plus fortement contre la matière. D'ailleurs ce que nous avons dit de quelques attributs moraux de la vieillesse, ne doit être entendu que d'une manière générale qui suppose de nombreuses exceptions.

Avant de signaler les qualités intellectuelles et morales qui sont le fruit du temps, rappelons encore quelques tristes résultats de la vieillesse. Nous avons dit que les sensations perdaient de leur intensité, de leur netteté ; de là conséquemment des perceptions imparfaites. Aussi la mémoire qui les perpétue est-elle très-courte, très-infidèle en ce qui touche les faits récents, tandis que les souvenirs anciens se reproduisent quelquefois avec une exactitude et une vivacité qui excitent la surprise. Tel vieillard qui serait embarrassé de vous dire ce qu'il a fait la veille ou dans la journée, vous étonnera pour l'étendue et la netteté des souvenirs qui le reportent à son jeune âge. Du reste, les souvenirs composent la plus belle partie de l'existence dans la vieillesse, quoique l'imagination soit alors avare des prestiges de son coloris. Attristé du présent, le vieillard affectionne les temps passés, et l'on connaît son goût prononcé pour les anecdotes. Il serait bien à plaindre, si dans sa mémoire, devenue ingrate pour les récentes impressions, il survenait

table rase. Que deviendrait-il, notamment, pendant ces longues insomnies qui sont l'un des tourments de la vieillesse! Parmi les passions tristes de cet âge, il faut surtout compter la crainte de la mort.

Les imperfections intellectuelles et morales de la vieillesse que nous venons d'indiquer rapidement, sont rachetées par les avantages d'un autre ordre. Le calme des sens favorise l'attention, l'absence de passions fortifie le jugement, l'expérience lui donne de l'autorité. Cet âge est renommé pour la circonspection, la prudence, la sagesse. Dans presque tous les pays c'est la vieillesse qui gouverne, sinon directement, par son influence, qui est immense sur la destinée des nations. Chez plusieurs peuples de l'antiquité, la vieillesse a été édifiée comme symbole de l'expérience de la sagesse.

Il est malheureux qu'elle joigne à ces qualités éminentes, les tendances ou préoccupations fautives que nous avons signalées, et qui sont une source féconde de travers et de faux jugements. La circonspection touche à la défiance, la prudence à la pusillanimité, l'ordre et l'économie à l'avarice, l'austérité des principes à l'intolérance, etc. Or l'organisation des vieillards les tient, à leur insu, sur la pente de tous ces excès. Ensuite leur attachement au passé, leur répugnance pour l'expérimentation, les rendent trop obstinément conservateurs, et pour avoir une intelligence parfaite des besoins des sociétés progressives, il faudrait posséder l'heureuse alliance de la confiance de la jeunesse, de la constance de l'âge mûr, et de l'expérience de la vieillesse.

Mais nous n'allons pas plus loin dans nos considérations sur un sujet de physiologie psychologique qui demanderait de très-longs développements, et que nous ne pouvons qu'effleurer. Nous avons rappelé les détériorations physiques et morales qu'amenait naturellement la succession des années, parlons maintenant des maladies qui, sans lui être exclusivement dévolues, affligent plus souvent la vieillesse que les autres âges. De ce nombre sont: les affections catarrhales, rhumatismales, goutteuses, asthmatiques, hydropiques, dartreuses; le scorbut, le marasme, les apoplexies, paralysies, tremblements, la démence et les gangrènes séniles, les concrétions calcaires, les fistules, les ulcères, les cancers, etc., et puis une foule d'infirmités, la dureté ou la perte des sens, la rigidité des articulations, la difficulté des mouvements, etc.

Plus particulièrement tourmentée par les maladies chroniques, la vieillesse n'est pas exempte de celles qui sont aiguës. Cependant elles y sont moins communes que dans les autres âges, leur marche est moins rapide, leur solution moins complète, il y a tendance à la chronicité. On s'accorde généralement sur le principe que les maladies aiguës des vieillards réclament un traitement moins énergique, surtout en ce qui concerne les évacuations sanguines par la lancette ou les sangsues. Il convient aussi d'être sobre de médicaments à leur égard, mais quand l'indication en est bien marquée, on a besoin de les employer à plus haute dose, à cause de la sensibilité moindre des organes.

Passons à l'hygiène spéciale des vieillards, techniquement dénommée *gérocomie*.

On ne jette point l'ancre dans le fleuve de la vie, dit poétiquement Bernardin de Saint-Pierre. Placés dans ce courant qui ne permet point de halte, et qu'il n'est donné à personne de remonter, nous arrivons tous à la vieillesse, à moins d'avoir fait naufrage en chemin. Parvenu à cette période de décadence l'homme est averti, par l'instinct non moins que par l'expérience, qu'il ne lui est plus permis de risquer sa santé, et qu'il a besoin de suppléer, par des soins, à la force vitale qui s'épuise. C'est donc aux vieillards qu'il importe le plus de connaître et de pratiquer les préceptes d'hygiène que l'observation a fait prévaloir et dont nous allons présenter un simple résumé.

A mesure que le mouvement vital se ralentit, le corps subit des pertes moindres, et il a moins besoin de réparation. On sait que ce sont les vieillards qui supportent le mieux l'abstinence. Conséquemment à cette loi de la nature, la sobriété convient principalement aux personnes âgées. Elles doivent craindre d'ajouter à l'affaiblissement des organes digestifs, par des aliments lourds ou trop copieux. Sans exclure aucune substance alimentaire réputée saine, on donnera la préférence aux jeunes viandes des animaux sur les viandes noires, aux légumes et aux fruits sur le régime animal. C'est surtout après la chute des dents qu'il faut user de peu de viande, en lui substituant le bouillon, le lait, les panades, les crèmes, les fécules, les œufs frais, les végétaux, les poissons légers. Les épices peuvent exciter momentanément l'appétit et la contractilité de l'estomac, mais généralement plus on en est avare, mieux on s'en trouve. Un autre précepte utile, c'est de ne pas manger trop à la fois, notamment dans la soirée, et de faire plutôt trois ou quatre petits repas, qu'un seul, dans les vingt-quatre heures. Du reste, on peut satisfaire l'appétit dans la mesure qu'il indique, en se défiant seulement des artifices de la cuisine, qui sont très-préjudiciables aux vieillards. Il en est qui demandent à l'art culinaire un dédommagement à d'autres privations, et qui tombent dans une espèce de *gastrolâtrie*, se faisant contre, un dieu de leur ventre. Cette sensualité se fait payer cher à beaucoup d'entre eux, il n'est pas d'âge où l'on ait plus de besoin d'une nourriture simple et naturelle, sans heurter toutefois les lois de l'habitude, dont il faut également tenir compte pour les boissons. Le vin, de l'aveu de Platon, devait être principalement réservé à la vieillesse, non moins pour la distraire des peines que pour activer les fonctions du corps. Nous nous rangeons volontiers de l'avis de ce divin philosophe, en ajoutant que l'abus de cette boisson comme de toutes celles qui sont fermentées, est bien plus dangereux à cette époque de la vie que dans les autres âges qui précèdent. L'usage sobre des boissons stimulantes, du café, du thé, et quelquefois des liqueurs, est plus salutaire que nuisible à la vieillesse, et surtout quand l'habitude en était déjà contractée.

L'air est un autre aliment non moins nécessaire à l'existence. Les vieillards doivent en rechercher la pureté avec d'autant plus de soin qu'ils le corrompent

davantage. Il leur faudrait une chambre à coucher spacieuse, claire, bien aérée, sans alcôve, commode, agréable, peu élevée, sans être au niveau du sol, exposée au midi dans les contrées du nord. A cet âge on est très-sensible au froid. Il convient donc d'entretenir, à l'intérieur, une douce température, et d'obvier, par des vêtements suffisants, à l'impression de l'air extérieur. Le séjour de la campagne, les occupations et les plaisirs champêtres, méritent la préférence quand on le peut.

L'exercice, proportionné aux forces, qui ne va point jusqu'à la fatigue, est éminemment salutaire aux vieillards. Il maintient la souplesse dans les membres, il active toutes les fonctions, et notamment la transpiration, qui se dérange facilement à cet âge. Il est quelquefois utile de l'aider par des bains légèrement chauds, par des frictions, des onctions, le massage.

A mesure que la puissance génitale s'éteint, il faut savoir accepter l'arrêt prononcé par la nature, et ne point solliciter l'imagination ou de médicaments incendiaires, des forces artificielles dont la faveur pourrait coûter cher.

L'hygiène spéciale du système nerveux et du moral, n'est pas la partie qui intéresse le moins la vieillesse. Sans les condamner à un repos qui serait nuisible, il ne faut point soumettre les sens affaiblis à de trop fortes impressions. Il convient autant que possible de mettre de la régularité dans les heures de veille et de sommeil; de ne point se coucher trop tard et de se lever de bonne heure; d'aller faire une petite promenade le matin quand le temps le permet; c'est aussi le moment le plus convenable pour aller à la garde-robe.

Autant les passions et les contentions mentales seraient nuisibles aux vieillards, autant les distractions aimables, les délassements de l'esprit leur sont salutaires. Dans le beau monument qu'il a élevé à la vieillesse, Cicéron (de Senectute) conseille la culture des lettres comme le moyen le plus digne et le plus capable d'adoucir la rigueur des vieux ans. De bons livres charment et consolent, et l'on a tant besoin de philosophie à une époque si féconde en regrets, pour quiconque ne sait pas accepter les lois immuables de la nature et se conformer aux nécessités du dernier âge! L'appréhension de la mort est un sentiment fixe qui empoisonne l'existence d'un grand nombre de vieillards. Vainement la bienveillante nature cherche à nous détacher de la vie en nous dépouillant successivement des faveurs qui pouvaient nous la rendre chère, le fol amour pour les seules fonctions de la respiration, pour nous servir d'une pensée allemande, nous accompagne jusqu'au tombeau. Mais combien la mort perd de ses formes hideuses, lorsqu'au sentiment des privations et des douleurs des infirmités, se joignent de bons témoignages de la conscience et la ferme espérance d'un avenir meilleur dont on n'a pas démérité! Qui ne se sent ému et transporté en se représentant la fin du vertueux Socrate! Qu'il est sublime ce grand philosophe, lorsque, après avoir accepté de ses bourreaux auxquels il pardonne, la coupe empoisonnée, il disserte, avec sérénité, de l'immortalité de l'âme,

entouré de ses disciples, qui croient déjà voir percer en lui un rayon éclatant de la divinité! Les vieillards timorés se trouveront bien de lire et de méditer les écrits dictés par une saine philosophie, ou inspirés par le génie du christianisme, et qui tendent à développer un sage mépris de la mort. Il est de ces écrits pour ceux qui ont le malheur de croire au néant; il doit suffire aux vieillards qui croient à l'immortalité, de la paix et de leur conscience. Ceux-là savent qu'ils ne peuvent que gagner en abordant, pour une autre vie, une existence remplie de misères. C'est à ces derniers surtout qu'il faut appliquer cette belle et naïve pensée poétique adressée à l'homme juste : *Rien ne trouble sa fin, c'est le soir d'un beau jour.*

Les vieillards se plaignent souvent de l'indifférence ou de l'éloignement qu'on leur témoigne, plusieurs affectionnent la solitude et tombent dans la misanthropie. Sans doute on est quelquefois injuste envers un âge qui a besoin aussi d'indulgence et qui commande le respect; mais quand on reproche des torts, il faudrait être bien sûr qu'on n'a pas eu soi-même l'initiative. Le vieillard qui n'a pas assez de discernement ou d'empire sur lui-même, pour comprimer l'esprit grondeur, l'intolérance, l'humeur chagrine, l'égoïsme auxquels le dispose l'organisation dégénérée, doit s'attendre à trouver chez les autres fort peu d'empressement pour lui. On le respecte par un sentiment de convenance ou de devoir; quant à l'affection, il est tout naturel que des étrangers la lui refusent. La bienveillance honore, fait honorer et chérir la vieillesse. Pour l'agrément des relations sociales qui entrent encore pour beaucoup dans l'existence des vieillards, ceux-ci ne sauraient trop se pénétrer qu'ils ont besoin de tempérer la gravité de leur caractère, la sévérité de leurs principes, et leurs préventions pour le passé. La sérénité d'âme, l'affabilité des manières, une gaieté décente et mesurée vont si bien à la vieillesse! Joignant à un caractère aimable, l'expérience, la sagesse, et les ornements de l'esprit, elle apporte à la société non moins de charme qu'elle n'en retire par l'accueil empressé qu'elle y reçoit. C'est de ces bons et aimables vieillards qu'avec raison un poëte a pu dire : *Il n'est point d'hiver pour le sage.*

L'époque de décadence qui comprend des nuances très-fortes depuis l'âge de retour, jusqu'à la caducité et la décrépitude, cette époque, disons-nous, est à la fois plus précoce et plus triste pour la femme. L'homme est surtout organisé pour penser, la femme pour sentir. La carrière intellectuelle, les occupations domestiques peuvent se continuer dans les vieux ans, tandis que l'existence sentimentale est révolutionnée par la succession des âges. Mais la femme, qui a le bon esprit de marcher avec ses années, de dédaigner une coquetterie ridicule, peut encore éprouver des satisfactions de cœur, et recueillir des hommages respectueux qu'on n'adresse plus qu'à l'aménité, à la mansuétude de son caractère.   (Dr *Lagasquie*).

VOIX. — Son appréciable résultant des vibrations que l'air chassé des poumons éprouve en traversant le larynx. De ce son articulé par les mouvements de la langue, des lèvres et des autres parties de la bouche,

naît la parole que l'on peut définir, la voix articulée. L'appareil vocal se compose chez l'homme de trois sortes de parties : 1° les muscles de la respiration dont la contraction fournit l'air qui produit le son ; 2° le larynx, organe troué à la partie supérieure du canal de la respiration ; 3° la bouche et les fosses nasales situées au-dessus du larynx et formant un tuyau par lequel le son s'écoule.

Tous les animaux pourvus d'un organe pulmonaire et d'un larynx, ont de la voix, car il suffit pour la production de ce son que l'air accumulé dans un réceptacle quelconque en soit chassé en masse avec une certaine force et rencontre sur son passage des parties vibratiles. Les poissons qui ne respirent que par des branchies, ne font entendre aucun son. On ne peut donner le nom de voix au bruit que font certains animaux en mettant en vibration des substances élastiques placées tout à fait en dehors de l'appareil respiratoire, tels sont les ébranlements sonores que certaines sauterelles communiquent à une portion membraneuse, en frottant avec rapidité ces parties l'une contre l'autre.

L'instrument de la voix est le larynx, espèce de boîte cartilagineuse dont les parois unies ensemble par des membranes sont mues les unes sur les autres par plusieurs petits muscles, eux-mêmes animés par 4 branches de nerfs appelés laryngés. La *glotte* longue de 10 à 11 lignes dans un homme adulte, est la partie la plus essentielle du larynx ; c'est une fente comprise entre deux replis charnus qu'on nomme *cordes vocales*. C'est véritablement en ce point que les sons se produisent, car la voix s'éteint tout à fait lorsqu'en ouvrant le larynx-au-dessous de la glotte, on empêche l'air de la traverser. La voix n'a lieu que pendant le mouvement de l'expiration ; or comme l'expiration est volontaire, il en résulte que la voix est sous la dépendance de la volonté, et selon qu'on fait varier la quantité d'air pressé dans le larynx, on fait aussi varier les qualités du son vocal.

Plusieurs physiologistes ont admis l'existence des vibrations dans les cordes vocales au moment où la voix est produite. M. Magendie prétend les avoir observées. Il est certain qu'on ne peut les révoquer en doute, parce qu'un corps n'est sonore que parce qu'il est agité de mouvements oscillatoires. Outre ces mouvements, toutes les pièces du larynx sont agitées d'un tremblement qui se propage aux os de la tête, à ceux de la poitrine, et même si la personne qui parle a la voix grave, à toute sa charpente osseuse et au siége sur lequel son corps repose.

La voix offre des différences de son, d'intensité, de timbre qui, pour la plupart, peuvent être appréciées. Quand le son s'élève, le larynx monte ; cette ascension est facile à constater à la simple vue sur les personnes qui ont le cou maigre, ou en plaçant un doigt sur le rebord du cartilage thyroïde pendant qu'on fait une gamme en montant. Si le son est très-aigu, la tête est renversée en arrière, et l'élévation du menton qui en résulte, permet de porter le larynx aussi haut que possible, et de raccourcir encore plus le tuyau vocal. La glotte elle-même se rétrécit. L'influence du degré

d'écartement de ses bords est facile à présumer en voyant l'amplitude du larynx correspondre toujours au degré de gravité ou d'acuïté de la voix, de telle sorte qu'on le trouve moitié moins volumineux chez les femmes et les enfants que chez l'homme. Dans la production des tons graves, on observe des phénomènes inverses. Le larynx s'abaisse, le tuyau vocal devient tout à la fois plus long et plus large, la bouche est plus grandement ouverte, le menton s'abaisse au point de se rapprocher de la poitrine. Dodart a calculé que l'étendue du déplacement du larynx dans l'un et l'autre sens pouvait être portée à un demi-pouce.

L'influence des fosses nasales sur la phonation est hors de doute. L'opinion le plus généralement répandue est qu'elles servent au retentissement de la voix, à l'aide des nombreuses anfractuosités de leurs cornets, contre lesquels les ondes sonores viennent se briser. On a remarqué que les personnes qui ont le nez volumineux ont généralement de grosses voix.

La force d'un son dépend de l'étendue des vibrations qu'exécutent les molécules du corps sonore, et se mesure par la distance à laquelle il est entendu. Celle de la voix humaine est assez grande et présente des différences selon l'âge. Faible et aiguë dans l'enfant, elle se renforce plus tard. Dans la femme cependant elle conserve presque toujours les caractères de l'enfance, mais dans l'homme à l'époque de la puberté il se passe des changements notables qui constituent la mue de la voix. Pendant que ces changements s'opèrent, il s'en produit d'autres dans le larynx qui double de volume, dans le nez qui grossit, dans la poitrine qui s'élargit et dans les organes génitaux. Le développement de ceux-ci paraît être une condition indispensable pour que la mue s'opère, car on ne la remarque pas chez les eunuques. Certains animaux silencieux pendant la plus grande partie de l'année deviennent chanteurs au moment même de leur accouplement. Si la voix n'a pas toute son assurance pendant la mue, cela tient sans doute au développement inégal des diverses parties du larynx. Dans la vieillesse la voix devient chevrotante, le cartilage est ossifié, les dents tombées ; les sons ne peuvent plus avoir leurs qualités premières. Si la voix de l'homme est d'autant plus forte que la poitrine offre une plus vaste capacité, elle faiblit aussi après le repas, lorsque l'estomac et les intestins distendus par des aliments, refoulent le diaphragme et s'opposent à son abaissement. La plus légère altération de la santé, sans qu'il existe encore aucun symptôme de maladie, porte de suite une atteinte assez notable à l'intensité de la voix. Quant au *timbre* on ne peut jusqu'à présent l'expliquer d'une manière satisfaisante. Sans doute il est lié à la conformation des organes ; ce qui peut le faire croire, c'est qu'il se ressemble souvent chez les individus d'une même famille, où l'on remarque une ressemblance dans l'organisation.

Les théories de la voix sont nombreuses. La plus ancienne est celle de Galien. Il compare le larynx à une flûte dont le tuyau répondrait à la trachée-artère, et l'embouchure à la glotte. Cet appareil ressemblerait plutôt à un cor ainsi que le voulait Dodart dans

ses mémoires publiés de 1700 à 1707. La glotte répondrait aux lèvres du preneur, et le corps de l'instrument s'étendrait jusqu'à la bouche. Ferrein professait au contraire, qu'il y avait plus d'analogie avec le mécanisme des instruments à cordes, le violon par exemple. De nos jours, M. Cuvier reprit la comparaison de Galien, aidé par les nouvelles notions de la physique. Mais cette théorie fût combattue victorieusement par M. Dutochet. MM. Biot et Magendie comparent à leur tour le larynx à un instrument à anche. Cette explication qui a eu beaucoup de faveur a été rejetée par M. Savart qui regarde le larynx comme une espèce d'appel. Cette dernière comparaison qui approche le plus de la vérité, n'est pas encore assez complète; mais pourquoi vouloir que le larynx ressemble à un instrument de musique? Ne suffit-il pas de trouver dans cet organe toutes les conditions des sons variées? N'y voit-on pas un porte-vent élastique, variable en largeur et en longueur, une cavité sonore, tantôt large, tantôt étroite, tantôt molle, tantôt dure, un tuyau vocale également variable en grandeur et en tension; aucun instrument de musique ne réunit ces diverses conditions. Nous dirons donc avec M. le professeur Bérard, que le larynx ressemble à un larynx, et a en lui toutes les conditions pour produire des sons aigus ou graves, forts ou faibles.

Il est un organe aux fonctions duquel les physiologistes ont donné assez peu d'attention dans les modulations de la voix. C'est le détroit du gosier, formé en dessus par le voile du palais, sur les côtés, par des piliers, et au-dessous, par la base de la langue. Etudiant ces mouvements pendant le chant, M. Bennati, s'est assuré que la langue elle-même en se relevant ou en s'abaissant, et même en se courbant en canal, exerce une influence puissante sur les modulations. Il a reconnu en outre que les notes appelées improprement *de la tête* et du fausset sont dues au travail presque exclusif, à la plus forte contraction de cette partie supérieure du tuyau vocal. Il les nomme par conséquent notes *sur-laryngiennes*, et leur réunion *second registre*, pour le distinguer des notes dites *de poitrine* qu'il aime mieux appeler *laryngiennes* et dont il nomme l'ensemble *premier registre*.

Les *ténors contraltini* ceux qui dans les notes aiguës, dépassent, au moyen du second registre, l'échelle ordinaire du ténor, tels que David et Rubini, et les *soprani sfogati* les plus distingués, tels que mesdames Mombelli, Fodor, Catalani, Sontag, ont les parties supérieures du tuyau vocal ou le gosier infiniment plus développées et plus mobiles que les basses-tailles, telles que Lablache et Santini.

Il est si vrai que la partie supérieure du tuyau vocal concourt éminemment à la production des notes sur-laryngiennes, que les chanteurs dont la voix se compose de deux registres ont besoin de plus d'art pour ménager les transitions de l'un à l'autre de façon à les réunir pour l'oreille, et se fatiguent plus facilement que les autres. Ainsi David, Rubini, et mesdames Fodor, Sontag ne sont jamais plus fatiguées qu'après avoir chanté les rôles où le jeu des notes du second registre est le plus fréquemment employé. Cette souf-

france s'étend aux parties qui composent le sommet du tuyau vocal sans aller au delà. Si on l'augmentait par un exercice forcé, on arriverait à déterminer ou un affaiblissement du système nerveux de ces parties ou une inflammation qui se communiquerait parfois à la trachée-artère. D'un autre côté Lablache, Galli, Santini, mesdames Marianni, Catalani, chez lesquels le travail du premier registre est presque exclusif bien que leurs voix soient d'un genre différent, ressentent après un exercice plus ou moins forcé, la fatigue aux régions du diaphragme et des côtes. Dans les *soprani sfogati*, c'est-à-dire chez ceux qui, dans les notes aiguës, dépassent au moyen du second registre l'échelle ordinaire du soprano, on voit la langue se relever par ses bords et former une cavité semi-conique. Dans les soprani parfaits, c'est-à-dire ceux dont la voix est modulée presque exclusivement par le premier registre, la langue présente au contraire une surface arrondie par l'abaissement de ses bords, et ce qui n'est pas moins remarquable, la langue est d'un tiers plus volumineuse que dans les sujets ordinaires. La célèbre madame Catalani, Lablache, Santini offrent des exemples de ce phénomène. C'est à l'influence de cet organe que M. Bennati rapporte le plus ou moins de convenance des divers idiomes pour la musique selon que les mouvements qu'exigent les retours plus ou moins fréquents de certaines lettres secondent ou contrarient ceux qu'elle est obligée de faire pour la projection de la note. La même phrase musicale chantée dans plusieurs langues est progressive en difficulté dans l'ordre suivant, italien, portugais, espagnol, français, allemand, anglais. Il en résulte par conséquent l'inverse pour le charme et la mélodie.

Les différences de ton, d'intensité et de timbre de la voix, peuvent servir à reconnaître les maladies de l'appareil vocal. Ainsi, la voix est dite *croupale* dans le croup; *gutturale*, par suite d'une ulcération au voile du palais; *nasonnée*, lorsqu'un polype existe dans les fosses nasales. Elle s'affaiblit, et puis finit par s'éteindre dans la phthisie laryngée, maladie caractérisée par des tubercules à l'intérieur du larynx. Ces tubercules venant à se ramollir, ulcèrent les cordes vocales. L'intégrité de la voix est liée à la santé générale. Qui ne sait que des souffrances longtemps prolongées diminuent l'intensité de la voix; comme aussi la frayeur, les spasmes nerveux semblent la faire disparaître ou la rendre faible et convulsive? Il est une autre affection, assez rare à la vérité, mais dont l'effet bizarre excite l'étonnement des personnes étrangères à la médecine; c'est un spasme convulsif du larynx, qui fait ressembler la voix au cri des animaux, à l'aboiement d'un chien, et cela tout à fait involontairement et en tout lieu, et cela sans que le malade puisse se contenir. Ordinairement produite par la frayeur chez des enfants ou des personnes nerveuses, ou bien encore survenue à la suite d'une couche, cette convulsion toute locale des muscles du larynx est le tourment de ceux qui en sont atteints, et réclame un traitement fortifiant et antispasmodique. Quant aux autres affections, tels que le gonflement des amygdales, la difficulté de mouvoir les muscles de l'isthme du gosier, et le prolongement

organique de la luette, elles altèrent la force et l'étendue de la voix; et se guérissent par les antiphlogistiques unis aux sudorifiques pendant l'état aigu. Quand l'inflammation est moins vive, c'est alors que réussissent parfaitement les gargarismes aluminés suivant la formule de M. Bennati. Ce médecin conseille aussi la cautérisation de la luette, avec le nitrate d'argent, de préférence à l'excision, dans le prolongement de cet organe.

Dans les conseils prophylactiques, pour acquérir une belle voix, ou empêcher de perdre celle qu'on a déjà, nous croyons utile de faire remarquer que l'exercice du chant est très-dangereux au moment de la puberté. Il peut nuire au développement de l'organe, soit en le paralysant en tout ou en partie, soit en causant une inflammation dont le dernier degré d'intensité pourrait déterminer l'aphonie complète. Au moment où la mue atteignit Donzelli, un de ses condisciples qui se trouvait dans le même cas, continua de se livrer aux exercices du chant; il ne tarda pas à perdre la voix. Donzelli, qui, d'après les conseils de son maître, avait cessé de chanter pendant la durée de la mue, acquit au contraire un des plus beaux organes qui existent de nos jours.

Parmi les individus qui se sont livrés de bonne heure à l'étude du chant et notamment chez les garçons qui avant l'âge pubère, chantaient le soprano ou le contralto, on remarque après la mue l'action simultanée ou isolée des deux registres, et le développement le plus régulier de la partie supérieure du tuyau vocal.

Ces observations ne seront pas inutiles pour diriger les maîtres de chant, ainsi que les parents des enfants chez lesquels on trouve quelques dispositions. Après avoir préparé l'ouïe de ces derniers à goûter la musique qu'ils étudieront mécaniquement jusqu'à l'âge de sept

ans environ, il convient, dès qu'on leur aura appris à ouvrir la bouche et à lui donner la forme la plus favorable à la projection du son, de leur faire exécuter posément et dans un mouvement très-lent, non des gammes entières, mais seulement les notes qu'ils font résonner sans effort. On doit prendre bien garde de prolonger cet exercice au delà d'un quart d'heure ou d'une demi-heure au plus chaque jour, dans la crainte d'attaquer les poumons et leurs dépendances. En suivant cette marche, on dispose à se contracter spontanément sous l'influence de la volonté, les muscles qui, parvenus à leur entier développement, n'auront que plus de flexibilité et de force. Cette souplesse et ce ressort sont précisément ce qui manque aux personnes qui se livrent tardivement à l'étude du chant. Elles peuvent s'en convaincre par la difficulté qu'elles éprouvent à exécuter ce qui même est dans leurs moyens. Les muscles laissés jusqu'alors dans l'inaction vocalisante et modulatrice, opposent à la volonté d'autant plus de résistance et de roideur, qu'ils ont atteint leur entière croissance. L'excellent bary-ténor Crivelli, qui, avant sa trente-quatrième année, ne s'était jamais adonné au chant, n'a jamais pu, malgré tous les efforts possibles, atteindre une note du second registre.

Ces remarques, quelque peu médicales qu'elles paraissent, sont cependant liées entièrement à l'étude de l'appareil vocal et des maladies qui peuvent l'atteindre. Combien de personnes développeraient leur voix ou se guériraient facilement elles-mêmes des légères altérations qui surviennent quelquefois, si les considérations que nous avons émises étaient gardées en souvenir!

ZYMOME (chimie) [mot grec qui signifie *ferment.*] — C'est la partie insoluble du gluten mis en contact dans l'alcool chaud. Le zymôme est susceptible de fermentation, mais en répandant une odeur d'urine. — Voy. *Gluten.*

FIN DU TOME HUITIÈME ET DERNIER.

TABLE DES MATIÈRES DU TOME VIII

ET DERNIER VOLUME.

Nota. — L'astérisque joint au mot indique les figures.

T

U

V

SUPPLÉMENT.

APPENDICE AU SUPPLÉMENT.

TABLE MÉTHODIQUE

DU

DICTIONNAIRE UNIVERSEL DES CONNAISSANCES HUMAINES

PUBLIÉ

SOUS LA DIRECTION DU DOCTEUR B. LUNEL

SYNOPSIS DES SCIENCES.

SCIENCES.

SCIENCES THÉOLO-GIQUES et PHILOSOPHIQUES.	Théologie.	
	Philosophie	Logique. / Métaphysique. / Morale.
SCIENCES SOCIALES.	Politique. / Administration. / Droit. / Économie politique. / Éducation.	
SCIENCES HISTORI-QUES.	Géographie. / Chronologie. / Histoire. / Archéologie. / Mythologie.	
SCIENCES MATHÉMA-TIQUES.	Arithmétique. / Algèbre. / Géométrie. / Astronomie. / Physique. / Chimie.	
SCIENCES NATU-RELLES et MÉDICALES.	Histoire natu-relle.	Géologie. / Minéralogie. / Botanique. / Zoologie.
	Médecine hu-maine.	Anthropologie. / Anatomie. / Physiologie. / Hygiène. / Pathologie. / Thérapeutique.
	Vétérinaire.	

LETTRES.

GRAMMAIRE.
LITTÉRATURE.

ARTS.

BEAUX-ARTS.	Architecture. / Peinture. / Sculpture. / Musique.
ARTS MÉCANIQUES.	Industries diverses.

SCIENCES.

SCIENCES THÉOLOGIQUES ET PHILOSOPHI-QUES.

THÉOLOGIE.

Dieu, — anges.

PHILOSOPHIE.

Logique, — psychologie, — métaphysique, — morale, — animisme, etc.

SCIENCES SOCIALES.

Administration, — politique, — économie politique, — justice, — armée, — marine, — souveraineté, — autorité, — gouvernement. — loi, — devoir, — liberté, — presse, — journal, — socialisme, — fouriérisme, etc., — écoles, — pédagogie.

DROIT.

Droit naturel, — canonique, — droit des gens, — loi, — jurisprudence, — actes, — mariage. — divorce, — concubinage, — enfant, — émancipation, — majorité, — consanguinité, — donations, — testament, — contrat, — acceptation, — baux, — contrainte, — prescription, — saisie, — commerce, — sociétés commerciales, — aval, — billet.

Crimes. Homicide, — attentat, — bigamie, — adultère, — avortement, — arrestation, — etc.

SCIENCES HISTORIQUES.

GÉOGRAPHIE.

Cosmographie.

Terre (axe, pôle, équateur, etc.).
Année, — calendrier, — longitude, —latitude, — tropique, — antipodes, — climats, — saisons, — équinoxes, — solstices, etc.

(Voir la section d'*Astronomie.*)

Géographie politique.

EUROPE. Population, — religion.
Divisions. Contrées au nord : Iles Britanniques, — Danemark, — Suède, — Russie.
Contrées du milieu : France, — Hollande, — Belgique, — Suisse, — Autriche, — Prusse, — États secondaires de l'Allemagne.
Contrées au sud : Portugal, — Espagne, — Italie, — Turquie, — Grèce.
Mers de l'Europe : Océan Glacial arctique, — océan Atlantique, — Méditerranée, — mer Blanche, — mer Baltique, — mer du Nord, — mer de la Manche, — mer d'Irlande. — mer d'Azof, — mer Caspienne.
Golfes de l'Europe : Golfe de Bothnie, — golfe de Finlande, — golfe de Valence, — golfe du Lion, — golfe de Gênes, — golfe de Tarente, — golfe de Livonie ou Riga, — Zuyderzée, — golfe de Venise, — golfe d'Arta, — golfe de Lépante, — golfe de Valo, — golfe de Thessalonique.
Détroits : Détroits de Waigatz, — Skager-Rack, — Cattegat, — Sund, — grand Belt, — petit Belt, — Pas-de-Calais, — canal de Saint-Georges, — canal du Nord, — détroits de Gibraltar, — de Bonifacio, — de Messine, — canal d'Otrante, — canal de Négrepont, — détroit de Gallipoli ou des Dardanelles, — détroit de Constantinople, — détroit d'Iénicalé.
Iles de l'Europe : Spitzberg, — Nouvelle-Zemble, — île de Waigatz, — îles de Loffoden, — Islande, — Irlande, — Grande-Bretagne, — îles Féroé, — Shetland, — Orcades, — Hébrides, — îles d'Ouessant, — de Noirmoutiers, — île Dieu, — île de Ré, — îles d'Oléron, — Corse, — Sardaigne, — Sicile, — îles de Candie, — de Formentara, — d'Iviça, — Majorque, — Minorque, — îles d'Hyères, — îles d'Elbe, — de Lipari, — de Malte, — îles d'Aland, — de Dago, — d'Oesel, — de Gothland, — d'Oland, — de Rugen, — de Bornholm, — de Laland, — de Falster, — de Seeland, — de Fionie, — d'Helgoland, — de Texel, — de Zélande, — île de Man, — île d'Anglesea, — îles de Wight, — d'Aurigny, — de Guernesey, — de Jersey, — îles Illyriennes, — îles de Corfou, — de Naxo, — de Sainte-Maure, — de Théaki, — de Céphalonie, — de Zante, — de Cérigo, — île de Négrepont. — île de Lemnos, — les Cyclades, — les Sporades occidentales.

Presqu'îles principales de l'Europe : La Suède avec la Norwége, l'Espagne avec le Portugal, l'Italie, le Jutland, la Morée et la Crimée.
Principaux isthmes de l'Europe : Isthme de Corinthe, — isthme de Pérékop.
Principaux caps de l'Europe : Cap Nord, — cap Nase, — cap Cléar, — cap de la Hogue, — cap Finistère, — cap Saint-Vincent, — cap Trafalgar, — cap Corse, — cap Passaro, — cap Matapan.
Chaînes de montagnes : Monts Ourals, — Alpes Scandinaves, — Pyrénées, — monts Ibériens, — Alpes, — Apennins, — monts Krapacks, — monts Balkan, — mont Caucase, — monts Cheviots, — les Grampians, — montagnes du pays de Galles, — Vosges, — Jura, — Cévennes, — montagnes de la Corse, — les Asturies, — la Sierra d'Estrella, — la Sierra Morena, — la Sierra Nevada.
Principaux volcans : 1° l'Etna, en Sicile ; — 2° le Stromboli, dans les îles Lipari, — 3° le Vésuve, en Italie, — 4° le mont Hécla, en Islande.
Lacs principaux en Europe : Le Saïma, — l'Onéga, — le Ladoga, — le Wéner, — le Wetter, — le Méler, — lac de Neufchâtel, — lac de Genève, — lac de Constance, — lacs Majeur, — de Lugano, — de Côme, — de Garde, — de Bolséna, — de Célano.
Fleuves principaux de l'Europe : Le Petchora, — la Dwina, — la Tornéa, — la Newa, — la Dwina du Sud, — le Niémen, — la Vistule, — l'Oder, — le Glommen, au nord du Cattégat, — l'Elbe, — le Weser, — le Rhin, — la Meuse, — l'Escant, — la Tamise, — la Seine, — la Somme, — la Loire, — la Charente, — la Garonne, — l'Adour, — le Minho, — le Duero, — le Tage, — la Guadiana, — le Guadalquivir, — l'Èbre, — le Rhône, — l'Arno, — le Tibre, — le Pô, — l'Adige, — le Danube, — le Dniester, — le Dniéper, — le Don, — le Volga, — l'Oural.
Principales rivières de l'Europe : Le Bug, — l'Aar, — le Necker, — le Mein, — la Moselle, — la Sambre, — la Meuse, — la Scarpe, — la Lys, — l'Aube, — l'Yonne, — la Marne, — l'Oise, — l'Eure, — l'Allier, — le Cher, — l'Indre, — la Vienne, — la Mayenne, — le Tarn, — le Lot, — la Dordogne, — la Saône, — l'Isère, — la Durance, — le Tessin, — l'Adda, — le Lech, — l'Isar, — la Drave, — la Save. — la Theiss, — le Pruth, — la Kama, — le Volga.

ASIE : Topographie. — Géographie politique, — historique.

AFRIQUE, — AMÉRIQUE, — OCÉANIE, — mêmes divisions.

HISTOIRE, — CHRONOLOGIE, — MYTHOLOGIE.

ARCHÉOLOGIE.

Numismatique : Médailles, — monnaies.
Paléographie : Abréviations, — hiéroglyphes, — imprimerie.
Céramique (art).
Mœurs et coutumes : Arène, — [cirque, — gymnastique, — amphithéâtre, — équitation, — danse, — natation, — escrime, — acteurs, — théâtre, — claque, — carnaval, — vêtements, — coiffure, — chaussures, — bagues, — bijoux, — parfums, — noms, — fêtes diverses, — esclavage, — voitures, — religions, — superstitions, — gouvernements.

SCIENCES MATHÉMATIQUES.

ARITHMÉTIQUE.

Définition, — nombre, — grandeur ou quantité, — unité, — chiffre, — nombre abstrait, — concret, — calcul, — calcul mental, — historique du calcul, — numération, addition, — soustraction, — multiplication, — division des nombres entiers et décimaux, — fractions ordinaires.

Régles diverses : de société, — d'escompte, etc., — racines carrée et cubique.

ALGÈBRE, — GÉOMÉTRIE, — TRIGONOMÉTRIE, — etc.

SCIENCES NATURELLES ET MÉDICALES.

ASTRONOMIE.

Définition : Astres, — planètes, — Mercure, — Vénus, — Terre, — Mars, — Flore, — Harmonia, — Melpomène, — Victoria, — Euterpe, — Vesta, — Uranie, — Daphné, — Iris, — Métis, — Phocéa, — Massalia, — Isis, — Hébé, — Lutétia, — Fortuna, — Parthénope, — Thétis, — Fidès, — Amphitrite, — Egérie, — Astrée, — Pomone, — Irène, — Thalie, — Eunomia, — Proserpine, — Junon, — Circée, — Léda, — Atalante, — Cérès, — Lætitia, — Pallas, — Bellone, — Polymnie, — Leucothée, — Calliope. — Psyché, — Thémis, — Hygie, — Euphrosine, — Jupiter, — Saturne, — Uranus, — Neptune.

Cosmographie : Ciel, — firmament, — étoiles, — nébuleuses, — comète, — constellation.

Constellations boréales : La Petite Ourse, — le Renne, — le Messier, — le Dragon, — la Grande Ourse, — Céphée, — la Girafe, — Cassiopée, — le 1/4 de Cercle, — le Lézard, — Persée, — le Cocher, — le Cygne, — la gloire de Frédéric, — le Télescope, — les Lévriers, — la tête de Méduse, — la Lyre, — le Lynx, — le petit Lion, — le Triangle, — le petit Triangle, — Andromède, — la Couronne, — la Mouche, — le Renard, — la Chevelure de Bérénice, — le Bouvier, — la Flèche, — Hercule, — le Dauphin, — Pégase, — Orphiuchus, — le mont Ménale, — le Taureau royal, — l'Aigle, — le Serpent, — Antinoüs, — le petit Cheval, — le Sextant.

Constellations zodiacales : Le Bélier, — le Taureau, — les Gémeaux, — l'Ecrevisse, — le Lion, — la Vierge, — la Balance, — le Scorpion, — le Sagittaire, — le Capricorne, — le Verseau, — les Poissons.

Constellations australes : La Licorne, — la Baleine, — le Petit Chien, — la Harpe, — Orion, — l'Hydre femelle, — l'Ecu de Sobieski, — l'Eridan, — l'Atelier Typographique, — le Sceptre de Brandebourg, — la Coupe, — le Grand Chien, — le Lièvre, — le Chat, — le Corbeau, — le Solitaire, — la Boussole, — la Machine Electrique, — l'Atelier du Sculpteur, — la Machine Pneumatique, — le Poisson Austral, — le Fourneau Chimique, — l'Aérostat, — la Colombe, — le Microscope, — la Couronne australe, — le Phénix, — l'Horloge, — le Burin du Graveur, — la Règle et l'Equerre, — le Loup, — le Télescope, — l'Indien, — la Grue, — l'Autel, — Argo, — le Paon, — la Dorade, — le Chêne, — le Centaure, — le Toucan, — l'Hydre Mâle, — Réticule Rhomboïde, — le Chevalet du Peintre, — la Croix, — le Compas, — le Poisson Volant, — le Grand Nuage, — le Triangle Austral, — la Mouche, — le Petit Nuage, — la Montagne, — l'Oiseau, — le Caméléon, — l'Octant.

Terre, — Soleil, — Lune, — Sphère, — Zodiaque, — Longitude, — Latitude, — Voie lactée, — Astéroïde, — Comètes, — Satellites, — Eclipse, — Lois astronomiques, — Chronologie, — Année, — etc.

PHYSIQUE.

Corps, — étendue, — impénétrabilité, — porosité, — compressibilité, — élasticité, — inertie, — cohésion, — densité, — pesanteur, — corps solides, — liquides, — fluides gazeux.

MÉCANIQUE : mouvement.

HYDRAULIQUE.

Fluides impondérables : calorique, — électricité, — magnétisme, — lumière.

Calorique.

Chaleur, — caloricité, — rayonnement, — thermomètre, — baromètre, — pyromètre.

Electricité.

Définition, — historique, — généralités, — deux sortes d'electricités, — électricité par influence, — dissimulée, — pouvoir des pointes, — vitesse de l'électricité, — origine et nature de l'électricité, — électricité atmosphérique, — terrestre, végétale, animale.

Appareils électriques : globe électrique, — bouteille de Leyde, — machine électrique, — galvanisme.

Piles électriques : piles à auges, — de Wollaston, — sèche, — à charbon ou de Bunsen, — courants électriques, — causes des courants.

Appareils de faradisation : appareil de Clarck, — de Masson, — de Breton, — de Duchenne de Boulogne, — de Rebold, — de Morin et Legendre, — chaînes voltaïques, — électrothérapie, — électro-aimant, — électro-chimie, — électromètre, — électro-puncture, — électrophore, — électroscope, — télégraphie électrique, — galvanoplastie.

Magnétisme.

Aimant, — aimantation, — boussole, — armature.

Lumière.

Optique, — lumière, — catoptrique, — miroir, — kaléidoscope, — aberration de la lumière, — réfraction, — réfrangibilité, — diffraction, — vision, — microscope, — lanterne magique, — télescope, — fantasmagorie.

Météorologie.

Atmosphère, — climats, — brouillard, — pluie, — glace, — neige, — grêle, — vents, — trombe, — tempête, — aurore boréale, — tonnerre, — éclair, — aérolithes, — climats, saisons, etc.

CHIMIE.

Division, — *Opérations* : analyse, — synthèse.

Chimie inorganique ou minérale.

Chimie organique : animale, — végétale. — *Corps* (62). 1° *Métalloïdes* (14) : oxygène, — hydrogène, — bore, — silicium, — carbone, — soufre, — sélénium, — phosphore, — chlore, — brôme, — iode, — fluor, — arsenic, — tellure.

2° *Métaux* (41) : aluminium, — antimoine, — argent,— barium, — bismuth, — cadmium, — calcium, — cérium, chrôme, — cobalt, — colombium, — cuivre, — dydyme, — étain, — fer, — glucynium, — iridium, — lantane, — lithium, — magnésium, — manganèse, — mercure, — molybdène, — nickel, — or, — osmium, — palladium, — platine, — plomb, — potassium, — rhodium, — sodium, — strontium, — thorinium, — titane, — tungstène, — urane, — vanadium, — yttrium, — zinc, — zirconium.

3° *Éléments de nature particulière* (6) . erbium,—niobium, — norium, — pelopium, — ruthénium, — turbium.

Chimie organique.

Principes immédiats : —Armiles,— ferment,—fermentation,— acide azotique,— acétates, — acétone, — acides citrique, — sulfurique, — tartrique, etc., etc.

Alcoolides : aconitine, — atropine, — coniicine, — daturine,— delphine,— digitaline,— émétine, — morphine, — codéine,— narcéine,— narcotine,— thébaïne,— nicotine, — picrotoxine, — quinine, — cinchonine, — aricine, — sanguinarine, — solanine, — strychnine, — brucine, — vératrine.

Bases, — Sels.

Principes neutres : bois, — cellulose, — amidon,— diastase, — fécule, — farine, — dextrine, — gluten, — glucose,— gomme, — alcool, — eau-de-vie, — rhum, — cidre, — poiré, — bière, — *éthers*, — *essences diverses*, — *huiles essentielles*.

Résines : térébenthine, — colophane, — baume de Copahu, — sandaraque, — mastic, — copal, — laque, — succin, — ambre jaune, — gayac.

Gommes résines : assafœtida, — euphorbe, — jalap,— rhubarbe, — sang-dragon, — gomme gutte, — encens, —scammonée,— tabac,—styrax,—benjoin,—caoutchouc, — gutta-percha, — bitumes, — créosote, etc.

Corps gras : (Voyez aux mots *graisse* et *bougies*.)

Matières colorantes : indigo,— bleu,— oseille,— tournesol, — campêche,— garance, — alizari, — cochenille, — carthame, — gentiane, — curcuma, — santal, — aloès.

Chimie plus spécialement animale

Urée, — acide urique, — allantoine, — albumine, — fibrine, — caséine, — gluten,— gélatine,— ichthyocolle, — sang,— sérum, — caillot, — salive, — bile, — calculs biliaires,— chyle, — urine, — sueur, — transpiration.

Organes et produits divers : peau,— cheveux,— poils, laine, — corne, — ongles,— plumes,— dents,— fanons, — chair musculaire (V. muscles),— cartilages,—tendons, — ligaments, — os, — lait, — colostrum, — fromage, — petit-lait, — serum, — œufs.

Chimie agricole.

Végétal, — sol, — humus, — assolement, — amendement, — drainage, — engrais, etc., etc.

HISTOIRE NATURELLE.

GÉOLOGIE.

Terre, — terrains, — roches, — sol, — montagnes, — mers, — lacs, — fleuves, — rivières, — glaciers, etc., — aérolithes,— tremblements de terre,— soulèvement, — volcans, — laves, — eaux minérales, — fossiles.

MINÉRALOGIE.

Minéraux, — cristal, — cristallisation,—arborisation, — clivage, — réfraction, — polarisation.

Minéraux.

1re *classe. Corps sulfureux* : — soufre, — diamant, — houille, — anthracite, — lignite, — charbon, — tourbe, — bitume, — pétrole, — asphalte, — succin.

2e *classe. Métaux natifs* : tellure, — arsenic. — antimoine, — bismuth. — mercure,— argent,— cuivre,— fer,— platine, — or, — palladium, — iridium,— arsenic, — sulfures de zinc, — d'argent,— de cobalt, etc.,— sulfure de mercure ou cinabre,— sulfure de molybdène,— sulfures multiples (sulfures d'étain, cuivre et fer;—sulfure de cuivre et fer;—sulfure de cuivre, fer, antimoine et arsenic;— sulfures d'antimoine et plomb;—sulfure d'antimoine, plomb et cuivre;— sulfure noir d'argent et antimoine;—sulfure rouge d'argent et antimoine; — sulfure d'argent et arsenic).— Oxydes métalliques (oxyde rouge de cuivre ; oxyde de fer; oxyde ferroso-ferrique ou aimant; oxyde de fer titané, de fer chromé, de titane, d'étain, de manganèse).

3e *classe* : Oxydes non métalliques (magnésie, alumine ou corindon, silice ou quartz, eau à l'état de glace);— Chlorures (chlorure de sodium ou sel marin; chlorure d'argent; chlorure ammonique ou sel ammoniac ; chlorure de mercure ou calomel; oxychlorure de ce cuivre, de plomb). — Fluorures (fluorures de calcium, de sodium et d'aluminium); — Iodures (iodures d'argent, de zinc, de mercure); — Bromures (bromures d'argent, de zinc). — Aluminates (aluminate de magnésie ou spinelle, de zinc), de fer et magnésie, de glucine);— Silicates alumineux (analcime, amphigène, grenat, idocrase, gehlenite, wernérite, faujasite, sarcolite, pennine, mica à un axe ou à deux axes, néphéline, émeraude, staurotide, macle, cordiérite, pinite, stilbite, laumonite, mésotype, épidote, euclase, feldspath, orthose, albite, labrador, anorthite, pétalite, triphane, disthène);— Silicates non alumineux (zircon, apophylite, diothase, cronstedtite, cérite, phénakite, willémite, calamine, câlamine, serpentine, péridot, talc, dolinite, wollastonite, pyroxène, amphibole);— Silicates unis à d'autres composés: silicate phosphorifère (eulytine), silicate sulfurifère (helvine, hauyne, lapis, spineline), silicate chlorifère (sodalite, eudialyte, pyrosmalite), silicate borifère (tourmaline, axinite), silicate fluorifère (topaze); — Borates (borate de magnésie, de chaux, de soude); — Carbonates (de zinc, de manganèse, de fer, de magnésie, de chaux, de strontiane, de baryte, de plomb, de cuivre); — Carbonates unis à d'autres sels, divisés en silico-carbonates, chloro-carbonates, sulfo-carbonates;— Nitrates (nitrate de soude ou natronitre, nitrate de potasse ou salpêtre); — Phosphates (d'yttria, d'urane, d'alumine, de fer, de cuivre, de chaux, de cérium);—Phosphates chlorifères et fluorifères (apatite, pyromorphite, wavellite, wagnérite) ; — Arséniates (de fer, de cuivre, de chaux, de cobalt);— Arséniates chlorifères (mimétèse); — Sulfates (sulfate d'alumine et de potasse ou alun et alunite, de magnésie, de zinc, de plomb, de baryte, de strontiane, de chaux ou gypse, de cobalt, de fer, de cuivre); — Chromates (de plomb, de plomb et cuivre); — Vanadates (de plomb, de cuivre); — Molybdates (de

plomb ou plomb jaune);— Tantalates (de chaux, d'yttria, de fer, d'urane, de cérium); — Titanates (de chaux, de zircone, d'yttria, de chaux et fer, de chaux et manganèse).

BOTANIQUE.

Définition, — division en 3 parties, — utilité, — application, — précis historique, — Théophraste.

Glossologie : Distinction des plantes et des animaux, — diverses sortes de racines, — disposition, — durée, — forme.

Tige : Plantes acaules, — structure de la tige, — consistance, — forme, — vrilles, — direction, — surface, — usages, — bourgeons, — greffe.

Feuilles : Pétiole, — disposition des feuilles, — forme, — surface, — contour, — consistance, — durée, — composition, — usages, — organes accessoires de la nutrition, — stipules, — vrilles, — épines, — aiguillons, — poils.

Nutrition des plantes : Sève, — sève ascendante et descendante, — mouvement de la sève.

Respiration des plantes : Trachées , — stomates , — transpiration.

Organes sexuels : Pistil, — étamine, — pollen, — insertion, — calice, — corole , — inflorescence, — nectaires, — anthères, — calendrier de Flore, — horloge de Flore.

Fécondation : Fructification, — distinction des fruits, — liste des caractères et des dénominations des fruits.

Taxonomie : Espèces, — genres, — familles, — classes, — tableau du système de Tournefort, — de Linnée, — d'Antoine Laurent, — de Jussieu et d'Adrien de Jussieu.

Résumé des parties qu'il convient d'examiner dans les végétaux.

Liste des 180 familles naturelles avec des exemples et l'indication approximative du nombre de genres de chacune. Observations sur l'importance plus ou moins grande des familles et des genres.

Classes.	Familles.	Exemples.	Genres.
I	1 Ulvacées	Protococcus	13
	2 Floridées	Ceramion	17
	3 Fucacées	Laminaire	18
	4 Mucédinées	Oïdium	17
	5 Urédinées	Tuberculaire	11
	6 Lycoperdacées	Truffe	14
	7 Champignons	Agaric	20
	8 Hypoxylées	Cytispora	8
	9 Lithénées	Usnéa	20
II	10 Hépatiques	Marchantia	5
	11 Mousses	Polytrichum	14
	12 Fougères	Ptéris	36
	13 Équisétacées	Prêle	2
	14 Lycopodiacées	Isoëtes	14
	15 Marsiléacées	Salvinia	6
	16 Characées	Nitella	2
III	17 Nayadées	Zanichellie	10
	18 Lemuacées	Lentilles d'eau	1
	19 Alismacées	Sagittaire	5
	20 Butomées	Jonc fleuri	1
	21 Hydrocharidées	Vallisnérie	4
IV	22 Aroïdées	Gouet	18
	23 Typhacées	Massette	2
	24 Pandanées	Baquois	1
	25 Cyclanthées	Cyclanthe	2
V	26 Cypéracées	Papyrus	16
	27 Graminées	Avoine	80
VI	28 Palmiers	Dattier	25
	29 Joncées	Jonc	4
	30 Restiacées	Restio	3
	31 Commélinées	Éphémère	4
	32 Pontédériacées	Pontédérie	1
	33 Mélanthacées	Colchique	8
	34 Liliacées	Asperge	50
	35 Broméliacées	Ananas	6
	36 Dioscorées	Igname	4
	37 Narcissées	Perce-neige	15
	38 Iridées	Iris	17
	39 Hémodoracées	Dilatris	6
	40 Burmanniacées	Burmannia	1
	41 Taccacées	Tacca	2
	42 Musacées	Bananier	4
	43 Scitaminées	Balisier	15
	44 Orchidées	Vanille	30
	45 Apostasiacées	Apostasia	2
VII	46 Cycadées	Cycas	6
	47 Conifères	Pin	18
	48 Myricées	Cirier	4
	49 Platanées	Platane	1
	50 Bétulinées	Bouleau	2
	51 Salicinées	Saule	2
	52 Cupulifères	Chêne	6
	53 Juglandées	Noyer	1
	54 Ulmacées	Orme	3
	55 Urticées	Figuier	14
	56 Pipéracées	Poivre	8
	57 Podostémées	Mniopsis	4
	58 Monimiacées	Pavonia	6
	59 Myristicées	Muscadier	1
	60 Euphorbiacées	Mancenillier	32
	61 Balanophorées	Cynomoir	2
	62 Rafflésiacées	Népenthe	6
VIII	63 Aristolochiées	Asaret	3
	64 Santalacées	Thésion	6
	65 Samydées	Samyde	2
	66 Aquilarinées	Aloès	1
	67 Pénéacées	Sarcocollier	1
	68 Protéacées	Protée	12
	69 Laurinées	Laurier	10
	70 Thymélées	Dirca	8
	71 Éléagnées	Argousier	2
	72 Polygonées	Oseille	8
	73 Phytolaccées	Rivine	3
	74 Atriplicées	Épinard	12
	75 Amarantacées	Amarante	5
	76 Nyctaginées	Nyctage	6
IX	77 Renonculacées	Clématite	20
	78 Billéniacées	Tétracéra	4
	79 Magnoliacées	Badiane	7
	80 Anonacées	Corossol	3
	81 Berbéridées	Épine-vinette	6
	82 Ménispermées	Ménisperme	3
	83 Ochnacées	Ochna	2
	84 Rutacées	Rue	22
	85 Pittosporées	Pittospore	1
	86 Géraniacées	Capucine	6
	87 Malvacées	Guimauve	27
	88 Tiliacées	Tilleul	9
	89 Théacées	Camellia	6
	90 Marcgraviacées	Norantea	2
	91 Clusiacées	Guttier	6

Classes.	Familles.	Exemples.	Genres.
	92 Hypéricinées	Millepertuis	2
	93 Aurantiacées	Oranger	5
	94 Ampélidées	Vigne	3
	95 Hippocraticées	Salacia	2
	96 Acérinées	Érable	1
	97 Malpighiacées	Marronnier	6
	98 Méliacées	Cannelle blanche	12
	99 Sapindacées	Savonnier	8
	100 Polygalées	Polygala	4
	101 Fumariacées	Fumeterre	2
	102 Papavéracées	Pavot	6
	103 Cabombées	Cabomba	2
	104 Nymphéacées	Nénuphar	4
	105 Crucifères	Giroflée	30
	106 Capparidées	Caprier	3
	107 Résédacées	Réséda	1
	108 Droséracées	Dionée	5
	109 Cistinées	Hélianthème	2
	110 Violariées	Pensée	1
	111 Bixacées	Rocouyer	5
	112 Coriariées	Redoul	1
	113 Frankéniacées	Sauvagesia	2
	114 Caryophyllées	Œillet	17
X	115 Paronychiées	Herniole	7
	116 Portulacées	Pourpier	6
	117 Ficoïdées	Tétragone	7
	118 Cactées	Cactus	1
	119 Crassulacées	Joubarbe	9
	120 Saxifragées	Dorine	10
	121 Ribésiées	Groseillier	1
	122 Cucurbitacées	Courge	15
	123 Bégoniacées	Bégonie	1
	124 Loasées	Loasa	2
	125 Passiflorées	Grenadille	4
	126 Homalinées	Acomat	2
	127 Hamamélidées	Hamamelin	2
	128 Bruniacées	Brunia	2
	129 Ombellifères	Persil	50
	130 Araliacées	Lierre	8
	131 Rhizophorées	Manglier	2
	132 Onagrariées	Onagre	8
	133 Combrétacées	Badamier	5
	134 Haloragées	Pesse	7
	135 Mélastomacées	Mélastome	10
	136 Lythrariées	Salicaire	6
	137 Tamariscinées	Tamarix	2
	138 Myrtacées	Myrte	16
	139 Rosacées	Fraisier	23
	140 Mimosées	Acacia	5
	141 Papilionacées	Pois	80
	142 Térébinthacées	Pistachier	15
	143 Rhamnées	Nerprun	5
	144 Célastrinées	Fusain	4
	145 Ilicinées	Houx	2
XI	146 Éricinées	Arbousier	26
	147 Styracées	Styrax	1
	148 Ébénacées	Plaqueminier	2
	149 Jasminées	Troëne	8
	150 Sapotacées	Achras	7
	151 Myrsinées	Ardisia	8
	152 Primulacées	Anagallis	13
	153 Plumbaginées	Dentelaire	2
	154 Plantaginées	Plantain	2
	155 Globulariées	Globulaire	1
	156 Utricularinées	Grassettes	8
	157 Gessnériacées	Isoloma	15
	158 Orobanchées	Clandestines	2

Classes.	Familles.	Exemples.	Genres.
	159 Scrophularinées	Molène	25
	160 Bignoniacées	Catalpa	14
	161 Acanthacées	Nelsonia	14
	162 Myoporinées	Myoporum	11
	163 Verbénacées	Verveine	17
	164 Labiées	Sauge	48
	165 Borraginées	Bourrache	18
	166 Convolvulacées	Liseron	17
	167 Polémoniacées	Polémoine	6
	168 Gentianées	Gentiane	14
	169 Solanées	Morelle	31
	170 Loganiacées	Logania	10
	171 Apocynées	Pervenche	60
XII	172 Campanulacées	Jasione	18
	173 Lobéliacées	Lobelia	23
	174 Loranthacées	Gui	5
	175 Caprifoliacées	Chèvrefeuille	10
	176 Rubiacées	Garance	39
	177 Valérianées	Mâche	10
	178 Dipsacées	Scabieuse	6
	179 Calycérées	Boopis	4
	180 Composées	Séneçon	88

ZOOLOGIE.

Animal, — histoire naturelle, — mammifères, — oiseaux, — reptiles, — poissons, — mollusques, — articulés, — rayonnés.

Classification de Cuvier.

1er EMBRANCHEMENT. — ANIMAUX VERTÉBRÉS.

A SANG CHAUD.

1re CLASSE.
MAMMIFÈRES.
Vivipares.
- Bimanes (*Hommes*).
- Quadrumanes (*Singes*).
- Chéiroptères (*Chauves-souris*).
- Digitigrades (*Chat, Lion*).
- Plantigrades (*Ours, Hérisson*).
- Pédimanes (*Dasyures*).
- Rongeurs (*Lièvre, Castor*).
- Édentés (*Fourmiliers*).
- Tardigrades (*Paresseux*).
- Pachydermes (*Éléphant, Cochon*).
- Ruminants (*Bœuf, Chameau*).
- Solipèdes (*Cheval*).
- Amphibies (*Phoque*).
- Cétacés (*Baleine*).

2e CLASSE.
OISEAUX.
Ovipares.
- Rapaces (*Vautour*).
- Passereaux (*Corbeau, Hirondelle*).
- Grimpeurs (*Perroquet, Coucou*).
- Gallinacés (*Poule, Pigeon*).
- Échassiers (*Cigogne, Bécasse*).
- Palmipèdes (*Cygne, Frégate*).

A SANG FROID.

3e CLASSE.
REPTILES.
(respirant par les poumons.)
- Chéloniens (*Tortue*).
- Sauriens (*Crocodile, Lézard*).
- Ophidiens (*Serpent*).
- Batraciens (*Grenouille*).

4e CLASSE.
POISSONS
(respirant par les branchies).
- Trématopnés (*Lamproie, Raie*).
- Chismopnés (*Baudroie*).
- Éleuthéropodes (*Esturgeon*).
- Téléobranches (*Hérisson de mer*).
- Holobranches (*Anguille, Brochet*).
- Sternoptix (*Saumon*).
- Cryptobranches (*Styléphores*).
- Ophichtyctes (*Murenophis*).

2e EMBRANCHEMENT. — ANIMAUX INVERTÉBRÉS. — MOLLUSQUES.

A VAISSEAUX SANS NERFS.

5e CLASSE.
- Céphalopodes (*Seiche*).
- Ptéropodes (*Hyale*).
- Gastéropodes (*Limace*).
- Branchiopodes (*Orbicule*).
- Acéphales (*Huître*).

3° EMBRANCHEMENT. — ARTICULÉS.

SANS VAISSEAUX, DES NERFS, DES MEMBRES.	6° CLASSE. INSECTES. (Antennes. Cœur nul).	Coléoptères (Hanneton). Orthoptères (Grillon). Névroptères (Fourmi). Hyménoptères (Abeille). Hémiptères (Punaise). Lépidoptères (Papillon). Diptères (Cousin). Aptères (Pou).
SANS VAISSEAUX, NI ANTENNES NI BRANCHIES.	7° CLASSE. ARACHNIDES.	Pulmonaires (Araignée). Trachéennes (Faucheur).
VAISSEAUX, NI NERFS ET MEMBRES.	7° CLASSE. CRUSTACÉS. (sang blanc).	Astacoïdes (Écrevisse). Entomostracés (Monocle).
VAISSEAUX, PAS DE MEMBRES.	9° CLASSE. ANNÉLIDES. (Sang coloré. Sans cœur.)	Brachiodèles (Néréide). Endobranches (Sangsue).

4° EMBRANCHEMENT. — RAYONNÉS.

SANS VAISSEAUX, NI NERFS, NI MEMBRES.	10° CLASSE. ZOOPHYTES.	Echinodermes (Étoile de mer). Intestinaux ou Helminthes (Ver solitaire). Acalèphes ou Malacodermes (Meduse). Polypes { Solides ou Lithophytes (Madrépores). Flexibles ou Cératophytes (Éponges). } Infusoires ou Microscopiques (Vibrions).

Mammifères.

Ordre des *bimanes* : Homme, — races humaines, — monstruosité.

Ordre des Quadrumanes : Singes, — chimpanzé, — orang, — gibbons, — pithèques, — cynocéphales, — babouin, — alouates, — atèle, — ouistitis, — makis. — galéopithèques.

Ordre des Chéiroptères : Chauve-souris,—vespertillions.

Ordre des Insectivores : Hérissons, — musaraignes, — desman, — taupe.

Ordre des Carnassiers : 1° *Plantigrades* : Ours, — ratons, — coatis ;

2° *Digitigrades* : Marte, — putois, — furet, — belette, — zibeline, — fouine, — chiens, — loup, — chacal, — renard, — civette, — chat, — lion, — tigre, — jaguar, — panthère, — lynx, — guépard, — hyène.

3° *Amphibies* : Phoques, — morses.

Ordre des rongeurs : Ecureuil, — ptéromys, — loir, — lérot, — marmotte, — échymis, — rats, — souris, — mulot, — campagnols, — gerboises, — castors, — porcs-épics, — lièvre, — cobaye, — agouti, — paca.

Ordre des Edentés : Tardigrades, — tatous, — fourmiliers, — pangolins.

Ordre des Pachydermes : Damans, — rhinocéros, — éléphant, — tapirs, — hippopotames, — lamentin, — mastodonte, — mammouth, — dinothérium, — paléothérium, — anoplothérium, etc.

Ordre des Solipèdes : Cheval, — âne, — hémione, — onagre, — zèbre.

Ordre des Ruminants : Girafe, — chameau, — chevrotain, — cerfs, — antilopes, — gazelles, — chamois, — chèvres, — moutons, — taureau, — buffle.

Ordre des Cétacés : Dauphins, — marsouins, — narvals, — cachalot, — baleine.

Didelphes : Sarigues, — kangouroo, — phalanger.

Orinthodelphes : Echidnés, — ornithorhinques.

Oiseaux.

Ordre des Rapaces : Vautour, — condor, — gypaète, — griffon, — faucon, — aigles, — balbuzard, — autours, — buses, — chouettes, — chat-huant.

Ordre des Passereaux : Pies-grièches,—gobes-mouches, — cotingas, — merles, — grives, — fourmiliers, — loriots, — martins, — becs-fins, — fauvettes, — rossignols, —bec-figues, — engoulevent, — hirondelles, — alouettes, —mésanges, — pinsons, — linottes, — chardonnerets, — serins, — bouvreuil, — becs-croisés, — cardinal, — étourneaux, — corbeaux, — corneille, — grimpereaux, — colibris, — oiseaux-mouches, — guépiers, — martins-pêcheurs ou alcyons, — calao, — perroquets, — perruches, — cacatoës, — coucou.

Ordre des Gallinacés : Alectors, — paons, — dindons, — pintades, — faisans, — coqs, — poules, — pigeons, — tourterelle, — perdrix.

Ordre des Echassiers : Autruches, — casoar, — apterix, — outarde, — pluviers, — vanneaux, — agamis, — grues, — hérons, — cigogne, — spatule, — avocettes, — bécasse.

Ordre des Palmipèdes : Pingouins, — pétrels, — albatros, — pélicans, — cygne, — oie.

Reptiles.

Chéloniens : Tortues, — émydes, — chélonée.

Sauriens : Caïmans, — crocodiles, — alligator, — lézards, — chlamydosaures, — basilics, — dragons, — caméléon, — scinques, — anguis, — orvet, — acontias, — mégalosaure, — paléosaure.

Ophidiens : Serpents, — boas, — couleuvre, — vipère, — crotales, — aspics.

Batraciens : Anoures, — crapauds, — grenouilles, — salamandres, etc.

Poissons.

Acanthoptérygiens : Perches, — épinoches, — dorades, — scombres, — thons, — espadons, — anabas, — labres.

Malacoptérygiens abdominaux : Cyprins, — carpes, — barbillons, — ablettes, — goujons, — gardon, — brochets, — silures, — saumons, — truites, — éperlans, — harengs, — aloses, — anchois.

Malacoptérygiens subbrachiens : Morues, — merlan, — lotes, — turbot, — soles.

Malacoptérygiens apodes : Anguilles, — murènes, — gymnotes.

Cartilagineux : Esturgeons, — squales, — requin, — torpilles, — lamproie.

ANIMAUX ARTICULÉS.

Insectes.

Coléoptères : Cicindèles, — carabes, — staphylins, — buprestes, — taupins, — lampyres, — bouchers, — scarabée, — lucanes, — bousiers, — hanneton, — cerf-volant, — blaps, — cantharides, — meloé, — chrysomèles, — coccinelles.

Orthoptères : Blattes, — grillons, — courtillères, — sauterelles.

Hémiptères : Punaises, — cigales, — pucerons, — cochenille.

Névroptères : Libellules ou demoiselles.

Tysanoures : Lépisme, — forbicines.

Lépidoptères : Papillons, — sphynx, — vers à soie, — phalènes, — alucites, — teignes.

Hyménoptères : Ichneumones, — fourmis, — guêpes, — frélons, — abeilles, — bourdons, etc.

Diptères : Cousins, — puces, — chique, — poux.

Arachnides : Aranéïdes, — araignées, — mygales, — tarentules.

Crustacés.

Homards, — langoustes, — écrevisses, — crabes, — crevettes, — cloportes, — myriapodes, — scolopendres.

Annélides.

Arénicoles, — lombrics, — sangsues, — vers intestinaux, — ascarides, — tænias, etc.

Mollusques.

Coquille, — argonautes, — nautiles, — ammonites, — cames, — hélices ou limaçons, — auricules, — buccin, — nérites, — cones, — porcelaines, — volutes, — tonnes, — harpes, — pourpre, — casques, — rochers, — strombe, — ptérocères, — ormier ou haliotides, — pintades, — moules-arches, — huîtres, — solen ou manche de couteau, — ascidées.

Echinodermes.

Holoturies, — échidnées, — astéries.

Acalèphes.

Orties de mer, — méduses.

Polypes.

Actinies, — madrépores, — corail, etc., — alcyon, — tubipores, — coralines, — éponges, etc.

MÉDECINE HUMAINE.

Anthropologie.

Homme : Empire de l'homme sur la création, — alimentation, — domestication, — acclimatement, — carac-tères physiques propres à l'humanité, — angle facial de Camper, — comparaison des dimensions de l'encéphale, — de *l'homme physique et moral*, — tendance vers le bien-être, — amour de soi-même, — penchant à dominer, — répugnance pour sa destruction.

Histoire de la vie humaine : Age, — accroissement, — croissance, — recherches sur la taille de l'homme, — gestation, — fécondité, — durée de la vie, — mort, — mortalité, — races humaines.

ANATOMIE.

Anatomie générale, — descriptive, — comparative, — spéciale, — vétérinaire, — des régions, — des peintres, — physiologique, — pathologique, — microscopique, — philosophique, — historique de l'anatomie.

ANATOMIE GÉNÉRALE : *Eléments chimiques* : oxygène, — hydrogène, — carbone, — azote, — soufre, — sels divers, — fer, — manganèse.

Eléments organiques : Gélatine, — *fibrine*, — *albumine*, graisse.

Liquides et solides qui entrent dans la composition des corps : *Liquides* : Sang, — lymphe, — urine, — sperme, — bile, — salive, — sérosité, — transpiration.

Solides : Os, — cartilages, — vaisseaux, — nerfs, — muscles, — viscères, — aponévroses, — peau, etc.

Des tissus : Tissus cellulaire, — vasculaire, — nerveux, — osseux, — cartilagineux, — fibreux, — fibro-cartilagineux, — musculaire, — muqueux, — séreux, — glanduleux.

Produits de sécrétions appartenant à la peau : Poils, — ongles, — corne.

ORGANOLOGIE, APPAREILS : *Appareils de relation, de nutrition et de reproduction.*

Appareil des sensations : Organe des sens, — toucher, — ouïe, — vue, — odorat, — goût.

Appareil de la locomotion : Os, — muscles.

Appareil de nutrition : Appareils de la digestion, — de l'absorption, — de la respiration, — de l'excrétion.

Appareil digestif : Bouche, — pharynx, — œsophage, — estomac, — intestin, — foie, — pancréas, etc.

Appareil d'absorption : Vaisseaux lymphatiques, — chylifères.

Appareil de la respiration : Poumons, — bronches, — trachée-artère, — larynx, — pharynx, — fosses nasales, — cage thoracique.

Appareil de la circulation : Cœur, — artères, — veines.

Appareil d'excrétion : Peau, — muqueuses pulmonaires, — bronchiques, — organes urinaires.

Appareil de reproduction : Organes génitaux de l'homme et de la femme.

DU SQUELETTE HUMAIN : *Division* : Tête, tronc et membres.

Tête : Crâne et face.

Os du crâne : Frontal, — occipital, — ethmoïde, — sphénoïde, — deux pariétaux, — deux temporaux.

Os surnuméraires : Os wormiens.

Os de la face : *Mâchoire inférieure* : Maxillaire inférieur.

Mâchoire supérieure : Deux maxillaires supérieurs, — deux os malaires, — deux os palatins, — deux nasaux, — deux os unguis, — cornets inférieurs, — vomer.

Tronc : Os du bassin : Sacrum, — coccyx, — os iliaques ou des îles.

Colonne vertébrale : Vingt-quatre vertèbres divisées en cervicales, dorsales et lombaires.

Thorax : Douze côtes de chaque côté, vertèbres dorsales, — sternum.

Membres supérieurs : Epaule : Clavicules, — omoplates. *Bras :* Humérus.

Avant-bras : Cubitus, — radius.

Os de la main : Carpe : Scaphoïde, — semi, — lunaire, pyramidal, — pysiforme, — trapèze, — trapézoïde, — grand os, — os crochu.

Métacarpe : 1er, 2e, 3e, 4e et 5e métacarpien.

Doigts : Phalanges, — phalangines, — phalangettes.

Membres inférieurs : Cuisse : Fémur.

Jambe : Tibia, — péroné, — rotule.

Os du pied : Tarse : Astragale, — calcanéum, — cuboïde, — scaphoïde, — trois cunéiformes.

Métatarse : Cinq os métacarpiens.

Orteils : Phalanges, — phalangines, — phalangettes.

(*Voyez au mot* ANATOMIE.)

Physiologie.

Physiologie végétale, — animale, — comparée, — générale, — spéciale, — humaine.

FONCTIONS : 1° *de nutrition :* Digestion, — absorption, — respiration, — circulation, — nutrition, — sécrétions.

2° *Fonctions de relation :* Sensations, — mouvements, — voix, — parole.

3° *Fonctions de reproduction :* Génération, — accouchement, — lactation, — vie, — âme, — animisme, — irritabilité, — contractilité, — faim, — aliments, — alimentation, — boisson, — pouls, — transpiration, — productions spontanées, — tact, — odeurs, — olfaction, — vue, — vision, — phrénologie, — cranioscopie, — céphalométrie, — tempérament, — mort.

HYGIÈNE.

Hygiène privée : Tempérament, — constitution, — idiosyncratie, — âge, — adolescence, etc., — homme, — femme, — grossesse, — accouchement, — allaitement, — nourrice, — sevrage, — air, — atmosphère, — miasmes, — lumière, — climat, — vêtements, — corsets, — cosmétiques, — bains, — aliments, — boissons, — assaisonnements, — urines, — transpiration, etc., — sommeil, — âme, — sensations, etc.

Hygiène publique : Abattoirs, — abreuvoirs, — prisons, — cimetières, — inhumation, — exhumation, — embaumement, etc.

PATHOLOGIE.

Maladies, — maladies simulées, — causes des maladies : Etiologie, — âge, — tempérament, — constitution, — poison.

Symptomatologie : Douleur, — fièvre, — adynamie, — syncope, — convulsion, — anorexie, — soif, — toux, etc.

Diagnostic des maladies : Auscultation : Egophonie, — bronchophonie, — pectoriloquie, — bruits respiratoires, — bruit de souffle, — râles, — dynamoscopie, — stéthoscope, — plessimétrisme, — percussion.

Jugement sur les maladies, pronostic, terminaison des maladies : Résolution, — délitescence, — induration, — suppuration, — gangrène, — métastase (Voyez *Inflammation, — convalescence.*).

Maladies générales : Irritation, — inflammation, — abcès, — hémorrhagies, — catarrhe, — hydropisie, — névralgie, — hypertrophie, — atonie, — atrophie, — paralysie, — gangrène, — névroses, — cancer, — tubercules, — scrofules, — polypes, — kystes, — calculs, — entozoaires, — plaies, — fractures, — luxations, — ulcères, — fistules.

Maladies des os : Rachitisme, — exostose, — fractures.

Maladies des articulations : Rhumatisme articulaire, — goutte, — tumeur blanche, — entorse, — luxation, — ankylose, — pied-bot.

Maladie des muscles : Rhumatismes.

Maladies du tissu cellulaire : Phlegmon, — panaris, — furoncle, — anthrax, — loupes, — anasarque.

Maladies du larynx : Laryngite, — croup, — goitre, etc.

Maladies du cerveau : Méningite, — apoplexie, — céphalalgie, — épilepsie, — hystérie, — convulsions, — chorée, — catalepsie, — léthargie, — syncope, — aliénation mentale, — hypochondrie, — phthisiophobie (nouvelle maladie).

Maladies des nerfs cérébro-spinaux : Névralgie, — névroses.

Maladies du grand sympathique : Fièvre intermittente, — colique de plomb, — choléra, — rage.

Maladies des organes de l'olfaction : Coryza, — ozène, — épistaxis, — polypes des fosses nasales.

Maladies des paupières : Blépharites, — kystes.

Maladies des yeux : Ophthalmies, — ulcères, — taies, — cataracte, — amaurose, — myopie, — presbytie, — strabisme.

Maladies de l'oreille : Otite, — surdité.

Maladies de la langue : Glossite, — cancer de la langue.

Maladies de la peau : 1° *Fièvres éruptives :* Rougeole, — variole, — scarlatine, — vaccine, — milliaire.

2° *Exanthèmes :* Érysipèle, — rougeole, — scarlatine, — roséole.

3° *Vésicules :* Milliaire, — gale, — eczema, — zona.

4° *Pustules :* Variole, — varioloïde, — vaccine, — acné, — couperose, — mentagre, — gourme, — teigne.

5° *Squammes :* Lèpre, — psoriasis.

Taches : Nœvi materni, — éphélides.

Maladies des cheveux : Alopécie, — calvitie.

Plaies de la peau : Coupures, — morsures, — piqûres, — brûlures, — engelures, — cors, — pustule maligne, — onyxis.

Maladies des lèvres : Inflammation, — furoncle, — kystes, — éruption, — bec de lièvre.

Maladies des dents et des gencives : Dentition (accidents de la), — carie, — scorbut des gencives.

Maladies de la bouche : Stomatite, — aphthes, — muguet.

Maladies de la gorge : Angines gutturale, — pharyngée, — couenneuse, — gangréneuse, — amygdalite.

Maladies de l'estomac : Gastrite, — gastralgie, — indigestion.

Maladies de l'intestin : Entérite, — diarrhée, — constipation, — dyssenterie.

États morbides du canal intestinal : Fièvres essentielles, — éphémères, — typhoïde, — peste, — empoisonnements, — vers intestinaux.

Maladies du péritoine : Péritonite, — ascite.

Maladies du rectum : Hémorrhoïdes, — fissure, — fistules.

Maladies des vaisseaux et ganglions lymphatiques : Adénite, — scrofules, — carreau.

Maladies des bronches : Bronchite, — grippe.

Maladies des poumons : Pneumonie, — hémoptysie,— phthisie pulmonaire, — asthme, — angine de poitrine, coqueluche, — asphyxies.

Maladie des plèvres : Pleurésie.

Maladies du cœur : Endocardite, — atrophie, — hypertrophie (voy. Anévrisme), — palpitation, — cyanose, — péricardite.

Maladies des artères : Anévrismes spontanés, — vrais, — faux, — traumatique, — variqueux.

Maladies des veines : Phlébite, — varices.

Maladie du sang : Scorbut.

Maladies des glandes salivaires : Parotides, — oreillons.

Maladies des canaux salivaires : Fistules, — grenouillette.

Maladie du foie : Hépatite.

Maladies des voies biliaires : Calculs, — ictère (jaunisse).

Maladies des reins : Néphrite, — diabète, — hématurie, — calculs (gravelle), — maladie bronzée (nouvelle maladie).

Maladies de la vessie : Cystite, — calculs.

Maladies de l'urètre : Rétention d'urine , — incontinence.

Maladies des organes génitaux : Varicocèle, — hydrocèle, — orchite, — sarcocèle, — varicocèle, — syphilis, — impuissance, — leucorrhée,— aménorrhée, — chlorose, — métrite, — nymphomanie, etc.

Médecine légale.

Grossesse, — avortement, — accouchement, — fœtus, — infanticide, — enfant, — Suppression de part, — substitution de part, — supposition de part, — combustions spontanées (nouvelle théorie des), — empoisonnement, — asphyxie, — submersion, — strangulation, — mort, signes de la mort, — léthargie, — putréfaction.

THÉRAPEUTIQUE.

Matière médicale.

Médicaments, — classification, — évacuants, — vermifuges, — diurétiques, — antispasmodiques, — fébrifuges, — toniques, — etc.

ÉVACUANTS : *Laxatifs* : Magnésie, — crème de tartre, — ricin (huile de), — casse, — tamarin, — manna, — miel, — etc.

Purgatifs : Sulfate de soude, — de magnésie, — jalap, — scammonée, — coloquinte, — aloès, — gomme gutte, — croton tiglium, — rhubarbe, — séné, — etc.

Emétiques : Tartre stibié, — kermès, — antimoine, — ipécacuanha, — etc.

Vermifuges : Mousse de Corse, — coraline, — semen contra, — fourragère mâle, — kousso, — grenadier.

Diurétiques : Nitre, — scille, — asperge, — colchique, — digitale, — etc.

Antispasmodiques : Ether, — valériane, — camphre, — gommes résines fétides, — zinc, — chloroforme, — amylène, — musc, — castoreum , — tilleul , — oranger, — succin, — ambre gris.

Fébrifuges : Quinquina, — sels de quinine, — quinium, — amers, — centaurée, — arsenic, — phosphore.

Toniques : Fer, — quinquina, — quinium, — amers, — glands de chêne torréfiés, — gentiane, — bière amère, — houblon, — écorces d'oranges amères, — manganèse, — etc.

Emollients : Gomme,—réglisse,—guimauve,—mauve, — cacao, — bourrache, — consoude, — lin, — amandes douces, — huile d'olive, — sucre, — chiendent, — orge, — riz, — gruau, — amidon, — seigle, — salep, — sagou, — tapioka, — arrow-root, — fécule de pomme de terre, — pruneaux, — raisins secs, — figues, — dattes, — jujube, — semences de citrouilles, — de melon, — de concombre, — lait, — colle de poisson, — axonge, — blanc de baleine.

Tempérants : Acides, — vinaigre, — citron, — fraises, — framboises, — pommes de reinettes, — grenade, — limonade, — suc de fruits rouges.

Astringents : Alun, — acétate de plomb neutre , — borax, — chaux, — cochon, — écorces de chêne, — tannin, — noix de galle, — ratahnia, — bistorte, — colombo, — genièvre, — roses de Provins, — aigremoine, — ronce, — fraisier, — grenade (écorce de), — benjoin, — acides nitrique, — sulfurique,—chlorhydrique,—etc.

Excitants : Cannelle,— muscade, — vanille, — girofle, poivre, — piment, — betel , — colchique, — gingembre, — curcuma, — café, — raifort , — cochlearia, — cresson, — passe-rage, — polygala, — absinthe, — armoise, — aurone, — camomille romaine, — pyrèthre, — menthe, — sauge, — lavande, — mélisse, — hysope, — lierre terrestre, — betoine, — thym, — angélique, — anis, — orange (écorce d'), — citron (zeste de), — thé, térébenthine, — colophane, — poix résine, — goudron, — genièvre, — copahu, — ammoniaque (divers sels), — acides azotique, — sulfureux, — chlorhydrique, — chlore, — chlorure de chaux, — de soude, — électricité, — acupuncture, — électro-puncture.

Voyez aussi *antispasmodiques*.

Excitants du système nerveux : Phosphore, — noix vomique, — strychnine, — angusture (fausse) — brucine, — arnica, — vin, — alcools.

Voyez *antispasmodiques*.

Narcotiques : Opium, — morphine, — belladonne, — atropine, — stramoine, — tabac, — nicotine, — jusquiame, — laitue vireuse, — thridace, — digitale, — digitaline, — ciguë, — aconit, — laurier cerise, — amandes amères, — acide cyanhydrique, — cyanure de potassium.

Emménagogues : Rue, — sabine, — safran, — seigle ergoté, — armoise.

Absorbants : Iode, — brôme, — mercure, — et divers sels, — or (divers sels), — baryum (chlorure de), — chlorure de chaux.

Rubéfiants : Cantharides, — garou, — moutarde noire, — euphorbe, — renoncule âcre, — anémone.

Caustiques : Potasse, — soude, — azotate d'argent, — beurre d'antimoine, — acide arsénieux, — sulfate de cuivre, — vert de gris, — ammoniaque liquide.

Pharmacie : espèces, — opiats, — sirops, — tisane, — limonade, — apostème, — potion, — looch, — julep, — baumes, — cérat, — pommades, — onguent, — emplâtres, — cataplasmes, — sinapismes, — sparadrap, — bougies, — soudes, — pessaires, — etc.

Eaux minérales. — Eaux alcalines : Bains (Vosges), — Bussang (Vosges), — Ems, — Eviau, — Luxeuil (Haute-Saône), — Plombières (Vosges), — Pougues (Nièvre), — Saint-Nectaire (Puy-de-Dôme), — Schlangenbad, — Tœplitz, — Vals (Ardèche), — Vichy (Allier).

Eaux bromo-iodurées : Challes, — Heilbrunn, — Iwoniez, — Creutznach, — Nauheim.

Eaux ferrugineuses : Auteuil (Seine),—Bagnères de Bigorre (Hautes-Pyrénées), — Cransac (Aveyron), — Forges (Seine-Inferieure), — Kronthal, — Passy (Seine), — Pyrmont, — Schwalbach, — Spa, — Sylvanès (Aveyron).

Eaux gazeuses : Chateldon (Puy-de-Dôme), — Fachingen, — Rieumajou (Hérault), — Saint-Alban (Loire), — Saint-Galmier (Loire), — Seltz.

Eaux salines : Baden-Baden, — Balaruc (Hérault), — Birmenstof, — Bourbon-Lancy (Saône-et-Loire), — Bourbon-l'Archambault (Allier), — Bourbonne (Haute-Marne), — Carlsbad, — Chaudes-Aigues (Cantal), — Epsom, — Hombourg, — Ischia, — Ischl, — Kissingen, — Loëche, — Marienbad, — Mont-d'Or, (Puy-de-Dôme), — Néris (Allier), — Niederbronn (Bas-Rhin), — Pfeffers, — Pullna, — Sedlitz, — Soden, — Wiesbaden.

Eaux sulfureuses : Aix-en-Savoie, — Aix-la-Chapelle, — Luchon (Haute-Garonne), — Barèges (Hautes-Pyrénées), — Bonnes (Basses-Pyrénées), — Cauterets (Hautes-Pyrénées), — Enghien (Seine-et-Oise), — Gréoulx (Basses-Alpes), — Saint-Gervais (Savoie), — Saint-Sauveur (Hautes-Pyrénées), — Sahinznach, — Uriage (Isère), — Vernet (Pyrénées-Orientales), — Weilbach.

LETTRES.

GRAMMAIRE.

Langue, — langage, — déclamation, — prosodie, — lettres : A. B, C. D. E. F. etc., — lecture, — étymologie.

Parties du discours : Nom, — article, — adjectif, etc., — genre, — nombre, — conjugaison, — analyse grammaticale, — logique, — syntaxe, — écriture, — dialecte, — patois.

PROSE : Discours, — éloquence, — critique, — histoire, — romans, — biographie, — épistolaire (style).

POÉSIE : *Versification.* — Définition, — considérations générales sur les vers et sur la poésie. — Avis de Voltaire. — Opinion de La Harpe relativement à la supériorité de la rime sur la prose. — Remarque sur la difficulté de versifier en français. — Appréciation des chefs-d'œuvre de notre littérature.

De la Mesure. — Dénomination des vers, manière de les scander. — Pyramide qui donne toutes les mesures. — *Prosodie.* — Détermination du nombre de syllabes contenues dans chacune des diphthongues de la langue française. — *Elisions.*— Exemples pour toutes les mesures, observations à ce sujet.

Césure. — Ne s'applique qu'aux vers de douze et dix syllabes. — Bonnes césures, mauvaises césures. — Parties du discours qui se trouvent à la césure. — Exemples de bonnes et mauvaises césures.

Repos final. — Observations et exemples.

Enjambement. — Définition, — règles, — exemples de bons et de mauvais enjambements.

De la rime. — Etymologie, — définition, — critique des règles posées par les auteurs de traités, — division des racines en six classes, avec des exemples, — exceptions dans les racines, — mots semblables ou homonymes, — classification des rimes en masculines ou féminines, — mélange des rimes, — observations critiques sur la classification actuelle des rimes, — nouvelle classification plus rationnelle, — nombreuses observations, — exemples et remarques sur l'effet des rimes, — réforme proposée, — distinction des rimes voyelles et des rimes consonnes, — exemples à l'appui, — rimes riches, composées, annexées, batelées, brisées, couronnées, empérières, équivoques, fraternisées, kyrielles, sénées, — bouts rimés.

Musique. — Ses rapports avec la poésie, — observations critiques sur la mise en musique de la poésie. Rimes croisées, — rimes mêlées, — rimes redoublées, — monorimes.

De l'hiatus. — Voyelles nasales, — observations sur l'*y*, tantôt voyelle et tantôt consonne, — exception pour les mots *oui* et *onze.*

Licences poétiques. — Liste des expressions propres au style poétique, — distinction de celles qui ont vieilli, — locutions prosaïques, — orthographe, — licences permises, — licences qui ne sont plus permises.

Réticences.

Transpositions. — Bonnes, mauvaises.

Dispositions des vers. — Stances, — distique, — tercet, — quatrain, — sixain, — dizains, — couplets, — strophes, — vers libres, — stances irrégulières.

De l'harmonie. — Fausses rimes, — mauvaises consonnances, harmonie imitative, — vers prosaïques, — vers blancs ou sans rimes, — harmonie des périodes.

Des diverses sortes de poèmes. — Dénominations, — acrostiche, — amphigouri, — anagramme, — apologue ou fable, — apostille, — ariette, — aubade, — ballade, — barcarolle, — blason, — bouquet, — cantate, — cantatille,

— cantique, — cavatine, — chanson, — chansonnette,— chant royal, — charade, — comédie, — complainte, — contes en vers, — coq-à-l'âne,— déploration,— distique, — dithyrambe,— églogue,— élégie,— énigme, — épigramme,— épitaphe, — épithalame,— épître,— épopée, — fable,— fabliaux,— hymne,— idylle,— impromptu, — inscription,— lai,— logogriphe,— madrigal, — noël, — ode,— opéra,— opéra-comique,— oratorio,— parodie, — pastourelle,— poème didactique,— pot-pourri, —retrouage,— reverdis,— roman,— romance,— ronde, — rondeau simple, — rondeau double, — rondeau redoublé, — satire,— sérénade, — sonnet, — sirventes ou serventois,— tenson, — tragédie,— triolet,— vaudeville, —villanelle,— virelai.

De la déclamation.—Définition,—déclamation lyrique, — déclamation épique.

Du geste.

Histoire succincte des progrès de la versification. — *Origine de la langue française.* — IXe siècle, — Xe siècle, — XIe siècle,—XIIe siècle,—XIIIe siècle,— origine des trouvères et des troubadours, — publication du roman de la Rose, — langue d'oc et langue d'oil, — XIVe siècle,— ballade, —chant royal, — lai, — pastorale, — rondeau, — virelai,— Christine de Pisan,— circulaire des sept troubadours de Toulouse. — XVe siècle, — Charles d'Orléans, — Villon, — Marguerite de Surville, — Basselin,—Chassignet, — Clémence, — XVIe siècle, — Marot, — Ronsard, Malherbe. — XVIIe siècle, — Corneille, — Racine, — La Fontaine, — Quinault, — Dulot, — Bouts rimés,— Maynard. — XVIIIe siècle, — Voltaire, — La Péiade, — auteurs tragiques,— comiques, — vaudevillistes, etc. — XIXe siècle, — style romantique, — roman picard, — vers de Victor Hugo, — observations sur le style romantique.

BEAUX-ARTS.

ARCHITECTURE.

Définition, — division, — architectures civile, — militaire,— rurale,— maritime, — ordonnance,— disposition, — eurythmie ou proportion,— bienséance,— distribution, — caractère historique de l'architecture grecque, — romaine, etc.

PEINTURE. — SCULPTURE. — MUSIQUE.

ARTS MÉCANIQUES.

Généralités, — industrie, — travail, — expositions, — air, — chaleur, — eau, — mécanique, — machine, — vapeur,—brevet d'invention,—conseil des prud'hommes, — apprentissage.

INDUSTRIE EXTRACTIVE.

Agriculture.

Sol, — terre, — eaux, — marais, — absentéisme, — culture, — agriculture, — agronomie, — colonisation, — alleu, — bail, — acclimatement, — desséchement, — irrigation, — défrichement, — borne, — bornage, — cadastre, — fermes écoles, — comices agricoles.

CULTURE : Landes, — arrosement, — écobuage, — culture, — labour, — amendement, — marne, — tourbe, — engrais, — fumier, — ensemencement, — horticul-

ture, — jardin, — greffe, — bouture, — marcotte, — puits, — fleurs, — chou, — cresson, — fraises, — haricot, — oignon, — poireau, — poire, — pomme de terre, — potiron, — radis, — salade, — tomate, — dahlia, — œillet, — tulipe, etc. — labour, — jachère, — charrue, — récolte, — grains, — paille, — chaume, — céréales, — blé, — froment, — orge, — seigle, — avoine, — riz, — maïs, — sarrazin, — canne à sucre.

PLANTES INDUSTRIELLES : Camomille, — chicorée, — chou, — colza, — œillette, — agave, — aloès, — chanvre, — cotonnier, — lin, — carthame, — safran, — croton tinctorium, — indigotier, — tournesol, — cardères, — herbes, — tabac, — houblon.

Sylviculture.

Arbres, — forets, — bois, — aménagement, — affouage, — aromates, — condiments, — badiane, — bétel, — cannelle, — cubèbe, — genièvre, — piment, — poivre, — fruit, — gland doux, — caoutchouc, — gutta-percha, — camphre, — colophane, — gomme, — mastic, — résine, — térébenthine, — goudron, — glu, — fristel.

Arboriculture.

Abricotier, — amandier, — amande, — cacao, — cacaotier, — café, — caféier, — cerisier, — citron, — citronnier, — coco, — cocotier, — cognassier, — coudrier, — dattier, — figuier, — grenadier, — groseillier, — jujubier, — noix, — olive, — olivier, — orange, — oranger, pêcher, — pommier, — poirier, — cidre, — poiré, — prunier, — prune, — pruneau, — vigne, — vignoble, — sarment, — échalas, — treille, — raisin, — vin, — vinaigre, — mûrier, — cactus, — nopal, — puceron, — pyrale.

Chasse.

Gibier, — ivoire, — peaux, — pelleteries, — fourrure, — plumes, — musc, etc.

Pêche.

Poisson, — able, — anchois, — baleine, — harengs, — maquereau, — morue, — saumon, — sardines, etc., — corail, — éponge, — écaille, — nacre, — perles, — essence d'Orient, — blanc de baleine.

Zootechnie.

Engraissement, — écoles vétérinaires, — écurie, — étable, — acclimatement, — cheval, — âne, — mulet, — chameau, — lama, — vigogne, — bétail, — taureau, — bison, — buffle, — chien, — bergerie, — agneau, — mouton, — berger, — bouc, — chèvre, — cochon.

Basse-cour : Lapins, — poules, — coqs, — dindon, — faisan, — pigeon, — oie, — canard.

Produits : Aliments, — viande, — suif, — œuf, — lait, beurre, — fromage.

Insectes : Abeilles, — essaim, — ruche, — cire, — miel, — vers à soie, — cocon, — soie, — cochenille.

Mines et carrières.

Mines, — houille, — bitume, — asphalte, — ardoises

marbre, — plâtre, — chaux, — argile, — marne, — cineri, — terres, — sel, — salines, — marais salants, — soude.

INDUSTRIES PRÉPARATOIRES.

Métallurgie.

Métal, — métaux, — fer, — argent, — cuivre, etc. — Orfévrerie, — bijouterie, — ciseleur.

Produits : Fonte, — tôle, — alliage, — airain, — bronze, — maillechort, — argenture, — dorure, — aiguilles, — épingles, — moulure.

ARTS INDUSTRIELS.

Produits divers.

Céramique, — brique, — tuile, — poterie, — faïence, — grès, — porcelaine, — émail, — savon, — soude, — salpêtre, — verre, — cristal, — chauffage, — poêle, — combustible, — cendres, — chandelle, — suif, — bougie, — gaz, — artifice (feu d'), — distillation, — alambic, — eau forte, — eau régale, — eau seconde, — couleurs, — cire à cacheter, — amidonnier, — papier, — tannage, — parchemin, etc.

Industrie des vêtements : Lin, — chanvre, — coton, — soie, — laine, — peau, — feutre, — dentelles, — broderies, — tissage, — drap, — fourrures, — blanchîment, — teinture.

Industries relatives à l'alimentation : Aliments, — alimentation, — viandes, — fruits, — œufs, — farine, — gruau, — semoule, — gluten, — tapioca, — salep, — sagou, — café, — chicorée, — chocolat, — thé, — sucre, etc. — Conservation des substances alimentaires.

Industries finales.

Imprimerie, — caractères, — compositeur, — correcteur, — erreurs typographiques, — clichage, — lithographie, — reliure.

Horlogerie, — pendule, — horloge, etc.

Optique, — lunettes, — microscopes. — télescopes.

Musique, — lyre, — harpe, — violon, — clarinette, — hautbois, — flûte, — trombone, — orgue, etc.

Arts du dessin : Dessin, — beaux-arts, — crayon, — photographie, — mosaïque, — modelage, — statuaire, etc., — gravure.

Bijouterie : Bijou, — bracelet, — anneau, — bague, — joaillier, — diamant, — topaze, — rubis, etc.

Ameublement : Acajou, — bronze, — glace, — tapis, — plume, — duvet, — amadou, — allumettes, — éponge, — alcaraza.

Vêtements : Dégraissage, — aiguilles, — épingles, — dentelles, — blanchissage, — amidon, — bleu, — coiffure, — cosmétique, — pommade, — fard, — cheveux, — châle, — chaussure, — chapellerie, — sabots.

Aliments : Boulangerie, — pain, — panification, — levain, — levure, — pain d'épices. — Boissons, — eau, — bière, — cidre, — vin, — eau-de-vie, — thé, — café, — oxymel, — épices, — condiments.

Industries diverses : Chiffonnier, — chandelier, etc. — Parfums, — aromates, — blanc de fard, — tabac, — bimbeloterie, etc.

Industrie distributive.

Transports : Diligence, — chemin de fer, — ponts et chaussées, — omnibus, — carrosse, — voitures, — navigation.

Commerce : Échange, — achat, — vente, — colportage, — libraire, — éditeur, — monnaies, — banque, — assurances.

FIN DE LA TABLE MÉTHODIQUE.

POISSY. — TYPOGRAPHIE ARBIEU.